嘉善年鑑

2017

THE YEARBOOK OF JIASHAN

嘉善县地方志编纂委员会　编

方志出版社
Publishing House of Local Records

图书在版编目(CIP)数据

嘉善年鉴．2017/嘉善县地方志编纂委员会编．—北京：方志出版社，2017.10

ISBN 978—7—5144—2653—3

Ⅰ．①嘉… Ⅱ．①嘉… Ⅲ．①嘉善县—2017—年鉴 Ⅳ．①Z525.54

中国版本图书馆 CIP 数据核字(2017)第 273592 号

嘉善年鉴(2017)

编　　者：嘉善县地方志编纂委员会
责任编辑：丛　珺

出 版 人：冀祥德
出 版 者：方志出版社
地址　北京市朝阳区潘家园东里 9 号(国家方志馆 4 层)
邮编　100021
网址　http://www.fzph.org
发　　行：方志出版社图书经销中心
电话　(010)67110500
经　　销：各地新华书店
设计排版：杭州美迪图文设计有限公司
印　　刷：浙江海虹彩色印务有限公司

开　　本：889×1194　1/16
印　　张：39.25
字　　数：1008 千字
版　　次：2017 年 10 月第 1 版　2017 年 10 月第 1 次印刷
印　　数：0001～1000 册

ISBN 978—7—5144—2653—3　定价：180.00 元

嘉善县地方志编纂委员会

主　任　徐鸣阳

副主任　陈天荣　沈伟强　何慧琴　许春红　杭新江

成　员　县委办、县人大办、县府办、县政协办、县编委办、县发改局、县经信局、县教育局、县科技局、县民政局、县司法局、县财政局、县人力社保局、县国土局、县环保局、县住建局（人防办）、县交通局、县水利局、县农经局（农办）、县商务局、县文化局（体育局）、县卫生计生局、县市场监管局、县质监局、县档案局、人行嘉善县支行、县统计局、县民宗局、县史志办主要领导，县委组织部、县委宣传部、县委统战部、县公安局分管领导。

《嘉善年鉴》编辑室

主　　编　张敏华

常务副主编　陆志荣

副 主 编　林丽冬　沈路婧

编　　辑　叶　奕　钟乃光　张仕明　钱育范

编　　务　苏丽华　俞福明

凡　例

一、《嘉善年鉴》是中共嘉善县委员会、嘉善县人民政府主办，由嘉善县地方志编纂委员会组织编纂的年度综合性、资料性文献。以马克思列宁主义、毛泽东思想、邓小平理论、“三个代表”重要思想和科学发展观为指导，贯彻落实习近平总书记系列重要讲话精神和治国理政新理念新思想新战略，坚持辩证唯物主义和历史唯物主义的立场、观点和方法。编辑出版《嘉善年鉴》，旨在全面、客观、详实记载上一年度嘉善县行政区域自然、政治、经济、文化和社会等方面的基本面貌，为各级领导决策和管理提供最新的信息和情报，为国内外人士了解、研究、宣传嘉善服务，为建设“县域科学发展示范点”服务。

二、《嘉善年鉴》（2017）记载时限为2016年1月1日至2016年12月31日，部分内容作简要的历史回溯和适当延伸，以求内容完整。

三、本年鉴采用分类编辑法。全书分类目、篇目、分目、条目4个层次，即类目下设篇目、篇目下设分目、分目下设条目，以条目作为记述的主要形式。为方便检索，类目标题单页设置，篇目标题用1号隶体字通栏，分目标题用3号小标宋，条目标题用5号黑体字加方头括号【】表示。

四、本年鉴分设8个类目，即为概况、经济建设、政治建设、文化建设、社会建设、生态文明建设、街道镇、附录。概况类设5个篇目：特载、专题、专记、大事记、嘉善概貌；经济建设类设13个篇目：农业、工业、国内贸易、开放型经济及区域合作、经济园区、科学技术、金融业、财政税务、交通运输邮政、信息业、旅游业、建筑和房地产业、经济管理与监督；政治建设类设7个篇目：中共嘉善县委、嘉善县人民代表大会、嘉善县人民政府、政协嘉善县委员会、民主党派工商联无党派、人民团体、军事民防；文化建设类设4个篇目：精神文明建设、教育、文化体育、媒体；社会建设类设6个篇目：治安司法、城乡建设管理、卫生计生、人力资源与社会保障、民政、社会事务；生态文明建设类设4个篇目：环境水文与气象、国土资源管理、水利、环境保护；街道、镇类设2个篇目：街道、镇；附录类设4个篇目：国民经济统计资料、文件选编、名录、文论珍闻。年鉴前有目录，后有索引。

五、本年鉴在坚持内容安排的稳定性、连续性的基础上，注重突出年度特色和地方特色，注重实用性和可读性，配有以存史、宣传为主要目的的彩色插页照片和随文照片，以生动反映嘉善县各方面的情况。照片说明未注明年份的，均为2016年。

六、本年鉴采用的文稿，由嘉善县级机关各部门、各有关单位和所辖镇（街道）落实专人撰写或提供，并经撰稿和供稿单位领导审核。撰稿人或供稿人姓名加圆括号“（）”列在条目后面右下方。书中各种数据均经有关部门、单位核实确认，综合性数据均以嘉善县统计年鉴公布资料为依据。

七、本年鉴有双重检索系统，书前目录有中文详细目录和英文要目；书后索引分汉语拼音音序索引和汉字笔画索引。采用主体分析索引的方法，按主题词首字汉语拼音字母和笔画顺序排列，使用方法详见索引说明。

八、本年鉴的编纂、出版工作，得到全县各有关部门、单位、镇（街道）和社会各界人士的关心、帮助和支持，广大撰稿人员付出辛勤的劳动，在此谨表示感谢！由于编辑水平有限，不当之处敬请批评指正。

◇12月26日，中国共产党嘉善县第十四次代表大会开幕　（胡凌翔）

◇2017年2月14日，召开嘉善县第十六届人民代表大会第一次会议　（胡凌翔）

◇2017年2月13日，召开中国人民政治协商会议嘉善县第十四届委员会第一次会议　（周　诚）

◇2月16日，召开全县三级干部大会暨示范点建设第二阶段动员大会　（胡凌翔）

◇4月28日，省委书记、省人大常委会主任夏宝龙到干窑镇考察指导工作　（干窑镇）

◇8月10日，省委书记、省人大常委会主任夏宝龙一行到嘉善考察调研　（县委办）

◇7月7日，省委副书记、代省长车俊到姚庄镇考察调研　（县委办）

◇3月14日，省委副书记王辉忠到嘉善干窑镇亭桥港考察农村治污清淤工作　（胡凌翔）

◇11月10日，省委常委、公安厅厅长徐加爱到嘉善防区看望慰问乌镇峰会安保人员　（县公安局）

◇6月22日，省委常委、省委统战部部长王永康到嘉善考察中国归谷嘉善科技园　（徐文婷）

◇5月31日，省委常委、秘书长陈金彪到嘉善县考察调研城乡环境整治和示范点建设第二阶段推进情况（县委办）

◇5月10日，副省长熊建平率调研组到嘉善县调研指导养老服务综合改革试点工作　（县民政局）

◇1月20日，省政协副主席、省委统战部部长孙文友一行到嘉善调研

（县委办）

◇2月14日，省政协副主席、台盟省委会主委张泽熙到嘉善调研

（县委办）

◇4月7日，省政协副主席吴晶一行到嘉善调研

（县委办）

◇5月24日，中央信访工作联合督察组到嘉善调研

（县信访局）

◇7月26日，嘉兴市委书记鲁俊率全市“推进重点工作 推动争先晋位”活动领导在嘉善实地观摩

（胡凌翔）

◇11月1日，国家民政部社会组织管理局副局长安宁率调研组到嘉善县调研指导社会组织建设工作

（县民政局）

◇8月2日，县委书记许晴率县四副班子领导在征兵体检站调研指导工作

（侯万佳）

◇10月19日，祁海龙县长调研健康热线12320工作

（冯群青）

◇12月23日，代县长徐鸣阳参加融易创新大厦奠基典礼

（县府办）

◇10月25日，县人大常委会主任郑明在干窑新泾港调研“美丽嘉善”建设情况

（薛俊一）

◇9月13日，县政协主席冯伟陪同全国政协妇联界委员一行调研嘉善居家养老服务

（县政协）

◇12月7日，荷兰驻上海总领事艾晓安女士一行到浙江中荷（嘉善）产业园考察园区建设情况

（胡凌翔）

◇3月28日，中国国民党中常委许淑华到嘉善考察交流

（县台办）

◇5月11日，世界卫生组织（WHO）专家考察嘉善县脊灰疫苗免疫策略转换工作

（县卫生计生局）

◇7月1日，参加2016年发展中国家女官员参与社会管理能力建设研修班的23个国家58位女官员到嘉善考察妇女工作

（县妇联）

◇5月19日，喜力酿酒（浙江）有限公司开业仪式举行

（胡凌翔）

◇5月19日，召开中国嘉善县·荷兰坎贝拉市合作交流会

（胡凌翔）

◇5月28日，举行县高铁新城2016年新建项目集体开工暨上海人才创业园企业签约仪式

（胡凌翔）

◇7月13日，在中欧城镇化伙伴关系务实合作项目签约仪式上，荷兰国家清洁科技委员会主席Fred与浙江嘉善经济技术开发区签约

（县府办）

◇5月19日，浙江中荷（嘉善）产业合作园开园

（胡凌翔）

◇2月18日，中央媒体“浙江特色小镇”采访团到嘉善采访

（盛思佳）

◇11月，承办嘉兴市青年创业大赛，吸引8个项目入驻嘉善

（团县委）

◇8月底，体育路下穿沪昆铁路改扩建工程竣工通车

（胡凌翔）

◇改造一新的干窑镇三仙路

（干窑镇）

◇12月15日，举办以“传承中华优秀传统文化 培育和践行社会主义核心价值观”为主题的“慈善孝贤”暨了凡善学思想研讨会

（周志军）

◇10月25日，举办’2016“浙江·台湾合作周”海峡两岸（嘉善）青年创业创新论坛

（胡凌翔）

◇9月29日，召开’2016感动嘉善——十大善人善事暨嘉善县第六届道德模范见面会

（胡凌翔）

◇6月16日，24个部门的27条非应急类咨询投诉举报热线整合进12345政务热线　（县信访局）

◇12月23日，新一届县、镇两级人大代表换届投票选举　（胡凌翔）

◇9月，魏塘街道三里桥村启动嘉善县第三次农业普查综合试点工作

（胡凌翔）

◇2月24日，嘉善县群星艺术团成立十周年表演艺术精品节目展演

（县文化局）

◇12月16日，吴镇书画院落成开放

（胡凌翔）

◇10月，2016-2017中国女子排球联赛（嘉善西塘赛区）比赛在县体育馆举行

（县文化局）

◇9月9日，2016年第17届亚洲赛艇锦标赛在嘉善汾湖水上运动中心举办

（胡凌翔）

◇12月3日，干窑龙庄讲寺举行本义法师晋院升座庆典

（干窑镇）

嘉善县行政区划图

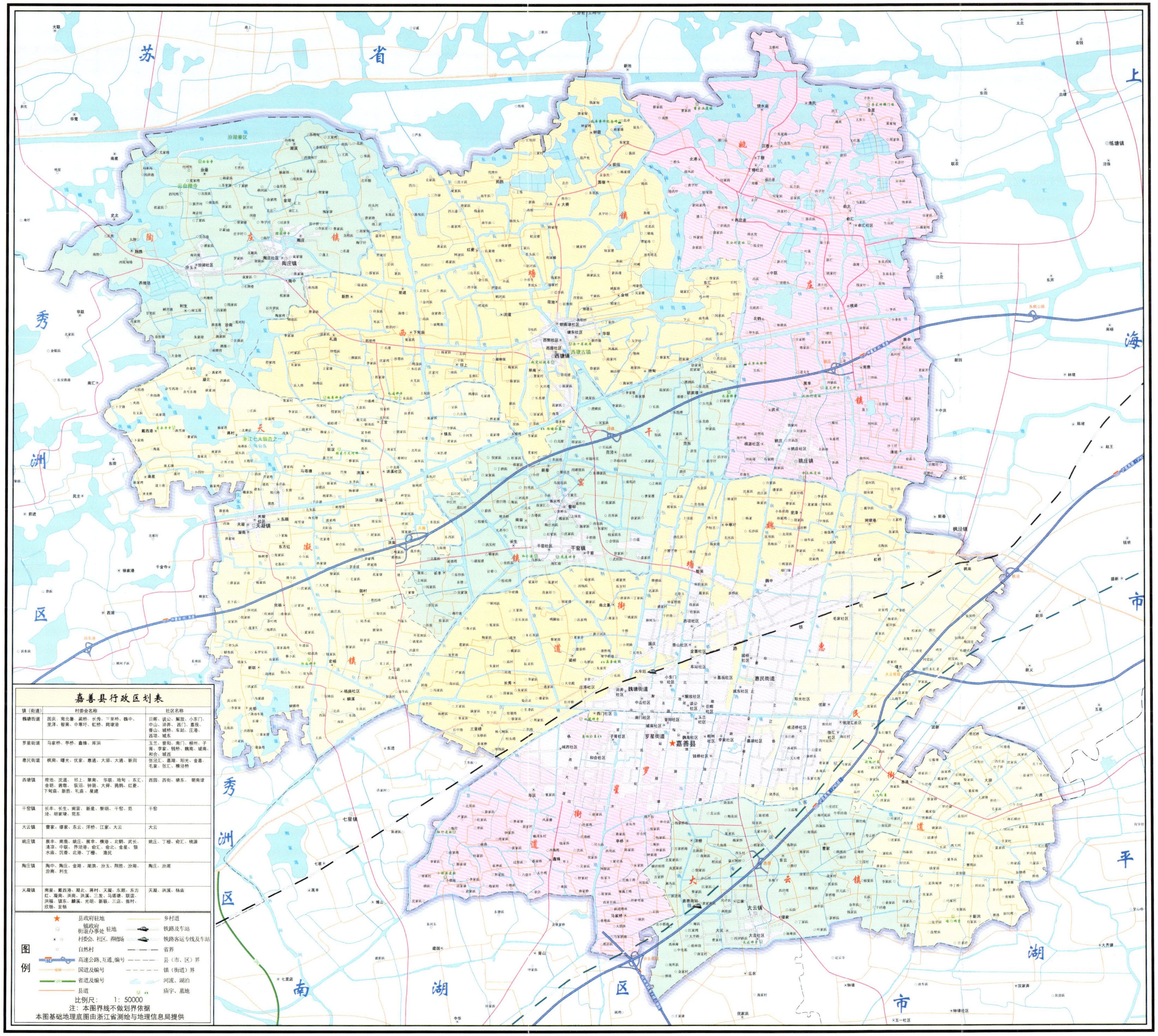

嘉善县行政区划表

镇（街道）	村委会名称	社区名称
魏塘街道	国庆、南北署、泯桥、长秀、三里桥、魏中、里泽、智果、中寨圩、虹桥、网埭港	日晖、谈公、解放、小东门、中山、浒弄、西门、嘉葭、香山、城桥、车站、庄港、西项、城东
罗星街道	马家桥、亭桥、鑫锋、库浜	玉兰、晋阳、南门、柳州、子胥、李家、钱桥、魏南、城南、和合、城西
惠民街道	枫南、曙光、优家、惠通、大泖、大通、新润	张泾汇、嘉湖、阳光、金嘉、毛家、张汇、横泾桥
西塘镇	荷池、沈道、祁上、翠南、华联、地甸、东汇、金明、茜墩、荻沼、钟葫、大舜、鸦鹊、红菱、下甸庙、新胜、礼庙、星建	西园、西街、塘东、朝南埭
干窑镇	长丰、长生、南宙、新星、黎明、干窑、范泾、胡家埭、范东	干窑
大云镇	曹家、缪家、东云、洋桥、江家、大云	大云
姚庄镇	展丰、南鹿、姚庄、展幸、横港、北鹤、武长、清凉、中联、界泾港、俞汇、俞北、金星、银水庙、沉香、北港、丁栅、渔民	姚庄、丁栅、俞汇、桃源
陶庄镇	陶中、陶庄、金湖、湖滨、汾玉、翔胜、汾湖、汾南、利生	陶庄、汾湖
天凝镇	南星、戴西港、凝北、蒋村、天凝、东顺、东方红、凝南、洪南、洪溪、三发、马塔塘、联谊、洪福、镇东、麟溪、光明、新联、三店、翁村、欣杨、宏杨	天凝、洪溪、杨庙

嘉善城区

嘉善城区
图例
县政府驻地
街道办事处驻地
学校
医院
酒店
汽车站
寺庙
绿地
主要道路
次要道路
桥梁
火车站
客运专线
高速公路
嘉善县
火车站
罗星街道办事处
魏塘街道办事处
惠民街道办事处
嘉善经济技术开发区管理委员会
嘉善客运中心
县第一人民医院（在建）
县中医院
县嘉宸外科医院
五洲医院
嘉善高级中学
嘉善第二高级中学
职业中等专业学校
实验中学
县第四中学
嘉善五中
柳州中学
第二实验小学
阳光小学
泗洲小学
城桥学校
金钥匙学校
上海杉达学院嘉善光彪学校
嘉善体育场
县体育馆
嘉善宾馆
国税局
建设局
汇金大厦
嘉善商会大厦
嘉善大桥
沪昆高速（沪杭段）
沪杭客运专线
320国道
魏塘工业功能区城东分区
魏塘工业功能区城西分区
嘉善经济技术开发区

目　　录

经济建设

农　　业

工　　业

国内贸易

开放型经济及区域合作

经济园区

科学技术

金　融　业

财政税务

交通　运输　邮政

信　息　业

旅　游　业

建筑和房地产业

经济管理与监督

政治建设

中共嘉善县委

嘉善县人民代表大会

嘉善县人民政府

政协嘉善县委员会

民主党派　工商联　无党派

人民团体

军　　事

文化建设

精神文明建设

教　　育

文化　体育

媒　　体

社会建设

法　治

城乡建设管理

卫生与计生

人力资源与社会保障

民　　政

生态文明建设

环境水文与气候

国土资源管理

水利

环境保护

街道、镇

街　道

镇

附　录

国民经济统计资料

文件选编

名　录

文论珍闻

索　引

Contents

Economic Construction

Agriculture

Industry

Domestic Trade

Open Economy and Regional Cooperation

Economic Parks

Science and Technology

Financial Industry

Finance and Taxation

Traffic, Transportation and Postal Service

Information Industry

Tourism Industry

Building and Real Estate Industries

Economic Management and Supervision

Political Development

Jiashan County Party Committee of the Communist Party of China

People's Congress of Jiashan County

People's Government of Jiashan County

CPPCC Committee of Jiashan County

Democratic Parties, Federation of Industry and Commerce, and the Politically Unaffiliated

People's Organizations

Military and Civil Defense

Cultural Construction

Construction of Spiritual Civilization

Education

Culture and Sports

Media

Social Development

Rule of Law

Management of Urban and Rural Construction

Health and Family Planning

Human Resources and Social Security

Civil Administration

Social Affairs

Construction of Ecological Civilization

Environment, Hydrology and Climate

Management of Territorial Resources

Water Conservancy

Environment Protection

Streets and Towns

Streets

Towns

Appendices

National Economic Statistics

Selected Files

Directory

Articles and Tidbits

Indexes

概况

践行新理念　开创新境界
为全面建成县域科学发展示范点而努力奋斗

——在中国共产党嘉善县第十四次代表大会上的报告

县委书记　许　晴

（2016 年 12 月 26 日）

这次大会是在嘉善胜利开启“十三五”征程、全面建成县域科学发展示范点的关键时期召开的一次十分重要的大会。大会主要任务是：深入贯彻党的十八大、十八届三中、四中、五中、六中全会精神和习近平总书记系列重要讲话精神，认真落实省市决策部署，回顾总结县第十三次党代会以来的工作，研究部署今后五年的目标任务，选举产生中共嘉善县第十四届委员会和中共嘉善县纪律检查委员会，团结带领全县广大党员干部群众，践行新理念，开创新境界，为全面建成县域科学发展示范点而努力奋斗！

五年成就奠定新一轮发展坚实基础

县第十三次党代会以来的五年，是极不平凡的五年，是应对重大挑战、勇担重大使命、取得重大成果的五年。五年来，我们深入贯彻落实中央和省市决策部署，主动适应经济发展新常态，积极抢抓发展新机遇，科学谋划推进县域科学发展示范点建设，2013 年 2 月，《浙江嘉善县域科学发展示范点建设方案》经国务院同意、由国家发改委批复实施，2014 年 1 月，《嘉善县域科学发展综合配套改革总体方案》由浙江省人民政府批复实施，示范点“三区一园”建设顺利推进，推动县域科学发展的体制机制基本建立，养老服务业综合改革、大众创业促进机制改革、综合行政执法改革、县城基础设施投融资体制改革等一批重点改革成为国家或省部级改革试点，经济社会发展各个领域齐头并进、亮点纷呈，交出了示范点建设第一阶段满意答卷，圆满完成了县第十三次党代会确定的目标任务。预计全县地区生产总值年平均增长 8.4%、户籍人均 GDP 年均增长 8.3%，分别达到 455 亿元和 11.8 万元，2016 年一般公共预算收入 41.7 亿元、固定资产投资333亿元，分别为2011年的1.7倍和1.8倍，城乡居民人均可支配收入年均分别增长10.1%和10.3%。

——过去的五年是经济发展提质增效的五年。我们始终坚持发展第一要务，树立以"亩均、人均、科技"论英雄理念，部署实施工业强县建设，百亿企业实现零突破，规上工业产值跻身千亿俱乐部，走出了集聚、集群、集约和创新发展新路子。产业结构更加优化。以电子信息、先进装备制造为主导的工业产业体系逐渐成形，新兴产业、高新技术产业产值占规上工业总产值比重分别达32.9%、34.4%，全面完成电镀、印染、化工、造纸、喷水织机等行业整治任务，"机器换人"累计减少用工近5万人，获全国首个新型工业化能力建设"长风计划"示范区、浙江省精密机械产业(嘉善)示范基地等称号，入围中国电子商务发展百佳县，成为国家中小河流治理重点县、国家农产品质量安全县、省农业标准化综合示范县、省生态循环农业示范县。创新驱动成效显著。县科创中心二期建成使用，建立科技综合服务中心、北大创新研究院嘉善产学研合作中心等平台，R&D占GDP比重达2.78%，引育国家"千人计划"专家36名、国家"万人计划"专家2名、省"千人计划"专家22名，拥有国家高新技术企业65家，新增驰名商标1件、省著名商标8件，归谷科技园成为省级"千人计划"产业园和全国首个县级欧美同学会·中国留学人员联谊会留学报国基地，蝉联全国科技进步先进县。要素配置能力持续增强。圆满完成土地利用总体规划中期评估修改试点，大力推进"两退两进""五个一批"等专项行动，五年累计节约集约用地1.7万亩，成为全国国土资源节约集约模范县、省"腾笼换鸟"综合试点县。扎实推进省第二批金融创新示范县建设，培育上市挂牌企业6家。全面完成节能减排任务。

——过去的五年是开放活力明显跃升的五年。我们大力实施接轨上海战略，对外开放的广度和深度进一步扩大。接轨上海取得新成效。在全省率先设立上海自贸区嘉善项目协作区，引入上海电信021电话号码，取消上海移动在我县漫游资费，实现旅游卡、公交卡等与上海互通，引进上海师范大学进行合作办学，开通嘉善经济技术开发区至松江地铁南站的通勤班车，并与上海市共建省际水源地、与上海金山区共建沪浙毗邻地区一体化发展示范区。招商引资取得新突破。成功引进喜力啤酒等世界500强企业和国际行业龙头企业5家，富通、铠嘉等投资超50亿元大项目4个，连续14年列浙江省利用外资"十强县"，新进项目亩均投资强度是2011年的2倍多，五年累计合同利用外资30.6亿美元，实际利用外资20.2亿美元，浙商回归实际到位资金140.9亿元。平台能级实现新提升。嘉善经济技术开发区连续14年进入浙江省十强开发区、连续10年评为浙江省先进开发区，获首届浙江开发区特别贡献奖，嘉兴出口加工区B区升格为国家级综合保税区，姚庄经济开发区、长三角嘉善科技商务服务区、西塘旅游休闲度假区、大云温泉旅游度假区升格为省级平台，中荷产业合作园入选首批浙江省国际产业园，大云巧克力甜蜜小镇成为全省十个示范性特色小镇之一。

——过去的五年是城乡面貌日新月异的五年。我们按照全面融合新要求，切实加强建设管理，城乡统筹发展水平列全省前十。城市建设加快推进。以PPP模式开发的产城融合项目高铁新城进展良好，规划展示馆、嘉善大道改造工程等10个项目完工，上海人才创业园签约入驻企业40余家，网之城建设稳步推进，南部新城初具雏形。投入近8亿元持续开展城区交通拥堵治理，完成兴贤路地块等棚户区地块征收工作和17个老旧开放式小区综合整治。镇村建设纵深推进。姚庄、西塘省市小城市培育试点均连续三年考核优秀，"强村计划"助推村均经常性收入达168万元，全县农房改造集聚率达40%，建成省美丽乡村特色精品村4个，获评全国农村集体"三资"管理示范县、浙江省美丽乡村创建先进县。城乡环境持续优化。全面部署推进美丽嘉善建设，以最强决心、最大力度持续开展"五水共治""三改一拆""五气共治"、城乡环境整治等攻坚行动，涌现出新泾港区块、金家堰区块、高铁南站周边区块等整治典型，累计拆除各类违法建筑726.6万平方米、完成"三改"1502.4万平方米，城乡污水收集处理率达87%，生活垃圾无害化处理率达100%，空气质量优良率达78%，成功消灭监测断面Ⅴ类、劣Ⅴ类水质，国家卫生县城、全国文明县城、省文明县城通过复评验收，成为全省十个践行"绿水青山就是金山银山"样本之一和浙北平原地区首个国家生态县。城乡基础设施不断完善。嘉善大道、善江公路等交通主干道建成或改造提升，体育路下穿沪昆铁路改扩建工程提前完成，公共自行车一期二期相继运行，建成全国第一个县级综合交通信息平台，全面实施城乡客运公交一体化和一卡通，农村公路品质提升工程获习近平总书记肯定。全面推进污水厂扩容工程，完成太浦河长白荡水源地保护工程建设，生态能源发电项目建成使用。

——*过去的五年是人民群众得惠更多的五年。*我们着力推动城乡居民物质上共同富裕、精神上共同富有，入选首届浙江全面小康十大示范县。就业保障水平持续提升。五年共发展各类市场主体25580家、新增就业岗位93074个，充分就业村（社区）创建率达100%。社会养老保险、医疗保险基本实现全覆盖，职工医保与合作医疗实现同一平台运行。率先发行嘉兴社保金融市民卡24万张，职工医保实现省、市异地联网结算。城乡居民月最低生活保障标准统一提高至664元，比2011年分别提高42.8%和101%，累计建设保障性住房16.3万平方米，获省级扶贫结对帮扶工作先进单位等称号。社会事业全面发展。新第一人民医院、第三人民医院、嘉善信息技术工程学校、嘉善三中、吴镇书画院、体育公园等一批民生工程建成使用。医疗体制改革顺利推进，实现基本药物制度在基层医疗卫生机构全覆盖，成功创建国家慢性病综合防控示范区、浙江省卫生强县，义务教育学校教师流动试点经验获刘延东副总理批示肯定并在全国推广，获评全国义务教育发展基本均衡县、全国社区教育实验区、全国农村职业教育示范县、中国民间文化艺术之乡、全国文化先进县、省农村文化礼堂建设先进县、省体育强县，“善文化”建设被中央文明办列入培育和践行社会主义核心价值观重点工程，省级县域社会养老服务示范区建设成效显著，被确定为省级“三社联动”示范观察点。同时，全面落实“全面两孩”政策，人民武装、统一战线、老干部、双拥、妇女儿童、宗教、残疾人、档案、史志等工作取得新进展。社会保持和谐稳定。重大决策社会稳定风险评估信息化管理省级试点经验在全省推广，各类事故、死亡人数连续五年实现下降，成为全国安全生产先进单位、省药品安全示范县、省流动人口结构优化工作示范县，实现省平安县创建“十一连冠”、平安镇（街道）“满堂红”。法治建设不断深化。深入实施法治嘉善建设，常态化推进县委权力公开透明运行，深化行政权力清单制度、行政审批制度和执法体制改革，完成“六五”普法工作，获评全省创建法治县（市、区）工作先进单位。

——*过去的五年是党的建设全面加强的五年。*我们认真贯彻落实全面从严治党新要求，切实履行管党治党责任，党建科学化水平全面提升。思想政治建设不断加强。深入开展创先争优活动、党的群众路线教育实践活动、“三严三实”专题教育和“两学一做”学习教育，打响党委理论学习中心组、“嘉善论坛”“善政学堂”等学习品牌，党员干部党性修养不断提升、理想信念更加坚定，被评为全国创先争优活动先进县党委并得到习近平同志亲自颁奖和亲切勉励。干部能力素质不断提高。认真落实《干部任用条例》，建立健全干部选拔任用、监督管理、考核评价等制度，探索党员干部改革创新容错免责，常态化推进干部能下工作，落实县以下机关公务员职务与职级并行，加大结构性干部培养力度，加强干部教育锻炼，五年累计培训10026人次，抽调2180人次干部参与中心工作，选派81名干部到中央部委、省级机关部门、上海自贸区等地挂职。基层组织建设不断巩固。实施“整乡推进、整县提升”基层党建三年行动计划，成为全国农村基层党建工作座谈会现场观摩点，创新建立“民情（企情）在线系统”，深化“四方红色联盟”，滚动整转19个软弱落后村党组织，涌现出中国十大“最美村官”、省“千名好支书”、全国劳模等基层先进典型，重大村务决策公决被评为2012中国全面小康十大民生决策。党建带群建扎实推进，作为全国唯一县级单位在中央党的群团工作会议上作经验介绍。反腐倡廉建设不断深化。坚决执行中央“八项规定”和省市有关规定，严格落实党风廉洁建设“两个责任”，全面推行履职痕迹化。及时整改省委巡视组反馈问题，实现纪检派驻全覆盖，推进作风建设常态化，保持反腐高压态势，严厉查处了一批违纪违法案件。

各位代表、同志们，过去的五年，是一部勇担使命、砥砺前进的拼搏史，是一部开拓创新、与时俱进的改革史，是一部立足自我、奋发进取的创业史。五年发展业绩，得到中央和省市领导充分肯定，尤其是习近平总书记先后作出3次讲话肯定和4次重要批示，为嘉善县域科学发展示范点建设指明了方向、注入了强大动力。这些成绩的取得，是上级党委正确领导的结果，是全县各级党组织和广大党员干部群众团结拼搏、奋发进取的结果，是历届县委接力传承、县级领导班子齐心协力、离退休老同志关心帮助、部队官兵拥护支持、各民主党派和社会各界共同努力的结果。在此，我代表中共嘉善县第十三届委员会，向所有关心、支持、参与嘉善建设的同志们、朋友们表示衷心的感谢和崇高的敬意！

回顾五年的奋斗历程，我们不仅取得了显著成绩，也积累了宝贵经验。我们深深体会到：必须坚持以立足长远的思维谋划全局，必须坚持以改革创新的精神加快发展，必须坚持以务实担当的作风干在实处，必须坚持以执政为民的理念践行宗旨，必须坚持以从严治党的成效保障发展。

同时，我们也要清醒地看到存在的问题和不足。主要是：主导产业带动力不够强，企业创新主体作用不够明显，县域经济发展质量和水平有待提升；城乡建设和管理水平还不够高，城乡生态环境需要进一步改善；社会治理机制有待创新，社会治理水平有待进一步提升；基层组织建设依然存在一些薄弱环节，党风廉政建设需要进一步加强。对这些问题和不足，需要我们在今后五年予以重点关注，认真加以解决。

牢牢把握今后五年发展总体思路

今后五年，是全面建成县域科学发展示范点和更高水平小康社会的关键时期。做好今后五年工作，必须按照“高质量、均衡性”要求，认清新形势，把握新方位，抢抓新机遇。

*未来五年是示范点建设的重大战略机遇期。*县域科学发展示范点建设已迈入新阶段，按照习近平总书记批示精神编制的新一轮《发展改革方案》，在更高起点上谋划了示范点建设新蓝图，为我县今后五年发展带来了新的重大历史机遇。随着“一带一路”、长江经济带等重大国家战略深入推进，以上海为龙头的长三角城市群正加速崛起，又为我县提升实力、勇作示范提供了多重发展机遇。我们必须牢记嘱托，勇担使命，敏锐把握，超前谋划，努力开创示范点建设新境界。

*未来五年是推动经济全面转型升级的加速期。*我县经济转型升级正步入快车道，创新驱动、制造强县等重大举措扎实推进，产业结构调整方向日益明晰，城乡环境治理逐步形成常态长效。我们必须充分认识嘉善经济发展的阶段性特征，准确把握和主动适应经济新常态，在发展导向上更加注重量质并举，在发展动力上更加注重创新驱动，在发展模式上更加注重绿色增长，不断增强区域经济核心竞争力、发展持久力。

*未来五年是建成更高水平小康社会的决战期。*全面建成更高水平小康社会，是我们向全县人民的庄严承诺，是示范点建设赋予我们的责任使命。我们必须顺应群众期待、呼应百姓诉求，把增进民生福祉作为根本的施政导向，作为最大的目标任务，厚植优势，补齐短板，在更高起点、更高标准上建设美丽嘉善，创造美好生活。

根据这样的新形势、新方位、新机遇，今后五年我县经济社会发展的指导思想是：高举中国特色社会主义伟大旗帜，以马克思列宁主义、毛泽东思想、邓小平理论、“三个代表”重要思想、科学发展观为指导，深入贯彻习近平总书记系列重要讲话精神，以“四个全面”战略布局为统领，以创新、协调、绿色、开放、共享五大发展理念为引领，牢牢把握“秉持浙江精神，干在实处、走在前列、勇立潮头”新使命，坚持和深化“八八战略”，坚持发展第一要务，以增进人民群众福祉为根本，以提高发展质量和效益为中心，切实加强经济、政治、文化、社会、生态文明建设和党的建设，全面建成县域科学发展示范点和更高水平的小康社会。

今后五年，嘉善经济社会发展的主要目标是：全面建成县域科学发展示范点和更高水平的小康社会。经济社会保持平稳较快发展，主要经济指标增速高于省市水平，提前实现“四个翻番”，即到2020年，地区生产总值和人均地区生产总值在2010年的基础上提前一年实现翻番、城乡居民人均可支配收入在2010年的基础上提前两年实现翻番。

要实现以上目标，必须紧扣加快建设全面小康标杆县和协调推进“四个全面”战略布局的示范点，以“十三五”规划纲要提出的“一城四地”为方向，深入实施“创新驱动、统筹提升、绿色发展、接轨上海、民生优先、法制保障”六大发展战略，全力建设产业转型升级引领区、城乡统筹先行区、生态文明样板区、开放合作先导区和民生幸福新家园，全面建成县域科学发展示范点。

以五大发展理念引领落实重大发展举措

全面建成县域科学发展示范点和更高水平的小康社会，必须贯彻落实五大发展理念，围绕“去产能、去库存、去杠杆、降成本、补短板”五大任务，全力推进“四区一园”建设。

（一）坚持创新发展，建设产业转型升级引领区。要坚持把创新作为引领转型升级的第一动力，进一步优化产业结构，推动经济保持中高速增长、产业迈向中高端水平。

一是全面实施创新驱动战略。围绕创建省级创新型县，完善科技扶持政策，强化科创中心、归谷科技园、高铁新城（上海人才创业园）等创新平台作用，提升自主创新能力，探索孵化器市场化运作机制，进一步打通孵化转化产业化链条。推进北大创新研究院嘉善产学研合作中心建设，打造上海全球科技创新中心嘉善协同创新基地，积极创建省级高新技术产业园区。引导和鼓励企业加大研发投入，推动有条件企业建立国家工程（技术）研究中心、国家企业技术中心、省级（重点）企业研究院。深入实施“大众创业、万众创新”和“创新嘉善·精英引领计划”，完善柔性引进人才机制，推进浙江“千人计划”嘉善产业园建设，积极营造众创空间，着力引育领军型创业创新人才，全面打造人才生态最优县。

二是全力做强先进制造业。深入实施“中国制造2025”嘉善行动计划、“制造强县”战略，创建全国新型工业化产业示范基地。发展壮大电子信息、先进装备制造等主导产业，打造光通信设备、智能终端制造及应用等完整产业链。积极培育节能环保、通用航空等成长型产业，提升新能源产业综合竞争力，争取通用航空产业项目引育取得突破。做精做强品牌木业家具、高档纺织服饰等传统产业，注重产品研发和品牌打造，促进传统产业集群转型升级。大力实施“互联网＋”，推进工业化和信息化深度融合，谋划实施智能化改造和绿色化改造工程，加快“嘉善制造”向“嘉善智造”转型。强化质量强县建设，深入实施“四换三名”，积极运用先进适用技术，加快推进企业技术改造，实现装备、技术、产品的全面升级，加速推进产业结构优化调整。

三是全力做大现代服务业。紧紧围绕创建省级服务业强县，全方位提升服务业规模和效益。加快发展科技信息、现代物流、现代金融等生产性服务业，推动生产性服务业向专业化和价值链高端延伸，提高产业发展整体层次和产品附加值。积极发展休闲旅游、现代商贸、健康服务等生活性服务业，创建国家全域旅游示范区、大云国家级旅游度假区，推动陶庄汾湖水上运动中心承办亚运会等重大赛事项目，打造长三角重要休闲旅游目的地、县域商业发展示范区和健康产业示范基地。

四是全力构建现代农业体系。优化农业结构和布局，在稳定粮食生产的基础上，以“一区一镇”为主平台，实现差异化发展、特色化布局，建设示范性农业全产业链，建立重要农业保护区。大力推进“互联网＋”现代农业，加快发展农村电商，探索“农业＋旅游”“农业＋工业”有效实现形式，打造现代农业示范基地，创建国家农业可持续发展试验示范区。培育引导混合型经营主体发展，加快农村土地有序流转，促进土地等资源要素向新型农业经营主体集聚，抓好农村土地承包经营权抵押贷款国家级试点工作。全面加强农产品质量安全，创新并推行“农安嘉善”智慧监管新模式。

五是全面深化经济体制改革。加快推进供给侧结构性改革，积极培育新的发展动能。深入推进要素市场化配置改革，完善亩产效益综合评价和差别化政策，建立健全污染物排放总量控制及交易制度，建立要素交易综合平台，提高要素配置效能和节约集约利用水平。深化行政审批制度改革，完善工业企业零土地技改项目政府不再审批等机制，加快投资项目在线审批监管平台建设运行，实现投资项目网上审批协同监管和信息共享。加快科技体制综合改革，健全科技银行和信贷风险补偿基金运行机制，发挥政府产业基金引导作用，大力引进创业基金、风投基金等，创新科技经费管理机制和财政科技投入方式，建立健全创新决策第三方咨询模式，不断激发全社会创业创新动力和活力。

（二）坚持协调发展，建设城乡统筹先行区。优化城乡发展布局，提升城乡建设水平，推动城乡统筹发展水平继续走在全国、全省前列。

一是优化城乡发展布局。深化完善“东重西优、生态两翼”空间发展布局，加快中心城区空间体系和产业集聚主平台建设，突出西塘、姚庄两大城镇节点，加速现有产业平台就地优化升级和城镇改造提升，推动城镇空间集聚发展，整合北部湿地古镇旅游休闲资源一体发展，推进其他城镇特色化发展，努力构建“一主两副”网络型城乡发展格局。

二是建设现代宜居城市。注重城市整体形象塑造，强化规划管控，加快新城开发建设，打造城市沿河生态轴，高标准推进幸福风情水街、云湖公园等重点工程，建成高铁新城城市新地标。高品质发展楼宇经济，积极打造产业样板楼宇、品牌样板楼宇和特色楼宇，增强中心城区人口集聚能力和综合服务能级。加快推进城市有机更新，稳步推进城中村改造提升和旧住宅小区综合整治，提升道路、景观绿化水平，积极推进智慧嘉善建设。

三是加快打造特色镇村。加快省市小城市培育和省级中心镇建设，深化姚庄城乡一体示范片区建设，丰富西塘千年古镇旅游品牌内涵，提升天凝省级中心镇发展水平。突出“一镇一品一链”，分类推进新市镇建设发展，着力打造区域特色名镇。深化美丽乡村建设，加快推进环境优美村（社区）创建，以特色自然村落和农村新社区为重点，积极培育美丽乡村精品村、精品线，全力构建县域美丽乡村精品点网络。

四是构建完备基础设施。推进区域大交通建设，加快实施杭州湾跨海大桥北接线二期、丁凝公路、平黎公路提升改造、兴善公路、丁诸线航道整治等重大工程，积极推进320国道改造提升、通用航空机场规划建设，完善现代交通运输体系，创建全国现代交通运输体系示范县。深入推进水利基础设施建设，突出抓好中小河流治理、圩区缺口等防洪薄弱环节。加强地下空间综合开发利用、地下综合管廊建设，积极推进海绵城市建设，完善城乡一体供水网、污水收集网、供电传输网、燃气环网、环卫收处网、热力网。

五是创新协调发展机制。深入开展县城基础设施投融资体制国家级改革试点、“多规合一”改革试点，建立农村宅基地有偿使用和退出机制，加强城镇低效用地再开发和农村土地整治工作，探索开展全域土地整治工程。深入推进农村产权制度改革，完善农村集体经济股权、农村土地承包经营权确权和农村宅基地及房屋不动产确权登记工作。积极推进人口城镇化，加快调整与城乡户籍制度改革相适应的社会保障配套政策。

（三）坚持绿色发展，建设生态文明样板区。按照省委“决不把脏乱差、污泥浊水、违法建筑带入全面小康”的要求，念好“拆治归”三字经，持续深入推进环境整治和长效管理，强化资源节约集约利用，推动形成绿色发展方式和生活方式。

一是持之以恒建设美丽嘉善。传承江南水乡风情，全面推进城市设计、乡村设计，实施平原绿化造林工程，加快推进森林城市和绿道建设，形成水绿共生互融的城乡生态系统，全力创建省级森林城市，彰显美丽嘉善水清岸绿、粉墙黛瓦的城乡风貌。加强城乡环境长效管理，持续推进“五水共治”“三改一拆”“五气共治”等工作，农村生活污水应纳尽纳、应集尽集、应治尽治，严格工业废（污）水纳管入网治理，谋划建设县经济技术开发区污水处理厂，加快建设热力管网和热电企业改造提升工程，全面开展挥发性有机物（VOCs）治理，全县动员，确保2018年创建成为“无违建县”。全面实施土壤污染防治行动计划，确保全县耕地土壤环境质量继续保持稳定。大力实施小城镇环境综合整治，拓展以市场化运行为主的资金保障，联动推进生产方式、生活方式和社会治理方式转型，争取实现国家卫生镇创建“满堂红”。

二是大力发展低碳循环经济。强化资源节约集约利用，大力发展太阳能、生物质能等清洁能源和可再生能源，积极开展工业废水回收再利用、区域性中水回用，加快省级新能源示范镇、低碳工业园区、低碳社区等建设，构建一批工业、农业循环经济产业链，建成一批循环经济示范工程及重点项目，创建国家级循环经济示范县。大力倡导绿色生活方式和消费模式，积极推进垃圾分类收集和回收再利用，支持发展低碳交通、共享经济。

三是建立健全生态文明制度。建立健全环境功能区划评估机制，加快环评审批制度改革，实施差别化环境准入政策。建立环境资源有偿使用机制和生态补偿制度，健全水源地等重点生态保护区域生态补偿机制，逐步增加对区域内重点生态功能区转移支付，完善生态保护成效与资金分配挂钩的激励约束机制。深化环境资源要素改革，健全资源总量管理和交易制度，加快排污许可证一证式管理改革，形成各类资源要素市场化配置机制。完善社会参与和监督机制，强化环境执法监管，严守生态环保底线。

（四）坚持开放发展，建设开放合作先导区。发挥区位优势，主动接轨上海，提升平台功能，提高利用外资质量和效益，实现与大都市区融合发展。

一是全方位深化接轨上海。积极抢抓上海“四个中心”和全球科创中心建设机遇，承接和发展先进制造业和现代服务业，形成分工合理、协同发展的产业创新协作体系。加快建设临沪产业合作园区，加强与上海高校、孵化基地、科研院所对接合作，推动上海高端科技创新成果在嘉善转化。发挥上海自贸区嘉善项目协作区作用，深化在招商、产业、贸易、金融等领域合作，率先复制和推广上海自贸区经验。促进公共服务与上海同城化，加强教育、医疗、旅游等方面的深层次合作，推进与上海交通互联互通，积极利用沪昆铁路开通嘉善至上海市郊列车，加快研究沪浙轨道交通一体化，推进梅陇至枫泾公交线路向嘉善延伸。完善跨区域对接协调机制，深入推进嘉善·金山沪浙毗邻地区一体化发展示范区建设，加快推进枫南集镇一体化开发，全力打造嘉善东大门。

二是精准化推进招商引资。进一步转变招商理念，创新招商方式，优化招商引资软环境，突出高端外资、央企国资、优质民资，聚焦欧美、台湾、北京、上海等地优质项目，强化精准招商、专业招商、产业招商，着力引进一批旗舰型、品牌型、创新型、环保型企业。全力推动“双招双引”工作，大力引进研发机构和关键技术，提升引资引智质量和水平。深入推进浙商回归，增强用地、金融、科技人才要素支撑，扩大浙商回归规模和效益。抓住“一带一路”战略机遇，加大“走出去”力度，增强持续出口能力和综合竞争力。

三是高起点提升平台功能。完善国家级、省级、专业特色多层次平台体系，提升平台承载功能和品位形象。充分发挥国家级经济技术开发区主平台作用，加快西区转型提升和东区扩容集聚步伐，推进中荷产业合作园建设，努力在规模和质量上引领发展，全面建成高品质国家级开发区。发展壮大姚庄经济开发区、电子信息产业园的主导产业、特色产业规模，延伸拓展产业链，提升产业层次，增强综合保税区综合保税功能，推动进口贸易、保税物流，加快跨境电商平台建设和实质运营。推进天凝现代装备制造产业园、魏塘浙商工业园、罗星归谷科技园、大云德国工业园、干窑智能制造装备产业园等特色园区建设，加快高端产业的引进、培育和集聚。加大省市特色小镇创建力度，推进资源整合、项目组合、产业融合，形成新的经济增长点。推进低端行业整治，加快“两创中心”建设，有效腾退和整合低效企业，全面完成“低小散”企业“退散进集”。

（五）坚持共享发展，建设民生幸福新家园。切实保障和改善民生，扎实办好民生实事，让改革发展成果更多更公平地惠及全县人民，不断增强群众获得感和满意度。

一是让人民生活更加富裕。实施更加积极的就业创业政策，开展“互联网＋就业”行动，以创业促进就业，推动实现更加充分、更高质量就业。探索城乡居民增收机制，促进中低收入职工工资合理增长，拓宽农民增收渠道，引导农村劳动力转移就业，增加农民财产性收入，促进城乡居民收入持续增长。稳步提高城乡居民医疗保险、养老保险、最低生活保障和特困人员救助供养等保障标准，探索建立城乡一体的养老保障体系，推进医疗保险政策体系的优化和并轨，全面提升社会保障水平。大力推进保障性住房建设和棚户区、危旧房改造，完善社会救助体系。

二是让人民精神更加富有。积极培育和践行社会主义核心价值观，全面丰富“善文化”品牌内涵，全力打造“善文化”升级版。广泛开展群众性精神文明创建活动，提高市民文明道德素养，争创全国文明城市。加快公共文化设施规划建设，完成图书馆新馆、博物馆新馆建设，规划和建设文化馆、大剧院、体育中心二期、汾湖水上运动中心（扩建）等文化体育设施，创建省体育现代化县。加强文化传承利用，围绕水乡文化、吴越文化、名人文化，创作一批反映时代呼声、展现人民奋斗、振奋民族精神、陶冶高尚情操的优秀作品。加强基层文化队伍建设，开展群众性文艺活动，丰富城乡居民文化生活。

三是让公共服务更加均衡。积极推进教育领域综合改革，优化城乡教育资源配置，加快浙师大附校初中部、思贤小学、第二实验小学西校区等建设，高质量普及15年基础教育，加快学前教育普惠发展，提高义务教育优质均等化水平，促进高中教育多样特色发展，完善现代职业教育体系，引进高水平高等院校，扶持民办教育健康发展，完善家庭教育指导服务体系，争创省教育现代化县。深化医疗体制改革，健全县镇村卫生一体化综合管理制度，深入推进与沪杭优质医疗资源的对接与合作，争创全国基层中医院工作先进单位，全面建设“健康嘉善”。深入推进养老服务业综合改革试点，建立老年长期护理保险制度，加强护理人才队伍培养，创新医养结合、“互联网＋”养老、家院融合、原居安养等模式，推动养老服务市场化。全面做好人口计生工作，积极推进老干部、妇女、关心下一代、残疾人、宗教、档案、史志等各项事业。创建新一轮省级双拥模范县，广泛开展“双拥在基层”活动，增强全民国防教育，提升优抚对象社会保障能力，推进军民深度融合发展。

四是让和谐局面更加巩固。深入推进“平安嘉善”建设，完善立体化社会治安防控体系，实现智慧安防全域覆盖，全力打造全省平安建设示范区、长三角地区最具安全感县域。加强和创新社会治理，深入开展重大决策社会稳定风险评估，加强矛盾纠纷多元化解，推进“法治信访、阳光信访、精准信访”建设，加快“三社联动”步伐，全面加强城乡社区协商工作，提高社会治理社会化、法治化、智能化、专业化水平。深化安全生产管理体制改革，加强安全生产监督管理，杜绝重特大生产安全事故的发生。推进“食安嘉善”智慧监管体系建设，全力创建全国食品安全县。积极实施新型居住证制度，完善居住出租房屋规范管理，推动外来人口控量提质。坚持依法治国和以德治国相结合，深入推进“法治嘉善”建设，加强普法宣传教育，完善基层群众自治制度，推动基层民主法治化进程，在全社会形成学法、尊法、守法、用法的局面。

全面加强和改进新形势下党的建设

实现未来五年发展目标，关键在党，关键在人。要认真贯彻落实中央和省市全面从严治党部署，不忘初心，继续前进，以落实管党治党责任为关键，推动全面从严治党迈上新台阶，为全面建成县域科学发展示范点提供坚强政治保证。

（一）突出“思想引领”，全面加强思想政治建设。坚持把思想政治建设放在首位，时刻拧紧党员干部思想“总开关”。要加强理论武装。深入学习贯彻习近平总书记系列重要讲话精神和治国理政新理念新思想新战略，深刻领会“五位一体”总体布局、“四个全面”战略布局和五大发展理念，深入学习宣传贯彻党的十八届六中全会精神，认真组织开展宣传教育，切实增强广大党员干部政治意识、大局意识、核心意识、看齐意识，坚定道路自信、理论自信、制度自信、文化自信。要强化舆论引导。严格落实党委（党组）意识形态工作责任制，牢牢掌握意识形态工作领导权主动权，引导广大党员增强政治敏锐性和政治鉴别力，在大是大非面前坚定立场、旗帜鲜明。牢牢把握正确宣传舆论导向，坚持正面宣传为主，唱响主旋律，打好主动仗，弘扬正能量，加强党对网上舆论工作的领导，打造立体式、多平台、全方位政务传播新格局，更好地理顺群众情绪、化解社会矛盾，维护意识形态安全。要深化学习教育。常态化推进“两学一做”等学习教育，坚持开展中国特色社会主义和中国梦学习宣传教育，推进学习型党组织建设，健全干部学习教育体系，推动党委（党组）理论学习中心组学习制度化规范化，深化“嘉善论坛”“善政学堂”等学习品牌，以学习教育促进干部解放思想、创新理念，推动干部增强本领，提升能力素养。

（二）突出“打造铁军”，全面加强干部队伍建设。着眼提高执政能力水平，切实打造一支充分发扬示范点精神的嘉善铁军。要在“选人”上明导向。坚持好干部标准，建立健全领导班子和领导干部综合分析研判、署名推荐干部制度。完善近距离接触和考察干部办法，注重了解干部在中心工作中的表现，切实为敢担当的干部担当。健全年轻干部常态化培养选拔机制，强化建库管理，构建良好梯队。要在“育人”上下真功。加强理想信念、党性修养、政治理论、政策法规和道德品行等方面的教育培训，推进现场教学基地建设，完善深度党性教育模式。强化干部实践锻炼，打造“上挂”“下派”“外学”“内循”四位一体锻炼平台。要在“管人”上严要求。推进干部能上能下，通过健全完善激励、奖惩、问责等一整套制度机制，保证能者上、庸者下、劣者汰，形成良好的用人导向和制度环境。完善领导干部个人有关事项核查办法，有效发挥干部工作观察点和干部监督员作用，努力形成“大监督”格局。加快推进干部关爱中心建设。

（三）突出“整体过硬”，全面加强基层党组织建设。牢固树立抓基层强基础的鲜明导向，推动管党治党重心下移、工作下沉，构筑全面从严治党的稳固基础、坚强堡垒。要深化“整乡推进、整县提升”基层党建三年行动计划，持续推进各领域党组织对标提升，着力培育一批先锋镇（街道）、村（社区）、“三强六好”两新组织和“五型”机关事业单位党组织，打造一批基层党建工作特色群和精品示范带，加快实施第三轮“强村计划”，积极争创基层党建先锋县。要加强基层党员干部队伍建设，以村（社区）组织换届为契机，选优配强村（社区）“两委”班子，健全基层党组织带头人选拔、培养、管理机制。巩固和拓展“两学一做”学习教育，实施党员“活力工程”，严格落实“三会一课”、党员固定活动日等制度，深化“示范点建设当先锋”活动，做亮“先锋善行”党员志愿服务品牌。要积极践行“党建＋”工作方式，认真做好中央党建工作领导小组联系点工作，加快构建城乡统筹的党建新格局。创新“党建＋发展”、“党建＋生态”、“党建＋治理”等工作模式，发挥党建在推动农村电商发展、城乡环境整治、维护社会和谐等方面的作用，引领经济社会发展各项工作。

（四）突出“挺纪在前”，深入推进反腐倡廉建设。要坚决把纪律挺在前面，切实把全面从严治党责任扛在肩上、抓在手上、落到实处。着力筑牢“不想腐”的思想防线。严明党的纪律，严格遵守党章，严肃执行《中国共产党廉洁自律准则》《中国共产党纪律处分条例》等党纪党规，用纪律管住全体党员。用好监督执纪“四种形态”，对党员干部苗头性、倾向性问题早提醒早预防，让守纪律、讲规矩成为全县党员干部的政治操守和行动自觉。引导全县党员干部进一步注重家教家风，合力营造风清气正的社会环境。着力扎紧“不能腐”的制度笼子。全面落实《关于新形势下党内政治生活的若干准则》，严肃党内政治生活，严格组织生活制度，发扬党内民主，努力提高党内政治生活的原则性和战斗性。全面贯彻《中国共产党党内监督条例》，扎实推进惩治和预防腐败体系建设，深入开展巡察工作，深化权力监督制约，用制度管权、管事、管人。坚持敢管敢严，越管越严，紧盯“四风”问题的新形式、新动向，进一步深化整治，形成常态。着力形成“不敢腐”的高压态势。严格执行《中国共产党问责条例》，全面深化落实“两个责任”履职痕迹化管理，以“一案双查”压实“一岗双责”。严格落实监察体制改革各项任务，整合资源，形成合力。加大纪律审查力度，以零容忍的态度惩治腐败，坚决惩处群众身边的不正之风和腐败行为，发现一起查处一起，不断增强从严治党的震慑力。

（五）突出“凝心聚力”，充分发挥党的领导核心作用。不断改进和完善党的领导方式方法，切实把牢方向，管住大局，作好决策，确保落实。要加强县委及其常委会自身建设。坚持领导经济发展和履行全面从严治党政治责任相结合，坚持集体领导和个人分工负责相结合，进一步提高县委总揽全局、协调各方的能力和水平，努力把县委及其常委会建设成为政治坚定、开拓创新、团结务实、勤政廉政的坚强领导集体，切实担负起全面建成县域科学发展示范点重大使命。要积极支持政府依法行政。深化政府改革，规范行政执法，强化行政问责，推进依法治理，切实提高政府公信力，推动政企互动，构建“亲”“清”政商关系，打造为民务实高效清廉的政务环境。要积极支持人大依法监督。坚持和完善人民代表大会制度，充分尊重和保证人大及其常委会依法加强工作监督和法律监督，更好地发挥人大在推进民主法治建设、促进经济社会发展中的重要作用。要积极支持政协参政议政。围绕团结和民主两大主题，充分发挥政协政治协商、民主监督、参政议政职能作用，加强协商民主建设，更好地协调关系、汇聚力量、建言献策、服务大局。要加强对政法工作的领导。带头依法办事，支持人民法院、人民检察院依法独立公正行使审判权、检察权，支持政法各单位协调一致开展工作，为政法机关依法履行职责创造良好环境。要加强党管武装工作。抓好国防动员和后备力量建设，深化国防教育，推动军民融合深度发展。要全力做好统战群团工作。不断巩固和壮大最广泛的爱国统一战线，充分发挥各民主党派、工商联和无党派人士的参政议政作用，发挥工会、共青团、妇联等群团组织的桥梁纽带作用，全力做好民族、宗教、对台、侨务等工作，为推进改革发展、维护和谐稳定，凝聚最广泛的共识，汇聚最强大的力量。

各位代表、同志们，未来五年是充满希望的五年，是实现蓝图的五年。让我们紧密团结在以习近平同志为核心的党中央周围，高举中国特色社会主义伟大旗帜，深入贯彻落实习近平总书记系列重要讲话精神，牢记嘱托，不忘初心，践行新理念、展现新状态，开拓新境界、创造新业绩，为全面建成县域科学发展示范点和更高水平的小康社会而努力奋斗！

附：有关名词解释

【三区一园】　指2013年2月28日经国务院同意、国家发改委批复实施《浙江嘉善县域科学发展示范点建设方案》中明确提出的示范点总体定位和核心内容，即产业转型升级引领区、城乡统筹先行区、开放合作先导区、民生幸福新家园。

【两退两进】　指退低进高、退二进三。

【五个一批】　指强制淘汰一批、倒逼提升一批、适时关停一批、有序转移一批、兼并重组一批等退出低效落后产能举措。

【四换三名】　指浙江省委、省政府提出的转型升级重要抓手，“四换”：腾笼换鸟、机器换人、空间换地、电商换市；“三名”：大力培育名企、名品、名家。

【五水共治】　指浙江省委、省政府作出的水环境治理重大决策部署，即治污水、防洪水、排涝水、保供水、抓节水。

【三改一拆】　指浙江省委、省政府作出的环境整治重大决策部署，即旧住宅区、旧厂区、城中村改造和拆除违法建筑。

【五气共治】　指嘉兴市委、市政府提出的大气污染防治重大举措，即工业废气、机动车尾气、秸秆焚烧、餐厨油烟和建筑扬尘。

【三社联动】　指“社区、社会工作、社会组织”三者联动推进。

【四方红色联盟】　指机关单位、行政村、企业、社区四方主体，以党组织为纽带，开展结对共建活动。

【党风廉洁建设“两个责任”】　指落实党风廉洁建设责任制过程中，党委负主体责任，纪委负监督责任。

【一城四地】　指县“十三五”规划纲要明确提出的嘉善县“十三五”时期发展定位。一城：努力建成创业创新的现代化临沪新城；四地：加快打造转型提升先行之地、开放合作前沿阵地、城乡融合示范高地、绿色水乡人文胜地。

【四区一园】　指新一轮《嘉善县域科学发展示范点发展改革方案》中明确提出的示范点总体定位和核心内容，即产业转型升级引领区、城乡统筹先行区、生态文明样板区、开放合作先导区和民生幸福新家园，是在原有“三区一园”基础上的继承和深化。

【农业“一区一镇”】　指现代农业园区、特色农业强镇。

【东重西优、生态两翼】　指我县“十二五”提出的空间发展布局，东部为重点发展区，主要是嘉善经济技术开发区、姚庄镇南部、西塘镇南部、罗星街道等；西部为优化发展区，主要集中在天凝镇、干窑镇、魏塘街道等区域；南北两翼为生态经济区和生态保护区，生态经济区主要集中在陶庄镇、西塘镇北部、姚庄镇北部和沪昆高速公路以南，生态保护区主要是太浦河—长白荡饮用水水源地保护区。

【一主两副】　指县“十三五”规划纲要明确提出的网络型城乡发展格局，“一主”即中心城区，包括魏塘街道、罗星街道、惠民街道，加快人口集聚和公共服务功能提升，努力打造集高新技术产业、现代服务业和高品质人居环境为一体的产城融合样板区。“两副”即两个副中心，包括西塘镇和姚庄镇，努力建成区域性的产业集聚中心和功能服务中心。

【多规合一】　指推动国民经济和社会发展规划、城乡规划、土地利用规划、生态环境保护规划等多个规划的相互融合，实现一个市县一本规划、一张蓝图，解决现有的这些规划自成体系、内容冲突、缺乏衔接协调等突出问题。

【“拆治归”三字经】　指“三改一拆”“五水共治”和“浙商回归”。

【双招双引】　指招商引资，招才引智。

【两创中心】　指创业创新中心。

【“三强六好”两新组织】　指党建强、人才强、发展强，组织建设好、党员队伍好、阵地建设好、作用发挥好、工作保障好、社会评价好的两新组织。

【“五型”机关事业单位党组织】　指学习型、创新型、服务型、效能型、廉洁型机关事业单位党组织。

【三会一课】　指定期召开支部党员大会、支部委员会、党小组会，按时上好党课。

【监督执纪“四种形态”】　指经常开展批评和自我批评、约谈函询，让“红红脸、出出汗”成为常态；党纪轻处分、组织调整成为违纪处理的大多数；党纪重处分、重大职务调整的成为少数；严重违纪涉嫌违法立案审查的成为极少数。

政府工作报告

——在嘉善县第十六届人民代表大会第一次会议上

嘉善县代县长　徐鸣阳

（2017年2月14日）

各位代表：

现在，我代表县人民政府，向大会作政府工作报告，请予审议，并请政协委员和其他列席人员提出意见。

一、2016年及过去五年工作回顾

2016年，在县委的坚强领导下，在县人大、县政协的监督支持下，县政府团结带领全县人民，坚持以示范点建设为总目标，一手抓经济发展，一手抓环境整治，较好地完成了县十五届人大五次会议确定的目标任务，实现了“十三五”的良好开局；新编制的《浙江嘉善县域科学发展示范点发展改革方案》经国务院审定、由国家发改委批复实施。全县实现地区生产总值457亿元，增长8.3%，增速列全市第一；一般公共预算收入41.8亿元，增长17.3%，增速列全市第一；固定资产投资336.5亿元，增长14.2%，其中工业生产性投资172.7亿元，增长14.2%；合同利用外资7.1亿美元，实际利用外资5.1亿美元；实际利用县外内资85.3亿元；外贸进出口总额232.7亿元，增长9%，其中出口180.1亿元，增长8.8%；全社会消费品零售总额184.5亿元，增长10.8%；城乡居民人均可支配收入50021元、29514元，分别增长7.4%、8.5%。

（一）精准发力推动转型发展，经济实力迈上新台阶。现代农业稳中求进。新增粮食生产功能区2.37万亩，建立农业产业准入负面清单，完成生猪养殖业转型升级，创建成为国家农产品质量安全县。工业经济量质并举。实现规上工业产值1090.5亿元、规上工业增加值181.9亿元，分别增长7.5%、9.9%，增速均列全市第一；“2+2+2”产业投资、产值占比分别达到72.2%、76.2%。大力推进“退散进集”，腾退企业821家、面积4481亩。成立创新发展基金、善信留学报国产业基金。积极落实“三去一降一补”，为企业减免各类税费14.2亿元。现代服务业积极推进。列入国家全域旅游示范区创建名单，西塘古镇通过5A级景区验收；引进总投资52亿元的梦幻嘉善项目。新增税收超千万元楼宇2幢。创新能力不断提高。高新技术产业投资、规上工业高新技术产业增加值分别增长86%、13%。新增省级企业研究院2家。获批“浙江制造”品牌认证试点县。

（二）重拳出击改善生态环境，城乡面貌焕然一新。治水拆违持续推进。综合治理河道92.4公里，完成清淤262.4万立方米，创建成为省级“清三河”达标县。整治彩钢棚464.8万平方米，拆除、整治码头堆场289家。开展高污染燃料锅（窑）炉“零点一号行动”，拆除锅炉677台。淘汰黄标车348辆。百日攻坚成效显著。完成干窑集镇、新泾港，平黎公路、兴善公路、白水塘路沿线，高铁南站周边环境整治；取缔606个废品收购点。生态文明建设不断深化。全力创建全国文明城市，联动推进“四美”建设，获评生态市建设工作优秀县并位列全市第一。生态能源发电项目建成使用，生活垃圾无害化处理率达100%。城镇低效用地再开发1631亩。

（三）一以贯之统筹城乡发展，城市品位有力提升。中心城区加快建设。完成体育路下穿沪昆铁路改扩建、体育路拓宽、“水乡明珠”环岛改造等工程。高铁新城上海人才创业园开园，签约太库等项目81个。镇村建设不断深化。启动小城镇环境综合整治，西塘、天凝入选省、市小城市培育试点。巧克力甜蜜小镇获省考核优秀和“示范小镇”称号，新增市级特色小镇创建对象3个。洪溪村等4个村入选省“美丽乡村”特色精品村，建成美丽村居、美丽庭院等16273户，完成农房集聚改造1975户。基础设施日益完善。湾北二期、丁诸线航道整治等工程进展顺利。完成西部水务提标改造工程，新建污水管网35公里。

（四）全力以赴深化对外开放，发展环境更加优良。接轨上海纵深推进。与金山区共建沪浙毗邻地区合作发展示范区，交通卡实现沪善互通，医保卡在上海第一人民医院实现实时刷卡结算。引资投资质量提高。加强蹲点招商、以商引商、中介招商，新引进格科微电子、科比特无人机等一批高精尖项目，新批工业投资亿元以上项目43个。实施有效投入三年行动计划，富通光通信等项目进展顺利，铠嘉电脑一期等项目建成投产。“浙商回归”省外到位资金60亿元。平台承载得到提升。嘉善经济技术开发区中荷产业合作园开园，喜力啤酒一期建成投产。浙江姚庄经济开发区实现排名晋位，新引进精密机械等产业项目11个。归谷科技园新引进卫星遥感等项目38个。启动罗星、大云等一批“两创”中心建设。

（五）紧扣热点增进民生福祉，各项事业取得进步。社会保障更加完善。五大保险净增50094人。实施支出型贫困家庭基本生活救助。建立困难残疾人生活补助和重度残疾人护理补贴制度。全力推进省级养老服务业综合改革试点，出台长期护理保险制度。新增公租房租赁补贴保障家庭200户。公共服务更加均衡。启用浙师大附校、吴镇教育集团硕士小学，完成无证托幼机构整治。开通全国首家县级健康热线12320，医疗就诊卡实现一卡通。举办“慈善孝贤”暨了凡善学思想研讨会。通过国家公共文化服务体系示范区验收。社会环境更加和谐。实现平安县创建“十一连冠”。整合设立12345政务咨询投诉举报平台。大力推进安全生产专业化、信息化、社会化建设，安全生产形势总体稳定。整治、取缔无证网吧122个。深化食品安全基层责任网络建设，四大领域责任保险实现全覆盖。

同时，进一步加强政府自身建设。扎实开展“两学一做”学习教育。切实履行党风廉政建设“一岗双责”。高质量办结135件人大建议和165件政协提案。建立县镇村三级城乡环境整治作战室，创新重点工作局长蹲点破难机制。全面启动“七五”普法。

2016年全县主要目标任务的完成，标志着十五届政府工作划上了圆满句号。过去的五年，是嘉善抢抓发展机遇、应对重大挑战、实现突破发展的五年。五年来，我们深入贯彻落实中央和省市决策部署，主动适应经济发展新常态，谋划推进县域科学发展示范点建设，地区生产总值从323.3亿元增加到457亿元，增长了41.3％；财政总收入、一般公共预算收入分别从48亿元、24.3亿元增加到73.2亿元、41.8亿元，分别增长了52.3％、71.9％；城乡居民人均可支配收入分别从32170元、16514元增加到50021元、29514元，分别增长了55.5％、78.7％。

过去的五年，是示范点建设成效明显的五年。通过全县上下不懈努力，《浙江嘉善县域科学发展示范点建设方案》经国务院同意、由国家发改委批复实施。方案获批以来，嘉善的改革发展始终得到中央、省市大力支持，全县上下紧扣示范点建设，不断凝聚发展合力，第一阶段6项主要发展指标总体实现预期目标，《中期评估报告》获习近平总书记批示肯定；综合配套改革提前圆满收官，24项改革列入省级以上试点。

过去的五年，是转型发展全面加速的五年。综合实力显著提升，规上工业产值跻身千亿俱乐部，百亿企业实现零突破，新增A级景区3家，三次产业比从7.1∶58.8∶34.1调整为5.2∶53.9∶40.9。坚持以“亩均、人均、科技”论英雄，亩均税收、全员劳动生产率分别提高81.6％、48.6％，R&D经费支出占比从2.24％提高到2.82％，高新技术企业、省级科技型中小企业分别从27家、145家增加到65家、320家，引育“国千”“国万”“省千”专家60名。企业上规上市提速，新增规上企业300家、上市企业1家、“新三板”挂牌企业6家。

过去的五年，是城乡面貌深刻变化的五年。县城建成区从25.4平方公里拓展到42.6平方公里，实施城市有机更新地块8

个，在全省率先采用 PPP 模式开发高铁新城，规划展示馆、嘉善大道二期等建成投用。交通治堵完成投资 22.3 亿元，打通断头路 7 条，新增停车泊位 10565 个，投放公共自行车 2300 辆。姚庄、西塘小城市建设成效显著。村均经常性收入从 120 万元提高到 168 万元。发放农村承包土地经营权抵押贷款 2.85 亿元。强势推进环境整治，全面完成 390 条“清三河”任务，成功消灭Ⅴ类、劣Ⅴ类水质断面，交接断面考核从合格提升到持续优秀，首次出现河道Ⅱ类水断面，饮用水水源地是全市唯一 100%达标水源地，被授予全省“五水共治”大禹鼎；拆除各类违法建筑 783 万平方米，完成“三改”1511.9 万平方米，新增绿化 2.96 万亩；全面完成电镀、印染、造纸、化工等行业整治。

过去的五年，是开放活力有效激发的五年。设立上海自贸区嘉善项目协作区，与上海市合作建立科学发展研究实践基地。累计合同利用外资 32.3 亿美元、实际利用外资 21.7 亿美元，实到县外内资 362.6 亿元，引进世界 500 强项目 6 个，投资超 50 亿元项目 4 个，连续 15 年保持全省利用外资十强。累计完成外贸进出口总额 1072 亿元，其中出口 814 亿元。嘉兴出口加工区 B 区升格为国家级综合保税区，姚庄工业园升格为省级经济开发区，大云温泉省级旅游度假区获批，长三角科技商务服务区、西塘旅游休闲度假区列入省级现代服务业集聚示范区，归谷科技园成为省级“千人计划”产业园。

过去的五年，是人民生活水平显著提高的五年。民生支出占比从 71.1%提高到 78.4%，完成十五届政府实事工程，新县一院、信息技术工程学校、体育公园等建成使用。新增城镇就业 67493 人，实现城镇失业再就业 23945 人。社会养老保险、医疗保险基本实现全覆盖。统一城乡居民低保标准并提高到 664 元，分别提高 43%和 101%。新改扩建学校、幼儿园 14 所，养老机构 10 家，居家养老照料中心实现村（社区）全覆盖。开工建设保障性住房 2214 套。

过去的五年，是政府自身建设不断加强的五年。扎实开展党的群众路线教育实践活动、“三严三实”专题教育。实施“四张清单一张网”改革，编制完成部门行政权力清单、责任清单，全面取消非行政许可审批事项；实施核准目录外企业投资不再审批、工业企业“零土地”技改项目审批方式改革；开通政务服务网。实施县级财政专户资金竞争性存放。首创“善政学堂”，累计开办 30 期。

各位代表，过去五年发展的成就来之不易、催人奋进。在此，我代表县政府向全县人民，表示衷心的感谢！向人大代表、政协委员，向老同志，向各民主党派、工商联、人民团体和社会各界人士，向人民解放军驻善部队和武警官兵，表示衷心的感谢！向所有关心、支持嘉善建设和发展的海内外朋友，表示衷心的感谢！

回顾过去的五年，我们也清醒地看到，全县经济社会发展中还存在着一些不容忽视的问题和困难，主要表现在：主导产业带动力还不够强，传统产业改造提升速度还不够快，企业创新主体作用发挥不够充分，县域经济发展质量和水平有待提升；城乡建设和管理水平还不够高，生态环境有待进一步改善；交通、教育、医疗等民生工作存在着短板；政府自身建设有待进一步加强。我们一定高度重视这些问题，采取有力措施认真加以解决。

二、今后五年主要工作

嘉善的发展正处在新的历史起点上，县第十四次党代会提出了全面建成县域科学发展示范点和更高水平的小康社会的总目标，明确了提前实现“四个翻番”和全力建设“四区一园”的新任务。今后五年，我们将迎来《发展改革方案》全面实施的历史机遇、长三角一体化的战略机遇、产业厚积薄发的发展机遇，同时也面临着城乡环境深度治理、传统产业改造提升等一系列挑战。我们必须按照“高质量、均衡性”要求，进一步坚定信心，真抓实干，全面完成“十三五”规划和县第十四次党代会确定的各项目标任务。

根据县第十四次党代会的总体部署，今后五年政府工作的指导思想是：高举中国特色社会主义伟大旗帜，以马克思列宁主义、毛泽东思想、邓小平理论、“三个代表”重要思想、科学发展观为指导，深入贯彻习近平总书记系列重要讲话精神，以“四个全面”战略布局为统领，以创新、协调、绿色、开放、共享五大发展理念为引领，牢牢把握“秉持浙江精神、干在实处、走在前列、勇立潮头”新使命，坚持和深化“八八战略”，坚持发展第一要务，以增进人民群众福祉为根本，以提高发展质量和效益为中心，切实加强经济、政治、文化、社会、生态文明建设，全面建成县域科学发展示范点和更高水平的小康社会。

今后五年政府工作的主要目标是：

综合实力更加强劲。地区生产总值力争达到700亿元，财政总收入突破100亿元，规上工业产值达到1600亿元以上，百亿级企业达到3家以上，高新技术企业突破100家，高新技术产业、战略性新兴产业增加值占比均达到50%以上，服务业增加值占比达到48%以上，县域经济综合实力在全省排名明显跃升。

城乡发展更加融合。一主两副网络型城乡空间布局形成，城市、城镇品位大幅提升，亮点更加丰富，功能更加完善，历史文化与现代气息交相辉映。老城更有韵味，历史人文资源充分整合，危旧房、城中村完成改造；新城更加现代，配套设施齐全、楼宇经济发达。累计完成重大基础设施投资50亿元以上。城乡公共服务均等化水平进一步提高。

开放活力更加彰显。产业关联度大、产品附加值高的高精尖项目明显增多，引进世界500强项目10个以上，累计实际利用外资25亿美元以上。“3+3+3”平台能级进一步提升。对外贸易结构更加合理。接轨上海开放体系基本形成，新增通沪公交线路4条以上，开行通勤列车取得实质进展，教育、医疗等公共服务资源充分共享。

生态环境更加优美。县控以上断面Ⅲ类及以上水体占比80%以上。PM2.5浓度明显下降，空气质量优良率达到80%以上。全域实现景区化，新增A级景区5家以上。城乡绿化水平显著提升，林木覆盖率达到18.5%以上，形成完善的生态文明制度体系，全面建成水清岸绿、粉墙黛瓦的高品质“美丽嘉善”。

人民生活更加幸福。民生支出占新增财力的2/3以上，社会就业更加充分，城乡居民人均可支配收入分别达到71800元和42000元以上。省义务教育标准化学校、等级幼儿园覆盖率均达到95%以上。全民健康指标达到中等发达国家水平。群众文化生活更加丰富。

要顺利实现上述目标，我们必须始终坚持并认真落实以下工作举措：

（一）坚定不移推进转型发展

1.坚持创新改革引领。创新科技经费管理机制和财政资金投入方式，引导企业增加科技人才投入，R&D经费支出占比达到3.2%以上，规上工业企业研发（技术）中心实现全覆盖。完善柔性引才政策，累计引进“国千”“国万”“省千”专家80人、“创新嘉善·精英引领计划”80人，全面打造人才生态最优县。积极参与沪嘉杭G60科技创新走廊建设，探索孵化器市场化运作机制，做大做强三大创新平台，打造上海全球科创中心嘉善协同创新基地，全面建成省创新型县、省级高新技术产业园区和国家可持续发展实验区。

2.建设一流产业平台。嘉善经济技术开发区全力推进“创新驱动、转型引领”工程，打造高品质国家级开发区；浙江姚庄经济开发区延伸主导、特色产业链，完成二期扩容；嘉善电子信息产业园发挥综保区功能，保税物流、进口贸易初具规模，加快跨境电商平台建设和实质运营。推进一批专业特色园区建设。提升三大服务业平台，创建国家全域旅游示范区、大云国家级旅游度假区。

3.打造七大百亿产业。坚持“工业强县”“服务业强县”战略不动摇，进一步做大做强工业“2+2+2”、服务业“3+3”产业，打造500亿级电子信息产业、400亿级先进装备制造产业、300亿级休闲旅游产业、200亿级节能环保产业、200亿级品牌木业家具产业、100亿级高档纺织服饰产业、100亿级现代物流产业。推进农业供给侧结构性改革。

4.完成千亿有效投入。进一步转变招商理念、创新招商方式、整合招商力量、优化招商环境，发挥产业基金引导作用，精准推进“双招双引”，大力引进一批符合我县产业导向的行业龙头企业、高端研发机构。“浙商回归”省外到位资金累计突破400亿元。完善重大项目快速推进机制，力争累计完成固定资产投资2500亿元以上。

5.腾出万亩发展空间。开展全域土地整治工程，统筹安排农用地整治、农村建设用地整治、城镇工矿用地整治、土地复垦和未利用地开发等工作，完成城镇低效用地再开发5000亩、农村土地整治6000亩。加大“退散进集”“退低进高”“腾笼换鸟”等工作力度，健全低效产能退出机制，全面腾退“低散弱”企业。

6.提供最优企业服务。加快推进供给侧结构性改革，进一步降低企业成本。大力扶持民营企业做大做强，培育发扬敢闯敢拼、勇争一流的企业家精神，完成股改企业50家，培育上市挂牌企业30家，规上工业企业电子商务运用实现全覆盖。深化行政审批制度改革,探索投资项目不再审批改革,全力打造全省行政审批最快县。

(二)坚定不移推进城乡统筹

1.提高中心城区品质品位。注重强化城市设计、规划管控,坚持把地方文化融于城市建设之中,增强中心城区人口集聚能力和综合服务能级。加快城市重心南移,大力推动产城融合发展,不断完善功能配套、打造特色楼宇;高铁新城完成路网、基础设施建设,培育发展设计、通信、影视等特色产业。全面启动东门大街等地块有机更新,实施老旧小区综合整治,打通断头路8条,大幅改善老城区人居环境。

2.加快建设特色镇村。推进以人为核心的新型城镇化,推动人口、产业等要素集聚。加快姚庄、西塘、天凝小城市建设,努力建成区域性的产业集聚和功能服务中心。建成5—8个特色小镇。深化“美丽乡村”建设,加强规划设计、环境打造、连点成线,创成省级“美丽乡村”示范县;建立农村宅基地有偿使用和退出机制,中心集聚点全面建成,农房集聚率达到50%。

3.高标准建设基础设施。全面完成平黎公路嘉善段改扩建一期、丁凝公路等重大工程,推动通用航空机场、通苏嘉城际铁路规划建设,创成全国城乡交通一体化建设工程示范县。全面完成“二轮圩区”整治、中心河拓浚等工程,中心城区防洪标准达到50年一遇。加强地下空间综合开发利用及地下综合管廊、海绵城市建设,加快污水、供电、燃气、热力等管网建设。

(三)坚定不移推进生态建设

1.持续深化治水拆违治气。深入推进“五水共治”,巩固“清三河”成果,农村生活污水应治尽治,工业废(污)水全部入网,城镇污水集中处理率达到95%以上。存量违建应拆尽拆,创成“无违建县”。深入实施大气污染防治,产业园区实现集中供热,联动推进城市扬尘、挥发性有机物、油烟废气、汽车尾气等治理。全面实施土壤污染防治,耕地土壤环境质量继续保持稳定。

2.持续深化小城镇环境综合整治。以“洁净小镇”“活力小镇”“风情小镇”为目标,坚持高标整治、重拳整治、科学整治、依法整治、长效整治,继续打好“三改一拆”、“五水共治”、治危拆违、城镇开发建设等组合拳,联动推进生产方式、生活方式和社会治理方式转型,彻底改变“脏乱差”面貌,促进小城镇发展质量全面提升。

3.健全生态文明制度。建立完善环境功能区划评估、环境资源有偿使用、生态补偿、资源总量管理和交易等制度,严格落实控制污染物排放许可制度。大力发展清洁能源和可再生能源,积极开展工业废水回收再利用、区域性中水回用,创成国家循环经济示范县。全面推进垃圾分类收集和回收再利用,支持发展低碳交通、共享经济。强化环境执法监管。实施平原绿化造林、生态绿地等工程。

(四)坚定不移推进开放合作

1.深入推进接轨上海。抢抓上海“四个中心”建设机遇,深化产业发展、公共服务、基础设施等全方位合作。加快建设临沪产业合作园区,推动上海高端科技创新成果在嘉善转化。大力推进与上海公共服务同城化,沪善两地医保系统实现实时刷卡结算,新增两所校地合作学校。加快毗邻地区一体化发展示范区建设,推进枫南集镇联动开发。推动三大通信运营公司取消用户通话双向漫游费。

2.大力发展外向型经济。坚持外资、外贸、外经“三外”并举,落实国家利用外资新政策、新措施,主动参与国际分工,实际利用外资继续保持全省前列。优化外贸进出口结构,鼓励企业开拓国际市场,新增出口超千万美元企业70家;支持企业引进先进技术设备、关键装备和资源型产品。优化服务贸易结构,开拓服务外包市场。

3.提升国际化水平。加强上海自贸区嘉善项目协作区建设,复制自贸区建设成功经验。参与嘉兴域外孵化器等建设,依托留学报国基金、人民币跨境基金等招引全球创新科技成果、人才落户。基本建成中荷、中德等产业合作园,积极引进各专业领域隐形冠军企业。加强友好城市间经济、文化往来。

(五)坚定不移推进民生改善

1.完善社会保障体系。更加重视城乡居民持续增收,深化大众创业促进机制改革,实施更加积极的就业创业政策,新增城镇就业5万人;促进中低收入职工工资合理增长,拓宽农民转产转业、增收渠道。稳步提高城乡居民医疗保险、养老保险、低保等标准,完善社会救助体系,推进医疗保险政策体系并轨。加快建设保障性住房,改造棚户区43万平方米。完成养老服务业综合改革任务。

2.持续优化公共服务。办好十六届政府实事工程。推进教育领域综合改革，创成省教育现代化县，高质量普及15年基础教育，建成中小学校10所、幼儿园13所；积极引进高水平高等院校；提高职业教育与产业发展的匹配度。推进“健康嘉善”建设，大力对接沪杭优质资源开展合作办医，合理配置医疗资源，做好人口计生工作。丰富“善文化”品牌内涵，规划建设大剧院、国家级水上训练基地等文体设施，图书馆、博物馆新馆投入使用。创成省体育现代化县。

3.不断巩固和谐局面。完善立体化社会治安防控体系，实现智慧安防全域覆盖，打造全省平安建设示范区、长三角地区最具安全感县域。完善矛盾纠纷多元化解机制，推进“法治信访、阳光信访、精准信访”，重大决策社会稳定风险评估应评尽评。全面落实安全生产领域改革发展措施，坚决杜绝重特大生产安全事故发生。健全居住出租房屋规范化管理机制。推进“食安嘉善”智慧监管体系建设。深入推进“法治嘉善”建设，加快基层民主法治化进程。

三、2017年主要工作

今年是新一届政府的开局之年，是实施“十三五”规划的重要之年，也是“二次创业再出发”的首战之年。我们必须深刻把握嘉善当前所处的历史方位，按照“‘四区一园’出亮点、全面小康谋新篇”要求，深入开展“四个年”活动，扎实推进重大项目、重大政策、重大改革措施落实落地，全面打造示范点建设升级版。

今年全县经济社会发展主要预期目标是：地区生产总值增长7.5%以上，一般公共预算收入增长7.5%；固定资产投资增长10%，其中工业生产性投资增长11%；合同利用外资6亿美元，实际利用外资4.5亿美元；进出口增长5%，其中出口增长5%；社会消费品零售总额增长10%；城乡居民人均可支配收入分别增长7.5%、7.5%以上；完成上级下达的节能减排任务。为实现上述目标，着重抓好六方面工作：

（一）以产业转型提升为重点，全力提高发展质量和效益

1.深入推进科技创新。深化科技体制机制改革，探索科创中心市场化运作机制，设立科创风险投资基金，全力创建省级高新技术产业园区。整合科技扶持资金，加大精准扶持力度，引导企业扩大科研投入，R&D经费支出占比达到2.9%以上，授权发明专利200件以上，认定高新技术企业30家以上、省科技型中小企业50家以上，新增各级企业研发中心20家以上、院士专家工作站1家以上，规上新产品产值、规上高新技术产业产值分别突破480亿元、400亿元。加快柔性引进一批项目制、候鸟制、组合式人才，新引育“国千”“国万”“省千”专家8名以上。

2.持续扩大有效投入。整合招商力量突出产业链招商，组建“2+2+2”产业发展推进小组，研究编制产业招商目录，着力引进处于产业链、价值链中高端的重大制造业和科技“小巨人”项目。突出高端外资、央企国资、优质民资，强化以商引商、专业招商，力争新引进世界500强或全球行业龙头企业投资项目3个以上，总投资50亿元以上项目1个以上。充分运用政府产业基金引进一批具有核心技术、市场前景的优质项目，撬动项目、人才、技术、品牌落户。引进“浙商回归”产业型、资本型项目80个以上。开展项目集中开竣工月活动，全力推动爱德曼氢能源、恒天文化艺术等一批重大项目建设。

3.继续调优三次产业。完善现代农业规划布局，大力推动规模化、专业化经营，突出整治农田季节性抛荒、农业种植低小散等问题，完善“三权分置”办法，农村土地承包经营权流转率达到60%以上；加强农业招商，加快引进京东、宜葆等农业龙头项目；大力发展“农业+旅游”、农村电商，促进一二三产融合发展。做大做强先进制造业，统筹推进“四换三名三加”工程，运用新技术新业态改造提升传统产业，全员劳动生产率提高15%以上，规上工业企业电子商务应用覆盖率达到25%以上；加大服务企业力度，引导企业发扬“工匠精神”，支持企业扩大规模、股改上市、兼并重组，新增股改企业6—8家、上市挂牌企业3—5家，力争取得省百强企业零突破。大力发展现代服务业，设立产业发展基金、整合招商队伍，引进5000万元以上产业项目30个；积极创建国家全域旅游示范区，新增4A级景区1家；大力发展专业特色楼宇，新增税收超千万楼宇1幢。

4.集中精力“退散进集”。围绕“全域推进、全行业整治、全面清零”目标，坚决淘汰高污染、高能耗、低产出企业，全面完成“低散弱”企业腾退任务，基本完成废

旧金属市场综合整治，城镇低效用地再开发和农村土地整治复垦各1000亩以上。大力推动“两创”中心建设，鼓励村集体结合第三轮“强村计划”联合出资入股，引导企业抱团入园，严格把控入园项目业态和质量，村均经常性收入突破180万元。积极开展已腾退企业职工培训，加大再就业、再创业工作力度，确保“退散进集”平稳有序。推动镇级融资平台转型，鼓励通过兼并重组、自持物业等方式加快整合、做大资产、增加收益。

（二）以深化生态建设为重点，全力打造百姓满意环境

1. 打好“四美”建设攻坚战。加快“美丽县城”建设，实施景观建设等六大工程，全面整治背街小巷、噪声污染，彻底取缔非法加油点、无证网吧，落实城市综合养护管理“七个一”机制。深化“美丽城镇”“美丽乡村”建设，建成精品村8个、风景线2条。更大力度打造“美丽通道”，全面完成红旗塘、320国道嘉善段、炮台口、东大门等综合整治。建立健全镇村环境卫生“四位一体”长效保洁以及绿化养护、生态补偿、民宿客栈管理等长效管理机制。积极争创全国文明城市、国家生态文明建设示范县，创成省级森林城市。

2. 全面推进小城镇环境综合整治。坚持“大整大治”工作导向，大力推进9个镇（街道）、11个老集镇综合整治，启动建设“八个一”工程，突出整治道乱占、车乱开、摊乱摆、房乱建、线乱拉等现象，西塘、姚庄、干窑率先完成整治任务，全域实现干净清爽、整齐有序的“洁净小镇”目标。推动综合执法、数字城管向基层延伸覆盖。

3. 深入推进治水拆违治气。坚决打赢污水剿灭战，出台“五水共治”新三年行动计划，深入实施河长制，清淤河道150万立方米，落实“三河”防反弹措施，交接断面考核继续保持优秀，县控以上断面Ⅲ类及以上水体占比75%以上。大力实施为期200天的治危拆违“五大攻坚战”，完成城乡危旧房治理、城中村改造、违法建筑拆除、“四无”企业整治、新居民管理和居住出租房屋整治等年度任务。健全有违必拆工作机制，全面整治拆除彩钢棚、码头堆场，创成“基本无违建县”。深入推进“五气共治”，全面淘汰高污染燃料锅（窑）炉。

（三）以深度接轨上海为重点，全力扩大开放合作

1. 积极发展外向型经济。对接国际通行规则，复制运用上海自贸区“先进区后报关”“第三方检验结果采信制度”等政策。推动企业“走出去”，鼓励开展跨国并购。优化出口退税服务，组织企业参加境内外交易会、境外专业博览会，不断扩大出口份额、开拓国际市场。积极推进中荷、中德等产业合作园建设。

2. 大力提升平台能级。嘉善经济技术开发区加大二次创业力度，统筹提升规划建设、集聚主导产业，努力在规模和质量上引领发展。浙江姚庄经济开发区壮大主导产业、特色产业规模，启动二期扩容，积极打造海峡两岸（嘉善）青年创业创新试验区。嘉善电子信息产业园大力发展进口贸易、保税物流、跨境电商，探索“前店后仓”等模式。西塘旅游休闲度假区全面完成古镇景区整治提升，大云温泉省级旅游度假区加快项目招商、项目建设。科创中心、归谷科技园、上海人才创业园引进科技项目110个以上。

3. 加快共享上海资源。建设姚杨公路、上海金泽水库嘉善应急备用水源等工程；开通直达松江、梅陇等重要交通枢纽、近轨道站点的通勤公交。积极推进毗邻地区一体化发展，联动推进产业项目招引。瞄准以上海为窗口的国内外旅游市场，加大上海客源市场精准营销力度。合作建设、认证供沪农产品生产基地，加强品牌、渠道营销。

（四）以统筹城乡建设为重点，全力推动融合发展

1. 加快建设中心城区。精心做好城市主要节点的功能规划和设计，加快推进“网之城”、高铁新城地块征迁、路网贯通和重点片区建设，启动实施体育南路、亭桥南路、环西南路、伍子塘路等南延“跨河联接”工程，全面建成云湖公园等项目，推动人气、商气向城市南部集聚。改善老城区环境面貌，加快改造老旧小区。新增公交线路3条、优化公交线路5条，实施新能源汽车分时租赁项目。启动建设中央公园、康济滨河公园、白水塘滨河公园。

2. 更加突出镇村建设。扎实推进姚庄、西塘、天凝小城市培育试点。巧克力甜蜜小镇加快建成核心区、提升全域环境；归谷智造小镇争取列入第三批省级特色小镇创建名单；积极培育互联网通信小镇、汾湖水上运动小镇。加大力度推进农房集聚，全面启动中心集聚点建设，解决农民建房刚需2000户以上。

3. 提升完善基础设施。启动

平黎公路嘉善段改(扩)建一期、兴善公路魏塘至干窑段、谈公路下穿沪昆铁路等工程。加快报批通用航空机场,启动建设通航产业园。加大污水处理设施建设力度,新建一、二级污水管网30公里,规划建设姚庄污水厂扩容工程。实施中心河拓浚、嘉善塘水系综合整治,协同推进生态护岸建设及河道沿线绿化工程。逐步修复简易填埋场,加强餐厨垃圾收集处理,启动建设大件垃圾拆解中心、建筑垃圾资源化利用工程;建立健全再生资源回收经营网络。新建、提升供水管网26公里。

(五)以创新社会治理为重点,全力增进民生福祉

1.创新更具实效的社会治理。深入推进"平安嘉善"建设,完善社会稳定风险防控体系,依法打击各类违法犯罪活动。加强矛盾纠纷多元化解,全面推广政府法律顾问、人民调解员参与接访机制,严格落实初次信访事项工作责任制,全力化解信访积案。加强社会安全管理,严格落实监管责任。积极创建省级食品安全县、省级双拥模范县。

2.实现更高水平的社会保障。深化户籍制度改革。推进大众创业促进机制改革,支持创业带动就业。城镇新增就业岗位10000个。积极推动社保扩面提质、市民卡发放、社保基金监管、"阳光医保"建设等工作。深化养老服务业综合改革,创新医养结合、互联网+养老服务、原居安养和家院融合等模式,建成县社会福利中心、老年活动中心。加强住房保障体系建设,强化公租房动态管理。

3.发展更加均衡的社会事业。加大校地合作办学、办医力度,积极与浙大在教育、卫生等领域开展合作。深化教育综合改革,实施"县管校聘"管理改革省级试点,启动建设上师大附校等5所学校,启用实验小学南校区,新建、改扩建幼儿园7所。深化医疗卫生体制改革,逐步完善分级诊疗、双向转诊体系,积极争取省级优质资源;启动县二院、干窑卫生院迁建工程,完成县中医院搬迁改造、姚庄医院等工程。全面打造"善文化"品牌升级版。认真做好国防、民防、民族宗教、档案、地方志、外事、侨务、气象等工作。

(六)以提升工作质量为重点,全力加强政府自身建设

1.坚持依法行政。自觉接受人大及其常委会的依法监督、政协的民主监督、司法机关的司法监督以及社会公众和新闻舆论监督,高质量办理人大代表议案、建议和政协委员提案。推动政府运行机制法治化,严格依据法定权限和法定程序行使权力、履行职责。强化合法性审查和备案审查,落实行政执法责任制。全面推进决策、执行、管理、服务、结果等政务公开。

2.强化创新担当。坚持问题导向、目标导向,不断增强勇于担当的底气和胆气。继续办好"善政学堂",健全"县长破难"、重点工作作战室、局长蹲点等制度,实行挂图作战、销号管理,强化执行刚性。健全容错纠错机制,营造"鼓励创新、宽容失败、允许试错"的氛围。

3.加强政府服务。着力推进工作重心下移、服务前移,切实解决事关群众切身利益的重点难点问题。坚决整治"庸懒散",消除机关"中梗阻",提高政府办事效率。深化"四张清单一张网"改革,突出落实"最多跑一次"和50天高效审批机制,探索建立区域环评、中介超市。

4.深化廉政建设。贯彻全面从严治党要求,高标准落实党风廉政建设责任制和廉洁从政各项规定;严格执行中央"八项规定"和省委"六个严禁"要求。深化惩治和预防腐败体系建设,强化重点领域、关键环节权力运行监督制约,坚决查办违纪违法案件。进一步规范建设工程招投标行为。

各位代表,干在实处永无止境,走在前列要谋新篇。让我们更加紧密地团结在以习近平同志为核心的党中央周围,在中共嘉善县委的坚强领导下,努力实现新一届政府的良好开局,为全面建成县域科学发展示范点和更高水平的小康社会而努力奋斗!

名词解释

【工业"2+2+2"产业】　是指大力发展壮大电子信息、先进装备制造两大主导产业,培育发展节能环保、通用航空两大成长型产业,做精做强品牌木业家具、高档纺织服饰两大传统产业。

【"三去一降一补"】　是指去产能、去库存、去杠杆、降成本、补短板。

【湾北二期】　是指杭州湾跨海大桥北接线二期工程。

【"两创"中心】　是指创业创新中心,新建的"两创"中心主要用于村级"低散弱"企业"退散进集"、集聚科技型中小企业和"专、

精、特"小微企业。

【四大领域责任保险】 是指食品生产、流通、餐饮服务及农产品四大领域。

【"国千""国万""省千"】 是指国家海外高层次人才引进计划、国家高层次人才特殊支持计划、浙江省海外高层次人才引进计划。

【"四个翻番"】 是指到2020年，地区生产总值和人均地区生产总值在2010年的基础上提前一年实现翻番、城乡居民人均可支配收入在2010年的基础上提前两年实现翻番。

【"四区一园"】 是指产业转型升级引领区、城乡统筹先行区、生态文明样板区、开放合作先导区和民生幸福新家园。

【"3＋3＋3"平台】 是指嘉善经济技术开发区、嘉善电子信息产业园和浙江姚庄经济开发区3个工业主平台，长三角嘉善科技商务服务区、西塘旅游休闲度假区和大云温泉省级旅游度假区3个服务业主平台和高铁新城上海人才创业园、归谷科技园、科创中心3个创新主平台。

【服务业"3＋3"产业】 是指现代物流、科技信息、现代金融等生产性服务业以及休闲旅游、健康服务、现代商贸等生活性服务业。

【断头路8条】 是指子胥南路(中山路至晋阳路)、罗星路东路(油车港桥)、开源西路(体育路至坛珑路)、环北西路(体育北路至环西南路)、铁南路(环东北路至善江公路)、泗州路(亭桥路至谈公路)、开源路人民港桥、开源路狗头泾港。

【双招双引】 是指招商引资、招才引智。

【海绵城市】 是指城市能够像海绵一样，在适应环境变化和应对自然灾害等方面具有良好的"弹性"，下雨时吸水、蓄水、渗水、净水，需要时将蓄存的水"释放"并加以利用，提升城市生态系统功能和减少城市洪涝灾害的发生。

【"四个年"】 是指生态建设深化年、产业发展突破年、社会治理创新年、工作质量提升年。

【"三权分置"】 是指在原有集体土地所有权和农民家庭承包经营权二权分离的基础上，将农民家庭承包经营权分解为承包权和经营权，从而实行所有权、承包权、经营权三权分置并行。

【"四换三名三加"工程】 是指腾笼换鸟、机器换人、空间换地、电商换市；大力培育名企、名品、名家；互联网＋""机器人＋""标准化＋"。

【"四无"企业】 是指无证无照、无安全保障、无合法场所、无环保措施的生产经营单位。

【城市综合养护管理"七个一"机制】 是指城市保洁"一把扫帚扫到底"、城市园林养护"一把剪刀修到底"、城市市政养护"一把泥刀补到底"、城市乱张贴清理"一把铲刀清到底"、城市亮化"一把闸刀管到底"、城市河道保洁"一张网兜捞到底"、城市停车收费"一张票子全覆盖"机制。

【"八个一"工程】 是指"一路、一街、一园、一场、一带、一河、一廊、一区"建设工程。"一路"即完成一条体现城镇特色的主要迎宾路，"一街"即完成一条高品位的商业街，"一园"即建成一个绿化景观公园，"一场"即建成一处方便市民就近停车的公共停车场，"一带"即建成一条贯通镇区的绿道轴带，"一河"即完成一条城镇主要河道整治，"一廊"即建成一条体现当地文化气息的休闲长廊，"一区"即完成一个老集镇区或历史街区的危旧房改造治理。

重要文件

浙江嘉善县域科学发展示范点建设第二阶段五年行动计划(2016—2020)

善委发〔2016〕1号

为全面推进县域科学发展示范点第二阶段建设,根据《浙江嘉善县域科学发展示范点建设方案》(以下简称《建设方案》)和《中共浙江省委、浙江省人民政府关于推进嘉善县域科学发展示范点建设的若干意见》的要求,结合国家新常态下的新理念、新要求,特制定本五年行动计划(共27项105条)。

一、总体要求

(一)建设目标

到2020年,全面完成县域科学发展示范点建设任务,全面建成更高水平小康社会,率先基本实现现代化。经济发展质量显著提升,社会事业全面发展,生态文明水平明显提高,城乡建设取得显著成效,治理体系更加完善,党的建设科学化水平显著提高,建成"物质富裕、精神富有"的美好新家园。全县常住人均地区生产总值达到10.8万元,服务业增加值占生产总值比重45%以上,R&D经费支出占GDP比重达到3%以上,常住人口城镇化率超过70%,城镇居民人均可支配收入、农村居民人均可支配收入分别达到6.8万元和4.1万元,单位GDP能耗完成上级下达指标。

——在创新发展上走在前列。集约发展、集聚发展、集群发展、创新发展的产业转型路径不断深化,着力构建创新平台完善、创新人才集聚、创新型企业竞相涌现的区域创新体系,打造先进制造业集聚发展、现代服务业成为新增长点、现代农业发展水平不断提升的现代产业体系,全面建设产业层次高、自主创新能力强的示范片区,为长江三角洲地区县域产业转型发展提供示范。

——在协调发展上走在前列。城乡空间结构进一步优化,新型城镇化水平进一步提升,省市小城市培育、美丽乡村建设继续走在省市前列。城乡一体的基础设施实现提档升级,城乡公共服务均等化水平实现新的提升,城乡居民收入差距进一步缩小,不断形成城乡相互促进、共同发展的新格局,为全国县域统筹城乡发展提供示范。

——在开放发展上走在前列。以上海为重点的区域合作不断深化,在产业平台共建、资源要素协作、科技创新合作、交通网络一体、社会民生共享等领域取得重大进展。浙江临沪产业合作园区、上海人才创业园和海峡两岸(嘉善)经贸合作平台基本建成,开放合作模式不断创新,开放合作水平不断提高,建设优势互补、互利共赢的示范片区,为大都市毗邻县依托大都市加快发展提供示范。

——在共享发展上走在前列。就业创新体系更加完善，城乡居民收入与经济发展保持同步增长，群众获得感和富足感进一步提升。社会保障体系更加健全，教育均衡发展水平进一步提高，医疗卫生体系更加完善，养老服务社会化水平有效提升。“善文化”区域文化品牌影响力不断扩大，社会文明素质明显提升。

——在绿色发展上走在前列。能源资源利用效率大幅提高，绿色、低碳生产生活方式水平进一步优化提升。主要污染物排放量持续下降，河道水质大幅改善，空气质量显著提升。城乡绿化水平显著提升，初步形成较为完善的生态文明制度体系，创建成为国家绿色能源示范县、生态文明建设试点示范区和美丽浙江先行区。

——在全面深化改革上走在前列。县域科学发展的共性难题和率先发展遇到的问题得到有效破解，为促进县域经济社会良性发展不断增强活力和潜力提供有益路径。综合配套改革取得重大成效，富有嘉善特色的原创性、品牌性改革实现重大突破，改革红利得到明显释放。

——在县域治理上走在前列。社会治理创新取得明显突破，率先基本建成法治政府和服务型政府，形成系统完备、衔接配套、科学规范、运行有效的县域治理现代化体系，努力打造公共利益最大化、政府功能最优化和资源配置效益最大化、效率最优化的县域治理样板。

——在基层党的建设上走在前列。思想建党和制度治党紧密结合，共同奋斗的思想基础进一步夯实。党员干部发展能力和水平有效提升，基层党组织整体功能得到强化，作风建设长效机制更加健全，党风廉政建设和反腐败工作成果不断巩固扩大，不断提高党的建设科学化水平，基层党建全面进步、全面过硬。

(二)基本原则

——注重连续性。坚持以《建设方案》为基础，继续围绕“三区一园”发展定位，巩固第一阶段建设成果，不断深化示范点建设内涵，全面推进第二阶段建设，确保《建设方案》确定的目标任务如期完成。

——注重时代性。全面贯彻党的十八大及十八届三中、四中、五中全会精神，体现“四个全面”战略布局要求，落实创新、协调、绿色、开放、共享五大发展理念，打造示范点升级版。

——注重衔接性。紧扣示范点建设目标任务，与国家、省、市各项战略部署和县“十三五”规划相衔接，以示范点建设引领全县各项事业发展。

——注重可操作性。坚持定性目标与定量目标相结合，重点突破和全面推进相统一，科学安排年度任务，细化责任分工，健全推进机制，确保任务落实。

二、重点任务

(一)围绕创新发展，全面深化产业转型升级引领区建设(4项26条)

1. 更加注重创新驱动，扎实推进创新型社会建设(8条)

(1)整合县内科技创新资源和要素，继续推进创新型县建设，建成国家可持续发展实验区，创建省级高新技术产业园区。到2020年，规上高新技术产业产值占全县规上工业总产值的40%。

牵头领导：高　嵩

牵头单位：县科技局

责任单位：县经信局、县发改局(服务业发展局)、县开发区，罗星街道、西塘镇

(2)创新人才培育和引进模式，完善国内外高层次人才资源开发利用的政策措施，促使人才资源向全县重点产业集聚。到2020年，力争全县“千人计划”专家达到80人以上，“创新嘉善·精英引领计划”项目80个以上。

牵头领导：朱学军

牵头单位：县委组织部

责任单位：县人力社保局、县科技局、县经信局、县商务局，各镇、开发区(街道)

(3)积极引育创业创新主体，深入实施品牌、标准化和专利战略，鼓励各级企业建立研发中心、院士专家工作站、博士后工作站、产学研基地等，着力培育一批有影响力的创新型领军企业，推动科技型中小企业健康发展。到2020年，累计实现高新技术企业超100家，省级科技型中小企业超400家，各级企业研发中心超300家，企业技术中心超70家。

牵头领导：高　嵩

牵头单位：县科技局

责任单位：县经信局、县质监局、县市场监管局、县委组织部、县人力社保局、县科协，各镇、开发区(街道)

(4)加快推进高铁新城上海人才创业园建设，设立人才创业服务中心，建立大学生创业学院，打造省级人才创业重点园区。

牵头领导：何全根

牵头单位：长三角嘉善科技商务服务区管委会

责任单位：县人力社保局、县教育局、县委组织部、县发改局（服务业发展局）、县科技局、县金融办、县商务局、县经信局

（5）加快提升国家级科创中心建设，建立创业苗圃面积1000平方米，孵化器面积11.4万平方米，加速器面积5万平方米，构建完整的“苗圃—孵化—转化—产业化”创新链条，创建国内一流、区域标杆的创业孵化服务体系。

牵头领导：高　嵩

牵头单位：县科技局

责任单位：县委组织部、县人力社保局、县经信局、县发改局（服务业发展局）、县科协

（6）加快中国归谷嘉善科技园建设，重点培育电子信息和医疗器械产业，加快推进软通动力嘉善物联网产业基地建设，到2020年，园区产值达到50亿元以上。

牵头领导：高　嵩

牵头单位：罗星街道

责任单位：县科技局、县委组织部、县人力社保局、县经信局、县发改局（服务业发展局）

（7）推广创客空间、创新工场等新型孵化模式，加快构建一批为创业者提供低成本、便利化、全要素、开放式的众创、众包、众扶、众筹“四众”支撑平台，全力打响“创客嘉善”品牌。

牵头领导：高　嵩

牵头单位：县科技局

责任单位：县委组织部、县人力社保局、县经信局、县发改局（服务业发展局）、县科协

（8）积极推进巧克力甜蜜小镇、归谷智造小镇、智慧通信小镇等一批特色小镇培育建设。到2020年争创省市特色小镇5个以上。

牵头领导：何全根

牵头单位：县发改局（服务业发展局）

责任单位：县科技局、县人力社保局、县经信局、县住建局（人防办）、县国土局、县旅游局，各镇、开发区（街道）

2.更加注重质量效益，大力推进制造业强县建设（7条）

（1）大力发展壮大电子信息、先进装备制造两大主导产业，培育发展节能环保、通用航空等战略性新兴产业，做精做强品牌木业家具、高档纺织服饰等传统产业，打造形成具有核心竞争力的现代产业集群，建设新型工业化产业示范基地。到2020年，两大主导产业占比达到50％以上。

牵头领导：曹国良

牵头单位：县经信局

责任单位：县发改局（服务业发展局）、县科技局、县环保局、县商务局、县质监局，各镇、开发区（街道）

（2）加速推进产业结构优化调整，深入实施要素差别化配置机制，坚定不移稳增长、调结构、强创新、促融合、推绿色、优环境，持续打好“四换三名”组合拳，实现制造业发展从规模扩张转向质量和效益提升。到2020年，规上工业企业亩均税收和劳动生产率年均增长10％以上。

牵头领导：曹国良

牵头单位：县经信局

责任单位：县发改局（服务业发展局）、县国土局、县审批服务中心、县商务局、县科技局、县质监局、县环保局，各镇、开发区（街道）

（3）加快实施“互联网＋智能制造”战略，建立信息化与工业化深度融合机制，培育一批两化融合示范企业。到2020年，全县信息化指数达到0.97。

牵头领导：曹国良

牵头单位：县经信局

责任单位：县发改局（服务业发展局）、县科技局、县商务局、县工商联，各镇、开发区（街道）

（4）加大企业股改、挂牌及上市培育力度，鼓励企业做大做强。到2020年，完成股改50家，新增自主培育上市企业10家，实现营业收入超100亿元企业3～5家、超10亿元企业15～20家。

牵头领导：曹国良

牵头单位：县金融办、县经信局

责任单位：县发改局（服务业发展局）、人行嘉善县支行、县银监办、县财政地税局、县工商联，各镇、开发区（街道）

（5）国家级嘉善经济技术开发区，加快西区转型提升和东区集聚集群步伐，重点发展先进装备制造、电子信息产业，提升发展品牌木业家具产业，着力提高单位产出贡献率，创建国家级转型升级示范开发区。到2020年，开发区规上工业总产值达600亿元。

牵头领导：曹国良

牵头单位：县开发区

责任单位：县经信局、县发改局（服务业发展局）、县商务局、县科技局、县国土局、县环保局、县市场监管局、县质监局

（6）嘉善县电子信息产业园（综合保税区B区），推动进口贸易、保税物流、跨境电子商务平台建设和实质运营，重点发展电子信息、保税物流。到2020年，电

子信息产值超200亿元，进出口货物总值超300亿元。

牵头领导：曹国良

牵头单位：西塘镇（电子信息产业园管委会）

责任单位：县发改局（服务业发展局）、县经信局、县商务局、海关嘉善办事处、海关嘉兴综保区B区办事处

（7）姚庄经济开发区，积极推动精密机械产业向分工细化、高端智能、链条延伸等方向发展，延伸以新能源为重点的节能环保产业链，到2020年，园区总产值达400亿元。

牵头领导：曹惠明

牵头单位：姚庄镇

责任单位：县经信局、县发改局（服务业发展局）、县商务局、县科技局、县环保局

3.更加注重特色领域，全力推进现代服务业发展（6条）

（1）加快发展现代物流、科技信息、现代金融等生产性服务业，提升发展休闲旅游、健康服务、现代商贸等生活性服务业，大力促进传统服务行业与“互联网＋”应用，加快培育引进一批服务业重大优质项目，努力创建省级服务业强县。

牵头领导：沈康明

牵头单位：县发改局（服务业发展局）

责任单位：县经信局、长三角嘉善科技商务服务区管委会、县卫生计生局、县民政局、县旅游局、县商务局、县金融办、县科技局、县文化局，各镇、开发区（街道）

（2）加快长三角嘉善科技商务服务区（高铁新城）基础设施建设，重点发展信息经济、文化创意旅游、智能制造，实现产业、旅游、商业与居住的有机融合。到2020年，企业入驻率达到50％、产业集聚度达到50％，在全省服务业集聚区排名前30名。

牵头领导：施晓松

牵头单位：长三角嘉善科技商务服务区管委会

责任单位：县发改局（服务业发展局）、县经信局、县旅游局、县商务局、县住建局（人防办），罗星街道、大云镇

（3）加快西塘休闲旅游集聚区和大云温泉省级旅游度假区建设，高标准推进汾湖旅游保护与开发。西塘景区成功创建国家5A级旅游景区，云澜湾温泉景区与歌斐颂巧克力景区成功创建4A级旅游景区。

牵头领导：许春红

牵头单位：县旅游局

责任单位：县发改局（服务业发展局），西塘镇、大云镇、陶庄镇

（4）推进县开发区、综合保税区B区、华东木业家居市场集群间的物流联动，强化龙头企业带动，不断完善现代物流体系，加快建设县域物流公共服务平台，打造省级示范物流园区。

牵头领导：沈康明

牵头单位：县发改局（服务业发展局）

责任单位：县交通局、县商务局、县国土局，县开发区、魏塘街道、西塘镇

（5）突出楼宇资源整合，加大楼宇扶持力度，创新招商服务模式，制定“一楼一策”专项方案，积极打造产业样板楼宇、品牌样板楼宇。到2020年，全县重点楼宇入驻率、注册率及税收贡献率力争分别达到80％、90％、10％。

牵头领导：沈康明

牵头单位：县发改局（服务业发展局）

责任单位：长三角嘉善科技商务服务区管委会、县住建局（人防办）、县财政地税局、县统计局、县经信局、县商务局、县市场监管局、县国税局、县工商联，各镇、开发区（街道）

（6）稳步推进服务业资源要素配置改革，修订完善服务业扶持政策，不断加大服务业创业创新扶持力度。到2020年，服务业增加值占生产总值比重45％以上。

牵头领导：沈康明

牵头单位：县发改局（服务业发展局）

责任单位：县财政地税局、县统计局、县市场监管局、长三角嘉善科技商务服务区管委会、县住建局（人防办）、县国土局，各镇、开发区（街道）

4.更加注重转型提升，扎实推进农业现代化建设（5条）

（1）提升农业“两区”建设品质，积极建设农业产业集聚区和特色农业强镇。大力发展现代生态循环农业，加快种植业、畜牧业和渔业转型升级。到2020年，全面完成省农业重大项目（嘉善县精品农业园区）建设，新增省级特色农业强镇1个、主导产业示范区2个、特色农业精品园2个。

牵头领导：殳世平

牵头单位：县农经局（农办）

责任单位：县粮食局、县财政地税局，各镇（街道）

（2）推进农业发展方式转变，积极推动精品农业向跨界农业转型，深化农业＋旅游、农业＋工业模式，加快实现高效生态农业、休闲旅游业等产业融合发展，发挥三次产业联动效应，努力建设高

质量、高水平的现代农业强县，农业现代化发展水平突破90分。

牵头领导：殳世平

牵头单位：县农经局（农办）

责任单位：县旅游局、县科技局，各镇（街道）

（3）大力发展"互联网＋"现代农业，推进农业现代化与信息化"两化"融合发展，探索智慧农业、物联网农业的实现新途径。做大做强"银加善"集体品牌，创新农产品流通方式，全力推广农村电商、邮政直销等模式。创新"互联网＋农民"，大力培育一批专业技术人才、新型职业农民。

牵头领导：殳世平

牵头单位：县农经局（农办）

责任单位：县供销社（农合联）、县商务局、县人力社保局，各镇（街道）

（4）构建农业新型保障体系，积极促进土地等生产要素向经营主体集中，发展适度规模经营。强化农业科技创新，提高全程机械化、标准化、信息化水平，完善农业社会化服务体系。大力发展农业行业领军企业，鼓励企业上市。打造农安嘉善智慧监管品牌，建成国家农产品质量安全县。

牵头领导：殳世平

牵头单位：县农经局（农办）

责任单位：县市场监管局，各镇（街道）

（5）加快推进中小河流综合整治及水系连通工程，完成城区河道的水系沟通、水生态修复以及建设完成智能化管理河道，全县整治河道150公里。

牵头领导：殳世平

牵头单位：县水利局

责任单位：县农经局（农办）、县财政地税局、县国土局，各镇（街道）

（二）围绕协调发展，全面深化城乡统筹先行区建设（3项11条）

1. 优化县域规划布局（3条）

（1）优化县域主体功能区，坚持并深化"东重西优、生态两翼"发展格局，合理布局重点发展区、优化发展区、生态经济区和生态保护区，加快促进人口、经济、资源环境的空间均衡。

牵头领导：何全根

牵头单位：县发改局

责任单位：县住建局（人防办）、县国土局、县环保局，各镇、开发区（街道）

（2）深入推进"多规合一"，在主体功能区指导下统筹各类空间规划，科学布局城镇、农业和生态三类空间，落实生态保护、农田保护、建设用地、产业区块四条控制线，优化县域国土空间发展格局，强化功能分区管控，推进资源集约利用，完善规划管理机制。

牵头领导：施晓松

牵头单位：县多规办

责任单位：县住建局、县发改局、县国土局、县环保局、县农经局（农办），各镇、开发区（街道）

（3）实施差异化考核机制，实行差异化的资源配置机制和财政分配体制，推进县域空间布局规划落实。

牵头领导：滕根林、施晓松

牵头单位：县督考办、县多规办

责任单位：县商务局、县环保局、县财政地税局、县国土局、县经信局，各镇、开发区（街道）

2. 深入推进新型城镇化（3条）

（1）深入推进中心城区发展，优化空间布局结构、突出生态宜居功能、提升空间特色形象，强化县域核心地位，增强人口集聚和功能辐射能力，全面建成白水塘以北城区，高铁新城建设初具规模。

牵头领导：施晓松

牵头单位：县住建局（人防办）

责任单位：长三角嘉善科技商务服务区管委会，魏塘街道、罗星街道、开发区（惠民街道）

（2）推进城镇特色化发展，深化姚庄统筹城乡改革试验，加快人口集聚，打造成为浙江临沪水乡田园新城。加强西塘古镇保护与开发，扩大旅游辐射效应，完善基础设施和公共服务功能，提升集聚能力。优化天凝镇域空间布局，提升省级中心镇发展能级。增强干窑与中心城区配套发展能力，加快大云生态旅游发展，推动陶庄转型发展。

牵头领导：何全根

牵头单位：县发改局

责任单位：县住建局（人防办）、县经信局、县国土局、县农经局（农办）、县环保局、县旅游局，姚庄镇、西塘镇、天凝镇、干窑镇、大云镇、陶庄镇

（3）深入推进美丽乡村建设，着力打造美丽乡村升级版，形成以大云镇小循环为基础的南部田园水乡风光线，以姚庄镇、陶庄镇小循环为基础的北部生态水韵风情线。到2018年，完成全县22个美丽乡村精品村的建设和提升，实现南、北两条美丽乡村精品线基本贯通。

牵头领导：殳世平

牵头单位：县农经局（农办）

责任单位：各镇、开发区（街道）

3. 深入推进城乡基础设施建设(5条)

(1)构建方便快捷的综合交通体系,加快平黎公路改(扩)建、杭州湾跨海大桥北接线二期工程、丁凝公路改建拓宽、丁诸线航道等交通基础设施建设,提升农村公路等级,提升综合交通信息化水平。继续实施公交优先发展战略,完善公共自行车服务体系。强化交通拥堵治理,完成体育北路和谈公北路两个重大治堵工程项目建设。

牵头领导:施晓松

牵头单位:县交通局、县住建局(人防办)

责任单位:县发改局、县交投集团、县城投集团

(2)深入推进城乡水务建设一体化,完善城乡一体供水网建设,确保太浦河取水二期工程等重点工程完成建设。加快嘉善上海松浦大桥应急备用水源工程建设。加快污水管网和污水处理厂的建设,实现城区污水收集管网全覆盖。到2020年底,全县污泥无害化处理处置率达到95%,中心城区污水处理率达到90%以上,其余各镇区达到80%以上。

牵头领导:沈康明

牵头单位:县住建局(人防办)、县水务集团

责任单位:县发改局、县水利局、县环保局、县农经局(农办),各镇、开发区(街道)

(3)完善天然气利用工程,在确保居民与重要公共设施用气的基础上,进一步拓展天然气应用领域。到2020年底,全县燃气普及率达到100%,管道天然气逐步替代瓶装液化气,中心城区居民管道天然气气化率达到55%,各镇、开发区(街道)管道天然气气化率达到30%～40%。

牵头领导:施晓松

牵头单位:县住建局(人防办)

责任单位:县发改局、县经信局、县城投集团,各镇、开发区(街道)

(4)完善城乡环卫一体化机制,探索建立"智能环卫"体系,构建环卫一体监控平台。推进生活垃圾分类工作,完善垃圾分类硬件基础。城乡生活垃圾无害化处理率达到100%。

牵头领导:施晓松

牵头单位:县住建局(人防办)

责任单位:县发改局、县环保局,各镇、开发区(街道)

(5)建设"智慧嘉善"公共服务平台,积极推进归谷科技园智慧应用发展试点。加快实现新一代电信网、广电网与互联网"三网融合",争创省市"三网融合"试点。加速推进无线局域网全覆盖建设,2020年前实现全县城区全覆盖。

牵头领导:曹国良

牵头单位:县经信局

责任单位:县住建局(人防办)、县广电台,各通讯公司

(三)围绕开放发展,全面深化开放合作先导区建设(3项10条)

1. 优化合作环境,进一步深化重大平台建设促进合作共赢(3条)

(1)提升嘉善经济技术开发区主平台功能,积极推进浙江中荷(嘉善)合作产业园建设,以开发区东区为核心区,加快推进临沪产业合作园区建设。以姚庄镇作为融入上海的战略重镇,进一步打破区域"壁垒",加强与上海毗邻区域在基础设施、生态环境、产业经济、科技创新等方面的联动发展,着力打造沪浙产业协同创新小镇。

牵头领导:曹国良

牵头单位:县开发区、姚庄镇

责任单位:县发改局(合作交流办)、县经信局、县商务局、县国土局、县市场监管局、县住建局(人防办)、县交通局、县环保局、县科技局

(2)加快综合保税区B区发展,加强与上海自贸区的深度合作,以经验复制、功能联动、项目协作为重点,成为上海自贸区的深度合作区和创新制度的率先复制区,打造成长三角保税物流辐射基地。

牵头领导:曹国良

牵头单位:综合保税区B区管委会

责任单位:县发改局(合作交流办)、县商务局、海关嘉善办事处、海关嘉兴综保区B区办事处,西塘镇

(3)推进海峡两岸(嘉善)经贸合作平台建设,创建海峡两岸(嘉善)青年创业创新试验区,打造两岸青年创业创新试验基地、两岸产业深化合作示范基地、台资企业转型升级示范基地。

牵头领导:曹国良

牵头单位:县台办

责任单位:县商务局、县科技局、长三角嘉善科技商务服务区管委会、县开发区,罗星街道、姚庄镇

2. 推进共建共享,进一步深化以接轨上海为重点的区域合作(4条)

(1)推动跨区域合作机制不断

完善，加强与上海政府机构、高端智库合作，开展跨行政区域合作模式和机制等重大问题研究，加强与上海高品质工业园区、科技园区、科研院所深度对接，创新跨区域合作模式，重点推进跨区域平台共建共享，加强与松江区、金山区、青浦区等毗邻区县的联系对接，建立产业合作、社会管理、生态环保、信息共享的联动机制。

牵头领导：曹国良

牵头单位：县发改局（合作交流办）

责任单位：县商务局、县科技局、县经信局、县环保局、县委政法委，开发区（惠民街道）、姚庄镇

（2）加强产业融合，围绕上海“四个中心”及具有全球影响力的科技创新中心建设，结合嘉善原有产业优势，加快发展与上海航空航天、新能源汽车等战略性新兴产业相配套的产业，承接商务会展、文化创意等现代服务业外溢，推动上海高端科技创新成果在嘉善转化。

牵头领导：曹国良

牵头单位：县发改局（合作交流办）

责任单位：县经信局、县科技局、县商务局、县文化局，各镇、开发区（街道）

（3）推进基础设施共建共享，力争开通嘉善至上海的市郊列车、嘉善至上海松江地铁站的通勤巴士，力争上海梅陇至枫泾公交线路向嘉善延伸，加快与上海毗邻乡镇公交一体化进程。

牵头领导：施晓松

牵头单位：县交通局

责任单位：县发改局（合作交流办）、县交投集团、开发区（惠民街道）

（4）推进公共服务有效对接，探索建立与上海优质学校、知名医院更加紧密的合作关系，积极引入上海优质学校或国际学校和高端医疗服务机构，争取公交、医疗等异地双向“一卡通”机制取得实质性突破。探索建立上海迪士尼游客分享合作机制，实现游客和旅游资源共享。

牵头领导：高　嵩

牵头单位：县府办

责任单位：县发改局（合作交流办）、县教育局、县交通局、县卫生计生局、县人力社保局、县旅游局

3. 坚持主动开放，进一步深化以招商引资为重点的开放合作（3条）

（1）强化招商引资“一号工程”，提升招商引资质量，调整招商引资模式，优化招商引资环境，重点引进世界500强投资项目、全球行业领先企业投资项目以及新兴业态项目。引导和鼓励外资投向高端制造业、高新技术产业、现代服务业、新能源和节能环保产业，力争五年完成实际外资总量25亿美元。

牵头领导：曹国良

牵头单位：县商务局

责任单位：县经信局、县发改局（服务业发展局）、县农经局（农办），各镇、开发区（街道）

（2）丰富利用外资方式，鼓励外资以参股、并购等方式参与县内企业改组改造和兼并重组，支持民营企业海外上市、引入风险基金和私募股权基金参与股权投资和建立并购基金。鼓励引进外商投资性公司、外资融资租赁公司和外资创投公司。鼓励外资企业增资和利润再投资，促进现有外资企业转型升级。

牵头领导：曹国良

牵头单位：县商务局

责任单位：县金融办、人行嘉善县支行、县发改局（服务业发展局）、县经信局、县科技局，各镇、开发区（街道）

（3）大力实施“走出去”战略，引导企业通过境外直投、参股、并购等，完善全球营销网络体系。大力发展境外资源合作开发，深化各种产业国际合作。力争五年内境外投资总额达到1亿美元。到2020年，进出口总额突破40亿美元。

牵头领导：曹国良

牵头单位：县商务局

责任单位：县发改局（服务业发展局）、县经信局、海关嘉善办事处、国检嘉善办事处，各镇、开发区（街道）

（四）围绕共享发展，全面深化民生幸福新家园建设（4项14条）

1. 全力推进教育现代化（4条）

（1）努力提高教育质量，深化课程、招生制度改革，建立以教育质量为主要内容的学校目标责任制考核制度。进一步优化学校布局，提升办学理念，提高学校管理水平。发挥省名师名校长嘉善分站的作用，加大教师培养力度。

（2）高水平普及十五年基础教育，实施学前教育第二轮三年行动计划，积极引进各类社会资本参与建设幼儿园。到2017年，全县新建和改扩建幼儿园16所，等级幼儿园比例达到95%以上。进一步探索集团化办学模式改革，加大中小学与高校、名校合作，引进高校附属学校1～2所。

(3)加强专业和实训基地建设,2所职业学校建成省改革发展示范校,争创国家改革发展示范校。进一步健全成人教育体制、完善社区教育网络,到2020年,建成国家社区教育示范区。

(4)巩固和扩大义务教育学校教师流动成果,实施教师人事制度综合改革,从编制管理、岗位设置、职称评审、绩效评价及进退机制等方面探索"县管校用"的体制机制。

牵头领导:高　嵩

牵头单位:县教育局

责任单位:县编委办、县人力社保局、县财政地税局,各镇、开发区(街道)

2.完善医疗卫生服务体系(3条)

(1)完善城乡公共卫生服务体系,推进公共卫生服务机构标准化建设,重点加强嘉善县级公共卫生重点实验室、公共健康协创中心、妇幼计生服务中心和精神卫生中心建设,强化公立医院公共卫生服务功能,到2020年,居民主要健康指标达到中等发达国家水平,千人医生数达到3.2人。

(2)提升医疗机构基础设施建设,完成县第一人民医院二期、县第二人民医院迁建工程,加快建设县第一人民医院三期、县妇保院。建成集智慧医院系统、区域卫生系统、家庭健康系统三者合一的智慧医疗体系。

(3)逐步完善分级诊疗政策体系,形成基层首诊、双向转诊、急慢分治、上下联动的分级诊疗模式。基层医疗卫生机构门急诊就诊人次比例达到65%以上,县域内就诊率达到90%。

牵头领导:高　嵩

牵头单位:县卫生计生局

责任单位:县发改局(服务业发展局),各镇、开发区(街道)

3.完善社会养老服务体系(2条)

(1)打造智慧养老服务平台,建立"一网九圈百站"的养老服务网络。启用县老年活动中心、县养老服务指导中心、县社会福利中心。到2020年,每千名老人拥有社会福利机构床位数50张。

(2)推动养老服务业政策、服务供给模式、基本保障制度和监管方式创新,着力提升托底型养老、扩大普惠型养老、推动产业化养老,满足老年人多样化养老服务需求。到2020年,全面建成以居家为基础、社区为依托、机构为支撑的养老服务体系,基本形成"95·5·3"的养老服务总体格局。

牵头领导:许春红

牵头单位:县民政局

责任单位:各镇、开发区(街道)

4.完善社会保障体系(5条)

(1)深入实施就业优先战略,加强公共就业服务品牌化建设,高度重视以高校毕业生为重点的青年就业工作,深入实施"大众创业,万众创新",以创业带动就业。到2020年,新增城镇就业5万人,城镇失业人员再就业1.5万人,困难人员再就业6000人,城镇登记失业率控制在4.0%以下较低水平。加强就业人员职业技能培训,到2020年,新增高技能人才1.2万人,职业技能鉴定发证人数3.5万人以上。

(2)完善城乡居民基本养老保险、被征地农民基本生活保障和职工基本养老保险的衔接制度,完善城乡居民基本养老保险和职工基本养老保险跨统筹地区转移接续政策,全面实施机关事业单位养老保险制度改革。到2020年,全县企业养老保险参保人数达到25万人,机关事业养老保险参保人数达到1.4万人。

(3)加强多层次医疗保险体系建设。巩固"阳光医保"试点成效,大力推进医疗保险支付方式改革,逐步完善基本医疗保险门诊统筹、大病保险制度。进一步促进基本医保与商业健康保险相互补充和有效衔接。到2020年,全县基本医疗保险参保人数达到20.5万人以上。

牵头领导:何全根

牵头单位:县人力社保局

责任单位:县教育局、县卫生计生局、县民政局、县国土局

(4)加强对全县低保对象、困境儿童及各类困难群体的救助力度,健全制度完善、相互衔接、运行有效的社会救助管理体制和运行机制。完善信息管理系统和核对平台建设,确保困难群众"求助有门,受助及时",实现精确救助。

牵头领导:许春红

牵头单位:县民政局

责任单位:县残联

(5)深化完善住房保障体系,新开工建设500套共计3.25万平方米政府投资建设保障性住房,新增公共租赁住房实物配租200户,租赁补贴350户,经济适用住房实物配售600套,货币补贴200套,城镇住房保障实施比率达到23%。

牵头领导:施晓松

牵头单位:县住建局(人防办)

责任单位:县发改局、县城投

集团、县国土局、县财政地税局、县民政局

（五）围绕绿色发展，全面深化绿色水乡人文胜地建设（3项13条）

1. 全面打造精致水乡（5条）

（1）深入实施“美丽嘉善”建设行动计划，加快打造“美丽县城、美丽城镇、美丽乡村、美丽通道”，力争到2018年基本建成宜居、宜业、宜游的美丽新家园。

牵头领导：滕根林、武曜云

牵头单位：县创建办（美丽办）

责任单位：县委宣传部（县文明办）、县环保局、县住建局（人防办）、县农经局（农办）、县交通局、县水利局、县综合行政执法局、县市场监管局、县国土局、县治水办、县治气办、县水务集团、县交投集团、县城投集团、县商投集团，各镇、开发区（街道）

（2）统筹推进生态保护，完善并严格执行生态红线制度，分类实施生态环境保护措施，全力打造南北部生态屏障。巩固国家生态县创建成果，积极创建国家生态文明建设试点示范县。

牵头领导：曹国良

牵头单位：县生态办

责任单位：县环保局、县住建局（人防办）、县国土局、县农经局（农办）、县水利局，各镇、开发区（街道）

（3）大力实施绿化造林工程，推进绿道、绿化建设，不断充实拓展城乡绿色生态空间内涵，加快形成水、绿共生互融的城乡生态系统，实现全县林木覆盖率18%。

牵头领导：殳世平

牵头单位：县农经局（农办）

责任单位：县住建局（人防办）、县交通局、县交投集团、县国土局、县水利局，各镇、开发区（街道）

（4）深入推进“五水共治”、“五气共治”和土壤污染综合治理，积极推进“海绵城市”建设，到2020年，主要河流水质改善明显，水体总体达到水环境功能区水质要求，饮用水水质达标率达100%，建成节水型城市。空气质量达到二级标准的天数比例达到80%，秸秆综合利用率达到95%。

牵头领导：曹国良、殳世平

牵头单位：县治水办、县治气办

责任单位：县环保局、县住建局（人防办）、县国土局、县经信局、县农经局（农办）、县水利局、县综合行政执法局、县交通局、县水务集团，各镇、开发区（街道）

（5）打好“三改一拆”攻坚战，深入推进“无违建”创建，力争到2016年底，60%以上的镇（街道）创建成功，2018年“无违建县”创建完成。

牵头领导：施晓松

牵头单位：县三改一拆办

责任单位：县住建局、县国土局、县综合行政执法局，各镇、开发区（街道）

2. 持续推进绿色低碳循环发展（4条）

（1）继续实施“低小散”块状行业整治提升工程，健全能源“双控”长效机制，完善绿色制造体系。加快淘汰落后产能，积极稳妥化解过剩产能，依法依规处置“僵尸企业”。确保完成上级下达的淘汰落后产能与节能降耗目标任务。

牵头领导：曹国良

牵头单位：县经信局

责任单位：县环保局、县质监局、县发改局（服务业发展局），各镇、开发区（街道）

（2）大力发展循环经济，广泛推广循环经济产业发展模式，构建循环经济产业链，建成一批循环经济示范工程及重点项目。建设资源节约循环利用体系，全面提高资源利用效率，建成省级循环经济示范县。

牵头领导：何全根

牵头单位：县发改局（服务业发展局）

责任单位：县经信局、县农经局（农办）、县环保局、县科技局，各镇、开发区（街道）

（3）积极发展天然气、太阳能等清洁能源和可再生能源，推进姚庄新能源示范镇建设，推进低碳工业园区、低碳社区等建设，推进分布式光伏发电应用、绿色生活方式和低碳交通发展。加快建设热力管网和热电厂提升改造工程，大力开展VOCs治理。到2020年，万元GDP综合能耗和二氧化碳排放下降率完成上级下达指标。

牵头领导：何全根

牵头单位：县发改局（服务业发展局）

责任单位：县经信局、县农经局（农办）、县环保局、县科技局、县交通局、县交投集团，各镇、开发区（街道）

（4）推进低效利用土地再开发，建立健全落后低效产能退出机制，集约、高效利用土地资源。

牵头领导：殳世平

牵头单位：县国土局

责任单位：县发改局（服务业发展局）、县经信局、县农经局（农办）、县环保局、县住建局（人防办），各镇、开发区（街道）

3. 大力推进以"善文化"为核心的文化名城建设(4 条)

(1)打造"善文化"品牌升级版,全面推进社会主义核心价值观在县域层面落地生根,形成具有嘉善地方特色的地域人文品牌。积极推进浙江省基层宣传思想文化工作"十百千"典型培育县建设,进一步加大全国县级文明城市创建力度,实施市民文明素质提升工程。

(2)加强公共文化设施规划建设,建成图书馆、博物馆新馆等文化惠民工程,推进农村文化礼堂和城市社区文化家园建设,推广文化庭院建设创新机制,实施文艺精品培育工程,巩固嘉兴市创建国家公共文化服务体系示范区成果。

(3)加大历史文化名城名镇名村、历史建筑和文物保护工作力度。保护和传承嘉善田歌、京砖烧制、嘉善宣卷等具有传统文化特色的非物质文化遗产。

(4)完善全县文化产业政策体系,构筑文化产业集聚发展新平台,重点发展文化信息业、文化旅游业、创意设计业、工艺美术品业等新业态,打造文化产业示范基地。

牵头领导:武曜云、高　嵩

牵头单位:县委宣传部(县文明办)、县文化局

责任单位:县发改局(服务业发展局)、县旅游局、县文联,各镇、开发区(街道)

(六)围绕破解县域发展的矛盾和问题,全面深化综合配套改革(4 项 13 条)

1. 加快推进产业转型升级的体制创新(4 条)

(1)推进大众创业促进机制改革省级试点。优化大众创业投资环境,打造多元公共服务平台,建立创业辅导服务机制,完善政府服务功能。建立政策引导、资金保障机制。多渠道引导创业创新。

牵头领导:何全根

牵头单位:县人力社保局

责任单位:县市场监管局、县审批服务中心、县委组织部、县科技局、长三角嘉善科技商务服务区管委会、县教育局、县财政地税局、县发改局、团县委、县商务局、县经信局、县农经局(农办)、县金融办,各镇、开发区(街道)

(2)深入推进资源要素差别化配置改革。完善工业企业亩均绩效评价办法,建立多要素指标综合评价机制。深化土地使用税、水电气等差别化价格机制,完善用地、用电、银行信贷等差别化管理机制。深入实施用能总量核定和指标交易及排污权有偿使用和交易等制度。建设综合性要素交易平台。

牵头领导:曹国良

牵头单位:县经信局

责任单位:县发改局、县国土局、县环保局、县审批服务中心、人行嘉善县支行

(3)深化金融支持实体经济发展的体制机制创新。推进省级金融创新示范县建设,完善创业投资和股权投资促进机制,完善科技银行运行机制。鼓励和支持企业进入多层次资本市场,提高直接融资比重。深化县财政性资金存款存放与银行贡献度挂钩激励机制。建立政府产业引导基金和基础设施投资基金。

牵头领导:何全根

牵头单位:县金融办

责任单位:县财政地税局、人行嘉善县支行、县银监办

(4)推进土地要素保障机制。开展土地管理制度综合改革省级试点。探索农村土地三化整治—节余指标交易—山海协作指标置换—指标交易收益分配机制改革链。开展工业用地市场化配置改革,率先建立工业用地价格市场化形成机制。探索土地二次出让机制。

牵头领导:殳世平

牵头单位:县国土局

责任单位:县经信局

2. 加快城乡统筹发展体制改革(4 条)

(1)深化县城基础设施投融资体制改革国家级试点。全面推广政府和社会资本合作模式、政府购买服务等方式,吸引社会资本参与重大基础设施建设。拓宽市场化融资渠道,引导金融机构加大对县城基础设施项目的信贷支持。

牵头领导:何全根

牵头单位:县发改局

责任单位:县财政地税局、县金融办、人行嘉善县支行

(2)深化推进农村产权制度改革。深化农村集体经济股权、农村土地承包经营权、农村宅基地使用权确权工作。推进农村集体经济股权活权改革,规范股权管理办法。健全农村土地承包信息管理系统,推进农村承包土地经营权抵押国家级试点。试点开展农村宅基地使用权和住房所有权"二证合一"登记,探索农村宅基地自愿有偿退出和有偿使用机制。深化"三权三抵押"机制,推进农村产权流转交易市场建设。

牵头领导:殳世平

牵头单位：县农经局（农办）

责任单位：县国土局、县住建局（人防办）、县财政地税局、县金融办、人行嘉善县支行

（3）加快推进农业经营体制改革。在农村耕地实行所有权、承包权、经营权“三权分置”基础上，引导农民以多种方式流转承包土地经营权，探索土地经营权入股、托管等实现形式，推进规模经营，优化经营主体的法人治理结构。引导各类农业经营主体通过相互参股等形式开展合作。开展政府购买农业公益性服务试点，建立农业公共服务委托和购买等有效形式和机制。

牵头领导：殳世平

牵头单位：县农经局（农办）

责任单位：县国土局、县市场监管局

（4）完善城乡基本公共服务均等化体制机制。建立城乡基础设施一体化的规划和建设机制。深化完善义务教育阶段教师流动体制机制。深化县镇村卫生一体化综合管理省级试点。构建现代公共文化服务体系，完善城乡联动互补、城乡居民广泛参与的文化活动机制。完善社会保险关系转移接续政策，推进城乡社会救助等制度并轨。

牵头领导：高　嵩

牵头单位：县府办

责任单位：县农经局（农办）、县住建局（人防办）、县教育局、县卫生计生局、县文化局、县人力社保局、县民政局

3.扩大开放合作新机制（2条）

（1）创新接轨上海开放发展机制。建立产业平台常态对接机制，建设临沪产业合作园区。加快构建主动接轨上海的规划、基础设施及重大项目的协同机制。深化与上海市合作办医办学机制。建立与上海迪士尼乐园游客分享合作机制。

牵头领导：曹国良

牵头单位：县发改局（合作交流办）

责任单位：县商务局、县交通局、县旅游局、县卫生计生局、县教育局

（2）全面建立企业投资项目高效审批制度。加大简政放权力度，建立县级行政许可事项动态目录。实行并联审批和全流程优化，加快形成企业投资项目高效审批机制。优化项目审批代办服务。建立以市场准入标准为基础，开工许可、施工监管和竣工验收为主要内容，随机监管、现场监管为主要方式的事中事后监管机制。建设投资项目在线审批监管平台。

牵头领导：曹国良

牵头单位：县府办

责任单位：县审批服务中心、县发改局、县法制办、县纪委（监察局）、县经信局、县住建局（人防办）、县国土局

4.开展民生幸福保障体制改革（3条）

（1）完善社会保障制度。完善城乡统筹的公共就业服务机制。完善农业转移人口就业培训制度，建立政策扶持、创业培训、创业服务工作机制。深入推进职业资格改革。探索建立合理兼顾各类人群的社会保障待遇确定和正常调整机制。深化“阳光医保”和养老服务业综合改革省级试点。

牵头领导：何全根

牵头单位：县人力社保局

责任单位：县财政地税局、县卫生计生局、县民政局

（2）深化综合行政执法改革省级试点。进一步理顺部门监管与综合执法协调统一的体制机制，健全镇“一机构一平台一张网”综合执法协作机制，深化网格化立体式综合执法体系，完善统一投诉举报平台，建立行政执法指挥协调机构。

牵头领导：何全根

牵头单位：县编委办

责任单位：县综合行政执法局、县信访局，各镇、开发区（街道）

（3）创新社会治理机制。完善农村新社区管理机制。引导跨村集聚型农村新社区建设。科学设置农村新社区组织架构，建立“村民＋居民”双重身份参与社区自治管理机制。完善政府向社会组织购买公共服务制度。全面推行重大村务公决制度，进一步规范村级民主决策、民主管理和民主监督程序。

牵头领导：许春红

牵头单位：县民政局

责任单位：县财政地税局、县住建局（人防办）、县国土局、县农经局（农办）

（七）围绕县域治理现代化，全面深化县域善治体系建设（3项10条）

1.建设高效集约、有效制约的双约型政府治理系统（4条）

（1）加快建设“五位一体”行政服务中心，加大审批服务“两集中、两到位”力度。推进镇（街道）公共服务中心建设。

牵头领导：曹国良

牵头单位：县审批服务中心

责任单位：县发改局、县编委办，各镇、开发区（街道）

（2）完善政务服务“一张网”建设，推进网上中介服务平台建设，探索建立“一号式”投诉举报热线平台。

牵头领导：何全根

牵头单位：县府办

责任单位：县审批服务中心、县信访局、县综合行政执法局

（3）健全依法决策制度，实行重大行政决策目录化管理和规范化运行。落实重大行政决策出台前向人大报告和提请政协协商制度，建立健全决策咨询制度，建立重大行政决策终身责任追究制度及责任倒查机制。

牵头领导：何全根

牵头单位：县法制办

责任单位：县人大办、县政协办、县纪委（监察局）、县司法局

（4）优化政府部门和事业单位职责管理，制定实施职责管理办法和权力清单管理办法。完善行政规范性文件管理机制。

牵头领导：何全根

牵头单位：县编委办

责任单位：县法制办，县政府工作部门

2. 建设资源配置活、服务监管活的双活型经济治理系统（3条）

（1）深入推进商事制度改革，推进企业登记“五证合一”“先照后证”“全程电子化登记”等商事制度改革，全面实现“一照一码”，简化企业登记和注销流程。

牵头领导：许春红

牵头单位：县市场监管局

责任单位：县国税局、县财政地税局、县质监局、县人力社保局、县统计局、县经信局、县商务局、县审批服务中心

（2）改进公共财政资金管理，深化预算管理制度改革，构建规范的现代预算制度，建立跨年度预算平衡机制。创新财政扶持企业发展方式，建立“政府产业基金＋社会资本合作”的产业培育发展机制。

牵头领导：何全根

牵头单位：县财政地税局、县金融办

责任单位：县发改局、县经信局、县科技局、县商务局、县旅游局

（3）推进公共服务采购，科学制定集中采购目录和采购限额标准。健全政府向社会力量购买公共服务的制度规则和管理平台，强化项目监管和绩效评价。

牵头领导：何全根

牵头单位：县财政地税局

责任单位：县发改局、县民政局

3. 建设法定公信、稳定向善的双定型社会治理系统（3条）

（1）完善县域信用体系，加快制定信用建设规划，整合分散在各部门各行业的社会成员基础信息和信用信息，建设县域信用信息征集管理与共享交换平台，实行信用分类监管制度，推行诚信“红黑名单”制度。

牵头领导：何全根

牵头单位：县发改局

责任单位：人行嘉善县支行、县市场监管局、县经信局、县金融办

（2）培育发展社会组织，优化社会组织结构布局，加大组建枢纽型社会组织力度，鼓励成立联合组织，积极培育发展一批品牌型社会组织。加快政府部门向社会组织转移职能。加快社工人才职业化进程，加大社工岗位开发和设置。

牵头领导：许春红

牵头单位：县民政局

责任单位：县财政地税局、县人力社保局，各镇、开发区（街道）

（3）深化“平安嘉善”“法治嘉善”建设，完善以“五张网”为重点的立体化社会治安防控体系建设。在社会治理方面，更加注重常态化、精细化、法治化，加快形成现代化的治理体系和能力。

牵头领导：滕根林

牵头单位：县委政法委（县平安办）

责任单位：县平安办成员单位，各镇、开发区（街道）

（八）围绕党要管党、从严治党，全面深化基层党的建设（3项8条）

1. 加强思想政治建设（2条）

（1）加强党委对意识形态工作的领导，建立意识形态工作责任制，健全意识形态和社会舆情动态分析、责任追究机制，及时掌握、处置意识形态领域新情况、新问题，维护意识形态安全。把握正确宣传舆论导向，唱响主旋律，压制负面声音。加强党对网上舆情工作的引导，健全网络媒体新闻管理机制，积极发挥“1＋2＋3＋N”信息发布矩阵作用，推进和加强网军队伍建设。

牵头领导：武曜云

牵头单位：县委宣传部

责任单位：县委办、县委组织部、县委统战部

（2）深入学习贯彻习近平总书记系列重要讲话精神，着力推动党委（党组）理论学习中心组学习制度化规范化，完善领导干部

考学述学评学制度，深化“嘉善论坛”“善政学堂”等学习品牌。强化理想信念教育，深化以“中国梦”为主题的中国特色社会主义宣传教育。

牵头领导：武曜云

牵头单位：县委宣传部

责任单位：县委办、县府办、县委组织部

2.加强领导班子和党员干部队伍建设（3条）

（1）健全能上能下机制。坚持正确选人用人导向，树立好干部标准，建立一线培养选拔干部机制。完善预警调整和“双考双评双亮”“三考一定”、反向提名等制度，研究出台治理为官不为实施办法，逐步建立“1＋4”调整不适宜担任现职干部制度体系。

牵头领导：朱学军

牵头单位：县委组织部

责任单位：县纪委（监察局）

（2）加强从严管理干部。坚持问题导向，强化法治思维，抓住预防在先、注重平时、及时发现、严格问责等重点环节，建立健全领导班子和领导干部经常性考察、综合分析研判、个人有关事项报告抽查核实、提醒函询诫勉、经济责任审计等制度。

牵头领导：朱学军

牵头单位：县委组织部

责任单位：县纪委（监察局）

（3）加强基层党组织和党员队伍建设。实施“整乡推进、整县提升”三年行动计划，积极争创基层党建先锋县。完善基层党组织带头人选拔、培养、管理、激励机制，从严加强党员教育管理。大力实施第三轮“强村计划”，力争到2018年底全面转化年经常性收入70万元以下的村。深化“民情（企情）在线系统”“四方红色联盟”等工作。完善党建带群建工作机制，切实加强群团组织建设。

牵头领导：朱学军

牵头单位：县委组织部

责任单位：县机关党工委、县经信局、县农经局（农办）、县民政局，县总工会、团县委、县妇联等群团组织，各镇、开发区（街道）

3.加强党风廉政和作风建设（3条）

（1）推进“两个责任”落实。切实强化党委（党组）主体责任和“一把手”第一责任人的职责，加强纪委的监督职能，建立健全“横向到边、纵向到底”的责任体系，坚持开展“一案双查”，严格追究主体责任、监督责任，严肃追究领导责任。完善问责事项移送制度，对于在县委、县政府重点工作中不作为、慢作为和失职渎职的行为，加大查处力度。

（2）深化作风建设长效机制。把纪律挺在前面，持之以恒落实中央“八项规定”精神，用铁的纪律整治各种顶风违纪行为。深入推进风险防控工作，扎实开展防止利益冲突工作。深入开展廉情提醒谈话，切实做到“抓早、抓小、抓苗头”。

（3）持续保持反腐败的高压态势。坚持力度不减、节奏不变，切实加大反腐败工作力度，形成强有力震慑，充分发挥县委反腐败协调小组各成员单位职能作用，规范协调事项，强化审计等结果运用。提升反腐败科技信息化水平，加强对领导干部的经常性动态监督和管理。

牵头领导：毛永忠

牵头单位：县纪委（监察局）

责任单位：县级机关各部门，各镇、开发区（街道）

三、组织保障

《五年行动计划》包括重点任务27项105条，实施《五年行动计划》事关示范点第二阶段建设全局，需要全县上下齐心协力、常抓不懈。全县各级各部门要切实加强领导、完善机制、强化责任，确保《五年行动计划》顺利实施。

（一）加强组织领导。嘉善县域科学发展示范点建设领导小组，领导和统筹示范点建设各项工作。各牵头领导要切实加强指导，做好统筹协调，全力解决好任务落实过程中遇到的困难和问题。各镇（街道）、各部门要建立相应的示范点建设推进工作领导小组及办公室，主要领导亲自抓，分管领导具体抓，做到力量到位、工作到位、时序到位，确保落实各项任务。

（二）落实工作责任。要举全县之力深入推进示范点建设。县推进办主要负责示范点建设整体谋划协调、上下联动联系、工作督查考核和示范点建设日常运转工作。牵头单位要全力抓好任务的落实，相关责任单位要主动参与、密切配合，努力形成强大工作合力。各镇（街道）、各部门要围绕《五年行动计划》，结合各自实际，制定本部门年度推进工作计划，进一步明确重点工作、重点项目，层层分解任务、层层细化责任，确保示范点建设各项任务按时高质量完成。

（三）完善工作机制。加强《五年行动计划》的项目化运作和时序化管理，完善各项工作机制，做到年初有部署，定期有督查，年底有考核。完善汇报交流机制。

定期向国家发改委和省、市协调办汇报示范点建设进展情况，积极向上争取重大项目和政策支持。完善县领导领衔攻坚重点工作机制，定期召开示范点建设领导小组会议，协调推动任务的顺利实施。完善领导干部参与示范点建设锻炼交流机制。完善动态管理机制。优化示范点建设信息管理系统，加强对《建设方案》核心任务、年度重点工作、展示点培育、经验点、重大项目的动态管理。完善督查考核机制。建立县领导专题督查，县人大、政协年度审议，推进办点题式督查示范点建设等工作机制，加大督查推进力度。完善示范点专项考核办法，进一步加大重点任务、重大项目、重大政策和重大改革举措考核权重，增强考核实效。

（四）营造良好氛围。要围绕全县发展大局，加强对示范点建设的宣传报道。制订贯穿示范点建设全程的宣传活动方案，组织开展系列主题活动，营造“人人关心、人人参与、人人推动”示范点建设的浓厚氛围，让人民群众有更多获得感和更高的满意度。加强示范点建设理论研究，开展主题外宣活动，对示范点建设中涌现出来的好经验、好做法、好典型进行总结推广，不断提升示范点建设的知名度和影响力。

嘉善县域科学发展示范点第一阶段建设第三方评估报告

中国行政改革研究会

嘉善是2008年全党深入开展学习实践科学发展观活动习近平同志的联系点。当年，习近平同志对嘉善提出了“努力把联系点办成贯彻落实科学发展观的示范点”的要求。为贯彻落实首长指示精神，经过近5年的努力，2013年2月《浙江嘉善县域科学发展示范点建设方案》（简称《示范点建设方案》）获得国家发改委批复，嘉善由此全力推进示范点建设。2014年9月30日，习近平总书记对嘉善提出了“在更高起点上系统谋划全县发展”的新要求，嘉善在推进县域科学发展示范点建设中始终遵循这一基本原则，抓住机遇、系统谋划，努力破解县域发展的共性问题和率先发展遇到的难题，2016年2月，中国行政体制改革研究会牵头组织国家行政学院、国务院研究室、中国国际经济交流中心等单位的专家，到嘉善开展了全面深入的调研，对《示范点建设方案》的实施进展和成效进行了评估。专家们一致认为，总的来看，嘉善县贯彻落实习近平同志的重要指示是认真的、得力的，科学发展的实践取得了显著进展和成效，积累了不少宝贵经验，是在一县范围内对“五大新发展理念”的率先探索实践。同时，嘉善示范点建设也还存在一些值得重视和深入研究解决的问题。建议有关方面认真总结和宣传推广嘉善近几年的经验，用科学实践引领和推动科学发展。现将评估情况报告如下。

一、各项建设任务得到很好的贯彻落实

三年来，嘉善县切实承担起国家级“县域科学发展示范点建设”赋予的先行先试使命，立足自身基础和优势，紧紧围绕《示范点建设方案》确定的建设产业转型升级引领区、城乡统筹先行区、开放合作先导区、民生幸福新家园“三区一园”重点目标任务，率先践行创新、协调、绿色、开放、共享五大新发展理念，采取了一系列重要举措，使各项建设任务得以很好地得到贯彻落实。

（一）着力推动创新发展，加快转变经济发展方式

1. 树立发展新理念

摒弃过去单纯以GDP总量论英雄、追求数量和速度的思维，树立和强化“亩均、人均、科技”三个论英雄理念，大力推动集约发展，着力提升经济发展的质量和效益。一是加快“腾笼换鸟”。开展闲置土地处置工作，已处置闲置土地18宗，面积29.3公顷；开展闲置工厂盘活工作，共盘活闲置厂房40万平方米、土地1500亩；淘汰落后低效产能项目，腾退低效用地面积5014亩。二是深入推进“机器换人”和科技成果应用。三年累计实施“机器换人”工业项目450个，减员2.8万多人，规上企业劳动生产率年均提高9%，获得浙江省工业投资和“机器换人”一等奖。加快提升现代农业装备和技术集成应用水平，农业劳动生产率达到55318元/人，是浙江省平均水平的1.8倍。

“十二五”期间，单位GDP能耗累计下降23.41%；规上工业企业亩均税收、劳动生产率年均分别提高10.1%、12.3%。三是全面实施综合评级机制，亩均水平有提升。全面实施工业要素差别化配置机制，对全县近两千家用地3亩以上工业企业开展企业绩效综合评价，实行A类（鼓励发展）、B类（自我提升）、C类（倒逼提升）分级管理，通过差别化税收、资源价格、信贷支持等政策，激励、倒逼企业提质增效，规上工业企业亩均税收年均提高10%。制订实施新引进项目前期准入评价和后期跟踪评价“双评价”机制，2015年1—10月亩均投资强度为596.22万元/亩，同比增长94.19%。

2.部署发展新布局

一是推动集群发展，依托现有产业基础实施补链、延链、强链，打造现代产业集群，初步实现了产业由低散小迈向中高端。在工业方面，成功创建装备制造、电子信息、新能源、木业家具和高铁精密紧固件等五大省级产业集群；两次集中全县力量开展“零点行动”，铁腕整治纽扣、喷水织机行业，共整治纽扣企业1559家，其中关停和转产499家，全县1374户21593台喷水织机完成治理后减少生产废水排放645万吨/年、节约用电7500万度/年，既改善了生态环境、推进了节能减排，又促进了传统行业转型升级。在服务业方面，大力发展旅游业、物流业、电子商务业等现代服务业；在农业方面，大力发展新型农业经营体系和现代精品农业，形成了“五色产业带”（金色、绿色、白色、蓝色、彩色）和休闲观光农业等特色农业。二是推动集聚发展，构筑基础设施完善、服务体系完备的功能区。进一步做强工业平台，初步形成了以嘉善经济技术开发区为龙头、嘉兴综合保税区B区和姚庄经济开发区为支撑，科创中心和归谷园区为引领的新型工业平台体系。其中国家级嘉善经济技术开发区连续13年被评为“浙江省先进开发区”，嘉兴出口加工区B区升格为综合保税区，姚庄工业园升格为省级经济开发区，成为全省首个镇级的省级经济开发区。进一步做优现代服务业平台，长三角嘉善科技商务服务区、西塘旅游休闲度假区先后被列为省级服务业集聚示范区。进一步做精农业平台，全县建成11.2万亩粮食生产功能区和2个省级现代农业综合区、6个省级主导产业示范区和4个省级特色农业精品园。

3.培育发展新动能，科技创新驱动力增强

嘉善重视科技作为经济发展的动力。一是整合全县科创主平台，实行按项目成熟度递进式承接，建立“孵化－转化－产业化”创新链。紧紧抓住长三角中心城市科技创新源向外扩散的契机，探索建立科技商务区和成果产业化基地，建立了海内外人才创业的归谷科技园，大力扶持县科创中心发展；归谷科技园成功创建省级“千人计划”产业园；县科创中心被评为国家级孵化器，累计孵化企业254家；省开发区特色品牌园区，已入驻企业145家。目前，已形成孵化—转化—产业化创新链的“嘉善模式”和差异化创新平台发展格局。二是大力增强企业自主创新能力。大力实施专利、质量、标准和品牌战略，鼓励和支持企业联合高校、科研院所共建研发中心、技术中心等各类研发机构。2015年R&D经费支出占比达到2.71%，三年累计申请专利11563件，授权专利8084件。三是大力实施人才强县战略，出台高层次人才引进服务管理办法，实施技能型人才“金蓝领”计划，建设院士专家工作站。深化与欧美同学会等机构合作，成立全省首个欧美同学会·中国留学人员联谊会留学报国基地。三年累计引育国家“千人计划”32名、省“千人计划”20名，培养各类高技能人才22588人。自主培育国家“千人计划”专家、入选国家创新人才推进计划均实现“零突破”，全力打造起一个“千人计划”孵化基地。

4.构建发展新机制

一是建立以“亩均税收”为核心的综合评价和分类施策的资源要素价格倒逼机制，根据生产效益将现有企业分为鼓励发展类、自我提升类、倒逼提升类，通过差别化的税收、资源价格、信贷支持等政策措施，激励、倒逼企业提质增效，规上工业企业亩均税收年均提高超过10%。二是对新引进项目实施前期准入评价和后期履诺跟踪评价的“双评价”机制，根据产业导向和布局、投资强度、环境影响等7方面评价指标，对拟引进项目进行评价并决定是否准入，对承诺达标的已引入项目实际履诺结果进行评价监督，有效提升了企业效益。

（二）着力推动协调发展，增强发展的整体性

1.统筹城乡发展

围绕为全国县域统筹城乡发

展提供示范的目标，深入实施城乡规划布局、基础设施建设、公共服务配置“三个一体化”，全面推进新型城镇化建设，率先进入城乡发展全面融合阶段。一是推进城乡规划布局一体化，努力建成以中心城区为核心、新市镇为主体、城乡一体新社区为基础的县域城乡体系。加快建设高铁新城。推进以高铁新城为核心的“美丽县城”建设，按照“电商新都会、月色新西塘”的产城融合定位，县政府与华夏幸福基业股份有限公司采用PPP模式共同打造高铁新城，创新培育特色城镇。围绕新型城镇化建设，姚庄镇、西塘镇分别成为省级、市级小城市培育试点并获得考核优秀；加快培育一批以制造业、科技创新、旅游文化为主题的产业融合发展的省级特色小镇。建设优美城乡一体新社区。以农村土地综合整治为抓手，大力推进农房集聚改造。二是大力推进基础设施建设一体化，推进城乡交通一体化。积极创建全国统筹城乡交通发展示范县，全国第一个县级综合交通信息平台投入启用；全面实施城乡客运公交一体化和一票制。推进城乡供水一体化，启动城乡供水一体化建设，在浙江县一级率先实现城乡居民“同源同质同网同价”供水；推进城乡污水处理一体化。建立城乡污水收集处理一体化机制，全县已形成15.8万吨/日的污水处理（输送）能力，基本实现了全县镇级污水处理设施全覆盖。建立垃圾收运处理一体化机制，形成“户集、村（社区）收、镇（街道）运、县处理”的城乡生活垃圾处理模式。三是大力推进公共服务一体化，推进城乡教育均衡发展，义务教育学校教师流动试点经验获中央领导批示肯定；深化基层医疗卫生机构综合改革，全面推进县镇医疗合作；全面建立覆盖所有城乡居民、分类分享、制度贯通的多层次社会保障体系；形成以居家为基础、社区为依托、机构为支撑的养老服务体系。四是率先构建跨部门整合、统管城乡的综合执法体制，在全省实现了综合执法的城乡区域全覆盖，有效解决了部门与基层“看得见管不了、管得了看不见”的问题。五是率先推进农村集体股份合作社股权流转，出台全省首部农村集体股份经济合作社股权流转办法。被列为省级农村产权制度示范试点县和城乡公共资源均衡配置体制机制创新省级农村改革试验区。

2.统筹物质文明和精神文明建设

一是大力推进覆盖城乡的公共文化服务。在努力提升经济发展品质的同时，积极构建覆盖城乡的公共文化服务体系，大力推进综合文化站、休闲广场、农家书室、村（社区）文化活动室、乡村少年宫建设，全县村级公共文化阵地覆盖率达100%。2013年被评为省农村文化礼堂建设先进县。二是大力弘扬地域特色文化。嘉善素来民风淳朴，优秀传统文化底蕴浓厚。嘉善注重加强西塘古镇、嘉善田歌等文化遗产保护和传承，荣获2014—2016年度“中国民间文艺之乡”称号。三是积极培育以“地嘉人善、敬业争先”为核心内涵的“善文化”人文品牌。把培育和践行社会主义核心价值观融入“善育”，有力促进了社会主义核心价值观在基层的大众化、特色化、实践化。全县上下向善行善蔚然成风，创建成为全国文明县城。“善文化”建设被中央文明办列为培育和践行社会主义核心价值观的重点工程，为社会主义核心价值观和地域文化建设提供示范。

3.统筹经济社会发展

一是大力发展社会事业。加大对教育、卫生、社保等社会事业的投入，用于社会事业的财政支出占比连续增长；探索建立社会多元资本进入教育、医疗等领域的体制机制，深化基层医疗卫生机构综合改革，建立覆盖所有城乡居民的多层次社会保障体系，扎实推进省级养老服务示范区建设，有效促进学有优教、病有良医、老有颐养。二是改善新居民管理服务，全面实施居住证制度省级试点改革，有序推行积分制管理，形成具有嘉善特色的新居民管理模式。三是大力推进社会治理。深化“平安嘉善”建设，构建立体化、智能化治安防控体系，在全省率先建成智慧警务云平台，有效提升社会治理水平。全县刑事警情数量持续下降，2013—2015年比前3年下降19%，人民群众安全感逐年提升，成功实现平安县创建十连冠、平安镇（街道）满堂红目标。

（三）着力推动绿色发展，增强发展的可持续性

1.严把“环境准入关”，构建生态“防火墙”

严把环境准入关，编制环境功能区划，扩大生态红线范围，严格项目准入，开展主要污染物初始排污权有偿使用和交易。近三年来，累计否决、调整建设项目50余个。对重污染行业实行退

出机制，降低全县的能源消耗、减少污染排放。发展生态循环农业、建设绿色农业强县的做法，以及工业方面整治低小散行业、能源双控、技改投入等经验均在全省推广，为县域经济增长模式转变提供示范。2015 年嘉善人均 GDP 为 11 万元，略低于《示范点建设方案》中 12 万元的发展目标，这很大原因在于不再一味以牺牲环境为代价追求经济增长。

2.加大环境整治，把好环境安全“减压阀”

对全县重点污染源 24 小时实时监控，完善联动执法机制，专项整治高能耗、高污染、高排放行业，降低能源消耗，减少污染排放。大力推进“五水共治”(治污水、防洪水、排涝水、保洪水、抓节水)，在全省范围内率先推出产业准入“双清单管理”模式，建立居民生活用水阶梯式水价制度和产业用水分行业定额管理制度。同时，在流域性协调机制、基层水利服务体系建设等方面都进行了创新突破。大力推进“五气共治”(控燃煤、治尾气、减废气、禁焚烧、降扬尘)，建成大气复合立体污染监测网络，实现灰霾天气实时监测并及时向社会公众发布相关信息。深入推进“三改一拆”，全面推进无违建创建。“十二五”期间，主要污染物减排任务超额完成，水、气环境明显改善。

3.促进绿色生活和绿色消费，打造生态人居环境

实施绿色建筑工程，加快推进国家可再生能源建筑应用示范县建设。实施绿色交通工程，大力推广绿色低碳出行，落实“公交优先”，建成覆盖县城主城区的公共自行车系统。实施“美丽乡村”工程，打造传承历史、融入自然、富有风情的水乡特色村庄，目前已形成 24 个具有江南韵味的美丽乡村精品村，获评“浙江省美丽乡村创建先进县”。先后创建成为全国卫生县城、国家生态县、国家生态文明建设示范区、国家园林县城。据课题组问卷，98.8%的受访居民对嘉善生态环境表示满意。

(四)着力推动开放发展，深度接轨上海

1.加强以接轨上海为重点的区域合作

一是加强与上海重点产业的深度对接，承接上海产业及要素外溢转移。重点承接上海先进制造业和现代服务业，构筑“总部在上海、制造服务在嘉善”的产业协作体系和“创意设计在上海、孵化转化在嘉善”的合作模式。近三年，与上海签订科技合作项目 200 多项，合同金额超 18 亿元。二是全面开展跨行政区域合作，增强沪善“同城效应”。探索建立与上海在规划、贸易、通关等 8 个方面的同城机制，积极推动嘉善与上海毗邻地区公交一体化，加强与上海教育、医疗合作，推进基础设施和民生资源互通共享。设立上海自贸区嘉善项目协作区，在自贸区设立嘉善办事处，并在招商、产业、贸易、金融、财政、改革、管理等 7 个领域开展深度合作，成为浙江省首个实质性对接上海自贸区的县。三是与上海开展“文化走亲”活动，推动上海文化演出、体育赛事走进嘉善，嘉善田歌、“辣妈宝贝”等走进了上海市民文化节，促进上海海派文化与嘉善水乡田园文化的融合。促进两地文化交流。通过全面接轨上海，“沪善同城”效应进一步增强。

2.推进以上海为窗口的国际合作

一是招商引资量质并举。坚持高端外资、优质民资和央企国资并举，注重引资、引智和引税并重，进一步提升引资的质量和效益。利用外资连续创历史新高，形成了“小县大外资”的开放发展格局，连续 13 年获浙江省利用外资“十强县”称号。二是积极引进台资，推动海峡两岸(嘉善)经贸合作平台建设，累计合同利用台资额约占全县累计合同利用外资总额的 50%。三是进一步扩大国际经贸合作，稳步提升对外贸易。2012—2014 年，进出口总值连年增长。

3.开放合作环境不断优化

与上海长宁区、闵行区签订战略合作框架协议，长期保持良好的协作关系。与上海毗邻区县在农产品、畜禽、卫生、社会治安等方面建立了联防制度。与金山枫泾镇商讨推动“经济建设、社会治理、生态环境、交通网络、旅游资源”一体化发展，共同打造沪浙毗邻地区合作发展示范区。率先将上海固定电话 021 区号引入嘉善经济技术开发区、上海移动通讯在嘉善经济技术开发区取消漫游资费等特殊服务。加强与上海及周边地区通道建设一体化，开通嘉善至上海枫泾长三角地区首条联沪省际公交线路，积极推动嘉善与上海毗邻地区乡镇公交化，实现跨区域公交一体化运作。加强与上海教育的合作，开展沪善两地基础教育、职业教育交流互动。上海杉达大学嘉善光彪学院、嘉善中专与上海工业技术学校合作成效明显，引进上海师范

大学进行合作办学。开展“文化走亲”，推动与上海文化交流融合。推动上海文化演出、体育赛事走进嘉善，嘉善田歌、“辣妈宝贝”等走进了上海市民文化节，促进上海海派文化与嘉善水乡田园文化的融合。上海都市卡嘉善旅游主题卡已正式发行，合作共建省际水源地保护。加强医疗卫生领域交流合作，分别与上海中山医院、上海仁济医院、上海精神卫生中心等合作，开展专家技术支援、人员交流实训。

（五）着力推动共享发展，提高全体人民的获得感

1.提升民生保障水平

一是财政支出向民生事业倾斜，“十二五”期间，民生支出占财政总支出比例从72%提高到77.6%；全面消除人均年收入4600元以下贫困户；开工建设保障性住房6115套，改造农村困难家庭危旧房586户；社会养老保险、医疗保险基本实现全覆盖。二是努力缩小城乡居民收入差距。完善城乡居民收入分配机制，促进农村居民收入增长速度快于城镇居民，稳步缩小城乡收入差距。

2.推进公共服务均等化

全面推进义务教育标准化学校建设，实施城乡教师双向流动和农村义务教育学校名师全覆盖，实现城乡学校“零差异”、城乡师资“零差距”、城乡学生“零择校”。实行县镇村卫生一体化管理，推进县级医院与所有镇（街道）卫生院合作，实施乡镇卫生院、社区卫生服务站规范化达标建设，基本形成“20分钟医疗圈”。共建城乡社保平台，建立养老服务社会化运营新机制，有效提升城乡养老服务品质。

3.大力促进新居民共享发展成果

嘉善把外来常住人口作为本县新居民，采取措施使他们更多地共享发展成果，主要包括：完善公共政策，夯实对新居民的服务基础。实施梯度化公共服务。实行稀缺服务资源积分专享服务，2014年起，实施新居民子女义务教育积分入学，建立县、镇两级积分信息平台，实行乡镇一门受理、部门网上联审、信息共建共享和公开公正公平机制，为新居民提供便捷服务；2015年，推出“新居民公共租赁住房积分补助”，新居民家庭享受公共租赁住房租金补贴，让新居民共享改革发展成果。同时，为新居民提供持《浙江省临时居住证》（12项）、《浙江省居住证》（22项）凭证化规定服务；公共就业、技能培训、卫生计生、文化体育、法律援助等均等化普遍服务；申办护照和港澳台通行证、机动车登记和申领机动车驾驶证等法定化便利服务。

根据三年行动计划，2014年、2015年全面启动改革项目，两年累计完成92项，2016年全面完成全部改革事项。在2014年启动76项完成56项的基础上，2015年按程度销号一批、按进度延续深化一批、按计划启动一批、按需要增补一批、按关联整合一批，共实施了22个改革项目（包括74项具体改革任务）。截至目前，累计完成89项，其中转型升级、民生幸福两大领域52项任务全部完成；城乡统筹领域27项任务完成了农村产权抵押机制、城乡建设用地增减挂钩等22项任务，另外集体建设用地入市改革、农村资金互助社、农村混合所有制经济等未完成；开放合作领域21项任务完成了与上海规划协同机制、核准目录外企业投资项目不再审批等15项任务。

二、各项建设任务指标得到较好实现

至2015年底，《建设方案》中提出的第一阶段6项主要发展指标总体基本完成，除受宏观经济形势影响人均地区生产总值与目标值12万元略有差距外，其余指标均能达到甚至超过《建设方案》要求。按照《建设方案》梳理出的110项示范点建设重点任务，到2015年底完成89项，完成率达80.9%；预计2020年前能完成的占比17.3%；由于上级政策调整等原因无法完成的有“创建绿色能源示范县”等2项，占比1.8%。

（一）主要经济和社会发展指标基本完成

《中共浙江省委浙江省人民政府关于推进嘉善县域科学发展示范点建设的若干意见》提出的主要经济和社会发展指标是：到2015年，地区生产总值达到500亿元左右，人均生产总值达到12万元以上，城乡居民收入分别达到4.7万元和2.5万元，示范点基本建成。到2020年，工业化、城市化水平显著提升，社会事业全面发展，生态环境更加优美，地区生产总值达到800亿元以上，人均生产总值达到20万元以上，城乡居民收入分别达到7万元和4万元，率先实现“四翻番”，示范点全面建成。

嘉善县主动适应和引领经济发展新常态，以县域科学发展示范点建设为主抓手，努力实现了

经济发展实现规模与质量、速度与效益新平衡，呈现出“稳中向好、好中转优”的良好态势。近3年，嘉善全县地区生产总值和户籍人均地区生产总值年均增长8.8%和8.6%，2015年全年实现地区生产总值425.5亿元，规上工业总产值突破1000亿元；财政总收入和一般公共财政预算收入年均增长8.1%和7.5%。产业结构协调发展，三次产业比例从7.5：59.3：33.2调整为5.5：55.1：39.4。转型升级步伐加快，高新技术产业产值占比提高7.2%；规上工业增加值、亩均产值、亩均税收、亩均投资强度分别提高47%、37%、106%、76%。“十二五”期间嘉善县单位GDP能耗累计下降23.41%，合作开放水平进一步提高，外向型经济发展迅猛，累计合同利用外资29亿美元，实际利用外资20亿美元，实到县外内资321亿元。已连续14年跻身全省利用外资十强县。

（二）产业转型升级推动经济发展的质量和效益

《示范点建设方案》提出：要建设县域经济转型升级引领区。大力发展现代农业，加快建设旱涝保收高标准农田、嘉善县南部省级现代农业综合区、嘉善县西塘—姚庄省级现代农业综合区、国家现代农业示范县和现代水利示范县，做大做强“银嘉善”等知名农产品品牌。大力发展现代工业，加快创建国家级高新技术开发区和国家新型工业化产业示范基地，建设工业强县。大力发展现代服务业，加快建设省级现代服务业集聚示范区、布局省级物流园区、创建5A级西塘旅游景区和大云温泉旅游度假区。

面对复杂多变的宏观形势，嘉善县主动适应和引领经济发展新常态，以县域科学发展示范点建设为主抓手，坚持稳中求进、改革创新，全县经济社会发展总体平稳、质效明显提升、动能更趋优化，呈现出“稳中向好、好中转优”的良好态势。三次产业协调发展。三次产业比例从7.5：59.3：33.2调整为5.5：55.1：39.4。转型升级步伐加快。高新技术产业产值占比提高7.2%；规上工业增加值、亩均产值、亩均税收、亩均投资强度分别提高47%、37%、106%、76%。服务业增加值占GDP比重不断提升。其中旅游业蓬勃发展，去年全县接待国内外游客突破1千万人次、旅游综合收入突破100亿元。物流业不断壮大发展，已形成特易购、晋亿、爱婴室等龙头企业12家。电子商务产业加速崛起，荣获“2013年中国电子商务发展百佳县”称号。“十二五”期间嘉善县单位GDP能耗累计下降23.41%，其中2011年下降4.3%，2012年下降8%，2013年下降3.5%，2014年下降5.8%，2015年下降4.3%，超额完成市下达我县“十二五”期间下降20%的目标。

（三）合作开放水平进一步提高

《示范点建设方案》提出，要建设开放合作先导区。主动接轨上海、融入上海，加快规划建设临沪产业合作园区，并予以其省级产业集聚区同等扶持政策，积极为上海虹桥商务区以及中国博览会提供配套服务。加快320国道嘉善段改扩建、沪杭高速与亭枫高速枢纽改造、嘉善至枫泾公路和杭州湾跨海大桥北接线二期工程，推动上海公交线路、上海轨道交通向嘉善延伸，开通上海至嘉善城际列车。深化对台经贸合作，扩大对外对内开放，支持嘉善经济技术开发区适时扩容升级，提高开放开发水平。经过示范点建设，嘉善合作开放水平进一步提高。

开放合作平台不断完善。与上海发改、商务、科技等部门建立了中长期发展规划对接沟通机制，推动两地规划对接。完成《嘉善县建设浙江临沪经济区总体思路及临沪经济区方案规划》编制，全力打造临沪产业合作平台，以嘉善经济技术开发区为主导，统筹全县各类产业平台，建立与上海园区的合作机制，积极承接产业及要素的转移、配套和协作。推动海峡两岸（嘉善）经贸合作平台建设。研究编制了建设方案，积极向国家有关部门对接争取，在吸取部委意见和建议的基础上，将两岸青年创业创新作为重要内容纳入建设方案，创建海峡两岸（嘉善）青年创业创新试验区。

合作领域全方位拓展。充分发挥邻沪桥头堡优势，构筑沪善“同城效应”，着力推进经济、社会、文化和体制等领域全方位的接轨合作，形成了嘉善与上海之间独特的“13579”现象：即10%的嘉善人在上海工作、学习和生活；30%以上的工业产品为上海配套；50%以上的农产品供应上海；70%的游客来自上海；90%的外资和县外内资受上海的影响而进入嘉善。通过上海这个“主战场”，招商引资硕果累累。全县近五年累计引进县外内资总投资达477亿元，合同利用外资超30亿美元，其中有90%左右是通过上海这个平台直接或间接落户嘉善。重点开展与上海高科技园区、孵化器、高校、科研院所、科技服务中介和科技部门等“六位一体”的科技合作，承接上海科技、人才外溢，构筑“孵化在上海、转化在嘉善”合作模式。

（四）城乡发展进一步融合

《示范点建设方案》提出，要建设城乡统筹先行区。深入实施县域总体规划，加强县城规划与建设，合理扩大县城框架，强化城市功能，努力把县城建设成为现代化中等城市。加强中心镇建设，加快建设姚庄、西塘、天凝中心镇，努力把姚庄建设成为现代化小城市。深入推进新农村建设，加强村庄整治、整合和特色村庄保护、修复与合理开发，加快建设美丽乡村示范县。加强城乡基础设施一体化建设，因地制宜引导农民向县城、中心镇集聚。推进城乡公交一体化，加快建设综合交通信息平台，创建全国统筹城乡交通发展示范县。经过示范点建设，嘉善城乡发展融合度进一步提高。目前，嘉善的统筹城乡发展综合水平列浙江省第七位，农业现代化发展水平位居浙江第四位。农村公路品质提升工程、新型城镇化建设经验在全国推广，为县域城乡统筹提供示范。

全面融合的城乡均衡发展格局初步形成。积极建立“以工促农、以城带乡”的长效机制，统筹城乡经济社会发展，让城市和农村紧密联系起来，充分发挥城市的引领和辐射作用，充分发挥农村的基础和支撑作用。人口由农村向城镇有序集中，劳动力由第一产业向二、三产业转移，城镇化率得到稳步提高，2015年全县城镇化率从2012年底的50.6%上升到64%，良性互动的城乡经济社会协调发展、融合发展的新格局基本形成。

先行示范的城乡一体推进模式初显成效。三年多来，嘉善县不断加快城乡一体化发展步伐，以三个一体化为平台，城乡相互促进、共同发展的新格局基本形成。农村公路品质提升工程得到习总书记的批示肯定，义务教育学校教师流动试点经验获刘延东副总理批示肯定并全国推广，姚庄城乡一体发展示范片区桃源新邨已接待全国近千个团队考察学习。

全力驱动的城乡综合改革红利逐步释放。三年多来，嘉善县围绕城乡统筹先行区建设，着力在城乡规划建设一体化、农村产权制度、城乡要素市场化配置三大改革上下功夫，全力破解城乡二元体制，城乡统筹发展的体制机制更加健全，城乡一体发展活力不断激发。在全省率先试行农村产权“三权三抵押”改革，首创股权抵押强村贷款，率先试点股权流转改革。率先开展城乡建设用地增减挂钩结余指标交易。探索开展宅基地置换和退出、集体经营性建设用地入市流转等农村建设用地市场化改革。

（五）民生幸福家园建设取得成效

《示范点建设方案》提出，要努力建设民生幸福家园。积极推进教育现代化，推动幼儿园上等级上水平，推动义务教育高水平均衡发展，推进高中段教育特色化多样化发展，深入实施中职教育现代化工程，加强继续教育和终身教育。积极推进医疗卫生事业发展，加强基层医疗卫生服务网点建设，巩固提高全国新型农村合作医疗试点县创建成果。积极推进城乡就业服务一体化，努力创造更加稳定的就业岗位，建设创业型城市。积极推进全国城乡居民养老保险试点县建设和社会养老服务示范区建设，实现各项社会保险、社会保障全覆盖和城乡养老服务均等化全覆盖。积极推进公共文化服务体系建设和文化产业发展，加快建设国家级文化产业基地。积极推进生态环境建设，努力创建国家绿色能源示范县、可再生能源建筑应用示范县、生态文明示范县和国家可持续发展实验区。示范点建设方案所明确的民生幸福新家园工作任务，涵盖了推进富民增收、弘扬“善文化”、打造精致水乡等方面，共27项重点任务，目前已经完成24项，另外相配套的民生幸福保障体制改革形成了均等化公共服务机制、高标准生态文明建设机制、社会治理机制等创新成果，县域科学发展评价指标体系涉及民生的指标均可圈可点。

人民群众生活水平和质量显著提升。人民群众生活的幸福感和满意度提升。城乡一体融合发展、富民增收成效明显、“善文化”全民践行、生态环境明显改善、法治社会更加和谐，人民群众生活幸福感和满意度进一步增强，“物质富裕、精神富有”的幸福嘉善初步显现。城乡发展进一步融合，城市功能有效提升。镇村建设步伐加快。农业现代化发展水平位居浙江省第四，统筹城乡发展综合水平列浙江省第七。2015年度全县村均常规稳定性收入达到155万元，其中百万收入村占比为58%，发展水平位于省市前列。“城镇人均可支配收入”和“农村人均可支配收入”分别达到了4.66万元和2.72万元，三年来的增速明显高于人均GDP的增速，且明显高于全国及浙江省的平均水平。2015年，嘉善县城镇居民人均可支配收入46574元；农村居民人均可支配收入27203元，城镇和农村居民人均可支配收入比从2012年的1.97∶1缩小至1.71∶1，差距远小于全国平均水平。先后被确定为全国首批义务教育发展基本均衡县、省级“县域社会养老服务示范区”、省级阳光医保试点县。

居民素质和社会文明程度达到新高度。示范点建设以来，全县刑事警情数量持续下降，2013—2015年比前三年下降19%，新老居民和谐相处，人民群众安全感逐年提升，成功实现平安县创建十连冠、平安镇（街道）满堂红目标。全县上下齐动，深入培育打造“善文化”县域人文品牌，先后涌现了先后涌现出遗体器官捐献的“中国好人”唐盛银夫妇；以自己病弱之躯收养兔唇弃婴的“中国好人”赵广同；连续13年捐资助学的八旬农妇陈阿条等1100多名“最美人物”，全县上下向善行善蔚然成风，“满城荡漾善文化”局面初步形成。善文化基因全面渗透到区域发展各个领域，成为推动区域持续、全面良性发展的重要文化资源。全县上下向善行善蔚然成风，先后创建成为浙江省文明县、全国文明县城。

生态环境质量总体改善。水环境质量方面，近两年，出入境交接断面水质考核结果均为优秀，实现了“消劣”的历史性突破；2014年获省“五水共治”优秀县大禹鼎。气环境质量方面，2015年，实现了全年PM2.5改善率6%的良好成绩，2015年空气优良率达到75.3%。形成24个具有江南韵味的美丽乡村精品村，获评“浙江省美丽乡村创建先进县”。2014年5月在浙江省召开的全国生态文明建设现场会上被授予“国家生态文明建设示范区”称号，国家生态县获得正式命名，成为浙北平原水网地区首个国家生态县。

（六）综合配套改革进展有效

《示范点建设方案》提出，加大政策支持力度，建立健全实施保障机制，推进方案的实施。提出要创新体制机制。制定了《嘉善县域科学发展综合配套改革总体方案》，主要任务是加快推进产业转型升级的体制创新，建立创新发展的激励机制，建立提升发展的倒逼机制。建立优化发展的退出机制；加快城乡统筹发展体制改革，建立城乡规划建设一体化发展机制，全面推进农村产权制度改革，创新城乡要素市场化配置机制；创新主动接轨上海的体制机制；推进投资贸易便利化改革；深化行政审批制度改革；建立均等化的公共服务机制；建立高标准的生态文明建设机制；创新社会治理机制，等。

困扰县域发展的一批体制机制障碍得以破解。勇于先行先试，着力攻坚克难，有效破解了一批县域科学发展的共性问题和重点难题，基本建立了促进县域科学发展的体制机制，起到了改革“试验田”的作用。促进企业转型升级的创新激励机制、倒逼提升机制和产城融合开发机制有效建立，产业转型升级体制机制基本建立。农村产权“三权三抵押”改革、土地管理综合改革等率先破题，城乡统筹发展体制机制不断健全。主动接轨上海的体制机制不断创新，实质性复制上海自贸区相关政策制度率先突破，核准目录外企业投资项目不再审批率先试点，扩大开放合作体制机制不断创新。综合执法体制率先构建，基层社会治理机制、民生保障机制不断健全，民生幸福保障体制机制不断完善。《县域综合配套改革总体方案》明确的四大领域33项改革任务全部开展，改革局面全面打开。

基层政府治理能力和现代化水平提升。嘉善对五大新发展理念的贯彻落实，依靠政府的强力推动。坚持“法无授权不可为、法定职责必须为”的原则，确保改革在法治框架内进行、在法治轨道上运作。方案设定了高效集约、有效制约的政府治理系统。通过深入推进行政审批制度改革、建设“五位一体”行政服务中心等方面改革，来管好、用好政府的有形之手，把该放的权放开、放到位，把该管的事管好、管到位。政务服务更为集中便民，行政管理更为简洁高效，部门权责更加明确清晰。社会治理能力和效率持续提升，有效化解了各类社会矛盾，维护了社会稳定。

三、凸显了国家战略的综合示范效应

《示范点建设方案》中提出的主要发展指标总体基本完成，示范点建设取得显著成效，在全国各县中率先建成高水平小康社会。在示范点建设中形成的一些行之有效的做法，在全省乃至全国产生了一定的示范效应，形成了示范点建设经验亮点纷呈的生动局面。

（一）为县域工农业转型升级提供示范

农产品质量安全监管工作经验在全省农产品质量安全监管示范县创建现场会上作口头交流发言。2014年，嘉善县粮食高产创建成果得到专家的现场视察肯定。2015年，嘉善县发展生态循环农业、建设绿色农业强县的做法在全省现代生态循环农业试点省建设推进会上作为典型经验被推广。工业方面，低小散行业整治、能源双控、技改投入分别在全省会议上做了交流推广。2015年9月30日，省政府发文推广嘉善等地改革试点经验，在全省推广实施经济体制综合改革，11月18日在全省县域经济体制综合改革工作培训班上介绍嘉善改革经验。打造“绿水青山”的平原生态样本被列入全省十个践行“绿水青山就是金山银山”样本。

（二）为县域城乡统筹提供示范

农村公路品质提升工程得到习总书记的批示肯定，义务教育学校教师流动试点经验获刘延东副总理批示肯定并全国推广。嘉善县的农业公共服务中心建设工作经验在全国农技推广体系改革建设现场交流会上作了介绍。姚庄城乡一体发展示范片区已接待全国近千个团队考察学习，姚庄“均衡发展”模式在全国新型城镇化高峰论坛上做了典型交流。2015年10月10日，国家新型城镇化综合试点工作座谈会上，姚庄镇农房集聚改造作为全国土地制度改革典型作经验交流；11月30日，浙江省特色小镇规划建设联席会议办公室在嘉善召开特色小镇“比学赶超”现场推进会，介绍巧克力甜蜜小镇典型经验。先后被列为全国休闲农业与乡村旅游示范县、省农业标准化综合示范县。

（三）为县级党建和群团工作提供示范

嘉善群团工作经验作为全国唯一的县域单位在中央党的群团工作会议上作典型发言；嘉善“三句话整改思路”得到习近平总书记讲话肯定；县委权力公开透明运行试点工作获中央书记处书记、中央纪委副书记赵洪祝批示肯定，发挥村务监督委员会作用的做法被中央纪委向全国推广。《人民日报》理论版头条刊发嘉善《深入学习贯彻习近平同志关于县域治理的重要论述》理论文章等等。

（四）为县级政府治理体制机制提供示范

2014年12月1日《人民日报》以县域善治为题头看法嘉善示范点建设经验；在改革创新方面，“零审批”被中宣部《改革热点面对面》收录为典型案例，“机器换人”工作在全省现场会上得到推广。2015年10月9—10日，省政府在嘉善召开综合行政执法改革现场会，袁家军副省长批示肯定嘉善改革成效；重大决策社会稳定风险评估信息化管理省级试点经验在全省推广。统一投诉举报平台建设得到省编办、省信访局的高度肯定，并在全省基层信访改革试点工作座谈会上作交流发言。

（五）为社会主义核心价值观和地域文化建设提供示范

嘉善自古至今，地嘉人善，人才辈出。在“善文化”的熏陶下，嘉善走出了很多政治家、文学家、思想家、剧作家和科学家。示范点建设以来，经过4年多的培育，“善文化”既受到全县上下的积极响应，也得到了上级领导的关怀指导。2014年，“善文化”被中央文明办列为培育和践行社会主义核心价值观的重点工程。中国文明网头条刊登《看浙江嘉善如何培育善文化》，“善文化”品牌培育工作获第三届浙江省宣传思想文化工作创新奖。2015年，省委书记夏宝龙在省委十三届八次全会报告中也为“善文化”点名点赞。

四、嘉善县域科学发展的基本经验

嘉善作为全国首个县域科学发展示范点，在率先践行“五大新发展理念”的示范点建设中形成如下重要发展经验。

（一）把贯彻落实总书记指示精神化为科学的《建设方案》，为科学发展奠定根本遵循

在习近平总书记的关怀下，形成了上下联动共同推进示范点建设的强大合力。国家和省市各个层面、各级领导都高度重视示范点建设，密集到嘉善调研给予关心指导和政策支持。嘉善县围绕示范点建设任务，主动对接上级相关部门，全力争取资金、土地、政策等支持。嘉善示范点建设突破了一个县域的发展问题，而上升为国家、省、市共同谋划的重大战略，在其改革发展的背后，是各级组织的强有力保障。根据方案要求，浙江省成立了嘉善科学发展示范点建设领导小组，将示范点建设作为一项重要内容纳入长三角区域合作协调机制研究部署，协调落实跨区域重大合作项目。科学规划并制定县域科学发展方案。编制了《嘉善县域科

学发展综合配套改革行动计划(2014—2016年)》(简称《三年行动计划》),把总体方案的主要任务分解成100项具体改革事项,并明确了每项任务的责任、启动和完成时间,又编制了《年度实施方案》,切实增强了改革的可操作性和成果的可衡量性。嘉善全体干部群众在执行过程中一步一个脚印,确保了改革项目执行到位。

(二)统筹兼顾和问题导向相结合,为科学发展提供基本方法

一方面,坚持统筹兼顾,注重系统推进均衡发展。嘉善推动县域科学发展注重顶层设计和系统谋划,努力打好“组合拳”,增强各项改革发展任务的关联性、系统性、协同性。《示范点建设方案》的“三区一园”建设是一个着眼于全面协调可持续发展的整体性规划,对经济发展与环境保护、物质文明与精神文明、城市建设与乡村发展、经济发展与社会治理做了统筹部署。为推进《示范点建设方案》制定和实施的《县域科学发展综合配套改革总体方案》更是直接体现了改革的系统性和整体性,其中包括的33项具体改革事项,既全面系统,又有主次先后,彼此衔接、相互关联,各项改革在推进中“全面播种、次第开花”。坚持统筹兼顾、系统推进,保证了《示范点建设方案》的科学制定和顺利实施。

另一方面,坚持问题导向,注重破瓶颈补短板。方案体现县域实际,坚持问题导向、需求导向,集中精力破解发展难题。认真梳理和分析影响科学发展的关键瓶颈问题。坚持问题导向、需求导向和项目导向,整体推进综合配套改革。在推进示范点建设中,嘉善深入分析了制约县域科学发展的瓶颈性难题和短板,包括:土地等自然资源约束、生态环境压力大、产业结构处于中低端、创新人才缺乏、政府职能转变不到位等。无论是《示范点建设方案》,还是综合配套改革方案,都针对这些难题和短板,进行了重点部署。如通过强调“亩均、人均、科技”论英雄,对引进项目进行“双评价”等措施,节约了资源、减少了污染、提升了经济效益;通过实施“四张清单一张网”,编制政府部门权力清单、权力运行流程图清单、政府部门责任清单和风险点清单,开通运行嘉善政务服务网,加快了政府职能转变。正是通过聚焦关键问题,实行精准发力,突破了制约县域科学发展的瓶颈,改革发展措施起到了“四两拨千斤”的作用。如,针对经济与生态之间的矛盾,嘉善坚持“五水共治”“五气共治”就是抓住了作为“江南水乡”的主要矛盾,通过“五水共治”“五气共治”所带来的成效不仅是秀水美景,更是直接有效推进了产业转型升级,提升了经济发展质量和效益,同时也有助于塑造广大干部群众的法治意识和工作新风,从而大大增强了县域科学发展的后劲。有效带动了县域全面发展。

(三)打造现代治理体系,为科学发展筑强领导力量

长期以来,嘉善县始终把加强党的建设摆在首位,曾首创了“三句话整改思路”(常规性问题加大力度解决,遗留问题集中攻坚解决,新发现问题及时跟进解决)、“一手抓活动、一手抓日常业务”和“以工作高标准实现工作高质量”等成功做法。在推进示范点建设中,嘉善贯彻落实“四个全面”战略布局,按照“围绕科学发展抓党建,抓好党建促科学发展”的思路,结合新时期党建工作新要求和基层党建工作特点,在思想建设、组织建设、作风建设、反腐倡廉建设、制度建设等方面大胆探索,推出多项创新性举措。如:在组织建设方面,针对外来新居民党员实施了“红色家园”工程;在作风建设方面,开展机关党员干部“两地报到、双岗服务”,组织党员领导干部返村报到,在职党员到社区报到,认领服务岗位;在反腐倡廉建设方面,打造权力公开透明运行的“嘉善样本”和廉政文化“嘉善品牌”。通过创造性地开展党建工作,加强和改善了党的领导,为推动县域科学发展提供了坚强保证。同时,着力打造基层政府现代治理体系。推进审批提速提效。深化“证照合一”和“证照一体”登记。继续深化不再审批改革,建立全程代办机制、优化项目联合验收制度等,深化综合行政执法改革。进一步理顺部门监管与综合执法协调统一的体制机制。即紧扣正确处理政府与市场、社会之间的关系,强化法治“引领之手”,用好政府“有形之手”,放活市场“无形之手”,完善社会“自治之手”,把深化体制改革、创新制度设计、促进依法行政与推进县域治理体系现代化统一起来,即公共利益最大化(善治基本内涵)、政府功能最优化(政府职能转变核心要素)和资源配置效益最大化、效率最优化,着力打造县域治理样板。

(四)努力增进人民福祉,为科学发展夯实群众基础

嘉善县委、县政府坚持“人民

群众既是示范点建设的受益者、更是示范点建设的主体”理念，始终把改善民生、促进社会公平正义、增进人民福祉作为示范点建设的出发点和落脚点，切实做好教育、医疗、就业、居住、社会保障、环境治理、公共服务等各项工作，为人的全面发展创造出良好的社会环境。人民群众在示范点建设中充分感受到了改革的红利，因而对示范点建设的满意率和支持度非常高。调查显示，群众对示范点建设的知晓率和满意率分别达到96.6%和92.8%，充分调动了全县上下关心支持参与示范点建设的积极性和主动性。

（五）注重加强文化建设，为科学发展塑造价值引领

嘉善将地嘉人善、嘉言善行、善气迎人的“善文化”传统作为践行社会主义核心价值观的有效载体，形成了具有广泛共识的嘉善地方核心价值观和县域人文精神品牌。这一人文精神全面渗透到区域发展各个领域，有效带动了社会公德、职业道德、家庭美德和个人品德培育，有效营造了鼓励创新、宽容失败、允许试错的改革氛围。同时，充分利用新闻媒体讲好示范点故事，传播示范点理念，有效提升了嘉善示范点的知名度和美誉度。

（六）坚持从实际出发，为科学发展打造个性样板

嘉善县域科学发展的基本经验，既具有普遍性，也体现县域县情，具有鲜明的个性化特征。嘉善在谋划和推进示范点建设中，没有盲目照搬其他地区推动县域发展的做法，而是注重分析和利用本地的内外部条件，注重发挥自身的优势和特色，探索符合本地实际的县域科学发展之路。如：发挥紧邻上海的区位优势，全面推进以上海为重点的区域合作和以上海为窗口的国际合作，积极承接上海产业及要素转移，加强与上海的配套和协作，构筑与上海的产业协作体系，推进交通、通讯、医疗、教育、社保等领域的深度合作，增强与上海的“同城效应”。再如，挖掘本地传统文化元素，培育和弘扬以“地嘉人善、敬业争先”为核心内涵的“善文化”，使之成为全县广大干部群众理解和践行社会主义核心价值观的有效载体，促进了幸福文明新家园建设，提升了人民群众的生活幸福感。

五、嘉善县域科学发展的不足和影响因素

嘉善县在示范点建设中取得了显著进展，形成了一些可复制可推广的做法及经验，但对照中央五大新发展理念的更高要求和人民群众的新期待，嘉善示范点建设还存在一些不足、面临一些阻力。主要表现为以下方面。

（一）嘉善县域科学发展水平有待进一步提高

1. 创新发展能力有待提高

虽然近年来县域主导产业逐步成型，但主导产业的竞争优势还不够明显，总体上处于产业链的中低端，缺乏具有重大产业带动作用的战略性产品及拥有核心技术的骨干企业。能代表嘉善特色的产业不突出，规模总量小，特别是高附加值的、带动性强的龙头企业少，产业链发展还不够完善，高新技术产业的运行质量与效益还不够高。嘉善当前也存在亩均产出不高、全员劳动生产率不高、创新驱动力不足等突出问题，制约着县域经济进一步做大做强。创新驱动发展基础不够扎实，高技术含量、高附加值、核心竞争力强的企业仍然偏少。嘉善县创新型企业数量不多，企业创新能力仍然不足，开展研发活动的企业比例较低。企业自主创新还缺乏有效的保障制度，自主创新能力薄弱。创新型人才尤其是高素质科技人才仍然十分短缺。但科技成果向现实生产力转化不力、不顺、不畅等问题仍然存在。科技创新政策体系不够完善，科技金融发展相对滞后，科技型企业创业引导资金、信贷风险补偿资金等尚未充分发挥作用，科技风险投入机制尚未形成氛围，科技型中小企业特别是初创期企业，难以从金融机构、社会筹集资金，束缚了企业的发展壮大。

2. 协调发展的统筹性有待完善

县域空间发展格局还需更加突出重点。各城镇功能定位还不够明确、城镇发展特色还需进一步增强，各主体尚未形成差异化的发展机制。城乡形象有待进一步塑造，城乡面貌和城市形象对比国内先进县域还有差距，缺少城市入口、道路沿线等精品景观和特色风貌打造，在全国可看可学的展示窗口和示范片区还不够多。城乡一体化的公共服务体系还不是十分完善。由于历史欠账多、目前公共财政覆盖农村的范围和深度还不够，城乡居民在享受公共服务方面仍有不小差距。与城镇相比，农村公共服务体系的发展程度仍比较低，并由此造成了城乡居民的基本权利和发展机会的不均等，影响并制约嘉善城乡一体进程。不仅如此，在村

与村之间、乡镇与乡镇之间，农村基本养老服务与保障标准还存在很大差距。

3.绿色发展面临较大的经济转型压力

实现绿色发展需要以转型升级为基础。但是目前嘉善“低小散”的产业格局还未发生根本性的转变，企业规模偏小，缺乏龙头企业拉动。产业体系不完整、产业优势不突出、产业层次不高、资源要素短缺、公共服务能力相对薄弱、城乡差别比较大、发展后劲不够足等。传统产业提升任务艰巨，先进制造业占比还不高，楼宇经济发展相对滞后，进入多层次资本市场的企业数量较少。

4.开放发展的广度和深度有局限

从开放合作现状看，在资金、技术和高端产业要素等方面还存在短板。开放吸引力不足、合作持续性不高、发展先导性不够、开放合作质量和总量有待进一步提升。现在的对外开放还主要还是局限于对上海的对外开放以及和台湾的对外开放，还没有能够与长三角主要城市开展全面开放与合作。同时，与上海在民生资源的同城效应方面还没有充分显现。

5.共享发展不能完全满足人民群众的新期待

虽然嘉善经济较为发达，但与上海及周边其他经济较为发达的地区比较来说，还存在较大的经济增长压力。从硬件上来说，嘉善县在园区规划、道路建设等基础设施建设方面，还相对较为薄弱，除了要精心做好规划、更要通过多元化投入，加快建设步伐。从软件上来说，配套服务亟待提升。目前，嘉善在生态景观设计，餐饮会务服务配套，高档居住区建造，教育文化卫生设施配套，娱乐休闲活动选择、城市公共安全保障能力等多个方面都还需要进一步统筹规划、合理布局，在服务层次和服务质量上尚存在较大的提升空间。

（二）嘉善科学发展的影响因素和阻力障碍

嘉善示范点建设中反映了全国范围内县域发展中普遍存在的共性难题，任务依然繁重，困难和挑战依然艰巨。

1.行政体制障碍

第一，县级政府管理权责不对等。在项目批准、对外合作等方面，县级政府管理自主权不够；在一些社会管理、公共服务方面，县级政府承担的责任与财政能力不匹配。如对于教育、医疗等民生事务，县级政府承担的支出责任较大，而且权责划分是基于户籍人口规模。由于外来人口数量多，嘉善在保障民生方面的财政支出压力巨大，制约了共享发展。

第二，跨区域合作体制机制障碍影响合作。由于行政级别不对称、跨区域体制机制等因素，区域联动的深层次合作局面始终未能真正打开，基础设施、民生等领域缺少实质性共建共享。如，上海自贸区嘉善项目协作区的作用还不强，嘉善与自贸区管委会行政层面需加强衔接，在金融等创新方面给予率先复制。跨区域合作的机制和体系尚未系统构建。由于行政级别不对称、跨区域体制机制等因素，区域联动的深层次合作局面始终未能真正打开，基础设施、民生等领域缺少实质性共建共享。上海自贸区嘉善项目协作区的作用尚需巩固扩大，与自贸区管委会行政层面需加强衔接，在金融等创新方面给予率先复制。

第三，部分改革环节断链造成行政资源配置失衡。如有些部门将执法权划转给综合执法局，但执法力量、技术支持并未同步转移，相关条线的政策规章也不能及时告知更新，影响了执法效能。又如大力推进政府向社会力量购买公共服务的同时，原先承担公共服务的行业协会、事业单位改革尚未跟进，导致财政资金浪费。

2.政策支持障碍

基层改革探索离不开顶层设计和上级支持。目前嘉善这方面遇到的问题总体可分为四种情况。

第一，上级主管部门缺失。以综合执法改革为例，目前尚没有省级综合执法机构可对接，嘉兴市综合行政执法局的职权范围与嘉善存在较大差异，也较难在业务上给予实质性指导。

第二，监管职责下移带来承接难题。部分上级职能部门认为审批权的下放就是监管职责的下移，而基层编制力量和业务能力不足，难以实现有效监管，容易产生事实上的监管真空。

第三，单纯的“自下而上”较难突破。不少改革要以上面的政策突破为前置条件，仅靠地方政府难以实施。如企业投资项目难以真正实现“零审批”“以监管代审批”，设立虚拟空港遭遇航空代码唯一性难题。《示范点建设方案》明确的浙江临沪产业合作园区、海峡两岸（嘉善）经贸合作等开放合作平台建设还需要国家层面和上海市的支持协助，以进一步加快建设进度。

第四，省级部门的指导服务尚需加强。作为一个县级行政单位，嘉善在对接上海等过程中经常遭遇层级不对等、没有话语权的困惑，亟须得到省市相关部门的支持和配合。如，嘉善《示范点建设方案》明确的浙江临沪产业合作园区、海峡两岸（嘉善）经贸合作等开放合作平台建设还需要国家层面和上海市的支持协助，以进一步加快建设进度。

3. 发展环境障碍

一是国际经济发展环境的影响。全球经济没有走出国际金融危机影响，并且面临越来越大的下行压力下，开放发展也面临前所未有的竞争压力。国内经济进入新常态，企业普遍遇到转型升级问题。在这样的大背景下，开放合作先导区建设既肩负重任，是经济发展的突破口，又要创新体制，坚持开放发展理念，探索新形势下开放发展新路径，发展更高层次的开放型经济，不可避免面临一些问题和困难。企业国际竞争面临严峻环境。相对于国外，企业普遍感觉劳动成本大，原材料成本高，企业出口面临的贸易壁垒增多，绿色认证成为美国市场准入门槛，最终转化为绿色壁垒。

二是县域所在区域的经济社会发展条件，以及企业面临的制度环境仍然需要完善。知识产权保护不足。国内知识产权环境相对较差，实用新型和外观专利保护形同虚设，企业缺乏创新的动力。企业"走出去"，又碰到国外品牌的知识产权壁垒，需要花大量时间去应付，每一步都走得很累。一些行业税收类型不明确，影响企业正常发展。例如物流企业面对四个不同税率的点，难以划分，缺乏顶层设计，很多费用没有抵扣，税负实际增加。

4. 资源禀赋障碍

虽然近几年来，嘉善县在转型升级方面取得了较明显的成效，但由于地域面积较小，结构性、素质性问题突出，受到空间制约和要素制约日趋严峻，整体层次仍处于较低水平。基础设施建设和物流业发展受到土地资源约束，交通运输执法管理信息化水平不高，公交接轨上海等中心城市受到行政区划限制，内河航道建设资金渠道有限，等。城乡环境面貌、基础设施、基本公共服务与百姓期待仍有差距。城乡资源环境制约进一步加剧。嘉善县耕地后备资源极其匮乏，在耕地占补平衡的土地制度框架下建设示范点，土地瓶颈问题还未得到有效破解。人口倒挂现象突出，户籍人口 38 万，但外来人口却高达 35 万，高负荷的承载使生态环境矛盾日益突出，水环境、大气环境等治理任务依然非常艰巨。

5. 资金压力障碍

一是在产业转型升级方面资金压力大。腾退低效产业的成本比较高。大规模的开展低效行业专项整治工作，深入开展腾笼换鸟工作，积极腾退低效用地的成本非常高。一是关停淘汰成本越来越高。尤其是通过对企业实施行政性关停，对企业实施拆迁，和对企业进行收回土地使用权，成本已大大超过了新土地出让的成本，甚至达到了百万每亩的水平。二是平台融资越来越难。尤其是乡镇融资平台关闭后，乡镇缺乏足够资金实施腾笼换鸟，对于通过推动调整产业而已提升产业层次有心无力。

二是嘉善民生事业支出保刚性增长的压力巨大。嘉善是个典型的人口倒挂地区，外来新居民数量庞大。嘉善总体民生事业支出占财政支出的比重超过三分之二，大量负担了中西部欠发达地区人口流出地本应承担的责任和义务，给本地文化教育卫生等社会事业带来极大挑战。近年来财政收入增速回落和民生支出刚性增长矛盾突出，地方政府在保障民生支出上的融资压力巨大。

6. 法律法规障碍

在法无授权不可为的今天，改革必须纳入法治框架下辗转腾挪。但基层的创新创造，特别是农村"三权"改革方面，遭遇到法律法规的天花板。基层探索改革遭遇法律法规和上级政策限制。基层探索的改革受到法律法规制约难以进一步突破，特别是农村"三权"改革方面，在依法治国的框架下必须慎重稳妥推进，改革与依法行政还存在一定矛盾。

第一，法律红线禁止突破。在我国，房屋所有权转让一般坚持"地随房走"原则，但根据《土地管理法》规定，农村宅基地严格限制在集体成员内部转让，农房交易流转抵押必须房地分离、封闭运行，导致农民住房财产权的实现大打折扣。尽管省政府批复《总体方案》要求嘉善在"宅基地县域范围内置换""农村集体经营性建设用地入市流转"方面先行先试，但中央布局全国试点时未授予嘉善试点权限。

第二，尚存在一些法律空白。在农村基层组织中，村党组织依《党章》设立，村民委员会由《村民委员会组织法》调整，农民专业合作社由《农民专业合作社法》规范，但集体经济组织法律地位始终没有明确，在日常运行中与其他组织职能交叉不分，限制了集体股份合作社的壮大发展，即便推进集体经济股改，农民集体经济股权的价值也难以实现。

第三，不同上位法相互掣肘。在农权抵押方面，最高法院司法解释明确“承包方以其土地承包经营权进行抵押或者抵偿债务的，应当认定无效”，这同十八届三中全会《决定》“赋予农民对承包地占有、使用、收益、流转及承包经营权抵押、担保权能”之间存在明显不一致，导致不少金融机构对农权抵押存有顾虑。

第四，法律法规滞后，城乡社会管理转型困难。嘉善的城乡一体新社区，从法律角度看，既不是一个村，也不是一个社区，没有一个精确界定，所以在申报社区的时候是对应不上的。老百姓住在这个地方，但是户口还在村里。结果计划生育、民主选举等工作就需要两边跑。

7. 市场机制障碍

行政主导资源配置痕迹仍较明显，社会资本参与民生事业建设存在障碍。在社会资本办学、办医、养老改革中，政府垄断人员编制、土地指标、先进设备，并优先配置给公办机构，民办学校、医院和养老机构很难在同一层面与公办机构展开竞争。嘉善近些年来大胆探索PPP模式，引进社会资本参与民生事业建设。但总体上来说政府很热心，社会方还比较冷，主要担心投资周期太长，政府政策变动比较快，政府领导换届以及固定回报等。还没有能够更有效地化解社会资本的顾虑，形成互利共赢的格局。如，在行业协会承接政府职能转移中，一些部门只将一些“不想管，不愿管”事项推给行业协会，导致协会商会承接的职能多为边缘层面，发挥不了作用。由于没有找准突破口或较难破除体制症结，一些改革项目仍停留在纸面上，如科技银行尽管已经设立，但由于知识产权、产品商标、商誉等无形资产难以评估，市场化的担保体系尚未建立，商业银行实际上仍需要固定资产抵押，难以满足初创型小微企业的融资需求。

8. 人力资本障碍

虽然近几年嘉善出台了一些人才方面的鼓励政策，但是这部分政策主要针对行业领军人才，而对专业技术人才方面的政策比较匮乏，难以有效吸引专业人才到嘉善工作，存在高端专业人才难留等问题。嘉善毗邻上海，也是高端人才难以留住的重要原因。

六、对嘉善进一步推进科学发展的建议

为贯彻落实“四个全面”战略布局和“创新、协调、绿色、开放、共享”的发展理念，嘉善要根据《示范点建设方案》要求，以深入推进“三区一园”建设为主线，以改革为动力，以法治为引领，以党建为保障，全力推动示范点建设提质升级。

（一）完善《示范点建设方案》第二阶段目标任务

一要按照五大新发展理念进一步完善发展目标。嘉善《示范点建设方案》在很大程度上体现了“五大新发展理念”。第一阶段示范点建设取得明显成效，但是与“五大新发展理念”的要求相比，第二阶段的目标任务及各项具体举措都还需要进一步修订、完善，进一步提高有些方面目标任务的科学性。如，目前的开放合作发展主要是依托上海，今后可以依托杭州、南京等大都市圈开展全方位对外开放与合作。

二要取消一些不符合实际的内容。随着形势的发展变化，《示范点建设方案》中的某些内容已不符合实际，如方案中提出的“支持符合条件的企业到香港上市融资”，由于香港资本市场的局限，本地企业缺乏赴港上市的积极性。再如，国家已经取消创建国家绿色能源示范县评选，方案中提出的“创建国家绿色能源示范县”目标需要调整。

三要强化示范点《示范点建设方案》目标任务的执行力度。如果说第一阶段示范点建设中所体现出的“五大新发展理念”是由遵照总书记的指示要求而“自发体现”的话，那么在第二阶段的示范点建设实践中，则要求能够在各项工作中“自觉实现”即能够更加高标准地践行“五大新发展理念”。第一阶段还有10多项任务没有完成，也还有些一些方面的目标任务存有一定差距。如，主导产业的核心竞争力还不够强；企业自主创新能力薄弱，全国可学可看的展示窗口和示范片区还不多等。要进一步加大这些方面任务的执行力度。

（二）完善落实五大新发展理念行动方案

围绕城乡统筹这一发展目标，统筹联动、突出重点、积极探索、示范推行，创新统筹城乡发展各项体制机制，不断深化各项改革，努力在破解发展瓶颈上先行示范，着力将从试点探索向面上

拓展转变。进一步延伸改革半径，从试点试行到扩面提质入手，将各项改革措施在县域内全部覆盖。重点研究农村产权全流转可行性、全流转和全抵押风险防范体系设计、农村产权交易平台推进体系建设、农村产权确权过程中历史遗留问题稳妥解决方案等，力争在关键环节上实现重点突破。

1.努力开创创新发展的新局面

继续把创新发展放在示范点建设的核心位置，需要全力构建现代产业新体系，综合实施"互联网+""智能制造"等组合拳，深入推进信息化与工业化融合发展；加快现代服务业发展，强化三大省级服务业集聚建设，努力创建省级服务业强县；进一步优化农业结构，力争农业现代化发展水平继续走在全省前列。

要全面打造创新驱动新要素。牢牢把握创新人才、创新企业、创新平台三大创新要素，推动科创中心、归谷科技园、上海人才创业园三大创新要素，推动科创中心、归谷科技园、上海人才创业园三大创新平台建设，权力创建省级高新技术产业园区。

要提升投入效率。不断掀起有效投入新高潮。狠抓大项目推进、大企业培育、工业技改以及服务业和基础设施投资，并深化投融资体制改革，带动更多社会资本参与投资，加快走出节约新路径，深化企业亩均绩效综合评价管理，提高要素配置效率、加强土地要素保障，推进省级金融创新示范县建设。

2.努力实现协调发展的新境界

要更加注重城乡统筹。要牢牢把握中央城市工作会议精神和新型城镇化建设要求，积极推动"多规合一"、促进城市、城镇、农村联动发展、融合发展，全面建设城乡统筹先行区。权力打造中心城区新名片。结合美丽县城建设，加快新城区建设力度。推动城市经济、金融、文化中心南移。同步抓好老城区城市有机更新、棚户区和城中村改造、交通拥堵治理等工作，权力推进新型城镇化和新农村建设，高质量推进姚庄省级小城市培育试点、西塘市级小城市培育试点、大云省级特色小镇试点和天凝省级中心镇等建设，突出抓好各真老集镇改造提升，深入推进农村环境整治，权力打造美丽乡村升级版。

要更加注重精神文明。要进一步弘扬善文化，高度重视德治建设。围绕文化强县战略，全力推进全国文明城市创建、善文化区域道德文化品牌培育、文化惠民工程建设等工作。

要更加注重社会治理，努力实现经济与社会协调发展。要紧密围绕省平安县创建，权力抓好信访维稳、社会治安、安全生产、网络安全、食药安全等工作。要大力推进社会自治，积极推进基层民主决策、民主管理、民主监督，努力开创共治共管、共建共享的良好局面。

3.努力保持绿色发展的新水平

要加大环境治理。统筹推进环境治理、生态保护、制度建设和生态经济发展，全力打造"两山"理论实践样本。打好环境治理持久战。要以美丽嘉善建设为主抓手，深入推进"五水共治""五气共治""三改一拆"四边三化和"无违建"创建，努力实现天蓝、地绿、水清、城美的常态化。

要推进循环经济。大力推动小木业等地段行业整治，严格控制污染物产生和排放，确保完成上级下达的减排目标任务，努力创建省级循环经济示范县。要筑牢生态安全新进展。要完善并严格执行生态红线制度、加大对重要生态功能区的保护力度、深入实施绿化造林工程、全力创建国家生态文明建设试点示范县。

4.努力拓展开放发展的新天地

要全面融入上海。抢抓上海自贸区建设重大机遇，加快中国（上海）自由贸易试验区嘉善项目协作区获得实质性政策，并将自贸区政策首先延伸到嘉善出口加工区。大力推动产业融合，主动承接上海制造业转移和服务业外溢。应结合嘉善现有产业基础以及上海的产业转型发展方向，努力建立配合上海提升优化的产业类型的配套服务功能，加强上海弱化功能的跟进完善，与上海乃至区域形成一体化的产业链关系。深入对接大虹桥，推进设立中博会工业设计（嘉善）分会场。重点推进通勤列车恢复，谋划建设嘉善轻轨与上海地铁2号线、10号线无缝对接。

要优化生产要素在上海与嘉善之间配置，要充分发挥市场在要素资源配置中的决定性作用，使生产要素在两者之间形成统一、开放、竞争、有序的一体化市场。建立规范的现代市场流通规则，通过价格信号引导土地、资本、劳动力、技术、人才、信息等资源合理流动。

要全面建设海峡两岸经贸平台。利用嘉善已成为浙江最大的台资企业集聚区优势，借助已经形成的以台升为龙头的"国际家具城”、以晋亿为龙头的“台湾螺丝城”、以富士康为龙头的“电子信息产业园”3大产业集群，与台湾内湖科技园区、台中工业区开展深入合作，加快国内外知名龙头企业引入。

5.努力创建共享发展的新业绩

要努力提升民生品质。将民生建设由制度化的全覆盖向提升民生品质努力。在夯实城乡统筹发展基础上，将民生体系从基本建立向更加健全努力。既要注重城乡公共资源的标准化建设和统筹安排，又要注重民生发展的差异化，提供个性化和精细化的公共服务。在问卷调查中发现，受访者目前最关心的3项民生事业分别是“收入水平提高”“水质及饮用水状况”以及“城市空气质量”。更好地结合嘉善地方实际，切实进一步提升这三方面工作，才能够更好地回应群众需求。

要加大新居民管理和共享工作。深化新居民服务管理。深入推进居住证制度改革，不断深化“以房为主、以业为辅、以证为线”管理模式，切实提高新居民的精细化、动态化管理水平。探索新居民人口规模调控机制，推动流动人口服务管理机制创新，成为省级流动人口结构优化工作示范县。继续推进新居民计划生育基本公共服务均等化，在流动人口计划生育基本公共服务均等化上继续走在全省全国前列。加强新居民子女教育，义务教育段新居民学生公办学校吸纳率力争达95%以上。

（三）持续加强党建和基层政府治理现代化

要继续在党的建设上走在前列。要把从严从实的要求贯穿到党的各项建设始终，切实增强“四个意识”，全面提升党建科学化水平。切实加强理论武装，加强党委对意识形态工作的领导，用好县委理论学习中心组、嘉善论坛、善政学堂等学习平台，组织开展“两学一做”学习教育等活动，全面提升落实“四个全面”战略布局和五大新发展理念的能力和素养。不断夯实基层基础，全面实施“城乡推进、整县提升”行动计划，协同推进两新党组织建设、“党建＋”模式创新、网络平台建设等工作，积极抓好软弱落后村党组织滚动整转和村级组织换届选举试点工作，不断提高基层党建工作科学化水平。要大力加强干部队伍建设，选优配强各级领导班子，强化干部教育培训和实践锻炼，坚持从严管理干部，常态化推进干部能下工作。要切实加强党风廉政建设，严格落实党风廉政建设主体责任、监督责任，坚持从严惩治腐败，努力实现干部清风气正、政治清明。

要进一步围绕职能转变，加强政府自身建设。要建设学习政府以“善政学堂”为载体，突出学理论、学知识、学方法，深入探讨改革创新、转型升级、城市建设等重点工作和当前经济社会领域的新热点、新问题，加快促进各级干部更新知识结构、提高驾驭能力。要建设法治政府，自觉接受人大及其常委会的依法监督、政协的民主监督、司法机关的司法监督以及社会公众和新闻舆论监督，高质量办理人大代表议案、建议和政协委员提案。全面启动“七五”普法工作。加强电子政务平台建设，加大信息公开力度。要建设高效政府，正确处理政府与市场的关系，继续深化“四张清单一张网”改革，建立健全动态调整机制，实现镇（街道）权力清单、责任清单全覆盖。大力倡导和弘扬担当精神，推动干部敢于担当、善于担当。要建设廉洁政府，强化对重点领域、关键环节权力运行的监督制约，坚决查办违纪违法案件。进一步规范建设工程招投标行为。

（四）全力推进综合配套改革

要牢牢把握国家全面深化改革导向，着力破除一切不利于科学发展的体制机制障碍，权力争当全面深化改革排头兵，进口中央部署的重大改革举措。结合嘉善县域实际深化细化，做到时时关心、时时跟踪、盯住不放。要狠抓落实，勇当示范，紧紧围绕示范点综合配套改革总体方案，进一步打通关节、疏导赌点。激活全盘、努力使各项改革都能落地生根、释放红利。要紧密结合县域实际，每年都锁定几个有基础、有特色、有价值的改革作为重点突破口，集中力量抓共建、权力打造改革特色、改革亮点。

（五）更多争取国家政策支持

嘉善县应继续用好用足国家相关政策。同时，国家也要加大支持力度，着力解决县域科学发展中面临的体制机制难题。要争取将嘉善列入国家级转型升级示范开发区、开展城镇低效用地再开发等土地管理改革试点、创建国家养老服务综合改革试点、西塘景区创建国家5A级旅游景区；创建省级工业及旅游特色小镇、创建省级跨境电子商务示范园区等。要进一步争取扩权强县。赋予嘉善相当于地市级行政管理权限，给予嘉善在社会事务管理方面更大的自主性。

七、全国范围内推进县域科学发展的建议

嘉善示范点建设反映了全国县域发展中普遍存在的共性难题，对此，我们提出如下建议。

（一）加强对县域各方面改革的政策支持

1. 赋予地方更大改革空间。嘉善获得先行先试的自主权是示范点建设取得成功的重要条件。应继续深化强县扩权改革，适当扩大县域管理自主权。对于像嘉善这样较发达的试点县，可以赋予相当于地市级行政管理权限；要赋予基层更大的改革空间，允许试错，鼓励开垦“改革试验田”。

2. 合理划分不同层级间政府职责，改革调整县级政府权责配置。嘉善民生事业支出占财政支出的比重超过三分之二，大量负担了中西部欠发达地区人口流出地本应承担的责任和义务，在保障民生支出上的融资压力巨大。因此，要改革现行财政支出责任分担体制，合理界定不同层级政府在义务教育、基本医疗、社会保障等基本公共服务方面的事权和财力配置，由省级和中央政府承担更多的支出责任。要探索促进人口流出地与人口流入地之间的权责对等，解决好跨省市医保异地结算等。

3. 加大上级政府的出面协调和帮扶力度。县级行政单位在与外省市对接过程中常因行政级别不对等而难以建立有效的区域合作机制。如，上海自贸区嘉善项目协作区的作用还不够强，基础设施、民生等领域缺少实质性共享。解决此类问题，要求上级政府部门出面协调。而一些基层改革探索则常常缺少上级政府的指导。如，嘉善的综合执法改革缺少上级主管部门。这方面的问题需要加强上级主管、对接部门对县级的帮扶和指导。

（二）修订完善制约县域改革发展的法律法规

1. 破除制约县域改革创新的法律障碍。要修订、完善《土地管理法》等相关法律法规，加强对农村集体资产所有权、农户土地承包经营权和农民财产权的保护，消除制约县域农村创新创造的“天花板”。

2. 填补一些制约县域改革发展的法律空白。要明确集体经济组织的法律地位，逐步发展壮大集体股份合作社，努力实现农民集体经济股权的价值。

3. 协调一些让基层政府无从遵循的上位法。要按照最新中央精神，修订、完善最高法院对农权抵押的司法解释，赋予农民对承包地占有、使用、收益、流转及承包经营权的抵押、担保权能，消除金融机构对农权抵押的顾虑。

（三）深入推进基层政府治理能力现代化建设

1. 推进基层政府内部现代治理体系。推进县域善治，打造基层政府现代治理体系是嘉善示范点建设的重要经验。从全国来看，基层政府现代治理体系任重道远，大力推进基层政府治理现代化，要系统改革县级基层政府体制机制，处理好政府与党组织、人大、政协，以及政府内部各职能部门之间的关系。要创新民众广泛参与决策的机制，拓展公民和社会组织参与县域改革和发展的渠道；要完善发展成果考核评价体系，纠正单纯以经济增长速度评定政绩的偏向。

2. 切实转变基层政府职能。不论是从嘉善，还是从全国来看，都在一定程度上存在行政主导资源配置痕迹明显，不能很好理顺政府与市场关系，以及政府各职能部门对事中事后监管不到位等局限。如，嘉善在一定程度上存在民办学校、医院和养老机构很难在同一层面与公办机构展开竞争的情况。对此，要各基层政府都要明确政府自身职能定位，大力推进简政放权和审批制度改革，激发市场主体活力；要继续在公共产品和公共服务方面发挥主导角色，努力建设好服务型政府。

（四）系统总结嘉善示范点建设经验并加大宣传推广

1. 总结嘉善经验。继续组织高层次权威机构和平台深化对嘉善科学发展实践经验的总结研究，系统总结并形成一批全国“可复制可推广”的嘉善经验；要加大嘉善经验的宣传推广力度，将嘉善经验打造成为嘉善的改革名片。适时召开嘉善县域科学发展示范点建设全国交流会。

2. 推广嘉善经验。鼓励支持各县域坚持以“五大新发展理念”为指导，从县情和区位特点出发，把学习嘉善经验与自主创新结合起来，制定符合本地域实际、能够发挥区位优势、比较优势的发展规划，走特色化发展道路。各省级政府要加强对各县域科学发展规划的指导，确保发展规划具有可操作性，任务执行具有可衡量性，发展经验具有可持续性。

领导考察

1月5日，省政协委员到嘉善调研经济社会发展情况，并组织召开座谈会。市县领导高玲慧、王淳、马玉华、薛佳平、朱静绮、许晴、冯伟等参加或陪同调研。

1月20日，省政协副主席、省委统战部部长孙文友一行到嘉善考察嘉善深入推进县域科学发展示范点建设情况。市县领导鲁俊、朱静绮、许晴、祁海龙、冯伟、阎靖华等陪同。

1月28日，省农业厅副厅长张火法一行到嘉善调研农产品质量安全智慧监管工作，副县长殳世平陪同。

2月14日，省政协副主席、台盟省委会主委张泽熙到嘉善调研示范点建设。市县领导马邦伟、许晴、冯伟、滕根林、曹惠明、阎靖华陪同。

2月18日，由《人民日报》、新华社、《光明日报》等6家中央媒体组成的“浙江特色小镇”采访团，先后到县归谷智造小镇和巧克力甜蜜小镇采风和调研。县委常委、宣传部长武曜云陪同。

2月29日—3月3日，由中国行政体制改革研究会秘书长、国家行政学院教授王满传带领的嘉善县域科学发展示范点建设第一阶段实施情况第三方评估组到嘉善开展评估调研。省发改委巡视员、省协调办主任陈智伟，省发改委地区处处长戴以村，市委常委、副市长卜凡伟，市发改委对口支援办副主任、市协调办主任吴晓云，县领导许晴、祁海龙、郑明、冯伟、滕根林、何全根、曹国良、毛永忠、沈康明、武曜云、殳世平、高嵩、施晓松、许春红、陆军等参加会议或陪同调研。

3月7日，省人大常委会副主任、浙商发展研究院院长王永昌一行到嘉善调研特色小镇建设情况。县领导许晴、郑明、何全根、武曜云等陪同调研。

3月9日，省民政厅副厅长江宇到嘉善调研指导“三社”（社区、社工、社会组织）建设工作。嘉兴市民政局局长沈海明、市社工办副主任沈建良、嘉善县委副书记滕根林等陪同。

3月14—15日，省委副书记王辉忠率省农办、省发改、省商务、省旅游等部门负责人到嘉善调研农村治污清淤和特色小镇建设工作。市县领导林健东、胡海峰、孙贤龙、许晴、祁海龙、滕根林、何全根、郁伟华等陪同。

3月22日，省文化厅副厅长柳河到嘉善调研县域科学发展示范点建设文化工作推进情况，副县长高嵩陪同。

4月7日，省政协副主席、省侨联主席吴晶一行到嘉善调研县域科学发展示范点建设情况。市县领导马邦伟、许晴、冯伟等陪同。

4月13日，省政协副主席张泽熙一行到嘉善调研黄酒产业发展情况。市县领导高玲慧、马玉华、许晴、冯伟等陪同。

4月26—27日，国务院法制办及省法制办有关领导到嘉善调研，了解拟定嘉善作为全国重大行政执法决定法制审核制度试点的有关情况。县领导何全根、曹雪龙等陪同。

4月28日，省委书记、省人大常委会主任夏宝龙赴嘉善调研，强调嘉善要深入总结嘉善县域科学发展示范点建设经验，加快谋划新一轮发展改革方案，推动嘉善成为全面建成小康社会标杆县。省市县领导袁家军、陈金彪、鲁俊、胡海峰、孙贤龙、许晴、祁海龙、何全根等陪同。

4月29日，副省长黄旭明一行到嘉善调研防汛工作，要求深入排查安全隐患，充分做好各项防汛备汛工作。嘉兴市副市长赵树梅、副县长施晓松等陪同。

5月5日，市发改委党组成员、市对口支援办副主任、市协调办主任吴晓云一行到嘉善调研指导示范点建设。吴晓云听取在市级层面总结推广示范点建设经验、需市级层面进一步支持的政策意见以及下一步工作建议的汇报，并对推进下阶段示范点建设工作提出要求。

5月9—10日，中央办公厅调研室局长龙旭率中办、国办、新华社相关人员到嘉善调研，全面了解总结嘉善示范点建设进展情况。县领导许晴、祁海龙、何全根、陆军陪同。

5月10日，副省长熊建平到嘉善调研社会养老服务体系建设工作，省民政厅厅长尚清，市县领导祝亚伟、许晴、祁海龙等陪同。

5月13日，浙江大学统战部

部长赵文波带领浙江大学知联会一行到嘉善调研，县领导陆军、阎靖华陪同。

5月16日，市人大常委会主任刘冬生带队的督查组到嘉善开展大气污染防治执法检查和“五水共治”专项监督。市县领导王马青、祝亚伟、许晴、郑明等陪同。

5月31日，省委常委、秘书长陈金彪一行到嘉善调研城乡环境整治和示范点建设第二阶段推进情况。市县领导胡海峰、孙贤龙、许晴、祁海龙等陪同。

5月31日—6月3日，由省委改革办委托的第三方评估机构组成评估小组到嘉善，对嘉善县域科学发展综合配套改革开展评估调研。县领导许晴、何全根等参加汇报会。

6月2日，县委书记许晴调研嘉善养老服务业综合改革试点工作，副县长许春红参加。

6月2—3日，由省人大常委会副主任姒健敏带队的督查组，到嘉善开展“四张清单一张网”改革专项督查，市县领导张志伟、祁海龙、郑明、何全根、何慧琴陪同。

6月7日，市委副书记、秘书长孙贤龙一行到嘉善督查城乡环境整治推进情况。县领导许晴、祁海龙、滕根林等陪同。

6月17日，市委副书记、秘书长孙贤龙一行到嘉善，督查指导城乡环境整治工作。县领导祁海龙、何全根、郁伟华陪同。

6月23日，省委常委、统战部部长王永康带队到嘉善调研。市县领导朱静绮、许晴、滕根林、阎靖华陪同。

6月28日，省人大常委会党组副书记、副主任程渭山到嘉善调研村级集体经济发展情况。县领导许晴、郑明、顾林法陪同。

6月29日，县人大常委会赴大云镇十里水乡、拖鞋浜等地专题调研农村旅游发展工作。人大常委会主任郑明，副主任张炳祥、何慧琴、顾林法、殳世平、丁炳龙、邹霞芳等参加，副县长许春红陪同。

7月7日，省委副书记、代省长车俊到姚庄镇调研小城市培育试点建设。省政府秘书长李卫宁，市县领导鲁俊、胡海峰、许晴、祁海龙、曹惠明等陪同。

7月15日，国家发改委城市和小城镇改革发展中心城市中心总经济师顾惠芳一行到姚庄镇调研。县领导何全根、曹惠明、陆军等陪同。

8月1日，省国土资源厅副厅长马奇到嘉善调研指导《发展改革方案》制定修改工作。副县长施晓松参加会议。

8月2日，省委政法委办公会议成员、省综治办专职副主任谢小云一行到嘉善就平安综治工作和县域科学发展示范点建设情况进行调研指导。嘉兴市委副秘书长、市委政法委副书记翁勤雄，县委副书记、县委政法委书记滕根林等陪同。

8月2日，省民政厅厅长尚清一行到嘉善调研指导民政工作。县委书记许晴等陪同。

8月6日，省委常委、统战部部长王永康赴嘉善调研省统一战线助推嘉善县域科学发展示范点建设活动重大项目——富通集团嘉善光通信全产业链项目。省委统战部副部长张润生，省工商联副主席、浙商总会副会长、富通集团董事长王建沂，县领导许晴、祁海龙等陪同。

8月10日，省委书记、省人大常委会主任夏宝龙一行到嘉善考察调研。省市县领导陈金彪、熊建平、鲁俊、胡海峰、孙贤龙、祝亚伟、许晴、祁海龙等陪同。

8月17日，省发改委党组副书记、副主任黄勇到嘉善调研县域科学发展示范点建设情况。县领导许晴、何全根等陪同调研或参加座谈会。

8月21日，水利部副部长周学文一行到嘉善调研太浦河流域总体情况，走访王凝圩区汾湖泵站，考察太浦河流域水利建设情况。县委副书记、县长祁海龙陪同。

8月30日，省科技厅党组书记、厅长周国辉一行到嘉善调研科技创新工作。市政协副主席、科技局局长邢海华，县委副书记、县长祁海龙等陪同。

9月9日，省交通运输厅副厅长陈利幸、任忠一行到嘉善调研县域交通运输科学发展情况，市交通局局长顾国强、县委书记许晴、副县长郁伟华等陪同。

9月19日，省教育厅副巡视员方天禄一行到嘉善调研省教育基本现代化县创建工作。县领导武曜云、高嵩等陪同。

9月27日，省国土厅厅长陈铁雄赴嘉善调研国土资源管理工作。县领导许晴、施晓松陪同。

9月27日，民革中央委员会社会服务部部长边旭光率民革中央经贸考察团到嘉善考察。县领导祁海龙、冯伟、曹国良、武曜云、阎靖华等陪同。

9月29日，副省长冯飞一行到西塘镇调研富通集团嘉善光通信全产业链项目。市县领导盛全生、邢海华、祁海龙、曹国良等陪同。

10月4日，中国工程院院士、浙江省农业科学院院长陈剑平一行到嘉善考察指导浙江一里谷农业科技有限公司、干窑镇新泾港现代农业示范区工作。县委副书记、县长祁海龙，副县长施晓松，县科协主席郭瑾等陪同。

10月11日，省环保厅党组成员、省环境执法稽查总队总队长单锦炎一行到嘉善调研"五水共治"工作。市县领导祝亚伟、施晓松等陪同。

10月12日，国家发改委规划司司长徐林一行考察大云巧克力甜蜜小镇，省发改委副主任黄勇、市人大副主任、市发改委主任朱伟、县领导许晴、祁海龙陪同。

10月12日，全国政协原副主席厉无畏到大云调研云澜湾温泉国际并召开座谈会，就旅游产业发展和大健康产业导向等问题进行座谈交流。嘉兴市政协副主席李水根，县政协主席冯伟等陪同。在汇报交流会上，县发改局、大云镇及云澜湾相关负责人就健康产业相关政策和导向情况进行详细介绍。

10月12日，中国工程院院士高从堦、侯立安，住房和城乡建设部城市建设司巡视员张悦以及来自浙江大学、北京师范大学、北京市水文地质工程地质大队的专家、教授到嘉善考察水环境治理工作。县领导许晴、郑明、冯伟等陪同。

10月13日，省发展和改革研究所所长傅小波一行到嘉善，就《嘉善县域科学发展综合配套改革评估报告》征求意见稿召开座谈会听取市县相关意见建议。县委书记许晴等参加。

10月14日，浙江省台办主任庄跃成一行到嘉善调研台商投资和台商权益保护工作情况。嘉兴市台办主任张形芳、嘉善县委副书记、县长祁海龙等陪同。

10月27日，由省治水办常务副主任、省环保厅厅长方敏带队的督查组到姚庄镇，督查"清三河"及垃圾分类工作。副市长祝亚伟，县长祁海龙，县委常委、镇党委书记曹惠明、副镇长王苗兴，市县治水办、环保局等相关领导陪同。

11月10日，省总工会副主席董建伟一行到嘉善调研基层工会建设，县总工会主席许萍、副主席徐金华等陪同。

11月17日，全国人大常委会委员、财政经济委员会副主任委员、民建中央副主席辜胜阻到嘉善姚庄镇调研城乡一体化建设情况，民建市委会主委戴铭、姚庄镇镇长蒋晓平等陪同。

11月20日，省农业厅副厅长王建跃带领省农业技术推广中心专家到西塘镇调研水稻绿色高产高效创建工作。嘉兴市农经局副局长赵如英、市种植技术推广总站站长俞慧明，县农经局局长俞泓刚等陪同。

11月22日，省水利厅副厅长杨炯一行到姚庄镇指导水利建设工作，市水利局局长袁建民、副县长施晓松、县水利局局长邱建新、姚庄镇镇长蒋晓平等陪同。

11月23日，省委政法委调研组副书记马以一行4人到嘉善调研2017年政法工作思路。市县领导孙贤龙、翁勤雄、许晴、滕根林陪同调研。

12月8日，环保部水环境管理司司长张波带队到姚庄镇，开展控制污染物排放许可试点情况调研。市县领导祝亚伟、许晴、曹惠明等陪同。

12月15日，省政府副秘书长徐纪平一行到嘉善开展调研，走访歌斐颂巧克力小镇、富通集团（嘉善）通信公司光通信智能制造研发中心和梦天木业等，深入了解嘉善在民间投资、传统产业转型升级和户籍制度改革等方面的情况。县委副书记、代县长徐鸣阳陪同。

12月16日，水利部太湖流域管理局防总秘书长（简称太湖局）、太湖局副局长朱威带领太湖局相关领导一行，对嘉兴市水资源调度现状、存在问题及需求进行实地调研，省水利厅防办主任王春来、水资源处处长陈永明、市水利局副局长朱海、嘉善县副县长徐明良等陪同。

12月19日，中央党校原副校长李君如带领由人民网、《人民日报》记者组成的创新驱动基层调研组到嘉善归谷科技园等地调研。市县领导连小敏、邢海华、许晴等陪同。

12月26日，省民政厅副厅长余强率厅救灾处等处室负责人，到罗星街道调研指导防灾减灾工作。嘉兴市民政局副局长郑新娣和嘉善县政府办公室副主任陆维新等陪同。

12月29日，省人大常委会副主任王辉忠一行到大云镇，考察巧克力甜蜜小镇。市县领导朱伟、汤云良、郑明、沈卫东，大云镇党委书记陆芸陪同。

重要会议

1月14日，全市在线服务企业暨网络党建推进会在嘉善召开。嘉兴市委组织部、市委“两新”工委、市经信委以及各县(市、区)委组织部、经信局主要负责人，市县领导连小敏、朱学军等参加。

1月28日，嘉善召开全面深化改革领导小组(扩大)会议，总结2015年县域科学发展综合配套改革推进情况，审议部署2016年改革工作计划。县领导许晴、祁海龙、何全根、毛永忠、武曜云、顾林法、殳世平、高嵩、吴建平等参加。

2月1日，嘉善召开县域科学发展示范点建设领导小组(扩大)会议，审议示范点建设第一阶段自评报告和示范点建设第二阶段五年行动计划，研究部署下阶段重点工作。县领导许晴、滕根林、何全根、曹国良、毛永忠、朱学军、沈康明、武曜云、曹惠明、张炳祥、殳世平、高嵩、许春红、陆军、吴建平等参加。

2月16日，全县三级干部大会暨示范点建设第二阶段动员大会召开。县委副书记、代县长祁海龙主持会议。县领导许晴、郑明、冯伟、滕根林等参加。

2月26日，全省养老服务业综合改革试点工作经验交流会在嘉善召开。省民政厅副厅长、省老龄办主任苏长聪，副县长许春红等参加。

2月26日，全县大众创业促进机制改革工作推进会召开。县领导许晴、何全根、朱学军、张炳祥、王秋儿参加。

3月11日，全市特色小镇创建暨小城市培育试点现场推进会在西塘镇召开。市县领导楼建明、祁海龙、何全根参加。

3月25日，嘉善召开全国县级文明城市创建工作推进会，重点部署2016年相关创建工作。县领导滕根林、武曜云参加。

4月7日，嘉善科协九届二次全委(扩大)会议召开，号召全县科协工作者发挥群团优势，服务发展大局，为全面建设县域科学发展示范点做出新贡献。

4月13日，姚庄镇、开发区(惠民街道)和上海枫泾镇三地在姚庄举行联席会议，共商“三方联盟·党建一体化”工作，该项工作是嘉善与上海金山区共建沪浙毗邻地区一体化发展示范区的一项重点落实举措。

4月25日，嘉善召开全面深化改革领导小组2016年第二次(扩大)会议，部署县域科学发展综合配套改革第三方评估工作。县领导何全根、曹国良、毛永忠、朱学军、曹惠明、张炳祥、高嵩、施晓松、许春红、陆军、郁伟华、吴建平等。

4月29日，县委召开十三届82次常委会，传达学习贯彻省委书记夏宝龙在嘉善县域科学发展示范点建设情况汇报会上重要讲话精神，部署近阶段环境整治等重点工作。县领导许晴、祁海龙、郑明、冯伟、滕根林等参加。

5月11日，县政协召开十三届24次常委会议，会议传达省委书记夏宝龙在嘉善调研时的讲话精神及县委常委会精神，并观看浦江县环境整治经验的视频。县政协主席冯伟，副主席吴建平、王秋儿、阎靖华等参加。

5月13日，全县行业整治和村级工业园区腾退工作现场推进会在干窑镇召开。会议就进一步加快治理“低小散”行业突出问题，深入推进重点行业整治和村级工业园区腾退整治进行部署。县领导祁海龙、曹国良、邹霞芳、陆军、陆才华参加。

5月14日，全县城乡环境整治百日攻坚行动交流汇报会召开，部署城乡环境整治百日攻坚行动下阶段工作。县领导许晴、祁海龙、郑明、冯伟、滕根林等参加。

5月24日，嘉善县召开新闻发布会，发布《嘉善县国民经济和社会发展第十三个五年规划纲要》主要内容及编制过程。

5月26日，嘉善召开县委理论学习中心组(扩大)学习会，中国人民大学环境学院院长马中应邀作《绿色发展：环境保护与经济发展的两难与双赢》专题辅导讲座。县领导许晴、祁海龙、郑明、冯伟、滕根林等参加。

5月26日，县委、县政府召开《发展改革方案》编制工作交办会，全面启动方案编制工作。县领导许晴、何全根等参加。

6月4日，全县农村环境整治攻坚月动员大会召开，为城乡环境整治百日攻坚战再掀高潮。

县领导祁海龙、郑明、冯伟、滕根林等参加。

6月18日，全县主体工作例会召开。县委书记许晴在会上强调，全县上下必须对照年初确定的目标任务，争分夺秒、齐心协力地打好环境整治和经济建设两场战役。县领导祁海龙、郑明、冯伟等参加。

6月23日，嘉善召开县域科学发展示范点发展改革方案(2016—2020)专家研讨会，邀请浙沪两地专家对示范点建设第二阶段发展改革方案进行研讨。县委常委、常务副县长何全根参加会议。

6月27日，县委召开嘉善县域科学发展示范点建设领导小组(扩大)会议，深入贯彻落实中央领导同志重要批示精神和省委、省政府决策部署，审议《浙江嘉善县域科学发展示范点发展改革方案(送审稿)》，研究部署下阶段工作。县领导许晴、祁海龙、郑明、冯伟、滕根林等参加。

9月14日，省志愿助残服务和社会化助残服务现场交流会在嘉善召开。省残联副理事长吴一农、维权部部长周云尧作重要讲话，全省11个地市残联分管副理事长和组宣(维权)部主任、副县长许春红参加。

10月12日，罗星街道归谷智造小镇工会联合会第一次代表大会暨成立大会在归谷嘉善科技园召开，会议选举产生小镇工会联合会第一届委员会和经费审查委员会。来自全县各镇(街道)总工会、部分产业(系统)工会和有关基层工会的干部现场观摩会议，县总工会主席许萍参加会议并作讲话。

10月28日，2016嘉善国际投资贸易洽谈会在嘉善举行。商务部投资促进事务局副局长张玉中、省商务厅副巡视员周关林，县领导许晴、祁海龙、郑明、冯伟等及海内外360多名客商参加洽谈会。

重大活动

1月4日，嘉善举行省重大项目——县图书馆、县博物馆（“两馆”）项目集中开工仪式。市县领导祝亚伟、许晴、祁海龙、郑明、何全根、曹国良、曹雪龙、沈康明、武曜云、高嵩、丁金华参加。

1月18日，县人大常委会组织在嘉善的省人大代表和嘉善选举产生的市人大代表，专题视察县域科学发展示范点建设情况。省人大常委会副秘书长、研究室主任王强，县人大常委会主任郑明等参加活动。

1月29日，嘉善县领军人才俱乐部在县归谷园区揭牌成立。县领导滕根林、朱学军、阎靖华参加揭牌仪式。

3月6日，嘉善与华夏幸福基业股份有限公司、上海师范大学签订三方合作办学协议，打造上海师范大学附属嘉善实验学校。市县领导柴永强、许晴、祁海龙、高嵩、施晓松，上海师范大学校长朱自强、华夏幸福基业股份有限公司城市发展集团总裁刘丹参加签约仪式。

3月18日，嘉善与上海市金山区签订《上海市金山区与浙江省嘉善县共建沪浙毗邻地区一体化发展示范区战略框架协议》。上海市合作交流办主任姚海，上海市政府发展研究中心主任肖林，省发改委巡视员陈智伟，上海市金山区领导李跃旗、胡卫国、杜治中，市县领导楼建明、许晴、祁海龙、何全根、曹国良、曹惠明等参加签约仪式。

3月30日，嘉善县人才创业服务中心揭牌成立。县委常委、常务副县长何全根，华夏幸福嘉兴鼎泰有限公司总经理方亮共同为嘉善县人才创业服务中心揭牌。

3月31日，浙江师范大学附属嘉善实验学校举行签约揭牌仪式，浙江师范大学党委书记陈德喜，校长蒋国俊，县领导许晴、祁海龙、高嵩等参加签约揭牌仪式。

4月19日，2016中荷贸易投资论坛暨浙江中荷（嘉善）产业合作园推介会在荷兰鹿特丹世贸中心举行，中华人民共和国驻荷兰大使馆经商处参赞李飞，荷兰经济部国际司司长、荷兰坎贝拉市市长，荷兰国家环保与清洁科技委员会主席，欧盟中国商会副主席、荷兰国际投资贸易委员会主席杨西蒙，县委副书记、县长祁海龙以及来自荷兰政府、商界的代表和媒体参加该次论坛暨推介活动。

5月19日，浙江中荷（嘉善）产业合作园开园。省商务厅副厅长马洪涛，荷兰驻沪总领事艾晓安，荷兰坎贝拉市市长皮特·奥斯卡姆，市县领导盛全生、许晴、祁海龙、郑明等参加开园仪式。

5月19日，荷兰坎贝拉市政府访问团到嘉善访问，并召开中国嘉善县·荷兰坎贝拉市合作交流会。县委副书记、县长祁海龙等参加交流会。

5月28日，高铁新城举行2016年新建项目集体开工暨上海人才创业园企业签约仪式。县领导许晴、祁海龙、郑明、冯伟等和华夏幸福产业发展集团总裁赵威、华夏幸福沪浙区域事业部总经理王振江参加。

6月3日，欧美同学会·中国留学人员联谊会首届高研班论坛在嘉善举行。欧美同学会副秘书长、《留学生》杂志社社长许睢宁，县领导滕根林、沈康明、朱学军出席论坛开幕仪式。开幕仪式上，欧美同学会·中国留学人员联谊会部分项目与嘉善进行集体签约。同时，正式设立全国首个留学报国产业基金——善信留学报国产业基金。

6月16日，上海市产业技术研究院、上海市科技人才开发交流中心、上海市产业园区中小企业服务中心等一批沪上科技人才机构负责人，华东理工大学、上海交通大学、上海理工大学等一批沪上高等院校专家集聚嘉善，参加由嘉善和上海市科学技术开发交流中心共同举办的2016上海—嘉善科技对接交流活动。副县长高嵩参加活动。

6月28日，欧美同学会海归创业学院嘉善学院揭牌仪式暨嘉兴市创业转型CEO培训班开学典礼在中国归谷嘉善科技园内举行。欧美同学会副秘书长、《留学生》杂志社社长许睢宁，工信部人才交流中心副主任色云峰，市委常委、市委组织部部长连小敏，县领导许晴、朱学军等参加揭牌活动。

7月13—15日，上海市欧美同学会第八期“海外留学人员创业培训班”到嘉善进行创业创新环境考察，副县长高嵩等陪同。

8月19日，澳大利亚国家证券交易所驻中国联络处、澳大利亚国家金融投资集团上市辅导中心在嘉善揭牌成立。县委常委、常务副县长何全根参加活动。

9月9日，2016年第十七届亚洲赛艇锦标赛在汾湖水上运动中心开幕。亚洲赛艇联合会、中国赛艇协会、省体育局等机构相关负责人，市委常委、副市长卜凡伟，县委副书记、县长祁海龙等参加开幕式。

9月16日，第二届歌斐颂国际巧克力文化旅游节在歌斐颂巧克力小镇拉开帷幕，中国食品工业协会糖果专业委员会秘书长丁绍辉、副县长许春红等参加开幕式。

9月27日，嘉兴遥感与全球变化研究中心启动仪式暨卫星遥感大数据高端论坛在嘉善归谷科技园举行。

10月25日，以“创新引领未来，创业共筑梦想”为主题的2016“浙江·台湾合作周”海峡两岸（嘉善）青年创业创新论坛在嘉善举行，省台办副主任陈正仁，县领导许晴、祁海龙、郑明、滕根林等参加论坛开幕式。

重要成果

3月31日，嘉善县连续第11次被省委、省政府授予省级“平安县”称号。

5月27日，北京大学创新研究院嘉善产学研合作中心嘉善信息科技城揭牌成立，并正式签约引进6家科技公司，为嘉善县域科学发展示范点建设提供创新支持。

7月11日，嘉善丁诸线航道整治工程及土地利用总体规划落实方案获批，有效保障嘉善丁诸线航道整治工程的顺利落地。该项目是交通运输用地，列入2015年浙江省重点建设项目清单。

7月21日，省经信委印发《2016年度重大制造业项目计划》，嘉善铠嘉电脑年产7500万件精密电子零部件项目被列入“百项万亿”重大制造业项目，富鼎电子科技新建年产660万套便携式微型计算机构件项目被列入总投资5亿元以上重大制造业项目。

7月25日，嘉善“12320”卫生服务热线正式开通上线，是全国首家县级健康热线，副县长高嵩出席开通仪式。

8月18日，总投资52亿元的“梦东方·梦幻嘉善”项目成功落户嘉善巧克力甜蜜小镇，成为全县近年来引进投资规模最大的三产服务业项目。县领导许晴、祁海龙、郑明、冯伟等参加项目签约仪式。

9月21日，中国归谷嘉善科技园成功与中国最大工业无人机企业——深圳科比特航空科技有限公司签约科比特航空华东中心项目。县委副书记、政法委书记滕根林等参加签约仪式。

9月21日，省政府办公厅印发《关于公布浙江省第三批“三名”（名企、名品、名家）培育试点企业名单的通知》，浙江众成包装材料股份有限公司上榜，实现嘉善“三名”企业“零”的突破。

12月1日，嘉善县白马龙港整治工程通过省水利厅验收，被评为省级河道生态建设示范工程。该工程位于罗星街道归谷园区内，总投入约1640万元，由县水利局、罗星街道、归谷产业园区共同打造完成。

12月20日，嘉善县成功创建全国首批国家农产品质量安全县。县委书记许晴作为浙江4个国家县创建代表应邀参加国务院举行的“全国食品安全城市创建和农产品质量安全县创建工作现场会”，并作书面交流。

其他重要事件

1月5日，上海商会网CEO何振明、光瑾丰信息技术有限公司董事沈恺等一行到嘉善考察高铁新城科创园、商会大厦、杉达大学光彪学院等地，并召开座谈会，副县长沈康明陪同。

1月19日，海宁市考察团一行到嘉善考察特色小镇创建工作，县领导何全根、陆军陪同考察。

2月3日，嘉善与浙江中医药大学签订战略合作协议，双方将在医疗卫生方面展开全方位合作。市县领导柴永强、祁海龙、高嵩等参加签约仪式。

2月7日，荷兰驻上海总领事艾晓安女士一行赴嘉善开发区进行考察，专题了解浙江中荷（嘉善）产业合作园建设情况。县委书记许晴，副县处长级干部、开发区管委会主任陆春浩，县委办主任郁晓凡等相关人员参加。

2月15日，嘉善县委、县政府印发《浙江嘉善县域科学发展示范点建设第二阶段五年行动计划（2016－2020）》。

3月11日，浙江省年度小城市培育试点工作第三考核组到嘉善姚庄镇，对2015年度小城市培育试点工作进行考核。县领导许晴、祁海龙、郑明、冯伟、何全根、曹惠明等陪同。

4月14日，嘉善出台《嘉善县2016年度“五水共治”工作实施方案》，继续深入实施“五水共治”工作，进一步改善水环境质量，全力助推建设“美丽嘉善”、县域科学发展示范点。

5月3日，由县委书记许晴带队的党政考察团赴金华市浦江县调研，探寻浦江县通过“三改一拆”“五水共治”走出绿色发展道路的秘诀。县领导祁海龙、郑明、冯伟、滕根林等参加调研。

6月30日，经市委、市政府同意，县委、县政府正式将嘉善示范点建设《发展改革方案（送审稿）》上报省委、省政府。

7月13日，出台《嘉善县百日环保执法专项行动工作方案》，决定组织开展全县百日环保执法专项行动。

7月20日，嘉善首个利用水面空间发展的清洁能源项目——20MW（兆瓦）渔光互补光伏发电项目开工建设。该项目位于天凝镇光明村六百亩荡，由嘉善风凌新能源科技有限公司投资1.6亿元兴建。

8月31日，和硕联合科技集团董事长童子贤到嘉善考察。嘉兴市副市长盛全生，县领导许晴、祁海龙、曹国良陪同。

10月9日，嘉善正式启动金融机构网点代办工商注册登记服务。县市场监管局与县农行、县建行共同开展工商注册登记业务合作，金融机构网点将为新设企业提供从名称预先核准申报到设立登记全过程的“一站式”服务，让企业、社会公众享有更方便快捷的注册咨询和登记服务。

嘉善县域科学发展综合配套改革

嘉善县域科学发展综合配套改革总体方案

浙政函〔2014〕13 号

为全面推进嘉善县域科学发展示范点建设，再创嘉善科学发展体制机制新优势，根据党的十八届三中全会和省委十三届四次全会精神，特制定本方案。

一、总体要求

（一）指导思想。按照中央和省委全面深化改革的部署和要求，以改革为统领进一步推进嘉善县域科学发展示范点建设。围绕转变经济发展方式、破除城乡二元结构、促进资源高效配置、构建幸福民生社会等主要任务，着力加快综合配套改革，在破解县域科学发展共性问题和率先发展遇到的难题上干在实处、走在前列，努力建设科学发展示范点、争当深化改革排头兵。

（二）基本原则。

——坚持解放思想。尊重群众首创精神，学习国内外成功做法和有益经验。凡是符合党的十八届三中全会和省委十三届四次全会《决定》的，率先实施；凡是省内其他地区已有成功经验的，借鉴推进；凡是符合国际通行规则的，大胆试大胆闯。

——坚持市场主导。凡是市场能配置的，一律交由市场配置，更好地发挥市场主导下的政府有效作用，激发市场活力，提高资源配置效率。

——坚持问题导向。围绕县域发展的共性问题和率先发展遇到的难题，坚持用改革的办法和手段，攻坚克难、大胆突破，以改革促发展、促转型、促统筹、促和谐。

——坚持重点突破。紧紧抓住牵一发而动全身的改革，率先突破，加快创新，形成有利于县域科学发展的体制机制。

（三）总体目标。到 2015 年，重点领域和关键环节改革取得突破性进展，体制活力不断激发，“三区一园”基本成型。到 2017 年，各项改革全面推进，体制机制加快创新，形成一批县域科学发展的经验和样本。到 2020 年，全面建成“三区一园”，全面形成有利于县域科学发展的体制机制。

二、主要任务

（一）加快推进产业转型升级的体制创新。围绕建设产业转型升级引领区，加快建立促进转型升级的体制机制，打造嘉善经济升级版。

1. 建立创新发展的激励机制。

——建立高新技术项目引进和自主创新激励机制。建立引进世界 500 强、战略性新兴产业、重大高新技术项目的用地用能等资源优先配置机制。完善研发费用加计扣除、高新技术企业税收优惠等政策制度。建立由市场决定技术创新项目和经费分配、成果评价的机制。完善创业投资和股权投资促进机制，支持设立科技银行。建立知识产权保护机制，支持创建省级知识产权示范县。

——创新产业平台建设管理体制。理顺开发区、出口加工区、服务业集聚区等平台建设的管理体制。支持嘉善经济技术开发区扩区改革整合提升、海峡两岸（嘉善）经贸合作平台创建、姚庄工业园区升格为省级开发区。支持嘉善县产业平台建设空间规划调整，提升产业集聚集约发展水平。

2.建立提升发展的倒逼机制。

——建立科学的项目准入制度。建立以投入产出、节能减排、用工绩效等为主要内容的企业投资项目承诺准入机制，实施严格的履诺问效机制。率先开展产业弹性用地制度改革。

——建立企业综合评价制度。建立以单位用地增加值、单位能耗和污染物排放、缴纳税金、全员劳动生产率等为主要内容的综合评价制度，对县域所有工业企业分类分行业公开排名，并配套实施差异化政策。

3.建立优化发展的退出机制。

——建立差别化的价格机制。建立城镇土地使用税差别化征收、用地用水用电用气差别化价格机制。差别化税费价格增收部分由嘉善县政府直接结算，专项用于支持企业技术改造、转型升级。实行差异化的财政信贷支持政策。

——建立市场化的退出机制。建立高耗能高污染企业、落后产能和低效企业土地使用权、用能权、排污权按市场评估价收储制度，依法采取收回、收购土地的，可以给予原土地权利人一定数量的奖励。探索建立土地二次出让有关政策支持的先行先试机制。

（二）加快城乡统筹发展体制改革。围绕建设城乡统筹先行区，推进新型城市化，着力破解城乡二元体制，健全城乡一体化发展机制。

4.建立城乡规划建设一体化发展机制。

——建立城乡一体化的规划机制。完善县域总体规划、调整产业发展规划、修编土地利用规划、出台生态保护规划，形成城乡建设、生产力布局、生态保护等有机衔接的规划体制。在确保基本农田总量不减少、质量不降低的前提下，允许嘉善县开展土地利用总体规划定期评估修改，支持嘉善县开展城乡建设用地增减挂钩试点，加大挂钩指标保障力度。

——建立城乡设施一体化建设机制。完善城乡基础设施专项规划，整合各类建设资金，对城乡道路、水利、供电、供水、供气、排污等基础设施和教育、卫生、文化等社会事业，按照城乡一体化的要求统筹配置、高效利用，实现城乡基础设施共建共享。建立“智慧嘉善”运行机制，提高信息化水平。

5.全面推进农村产权制度改革。

——开展农村土地承包关系长久不变的体制改革。允许以农村土地二轮承包为基础，率先开展农村土地承包关系长久不变的体制改革，组建农村土地股份合作社。开展土地所有权、承包权和经营权相分离的改革，实现承包经营权可抵押、担保。探索开展农村土地承包权转让和置换试点。

——建立农村宅基地用益物权保障机制。全面实施宅基地确权登记颁证。进一步完善宅基地管理，探索农村宅基地在县行政区域范围置换、有偿使用、有偿退出机制，稳步推进农民住房财产权抵押、担保、转让试点。

——深化农村集体经济股份制改革。加快开展集体经营性资产确权登记颁证，赋予农民对集体资产股份的占有、收益、有偿退出及抵押、担保、继承权，推行农民集体资产股份静态固化管理。允许村级股份经济合作社改制后予以工商登记，明确其法人地位，建立法人治理机制，保障集体经济收益权。完善集体资产经营机制，鼓励村股份经济合作社与社员、企业等主体合股发展混合所有制经济。

——建立农村产权交易机制。规范县农村产权交易中心，完善县镇村三级联动的农村产权市场交易运行机制，建立农村产权市场化评估体系，制定完善农村产权抵押融资和交易办法，促进农村各类产权公开、公正、规范流转交易。

6.创新城乡要素市场化配置机制。

——推进农村集体经营性建设用地制度改革。在符合规划和用途管制前提下，开展集体经营性建设用地出让、租赁、入股试点，推进农村集体经营性建设用地入市流转改革。探索省内跨区域城乡建设用地增减挂钩改革。探索农村土地整治项目拆旧区复垦后形成的集中连片的高标准农田，与城镇周边的基本农田实行空间置换试点。开展农村土地整治统一立项、统一验收、统一调配使用节余指标的改革。探索发展屋顶农业的体制机制。

——深化农村金融体制改革。制订出台鼓励引导社会资本进入基础设施和社会领域的政策制度。推进农村信用评价体系建设试验区试点。实施普惠金融工程，大力推进电子支付业务应用，改善农村金融基础设施。建立农村资金互助社，深化完善"三农"信贷担保机制。建立农业巨灾保险机制。鼓励民间资本进入金融服务领域。

——开展优化人口结构的体制改革。推进户籍人口就地城镇化改革，剥离宅基地用益物权、集体资产股权、土地承包经营权、生育权与户籍的依附关系，建立按居住地登记，并享受当地城镇居民公共服务的制度。创新新居民控量提质机制，完善新居民积分制公共服务政策。

（三）扩大开放合作新机制。围绕建设开放合作先导区，创新扩大开放合作的体制机制，建立主动接轨上海、优势互补、合作共赢的新模式。

7.创新主动接轨上海的体制机制。

——加快推进产业配套发展的体制改革。支持嘉善县融入上海都市经济和旅游圈。创新临沪产业合作园区共建模式，推动嘉兴出口加工区B区成为中国（上海）自由贸易试验区配套区，推进嘉善县与上海虹桥商务区对接合作发展，支持设立上海"中博会"嘉善分会。加强与上海高科技园区以及各类科技机构合作，完善引进各类人才的扶持政策。

——加快基础设施共建共享的制度创新。加快构建主动接轨上海的规划、基础设施及重大项目的协同机制，争取上海市公交线路、轨道交通向嘉善县延伸。完善嘉善县与上海市通讯设施同城化建设机制，推动上海市移动通讯在嘉善县取消漫游费的改革。

——创新民生事业合作发展机制。深化与上海市合作办医办学机制，大力推进上海市教育、医疗、文化等优质资源向嘉善县辐射延伸。探索建立与上海公交、医保"一卡通"制度。建立农产品质量安全认证结果互认机制。

8.推进投资贸易便利化改革。

——推进商事登记与外商投资准入制度改革。放宽前置审批、注册资本、住所条件、出资方式等限制，支持嘉善县先行开展"先照后证"、注册资本认缴等为主要内容的商事登记制度改革试点。放宽外商投资准入，允许外资进入商贸、文化、金融、社会等服务领域，支持嘉善县引进发展外资医院、外资学校、外资金融机构。

——开展贸易便利化改革。推动建立嘉善县与上海口岸直通放行的通关机制，建立"一站式"通关平台，推行"一次申报、一次查验、一次放行"的通关模式。建立目录减少、费用减免的便利化检验检测机制。探索设立虚拟空港，开通空陆联程中转业务。

——开展外汇管理扩权试点。积极争取外商投资企业外汇资本金意愿结汇试点。探索开展个人跨境贸易人民币结算试点，积极争取个人境外直接投资试点。支持符合条件的外国投资者自由转移其投资收益。支持建立跨境通平台，推动跨境电子商务发展。

9.深化行政审批制度改革。

——建立权力清单制度。在县委权力公开透明运行试点的基础上，切实做好厘权、确权、晒权等工作，形成有限政府高效运作的权力清单，规范政府行政权力运行。

——实施核准目录外企业投资项目不再审批改革试点。开展以负面清单制、前置审批承诺制等为主要内容的工业企业投资项目不再审批改革试点，建立宽进严管的投资便利化制度。

——推进扩权改革。根据经济社会发展需求，按实在管用的原则，支持将部分省级经济社会管理权限下放给嘉善县实施。

（四）开展民生幸福保障体制改革。围绕建设民生幸福新家园，坚持民生为先，城乡一体，共享改革发展成果。

10.建立均等化的公共服务机制。

——完善促进充分就业的体制机制。深入实施就业优先战略，消除影响平等就业的制度障碍，完善城乡统筹的公共就业服务机制。完善农业转移人口就业培训制度，建立政策扶持、创业培训、创业服务工作机制，促进创业带动就业。

——完善社会保障制度。推进城乡居民基本养老保险、基本医疗保险制度并轨与管理机构整合的体制改革，探索建立合理兼顾各类人群的社会保障待遇确定和正常调整机制。深化"阳光医保"和县域社会养老服务省级改革试点。整合现有住房保障政策，建立公租房制度。

——建立城乡教育医疗文化一体化机制。健全城乡学校设施标准统一、教师编制统管、工资福利统筹的机制。继续深化义务教育教师流动国家级改革试点。推进县镇村卫生一体化管理省级试点，完善基层首诊、分级诊疗、双向转诊制度。建立城市医院医生到嘉善县开展多点执业机制。探索建立社区家庭医生制度。整合各类文化设施和资源，推动文化惠民项目加快发展。

11.建立高标准的生态文明建设机制。

——创新“五水共治”机制。统筹编制治理规划，建立协调管理机制。健全“河长制”，落实城乡河道全覆盖保洁长效机制，完善交接断面水质监测机制，建立城乡污水收集处理全覆盖机制。全面推进居民用水阶梯式水价改革，推进非居民用水超定额累进加价改革。完善洪涝灾害防御应急处理机制，安排一定的省级公建资金支持嘉善县重大防洪除涝设施建设，创新河道、水域、圩区等管理体制。

——建立农业面源污染及大气治理机制。全面建立畜禽养殖污染治理机制，推进畜禽养殖场排泄物综合利用，建立化肥农药减量增效机制。建立健全生活垃圾“户集、村收、镇运、县处理”的无害化集中处理机制。建立大气污染联防联控机制，加强以脱硫脱硝、秸秆焚烧、建筑扬尘、锅炉整治、汽车尾气等为重点的大气综合治理。

——建立严格的生态环境监管机制。严格执行生态功能区规划，制订差别化的区域开发、资源配置和考核政策。推进形成行政执法与公众监督、舆论监督、司法监督相结合的环境监管机制，探索建立环保警察和环保法庭。开展企业环境污染强制责任保险。实行最严格的责任追究和赔偿制度。

12.创新社会治理机制。

——推进行政综合执法改革。调整整合现有的行政执法职能和行政执法队伍，建立源头查处、重心下移、运行规范、执法高效的行政综合执法管理机制。在姚庄镇试点基础上，支持将综合执法扩大到所有镇（街道）。

——创新农村新社区管理机制。完善农村社区布点规划，引导跨村集聚型农村新社区建设。科学设置农村新社区组织架构，建立“村民＋居民”双重身份参与社区自治管理机制。推进社区购买服务，创新社区运行模式。加大对社会组织的政策扶持力度，建立直接登记和备案登记相结合的新型登记模式，完善政府向社会组织购买公共服务制度，激发社会组织活力。建设新社区综合服务管理平台，提供高效便捷的服务。

——完善公共安全监管机制。创新食品药品安全保障机制，建立食品原产地可追溯制度和质量标识制度，构建生产、流通、消费全流程实施安全监督的管理体制。运用互联网技术手段，建立生产、交通和消防安全联动监管机制，加强社会应急联动体系建设，探索建立平安嘉善实体化运行机制。

三、保障措施

（一）加强组织领导。省经济体制改革工作领导小组办公室和嘉善县域科学发展示范点建设协调小组办公室要切实加强指导和协调，嘉善县具体组织实施各项改革任务。

（二）完善推进机制。建立上下联动、部门协同的协调推进机制，研究解决改革推进过程中的重大问题。省级有关部门要积极建立与国家有关部委的定期沟通衔接机制，对嘉善县域科学发展综合配套改革给予具体指导和政策支持。嘉善县要制定年度改革计划，建立责任机制，全力推进改革。

（三）营造改革氛围。加强舆论宣传，凝聚改革共识。鼓励创新、宽容失败、允许试错，对符合决策程序而未能达到预期目标且未牟取私利的改革创新，给予责任豁免。建立县域科学发展评价指标体系和跟踪评估机制，及时总结推广改革创新经验。

嘉善县域科学发展综合配套改革评估报告

（2016年11月28日浙江省委全面深化改革领导小组第十三次会议通过）

嘉善县是2008年全党深入开展学习实践科学发展观活动时，习近平同志的联系点。当年，习近平同志对嘉善作出了“努力把联系点办成贯彻落实科学发展观的示范点”的重要指示。按照指示要求，2013年2月，《浙江嘉善县域科学发展示范点建设方案》经国务院同意，由国家发改委批复，明确要求嘉善加快建设产业转型升级引领区、城乡统筹先行区、开放合作先导区和民生幸福新家园，在县域科学发展上努力为长三角地区提供示范。为切实解决示范点建设遇到的深层次体制机制问题，2014年1月，省政府以浙政函〔2014〕13号文批复《嘉善县域科学发展综合配套改革总体方案》，嘉善成为全省最早进行综合改革的试点县。

按照省委全面深化改革领导

小组《2016年浙江省重大改革项目第三方评估工作实施方案》的要求，浙江省发展和改革研究所作为评估方，在省经济体制改革工作领导小组办公室的指导下，通过蹲点调研、问卷调查和案例分析，定性和定量相结合，对嘉善过去三年的综合配套改革实施情况进行了评估。总的看来，嘉善综合配套改革亮点较多、群众满意度较高、示范带动性较强，是落实总书记重要批示精神的成功实践，是基层对“五大发展理念”的率先探索，是我国县域善治的生动样本。

一、总体评价

——顺利完成《总体方案》确定的各项目标任务。按照《总体方案》梳理出的100项具体任务，已取得重大突破、可复制推开有9项；已实现改革目标的有85项；农村集体经营性建设用地入市流转、个人境外直接投资等6项任务，有些需以国家法律法规的修改为前提，有些与嘉善实际不相适应，短期较难落地。因此，在现行制度框架内，嘉善综合配套改革提前圆满收官。

——涌现出一批可复制推广的成功经验。勇于先行先试、着力攻坚克难，企业投资高效审批、综合行政执法、农村产权制度等困扰县域科学发展的共性问题和重点难题有效破解，接轨上海体制机制创新、特色小镇规划建设、大众创业促进机制、五水共治等改革成效显著。部分改革受到中央和省委省政府主要领导的批示肯定，综合改革试验田的作用充分体现。

——呈现出上下同欲、合力攻坚的浓厚氛围。围绕“探路者精神、项目化管理、责任制保障、时序化推进、创造性落实”，各镇街各部门把习近平总书记亲切关怀转化为强大动力，想改革、谋改革、善改革氛围强烈；主动回应群众关切，引导群众更好地理解、支持、拥护改革，公众对改革的满意度达到86.0分，汇聚起全社会支持改革的正能量。

——有力保障了县域科学发展示范点建设的顺利推进。主动适应和引领经济新常态，以改革为动力，以“三区一园”建设为重点，示范点建设方案确定的第一阶段目标任务顺利完成，国家战略的综合示范效应初步显现，经济社会发展呈现出巨大生机和活力，实现了经济规模和质量、速度和效益、生产、生活和生态的新平衡。

二、改革的主要亮点和成效

围绕产业转型升级、城乡统筹发展、对外开放合作、民生幸福保障四大领域，嘉善综合配套改革各项举措落地见效，改革力度和改革举措超出预期，其中9项重点改革取得突破性进展。

（一）大众创业促进机制改革试点启动实施。出台“创十条”政策意见，成立人才创业服务中心，围绕“创业服务清单、优惠政策清单、客户经理制”内容，为人才创业提供一流的全程服务。重点打造上海人才创业园、归谷科技园和科创中心等平台，形成“孵化—转化—产业化”一体化的梯队创新体系，上海人才创业园已引进太库、火炬两个知名孵化器和51个注册项目。截至8月底，全县新设各类市场主体5386家，同比增长21.8%。

（二）综合行政执法率先覆盖全域。整合17部门26个方面1073项执法权，设立综合执法局，并以各综合行政执法中队为核心建立镇（街道）综合行政执法中心，将全县86%的执法人员配置到镇（街道）派驻中队，同步推进政务投诉举报统一受理平台和行政执法协调机制建设，成为全省试点最早、扩覆最广、整合职权最多的县。改革后，综合行政执法局共办理新划转领域的违法案件是原部门同期的10倍，已在11个领域实现行政处罚“零”的突破。

（三）农村“三权”制度改革率先破题。在全省率先推出“三权三抵押”综合抵押产品，放大了抵押存量和辐射面，已累计发放贷款236笔2.85亿元。罗星街道李家社区探索形成新的股改模式，率先实现股权继承、有偿退出、内部转让、内部置换，并建立了收益权分配与村规民约相挂钩的体制机制，开辟了用股权推进乡村治理的先河，已完成股权社内继承105单、社外继承2单、内部转让9单。姚庄桃源新邨社区积极探索“以农房集聚改造促进城乡统筹”的土地制度改革，受到社会广泛关注。

（四）“零土地”技术改造项目不再审批率先实现。通过实施项目预审、承诺备案、全程代办，同步备案、同步整改、同步验收等改革举措，精简了原先需要提交的45样申请资料，精简幅度达90%。今年前三季度全县已累计完成500万元以上“零土地”技改项目立项备案242项，投资总额达到79亿元，占同期工业技改投资总额的84%。核准目录外企业投资项目不再审批改革进展顺利，目前有17个企业投资项目开展试点，其中6个项目已经投产。

（五）接轨上海的体制机制创新全面加快。贯彻落实习总书记关于主动接轨上海的批示精神，建立贸易、产业、基础设施、公共服务等多方面的同城化机制。设立全省首个上海自贸区嘉善项目协作区，已累计从自贸区引进项目12个，总投资18.2亿元。以综合保税区B区为依托，成功复制分批集报、无纸化通关等5项通关便利化自贸区新政，实现企业享受在“家门口”报关便利。积极推进与沪善交通基础设施的无缝对接，开通了嘉善至枫泾省际公交班线。上海移动用户在嘉善主要区域取消漫游费，021固定电话安装覆盖全县。引进上海高端教育、医疗资源，上海参保人员医保代办服务窗口成功设立。与金山区签订“共建沪浙毗邻地区一体化发展示范区”战略框架协议，资源共享、统筹协作、互利共赢的局面初步形成。

（六）基础设施投融资体制改革取得较大进展。2015年嘉善被列为县城基础设施投融资体制改革国家级试点县，已引入社会资本并投入运营的污水处理厂3家、燃气公司5家、民营医疗机构33家、民办学校27所、民办养老机构2家。县政府与华夏幸福基业合作开发建设高铁新城，从融资、基础设施建设到人才引进、产业招商、物业管理均由华夏幸福基业负责，在土地财政转向产业税收财政上探出了新路。巧克力甜蜜小镇围绕“政府规划、企业投资、市场化运作”，成功入选首批省级特色小镇创建名单。

（七）城乡建设用地增减挂钩节余指标跨县域交易完成全省第一单。为破解农村土地整治资金瓶颈，嘉善县在农村土地综合整治统一立项、统一验收的基础上，积极探索市场化使用节余指标的途径，拓宽了土地指标交易范围和途径。2014年天凝镇100亩城乡建设用地增减挂钩节余指标在市级交易平台上挂牌，由嘉兴市经济技术开发区摘得，成交价格100万元/亩，为农村土地综合整治成果的价值显化、空间调优、资金自求平衡、规范操作提供了范本。截至目前全县共批准农村土地整治项目53个，已核拨城乡建设用地增减挂钩周转指标7387亩。

（八）养老服务业综合改革加快突破。围绕打造“20分钟养老服务圈”，近五年先后投入4亿元用于养老设施建设，实现了各镇（街道）区域养老服务中心、城乡社区居家养老服务照料中心和居家养老流动服务车的全覆盖。支持和鼓励社会资本进入养老服务产业，推进照料中心社会化运作模式，已培育和引进15家民办机构参与151家居家养老服务照料中心的运营管理。

（九）“五水共治”体制机制创新受到省委主要领导肯定。2014年被确定为全省“五水共治”体制机制创新区以来，嘉善建立健全了城乡一体的规划机制、准入机制、执法机制和治理机制，全面消灭了Ⅴ类、劣Ⅴ类水质断面，出入境交接断面考核由合格到良好再到优秀，2014年起持续保持优秀。夏宝龙书记5次亲临嘉善新泾港视察，对新泾港整治作出重要指示，并多次在全省会议上对新泾港整治工作给予充分肯定。

三、推进改革的基本理念

（一）始终坚持贯彻落实总书记重要指示，争当全国县域发展改革排头兵，是嘉善综合配套改革的根本遵循。总书记自2008年联系嘉善以来，已对嘉善工作作出14次重要批示、4次讲话肯定。嘉善上下牢记总书记重托，按照总书记“在更高起点上系统谋划全县发展”的要求，系统谋划、立行立改，把巨大的政治优势转化为现实的改革优势，努力破解县域发展的共性问题和率先发展遇到的难题，开辟出县域科学发展的新境界。

（二）始终坚持市场化取向，使市场在资源配置中起决定性作用和更好发挥政府作用，是嘉善综合配套改革的核心精髓。嘉善高度重视运用市场化手段和法治化思维，率先在对权力观、利益观、政绩观和群众观的正本清源上探索了一批基础性、制度性举措，形成了一整套有效的县域善治政策、理论和模式。《人民日报》头版曾刊发“浙江嘉善县域善治激活力”做法经验，“构建县域善治体系”入围第四届“中国法治政府奖”。

（三）始终坚持一切从实际出发，加强顶层设计与摸着石头过河相结合，是嘉善综合配套改革的基本方略。嘉善是全国综合改革的试验田，目前正在实施的省级以上改革试点有24个。对那些必须取得突破但一时还把握不准的改革，如综合行政执法、农村三权改革等，都是选择在小范围先行试点，成功了就及时推广，出现问题就及时纠错，通过渐进式、累积式改革，赢得最终的成功。

（四）始终坚持以问题导向补齐发展短板，不断增强人民群众的获得感，是嘉善综合配套改革的根本宗旨。把是否给人民群众带来实实在在的获得感，作为检验改革成败的标准。围绕教育、医疗、养老、水环境治理等群众反映强烈的突出问题，推出了一批力度大、措施实、接地气的改革方案，让实践来检验、让基层来评判、让群众来打分，群众满意度和获得感明显增强。

（五）始终坚持思想自觉和行动自觉，既当改革促进派、又当改革实干家，是嘉善综合配套改革的重要保障。全县上下把综合配套改革作为示范点建设的突破口和动力源，抓机制、抓重点、抓氛围，相继出台了100多项改革方案，逐项明确责任部门、启动和完成时间，推进中逐项攻坚、定期销号，以钉钉子精神抓好落实，凝聚起深化改革的强大共识。

四、评估中发现的问题

（一）基层探索遭遇诸多法律困境。法无授权不可为，不少改革要以法律法规的突破为前置条件，嘉善的一些创新创造，特别是农村三权改革方面，常常碰到法律法规的天花板。如房屋所有权转让一般坚持“地随房走”原则，但根据《土地管理法》规定，农村宅基地严格限制在集体成员内部转让，农房交易流转抵押必须房地分离、封闭运行，导致农民住房财产权的实现打了折扣。

（二）跨区域合作长效机制亟待建立。作为一个县级行政单位，嘉善在接轨大都市区过程中经常遭遇行政层级不对等、没有话语权的困惑，跨区域深层次合作的机制和体系尚未系统构建，临沪产业合作园区、海峡两岸（嘉善）经贸合作、沪善两地医保异地实时刷卡结算等等，亟待国家层面、上海市以及省市相关部门的支持协助。

（三）改革推进的系统性和协调性有待加强。与其他县市的单项改革试点相比，嘉善综合配套改革涵盖领域广、涉及内容多，无法做到均衡用力，一些改革仍停留在纸面上，未能取得实质性成效。如科技银行尽管设立，但由于知识产权、产品商标、商誉等无形资产难以评估，市场化的担保体系较弱，商业银行实际上仍需要固定资产抵押，难以满足初创型小微企业的融资需求。

（四）适应科学发展的行政管理体制还有待完善。部分上级主管部门认为审批权的下放就是监管职责的下移，在实际工作中容易忽视指导和监督，而基层编制力量和承接能力不足，往往产生事实上的监管真空。综合执法启动后，部分业务主管部门以处罚权划转为由，将举报投诉事项向综合行政执法部门“一脚踢”现象时有发生，跨级别、跨部门执法协作有待加强。

五、对下阶段继续深化改革的几点建议

（一）建立支持改革的法治保障机制。建议建立“因地调整、因地立项”的法治快速保障机制，对改革成效已经受到广泛认可、省级又可以授权的事项，建议由省人大常委会以立法形式来保障改革的法律适用性；对宅基地制度等需要国家层面授权的事项，可由省人大向全国人大常委会提请授权法律保障，确保各项改革于法有据。

（二）完善跨区域重大改革事项的协调机制。对需要省级层面出面统筹协调的跨区域重大基础设施建设、产业平台合作、公共服务共享等问题，建议省直相关部门加强指导和协调；对已经列入国家试点的重点改革事项，争取建立部际联席会议制度，尽快取得突破。

（三）增强不同领域改革的系统性整体性。要抓住在综合配套改革全局中居于基础性和制度性地位、基层有特色优势的重点事项进行攻坚，以重点事项突破带动改革全面开展。改革方案要与本地实际相结合，实施行动要掌握节奏和步骤，督促检查要实行项目责任制，宣传引导要积极迅速。理清各项改革的“联络图”和“关系网”，使相关改革协同配套、整体推进。

（四）总结推广嘉善改革经验。适时召开嘉善县域科学发展示范点和综合配套改革全国交流会，将嘉善经验打造成为全省改革的新名片。对启动相对比较早、社会广泛认可的项目，争取在国家级媒体平台上广泛传播；对突破了既得利益藩篱的改革，要抓紧做好专项评估，形成制度化、可操作的经验模板，因地制宜适时向全省推广；对于部门认为改革力度很大，但群众知晓率满意度不高的项目，要一一查摆原因，达到精准施策的目的。

（五）全面部署实施新一轮发展改革。根据中央和省委主要领导的批示精神，围绕新一轮《浙江嘉善县域科学发展示范点发展改革方案》，聚焦养老服务业综合改革、大众创业促进机制改革、综合行政执法改革、县城基础设施投融资体制改革等重点改革，建设产业转型升级引领区、城乡统筹先行区、生态文明样板区、开放合作先导区和民生幸福新家园，努力把嘉善建成全面小康标杆县、协调推进“四个全面”战略布局的示范点和县域科学发展的示范点，为全国县域积累更多经验、提供更好示范。

牵头单位：经济体制改革专项小组、省发改委

评估单位：省发展和改革研究所

嘉善县域科学发展综合配套改革行动计划(2014—2016年)

善委发〔2014〕10号

根据《浙江省人民政府关于嘉善县域科学发展综合配套改革总体方案的批复》(浙政函〔2014〕13号)精神,为积极推进《嘉善县域科学发展综合配套改革总体方案》(以下简称《总体方案》)顺利实施,结合我县实际,现提出2014—2016年行动计划。

一、总体工作要求

(一)指导思想。按照中央和省委全面深化改革的总体部署和《总体方案》的任务要求,以改革为统领进一步推进嘉善县域科学发展示范点建设。充分发挥县域改革创新"窗口"和"试验田"的作用,用足用好赋予嘉善县先行先试的权限,积极主动地在转变经济发展方式、破除城乡二元结构、促进资源高效配置、构建幸福民生社会等方面大胆改革创新,最大程度地激发内生活力,为破解县域发展面临的矛盾和问题提供经验和示范,努力成为全省深化改革的先行者、排头兵。

(二)基本原则。

——坚持问题导向,先行先试。围绕县域发展的共性问题和率先发展遇到的难题,坚持用改革的办法和手段,解放思想,大胆突破,以改革促发展、促转型、促统筹、促和谐。

——坚持市场主导,政府调控。既要充分发挥市场在资源配置中的决定性作用,又要更好发挥政府作用,规范市场行为,促进公平正义。

——坚持整体推进,重点突破。既要注重改革的系统性、整体性、协同性,又要紧紧抓住牵一发而动全身的改革,率先突破,加快创新,形成有利于县域科学发展的体制机制。

(三)近期目标。2014年全面启动各项改革;到2015年,各项改革全面实施,重点领域和关键环节改革取得突破性进展,体制活力不断激发;到2016年,各项改革深入推进,体制机制加快创新,各方面制度初步成型,形成一批县域科学发展的经验和样本。

二、完善工作机制

(一)建立责任机制。

县全面深化改革领导小组负责改革总体设计、统筹协调、整体推进、督促落实,各职能部门负责具体改革方案的制订和实施。营造鼓励创新、宽容失败、允许试错的改革氛围,对符合决策程序而未能达到预期目标且未牟取私利的,要建立责任豁免机制;对不思进取、无所作为、贻误改革的,要建立责任追究机制。

(二)建立协调联动机制。

积极争取上级部门对改革工作的具体指导和政策支持,各牵头单位、责任单位要加强与省市对口部门的联系沟通,及时主动汇报和对接相关改革任务。注重部门协作,牵头单位要做好统筹协调和整体推进工作,责任单位要主动参与、密切配合,形成工作合力。开展定期交流,加强动态管理,牵头领导定期听取改革进展情况汇报,及时协调推进改革项目。县全面深化改革领导小组每季度听取专题汇报,研究部署改革工作。

(三)建立督查考核机制。

加强对改革工作的督促检查和工作考核,县联合督查办要制定具体督查方案,定期对改革推进情况进行专项督查。县人大、政协要及时组织人大代表、政协委员对重点改革项目进行定期视察和评议。将改革工作列入县对镇(街道)和部门目标责任制考核,作为县域科学发展示范点建设考核的重要内容,对在推进改革中作出突出贡献的单位和个人要给予表彰。

(四)建立跟踪评估机制。

改革实施前,要对改革产生的影响进行分析和预判。改革实施后,要排出一批影响较大的改革事项,由牵头单位适时进行跟踪评估,分析改革产生的影响和取得的成效,及时调整和完善相关政策,提高决策的科学性。县改革办要在分项评估的基础上,对县域科学发展综合配套改革实施情况进行总体评估。

(五)建立信息报送机制。

各牵头单位要按时报送改革工作思路和总结,每月报送改革工作进展情况、存在的问题和困难,及时报送各类信息。县改革办将报送情况及时汇总梳理分析,提交领导参阅。将信息报送工作纳入县域科学发展示范点建设考核，对各单位信息的报送、录用情况定期进行通报。要通过动态信息、专报等方式充分展示我县深化改革推进县域科学发展示范点建设的工作动态、亮点和经验，积极争取上级的关心和支持。

三、时间安排

为使县域科学发展综合配套改革各项任务顺利推进，根据《总体方案》提出的目标和要求，将2014—2016年推进工作分四个阶段实施：

第一阶段：准备和动员（至2014年2月）

根据《总体方案》的要求，一是制定《嘉善县域科学发展综合配套改革行动计划（2014—2016年）》；二是制定《嘉善县2014年改革创新攻坚行动实施方案》，确定年度重点改革任务；三是召开全县改革动员大会，全面部署县域科学发展综合配套改革工作。

第二阶段：方案制定和启动实施（2014年3月至6月）

依据本《行动计划》要求，一是编制完成各项改革实施计划，分批推出具体改革项目；二是加快制定2014年度重点改革项目实施方案；三是尽快启动实施条件成熟的改革项目。

第三阶段：全面实施（2014年7月至2016年6月）

根据改革计划和方案，一是全面实施《总体方案》提出的各项改革任务；二是基本完成重点改革项目，初步形成一批县域科学发展的样本。

第四阶段：阶段性总结评估（2016年7月至2016年12月）

注重抓好经验总结，边总结边完善边提高，着力深化规律性认识，形成有利于县域科学发展、能在全省乃至全国面上推广的理论和制度成果。

四、实施要求

各镇（街道）、各部门要充分认识推进县域科学发展综合配套改革的重要性和紧迫性，发扬探路者精神，实施项目化管理，强化责任制保障，注重时序化推进，坚持创造性落实，争取示范性效果，确保《总体方案》顺利实施。

（一）加强组织领导。各镇（街道）、各部门要统一思想，凝聚共识，把开展县域科学发展综合配套改革作为当前工作的重中之重抓紧抓好。成立县全面深化改革领导小组，统筹协调指导全县综合配套改革的推进实施。各镇（街道）、各部门要加强对综合配套改革工作的领导，单位主要领导要亲自抓，建立健全相应的工作机构，落实责任人员，形成有效的工作机制。

（二）全力推进改革。各镇（街道）、各部门要以时不待我的责任感和紧迫感，按照"阶段目标具体化、改革任务项目化、协调推进制度化"的要求，全面启动嘉善县域科学发展综合配套改革，细化工作任务，明确时间要求，加强措施保障，确保各项改革任务落到实处、取得实效。特别是要把重点领域改革做深、做细、做实，努力为县域科学发展探索路径、提供经验、做好示范。

（三）营造良好氛围。围绕贯彻落实《总体方案》和《行动计划》，要充分发挥舆论导向作用，提高全社会对县域科学发展综合配套改革工作重要性的认识，努力营造全县上下齐心协力、社会各界积极参与的改革氛围。加强对县域科学发展综合配套改革的宣传报道，创新工作方法，对改革中涌现出来的好经验、好做法、好典型，及时总结提升。

嘉善县域科学发展综合配套改革总体方案任务分解表（2014—2016年）

表一1

序号	改革领域	一级改革事项	二级改革事项	主要内容	牵头领导	牵头单位	责任单位	启动时间	完成时间
1	（一）加快推进产业转型升级的体制创新	1.建立创新发展的激励机制	建立高新技术项目引进和自主创新激励机制	建立引进世界500强、战略性新兴产业、重大高新技术项目的用地用能等资源优先配置机制。	沈国强	县商务局	县科技局、县国土局、县经信局	2014	2014
2				完善研发费用加计扣除、高新技术企业税收优惠等政策制度。	高　嵩	县科技局	县财政局、县发改局、县经信局	2014	2015
3				建立由市场决定技术创新项目和经费分配、成果评价的机制。	高　嵩	县科技局	县经信局、县财政局	2014	2015

续表一1

序号	改革领域	一级改革事项	二级改革事项	主要内容	牵头领导	牵头单位	责任单位	启动时间	完成时间
4	（一）加快推进产业转型升级的体制创新	1. 建立创新发展的激励机制	建立高新技术项目引进和自主创新激励机制	完善创业投资和股权投资促进机制。	何全根	县金融办	县财政局、县科技局、人行嘉善县支行、县银监办	2014	2014
5				设立科技银行。	何全根	县金融办	人行嘉善县支行、县科技局、县银监办	2014	2014
6				建立知识产权保护机制，创建省级知识产权示范县。	高　嵩	县科技局	县商务局、县市场监管局、县公安局	2014	2014
7			创新产业平台建设管理体制	理顺开发区、出口加工区、服务业集聚区等平台建设的管理体制。	沈国强	县商务局	县编委办、县发改局、县经信局、嘉善经济技术开发区管委会、嘉兴出口加工区B区管委会、长三角嘉善科技商务服务区管委会	2014	2015
8				推进嘉善经济技术开发区扩区改革整合提升、海峡两岸（嘉善）经贸合作平台创建、姚庄工业园区升格为省级开发区。	沈国强	县商务局	县发改局、县经信局、嘉善经济技术开发区管委会、姚庄镇	2014	2014
9				争取上级支持嘉善县产业平台建设空间规划调整，提升产业集聚集约发展水平。	施晓松	县住建局	县发改局、县经信局、县国土局、县商务局	2014	2015
10		2. 建立提升发展的倒逼机制	建立科学的项目准入制度	建立以投入产出、节能减排、用工绩效等为主要内容的企业投资项目承诺准入机制，实施严格的履诺问效机制。	沈国强	县经信局	县商务局、县环保局、县国土局、县人力社保局、县审批服务中心	2014	2014
11				率先开展产业弹性用地制度改革。	殳世平	县国土局	县经信局	2014	2014
12			建立企业综合评价制度	建立以单位用地增加值、单位能耗和污染物排放、缴纳税金、全员劳动生产率等为主要内容的综合评价制度，对县域所有工业企业分类分行业公开排名，并配套实施差异化政策。	沈国强	县经信局	县财政局、县环保局、县国土局、县人力社保局、县统计局	2014	2014
13		3. 建立优化发展的退出机制	建立差别化的价格机制	建立城镇土地使用税差别化征收、用地用水用电用气差别化价格机制。	沈国强	县经信局	县发改局、县财政局、县国土局、县住建局、人行嘉善县支行、县水务集团、县城投集团、国网嘉善县供电公司	2014	2014
14				差别化税费价格增收部分由嘉善县政府直接结算，专项用于支持企业技术改造、转型升级。	何全根	县财政局	县经信局	2014	2014
15				实行差异化的财政信贷支持政策。	沈国强	县经信局	县财政局、人行嘉善县支行	2014	2014

续表一1

序号	改革领域	一级改革事项	二级改革事项	主　要　内　容	牵头领导	牵　头单　位	责任单位	启动时间	完成时间
16	（一）加快推进产业转型升级的体制创新	3.建立优化发展的退出机制	建立市场化的退出机制	建立高耗能高污染企业、落后产能和低效企业土地使用权、用能权、排污权按市场评估价收储制度，依法采取收回、收购土地的，可以给予原土地权利人一定数量的奖励。	沈国强	县经信局	县环保局、县国土局、县财政局	2014	2014
17				探索建立土地二次出让有关政策支持的先行先试机制。	殳世平	县国土局	县财政局	2014	2014
18	（二）加快城乡统筹发展体制改革	4.建立城乡规划建设一体化发展机制	建立城乡一体化的规划机制	完善县域总体规划、调整产业发展规划、修编土地利用规划、出台生态保护规划，形成城乡建设、生产力布局、生态保护等有机衔接的规划体制。	何全根	县发改局	县住建局、县国土局、县经信局、县环保局	2014	2014
19				在确保基本农田总量不减少、质量不降低的前提下，争取上级支持嘉善县开展土地利用总体规划定期评估修改，争取上级支持嘉善县开展城乡建设用地增减挂钩试点，加大挂钩指标保障力度。	殳世平	县国土局	县发改局、县农办、县住建局	2014	2015
20			建立城乡设施一体化建设机制	完善城乡基础设施专项规划，整合各类建设资金，对城乡道路、水利、供电、供水、供气、排污等基础设施和教育、卫生、文化等社会事业，按照城乡一体化的要求统筹配置、高效利用，实现城乡基础设施共建共享。	殳世平	县农办	县住建局、县发改局、县财政局、县环保局、县水利局、县卫生局、县文化局、县水务集团、县城投集团、国网嘉善县供电公司	2014	2015
21				建立“智慧嘉善”运行机制，提高信息化水平。	沈国强	县经信局	县广电台、电信嘉善分公司、移动嘉善分公司、联通嘉善分公司	2014	2015
22		5.全面推进农村产权制度改革	开展农村土地承包关系长久不变的体制改革	允许以农村土地二轮承包为基础，率先开展农村土地承包关系长久不变的体制改革，组建农村土地股份合作社。	殳世平	县农经局	县农办、县国土局、县市场监管局	2015	2015
23				开展土地所有权、承包权和经营权相分离的改革，实现承包经营权可抵押、担保。	殳世平	县农办	县农经局、县国土局、人行嘉善县支行	2014	2015
24				探索开展农村土地承包权转让和置换试点。	殳世平	县农经局	县农办、县国土局	2015	2015

续表一1

序号	改革领域	一级改革事项	二级改革事项	主要内容	牵头领导	牵头单位	责任单位	启动时间	完成时间
25	（二）加快城乡统筹发展体制改革	5. 全面推进农村产权制度改革	建立农村宅基地用益物权保障机制	全面实施宅基地确权登记颁证。	殳世平	县国土局	县农办、县住建局	2014	2014
26	（二）加快城乡统筹发展体制改革	5. 全面推进农村产权制度改革	建立农村宅基地用益物权保障机制	进一步完善宅基地管理，探索农村宅基地在县行政区域范围置换、有偿使用、有偿退出机制.	殳世平	县国土局	县农办、县住建局	2015	2015
27	（二）加快城乡统筹发展体制改革	5. 全面推进农村产权制度改革	建立农村宅基地用益物权保障机制	稳步推进农民住房财产权抵押、担保、转让试点。	殳世平	县国土局	县农办、县住建局、人行嘉善县支行	2014	2014
28	（二）加快城乡统筹发展体制改革	5. 全面推进农村产权制度改革	深化农村集体经济股份制改革	加快开展集体经营性资产确权登记颁证，赋予农民对集体资产股份的占有、收益、有偿退出及抵押、担保、继承权，推行农民集体资产股份静态固化管理。	殳世平	县农经局	县农办、县国土局	2014	2015
29	（二）加快城乡统筹发展体制改革	5. 全面推进农村产权制度改革	深化农村集体经济股份制改革	允许村级股份经济合作社改制后予以工商登记，明确其法人地位，建立法人治理机制，保障集体经济收益权。	许春红	县市场监管局	县农办、县农经局	2014	2014
30	（二）加快城乡统筹发展体制改革	5. 全面推进农村产权制度改革	深化农村集体经济股份制改革	完善集体资产经营机制，鼓励村股份经济合作社与社员、企业等主体合股发展混合所有制经济。	殳世平	县农经局	县农办、县市场监管局	2015	2015
31	（二）加快城乡统筹发展体制改革	5. 全面推进农村产权制度改革	建立农村产权交易机制	规范县农村产权交易中心，完善县镇村三级联动的农村产权市场交易运行机制，建立农村产权市场化评估体系，制定完善农村产权抵押融资和交易办法，促进农村各类产权公开、公正、规范流转交易。	殳世平	县农经局	县农办、县国土局、县监察局、县公管委、人行嘉善县支行	2014	2014
32	（二）加快城乡统筹发展体制改革	6. 创新城乡要素市场化配置机制	推进农村集体经营性建设用地制度改革	在符合规划和用途管制前提下，开展集体经营性建设用地出让、租赁、入股试点，推进农村集体经营性建设用地入市流转改革。	殳世平	县国土局	县发改局、县环保局、县住建局、县农经局、县农办	2015	2016
33	（二）加快城乡统筹发展体制改革	6. 创新城乡要素市场化配置机制	推进农村集体经营性建设用地制度改革	探索省内跨区域城乡建设用地增减挂钩改革。	殳世平	县国土局	县发改局、县住建局、县农办、县农经局	2014	2015
34	（二）加快城乡统筹发展体制改革	6. 创新城乡要素市场化配置机制	推进农村集体经营性建设用地制度改革	探索农村土地整治项目拆旧区复垦后形成的集中连片的高标准农田，与城镇周边的基本农田实行空间置换试点。	殳世平	县国土局	县农经局、县住建局	2014	2014
35	（二）加快城乡统筹发展体制改革	6. 创新城乡要素市场化配置机制	推进农村集体经营性建设用地制度改革	开展农村土地整治统一立项、统一验收、统一调配使用节余指标的改革。	殳世平	县国土局	县农办、县农经局、县住建局	2014	2014
36	（二）加快城乡统筹发展体制改革	6. 创新城乡要素市场化配置机制	推进农村集体经营性建设用地制度改革	探索发展屋顶农业的体制机制。	殳世平	县国土局	县农经局、县住建局	2014	2016

续表一1

序号	改革领域	一级改革事项	二级改革事项	主要内容	牵头领导	牵头单位	责任单位	启动时间	完成时间
37	（二）加快城乡统筹发展体制改革	6.创新城乡要素市场化配置机制	深化农村金融体制改革	制订出台鼓励引导社会资本进入基础设施和社会领域的政策制度。	何全根	县发改局	县级相关部门	2014	2014
38				推进农村信用评价体系建设试验区试点。	何全根	人行嘉善县支行	县金融办、县农办、县农经局	2015	2016
39				实施普惠金融工程，大力推进电子支付业务应用，改善农村金融基础设施。	何全根	人行嘉善县支行	县金融办	2014	2014
40				建立农村资金互助社，深化完善“三农”信贷担保机制。	何全根	县银监办	县农办、县农经局、县金融办、人行嘉善县支行、县供销社	2015	2015
41				建立农业巨灾保险机制。	何全根	县发改局	县农经局、县财政局、县金融办	2015	2015
42				鼓励民间资本进入金融服务领域。	何全根	县金融办	县银监办、人行嘉善县支行	2015	2015
43			开展优化人口结构的体制改革	推进户籍人口就地城镇化改革，剥离宅基地用益物权、集体资产股权、土地承包经营权、生育权与户籍的依附关系，建立按居住地登记，并享受当地城镇居民公共服务的制度。	殳世平	县农办	县发改局、县国土局、县农经局、县住建局、县公安局、县人口计生局	2014	2015
44				创新新居民控量提质机制，完善新居民积分制公共服务政策。	李小平	县新居民事务局	县发改局、县公安局、县人力社保局	2014	2014
45	（三）扩大开放合作新机制	7.创新主动接轨上海的体制机制	加快推进产业配套发展的体制改革	争取上级支持嘉善县融入上海都市经济和旅游圈。	沈国强	县发改局	县商务局、县旅游局	2014	2014
46				创新临沪产业合作园区共建模式，推动嘉兴出口加工区B区成为中国（上海）自由贸易试验区配套区，推进嘉善县与上海虹桥商务区对接合作发展，争取上级支持设立上海“中博会”嘉善分会。	沈国强	县发改局	县商务局、嘉兴出口加工区B区管委会、姚庄镇	2014	2014
47				加强与上海高科技园区以及各类科技机构合作，完善引进各类人才的扶持政策。	高　嵩	县科技局	县发改局、县人力社保局	2014	2014
48			加快基础设施共建共享的制度创新	加快构建主动接轨上海的规划、基础设施及重大项目的协同机制，争取上海市公交线路、轨道交通向嘉善县延伸。	施晓松	县交通局	县发改局、县住建局	2014	2016

续表一1

序号	改革领域	一级改革事项	二级改革事项	主要内容	牵头领导	牵头单位	责任单位	启动时间	完成时间
49	（三）扩大开放合作新机制	7. 创新主动接轨上海的体制机制	加快基础设施共建共享的制度创新	完善嘉善县与上海市通讯设施同城化建设机制，推动上海市移动通讯在嘉善县取消漫游费的改革。	沈国强	县发改局	县经信局、县广电台、电信嘉善分公司、移动嘉善分公司、联通嘉善分公司	2014	2015
50			创新民生事业合作发展机制	深化与上海市合作办医办学机制，大力推进上海市教育、医疗、文化等优质资源向嘉善县辐射延伸。	高　嵩	县府办	县发改局、县文化局、县教育局、县卫生局	2014	2015
51				探索建立与上海公交“一卡通”制度。	施晓松	县交通局	县财政局、县交投集团	2015	2015
52				探索建立与上海医保“一卡通”制度。	何全根	县人力社保局	县卫生局、县财政局	2015	2015
53				建立农产品质量安全认证结果互认机制。	殳世平	县农经局	县质监局、县市场监管局	2015	2015
54		8. 推进投资贸易便利化改革	推进商事登记与外商投资准入制度改革	放宽前置审批、注册资本、住所条件、出资方式等限制，争取上级支持嘉善县先行开展“先照后证”、注册资本认缴等为主要内容的商事登记制度改革试点。	许春红	县市场监管局	县商务局	2014	2014
55				放宽外商投资准入，允许外资进入商贸、文化、金融、社会等服务领域，争取上级支持嘉善县引进发展外资医院、外资学校、外资金融机构。	沈国强	县商务局	县文化局、县金融办、县卫生局、县教育局等相关部门	2015	2016
56			开展贸易便利化改革	推动建立嘉善县与上海口岸直通放行的通关机制，建立“一站式”通关平台，推行“一次申报、一次查验、一次放行”的通关模式。	沈国强	县商务局	海关嘉善办事处、国检嘉善办事处、嘉善经济技术开发区管委会、嘉兴出口加工区B区管委会	2014	2015
57				建立目录减少、费用减免的便利化检验检测机制。	沈国强	县商务局	国检嘉善办事处	2014	2015
58				探索设立虚拟空港，开通空陆联程中转业务。	沈国强	县商务局	海关嘉善办事处、国检嘉善办事处	2014	2015
59			开展外汇管理扩权试点	积极争取外商投资企业外汇资本金意愿结汇试点。	何全根	人行嘉善县支行	县商务局、县金融办	2014	2015
60				探索开展个人跨境贸易人民币结算试点，积极争取个人境外直接投资试点。	何全根	人行嘉善县支行	县商务局、县金融办	2015	2015
61				支持符合条件的外国投资者自由转移其投资收益。	何全根	人行嘉善县支行	县商务局、县金融办	2015	2016
62				争取上级支持建立跨境通平台，推动跨境电子商务发展。	沈国强	县商务局	人行嘉善县支行	2015	2015

续表一1

序号	改革领域	一级改革事项	二级改革事项	主要内容	牵头领导	牵头单位	责任单位	启动时间	完成时间
63	（三）扩大开放合作新机制	9.深化行政审批制度改革	建立权力清单制度	在县委权力公开透明运行试点的基础上，切实做好厘权、确权、晒权等工作，形成有限政府高效运作的权力清单，规范政府行政权力运行。	毛永忠	县监察局	县编委办	2014	2014
64			实施核准目录外企业投资项目不再审批改革试点	开展以负面清单制、前置审批承诺制等为主要内容的工业企业投资项目不再审批改革试点，建立宽进严管的投资便利化制度。	沈国强	县审批服务中心	县发改局、县经信局、县商务局、县环保局、县国土局	2014	2014
65			推进扩权改革	根据经济社会发展需求，按实在管用的原则，争取上级支持将部分省级经济社会管理权限下放给嘉善县实施。	何全根	县发改局	县编委办、县审批服务中心	2014	2015
66	（四）开展民生幸福保障体制改革	10.建立均等化的公共服务机制	完善促进充分就业的体制机制	深入实施就业优先战略，消除影响平等就业的制度障碍，完善城乡统筹的公共就业服务机制。	何全根	县人力社保局	县财政局、县农办、县农经局、县总工会	2014	2014
67				完善农业转移人口就业培训制度，建立政策扶持、创业培训、创业服务工作机制，促进创业带动就业。	何全根	县人力社保局	县农经局、县教育局、县总工会	2014	2015
68			完善社会保障制度	推进城乡居民基本养老保险、基本医疗保险制度并轨与管理机构整合的体制改革。	何全根	县人力社保局	县国土局、县卫生局、县财政局	2014	2015
69				探索建立合理兼顾各类人群的社会保障待遇确定和正常调整机制。	何全根	县人力社保局	县国土局、县卫生局、县财政局	2015	2015
70				深化“阳光医保”省级改革试点。	何全根	县人力社保局	县卫生局、县监察局、县财政局	2014	2014
71				深化县域社会养老服务省级改革试点。	许春红	县民政局	县财政局、县发改局、县国土局	2014	2014
72				整合现有住房保障政策，建立公租房制度。	施晓松	县住建局	县发改局	2015	2015
73			建立城乡教育医疗文化一体化机制	健全城乡学校设施标准统一、教师编制统管、工资福利统筹的机制。	高　嵩	县教育局	县编委办、县人力社保局、县财政局	2014	2014
74				继续深化义务教育教师流动国家级改革试点。	高　嵩	县教育局	县人力社保局、县财政局	2014	2014

续表一1

序号	改革领域	一级改革事项	二级改革事项	主要内容	牵头领导	牵头单位	责任单位	启动时间	完成时间
75	（四）开展民生幸福保障体制改革	10. 建立均等化的公共服务机制	建立城乡教育医疗文化一体化机制	推进县镇村卫生一体化管理省级试点，完善基层首诊、分级诊疗、双向转诊制度。	高　嵩	县卫生局	县编委办、县发改局、县人力社保局、县财政局	2014	2014
76				建立城市医院医生到嘉善县开展多点执业机制。	高　嵩	县卫生局	县人力社保局、县财政局	2015	2015
77				探索建立社区家庭医生制度。	高　嵩	县卫生局	县人力社保局、县财政局	2014	2014
78				整合各类文化设施和资源，推动文化惠民项目加快发展。	梁晓英	县委宣传部	县文化局	2014	2014
79		11. 建立高标准的生态文明建设机制	创新“五水共治”机制	统筹编制治理规划，建立协调管理机制。	殳世平	县治水办	县水利局、县环保局、住建局、县水务集团	2014	2014
80				健全“河长制”，落实城乡河道全覆盖保洁长效机制，完善交接断面水质监测机制，建立城乡污水收集处理全覆盖机制。	殳世平	县治水办	县水利局、县环保局、县水务集团	2014	2014
81				全面推进居民用水阶梯式水价改革。	何全根	县发改局	县水务集团、县住建局	2015	2016
82				推进非居民用水超定额累进加价改革。	何全根	县发改局	县水务集团、县住建局、县经信局	2015	2015
83				完善洪涝灾害防御应急处理机制，争取上级安排一定的省级公建资金支持嘉善县重大防洪除涝设施建设，创新河道、水域、圩区等管理体制。	殳世平	县水利局	县发改局、县财政局	2014	2014
84			建立农业面源污染及大气治理机制	全面建立畜禽养殖污染治理机制，推进畜禽养殖场排泄物综合利用，建立化肥农药减量增效机制。	殳世平	县农经局	县环保局	2014	2014
85				建立健全生活垃圾“户集、村收、镇运、县处理”的无害化集中处理机制。	施晓松	县住建局	县环保局、县农办、	2014	2014
86				建立大气污染联防联控机制，加强以脱硫脱硝、秸秆焚烧、建筑扬尘、锅炉整治、汽车尾气等为重点的大气综合治理。	沈国强	县环保局	县经信局、县交通局、县农经局、县住建局	2014	2014
87			建立严格的生态环境监管机制	严格执行生态功能区规划，制订差别化的区域开发、资源配置和考核政策。	滕根林	县委政研室	县环保局、县发改局、县住建局、县国土局、县财政局	2015	2015

续表一1

序号	改革领域	一级改革事项	二级改革事项	主　要　内　容	牵头领导	牵　头单　位	责任单位	启动时间	完成时间
88	（四）开展民生幸福保障体制改革	11. 建立高标准的生态文明建设机制	建立严格的生态环境监管机制	推进形成行政执法与公众监督、舆论监督、司法监督相结合的环境监管机制，探索建立环保警察和环保法庭。	沈国强	县环保局	县行政执法局、县委宣传部、县司法局	2015	2015
89				开展企业环境污染强制责任保险。	沈国强	县环保局	县经信局	2014	2015
90				实行最严格的责任追究和赔偿制度。	沈国强	县环保局	县行政执法局、县公安局、县法院	2015	2016
91		12. 创新社会治理机制	推进行政综合执法改革	调整整合现有的行政执法职能和行政执法队伍，建立源头查处、重心下移、运行规范、执法高效的行政综合执法管理机制。	何全根	县编委办	县行政执法局、县法制办	2014	2014
92				在姚庄镇试点基础上，争取将综合执法扩大到所有镇（街道）。	施晓松	县行政执法局	县法制办	2014	2014
93			创新农村新社区管理机制	完善农村社区布点规划，引导跨村集聚型农村新社区建设。	施晓松	县住建局	县农办	2014	2014
94				科学设置农村新社区组织架构，建立“村民＋居民”双重身份参与社区自治管理机制。	许春红	县民政局	县农办	2014	2015
95				推进社区购买服务，创新社区运行模式。	许春红	县民政局	县农办、县财政局	2015	2015
96				加大对社会组织的政策扶持力度，建立直接登记和备案登记相结合的新型登记模式。	许春红	县民政局	县财政局	2014	2014
97				完善政府向社会组织购买公共服务制度，激发社会组织活力。	何全根	县财政局	县民政局、县教育局、县卫生局、县住建局、县监察局、县市场监管局	2014	2014
98				建设新社区综合服务管理平台，提供高效便捷的服务。	许春红	县民政局	县农办、县财政局	2014	2015
99			完善公共安全监管机制	创新食品药品安全保障机制，建立食品原产地可追溯制度和质量标识制度，构建生产、流通、消费全流程实施安全监督的管理体制。	许春红	县市场监管局	县卫生局、县农经局、县质监局	2014	2014
100				运用互联网技术手段，建立生产、交通和消防安全联动监管机制，加强社会应急联动体系建设，探索建立平安嘉善实体化运行机制。	滕根林	县委政法委	县公安局、县安监局、县交通局、县消防大队等相关部门	2014	2014

说明：1. 启动时间指机制建立或政策文件出台，改革开始实施的时间；

2. 完成时间指改革已经实施并取得初步成效的时间

（县发改局提供）

嘉善县“五水共治”纪实

嘉善县牢固树立“绿水青山就是金山银山”的理念，始终把“五水共治”作为县域科学发展示范点建设的重要举措，作为推进“两美”浙江、“美丽嘉善”建设的重要抓手，以铁的决心、铁的手腕深入推进“五水共治”工作。2016年的治水成效：一是水环境质量明显改善，14个县控断面中Ⅲ类水以上断面9个，占64.3%，同比上年新增5个，其中Ⅱ类水断面1个（芦墟塘民主水文站），是嘉兴市唯一的河道Ⅱ类水断面。二是出入境交接断面考核保持优秀，全年县出入境交接断面高锰酸盐指数、氨氮、总磷与上年同期比均有所改善，分别为10.33%、16.84%及7.03%。三是太浦河饮用水水源地水质达标率持续保持100%，是嘉兴市唯一100%达标的水源地。四是建成27条综合整治示范河道，成功打造新泾港、西罗秋浜、高浜等一批美丽河道。

一、精准施策治污水，大力提升水环境质量

1.制定年度实施方案。出台《嘉善县2016年度“五水共治”工作实施方案》，明确目标任务，细化责任分解，排定工程项目41个，落实项目资金61451万元。制定《嘉善县地表水水质提升行动计划（2016—2020）》，分年度、分断面提出改善幅度、达标年限，并建立水质提升月度通报、季度例会、考核激励制度。印发《2016年嘉善县重要断面水质提升整治行动方案》，针对14个县控以上断面制定“一断面一方案”，以市控断面下甸庙大桥为重点，全力推进整治工作。Ⅲ类水断面同比上年新增5个。

2.开展生猪清零工作。深入开展生猪清零、拆除违建猪舍工作。从4月下旬起，以15家规模养殖大户为重点，集中开展生猪退养攻坚行动。至2016年6月底，全县拆除违章猪舍19万平方米，退养养猪户2057户，生猪74302头，实现全县生猪养殖清零目标。同时，完善网格化巡查、有奖举报等制度，加强生猪养殖防反弹监管。

3.腾退村级低小散企业。全县排摸村级低小散企业1887家，通过“关停淘汰一批、整治提升一批、整合入园一批”，并制定“两创”中心建设实施意见等政策，推动低小散企业“退散进集”。全年完成评估低小散企业1307家，腾退593家，腾退土地面积217.47公顷（3262亩）。

4.整治违章码头堆场。针对沿河码头小而散、脏乱差、污染河道的现状，制定《全县违章码头堆场整治工作方案》，全县排摸违章码头堆场594家，按照“三个一律拆”“两个原则拆”的思路，2016年拆除、提升违章码头堆场257家，其中153家经营性沙石料码头堆场设施全部拆除。

5.推行镇村水质考核。制定实施《嘉善县镇（街道）交接断面水质考核办法》《嘉善县村（社区）河道断面水质考核办法》。新增水质监测点90个，实行每月监测、季度排名。村（社区）每季度考核排名1次，设水质优胜奖、进步奖，分别奖励5万元、3万元。镇（街道）交接断面每年考核一次，根据水质变化情况，奖惩10万～50万元。

二、聚焦三河防反弹，排查隐患及时整改

1.开展全县河长大巡河行动。印发《关于开展全县河长大巡河行动的通知》，针对冬春季河道水位低、各类问题易发现的特点，3月，县、镇、村三级河长同步开展大巡河，发现问题585个，全部及时整治到位。4月以后，要求各级河长加强日常巡河力度，确保巡河保质保量，并做好巡河记录。

2.开展“清三河”防反弹行动。对已完成治理的390条“三河”进行全面“回头看”。开展“清三河”反弹隐患排查拉网行动，逐条河道全域排查，起点终点全程排查，排查出反弹隐患河道191条、问题清单214个，及时全部整治到位。印发《嘉善县入河排污（水）口标识专项行动方案》，开展入河排污（水）口标识工作，排查入河排污（水）口636个，全部完成标识牌设置。

3.开展“清三河”常态化督查。出台《2016年“五水共治”督查工作实施方案》，实行“一周一常规督查”“一月一专项督查”“一季一暗访督查”“一举报一督查”“一曝光一挂牌督查”。县治水办

每周至少2～3次日常督查，做到全县村（社区）河道全覆盖。同时，联合县纪委（监察局）、县督考办、县创建办等部门，抽调力量组成10个督查小组，开展“清三河”防反弹专项督查。

4.进一步深化落实“河长制”。印发《嘉善县基层河长巡查工作细则》，要求各级河长制订“一河一策”治理方案和年度计划，加强巡河频次和力度。开展河长公示牌规范设置更新工作，制定《嘉善县河长公示牌规范设置指导意见》，6月底完成河长牌的更新工作，并建立全县河长牌台账。创新建立县、镇两级河长微信群，直接通报河道问题、巡河情况，推动各级河长认真履职。开发运用“嘉善掌上河长”APP，实现水质网上查询、巡查日志查看、应急指挥、统计报送等功能集聚，覆盖县、镇、村三级河长。

三、创新机制抓示范，提升河湖治理成效

1.开展河湖综合治理工作。制定《关于加强嘉善县河湖综合治理的实施意见》，开展“河湖清淤”“河道清障”“渔业养殖”“长效保洁”“航道环境”“水功能区监管”等6个专项行动。印发红旗塘专项整治、非法侵占河道整治、清理非法渔业养殖设施、航道环境整治等工作方案。2016年完成河湖清淤398.73万立方米，排摸红旗塘问题387个、完成整治305个，完成两侧绿化12.7千米。涉水行政违法案件结案15起、处罚12起，罚没款8.41万元。

2.加强船舶污染防治。重点推进船舶油污水防治“三个一”建设，建成湖嘉申线航道船舶油污水接收站1个，建造船舶油污水接收船1艘，制定出台《嘉善县船舶油污水收集处理管理机制》。同时，开展船舶检验工作，重点检验新建船舶生活污水箱、油污水箱的配备情况，2016年检验各类船舶764艘；加强船舶污染物回收监督检查，回收2382艘船舶生活垃圾3521公斤、油污水1249公斤。

3.推动创建“美丽河道”。建成27条综合整治示范河道。制定《嘉善县“美丽河道”创建考评办法》，提出“五化五有”（净化、绿化、文化、亮化、洁化，有净水措施、有便民设施、有文化设施、有景观节点、有管护机制）标准，通过年初申报、创建培育、年底考评、动态复评，推动镇（街道）每年至少打造1条“美丽河道”。成功打造出新泾港、西罗秋浜、高浜等一批“美丽河道”。

4.引入无人机参与治水。把高科技融入“五水共治”，创新治水新手段，利用无人机全天候、无死角、零距离、高效率的功能优势，通过搭载的光谱分析设备可以实时监测河道水质，分析河道中的污染情况，寻找污染源位置，探索建立全县河道的大数据平台，构建全县河道实景三维数学模型，进一步巩固“五水共治”工作成果。9月30日央视四套《中国新闻》栏目对此进行专题报道。

5.引进治水高端智囊。9月，嘉善县人民政府与北京生态修复学会正式签订合作共建协议，通过合作共建，充分发挥生态专业学会和知名专家的智力优势，为嘉善开展“五水共治”提供技术支持。北京生态修复学会从生态理念的高度，指导嘉善开展“五水共治”工作，同时共同研究有关生态修复和环境保护方面的课题。为全国乃至世界水环境治理提供样板示范。

四、发动群众齐参与，拓宽群众监督渠道

1.完善群团参与治水长效机制。制定《群团组织参与“五水共治”长效机制建设的实施意见》，建立群团组织“护水监督、治污净水、防洪排涝、节水宣教”四项治水长效机制，推动群团组织开展“治水岗位竞赛”“保护母亲河”“巾帼治水护水”“科技治水护水”等工作，广泛动员群众常态化参与“五水共治”工作。

2.完善河道群众投诉举报办法。印发《嘉善县“五水共治”举报投诉受理办法》《“五水共治”群众有奖举报奖励办法》，明确7大类水环境违法违规行为。开通嘉善“五水共治”微信公众号，设置微信举报、电话举报等栏目，公布嘉善县“五水共治”举报电话，实行24小时受理。

3.提高河道群众举报办结实效。规范受理程序。按照“接听电话、登记受理、现场核实、督办交办、反馈群众、奖金核发、再次回访”等7步程序，做好群众举报受理工作。提高办结实效。县治水办1个工作日内现场核实、第一时间协调处理、整改结果及时反馈给举报人；各镇（街道）一般性问题1周内整治到位，无工程措施问题1月内整治到位，需上工程措施的按照施工方案期限整治到位。全年接到“五水共治”群众举报71件，全部办结，其中符合有奖举报21件，累计发放奖金1.75万元。

五、六大工程强推进，夯实治水基础建设

1. 开展城乡污水治理工程。一是在污水收集上，年内完成污水管网新建35千米，泵站15座，完成县城区70个生活污水排污点的纳管改造，清淤检测污水管道68千米，城镇污水集中处理率92%。对已完成普查的一、二级污水管网，督促各方加快整改和移交的进度，力争年底前全部移交。投资50万元建成污水管网GIS信息系统。印发《嘉善县污水排入排水管网许可实施细则》，全面开展排水许可管理工作，累计发放排水许可证68张。二是在污水处理上，基本完成洪溪污水处理厂提标扩容工程和西部水务提标工程，大成污水厂3.5万吨/日扩容工程完成设计招标，获可实施性批复，姚庄污水处理厂降磷脱氮工程完成招投标，年底开工建设，启动开发区5万吨/日再生水厂新建工程前期工作。启动西部水务污水厂至大成污水厂的连通管道工程，投资1376万元完成喜力啤酒厂至姚庄污水厂污水管道工程。全年完成污水收集处理量2676万吨，同比上年增加10%。

2. 开展工业企业全入网全达标工程。一是在全入网上，出台印发《2016年工业企业污水全入网全达标督查整改工作实施方案》，组织对全县工业污水全入网的1837家企业进行"回头看"，采取实地查看、专题座谈、问题反馈等方式，全面开展工业污水"控源头防反弹"的二轮排摸。2016年完成工业污水治理623家，其中入网91家。二是在全达标上，开展工业企业污水全达标三年行动，实行最严格的环境执法，倒逼企业污水排放稳定达标、符合排放总量要求，基本实现全县省控以上重点企业全达标。三是在监管执法上，进一步加强对污水厂、电镀、化工、印染、造纸等重点企业和喷水织机、纽扣等传统污染行业的环境监管力度，特别是加大对低小散企业的监管处罚力度，2016年累计出动执法人员1.5万人次，检查企业4901厂次，对涉水污染环境案件发出处罚决定书41件，处罚金额159.7万元。

3. 开展农村生活污水治理工程。一是加快治理设施建设，2016年农村生活污水治理任务8490户，实际完成受益户数8920户，其中纳管处理4301户、集中式处理3185户、分散式处理1434户，投入10198万元，累计农户受益率82.86%。二是开展验收移交工作。实行施工单位预验、镇级初验和县级最终验收"三级验收制度"，全县168个农村生活污水治理项目完成镇（街道）初验。三是加快分散式项目提升改造。针对分散式治理处理工艺简单，治理效果不够理想的现状，在西塘镇等4个点开展农村生活污水分散式治理提升改造试点的基础上，稳步推进分散式治理提标改造。四是加快推进农村生活污水治理设施运维管理，出台《嘉善县农村生活污水治理设施运行维护管理实施办法》，公开招标确定第三方运维单位，基本完成镇（街道）运维工作考核办法，加快推进复核交接工作。

4. 开展农业面源污染治理工程。一是减少化肥施用量，2016年完成推广测土配方施肥4.12万公顷（61.54万亩），推广施用水稻、大小麦专用配方肥1259吨，推广商品有机肥1.92万吨，减少不合理化肥用量396吨。二是减少农药施用量，推广绿色防控技术、环保农药，完成统防统治面积8.13万公顷（12.2万亩）、实施农药减量技术应用面积17.13万公顷（25.7万亩），减少农药用量26吨；出台《嘉善县农药废弃包装物回收和集中处置实施方案》，采取农资经销网点折价回收为主的方式，回收农药废弃包装物72吨、处置68吨。三是推行清水渔业，完成养殖塘生态化改造面积32.13公顷（482亩）、稻鱼共生轮作面积54.33公顷（815亩），开展农田退水拦截试点，完成淡水增殖放流4077万尾。

5. 开展防洪排涝工程。一是全面推进二轮圩区建设，基本完成城西、虹桥等19片圩区整治工程建设，保护面积3.37万公顷（50.6万亩），占规划面积的90.8%，其余6片圩区正在加快建设；推进老集镇防洪除涝改造工程，完成下甸庙等8个老集镇防洪除涝改造工程，剩余4个老集镇正在加快建设。建成省内首个圩区防汛智慧控制中心。二是完善非工程性防洪措施，健全基层防汛防台体系运行管理，落实行政一把手防汛责任制，完善"三网一库"建设，储备防汛物资各种袋类75万余个、水泵电机738台套、桩材1046立方米等，排查防汛安全隐患94处并及时整改到位，大力提升县域防汛现代化管理、监测、预警、处置水平。三是完善城镇排涝设施建设。完成城区排水（雨水）防涝综合规划编制。开展排涝风险评估，加强排涝设施日常维护管理，开展汛前

检查和隐患整治。定期检查774座闸门、487座排涝站，总体运行良好。2016年完成新建雨水管网10千米，提标改造雨水管网10千米，雨污分流改造管网5千米，排水管两轮清疏240千米。

6.开展供水节水保障工程。一是加强水源地保护。成立县水源地保护办公室，完成水源地保护区规划修编，制定《太浦河饮用水源保护2016年工作计划》，启动保护区整治工作，更新保护区的界标与警示牌，加强太浦河航运管理和区域联动执法，成功处置2起水源地保护区工业垃圾倾倒案。每月向社会公开饮用水水源、供水厂出水、用户水龙头水质等饮水安全状况，2016年水源地水质达标率100%。二是加快供水工程建设。加快实施太浦河取水二期工程，2016年累计投资约9084万元，敷设原水输送管道17.9千米、开挖鱼塘土方38万立方米、填筑堤防7.5万立方米、完成长白荡进水闸施工，开建太浦河第二取水口闸门。稳步推进魏塘水厂至白水塘供水管线工程，铺设管线4千米。完成镇村供水管网改造55千米。三是推进供水体系的数字化、智能化建设，新建供水管网15千米，改造供水管网37千米，全县管网漏损率11.96%。三是开展节水型社会和省级节水型城市创建工作，编制完成《嘉善县节水型社会建设工作方案》，出台《嘉善县城市节约用水奖励办法》，推进超计划用水累进加价水费征收管理工作，创建省级节水型小区1家。2016年，完成屋顶集雨等雨水收集系统60处，改造节水器具1000套，改造“一户一表”1910户。　　（匡平平）

全县城乡环境整治“百日攻坚行动”

5月开始，嘉善县深入贯彻省市决策部署，按照省委书记夏宝龙提出的“高质量、均衡性”“拉高标杆、抓实项目、补齐短板”的要求，苦干实干，积极开展以百日攻坚为核心的城乡环境综合整治，使城乡环境实现翻天覆地的变化。年内累计拆除违建166.1万平方米，“三改”完工面积233.7万平方米，整治蓝色彩钢棚265.2万平方米，拆除码头堆场133个，清理废品收购点606个，腾退低效企业309家、面积122.13公顷(1831.9亩)，攻克干窑镇特别是新泾港以及平黎公路、高铁南站区块等一批老大难问题，获省委书记夏宝龙的充分肯定。

统一思想、坚定必胜信心。凝聚共识，对照“高质量、均衡性”的要求，把城乡环境综合整治作为最紧迫、最要紧的工作来抓。用10天时间排摸梳理出干窑面貌提升、平黎公路整治、高铁南站及周边环境整治、低端行业整治、重点道路提升、蓝色彩钢棚整治、码头堆场整治、城区环境整治、农村环境整治、废旧物资回收点整治等10个大类1万余个问题或项目，并挂出作战图、签订军令状。

干字当头、激发干部斗志。鼓足勇气攻坚干，聚焦难点、精准发力，一些“老大难”问题迎刃而解。比如在金家堰区块上仅用1天时间就拆除违建的3家企业、50间店面、2幢出租房、2幢农民房；比如新泾港片区，在河道两侧14家企业全部拆除的基础上，用50天时间建成现代农业孵化园，并完成护岸植绿、生态浮岛建设、沿河37户农房立面改造等工作；平黎公路整治中，仅用10天就完成涉及4个镇(街道)11170米的道路沿线绿化交地；高铁南站周边征迁扫尾中，仅用6天就平稳完成剩余8户农房征迁。市委书记鲁俊、市长胡海峰亲自组织研究、多次一线指导，由市委副书记、政法委书记孙贤龙领衔的市委指导组全程指导嘉善工作；县委、县政府成立主要领导挂帅的领导小组，下设10个专项工作组，分别由县级班子领导任组长，纪委书记、组织部长牵头全程参与督察，同时，组建县委、县政府两大指挥部微信群，每天直播现场情况、零时差研究解决问题；各镇(街道)、重点部门和重点村分别设立作战室，实行挂图作战、销号管理。

广泛发动、赢得群众支持。在城乡环境整治百日攻坚战中，广大群众是我们的“制胜法宝”。我们从一开始就注重赢得群众的理解和支持，在各类县级新闻媒体中开设“城乡环境整治百日攻坚”专栏，以“上紧发条 快马加鞭 全线压上”“打造全城攻坚风景线”等为专题，新旧媒体齐发声，向全社会传达政府强力整治的坚定决心和坚强意志，充分激发全县党员干部群众的战斗热情，“为美化家园而战、为嘉善未来而战”成为全县人民的共同呼声和自觉行动，尤其在组织开展的美丽村居、美丽庭院、美丽机关、美丽工厂、美丽市场、美丽商铺“六美”建设中，广大群众积极响应，纷纷争当“主人翁”、不做“旁观者”。比如惠民街道惠通村30多名群众自发成立7支环境纠察小分队，从环境问题的发现、整改到督查落实，每天都活跃在该村的田间地头，成为环境的坚实“守护者”；魏塘街道魏中村拆违中，党员干部自觉带头，广大群众不甘落后，共拆除违建895户超5万平方米，一些群众满意地说：“以前别墅躲在违建中，现在我家住在花园里。”

长效管理、做到一抓到底。城乡环境综合整治既是一场攻坚战，更是一场持久战，重视形成整治的长效化、常态化推进机制，确保城乡环境综合整治成果能够持续地焕发出强大的生命力。一是完善督查考核机制。建立城乡环境综合整治正风肃纪督察、部门条线督查、责任单位巡查三级督察网络，形成督察专报、督查通报、督查交办等一整套督察制度，完善提醒预告、亮牌预警、奖惩问责、连带问责机制。百日攻坚期间，亮红牌2次、黄牌1次，提醒谈话2次，诫勉谈话3次，通报批评3次，党内警告2次。二是开展环境整治排名战。9月起，在全县范围内开展“城乡环境整治排名战”活动，设置10项正向评价指标和8项反向测评指标，按照“每周检查、每月公示”方法，晒成绩，比进度，争标杆，每月在电视台、报纸上公告排名情况，并把成绩纳入镇（街道）目标责任制考核，持续营造环境整治的良好工作氛围。三是建立健全长效管理制度。针对面上环境卫生保障不足问题，进一步构建起长效治理、切实管用的机制，在上年出台一把扫帚扫到底等“五个一把”长效机制的基础上，出台城乡环境卫生、绿化养护管养、河道综合治理长效管理、美丽庭院创建、工业垃圾（危废）一体化收集处置、县级部门主要领导驻点乡镇推进重点工作等12项有效的管理制度。

（吕鸣秋）

全国文明城市创建

2016年，嘉善县全面发扬“示范点”精神，进一步明确全国文明城市创建工作思路，将“美丽嘉善”建设作为主抓手，牢牢把握省委、省政府和市委、市政府关于“两美”建设的决策部署，以更大的决心、更高的效率、更实的举措改善城乡整体面貌，全面推进全国县级文明城市创建，树立嘉善文明城市新形象。

一、全力营造美丽环境，让城市更干净

县委、县政府把环境整治摆在各项工作的首要位置，层层分解工作任务。出台《美丽嘉善建设三年行动计划》和4个专项行动实施方案，于4月底部署开展城乡环境整治“百日攻坚”行动，全县环境面貌发生翻天覆地的变化。一是围绕难点有突破。集中攻克金家堰、嘉善塘等一批城区“老大难”问题，累计拆除城中村违建3629户、23.24万平方米，清理全县面上废旧物资回收点606个。先后出动志愿者超3万人次参与城乡环境整治，比如惠民街道惠通村30多名群众自发成立7支环境纠察小分队，成为环境的坚实“守护者”；魏塘街道魏中村在拆违中，党员干部自觉带头，广大群众不甘落后，拆除违建895户超5万平方米。二是围绕重点有提升。针对白水塘路、嘉善大道等城区主要道路，由浙建集团以EPC模式，实施6个总投资2.6亿元的绿化提升项目。加大高铁南站及周边环境整治力度，全面完成高铁南站站前3.6万平方米绿化、340米道路及400个车位的应急停车场建设，顺利拆除剩余16户农户，实现高铁南站周边农房全拆除。基本完成谈公路农贸市场等5个市场的沿街立面改造以及嘉善商城东大门、北大门的提升工作，加快推进城区谈公路和晋阳路两条主干道沿线的美丽商铺建设。三是围绕亮点有特色。在扮靓城区的同时，全面开展美丽城镇专项行动，2016年度美丽城镇项目库中涉及项目148项，总投资额8.13亿元，截至12月，项目库总体开工83个，开工率56%。高质量推进姚庄省级小城市培育试点、西塘市级小城市培育试点、大云省级特色小镇试点和天凝省级中心镇等建设，姚庄“均衡发展”模式在全国新型城镇化高峰论坛上作典型交流，姚庄省级小城市培育在近期公布的年度考核中列全省第四，西塘镇被评为全国特色景观旅游名镇名村示范单位。承办全省特色小镇“比学赶超”现场推进会，大云巧克力甜蜜小镇成为全省10个示范特色小镇之一，巧克力甜蜜小镇和归谷智造小镇分别入选全省第一批和第二批特色小镇创建名单。同时，突出抓好各镇老集镇改造、特色风貌提升等工作，对照环境整治的“乌镇标准”，集中精力打造干窑“标杆镇”形象，全速推进50个主项目2000多个子项目落实到位。

二、全力打造美丽形象，让城市更有序

以美丽机关、美丽工厂、美丽市场、美丽商铺、美丽村居和美丽庭院“六美”建设为载体，进一步深化全国文明城市创建工作。一是强化项目管理。在2015年的基础上，继续加强25个创建全国县级文明城市建设项目的动态管理，促成“建成一批、淘汰一批、充实一批”的良性循环。2016年，高铁新城建设不断提速，县图书馆新馆、县博物馆新馆等重大文化惠民设施快速推进。累计投资近8亿元破解城市交通拥堵治理难题，城市公交分担率达到18%，总投资1.3亿元的炮台口交通拥堵治理工程于8月26日正式通车，城市路面违章停车静态抓拍系统二期工程于10月启用。推进地下管线及人行道综合改造，棚户区改造以及老旧小区改造工作。同时，建立美丽嘉善建设项目库，实行动态化管理，项目库内有项目399项，投资总额164.42亿元。其中美丽县城项目176项，投资总额114亿元；美丽城镇项目168项，投资总额22.14亿元；美丽乡村项目22项，投资总额0.58亿元，重点打造姚庄镇和大云镇10个美丽乡村精品村，贯通姚庄镇和大云镇两个美丽乡村小循环线路；美丽通道项目33项，投资总额27.7亿元。二是健全长效机制。制定下发《“美丽嘉善”建设长效综合管理“五个一”机制实施方案（试

行)》,进一步完善城乡长效综合管理机制,实现长效管理全覆盖。积极回应人民群众生活质量密切相关、反映强烈的热点问题,先后出台垃圾收集处理、河道保洁、绿化养护管理、民房出租、民宿客栈管理等针对性的长效机制。充分发挥考核导向作用,坚持日常督查与年度考核相结合,以建立微信群、电子通报单等形式,实现24小时动态城市管理,下发督查整改通知单681份,完成率75.18%。三是发动群众力量。及时部署城市社区文明共建,召开城市文明社区共建工作会议,表彰52家文明社区共建先进单位。在"六美"建设中,开展寻找"最美家庭"等活动,充分调动群众积极性,40%的家庭达到"美丽庭院"标准。聚焦城区3个街道,开展环境卫生"大检查、大整治",整治城区各类环境问题818个,打造美丽工厂示范企业145家,城区谈公路、晋阳路成为美丽商铺示范街。

三、全力塑造美丽心灵,让城市更文明

积极打造"善文化"升级版,激发全县上下学善、向善、行善新风尚,促成道德文化自觉,为创建全国县级文明城市提供精神动力和道德滋养。一是宣传阵地全覆盖。制定下发《嘉善县2016—2017年度公益广告宣传方案》,围绕全国县级文明城市创建,新增墙景画近13千米,总面积2.8万多平方米;制作宣传彩页1.5万份,宣传海报2000张,文明厕所宣传牌1200个,文明餐桌宣传牌2300个。在城市主要道路设置"美丽嘉善"和迎接G20迎风旗,新增大型户外广告牌5块,城乡公交车、出租车、教练车醒目位置张贴"礼让斑马线"标识实现全覆盖。二是舆论引导无死角。放大典型引领示范作用,全县向省市推选各类好人16例,其中1例入选中国好人,7例入选"浙江好人",1例入选嘉兴好人,承办浙江好人榜一季度发布会。继续组织开展"万张红榜送好人"活动,在基层开展道德模范故事宣讲20多场,初步形成尊崇、礼遇、关爱"好人"的社会氛围。扎实做好建设性舆论监督,上半年刊发《新闻聚焦》30余期,集中曝光河道污染、生猪养殖污染、违章搭建、环境脏乱差等一批热点问题。三是道德实践有内涵。制定出台《嘉善县市民文明素质提升三年行动计划(2016—2018)》,以"弘扬善文化 做文明有礼嘉善人"为主题,围绕"营善境、育善念、传善德、行善事、扬善风"等5个方面,开展各项主题系列活动。组织开展"学雷锋 讲文明 树新风"主题实践活动,全面启动城市啄木鸟、青春微公益等近30个贯穿全年的志愿服务项目。继续围绕"立德树人"根本任务,在全县未成年人中开展学习和争做美德少年活动、童心向党、"春泥计划"等一系列主题活动。 (县创建办)

县镇人民代表换届选举

根据《宪法》《选举法》和省、市、县委的总体部署和要求，2016年嘉善县开展新一届县、镇人民代表大会代表的换届选举工作，经过组织准备、宣传发动和选民登记、提名推荐协商确定代表候选人和投票选举等阶段，于12月23日进行投票选举，依法选举产生211名县十六届人民代表大会代表和411名镇人民代表大会代表。

一、领导高度重视，组织部署周密

嘉善县、镇（街道）两级党委、人大十分重视这次换届选举工作，把选举工作摆上重要议事日程。全县上下坚持"党委领导，人大主办，各方配合"的原则，组织领导有力、准备动员充分，做到"五个到位"。

学习调研到位。认真学习研究《关于加强县乡人大工作和建设的若干意见》以及新修改的组织法、代表法、选举法等文件法律。7月，县人大常委会代表工委到各镇（街道）开展换届选举的工作调研，并召开镇（街道）主席（主任）座谈会。多次组织开展警示教育，营造风清气正的选举环境。

前期准备到位。县人大在省人大推荐并下发的全国人大办公室编制的选举工作手册和省人大编制的选举工作流程的基础上，增订《地方组织法、选举法、代表法导读和释义》《人大选举工作教程》《选举法适用问答》等工作用书。全面梳理换届选举工作，拟定换届选举工作安排表。

工作机构到位。县委成立县换届选举领导小组；县人大常委会建立县选举委员会和各镇选举委员会，县选举委员会下设3个街道工作处；县、镇选举委员会和县选委会街道工作处分别设立办公室、宣传组、组织组等工作机构，各大、小选区建立选举工作小组。同时，建立县镇人大换届选举工作联席会议制度，沟通情况，协调工作。

工作措施到位。批转《中共嘉善县人大常委会党组关于做好全县县、镇两级人民代表大会换届选举工作的意见》，并于10月14日召开全县县、镇人民代表大会换届选举动员大会，对换届选举工作作出具体部署。县、镇选举委员会，县选委会街道工作处分别下发换届选举工作实施意见。全县9个镇（街道）均在11月1日之前召开换届选举动员会议，对选举工作进行周密部署。

责任落实到位。县人大常委会建立由常委会领导牵头的县镇人大换届选举工作指导组，负责指导各镇（街道）换届选举工作。各镇（街道）采取"选区牵头单位负责制、选区领导小组责任制、选委会成员分片落实制、选区联络员联系指导制"等办法，协调抓好各选区的工作，使换届选举工作依法有序进行。

二、注重宣传培训，夯实工作基础

广泛宣传。县选举委员会和县委宣传部联合制定县、镇人大代表换届选举宣传工作意见，并认真组织实施。通过召开动员会和各阶段工作会议，印制发放选举工作宣传资料、《给全县选民的一封信》，新闻媒体积极配合，通过电视、报纸、电台、网络、短信、微信、电子屏幕等媒介进行宣传报道，营造良好的换届氛围。

强化培训。县人大常委会重视做好选举培训工作，于10月14日，对全县各镇选举委员会、县选委会街道工作处及办公室人员进行培训。据统计，全县各镇（街道）举办培训活动691次（期），培训骨干16723人次；组织选民小组学习601次，参加104948人次。

三、把握关键环节，依法有序推进

合理划分选区，分配代表名额。县、镇选举委员会、县选委会街道工作处根据《选举法》规定，每一选区产生1～3名代表的原则划分好选区。全县按居住状况和工作单位，划定选举县人大代表的大选区88个，选举镇人大代表的小选区168个，并将211名县人大代表、411名镇人大代表分配到各选区。

细致登记选民，保障选民权利。采取户籍登记法，对全县本地户籍的选民全部重新登记。以公安户籍为准，按生产单位、事业单位、工作单位划分选区。同时，在选区设立选民登记站，落实选民登记员，办理选民登记手续，保证选民不漏登、不重登、不错登。

深入摸排代表候选人，力争提高代表素质。县委组织部和县选举委员会联合组织优秀代表人选的摸排工作。结合省人大文件对代表比例结构的要求，在本行政区域内广泛深入的摸排优秀代表资源，尤其是专业技术人员。并对收集到的代表资源进行分类分析，对主体摸排工作提出有针对性的建议和要求。通过摸排工作，进一步优化代表素质。

提名推荐、协商、确定代表候选人，关注代表结构。全县88个大选区应选县人大代表名额为211名，提名推荐代表候选人400名，其中选民10人以上联名提出354名，占比88.5%；党政团体推荐46名，占比11.5%。全县6个镇168个小选区应选镇人大代表名额为412名，提名推荐代表候选人722名，推荐比例为1：1.75，其中选民10人以上联名提出681名，占比94.3%；党政团体推荐41名，占比5.7%。在协商确定正式代表候选人的工作中，通过讨论、协商确定县人大正式代表候选人299名，其中妇女106名，占比35.45%；非中共党员（其中民主党派18名）112名、占37.46%；党政干部57名，19.06%。6个镇协商确定镇人大正式代表候选人580名，其中妇女222名，38.3%。非中共党员211名，占36.4%；党政干部36名，占6.2%。

严格考察审查代表候选人，确保代表先进性。切实把好人大代表人选质量关，防止涉法涉罪人员“带病当选”，县委组织部联合统战、纪检、政法委、法院、检察院、经信、公安等19个县级部门对县人大代表资源人选进行审查，24名人选经联审后未被提名推荐或被撤回联名。县委组织部还组织有关部门党委（党组）、镇（街道）党委对代表候选人的政治素质、思想品行、廉洁自律、履职能力、群众基础、遵纪守法、社会形象等方面情况进行综合考察。

开展好投票选举工作，依法选举产生新一届县镇人大代表。投票选举以投票站为主，流动票箱为辅，有条件的选区组织召开选举大会，省督导组成员多点全程监督投票过程。经全县332867名选民的投票选举，211名县人大代表、411名镇人大代表顺利选举产生。12月24日，县、镇选举委员会分别召开会议，对选举结果进行确认。12月30日，县十五届人大常委会代表资格审查委员会对县十六届人民代表大会当选代表资格进行审查，并向县人大常委会报告，经常委会会议确认，当选的211名县人大代表资格全部有效。

选举产生的211名县人大代表中，县十五届人大代表连任县十六届人大代表91名，占43.1%。211名代表中，非中共党员代表72名，占34.1%（其中民主党派16名，占7.6%）；妇女代表68名，占32.2%；工人54名，占25.6%；农民64名，占31.3%；党政干部49名，占23.2%；专业技术人员43名，占20.4%；解放军1名，占0.5%；代表结构比例进一步得到优化。

（贾碧莲）

2016 年嘉善县大事记

1 月

1 日起　嘉善县向环卫工人免费发放早餐。每天 6 时 30 分至 8 时 30 分，城区一线清扫保洁工人可凭爱心早餐券在县城区的 6 个爱心早餐发放点免费领取一份早餐。

4 日　全县引资投资工作动员大会召开。部署 2016 年引资投资重点工作，下发《关于深入推进 2016 年度招商引资“一号工程”的实施意见》《关于深入推进 2016 年度有效投入提质扩量工程的实施意见》。县委书记许晴强调要为实现“十三五”发展和示范点第二阶段建设完美开局奠定坚实基础。县领导祁海龙、郑明、何全根、曹国良、沈康明、吴建平等参加。

同日　扩大有效投资重大项目集中开工仪式举行，县图书馆、博物馆项目开工。市领导祝亚伟，县领导许晴、祁海龙、郑明等参加。县图书馆、博物馆项目总建筑面积 4.78 万平方米，总投资 3.96 亿元。

7 日　浙江张正文化产业发展有限公司的“张正”商标、利丰黄桃专业合作社的“利锋”商标，被省工商局认定为 2015 年度省级著名商标。

8 日　全县慈善工作总结表彰大会召开。表彰全县热心慈善事业、关爱弱势群体的先进典型。县领导许晴、祁海龙、郑明、冯伟等参加。

13 日　代县长祁海龙主持召开县十五届政府第三十七次常务会议。听取和审议《海峡两岸青年创业基地建设方案》《2016 年政府投资项目汇报》《关于深化教育改革促进民办教育健康发展的实施意见》《嘉善县国有土地上房屋征收与补偿办法》等议题。

同日　全县老干部迎春团拜会召开。县委书记许晴通报 2015 年全县经济社会发展基本情况及 2016 年工作思路和工作重点。县领导祁海龙、郑明、何全根、朱学军、吴建平等参加。

14 日　县委书记许晴主持召开县委十三届七十六次常委会议。听取县委常委落实党风廉政建设“一岗双责”履职情况及所牵头专项任务的完成情况汇报。

同日　全市在线服务企业暨网络党建推进会在嘉善县召开。市委组织部、嘉善、桐乡等地分别就“红船党建云平台”“企情在线”“民情在线”等工作做系统演示和经验交流。嘉兴市委组织部、市委“两新”工委、市经信委以及各县（市、区）委组织部、经信局主要负责人等与会，市委常委、市委组织部长连小敏，县委常委、县委组织部长朱学军等参加。

15 日　国产卫星数据浙江省国土资源管理应用与推广研讨会在嘉善县举行。会议探讨国产卫星的运行情况、数据应用模式以及取得的应用成果，国产卫星高分数据在浙江省国土资源管理工作中的应用发展方向以及推广机制等。省国土资源厅副厅长张国斌、国土资源部科技与国际合作司副司长高平等参加。

20 日 省政协副主席、省委统战部部长孙文友到嘉善考察全县深入推进县域科学发展示范点建设情况。调研富通集团光通信全产业链项目、嘉善盟员之家、铠嘉电脑配件有限公司、上海人才创业园和歌斐颂巧克力小镇，并召开座谈会。市、县领导鲁俊、朱静绮、许晴、祁海龙、冯伟、阎靖华等陪同。

21 日 县委书记许晴主持召开县委十三届 77 次常委会议。学习传达市委七届十一次全体(扩大)会议精神、十八届中央纪委六次全会和省纪委十三届五次全会精神，审议县委常委班子“三严三实”专题民主生活会对照检查材料。

23—26 日 全县遭遇近 30 年罕见强寒潮袭击，24 日早晨最低气温达－6.9℃，并伴有 8 级偏北大风。

28 日 德国商务团到嘉善县考察。德国中小企业联合会代表介绍德国中小企业以及联合会情况，浙江省驻德国商务代表处主任戴伟龙、县领导曹国良等参加座谈会。

同日 嘉善县领军人才俱乐部在县归谷园区揭牌成立。首期领军人才“聚智大讲堂”举办。县领导滕根林、朱学军、阎靖华等参加成立仪式。

同日 国家标准化管理委员会下发通知，确定全国 79 个 2016 年度国家级服务业标准化试点项目。县民政局申报的“养老服务标准化试点项目”入围，该项目为全国 4 个养老服务类试点项目之一，也是 2016 年度嘉兴市唯一入围国家级服务业标准化试点的项目。

29 日 县十五届人大常委会召开第三十五次会议。听取和初审县政府《关于 2015 年国民经济和社会发展计划执行情况和 2016 年国民经济和社会发展计划(草案)的报告》《关于 2015 年财政预算执行情况和 2016 年财政预算(草案)的报告》《关于“十三五”规划纲要(草案)的说明》，听取《关于县十五届人大五次会议筹备工作情况的报告》，表决通过县十五届人大代表资格审查委员会关于补选县十五届人大代表的资格审查报告、县十五届人大五次会议列席人员名单，决定郑明为县十五届人大五次会议人大常委会工作报告的报告人，表决通过县十五届人大常委会 2016 年工作要点、有关人事任免事项，补选张锦卫为嘉兴市第七届人大代表。

下旬 浙江裕华木业有限公司使用在第 19 类木地板上的“鹦鹉”商标被国家工商总局商标评审委员认定为中国驰名商标。

2 月

1 日 县域科学发展示范点建设领导小组(扩大)会议召开。审议示范点建设第一阶段自评报告和示范点建设第二阶段五年行动计划，研究部署下阶段重点工作。县领导许晴、滕根林、何全根、曹国良、毛永忠、朱学军、沈康明、武曜云、曹惠明、张炳祥、殳世平、高嵩、许春红、陆军、吴建平等参加。

同日 嘉兴市第九个“服务传承人月”系列活动之“最美非遗人”颁奖典礼在嘉善县影剧院举行。嘉善县非遗保护中心、姚庄镇文化站分别获最具活力团队奖和优秀组织奖。

同日 全国优秀农民工和农民工工作先进集体表彰大会在北京召开，浙江嘉兴百汇服务外包有限公司经理苏红雷获评全国优秀农民工。

3 日 县委书记许晴主持召开县委十三届七十八次常委(扩大)会议。审议通过 2015 年度县委、县政府综合考核和表彰有关事项、全县三级干部大会方案、工作报告以及 2016 年县委、县政府工作思路和要点，研究有关人事问题，书面审议《2016 年度全县干部理论学习实施意见》《2016 年县委理论学习中心组学习计划》。

同日 嘉善县与浙江中医药大学签订战略合作协议，在医疗卫生方面展开合作。市、县领导柴永强、祁海龙、高嵩等参加签约仪式。

上旬 县信访联合接待中心、政务投诉举报电话受理中心及行政执法指挥协调中心“三中心”的整合运行改革全面启动，县领导滕根林、何全根为“三中心”授牌。

14 日 省政协副主席、台盟省委会主委张泽熙到嘉善县调研示范点建设。走访浙江智泓科技有限公司、姚庄镇桃源新邨和镇综治中心，并召开座谈会。市政协副主席马邦伟，县领导许晴、冯伟、滕根林、曹惠明、阎靖华等陪同。

16 日 全县三级干部大会暨示范点建设第二阶段动员大会召开。贯彻落实中央和省、市有关会议精神，总结示范点建设第一阶段工作，部署示范点建设第二阶段工作。县委书记许晴作题为《立足新起点再鼓新干劲创造新业绩为全面建成县域科学发展示范点献智献力》的报告。表彰2015年度先进集体和先进个人、2015年度先进基层党组织和优秀共产党员。各镇（街道）、县发改局、县交通局、县经信局、县创建办、西塘镇红菱村、浙江昱辉阳光能源有限公司作表态发言。县委副书记、代县长祁海龙主持会议。

17日　市委书记鲁俊到天凝镇调研"美丽镇村"工作。察看天凝镇洪溪村美丽乡村建设情况，并听取汇报。县领导许晴陪同。

23日　代县长祁海龙主持召开十五届县政府第三十八次常务会议。讨论并原则通过《嘉善县国民经济和社会发展第十三个五年规划纲要（草案）》《关于推动企业股改和在多层次资本市场上发展的实施办法》《2016年度政府十大民生实事》等议题。

26日　全县大众创业促进机制改革工作推进会召开。部署2016年大众创业促进机制改革各项目标任务，为33位创业导师颁发聘书。县委书记许晴要求加快建设创业平台，健全完善政策体系，强化政府服务职能。县领导何全根、朱学军、张炳祥、王秋儿等参加。

同日　全省养老服务业综合改革试点工作经验交流会在嘉善县召开。16个市（县、区）交流养老服务业综合改革试点工作经验。省民政厅副厅长、省老龄办主任苏长聪，副县长许春红等参加。

29日　嘉善县域科学发展示范点建设第一阶段实施情况第三方评估组专家到嘉善开展调研。中国行政体制改革研究会秘书长、国家行政学院教授王满传介绍调研安排和设想，县委书记许晴汇报示范点建设情况。省发改委领导陈智伟、戴以村，市、县领导卜凡伟、祁海龙、郑明、冯伟、滕根林等参加。

同日　县十五届人大常委会召开第三十七次会议。听取常务副县长何全根受代县长祁海龙委托提请的有关人事任免，听取并审议县十五届人大代表资格审查委员会关于补选县十五届人大代表的资格审查报告，表决通过郁伟华任县政府副县长的决定，通过代表资格审查委员会关于补选嘉善县第十五届人民代表大会代表的资格审查报告。

下旬　魏塘街道通过由中国成人教育协会社区教育专业委员会开展的2015年社区教育示范街道（乡镇）评审，创建为全国社区教育示范街道。

3月

1日　全县"互联网＋智能制造"工作推进会召开。表彰2015年度十佳"机器换人"示范企业，认定全县第一批"机器换人"公共服务平台，县政府与沈阳机床股份有限公司签订战略合作框架协议。县领导祁海龙、曹国良、丁金华等参加会议。

同日　省旅游局局长王文娟到大云调研嘉善巧克力甜蜜小镇创建工作情况。王文娟肯定甜蜜小镇创建工作成效，并提出坚持规划先行、特色先行、动态前行的要求。省旅游局副局长傅玮、嘉兴市副市长张仁贵、县领导许晴等参加座谈会。

2—5日　县政协十三届五次会议举行。会议应到委员215人，实到210人。冯伟作工作报告，丁金华作提案工作情况报告。审议通过政协嘉善县第十三届委员会第五次会议的决议和十三届五次会议提案审查情况的报告。补选政协常委1人，会议收到提案184件。

3日　2016年春运结束。全县日均投入车辆570辆，完成总旅客运输量198.0087万人次。

3—5日　县十五届人大五次会议举行。会议应到代表211人，实到205人。代县长祁海龙作政府工作报告，听取县人大常委会、县法院和县检察院工作报告，《关于嘉善县2015年财政预算执行情况和2016年财政预算（草案）的报告》等，作出各项决议。选举祁海龙为县长。收到议案、建议139件。

6日　嘉善县与华夏幸福基业股份有限公司、上海师范大学签订三方合作办学协议，筹建上海师范大学附属嘉善实验学校。市、县领导柴永强、许晴、祁海龙、高嵩、施晓松，上海师范大学校长朱自强、华夏幸福基业股份有限公司城市发展集团总裁刘丹参加签约仪式。

7日　省人大常委会副主任、浙商发展研究院院长王永昌到嘉善县调研特色小镇建设情况，考察云澜湾温泉度假区和歌斐颂巧克力工厂，听取培育建设特色小镇工作情况的汇报。县领导许晴、郑明、何全根、武曜云等陪同。

8日　召开纪念"三八"国际劳动妇女节106周年暨"做美丽女性扬善美家风建美好家园"善美系列颁奖典礼。表彰第三届十佳"善美女性""善美团队""善美家庭"。县领导武曜云、何慧琴、邹霞芳、施晓松、陆才华、阎靖华等参加。

同日 省水利厅确定全省首批20个水利工程标准化管理示范县，嘉善县入选。获省级补助资金200万元，用于堤防工程、水闸工程、泵站工程、农村供水工程、水文测站、圩区工程等标准化管理工作。

9—10日 嘉善县党政考察团到绍兴市新昌县、上虞区学习调研。走访参观新和成股份有限公司、浙江新柴股份有限公司、浙江远信印染机械有限公司、三花控股集团有限公司、新昌县科技大市场、浙江上风实业股份有限公司、卧龙控股集团有限公司等。县领导许晴、祁海龙、郑明、何全根、曹国良、曹惠明、陆军、王秋儿等参加。

12日 县委理论学习中心组(扩大)学习会暨第一期“嘉善论坛”举行。县领导许晴、祁海龙、郑明、冯伟、滕根林等参加活动。

14—15日 省委副书记王辉忠到嘉善县调研农村治污清淤和特色小镇建设工作。调研察看白水塘河道整治和干窑镇亭子桥港疏浚现场，干窑镇范东村王家浜、西塘镇翠南村等地农村生活污水治理情况，巧克力甜蜜小镇项目进展和企业发展等。市、县领导林健东、胡海峰、孙贤龙、许晴、祁海龙、滕根林、何全根、郁伟华等陪同。

16日 十五届县政府第九次全体(扩大)会议召开，贯彻落实李强省长在省政府全体会议上的重要讲话精神，对县十五届人大五次会议确定的各项目标任务和政府工作报告进行分解落实，加强“两会”期间人大代表、政协委员意见建议落实。县委副书记、县长祁海龙，县委常委、常务副县长何全根，县委常委、副县长沈康明，副县长施晓松、许春红、梁吉鸿、陆军等参加会议。

18日 嘉善县与上海市金山区签订《上海市金山区与浙江省嘉善县共建沪浙毗邻地区一体化发展示范区战略框架协议》。上海市合作交流办主任姚海，上海市政府发展研究中心主任肖林，浙江省发改委巡视员陈智伟，上海市金山区领导李跃旗、胡卫国、杜治中，市、县领导楼建明、许晴、祁海龙、何全根、曹国良、曹惠明等参加签约仪式。

中旬 县政府根据《浙江省社会养老服务促进条例》要求，发布全省首个镇(街道)养老服务中心工作职责清单，实现全县9个镇(街道)养老服务中心实体化运作。

22日 县十五届人大常委会召开第三十八次会议。听取并审议县政府《关于学前教育工作情况的报告》，听取、审议并表决通过《关于嘉善县2015年度街道办事处财政预算执行情况和2016年财政预算的报告》《嘉善县人民代表大会常务委员会授予“嘉善县荣誉市民”称号的办法》，表决通过有关人事任免事项。

29日 2016“梦想中国·智汇嘉善”全球创新创业大赛在北京启动。大赛由县人民政府、欧美同学会海归创业学院、北京市海外高层次人才协会主办，欧美同学会·中国留学人员联谊会参与指导。欧美同学会副会长夏颖奇，欧美同学会党组成员、秘书长张学军，欧美同学会副秘书长、《留学生》杂志社社长许睢宁，北京海外学人中心主任袁方，中关村海外人才创业园协会理事长刘泳，县委常委、组织部长朱学军参加。

30日 县委书记许晴主持召开县委十三届七十九次常委会议。研究公务员职级评定和相应职级待遇标准，审议《中共嘉善县委关于贯彻省委加强和改进党的群团工作的实施意见的通知》。

30—31日 国家发改委地区司地理办及中国科学院地理科学与资源研究所调研组到嘉善县调研示范点建设。考察县域科学发展主题馆、高铁新城、中国归谷科技园、嘉兴富通集团等单位，并召开专题座谈会。

31日 浙江师范大学附属嘉善实验学校签约揭牌。学校位于县经济开发区，是公办九年一贯制实验学校，办学规模为小学24个班、初中12个班，计划于2016年9月开学。浙师大校长蒋国俊与县委副书记、县长祁海龙签署浙江师范大学与嘉善县人民政府战略合作框架协议。县领导许晴、高嵩等参加。

同日 嘉善县连续第十一次被省委、省政府授予省级“平安县”称号。

4月

1日 县委副书记、县长祁海龙主持召开县政府十五届39次常务会议。听取和审议《嘉善县政府部门职能管理办法》《嘉善县城区排水(雨水)防涝综合规划》《关于嘉善县2016年度部分政府投资项目调整情况的汇报》《嘉善县见义勇为奖励办法》《关于高铁新城服务业项目增加产业发展服务费结算项目的汇报》等9项议题。

5日　全县党建工作会议召开，回顾总结党建工作并研究部署各项目标任务。县委书记许晴强调以改革创新精神全面提高党的建设科学化水平。县领导滕根林、毛永忠、朱学军、武曜云、曹惠明、阎靖华等参加。

7日　省政协副主席、省侨联主席吴晶到嘉善县调研县域科学发展示范点建设情况，到歌斐颂巧克力乐园、云澜湾温泉国际项目、浙江中荷（嘉善）产业园和喜力酿酒（浙江）有限公司等地实地调研。市、县领导马邦伟、许晴、冯伟等陪同。

12日　省信访局局长周维亮到嘉善县调研指导政务投诉举报统一平台建设试点工作情况，市委副秘书长、市信访局局长沈丁华，县委副书记、政法委书记滕根林等陪同。

13日　省政协副主席张泽熙到嘉善调研黄酒产业发展情况。市、县领导高玲慧、马玉华、许晴、冯伟等陪同。

18日　县委书记许晴主持召开县委十三届八十次常委会议。审议2016年度镇（街道）、部门工作目标责任制考核办法，审议听取嘉善县查找短板情况汇报、高铁新城服务业项目增加产业发展服务费结算项目汇报、水乡明珠环岛改造方案汇报，审议《县委落实党风廉政建设主体责任整改方案》。

19日　2016中荷贸易投资论坛暨浙江中荷（嘉善）产业合作园推介会在荷兰鹿特丹世贸中心举行。嘉善县与荷兰客商签订7个项目投资意向协议和战略合作协议。中华人民共和国驻荷兰大使馆经商处参赞李飞，荷兰经济部国际司司长BasPulles，荷兰坎贝拉市市长PeterOskam，荷兰国家环保与清洁科技委员会主席FredVanBeuningen，欧盟中国商会副主席、荷兰国际投资贸易委员会主席杨西蒙，县领导祁海龙等参加。

20—22日　县领导许晴、冯伟、沈康明、许春红等开展全县服务业重大项目专题调研。调研国际木雕城、嘉善信息科技城、云澜湾温泉国际、乔克国贸中心、置地广场、万联城等，听取项目基本情况汇报和意见建议等。

22日　2015年度中国旅游总评榜颁奖典礼举行，西塘景区获“2015年度最受游客欢迎景区奖”。

25日　县委书记许晴主持召开县委十三届第八十一次常委（扩大）会议。传达贯彻落实2016年嘉兴市生态市建设暨生猪养殖转型升级会议精神，明确6月底前完成清理违章猪舍、清退生猪任务，研究示范点建设有关情况和有关人事问题。

26—27日　国务院法制办及省法制办到嘉善调研。组织召开专题汇报会与座谈会，考察部分执法单位，了解拟定嘉善作为全国重大行政执法决定法制审核制度试点的有关情况。县领导何全根、曹雪龙等陪同。

27日　嘉善县庆祝“五一”表彰大会在县政府会展中心举行。大会表彰2015年度县“工人先锋号”14个，第十批县职业技能带头人10人，“最美嘉善人——杰出职工”10人，县模范职工之家29个，县劳模创新工作室8个，县职工书屋13个。

28日　省委书记、省人大常委会主任夏宝龙到嘉善调研，考察干窑镇新泾港、喜力酿酒（浙江）有限公司、歌斐颂巧克力集团有限公司。主持召开嘉善县域科学发展示范点建设情况汇报会，听取省委政研室、省发改委、嘉兴市、嘉善县负责人有关情况汇报。夏宝龙强调嘉善要深入总结嘉善县域科学发展示范点建设经验，成为全面建成小康社会标杆县。

29日　县委书记许晴主持召开县委十三届八十二次常委会，传达学习省委十三届九次全体（扩大）会议精神，贯彻省委书记、省人大常委会主任夏宝龙在嘉善县域科学发展示范点建设情况汇报会上重要讲话精神，部署近阶段环境整治等重点工作。

同日　副省长黄旭明到嘉善县调研防汛工作，察看姚庄圩区姚庄港南口闸站和王凝圩区汾湖泵站。嘉兴市副市长赵树梅、副县长施晓松等陪同。

下旬　嘉善县纺织印染协会成立，协会是由嘉善县纺织印染行业内骨干企业、业主自愿组成的非营利性地方性社会团体，有会员单位47家。

下旬　省经信委印发《2016年浙江省技术改造重点项目计划》，嘉善县9个项目入选。

5月

1日起　嘉善县全面推开营改增试点工作。

3日　嘉善县党政考察团赴金华市浦江县调研学习“三改一拆”“五水共治”工作。县领导许晴、祁海龙、郑明、冯伟、滕根林，各镇（街道）和相关部门负责人等参加。

7日　县委、县政府印发《嘉

善县城乡环境整治百日攻坚行动实施方案》，明确4月下旬到7月底，开展城乡环境整治百日攻坚行动，做好干窑城镇面貌提升、生猪养殖清零、蓝色彩钢棚整治、平黎公路及其他重点道路沿路沿线环境整治、低端行业整治、高铁南站及周边环境整治等。

9—10日 中共中央办公厅调研室局长龙旭到嘉善县调研县域科学发展示范点建设情况，考察县域科学发展主题馆、大云镇缪家村、巧克力甜蜜小镇、西塘镇综合行政执法中心、富通集团、中国归谷嘉善科技园、姚庄体育馆和桃源新邨等地，省发改委巡视员、省协调办主任陈智伟，县领导许晴、祁海龙、何全根、陆军等陪同。

10日 副省长熊建平到嘉善县调研社会养老服务体系建设工作，实地了解三级养老服务机构建设运行情况，并听取工作情况汇报。省民政厅厅长尚清，市、县领导祝亚伟、许晴、祁海龙等陪同。

11日 县政协主席冯伟主持召开县政协十三届二十四次常委会议，传达省委书记夏宝龙在嘉善调研时的讲话精神及县委常委会精神，观看浦江县环境整治经验的视频。

14日 召开全县城乡环境整治百日攻坚行动交流汇报会，平黎公路整治组、干窑面貌提升组、行业整治组、蓝色彩钢棚整治组等10个工作组交流汇报工作进展及下一阶段整治工作。县领导许晴、祁海龙、郑明、冯伟、滕根林等参加。

17日 广西党政代表团到姚庄调研农房改造集聚、小城市建设等工作。县领导许晴、祁海龙、曹惠明等陪同。

19日 浙江中荷(嘉善)产业合作园开园，与氢能源装备、环保设备等4个项目签订投资意向协议，与相关机构和企业签订合作备忘录和合作框架协议。产业合作园规划面积约375公顷，分两期开发。荷兰驻沪总领事Anneke Adema，荷兰坎贝拉市市长Peter Oskam，省商务厅副厅长马洪涛，市、县领导盛全生、许晴、祁海龙、郑明等参加。

同日 喜力酿酒(浙江)有限公司举行开业。公司一期项目总投资8848万欧元，建筑总面积8.5万平方米，预计年销售收入超9亿元。荷兰驻沪总领事Anneke Adema、喜力家族第四代继承人Charlene de Carvalho-Heineken、喜力中国区总裁Jacco van der linden，县领导许晴、郑明等参加开业典礼。

同日 荷兰坎贝拉市政府访问团到嘉善县访问，召开中国嘉善县·荷兰坎贝拉市合作交流会。县领导祁海龙等参加。

21日 举行嘉兴富通集团有限公司党委成立大会暨嘉兴富通集团有限公司揭牌仪式。富通集团光通信全产业链项目投资超50亿元，下设智能设备、通信器材、物流与采购、物业管理、建设工程等5家子公司。省政协副主席、农工民主党浙江省委会主委姚克，市委常委、市委组织部部长连小敏，市政协副主席、市委统战部部长朱静绮，县领导许晴、祁海龙、郑明、滕根林等参加。

24日 国家信访局来访接待司司长林完红到嘉善县督察信访工作。通过听取汇报、实地查看、查阅资料、座谈走访等方式，调研领导干部接访下访、解决信访突出问题有关政策完善落实、国家信访信息系统建设应用等情况。省信访局局长王宏，市委常委杨洪武，县领导许晴、滕根林、施晓松等陪同。

26日 全县贯彻落实省委城市工作会议精神现场会召开。与会人员调研察看高铁南站停车场，善江公路绿化改造提升，中央公园、世纪大道两侧绿化，城西大道绿化提升、白水塘路与城西大道交叉口绿化提升，西门、三店塘棚户区改造，体育路下穿沪昆铁路涵洞工程及双月公园改造，野师庵浜"城中村"改造、老火车站改造，原嘉善四中棚户区改造、谈公路立面整治改造等项目，听取嘉善县城建设相关项目建设汇报。县领导许晴、祁海龙、郁伟华参加。

27日 县十五届人大常委会召开第三十九次会议。听取和审议县政府《关于城乡生活垃圾收集处理一体化实施情况的报告》。

28日 举行县高铁新城2016年新建项目集体开工暨上海人才创业园企业签约仪式。参加集体开工仪式项目17个，签约入驻上海人才创业园企业16家。县领导许晴、祁海龙、郑明、冯伟等，华夏幸福产业发展集团总裁赵威、华夏幸福沪浙区域事业部总经理王振江参加。

31日 省委常委、省委秘书长陈金彪到嘉善县调研城乡环境整治和示范点建设第二阶段推进情况。查看平黎公路沿线三线地埋工程、绿化改造提升工程以及金家堰立交桥下违章建筑拆除现场，调研干窑大道沿线低小散行业整治、蓝色彩钢棚整治、三仙路桥梁建设和绿化提升等工程。市、县领导胡海峰、孙贤龙、许晴、祁海龙等陪同。

31日—6月3日　由省委改革办委托的第三方评估小组到嘉善县评估调研县域科学发展综合配套改革。评估工作通过听取汇报、座谈交流、实地走访等形式。县委书记许晴作综合配套改革总体情况汇报。

6月

2日　县委副书记、县长祁海龙主持召开县政府第四十次常务会议。讨论并原则通过《关于加快供给侧结构性改革促进工业经济转型发展的实施意见》《关于降低实体经济企业成本优化发展环境的若干意见》《关于加快两创中心建设(标准厂房)的实施意见》等。

2—3日　省人大常委会副主任姒健敏到嘉善县开展"四张清单一张网"改革专项督查。督查组到富通集团、和合社区"文化礼堂"和县审批服务中心等，听取专题汇报，了解全县深化"四张清单一张网"改革情况。市、县领导张志伟、祁海龙、郑明、何全根、何慧琴等陪同。

4日　全县农村环境整治攻坚月动员会召开，明确开展农村水环境、房前屋后及周边环境、农村垃圾、码头堆场、道路及沿线、生猪清零、老集镇、农业生产等8个方面农村环境综合整治工作，实现农村环境面貌的干净、整洁，做到三无三净：无积存散落垃圾、无河面漂浮垃圾、无积水积泥积尘，路面干净、绿化干净、水域干净。县委书记许晴强调要立即行动、立体整治、立竿见影。县领导祁海龙、郑明、冯伟、滕根林等参加。

12日起　嘉善县实施不动产统一登记工作，颁发"不动产权证书"和"不动产登记证明"。

14日　市人大常委会主任刘冬生到嘉善县调研。到西塘镇翠南村、朝南埭社区人大代表联络室、西塘镇人大代表联络站等，了解基层代表联络站制度建设、运作和作用发挥基本情况。县人大常委会主任郑明、副主任殳世平等陪同。

15日　省建设厅党组书记、厅长钱建民到嘉善县调研城镇污水处理、农村污水运行、城镇环境整治工作。考察干窑镇平黎公路入口、环线(三仙路口)、新泾港等城镇环境综合整治现场和姚庄镇农村污水处理设施、城镇污水处理厂。县领导祁海龙、曹惠明等陪同。

16日　举行2016上海—嘉善科技对接交流活动。嘉善县与上海科学技术开发交流中心和上海麦腾永联创业投资管理有限公司签订合作协议；县疾控中心与上海市疾控中心签订合作协议。上海市产业技术研究院、上海市科技人才开发交流中心、上海市产业园区中小企业服务中心等机构负责人，华东理工大学、上海交通大学、上海理工大学等高等院校专家，副县长高嵩等参加。

17日　市委副书记、秘书长孙贤龙到嘉善县督查指导城乡环境整治工作。督查干窑镇城乡环境整治工作推进情况，察看平黎公路沿线整治、三仙路道路拓宽和绿化工程、新泾港沿岸农房改造、南宙村农村环境治理等整治点。县领导祁海龙、何全根、郁伟华等陪同。

20日　举行县委理论学习中心组(扩大)学习会，邀请省委党校党史党建研究室主任徐彬作《学党章守纪律讲规矩永葆共产党员政治本色》专题辅导讲座。县领导许晴、祁海龙、郑明、冯伟、滕根林等参加。

24日　省委常委、省委统战部部长王永康到嘉善县调研，走访西塘镇张正根雕艺术馆、干窑镇新泾港区域环境整治现场和中国归谷嘉善科技园，参观县域科学发展主题馆。市、县领导朱静绮、许晴、滕根林、阎靖华等陪同。

同日　市委副书记、市委秘书长孙贤龙到嘉善县督查指导城乡环境整治推进工作。察看干窑镇三仙路、镇西路、镇北路、干窑大道沿线及新泾港等地整治进展情况，考察干窑镇陶庄水浜、长生村潘家浜农村环境整治及农户搬迁等工作开展情况。县委书记许晴陪同。

27日　县委召开县域科学发展示范点建设领导小组(扩大)会议，贯彻落实中央领导同志重要批示精神和省委、省政府决策部署，审议《浙江嘉善县域科学发展示范点发展改革方案(送审稿)》，研究部署下阶段工作。县领导许晴、祁海龙、郑明、冯伟、滕根林等参加。

28日　2016"梦想中国·智汇嘉善"全球创新创业大赛决赛在嘉善县举行。智能运维获一等奖。欧美同学会副秘书长、《留学生》杂志社社长许睢宁，北京海外学人中心主任袁方，中关村海外人才创业园协会理事长刘泳，县领导许晴、祁海龙、滕根林等参加。

同日 首届TT100世界旅游古镇创新发展对话在西塘镇举行。活动由世界旅游论坛和西塘镇主办，以“保护、创新、协同、共享”为主题。

同日 省人大常委会党组副书记、副主任程渭山到嘉善县调研村级集体经济发展情况。参观干窑镇范东村烘干育秧中心，考察村集体经济农业社会化服务增收模式，到天凝镇洪溪村参观洪溪农业生态园，考察村集体兴办农业产业项目增收模式。随后，召开座谈会，听取天凝镇洪溪村、罗星街道李家社区、西塘镇星建村关于发展壮大村级集体经济的工作汇报。县领导许晴、郑明、顾林法等陪同调研。

29日 欧美同学会海归创业学院嘉善学院揭牌仪式暨嘉兴市创业转型CEO培训班开学典礼在中国归谷嘉善科技园内举行。欧美同学会副秘书长、《留学生》杂志社社长许睢宁，工信部人才交流中心副主任色云峰，市委常委、组织部长连小敏，县领导许晴、朱学军等参加。欧美同学会海归创业学院嘉善学院于2016年3月筹办，是欧美同学会全国唯一设在县级的创业学院。

7月

1日 县长祁海龙主持召开县政府第41次常务会议，讨论审议《嘉善县深化养老服务业综合改革实施方案》《关于调整耕地有偿保护补偿标准及2015年度补偿资金事宜的汇报》《关于积极引导农村土地承包经营权流转促进农业适度规模经营的意见》等议题。

同日 嘉兴团市委和嘉善县人民政府主办的嘉兴国际青年创业大赛启动仪式暨上海师范大学嘉善大学生创新创业基地授牌仪式在嘉善规划展示馆启动。

5日 县委书记许晴主持召开县委十三届八十五次常委（扩大）会议召开。传达学习贯彻习近平总书记在庆祝中国共产党成立95周年大会上的讲话精神，祁海龙、曹惠明、高嵩交流2016年以来党风廉政建设专项任务和“一岗双责”工作情况，通报近期工程建设项目中信访及案件情况、2015年度与华夏产业发展服务费的结算有关情况，审议嘉善县深化养老服务业综合改革实施方案、浙江嘉善县域科学发展示范点发展改革方案、中共嘉善县委关于做好2016年镇（街道）换届工作的意见，听取城乡环境整治及应急工程项目库的编制情况汇报和罗星街道、干窑镇、大云镇“两创中心”EPC招标方式相关事宜的汇报。

同日 嘉兴市政协主席高玲慧到嘉善县调研城乡环境综合整治工作，查看三仙路、新泾港等重点区域。县领导冯伟陪同。

7日 省委副书记、代省长车俊到嘉善县检查指导防汛防台工作。走访姚庄镇武长村农户倪友军，到姚庄智能化圩区管理中心检查防汛防台情况。市、县领导鲁俊、胡海峰、许晴、祁海龙等陪同。

同日 第二轮嘉兴市级小城市培育试点镇名单公布，嘉善县西塘、天凝两镇入选，其中天凝镇为首次入选。

上旬 省委表彰全省优秀共产党员、优秀党务工作者和先进基层党组织，歌斐颂巧克力小镇集团董事长莫国平入选省优秀共产党员，天凝镇洪溪村党总支书记陈俐勤入选全省优秀党务工作者，魏塘街道魏中村党委入选全省先进基层党组织。

上旬 2016年发展中国家女官员参与社会管理能力建设研修班在嘉善县开展现场教学，巴勒斯坦、斐济、加纳等23个发展中国家的58位女官员考察魏塘街道魏中村妇女之家建设、碧云花园、云澜湾温泉国际，了解社会发展状况和妇女工作开展情况。

12日 副省长黄旭明、省水利厅厅长陈龙到嘉善县检查指导防汛工作。市领导赵树梅，县领导许晴、施晓松等陪同。

13日 县委书记许晴主持召开县委十三届八十六次常委（扩大）会议。通报县领导班子换届考察工作有关事项。

14—15日 国家发改委城市和小城镇改革发展中心副主任乔润令到嘉善县调研县域科学发展示范点建设。县领导许晴、何全根、曹惠明、陆军等陪同。

16日 西塘古镇景区整治提升专项攻坚动员大会召开。从7月起，在古镇景区内展开消防安全、建筑安全、民宿客栈管理、公共秩序管理等专项整治提升攻坚行动。县领导许晴、祁海龙、冯伟、曹雪龙、丁炳龙、施晓松、许春红等参加。

19日 市委书记鲁俊到嘉善县调研环境综合整治工作。查看兴善公路和白水塘路绿化提升工程进展、嘉善高铁南站综合整治工程情况、三仙路改造提升情况等。市领导孙贤龙，县领导许晴、祁海龙、滕根林等陪同。

22 日　全县项目“集中开工”活动暨富通光导科技（嘉兴）有限公司项目开工仪式在西塘镇举行。富通光导科技、归谷智造小镇、三杰印刷等 8 个重大项目总投资 82.5 亿元。市、县领导连小敏、许晴、祁海龙、郑明、冯伟等参加。

25 日　嘉善“12320”健康热线开通运行。热线整合各项医疗数据资源，实现健康咨询、医疗监督等多种服务。

26 日　嘉兴市到嘉善县开展“双推”活动，市四套班子领导鲁俊、刘冬生、高玲慧、孙贤龙等率市级有关部门负责人、县（市、区）党政领导检阅嘉善县一手抓发展、一手抓环境整治。县领导许晴、祁海龙、冯伟、滕根林等陪同。

26—27 日　县十五届人大常委会第四十次会议召开。听取并审议县政府关于大气污染防治法律法规执行情况和“五水共治”工作情况的报告、2016 年上半年国民经济和社会发展计划执行情况的报告、2015 年财政决算 2016 年上半年财政预算执行情况的报告、2015 年财政收支审计情况的报告，任命陈江伟为嘉善县人民政府副县长，表决通过有关决议和事项。

28 日　嘉善县袁了凡研究会第二次会员代表大会召开，选举产生袁了凡研究会第二届理事会理事，选举县史志办主任张敏华为会长，表决通过袁了凡研究会顾问建议名单。县领导许春红参加。

29 日　省委常委、常务副省长袁家军主持召开专题会议研究嘉善示范点《发展改革方案》编制工作。县委书记许晴汇报嘉善县示范点建设《发展改革方案》编制情况和重大项目、重大改革、重大政策“三个重大”谋划情况。

8 月

2 日　省民政厅厅长尚清到嘉善县调研指导民政工作。考察歌斐颂巧克力小镇、罗星街道南门社区居家养老服务照料中心和干窑镇月半湾社区居家养老服务照料中心。县领导许晴、许春红等陪同。

同日　民革嘉善县支部第二次党员大会召开。听取审议民革嘉善县支部第一届委员会工作报告，选举产生新一届领导班子，董铭勤当选为主委，陈靖为副主委。嘉兴市政协副主席、民革嘉兴市委会主委李水根，县领导冯伟、滕根林等参加。

3 日　中国民主建国会嘉善县基层委员会第二次会员大会召开。听取审议民建嘉善县基层委员会第一届委员会工作报告，选举产生新一届领导班子，何慧琴当选主委，张学东、朱建强当选副主委。民建嘉兴市委会主委戴铭，县领导冯伟、滕根林等参加。

4 日　中国民主促进会嘉善县第八次全体会员大会召开。听取审议民进嘉善县第七届委员会工作报告，选举产生新一届领导班子，许春红当选主委，周向阳、万治明、施正明当选副主委。嘉兴市政协副主席、民进嘉兴市委会主委王淳，县领导冯伟、滕根林等参加。

同日　农工党嘉善县基层委员会第一次党员大会召开。听取并审议农工党嘉善县总支委员会工作报告，宣读农工党嘉善县总支委员会升格为农工党嘉善县基层委员会的批复文件，选举产生第一届领导班子，王金龙当选主委，周富根、钱小刚当选副主委。农工党浙江省委会专职副主委兼秘书长田野，嘉兴市人大常委会副主任、农工党嘉兴市委会主委金成胜，县领导冯伟、朱学军等参加。

5 日　中国民主同盟嘉善县基层委员会第三次全体盟员大会召开。听取并审议民盟嘉善县基层委员会第二届委员会工作报告，选举产生新一届领导班子，杭新江当选主委，樊根强、邬雅燕、吴萍当选副主委。嘉兴市副市长、民盟嘉兴市委会主委柴永强，县领导冯伟、滕根林等参加。

6 日　省委常委、统战部部长王永康到嘉善县调研省统一战线助推富通集团嘉善光通信全产业链项目。省委统战部副部长张润生，省工商联副主席、浙商总会副会长、富通集团董事长王建沂，县领导许晴、祁海龙等陪同。

10 日　省委书记、省人大常委会主任夏宝龙到嘉善调研。先后到高铁嘉善南站站前广场、新老县城、平黎公路、干窑镇月半湾社区等地，了解交通设施改造、市容市貌整治、平原绿化提升、违章建筑拆除、低小散企业腾退等情况；到西塘镇政府看望乡镇干部；到干窑镇月半湾社区居家养老服务照料中心和保利安平和熹会老年公寓，考察居家养老和社会化养老服务工作。对嘉善县的环境整治成效表示肯定。

12 日　县委书记许晴主持召开县委十三届八十九次常委（扩大）会议。传达学习省委书记夏宝龙8月10日到嘉善调研的有关指示精神、中办有关文件精神、省委《关于开展市、县(市、区)党委巡察工作的意见》的文件精神,审议《中共嘉善县委关于补齐短板勇作示范的行动计划(送审稿)》,专题学习《中国共产党问责条例》,听取参与原循环经济城地块资产依法处置竞拍的汇报,研究有关人事问题。

同日 省政府下发《浙江省人民政府办公厅关于2015年度工业强县(市、区)综合评价先进单位和规模以上工业总产值上台阶县的通报》,嘉善县被评为2015年度规模以上工业总产值上台阶县。

16日 省委副书记、政法委书记王辉忠到嘉善县调研G20峰会维稳安保工作。市、县领导胡海峰、金志、许晴、滕根林、曹雪龙等陪同。

同日 县委十三届十一次全体(扩大)会议暨政府十五届十次全体(扩大)会议召开。县委书记许晴代表县委作全委会报告,县委副书记、县长祁海龙作政府全会报告。罗星街道李家社区、姚庄镇银水庙村、干窑镇干窑村等5个村(社区)作典型交流。魏塘、开发区、西塘、县治水办等9个镇(街道)及部门负责人作表态发言。表决通过《中共嘉善县委关于补齐短板勇作示范的行动计划》。

17—18日 省发改委党组副书记、副主任黄勇到嘉善县调研县域科学发展示范点建设情况。听取县域科学发展示范点建设情况汇报,到中国归谷嘉善科技园、城市规划馆、干窑镇新泾港等地考察创业创新、接轨上海、城市规划、环境综合治理等工作。县领导许晴、何全根等陪同。

18日 "梦东方·梦幻嘉善"项目签约落户巧克力甜蜜小镇,是集文化、科技、娱乐、休闲、旅游为一体的文化旅游项目,总投资52亿元。县领导许晴、祁海龙、郑明、冯伟等参加签约仪式。

19日 市委副书记、市委政法委书记孙贤龙到干窑镇调研环境整治情况。调研三仙路、镇西路、干洪公路、镇北路及干窑大道提升进展情况,走访新泾港、现代农业孵化园,了解各项工作推进情况。县领导许晴、滕根林、何全根等陪同。

20日 水利部副部长周学文到嘉善县调研太湖流域治理工作。到太浦河陶庄枢纽、南尤家港等地,了解太湖高水位东排泄洪过程中的调度运行情况。省市县领导陈龙、赵树梅、袁建民、祁海龙、施晓松等陪同。

23日 嘉兴市副市长柴永强到罗星卫生院和陶庄卫生院调研基层医改工作,探讨家庭医生签约责任制工作,县领导高嵩等陪同。

24日 2016年度嘉兴"工匠精神"系列评选活动结果揭晓。国网嘉善供电公司职工邓卫兵获"嘉兴十大能工巧匠"称号,浙江裕华木业有限公司、浙江众成包装材料股份有限公司获"嘉兴市十大品质管理企业"称号。

25日 富信成机械有限公司的"高精密数控无心磨床"和浙江众大包装设备有限公司的"ZD-1A型纸币塑封包装机"被省经信委、省发改委和省财政厅确定为2016年度"浙江制造精品"。

26日 体育路铁路隧道恢复通行。体育路下穿沪昆铁路改扩建工程施工建设历时1年,改建后成为分离式框架,机动车道由原双向二车道改造为双向四车道。

27日 姚庄国际经贸洽谈会举办。来自台湾、东莞和上海的50多位客商参加洽谈会、考察投资环境。县领导郑明、曹惠明、顾林法等出席活动。

30日 省科技厅党组书记、厅长周国辉一行到嘉善县调研科技创新工作。先后考察富通集团(嘉善)通信技术有限公司、干窑镇新泾港、嘉善华瑞赛晶电子设备科技有限公司和上海人才创业园。市政协副主席、科技局局长邢海华,县领导祁海龙等陪同调研。

31日 中国青少年美育协会执行主席仪霞、监事会副主席孙军珍到嘉善县青少年宫、吴镇小学,考察青少年美育建设发展情况。参观县青少年宫竹泠印社、盆景艺术园、动物养殖体验区等特色美育实践基地。

下旬 2016年第五届中国创新创业大赛(浙江赛区)暨第三届浙江省"火炬杯"创新创业大赛落幕。嘉善县3家创业人才企业——嘉兴弘视智能科技有限公司、浙江朗德电子科技有限公司、浙江华显光电科技有限公司分别在电子信息、新能源及节能环保、新材料组别中获得第三名、第五名和优胜企业奖。

9月

2日 2016年亚洲旅游产业年会暨"2016亚洲旅游红珊瑚

奖”在上海开幕并揭晓，西塘古镇获2016亚洲旅游红珊瑚“最受欢迎景区”大奖。

6日　县委副书记、县长祁海龙主持召开县政府第四十二次常务会议，讨论审议《嘉善县人民政府关于进一步促进企业兼并重组的实施意见》《关于鼓励电子商务发展的政策意见》《嘉善县人民政府关于进一步促进分布式光伏发电持续发展的实施意见》《嘉善县公务用车制度改革实施方案》《关于新增天然气“煤改气”项目的情况汇报》等10个议题。县政府领导何全根、曹国良、高嵩、许春红、陆军、谢光辉、陈江伟等参加会议，县人大常委会副主任何慧琴、县政协副主席陆才华、县人武部政委吴书雷列席。

7日　县委书记许晴主持召开县委十三届九十次常委(扩大)会议。会议专题学习讨论中央关于辽宁拉票贿选案查处情况及其教训警示的通报的有关文件精神；听取县、镇两级人大换届选举工作有关情况的汇报；同意县纪委关于对张引华涉嫌违纪问题进行党纪立案的决定。

同日　嘉善县人民政府与北京生态修复学会签署共建合作协议。根据合作协议，北京生态修复学会将在政策建议、课题和项目申请、示范性“美丽河道”打造等方面，为嘉善建设县域科学发展示范点打造技术亮点。副县长许春红参加签约仪式。

同日　县处级党员领导干部“两学一做”学习教育专题讨论会召开。会议围绕“严守纪律规矩，弘扬清风正气”为主题开展讨论交流，县领导许晴、祁海龙、郑明、冯伟、滕根林等参加。

同日　嘉善县红旗塘专项整治工作推进会召开。会议部署落实各项工作目标任务，确保全面完成红旗塘专项整治百日攻坚任务。县领导顾林法、郁伟华等参加会议。

8日　320国道整治工作会议召开。县人大常委会主任郑明要求各街道、相关部门按照《嘉善县320国道专项整治工作方案》，高质量地完成沿线各项整治任务，确保到2016年12月底见实效、出形象。县领导武曜云、郁伟华等参加会议。

同日　共青团嘉善县金融系统工作委员会成立。

9—12日　第17届亚洲赛艇锦标赛在嘉善汾湖水上运动中心举行。中国、日本、韩国、印度、泰国、伊朗、哈萨克斯坦等17个国家和地区的近300名运动员参与22个单项的比赛。中国队最终以15枚金牌居金牌榜首位。大赛期间还举办国际赛艇裁判员培训、亚洲赛艇联合会代表大会等多项活动。

10日　以“奋战100天，确保全年红”为主题的县委理论学习中心组(扩大)学习会暨第二期嘉善论坛召开。县委书记许晴强调，要继续发扬城乡环境整治百日攻坚精神，全力推进各项重点工作落实，确保实现“全年红”“满堂红”。县领导祁海龙、郑明、冯伟、滕根林等参加会议。

上旬　2016年浙江省“春蚕奖”揭晓，嘉善高级中学刘朝阳、西塘镇中心幼儿园袁小红两位教师获奖。大云中心学校张爱根、干窑中学顾凤鸣获全省农村教师突出贡献奖；嘉善第一中学张宇星获省级师德楷模称号。

12日　嘉善县第三次农业普查综合试点工作启动。该次试点地区为魏塘街道三里桥村，对该村“三农”发展变化状况进行全面清查摸底，同时对区域内的农户、规模农业经营户、农业经营单位等进行全面普查登记。

同日　全县中外企业家中秋联谊活动在云澜湾举行。县领导许晴、郑明、何全根、曹国良、毛永忠、朱学军、陈江伟、王秋儿等参加。

13日　以全国政协社会和法制委员会副主任甄砚为组长的全国政协妇联界委员专题调研组到魏塘街道魏中村社区服务中心和县老年公寓，考察城乡社区服务现状及政策需求情况。省政协办公厅副主任顾福利，市、县领导马邦伟、许晴、冯伟等陪同考察或参加座谈会。

同日　国家“12320”卫生热线管理中心主任崔颖到嘉善县调研指导“12320”工作。县领导高嵩陪同。

同日　浙江省第三批“三名”(知名企业、知名品牌和知名企业家)培育试点企业名单公布。浙江众成包装材料股份有限公司名列其中，实现嘉善县省级“三名”培育试点企业零的突破。

14日　嘉兴综合保税区B区通过省级验收，市、县领导盛全生、祁海龙等陪同验收。园区建成3万平方米的保税仓库一期，并投入使用；累计落户企业7家，总投资6.5亿美元，园区各项指标增幅居全省海关特殊监管区前列。

同日　由省政协副主席蔡秀军带队的调研组到大云巧克力甜蜜小镇调研嘉善县特色小镇建设

情况。市政协副主席王淳、县政协主席冯伟等陪同。

同日 全省志愿助残服务和社会化助残服务现场交流会在嘉善举行。县领导许春红参加会议并致辞，县残联和大云镇残联作典型发言。

18日 全县公务用车制度改革工作动员会议召开。县委副书记、政法委书记滕根林，县委常委、常务副县长何全根参加会议。车改后全县保留车辆总数318辆，整体节支率7%以上。

同日 县商务局与产业转移促进中心(商务部上海基地)在上海签署共建协议。借助基地的知名度和影响力，大力宣传和推介嘉善，共享基地丰富的项目资源，全力开展招商引资和招才引智。

18—19日 省委宣传部副部长唐中祥一行到大云镇缪家村、魏塘街道魏中村、罗星街道和合社区等地，调研基层文化礼堂建设情况。市、县领导陈越强、武曜云等陪同。

19日 “创业创新·共享共赢”嘉善·杨浦青年创业创新高峰论坛举行。该论坛由嘉兴团市委、上海市杨浦区人社局、嘉善县人民政府联合主办，县众创空间联盟成员单位、嘉善县和杨浦区两地创业创新代表等百余人参加活动。县人社局与中国(上海)创业者公共实训基地共同签署两地友好战略合作协议。县委副书记、县委政法委书记滕根林参加。

同日 省教育厅副巡视员方天禄到嘉善县调研省教育基本现代化县创建工作。县领导武曜云、高嵩等陪同调研。

20日 嘉善县创建全国县级文明城市推进会召开。县委书记许晴作动员讲话。省文明办城市处处长王先中作《以新的发展理念、推动创建新发展》的专题辅导。县领导何全根、武曜云、何慧琴、郁伟华、王秋儿等参加会议。

同日 省发改委周华富一行到嘉善县调研当前经济运行情况。县领导何全根、曹国良等陪同调研。县域内9家企业参加经济形势座谈会。

21日 县十五届人大常委会召开第四十一次会议，县人大常委会主任郑明等参加会议。会议听取并审议《县政府关于“六五”法制宣传教育规划实施情况与“七五”法治宣传教育工作规划的报告》《县政府关于十五届人大五次会议代表建议办理工作情况的报告》，以及县人大常委会《关于全县县、镇两级人民代表大会换届选举工作的说明》。会议还审议并表决通过《县人大常委会关于县、镇人民代表大会换届选举有关事项的决定》等决定决议以及相关人事任免事项。县委常委、常务副县长何全根应邀列席。

22日 县委召开十三届九十一次常委会议。县委常委许晴、祁海龙、何全根、曹国良、毛永忠、朱学军、武曜云、曹惠明参加。县人大常委会主任郑明、县政协主席冯伟、县委办、县委组织部、县纪委有关领导列席会议。会议听取县纪委关于张引华涉嫌违纪问题立案审查情况的报告；听取《中共嘉善县第十四次代表大会整体方案》的汇报，讨论《关于召开中国共产党嘉善县第十四次代表大会的决议(草案)》及其说明，研究召开全委会有关事宜；会议还研究了有关人事问题。

23日 全县镇(街道)党委换届暨县第十四次党代会代表推荐选举工作会议召开，专题部署镇(街道)党委换届和县第十四次党代会代表推荐选举工作。根据选举工作方案，确定嘉善县第十四次党代会代表名额350名，全县共划分29个选举单位。县镇将自下而上进行集中换届。10月完成镇(街道)党委的换届工作，12月召开中共嘉善县第十四次代表大会。

26日 全县首条直达旅游专线“高铁站—西塘古镇”线正式开行。专线沿途无停靠站点，执行全票8元，半票4元，残疾军人、现役军人享受半价待遇，不执行老年人乘车优惠。

27日 嘉兴遥感与全球变化研究中心启动仪式暨卫星遥感大数据高端论坛在中国归谷·嘉善科技园举行。中国科学院院士徐冠华，北京师范大学副校长郝芳华，省科技厅副巡视员杨春民，北京师范大学全球变化与地球系统科学研究院院长程晓，市、县领导连小敏、邢海华、许晴、祁海龙等参加活动。

同日 浙江科比特科技有限公司揭牌仪式在中国归谷·嘉善科技园举行。市、县领导连小敏、许晴等参加揭牌仪式。科比特公司主营多旋翼无人机系统的研发、生产、销售和服务。浙江科比特科技有限公司将在中国归谷·嘉善科技园建立研发中心、培训中心、技术服务中心，并将该公司打造成为华东地区的总部。

同日 省国土厅厅长陈铁雄带领调控处、规划处等负责人到嘉善县调研国土资源管理工作。县领导许晴、施晓松等参加会议。

27—28日 由民进上海市

委原副秘书长、组织部原部长金培基带队的民进上海市委直属企业支部20余人，到嘉善县考察投资环境。实地参观富通集团、嘉兴综合保税区B区、姚庄经济开发区和高铁新城。副县长许春红陪同考察。

28日　由民革中央委员会社会服务部部长边旭光带队的民革中央经贸考察团到嘉善考察。先后走访中国归谷·嘉善科技园、县城市规划馆、歌斐颂巧克力小镇、县开发区，对嘉善县的城市规划、园区环境、产业定位等进行考察。县领导祁海龙、冯伟等陪同考察。

29日　副省长冯飞到嘉善县调研工业经济发展情况。先后到富通集团（嘉善）光通信智能制造研发中心、嘉兴遥感与全球变化研究中心等地实地考察。市、县领导盛全生、邢海华、许晴、祁海龙等陪同调研。

同日　2016感动嘉善——十大善人善事暨嘉善县第六届道德模范颁奖典礼举行。县领导许晴、滕根林、武曜云、顾林法、施晓松、王秋儿等参加颁奖典礼。

10月

4日　中国工程院院士、浙江省农业科学院院长陈剑平一行到嘉善考察指导农业生产经营，实地考察浙江一里谷农业科技有限公司、干窑镇新泾港现代农业示范区。县领导祁海龙、施晓松等陪同。

8日　嘉兴市委副书记、市委政法委书记孙贤龙一行到嘉善调研环境整治工作。先后查看陶庄镇、干窑镇、魏塘街道、大云镇等相关整治工作现场。县领导祁海龙、滕根林、何全根、曹国良、武曜云等陪同。

11日　省环保厅党组成员、省环境执法稽查总队总队长单锦炎一行到嘉善调研“五水共治”工作。实地考察枫南大桥出境断面、洪溪污水处理有限公司新厂区等地。市、县领导祝亚伟、施晓松等陪同调研。

12日　第十一届全国政协副主席、民革中央原常务副主席厉无畏一行到嘉善考察，考察大云镇云澜湾温泉健康产业园项目建设，听取县发改局、大云镇相关负责人就全县大健康产业相关政策和导向情况介绍并提出希望。市、县领导高玲慧、李水根、冯伟、高嵩等陪同。

同日　中国工程院院士高从堦、侯立安，以及浙江大学、北京师范大学、北京市水文地质工程地质大队的专家、教授到嘉善县考察水环境治理工作。县领导许晴、郑明、冯伟等陪同考察。

同日　第十三届长三角科技期刊发展论坛在嘉善县召开。该届论坛主题为“共享经济与科技期刊发展”，浙江省科协学会部部长戴力、科普部部长汪光年、省新闻出版广电局报刊处调研员周国良出席会议，浙江省、江苏省、上海市、安徽省的科技期刊编辑学会的120余位代表参加，并成立“长三角科技期刊发展联盟医（药）学专业委员会”。

13日　县委理论学习中心组（扩大）学习会召开。上海财经大学城市与区域科学院副院长、中央人才工作协调小组“万人计划”青年拔尖人才张学良教授应邀作《长三角城市群协同发展与上海都市圈建设的举措与路径》专题讲座。县领导许晴、祁海龙、冯伟等参加。

同日　由省委改革办委托的嘉善县域科学发展综合配套改革第三方评估组到嘉善开展《嘉善县域科学发展综合配套改革评估报告》意见征求工作，听取嘉兴市和嘉善县相关部门和领导意见建议。县领导许晴、何全根参加会议。

14日　县委书记许晴主持召开全县县镇人大换届选举工作动员大会。县领导郑明、毛永忠、朱学军、殳世平参加会议。

同日　省台办主任庄跃成一行到嘉善县调研台商投资和台商权益保护工作情况。市台办主任张彤芳，县委副书记、县长祁海龙等陪同调研。

中旬　由嘉善县史志办公室整理、中华书局影印出版的明万历《嘉善县志》发行。该志由时任嘉善知县章士雅主持重修，简称《章志》，由嘉善思想家袁了凡及邑生盛唐主笔，书成于万历二十四年（1596），共12册，收藏于上海图书馆，为海内外孤本。

21日　全省推进工业企业“零土地”技术改造项目审批方式改革现场会在善举行。省政府副秘书长孟刚，县委副书记、县长祁海龙，县委常委、副县长曹国良以及全省各县、市、区分管经济工作负责人等参会。

同日　嘉善县创建2016—2020年度浙江省科普示范县动员大会召开，动员全县各级党政组织和广大干部群众，积极行动起来，力争尽快实现省级科普示范县的创建目标。县领导滕根林、何慧琴、许春红、陆才华等参加会议。

24日 县委副书记、县长祁海龙主持召开县政府第四十三次常务会议。县政府领导曹国良、高嵩、施晓松、许春红、陆军、谢光辉、陈江伟等参加会议，县人大常委会副主任张炳祥、县人武部政委吴书雷应邀列席会议。会议讨论审议《嘉善县"十三五"现代服务业发展规划》《嘉善县"十三五"制造业发展规划》《嘉善县职工基本医疗保险办法》《嘉善县关于建立长期护理保险制度的意见(试行)》《嘉善县人民政府关于加快推进残疾人全面小康进程的实施办法》等11个议题。

同日 兴业银行嘉善支行开业典礼暨揭牌签约仪式举行，县委常委、副县长曹国良参加。

25日 以"创新引领未来，创业共筑梦想"为主题的2016"浙江·台湾合作周"海峡两岸(嘉善)青年创业创新论坛在善举行，省台办副主任陈正仁、县领导许晴、祁海龙、郑明、滕根林等参加论坛开幕式。论坛上还举办第四届"'国泰安杯'两岸四地创业创新大赛总决赛"颁奖、"海峡两岸(嘉善)青年创业创新中心"揭牌、"嘉善青年台商创业创新投资基金"启动、"台湾青年创业创新项目"签约等仪式。

同日 参加市政协七届第六十次主席会议的市政协主席高玲慧及主席团成员一行到嘉善县考察接轨上海工作，实地参观上海人才创业园、喜力浙江工厂等地。县政协主席冯伟等陪同调研。

26日 全省农产品质量安全追溯暨智慧监管APP工作现场会在善召开。与会人员实地参观浙江一里谷农业科技有限公司、嘉兴绿邦农资有限公司范东分公司和嘉兴碧云花园葡萄生产基地等单位，详细了解嘉善农产品质量安全追溯和智慧监管APP两方面的工作情况。省农业厅副厅长张火法、省财政厅农业处副处长赵虹、省农业厅质监处处长范克强、副县长施晓松等出席会议。

同日 以"弘扬民间文艺新风采 建设善美文明新陶庄"为主题的2016中国·陶庄第六届了凡善文化节开幕。开幕式上，表彰陶庄镇十大"好人善举"个人，并举行文艺表演活动。该届了凡善文化节持续到11月中旬，其间还将举办陶庄青少年善文化故事比赛、陶庄投资环境说明会、民间文艺"传承·发扬"主题座谈会、"我眼中的最美陶庄"摄影大赛等一系列活动。

27日 全县主体工作例会召开，重点研究分析2016年以来经济总体运行情况，深入剖析存在问题，明确2016年第四季度的工作目标、任务和举措。许晴在会上作发言。县领导祁海龙、冯伟、曹国良、毛永忠、曹惠明、顾林法、王秋儿等参加会议。

同日 2016嘉善服务业推介会在云澜湾温泉小镇召开，沪嘉两地的近百位客商参会，探讨迪士尼效应下的服务业接轨上海新机遇，副县长郁伟华参加。上海申迪文化发展研究院常务副院长陈云，上海福睿智库首席研究员、上海产业转型研究院院长周罡分别作专题讲座。

同日 嘉善经济技术开发区到上海松江地铁南站的通勤车开通，试运行期间每天2班，设6个停靠站点。

28日 2016年嘉善国际投资贸易洽谈会在世博大酒店举行。荷兰、德国、美国、澳大利亚、日本、韩国等国家和中国香港、台湾地区的360余名海内外客商参加。商务部投资促进事务局副局长张玉中、省商务厅副巡视员周关林，县领导许晴、祁海龙、郑明、冯伟等出席大会。会上，嘉善县与澳大利亚联邦西澳大利亚州曼吉马普郡缔结为姐妹城市，葛明华等8人被授予"嘉善县荣誉市民"称号。28个项目签约，总投资280亿元，主要涉及精密机械、新能源、新材料、软件和信息技术和节能环保领域，涵盖产业合作、平台合作、创新合作等多个内容。

同日 嘉善县海外英才恳谈会举行。县领导曹国良、朱学军、阎靖华等参会。

同日 中共天凝镇第十四次代表大会闭幕，全县各镇(街道)党委换届选举工作全部完成。各镇(街道)党代会代表认真审议镇(街道)党委、纪委的工作报告和《关于深入推进全面从严治党的建议》，确定今后五年的发展目标，选举产生新一届党委、纪委班子和出席县第十四次党代会代表。

29日 2016—2017赛季中国女排联赛(嘉善西塘赛区)在县体育馆开赛。浙江嘉善农商银行女排首战告捷。

同日 第四届中华民族服饰展演暨中国西塘汉服文化周开幕。

11月

1日 嘉兴市小城镇环境综

合整治、"美丽乡村"建设和"三改一拆"工作现场推进会在嘉善召开。全市各级各部门180余人现场考察干窑镇新泾港和魏塘街道金家堰公铁区域。市领导赵树梅、张仁贵参加考察。县领导许晴、滕根林、何全根、郁伟华等陪同。

同日　民政部社会组织管理局副局长安宁一行到嘉善调研社会组织工作，先后考察"善人家"公益街和嘉善县纽扣商会并召开座谈会。副县长许春红等陪同调研。

同日　教育部公布第三批国家级农村职业教育和成人教育示范县创建入围名单，全国50个县（市、区）入围，嘉善县位列其中。

3日　县委书记许晴主持召开县委十三届九十二次常委会议。会议审议《嘉善县"十三五"制造业发展规划》《嘉善县"十三五"服务业发展规划》；通报《永久基本农田核减分配方案》；审议中国共产党嘉善县第十四次代表大会报告提纲；审议《关于开展县委巡察工作的实施意见》。会议还审议《嘉善县村党组织书记积分管理暂行办法》；听取无党派人士联谊会更名及换届情况的汇报；传达贯彻落实全省党委系统办公室工作会议精神。

同日　县委召开全县领导干部会议，传达学习党的十八届六中全会精神，并结合全县实际，对贯彻落实中央全会精神进行部署。会议强调，要认真学习贯彻党的十八届六中全会精神，动员全县上下进一步统一思想、振奋精神、攻坚克难，全力抓好当前工作，全面完成全年目标任务，为"十三五"发展开好局、起好步。县委书记许晴主持会议并传达讲话。县领导祁海龙、郑明、冯伟等参加。

同日　民政部下发《关于确定第二批全国社会工作服务示范地区、社区和单位的通知》，嘉善县（企业社会工作）入选全国社会工作服务专项示范地区。

4日　省政协副主席王建满一行到嘉善调研"五水共治"民主监督工作。先后走访干窑镇新泾港、西塘镇富通集团等地，实地了解水环境治理等相关工作。县领导许晴、冯伟、何全根等陪同调研。

同日　民盟上海市委助推嘉善县域科学发展示范点建设工作座谈会在善召开，就嘉善与上海在教育等方面的接轨工作进行探讨交流。全国政协常委、民盟上海市委副主委、华东师范大学校长陈群，民盟上海市委专职副主委、上海市政协副秘书长方荣，民盟浙江省委主委、省科技厅副厅长成岳冲，县领导祁海龙、高嵩、阎靖华等参加座谈会。

5日　浙江省美丽乡村和农村精神文明建设现场会在舟山嵊泗召开，嘉善县姚庄镇入选第一批浙江省美丽乡村示范乡镇名单。

8日　县人大常委会对十五届政府实事工程建设情况进行视察。实地查看县中医医院搬迁改造工程现场、实验三小（实验小学南校区）工地现场、社会福利中心工地现场和生态能源发电项目，并召开会议专题听取嘉善县十五届政府实事工程工作情况汇报。县人大常委会主任郑明参加视察，县委常委、常务副县长何全根等陪同视察。

9—10日　国家发展改革委地区司副巡视员张东强带队到嘉善开展示范点建设专题调研。先后考察县域科学发展主题馆、中国归谷嘉善科技园、上海人才创业园、云澜湾温泉度假小镇、歌斐颂巧克力甜蜜小镇等地，并召开示范点建设专题座谈会，对《浙江嘉善县域科学发展示范点发展改革方案》的目标设定、任务安排、指标制订进行座谈研究。省发改委党组副书记、副主任黄勇，县领导许晴、祁海龙、何全根等陪同调研或参加座谈会。

10日　县开发区举行重点项目集中签约和开竣工活动。该次集中签约的14个重点项目中，外资项目5个，总投资3.4亿美元；内资项目9个，总投资21亿元。县领导许晴、曹国良、顾林法、陈江伟、王秋儿等参加活动。

同日　省总工会副主席董建伟一行到嘉善调研考察基层工会建设，先后走访干窑镇、大云镇等地。

10—11日　省民政厅副厅长罗卫红一行到嘉善县调研基层政权建设、村级组织运行、基层协商民主及农村养老等方面工作。先后走访干窑镇新泾港沿线、月半湾社区居家养老服务照料中心、天凝镇洪溪村及魏塘街道魏中村等地。副县长许春红陪同调研。

上旬　浙江省科协公布第九批浙江省基层科普示范单位名单，嘉善县西塘镇被评为浙江省科普示范镇，魏塘街道嘉辰社区、罗星街道晋阳社区被评为浙江省科普示范社区。至此，全县所有镇（街道）都成功创建成为省级科普示范单位，5家社区创建成为省级科普示范社区。

上旬 嘉善县入围全国第二批国家全域旅游示范区创建名单，成为嘉兴市首批入围该名单的县（市）。

11日 嘉兴市委副书记孙贤龙一行到罗星街道李家社区实地考察网格化管理工作。县领导滕根林、曹雪龙等陪同。

14日 嘉善县第十五届人民代表大会代表工作总结表彰会召开，表彰十五届人大优秀人大代表和代表小组。县委书记许晴充分肯定县人大及其常委会、广大人大代表在推动全县经济社会发展和民主法治建设工作中的重要作用。会议还对2016年度优秀议案建议和先进承办单位进行表彰。

17日 县委召开十三届九十三次常委（扩大）会议，专题学习贯彻《关于新形势下党内政治生活的若干准则》和《中国共产党党内监督条例》。县委书记许晴要求，各级党组织要分专题集中学习习近平总书记在全会上的重要讲话精神和《准则》《条例》，把严肃党内政治生活各项规定落到基层、落到实处。会议审议《中共嘉善县委组织部、县委统战部、县政协党组关于做好县十四届政协换届人事安排工作的意见》（送审稿）等。县领导祁海龙、郑明、冯伟、滕根林等参加会议。

同日 民盟嘉善县基层委员会在**2016**年民盟社会服务工作会议上获民盟中央社会服务工作先进集体。

21日 全县农村土地承包经营权确权登记颁证工作现场会在大云镇江家村召开。副县长施晓松参加会议。

22日 全县职工基本医疗保险政策调整新闻发布会召开，公布嘉善县职工基本医疗保险政策调整方案。主要对职工医保的征收比例、门（急）诊及住院医疗统筹基金起付标准、统筹基金支付比例、个人账户划入及支付范围等方面进行了调整。新政将于2017年1月1日起实施。

23日 县四套班子领导会议召开，宣布中共浙江省委、中共嘉兴市委关于嘉善县政府主要领导调整的决定。省委决定，祁海龙同志任平湖市委委员、常委、书记，提议祁海龙同志不再担任嘉善县县长职务，提名徐鸣阳同志为嘉善县县长候选人。市委决定，徐鸣阳同志任中共嘉善县委委员、常委、副书记，免去祁海龙同志中共嘉善县委副书记、常委、委员职务。嘉兴市委副书记、市长胡海峰出席会议并作重要讲话。市委常委、组织部长连小敏宣布省委、市委任免决定。县委书记许晴主持会议。祁海龙、徐鸣阳等发言。

同日 县十五届人大常委会召开第四十二次会议，表决通过县委常委、常务副县长何全根受县长祁海龙委托提请的人事任免议案，决定任命徐鸣阳为嘉善县人民政府副县长。会议接受祁海龙辞去嘉善县人民政府县长职务的请求，并决定徐鸣阳为嘉善县人民政府代理县长。县人大常委会主任郑明等参加会议，"一府两院"有关领导列席会议。

同日 全县"六五"法治宣传教育总结暨"七五"法治宣传教育工作部署大会召开。县委书记许晴在会上要求，全面启动和部署嘉善"七五"法治宣传教育工作，助推全县"十三五"规划顺利实施，为建成全面小康标杆县和协调推进"四个全面"战略布局示范点营造浓厚法治氛围。县领导滕根林、丁炳龙、施晓松、王秋儿等参加。

同日 嘉善地标性建筑"水乡明珠"环岛改造工程启动。改造主要包括将环岛直径由现在的50米缩小至12米，保留中间《水乡明珠》雕塑；交叉路口设置4个导流岛；道路交叉口将设置信号灯控制，并在各进口路段设置电子监控抓拍装置。

同日 2016年浙江嘉善"洪峰杯"第八届中国小康村篮球赛总决赛在天凝镇篮球馆开赛。农业部农村经济研究中心原党组书记、中国合作经济学会副会长兼秘书长陈建华，县领导吴书雷、高嵩、阎靖华等参加开幕式，天凝镇被确定为中国小康村篮球赛总决赛永久承办地。

24日 全省无邪教创建工作研讨会在善召开。省委防范办领导，市、县领导杨洪武、许晴、施晓松等参加。

同日 嘉兴金融市民卡首发仪式在天凝镇欣杨村举办。县委常委、常务副县长何全根出席仪式。此次发行的嘉兴金融市民卡在保留原市民卡公共服务、社会保障、公用事业和商业便民四大功能的基础上，新增银行卡的银联功能，百姓可以通过该卡享受银行的金融服务。

28日 县委书记许晴主持召开县委十三届九十五次常委会议。会议传达习近平总书记、李克强总理关于安全生产工作重要指示批示和全国安全生产电视电话会议精神；传达省委十三届十次全体(扩大)会议和省委书记夏宝龙重要讲话精神。

29日　县十五届人大常委会召开第四十三次会议。会议听取常务副县长何全根受徐鸣阳代理县长委托提请的有关人事任免,听取并审议县政府关于科技创新平台建设发展情况的报告。通过审议,会议表决通过嘉善县人大常委会关于调整常委会工作机构设置的决定,通过关于2016年度政府投资项目计划执行情况和调整建议的报告,通过关于同意嘉善县2016年财政预算调整的决定,表决通过有关人事任免。县人大常委会主任郑明,副主任张炳祥、何慧琴、顾林法、殳世平、丁炳龙、邹霞芳等参加会议,"一府两院"有关领导列席会议。

同日　嘉善县工商业联合会(总商会)第九次会员代表大会召开。会议听取审议嘉善县工商业联合会(总商会)第八届执行委员会(理事会)工作报告、嘉善县总商会第八届理事会会费收支情况报告,选举产生县工商业联合会第九届执行委员会和县总商会第九届理事会。莫国平当选为新一届县工商联(总商会)主席(会长)。嘉兴市委统战部副部长、嘉兴市工商联(总商会)党委书记、副主席叶伟达,嘉兴市人大常委会原副主任、嘉兴市工商联原会长蒋泳清到会祝贺。县领导徐鸣阳、冯伟、滕根林、何慧琴、陆军、王秋儿、阎靖华等参加。

12月

1—3日　第三届中国青年志愿服务项目大赛暨2016年志愿服务宁波交流会在宁波国际会展中心举行。作为嘉兴市唯一一个入围全国决赛的项目,嘉善县志愿者协会推送的"爱在善医365"志愿服务项目获大赛银奖。

4—5日　中国教育学会教育行政专业委员会第七届学术年会在善召开。主题是"县域城乡教育一体化的探索"。国家教育行政学院副院长李五一、教育部基础教育课程教材发展中心副主任张国华、嘉兴市教育局副局长包庆余、嘉善县人民政府副县长高嵩等出席年会。全国基础教育领域专家学者,部分省、市、县教育局局长和中小学校长代表140多人参加。

5日　全国先进个体工商户表彰大会暨纪念中国个体劳动者协会成立30周年座谈会在北京召开,嘉善县钱塘人家饭店业主丁国强获"全国先进个体工商户"称号,受到国家工商总局、中国个体劳动者协会联合表彰,并得到国务院总理李克强亲切接见。

同日　中华全国供销合作总社科教部部长闵学冲,中国人民大学中国市场营销研究中心常务副主任、博士生导师、中国商业史学会品牌专业委员会副主任、秘书长钱明辉等到嘉善县供销社(农合联)调研。浙江省经贸职业技术学院党委书记劳赐铭、省供销社合作经济指导处处长徐钢军、市供销社副主任韩金祥等陪同调研。

5—7日　由民政部主办的全国企业社会工作专题研修班在嘉善县举办,来自全国20个省(直辖市、自治区)的103名代表参加研修。民政部社会工作司副司长黄胜伟、社会工作司社工服务推进(综合)处处长贾维周、省民政厅社会工作处副处长关笑丹、市政府副秘书长仲旭东、市民政局局长沈海明、市委社工办专职副主任沈建良、副县长许春红等参加开班仪式。

6日　县委书记许晴主持召开县委十三届十三次全体(扩大)会议,民主推荐中共嘉善县第十四届委员会委员、候补委员和中共嘉善县第十四届纪律检查委员会委员候选人。县四套班子全体党员领导干部等参加会议。

同日　上海市松江区党政代表团到干窑镇考察学习环境综合整治工作,实地走访新泾港、现代农业孵化园等区域。市委副书记孙贤龙,县领导郑明、冯伟、滕根林、施晓松等陪同。

同日　嘉善力通信息科技股份有限公司在全国中小企业股份转让系统("新三板")的挂牌仪式在北京举行,成为中国归谷嘉善科技园首家上市企业。

7日　县四套班子领导干部会议召开,宣布嘉兴市委关于嘉善县领导班子换届人事安排方案。县四套班子成员、法检"两长"、纪委副书记、拟新提拔任用领导干部以及交流到嘉善任职干部参加会议。市委组织部副部长方俊良宣布嘉善县领导班子换届人事安排方案,县委书记许晴主持会议。

同日　县委书记许晴主持召开县委十三届九十六次常委会议。会议审议《嘉善县村党组织书记积分管理暂行办法(送审稿)》,并研究有关人事问题。

同日　农业部印发《关于命名第一批国家农产品质量安全县(市)的通知》,命名北京市房山区等103个县为"国家农产品质量安全县”，嘉善县作为浙江省4个国家农产品质量安全县之一位列其中。

同日　省委宣讲团到嘉善宣讲党的十八届六中全会精神，县委理论学习中心组举行扩大学习会。县委书记许晴主持学习会，省委宣讲团成员、省委组织部副部长邹晓东作“党的十八届六中全会精神解读”专题辅导报告。徐鸣阳、郑明、冯伟、陈天荣等县委理论学习中心组成员出席。

同日　荷兰驻上海总领事艾晓安女士一行到嘉善考察，专题了解浙江中荷(嘉善)产业合作园建设情况，并就产业合作展开交流。县委书记许晴陪同考察。

同日　全国政协委员、农工党中央副主席兼秘书长曲凤宏和农工党浙江省委会、嘉兴市委会有关人员到嘉善县调研农工党基层组织建设情况。先后走访歌斐颂巧克力小镇，农工党省委会助推嘉善县示范点建设的浙江一里谷农业科技有限公司和富通集团(嘉善)通信技术有限公司光通信智能制造研发中心，并听取嘉善县域科学发展示范点建设情况和农工党嘉善县基层委员会工作的汇报。

8日　县政协十三届第二十六次常委会暨“五水共治”长效机制建设委员议政会召开。县委副书记、代县长徐鸣阳，县政协主席冯伟等参加会议。

同日　环保部水环境管理司司长张波带队到姚庄镇，开展控制污染物排放许可试点情况调研。副市长祝亚伟，县委书记许晴，县委常委、姚庄镇党委书记曹惠明等陪同。

同日　省委组织部副部长、省委两新工委书记张学伟一行到中国归谷嘉善科技园实地考察归谷智造小镇“智汇党建”工作。市、县领导连小敏、朱学军陪同考察。

同日　县十三届政协举行工作总结表彰大会，对县政协2016年度优秀政协委员、特邀委员、民主监督员，优秀提案，先进联络室、活动组、民主监督组，提案承办先进单位等予以表彰。县委副书记、代县长徐鸣阳，县政协主席冯伟，县政协副主席吴建平、俞鹤祥、丁金华、王秋儿、阎靖华等参加会议。

同日　印度驻上海总领事馆总领事古光明一行到嘉善县考察浙江爱迪曼环保科技股份有限公司，并探索嘉善企业投资印度的可行性计划。副县长陆春浩陪同考察。

9日　县委书记许晴主持召开县委十三届九十七次常委会议，专题传达学习《中共中央关于学习〈胡锦涛文选〉的决定》。县领导徐鸣阳、郑明、冯伟、陈天荣等参加学习。

同日　桐庐县委书记朱华带队考察团到嘉善调研。先后参观歌斐颂巧克力小镇、云澜湾温泉小镇、嘉善城市规划展示馆和中国归谷嘉善科技园，实地考察学习嘉善的特色小镇和园区建设，并召开工作交流会。县领导许晴、郑明、郁伟华、郁晓凡等陪同考察并参加会议。

10日　全县领导干部警示教育大会召开。县委书记许晴要求全县领导干部进一步加强党性修养，增强遵纪守法和反腐倡廉的自觉性，筑牢拒腐防变的思想道德防线。县领导徐鸣阳、郑明、冯伟、陈天荣等参加大会。

同日　第四届“中国法治政府奖”终评评审暨颁奖典礼在北京举行。嘉善县人民政府“构建‘县域善治’体系——浙江省嘉善县实施全国首个简政优权综合改革”获“中国法治政府奖提名奖”第一名。

12—13日　由县委书记许晴带队的嘉善县党政代表团赴余杭、东阳、诸暨等地，学习考察三地在小城镇环境综合整治、特色小镇建设、经济转型升级等方面的先进做法和经验，县领导徐鸣阳、郑明、冯伟等参加考察。

13日　在“中国(青岩)古镇峰会”主题论坛之一的“报旅融合创新发展高峰论坛”上，西塘古镇获由中国报业旅游联盟联合各地报社、传媒机构组织评选的“2016最受中国报业关注的十大古镇”称号。

15日　由浙江省思想政治工作研究会、中共嘉善县委共同主办的“传承中华优秀传统文化培育和践行社会主义核心价值观”“慈善孝贤”暨了凡善学思想研讨会在嘉善县举行。中国思想政治工作研究会秘书长吴建春，省委宣传部副部长琚朝晖，市委常委、宣传部长陈越强，县领导许晴、陈天荣、武曜云等，以及同样具有“慈善孝贤”文化传统的上海奉贤，浙江慈溪、上虞和湖北孝感的宣传部门负责人，专家、学者等出席研讨会。

同日　省政府副秘书长徐纪平到嘉善调研。先后赴富通集团、梦天集团、歌斐颂巧克力小镇等地考察民间投资、传统产业转型升级、特色小镇建设、户籍制度改革等工作。县领导徐鸣阳、陆春浩等陪同调研。

同日　县第十三届政协召开民主监督工作总结会，县政协主席冯伟，县委常委、常务副县长何全根出席会议并讲话，县政协副主席陆才华主持会议。

同日　国家发改委城市和小城镇中心副主任乔润令带队到嘉善调研评估基础设施投融资体制改革试点工作。走访高铁新城新型城镇化项目、生态能源发电项目，听取基础设施投融资体制改革试点进展情况汇报，县领导郁伟华陪同调研。

16 日　吴镇书画院落成开放。省文物局博物馆与社会文物处处长杨新平，省文化厅艺术处副调研员金宇华，市文化局副局长陈建江，浙江美术馆典藏部主任陈玮，县领导武曜云、高嵩出席落成仪式。吴镇书画院于 2013 年 12 月 8 日开工建设，总投资 3756 万元，全院建筑面积 5420 平方米，集收藏、展览创作、研究、培训等功能于一体。

同日　县十五届人大常委会召开第四十四次会议。县人大常委会主任郑明，副主任张炳祥、何慧琴、顾林法、殳世平、丁炳龙、邹霞芳等参加会议，“一府两院”有关领导列席会议。会议听取常务副县长何全根受徐鸣阳代理县长委托提请的有关人事任免，会议决定任命徐明良为副县长，同意接受曹国良、施晓松辞去职务的请求，会议还通过其他人事任免议案。

19 日　中央党校原副校长李君如带领由人民网、《人民日报》记者组成的创新驱动基层调研组到嘉善调研，先后赴歌斐颂巧克力小镇、浙江众成包装材料股份有限公司、中国归谷嘉善科技园等地实地调研。市、县领导连小敏、邢海华、许晴、沈伟强、高嵩等陪同调研。

20 日　县委书记许晴主持召开县委十三届九十八次常委会议。会议听取并原则同意《县十四次党代会县委工作报告（审议稿）》；听取并原则同意《县十四次党代会纪委工作报告（审议稿）》；听取县十四次党代会筹备工作情况汇报和大会日程、议程、各类名单建议等汇报；还书面听取党费收缴、使用情况以及代表资格审查报告。

中旬　由嘉善县史志办公室整理、中华书局影印出版的明正德《嘉善县志》发行。明正德《嘉善县志》由时任嘉善知县倪玑主持编纂，简称《倪志》，是嘉善建县后的第一部志书，记述建县 87 年间的建制沿革、经济发展、文化风俗等情况。

中旬　国家工商总局对企业登记窗口和工作人员进行表彰，全国 226 个窗口单位和 428 名工作人员受到表彰，嘉善县市场监督管理局名列其中，为全省受到表彰的 13 家窗口单位之一，也是嘉兴市唯一受表彰的窗口单位。

中旬　嘉善县法律援助中心被共青团中央、司法部联合授予 2014—2015“全国青少年维权岗”称号，是浙江省唯一获此殊荣的法律援助中心。

21 日起　嘉善县实施住房限购政策，成为浙江省首个实施住房限购县。限购政策明确，在嘉善县中心城区内暂停向拥有一套及以上住房的非嘉善县户籍居民家庭出售新建商品住房，限购范围为魏塘、罗星、惠民三街道和大云镇部分区域。

22 日　县委书记许晴主持召开县委十三届九十九次常委会议。会议听取党建工作汇报、群团工作汇报和政法、维稳信访工作汇报。

同日　省民政厅副厅长余强带队前往嘉善县志愿服务总站、南门社区服务中心就防灾减灾工作情况进行调研。

同日　嘉善县无党派人士联谊会更名为嘉善县党外知识分子联谊会，并召开第一次会员大会，滕少波当选为第一届理事会会长。县领导冯伟、顾新宇、邹霞芳、谢光辉、阎靖华等参加大会。

22—23 日　第三十八次沪、苏、浙八县（市、区）血（寄）防联防业务交流会在嘉善县召开。浙江省血防中心主任闻礼永出席会议，上海金山、青浦、嘉定，江苏太仓、昆山、吴江，浙江平湖、嘉善等 8 县（市、区）疾控中心代表参加会议。

23 日　新一届县、镇两级人大代表换届选举举行。全县 33.29 万名选民参加投票选举。当天，全县通过 88 个大选区和 168 个小选区，选举产生 211 名县人大代表、411 名镇人大代表。

26—29 日　中国共产党嘉善县第十四次代表大会在县政府会展中心大礼堂召开。中共嘉兴市委常委、组织部长连小敏，市委组织部副部长、市委老干部局局长汪政旭，市委组织部有关人员等参加大会。大会应到代表 350 人，因事因病请假 8 人，实际到会代表 342 人，符合法定人数。

大会听取、审查县委书记许晴代表中共嘉善县第十三届委员会向大会作题为《践行新理念 开

创新境界 为全面建成县域科学发展示范点而努力奋斗》的报告和县委常委、县纪委书记许红莲代表中共嘉善县第十三届纪律检查委员会作的工作报告。选举产生40名中共嘉善县第十四届委员会委员和8名候补委员、23名中共嘉善县第十四届纪律检查委员会委员，选举产生43名嘉善县出席中共嘉兴市第八次代表大会的代表。

十四届县委第一次全体会议，选举产生许晴、徐鸣阳、陈天荣、朱学军、曹雪龙、武曜云、曹惠明、许红莲、顾新宇、沈伟强等10名中共嘉善县第十四届委员会常务委员会委员。选举许晴为县委书记，选举徐鸣阳、陈天荣为县委副书记。通过十四届县纪委第一次全体会议关于县纪委书记、副书记、常委选举结果的报告。十四届县纪委第一次全体会议，选举产生县纪委常委、副书记和书记，选举许红莲为县纪委书记，李斌、郁军为县纪委副书记。

大会通报代表提案审核情况报告，通过中国共产党嘉善县第十四次代表大会关于十三届县委工作报告的决议和中国共产党嘉善县第十四次代表大会关于十三届县纪委工作报告的决议。大会总结县第十三次党代会以来的主要工作、基本经验和存在的问题，充分肯定5年来全县经济、政治、文化、社会、生态文明建设和党的建设取得的成绩，明确今后5年工作的指导思想、奋斗目标和发展战略，描绘县域科学发展示范点建设第二阶段的蓝图。县委书记许晴在闭幕式上发表重要讲话。

29日 县委书记许晴主持召开县委十四届一次常委(扩大)会议，传达学习中央经济工作会议精神，研究部署全县贯彻落实工作。县领导徐鸣阳、陈天荣、何全根、朱学军、曹雪龙、武曜云、曹惠明、许红莲、顾新宇、沈伟强、吴书雷等参加会议。

30日 县十五届人大常委会第45次会议召开。县人大常委会主任郑明，副主任张炳祥、何慧琴、顾林法、殳世平、丁炳龙、邹霞芳等参加会议，副县长郁伟华、县政协副主席阎靖华及"两院"有关领导列席会议。会议听取郁伟华受代县长徐鸣阳委托提请的有关人事任免议案，听取县检察院提请的有关人事任职议案，听取关于县第十六届人民代表大会代表资格审查报告。表决通过县第十六届人民代表大会代表资格审查报告和县政府提请的有关人事任免议案，还表决通过县检察院提请的有关人事任职的议案。会议向新任命人员颁发任命书，新任命人员进行宪法宣誓。

下旬 在北京召开的国家"十二五"科技支撑计划课题"常见传染病预防普及技术研究和应对"总结会上，嘉善县疾控中心被中华预防医学会授予"国家科技支撑计划课题科普示范基地"称号，浙江、湖北、甘肃3省的6个单位获此殊荣。

建置沿革

【概况】 嘉善县历史悠久，从境内大往圩、独圩、张安村等文化遗址出土的文物证实，早在6000多年前的马家浜文化时期，已有先民在沼泽开田、种植水稻和饲养牲畜。春秋时为吴、越接壤的槜李、长水之地，初属吴，后属越。战国时越被楚灭归于楚。秦初属长水县，秦始皇三十七年（前210），始皇东巡过长水，改长水为由拳县，属会稽郡。东汉永建以后属吴郡。三国吴改由拳县为禾兴县，不久又改嘉兴县，今嘉善地域为嘉兴县的一部分。隋代并省州县，废嘉兴县入吴县，属苏州。唐代复置嘉兴县，仍属苏州。五代吴越时，嘉兴县改属杭州，后又于其地置秀州。宋时于嘉兴县之魏塘镇置巡检司，元为魏塘务，明初改税课局，后又改巡检司。明宣德五年（1430）分嘉兴县东北境之迁善、永安、奉贤3个完整乡和胥山、思贤、麟瑞三乡之部分置嘉善县，定治魏塘，隶嘉兴府。"因旧有迁善六乡，俗尚敦庞，少犯宪辟，故曰嘉善"。清循明制。民国元年（1912）废府，嘉善属钱塘道。民国16年（1927）废道，嘉善直属省辖。民国24年（1935），全省设9个行政督察区，嘉善属第二行政督察区。民国26年（1937）11月被日军侵占。民国28年（1939），嘉善属省第十行政督察区管辖。民国37年（1948）4月，属省第一行政督察区管辖。1949年5月11日，嘉善解放，隶属浙江省第一专员公署；11月，改属嘉兴专署。1958年11月21日，嘉善县建制撤销，并入嘉兴县。1961年4月9日，恢复县置。1983年8月，实行市辖县制，嘉善县隶属嘉兴市。

行政区划

【概况】 2016年，嘉善县下辖3个街道：魏塘街道、罗星街道、开发区（惠民街道），6个镇：西塘镇、姚庄镇、陶庄镇、干窑镇、天凝镇和大云镇。全县有104个村、50个城市社区。

【村、社区名单】

村104个　魏塘街道（11个）：国庆、南北暑、梁桥、长秀、三里桥、魏中、里泽、智果、中寒圩、网埭港、虹桥；罗星街道（4个）：马家桥、亭桥、鑫锋、库浜；惠民街道（7个）：曙光、惠通、大泖、大通、新润、枫南、优家；西塘镇（18个）：荷池、沈道、邗上、翠南、华联、地甸、东汇、金明、茜墩、荻沼、钟葫、大舜、鸦鹊、红菱、下甸庙、新胜、礼庙、星建；干窑镇（9个）：长丰、长生、南宙、新星、黎明、干窑、范泾、胡家埭、范东；大云镇（6个）：曹家、缪家、东云、洋桥、江家、大云；姚庄镇（18个）：展丰、南鹿、姚庄、展幸、横港、北鹤、武长、清凉、中联、界泾港、俞汇、俞北、金星、银水庙、沉香、北港、丁栅、渔民；陶庄镇（9个）：陶中、陶庄、金湖、湖滨、汾玉、翔胜、汾湖、汾南、利生；天凝镇（22个）：南星、戴西港、凝北、蒋村、天凝、东顺、东方红、凝南、洪南、洪溪、三发、马塔塘、联谊、洪福、镇东、麟溪、光明、新联、三店、翁村、欣杨、宏杨。

城市社区50个　魏塘街道（14个）：日晖、谈公、解放、小东门、中山、浒弄、西门、嘉辰、城桥、城东、车站、庄港、西项、香山；罗星街道（14个）：玉兰、晋阳、南门、柳洲、子胥、李家、钱桥、魏南、和合、城西、城南、新联、江南、泗洲；惠民街道(7个)：张泾汇、横泾桥、张汇、毛家、嘉湖、阳光、金嘉；西塘镇(4个)：西园、西街、塘东、朝南埭；干窑镇(1个)：干窑；大云镇(1个)：大云；姚庄镇(4个)：姚庄、丁栅、俞汇、桃源新邨；陶庄镇(2个)：陶庄、汾湖；天凝镇(3个)：天凝、洪溪、杨庙。（王　蔚）

土地和人口

【土地】 嘉善县地处杭嘉湖平原，人多地少，人口密集。全县行政区域面积506.6平方千米。2016年人口密度768.1人/平方千米。

【人口】 2016年年末，全县总户数125986户，比2015年增加450户；户籍人口389121人，比2015年增加1615人。总人口中男191390人，女197731人，男女性别比1：1.03。城镇人口167791人，乡村人口221330人，全县城镇人口占总人口43.12%。2016年城镇人口比2015年增加7313人。2016年全县出生3107人，其中男1629人、女1478人，出生男女性别比1：0.91，出生率7.98‰，比2015年增加1.23‰；死亡2683人，死亡率7.03‰。人口自然增长424人，人口自然增长率1.09‰。年内全县迁入2345人，迁出1155人，人口机械增加1190人，机械增长率3.06‰，比2015年增加1.51‰。（江　曦）

国民经济和社会发展

【概况】 2016年，嘉善县坚持稳中求进总基调，以五大发展理念为引领，以“奋战‘十三五’、奋力开新局”为工作主题，开展“三个年”(环境攻坚年、转型提升年、改革深化年)活动，全力以赴推进县域科学发展示范点建设，全面深化综合配套改革，全县经济社会总体运行情况符合预期，实现地区生产总值456.95亿元。按可比价格计算，比2015年增长8.3%。其中，第一产业增加值24.05亿元，下降0.9%；第二产业增加值246.22亿元，增长8.7%；第三产业增加值186.68亿元，增长9%。三次产业结构比5.3：53.9：40.8。

【农业】 建立农业产业准入负面清单，完成生猪养殖业转型升级，创建成为国家农产品质量安全县，建成农产品可追溯示范基地138个。新增粮食生产功能区1580公顷(2.37万亩)，粮食总产量18.2万吨。开展农村承包土地经营权抵押贷款国家级试点改革，全年办理抵押贷款60笔，发放贷款7354万元。被确定为农业部水稻绿色高产高效创建示范县。

【工业】 出台《嘉善县“十三五”制造业发展规划》。组建“机器换人”公共服务平台，实施“机器换人”项目302个，淘汰落后设备3508台(套)，木业行业成功申报为省“机器换人”试点行业。腾退低效用地120.7公顷(1810.4亩)，腾出用能空间折算标煤1.9万吨。印发实施《关于降低实体经济企业成本优化发展环境的若干意见》。新增“新三板”挂牌企业5家。嘉善县经济技术开发区积极打造区中园，浙江中荷(嘉善)产业合作园开园，喜力啤酒一期建成投产，中节能(嘉善)环保产业园启动建设。嘉兴综合保税区B区通过国家验收，引进中粮进口食品项目。姚庄经济开发区在省级开发区综合考评中位次上升两位，竞争力位列第一档。

【服务业】 出台《嘉善县“十三五”服务业发展规划》。入选“国家全域旅游示范区”创建名单，西塘古镇通过AAAAA级景区验收，云澜湾温泉景区创建为国家AAAA级旅游景区，总投资超50亿元的大云梦东方·梦幻嘉善项目完成签约。巧克力甜蜜小镇在省特色小镇考核中获优秀，并获“示范小镇”称号，归谷智造小镇入选省第二批特色小镇培育名单，归谷智造小镇、互联网通信小镇、汾湖水上运动小镇被确定为市级特色小镇创建对象。新增税收千万楼宇2幢，重点楼宇入住率、注册率分别为79%和89%。房地产去库存步伐加快，商品房存量87.96万平方米，去化周期降至4.9个月。

【增强发展活力】 2016年，成功举办嘉善国际投资贸易洽谈会。引进世界500强项目3个。新增工业投资500万元以上项目449个，其中亿元以上项目43个。富通光通信等项目推进顺利，铠嘉电脑一期等项目建成投产。深化与上海浙江商会的战略合作，连续3年获最佳合作机构奖，协办2016世界浙商上海论坛暨上海市浙江商会成立30周年大会。引进浙商回归项目77个，省外到位资金60亿元。新增建设用地计划指标254.4公顷(3815.9

亩），消化批而未供土地392.7公顷（5889.6亩），盘活（供应）存量建设用地187.8公顷（2816.4亩），城镇低效用地再开发108.7公顷（1631亩）。腾退“低小散”企业821家，腾退土地298.7公顷（4481亩）。启动小额贷款保证保险试点，设立嘉善创新发展基金、善信留学报国产业投资基金等两支政府产业基金子基金。发挥中小企业转贷基金作用，办理转贷247笔，转贷金额7.55亿元，惠及企业118家。县科创中心新引进孵化项目30个，科技综合服务中心有12家科技成果转移和中介服务机构入驻；归谷科技园举办首届“梦想中国·智汇嘉善”全球创新创业大赛；高铁新城上海人才创业园累计签约项目81个；北京大学创新研究院嘉善产学研合作中心揭牌。新增国家高新技术企业16家、省级科技型中小企业56家、省级企业研究院2家。新引育国家“千人计划”专家4名、省“千人计划”专家2名、国家“万人计划”专家2名，新增“创新嘉善·精英引领”领军人才项目11个。获省第二批“浙江制造”品牌认证试点县，裕华木业的“鹦鹉”商标被国家工商总局认定为驰名商标。

【城乡协调发展】 2016年，高铁新城累计投入31.9亿元，城市科技馆、嘉善大道二期、电商产业园一期等11个项目完工，滨水公园、嘉善幸福风情水街等16个项目有序推进。完成体育路下穿沪昆铁路改扩建、体育路（中山路—320国道）拓宽改造、“水乡明珠”环岛改造等工程。实施高铁广场西侧停车场、中央花园沿街广场停车收费。姚庄镇获省级小城市培育试点考核第四，西塘镇、天凝镇分别被列入省、市小城市培育试点镇，西塘镇连续3年获市级小城市培育试点考核第一。姚庄镇、西塘镇被列嘉兴市“十强”新市镇考核前两位。天凝镇洪溪村等4个村入选省“美丽乡村”特色精品村，大云镇大云村，西塘镇翠南村，天凝镇洪南村、三店村、东方红村等5个村完成省级美丽宜居示范村建设任务。完成第二轮强村计划，全县村级经常性收入均提高到168万元。完成交通运输基础设施建设投资24.87亿元，提升农村公路15.3千米，大中修26.4千米，杭州湾跨海大桥北接线二期6个标段、丁诸线航道整治工程320国道桥北航段开工建设，平黎公路东接线一期工程完工，洪溪大桥改建工程主体完成。加快城市有机更新，兴贤路（矿灯厂）地块攻坚扫尾，原四中及周边地块等启动房屋征收工作。基本完成公共自行车二期建设，优化调整公交线路10条，开通西塘至乌镇直达班线和高铁站至西塘古镇旅游直达专线。完成水利建设投入4.14亿元，新建污水管网35千米、雨水管网10千米、供水管网17.5千米。魏塘水厂四期工程建成投产，太浦河取水二期工程加快建设。生态能源发电项目建成使用。

【完善社会保障】 2016年，新增城镇就业岗位13586个，帮助城镇失业人员再就业3451人。净增五大类社会保险参保人数50094人，社会养老保险、医疗保险覆盖率分别为99.89%和99.97%。推进社会保障市民卡与就诊卡“两卡合一”。社会福利中心主体工程结顶，县老年公寓被评为“全省首批四星级养老机构”，保利安平和熹会二期、智慧养老综合服务平台启动建设。实施支出型贫困家庭基本生活救助，发放低保、慈善、医疗救助金3041.9万元。推进残疾人全面小康进程，建立困难残疾人生活补助和重度残疾人护理补贴制度。完成农村困难群众危旧房改造救助102户。引进浙江师范大学、上海师范大学、杭州师范大学等3所高校资源开展合作办学，浙师大附属实验学校完成一期工程并实现首批招生，上师大附属学校开工建设。干窑实验幼儿园投入使用，无证幼儿园实现清零。实验小学南校区主体工程完工，吴镇教育集团硕士小学完成一期工程。做好县镇村卫生一体化综合管理，探索建立基层首诊和双向转诊制度。县第一人民医院二期、县中医院搬迁改造工程稳步推进。通过国家公共文化服务示范区创建，吴镇书画院投入使用，县图书馆、县博物馆新馆完成主体建设。成功承办亚洲赛艇锦标赛等3项高规格赛事。推进国防、民防、民族宗教、工青妇等社会各项事业同步协调发展。实现平安县创建“十一连冠”。开展领导干部大接访和“五访联动”，化解（终结）疑难信访积案31件。推进“省级流动人口结构优化工作示范县”建设，深入实施新居民积分制管理，全面推行IC卡式居住证。深化省级“三社联动”示范观察点建设，确定20个村（社区）作为实施示范点。开展“省级放心市场”“省星级文明规范市场”等创建活动，新增省放心市场3家、省三星级文明规范市场1家。

【优化生态环境】 编制完成6个镇“美丽城镇”建设专项行动方案的评审和项目库。创建市级美丽庭院示范村9个，建成“美丽庭院”达标户14165户、示范户5200户。创建省级循环经济示范县，推进经济技术开发区循环化改造。完成企业VOCS治理17家、实施用能权交易12笔，涉及用能交易总量1.36万吨标准煤。高污染燃料锅炉淘汰整治677台，全部完成水泥行业清洁排放整治，基本完成热电企业脱硫脱硝建设，淘汰黄标车348辆，查获非法营运“黑车”526辆、“三小车”171辆。空气优良率77.5%。完成企业分布式光伏发电项目备案39个，装机总容量53.53兆瓦；安装居民分布式光伏发电370户，装机总容量1.15兆瓦；3个集中式“渔光互补”光伏项目并网发电，装机总容量140兆瓦。建成电动汽车集中充电站1座、分散式充电桩107个。启动25片圩区整治，完成河道综合整治92.37千米、清淤262.38万立方米，建成27条综合整治示范河道，完成工业污水治理623家、农村生活污水治理9762户。完成“三改”599.7万平方米，拆除违章建筑248.25万平方米，整治蓝色彩钢棚464.84万平方米，拆除、整治码头堆场289家。完成平黎公路、嘉善大道、白水塘路等5个绿化改造提升工程。 （曹玉琴）

新农村建设

【概况】 2016年，嘉善县按照“四化同步”发展要求，以建设“县域科学发展示范点”为契机，突出做好“科学谋划、产业增收、硬件提升、资源均衡、红利共享、社会稳定”这6篇文章，全力提升统筹城乡发展水平，初步形成体制基本接轨、产业相互融合、社会协调发展、差距明显缩小的城乡发展新格局。

【农村改革】 按照统筹兼顾、点面结合的要求，开展农村改革工作，不断激发农村发展活力。做好综合配套改革第三方评估工作，撰写第一阶段实施情况自评报告，完成第一阶段的相关案例和经验，做好第三方评估涉及农村改革的各项工作。继续推进三权三抵押扩面工作，开展农村承包土地的经营权抵押贷款国家级试点改革，成立以常务副县长为组长、分管副县长为常务副组长，县人行、县金融办、县农经局（农办）、县财政局（地税局）等部门组成的试点工作指导小组，形成县政府领导、县人行牵头、县各部门协同的组织体系，统一指导试点工作开展，定期研究解决试点工作重大问题。结合县域实际，制定下发《关于印发嘉善县农村承包土地的经营权抵押贷款试点方案的通知》。至年底，全县累计发放抵押贷款283笔，金额3.25亿元，其中农村集体经济股权抵押24笔，涉及贷款金额1307万元；农民住房财产权抵押90笔，涉及贷款金额1293万元；农村承包土地流转经营权抵押169笔，涉及贷款金额2.99亿元。开展“三位一体”改革，成立以分管县委副书记为组长的深化供销合作社和农业生产经营管理体制改革、完善“三位一体”农民合作经济组织体系工作领导小组，下设办公室在县农经局（农办）。制定出台《嘉善县关于深化供销合作社和农业生产经营管理体制改革 完善“三位一体”农民合作经济组织体系的实施方案》，并经市“三位一体”改革工作领导小组批复同意，在12月5日前全面完成镇（街道）农合联完善提升工作。进一步将生产合作、供销合作、信用合作有机融合，探索创新服务“三农”体制机制，增强为农服务的功能。

【农村工作指导员】 第一批县派农村工作指导员（第一书记）在任期内帮助落实发展项目70个、水电路等基础设施项目67个、争取各类扶持资金2020万元、争取捐赠物资价值143万元、主讲党课30多次、制定完善规章制度68个、培养村级后备干部20人。累计有5名县派第一书记、9名镇（街道）派指导员受到县级表彰，1名县派第一书记获浙江省优秀农村工作指导员称号。8月，县农指办从县级部门抽调12名优秀党员干部派驻到9个镇（街道）的经济薄弱村或软弱落后村，任第二批县派农村工作指导员（第一书记），各镇（街道）确保每村1名镇（街道）派农村工作指导员，并于9月中旬全部驻村履职。县农指办继续加强农村指导员（第一书记）工作日常管理，出台《嘉善县村党组织第一书记管理暂行办法》，建全并完善“七项制度”，挖掘农村工作指导员（第一书记）驻村工作中的好典型、好经验、好做法进行宣传报道。

【美丽乡村建设】 根据《美丽嘉

善建设三年行动(2016—2018)》,全面推进25个精品村(社区)和两条美丽乡村风景线的建设,实施美丽乡村精品村建设项目21个,总投资5812.35万元,县财政下拨美丽乡村建设专项资金1289万元。魏塘街道三里桥村,天凝镇洪溪村,陶庄镇汾南村,姚庄镇北鹤村、丁栅村、横港村、展幸村、沉香村等一批精品村建设初见成效。推进水韵嘉善风景线建设,姚庄镇生态水韵风情线结合生态文化村落、现代农业园区、农家乐精品村(点)、乡村文化体验等。重点打造展幸村莲花泾、北鹤村南北姚浜、丁栅村洪字圩、沉香村江家港、渔民村、横港村横港里等美丽乡村精品点,编制《姚庄镇美丽乡村骑行步道方案》,总长17余千米。魏塘街道、干窑镇绿色田园风情线,重点推进魏塘街道三里桥村柱头港自然村、干窑镇长生村座机浜自然村、干窑镇干窑村新泾港自然村等精品点建设。开展农村环境专项整治,拨付农村环境卫生保洁补助资金1014.54万元。开展历史文化村落保护利用,完成第二批姚庄镇丁栅村(自然生态村落)、天凝镇洪溪村(民俗风情村落)的建设任务。

【污水治理】 全县72个行政村开展农村生活污水治理,完成治理农户8920户,其中纳管4887户、集中式3446户、分散式587户,完成省下达年度治理任务的105%。开展农村生活污水分散式治理提升改造试点,在西塘镇、干窑镇、陶庄镇、姚庄镇选定4个点,采用一体式生化净化槽技术工艺,全面提升接户工程的质量标准,设计达到浙江省《农村生活污水处理设施水污染物排放标准》一级标准。开展农村生活污水治理提标改造工作,完成改造1011户。加强农村生活污水治理质量管理,向社会公开招聘监管单位,加强对农村生活污水治理工程施工监管。对分散式处理设施,完成2014~2015年分散式治理农户的上图工作。

【强村计划】 嘉善自2008年启动强村计划工作,至2016年年底第二轮强村计划基本收官。全县村级集体经常性收入从79万元提高到168万元,50万元以下村全部转化,出台第三轮强村计划实施方案;修订出台《嘉善县一事一议财政奖补项目和资金管理办法(试行)》,2016年实施村级公益事业"一事一议"项目16个,项目总投资2793.88万元,其中省县财政奖补1096.78万元;对申报的20大类164项县级精品农业扶持政策项目进行实地验收,涉及财政扶持资金1866.3万元。

(徐峰　周勇　戴佳)

人民生活

【概况】 2016年,嘉善城镇居民人均可支配收入50021元,同比增长7.4%。农村居民人均可支配收入29514元,同比增长8.5%。

【工资性收入】 2016年,嘉善城镇居民人均工资性收入29596元,同比增长2.6%,增幅较上年同期降低4.4个百分点。工资性收入总体呈现平缓走势,得益于机关、事业单位干部职工工资福利提高。从年初开始提高津补贴和绩效工资,使工资性收入持续增加;还有旅游业、来料加工业的发展拓宽居民就业渠道、社会最低工资标准逐步提高,有效地保障劳动者的合法权益。

【经营净收入】 2016年,城镇居民人均经营净收入8590元,同比增长12.4%,增幅较上年同期提高4.5个百分点。在全县稳中求进的工作总基调下,主要经济指标处于合理区间,居民经营性收入有待进一步提升。

【财产净收入】 2016年,全县城镇居民人均财产性收入5246元,同比增长15.5%,增幅较上年同期提升3.7个百分点。得益于楼市的回暖,财产性收入从2015年开始一路平稳增长,城镇居民红利、利息、房租收入等均有较好表现。

【转移净收入】 2016年,城镇居民转移性收入6589元,同比增长18.8%,增幅较上年同期提升8.3个百分点。机关事业单位离退休人员离退休费调整到位,促进离退休人员离退休金收入快速增长,是转移净收入较快增长的主要因素之一。

【城镇居民消费支出】 2016年,城镇居民生活消费支出27959元,同比增长12.8%,消费支出增速高于收入增速。食品烟酒、居住支出占比将近一半。全年,城镇居民人均食品烟酒支出7998元,居住支出5930元,分别增长7.5%和15.8%,两大支出占总消费支出的49.8%,"住"和"食"是城镇居民消费大头。受消费价格因素影响,食品烟酒仍保持较高增速。交通通信、教育文化娱乐、衣着支出是消费中坚力量。2016 年，嘉善城镇居民人均交通通信支出 5017 元，教育文化娱乐支出 3933 元，衣着支出 1725 元，分别增长 14.8%、12.8%和 9.9%，3 项支出占总消费支出 38.2%。医疗保健、生活用品及服务、其他用品和服务支出增速回升。2016 年，全县城镇居民人均在医疗保健、生活用品及服务、其他用品和服务分别支出 1267 元、1494 元、595 元，同比增长 23.6%、14.2%和 26.9%，增速比上年分别回升 24.2 个、15.7 个和 32.3 个百分点。

【农村居民收支的主要特征】 2016 年，农村居民人均可支配收入 29514 元，同比增长 8.5%，保持近年来农村居民收入增长略快于城镇居民收入增长的态势。四项收入齐头并进。农村居民人均工资性收入 18536 元，同比增长 7.5%，是推动农民收入增长的主要原因；转移净收入稳步提高，随着退休人员的增加和退休金标准持续提高，社会保障制度不断完善，农村居民可支配收入中，转移性收入 1712 元，增长 19.6%，转移收入成为农村居民收入增长的主动力；经营净收入保持平稳增长，2016 年，农村居民可支配收入中的经营净收入 7358 元，增长 9.4%，是农村居民收入的第二大来源；财产净收入增长也比较平稳，农村居民人均财产净收入 1908 元，增长 5.5%。2016 年，居民收入增速农村比城镇快 1.1 个百分点。城乡居民收入差距进一步缩小，收入倍差 1.69 比上年同期缩小 0.02。生活稳步向好。农村居民消费水平继续提高，消费结构逐步优化。生存消费保持稳定，其中食品烟酒、居住和生活用品及服务人均分别支出 5282 元、2675 元和 775 元，同比分别增长 3.2%、1.1%和 7.4%，衣着人均支出 932 元，同比下降 4.4%；享受型和发展型消费支出继续增加，其中教育文化娱乐和医疗保健支出分别为 2052 元和 988 元，分别增长 18.1% 和 22.5%。消费同步增长。收入增长的同时，居民生活消费支出随收入呈同步增长的态势。全年，农村居民人均生活消费支出 16562 元，比上年同期增长 19.6%，八大类消费支出“六增二降”。（江　曦）

经济建设

CFLD
华夏幸福
嘉善高铁新城2016年新建项目集体开工仪式
市政道路
产业园
JIASHAN
嘉善高铁新城
学校
公共设施
云湖
JIASHAN
嘉善高铁新城

综　述

2016年，嘉善县实现农业增加值24.05亿元，同比下降0.9%；农民人均纯收入29514元，同比增长8.5%；第二轮强村计划基本收官，村均集体经济经常性收入168万元。粮食播种面积2.72万公顷(40.75万亩)，同比减少333.34公顷(0.5万亩)；总产量18.2万吨，同比减少0.2万吨。其中晚稻1.62万公顷(24.3万亩)，同比基本持平，平均单产578千克/亩，同比增加6千克/亩。经济作物面积1.63万公顷(24.43万亩)，其中大棚0.33万公顷(5万亩)。食用菌面积4183.33亩(其中工厂化生产比例5.3%)，优质双胞蘑菇成为G20会议国宴特供农产品；水果面积1800公顷(2.7万亩)，总产量4.13万吨；花卉苗木面积973.34公顷(1.46万亩)；水产养殖0.43万公顷(6.5万亩)。累计完成农村绿化227.1公顷(3406.6亩)，新发展经济林面积102.6公顷(1539.7亩)，新增省级森林村庄3个、市级绿化示范村4个。全年出栏生猪9.6万头、家禽122万羽，年底实际存栏家禽50万羽，生猪养殖基本清零。

2016年，嘉善县被评为农业部水稻绿色高产高效创建项目实施县，并承办3次省级现场会。成功承办全省蘑菇轻简化生产技术现场观摩会。年内，嘉善县先后获全国水产技术推广示范站、省级农产品质量安全放心示范县、第一批国家农产品质量安全县等称号。开展现代生态循环农业试点县建设，继续推进千亿斤粮食产能田间工程、中央水稻产业提升、农业部水稻绿色高产高效创建示范县补贴、省级粮食生产功能区以奖代补等项目建设，推动浙江省农业重大项目(嘉善县精品农业园区)建设，创建省级森林城市。

2016年，嘉善县登记注册农民专业合作社323家，正常运作201家，入社社员5111户，基地面积9600公顷(14.4万亩)，占全县耕地面积37.93%，带动农户数3.25万户。其中，市级规范化合作社68家，市级示范性合作社12家，省级示范性合作社14家，国家级示范性合作社9家。合作社年销售总收入3.8亿元，经营盈余3.5亿元。全县有县级以上农业龙头企业39家(其中省级4家、市级22家)，家庭农场(渔场)258家(其中省级示范性6家、市级示范性5家)，2016年，成功举办“沪嘉农产品基地对接洽谈会”，全年供沪农产品34万吨，销售总额23亿元，超过县农业总产值的50%。

全面完成畜禽养殖业转型升级工作。累计拆除违章猪舍21.57万平方米、违章禽舍2.11万平方米、规模水禽场6个，至6月底，全县实现生猪清零。出台《关于鼓励生猪养殖业转型发展的意见》，鼓励引导养殖户转产转业。提供推进农业转型升级财政支持2122.17万元。

开展农村承包土地经营权抵押贷款国家级试点改革，全年累计发放抵押贷款283笔，金额3.247亿元，其中农村集体经济股权抵押24笔，贷款金额1307万元；农民住房财产权抵押90笔，贷款金额1293万元；农村承包土地流转经营权抵押169笔，贷款金额29870万元。开展“三位一体”改革，全面启动农村承包土地确权颁证工作，对102个村开展调查摸底，完成调查数49237户、承包地测绘户数1874户，实测承包地面积991.93公顷(14879亩)。出台嘉善县首个土地流转扶持政策,全县累计流转土地1.12万公顷(16.72万亩),流转率49.24%(全县土地面积按照承包权证面积33.9635万亩计算)。

鼓励生态循环,保证主要农副产品安全放心。全年农作物统防统治9133.33公顷(12.2万亩),应用绿色防控技术5400公顷(8.1万亩),推广测土配方施肥60.14万亩次,投入渔业资源增殖项目82万元,实施标准农田质量提升2733.33公顷(4.1万亩),春秋两季防治加拿大一枝黄花5371亩次,无害化处理生猪2500头。全县农产品质量安全合格率稳定在98%,无重大农产品质量安全事故。建立农产品质量安全智慧监管系统——"农安嘉善"APP和微信公众号,为全县236名农产品质量安全监管员及农技人员配备移动终端,建成138个农产品可追溯示范基地。10月26日,全省深化农产品质量安全追溯暨智慧监管APP工作推进现场会在嘉善县召开。在全国"两创"现场会上,嘉善县就农产品质量安全监管典型做法作交流发言,并被国务院办公厅2016年第49期信息专报录用。建设完成嘉善县水产品质量管理平台,实现生产实时监测。形成生产可追溯、环境实时监控、水质在线监测、病害远程诊断于一体的"四位一体"监管系统。

发展以农产品网上销售为主的农村电商产业。魏塘一里谷企业与灰大狠网络科技(上海)有限公司签订战略合作协议;罗星街道马家桥村电子商务综合平台运行良好,2016年线上累计销售6702单,并通过线上线下联动的方式,带动线下销售2250吨甜瓜;天凝洪溪村"辣妈宝贝"电子商务微商城平台于5月15日上线,推出服装租赁、农产品采摘、糕点制作、乡村生活四大类产品,实现从文化到农村经济的跨界发展。(李　李)

2016年度嘉善县无公害农产品产地一览表

表1

序号	认证主体名称	认证产品	产品商标	产品类别	年销售额(万元)	产地证书编号	产地初次认定(复查换证)日期	产地证书到期日期	产地认定面积(公顷)	镇(街道)
1	嘉善县丁栅镇农技服务部	番茄	东泉	蔬菜类	11520	WNCR-ZJ13-12173	2013-12-01	2016-12-01	800	姚庄镇
2	嘉善县惠民蔬菜专业合作社	鲜食大豆	翠丰	蔬菜类	550	WNCR-ZJ13-12163	2013-12-01	2016-12-01	340.5	惠民街道
3	嘉善魏塘智果莴笋专业合作社	莴笋	—	蔬菜类	1649	WNCR-ZJ13-12164	2013-12-01	2016-12-01	205.7	魏塘街道
4	嘉善县干窑粮油工贸有限公司	稻米	干窑	粮油类	1000	WNCR-ZJ13-12167	2013-12-01	2016-12-01	710.7	干窑镇
5	嘉善县锦雪农产品实业公司	茄子	锦雪	蔬菜类	12600	WNCR-ZJ13-12170	2013-12-01	2016-12-01	266.7	姚庄镇
		番茄	锦雪	蔬菜类	1300					姚庄镇
6	嘉善粮油食品工贸有限公司	大米	银杜鹃	粮油类	2100	WNCR-ZJ13-12165	2013-12-01	2016-12-01	961.5	西塘镇
7	嘉善魏塘益农西甜瓜专业合作社	西瓜	银嘉膳	水果类	1350	WNCR-ZJ14-12133	2014-12-01	2017-12-01	200	罗星街道

续表 1

序号	认证主体名称	认证产品	产品商标	产品类别	年销售额（万元）	产地证书编号	产地初次认定（复查换证）日期	产地证书到期日期	产地认定面积（公顷）	镇(街道)
8	嘉善魏塘秀绿粮油专业合作社	番茄	银嘉膳	蔬菜类	735.4	WNCR-ZJ14-12035	2014-12-01	2017-12-01	66.7	魏塘街道
9	嘉善县惠民蔬菜专业合作社	黄瓜	翠丰	蔬菜类	1500	WNCR-ZJ15-13023	2015-10-01	2018-09-30	133.3	惠民街道
10	嘉善汾湖观光果园	柑橘	汾湖滩	水果类	393.8	WNCR-ZJ16-11004	2016-05-01	2019-04-30	35	陶庄镇
11	嘉善县兴农粮食专业合作社	茭白	—	蔬菜类	918	WNCR-ZJ13-12169	2013-12-01	2016-12-01	36	姚庄镇
12	嘉善县陶庄黄桃专业合作社	黄桃	善丰	水果类	380	WNCR-ZJ13-12161	2013-12-01	2016-12-01	34.33	陶庄镇
13	嘉善金穗粮食专业合作社	大米	陶箩	粮油类	106.13	WNCR-ZJ13-12162	2013-12-01	2016-12-01	66.7	陶庄镇
14	嘉善靓尚品果业专业合作社	蓝莓	—	水果类	8570	WNCR-ZJ15-13024	2015-10-01	2018-09-30	170	魏塘街道
15	嘉善秀绿粮油专业合作社	草莓	—	水果类	4950	WNCR-ZJ15-11087	2015-07-01	2018-06-01	807	魏塘街道
		稻谷	—	粮油类						魏塘街道
16	嘉善保丰粮油专业合作社	稻谷	—	粮油类	1260	WNCR-ZJ14-12134	2014-12-01	2017-12-01	500	罗星街道
17	嘉善县新润果蔬专业合作社	白菜	—	蔬菜类	516	WNCR-ZJ15-13079	2015-10-01	2018-09-30	135	惠民街道
		黄瓜	—	蔬菜类	1125					惠民街道
18	嘉善县干窑富硒农产品专业合作社	大米	—	粮油类	450	WNCR-ZJ15-12037	2015-09-01	2018-08-01	200	干窑镇
19	嘉善县干窑镇范东植保专业合作社	稻谷	—	粮油类	600	WNCR-ZJ15-12038	2015-09-01	2018-08-01	267	干窑镇
20	嘉善县长浜南瓜专业合作社	南瓜	—	蔬菜类	1000	WNCR-ZJ15-12039	2015-09-01	2018-08-01	133	干窑镇
21	嘉善金湖猕猴桃种植园	猕猴桃	—	水果类	500	WNCR-ZJ15-11140	2015-07-01	2018-06-01	34	陶庄镇
22	嘉善县大云果蔬花卉发展有限公司	茄子	—	蔬菜类	200	WNCR-ZJ15-13022	2015-10-01	2018-09-30	1000	大云镇
23	嘉善星河葡萄专业合作社	葡萄	—	水果类	100	WNCR-ZJ15-13078	2015-10-01	2018-09-30	33.3	天凝镇

续表 1

序号	认证主体名称	认证产品	产品商标	产品类别	年销售额(万元)	产地证书编号	产地初次认定(复查换证)日期	产地证书到期日期	产地认定面积(公顷)	镇(街道)
24	嘉善兴龙果蔬有限公司	甜瓜	—	水果类	1000	WNCR-ZJ15-13082	2015-10-01	2018-09-30	3.6	西塘镇
25	嘉善县临沪果蔬专业合作社	蘑菇	—	食用菌类	235	WNCR-ZJ15-13081	2015-10-01	2018-09-30	3.33	姚庄镇
26	嘉善杨庙雪菜专业合作社	鲜雪菜	—	蔬菜类	2400	WNCR-ZJ15-13080	2015-10-01	2018-09-30	400	天凝镇
27	嘉善县丰产粮油专业合作社	大米	—	粮油类	1750	WNCR-ZJ12-12346	2016-12-01	2019-11-30	666	惠民街道
28	嘉善县新润果蔬专业合作社	茄子	—	蔬菜类	19500	WNCR-ZJ12-12347	2016-12-01	2019-11-30	1133	惠民街道
		菜用大豆	—	蔬菜类	1500					
29	嘉善翔益粮食专业合作社	大米	—	粮油类	260	WNCR-ZJ16-12072	2016-06-01	2019-05-30	135	陶庄镇
30	嘉善聚丰粮食专业合作社	大米	—	粮油类	390	WNCR-ZJ16-12071	2016-06-01	2019-05-30	200	陶庄镇
31	嘉善县良丰甜瓜专业合作社	甜瓜	—	水果类	1210	WNCR-ZJ12-12352	2016-12-01	2019-11-30	200	干窑镇
32	嘉善县窑温果蔬专业合作社	甜瓜	—	水果类	1140	WNCR-ZJ12-12353	2016-12-01	2019-11-30	200	干窑镇
33	嘉善县长丰果蔬专业合作社	葡萄	—	水果类	300	WNCR-ZJ12-12354	2016-12-01	2019-11-30	20	干窑镇
34	嘉善锦港果蔬专业合作社	芦笋	—	蔬菜类	300	WNCR-ZJ16-12067	2016-06-01	2019-05-31	13.33	姚庄镇
35	嘉善银水庙果蔬专业合作社	双孢蘑菇	—	食用菌类	420	WNCR-ZJ16-12066	2016-06-01	2019-05-31	3.33	姚庄镇
36	嘉善县优依瓜果种植场	甜瓜	—	水果类	4596	WNCR-ZJ13-11386	2016-12-01	2019-11-30	224	魏塘街道
37	嘉善张氏果蔬专业合作社	甜瓜	—	水果类	4360	WNCR-ZJ16-12068	2016-06-01	2019-05-31	225	魏塘街道
38	嘉善祥民果蔬专业合作社	黄瓜	—	蔬菜类	2293	WNCR-ZJ16-12069	2016-06-01	2019-05-31	215	魏塘街道
39	嘉善县农星植保专业合作社	大米	—	粮油类	235	WNCR-ZJ13-11375	2013-08-01	2016-07-31	940.9	西塘镇
40	嘉善红菱粮油专业合作社	大米	—	粮油类	155	WNCR-ZJ16-12070	2016-06-01	2019-05-31	666.7	西塘镇
41	嘉善苑博果蔬专业合作社	番茄	—	蔬菜类	230	WNCR-ZJ13-11399	2013-08-01	2016-07-31	14	姚庄镇

续表 1

序号	认证主体名称	认证产品	产品商标	产品类别	年销售额（万元）	产地证书编号	产地初次认定（复查换证）日期	产地证书到期日期	产地认定面积（公顷）	镇（街道）
42	嘉善县姚庄镇兴华农场	芦笋	—	蔬菜类	300	WNCR-ZJ13-11400	2013-08-01	2016-07-31	13.67	姚庄镇
43	嘉善县青龙港果蔬专业合作社	葡萄	—	水果类	330	WNCR-ZJ13-11350	2013-08-01	2016-07-31	15	天凝镇
44	嘉善县西塘镇农工商开发服务公司	大米	—	粮油类	160	WNCR-ZJ13-12637	2013-12-01	2016-12-01	422.07	西塘镇
45	嘉善旺农蔬菜专业合作社	甜瓜	—	水果类	200	WNCR-ZJ13-12638	2013-12-01	2016-12-01	13.33	罗星街道
46	嘉善五农食用菌专业合作社	蘑菇	—	食用菌类	360	WNCR-ZJ13-12639	2013-12-01	2016-12-01	5.56	干窑镇
47	嘉善县干窑镇金丰休闲园	草莓	—	水果类	190	WNCR-ZJ13-12640	2013-12-01	2016-12-01	10	干窑镇
48	嘉善县南加州葡萄庄园有限公司	葡萄	—	水果类	700	WNCR-ZJ13-12641	2013-12-01	2016-12-01	50	干窑镇
49	嘉善绿尚果蔬专业合作社	番茄	—	蔬菜类	870	WNCR-ZJ13-12642	2013-12-01	2016-12-01	100	干窑镇
		甜瓜	—	水果类	420					
50	嘉善宏杨果蔬专业合作社	葡萄	—	水果类	240	WNCR-ZJ13-12643	2013-12-01	2016-12-01	14	天凝镇
51	嘉善县乾贸黄桃专业合作社	黄桃	—	水果类	1080	WNCR-ZJ13-12644	2013-12-01	2016-12-01	120	魏塘街道
52	嘉善为丰农机专业合作社	大米	—	粮油类	2880	WNCR-ZJ13-12645	2013-12-01	2016-12-01	1100	魏塘街道
53	嘉善县小白龙果蔬专业合作社	甜瓜	—	水果类	800	WNCR-ZJ13-12646	2013-12-01	2016-12-01	33.3	天凝镇
54	嘉善县三益果蔬产销专业合作社	葡萄	—	水果类	330	WNCR-ZJ13-12647	2013-12-01	2016-12-01	14.7	天凝镇
55	嘉善三禧果蔬专业合作社	甜瓜	—	水果类	200	WNCR-ZJ13-12648	2013-12-01	2016-12-01	15	天凝镇
56	嘉善县陶庄镇伯明农场	葡萄	—	水果类	22.5	WNCR-ZJ13-12649	2013-12-01	2016-12-01	14.4	陶庄镇
		甜瓜	—	水果类	148.8					
57	嘉善县陶庄丁家桥瓜果专业合作社	葡萄	—	水果类	280	WNCR-ZJ13-12650	2013-12-01	2016-12-01	18.5	陶庄镇

续表 1

序号	认证主体名称	认证产品	产品商标	产品类别	年销售额（万元）	产地证书编号	产地初次认定（复查换证）日期	产地证书到期日期	产地认定面积（公顷）	镇（街道）
58	嘉善淞浩生态农业有限公司	樱桃	—	水果类	2560	WNCR-ZJ14-12403	2014-12-01	2017-12-01	43	魏塘街道
59	嘉善县银辉食用菌专业合作社	凤尾菇	—	食用菌类	897	WNCR-ZJ14-12404	2014-12-01	2017-12-01	365万袋	姚庄镇
60	嘉善县姚庄镇晨盛农场	芦笋	—	蔬菜类	132	WNCR-ZJ14-12405	2014-12-01	2017-12-01	5.6	姚庄镇
61	嘉善棚友蔬果专业合作社	番茄	—	蔬菜类	230	WNCR-ZJ14-12406	2014-12-01	2017-12-01	5	姚庄镇
62	嘉善天品果蔬专业合作社	番茄	—	蔬菜类	128	WNCR-ZJ14-12407	2014-12-01	2017-12-01	13.5	姚庄镇
63	嘉善嘉鹭休闲农业有限公司	罗勒、食用甘薯叶	—	蔬菜类	320	WNCR-ZJ14-12408	2014-12-01	2017-12-01	8	大云镇
64	嘉善县惠民街道农甜家庭农场	梨、李子	—	水果类	80	WNCR-ZJ14-12409	2014-12-01	2017-12-01	7.3	惠民街道
65	嘉善县惠丰果蔬专业合作社	梨	—	水果类	40	WNCR-ZJ14-12410	2014-12-01	2017-12-01	6.67	惠民街道
66	嘉善浩天果蔬专业合作社	厚皮甜瓜	—	水果类	150	WNCR-ZJ14-12411	2014-12-01	2017-12-01	16.67	天凝镇
67	嘉善天缘果蔬专业合作社	葡萄	—	水果类	300	WNCR-ZJ14-12412	2014-12-01	2017-12-01	17	西塘镇
68	嘉善荻沼水果专业合作社	桃	—	水果类	800	WNCR-ZJ14-12413	2014-12-01	2017-12-01	6.67	西塘镇
69	嘉善康绿农产品专业合作社	厚皮甜瓜	—	水果类	160	WNCR-ZJ14-12414	2014-12-01	2017-12-01	5.07	惠民街道
70	嘉善天鹏食用菌专业合作社	火龙果	—	水果类	37.5	WNCR-ZJ14-12415	2014-12-01	2017-12-01	3.33	姚庄镇
71	嘉善县南张雪菜专业合作社	分蘖芥	—	蔬菜类	140	WNCR-ZJ14-12416	2014-12-01	2017-12-01	14	天凝镇
72	嘉善县宝农粮食专业合作社	大米	—	粮油类	46.4	WNCR-ZJ14-12417	2014-12-01	2017-12-01	23.3	陶庄镇
73	嘉善自胜粮油专业合作社	稻谷	—	粮油类	75	WNCR-ZJ14-12418	2014-12-01	2017-12-01	66.67	罗星街道
74	嘉善县陶庄镇多多家庭农场	厚皮甜瓜	—	水果类	40	WNCR-ZJ15-11273	2015-07-01	2018-06-30	3.59	陶庄镇
75	嘉善凝丰粮油专业合作社	稻谷	—	粮油类	420	WNCR-ZJ15-11274	2015-07-01	2018-06-30	100	天凝镇

续表 1

序号	认证主体名称	认证产品	产品商标	产品类别	年销售额（万元）	产地证书编号	产地初次认定（复查换证）日期	产地证书到期日期	产地认定面积（公顷）	镇（街道）
76	嘉善县凝洪粮油农机果蔬专业合作社	厚皮甜瓜	—	水果类	20	WNCR-ZJ15-11275	2015-07-01	2018-06-30	3.33	天凝镇
77	嘉善县开欣家庭农场	菜用大豆	—	蔬菜类	120	WNCR-ZJ15-11276	2015-07-01	2018-06-30	13.33	干窑镇
78	嘉善县绿缘生态农场	芦笋	—	蔬菜类	93	WNCR-ZJ15-11277	2015-07-01	2018-06-30	3.53	干窑镇
79	嘉善县绿莓果蔬专业合作社	厚皮甜瓜	—	水果类	150	WNCR-ZJ15-11278	2015-07-01	2018-06-30	13.33	干窑镇
80	嘉善永冠果蔬专业合作社	草莓	—	水果类	60	WNCR-ZJ16-11100	2016-05-01	2019-04-30	5.34	干窑镇
81	嘉善东龙果蔬专业合作社	番茄	—	蔬菜类	150	WNCR-ZJ16-11101	2016-05-01	2019-04-30	6.67	惠民街道
82	嘉善锦橙园艺专业合作社	柚	—	水果类	200	WNCR-ZJ16-11102	2016-05-01	2019-04-30	33	姚庄镇
83	嘉善县天凝镇唐家桥水果种植园	厚皮甜瓜	—	水果类	108	WNCR-ZJ16-11103	2016-05-01	2019-04-30	5.99	天凝镇
84	嘉善县小可爱果蔬专业合作社	厚皮甜瓜	—	水果类	160	WNCR-ZJ16-11104	2016-05-01	2019-04-30	6.95	天凝镇
85	嘉善悦华黄桃专业合作社	桃	—	水果类	—	WNCR-ZJ16-12165	2016-06-01	2019-05-30	10.7	西塘镇
86	嘉善县西塘柑橘专业合作社	柑橘	—	水果类	115	WNCR-ZJ16-13091	2016-09-01	2019-08-31	20	西塘镇
87	嘉善农绿蔬菜专业合作社	芦笋	—	蔬菜类	99	WNCR-ZJ16-13081	2016-09-01	2019-08-31	4	姚庄镇
		草菇	—	食用菌类	245				9600平方米	
88	嘉善县惠民水产专业合作社	南美白对虾	三润	淡水养殖	—	WNCR-ZJ13-80284	2013-12-01	2016-12-01	49	惠民街道
89	嘉善县东记水产专业合作社	中华绒螯蟹	—	淡水养殖	—	WNCR-ZJ13-80049	2013-07-01	2016-07-01	36.8	姚庄镇
90	嘉善县白鱼荡蟹业专业合作社	中华绒螯蟹	河神	淡水养殖	—	WNCR-ZJ13-80053	2013-07-01	2016-07-01	53.86	姚庄镇
91	嘉善县干窑生态鱼专业合作社	青鱼	干窑	淡水养殖	—	WNCR-ZJ13-80277	2013-12-01	2016-12-01	19.2	干窑镇

续表 1

序号	认证主体名称	认证产品	产品商标	产品类别	年销售额（万元）	产地证书编号	产地初次认定（复查换证）日期	产地证书到期日期	产地认定面积（公顷）	镇(街道)
92	嘉善长秀龟鳖养殖有限公司	中华鳖	—	淡水养殖	—	WNCR-ZJ13-80278	2013-12-01	2016-12-01	13.33	魏塘街道
93	嘉善农升鳅业特种养殖有限公司	泥鳅	—	淡水养殖	—	WNCR-ZJ13-80279	2013-12-01	2016-12-01	13.5	魏塘街道
94	嘉善汾湖水产有限公司	河蟹	汾湖	淡水养殖	—	WNCR-ZJ13-80286	2013-12-01	2016-12-01	240	陶庄镇
95	浙江省嘉善县六塔鳖业有限责任公司	中华鳖	六塔	淡水养殖	—	WNCR-ZJ13-80283	2013-12-01	2016-12-01	34.2	姚庄镇
96	嘉善龙腾鳖业专业合作社	中华鳖	洪家滩	淡水养殖	—	WNCR-ZJ13-80287	2013-12-01	2016-12-01	33.5	天凝镇

2016 年度嘉善县无公害农产品一览表

表 2

序号	认证主体名称	认证产品	产品商标	产品类别	年产量（吨）	年销售额（万元）	年销售量（吨）	产品证书编号	初次（复查换证）获证日期	产品证书到期日期	法人代表	内检员	联系电话	镇（街道）
1	嘉善县丁栅镇农技服务部	番茄	东泉	蔬菜类	48000	11520	—	WGH-03-00478	2013-12-27	2016-12-27	李　伟	唐季龚	0573-84779577	姚庄
2	嘉善县惠民蔬菜专业合作社	鲜食大豆	翠丰	蔬菜类	2500	550	—	WGH-03-00480	2013-12-27	2016-12-27	文稼穗	陆其生	0573-84646310	惠民
3	嘉善魏塘智果莴笋专业合作社	莴笋	—	蔬菜类	12000	1649	—	WGH-07-06480	2013-12-27	2016-12-27	杨川根	唐叙明	0573-84124026	魏塘
4	嘉善县锦雪农产品实业公司	茄子	锦雪	蔬菜类	18000	12600	—	WGH-07-06478	2013-12-27	2016-12-27	李　伟	唐季龚	0573-84779577	姚庄
5	嘉善县锦雪农产品实业公司	番茄	锦雪	蔬菜类	5000	1300	—	WGH-07-06479	2013-12-27	2016-12-27	李　伟	唐季龚	0573-84779577	姚庄
6	嘉善粮油食品工贸有限公司	大米	银杜鹃	粮油类	5000	2100	—	WGH-08-03931	2013-12-27	2016-12-27	芮志苴	於怡美	0573-84022006	西塘
7	嘉善魏塘益农西甜瓜专业合作社	西瓜	银嘉膳	水果类	5200	1350	—	WGH-05-01612	2014-12-29	2017-12-28	浦超群	浦超群	13819351043	罗星
8	嘉善魏塘秀绿粮油专业合作社	番茄	银嘉膳	蔬菜类	4320	735.4	—	WGH-09-04717	2014-11-28	2017-11-27	张春明	叶小红	0573-84124026	魏塘
9	嘉善县惠民蔬菜专业合作社	黄瓜	翠丰	蔬菜类	7500	1500	—	WGH-12-09818	2015-12-02	2018-12-01	文稼穗	陆其生	0573-84646311	惠民

续表 2

序号	认证主体名称	认证产品	产品商标	产品类别	年产量（吨）	年销售额（万元）	年销售量（吨）	产品证书编号	初次（复查换证）获证日期	产品证书到期日期	法人代表	内检员	联系电话	镇（街道）
10	嘉善汾湖观光果园	柑橘	汾湖滩	水果类	1680	1680	—	WGH-09-08377	2016-05-13	2019-05-12	陈秋其	顾永林	13867340560	陶庄
11	嘉善县兴农粮食专业合作社	茭白	—	蔬菜类	2700	918	—	WGH-11-02544	2013-12-27	2016-12-27	姚国华	姚国华	13918211962	姚庄
12	嘉善县陶庄黄桃专业合作社	黄桃	善丰	水果类	620	380	—	WGH-11-02543	2013-12-27	2016-12-27	潘建中	潘建中	13867340560	陶庄
13	嘉善金穗粮食专业合作社	大米	陶箩	粮油类	500	106.13	—	WGH-11-02505	2013-12-27	2016-12-26	杨其荣	嵇　英	13586304576	陶庄
14	嘉善靓尚品果业专业合作社	蓝莓	—	水果类	2550	8570	—	WGH-12-08993	2015-12-02	2018-12-01	庄宏艳	庄宏艳	0573-84121547	魏塘
15	嘉善秀绿粮油专业合作社	草莓	—	水果类	4200	4950	—	WGH-12-05115	2015-06-19	2018-06-18	张春明	张春明	0573-84120861	魏塘
16	嘉善秀绿粮油专业合作社	稻谷	—	粮油类	6003	—	—	WGH-12-05114	2015-06-19	2018-06-18	张春明	张春明	0573-84120861	魏塘
17	嘉善保丰粮油专业合作社	稻谷	—	粮油类	4200	1260	—	WGH-12-05113	2014-12-29	2017-12-28	程江根	程江根	0573-84011032	罗星
18	嘉善县新润果蔬专业合作社	大白菜	—	蔬菜类	4300	516	—	WGH-12-17037	2016-01-29	2019-01-28	林祥根	林祥根	0573-84699272	惠民
19	嘉善县新润果蔬专业合作社	黄瓜	—	蔬菜类	5625	1125	—	WGH-12-08744	2016-01-29	2019-01-28	林祥根	林祥根	0573-84699273	惠民
20	嘉善县干窑富硒农产品专业合作社	大米	—	粮油类	1500	450	—	WGH-12-05996	2015-10-30	2018-10-29	陈益君	陈益君	0573-84611246	干窑
21	嘉善县干窑镇范东植保专业合作社	稻谷	—	粮油类	2000	600	—	WGH-12-06056	2015-10-30	2018-10-29	任其荣	任其荣	0573-84518025	干窑
22	嘉善县长浜南瓜专业合作社	南瓜	—	蔬菜类	1500	1000	—	WGH-12-06057	2015-10-30	2018-10-29	梅其伟	梅其伟	0573-84518026	干窑
23	嘉善金湖猕猴桃种植园	猕猴桃	—	水果类	80	150	75	WGH-12-05894	2016-10-13	2019-10-12	唐文华	唐文华	0573-84866918	陶庄
24	嘉善县大云果蔬花卉发展有限公司	茄子	—	蔬菜类	15000	200	—	WGH-12-16243	2015-12-02	2018-12-01	郁国峰	郁国峰	0573-84666066	大云
25	嘉善星河葡萄专业合作社	葡萄	—	水果类	100	100	—	WGH-12-14942	2016-01-29	2019-01-28	沈其荣	沈其荣	13705830400	天凝
26	嘉善兴龙果蔬有限公司	甜瓜	—	水果类	110	1000	—	WGH-12-17976	2016-01-29	2019-01-28	邬兴根	邬兴根	13606831325	西塘

续表 2

序号	认证主体名称	认证产品	产品商标	产品类别	年产量（吨）	年销售额（万元）	年销售量（吨）	产品证书编号	初次（复查换证）获证日期	产品证书到期日期	法人代表	内检员	联系电话	镇（街道）
27	嘉善县临沪果蔬专业合作社	蘑菇	—	食用菌类	385	235	—	WGH-12-10319	2016-01-29	2019-01-28	郁小弟	郁小弟	0573-84777450	姚庄
28	嘉善杨庙雪菜专业合作社	鲜雪菜	—	蔬菜类	36000	2400	—	WGH-12-12678	2016-01-29	2019-01-28	朱国荣	朱国荣	0573-84912706	天凝
29	嘉善县丰产粮油专业合作社	大米	—	粮油类	3500	1750	—	WGH-13-18573	2013-10-01	2016-09-30	侯海强	侯海强	13506839319	惠民
30	嘉善县新润果蔬专业合作社	茄子	—	蔬菜类	19500	19500	—	WGH-13-14156	2013-10-01	2016-09-30	林祥根	林祥根	13957340093	惠民
31	嘉善县新润果蔬专业合作社	菜用大豆	—	蔬菜类	7800	1500	—	WGH-13-14155	2013-12-01	2016-11-30	林祥根	林祥根	13957340093	惠民
32	嘉善翔益粮食专业合作社	大米	—	粮油类	660	260	—	WGH-13-05144	2013-06-01	2016-05-31	沈雪林	沈雪林	13506833699	陶庄
33	嘉善聚丰粮食专业合作社	大米	—	粮油类	970	390	—	WGH-13-05157	2013-06-01	2016-05-31	褚林明	褚林明	13705830880	陶庄
34	嘉善县良丰甜瓜专业合作社	甜瓜	—	水果类	1350	1210	—	WGH-13-15577	2013-10-01	2016-09-30	董国良	董国良	13567332035	干窑
35	嘉善县窑温果蔬专业合作社	甜瓜	—	水果类	1130	1140	—	WGH-13-15576	2013-10-01	2016-09-30	施伟民	施伟民	13002606727	干窑
36	嘉善县长丰果蔬专业合作社	葡萄	—	水果类	150	300	—	WGH-13-15575	2013-10-01	2016-09-30	董国伟	董国伟	13867313300	干窑
37	嘉善锦港果蔬专业合作社	芦笋	—	蔬菜类	310	300	300	WGH-13-04535	2013-06-01	2016-05-31	张国芳	张国芳	13506830116	姚庄
38	嘉善银水庙果蔬专业合作社	双孢蘑菇	—	食用菌类	425	420	420	WGH-13-03816	2016-09-19	2019-09-18	丁文峰	丁文峰	13905830312	姚庄
39	嘉善县优依瓜果种植场	甜瓜	—	水果类	7661	4596	—	WGH-13-14665	2013-12-01	2016-11-30	徐玲玲	徐玲玲	13605830413	魏塘
40	嘉善张氏果蔬专业合作社	甜瓜	—	水果类	7267	4360	7267	WGH-13-04855	2013-06-01	2016-05-31	张雄伟	张雄伟	13758333733	魏塘
41	嘉善祥民果蔬专业合作社	黄瓜	—	蔬菜类	14334	2293	14334	WGH-13-04543	2013-06-01	2016-05-31	王祥荣	王祥荣	13506832781	魏塘
42	嘉善县农星植保专业合作社	大米	—	粮油类	7057	235	—	WGH-13-17866	2013-12-11	2016-12-10	王志康	王志康	13819357700	西塘
43	嘉善红菱粮油专业合作社	大米	—	粮油类	5040	155	310	WGH-13-13316	2013-06-01	2016-05-31	王掌林	王掌林	13819333868	西塘
44	嘉善苑博果蔬专业合作社	番茄	—	蔬菜类	1060	230	—	WGH-13-14326	2013-12-11	2016-12-10	金金弟	袁　丽	13656834002	姚庄
45	嘉善县姚庄镇兴华农场	芦笋	—	蔬菜类	310	300	—	WGH-13-14589	2013-12-11	2016-12-10	胡建兴	胡建兴	13506830116	姚庄

续表 2

序号	认证主体名称	认证产品	产品商标	产品类别	年产量（吨）	年销售额（万元）	年销售量（吨）	产品证书编号	初次（复查换证）获证日期	产品证书到期日期	法人代表	内检员	联系电话	镇（街道）
46	嘉善县青龙港果蔬专业合作社	葡萄	—	水果类	420	330	—	WGH-13-15155	2013-12-11	2016-12-10	胡建芳	朱国荣	13867362334	天凝
47	嘉善县西塘镇农工商开发服务公司	大米	—	粮油类	2215	160	—	WGH-14-01955	2014-03-18	2017-03-17	万巧华	许　洪	13957341990	西塘
48	嘉善旺农蔬菜专业合作社	甜瓜	—	水果类	500	200	—	WGH-14-01899	2014-03-18	2017-03-17	俞林珍	王明德	13185359585	罗星
49	嘉善五农食用菌专业合作社	蘑菇	—	食用菌类	650	360	—	WGH-14-13951	2014-03-18	2017-03-18	郁善良	郁善良	13736408828	干窑
50	嘉善县干窑镇金丰休闲园	草莓	—	水果类	240	190	—	WGH-14-13954	2014-03-18	2017-03-18	张国文	张国文	13586303283	干窑
51	嘉善县南加州葡萄庄园有限公司	葡萄	—	水果类	350	700	—	WGH-14-13952	2014-03-18	2017-03-18	樊日行	饶保禄	18858340432	干窑
52	嘉善绿尚果蔬专业合作社	番茄	—	蔬菜类	4870	870	—	WGH-14-03537	2014-03-18	2017-03-18	江福荣	许其荣	15968308778	干窑
53	嘉善绿尚果蔬专业合作社	甜瓜	—	水果类	1050	420	—	WGH-14-03538	2014-03-18	2017-03-18	—	—	15968308778	干窑
54	嘉善宏杨果蔬专业合作社	葡萄	—	水果类	250	240	—	WGH-14-08676	2014-03-18	2017-03-18	徐　凤	朱鹏霄	13806713658	天凝
55	嘉善县乾贸黄桃专业合作社	黄桃	—	水果类	2160	1080	—	WGH-14-01902	2014-03-18	2017-03-17	徐秋永	徐秋永	13819321070	魏塘
56	嘉善为丰农机专业合作社	大米	—	粮油类	6000	2880	—	WGH-14-01434	2014-03-18	2017-03-17	戴文康	戴丽英	15967365077	魏塘
57	嘉善县小白龙果蔬专业合作社	甜瓜	—	水果类	1000	800	—	WGH-14-05947	2014-03-18	2017-03-17	王华荣	王华荣	13867325498	天凝
58	嘉善县三益果蔬产销专业合作社	葡萄	—	水果类	220	330	—	WGH-14-04976	2014-03-18	2017-03-17	李玉明	蒋挺靓	13819038911	天凝
59	嘉善三禧果蔬专业合作社	甜瓜	—	水果类	250	200	—	WGH-14-05636	2014-03-18	2017-03-18	屠华军	屠华军	13867333383	天凝
60	嘉善县陶庄镇伯明农场	葡萄	—	水果类	37.5	22.5	—	WGH-14-02250	2014-03-18	2017-03-17	许志英	嵇　英	13586304576	陶庄
61	嘉善县陶庄镇伯明农场	甜瓜	—	水果类	372	148.8	—	WGH-14-02251	2014-03-18	2017-03-17			13586304576	陶庄
62	嘉善县陶庄丁家桥瓜果专业合作社	葡萄	—	水果类	250	280	—	WGH-14-02118	2014-03-18	2017-03-17	何引芳	张俊良	13857333115	陶庄
63	嘉善淞浩生态农业有限公司	樱桃	—	水果类	480	2560	—	WGH-15-03458	2015-06-19	2018-06-18	章红飞	章红飞	13564226086	魏塘

续表 2

序号	认证主体名　称	认证产品	产品商标	产品类别	年产量（吨）	年销售额（万元）	年销售量（吨）	产品证书编　号	初　次（复查换证）获证日期	产品证书到期日期	法人代表	内检员	联系电话	镇（街道）
64	嘉善县银辉食用菌专业合作社	凤尾菇	—	食用菌类	1500	897	—	WGH-15-04950	2015-06-19	2018-06-18	姚其熊	郁　林	16957341611	姚庄
65	嘉善天品果蔬专业合作社	番茄	—	蔬菜类	400	128	—	WGH-15-05165	2015-06-19	2018-06-18	陆全林	陆全林	13600559888	姚庄
66	嘉善棚友蔬果专业合作社	番茄	—	蔬菜类	750	230	—	WGH-15-03346	2015-06-19	2018-06-18	李明浩	仲建刚	13586414493	姚庄
67	嘉善县姚庄镇晨盛农场	芦笋	—	蔬菜类	147	132	—	WGH-15-04075	2015-06-19	2018-06-18	曹晨盛	还　晔	13736896857	姚庄
68	嘉善县宝农粮食专业合作社	大米	—	粮油类	116	46.4	—	WGH-15-03889	2015-06-19	2018-06-18	陶国兴	陶国兴	13625835823	陶庄
69	嘉善县南张雪菜专业合作社	分蘖芥	—	蔬菜类	1470	140	—	WGH-15-03460	2015-06-19	2018-06-18	陈利明	陈利明	13586326582	天凝
70	嘉善浩天果蔬专业合作社	厚皮甜瓜	—	水果类	500	150	—	WGH-15-03420	2015-06-19	2018-06-18	朱志龙	朱志龙	13655730013	天凝
71	嘉善天缘果蔬专业合作社	葡萄	—	水果类	260	300	—	WGH-15-03439	2015-06-19	2018-06-18	朱佩蓓	朱佩蓓	15821537100	西塘
72	嘉善荻沼水果专业合作社	桃	—	水果类	200	300	—	WGH-15-05317	2015-06-19	2018-06-18	柯孔增	柯孔增	13761375432	西塘
73	嘉善自胜粮油专业合作社	稻谷	—	粮油类	600.3	75	—	WGH-15-03174	2015-06-19	2018-06-18	周自胜	周自胜	13004233691	罗星
74	嘉善天鹏食用菌专业合作社	火龙果	—	水果类	12.5	37.5	—	WGH-15-03680	2015-06-19	2018-06-18	赵庆明	赵庆明	13867386908	姚庄
75	嘉善康绿农产品专业合作社	厚皮甜瓜	—	水果类	300	160	—	WGH-15-04069	2015-06-19	2018-06-18	邹桂荣	邹桂荣	13967309289	惠民
76	嘉善县惠丰果蔬专业合作社	梨	—	水果类	100	40	—	WGH-15-03459	2015-06-19	2018-06-18	姚忠明	姚忠明	13575341970	惠民
77	嘉善县惠民街道农甜家庭农场	梨	—	水果类	40	60	—	WGH-15-04112	2015-06-19	2018-06-18	沈利娟	沈利娟	13456206158	惠民
78	嘉善县惠民街道农甜家庭农场	李子	—	水果类	15	80	—	WGH-15-04111	2015-06-19	2018-06-18	沈利娟	沈利娟	13456206158	惠民
79	嘉善嘉鹭休闲农业有限公司	罗勒	—	蔬菜类	95	180	—	WGH-15-05222	2015-06-19	2018-06-18	林淑华	钟为明	13586341113	大云
80	嘉善嘉鹭休闲农业有限公司	食用甘薯叶	—	蔬菜类	95	140	—	WGH-15-05223	2015-06-19	2018-06-18	林淑华	钟为明	13586341113	大云
81	嘉善县陶庄镇多多家庭农场	厚皮甜瓜	—	水果类	100	40	—	WGH-15-12362	20015-09-28	2018-09-27	钱　斌	钱　斌	13656624461	干窑
82	嘉善县绿缘生态农场	芦笋	—	蔬菜类	100	95	—	WGH-15-10311	2015-09-28	2018-09-27	程新娟	程新娟	18868316353	干窑

续表 2

序号	认证主体名称	认证产品	产品商标	产品类别	年产量（吨）	年销售额（万元）	年销售量（吨）	产品证书编号	初次（复查换证）获证日期	产品证书到期日期	法人代表	内检员	联系电话	镇（街道）
83	嘉善县绿莓果蔬专业合作社	厚皮甜瓜	—	水果类	400	150	—	WGH-15-12507	2015-12-02	2018-12-01	干福祥	干福祥	15988372689	干窑
84	嘉善县开欣家庭农场	菜用大豆	—	蔬菜类	200	120	—	WGH-15-12508	2015-12-02	2018-12-01	钱　军	钱　军	13757363886	干窑
85	嘉善县凝洪粮油农机果蔬专业合作社	厚皮甜瓜	—	水果类	50	50	—	WGH-16-02700	2016-05-13	2019-05-12	黄桂花	黄桂花	13600551661	天凝
86	嘉善县天凝镇唐家桥水果种植园	厚皮甜瓜	—	水果类	180	180	—	WGH-16-03972	2016-06-24	2019-06-23	洪道良	洪道良	13806711372	天凝
87	嘉善县小可爱果蔬专业合作社	厚皮甜瓜	—	水果类	200	200	—	WGH-16-03988	2016-06-24	2019-06-23	徐明忠	徐明忠	13867391389	天凝
88	嘉善东龙果蔬专业合作社	番茄	—	蔬菜类	1000	150	—	WGH-16-05576	2016-06-24	2019-06-23	苏其荣	苏正刚	13395735020	干窑
89	嘉善锦橙园艺专业合作社	柚	—	水果类	200	200	—	WGH-16-05030	2016-06-24	2019-06-23	孙长福	薛章辉	13651721743	姚庄
90	嘉善永冠果蔬专业合作社	草莓	—	水果类	60	60	—	WGH-16-05198	2016-06-24	2019-06-23	吴志刚	吴志刚	13705830302	干窑
91	嘉善县惠民水产专业合作社	南美白对虾	三润	淡水养殖	350	—	—	WGH-05-00094	2014-07-29	2017-07-28	陈明方	张希根	0573-84645664	惠民
92	嘉善县干窑生态鱼专业合作社	青鱼	干窑	淡水养殖	285	—	—	WGH-14-05735	2014-07-29	2017-07-28	黄金龙	于友根	0573-84611246	干窑
93	嘉善农升鳅业特种养殖有限公司	泥鳅	—	淡水养殖	40	—	—	WGH-14-01219	2014-03-18	2017-03-17	孙　伟	孙　伟	13506831418	魏塘
94	嘉善汾湖水产有限公司	河蟹	—	淡水养殖	95	—	—	WGH-03-00858	2014-03-18	2017-03-17	黄文荣	徐育强	0573-84866521	陶庄
95	浙江省嘉善县六塔鳖业有限责任公司	中华鳖	—	淡水养殖	180	—	—	WGH-03-00857	2014-03-18	2017-03-17	项建明	陆瑞强	0573-84811103	姚庄
96	嘉善龙腾鳖业专业合作社	中华鳖	—	淡水养殖	213	—	—	WGH-12-02639	2014-07-29	2017-07-28	陈海龙	曹舜刚	0573-84912707	天凝
97	嘉善县东记水产专业合作社	中华绒螯蟹	—	淡水养殖	35	—	—	WGH-14-14451	2014-12-15	2017-12-14	周建华	周建华	15888323233	姚庄
98	嘉善县白鱼荡蟹业专业合作社	中华绒螯蟹	—	淡水养殖	55	—	—	WGH-14-14452	2014-12-15	2017-12-14	沈王毛	沈跃锋	0573-84775360	姚庄
99	嘉善长秀龟鳖养殖有限公司	中华鳖	—	淡水养殖	8	80	—	WGH-14-14442	2014-03-18	2017-03-17	汤海生	沈　林	13867399119	魏塘

2016 年度嘉善县市级以上农业龙头企业

表 3

级　　别	企　　业　　名　　称	经营主业或主导产品
省　　级	嘉善曹安农产品批发有限公司	蔬菜、瓜果、干货、家禽、水产
省　　级	浙江景明果品有限公司	水果、水产品
省　　级	浙江拳王实业有限公司	配合饲料
市　　级	嘉兴碧云花园有限公司	花卉苗木、住宿餐饮会务培训、农业观光（花卉、葡萄、草莓、樱桃番茄、甜瓜、蔬菜）
市　　级	嘉善宏联食品有限公司	速冻蔬菜及水产品
市　　级	嘉善江南食品有限公司	古镇雪菜
市　　级	浙江嘉善杨庙蔬菜厂	雪菜、大头菜
市　　级	嘉善祥盛生态养殖有限公司	龟鳖养殖
市　　级	嘉兴年代速冻食品有限公司	冷冻蔬菜
市　　级	浙江凌龙纺织有限公司	粗纺呢绒、针织纱
市　　级	浙江明辉饲料有限公司	特种水产配合饲料
市　　级	嘉兴泰晟来福食品有限公司	速冻蔬菜
市　　级	嘉善丁栅金鸿制丝有限责任公司	白厂丝
市　　级	嘉善县六塔鳖业有限责任公司	中华鳖养殖
市　　级	嘉善子陵滩酒业有限公司	黄酒
市　　级	浙江粤海饲料有限公司	饲料
市　　级	嘉善县东麟湖蔬菜厂	大头菜、雪菜
市　　级	嘉善尚品农业科技有限公司	农业科技孵化、农产品种植、收购及销售
市　　级	浙江恒兴饲料有限公司	虾、鱼、蟹配合饲料
市　　级	嘉善粮油食品工贸有限公司	大米
市　　级	嘉善佳佳豆制品有限公司	豆制品

2016 年嘉善县省级现代农业园区一览表

表 4

类　　别	名　　　　称	验　收　时　间
综　　合　　区	嘉善南部省级现代农业综合区	2013 年
	嘉善县西塘一姚庄省级现代农业综合区	2014 年
主导产业示范区	嘉善县魏塘蔬菜产业示范区	2011 年
	嘉善县六塔中华鳖示范区	2012 年
	嘉善县陶庄河蟹示范区	2013 年
	嘉善县天凝镇农业主导产业雪菜示范区	2015 年
	嘉善县陶庄省级鳜鱼示范区	2015 年 10 月
	嘉善县罗星街道农业主导产业甜瓜示范区	2014 年

续表 4

类别	名称	验收时间
特色农业精品园	嘉善县明辉南美白对虾精品园	2011 年
	嘉善县干窑草莓精品园	2011 年
	嘉善县天凝葡萄精品园	2012 年
	嘉善县干窑青鱼精品园	2013 年

2016 年度嘉善县绿色食品一览表

表 5

序号	认证主体名称	认证产品	产品商标	产品类别	产品级别	年产量（吨）	年销售额（万元）	企业信息码	产品编号	证书到期日期	监测面积（公顷）	镇（街道）
1	嘉善县惠民蜜梨专业合作社	蜜梨	惠绿	水果类	初级产品	5313.7	2800	GF330421081774	LB-18-1412117526A	2017-12-02	210	惠民
2	嘉善县锦雪农产品实业公司	双孢蘑菇（鲜）	锦雪	食用菌类	初级产品	2000	805	GF330421080116	LB-21-1504111709A	2018-04-24	22.2	姚庄
3	嘉善县洪家滩葡萄产业园	鲜食葡萄	洪家滩	水果类	初级产品	1050	110	GF330421061693	LB-18-1512117779A	2018-12-27	46.7	天凝
4	嘉兴市三高园艺研究所	鲜食葡萄	小蜜蜂	水果类	初级产品	100	100	GF330421061750	LB-18-1512117712A	2018-12-27	4.67	罗星
5	嘉善县惠民蔬菜专业合作社	鲜食大豆	翠丰	蔬菜类	初级产品	3480	750	GF330421070105	LB-07-1601110617A	2019-01-24	388.2	惠民
6	嘉善县范泾草莓专业合作社	草莓（鲜）	范泾	水果类	初级产品	2102	2400	GF330421070837	LB-15-1608114046A	2019-08-02	70.07	干窑
7	嘉善尚品农业科技有限公司	芦笋	尚品源	蔬菜类	初级产品	2000	2320	GF330421120971	LB-15-1509115821A	2018-09-01	67.7	魏塘
8	嘉善县丰乐农技服务专业合作社	大米	缪家	粮油类	初级产品	175	350	GF330421131236	LB-03-1608114830A	2019-08-15	33.3	大云
9	嘉善农绿蔬菜专业合作社	杏鲍菇	利锋	食用菌类	初级产品	360	750	GF330421148081	LB-21-1402110478A	2017-02-01	360万棒	姚庄
10	嘉善靓尚品果业专业合作社	蓝莓	靓尚品	水果类	初级产品	2550	550	GF330421140261	LB-18-1407112255A	2017-07-08	170	魏塘
11	嘉善县西塘镇礼庙葡萄园	葡萄	礼庙	水果类	初级产品	110	72	GF330421140638	LB-18-1409113905A	2017-09-22	4.8	西塘
12	嘉善县锦雪农产品实业公司	锦雪锦绣黄桃	锦雪	水果类	初级产品	5250	6780	GF330421080116	LB-18-1508113646A	2018-08-23	233.3	姚庄
13	嘉兴碧云花园有限公司	葡萄	碧云	水果类	初级产品	100	400	GF330421151004	LB-18-1509113847A	2018-08-31	10	大云
14	嘉善县利丰黄桃专业合作社	锦绣黄桃	利锋	水果类	初级产品	750	1022	GF330421151231	LB-18-1510114830A	2018-10-25	33.3	姚庄

2016 年度嘉善县有机农产品一览表

表 6

序号	认证主体名称	认证产品	产品商标	年产量（吨）	年销售额（万元）	证书编号	初次（保持认证）获证日期	证书到期日期	监测面积（公顷）	镇（街道）
1	嘉善美华水产养殖场	中华鳖	华神	30	500	015OP1200317	2015-09-28	2016-09-27	6.845	嘉善县大云镇缪家村

种　植　业

【概况】 2016 年，嘉善县粮食种植面积 2.72 万公顷（40.75 万亩），同比上年减少 0.03 公顷（0.5 万亩），减幅 1.2%。粮食单产 447 千克/亩，总产量 18.2 万吨，同比上年减少 0.2 万吨，减幅 1%。春粮种植面积 0.83 万公顷（12.45 万亩），同比减少 0.05 万公顷（0.7 万亩）；单产 246 千克/亩，同比减少 20 千克/亩，减幅 7.5%；春粮总产量 3.06 万吨，同比减少 0.44 万吨，减幅 12.6%。三季旱粮作物（大豆、玉米、马铃薯）播种面积 0.27 万公顷（4 万亩），同比增加 0.013 万公顷（0.2 万亩）。其中，大豆面积 0.21 万公顷（3.1 万亩）、玉米面积 0.03 万公顷（0.5 万亩），薯类面积 0.027 公顷（0.4 万亩），鲜荚实物产量同比上年下降 20%。晚稻种植面积 1.62 万公顷（24.3 万亩），单产 578 千克，同比增加 6 千克左右。油菜种植面积 0.06 万公顷（0.85 万亩），同比减少 0.003 万公顷（0.05 万亩）；单产 132 千克/亩，同比减少 22 千克/亩；总产量 1130 吨，同比减少 254 吨，减幅 13.8%。加强农业新技术培训，全年培训农户 2152 人，发放绿色高产技术挂图 11578 份。5—11 月，先后有省水稻“叠盘暗出苗”技术现场会、省水稻绿色增产现场观摩会、省晚稻新品种展示示范现场总结会在嘉善举办。3 次省级现场观摩会期间，累计接受县外考察 9 批次 380 余人。

【粮食生产功能区建设】 陶庄镇翔胜村县级粮食生产功能区等 65 个粮食生产功能区达到认定标准，认定面积 0.16 万公顷（2.39 万亩）。全年实际投入建设资金 3165.16 万元，累计修建（修复）沟渠 42.7 千米，机耕道 20.8 千米，维修泵站 17 处，建设农机下田坡 198 个。建成大型粮食（农机、植保）生产育秧烘干中心 3 个。抓好中央新增千亿斤粮食生产能力、中央水稻产业提升以及功能区以奖代补建设项目。完成总投资 1250 万元的干窑镇田间工程项目；基本完成总投资 1550 万元的西塘镇田间工程项目；总投资 541.5 万元的中央现代农业发展资金水稻产业提升项目于 8 月 15 日完成省级绩效评价。2016 年度第一批和第二批总投资 662 万元项目启动实施。完成总投资 214 万元的粮食生产功能区魏塘街道梁桥村田间工程、干窑镇范东村和西塘镇红菱村以奖代补项目。2016 年，全县建成 244 个粮食生产功能区，总面积 0.96 万公顷（14.4 万亩），功能区内种植粮食作物 1.344 公顷（20.16 万亩），粮食复种指数 156%。

【粮食高产示范方创建】 2016 年，嘉善县申报农业部粮食绿色高产高效创建示范县。实施面积 0.69 万公顷（10.3 万亩），辐射带动面积 1.62 万公顷（24.3 万亩），覆盖 9 个镇（街道），其中，惠民街道大泖村，大云镇缪家村，魏塘街道梁桥村，干窑镇范东村，西塘镇礼庙村、红菱村、星建村，天凝镇镇东村等建立 10 个千亩核心示范片。主要应用甬优系列、秀水系列、嘉 67、浙粳 99、绍粳 18、宁 84、嘉 58 等绿色高产品种和水稻“两壮两高”集成技术，建成叠盘暗出苗控温室 7 个，重点示范基质叠盘暗出苗、植保绿色防控、缓释肥、配方肥、新型氮肥“脲铵”应用等配套技术。经省市县三级田间测产面积 1064.47 公顷（15967 亩），平均单产 697.9 千克/亩，同比全县面上亩均增长 119.9 千克，亩均增效 300 元。实施区平均单产 611.3 千克，同比全县面上亩均增长 33.3 千克，亩均增效 113.2 元。其中，陶庄镇金湖村 6.87 公顷（103 亩）籼粳杂交稻“甬优 7850”，经省级测产平均亩产 854.5 千克;干窑镇范东村 7 公顷(105 亩)"宁 84",平均亩产 668.8 千克;魏塘街道长秀村"秀水 12～14"百亩示范方,经县级测产平均亩产 746 千克。辐射带动全县 1.62 万公顷(24.3 万亩)晚稻亩均节肥 2.2%、节药 3.2%,节本增产增效 41 元,实现节本增产增效 996.3 万元,先进适用技术覆盖率 96.7%以上。

【重大项目建设】 至年底,全县累计建成省级现代农业综合区 2 个、主导产业示范区 6 个、特色农业精品园 4 个,验收面积 0.87 万公顷(13 万亩)。实现总投资 51845 万元,除地方财政外,省级以上投资 13889 万元、业主投入 24285 万元。积极调动各乡镇、农业龙头企业、家庭农场等新型农业生产经营主体参与"一区一镇"建设,推荐姚庄镇申报创建省农业特色强镇。

【蔬菜瓜果种植】 2016 年,全县瓜菜复种面积 16287 公顷(24.43 万亩),比上年增加 1.92%;总产量 59.31 万吨,比上年增加 2.79%;总产值 11.68 亿元,比上年增加 11.66%。其中,蔬菜复种面积 14167 公顷(21.25 万亩),比上年减少 1.25%,产量 52.90 万吨、产值 8.00 亿元,与上年基本持平;西甜瓜复种面积 1773 公顷(2.66 万亩),产量 5.65 万吨,产值 2.60 亿元;草莓播种面积 340 公顷(0.51 万亩),产量 0.75 万吨,产值 1.08 亿元。大棚瓜菜面积继续位居全省前列。2016 年冬春茬大棚瓜菜实种面积 3340 公顷(5.01 万亩),占瓜菜总面积 20.51%,产量 15.88 万吨,占瓜菜总产量 26.77%,产值 7.05 亿元,占瓜菜总产值 60.36%,亩均产值 14072 元,亩均净收入 11070 元(未计人工成本)。露地、小拱棚瓜菜、水生蔬菜种植面积前 7 位的品种分别是普通白菜、鲜食大豆、莲藕、大白菜、茭白、雪菜、结球甘蓝、茄子;大中棚瓜菜种植面积前 8 位的品种分别是甜瓜、番茄、莴笋、茄子、草莓、西瓜、鲜食大豆。

【食用菌栽培】 2016 年,全县有食用菌工厂化生产基地 4 个,生产面积 14.72 万平方米,年总产量 3197 吨,总产值 3150 万元。其中春秋两季双孢蘑菇栽培面积 4183.33 亩,比上年减少 36.52%;总产量 1.8 万吨,比上年减少 29.96%;总产值 1.32 亿元,比上年减少 20.96%。年产杏鲍菇 42 万棒,比上年减少 70.00%;总产值 69 万元,比上年减少 59.41%。春季蘑菇栽培面积 3295 亩,单产 0.70 千克/平方尺,单价 6.96 元/千克,单产值 4.86 元/平方尺,总产量 1.38 万吨,总产值 0.96 亿元。秋季蘑菇栽培面积 533 万平方尺,单产 0.79 千克/平方尺,单价 8.57 元/千克,单产值 6.75 元/平方尺,总产量 0.42 万吨,总产值 0.36 亿元。

【农村绿化造林】 全年完成农村绿化造林面积 231.3 公顷(3469.8 亩),完成计划任务的 136.1%。其中,河道绿化 22.9 公顷(343 亩)、林带林网 27.3 公顷(409.7 亩),集镇绿化 13.5 公顷(202.2 亩),村庄绿化 24.3 公顷(365.2 亩)、经济林 143.3 公顷(2149.7 亩)[设施经济林 15.9 公顷(238.1 亩)、露地经济林 86.8 公顷(1301.6 亩)、片林 40.6 公顷(610 亩)]。天凝镇洪溪村、西塘镇荷池村、惠民街道惠通村被评为省级森林村庄,姚庄镇银水庄村、罗星街道和合社区、干窑镇长生村、天凝镇麟溪村被评为市级绿化示范村。指导各镇(街道)开展绿化养护工作,完成农村林带林网养护面积 355 公顷(5326 亩),其中林带补植面积 91.1 公顷(1367 亩)。

【水果生产基地】 2016 年,新发展经济林面积 102.6 公顷(1539.7 亩),全年经济林产值 2.24 亿元。全县有果树面积 2313.3 公顷(3.47 万亩),其中以锦绣黄桃为主的姚庄镇果树面积 960 公顷(1.44 万亩),以翠冠蜜梨为主的开发区(惠民街道)果树面积 382.35 公顷(5735.2 亩),两大果树生产基地面积占全县果树总面积的 57.9%。天凝镇设施葡萄面积 181.13 公顷(2717 亩),占全县设施葡萄总面积的 35.8%;太浦河沿线的姚庄丁栅片、西塘大舜片和陶庄柑橘生产基地稳定。全县水果品种结构进一步优化和丰富。2016 年水果投产面积 1866.67 公顷(2.8 万亩),总产量 3.86 万吨。

【花卉苗木产业】 2016 年,全县有花卉苗木基地 885.16 公顷(13277.4 亩),总产值 1.3 亿元。其中花卉种植面积 203.1 公顷(3047 亩),同比减少 1.7%;总产量 6913.3 万支(盆),同比减少 42.8%;总产值 6872.3 万元,同比增加 0.04%。花卉中的杜鹃花种植面积 38.5 公顷(578 亩),产量 130 万盆,同比增加 44.4%;产值 1560 万元,同比增加 15.6%。受上海花卉生产基地外移影响,草本盆栽花卉种植面积扩大,全年草本盆花面积 117.5 公顷(1763 亩),产量 448 万盆,产值 2240 万元。苗木产业主要分布在魏塘、惠民、姚庄、陶庄等镇,以种植香樟、榉树为主,面积 682 公顷(10230.4 亩),占全县苗木面积的 61%。

【生态循环农业】 2016 年,完成测土配方施肥技术实施面积 4.10 万公顷(61.54 万亩),建立化肥减量示范方 12 个,推广商品有机肥 1.92 万吨,化肥减量 396 吨;引进"激健"农药减量助剂,建立农企合作示范基地 0.068 万公顷(1.02 万亩),推广统防统治面积 0.813 万公顷(12.2 万亩),农药减量 26 吨。推进秸秆"五化"综合利用,全县农作物秸秆可收集量 17.2 万吨,利用量 16.05 万吨,综合利用率 93.31%(不包含炊事);回收废弃农药包装物 72 吨,处置 68 吨,处置率 94.4%;回收废旧农膜(包括地膜和棚膜) 3823 吨,回收利用率 97.6%。加快推进现代生态循环农业示范样板建设,建成 8 个示范主体。

(徐锡虎 张 晖 徐 丹 凌 微 沈涌汇)

养 殖 业

【概况】 2016 年,嘉善县畜牧业产业结构发生明显变化,年度累计出栏生猪 9.60 万头,同比减少 40.3%,生猪存栏为 0;家禽总存栏 56.46 万羽,同比减少 11.56%,全年家禽出栏 122 万羽,同比下降 16.4%;全年兔存栏 1.71 万只,同比增加 4.27%,兔出栏 4.08 万只,同比增加 1.24%;全年羊存栏 1.38 万只,同比减少 35.51%,羊出栏 1.58 万只,同比减少 7.86%。开展重大动物疫病防控工作,做好羊口蹄疫、小反刍兽疫集中强制免疫和狂犬病等的免疫工作。抓好动物卫生监督执法工作,严格按照国家和行业规定的检疫规程规范检疫工作。加快推进动物检疫电子开证工作,严厉打击随意丢弃病死动物、无检疫合格证经营畜禽等违法案件。坚持养殖、检疫、屠宰等 3 个环节违禁药物监督抽检。按照"户报告、镇(街道)收运、县处理"的无害化收集处理模式,实现病死动物全收集。加强流通领域监管,有效护航 G20 杭州峰会和世界互联网大会乌镇峰会。

【违章畜禽舍清理】 2016 年,全县累计拆除违章猪舍 21.57 万平方米,清退生猪养殖户 2057 户,涉及生猪 74300 头,全面实现生猪清零;累计拆除违章禽舍 2.11 万平方米、规模水禽场 6 个,家禽存栏 50 万羽。全县 9 个镇(街道)被评为"无违章猪舍镇(街道)",118 个行政村(社区)被评为"无违章猪舍村"。

【定点屠宰管理】 年内,全县有屠宰企业 4 家,分别为嘉善县大洋牧业场、嘉善泗洲食品肉类有限公司魏塘屠宰厂、西塘食品站和嘉善新光菜牛屠宰点。全年生猪定点屠宰量 668933 头,菜牛屠宰量 28784 头。2016 年,以打击私屠滥宰和强化生猪定点屠宰场点管理为抓手,组织稽查 75 次,出动执法人员 457 人次,稽查经营户和屠宰场 1362 户次,取缔非法屠宰点 6 个,没收非法屠宰工具 11 件,查获和销毁非法生猪产品 5.6 千克。受理举报投诉电话 4 个,办理县长热线交办单 6 次。

【渔业生产】 2016 年,全县水产养殖面积 4300 公顷(6.45 万亩),比上年减少 93.42 公顷(1401.3 亩),其中池塘养殖面积减少 0.93 公亩(14 亩),稻田养殖面积减少 9 公顷(135 亩),外荡养殖面积减少 83.49 公顷(1252.3 亩)。温室养殖面积 6.17 万平方米,比上年减少 32880 平方米。全年水产品总产量 2.64 万吨,比上年增加 274 吨,其中养殖产量 2.31 万吨,比上年增加 129 吨;捕捞产量 0.33 万吨,比上年增加 145 吨。渔业总产值 7.97 亿元,比上年增加 2292 万元,其中养殖产值 7.16 亿元,比上年减少 210 万元,减少 0.29%;捕捞产值 0.28 亿元,比上年增加 214 万元,增长 8.29%;水产苗种产值 0.53 亿元,比上年增加 2288 万元,增加 76.27%。全县水产养殖品种主要为青鱼、鳜鱼、河蟹、青虾、南美白对虾、甲鱼等,形成鱼类、虾蟹类、龟鳖类三大养殖品种为主的养殖格局。试点推广稻鱼共生、稻鳖共生等稻田养殖模式,开展加州鲈鱼配合饲料替代冰鲜鱼的试点工作。

【渔业设施建设】 实施省海洋与渔业综合管理和产业发展专项资金项目。安排省级财政资金 72 万元,由嘉善县渔政站承担嘉善县渔业资源增殖放流项目,增殖放流鳙鱼、鲢鱼、草鱼和鲤鱼夏花及中华鳖苗种、中华绒螯蟹苗种；安排省级财政资金32万元，由陶庄水产养殖场、天凝镇农技水利服务中心、天凝镇光明村经济合作社承担外荡水域珍珠养殖转产项目，实施完成夏墓荡、潘荡、北许荡、西浒荡、蒋家漾和六百亩荡的104.9公顷（1573.5亩）外荡水域珍珠退养；安排省级财政资金30万元，实施嘉善县西潘荡家庭农场和嘉善县美华水产养殖场承担的稻鱼共生（轮作）现代渔业生产发展工程项目，实施内容为稻田养蟹、稻田养鳖等基础设施改造；分别安排省级财政资金51万元、22万元用于嘉善县渔业局承担的县“四位一体”平台建设项目、水域环境监测和水产品快速检测项目。实施内容为建成集生产追溯、环境监控、水质实时监测和病害远程诊断于一体的水产品质量管理平台，购置渔业水域检测仪器和水产品药残快速检测设备；分别安排省级财政资金48万元、5万元，用于嘉善县水产技术推广站承担的水生动物疫病防治站续建项目和数字渔业地理信息平台建设项目。

【科技推广】 2016年，参加省级中华鳖产业技术渔业创新与推广服务团队，开展中华鳖仿生态养殖模式、稻鳖共生、鱼（虾）鳖混养模式集成创新与示范推广工作；参加浙江省水产动物营养与饲料科技服务团队，开展加州鲈鱼配合饲料替代冰鲜鱼的试点工作，在姚庄、西塘、陶庄3个镇建立3个省级核心示范点，推广面积32.13公顷（482亩）；嘉善县西潘荡家庭农场的稻鱼共生项目被省推广总站列为省级水产节能减排试点之一。5月中旬，组织考察杭州市萧山区池塘循环水养殖技术。10月上旬，组织相关养殖大户参观湖州市池塘循环水养殖技术现场。12月7日，邀请杭州市水产技术推广总站陈凡推广研究员给全县80多名渔业科技示范户作池塘循环水养殖技术专题培训。

【渔政管理】 强化渔业行政许可管理，全年签发长期捕捞许可证666本、临时捕捞许可证37本、苗种许可证到期换证及新办证3本。机动渔船年审536艘，非机动渔船年审140艘，《渔船安全生产责任书》有效签订率100%。履行源头监管职责。以水产品质量安全监管、渔船安全监管为重点，在G20杭州峰会、国庆、中秋等重要时间点开展针对性检查，全年组织各类渔业领域监督检查105次，其中水上巡查70次，联合县综合行政执法局开展检查50次，出动检查人员494人次，检查各类渔船850艘次，养殖企业（户）35户次。9月中旬开始，启动老旧渔船更新改造工作，争取政策支持和省级资金补助。按时完成渔业增殖放流工作。2016年，省、县两级渔业资源增殖项目投入资金82万元，全年放流甲鱼苗4万只、河蟹大眼幼体120千克，河蟹蟹种37.6万只，累计增殖放流各类夏花鱼苗2430万尾，其中鲤鱼500万尾、草鱼300万尾、黄尾密鲴230万尾、鲢鱼700万尾、鳙鱼700万尾。放流各类鱼种40万尾，其中鲫鱼鱼种10万尾，花白鲢鱼种各15万尾。

（陶维贤　吴春其　陆立刚　王　刚）

农业科技

【概况】 2016年，嘉善县以服务“三农”为宗旨，以“一控二减四基本”为技术路径，全面推进整建制现代生态循环农业建设；完善农业公共服务中心建设，做好农业科技推广、农业教育培训和农业科技服务，建立农业科技进步和农业人才培育长效机制，助推全县农业转型升级和现代农业发展。

【科技成果】 组织农业科技人员开展科技创新和科技成果推广。全年有13个项目申请立项，其中省级1项、市级3项、县级14项。水稻“两壮两高”集成栽培技术示范与应用项目获市二等奖，嘉善县农作物秸秆多元化利用技术示范与推广项目、整建制统防统治模式研究与推广项目获市三等奖。县农业技术推广基金会实施试验示范项目7项，其中省级1项、市级3项、县级3项。

【人才培养】 出台《嘉善县2016年新型职业农民培育实施方案》《嘉善县新型职业农民培育认定及管理办法（试行）》等政策文件，探索建立“专门机构＋相关资源＋特色品牌”“农民学校＋实训基地”的培训方式和“理论讲授＋典型经验＋实践考察”的操作模式。全年培训农村实用人才891人，培训新型职业农民502人，农民转移就业技能培训792人、普及性培训3188人，农业实用技术培训1203人。2016年，开展冬春农业科技大培训23期，2600人参加。开展农民学历教育，以农广校为载体，发挥各镇（街道）成人文化技术学校教育点作用，开设“种植类蔬菜生产”等专业培训班4个，招生141人。碧云花园部级农村实用人才培训基地全年开班7期，有701人参加培训，培训对象为家庭农场主和大学生村干部。

【科技下乡】 由省市县农科教、产学研专家与乡土专家组成粮油产业组、蔬菜(食用菌)产业组、林业产业组、农机产业组、水产产业组、生态能源产业组和农产品质量安全组等7个专家组108人，开展农业技术创新与推广服务工作。推广种植业主导品种67个、主推技术36项；推广渔业主导品种8个、技术6项；推广农业机械机具4大类、技术6项；遴选县级农业科技示范户64户、农业科技示范基地5个(其中4个通过验收)、联系基地7个(其中6个通过验收)。组织农业系统专家在全县各镇(街道)开展以“送政策、送科技、送农资、送信息”为内容的农业科技服务。全年组织各类科技下乡服务活动9次，参与推广85人次，发放宣传资料5580份、农药1480包、精致轻质栽培(土)肥400包。

【网络信息】 至年底，农民信箱累计用户37516人，启用人数36569人，启用规范率97%。2016年，发布每日一助信息574条、买卖信息543条、公共信息309条；上传至省网站服务成效信息20篇、收录并发送当地优质农产品第三方平台商品交易页面有效链接176条、采编农产品商务信息79条、开展用户培训3次、媒体宣传5条；掌上农民信箱宣传4次、农民信箱图标链接5个、收编汇录4条；服务对象接到来自各地客户电话、短信等876个，成交和达成意向150万元。全县有118个万村联网村级支网站，发布信息5148条。嘉善县农民信箱工程连续9次获省级先进，8个村被评为省级万村联网“季度之星”。 (沈涌汇)

农业机械化

【概况】 2016年，全县农业机械总动力22.7万千瓦，拥有各类农业机械5.33万台(套)，机具总量减少，结构优化。柴油机、汽油机、电动机动力分别为109496千瓦、3633千瓦、113824千瓦，分别占总动力的48.25%、1.60%和50.15%。农业耕作机械4174台，小型拖拉机逐年减少，大中型拖拉机逐年增加，全年增幅8.1%；种植机械145台，植保机械1374台，保持稳定增长；排灌机械6972台，收获机械190台，收获后处理机械22566台。新型机具增加，其中粮食烘干机增长显著，由上年的104台增加到128台，增幅23%；农产品加工机械1262台，渔业机械4626台，保持稳定；畜牧养殖机械389台，呈直线下降；运输机械1183台，继续呈下降态势；其他机械10051台，与上年持平。2016年全县乡村农机从业人员7077人，农机经营总收入1.49亿元。新增各类农业机械装备650台套，县级以上农机化财政投入2553.13万元。

【农机作业】 全年完成机耕面积2.56万公顷(38.38万亩)，机收面积2.23万公顷(33.38万亩)，机播面积0.4万公顷(6万亩)，主要农作物耕种收综合机械化水平为78.1%，比上年增长1.3个百分点。除农机运输作业量继续下降以外，其他作业量都有不同程度的增加。其中，机械化秸秆处理和机械化烘干处理水平有大幅度提升。全年完成秸秆还田面积1.29万公顷(19.32万亩)，同比增加0.09万公顷(1.4万亩)，增幅7.8%；机械捡拾打捆作业面积0.07万余公顷(1万余亩)；机械植保面积1.42万公顷(21.24万亩)，比上年减少0.13公顷(1.89万亩)；机械加工农产品7.68万吨，与上年持平；机械烘干粮食5.35万吨，比上年增加0.77万吨，增幅16.8%；机械水果分级1.29万吨，冷藏保鲜库存贮量3.38万吨；农机运输作业量1593.81万吨/千米，比上年略为减少。推进设施农业运用、发展钢架大棚、玻璃温室等现代农业设施，年增农业设施面积43.3公顷(650亩)。

【安全生产】 与各镇(街道)签订农机安全生产目标管理责任书，细化考核指标，明确职责任务，建立健全横到边纵到底的责任网络体系。开展创建平安农机促进新农村建设活动，对创建单位进行复评巩固。规范年检年审、牌证发放，严格把好上道拖拉机年度检验关，全年检验上道路拖拉机682台，年检率86%。开展拖拉机、联合收割机、插秧机等免费实地检查备案工作，全年实地检查拖拉机和联合收割机203台，备案登记率88%。开展农机安全生产“打非治违”和农机安全隐患排查治理专项行动，全年组织排查 70 余次，出动人员 150 人次。开展遏制农机较大事故专项行动，全力保障 G20 杭州峰会和世界互联网大会期间农机安全生产。首次将县内变型拖拉机信息录入全国农机监理网站，为后期监管提供基础保障。开展高耗能农业机械报废更新补贴工作，全年报废淘汰高耗能农业机械 150 台。

【社会化服务】 至年底，全县有农机专业服务组织 26 家，其中由村级集体经济组织服务 8 家，其余为农民合作组织或专业大户，从业人员 700 余人，全年完成农机作业面积 1.67 万公顷（25 万亩）。农机专业服务组织除承担全县粮食功能区内的粮食生产全程机械化作业外，还承担全县 60%以上农田耕作和机械植保，部分服务组织还承担代耕代种代收、统防统治、烘干储藏、集中运输等综合服务。通过财政补助项目，全县建设粮食生产育秧烘干中心 12 个，水稻季集中育秧能力 1000 公顷（1.5 万亩）以上，粮食批次烘干能力 1300 吨以上。

【购机补贴】 2016 年，全县农机购置补贴资金 598.21 万元，其中中央补贴资金 358.20 万元、省级补贴资金 53.36 万元、县级补贴资金 186.65 万元，受益户数 113 户，涉及补贴机具 313 台套、秧盘 4.9 万盘，投入农机化推广资金 2553.16 万元。在资金补贴安排上，除中央、省财政规定的补贴外，对机械化植保防治、机械化秸秆处理和机械化烘干等机具，追加享受县财政补贴。（沈卫星）

农业综合开发

【概况】 2016 年，全县投入农业综合开发资金 3803 万元，其中省以上财政资金 2343 万元、县财政配套资金 1077 万元、自筹资金 383 万元。全年实施国家农业综合开发高标准农田建设示范工程项目 2 个，建设高标准农田 1166.67 公顷（1.75 万亩）。项目总投资 3255 万元，其中省以上财政资金 2100 万元，县财政配套资金 1050 万元，镇、村自筹资金 105 万元。全年产业化补助扶持项目 1 个，总投资 548 万元，其中省以上财政资金 243 万元、县财政配套资金 27 万元、自筹资金 278 万元。

【高标准农田项目建设】 开发建设惠民高标准农田项目和欣杨高标准农田项目，面积 0.12 万公顷（1.75 万亩），涉及惠民街道张汇社区、曙光村、惠通村、枫南村和天凝镇欣杨村等 5 个行政村。项目总投资 3255 万元。其中，水利工程投资 1962.92 万元，占 60.30%；田间道路投资 1094.12 万元，占 33.61%；林业工程投资 81.82 万元，占 2.51%；科技工程投资 48.89 万元，占 1.50%；提取管理费用 35.75 万元，占 1.10%；工程管护费 31.5 万元，占 0.97%。新改建排灌站 50 座 570 千瓦，投资 551.51 万元；衬砌渠道 57.58 千米，投资 634.14 万元；埋设管道 20.63 千米，投资 493.25 万元；建造渠系建筑物 3596 处，投资 154.76 万元；铺设机耕路 38.57 千米，投资 886.31 万元；建造机耕桥 7 座，投资 207.82 万元；营造农田防护林 6.93 公顷（104 亩），投资 81.82 万元；规划 4 个科技示范推广项目，投资 48.89 万元。农田项目建成后，新增和改善灌溉面积 940 公顷（1.41 万亩），新增和改善除涝面积 700 公顷（1.05 万亩），年节约水量 89.25 万立方米，增加农田林网防护面积 70 公顷（1050 亩）。

【农业产业化项目扶持】 2016 年，重点扶持农业龙头企业嘉善宏联食品有限公司的产业化补助项目——嘉善县 1500 吨南美白对虾加工改造项目，总投资 548 万元，财政资金扶持 270 万元。项目完成后，年生产能力 1500 吨，年销售收入 3524 万元，新增利税 139 万元，其中净利润 105 万元，形成固定资产总额 545.7 万元。（张栋梁）

工业

综述

2016年，嘉善县712家规上工业企业累计完成产值1090.5亿元，同比增长7.5%，高于全市4.1个百分点；实现规上工业增加值181.9亿元，同比增长9.6%，高于全市4个百分点，产值和增加值增速均列全市第一。全县累计完成工业投资172.67亿元，同比增长14.23%。其中，完成技改投入131.60亿元，占工业生产性投入的76.22%。2016年，嘉善县三次产业结构由上年的5.5∶54.8∶39.7调整为5.2∶53.9∶40.9。

全县工业投资500万元以上新增项目449个，计划总投资235.17亿元。其中，“零土地”技改项目228个，计划总投资68.72亿元，占全部项目投资总额的29.2%。新增亿元以上项目43个，同比增加18个，计划总投资129.62亿元。

深化审批改革，制定出台《关于进一步深化工业企业“零土地”技改项目审批方式改革的若干意见》和《关于印发嘉善县工业企业“零土地”技术改造项目事中事后监管服务实施办法的通知》，以“同步备案、同步整改、同步验收”机制破解企业在发展过程中形成的部分建筑违建、环保设施未到位等影响技改项目审批实施的历史遗留问题，同时加强监管服务，促进政府职能从“重审批、轻监管”向“简审批、重监管”转变。

深化机器换人，制定出台《嘉善县2016年度“机器换人”专项行动方案》《嘉善县“机器换人”公共服务平台建设管理暂行办法》等一系列文件，组建嘉善县公共服务平台，为有“机器换人”“互联网＋智能制造”需求的企业提供方案设计等服务。2016年，完成省级扶持资金拨付方案的制定和审核拨付，涉及省级资金651万元，审核并兑现工业发展资金1858万元，其中技改类项目21个，涉及补助资金744.54万元；

10月21日上午，全省推进工业企业“零土地”技术改造项目审批方式改革现场会走进索菲亚家居（浙江）有限公司、嘉兴和新精冲科技有限公司。 （县开发区 提供）

"机器换人"技改类项目13个，涉及补助资金955.46万元；技术创新类158万元。成功申报木业行业为省"机器换人"试点行业，获得500万元省财政资金奖励。嘉善县获2015年度浙江省工业投资和"机器换人"技术改造考核评价一等奖，得到120万元财政专项资金和120亩新增建设用地计划指标奖励。

制定出台《嘉善县2016年度"美丽园区"建设暨园区平台提能级专项行动实施方案》，提升市镇园区能级。2016年，罗星工业园区申报甲级园区，干窑、天凝、大云申报乙级园区。组织中国归谷嘉善科技园先后申报省级工业特色小镇、省级行业标杆小镇。通过认定嘉兴市智慧园区试点单位。组织县科创中心、大舜服饰辅料创业园、嘉善信息科技城进行省级小微企业创业园网上备案。

2016年，完成上规升级企业82家，确定大云镇为小升规试点乡镇。实施大企业培育工程，全县超亿元企业237家，其中超5亿元的企业26家，超10亿元的企业14家，超100亿元的企业1家。众成包装被列入全省第三批"三名"试点企业。

发挥"企情在线系统"作用，服务企业发展。至2016年底，走访企业1800家，覆盖率100%，走访数15861次，发现问题880个，解决878个，解决率99.77%。机关"店小二"应走企业208家，走访责任内企业160家，覆盖率76.92%，走访数926次。收集企业问题83个，解决83个。编印《促进企业发展政策摘编》4000份，免费发放给企业和相关联企部门。实现"企情在线系统"和微信公众平台的一键联通，经验做法在《中国经济时报》刊登。开设智能制造创新发展总裁研修班、新生代企业家研修班等，培训人数3500余人次。开展"一对一"调研诊断服务，帮助企业查找发展瓶颈、关键短板。

2016年，完成退低进高项目64个，腾退低效用地120.69公顷(1810.4亩)。完成140家落后产能淘汰任务，淘汰落后设备2469台套，完成率176.4%；腾出用能空间折算标煤10209.11吨。获省财政13万元淘汰落后产能专项资金。推进村级工业园区"低小散"整治，2016年腾退企业821家，腾退面积298.74公顷(4481.16亩)。加快"两创中心"建设，认定大云、罗星、龙软等3个两创中心，干窑、西塘、魏塘进入项目申报。

集中开展高污染燃料锅(窑)炉专项整治工作，乡镇以重点区域为核心加快锅炉整治。全年整治高污染燃料锅炉677台，完成市定年度任务115.1%。推进热电企业高温高压技术改造和天然气管网、热力管网铺设。2016年，全县3家热电厂新建热网管网38千米，3家天然气公司新建管网37.3千米。完成天然气锅炉改造签约企业88家，锅炉100台。　　　　（许建冬）

装备制造

【概况】　2016年，嘉善县规模以上装备制造业企业241家，从业人员47180人，主要从事数控机床、自动化生产线、五金加工机械、各类木业机械、电镀设备、轴承、紧固件、金属制品、汽摩配件、园林工具、训练器材的生产、销售，全年实现产值358.17亿元，同比增长12.7%；实现利税25.90亿元，同比下降9.3%。

【浙江思玛特机器人科技有限公司】　浙江思玛特机器人科技有限公司成立于2014年，总投资1000万元，有员工80余人。主要产品为关节机器人手臂、桁架式机器人手臂、冲压机器人以及非标自动化生产线等。产品服务于无人化车间产线、智能化车间改造等，应用于航天、电子、木工、机械、汽配、新能源等领域。2016年实现销售收入907万元，利税53万元。

【浙江众大包装设备有限公司】　浙江众大包装设备有限公司成立于2012年，总投资7500万元，有员工50余人。主要生产纸币塑封包装机及其流水线等产品，应用于金融机具设备等领域。该企业拥有发明专利5项，实用新型专利33项，通过国家高新技术企业认定，ZD—1A型纸币塑封包装机获2016年度"浙江制造精品"认定。2016年实现销售收入1388.8万元。

【嘉兴景焱智能装备技术有限公司】　嘉兴景焱智能装备技术有限公司成立于2009年5月，总投资3000万元，是一家集成电路先进封装自动测试设备领域的国家级高新技术软件企业，集研发、生产与销售为一体。该企业设有微装、机器人、机器视觉3个事业部，在运动控制及电机驱动、图像处理及算法、精密运动机械及控制软件等领域拥有行业顶尖人才，研发人员占公司总人数的33%。核心产品集成电路精密倒装设备、晶圆光学检测设备等产品达到国际先进水平。2016年实现销售收入3556.65万元，利税819.94万元，同比分别增长143.01%和263.93%。

【富信成机械有限公司】 富信成机械有限公司创建于2003年，2013年落户嘉善县。该公司专业从事高精密数控磨床的研发、生产与销售，产品涵盖外圆磨床、内圆磨床、平面磨床、无心磨床、非标磨床等五大系列数十种规格。公司产品处于国内领先地位，部分产品达到国际同类产品水平，是国产设备替代进口设备的主力产品。"高精密数控无心磨床"被认定为2016年度"浙江制造精品"。2016年实现销售收入5000万元。 （李小光）

木材加工及制品

【概况】 嘉善县木业企业主要分布在干窑镇、魏塘街道及开发区（惠民街道），干窑镇多为细木工板及胶合板生产企业；魏塘街道多为地板及集装箱底板生产企业；开发区（惠民街道）多为地板及家具企业；龙头企业主要集中在魏塘街道及开发区（惠民街道）。2016年，嘉善木业家具行业拥有规上企业99家，从业人员24140人。生产的板材产品主要有细木工板、多层板、贴面板、刨花板、建筑模板、装饰地板、集装箱用板材等10大类80余个系列100多个品种。家具产品有古典式卧房家具系列、餐厅系列等十余个品种。地板产品有实木、复合、强化、竹木等十余个大类近千个品种。家具业的发展，带动速生经济林产业与配套基材产业等其他相关企业的生产和发展。2016年，实现主营业务收入173.14亿元，同比增长15.6%；实现利税12.94亿元，同比增长30.6%，其中利润7.53亿元，同比增长35.2%。全县有中国驰名商标5个，省著名商标3个，市著名商标3个。

【台升实业有限公司】 台升实业有限公司是一家亚洲第一、世界第三的家具生产企业。2002年11月第一期厂房开工建设，2004年1月正式投产。主要生产销售各类家具、运动器材、室内装饰材料、木地板等木制品。公司生产的美式仿古家具，产品全部出口美国及欧洲。2016年，实现销售收入13亿元。

【浙江梦天木业有限公司】 浙江梦天木业有限公司是一家专业生产实木复合门，并拥有"梦天"品牌木门的知名企业，员工1800多人，是国内最大的木门生产加工基地之一。公司主要生产经营装饰木门、门套、柜门、线条、地板等系列产品，"梦天"牌实木复合门在全国木质复合门生产行业中产值排名第一。产品远销美国、加拿大、日本、欧盟等国家和地区。2016年，实现销售收入7.66亿元，实现利税5501万元。

【浙江裕华木业有限公司】 该公司建于1997年，2004年8月开始实木复合地板的研发制造。2016年，实现销售收入7亿元，实现利税6500万元。

【索菲亚家居（浙江）有限公司】 索菲亚家居（浙江）有限公司成立于2012年9月，注册资本1.2亿元人民币，是集团公司在华东地区的生产制造基地。公司实现"当年筹建，当年达产，当年盈利"的目标。2016年，实现销售收入11.3亿元，实现利税3.7亿元。

【浙江龙森木业有限公司】 浙江龙森木业有限公司是一家大型地板生产民营企业，产品出口美国、加拿大、英国、日本。公司占地6万平方米，建筑面积3.9万平方米，总资产1亿元人民币，员工300人，其中专业技术人员30人。2016年，实现销售收入2.82亿元，实现利税2600万元。 （李　平）

精密机械

【概况】 2016年，嘉善县规模以上精密机械企业133家，从业人员20012人，主要从事通用设备制造业、专用设备制造业、汽车制造业和铁路、船舶、航空航天和其他运输设备制造业等相关产品的生产、销售，实现产值142.41亿元，同比增长11.2%；实现利税14.40亿元，同比增长37.6%。

【浙江智泓科技有限公司】 浙江智泓科技有限公司成立于2004年3月，注册资金2350万美元，总投资5875万美元。主要从事精密机械零件代工制造，同时服务于光学、电子、半导体、磁盘机、空油压阀配件及一般工业产品。企业已通过ISO9000以及TS16949质量体系认证、ISO13485医疗质量体系认证，为博士、德尔福、康明斯、博格华纳等提供产品与配套服务。

2016年实现销售收入33935万元，利税6111万元，同比分别增长40%和4%。

【嘉善鑫海精密铸件有限公司】 嘉善鑫海精密铸件有限公司成立于2003年，注册资本400万元，有员工260余人。是国家高新技术企业，可以直接生产各种高性能精密铸件产品，主要应用于航空、石油化工、核电、五金机械、食品、医疗等行业，为美国滨特尔、意大利倍得龙等国内外知名企业提供产品和配套服务。2016年实现销售收入8787万元，利税834万元，同比分别增长16%和66%。

【浙江宇钻精密元件有限公司】 浙江宇钻精密元件有限公司成立于2010年，注册资本2000万美元，现有员工400余人，专门从事汽车零部件研发、生产、销售，主要为博世汽车等国内知名企业提供产品和配套服务。2016年实现销售收入11000万元，利税400万元，同比分别增长45%和60%。（李小光）

纺织服装(服饰辅料)

【概况】 2016年，全县有规模以上纺织服装(服饰辅料)企业89家，实现工业总产值86.39亿元，同比下降1.0%；利税3.58亿元，同比增长24.8%，其中利润1.61亿元，同比增长57.4%；从业人员14873人，同比下降4.4%。

【浙江神州毛纺织有限公司】 浙江神州毛纺织有限公司成立于2000年，注册资本500万元，现有员工350余人。专业从事高档粗纺呢绒面料的研发、生产、销售。产品主要应用于服装行业，为欧洲、日本、美国和国内著名高端男女服装品牌公司提供优质产品。是国家高新技术企业、中国纺织服装企业竞争力500强企业，获中国纺织品进出口商会信用评价AAA级信用企业称号。2016年实现销售收入8118万元，利税930万元。

【浙江嘉善悦达针织毛皮有限公司】 浙江嘉善悦达针织毛皮有限公司成立于2002年，注册资本600万元，员工200余人，专门从事人造毛皮制品的研发、生产、销售。2016年实现销售收入8500万元，利税230万元。（李小光）

食品制造加工

【概况】 嘉善县食品制造加工产业主要包括农副食品加工、食品制造及酒、饮料、精制茶制造。2016年，嘉善食品制造加工产业出现下滑，全县18家规上企业完成产值25.96亿元，同比下降43.26%。

【浙江嘉善黄酒股份有限公司】 浙江嘉善黄酒股份有限公司位于嘉善西塘镇，是一家集生产酿造、销售于一体的黄酒股份制企业，公司占地面积20万平方米，有职工1000余人，各类专业技术人员200余人。公司拥有万吨级传统工艺黄酒酿造生产线，年生产黄酒能力10万吨，拥有固定资产1.3亿元。产品市场覆盖江、浙、沪长三角地区及鲁、皖等近20个省市，远销日、加、澳、美等10多个国家和中国香港地区。2016年，嘉善黄酒被浙江省老字号企业协会认定为第二批“浙江省金牌老字号”；西塘牌“十年陈珍品西塘老酒”和西塘牌“西塘原香米香黄酒”分别被浙江省酒业协会授予浙江省黄酒经典产品、浙江省优秀新品称号。

【喜力酿酒(浙江)有限公司】 喜力酿酒(浙江)有限公司位于嘉善县经济技术开发区，是2014年嘉善引进的首个世界500强企业，是全省首个‘零审批”外资项目。喜力啤酒嘉善基地项目总投资8800万欧元，建筑总面积8.5万平方米。公司拥有多条自动生产线，设计年生产能力为15万吨啤酒，从啤酒的灌装到最后的包装成箱全部由流水线自动化操作完成，一期项目正式投入生产运营。2016年，企业产量为6000多万升，全年营业收入超过3亿元，利税超3千万元。（孙钰凯）

医药化工

【概况】 2016年，全县有医药化工工业规上企业36家，其中化工企业34家、医药企业2家，实现工业总产值154.58亿元，同比增长10.89%。嘉善县医药化工业，重点发展医药制剂、生物试剂、新药研发、医疗器械四大产品领域。黏合剂产品主要用于木业、植绒、电子等行业，合成树脂用于纽扣制造业，油漆用于家具制造业，金属表面处理液用于五金加工业，绝大部分为精细化工企业。

【浙江嘉怡医药有限公司】 浙江

蓝怡医药有限公司成立于2013年6月，注册资金12400万元，是拥有独立法人结构、专业从事各类体外诊断试剂与分析仪器制造的研发与生产型企业。主营产品有医疗器械自动化设备、医疗软件、免疫试剂、生化试剂及相关的医疗器械和体外诊断试剂。公司有职工80人，其中研究开发中心人员38人，有中高级工程师职称10人。2016年1月，建设完成总投资1000万元、总面积2800平方米的标准实验室。同年，新增价值500万元的研发设备50台。浙江蓝怡具有较强的研发创新能力及科技成果转化能力，投入脂蛋白(a)测定试剂盒、抗链球菌溶血素(ASO)测定试剂盒等15个项目研发经费占3年销售收入总额的3.37%；自主研发的科学成果获得发明专利4项、实用新型专利5项。2016年10月，该企业通过浙江省高新技术企业认定。

【阿克苏诺贝尔涂料(嘉兴)有限公司】 阿克苏诺贝尔涂料(嘉兴)有限公司成立于2003年4月，2004年7月建成投产。阿克苏诺贝尔是全球领先的工业企业，总部设于荷兰阿姆斯特丹，核心业务包括装饰漆、高性能涂料业务和专业化学品业务。公司的经营范围包括开发和生产销售高性能涂料、油漆及其相关产品，并提供有关的技术服务；公司生产的各种高性能工业涂料主要应用于建筑物、木器制品、消费电子产品、汽车内饰塑胶表面、易拉罐等。公司生产规模在同行业中位居全省第一、全国前列，在全世界亦处于领先地位。公司实现产品转移策略和产品多元化策略，以提升公司抵御市场风险能力，2016年，木器油漆的销售额比重从设厂初期的100%下降为10%，金属油漆及其他高性能涂料的销售额占全部销售额的90%。公司采用SAP公司的企业资源计划系统(ERP)，配备现代化的实验和检验设备，引进优秀人才，建立技术研发的高效高产模式。2016年，实现销售收入14.8亿元，产值14.98亿元，出口销售收入0.77亿元，税收1.73亿元，被评为嘉善县十大工业企业纳税大户，十大亩均税收工业企业。 （于永强）

新 能 源

【概况】 2016年，嘉善县出台《嘉善县人民政府关于进一步促进分布式光伏发电持续发展的实施意见》，加大政策支持力度，鼓励光伏项目推进，保障各类光伏项目顺利并网发电。2016年累计分布式光伏发电项目备案企业10个，装机总容量11.71兆瓦；全县分布式光伏备案109.14兆瓦，并网59.97兆瓦；安装居民分布式光伏发电220户，装机总容量0.6兆瓦，累计并网379户，装机容量1.58兆瓦；集中式电站备案200兆瓦，并网140兆瓦。探索“渔光互补”集中式光伏发电模式，7月，嘉善县姚庄镇白渔荡50兆瓦渔光互补光伏发电项目和嘉善县陶庄镇夏墓荡70兆瓦渔光互补光伏发电项目、嘉善县天凝镇蒋家漾60兆瓦、六百亩荡20兆瓦渔光互补光伏发电等3个重点光伏项目相继施工建设，装机总容量200兆瓦，2016年底全部并网发电。 （盛玉林）

新 材 料

【浙江恒丰包装有限公司】 浙江恒丰包装有限公司，成立于2004年4月，是一家专业生产、研发高科技环保型转移新材料的国家级高新技术企业。公司有环保型电化铝系列、激光防伪电化铝系列、环保颜料箔系列、功能性印刷接装纸四大类产品。与浙江大学联合成立“新型转移材料研究中心”，至2016年，累计研发省级新产品41个，申请国家专利29项，其中获得国家发明专利6项。公司通过ISO9001、ISO14001体系认证，获市级技术中心、省级研发中心、省级创新型企业、嘉兴市精细化管理示范企业、浙江省名牌产品、浙江省知名商号、浙江省劳动关系和谐企业等称号。年产值近2亿元，缴纳税收超2000万元。

【浙江众成包装材料股份有限公司】 浙江众成包装材料股份有限公司，成立于2001年，是一家集科研、设计、生产、销售及售后服务于一体的制造企业，是全球知名的高品质POF热收缩膜制造商和国内优秀的POF热收缩膜整体包装解决方案提供商。年产能规模约4万吨，在职员工400人。公司累计获授权专利20余项，承担“国家火炬计划项目”4项，主要产品被认定为“浙江省高新技术产品”，获“浙江名牌产品”“浙江省著名商标”“浙江省知名商号”“浙江出口名牌”“浙江省转型升级引领示范企业”“浙江省绿色企业”“中国轻工业塑料行业十强企业”“国家高新技术企业”“国家火炬计划重点高新技术企业”

等荣誉。公司有超过1500家的优质客户，产品远销全球60多个国家和地区，是国内市场占有率排名第一、全球市场占有率排名第二的POF热收缩膜行业领军企业，并在深圳证券交易所中小板市场成功上市。2016年合并报表口径营业总收入53887.74万元，净利润9556.55万元，纳税7279万元。（魏纯纯）

船舶制造

【概况】 2016年，嘉善县有修造船企业40多家，其中规上企业1家。有以港通船舶为代表的散装水泥船制造企业，以锦佳船舶为代表的公务艇制造企业，以嘉善翠南船舶修造有限公司为代表的工程船制造企业。全年新建船舶100余艘，载重4万多吨。

【嘉兴市锦佳船舶制造有限公司】 嘉兴市锦佳船舶制造有限公司位于嘉善县天凝镇境内的杭申线（甲级航道）红旗塘洪溪段北岸。公司前身为1987年建立的嘉善县塘东船厂，是一家有着30多年历史，集设计开发、生产制造于一体的高性能船舶生产企业，是上海交大教育集团南洋学院教学实习基地。企业设备设施齐全，以制造各类钢铝混合结构、全铝合金结构高速公务艇为主，具有钢质一般船舶二级Ⅲ类生产基本条件认可证书。公司注册资金3002万元。有0.05万载重吨船台5个，全年生产能力0.5万吨。有高级职称技术人员1人，中级职称技术人员6人，涵盖船、机、电专业。公司联合国内多家船舶设计能力雄厚的科研单位，进行多规格、高档次，具有较高技术含量、较高经济附加值的新型船舶研发和制造，并邀请国内著名的船舶技术专家担任顾问。开发的主要船型有5米钢铝结构冲锋舟（实测航速40千米/小时）、13.5米钢铝结构海事巡逻艇（实测航速35千米/小时）、13.8米钢铝结构海事巡逻艇（实测航速37千米/小时）和15米钢铝结构海事巡逻艇（实测航速36千米/小时）等。（孙钰凯）

供　电

【概况】 2016年，全县供电量52.52亿千瓦时，同比增长12.67%；售电量51.14亿千瓦时，同比增长12.61%。线损率2.63%，同比上升0.05个百分点。全社会用电量53.35亿千瓦时，同比增长13.23%。全县用电最高负荷96.62万千瓦（8月19日10时55分），最高日用电量1920.29万千瓦时，同比上升14.14%。城网供电可靠率99.98%，配网供电可靠率99.90%，综合电压合格率99.92%。全县人均用电量13767.74千瓦时/年（人均年生活用电量1287.05千瓦时/年），同比增长0.13%。全年完成电网投资1.64亿元。全县境内有公共500千伏变电所1座，主变3台，容量250万千伏安；220千伏变电所4座，主变10台，容量195万千伏安；110千伏变电所20座，39台/188.80万千伏安（新增110千伏主变1台、改造110千伏主变1台）；35千伏变电所15座，20台/30.25万千伏安；35千伏系统开关站1座。有20千伏配变347台，容量10.91万千伏安；10千伏配变8513台，容量22.94万千伏安。有500千伏及以上线路8条，220千伏线路13条，10千伏至110千伏线路407条，长度3158.73千米。其中，110千伏线路37条，长度255.17千米；35千伏线路24条，长度135.11千米（新增35千伏输电线路2条，计5.45千米）；20千伏线路13条，长度150.06千米；10千伏线路333条，长度2618.39千米（新增10千伏线路14条，计82.69千米）；低压线路长度3600.29千米，其中城镇低压线路1037.25千米，农村低压线路2563.04千米。新投产光伏发电用户14处，32883.30千伏安，其中500千伏安以上的8处，31854.04千伏安。全县境内有小火电厂3座，发电机7台，容量5.03万千伏安。垃圾发电厂1座，发电机1台，容量1.2万千伏安。光伏电站48座，总容量7.99万千伏安。地方电厂总发电量3.01亿千瓦时（含光伏），增长率51.31%；上网电量2.18亿千瓦时，增长率45.52%，其中光伏发电量0.49亿千瓦时，光伏上网电量0.16亿千瓦时。2016年，嘉善县供电公司的“电费发票智能盖章机的研制与应用”创新科研项目，获省电力公司青年创新创意大赛暨“互联网＋供电服务”创新创意大赛金奖和国家电网公司第二届青年创新创意大赛金奖。公司工会被评为浙江省省级模范职工之家、嘉善县双拥工作先进单位。至6月，县供电公司取得国家专利成果100个，其中，发明专利16个，实用新型专利63个，设计专利21个。全年获省级科技项目奖励 11 个、市级奖励 21 个。

【变电设备增容改造】 6 月 20 日，35 千伏干窑变电所主变退出运行，减少 35 千伏变电所变电容量 4 万千伏安。7 月 1 日，用户专变 35 千伏铠嘉变电所竣工投产，主变容量 2.5 万千伏安。9 月 26 日，110 千伏范泾变电所 1 号主变降压改造工程竣工投产，11 月 23 日，110 千伏惠民变电所 3 号容量 5 万千伏安的主变工程投产，优化完善嘉善地区配网结构，提高区域供电可靠性。

【杭州湾北接线二期工程电力设施建设】 杭州湾大桥北接线二期工程从嘉善步云枢纽，到汾湖摇篮圩岛，与江苏省常嘉高速公路昆山至吴江段相接，全线长 27.6 千米。电力线路改迁工程与嘉善区域所属 380 伏至 35 千伏线路交跨 93 处，涉及线路拆除和迁移工作 22 处，线路上改下工作点 71 处，分 93 个子项。至 2016 年底，完成总工程量 91.8%。

【光伏电站并网发电】 12 月 19 日，位于嘉善县陶庄镇夏墓荡的嘉兴市最大"渔光互补"70 兆瓦水上光伏电站正式并网发电。该项目总投资 5.6 亿元，由浙江舒奇蒙能源科技股份有限公司投资建设。光伏电站水上面积约 113.33 公顷(1700 亩)，装机容量 70 兆瓦，采用"全部上网"消纳模式。项目投产后，预计年发电量 6765 万千瓦时，每年可替代标煤 61.6 万吨，相应减少二氧化硫排放 4.14 万吨、二氧化碳 161.4 万吨、一氧化碳 2.39 万吨、氮氧化物 2.45 万吨。同月，位于天凝六百亩荡的"渔光互补"光伏发电站建成并网投运。全年可发电量约 2200 万千瓦时，可供 12000 户家庭用电。

【不封航电力架线作业】 12 月 22 日，国网嘉善县供电公司在魏塘街道长秀村的芦墟塘河道上，使用公司发明专利进行跨河架线，首次实现在交跨四级航道工程中进行不封航作业。

【岸电项目建设】 12 月 29 日，由嘉善恒兴电力建设有限公司规划、设计、施工的嘉善县首个内河岸电示范工程——西塘船舶锚泊服务区内河岸电项目进入试运行。西塘船舶锚泊服务区 18 个"岸电桩"的正常运行，可满足年均约 1.5 万艘停泊过夜船舶的岸电需求。岸电项目的实施，将减少空气、噪音污染，改善周边环境，提高船家利益和生活质量。

【首个电动汽车充电站建成】 10 月 28 日，位于健康南路善文化主题公园东侧的嘉善首个电动汽车充电站投运，8 个充电桩可供 8 辆电动汽车同时充电，半小时内可快速充入 80%左右的电能量，可运行 200 千米左右。全县各镇(街道)14 个充电站点，建有 76 个慢充桩供电动汽车充电。

【助力环境整治】 嘉善县供电公司配合干窑镇"美丽乡村"建设，落实干窑镇 3 条主干道、2 个集聚小区、2 个自然村"空中不能看到一条线路"的工作目标，明确任务分工，落实资金物资，开展施工建设。投入土建施工队 3 个、133 人，电气施工队 4 个、127 人。拆除电杆 200 多根，架设电杆 64 根，施工线路总长 20 多千米。增加环网柜 4 个、箱变 6 台，涉及 10 千伏线路两条、台区 7 个。建设电力管道 4 千米，10 千伏线路地下埋设 2.7 千米，低压线路地下埋设 1.5 千米，拆除线路 5 千米，比原计划提前 4 个月完成施工任务。

【光伏配电科技成果】 12 月 25 日，由国网嘉兴供电公司、嘉善县供电公司、南京南瑞继保电气有限公司和嘉兴恒创电力设计研究院有限公司共同研究完成的"含高渗透率分布式光伏配电网主动控制技术及应用"项目，经科技成果鉴定委员会一致同意通过鉴定。项目成果实际应用于嘉兴地区分布式光伏电网并网接入和运行管理，运行稳定可靠，并在浙江、江西、江苏等省市推广、应用。项目已获发明专利授权 8 项，软件著作权 2 项。

【G20 杭州峰会电力保障】 6 月 2 日，国网嘉善县供电公司抽调优秀党团员骨干组成保供电小组。7 月 15 日，签订《G20 杭州峰会电力保障责任书》。8 月，组织相关人员进行 G20 杭州峰会安保和保密专项培训，并赴杭州负责保障所属 4 条线路的正常供电。在 G20 杭州峰会外围嘉善地区，投入保电人员 250 人，其中一线保电值守人员 198 人，对嘉善县境内 3 条特高压保电线路进行特级巡视和塔基值守。嘉善电力调度综合大楼门卫同时实行 G20 杭州峰会安保模式，加强安保工作。

【援藏帮扶】 5 月 26 日，国网浙江嘉善县供电公司职工田渊援藏，深入藏区，为当地经济建设和藏民服务，并开展电力安全宣传活动。走访嘉黎县藏比、阿扎、夏玛、林提等乡政府，发放《安全用电宣传手册》《电力保护设施》等宣传资料5000余册，向嘉黎县1万多名藏族同胞宣传安全用电知识。嘉善县供电公司还开展援藏捐书和援藏捐衣活动。

【冯超电力技能大师工作室授牌】 8月4日，“冯超电力技能大师工作室”正式授牌。嘉善县人力和社会保障局副局长孙雄慧、嘉善县职业技能鉴定中心主任吴寅林以及嘉善县供电公司副总经理朱晔等参加授牌仪式。“冯超技能大师工作室”是经嘉善县人力资源和社会保障局批准设立的以技能大师名字命名的工作室，也是嘉善县首批命名的大师工作室之一。

【“四方红色联盟”结对共建】 与天凝镇洪福村和嘉兴兴和服饰有限公司签订“四方红色联盟”（由县级机关部门、村、社区、企业四方结对共建）协议书。全年开展走访慰问、基层维稳、七一建党活动、共建志愿服务、实施民生等5项共建活动。　　（朱留明）

综　　述

2016年，嘉善县深入开展商贸流通体系建设，加快现代服务业发展，落实国家扩大内需政策、拓展国际国内市场、开展市场秩序整顿，使商贸流通业在引导生产、服务企业、促进消费、扩大内需、推动全县经济平稳较快发展。1—12月，累计实现社会消费品零售总额184.54亿元，同比增长10.8%。限额以上批发业实现销售额23.61亿元，同比增长11.9%；限额以上零售业实现销售额136.43亿元，同比增长11.2%。限额以上住宿业实现营业额1.21亿元，同比下降2.6%；限额以上餐饮业实现营业额13.32亿元，同比增长11.9%。异地零售额实现9.97亿元，同比增长4.1%。　（赵浙琴）

粮油购销

【概况】　2016年，嘉善县国有及国有控股粮食购销企业收购粮食3.64万吨，比上年增长12.7%，其中订单粮食收购3.34万吨，比上年增长33.1%。通过杭州国家粮食交易中心、宁波网上粮食市场湖州分会场2个互联网交易平台，全年举办29场次网上公开竞价销售，销售粮食2.98万吨。年末，储存中央储备粮、县级储备粮及商品粮4.84万吨。全县粮仓达到“四无”（无虫害、无霉变、无鼠雀、无事故）标准，嘉善县粮食收储有限公司中心库、储备库通过仓储管理规范化评价体系验收，被评为优秀企业。县粮食局被评为2016年度全市粮食收购工作先进单位和全市粮安工程优秀单位。

【县内粮食收购】　2016年，全县国有及国有控股粮食购销企业与1604户种粮户签订粮食订单，订单粮田面积7088公顷（106316亩）、订单粮食3.34万吨。其中，种粮面积在1.33公顷（20亩）以上的农户565户，种粮面积6692公顷（100387亩），订单粮食31438吨。订单农户数比上年减少13.5%，订单粮田面积比上年增长34.0%，订单粮食比上年增长33.1%。全年，县内收购晚稻谷5.07万吨，比上年增长33.1%。

【外省粮食购入】　全年，粮食经营、转化企业从黑龙江、江苏、安徽等地购入粮食19.59万吨，比上年减少32.4%。其中，小麦（含面粉折小麦）3.88万吨，比上年减少21.9%；稻谷（含米折谷）4.42万吨，比上年减少28.9%；玉米4.40万吨，比上年减少54.3%；大豆及豆粕4.09万吨，比上年减少41.1%；大麦及其他2.80万吨，比上年增加129.5%。

【信用等级评定】　2016年，县粮食局、县市场监督局继续开展粮食订单“守合同重信用”信用等级评定活动，对农户订单数量多、订单粮食履约率高、位居全县前3名的魏塘街道长秀村、西塘镇礼庙村和干窑镇范东村授予“订单粮食信用村”称号。3个村有种粮农户3456户，其中订单农户197户，订单粮食4460吨，实际交售4652.71吨，占全县国有粮食收储企业收购总量的12.8%。对被评为A级信用等级以上的农户，除享受订单粮食扶持政策外，还按照交售订单粮食数量，给予一定奖励。全县546户县级粮食订单种粮大户具有“守合同重信用”信用等级评定资格，订单粮食 29899 吨，实际交售粮食 30110.25 吨，占全县国有粮食收储企业收购量的 82.8%。在 546 户种粮大户中，219 户被评为 AAAA 级、35 户被评为 AAA 级、167 户被评为 AA 级、125 户被评为 A 级。 （周 杰）

供销合作

【概况】 嘉善县供销社（农合联）坚持为“三农”服务的办社宗旨，推进“三位一体”改革，将生产合作、供销合作、信用合作有机融合，探索创新服务“三农”体制机制，增强为农服务功能。全年销售总额 18.4 亿元，同比增长 16%；利润总额 293 万元，同比增长 42.23%；综合经济效益 873.77 万元，同比下降 9.21%；上缴国家税费 962 万元，同比增长 18.47%；社会贡献总额 6036 万元，同比增长 5.03%。2016 年，获省、市供销社系统工作业绩考核优秀奖。

【“三位一体”改革】 加强与政府有关部门的沟通协调，争取各项改革举措和扶持政策。起草符合改革精神、体现嘉善实际的改革实施方案。11 月 28 日，《嘉善县关于深化供销合作社和农业生产经营管理体制改革完善“三位一体”农民合作经济组织体系实施方案》获嘉兴市“三位一体”改革工作领导小组办公室批复；11 月 14 日，天凝镇农合联二届二次会员代表大会召开；年底，全面完成镇（街道）农合联完善提升工作。

【资金互助会成立】 组建“嘉善县明联水产资金互助会”，有会员 88 个，其中法人会员 5 个、个人会员 83 个。资金互助会以吸收会员入会资金、社会捐赠、财政专项扶持资金等为资金来源，向会员提供贷款担保及其他经主管部门批准的业务，是新型农村合作金融组织。“嘉善县明联水产资金互助会”立足优势行业、跨区域运作，开创融生产合作、供销合作、信用合作为一体的为农服务新模式。年内，筹集入会金 152.2 万元。12 月 15 日，召开第一届第一次会员大会。

【“银加善”品牌建设】 组织“银加善”品牌授权使用单位等农业主体参加省、市农博（展）会。召开“银加善”农业精品集体商标使用管理工作座谈会，并对第 3 批 6 家单位许可使用集体商标，全年授权 22 家单位使用其集体商标，涉及农产品品牌 25 个。建立“银加善”品牌管理工作 QQ 群和微信交流群。与《嘉兴日报·嘉善版》合作设立专版，宣传“银加善”品牌管理工作，全年刊登 4 期。组织申报“银加善”品牌省市著名商标延续确认工作，嘉善利丰黄桃专业合作社的“利锋”商标被认定为浙江省著名商标。

【领导调研接待】 12 月 5 日，中华全国供销合作总社科教部部长闵学冲，中国人民大学中国市场营销研究中心常务副主任、博士生导师、中国商业史学会品牌专业委员会副主任、秘书长钱明辉等到县供销社（农合联）进行调研。调研组参观杨庙雪菜农耕文化品牌基地主题馆和嘉善东麟湖雪菜厂，并对生产流程和“二维码”质量跟踪、追溯、查询系统进行详细了解，充分肯定嘉善县农产品经纪人协会的工作。省经贸职业技术学院党委书记劳赐铭、省供销社业务处处长徐钢军、市供销社副主任韩金祥等陪同调研。

【县农经协会雪菜分会成立】 11 月 18 日，县农产品经纪人协会雪菜分会成立。分会正副会长分别由浙江省优质农产品协会副理事长、嘉善县农民专业合作社联合会副理事长、嘉善县雪菜产业协会会长朱国荣，东麟湖蔬菜厂厂长蒋惠云担任。东麟湖蔬菜厂生产的“东麟湖”牌航空雪菜、航空大头菜两个新产品畅销国内超市，并专供酒泉卫星发射中心基地食堂，同时出口美国、韩国等地。

【魏塘供销社获“全国基层社标杆社”称号】 2016 年，魏塘供销社做好农资供应，办好庄稼医院，为农户施肥用药提供技术指导和支持。7 家农民专业合作社的成员户数进一步扩大，种植和养殖面积进一步增加，销售额 4494 万元。全年实现营业收入 3.76 亿元，同比增长 7.7%；实现综合效益 355 万元，同比增长 16.8%，获中华全国供销合作总社授予的“全国基层社标杆社”称号。

【东方大厦创新发展】 2016 年，东方大厦销售额 2.20 亿元，同比下降 [illegible].54%，综合经济效益 1135 万元，同比下降 23%。面对企业的经营压力，加强对该企业经营创新、服务创新和管理创新的指导，完善企业考核和管理体系。招徕星巴克在东方大厦开设分店，增加大厦功能，发挥其品牌效应；发挥节假日销售带动作用，因时制宜、推陈出新，开展主题促销活动；与时俱进，开展微信推广活动；对家电和儿童商品区进行调整；把握乡镇市场客源脉搏，开辟销售渠道，增加销售业务，在西门分店增加生鲜，中学校园店增加自动售卖机等。

【医药批零业务发展】 百仁医药公司克服医院用药实行省级招标和零差价销售的市场挑战和经营成本增长等不利因素，实现全年销售 14533 万元，同比增长32.7%。加强管理，坚持优质服务，扩大经营品种和零售网点。同时，加强门店的促销和宣传力度，扩大影响力，打造"正大"品牌。12 月，正大药房通过省药监局审查，取得"互联网药品信息服务资格证书"，为发展零售市场开拓新的领域。2016 年，正大零售连锁门店 50 家，全年销售额3589 万元，同比增长 16.2%。

【废品回收网络建设】 2016 年，嘉善县政府成立废品回收网络建设及管理领导小组，县政府分管领导任组长，下设办公室。该办公室负责废品回收网点设置、指导、协调废品回收管理等日常工作。县供销社主要负责废品回收网点建设、经营、管理。对废品收购经营户（包括流动废品收购人员）进行统一标志、统一着装、统一车辆、统一登记的"四统一"管理；承担废品回收行业协会建设，推行行业自律管理等。与各镇（街道）签订废品回收集散中心建设承诺书，基本完成西塘、姚庄、大云等镇回收网点建设。

【推进电商业发展】 "1 号店特产中国·嘉善馆"全年累计网络浏览量 50 万余次，3 次被评为 1 号店官方金牌卖家。累计展示销售嘉善各类农副产品 22 种，90 余个单品。涵盖"银加善"品牌旗下的大米、蔬菜、水果、食用菌、水产、休闲食品、茶冲饮品等 7 个大类。2016 年，引入展示销售 6 个品种，其中靓尚品蓝莓、姚庄双孢菇等嘉善特色农副产品得到市场良好反馈。"1 号店特产中国·嘉善馆"全年开展各类促销活动300 余次，累计完成客户订单 2.6 万多单，销售各类农副产品 3.24 万箱，4.87 万千克，覆盖全国 26 个省份。7 月，在淘宝、天猫等平台搭建"银加善"旗舰店，主要展示、销售"银加善"旗下生鲜类农副产品。8—12 月，累计展示、销售生鲜类农副产品 20 多种，完成订单 280 余单，销售 800 千克，完成销售额 10626 元。 （文稼穗）

烟草专卖

【概况】 嘉善县烟草专卖局（分公司）主要承担嘉善县卷烟批发经营与卷烟市场监管双重职能。2016 年，县级局（分公司）全省分层分类对标同组综合排名第一；获"浙江省工会示范职工书屋"、嘉兴市烟草系统和嘉善县"先进基层党组织"等称号。

【卷烟销售】 2016 年，嘉兴市烟草公司嘉善分公司销售卷烟2.66 万箱，同比下降 2.37%；实现批发销售额 11.66 亿元，同比增长 2.12%；实现税利 3.4 亿元，同比增长 9.66%；单箱销售额 4.38 万元，同比增长 4.6%。年末社会库存 2344.7 箱，可销天数 25.43 天，同比减少 3.29 天。

【专卖管理】 2016 年，嘉善县烟草专卖局查获涉烟违法案件 174 起，同比增加 6.1%；查获 5 万元以上真烟非法流通案件 25 起，同比增加 25%；破获国标网络案 2 起、非法涉烟运输案件 9 起、走私烟案 1 起。全年无 5 万元以上卷烟外流案件发生。全年新办零售许可证 204 件。 （张家欢）

食盐专营

【概况】 2016 年，嘉善县盐业有限公司（盐务管理局）做好各类盐产品的组织供应工作，确保盐业市场监管到位、供应平稳有序。全年购进各类盐产品 10289 吨，完成年度计划的 120%；销售各类盐产品 9652 吨，同比下降6.4%；营业收入 1917 万元，同比增加 7.8%；实现利润 14 万元。

【宣传咨询活动】 5 月 15 日，县盐务局与县卫计局联合在县城区儿童公园门口开展"平衡膳食，关注健康"宣传咨询活动。制作宣传横幅 2 条，展示宣传图板 8 块，活动现场接受群众咨询 300 余人次，分发宣传资料 3000 份，免费赠送碘盐 200 余包。

【盐政执法检查】 8 月，开展食盐与腌制盐市场执法自查和联合专项检查。在对县城区、杨庙、新联等地区检查过程中，未发现盐业违法行为。2016 年，出动盐政执法312 人次，受检 1286 家，未发生大案、要案，市场总体平稳。（陆 斌）

医药行业

【概况】 2016 年，全县医药行业

继续保持良性发展趋势，全年新开办药品零售企业9家，注销2家。全县累计药品生产企业2家、批发企业2家、药品零售连锁企业6家、医疗器械生产企业15家、医疗器械专兼营企业33家，药品零售企业236家(含乙类非处方药品零售企业18家)。

【嘉兴英特医药有限公司】 前身是浙江嘉善医药有限公司，于2011年被浙江英特药业有限责任公司并购。于2014年10月通过“药品经营许可证”换证和新版GSP认证。经济性质为有限责任，经营方式为批发，经营范围包括中成药、中药材、中药饮片、化学药制剂、抗生素制剂、生化药品、生物制品、第二类精神药品、蛋白同化制剂、肽类激素、医疗用毒性药品等。公司经营面积1995平方米，仓库储存面积4354平方米，其中阴凉库面积2803平方米、常温库面积1519平方米、冷库库区容积143立方米、特殊管理药品(第二类精神药品、医疗用毒性药品)仓库面积8.25平方米。仓库配备制冷机组、空调、除湿机、RF(手持式数据终端)、智能数据记录仪等设备。仓库各库区安装24小时监控录像，特殊管理药品仓库配备110防盗报警装置等专用设备。2016年，公司从业人员68人，其中大专(含)以上文化程度42人，占员工总数的61.7%。各类专业技术人员41人，占从业总人数的60%。药师(含)以上技术职称34人，其中执业药师6人。2016年含税销售额3.95亿元。

【浙江嘉兴百仁医药有限公司】 2003年5月，由嘉善县魏塘供销社牵头组建，2010年1月，由浙江嘉信医药股份有限公司控股。2014年11月通过“药品经营许可证”换证和新版GSP认证。公司经营方式为批发，经营范围有中药材、中药饮片、中成药、抗生素制剂、化学药制剂、生化药品(以上均不包含冷藏冷冻药品)，兼营第二类、第三类医疗器械、食品。有从业人员49人，其中药学专业技术人员25人(执业药师6人、从业药师和药师19人)。经营办公用房564平方米，仓库面积3654.53平方米。公司配有制冷设备和空调、温湿度自动监控设备、RF(手持式数据终端)、移动式验收平台、送货车等。药品的进、销、存、运和售后服务、信息反馈等环节，严格按GSP的要求规范操作。2016年，公司销售额1.69亿元。

【浙江嘉善长春大药房有限公司】 公司成立于2003年，是一家药品零售连锁经营企业，经营范围有中药材、中药饮片、中成药、化学药制剂、抗生素制剂、生化药品(以上均不包含冷藏冷冻药品)。2014年4月，通过“药品经营许可证”换证和新版GSP认证。公司有连锁门店17家，其中直营店2家，加盟店15家。所有连锁加盟店统一标识，各门店药品统一配送。2016年实现销售额1230万元。

【嘉善正大药房有限公司】 嘉善正大药房有限公司于2004年5月由嘉善县魏塘供销社和浙江嘉兴百仁医药有限公司共同出资组建的药品零售连锁企业，2010年2月被浙江嘉信医药股份有限公司控股。2014年5月，通过“药品经营许可证”换证和新版GSP认证。公司位于嘉善县魏塘街道解放东路773号，面积620平方米。经营范围为处方药与非处方药，包括中药材、中药饮片、中成药、化学药制剂、抗生素制剂、生化药品、生物制品。公司所有生物制品及冷藏药品委托浙江嘉信医药股份有限公司配送，其余药品委托浙江嘉兴百仁医药有限公司负责配送。公司有门店50家，其中直营店33家，加盟店17家。2016年有从业人员187人，其中药学专业技术人员129人，占职工总数的69%，2016年实现销售6080万元。

【嘉善百姓缘药品零售有限公司】 2006年7月组建，是一家药品零售连锁企业，有门店26家，从业人员174人，其中药学专业技术人员74人，占职工总数的42%。2007年3月通过GSP认证。2015年11月，公司总部通过“药品经营许可证”换证和新版GSP认证。经营范围为处方药与非处方药，包括中药材、中药饮片、中成药、化学药制剂、抗生素制剂、生化药品等(以上均不包含冷藏冷冻药品)。配送中心面积919平方米。2016年实现销售3613万元。

【嘉善长红大药房连锁有限公司】 组建于2010年1月，是一家药品零售连锁企业，有门店11家，其中直营店7家、加盟店4家。经营范围为处方药与非处方药，包括中药材、中药饮片、中成药、化学药制剂、抗生素制剂、生化药品等(以上均不包括冷藏冷冻药品)。从业人员62人，其中药学专业技术人员35人，占职工总数的57%。2010年5月6日，取得GSP认证证书。2014年12月公司总部通过“药品经营许

可证"换证和新版 GSP 认证。配送中心面积 536 平方米。2016 年,实现销售额 1400 万元。（蒋海林）

住宿　餐饮业

【概况】 2016 年,嘉善餐饮市场发展呈平稳、增长态势,体现推崇实用性,使餐饮文化更接地气;传统经营和现代电商相互融合共赢;服务私人订制,体现企业对软件的精准追求;以新、奇、特制胜,精细化的创新定位渐成趋势;装修文化、菜品文化、服务文化、员工团队文化整合发展等五大特点。全年社会餐饮业零售额完成 13.32 亿元,同比增长 11.9%。

【嘉善罗星阁君澜宾馆】 嘉善罗星阁君澜宾馆为国家五星级旅游宾馆。有各种类型客房 200 余间(套),设有中西餐厅、自助餐厅、行政酒廊、大堂茶吧等,餐位 1100 个。拥有齐全的康乐设施、室内泳池、健身房、桑拿中心等。2016 年,酒店打造"嘉善·西塘会议之都"新的会议形式,寻求新客源;对婚庆公司进行规范管理;组织策划餐饮系列活动,推出家宴、参军宴、毕业宴、谢师宴、乔迁宴、尾牙宴促销活动;开展"爱在一起"罗星阁君澜宾馆系列活动、"2016 年罗星阁旅行季"系列优惠活动;举办嘉善(西塘)美食节、罗星阁金秋蟹节、罗星阁君澜宾馆迷你小火锅美食节等。宾馆实现全年餐饮营业收入 2630 万元。

【梅园大酒店】 嘉善县梅园大酒店,位于嘉善县城中心繁华地段,是一家集餐饮、住宿、会务、娱乐等于一体的综合性四星级品牌绿色酒店。酒店总建筑面积 16000 平方米,高 13 层。酒店拥有 112 间客房,餐厅可同时容纳近 1000 人就餐。酒店内设有 KTV 包厢、乒乓室、棋牌室和健身房,还有商务中心、茶吧、西饼屋等场所。嘉善县梅园大酒店为省级"优秀星级饭店"、省级"消费者信得过单位"、省级"公共卫生先进单位"、市级"优秀星级饭店"、浙江省"诚信民营企业"、"嘉兴市十强旅游饭店"。2016 年,酒店实现营业额 3200 万元,利税 210 万元。

【嘉善金悦王朝大酒店】 嘉善金悦王朝大酒店有限公司是嘉兴隆聚餐饮集团有限公司(原浙江金悦王朝投资有限公司)下辖餐饮酒店之一,酒店营业面积 4800 平方米,总餐位 800 多个。在全市同行中率先通过 ISO14001、ISO9001 质量、环境体系认证和全国五钻级"国家特级酒家""五星级餐馆"评定,先后获"中华餐饮名店""全国餐饮业优秀企业""全国商业服务业卓越企业""全国和谐商业企业""浙江省职工职业道德建设十佳单位""浙江省著名商号""嘉兴餐饮业十强企业""嘉兴服务名牌""市级文明单位"等荣誉。

【浙江世博大酒店】 浙江世博大酒店拥有中、西、日式餐厅,提供各式中西佳肴。拥有嘉善地区最大的、可根据会议需要自由间隔的无柱多功能宴会厅,并设有独立的 VIP 接待室。此外,还拥有分别为 700 平方米、500 平方米、300 平方米的 3 个多功能厅。2016 年,餐饮营业额 2007 万元。

【嘉善宾馆】 2016 年,嘉善宾馆以接待百姓团体(包括百姓喜宴)和各类团队(包括旅行团队)为主。在整个餐饮业不景气的大环境下,能保持稳定的营业收入。2016 年,接待国内游客 31757 人、海外游客 2319 人,营业收入 2272 万元,其中餐饮收入 915 万元。（蒋雨舟）

商场　超市

【概况】 2016 年,全县商贸企业规模化经营龙头效应进一步显现,集聚化程度趋强。大商场、超市及连锁经营商店货源充足、品种丰富,信誉品牌优势、价格优势、规模经营效果日渐明显。各企业学习探索先进经营理念,在竞争中求发展,在竞争中赢取市场份额。

【东方大厦】 嘉善东方大厦是一座集住宿、餐饮、购物、休闲为一体的多功能综合性商厦,隶属于嘉善县供销合作社联合社,总面积 30000 平方米,主楼高 12 层,商场酒店实行统一管理。东方大厦党、团、工、妇组织健全,拥有员工 800 余人。东方大厦酒店是国家三星级饭店、国家级银叶级绿色饭店、浙江省饭店业协会理事单位,拥有餐位 1500 余个。住宿部有客房 111 套、不同规格会议室 6 间,娱乐会务配套设施齐全。商场营业面积约 15000 平方米,经营品种齐全,服装、皮件、首饰珠宝、化妆品、运动、家电、儿童用品、床上用品等商品一应俱全。2016 年,东方大厦全年销售收入 2.2 亿元,同比略有下降。

【大润发超市】 嘉善大润发商业有限公司为会员制国际连锁时尚平价购物广场,隶属台湾润泰集团。超市营业面积 34365 平方米,拥有 3 万余种各类商品。2016 年度公司销售业绩 3.01 亿元。

【农工商超市】 农工商超市集团嘉善连锁有限公司隶属农工商超市(集团)有限公司，是国资委下属光明食品集团公司具有独立法人的子公司。2016 年，农工商超市集团嘉善连锁有限公司在嘉善乡镇地区拥有 17 家直营门店，总营业面积 2.9 万多平方米。门店实行统一制度、统一采购、统一定价、统一承诺、统一标识、统一促销、统一台账、统一牌匾、统一公示、统一形象的规范化管理。农工商超市集团嘉善连锁有限公司经营商品 1.5 万件左右，其中，食品等五大类产品供应商 80 家左右，经营品种约 2300 个；文具类供应商 4 家，经营品种约 500 多个。超市拥有农副产品检测中心、各类配送设施以及 10000 多平方米的仓库。超市实施 POS 系统管理、建立电子对账系统。超市拥有网点优势、品种优势、价格优势、配送优势、服务专职化优势，参与嘉善县公办学校校园配送服务。农工商超市集团嘉善连锁有限公司先后获“浙江省消费信得过单位”、“嘉兴市消费者信得过单位”、嘉兴市“百城万店无假货”示范门店、嘉兴市“诚信计量示范单位”、“上海市农口级文明窗口”、嘉善县“服务行业规范化服务标准窗口”、浙江省“价格、计量信得过”单位、AAA 纳税单位等称号。(蒋雨舟)

专业市场

【农贸市场】 2016 年，县商投集团所辖农贸市场 11 个(中心城区 8 个，西塘镇、惠民街道、大云镇各 1 个)，租赁收入 2267 万元，同比略有增长。围绕“美丽市场”建设，重点抓好各农贸市场环境卫生专项整治和经营秩序管理，全方位提升市场管理水平。向各市场发放整改任务 54 件，完成率 100%。加强硬件设施改造提升，全年投入 230 万元，完成谈公路、阳光路、花园路、商城等农贸市场外立面改造，新建阳光路农贸市场停车场。

【嘉善商城】 嘉善商城建于 19[illegible]2 年，位于魏塘街道谈公路北段，紧靠 320 国道，交通便捷。商城占地面积 8.3 万平方米，建筑面积 6.04 万平方米，主要经营副食品(含粮油、水果)、日用百货等。2016 年，商城有经营户 425 户，从业人员 2100 余人，经营副食品 4000 多个系列 3 万余个品种，以中高档品牌为主，其中国内外驰名商品百余种。浙北配送中心，成功进入嘉善高级中学食堂配送体系；对嘉善第一人民医院、嘉善看守所、泗洲中学等单位的配送份额均在 50%以上。拓展省外业务，打造江浙沪配送圈，黄酒、雪菜成功纳入宝钢集团的日常配送中，全年配送各类农副产品近 [illegible]0 吨。2016 年，嘉善商城实现交易额 35 亿元，上缴国家及地方税收 2800 余万元。商城经营服务有限公司店面、仓库出租率 100%，租赁收入 255 万元。全年，投入 1[illegible]0 万元完成东大门、北大门、水产码头改造和 320 国道沿线绿化工程。年内，县商投集团结合网格化管理，在嘉善商城建立全县首个义务消防观察哨。嘉善商城全年经营秩序稳定，无安全事故发生。

【梅谷商场】 梅谷商场位于魏塘街道健康路，面积 2000 平方米。2015 年，县商投集团对梅谷商场进行改造提升并公开拍租，有商铺 [illegible]8 间，主要经营鞋帽服饰。2016 年，县商投集团启动智慧市场建设，在梅谷商场率先开始试点，完善支付方式智慧化，智慧支付覆盖率 100%。

【电商平台】 “1 号店特产·中国嘉善馆”电商平台，主推“锦绣黄桃”“杨庙雪菜”“华神鳖”等 7 大类 14 个品种 80 多个单品的“银加善”农产品品牌。2016 年，开通天猫银嘉善旗舰店。网上销售甜瓜 3500 余千克，为 1 号店平台甜瓜类目单品销量冠军。在 168 家县级地方特产馆中，嘉善馆被 1 号店官方认定为 4 家金牌地方馆之一；黄桃上市期间，锦绣黄桃销售活动销售黄桃 450[illegible] 多箱，超过 2 万千克，销售金额 2[illegible]7 万元，各项数据创历史新高。年底，被端上 G20 杭州峰会国宴餐桌的嘉善双孢菇又被推上两大电商平台。 (蒋明明)

【华东建材市场】 华东建材市场是一家综合性建材市场，占地 30.6 公顷(4[illegible] 亩)，总建筑面积 16.5 万平方米。市场分木材、建陶、胶合板、五金、汽车、汽配、摩托、家具等八大交易区，有各类工商业户 485 户。20[illegible] 年，华东建材市场销售总额 12.[illegible] 亿元，上缴税收 1385 万元，租金收入 550 万元左右，总资产 10278 万元，其中负债 5647 万元。市场的公有经营房、仓储房以及可租场地的出租率均为 100%。年内，开展“美丽市场”创建工作，提升市场整体环境面貌；做好基础设施维修、市场安全、市场综合治理、物业管理费收缴等工作。 (张启超)

综　　述

2016年,嘉善县开放型经济取得健康发展,全县新批外资项目109个,合同利用外资7.16亿美元,同比下降6.05%。完成实际外资5.09亿美元,同比增长14.04%,创历史新高。两项绝对值均排名全市第一。连续15年成为浙江省利用外资十强县市区。全年累计自营进出口233.06亿元,同比增加8.89%,增幅排名全市五县二区第二。其中,累计出口180.13亿元,同比增加8.84%,增幅排名全市五县二区第三。

招商引资

【概况】 2016年,深入推进招商引资"一号工程",着力开展驻点招商、活动招商、中介招商以及以商引商,构建政府、中介、企业"三位一体"协同招商机制。全年实现合同利用外资7.1亿美元,实际利用外资5.1亿美元;实际利用县外内资85.3亿元。

【招商引资】 年内,引进世界500强企业3家,包括总投资超1亿美元的富准精密模具(嘉善)有限公司、总投资1.2亿美元的富通住电光纤(嘉兴)有限公司以及总投资1.2亿美元的富通住电光导科技(嘉兴)有限公司。引进总投资52亿元的"梦东方·梦幻嘉善"项目落户巧克力甜蜜小镇。成功举办"2016嘉善国际投资贸易洽谈会",签约总投资280亿元的28个项目。其中,外资项目14个,项目总投资18.06亿美元;内资项目14个,项目总投资161.4亿元。签约项目主要涉及精密机械、新能源、新材料、软件和信息技术和节能环保领域,涵盖产业合作、平台合作、创新合作等多个内容。浙江中荷(嘉善)产业合作园正式开园,加深嘉善与荷兰在投资贸易、金融服务、规划发展、宣传推广、教育培训、文化创意、工业旅游、创新平台、友好郡县等方面的合作。

【精准招商】 2016年,立足"四百招商",注重"双招双引",强化"精准招商",提升产业招商区域精准度,开展重点区域和重点产业上门招商活动。锁定世界500强、中国500强、浙商500强以及国际国内行业龙头企业,制定重点项目目录,有针对性地开展对接工作。推进中介机构市场化招商,鼓励会计师事务所、律师事务所、银行、评估师事务所等中介机构参与招商引资,提高招商引资活动成功率。鼓励引进外商投资性公司、外资融资租赁公司和外资创投公司;鼓励发展较好的外资企业以增资和利润再投资方式扩大投资。全县开展招商活动累计1354次;对接企业项目累计1231次;走访客商累计1648次;对接平台次数累计346次;接待客商累计1550批次;开展招商宣传活动累计981次;发放宣传资料累计9046份。10月28日,成功举办2016嘉善国际投资贸易洽谈会。

(张悦倩)

2016 年嘉善县利用外资情况表

表 7　　　　　　　　　　　　　　　　　　　　　　　　单位：万美元

			项目数	同比（%）	总投资	同比（%）	注册资本	同比（%）	合同利用外资	同比（%）	实际利用外资	同比（%）
本月新批			22	46.67	19429.63	−48.07	7231.56	16.24	16950.84	−4.35	15075.60	−2.75
本年累计			109	12.37	132269.57	2.82	73070.36	37.12	71671.95	−6.05	50946.22	14.04
项目分析	新设项目		40	−11.11	121203.58	39.69	65683.81	41.85	37535.38	−16.54		
	其中	独资	28	−17.65	35839.83	−55.00	18985.89	−55.30	18996.06	−55.27		
		合资	12	9.09	85363.7504	1099.66	46697.922	1118.20	18539.319	640.25		
	增资项目		23	−14.81	30283.41	110.69	12903.22	48.45	10955.63	54.34		
	其中	独资	14	−17.65	19890.38	149.81	8032.24	54.83	8032.21	50.70		
		合资	9	−10.00	10393.0276	62.10	4870.98	38.99	2923.43	65.32		
	减资项目		6	50.00	−8885.00	322.65	−3931.50	191.65	−3100.01	129.97		
	其中	独资	5	66.67	−7785.00	304.83	−3431.50	184.06	−3100.01	156.62		
		合资	1	0.00	−1100	513.90	−500	257.14	0	−100.00		
	撤销项目		1	−50.00	−2858	614.50	−1500	316.67	−796.88	121.36		
	外债项目		28	154.55	0	—	0	—	26798.4065	2.06		
	转股项目		9	28.57	27.1185	—	19.8869	—	199.4669	−159.09		
	调整项目		2	—	−7501.539	—	−105.06	—	−104.01	—		

外向型经济

【概况】 2016 年，嘉善县累计自营进出口 2330598 万元，同比增加 8.89%，其中累计进口额 529347 万元，同比增加 9.06%；累计出口额 1801251 万元，同比增加 8.84%。外商投资企业 286 家，出口 896839 万元，同比增长 2.97%，占出口总额的 49.79%；外贸自营生产企业 463 家，出口 809439 万元，同比增长 17.67%，占出口总额的 44.94%，外贸流通公司 111 家，出口 94973 万元，同比下降 1.20%，占出口总额的 5.27%。1—12 月，机电产品出口 817253 万元，同比增长 9.36%，高新技术产品出口 181674 万元，同比增加 10.08%，两者占全县出口额的 55.46%。全县新批外资项目 97 个（其中新设项目 32 个，增资项目 37 个，转股项目 4 个，调整项目 1 个，撤销项目 1 个，外债项目 22 个），合同外资 6.46 亿美元，同比增长 7.45%，完成全年任务 117%。

【涉外投资】 嘉善骑士湖投资管理有限公司投资 325 万美元在柬埔寨西哈努克市设立骑士湖（柬埔寨）木业有限公司；嘉善奥倍精密机械有限公司为设在美国加利福尼亚的赛跑有限公司投资 15 万美元；浙江中伟建筑材料有限公司投资 160 万美元在越南隆安省成立雄钢钢铁责任有限公司；嘉善尚力湾投资有限公司为柬埔寨金边省投资的尚力湾（柬埔寨）实业有限公司投资 239.696 万美元；嘉兴埃酷运出口有限公司在埃塞俄比亚变更设立恒通木业私有有限公司，中方总投资额 134.84 万美元，增资 44.2 万美元。1—12 月，全县企业境外总投资额 2833.79 万美元，其中中方对外直接投资额 874.54 万美元。境外投资企业带动出口 9460 万美元。

【龙头企业】 下半年，新华昌集装箱出口增幅持续攀升，全年累计出口增速 26.68%，稳居全县出口榜首。第四季度台升实业出口量有所增加，全年出口增幅 5.37%，列出口排行榜第二。鹏超制衣出口后势强劲，累计出口同比增幅 70.17%，居全县出口第三。裕华木业、亿力清洁等出口明星企业，保持较高增长率。圣诺盟家居、麦熊家具、华盛化妆品等出口龙头企业1—12月出口额维持较高的增长水平。昱辉阳光因产能不足，全年出口下降22.09%。除昱辉阳光、冠运来贸易等老牌进口龙头企业外，新增进口明星企业铠嘉电脑、凯翼储运、富通集团等，2016年，全县累计进口同比增幅9.06%。

【出口行业】 纺织服装类产品受龙头企业鹏超制衣出口的拉动，同比增加12.20%。五金机械类增速由负转正，同比增长11.65%。木制品及家具类增幅3.48%。家用电器方面，12月增幅较为强劲，拉动累计出口增幅上升0.23个百分点。由于受龙头企业昱辉阳光公司总体出口量下降的影响，光伏能源全行业出口同比下降3.76%。

【出口贸易】 2016年，全县一般贸易出口额1478110万元，同比增加11.90%，加工贸易出口额320698万元，同比下降3.66%，其中进料加工同比下降2.52%。一般贸易和加工贸易占比分别82.06∶17.80，上年同期比79.79∶20.14。

【全球市场】 亚、欧、北美依旧是全县商品出口主要市场。2016年，对美出口占比43.56%，对欧出口占比19.97%，对亚洲出口占比25.09%，三大市场累计出口与上年同期相比，均有所上升。其中，对英国出口形势较好，同比增加16.03%；上半年由于受对日、韩出口下降幅度较大的影响，对亚洲地区出口增速为负。到下半年，对日、韩累计出口增幅由负转正，拉动对亚洲地区出口的增速，全年对亚洲出口总体增加，出口额45.2亿元，与上年同期相比增加3.13%。美国是嘉善县第一大出口市场，全年累计出口额78.45亿元，同比增长13.23%，占全县出口总额的43.56%。全年对北美洲累计出口83.47亿元，同比增加11.62%。对欧洲累计出口35.98亿元，同比增长12.39%，其中对欧盟国家的出口占整个欧洲总出口的82%。对拉丁美洲出口6.87亿元，同比增加9.38%。对大洋洲出口6.55亿元，同比增长2.71%。对非洲累计出口2.06亿元，同比下降7.26%。（赵浙琴）

2016年嘉善县进出口同比增减情况表

表8

2016年	进出口增长率(%)	出口增长率(%)	进口增长率(%)
全　国	−0.9	−2.0	0.6
浙　江	3.0	2.9	3.7
嘉　兴	7.2	9.0	2.4
嘉　善	8.9	8.8	9.1

2016年嘉善县进出口情况表

表9　　单位：万元

进(出)口项目	金　　额	2015年同期金额	同比(%)
地方自营出口	1801251	1654983	8.84
其中：三资企业出口	896839	870965	2.97
县流通公司出口	94973	96128	−1.20
自营生产企业出口	809439	687890	17.67
全县进口总值	529347	485366	9.06
其中：三资企业进口	327696	267458	22.52
县流通公司进口	85943	119419	−28.03
自营生产企业进口	115708	98489	17.48

2016年嘉善县(部门、镇、街道)外贸出口情况表

表10　　　　单位:万元

乡镇(部门)	2016年出口指标(万元)	1—12月份出口实绩(万元)	2015年同期出口实绩(万元)	同比(%)	1—12月份进口实绩(万元)	2015年同期进口实绩(万元)	同比(%)
开发区(惠民)街道	831408	825310	756806	9.05	23426[illegible]	200066	17.09
魏塘街道	401841	416253	365780	13.80	8170[illegible]	99336	-17.75
罗星街道	96273	95252	87628	8.70	4130[illegible]	63781	-35.23
西塘镇	11033	12644	10046	25.86	4077[illegible]	5771	606.55
干窑镇	62667	58652	57117	2.69	300[illegible]	3317	-9.29
姚庄镇	176236	165089	160366	2.95	9518[illegible]	86327	10.26
陶庄镇	35753	33003	32544	1.41	299[illegible]	1060	182.74
大云镇	115989	117951	105556	11.74	1142[illegible]	7735	47.67
天凝镇	49116	43366	44679	-2.94	291[illegible]	2100	38.76
科创中心	17387	14448	15796	-8.53	1236[illegible]	11344	9.02
国企办	20495	19283	18665	3.31	340[illegible]	4529	-24.77
合　计	1818199	1801251	1654983	8.84	52934[illegible]	485366	9.06

2016年嘉善县进口贸易方式分布情况表

表11　　　　单位:万元

贸易方式		当　月	对比当月	同比(%)	累　计	对比累计	同比(%)	进口占比(%)
所有方式(进口)		56483	39198	44.10	529347	[illegible]85366	9.06	
一般贸易		45353	32666	38.84	427766	[illegible]76759	13.54	80.81
加工贸易		7914	5984	32.25	79704	[illegible]00923	-21.02	15.06
其中	来　料	1290	1056	22.16	13367	[illegible]6294	-17.96	2.53
	进　料	6624	4928	34.42	66337	[illegible]4629	-21.61	12.53
外资企业作为投资设备进口			166	-100	279	1666	-94.02	0.05
境外设备进区		191	61	213.11	1556	1117	39.30	0.29
保税区仓储转口货物		2920	275	961.82	19090	1125	1596.89	3.61
其　它		105	46	128.26	952	773	22.68	0.18

外经外贸管理

【海关】 2016年,海关嘉善办事处审核报关单15459份,同比增加20.7%;监管进出口集装箱30360个标箱,同比增长24.1%;监管进出口货物35.03万吨,同比增长23.79%;征收两税1.40亿元,同比减少13%;备案加工贸易合同556份,同比减少6.24%;备案金额18754万美元,同比下降15.05%;核销加工贸易合同591份。

通过"微课堂""专题研讨"和

“以师带徒”等形式，培养关员依法行政意识和提高业务素质。建立两级自查体系，定期检查自控，规范企业申报行为，抓好风险防控。全年核查报关单电子数据16544余条，复查纸质单证67份；核查加工贸易手册电子数据信息近2000条，纸质单证46份。复核上级下发各类报关单数据321条，加工贸易数据286条。补征关税14062.92元、增值税14976.71元、反倾销税6367.19元。

通过政务公开栏和QQ群及时发布海关政策信息，解答业务疑难问题。推行区域通关一体化模式，实现嘉善和上海港、宁波港的“无缝对接”，简化进出口货物通关手续，大幅降低物流成本。2016年，办事处一体化通关报关单13395票（其中1637票跨关区、11758票本关区），占办事处报关单量的86.6%。全面实施通关无纸化，降低企业时间成本。2016年，通关无纸化率99.9%。

加强与县政府和有关职能部门的沟通，及时向县政府发布海关贸易统计，撰写海关分析，为政府决策服务。创建党建品牌，弘扬“善文化”，增强海关工作软实力。坚持“开门党建”，主动与地方机关党委交流党建工作，与社区开展共建活动，去企业学习党建先进经验。严格落实廉政建设主体责任，加强监督监控，统筹抓好廉政风险防控工作。以G20杭州峰会为契机，完善安保工作制度，提高全体人员安保意识，做好安全隐患排查和整改工作。（戴　军）

【检验检疫】 嘉兴出入境检验检疫局嘉善办事处抓好口岸卫生检疫核心能力和硬件设施建设，加强人员培训，提高检验检疫能力，促进绿色发展，确保国门安全。2016年，检验检疫进出境货物23453批，金额68172.3万美元，比上年同期分别下降9.32%和上升0.91%。出境货物22679批次，63549.4万美元，比上年同期分别下降10.14%和1.78%，出境货物中木制品22024批次，46795.3万美元，比上年同期分别下降11.07%和7.14%。其中，家具17093批次，23588.4万美元；人造板类制品4931批次，23206.9万美元。出境货物不合格9批，不合格金额11.7万美元。进境货物774批次、4622.9万美元，同比分别上升24.04%和61.93%。进境货物不合格45批，不合格金额1032.11万美元。签发原产地证11560份，金额48398.41万美元，同比增长30.72%和57.25%，出具各类证书2189份。综合保税区B区全年受理报检进境原木30批160标箱，截获有害生物25批次，其中首次截获检疫性有害生物4批次2种。9月，综合保税区B区通过国家级验收。办事处主动介入中荷产业合作园建设，为喜力啤酒、铠佳电脑等大型企业提供投资便利化通关服务；融入嘉善电子信息产业园，服务富通光通信、富鼎电子和保税仓储等项目，助推进口贸易、保税物流、跨境电商的规划、建设和实质运营；为姚庄经济开发区顺祥皮件等投资非洲企业提供配套服务；为中国归谷嘉善科技园互联网和医疗产业基地提供进口设备、器械的检验服务；为高铁新城、电子商务等高端服务业项目和招商引资提供配套服务。（石　松）

区域合作和对口支援

【概况】 2016年，嘉善县把对口支援和山海协作作为一项重要工作，立足嘉善实际，凝聚工作共识，加大推进力度，以“浙沪毗邻地区一体化发展示范区”为突破口，突出问题导向，精准发力，考核落实，推动接轨上海重点领域和关键环节目标任务落地见效，为全县经济社会发展提供强劲动力。

【对口帮扶】 年内，对口支援四川藏区、重庆涪陵和省内丽水地区，落实帮扶资金602万元。5月，团组帮扶成员单位会议在丽水市庆元县召开，嘉善县合作交流办分管领导在会上发言。6月，嘉善县政府代表团赴九寨沟考察当地基础设施和帮扶产业项目实施情况。12月1—3日，县委常委、常务副县长何全根率嘉善政府代表团赴庆元县考察山海协作和结对帮扶工作。

【接轨上海】 推动建立两地规划政策联动机制，与上海城市创新中心联动开展接轨上海“十三五”规划编制，与上海市政府发展研究中心共同开展接轨上海体制机制研究，主动对接“上海2040城市总体规划”。建立供沪农产品质量安全准入制度，全县供沪产品有无公害农产品、绿色食品、有机农产品115个，其中供沪农产品认证面积0.33万公顷（5万亩），全年供沪农产品30万吨，销售额27亿元。2016年，引进上海内资项目72个，总投资43.35亿元，实到内资23.14亿元。其中，总投资超亿元以上项目11个，世界500强项目3个。与上海签订科技合作项目16项，共建科技创新载体3个。引进上海优质医疗资源，嘉善县第一人民医院与上海中山医院、仁济医院建立长期合作关系；嘉善县中医院与上海龙华医院、上海中医医院、复旦五官科医院等开展专科专家门诊；嘉善县第二人民医院与上海新华医院心内科合作；嘉善县第三人民医院（原康慈医院）和上海精神卫生中心协作办医。上海博厚医院投资公司筹建嘉善博厚口腔医院。加强与上海的教育合作，先后促成嘉善中专与上海工业技术学校、嘉善高级中学与上海七宝中学、吴镇教育集团与上海松江实验小学结对联盟。开展"文化走亲"，推动上海文化演出、体育赛事进嘉善。

【区域合作交流】 继续构建与上海政府间战略合作机制。与上海市政府发展研究中心合作，在嘉善建立科学发展研究实践基地，选择一批接轨上海的重大问题开展课题研究。邀请上海市发改委、上海市自贸区、上海市政府发展研究中心的相关领导到嘉善开展对接上海中长期规划研究。委托上海城市创新经济研究中心联合开展嘉善县接轨上海"十三五"规划编制。在与上海市金山区签订战略框架协议的基础上，成立工作推进专项小组，制订工作计划和运行机制，共同推进产业发展、社会治理、生态保护、交通网络、旅游开发等5个一体化发展。12月28日，上海金山区人民政府、嘉善县人民政府、上海建工集团股份有限公司三方签订古镇保护战略框架协议，正式启动枫泾、枫南旅游古镇保护性开发。派遣28名县级驻点招商干部赴上海浦东新区、闵行区、嘉定区，开展驻点"双招"工作。与普华永道、仲量联行、高力国际等国际知名中介机构签署战略合作协议，深化与上海松江区和产业转移促进中心（商务部上海基地）的跨区域合作。引进嘉亨集团、比欧食品等一批高端优质项目。深化与上海市浙江商会合作交流，成功举办2016世界浙商上海论坛暨上海市浙江商会成立三十周年大会。

（顾敏姝）

综　　述

2016年，全县有国家级经济开发区——嘉善经济技术开发区、嘉兴综合保税区B区，省级经济开发区浙江姚庄经济开发区，另有嘉善县电子信息产业园区、中国归谷嘉善科技园、大舜服装辅料创业园等专业园区，及魏塘、罗星、西塘、陶庄、干窑、天凝、大云等7个镇(街道)工业园区。

全县工业园区总规划面积73.75平方公里，已开发面积48.12平方公里，累计投入基础设施建设资金99.01亿元。进区企业4903家，基本实现主要工业企业进园区集聚化发展。

2016年，全县园区完成规上工业产值1054.7亿元，实现利税114.6亿元。县经济技术开发区、姚庄经济开发区、魏塘工业园区、天凝工业园区、西塘工业园区成为百亿元工业园区，干窑、大云、罗星工业园区产值超50亿。（钱逸飞）

嘉善经济技术开发区

【概况】 2016年，嘉善经济技术开发区发挥经济建设主战场作用，一手抓招商引资、项目推进，一手抓平台建设、优化服务，各项工作取得新的成效。完成地区生产总值75.31亿元，同比增长8.3%；实现财政总收入19.45亿元，同比增长9%，其中地方财政收入9.87亿元，同比增长30.4%；完成固定资产投资71.62亿元，同比增长16.7%，其中工业生产性投资50.03亿元，同比增长17.5%，服务业投资20.99亿元，同比增长11.6%；完成规模以上工业产值328.67亿元，同比增长4.8%，规模以上工业企业利税22.65亿元，同比增

11月10日，县经济技术开发区举行重点项目集中签约和开竣工活动。（江震中　摄）

长37.7%,其中利润14.37亿元,同比增长55%;合同利用外资2.6亿美元,实际利用外资2亿美元,实际利用县外内资30.2亿元;完成进出口总额105.96亿元,同比增长10.7%,其中出口82.53亿元,同比增长9.05%。

【招商引资】 加强国际产业合作,主攻欧美。引进优质项目,开拓合作渠道,扩大对外影响。推进由荷兰高柏伙伴规划景观建筑顾问公司整体规划设计的浙江中荷(嘉善)产业合作园建设,3次赴荷兰本土招商,在国内外举办专项招商会10余场,与荷兰国家环保和清洁科技委员会签订务实合作备忘录。开展与仲量联行、普华永道等国际知名机构合作。国内以上海为招商主攻方向,承接产业迁移,搭建合作平台,建立嘉善—松江招商协作区。

【产业转型】 全面推进亩均绩效评价,新增A类企业11家,浙江华悦木业有限公司入选浙江省时尚及丝绸、黄酒产业第二批重点培业企业名单。成功申报嘉兴市“互联网+工业”示范企业、试点企业各2家。实施“机器换人”项目104个,投资总额55.6亿元,申报嘉兴市“机器换人”特色技术改造项目8个。盘活利用存量用地26.69公顷(400.4亩)、存量厂房11万平方米。完成腾退“低小散”企业71家,腾退总面积45.73公顷(685.9亩)。

【项目推进】 全省特别重大产业项目——铠嘉电脑顺利建设。索菲亚家居、和新精冲“零土地”技改项目被列为全省推进工业企业“零土地”技术改造项目审批方式改革现场会典型参观项目。中节能环保产业园奠基,爱德曼氢能源项目落户。推动通用航空产业布局规划选址和接轨上海“东大门”跨区域整体开发。

【科技创新】 启动省级高新技术园区创建工作。北京大学创新研究院嘉善产学研合作中心正式成立,申报国家“千人计划”5人、省级“千人计划”7人和创新嘉兴精英引领计划人才6人;申报国家级高新技术企业3家,通过复审3家;申报省级科技型中小企业12家,完成专利申报677件;申报省级著名商标1件、市级著名商标4件。参加嘉兴市第二届“红船杯”工业设计大赛并获多项荣誉。

【环境建设】 推进五期东扩征迁扫尾工作,完成温泉大道主线及连接线征迁工作。完成玉山路大修改造工程,启动开发区服务功能配套项目建设,实施绿化、亮化、管线、路面等改造提升工程。新增太阳能光伏发电11兆瓦。全面开展320国道、沪杭铁路、沪杭高铁、沪杭高速等主要道路及河道沿线环境整治,拆除违章建筑150处、10.4万平方米;整治“蓝色屋面”彩钢棚115处、34.63万平方米。

【浙江中荷(嘉善)产业合作园开园】 5月5日,嘉善中荷产业园投资发展有限公司成立。5月19日,中荷产业园正式开园,荷兰驻上海总领事、荷兰坎贝拉市代表团、荷比卢工商协会、鹿特丹驻上海办事处等国内外荷兰机构负责人参加开园仪式。8月31日,中共嘉善县委、嘉善县人民政府成立浙江中荷(嘉善)产业合作园建设工作领导小组,印发关于推进浙江中荷(嘉善)产业合作园建设实施意见。

【喜力酿酒(浙江)有限公司】 5月19日,喜力酿酒(浙江)有限公司开业。荷兰驻沪总领事,喜力家族第四代继承人,喜力中国区总裁,县领导许晴、郑明等参加开业庆典活动。喜力酿酒(浙江)有限公司是喜力啤酒在中国的第3家酿造厂,也是最大的中国工厂。公司一期项目总投资8848万欧元,建筑总面积8.5万平方米,预计年销售收入约9亿元。

【北京大学创新研究院嘉善产学研合作中心】 5月27日,北京大学创新研究院嘉善产学研合作中心举行揭牌仪式。民革浙江省委会副主委计时华、北京大学工学院院长助理韩平畴、浙江省科学技术厅成果处副处长匡秀英,嘉善县政协副主席、县委统战部部长闻清华,开发区管委会主任陆春浩,县有关部门负责人及入住项目企业代表参加。

【豪声电子上市】 8月5日,浙江豪声电子科技股份有限公司在新三板成功挂牌。

【和硕集团到嘉善考察】 8月31日,和硕联合科技集团董事长童子贤到嘉善考察。该集团在嘉善经济技术开发区投资建设铠嘉电脑配件有限公司项目已投入试生产。

【“创新驱动转型提升”大会】 10月26日,嘉善县召开“创新驱动

10月26日，召开嘉善经济技术开发区"创新驱动转型提升"工作大会。（江震中 摄）

转型提升"工作大会，总结嘉善经济技术开发区晋升国家级经济开发区近5年的工作和取得的成绩，动员全县上下共同推进开发区科学发展、创新转型、争先跨越。会议表彰为开发区发展做出杰出贡献的企业、企业家和优秀工匠。（张树佳）

嘉善县电子信息产业园（嘉兴综合保税区B区）

【概况】 2016年，嘉善县电子信息产业园（嘉兴综合保税区B区）实现规模以上工业产值67.11亿元，完成工业生产性投资24.8亿元。完成合同利用外资2.02亿美元，实际利用外资1.59亿美元，实际利用县外内资1.5亿元。9月，首期围网0.66平方千米通过验收，成为浙江省第一个海关特殊监管区成功转型综合保税区范例。嘉兴海关、嘉兴出入境检验检疫局、中国人民银行嘉善支行外汇管理局等相关部门在区内设立专门机构现场办公。

【富鼎电子】 富鼎电子科技（嘉善）有限公司自建C1、CS1、C2、CS2、C3、C5标准厂房约9万平方米，主要生产苹果笔记本电脑机构件；租赁D1、DS1、DF1、DF2、D2、DS2、D3、D5标准厂房10万平方米，主要生产微软平板电脑机构件。5月，富士康科技集团在综保区外新增富准精密模具（嘉善）有限公司，总投资1.05亿美元，注册资金3500万美元，主要生产模具、金属机构件。全年公司产值47.9亿元，税收1.2亿元，利税4.02亿元，工业性投入10.3亿元。

【富通集团】 嘉兴富通光通信全产业链项目是浙江省特别重大产业项目，占地73.33公顷（1100亩），总投资59.8亿元，项目建成投产后，预计年产光纤预制棒3000万芯千米，光纤3000万芯千米，光缆3000万芯千米，产值超100亿元。2015年12月开工建设，2016年富通光通信全产业链研发中心建成投产，全年工业性投入11.9亿元。2016年新增2个世界500强项目，分别是总投资7.5亿元的富通住电光导科技（嘉兴）有限公司和总投资7.5亿元的富通住电光纤（嘉兴）有限公司。两公司分别实现年产值16.1亿元和3.1亿元。12月，投资成立嘉兴富通国际科技有限公司，总投资10.5亿元，注册资金3.5亿元，占地32.67公顷（490亩）。

【保税物流】 2016年，综合保税区B区成功复制并实施上海自贸区海关简化统一进出境备案清单、简化无纸通关随附单证报关、批次进出集中申报、返区维修、保税货物区间自行流转等5项监管创新制度。2016年，建成总投资9240万元的3万平方米保税仓库，二期项目建设中；审核进出口报关单14823票，办理保税物流6881票，监管货值1.27亿美元，监管货运量37470吨，一线进出口总额4700万美元，进出区货物总值16.68亿美元。

【基础设施建设】 2016年，投资1140万元完成园区内沈道路、南港路（红菱村）改道等5个道路项目建设；投资5万元完成园区部分绿化工程建设；投资225万元完成开源大道、沈道路、南港路等5个供水工程建设；投资275万元完成二期围网亮化、D区亮化等3个亮化工程建设；投资1560万元完成D区污水池、开源路北填土等5个项目建

设。园区基础设施建设累计投资3205万元。（翁峰青）

中国归谷嘉善科技园

【概况】 2016年，中国归谷嘉善科技园新引进国家千人计划专家3人、省千人计划专家2人，累计引育国家千人计划专家29人、省级千人计划专家13人。归谷园区智造小镇被列入浙江省“特色小镇”培育名单。

【欧美同学会海归创业学院嘉善学院】 6月29日，欧美同学会海归创业学院嘉善学院揭牌仪式暨嘉兴市创业转型CEO培训班开学典礼在归谷园区举行。海归创业学院的成立是为让更多海归人才搭建就业、创业的平台，缔造事业的发展空间，使更多的海归人才都能享受到优质的服务。

【“梦想中国·智汇嘉善”全球创新创业大赛】 举办2016“梦想中国·智汇嘉善”全球创新创业大赛，活动历时4个月，14个国家和地区的155个团队或个人报名参加。参赛项目中电子信息类项目113个，健康医疗类项目42个，涉及虚拟现实、电子设备、软件开发、机器人、医疗设备、医药研发、线上医疗，涵盖两大领域的所有重要分支。

2016“梦想中国·智汇嘉善”全球创新创业大赛。
（罗星街道 提供）

【招商引资】 全年，园区新入驻项目36个，累计引进高科技项目120多个，计划总投资超过60亿元。引进基金公司和基金管理公司50多家，管理资金超过100亿元；蓝怡医药、凯诺电子等重大项目顺利投产。（包佳文）

长三角嘉善科技商务服务区

【概况】 2016年，长三角嘉善科技商务服务区作为省级服务业集聚示范发展平台，纳入直报系统统计的企业189家，从业人员1650人，同比增长13.95%；营业收入153691万元，同比增长15.29%；营业利润25353万元，同比增加14.5%；总税收35312万元，同比增长122.63%。高铁新城区域累计完成投资50.4亿元，其中2016年完成投资31.9亿元。在2015年度百家省级现代服务业集聚示范区综合考核评估中，列第45名。

【机构调整】 2016年，长三角嘉善科技商务服务区管理委员会内设职能科室由原来3个调整为5个。调整后内设机构为办公室、经济发展（招商）科、规划建设管理科、社会事业管理协调科、财政结算科，占编在职工作人员10名。新设立嘉善县人才创业服务中心（公益一类事业单位），行政编制4名。核定公益一类事业编制由6名调整到15名，在编人员划入嘉善县人才创业服务中心。

【项目建设】 年内，续建项目14个；新增项目34个：基础设施项目15个、公建项目4个、产业项目6个、住宅项目9个。嘉善大道二期、宏业路二期、纬三路、城市规划展示馆、产业园一期、颐和家园、嘉善大道管线、环湖路、14号污水泵站、白水塘河改造等11个项目完工。嘉善城市规划展示馆，全年接待参观400余次、7000余人次。滨水公园、嘉善幸福水街、内环水系、运动场地、纬二路一期、经十路、纬三路二期、纬一路一期、垃圾转运站、环西南路、孔雀城一期、二期、三期等19个项目在建。孙家港河道改造项目、体育南路、子胥南路、上海师范大学附属实验学校、幼儿园、邻里中心、纬二路二期、产业园二期（创意设计）、产业园三期（配套）、产业园四期五期（影视基地）、孔雀城十期等15个项目完成内部立项。

【招商引资】 与华夏公司合作区域累计签订入区协议项目81项，总投资85766万元，注册资金77276万元，其中2016年签订入区协议71项，协议总投资73836万元，注册资金68176万元，洽谈中项目8项。累计注册完成企业45家，其中28家企业进场装修。服务区管委会协助华夏公司开展各类招商活动。5月28日，组织高铁新城三周年庆活动，有20家

5月28日，举办高铁新城2016年新建项目集体开工仪式。

（长三角嘉善科技商务服务区 提供）

企业签订合作意向书。10月28日，5家企业在善洽会上签约。同日，举办上海人才创业园招商洽谈会，80多位嘉宾参加。

【人才创业服务中心】 3月30日，嘉善县人才创业服务中心正式挂牌运营。服务中心以“创业服务清单、优惠政策清单、客户经理制”的“二单一制”为服务内容，以“政务商务合一、政企联动互通”为服务模式，为人才创业提供一流全程服务。建立重点项目跟踪机制，对重点项目在人才招聘、政策扶持等方面提供服务；建立高端人才联络机制，引导高层次人才申报各类人才项目，做好已入驻企业的高层次人才项目库登记；完善政策服务补充机制；完善企业服务精准机制；加强园区企业联动机制。2016年，组织企业参加嘉善·杨浦青年创业创新高峰论坛、嘉兴市大学生创业精英赛、太库国际创业挑战赛等活动。加强企业文化建设，丰富企业员工业余生活。发挥县级创业导师作用，定期开展园区优秀项目路演活动，邀请创业导师对项目实施进行指导。做好招商团队考察、政府团队参观调研的接待工作和项目洽谈工作，全年接待项目考察参观50余批次。

（吴梦婷）

3月30日，嘉善县人才创业服务中心挂牌运营。

（长三角嘉善科技商务服务区 提供）

浙江姚庄经济开发区

【概况】 浙江姚庄经济开发区规划总用地面积25.36平方千米，核心区5.8平方千米，分两期建设，是嘉善县仅有的2个省级产业示范基地（光伏新能源和精密机械）的主要承载地。2016年，姚庄经济开发区合同利用外资8185万美元，实际利用外资9140万美元；县外内资实际到位20.82亿元；完成工业生产性投资37.1亿元，同比增长10%；完成规上工业产值230亿元，同比增长7.9%，在省级经济开发区综合考评中列全省32名。2016年，精密机械、光伏新能源两大主导产业产值152.2亿元，占全镇规上工业产值的73%。浙江昱辉阳光能源有限公司，先后在英国伦敦证券交易所美国纽约证券交易所挂牌上市，杜商精机、格蕾特电器分别在“新四板”和“新三板”上市。规划总面积12.2公顷（183亩）的姚庄新经济产业园投资7000万元、面积4万平方米的一期工程建成、投入使用。年内，开发区有昱辉阳光等5家高新技术企业，规上高新技术企业主营收入占比43%。有省科技型中小企业 35 家，院士工作站和博士后工作站各 1 个。有企业研发中心 23 个，其中省级 1 个（浙江昱辉阳光新能源研究院）、县级研发中心 18 个、市级研发中心 4 个，有产业创新联盟 1 个（浙江省光伏产业技术创新战略联盟）。作为上海优质制造业项目的承接转移地，在产业规划、经贸交流、项目信息等方面加强与上海方面的务实合作，2016 年从上海引进各类项目总投资 32.2 亿元。

【科技创新和人才引育】 启晟碳材料获评国家高新技术企业，欧仁新材料杨晓明博士被认定为省“千人计划”人才，捷音特与南京大学声学研究所签协成立南京大学—捷音特声学研究分室，富信成机械创建全县第 6 家院士工作站，格蕾特电器在“新三板”挂牌上市。

【经贸洽谈会】 3 月 19 日，2016 姚庄桃花节经贸洽谈会在姚庄举行。8 月 27 日，2016 中国·姚庄黄桃节国际经贸洽谈会在姚庄镇政府举行。中华两岸企业发展联合总会、长安台商协会、上海台商协会的副会长、秘书长、理事等 80 余位台商受邀参加。洽谈会集中签约 6 个项目，总投资 11.76 亿元，注册资本 4.8 亿元，预计产值 21 亿元，利税 3.7 亿元。

【项目建设】 3 月 18 日、8 月 18 日，先后承办全县“集中开竣工日”活动，8 个项目集中开工建设。日茸电子科技、卡曼橡胶地板、顶誉食品、汉特工程塑料等 17 个新建项目被列入县、市重点项目，总投资 6 亿元的 50 兆瓦渔光互补项目并网发电。全年千万元以上项目开工率 90% 以上，竣工率 70% 以上，投产率 50% 以上。

【“昱辉”获省专利优秀奖】 2016 年，省科技厅、省知识产权局公布首届浙江省专利奖获奖名单，昱辉阳光能源有限公司的发明专利——多晶硅锭及其制造方法、太阳能电池获优秀奖，也是嘉兴市唯一获此奖的企业。

【临沪招商】 年内，继续加大与上海的产业合作与平台合作，成立招商小分队，蹲点上海嘉定区、闵行区开展招商活动。密切跟踪上海先进制造业梯度转移趋势，深化各产业平台对接。投入 7000 万元建成姚庄新经济产业园，承接上海地区相关产业、项目转移，实现一站式拎包入驻。维庭、日茸科技和博秦机械等多个优质精密机械产业转移项目入驻。全年，引进来自上海地区的高新项目 23 个，总投资 16.2 亿元。 （汪建明）

镇（街道）工业功能区选介

【魏塘工业园区】 魏塘工业园区于 1999 年 5 月组建，规划面积 1853 公顷（27795 亩）。至 2016 年底，园区开发面积 460.13 公顷（6902 亩），进区企业 655 家，其中规上企业 87 家，企业从业人员 25870 人，固定资产总投资 96.35 亿元，园区基础设施总投资 7.03 亿元。2016 年度完成工业总产值 195.9 亿元。魏塘工业园区是省级特色园区、嘉兴市转型升级甲级园区、嘉兴市二次创业转型发展乙级园区、嘉善最大的市镇工业园区，享受国家级开发区优惠政策。初步形成高端木制品、精密机械、现代运输设备、健康产业为主的四大优势产业集群和小家电、新材料包装为主的两大新兴产业集群，具有较为完整的产业链。产业发展方向为高端装备制造、功能性新材料和电子信息产业等，重点发展专用设备、汽车零部件、品牌家电、工程机械、特种功能材料和复合材料等。

【天凝工业园区】 天凝镇工业区位于洪三线以西，红旗塘以南，是嘉善县民营经济集聚区，规划面积 1213 公顷（18195 亩）。至年底，园区开发面积 442 公顷（6624 亩），基础设施完善。2016 年天凝镇实现地区生产总值 38.33 亿元，增长 11.65%；财政总收入 2.98 亿元，增长 0.06%；完成规上工业总产值 72.13 亿元，增长 10.9%；固定资产投资 19.88 亿元，增长 19.54%，其中工业生产投资 14.48 亿元，增长 16.4%，合同利用外资 3760 万美元，实际利用外资 976.67 万美元，实到县外内资 10.34 亿元，浙商回归项目到位资金 5.87 亿元；规上企业 89 家，其中超亿元企业 22 家，形成轻纺（植绒）服装、五金机械、建筑化工等特色工业产业，是全国最大的静电植绒产业镇。2016 年，规划建设嘉善天凝现代装备产业园，总用地面积 2.4 平方千米。产业园拟分 3 期开发。

【干窑工业园区】 干窑工业园区始建于 2004 年，位于平黎公路

浙江·干窑科技创业园　　（干窑镇　提供）

东、幸福河南、伍子塘西、凤桐港北，是嘉善县电子信息产业园的配套园区，规划面积488公顷（7321亩）。至年底，园区开发面积291公顷（4365亩），基础设施完善。初步形成以水泥建材、五金机械、木业家具、纺织服装、电子信息等传统产业为主的优势产业集群和以精密机械、电力电子为主导的新兴产业集群，进区企业388家。2016年，投入850万元用于基础设施建设，累计投入4.24亿元。2016年，干窑镇水泥建材业年产值23.96亿元，占园区产值的25.29%；五金机械业年产值20.79亿元，占园区产值的21.94%；纺织服饰业年产值12.36亿元，占园区产值的13.05%；木业家具业年产值12.25亿元，占园区产值的12.93%；电子行业年产值4.16亿元，占园区产值的4.39%。全年，园区企业完成产值94.75亿元，其中主导产业产值79.2亿元（规上企业产值50.58亿元，实现利润总额4.12亿元）。2016年，合同利用外资1152万美元，实际利用外资1004万美元。干窑镇有市级以上高新技术企业2家、市级以上企业研发中心1家、省级名牌产品或著名商标2个。

【大云工业园区】 大云工业园区由大云镇康兴经济开发区、大云镇电子工业园、大云镇中德生态产业园等3个工业园构成。大云镇康兴经济开发区是大云最早的工业园区，于1995年11月规划创办。位于大云镇集镇东侧，占地33.33公顷（500亩），以纺织、箱包、服装等产业为主，嘉胜绢纺、天恒亚麻纺织、佳奇箱包、欧贝特服饰、嘉斯利箱包为代表企业。大云镇电子工业园位于善江公路以西，沪杭高速以北，北临白水塘，占地66.67公顷（1000亩）。园区形成以宝狮电子、恒丰包装、恒科实业、海力达工具、声光电子、上村电子等以电子、精密机械为主导产业的业态布局。中德生态产业园，位于大云集镇西侧，双云路以西，新跨高速大桥以东，区域规划面积100公顷（1500亩），建成区47.42公顷（711.3亩），是以科技创新、孵化研发、现代服务业以及总部经济为主体的现代化科技园区，重点发展电子信息、精密机械、高端智能家居产业。园区已引进卡帕亚欧科技、海茵茨曼发动机控制系统、友德科技、途观汽车安全座椅、艾斯哈威机床等多家德资企业，另有浙江高裕家居、北开电气集团、三思光电、诚源家居、亚欧光电、弘信制罐、倍肯电子、速净环保科技、卡固电气、沪云激光科技等一批重点企业。2016年7月，嘉善县跨区域多村联建强村创业园一期项目正式开工。至年底，大云工业园区累计完成基础设施投入2.33亿元，企业固定资产投入67.8亿元。2016年实现规上工业产值42.58亿元，实现利税4.08亿元。（钱逸飞）

综　述

2016年，嘉善县全面实施创新驱动发展战略，推动科技创新体制改革，优化创新创业环境，健全科技服务体系。全县规模以上工业企业R&D经费支出12.88亿元，同比增长11.4%，占GDP比重2.82%；规模以上企业研发人员数5315人，同比增长12.4%；规模以上工业新产品产值475.43亿元，规模以上高新技术产业产值406.56亿元，同比分别增长14.6%、17.7%；技术市场实现交易额10700万元，同比增长14.9%；累计培育国家高新技术企业74家、省科技型中小企业320家。

科技型企业数量创新高。新增国家高新技术企业16家、省科技型企业56家，再认定高新技术企业13家。列入省级科技计划项目3项、省级新产品计划431项。企业研发机构数量创新高。新增省级企业研究院2家、各级企业研发中心36家。专利授权量创新高。授权专利4681件，同比增长24%，其中授权发明专利181件，同比增长40.3%。孵化器建设有新成效。县科创中心引进孵化项目31个，引进各类高层次人才46人，其中，亿米光电的邹军博士成为嘉善首位全国第二批“万人计划”专家。科技接轨上海有新突破。与上海科技交流中心达成战略合作协议，举办“上海杨浦区科技园嘉善行”“上海—嘉善科技对接交流会”等活动，签署一批合作协议。农业和民生科技有新发展。新增省农业科技企业3家、农业企业科技研发中心1家。嘉善县国家可持续发展实验区建设成果，在全国社会科技发展会议上作典型交流。完善科技创新券运行管理，发放创新券243万元。做好科技金融服务。“嘉兴好邻居”成功挂牌浙江股交中心；鼎帮家具、格蕾特电器等企业在“新三板”挂牌上市；协助绿能塑胶等企业获得专利权质押贷款450万元；组织浙江欧仁

6月16日，县科技局举办上海—嘉善科技对接交流活动。

（县科技局　提供）

新材料等8家企业参加第五届中国创新创业大赛，朗德电子获行业总决赛新能源组第二名，弘视智能获行业总决赛电子信息组优秀奖。

科技创新体系建设

【概况】 2016年，加强公共科技创新平台和企业创新载体建设，健全科技创新服务体系，促进科技成果转化。北京大学创新研究院嘉善产学研合作中心正式揭牌，嘉兴北化高分子助剂有限公司与北京化工大学共建成立“嘉兴北化—北京化工大学橡胶配合剂母粒应用联合研究中心”，嘉善东升水产养殖有限公司与上海海洋大学共建成立“嘉善东泉荡名优鱼类渔业科技示范基地”，浙江恒兴饲料有限公司与上海海洋大学水产与生命学院共建成立“上海海洋大学水产与生命学院产学研基地”。

【创新载体建设】 围绕产业链部署创新链，鼓励企业设立研发中心、工程技术研究中心、企业研究院等创新载体，集中优势资源开展科研攻关和新产品开发。新认定省级企业研究院2家、省级企业研发中心6家、市级企业研发中心10家、县级企业研发中心21家。全县企业研发机构累计178家，其中省级企业研究院5家、省级工程技术研究中心1家、省级企业研发中心42家、市级企业研发中心47家、县级企业研发中心83家。

【科技中介服务】 县生产力促进中心完成第三方评估业务403项，其中省级新产品验收338项、新产品鉴定12项、国家火炬项目验收2项、县级项目会议验收30项、县级研发中心认定21项。推进网上技术市场工作，技术合同登记14项，成交金额6788万元。技术难题登记25项，新增上网企业15家。

【行业技术服务】 促进浙江中科电声研发中心等平台提升市场化运作水平和公共服务能力，浙江中科电声研发中心在嘉善和广东举办多场振动系统仿真分析高级培训活动。加强中以高科技（嘉善）创新中心项目引育，完成IVC以色列高科技企业数据库项目注册。

【科技创新券发放】 在浙江省云创新服务平台发放科技创新券295.07万元，使用212.75万元，新增10家地方载体和196家企业。兑现2015年度科技创新券A、B、C券12.01万元，兑现2016年科技创新券D券（专利部分）21万元。

【实验区建设】 全面推进实验区建设，以生态优先、绿色发展、科技引领、转型发展、城乡统筹、协调发展、政策支撑、持续发展为原则，为国内大都市边缘县域城市科学、可持续发展提供可看、可学、可示范的经验。4月15日，县委书记许晴在科技部召开的2016年全国社会发展工作会议上，就嘉善实验区发展模式作典型交流发言。8月30日，省科技厅党组书记、厅长周国辉到嘉善调研科技创新工作，实地考察富通集团（嘉善）通信技术有限公司、干窑新泾港、嘉善华瑞赛晶电子设备科技有限公司和上海人才创业园等，对嘉善科技创新工作给予肯定并提出希望。10月21—22日，科技部人事司副司长常歆识一行到嘉善开展社发领域调研工作，对国家可持续发展实验区建设工作给予肯定。

8月30日，浙江省科技厅党组书记、厅长周国辉到嘉善调研科技创新工作。（县科技局 提供）

2016年嘉善县新增企业研发机构表

表12

研发机构名称	承担单位	级别
浙江浦江索结构研究院	浙江浦江缆索有限公司	省级
浙江华瑞赛晶阀饱和电抗器研究院	嘉善华瑞赛晶电气设备科技有限公司	省级
裕华新型木制品高新技术企业研发中心	浙江裕华木业有限公司	省级
豪能新型标签制作高新技术研究开发中心	嘉兴市豪能包装有限公司	省级
爱仕达生活电器高新技术研究开发中心	浙江爱仕达生活电器有限公司	省级
帕瓦车辆传动设备高新技术研究开发中心	浙江帕瓦传动设备有限公司	省级
嘉熙科技相变抑制传热技术高新技术企业研究开发中心	浙江嘉熙光电设备制造有限公司	省级
嘉善华森木业环保胶合板科技研发中心	嘉善华森木业有限公司	省级
嘉诚动能电站设备高新技术研究开发中心	嘉兴嘉诚动能设备有限公司	市级
恒杰传热技术高新技术研究开发中心	嘉善恒杰热管科技有限公司	市级
卡帕精密齿轮高新技术研究开发中心	卡帕亚洲科技(嘉善)有限公司	市级
亚欧LED照明透镜高新技术研究开发中心	嘉兴亚欧光电科技有限公司	市级
群展精密紧固件高新技术研究开发中心	浙江群展精密紧固件有限公司	市级
兴涛汽车空调离合器高新技术研究开发中心	嘉兴兴涛汽车零部件有限公司	市级
承田汽配与精密机械配件高新技术研究开发中心	承田汽车配件工业(浙江)有限公司	市级
圣诺盟聚氨酯高新技术研究开发中心	圣诺盟(浙江)聚氨酯家居用品有限公司	市级
仙视商用液晶显示器高新技术研究开发中心	嘉兴仙视电子有限公司	市级
嘉善县欧仁多功能涂层复合薄膜材料技术研究开发中心	浙江欧仁新材料有限公司	县级
嘉善县启晟新型碳材料技术研究开发中心	嘉兴启晟碳纤维材料有限公司	县级
嘉善县富信成高精密数控设备技术研发中心	富信成机械有限公司	县级
嘉善县建研科之杰混凝土外加剂技术研究开发中心	浙江建研科之杰新材料有限公司	县级
嘉善县威尔尼环保功能纤维复合材料技术研究开发中心	嘉善威尔尼绒业有限公司	县级
嘉善县众大包装纸币塑封技术研究开发中心	浙江众大包装设备有限公司	县级
嘉善县长盛塑料轴承技术研究开发中心	嘉善长盛塑料轴承有限公司	县级
嘉善县华丽细木工板企业技术研究开发中心	浙江华丽家具有限公司	县级
嘉善县冠得光学玻璃技术研究开发中心	嘉善县冠得光学玻璃有限公司	县级
嘉善县汾湖精密铸件技术研究开发中心	嘉善县汾湖铸钢厂	县级
嘉善县永金金属制品技术研究开发中心	嘉善永金金属制品有限公司	县级
嘉善县耐博精密物性检测仪器技术研究开发中心	嘉善耐博精密仪器有限公司	县级
嘉善县蓝怡医学工程技术研究开发中心	浙江蓝怡医药有限公司	县级
嘉善县富亿德精密塑胶产品制造技术研究开发中心	嘉善富亿德塑胶有限公司	县级
嘉善县高裕聚氨酯家居用品企业技术研究开发中心	浙江高裕家居科技有限公司	县级
嘉善县环亚包装材料技术研究开发中心	嘉兴环亚包装有限公司	县级
嘉善县德诺耐磨轴承材料技术研究开发中心	嘉善德诺轴承有限公司	县级
嘉善县北化精细分散母胶粒技术研究开发中心	嘉兴北化高分子助剂有限公司	县级
嘉善县华显光电材料技术研究开发中心	浙江华显光电科技有限公司	县级
嘉善县天惠纽扣服饰技术研究开发中心	嘉善天惠服饰有限公司	县级

科技计划与成果

【概况】 2016年，围绕科技“十三五”规划确定的重点领域和关键技术，组织实施一批科技项目，解决影响经济和社会发展的重点科技问题。列入省重点研发计划2项、省级新产品计划431项。获得浙江省科技进步奖2项、嘉兴市科技进步奖6项。

【高新技术培训】 7月7日，举办高新技术企业新政策专题培训会，邀请浙江火炬生产力促进中心高级工程师华富兰和杭州电子科技大学教授王方明对新出台的《高新技术企业认定管理办法》和《高新技术企业认定管理工作指引》进行解读，全县部分企业的科技管理、技术、财务人员以及中介服务机构等248人参加培训。新认定高新技术企业16家，再认定高新技术企业13家，累计认定高新技术企业74家。

【科技型中小企业认定】 加强科技型企业培育，新增省级科技型中小企业56家，10家企业列入浙江省高成长科技型中小企业，全县省级科技型中小企业累计320家。

【科技计划管理】 推荐浙江中科电声研发中心申报省公益类项目1项，推荐富通通信、欧仁新材料、田中精机、浙江众成申报省重点研发计划项目4项。浙江浦江缆索有限公司承担的“海洋工程及跨海桥梁用缆索关键技术开发”、嘉兴国龙生物科技有限公司承担的“畜禽养殖废水处理提标改造与资源化利用技术研究及示范”项目列入省重点研发计划，获经费资助240万元。嘉善县姚庄镇农技水利服务中心承担的“炭—陶复合生物载体处理水产养殖废水技术集成与示范”（国家可持续发展实验区项目）列入省公益性技术应用研究计划。组织实施县级科技计划项目45项，其中农业项目3项、社科项目42项，下达科技计划项目经费402.02万元。组织完成国家中小企业技术创新基金项目验收3项、国家火炬计划项目验收2项、国家星火项目验收1项、省级重大项目验收2项、省农业成果转化项目验收（结题）3项、省级新产品验收338项、县级项目验收61项。

【创新创业大赛】 组织8家企业参加中国创新创业大赛，3家企业在浙江省行业赛中获优胜奖，2家企业获全国总决赛参赛资格。11月，浙江朗德电子科技有限公司获全国总决赛新能源组第二名，嘉兴弘视智能科技有限公司获全国总决赛电子信息组优秀奖。

【农业科技创新】 根据全县农业发展的科技需求，突出重点，组织实施农业科技成果转化项目，培育农业科技企业和农业企业科技研发中心，新增省级农业科技企业3家、省级农业企业科技研发中心1家。

【科技发展成果】 推荐申报浙江省科技进步奖4项、嘉兴市科技进步奖13项。获浙江省科技进步奖三等奖1项、浙江省技术发明一等奖1项、嘉兴市科技进步奖二等奖2项、三等奖4项。

2016年嘉善县新增高新技术企业和省科技型企业表

表13

企业名称	级别
嘉兴德达资源循环利用有限公司	国家高新技术企业
浙江晋吉汽车配件有限公司	国家高新技术企业
嘉善耐博精密仪器有限公司	国家高新技术企业
承田汽车配件工业（浙江）有限公司	国家高新技术企业
嘉兴启晟碳纤维材料有限公司	国家高新技术企业
嘉兴亚欧光电科技有限公司	国家高新技术企业
卡帕亚洲科技（嘉善）有限公司	国家高新技术企业
浙江野牛工具有限公司	国家高新技术企业

续表 13

企业名称	级别
浙江金飞扬科技有限公司	国家高新技术企业
浙江明烁节能科技股份有限公司	国家高新技术企业
浙江赛英电科技有限公司	国家高新技术企业
浙江澳华饲料有限公司	国家高新技术企业
浙江豪声电子科技股份有限公司	国家高新技术企业
浙江凌龙纺织有限公司	国家高新技术企业
嘉善汇嘉乐装饰材料有限公司	国家高新技术企业
浙江蓝怡医药有限公司	国家高新技术企业
浙江鼎帮家具股份有限公司	省科技型企业
嘉兴旗声电子有限公司	省科技型企业
浙江宏竹塑胶五金有限公司	省科技型企业
嘉善明贤新材料科技有限公司	省科技型企业
嘉善银螺纽扣有限公司	省科技型企业
嘉善五洲无油轴承有限公司	省科技型企业
嘉兴速净环保设备有限公司	省科技型企业
嘉善威尔尼绒业有限公司	省科技型企业
嘉兴纳诺生物科技有限公司	省科技型企业
浙江协成起重机械有限公司	省科技型企业
嘉善兴亚有色金属铸造有限公司	省科技型企业
嘉善冠得光学玻璃有限公司	省科技型企业
浙江华丽家具有限公司	省科技型企业
嘉善立业金属制品有限公司	省科技型企业
美科机械有限公司	省科技型企业
嘉兴市福尔特机械制造有限公司	省科技型企业
嘉善贯德精密锻造有限公司	省科技型企业
嘉兴亚欧光电科技有限公司	省科技型企业
嘉善贝马五金配件有限公司	省科技型企业
嘉善星窑新型建材有限公司	省科技型企业
浙江创洁纸业有限公司	省科技型企业
浙江卡曼橡胶地板有限公司	省科技型企业
浙江日鼎涂装科技有限公司	省科技型企业
大巨龙立体科技有限公司	省科技型企业
浙江思玛特机器人科技有限公司	省科技型企业
嘉兴共和服装水洗有限公司	省科技型企业

续表 13

企　业　名　称	级　　别
浙江福莱斯伯光电科技有限公司	省科技型企业
嘉兴绿能塑胶制品有限公司	省科技型企业
嘉兴皓特特种陶瓷有限公司	省科技型企业
嘉善县梦溪服饰辅料厂	省科技型企业
嘉善耐博精密仪器有限公司	省科技型企业
浙江福华展示道具有限公司	省科技型企业
嘉善烽火节能设备有限公司	省科技型企业
嘉兴万源时装有限公司	省科技型企业
嘉善杰盛无油轴承有限公司	省科技型企业
浙江嘉善黄酒股份有限公司	省科技型企业
嘉兴弘视智能科技有限公司	省科技型企业
嘉兴环亚包装有限公司	省科技型企业
浙江王家风范海绵制品有限公司	省科技型企业
嘉善永金金属制品有限公司	省科技型企业
浙江蓝云信息科技股份有限公司	省科技型企业
嘉善佳通信息技术有限公司	省科技型企业
新思考电机有限公司	省科技型企业
嘉兴皇凯箱包有限公司	省科技型企业
嘉兴宏海集装箱配件有限公司	省科技型企业
黑迈数码科技(嘉善)有限公司	省科技型企业
浙江高裕家居科技有限公司	省科技型企业
浙江博汇汽车部件有限公司	省科技型企业
嘉善飞宇滑动轴承有限公司	省科技型企业
嘉善远大新型墙体有限公司	省科技型企业
嘉善中正新能源科技有限公司	省科技型企业
浙江广泉包装有限公司	省科技型企业
浙江天阳钢管有限公司	省科技型企业
嘉善广瑞工贸有限公司	省科技型企业
嘉善雷神运动机械有限公司	省科技型企业
嘉善盘起自动化工程有限公司	省科技型企业
嘉善尚品农业科技有限公司	省农业科技企业
梦天木门集团有限公司	省农业科技企业
嘉善大王椰整体橱柜有限公司	省农业科技企业

2016 年嘉善县县级以上科技进步奖获奖情况表

表 14

项目名称	主要完成单位及协作单位	主要完成人员	等　级
新型 3.4 米聚烯烃热收缩膜生产线研制及产业化	浙江众成包装材料股份有限公司	陈大魁、陈健、黄旭生、赵忠策、孙卫东、詹越强、肖丽[illegible]、潘德祥、马黎声	省级三等奖
基于材料微结构调控和新型封装结构设计的 LED 研发及产业化	中国计量学院、浙江生辉照明有限公司、浙江亿米光电科技有限公司	徐时清、邓德刚、王[illegible]平、邹军、陈方、华有杰	省级技术发明一等奖
白光 LED 器件封装荧光体材料的制备及产业化	浙江亿米光电科技有限公司	邹军、李杨、梁晓娟、向卫东、李志扬、董娇、缪勇斌、章浩、孙李鸿、彭文明、郭仕锦、蔡一新、陈利	市级二等奖
经皮穿刺双极靶点射频治疗腰椎间盘突出症的临床研究	浙江省嘉善县第一人民医院、浙江大学医学院附属第二医院、杭州钢铁集团公司职工医院	曾振兰、严敏、裘卫东、戴仪、顾新珠	市级二等奖
智能控制太阳能 LED 照明装置	嘉善玛仕兰电子有限公司	李培芳、王超、李江、杨传东	市级三等奖
新型 3.4 米聚烯烃热收缩膜生产线研制及产业化	浙江众成包装材料股份有限公司	陈大魁、陈健、黄旭生、赵忠策、孙卫东、詹越强、肖丽[illegible]、潘德祥、马黎声	市级三等奖
嘉善地区乙型肝炎 YMDD 变异发生率以及与基因分型相关性研究	浙江省嘉善县第一人民医院	陶华兴、江敏敏、倪李松	市级三等奖
《药疹规范化诊疗》技术研究及推广应用	浙江省嘉善县第一人民医院、嘉善县魏塘街道卫生院、嘉善县惠民街道卫生院	朱敏刚、屠建华、鲍丹娟、李军、胡晓波、刘卫、王音、沈建新、张春艳	市级三等奖

科技合作与交流

【概况】 2016 年，嘉善县深化科技接轨上海，与上海科学技术交流开发中心达成 2016—2018 年初步战略合作协议。全年举办科技对接活动 8 次。

【上海—嘉善科技对接交流活动】 6 月 16—17 日，举办“2016 年上海—嘉善科技对接交流活动”，来自上海、浙江、江苏、安徽的 39 家高校、科研院所、科技园区、科技中介机构的近 90 位专家教授和行业协会、园区代表参加活动。活动启动仪式上，沪善两地签署 3 项合作协议，分别是嘉善县人民政府与上海科学技术开发交流中心签订三年战略合作协议、嘉善科创中心与上海麦腾永联创业投资管理有限公司签订合作协议、上海市疾控中心与嘉善县疾控中心签订共同开展“县级疾病预防控制中心能力提升示范项目”合作协议。来自 12 所高校、院所的 32 位专家教授，按专业领域分组赴爱仕达、力通信息等企业，就 30 多项技术难题开展精准对接。活动达成合作意向项目 21 项。

【上海杨浦区科技园嘉善行】 5 月 13—14 日，“上海杨浦区科-技园嘉善行活动”举行。上海市杨浦区委领导和复旦大学科技园、同济大学科技园、上海理工大学科技园、上海知识产权园、上海教育服务园区以及杨浦科技创业中心负责人参加，嘉善县县长祁海龙、副县长高嵩出席。上海嘉宾参观考察县科创中心、经济技术开发区和中国归谷嘉善科技园，并就人才引进对接、招商引资项目推荐、科技成果转化、两地科技园区交流等进行座谈讨论。

【校企合作】 依托上海科学技术开发交流中心、上海交大技术转移中心及浙江工业大学嘉善技术转移中心等平台，发布企业技术难题 35 项。7 月 13 日，与上海应用技术大学开展难题对接活动；嘉兴学院与承田汽车配件工业（浙江）有限公司签订学生实习、新产品开发等方面的合作协议；嘉兴学院与浙江通泰轴承有限公司签订合作协议，在新产品研发、生产工艺改进等方面开展联合攻关；浙江工业大学走访诚达药业等40多家企业，与企业开展合作。联系相关领域专家与企业开展实地对接20多家次，与嘉善海峡净水灵化工有限公司就“无色透明聚氯化铝的研究与开发”项目签署协议，与浙江思玛特机器人科技有限公司就“面向工业应用的机器视觉系统开发”签署委托开发协议。

知识产权保护

【概况】 2016年，推进省知识产权示范县创建工作，修订《嘉善县专利专项资金管理办法》，组建省级知识产权维权援助中心，继续实施中小微企业专利托管工程，推进规模以上企业发明专利清零行动。全县申请专利5594件，同比增长19.8%。其中，申请发明专利845件，同比增长58.2%；授权专利4681件，同比增长24%，其中授权发明专利181件，同比增长40.3%。发放专利权质押贷款300万元，新增省级专利示范企业2家、市级专利示范企业6家、县级专利示范企业23家，浙江昱辉阳光能源有限公司获得浙江省专利奖优秀奖。

【知识产权宣传】 以“4·26”知识产权宣传周为契机，在县内各电子屏幕上进行知识产权公益宣传片展播，在电视台黄金时间段播放知识产权公益广告。在县经济开发区开展知识产权集中宣传活动，发放各类宣传资料300余份，接受咨询100余人（次）。举办两场大型知识产权讲座，分别邀请省知识产权局沈方英处长和江苏佰腾科技有限公司专家主讲（主训），培训企业知识产权管理人员300余人。邀请上海伯瑞杰知识产权代理有限公司专家为嘉善信息工程技术学校300多名学生讲解专利知识。

【专利行政执法】 会同嘉兴市知识产权局先后对斯贝克电子、南方水泥、东锦水泥及双浦龙墙体材料开展行政调解和行政执法。受理YKK株式会社与浙江嘉联精密五金配件有限公司专利侵权纠纷案件。7月，对东方大厦、农工商超市、大润发超市、乐购超市、恒利大厦、国美电器、苏宁电器等大型商场、超市开展为期1个多月执法检查。

2016年嘉善县专利申请与授权情况表

表15

项　　目	2015年	2016年
专利申请数（件）	4670	5594
其中：发明专利	534	845
实用新型专利	2885	3760
外观设计专利	1251	989
专利授权数（件）	3772	4681
其中：发明专利	128	181
实用新型专利	2289	3276
外观设计专利	1355	1224

2016年新认定专利示范企业表

表16

企业名称	级别	企业名称	级别
嘉善声光电子有限公司	省级	东菱技术有限公司	省级

续表 16

企业名称	级别	企业名称	级别
嘉善川田环保科技有限公司	市级	嘉善远大新型墙体有限公司	县级
嘉善顺翔皮件有限公司	市级	嘉善恒杰热管科技有限公司	县级
浙江群展精密紧固件有限公司	市级	嘉善大王椰整体橱柜有限公司	县级
嘉善金亿精密铸件有限公司	市级	嘉善贯德精密锻造有限公司	县级
嘉兴亚欧光电科技有限公司	市级	嘉善富亿德塑胶有限公司	县级
浙江澳华饲料有限公司	市级	嘉善振杨汽车零件有限公司	县级
新思考电机有限公司	县级	嘉兴环亚包装有限公司	县级
嘉兴仙视电子有限公司	县级	浙江通泰轴承有限公司	县级
圣诺盟(浙江)聚安酯家居用品有限公司	县级	嘉善华森木业有限公司	县级
浙江大江合金钢钢管有限公司	县级	嘉善杰龙服饰有限公司	县级
富信成机械有限公司	县级	嘉兴卓盛生物科技有限公司	县级
浙江思玛特机器人科技有限公司	县级	嘉兴皇凯箱包有限公司	县级
嘉兴恒创电力设计研究院有限公司嘉善分公司	县级	嘉善绿城园林工程有限公司	县级
嘉兴北化高分子助剂有限公司	县级	嘉善银螺纽扣有限公司	县级
浙江鼎帮家具股份有限公司	县级		

嘉善县科技创业服务中心

【概况】 2016年，嘉善县科技创业服务中心(以下简称“科创中心”)以孵化器、加速器为基础延伸孵化产业链，推进众创空间、泛孵化器建设。出台《关于加快发展众创空间推进科技企业孵化器建设的若干意见》和《嘉善县县级众创空间认定和管理办法(试行)》文件，嘉善科文科技园、归谷孵化器被认定为市级科技企业孵化器。

【孵化项目引进】 组织参加“互联网+”创新创业教育发展高峰论坛(上海站)、杭州海外项目视频路演对接会、留法归国人员创业见面会暨“留法学友创业奖”启动仪式、上海市欧美同学会第八期“海外留学人员创业班”嘉善行、2016张江高新区国际创新项目合作对接会暨第八届上海设计双年展等活动36场次，对接项目300余项。新引进孵化项目31个，涉及软件信息、智能装备、光机电等新兴产业领域。

【众创空间建设】 组织百汇创谷、北智汇善众创空间、太库等联合发起成立嘉善众创空间联盟，

5月20日，举办嘉善众创空间联盟成立暨“百汇创谷”启动仪式。

（县科技局 提供）

召开两次理事大会。百汇创谷、北智汇善、创客邦通过市级众创空间备案认定。

【创业人才引育】 与各地留学生协会、人才协会建立长期引才荐才合作机制，引进海内外高层次人才带项目、成果和技术到嘉善创业创新。新引进各类专业高级人才46人，其中博士5人、硕士41人，留学归国人员10人。科创中心累计引进各类高层次人才468人，其中博士135人、硕士240人，高层次人才中归国留学人员82人。

【创业服务管理】 做好高层次人才服务，举办高层次人才亲子创意手工活动，兑现首批领军人才住房奖励。推荐徐丙立、苏杰龙等申报创新类“浙江省千人计划”，推荐孙麋博士申报科技部“万人计划”。亿米光电的邹军博士成功入选全国第二批“万人计划”专家（嘉善首位），浙江中科电声研发中心的温周斌主任被评为第五届嘉兴市十大科技创新风云人物。帮助企业拓宽融资渠道，组织企业参加嘉兴市科技金融服务平台融资活动，“嘉兴好邻居”成功挂牌浙江股权交易中心。调整科技银行支持企业名单，全年有16家企业向科技银行申请贷款4750万元。（周家旺）

金融业

综述

2016年，嘉善县金融机构以“创新、协调、绿色、开放、共享”五大发展理念作为做好金融工作的出发点和立足点，改善金融供给结构，坚持金融服务创新，融资总量大幅增长，全县主要金融业务实现跨越式发展。

2016年，全县本外币增势持续强劲，年末存款余额747.70亿元，比年初增加146.87亿元，增长24.44%，增速列五县（市）第一位。全县住户存款余额381.84亿元，比年初增加50.58亿元，增长15.27%，同比多增21.73亿元。全县非金融企业活期存款余额195.19亿元，比年初增加30.61亿元，增长18.6%，同比增多43.83亿元。广义政府存款余额165.23亿元，比年初增加66.67亿元，增长67.64%，高于存款平均增速43.2个百分点，同比多增53.31亿元。

全县本外币各项贷款余额549.58亿元，比年初增加110.58亿元，增长25.19%，同比多增95.6亿元，增量、增速均列五县（市）第一位。全年新增存贷比75.29%。考虑政府债务置换19.7亿元的因素，全年实际新增贷款130.28亿元。与房地产相关的个人购房贷款增加80.79亿元，房地产开发贷款增加8586万元，二者合计增量占全部贷款增量的73.84%。

年末，全县社会融资规模718.8亿元，比年初增加137.96亿元，增长23.02%，有力支持县域经济发展。全县结售汇总额缩量下行，跨境人民币业务大幅下滑。全县银行实现结售汇总额25.30亿美元，下降8.82%；实现结售汇顺差14.78亿美元，同比下降9.06%。全年，全县跨境人民币结算量46.83亿元，同比下降26.93%。货物贸易出口结算量同比减少4.51亿元。

2016年，嘉善县引进中国民生银行股份有限公司嘉兴嘉善支行、兴业银行股份有限公司嘉兴嘉善支行、华夏银行股份有限公司嘉兴嘉善支行等3家银行分支机构。至年底，全县有各类银行业金融机构19家，金融网点119个，小额贷款公司5家，民间融资管理服务中心1家，保险业机构24家，证券营业部5家，拍卖企业1家，担保公司5家，典当企业4家。形成银行、证券、保险、小贷等多种金融机构并存，区域性、地方性机构共同发展的多元化金融体系格局。

3月，出台《嘉善县推动企业股改和利用资本市场发展实施办法》，明确对嘉善县企业进行股份制改造所增加的负担，给予最高800万元的补助；对申请境内上市的企业给予1000万元的奖励；对申请境外上市的企业给予800万元的奖励；对申请进入新三板和区域性股权交易中心挂牌的股份制企业分别给予120万元和100万元的奖励。

2016年，新增浙江鼎帮家具股份有限公司、浙江格蕾特电器股份有限公司、浙江豪声电子科技股份有限公司、嘉善力通信息科技股份有限公司、浙江金乙昌科技股份有限公司5家“新三板”挂牌企业，加上浙江明烁节能科技股份有限公司共6家；有浙江金恩电器科技有限公司、嘉兴嘉诚动能设备有限公司、嘉善明世电力科技有限公司、嘉善德智医疗器械科技有限公司、嘉善申嘉科技有限公司、嘉善三复镇南机械有限公司(新增)6家创新板挂牌企业;浙江省股权交易中心成长板挂牌企业有嘉兴好邻居网络科技股份有限公司和浙江爱迪曼环保科技股份有限公司2家;新增浙江双飞无油轴承股份有限公司和浙江长盛滑动轴承股份有限公司2家创业板报会企业。全县有晋亿实业股份有限公司、浙江新嘉联电子股份有限公司、浙江众成包装材料股份有限公司、浙江田中精机股份有限公司、浙江昱辉阳光能源有限公司5家上市公司,其中,浙江昱辉阳光能源有限公司以其海外壳公司在美国纽约证券交易主板挂牌上市。

积极稳妥推进金融改革创新,设立政府产业基金子基金,支持县内企业发展。加快发展私募基金创新园,全县引进基金公司16家,注册资本22460.85万元,基金管理公司14家,注册资本25900万元。2016年,全县有基金公司62家,注册资本9.14亿元;基金管理公司34家,注册资本4.69亿元,纳税2188万元,除去625万元奖励,直接创造税收1500多万元。开业小额贷款公司5家,注册资本6.54亿元,服务对象为小微企业和“三农”。

开展非法集资风险排查及投资理财咨询行业整治专项行动,对400多家企业进行摸底走访,对列为重点排查的11家企业由县公安局、县市场监管局、县金融办、县银监办、人行嘉善支行五部门再联合实地走访,分清情况,分别处置。对以“投资”“投资管理”“投资咨询”经营申请的企业,实行会商制度,严把金融平台、P2P平台、投资理财等行业的准入门槛,2016年,会商10次33家企业,其中核准设立21家。7月,在全县范围内开展互联网金融风险专项整治,全面掌握互联网金融从业机构基本情况。按照注册地对从业机构进行归口管理,对涉嫌违法违规的从业机构,区分情节轻重分类施策、分类处置,维护区域金融稳定。

2016年,全县信贷资产质量有所改善,证券保险平稳发展。辖内4家证券公司新增开户数10580户,交易量1337.33亿元。全县各类保险机构保费总收入11.80亿元,同比增加2.02亿元;累计赔款和给付支出3.71亿元。

12月,全县金融机构不良贷款余额4.68亿元,比年初减少6750万元,不良率0.85%,比年初下降0.37个百分点。银行通过核销和资产转让处置2.81亿元不良贷款,同时贷款的大幅增长使不良率有所稀释。

县人民银行对辖内15家银行业金融机构进行综合评价,协助政府完成年度考核工作。发挥人行在财政性存款竞争性存放中的作用,联合县财政局完成4期财政存款资金的分配,为县农发行和新设银行机构纳入财政性资金存款存放向地方政府提出申请并落实到位。加强开业管理,做好对新设机构申报材料审核辅导工作。

在外汇管理上,用好监测约谈机制,引导涉汇主体跨境资金合理流动、县内外汇指定银行建立跨境资金流动考核机制。年内企业到期外债按计划支付折1.95亿美元,实际仅支付折0.33亿美元,减少折1.62亿美元;同期引进外债资金2.98亿美元,跨境收入增幅明显。引导企业回归本地进行利润再投资,辖内XLRD公司外方股东将9000万人民币利润转增资本,减轻利润汇出压力。（李檬丹）

银　监

【概况】 2016年,中国银监会嘉兴监管分局嘉善办事处,改进金融服务,防范金融风险,推进改革创新,加快转型升级,保护消费者权益,推动嘉善县金融业平稳、健康发展。督促辖内银行机构服务实体经济,加大信贷投入,支持重点项目建设,顺利完成全年工作任务。至年底,全县各项存款余额737.99亿元,比年初增加144.29亿元,增幅24.30%;各项贷款余额549.69亿元,比年初增加110.69亿元,增幅25.21%,其中,小微企业贷款余额200.66亿元,比年初增加16.93亿元,小微企业贷款户数比年初增加1028户;制造业贷款余额196.04亿元,占全部企业贷款比重35.66%。存、贷款增加额首次超百亿,创嘉善历史记录。两项指标分别高于全市9.37个百分点和17.75个百分点,均列嘉兴市第一。全县银行业不良贷款余额4.68亿元,比年初减少6750万元;不良贷款比例0.85%,比年初下降0.37个百分点。

【服务实体经济】 推进“优服务、促转升”专项行动,加大制造业贷款和小微企业信贷投入,支持实体经济发展。全年,辖内19家银行机构制造业贷款余额196.04亿元,占全部贷款的35.66%。小微企业贷款余额200.66亿元,比年初增加16.93亿元，还款方式创新贷款余额22.28亿元。开展困难企业精准帮扶工作，成功化解两起因担保链引起的2.5亿元和400万元的企业信用风险，并为1家企业化解资金链断裂风险。指导有关机构对1家企业组建嘉兴市首个债权人委员会。

【风险监管】 加强信用风险监控，实行信用风险月报制度。组织辖内银行机构开展合规风险管理培训，18家银行机构106人参加。做好按揭贷款风险提示，加大不良贷款处置力度，贷款质量列全市第三位。至年底，全县处置不良贷款5.15亿元，其中核销不良贷款2.21亿元，不良贷款比例0.85%，低于嘉兴市平均水平0.05个百分点。加强法人风险监管，应邀参加上海银监局对上海农商银行嘉善支行监管会谈并提出相关监管意见；完成嘉善农商行、嘉善联合村镇银行风险评估；举行嘉善联合村镇银行外部审计三方会谈。开展流动性压力测试，落实监审联动项目设定，开展监审联动检查和网点飞行检查。至年底，嘉善银行业金融机构纳入联合管理的企业1511户，授信总额150.73亿元。开展社会矛盾风险排查。在G20杭州峰会期间，成功处置1家企业因贷款担保纠纷，账户被查封引起的高危信访事件。

【打击非法集资】 配合县政府做好打击非法集资及投资理财行业整治工作。在全县银行机构开展非法集资风险排查，筑牢银行业与社会融资活动间的“防火墙”。协助县金融办等部门查处3家投资、理财咨询机构售买理财产品行为，做好调查取证、性质认定、宣传教育工作。

【改革创新】 坚持改革意识、创新意识和质效意识，寓监管于服务之中，推动银行机构细节创新和局部改良，鼓励银行根据市场合理需求，拓展服务渠道、扩大担保范围、创新还款方式、提高服务效率。全县银行业仅在金融产品领域就推出“微创新”类产品16项，转贷金额22.28亿元，累计受惠小微企业545户。推进嘉善农商行增资扩股工作，扩股5%大股东3家，股权结构得到实质性优化。2016年被银监部门首次评为监管二级行。全年引进3家银行机构，其中兴业银行嘉善支行、民生银行嘉兴支行挂牌营业，浙商银行嘉善支行进入筹建阶段。同时，完善各银行机构服务，满足金融消费者需求。

【日常管理】 全年向辖内银行机构发出监管意见书3份、监管风险提示3次，走访银行机构16家次，对4名新任行长进行任前谈话。指导民生银行、兴业银行和华夏银行嘉善支行筹建工作。开展对相关银行和银行网点的安全检查。参加联乡挂村、环境整治工作，慰问重点优抚对象。向县政府报送相关材料多篇，报送简讯6篇。办结县人大代表议案1件，办理信访10余件。

【专题宣传】 组织开展以防范通讯（网络）诈骗、防范非法集资，保护金融消费者合法权益为主题的“两防范一保护”和“金融知识进万家”宣传活动。辖内银行机构累计派出宣传人员464人次、发放宣传资料26931份，接待消费者15968人次；在各类媒体上播出和刊出新闻报道42篇（次），投放宣传片及公益广告61次，发送短信、微信信息2469次，受众110220人次；举办消费者权益保护培训班38期，参与培训人员1261人次；举办老年人防诈骗宣传讲座24期，累计受众2090人次。开展“规范金融服务，防范金融犯罪，普及金融知识”等规定内容的宣传服务活动。投放宣传片及公益广告21条，媒体报道47次，发送短信、微信9385条，累计受众9.15万人次。辖内各银行机构进学校开设课程17次，听课人数2005人次，建立长期宣教联系点10个。

【保护消费者权益】 推进机制建设，夯实消费者权益保护工作基础。发挥金融纠纷调解中心作用，重视信访工作，提高信访办理效率，确保合理信访诉求及时得到满意解决。根据信访举报线索，对相关人员进行责任追究，及时督促银行规范业务经营和宣传行为。多形式、广渠道开展金融知识宣传和风险意识教育，组织辖内银行机构开展“两防范一保护”专题宣传月活动。在《嘉兴日报·嘉善版》、嘉善电视台《IN嘉善》栏目、嘉善新闻网等设立金融知识宣传专栏，并制作《金融知识进万家》宣传活动微视频。

（陆文胜）

银　　行

【概况】 2016年，全县银行业金融机构全力助推县域科学发展示范点第二阶段建设，找准定位，优化金融履职环境；创新引领，充分发挥金融服务作用；夯实基础，加强内部建设，开展对金融机构的综合评价工作。

【信贷服务】 制定《嘉善县金融系统贯彻落实八部委关于金融支持工业稳增长调结构增效益的若干意见的工作措施》。出台《2016年支持县域示范点建设升级发展信贷指导意见》，提出加大信贷有效投入、促进经济转型升级、突出“支小支农惠民”等8项信贷指导意见。与县金融办、县银监办联合开展“嘉善金融系统‘挖需求、保供给、补短板、优服务’走企访户专项活动”，走访企业及个体经营户10473户，完成年初目标任务数的104.42%，获分管县长批示肯定。县人民银行开展“强实体 促转型”信贷支持工业增效、农业增质、大众增收专项行动，为工业企业转型升级、现代农业发展、大众创业、万众创新服务。2016年，全县农村承包土地的经营权抵押贷款余额9701万元，累计发放三权抵押贷款3.25亿元。协助嘉善联合村镇银行向人行嘉兴中心支行申请并成功发放6000万元支农再贷款，合同利率2.75%，为2012年以来嘉善县单笔最高再贷款。促进县域绿色金融发展，全年累计办理排污权抵押贷款业务11笔，金额3580万元。

【现代支付工程】 县人民银行在西塘古镇景区举办“助力科学发展 建设智慧城市”智慧支付工程——公交闪付项目启动仪式，并开展“一分到西塘，八折游古镇”推广活动，举办银联金融IC卡公交闪付宣传活动，开展公交闪付现场体验。至年底，约有2500人次使用银行卡支付，带动景区门票销售约18万元。11月起，在西塘景区布防移动支付机具，游客可以通过支付宝、微信支付门票、游船、停车等费用，2个月完成交易2273笔、47.26万元。打造科学发展电子商票“嘉善模式”，通过竞赛考核、通报机制、沟通协调、培训交流、调研走访等“五重动力”，提高电子商业汇票业务管理质量，推动电子商票业务快速有序发展，全年签发电子商业汇票18.33亿元，占全部商业汇票的24.73%，占比位居全市第一。上报的调研报告得到省人民银行行长批示肯定。

【征信体系建设】 县人民银行会同县食安办、县农经局、县市场监督局联合制定出台《嘉善县农村食品安全金融征信体系建设试点工作实施方案（试行）》，通过试点工作，将各类实施主体的食品安全联合惩戒信息纳入平台共享，实现食安全金融信用信息共享，并率先在姚庄镇开展试点工作。深化省级农村信用体系建设，全年新征集农户信息15523户，累计65636户，占全县农户数79%，超额完成年度目标。开展农村“三信”评定工作，推荐新增申报省级信用村4个、市级信用村9个。嘉善县农村信用体系建设工作在全省征信工作会议上进行交流。嘉善县通过用活“信用资产”破解农村融资难题的工作经验，被新华社《内参选编》采用。2016年，对全县47家家庭农场及专业合作社进行信用等级评定，并组织做好年度嘉善企业信用等级评定、年度守银行信用百家企业、农户“双百评定”工作。

【外汇管理创新】 在外汇管理上，县人民银行用好监测约谈机制，引导涉汇主体跨境资金合理流动、县内外汇指定银行建立跨境资金流动考核机制。年内企业到期外债按计划支付折1.95亿美元，实际仅支付折0.33亿美元，减少折1.62亿美元；同期引进外债资金2.98亿美元，跨境收入增幅明显。引导企业回归本地进行利润再投资，减轻利润汇出压力，服务地方招商引资。2016年，县人民银行全面推进货物贸易外汇管理制度改革，率先创新实施无纸化手段便利企业贸易收支改革，得到嘉兴市政府分管副市长的批示肯定，并先行先试推行该项工作。会同县商务局组织全县涉外企业200余人开展外汇管理政策业务培训。

【金融宣传服务】 贯彻省政府金融消费者权益保护“三年行动”计划，联合嘉善县金融消费者权益保护协会、嘉善县金融系统团工委组织全县500余名金融志愿者开展“金融知识进百村”宣传活动，形成行行携手、村村联动的良好局面。开展“3·15消费者权益保护日”宣传、跨境人民币业务宣传月、“学雷锋”志愿宣传、反假货币知识报刊专版宣传、金融消费有奖调查、第9个征信关爱日等宣传活动。会同团县委、县教育局联合开展“诚信知识进校园”知识竞答，推动金融文化建设。2016年，县人民银行被评为县社科普及月活动优胜单位。 （李檬丹）

保　　险

【人保财险】 2016年，中国人民财产保险股份有限公司嘉善支公司保费收入17008.47万元，同比增长10.18%，先后被评为人保财险嘉兴市分公司、人保财险浙江省分公司先进单位，并被省公司推荐为人保财险总公司先进单位。在巩固医疗责任险、承运人责任险、校园方责任险、残疾人意外险等既有项目的同时，拓展全县学校学生监护人责任险、电动自行车保险等新的民生项目，为政府推进“五水共治”提供建工险、意外险等配套服务。实现全县大小麦、油菜、水稻统保；推进“保险服务村”项目，为全县6镇3街道2万余户农村家庭、10万余名农民群众和1.5万余名育龄妇女提供保险保障25亿元。加快服务标准化建设，全面提升服务质量和服务水平。开拓市场，推动产品创新，在农产品质量安全责任险、食品安全责任险、安全生产责任险等新兴险种上取得突破。推进廉政文化建设和依法合规经营。开展“下基层”活动，与结对村支部组成“四方红色联盟”，慰问保洁员、开展志愿服务活动等。与省分公司第一党支部结对共建。通过各种方式和多种渠道，对职工进行专业技能培训。推进信息新闻宣传，扩大保险理念传播，全年累计发表稿件928篇，其中对外发稿594篇，省级以上312篇。运用广告投放、“中国人保——2016年文明出行”全省巡回宣传月大型公益活动、“3·15”现场宣传咨询活动、客户节活动等，宣传公司品牌文化、普及保险知识、宣扬企业形象。（朱李婷）

【中国人寿保险】 2016年，中国人寿保险股份有限公司嘉善县支公司按照“重价值、强队伍、优结构、稳增长、防风险”的总体思路，坚持“强化对标、夯实队伍、创新驱动、合规经营”十六字方针，抢抓机遇，创新发展，实现股份总保费收入2.91亿元。个险渠道，全预算规划，分层经营团队，培养高成绩优人群；加强基础管理，落实考勤制度，提升营销员专业技能。团险渠道，加强政保合作，实现项目创新。银保渠道，加强与代理银行渠道合作，做好保险理财规划师建设，以抢售为契机，快速完成自营规模保费和开门红规模保费。实施柜面收付费工作零现金管理，提升业务转账率；加强内控机制建设，提高风险管控能力。加大对银行代理业务单证管理，加强对客户身份识别，预防洗钱风险。开展关键岗位风险防控主题教育、警示教育活动，征集风险防控箴言警句和承诺宣言，形成具有中国人寿特色的关键岗位风险防控文化。强化服务意识，实行综合柜员制，提升柜面服务质量。组织柜员进行服务礼仪的训练，加强对职场环境、服务时效、服务礼仪、服务纪律、服务感知五方面宣导。参与“3·15国际消费者权益日宣传咨询活动”，召开服务质量监督员恳谈会。落实党风廉政建设责任制，参与联镇挂村工作，开展扶贫帮困、献爱心活动。（陈　莉）

【太平洋保险】 2016年，中国太平洋财产保险股份有限公司嘉善支公司保费收入5922.36万元，其中车险保费收入4348.51万元，非车险保费收入1573.85万元。全年各类保险赔款3299.46万元。（张　旅）

【中华联合财产保险】 2016年是中华联合财产保险股份有限公司嘉善支公司成立三十周年。公司全年保费收入973万元，其中企财保险131万元、机动车辆保险8[illegible]万元、货运保险18万元、人意保险等23万元。赔款支出383万元。（储　颖）

证　　券

【中信证券】 中信证券股份有限公司嘉善晋阳西路证券营业部，营业面积1538平方米，在职员工25人。2016年交易总额403.7亿，新开账户5165户。营业部经营沪深两市的A股、B股、基金、债券、国债回购等业务，支持提供自助委托、电话委托、现场下单委托、钱龙远程委托、手机炒股、网上交易等多种委托方式，投资者可以通过柜台和手机两种开户方式进行证券开户。公司推出添加更多业务功能的最新版手机交易软件——信E投。营业部还全面办理融资融券业务、个股期权业务、挂牌公司股票公开转让业务、保险兼业代理、企融业务等。每周四定期举办财富课堂，为投资者提供更优质服务。营业部陆续推出类固定、权益类、公募基金、现金管理、私募等各种类型的理财产品。（杨明明）

【申万宏源证券】 申万宏源证券有限公司嘉善体育南路证券营业

部营业面积980平方米，设有自助委托交割办理区、期货IB业务办理区、高端客户理财中心、金融产品销售中心、综合业务发展中心等。营业部通过手机短信、电子邮件、QQ群及股市沙龙等多种渠道为客户提供咨询服务，并提供电话、手机、网上营业厅、大厅自助等多种委托方式。申万宏源证券是嘉善地区首家获准开展融资融券创新业务资格的证券经营机构。营业部在原有代理沪深A股、B股、港股及创业板、融资融券、约定购回、基金投资、期货IB等业务品种的基础上，为投资者提供沪港通、个股期权、固定期限金融理财产品、网上（含手机）开户、中小企业代办股份转让等多种投资渠道。2016年，交易总额396.25亿元，新增开户1716户，在新三板业务中，实现3家挂牌、2家签约的业绩。（于　敏）

【东吴证券】 东吴证券嘉善体育南路证券营业部（一级营业部）辖下有嘉善西塘镇证券营业部、嘉兴常秀街证券营业部、海宁海州西路营业部、桐乡世纪大道营业部，2016年在职员工33人。营业部服务品种有代理沪深A股、B股以及股票增发、配股等股票交易业务，证券投资基金代销、权证、创业板、新三板以及东吴基金、东吴集合资产管理计划，代销经核准的金融产品、沪港通、深港通、融资融券等。（谈继云）

综　　述

2016年，嘉善财税系统完成"营改增"税制转换、国地税征管体制改革、金税三期上线等多项改革任务和各项税收工作任务。保障民生事业，服务供给侧结构性改革。

嘉善县国税部门全年累计组织国税收入44.87亿元，同比增长11.24%，累计实现县财政总收入42.71亿元，同比增长10.72%。代征地方税费3061万元。加强国地税合作，重建县国地税合作工作领导小组和合作工作联席会议制度，推行统征统管模式，开展联合办税服务。全年落实各类税收减免6.85亿元，其中落实小微企业税收优惠0.86亿元。2016年，全县民生支出37.26亿元，同比增长9.4%，占全年一般公共预算支出的78.4%。累计投资1.60亿元，支持城乡环境建设。深化改革、提质增效，四大行业营改增入库增值税58468万元，同比营业税增长19.29%。2016年入库营改增收入67156万元，同比增加61362万元。落实党风廉政建设和反腐败工作责任制，建立完善廉政风险防控机制。

2016年，嘉善县地税部门组织各项收入50.81亿元，同比增长10.1%。其中，税收收入26.46亿元，同比增长6.8%；非税收入24.35亿元，同比增长13.9%；税收收入占一般公共预算收入比重63.3%。金税三期优化版上线，优化纳税服务。开展纳税人满意度调查，并列入绩效考核。推进便民办税春风行动总局联系点建设，开设涉税辅导网络课堂、开通大厅免费无线网络，全面打造"7×24"小时自助办税，开通"居家办税"和"无地域办税"服务模式，窗口综合满意率提高。定期召开国地税、银监办三方联系会议，加强税银互动宣传覆盖面。与商业银行开展"税银互动一税易贷"，贷款金额3280万元，促进实体经济健康发展。地税代征二手房交易增值税3660万元。（颜亚芳）

营改增代表企业座谈会　　（县财政地税局 提供）

2016年度嘉善县工业企业纳税大户

国税

索菲亚家居(浙江)有限公司

阿克苏诺贝尔涂料(嘉兴)有限公司
富鼎电子科技(嘉善)有限公司
晋亿实业股份有限公司
浙江昱辉阳光能源有限公司
梦天木门集团有限公司
浙江长盛滑动轴承股份有限公司
浙江众成包装材料股份有限公司
嘉善华瑞赛晶电气设备科技有限公司
喜力酿酒(浙江)有限公司

地税

浙江豪声电子科技股份有限公司
浙江昱辉阳光能源有限公司
浙江煤山矿灯电源有限公司
阿克苏诺贝尔涂料(嘉兴)有限公司
台升实业有限公司
晋亿实业股份有限公司
浙江长盛滑动轴承股份有限公司
富鼎电子科技(嘉善)有限公司
国网浙江嘉善县供电公司
嘉善县洪峰热电有限公司

地方财政

【概况】 2016年,嘉善县实现地区生产总值456.95亿元,增长8.3%。按户籍人口计算,人均生产总值117675元,增长8.1%。第一产业增加值24.05亿元,可比下降0.9%,第二产业增加值246.22亿元,增长8.7%,第三产业增加值186.68亿元,增长9.0%。三次产业结构比5.2∶53.9∶40.9。全县财政总收入73.17亿元,增长9.2%,其中一般公共预算收入41.80亿元,增长17.3%,占财政总收入57.1%;一般公共预算支出47.51亿元,增长8.2%。税收收入38.65亿元,同比增长14.1%,占一般公共预算收入92.5%。全年财政收支平衡。

【收入管理】 强化税收管理。共建国地税办税服务大厅,建立合作工作联席会议制度。推广金税三期优化版上线,清理数据17万条,提高信息管税能力。开展房产税、城镇土地使用税税源信息比对,完善税种基础数据40万条。构建人民法院与地税部门案件执行、税款追缴协作机制,清理往年陈欠5800万元。企业所得税预缴入库2.48亿元,增长45.9%。加强社保费风险管理,一次性补缴收入纳入地税征管,累计运用参保数据47万条。全县社保费累计入库20.9亿元,增长16.0%。推进全省统一公共支付平台示范应用,实现公安交通违法处罚网上操作、高中阶段学杂费网上缴款。加强非税收入征管,全年非税收入累计完成42.00亿元,增长85.1%。

【服务供给侧结构性改革】 2016年,累计为企业减免各类税费14.20亿元。实施普遍性降费,暂停征收地方水利建设基金。全县1045户企业享受减免税额4482万元。取消、暂停、降低行政事业性收费项目10项,累计减免涉企收费基金5533万元。全面推开"营改增",涉及全县各类企业8000余户。配合制定支持楼宇经济、企业兼并重组、上市融资、电子商务发展、服务业发展等政策。工业企业绩效综合评价范围扩大至全部工业企业。成立产业投资基金管理中心,设立2个子基金,基金规模20亿元。全年安排科技经费2.24亿元,支持科技强县和人才强县建设。推行科技创新券制度,通过政府购买科技服务方式促进企业自主创新。出台专利专项资金管理办法,配套制定科技型小微企业专项扶持政策。制定全县创业导师管理暂行办法。同舟贷款担保有限责任公司累计为企业担保1.7亿元,中小企业转贷基金累计办理贷款45.13亿元,嘉善县农联担保有限责任公司,担保总额1.6亿元,缓解企业、农业生产融资难问题。与4家银行签订业务合作框架协议,支持小微企业融资。向上争取专项资金补助8500万元,以保障县域科学发展示范点建设第二阶段五年行动计划开展。

【支持城乡环境建设】 制定城乡环境整治及应急工程项目财政资金审批简易流程操作细则,缩短响应时间。足额安排以奖代补专项资金,用于小城镇环境综合整治行动考核奖励。编排交通拥堵治理工程、棚户区改造工程、高铁新城建设工程等170个项目,安排财政预算10.60亿元,支持"四美嘉善"建设。为全国县级文明城市创建,安排2460万元资金保障。新市镇建设投资有限公司实体化运作,计划为94个县级基础设施项目投资25.9亿元,2016年,累计投资1.6亿元。安排"美丽乡村"建设资金4000万元。为污水管网设施建设、水污染防治等25个项目建设,投入保障资金3580万元。安排农村生活污水治理资金5000万元。

【保障民生事业】 2016年,全县民生支出37.26亿元,同比增长9.4%,占全年一般公共预算支出的78.4%。开展涉农资金专项整治行动,涉及财政资金41.15

亿元。构建农村产权“三权三抵押”机制，推出农村综合产权抵押产品，累计发放贷款总量3.05亿元。为村级公益事业，拨付奖补资金1014万元。安排教育事业费10.33亿元，比上年增长12.1%。出台普惠性民办幼儿园发展奖补资金管理办法，确立中职学校生均公用经费标准为普通高中的1.5倍以上。制定公共财政文化投入机制，政府向社会力量购买公共文化服务，全年文化体育支出1.3亿元，增长12%。建立长期护理保险制度，推动县乡村卫生一体化综合管理试点。增加城乡居民基本公共卫生服务经费，推进责任医生签约服务。推进机关事业单位养老保险制度改革。落实残疾人两项补贴制度，全年支出残疾人两项补贴1481万元。实施企业稳岗补贴政策，发放补贴1205万元。实施支出型贫困家庭基本生活救助办法，提高最低生活保障标准，调高社保缴费基数。全年安排677万元作为全县保障性住房建设资金。

【推进财政改革】 深化“四张清单一张网”改革，取消非行政许可审批事项，做好财政专项资金管理清单自查，严格实行行政许可清单管理，保留财政行政许可事项2项，调整财政系统权力清单事项3个。建立健全基本支出预算定额标准体系，实施全省支出标准体系建设试点工作。改进预算控制方式，完善三年支出滚动规划，做好预决算信息公开工作。出台乡镇财政财务管理文件，开展绩效考核和资金监管交叉检查，落实量化绩效考核。试点乡镇财政综合平台建设，拟定新一轮县与乡镇财政管理体制改革初步方案。全县5个镇(街道)获评全省规范化建设先进财政所称号。深化国库集中支付改革，上线运行县本级国库集中支付动态监控管理系统。县本级国库集中支付金额76.49亿元，同比增长174.6%；镇(街道)完成国库集中支付金额7.74亿元，同比增长753.7%。健全PPP项目监管机制，全县PPP项目储备库入库56个项目，总投资2.50亿元的生态能源发电项目与总投资2.3亿元惠民街道社区卫生服务中心项目，成功通过PPP模式实施并运行。推进政府购买服务工作，按照“政府承担、市场承接、契约管理、评估兑付”方式进行政府购买服务编列，全年编列政府购买服务预算金额3.17亿元，涉及目录项目63项。

【财政监督管理】 加强存量资金管理，建立库款分析机制，盘活财政存量资金11.03亿元。推进财政资金竞争性存放，完成公款竞争性存放80.22亿元。开展财政支出项目绩效自评工作，涉及63个部门单位216个项目。规范劳务费、夜餐费、差旅费、公务交通费等公务支出标准。全年向上争取专项资金6.93亿元。规范债务管理，落实政府债务限额管理，加快存量债务置换，2016年，完成37.34亿元债券置换工作。制定加强财政内部控制工作实施方案、内部控制基本制度和8个专项内部控制办法，落实行政事业单位内部控制规范化建设。65个县级部门单位和镇(街道)制定实施方案，县行政审批服务中心、县教育局等2个部门(含下属单位)作为试点单位。加强政府采购监管，正式运行金财工程政府采购管理系统。制定完善政府采购目录和限额标准，首次将50万元以下的零星工程纳入集中采购目录，实行定点采购。加强国资管理，清理下放国资审批备案权限，实行国有资产评估报告分级审核制度。动态掌握监管企业债务状况和融资能力，落实253家行政事业单位国有资产清查，资产盘盈4099万元。开展国有企业公款竞争性存放，首期4家国有企业完成招标，涉及存放金额1.40亿元。

【加强队伍建设】 开展全员聘任制工作，全局103名干部报名参与。开展“找短板、补短板，突出问题专项整治”行动，查找问题412个，整改402个。开展党风廉政建设巡察，强化干部培训，“两学一做”学习教育做到全覆盖、常态化。组织开展“拓展训练、警示教育、党建知识竞赛”等系列学习活动，健全“周五学习日”“中心组扩大学习”等学习长效机制。2016年，嘉善县财政局被评为全县工作目标责任制考核优秀部门、县域科学发展示范点建设及综合配套改革优秀部门。

（颜亚芳）

2016 年嘉善县公共财政预算收支执行情况表

表 17　　　　单位：万元

项　　目	年度预算	2016 年收支	2015 年收支	为年度预算%	为同期%
一、财政总收入合计	729202	731655	670004	100.34	109.20
（一）公共财政预算收入合计	417400	418002	356426	100.14	117.28
1. 税收收入小计	390267	386530	322635	99.04	119.80
2. 非税收入小计	27133	31472	33791	115.99	93.14
（二）上划中央“六税”收入合计	311802	313653	313578	100.59	100.02
1. 国内消费税	6082	5576	3654	91.68	152.60
2. 国内增值税	200168	156596	203455	78.23	76.97
3. 企业所得税(60%)	77112	78952	78688	102.39	100.34
4. 个人所得税(60%)	28440	30314	27781	106.59	109.12
5. 改征增值税		32975			
6. 营业税		9240			
二、公共财政预算支出合计	506369	475056	438914	93.82	108.23

国家税务

【概况】 2016 年，嘉善县纳入国税管辖的纳税人 3.8 万户，增值税一般纳税人 1 万余户。全年累计组织国税收入 44.87 亿元，同比增长 11.24%。累计体现县财政总收入 42.71 亿元，同比增长 10.72%，体现地方一般预算收入 17 亿元，同比增长 47.33%。

【税收政策落实】 2016 年，全年落实各类税收减免 6.85 亿元。受理申报抵扣固定资产进项税额 4.14 亿元，拉动工业性投资 28.47 亿元。全面推进全省外贸企业出口退税审批试点和出口退税“无纸化”管理，落实出口退税规范和分类管理办法，加快出口退税进度，建立常态化预警防骗机制，全年办理出口退（免）税 18.39 亿元。

【管理体制改革】 抓好税收征管规范、纳税服务规范、出口退税规范、国地税合作规范落实，提高征管绩效。做好税源共治推进工作，健全风险应对工作流程，组建县级风险管理团队，全年累计入库税收 17802 万元。推进“五证合一、一照一码”登记制度改革。成立县级专业化服务团队，将个性化纳税服务拓展到省市县三级所有重点企业和重点项目，提升税源专业化管理水平。国地税合作纵深推进，成立领导机构，建立联席会议机制，统一全县国地税税源管理管辖范围，统筹服务资源，实现税源管理、纳税评估、税务稽查等优势互补，征管体制改革全力推进。

【税制改革推进】 全面推开“营改增”税制改革，做好营改增“开好票”“报好税”“分析好”“改进好”等各阶段工作，确保税制改革平稳过渡。2016 年，涉及营改增扩围纳税人近 8000 户。确保金税三期平稳上线，按时保质完成数据清理、业务验证、双轨运行、单轨上线等工作。

【依法治税】 规范税收经济秩序，全面实施税收风险管理一体化。围绕重点领域、行业、企业，构建事前预警、事中处置、事后追责的风险管理运行机制。推进简政放权，健全与公检法等部门的协作机制和联合办案机制，完善“三联三打”稽查工作机制和基层税警协作互动机制，组织税收专项检查，打击发票违法犯罪，在全县所有镇（街道）和重点行业协会开展“以案说法、走进乡镇”“一案双说”服务企业宣传活动，2016 年累计入库稽查税款 5400 万元。

【纳税服务】 优化纳税服务，推动便民办税再升级。2016 年，继续推进便民办税春风行动总局联系点建设，走访服务全县重点企业(项目)、开设涉税辅导网络课堂、开通大厅免费无线网络等，全面打造“7×24”小时自助办税，“8小时实时咨询、24小时离线课堂”的“居家办税”和“无地域办税”服务模式。定期召开国地税、银监办三方联系会议，金融服务入园区等活动，与商业银行开展“税银互动—税易贷”，全年贷款金额3280万元。

【队伍建设】 开展“两学一做”学习教育，组织“百名党员进千企”活动，实地走访企业1000多户，召开纳税人座谈会30多次。组织访贫思廉、金税先锋评比、“清风扬帆”廉政沙龙、金税论坛、主题党日等活动。举办善税学堂和集中夜学。建立完善廉政风险防控机制、一岗双责双汇报、机关作风效能督查、预防职务犯罪协作等制度。组织开展正风肃纪活动、党风廉政宣传教育月，“三学三讲”、廉政文化作品和家规家训征集，聘请纳税服务监督员、特邀监察员和兼职监察员。弘扬国税善文化和廉政文化，实施“金税·善文化”人文价值研究、主题阵地建设、品牌宣传弘扬、思想道德践行、文化队伍提质和先进示范培育等六大行动，打造廉政长廊、党建长廊、依法行政长廊。

（郝锦华）

2016年嘉善县国税收入情况表

表18 单位：万元

税　　种	累计入库	同比增长率(%)
合计：国税收入	448733	11.24
增值税	338739	19.03
消费税	5576	52.60
内资企业所得税	46899	18.46
外资企业所得税	49734	−23.95
储蓄存款利息个人所得税	0	0.00
车辆购置税	7785	−23.32

2016年嘉善县出口退(免)税情况表

表19 单位：万元

项　　目	全年累计	同比增长率(%)
出口退税	183900	−22.05
其中：退税	134800	−15.70
免抵调库	49100	−35.40

地方税务

【概况】 2016年，嘉善县实现地区生产总值456.95亿元，同比增长8.3%，按户籍人口计算，人均生产总值117675元，同比增长8.1%。第一产业增加值24.05亿元，同比下降0.9%；第二产业增加值246.22亿元，同比增长8.7%；第三产业增加值186.68亿元，同比增长9.0%。三次产业结构比从上年的5.5∶54.8∶39.7调整为5.2∶53.9∶40.9。全县财政总收入73.17亿元，同比增长9.2%，其中一般公共预算收入41.80亿元，同比增长17.3%。全县城镇居民人均可支配收入50021元，同比增长7.[illegible]%；农村居民人均可支配收入29[illegible]4元，同比增长8.5%。

【税收情况】 2016年，全县地税部门组织各项收入50.82亿元，同比增长10.1%。其中，税收收入26.46亿元，同比增长6.8%；非税收入24.36亿元，同比增长

13.9%；税收收入占一般公共预算收入比重为63.3%。全年房地产旺销拉动税收增长，全县房地产业累计入库7.27亿元，同比增收1.80亿元，增长33.0%，占总体税收31.0%。二手房交易入库1.63亿元，同比增收0.87亿元，增长114.5%。行业税收方面，制造业入库税款7.77亿元，同比增长3.9%，占总体税收33.1%。建筑业入库税款3.7亿元，同比下降14.2%，占总体税收15.8%。主要税种"营改增"导致营业税减收2.95亿元，同比下降34.8%。企业所得税入库2.99亿元，增收7779万元，同比增长35.2%。个人所得税入库5.05亿元，增收4221万元，同比增长9.1%。契税、耕地占用税入库2.99亿元，增收7937万元，同比增长36.1%。

【征收管理】 加强大企业税源管理，全县重点税源监控面80%，288户大企业完成全部税收80%。全县所有工业企业实现绩效综合评价。实行房产税、城镇土地使用税税源信息比对，落实两税种明细纳税申报，部署税源信息核对和清理，完善税种基础数据40万条。加强财产转让和利股红等非劳动所得个人所得税征管，个人所得税全员全额申报覆盖面97.1%。加强企业所得税分类管理，预缴率83.4%，预缴入库2.48亿元，同比增长45.9%。首次开征资源税，健全协税护税机制。加强房地产交易环节管理，简化办税流程。与市场监管等部门协作，落实先税后证、股权转让税收前置等措施。建立人民法院与地税部门案件执行、税款追缴协作机制，累计清理陈欠5800万元，追缴入库率82.4%。加强社保费征收，一次性补缴收入纳入地税征管，累计运用参保数据46.9万条。

【"营改增"税制转换】 2016年，召开国地税联席会议6次，商讨解决实际问题20个，形成会议纪要2个。与纳入试点范围的16户企业代表进行座谈，设置"营改增"绿色通道5条和咨询岗4个，如期完成"营改增"税制转换，涉及全县各类企业8000余户。

成功开具第一张增值税发票。　　（县财政地税局 提供）

【减税降费工作】 帮助企业降低交易性成本，实行减税降费优惠政策。2016年度，累计减免地方水利建设基金1947万元。地方水利建设基金起征点提高至每月10万元以上，费率减按70%征收等，全年累计减免企业税费4100万元。5月开始，失业保险单位缴费比例从1.5%降到1.0%，全年减轻企业负担2000万元。从2015年10月开始，生育保险费率从0.8%下调至0.5%，减轻企业负担1700万元。落实"小升规"企业减征社保费优惠政策，对符合产业转型升级发展方向的企业，临时性下浮相当于企业单位缴费部分1个月的职工医疗保险费缴费比例，减轻企业负担2300万元。对促进土地集约节约利用试点企业城镇土地使用税税收优惠，全县1045户企业享受减免税额4482万元。

【金税三期优化版上线】 成立优化版上线工作领导小组，实行双副组长负责制，制定全县金税三期优化版上线工作实施方案，分解任务指标，落实推进计划。投入120万元升级改造现有核心设备、机房，增配计算机80台。组建数据清理小组，抽调业务骨干236人次，合计清理数据17.48万条。开展全员培训，培训干部128人次，完成纳税人培训5700人次。

【优化纳税服务】 提供登记、变更登记、注销登记等涉税事项免

县财政地税局开展大走访活动。（县财政地税局 提供）

填单服务，提供缴税信息和纳税信用级别信息网上查询服务，同城通办事项 39 项。深化“税银互动”，与 4 家银行签订业务合作框架协议。开展纳税人满意度调查，并列入绩效考核。做好整改工作，提出满意度调查整改措施 11 条。对 2015 年度地税入库税额企业前 1000 名，个人独资、个体工商户各前 100 名纳税人，进行大走访活动，累计走访 2033 户。开展纳税人培训、辅导 6 次，辅导人数 753 人。

【加强国地税合作】 重建县国地税合作工作领导小组及办公室，建立合作工作联席会议制度，召开专题会议 8 次，印发会议纪要 3 期。推行统征统管模式，联合组建风险应对、纳税评估团队。统一全县国地税税源管理部门管辖范围，互派人员、互设自助办税设备等，开展联合办税服务。在县开发区分局试点合署办公，共建国地税办税服务大厅。加强双方委托征收合作，全年，地税委托国税代征地方税费 3061 万元，地税代征二手房交易增值税 3660 万元。

【开展税务稽查】 国地税实行联合稽查，全年检查纳税人 56 户，组织纳税人自查 43 户，结案 57 户，查补收入 1866 万元。开展年度税收随机抽查，重点检查 55 户，清理以前年度未结案件 21 户，查处发票案件 15 户，稽查选案准确率 90.5%，稽查案件查结率 1[illegible]2.1%，稽查查补入库率 96.1%。开展积案清理工作，清理 1[illegible] 起立案 1 年以上尚未结案或逾期未执行的税务稽查案件。

【学习教育活动】 开展“两学一做”学习教育活动 39 次。党员干部参与学习 4291 人次，各党支部查摆问题 42 个，整改 32 个；局机关 123 名党员查找问题 412 个，整改 4[illegible] 个。103 名干部报名参加全员聘任，其中参加选聘高一职级中层干部 69 人，全局干部职工轮岗交流 91 人，稽查局和基层分局轮岗人员 28 名。完善绩效考评体系，建立绩效管理按月督查制度。（程高华）

2016 年嘉善县地税部门组织各项收入情况表

表 20　　单位：万元

	累计入库	去年同期	增减额	同比增长%
收入总计	508154	461545	46609	10.10
一、税收合计	264576	247692	16885	6.82
其中：中央级	51632	41058	10574	25.75
省　级	1957	5463	−3506	−64.18
县　级	210987	201171	9815	4.88
（一）税收收入（不含二税）	234632	225684	8948	3.96
1. 营业税	55462	85001	−29539	−34.75
2. 企业所得税	29909	22131	7778	35.15

续表 20

	累计入库	去年同期	增减额	同比增长%
3. 个人所得税	50523	46302	4221	9.12
4. 其他税收小计	98736	72250	26486	36.66
(1)城建税	23302	19781	3521	17.80
(2)房产税	14948	15758	−810	−5.14
(3)土地使用税	19559	17446	2113	12.11
(4)车船税	3062	2724	338	12.41
(5)印花税	6171	6094	77	1.26
(6)土地增值税	27591	10447	17144	164.10
(7)增值税	4101			
(8)资源税	2			
(二)二税收入	29945	22008	7937	36.06
1. 契税	25046	19118	5928	31.01
2. 耕地占用税	4899	2890	2009	69.52
二、其他收入	243578	213853	29724	13.90
(一)三项规费收入	32143	31664	479	1.51
1. 教育附加	13835	11894	1941	16.32
2. 地方教育费附加	9235	7934	1301	16.40
3. 地方水利建设基金	9073	11836	−2763	−23.34
(二)社保基金小计	208173	180176	28893	16.04
1. 养老保险基金	146095	120375	25720	21.37
2. 医疗保险	42856	38977	3879	9.95
3. 失业保险	7888	8955	−1067	−11.92
4. 工伤保险	8384	7936	448	5.65
5. 生育保险	2950	3933	−983	−24.99
(三)其他	2366	2013	353	17.54
1. 文化事业建设费	52	122	−70	−57.38
2. 税务部门其他罚款	65	12	53	441.67
3. 残疾人就业保障金	2249	1879	370	19.69

交通 运输 邮政

综 述

2016年，嘉善县交通运输基础设施建设完成投资24.87亿元，占全年计划的102.3%。全县公路里程779.79千米，公路密度1.54千米/平方千米，基本形成“三横两纵”道路交通框架，基本实现10分钟上高速，镇域之间20分钟和村域之间40分钟的“102040”交通圈，与周边大中城市实现1小时互通。全年办理行政处罚案件1614件、行政许可案件2112件，案件办理正确率100%，发生行政复议2起，均维持原处罚决定。

嘉善境内有航道56条，全程320.12千米，定级航道密度为63.2千米/百平方千米，丁诸航线建桥开挖。嘉善水运为“两纵两横”网络框架，全县有港口码头企业208家，内河港口泊位297个，其中500吨级61个，300吨级11个，100吨级及以下224个。最大靠泊能力500吨级，船舶拥有量675艘，运力18.51万吨。

3月30日，省重点工程丁诸线航道整治工程正式开工建设。

（县交通局 提供）

2016年，全县道路运输相关企业3527家，有营运货车6505辆，比上年减少1090辆（减少14.3%），其中8吨以上重型货车（集卡车）2571辆，比上年增加228辆。完成货运量2182万吨，货物周转量232831万吨。各类机动车维修业户170家，全年检测汽车7978车次。有营运客车424辆（不含出租车），其中省际班车20辆、市际班车13辆、县际班车26辆（含一级公交）、旅游包车58辆、县内公交307辆（新增40辆）。客运线路99条，其中跨省17条、跨市16条、跨县4条、县内公交线路58条、其它4条。完成旅客运输量1871.09万人次。全县有巡游出租车240辆，从业人员680人。

全县农村公路品质提升工程投资2939万元，农村公路品质提升11.5千米、农危桥改造3座、安保工程3.65千米、路面维修38.2千米、县道港湾式停靠站维修改造99个。善西线南北暑至凤桐桥段实施路灯亮化工程，新建路灯53套，亮化里程1.8千米。460万元公路小修保养工程实现市场化运作。

全年，完成县内主要通道新改建、路面大中修37.78千米。通道两侧宜林地段绿化率95%，公路单侧绿化平均宽度15米以上，沿线绿化提升61.2千米。平黎公路沿线整治全面完成；320国道整治完成拆除、腾退低小散企业、破旧农房21家，拆除蓝色彩钢棚42处，立面改造77000平方米，清理路面堆积物1600平方米，清除非标广告牌129块；接收船舶生活垃圾3521千克，油污水1249千克。加大违章码头堆场整治力度，拆除153家经营性码头堆场设施。做好太浦河、红旗塘等河道岸坡整理、生态修复工作，杭申线嘉善段全部破损护岸修复。

《小型农村公路工程质量监管工作流体系指南》获省厅质监局科技立项；全年开展日常监督检查136项次，安全生产专项检查5次，发出检查意见书14份，行政约谈6次。对在建的16个公路水运项目监督覆盖率、工程交竣工质量评定合格率、行政处罚正确率保持100%，全年无重大安全生产事故发生。

（屠伟平　鲍燕娜）

公路运输

【概况】 2016年，全县公路里程779.79千米，其中农村公路里程717.78千米，占92%，公路密度1.54千米/平方千米。国道31.39千米，占4.02%(其中国家高速15.85千米，占2.03%)；省道21.44千米，占2.75%；县道186.69千米，占23.94%；乡道311.05千米，占39.89%；专用公路9.19千米，占1.18%；村道220.04千米，占28.22%。新增公路4.53千米。全县公路桥梁807座，其中国道42座，省道24座，县道241座，乡道306座，村道194座。

【公路养护】 2016年，通过政府采购方式，投入460万元引进专业养护公司实施县道小修保养。量化公路桥梁管养工作，加强对公路桥梁的安全检查。完成16座桥梁桥面铺装层、伸缩缝、桥头跳车维修。投入30万元实施县道桥梁定期检查；投资400万元，完成俞汇市河桥、浙沪界河桥、殷家港桥等3座危桥的改造工作。

县公路管理段对兴善公路嘉善段进行预防性养护，道路平整美观。

（县交通局 提供）

【公路提升工程】 投资350万元用于332万平方米主要通道绿化养护工程：对天洪线、善新线、范泾大道等主要县道进行绿化补植；对两高(高速、高铁)森林通道沿线2个公路站、320国道、善西线、范泾大道等主要道路进行环境整治和绿化补植。投资4300万元，完成沪昆高速大云出入口改造提升工程计划区域内房屋拆迁、农户用地处理和绿化提升工作。320国道与上海交界处1.3万平方米节点绿化提升。投资1640万元，完成13.8千米县道大中修。投资586万元，对4个乡、村道路项目进行大中修(其中乡道6.05千米，村道4.22千米)。投资2939万元，完成农村公路等级提升工程项目8个，实施里程34.621千米。新增干洪线、善西公路干窑穿镇路段拓宽与市政化改造项目。投资616万元，新建防撞护栏3.23千米、标志标线更新等。投资120万元，完成善西线南北暑至凤桐桥段路灯亮化工程，新建路灯53套，亮化里程1.8千米。投入20万元，对县道99个港湾式停靠站进行维修保养。

【公路环境整治】 设立路政中队，定点巡查，发放“告知书”，对魏俞线和320国道摆摊设点、乱堆放等问题进行清理整治。全年清理堆积物2060立方米，拆除非公路标牌142块,新增、更换标志标牌243块,漆划标线25800平方米,新增、修复道口标柱718根。

【路政执法】 路政巡查以320国道、平黎公路及大云高速公路和申嘉湖高速出入口为主要检查路段,对重点路段进行重点时段巡查,全年路政巡查6470人次。固定治超和流动治超相结合,320国道超限运输检测站全年检测车辆6706辆,查处违法超限运输车562辆(其中55吨以上车辆176辆),处罚金额790010元;卸载超限车辆135辆,卸载货物3705.25吨,超限车辆卸载率100%。向运管部门报送超限车辆运输信息562条,办结公路行政处罚588件(其中非超限运输处罚9件),办理行政许可27件,与各类运输企业和货物生产单位签订《超限运输源头管理责任书》40份。开展公路法律法规宣传,全年发放宣传资料2600余份,发送公路宣传短信3万余条,报刊公告3次。　(王利炯)

水路运输

【概况】 2016年,全县有定级航道56条,全程320.12千米,定级航道密度63.2千米/百平方千米。丁诸航线在建桥开挖中。全县有各类营运船舶675艘,185133载重吨,功率85352.52千瓦,平均274.27载重吨。全年完成货运量1378.28万吨,货物周转量192456.97万吨,货物吞吐量1371.29万吨,其中进港货物914.29万吨,出港货物457万吨。

【基础设施建设】 2016年,投资800万元,用地0.36公顷(5.36亩),建筑面积968平方米的杨庙港航管理检查站业务用房建成,有72米长的码头和船棚各1个。耗资30万元建设杨庙检查站油污水接收点,接收点建有船舶油污水和生活污水接收池以及泵、管道等配套设施。

【航道养护】 2016年,完成杭申线嘉善段全部破损护岸修复,其中砼护面370米,护岸重建修复997米,总投资205万元。东清线航道魏塘里泽段养护工程二期和芦墟塘航道养护工程一期竣工验收。枫泾塘航道养护工程竣工验收,工程投资200万元。

【港口管理】 做好前期归档的船舶档案整理装订工作。全年申请老旧运输船舶拆解7艘,总吨位935吨,申请补贴资金67.32万元。完成西塘锚泊服务区港口岸电工程并投入使用,项目总投资176万元。做好嘉善县码头堆场整治提升工作,拆除经营性沙石料码头堆场153家,结合低小散企业腾退拆除115家,提升企业自备码头43家、清空场地227家、水上加油站12家。

【安全管理】 突出对重点水域、重点船舶的管理,加强对水路客运企业的监督检查,落实船舶雨雪冰冻天气安全管理制度。开展船载自动识别系统设备(AIS)和封舱实施专项检查,全年立案未配备或使用AIS案件74件,立案未封舱案件34件。在G20杭州峰会水上安保工作期间,出动巡逻艇283艘次、安保人员1035人次,受理船舶进出港签证5286艘次,船舶专项安检94艘(其中危险品类船舶23艘),整改缺陷52项,检查船舶2200艘次,人员信息核查4620人次。

【油污水处理】 2016年,落实完成船舶油污水接收"三个一"工程,全年接收2382艘船舶生活垃圾5531.[illegible]千克,油污水1249.3

6月3日,嘉善县全面启动违章码头堆场整治工作,153家经营性码头堆场设施全部拆除。　(县交通局　提供)

千克。12月27日，嘉善县第一艘专业水上油污水接收船——油污001号船舶下水。（姜列峰）

铁路运输

【嘉善火车站】 嘉善火车站上行通往上海方向，下行通往杭州方向，为三等中间站，承担沪昆线（南翔直属站管内）客运、货运、装卸、相关列车的编解和列车到发、会让等。车站每日接发列车91对，其中旅客列车54对（直达特快旅客列车9对、特快旅客列车10对、快速旅客列车35对）；货物列车37对；停靠嘉善站办理客运业务的旅客列车20趟（上海方向11趟、杭州方向9趟）；停靠嘉善站进行调车作业的货物列车3对，进行快运业务的快速货物班列1对。2016年发送旅客43.34万人次，日均发送旅客1188人次，完成客运收入2555.81万元；货运重点由运输生产型向服务经营型转变，提高全程物流服务水平。做好汽车运输企业协调工作，加快车辆周转，提高工作效率。货运装卸2199辆车，年货运吞吐量13.75万吨。车站建有客运业务房屋786平方米，其中旅客候车室682平方米，可容纳旅客520人。旅客站台2座，货物仓库1座，货物雨棚2座，装卸机械8台，其中30吨门吊2台，起重能力为3吨的叉车6台。嘉善站在册职工95人。2016年，嘉善火车站实现安全生产三个百日、连续第十八个安全年目标。开展客运服务质量年、厕所整治达标年活动，设置绿色通道，开展爱心服务。实施客运网格化管理，提高客运基础管理质量。开展“旅客满意、货主满意”主题实践活动，铁路运输服务质量提升，旅客、货主满意度和美誉度提高，全年无责任问题投诉。加强职工教育培训，提升职工队伍整体素质，鼓励职工学技练功、岗位成才。全年举办各类学习培训班28期，参加南翔直属站及上海铁路局各类培训班12期，送培190人次，完成师徒教学合同15份。车站党总支组织开展“两学一做”学习教育和党员创先争优活动。通过主题党日、知识竞赛、新党员集体宣誓等活动形式，学习、宣传党章党规、习总书记系列讲话精神。参与企业文化建设，参加直属站站史陈列馆建设筹备工作。加强防腐倡廉教育、廉政风险防控机制建设。发挥工会和共青团组织作用，开展群众性立功竞赛、合理化建议、青工保安全等活动。组织职工健康体检、职工疗休养；组织文艺活动、才艺展示、文化大讲堂和书画、摄影作品展等；落实职工医疗和“三不让”帮扶救助机制。（卜景喆）

【高铁嘉善南站】 高铁嘉善南站线路上行通往上海方向，下行通往杭州方向。车站每日办理高铁动车组列车62列（2016年“9·10”运行图），其中上海方向开行31列，杭州方向开行31列，2016年发送旅客约193.45万人次，日均发送旅客约5300人次。高铁客运落实“三个出行”目标，实行“客运网格化管理”，加强客运人员业务素质提升，提高客运业务水平。做好客服设备设施的维护保养，对客服重点设施设备进行定期检查、及时整治，确保运行正常。实行客运现场标准化作业。2016年，顺利完成“春运”“小长假旅客运输”“暑运”等旅客运输任务，同时配合做好“两会安保”“G20杭州峰会安保”“调图”等重点工作。（殷宇哲）

物流仓储

【概况】 2016年，嘉善县有道路运输户3337户，营运货车6505辆、总吨位50879吨。在册营运船656艘，载重14.78万吨；在册水运企业3家（其中客运企业1家），普通货船104艘、39616吨，驳船9艘、2087吨，拖船2艘、387千瓦，客船2艘、20客位。现代物流企业如特易购、普洛斯等落户嘉善县。嘉善县物流协会先后组织30余个会员单位赴宁波港、台州玉环学习。组织道路运输安全教育等专题培训，参与跨行业跨区域横向协调，构建“货畅其流”的道路运输大环境。

【嘉兴远方物流有限公司】 嘉兴远方物流有限公司为AAA级企业、嘉兴十强物流企业、浙江省流通领域50家物流配送试点企业。成立于2001年，注册资本7100万元，从业人员200人，占地8.2万平方米，4.7万平方米作为储运。有自运营车辆46辆、总吨位119吨；在全国（除港、澳、台外）各省（市、自治区）设立运输网点，开辟专线20条，货物流向全国各地。2016年，货运量76万吨，营业额3400万元，上缴税收221万元。

【浙江凯鸿物流有限公司】 2012年成立，总投资4500万元，注册资本2000万元，用地面积1.53

围绕G20峰会和乌镇互联网大会，加快督促落实客货运实名制工作，联合公安交警部门开展公路治超百日专项行动。

（县交通局　提供）

公顷（23亩），办公面积3350平方米，公司有员工209人。有牵引车86辆、挂车123辆，总吨位6540.64吨。公司业务有国际货运代理、报关报检、保税物流仓储和集装箱运输等，形成较为完整的专业国际物流服务链，为600余家企业提供物流服务。公司报关报检票数位居全省前列，代理进出口箱量和经营规模位居全市前列，是嘉兴市重点扶持的物流龙头企业，被国家标准委员会评定为“国家3A类物流企业”。2016年主营业务收入19065.46万元，利润1483万元，上缴税收668.76万元，其中缴纳增值税297万元，比2015年增加37万元。（陈　宽）

邮　政

【概况】 2016年，嘉善邮政分公司推进“三个一把手工程”，加强基层党组织建设，突出党建工作在企业工作中的核心地位，储蓄余额、代理保险、快递包裹、电商业务等有大的发展，函件、集邮、报刊等传统邮政业务发展平稳，全年实现业务总收入7594万元，同比增长12.4%，完成年度计划100.52%，累计实现净利润601万元，完成年度利润预算101%。

【领导班子调整】 1月29日，嘉善邮政分公司召开干部大会，市公司总经理金聚、人力资源部主任鲍武勇参加会议。会议宣读市公司任免文件，濮利红担任嘉善县邮政分公司副总经理、党委委员兼纪委书记。

【电商座谈会】 4月28日上午，嘉善县农村电商座谈会在邮政分公司召开。会议由县府办牵头，县商务局、县经信局、县人社局、县农经局（农办）、团县委等部门及嘉善县邮政分公司领导参加，主要讨论“村邮乐购”点建设资金补助政策、农产品进城运作模式等事宜。

【联办生日聚会】 5月10日，嘉善邮政分公司与姚庄镇社区联合为姚庄23位老人举办“同月生同日庆生”集体生日聚会。聚会现场，工作人员给老人们宣传金融小知识。正在姚庄镇视察的副省长熊建平参加聚会。

【夏宝龙参加社区老人生日会】 8月10日，中国邮政集团公司浙江省嘉善县分公司干窑邮政支局携手干窑月半湾小区，为小区内60后老人举办“幸福邮政生日会”活动。正在干窑镇月半湾居家养老中心调研的省委书记、省人大常委会主任夏宝龙参加。

【快递日均业务量突破万件】 嘉善县邮政分公司10月快递包裹业务量突破日均1万件大关。

（孔　杰）

信息业

综　　述

嘉善县信息化和信息产业围绕建设“科学发展示范点”和创建“智慧城市”目标，扎实工作，取得新的发展。2016年，信息化发展指数92.11，列嘉兴市第五。其中，网络就绪度指数0.696，全市第六；信息通信技术应用指数45.02，全市第七；应用效益指数23.65，全市第一。两化融合发展指数77.08，列嘉兴市第六。其中，基础环境13.63，全市第七；工业应用43.33，全市第三；应用效益20.12，全市第二。

在嘉兴市经济和信息化委员会发布的2015年嘉兴市区域“两化”融合发展水平评估报告中，嘉善县综合评价处于嘉兴领先水平，在全市61个镇（街道）中，大云镇列全市第六、罗星街道第七、干窑镇第九、魏塘街道第十、陶庄镇第十四、惠民街道第十五、天凝镇第十六、姚庄镇全市第十九、西塘镇第二十二。姚庄镇、西塘镇成为嘉兴市两化融合发展水平增速最快的地区。全省信息经济发展指数为125.6，嘉善县94.1，列全省32位，列全市第三。其中信息经济核心产业发展列全省第六，列全市第一。

2016年，嘉善电子信息产业集群62家规上企业，完成工业总产值238.58亿元，同比增长13.6%；主营业务收入183.47亿元，同比增长13.2%；利润总额4.71亿元，同比下降62.1%；税金总额2.15亿元，同比增长25.7%；从业人员2.14万人，同比增长1.9%；出口交货值56.45亿元，同比下降15.6%。信息产业规模占全县规上工业经济比重21.9%，占嘉兴市信息产业总产值比重23.18%，列嘉兴市第一位。

2016年邮电业务收入7.0亿元，比上年增长7.5%。其中邮政业务收入0.76亿元，比上年增长12.9%；电信业务收入6.24亿元，比上年增长6.8%。年末固定电话用户9.68万户，比上年末下降12.2%；移动电话用户66.74万户，比上年末增长2.6%，其中4G手机用户37.69万户，比上年末增长27.1%；互联网用户20.07万户，比上年末增长12.2%。（盛玉林）

电　　信

【概况】 2016年，中国电信股份有限公司嘉善分公司加大投资，推进全光网络覆盖、4G网络建设、互联网+专项行动，移动、宽带、iTV、云业务等稳步发展，电信服务社会能力进一步提升。全年主营业务收入1.75亿元，同比增长3.16%，增长率列本地网第一。其中，宽带收入同比增长3.94%，列本地网第二；移动业务收入同比增长2.36%，列本地网第三；新兴业务收入同比增长13.45%，列本地网第二。公司在全省一级三类18个县分公司中综合排名第三、全省第九，获得升档；亭桥北路营业厅获省级标杆厅示范点称号。3月，公司向县委、县政府递交助推嘉善信息化建设报告，并向县领导作专题汇报，得到肯定。2016年度，中国电信股份有限公司嘉善分公司被评为“嘉善县第十二届消费者信得过单位”。

【光宽带网络】 开展传统交换机退网和退铜工程，推进城区、乡镇全光网络覆盖。全年完成43母局及下挂58个传统交换点的退网工作，迁移用户44158户和9条用户中继；配合传统交换机退网，完成45个FTTN设备的安装调试和开通；完成除西塘古镇区域外的所有ADSL用户升光工作；完成40局、41局、西塘ME60扩容，惠民、里泽等节点的9306扩容，以及41局、里泽等23条GPON上联电路扩容工作；完成全年退铜任务，完成率131.74%，列本地网第三。

【4G·无线网络建设】 做好4G基站建设和4G信号深度覆盖优化，2016年完成LTE四期建设工程18个4G站点和38个4G室分设备的安装调试开通；完成22套RRU、20套直放站的安装工作；完成嘉善农商银行各网点无线覆盖项目、浙师大附属实验学校无线线路建设工程和1557户商铺爱WiFi安装改造。

【互联网＋专项行动】 实施“互联网＋专项行动”计划，开展互联网＋各行业领域信息化建设。2016年，与嘉善县政府签订政务云框架合作协议，与县发改局、县图书馆、县国土局分别签订云业务合作协议。至年底，开通县国土局政务云、桌面云，全面应用县发改局虚拟服务器和县图书馆云存储。与县卫计局签订医疗影像云战略合作协议，涵盖全县医疗卫生系统下属17家单位的医疗影像（PAX）备份系统、医疗数据库容灾存储。至年底，嘉善第一人民医院、嘉善第二人民医院、嘉善第三人民医院的医疗影像云上传云平台。与罗星归谷科技园、大云中德生态产业园签订工业园区云协议，与上海文华财经资讯股份有限公司签订园区云IDC存储协议。

【信息化应用】 加大信息化产品应用，完善全业务服务体系。2016年与县政法委、嘉善农商银行、东方大厦等部门、企业签订“天翼对讲”协议、酒店完美联盟协议及WiFi组建协议；与县交通局签订嘉善交通电子站牌项目协议；做好县公安局、县政府、县港航所、县水利局视频会议系统日常维护；完成县水利局、县政府视频会议保障工作；完成县水利局维保项目及电路续签；完成县卫计局专网组建并验收；做好部分银行重要点位的电路核实、巡检、维护。全年完成40多条MSTP电路开通和调试。

【治安监控项目建设】 5月，完成社会治安视频监控800个点位的验收工作；完成G20杭州峰会里泽卡点等监控点位的安装和调试；全面巡检校园周边动态治安监控、校园视频监控点，确保嘉善县中高考期间设备安全稳定运行；每周巡检道路治安监控平台及各种全球眼平台，及时解决道路治安监控平台出现的问题，确保全县视频监控网络安全畅通。

【教育信息化】 10月，与县教育局签订教育信息化“十三五”建设战略合作协议，助推县教育信息化建设，打造智慧校园、智慧教室、智慧课堂。与高级中学等学校签订数字化校园综合协议，开通高级中学、嘉善四中、光彪学院等学校翼校通业务。与全县11所学校签约，开展校园微门户认证工作。完成信息技术工程学校桌面云业务。

【上海021固话开通】 上半年，上海021固定电话专用OLT设备在魏塘、罗星、大云、姚庄、惠民等5个街道（镇）开通调试，8月，实现全县所有街道（镇）021固定电话全覆盖，随时可以安装、开通上海电话。

【综保区项目竣工】 2016年，嘉兴西塘综合保税区二期弱电及信息化系统建设工程竣工，9月通过国家部级验收。

【农村信息化平台建设】 开展农村信息化平台建设，为社区（村）提供政务公开、村务公开、远程党建等业务。2016年，与天凝镇洪南村、罗星街道和合村、姚庄镇中联村、西塘镇荻沼村、干窑镇新星村、惠民街道惠南村等6个村签订平台建设协议，完成平台建设。

【电信线路上改下工程】 配合嘉善县城乡环境整治“百日攻坚”行动，做好魏塘、罗星、干窑、大云等镇（街道）电信线路的上改下工程。在善江公路高速路口至宝狮线路、宝狮至晋阳线路、晋阳路至台升线路，拆除电杆103根；完成干窑镇康民路、三仙路、镇西路和干洪公路4.2千米的上改下工程，拆除电杆90余根；完成干窑镇镇西北路、镇北路、干窑大道北段、一耀路，以及新泾港小区、治本小区、小窑港小区管道建设、改造，拆除电杆80余根；完成城西大道线路全长2.3千米的上改下工程，拆除电杆50根；完成大云缪家路口上改下工程。

【提高服务质量】 实施营业厅亮窗行动。对干窑、范泾、西塘等门店进行优化改造:规划厅店格局,明确业务受理区、自助服务区、手机销售区、终端演示区、流量辅导区、翼支付体验区、甜橙理财专柜等分布,改善销售服务环境。提供宽带"宽心"五项服务,宽带待装及时率100%,装维服务满意度98.48%。建立全程服务管理机制,强化服务前置、服务过程稽查、投诉管控,全业务服务达标。县长电话办结率100%。

(沈秋萍)

移　　动

【概况】 2016年,中国移动通信集团浙江有限公司嘉善分公司(简称中国移动嘉善分公司)强化自身建设,推进企业民主管理、调动全员共同发展,取得较好运营业绩,实现更高水平的可持续发展。全年移动通话客户52万户,4G活跃用户36.5万户,光宽带用户突破7万户,宽带电视用户2.4万户,实现运营收入3.7亿元。年内,公司获嘉善县第十二届"消费者信得过单位"、嘉善县"模范职工之家"、嘉善县直属基层工会先进单位、嘉善县政府年度考核表扬单位、浙江移动明星县公司、浙江移动优秀团队、浙江移动先进分工会、嘉兴移动四强党支部等称号。阳光路营业厅被评为嘉善县优秀"巾帼文明岗";解放东路和谈公北路营业厅被评为嘉善县"巾帼文明岗"。

【通信建设】 打造4G精品网络,采用多种小型先进设备灵活建站补盲,解决嘉善大量高层小区、老旧小区弱覆盖。加快驻地网全覆盖建设,推进光宽带全覆盖。落实传输基础承载网建设优化,新增传输汇聚机房6个、OLT机房2个。配合美丽乡镇建设,投入200余万元,完成干窑、大云等地359千米光缆迁改。确保县两会、商贸、旅游活动通信畅通,保障高温、汛期、高考、中考等特殊时期的通信服务,做好节假日西塘景区、汉服文化节、女排联赛等重大活动的网络保障工作。

【信息化管理】 参与嘉善信息化建设,承建嘉善县2016—2018年度社会治安视频监控系统、Ijiashan市民无线上网工程二期、西塘镇执法智慧通平台、县食品安全监管信息化平台、县教育局移动办公OA、县掌上河长管理系统、县红旗塘视频监控系统租赁等项目。推进互联网应用,推广应用工作手机(公安"警务通"、综治"平安通"、城管"城管通"、新居民局"流管通"等),推动公共管理服务工作精细化和高效率。

【接轨上海】 扩大免漫游区域,推进沪善通信一体化。从6月开始,在县城上海市民往来较多的场所以及归谷园区、魏塘工业园区、姚庄开发区、临沪枫南虹桥片区、经济开发区南片等上海移动用户话务集中区域,正式实现区域免漫游计费,加上以前开放的区域,实现上海移动用户在县域范围主要区域免漫游费。

【企业建设】 开展"两学一做"活动,加强支部和员工队伍建设,把好员工、管理层风险防控关。开展"善移学堂"暨新员工深度帮带活动,提升新员工学习、工作能力。开设"战地食堂",设立"佳音驿站",为员工办实事、办好事。

【志愿服务】 组织60多名以党团员为核心的青年志愿者,对包干路段内沿街商铺、单位、活动场所等进行巡访近120次,发现并上报风险隐患6处;发动党员28人参加"护航G20"平安志愿服务工作;G20杭州峰会期间,24小时值班,确保网络信息安全运行;52人次在责任包干区——K105路公交线,协助驾驶员维护乘车秩序。

(史彦韡)

联　　通

【概况】 2016年,中国联合网络通信有限公司嘉善县分公司以4G为引领,全面推进体制机制、经营模式、服务方向和网络能力转型,促进规模效益发展。参与具有地方特色的公共服务平台建设,加强与县内工业、农业、商业等领域的合作,为广大消费者提供优质服务。加强信息安全、深化接轨上海、推进企业党建与党风廉政建设、提升企业文化品位。

【信息化平台建设】 根据浙江联通与嘉兴市人民政府签署的"嘉兴市新型智慧城市及信息化建设"战略合作协议,2016年,嘉善联通主动参与政府信息化平台一批标杆项目建设,同时在车辆服务、消费电子、智能抄表、无线POS、移动媒体、生产及环境监测六大行业,推进联通大数据应用。

【网络提升】 进一步加大4G网络投资力度，开通4GL1800站点194个、4GUL2100站点67个、室分楼宇92幢，网络规模增长135%，4G网络人口覆盖率提升至90%。同时，从用户感知方向提升4G速率，嘉善城区4G下载从建网初期41兆提升到67兆。

【履行社会责任】 落实国家"提速降费"战略部署，加快固网光纤化升级，通过"提速不提价""流量不清零""低消送流量""视频包"等措施，降低客户费用支出。加强网络与信息安全，严控网络接入。配合开展"扫黄打非""黑网吧"专项整治行动。严格落实实名制管理，至年底，嘉善联通新老用户实名率100%。 （唐　均）

软件和信息技术服务

【概况】 2016年，县政府印发《关于加快发展信息经济的实施意见》，明确嘉善县信息经济发展定位和目标。提出打造全面接轨上海的信息经济核心区域、全省信息产业集群发展重要基地、全省信息技术应用特色高地、全省信息经济创业创新集聚之地的一区三地目标。形成以科技创业中心、中国归谷嘉善科技园、嘉善信息产业城为核心主体，上海人才产业园和国家级综合保税区为延伸两翼的产业发展布局，规划面积近6平方千米。抓好软件信息服务业企业的培育，走访重点软件企业，开展现场指导。加强政策引导，通过形式审查、实地核查、项目联审、项目公示，对2015年度县软件和信息服务业部分政策进行兑现，确认67个申请项目，批准补助226.67万元。2016年力通科技公司成功实现新三板上市。

【两化融合】 根据2016年度嘉善县两化融合工作方案，组织召开全县信息经济培训会、两化融合培训会、机器换人、两化融合座谈会，分层次分行业对全县139家行业骨干企业进行辅导，推进两化融合工作。充实完善县百家两化融合培育企业库，组织县信息化学会推广通用版企业OA智能办公系统，继续免费赠送县内工业企业。全县有4家企业列入2016年嘉兴市互联网＋工业示范企业，4家企业列入嘉兴市互联网＋工业试点企业，浙江昱辉阳光能源有限公司被评为省级两化融合示范企业。

【电子政务预审机制】 充分发挥规划引领作用，大力推进信息基础设施建设和居民信息应用能力建设，构建智慧应用体系。在规划框架内，优先实施交通信息化示范工程、人力社保一体化、卫生信息化、天地图和子网站等项目。通过电子政务项目预审机制，节省全县电子政务项目经费支出。2016年全县申报2017年度电子政务项目单位15家，涉及电子政务新建及维护项目109个，预算金额2292.[illegible]万元。通过对项目方案的优化和预算的再核，否决项目22个、暂缓项目5个、合并项目4个，削减项目预算经费1097.4万元，经费节支率47.9%。

【智能制造新模式】 12月，梦天木门集团的木门智能制造新模式应用项目，完成智能化生产线的设计、建模、设备采购、设备安装施工。智能生产CPS基本成型，ERP系统进入最后攻关阶段，完成投资额近2亿元。恩希电子年产3000万片手机SIM卡托、200万套手机壳、150万套智能穿戴设备配件项目，完成投资25500万元。公司拥有高光切割机、冲床、先进的CNC机台、阳极设备以及自动检测设备。嘉兴亚欧光电科技有限公司迁扩建项目，按计划进展顺利。 （盛玉林）

旅　游　业

综　　述

2016年，嘉善县旅游工作以“县域科学发展示范点”建设为核心，围绕打造“长三角地区重要的休闲旅游目的地”总体目标，优化旅游发展布局，加快核心产品建设，完善公共服务设施，提升旅游主题形象，实现嘉善旅游产业转型升级和提质增效。

嘉善县旅游资源丰富，形成“两核一心一带”的旅游格局，全年接待国内外游客1338.58万人次，同比增长12.01%，实现旅游总收入150.33亿元，同比增长21.89%。2016年，嘉善县被国家旅游局列入全国第二批“国家全域旅游示范区”创建名单。西塘景区通过国家旅游局AAAAA级旅游景区验收，碧云花海·十里水乡、云澜湾温泉小镇为国家AAAA级旅游景区，歌斐颂巧克力小镇通过AAAA级景区创建省级景观质量评审。嘉善国际木雕文化园为AAA级景区，吴镇纪念馆、拳王农庄、浙北桃花岛、孙道临电影艺术馆等为AA级景区。

2016年，全县有旅行社14家，其中四星级旅行社2家、三星级旅行社2家；有星级旅游饭店8家，其中五星级2家、四星级2家、三星级4家。年内，新增国内旅行社2家，新增旅行社网点5家，注销旅行社2家。

开展全县旅游行业文明创建活动。申报市级青年文明号创建，参与“全国县级文明城市”创建工作，配合制定乡村文明旅游计划，在全县各旅游窗口营造“文明餐桌”“文明旅游”宣传氛围。举行大型宣传咨询活动。组织古镇西塘“3·15”国际消费者权益保护日大型广场宣传咨询活动、“5·19”中国旅游日西塘、大云联合现场咨询活动。在第14个党风廉政宣传月期间，开展嘉善旅游形象、旅游法规及文明旅游宣传和现场旅游咨询、投诉受理活动。

加强旅游行业的管理和重视旅游活动的安全。做好节前、节中、节后和日常的安全生产和市场秩序管理，经常性开展联合执法检查，落实各项安全措施。G20杭州峰会和世界互联网大会期间，组织

第三届互联网峰会期间，开展安全专项检查。　（县旅游局 提供）

应急救护和疫病防控培训、开展专项督查，保障峰会期间旅游运输安全。全年出动安全检查人员 303 人次，检查旅游企业 80 家次，发现问题，及时整改到位。

旅游行业管理

【概况】 2016 年，嘉善旅游部门编制旅游规划，加强景区开发建设，参与嘉善旅游宣传咨询服务，创建旅游信息平台，规范日常管理，保证嘉善旅游业健康发展。全年受理旅游投诉 22 起，同比减少 26.67%，结案率 100%，未发生行政复议和赔偿诉讼。

【规划编制】 编制《嘉善县乡村旅游发展规划》，完成项目招标，开展规划编制调研工作。指导区域性旅游规划编制，大云温泉旅游度假区总体规划在调整完善中，环境影响报告书通过专家审查；陶庄镇《汾湖旅游区域规划》编制完成。

【景区创建】 开展西塘古镇创建国家 AAAAA 级旅游景区攻坚整治行动，补齐西塘古镇在旅游安全、旅游秩序、旅游交通、风貌保护、环境卫生、经营户管理等 8 个方面的短板，通过国家旅游局 AAAAA 级旅游景区验收。拓展古镇周边地区的乡村休闲度假功能，形成“大西塘”发展格局，西塘旅游休闲度假区入围省级服务业集聚示范区。大云省级温泉旅游度假区内的云澜湾温泉小镇成功创建国家 AAAA 级旅游景区，歌斐颂巧克力小镇通过 AAAA 级景区创建的省级景观质量评审。

【项目建设】 恒天西塘祥符荡文化艺术创意、高铁新城嘉善幸福风情水街项目在建；大云省级温泉旅游度假区大云规划展示馆、梦幻嘉善文化旅游（天洋梦东方）、小镇客厅、啤酒工业旅游、云庐休闲园等项目稳步推进；“嘉善汾湖水上运动特色小镇”启动基础设施建设；姚庄桃花岛“童话森林探险乐园”正式立项。

【旅游设施建设】 完成全县旅游标志、标识统一建设。与上海国际汽车城洽谈 EVCARD 电动汽车分时租赁项目合作方案，构筑主要旅游区之间的快速交通网络。启动高铁南站嘉善旅游咨询服务（集散）中心建设，配合城投集团等部门做好项目立项、方案设计、图纸设计等工作。加快旅游厕所新建、改建工作，2016 年新建、改建旅游厕所 18 座，其中竣工 14 座。

【咨询服务】 2016 年，在全县范围内设置 17 个旅游咨询服务站点，开展嘉善旅游宣传咨询服务活动。与上海旅游公共服务中心和 10 家区旅游公共服务中心建立合作关系，发放宣传资料近 2 万份。同时，向县内各旅游咨询点发放宣传资料 5000 多份。

【信息平台】 做好旅游资源及旅游企业信息整合工作，通过旅游微信公众号宣传推送嘉善旅游信息、开展嘉善旅游营销活动。改版后的嘉善旅游网与嘉善旅游微信公众号实现联通。2016 年，推送信息 30 期，设计编印嘉善旅游地图、宣传单页、折页、手册等。完成嘉善旅游一卡通初步方案设计。

【联合监管】 根据市场实际需要，与县综合行政执法局共同探索建立旅游市场联合监管工作机制。落实联席会议制度，商讨开展联合执法、建立旅游管理快速反应机制、信息资源共享、配备旅游监管设备、组织人员培训等；落实工作措施，制定旅游联合执法计划，协助县行政执法局完成添置导游 IC 卡检测设备，搭建旅游信息资源共享平台，联合开展旅游执法业务知识培训。

【日常管理】 配合 2016 年嘉善梅园大酒店和浙江世博大酒店星级饭店复评，传达工作要求，组织复评培训。定期开展旅游统计业务指导，组织旅游企业完成国家、省旅游局二级旅游统计系统月报季报年报工作，以及全国旅游行业财务信息汇编工作。结合全县旅行社业务年检，完成统计调查、财务审计等工作。开展旅行社网上信息系统备案登记和注销工作。

【安全宣传】 开展以“安全生产月”和“安全生产万里行”活动为抓手的安全系列宣传活动。举办全县旅游行业安全生产法律法规知识教育培训；组织 26 名从业人员参加全市旅游行业应急救护和瘟疫防控培训；派员参加全省旅游质监人员培训会；参加全县安全生产月宣传咨询日活动，向群众宣传旅游法和文明旅游安全出行知识；组织旅游企业观摩西塘景区消防实战演练；组织企业参加上级安监部门活动，东方大厦在县安监局举办的“安全卫士”演讲比赛中获二等奖。

【“护航 G20”】 专题部署，落实措施，配合县有关部门“护航G20”。配合市旅委组织开展的旅游景区餐饮食品安全整治“春雷”行动，动员景区餐饮单位依法经营、诚信经营，自觉接受物价、旅游部门检查；组织参加“平安护航G20和世界互联网大会”嘉兴市旅游行业应急救护和疫病防控培训班；组织开展对游乐设施、餐饮食品卫生、消防安全、旅行社用车等联合安全督查，并对应急预案落实等情况进行专项督查。规范管理，保障峰会期间旅游运输安全。

旅游资源

【概况】 嘉善县旅游业态丰富，拥有AAAA级景区3家(西塘古镇、碧云花海·十里水乡、云澜湾温泉景区)，AAA级景区1家(嘉善国际木雕文化园)，AA级景区4家(吴镇纪念馆、拳王农庄、浙北桃花岛、孙道临电影艺术馆)。

【大云温泉省级旅游度假区】 大云温泉省级旅游度假区，现有AAAA级旅游景区碧云花海·十里水乡、云澜湾温泉度假小镇、歌斐颂巧克力乐园、拳王休闲农庄等景点，以“温泉、水乡、花海、农庄、婚庆、巧克力”为特色。各景点特色鲜明又形成有机互补，是浪漫的婚庆蜜月地之一。

【西塘古镇景区】 西塘古镇位于嘉善县北部，素有“吴根越角”之称，是古代吴越文化的发祥地之一。相传春秋时期，伍子胥在此兴水利、通漕运，唐宋时期形成市镇。古镇核心保护区1.01平方千米，内有25万平方米的明清古建筑群，是目前江南地区保存最完整，面积最大的古镇。古镇保留着上千年的人文习俗，2600多户原住民依然延续着“日出而作，日落而息”的传统生活方式。西塘古镇是国家AAAA级旅游景区，2016年，通过国家旅游局AAAAA级旅游景区验收。

【碧云花海·十里水乡】 位于中国鲜切花之乡、全国环境优美乡镇——大云镇，由碧云花海与十里水乡景区组成，为国家AAAA级景区。景区主要特点是自然、原始和生态。蓉溪两岸保存良好的原始风貌，植被茂盛，自然环境优美，自然原生态河道景观。开放区段有丰钱桥、双庙桥和“蓉溪拱绿”“秋芦飞雪”“云溪迟暮”等景观。

【云澜湾温泉景区】 国家AAAA级旅游景区，以温泉度假旅游为主导，联动健康养生、运动康体、休闲购物、商务会议、生态人居等相关产业链的产业复合体，通过艺术手段把世界温泉文化与当地文化内涵和水乡特色相结合，着力打造一个集艺术温泉中心、德式温泉水疗馆、园林温泉区、动感温泉区等多形态的“四季全天候运营”的温泉艺术主题公园。

【歌斐颂巧克力小镇】 2016年，通过AAAA级景区创建的省级景观质量评审，为第三批浙江省工业旅游示范基地。是国内首家集巧克力生产、研发、展示、体验、游乐与休闲度假于一体的巧克力特色小镇，是巧克力工业旅游、巧克力文化体验相互融合的旅游景区。

【嘉善国际木雕文化园】 国家AAA级旅游景区，汇聚木雕、根雕、竹雕竹编、红木家具、古典木制雕件等国际木艺精品；集中东阳木雕、乐清黄杨木雕、福建龙眼木雕和潮州(金漆)木雕等四大木雕艺术精品，以及福建、云南、广西、四川、安徽等产地的根雕、竹编竹雕制品；汇聚历史悠久、独具代表性的“京作、苏作、广作、东作、仙作”五大古典流派的各式红木家具，是国内木制艺术品的集散中心。

AAAA级旅游景区——云澜湾温泉景区 (大云镇 提供)

【吴镇纪念馆】 国家AA级旅游景点，位于嘉善县魏塘街道，占地2987平方米，建筑面积1658平方米，是元代四大画家之一吴镇的故居和墓葬地。内有梅花房、吴镇墓、梅花亭、八竹碑、草书心经碑、梅花泉、洗砚池、仁本堂墨刻碑、古石碑、渔父图碑廊以及吴镇陈列室、吴镇塑像、彩笔轩、寒碧亭、扇亭、林泉居、滴水假山、石桥小景等主要古迹和景点。

【拳王休闲农庄】 国家AA级旅游景区，位于大云温泉生态旅游区，规划面积16.67公顷(250多亩)，水面约4公顷(60余亩)，绿化覆盖率80%以上，一期投资2000多万元。农庄以餐饮业为主，有大小包厢35个，可设宴80余桌，其中拳王大堂可设宴38桌以上。岛中央的状元阁是会议中心，有可分别容纳20～80人不等的5个会议室。休闲农庄的远景目标是建设成为集休闲度假、餐饮娱乐、农事体验、商务会所于一体的旅游度假区。

【姚庄浙北桃花岛生态旅游区】 国家AA级旅游景点，位于姚庄镇北鹤村，四面环水，自然环境独特，村中遍布桃园，仿若世外桃源，俗称“桃花岛”，是集农俗游赏、农耕文化展示、文化遗址游览于一体的特色农业生态旅游区。

【孙道临电影艺术馆】 国家AA级旅游景区，是国内第一个以影人名字命名的艺术馆。建筑面积7200平方米，馆内设孙道临生平陈列、中国电影史回顾陈列、场景式展示厅、小剧场、电影放映厅等。

旅游活动

【概况】 充分利用已有休闲观光农业、农家乐、水乡地貌和景区(景点)等资源，与媒体合作举办嘉善旅游节等各种旅游推介活动，开展平台营销，宣传推介嘉善旅游线路(景点)，树立品牌效应。

【传媒协作】 围绕旅游规划解读、迪士尼互动等，与当地媒体合作推出7个宣传版面；与浙报集团合作研究设计覆盖全县各景点的3天2晚旅游线路；与上海高铁列车电视运营中心洽谈达成嘉善县旅游宣传片在经开上海的所有599列动车上进行为期6个月的电视投放协议；在G20峰会期间，与浙江广播电台共同推出“968诗画浙江看嘉善”活动。

【平台推介】 组织重点旅游企业参与2016嘉兴南湖旅游市场全国采供会、赴四川、重庆旅游促销活动、2016中国会议与商务旅行论坛暨交易会、2016义乌国际旅游商品博览会、2016浙江(上海)旅游交易会、韩国首尔国际旅游展、“嘉迎G20 乐游嘉兴”诗画浙江旅游嘉年华活动等一系列国内外旅游平台推介活动。

【战略合作】 与上海申迪文化发展研究院签订《战略合作备忘录》，开展全方位合作。6月，嘉兴行游天下旅行社正式成为上海迪士尼青少年部合作伙伴。7月，与上海申迪研究院在上海国际旅游度假区共同举办以“快乐同行·服务游客”为主题的联合咨询服务活动，组织全县主要景区、酒店、旅行社参加，推出嘉善迪士尼旅游护照。现场接待游客咨询5000多人次，发放资料3.5万份、小礼品5000份、门票1500张，派送嘉善旅游护照(抵金券)1500份。10月，与相关部门联合举办2016嘉善服务业推介会，邀请上海申迪文化发展研究院常务副院长陈云作专题讲座。

举办嘉善县旅游行业十大民间菜品菜肴大赛　　(县旅游局 提供)

西塘古镇景区

【概况】 2016年，西塘景区围绕"321"工作部署，推进西塘古镇景区"整治提升，创建攻坚"工作。全年旅游门票收入1.58亿，同比增长7.29%；接待境内外游客778.6万人次，同比增长2.55%。

【景区建设】 升级景区智能管理水平。完成景区WIFI全覆盖，并在各重要节点安装信息发布屏，开发西塘古镇景区云平台、景区APP，游客可以通过上述渠道获得便捷的旅游信息服务。古镇景区管理技术化，景区门禁管理开启"机器管人"时代。完成新门禁系统更替，实现身份证及人脸、指纹识别；完成第一、三停车场的智能停车诱导系统安装，使停车场管理更科学合理。结合AAAAA景区创建，对景区存在的问题开展现场巡查，对排查出的问题和国家旅游局暗访反馈的问题，进行及时、全面、系统的整改。

【综合管理】 建立新的旅游综合管理机构。7月，嘉善县西塘古镇保护与旅游开放管理委员会升格为嘉善西塘旅游休闲度假区管理委员会。建立"1+3+X"管理机制。在发挥"1+3"的综合管理机制基础上，引进"X部门"，探索建立"1+3+X"的综合管理机制。全面改革网格管理机制。以市场化运作方式，通过公开招投标聘请保利物业作为网格化管理队伍入驻景区，将管理队伍人数从45人扩充至70人。新的网格管理，除原先的管理方法和管理范围外，更多的是以小区物业的管理方式，给游客与古镇居民提供服务。

【景区服务】 全域厕所提升改造。根据A级厕所标准，实施景区公厕的提升与改造，新建A级厕所3座，开放镇政府、交警中队等企事业单位厕所，使核心区与缓冲区的基础设施达到高标准统一。标识标牌扩大完善。完成西塘古镇景区3.03平方公里标识标牌的规划设计、制作、安装，制作标识标牌1043块，更替旧标识951块，新增标识92块。公交线路延伸扩展。开通嘉善高铁南站往返西塘古镇的旅游专线，方便游客出游。环境卫生整治提升。对烧香港、陈家浜等河道进行专项水环境整治，改善水质。对缓冲区、核心区商户、居民的餐厨垃圾，分别采用陆运、水运的方式，上门回收。美化景区景观。利用古建筑的门板制作游客休息座椅130个、花坛座椅200个；对300个空调外架进行墨化处理。

【治安管理】 打击扰乱旅游秩序的行为，严打"黄牛""野导"。公安、行政执法部门分别对15名"黄牛""野导"及非法经营户进行行政处罚，对9名涉嫌聚众斗殴人员予以刑事拘留处罚。集中整治非法营运车辆，查获黑车2辆、违法"三小车"31辆。开展封堵私开暗门行动。封堵景区各类暗门、暗道27处，在景区安装15个监控点，并在节假日加派人员值守。成立西塘镇人力三轮车管理协会，对镇内100辆人力三轮车进行统一着装、统一管理。

（瞿佳乐）

6月29日至7月13日，开展西塘景区民宿客栈整治活动。

（县公安局 提供）

嘉善县旅行社一览表

表 21

企业名称	星级	企业名称	星级
嘉善西塘国际旅行社有限公司	★★★★	嘉善嘉虹旅行社有限公司	—
嘉兴行游天下旅行社有限公司	★★★★	嘉善畅游旅行社有限公司	—
嘉善旅行社	★★★	嘉善悠游假期旅行社有限公司	—
嘉善金桥旅行社有限公司	★★★	嘉善远足旅行社有限公司	—
嘉善中青旅游有限公司	—	嘉善县西塘镇与我同行旅行社有限公司	—
嘉善银河旅行总社有限责任公司	—	嘉兴市寰游旅行社有限公司	—
嘉善职工旅游有限公司	—	嘉善云游旅行社有限公司	—

嘉善县星级旅游饭店一览表

表 22

企业名称	星级	企业名称	星级
嘉善县罗星阁宾馆有限公司	★★★★★	嘉善东方大厦	★★★
浙江世博大酒店有限公司	★★★★★	嘉善西塘假日酒店有限公司	★★★
嘉善宾馆	★★★★	嘉善华展大酒店	★★★
浙江嘉善梅园大酒店有限公司	★★★★	嘉善城市宾馆	★★★

嘉善县 A 级旅游景区(点)一览表

表 23

企业名称	A 级	企业名称	A 级
西塘古镇景区	AAAA	嘉善县吴镇纪念馆	AA
碧云花海・十里水乡	AAAA	浙北桃花岛	AA
云澜湾温泉景区	AAAA	嘉善拳王休闲农庄	AA
国际木雕文化园	AAA	孙道临电影艺术馆	AA

建筑和房地产业

综　　述

2016年，嘉善县建筑、房地产业运行良好。全县建筑业企业46家，其中施工总承包企业22家（一级企业1家、二级企业10家、三级企业11家）、施工专业承包24家，全年建筑业总产值36.3亿元，其中省外产值3.82亿元，实现利润0.39亿元，上缴税金1.08亿元。房地产市场运行显示良好态势，全年商品房开发投资78.3亿元，同比增长25.94%；商品房新开工面积131.97万平方米，同比增长59.70%；施工面积586.39万平方米，同比增长3.95%；竣工面积95.04万平方米，同比增长21.29%；商品房销售面积183.71万平方米，金额138.94亿元，同比分别增长67.96%和92.37%。　（胡征球　刘露旭）

建　筑　业

【概况】　2016年，嘉善县建筑行业继续推进工程质量治理行动，对工程建设违法行为进行严厉处罚。同时加强工程质量管理，全年6个建设工程项目获奖，55个建设工地被评为嘉善县安全生产文明标准化工地。绿色建筑、节能工程、创优工程的施工质量管理提高，行业人才队伍建设有新的发展。

【市场监管】　全年备案项目160个，面积236.77万平方米，造价68.52亿元。发放施工许可证174份，面积357.29万平方米，造价47.99亿元。通过召开专题会议、联合检查等方式，及时处理拖欠民工工资问题。全年接访调处46起欠薪维稳案件，涉及拖欠民工工资金额4684万元。

【质量管理】　全年对13起违反基本建设程序、对建筑施工进行违法转包、分包等行为进行处罚（其中串标违法案件3起、未组织竣工验收擅自交付使用违法案件10起），直接处罚金额637.96万元。此外，向县综合行政执法局移交违法案件2起。全年组织4次季度质量、安全大检查，出具整改通知单1276份，查出有关质量问题1万余条，其中涉及违反强制性规范条文的有780余条，占7.7%；涉及建筑原材料抽检试件不合格的133条，占12.1%。开展商品混凝土、施工现场标准养护室、预拌砂浆、钢筋、保温砖、保温层厚度、门窗7性、幕墙工程、监理工作标准等9类专项检查，检查在建工程159个，下发质量限期整改通知书117份、停工整改通知单3份，约谈6个工程18个责任主体单位项目负责人。

【绿色节能】　考察学习绿色建筑、建筑节能、创优工程、新型建筑工业产业化、人防工程质量监督等，学习外地创新施工质量管理办法，提高绿色建筑、节能工程、创优工程的施工质量管理水平。全年5次组织建设单位、设计单位、施工单位、监理单位的企业负责人及项目负责人139人次赴桐乡、嘉兴等地考察。完成民用建筑节能评审51项，面积160.1万平方米。在施工建设的357.29万平方米建筑中，工业化（钢结构厂房）建筑66.57万平方米，占18.63%；混凝土装配式建筑建设项目38.1万平方米，其中海上风华（2001-29-2 号地块）、孔雀城城外一期（2016-14-1 号地块），确定 40%的地面建筑面积实施建筑工业化；25%的单体装配约 11.1 万平方米为混凝土装配式建筑；经济开发区配套服务用房项目，标准层楼梯采用预制梯段板，实施区域建筑面积 27 万平方米。

【创优工程】 全年有 6 个建设工程项目获奖。嘉善县第二职业学校新建项目、嘉善县姚庄中心学校迁建工程和嘉善县姚庄镇第二幼儿园教学楼、综合楼工程等 3 个项目获“泗洲杯”优质工程奖，第二职业学校新建项目和姚庄中心学校迁建项目等 2 个项目获“南湖杯”优质工程奖，嘉善县实验二小东侧小区（博文府邸小区）获浙江省优秀安装质量奖。55 个建设工地被评为嘉善县安全生产文明标准化工地，其中 6 个工地被评为嘉兴市安全生产文明标准化工地。

【技术职称】 2016 年，有 7 名技术人员获高级技术职称，16 名建设工程专业技术人员获中级技术职称，126 名原来未达到规定学历的技术人员，通过学习、培训、考核获得建设工程中级技术职称。 （刘露旭）

房地产业

【概况】 完成《嘉善县城镇住房保障“十三五”规划》（2016—2020 年）编制工作，确定“十三五”时期住房保障工作的指导思想、基本原则、发展目标、主要任务和保障措施。加强房地产市场监管，维护购房人合法权益。做好住房公积金贷款发放和管理工作。危旧房改造工作取得进展。

【市场监管】 10 月，县住建局、人民银行嘉善支行、县银监会 3 个部门成立嘉善县商品房预售资金监管协调小组，加强对预售资金监管，限制有问题的开发商网签商品房买卖合同。由县住建局牵头，会同 12 个相关部门对全县房地产市场进行联合专项巡查，规范房地产开发和销售行为，切实维护购房人合法权益。12 月 21 日起全县实施住房限购政策，在主城区内（魏塘、罗星、惠民街道及大云部分）暂停向拥有 1 套及以上住房的非嘉善县户籍居民家庭出售新建商品住房。同时做好预售证发放和监督工作。

【二手房交易】 全年二手房成交 6456 件，面积 94.78 万平方米，同比分别增长 84.72%和 40.31%。6 月 6 日起，房屋权属登记职能从县房地产管理处划转至县不动产登记中心，划转工作过渡平稳。 （胡征球）

【住房保障】 9 月，出台《嘉善县经济适用住房上市交易管理办法》，全年完成 5 户经济适用房家庭上市交易手续，补缴金额 12.29 万元（不包括土地使用权出让金）。完成第一期公共租赁住房实物配租工作，受理申请家庭 64 户，12 户家庭取得公共租赁住房实物保障。首次实行一年两期公共租赁住房货币补贴，上半年受理申请公共租赁住房货币补贴保障家庭 86 户，经审核 74 户家庭符合保障条件；下半年受理申请公共租赁住房货币补贴保障家庭 69 户，经审核 47 户家庭符合保障条件；累计保障公共租赁补贴家庭 [illegible] 户，发放租赁补贴 148.35 万元；13 户家庭符合经济适用住房货币补贴资格。全年发放经适房货币补贴 149.77 万元。

【保障性住房建设】 建成晋阳西路小区保障性住房 740 套，建筑面积 5.2[illegible] 万平方米。其中，公共租赁住房 230 套，建筑面积 1.15 万平方米；经济适用住房 510 套，建筑面积 4.09 万平方米。 （吕金红）

【住房公积金】 全年新增建缴住房公积金单位 119 家，累计新增职工 14[illegible]38 人，净增职工 3135 人，扩面净增完成市下达目标任务的 13[illegible].[illegible]5%。全年归集住房公积金 5.59 亿元（其中年度结息 2017.2 万元），同比增长 15%；全年提取住房公积金 4.70 亿元，同比下降 21.13%，其中 2427 人次购建房提取 1.93 亿元；归还贷款提取 1.88 亿元，购建房还贷提取占总提取额的 81.18%。全年净增公积金 [illegible].09 亿元，公积金归集余额 15.8[illegible] 亿元。全年发放住房公积金贷款 5.15 亿元，发放户数 162[illegible] 户，贷款额同比增长 11.[illegible]%。全年回收住房公积金贷款 2.0[illegible] 亿元，公积金贷款余额 15.[illegible]6 亿元，比年初净增 3.08 亿元，公积金存贷比 97.24%。全年实现业务收入 4874.47 万元，业务支出 1920.61 万元，增值收益 2953.86 万元。 （何勤耘）

【物业管理】 2016 年，乐安里、永丰里、解放一村、解放四村、玫瑰里 [illegible] 个老旧住宅小区实施物业管理，老旧小区物业管理实行财政补贴。全县有8家专业物业公司接管18个老旧小区，管理面积6.34万平方米，获财政补贴114.13万元。全年收到物业专项维修资金缴存5686.72万元，物业保修金缴存5497.03万元，审核下拨专项维修资金254万元、保修金123万元。完成物业招投标及协议选聘项目14个，物业用房确认项目11个，竣工项目物业管理备案18个。成立业主委员会9家，累计64家。全县有物业服务企业42家，其中一级资质5家（外来备案），二家资质8家（2家本地注册，6家外来备案），三级资质22家（16家本地注册，6家外来备案），暂定三级资质7家。累计物业企业接管住宅、非住宅物业项目192个（包括在建项目），总管理面积1290万平方米。

【危旧房改造】 危旧房改造工作以直管公房维修加固和危房观测使用为主要方式全面展开，到年底累计改造完成403幢，面积22.91万平方米，完成率分别为70.70%和71.85%。做好《嘉善县城镇危旧房解危实施细则》征求意见工作，为出台细则打好基础。

【白蚁防治】 全年签订新建工程预防白蚁合同139份，面积328.10万平方米。完成当年合同50份，面积65.04万平方米；完成历年合同69份，面积205.98万平方米。全年减免白蚁防治费130.88万元。旧房灭治165户次，面积1.82万平方米。（胡征球）

计划管理

【概况】 2016年，嘉善县计划管理工作围绕“全面建设县域科学发展示范点”总目标，在落实宏观调控政策、加强预测分析、规范规划编制、推进项目建设、强化综合配套改革等方面履行参谋、调控、协调、服务职能，推动全县经济社会健康稳定发展。在年初确定的18项计划指标中，地区生产总值、一般公共预算收入、固定资产投资、社会消费品零售总额等14项指标完成年度计划目标，万元地区生产总值综合能耗下降、万元地区生产总值二氧化碳排放量下降、主要污染物排放下降3项指标和城镇居民人均可支配收入增长指标，未完成人代会确定的预期增长目标。

【年度计划编制】 起草《关于嘉善县2015年国民经济和社会发展计划执行情况、2016年国民经济和社会发展计划草案的报告》，经嘉善县第十五届人民代表大会第五次会议批准实施。起草《关于嘉善县2016年上半年国民经济和社会发展计划执行情况的报告》，通过县十五届人大常委会第40次会议审议。完成《关于对嘉善县2016年上半年国民经济和社会发展计划执行审议意见落实情况的报告》。

【“十三五”规划编制】 3月，《嘉善县第十三个经济社会发展五年规划纲要》经县十五届人大五次会议审议通过，并于4月19日由县政府正式印发。2016年启动编制的“十三五”专项规划有32项，至年底，评审（上会）20项 其中发布嘉善县制造业发展“十三五”规划、嘉善县服务业发展“十三五”规划、嘉善县水利发展“十三五”规划、嘉善县环境保护“十三五”规划等专项规划13项。

【加强规划管理】 编制下发《嘉善县2016年度规划编制计划》和《嘉善县2016年规划编制调整计划》，立项规划62项，涉及县发改局、县经信局、县农经局、县商务局、县交通局、县水利局、县卫计局、县委组织部、县教育局、县民政局、县环保局、县科技局、县住建局、县妇联、县文化局、县残联、县安监局、县气象局、县消防大队、县国土局、县旅游局、县档案局、县市场监管局、县人防办、县开发区、西塘镇26个单位。“十三五”专项规划35项，上报经费预算559万元，其中需县财政拨款的25项，编制经费542万元；其他规划27项，上报经费预算1389.3万元，其中需县财政拨款的24项，编制经费899.3万元。向省发改委争取将嘉善县列为浙江省空间性规划“多规合一”试点县。

【重点项目建设】 2016年嘉善县重点建设项目100个，年度计划投资100亿元，实际完成投资122.23亿元，完成年度投资计划的122.2%。其中，生态环保优化工程、新型城镇化推进工程、民生福祉保障工程均超额完成年度投资计划，基础设施强化工程、先进制造业提升工程、现代服务业培育工程未能完成年度计划目标。政府投资项目282个，总投资219.46亿元。年度投资计划46.32亿元，全年完成政府投资项目投资42.01亿元，完成年度投资计划的90.7%。当年度竣工项目95个。续建项目105项，计划投资 22.8 亿元，完成投资 23.12 亿元，完成年度投资计划的 101.4%。新建项目 177 项，计划投资 23.52 亿元，完成投资 18.89 亿元，完成年度投资计划的 80.3%。新建 3000 万元以上政府投资项目 21 个，总投资 51.48 亿元，年度计划投资 6.83 亿元，全年完成投资 5.86 亿元，完成年度投资计划的 85.8%。

【示范点建设】 编制完成《浙江嘉善县域科学发展示范点建设第一阶段实施情况自评报告》，形成示范点建设经验 33 条、创新案例 21 个。制订《浙江嘉善县域科学发展示范点建设第二阶段五年行动计划（2016—2020）》，确定 28 项 108 条任务，并积极推进。《关于嘉善示范点建设第三方评估专报》得到习近平等中央领导的批示肯定。在中办《工作情况交流》上刊发《浙江嘉善着力做好“三篇文章”推动县域科学发展实现新跨越》，梳理总结市级层面可复制推广嘉善县域科学发展示范点建设经验 10 条。全面启动发展改革方案编制工作，成立《浙江嘉善县域科学发展示范点发展改革方案》编制工作组，下设 8 个专题小组，做好方案编制工作。10 月 1 日，《发展改革方案》经省委全面深化改革领导小组会议和省政府常务会议审议通过，由省政府上报国家发改委。

【推进各项改革】 重点推进养老服务业综合改革、大众创业促进机制改革、县城基础设施投融资体制机制、综合行政执法改革等 4 个项目的改革；推进县域经济体制 5+1 项目综合改革、“县域善治”改革、“五水共治”体制机制创新、土地管理制度综合改革、工业用地市场化配置改革等。召开 2 次县深改组扩大会议，审议 4 项重点改革实施方案。实行重点改革县领导领衔推进机制，建立人大、政协研究审议重点改革制度。加强面上改革进展情况跟踪，制作改革专报 14 期，下发联系单 6 份。部署改革宣传工作，制作印发宣传册 10000 份，县级媒体推出改革满意度评估宣传报道 55 篇。完成第三方评估工作，形成的评估报告，提交省委深改组第 13 次会议审议通过。出台《嘉善县域科学发展综合配套改革 2016 年推进任务分解》。按照《嘉善县域科学发展综合配套改革总体方案》梳理出的 100 项具体任务，其中 9 项取得重大突破、85 项基本达到目标。（吴亦骏）

三产服务业管理

【概况】 2016 年，嘉善县服务业围绕大局，改革创新，着力培育重点企业，全面提升楼宇经济总体水平，对稳增长、调结构、促转型发挥重要的支撑作用。全年实现服务业增加值 186.68 亿元，可比增速 9.0%，占 GDP 比重 40.85%，同比提高 1.5 个百分点，对全县 GDP 贡献率 60.48%；完成服务业固定资产投资 159.37 亿元，增速 11.5%，占全社会固定资产投资 47.36%；实现服务业税收收入 22 亿元，增速 24.93%，占全部税收收入 32.31%，其中服务业地税收入 11.69 亿元，增速 11.11%，占全部地税收入 49.82%。全县金融机构本外币存款余额 747.7 亿元，同比增长 24.44%，贷款余额 549.58 亿元，同比增长 25.19%；旅游市场全年接待国内外游客 1338.58 万人次，旅游综合收入 150.33 亿元，同比分别增长 12.01% 和 21.89%；交通运输、仓储和邮政业实现增加值 25.17 亿元，可比增速 6.7%；商贸业全年实现社会消费品零售总额 184.54 亿元，同比增长 10.8%。

【规划编制】 2016 年，编制《嘉善县“十三五”服务业发展规划》，明确嘉善服务业发展目标，提出“到 2020 年服务业增加值占 GDP 比重达到 48%”“力争服务业固定资产投资达到 900 亿以上”。确立“十三五”服务业发展的六大重点产业，并详细规划思路目标、发展重点和发展路径。明确空间布局，规划构建“一心一带两片”的服务业总体框架，全力推进三大省级服务业主平台提质发展，加快布局现代物流、科技信息、现代金融等 6 个生产性服务业专业平台建设。

【项目推进】 全县 60 个重点服务业项目计划总投资 63.26 亿元，完成 72.31 亿元，完成年度计划的 114.31%。其中，续建项目 30 个，总投资 155.64 亿元，计划投资 34.35 亿元，全年完成投资 45.85 亿元；新建项目 30 个，总投资 148.18 亿元，计划投资 28.92 亿元，全年完成 26.46 亿元。

【企业培育】 开展重点企业监测及服务业引导资金申报，审核通过 82 个项目，兑付资金 2322.15 万元。开展服务业重点企业考核，评选出服务业纳税大户 1 家、杰出贡献奖家 3 家、服务业重点企业 10 家。全年新增规模以上服务业企业22家，总数158家。2016年，亏损企业43家，较上年同期减少4家，营业总收入132.2亿元，同比增长6.4%。全年营业收入超亿元服务业企业（不含房地产开发企业）30家，浙江嘉善农村商业银行股份有限公司税收超亿元。

【平台集聚】 2016年，高铁新城产业发展快速，区内项目累计完成投资31.9亿元；区内企业营业收入254674万元，同比增长15.29%；总税收35312万元，同比增长122.63%。西塘旅游休闲度假区获评省级服务业集聚区，《西塘旅游休闲度假区建设发展规划》通过评审。大云温泉省级旅游度假区成功与“梦东方·梦幻嘉善”项目签约，总投资52亿，项目集文化、科技、娱乐、休闲、旅游为一体。

【楼宇经济发展】 2016年，列入市重点的9幢楼宇，实现税收28691万元，楼宇注册率96.92%、入驻率81.09%。成功引进银泰百货、太平洋百货、星巴克等知名品牌。助推楼宇“接轨上海”，依托上海浙江商会等平台充分发挥驻点招商、以商引商等招商模式优势，开展服务业创业扶持，培育服务业创业载体。落实“楼长制”工作机制，开展重点楼宇“春季大走访”活动，全面掌握楼宇现状、楼宇内企业的基本构成及经营状况，形成“政府—楼宇—企业”三方联动机制。 （朱　彬）

能源工作

【概况】 2016年，嘉善县能源工作服务县域科学发展示范点建设，推进能源管理和新能源发展，着力在太阳能光伏发展、新能源汽车推广应用、输油气管道安全保护等方面开展工作，实现能源结构调整。

【太阳能光伏项目建设】 出台《嘉善县人民政府关于进一步促进分布式光伏发电持续发展的实施意见》，加大政策支持力度，推进居民光伏项目建设。积极协调，保障各类光伏项目顺利并网发电。2016年，累计备案企业分布式光伏发电项目41个，装机总容量53.53兆瓦；累计安装居民分布式光伏发电378户，装机总容量1.58兆瓦。探索“渔光互补”集中式光伏发电模式，姚庄镇白渔荡50兆瓦渔光互补光伏发电项目、陶庄镇夏墓荡70兆瓦渔光互补光伏发电项目、天凝镇六百亩荡20兆瓦渔光互补光伏发电项目等3个重点光伏项目相继施工建设，装机总容量140兆瓦，年底全部实现并网发电。

【新能源汽车推广应用】 推广新能源汽车应用，与国网嘉善供电公司共同计划1座充电站、90个充电桩的建设任务。全年累计建成电动汽车集中充电站1座、分散式电动汽车充电桩117个，超额完成嘉兴市下达的目标任务。

【输油气管道安全保护】 充分落实管道运营单位安全保护主体责任，开展管道安全自查、督察工作。6月25日前，全县4家管道运营单位，按照要求完成县境内72千米输油气管道的全部安全自查工作。同时，相关职能单位做好综合协调和督促检查工作，对管道保护范围内的重点难点区域和违建闸室、历史隐患点等进行重点监督巡查。强化企地配合，组织工作措施，形成督察整治工作合力。加强涉及管道的第三方施工作业情况的监管，重点审查审批安全保护预案落实情况。对杭州湾跨海大桥北接线二期工程施工范围内的油气管道交叉节点，进行重点安全评估。加强与综合行政执法部门的协作配合，强化信息沟通，做好输油气管道安全保护宣传执法工作；借助各类新闻媒体，对油气管道安全保护工作进行宣传报道。

（叶俊杰）

循环经济

【概况】 2016年，嘉善县资源利用水平进一步提高，污染物排放得到有效控制，一、二、三产融合发展。围绕省级农业“两区”统筹农业发展布局和加强配套服务设施建设，实现县域循环共荣圈。重点推进惠民街道、姚庄镇省级现代生态循环农业示范区创建和嘉善尚品农业科技有限公司等9个示范主体创建。加大主导产业生产规模，淘汰落后产能，加强新能源产业发展。全县111家企业固定资产投资项目通过节能审查，整治高污染燃料锅炉677台，回收黄标车73辆，累计备案企业分布式光伏发电项目10个，装机总容量11.71兆瓦。累计建成绿色节能建筑702万平方米。积极发展旅游业，嘉善县被国家旅游局列入全国第二批“国家全域旅游示范区”创建名单。归谷嘉善科创园成功入选市第四批集聚区。建立嘉善县循环经济发展“十三五”规划重大项目库。

【省级循环经济示范县建设】 2016年,嘉善县被列入省循环经济“991行动计划”重点项目3个,总投资1.9亿。其中,嘉善海润生物科技有限公司获资源节约循环利用重点工程中央预算内投资170万元,新城开发公司地源热泵等3个项目获省级循环经济专项资金210万元。推进园区循环化改造,争创园区循环化改造示范试点,创建项目已完成区域环评,方案实施按计划有序推进。 （马炳文）

市场监督管理

【概况】 2016年,全县新设各类市场主体8497户,比上年同期增加21.13%,其中新设内资市场主体8447户、外商投资企业50户;新增小微企业2063家,完成“个转企”184家。开展商标品牌建设,全年核准注册商标1240件,累计注册商标5450件,新增驰名商标1件、集体商标2件,申报省级著名商标4件,新增市级著名商标9件。对企业年报进行动态监管,推行被检查对象、检查人员“双随机”抽查机制,抽查情况、抽查核查结果,通过“全国企业信用信息公示系统”向社会公示,全年,公示各类市场主体信息45907条。3家农贸市场通过省级放心市场验收。维护市场经济秩序,开展“无无照街区”创建活动,严打各类违法违规行为,全年办结各类案件171起(其中大案103起),罚没款3400余万元,取缔涉传窝点96个,教育遣返涉传人员645人,刑拘20人。

【工商登记】 年内,281家新设公司制企业,工商登记实行网上全程电子化操作。实行个体工商户营业执照和税务登记证“两证整合”,核发“两证整合”营业执照692张,其中新发510张、变更换照182张。履行“先照后证”注册登记“双告知”机制,试行银行网点代办工商注册登记制,两家金融机构启动网点工商注册登记代办服务。实行企业简易注销程序,注销企业189家,简易注册个体工商户471户,变更29户,注销147户。实行同城联办工商注册登记机制、住所申报制、“五证合一、一照一码”登记制。

【服务民企】 出台助力小微企业成长十项举措,促进全县小微企业转型升级健康发展。2016年,嘉善县新增小微企业2063家,小微企业总数16843家;新增个转企184家。通过动产抵押、商标质押等方式帮助企业融资20.16亿元。全年,新设股份有限公司5家、转股公司6家,累计有登记权的股份有限公司31家。全县新组建企业集团1个,累计企业集团14个。为11564户市场主体减免注册登记费514.13万元。开展商标质押百亿融资行动,为企业融资13.98亿元。全年有两家企业入选国家级“守合同重信用”企业名单。

【商标品牌】 依托品牌指导站,落实片区品牌指导员,培育商标品牌梯队,开展重点企业“一对一保姆式”全程服务。全年核准注册商标1240件,累计注册商标5450件;新增驰名商标1件,集体商标2件,申报省级著名商标4件,新增市级著名商标9件。全县拥有集体商标10件,证明商标3件,驰名商标8件,浙江省著名商标30件,嘉兴市著名商标102件。有浙江省专业商标品牌基地2个,嘉兴市专业商标品牌基地3个。2016年,西塘镇成功创建商标战略示范乡镇,1家企业申报商标示范企业,全县9个乡镇(街道)建立品牌指导站,另有涉农品牌指导站1家、旅游品牌指导站1家。

【商品交易】 2016年,全县有商品交易市场30个(其中消费品市场28个、生产资料市场2个)、网上消费品交易市场3个、服务市场1个。消费品市场中农副产品市场24个,工业消费品市场4个。全县商品交易市场成交总额95.66亿元,其中消费品市场成交额92.99亿元,生产资料市场成交额3.29亿元,网上市场成交额4.15亿元。

【市场建设】 年内,创建放心市场3家、三星级文明规范市场1家、二星级文明规范市场1家;拥有省放心市场5家、省示范市场7家、省三星级文明规范市场5家、二星级文明规范市场12家、一星级文明规范市场6家。全县商品交易市场星级市场率76.66%,农贸市场星级市场率91.67%。城区谈公路农贸市场等6家农贸市场,开展城区农贸市场双体系建设,完成全部300余户入场销售者建档工作,快速检测2.5万余批次。

【创建工作】 开展“美丽市场、美丽商铺”创建工作,全县30家商品交易市场参与创建。制定8项创建标准，至年底，完成环境卫生、管理秩序、设施维护等突出问题的整改工作，外部形象、内部管理有效提升。联合县综合行政执法局，采取“重点路段先行试点，其他路段逐步铺开”的工作方式，在全县10条城区主干道和各镇（街道）主干道4716户经营户中，按照8个方面的建设标准，全面开展“美丽商铺”建设。发放美丽商铺创建倡议书10000份、文明公约14000张，张贴食品经营户食品安全公示牌2000张、宣传三折页20000份。通过创建活动和7次专项督查，商铺外部形象、诚信意识、经营行为规范提升。结合创建工作，开展废品收购点整治，清理废品收购站（点）606个。

【创新模式】 建立沪浙毗邻地区一体化市场监管新模式，县市场监督管理局开发区分局、姚庄分局与上海市金山区枫泾市场监管所，建立信息共享、联合执法、维权协作、互认互通、学习交流、共建共创等10项合作机制。推行“以专对专”投诉处置新模式，增强应对疑难复杂投诉处置能力，提高处置效率。制定“专业应对”工作制度，组成投诉处置专项工作小组，统一做好投诉处置工作。自4月1日启动投诉处置新模式起，处置职业投诉举报案件100余件，无行政违法案件发生。探索食品安全“互联网＋”智慧监管模式，开发嘉善县食品安全智慧监管平台及“食安嘉善”APP软件，平台整合各类食品安全相关信息50000余条，各镇（街道）使用“食安嘉善”APP软件，上报处置无证无照经营户200余户。

【药品监管】 做好GSP认证、换证验收及新开药店验收工作，全部药品零售连锁企业通过市局组织的GSP飞行检查。对以县内2家批发企业和6家零售连锁总部为重点的企业和零售连锁门店，开展日常监督检查，实行药品零售企业信息化监管；以医疗机构为重点，开展药品、器械使用监管，对辖区30余家医疗机构进行日常检查，规范用药用械。开展药（械）不良反应（不良事件）监测工作，上报药品不良反应492例、医疗器械不良事件42例。2016年，完成药品快检120批次、药品评价性抽样26批次、监督抽样161批次、医疗器械抽样7批次。开展冷链药械、中药材、中药饮片质量安全专项检查和含麻黄碱类复方制剂、美容美发等行业的专项整治，出动执法人员850余人次，检查单位350余家次，办结案件19起，其中移送公安6起，罚没款146.91万。全年，全县无药品安全事故发生。

【食品安全】 加大食品安全考核力度，将食药安全考核分值权重从不到1%增加到3%。在全市率先出台省食品安全县创建方案，创建工作稳步有序推进。全县7个镇（街道）通过规范化食安办验收考核，2个镇基本达到规范化要求。9月，全市基层食安办规范化建设工作现场会在嘉善县召开。开展“三大一严”、峰会维稳、小餐饮整治、IV级重大药品安全事故应急预案演练、中药材中药饮片整治等专项行动，排查出食品安全重点隐患300余个，取缔地下黑作坊37个，办结各类食品违法案件45件，查获涉嫌食品刑事犯罪案件2起。2016年，全县新建成“阳光厨房”30家，累计建成155家，在全市率先完成养老机构“阳光厨房”年度建设任务。全县24所新居民学校和民办幼儿园全部完成提档升质改造。全年申报建设农村家宴中心13家，建成10家，施工建设中6家。在全省率先实现四大领域食品安全责任保险全覆盖，投保食品及农产品安全责任保险225家（其中生产环节64家、流通环节13家、餐饮环节129家、其他9家、农产品种养殖环节10家）。9月30日，姚庄镇在全县率先全面启动和实施农村食品安全金融征信体系建设工作，首批试点单位姚庄镇农民专业合作社、农业龙头企业和家庭农场等174户。

（张　晞）

2016年认定的嘉善县市级以上著名商标表

表24

商标名称	类　　别	企　业　名　称	使用商品	等　级
shanghong	第20类/陈列架、贮藏架	浙江上虹货架有限公司	陈列架、贮藏架	省　级
碧云花园	第31类/自然花、葡萄	嘉兴碧云花园有限公司	自然花、葡萄	省　级

续表 24

商标名称	类　　别	企　业　名　称	使用商品	等　级
尚品源	第 31 类/芦笋	嘉善尚品农业科技有限公司	芦笋	省　级
雕王	33	浙江嘉善黄酒股份有限公司	黄酒	市　级
SE	9	斯贝克电子(嘉善)有限公司	扬声器音箱	市　级
欧丽	16	浙江欧丽数码喷绘材料有限公司	数码喷绘用纸、不干胶纸	市　级
雄宇	19	浙江雄宇混凝土构件有限公司	混凝土建筑构件	市　级
碧云花园	31	嘉兴碧云花园有限公司	自然花、葡萄	市　级
江景园	30	嘉善县长生米业有限公司	大米	市　级
张正	20	浙江张正文化产业发展有限公司	竹木工艺品、漆器工艺品	市　级
(图形)	26	嘉善县大舜奔马纽扣服饰厂	纽扣	市　级
八伴仙	29	嘉善八伴仙食品有限公司	腌制蔬菜	市　级

2016 年度嘉善县省级知名商号

云峰管业有限公司

质量技术监督管理

【概况】 2016 年，嘉善县围绕“三个年”工作主题，加快推进“三强一制造”(标准强县、质量强县、品牌强县以及浙江制造)，严守质量安全底线，推进全面从严治党，深化“法治质监”建设，全年未发生区域性质量安全事故。

【标准强县建设】 年内，全县企业新增参与国家标准立项 3 项，行业标准制(修)订 7 项、地方标准 1 项。144 项企业产品标准通过网上自我声明公开。嘉善县养老服务业标准化工作确定为国家级服务业标准化试点项目。4 月 25—27 日，全国滑动轴承标准化技术委员会自润滑轴承分技术委员会换届大会暨二届一次年会在嘉善县召开。

【质量强县建设】 完成“十二五”质量强县工作报告，印发《2016 年嘉善县质量强县工作要点》。在全市系统内率先探索建立全县宏观质量状况分析报告制度。嘉善海力达工具有限公司、浙江鑫爱达机械有限公司获评第十届县长质量奖。指导歌斐颂巧克力小镇集团有限公司成功创建省级中小学质量教育基地。

【品牌强县建设】 年内，嘉善县获批全省第二批“浙江制造”品牌认证试点县，浙江田中精机有限公司、梦天木门集团有限公司被列入“浙江制造”品牌认证培育企业。浙江田中精机有限公司的《小型电子类通用全自动绕线机》浙江制造标准发布，梦天木门集团有限公司的《实木复合木镶板门》被列入浙江制造团体标准第三批制定计划。12 个浙江名牌产品通过复评，新增嘉兴名牌产品 2 个，通过复评 8 个。

【计量监管】 完成对危化品生产企业计量器具、新闻出版电视领域法定计量单位、定量包装商品净含量、农贸市场衡器检定以及加油机、加气机和公路汽车衡器等计量专项检查。完成全县 18 家医疗卫生机构 1200 多台件计量器具、8 家加油站 37 台加油机以及 1100 只膜式燃气表强制检定。

【特种设备安全监管】 完善特种设备“433”安全监管机制，开展隐患排查治理，强化部门联合执法，圆满完成 G20 杭州峰会和第三届互联网大会安保工作，全年未发生特种设备安全事故，获评全县安全生产工作先进单位。联合县住建部门制定《嘉善县物业电梯重大

电梯安全检查　　　　　　　　　　　　（县质监局 提供）

维修及更新管理办法》，将电梯安全管理纳入物业公司年度考核，东方大厦和县城投公司被列为物业电梯财产伤害保险试点。

【产品监管】　全年完成各类监督抽查196批次，合格率100%；专项抽查128批次，合格率100%。对危险化学品、危险化学品包装物和容器等重点获证企业开展专项监督检查，对食品等相关产品开展“三大一严”专项行动，保障G20杭州峰会期间产品质量安全。

【“低散小”行业整治】　参与全县“低、散、小”行业整治，联合相关乡镇（街道），开展混凝土管桩、输水管、密封件等三大专项整治行动，引导企业自主腾退或转型提升。2016年，全县51家管桩企业拆除或关停17家，减少约33%；138家密封件企业取证30家、拆迁或关停67家；罗星街道精密机械创业园中，38家输水管企业取证15家、关停11家，剩余12家被列入2017年拆迁计划。

密封件专项整治　　　　　　　　　　　　（县质监局 提供）

【专项执法行动】　开展“蓝剑系列”专项执法行动，严厉打击各类质量违法行为，全年立案查处37家违法企业。完善“12365”举报投诉办理流程，全年受理答复各类举报投诉咨询151起，成功调解举报投诉22起，帮助消费者挽回经济损失约6万元。

【服务企业】　简政放权，实施网上办理，提高审批效率，全年办结检验检测机构资质认定等行政许可事项69项，办理特种设备作业人员证598张，复审1200张。为全县企业委托检验检测5000余批次，帮助75家企业完成物品编码审核及业务辅导，为企业制修订标准36项、复审47项，并免费提供标准查询等服务。2016年，获全省物品编码工作一等奖。

【法治质监】　在全市系统内率先发布《特种设备安全法自由裁量标准》，规范特种设备处罚案件自由裁量权，严格、规范、公正、文明执法。深化“四张清单一张网”工作，完成权力清单动态更新调整。获嘉善县法治政府考核先进部门称号，行政处罚案卷被评为全县优秀案卷，1人获省系统“六五普法”先进个人称号。

【创先争优】　印发《关于推进创先争优加强工作评价的实施意见》，营造创先争优意识。打造“直箭微课堂”学习品牌，搭建“一会一网一微”学习平台。2016

年，举办“质量圆桌会”讲座4次、讨论1次，“质监学堂”发布学习资料30余篇，“蓝箭家园”微信群发布学习资料300余篇。开展党建带群建工作，举行新春联欢会、徒步行、亲子烘焙等活动。局工会获“嘉善县模范职工之家”和“嘉善县职工书屋”两项荣誉称号，局团支部获“2016年度嘉兴市‘五四’红旗团支部”称号。

【党风廉政建设】 服务科学发展，深化“四方红色联盟”结对共建。参与困难家庭走访慰问、城乡环境整治、G20杭州峰会安全保卫等系列活动。开展“两学一做”专题学习教育，落实“三会一课”制度，开展三大专题讨论，完成先锋指数测评。党风廉政建设与业务工作“四个同步”，落实主体责任“痕迹化”管理，夯实主体责任和“一岗双责”责任，全年未发生作风效能建设和廉洁自律问题。 （任春浩）

2016年度嘉善县被认定的市级以上名牌产品名录表

表25

企业名称	产品名称	商标	辖区	名牌类别
嘉善海力达工具有限公司	汽修液压工具	Handijack MACHINERY	大云镇	浙江名牌
浙江恒丰包装有限公司	电化铝烫印箔	恒鹰	大云镇	浙江名牌
浙江西塘旅游文化发展有限公司	西塘旅游	生活着的千年古镇、西塘	西塘镇	浙江名牌
浙江嘉善黄酒股份有限公司	黄酒	汾湖（西塘）	西塘镇	浙江名牌
浙江龙森木业有限公司	实木地板		魏塘街道	浙江名牌
浙江长盛滑动轴承有限公司	滑动轴承	长盛/CSB	魏塘街道	浙江名牌
浙江宝狮电子有限公司	汽车用扬声器	SPL	大云镇	浙江名牌
嘉善县丁栅镇农技站服务部	番茄	东泉	姚庄镇	浙江名牌
嘉善县锦雪农产品实业公司	锦绣黄桃	锦雪	姚庄镇	浙江名牌
嘉善江南食品有限公司	雪菜	古镇	天凝镇	浙江名牌
浙江省嘉善县六塔鳖业有限责任公司	六塔鳖	六塔	姚庄镇	浙江名牌
嘉善龙洲绿色生态养殖有限公司	中华鳖	龙洲	惠民街道	浙江名牌
嘉善鑫海精密铸件有限公司	精密铸件	CAN PAI	陶庄镇	嘉兴名牌
浙江万正电子科技有限公司	印制电路板		干窑镇	嘉兴名牌
嘉兴万源时装有限公司	服装	法谢丽（FACILE）	姚庄镇	嘉兴名牌
浙江宝狮电子有限公司	汽车用功率放大器	SPL	大云镇	嘉兴名牌
浙江瑞欣装饰材料有限公司	高压装饰层积板	瑞欣、REXIN	姚庄镇	嘉兴名牌
嘉兴市环环通塑业有限公司	建筑用塑料管	善通	天凝镇	嘉兴名牌
浙江昱辉阳光能源有限公司	多晶硅片	Virtus Wafer	姚庄镇	嘉兴名牌
浙江昱辉阳光能源有限公司	单晶硅片	Virtus Wafer	姚庄镇	嘉兴名牌
嘉善县利丰黄桃专业合作社	黄桃	利锋	姚庄镇	嘉兴名牌
嘉善县罗星阁君澜宾馆有限公司	餐饮与住宿		罗星街道	嘉兴名牌
嘉兴市嘉诚拍卖有限公司	拍卖	诚德翰	罗星街道	嘉兴名牌

安全生产监督管理

【概况】 2016 年，嘉善县安全生产形势总体平稳。全年受理各类申请事项 358 项，完成 358 项。其中安全生产许可证 5 件、危险化学品建设项目 13 件、烟花爆竹零售经营许可证 116 件、危险化学品经营许可证 43 件、第三类非药品类易制毒化学品备案 7 件、剧毒化学品使用备案 3 件、安评报告备案 8 件。检查生产经营单位 426 家（次），发出现场检查记录 180 份，限期整改指令书 56 份，整改复查意见书 50 份，查出各类安全隐患 737 条。立案查处安全生产违法案件 27 件（其中事故类案件 19 件、一般违法类案件 8 件），实施经济处罚 283.97 万元（其中事故类案件罚款 241.47 万元、一般违法类案件罚款 42.5 万元），无行政复议和行政诉讼案件。

【安全事故】 全年累计发生各类安全生产事故（工矿商贸企业、道路运输、水上交通、渔业船舶事故，以下同）78 起，死亡 38 人，受伤 51 人。其中，工矿商贸企业安全生产事故 12 起，死亡 12 人，受伤 0 人；道路运输安全生产事故 64 起，死亡 24 人，受伤 51 人；水上运输安全生产事故 2 起，死亡 2 人，受伤 0 人。渔业船舶无事故。

【安全生产】 1 月 11 日，召开全县安全生产工作会议，各镇（街道）、县级部门和单位签订安全生产责任书。完善安全生产指标考核管理，健全考核机制，严格考核奖惩，创新考核方法，细化考核内容，强化单项工作、重点工作、阶段性工作考核力度，把安全生产考核结果与领导班子和领导干部业绩挂钩，目标考核实行“一票否决”制。重大节假日、G20 杭州峰会、世界互联网大会（乌镇峰会）期间，县四套班子领导带队对重点行业和领域进行安全生产督查，对发生较大事故和事故多发的镇（街道）、企业领导进行约谈，分析原因，研究预防措施。

【事故隐患整改】 对重大事故隐患整改进行挂牌督办。2016 年，嘉善帕娃斯特制衣有限公司、嘉善元洪木业有限公司 2 家工业企业被列入市级挂牌工商贸重大隐患整改单位；嘉善福泽木制品厂、嘉善力驰体育用品有限公司、嘉善龙辰金属表面喷塑厂、嘉善蓝欣涂料有限公司、嘉善百年胶剂厂、嘉兴赣风厨房设备有限公司、嘉善合盈家具有限公司等 7 家企业被列入县级工商贸重大隐患整改挂牌督办单位。落实措施，科学治理，源头治理，对隐患单位的整改进度进行跟踪督查。做到整改资金、整改期限、责任人员、整改内容、应急预案“五落实”。至年底，上述隐患单位均完成整改，分别由市、县安委办公布撤销。

【执法检查】 开展安全生产领域专项执法行动，取缔非法烟花爆竹经营窝点 7 处，收缴各类非法烟花爆竹 2984 箱，价值 180 余万元，对 4 人采取强制措施。开展生产经营单位主要负责人、安全管理人员履行法定职责专项执法行动，累计检查企业 110 家次、涉及 300 人次，出具现场检查记录 73 份，发放责令限期整改指令书 43 份，立案查处 7 起，结案 2 起，罚款 2.5 万元。开展印刷、印染行业安全生产与职业卫生专项执法行动，排摸印刷、印染企业 48 家。配合市局开展安全生产巡回执法检查，检查 11 家危险化学品生产企业，对存在安全隐患的企业，出具限期整改指令书，其中对 2 家存在违法行为的企业予以立案查处，罚款 9 万元。

【安全宣传】 加强安全生产信息交流，及时更新嘉善安监网，定期出刊《安全生产动态》。通过电视台专栏节目《安监在行动》和第 15 个“安全生产月”开展系列宣传活动，组织专家开展现场咨询，报道安全生产典型案例，设立咨询台 25 个，展出安全宣传教育展板 46 块。通过“嘉善安监”微信公众平台微信答题有奖竞赛、演讲比赛、图片巡展、户外电子彩屏播放公益广告、客车和出租车的彩屏滚动播放新安法宣传动漫等多种形式开展法律法规、安全知识和事故案例宣传，提高全社会安全意识。

【安全教育培训】 对企业负责人、安全管理人员、特种作业人员等进行安全教育培训，并实行安全生产培训理论无纸化机考模式。同时从单一的学校培训模式转为送培训进企业“点单式”服务。全年举办各类培训班 60 期，考核发证 1271 人。其中，组织基层执法人员《浙江省安全生产条例》专题培训班 1 期，参与人数 150 人。组织全县村（社区）安全管理员安全生产培训班 1 期；6

月，组织安全生产专题培训班，邀请省宣教中心有关专家、资深专业人员担任教员，60 人参加。

【职业安全评估】 制定下发《关于进一步做好全县用人单位职业病危害项目申报工作的通知》，做到申报工作与专项整治、与执法监察、与检测评价相结合。2016 年，全县职业病危害网上申报 211 家，其中新申报企业 102 家、变更申报 109 家。推进建设项目职业卫生“三同时”工作，至 7 月 1 日，完成“三同时”项目 6 个，其中职业危害预评价报告备案 2 起、职业病危害预评价报告审核 1 起、职业病防护设施设计审查 2 起、职业病防护设施竣工验收办理 1 起。召开专题会议，全面部署、落实职业病危害防治评估工作，落实各技术服务机构与各镇（街道）安监办对接，加强对各镇（街道）相关工作的指导。

【社会化服务】 2016 年，全县工贸企业创建标准化（规范化）达标企业 769 家（其中一级达标企业 1 家、二级达标企业 48 家、三级达标企业 720 家）。探索推进多元化、多模式的安全生产社会化服务新机制，逐步建立起“市场主导、企业自主、中介服务、政府推进、社会参与”的社会化服务体系，提升安全生产监管服务水平。发挥安全专家的检查咨询作用，全县 385 家企业通过政府购买服务模式签订合同；通过企业购买服务模式签订合同 510 家，2 家企业与保险公司签订安全生产责任险合同，其中 1 家管桩企业成为嘉兴市首家投保安全生产责任险的工贸企业。嘉善县善通公司、西塘古镇等一些企业安装 50 余套智慧式用电安全隐患监管服务系统。

【依法行政】 明确一般程序案件处罚规程及文书制作规定，完善权力制衡，正确运用行政处罚自由裁量权，提升依法行政水平。实行执法人员、执法对象“双随机”制度，保证执法公开公正。

【危化企业整治】 开展平安危化品仓库建设，召开平安仓库创建现场会，16 家危险化学品经营带储存企业参加会议。综合运用安全许可、日常监管、执法检查等措施，督促园区外化工企业及时搬迁至化工园区（集聚区），关闭一批不在化工园区内的危化品企业，关停、淘汰不符合要求的化工企业，搬迁、关闭化工园区（集聚区）内不符合规划的非化工企业。

（陈方雨）

国有资产管理

【概况】 2016 年，嘉善县国有资产管理部门根据县政府授权，依法履行国有资产出资人职责，健全国有资产监督管理制度体系，深化国资、国企管理改革，保障国有资产保值、增值。

【国企监督管理改革】 制定《嘉善县县级国有企业公款竞争性存放管理暂行办法》，首期 4 家国有企业完成招标，存放金额 1.4 亿元，存款基本利率上浮 35%。实行国有资产评估报告分级审核制度，对《嘉善县县级国有企业资产出租管理办法（试行）》等作出补充规定，下放审批权限，推动国资监管由资产管理向资本管理，由日常审批向以查促管、监管分离转变。组织对县级国有集团型企业公务支出、公款消费进行专项审计。在企业自查的基础上，县国资部门对 24 家企业开展内审抽查。经审计，2015 年四大国有集团型企业公务支出、公款消费支出 274.62 万元，同比下降 15.77%。其中公务接待费 30.81 万元，同比下降 45.64%。对 15 家国有企业资产出租管理，采用企业自查与专项检查相结合的形式，规范县级国有企业资产出租行为。对审计中发现的问题，下发整改通知书，限期整改。对国有集团型企业，启用人力资源管理软件系统，实行人力资源动态管理。调整完善国有企业经营业绩考核办法，突出经营重点考核。加强全面预算管理，做好县级国有集团公司 2016 年度预算编报工作，实行对集团公司年度预算的批复制度，完善国有资本经营预算制度。2016 年，县级国有及国有控股企业上缴县财政国有资本收益 246.5 万元。

【行政事业单位资产管理】 优化处置审批流程，强化资产处置风险防控，规范行政事业单位资产处置行为。严格执行征缴、管理和监督机制，确保国有资产有偿使用收入足额上缴。开展行政事业单位国有房产出租管理情况专项调查，规范行政事业单位国有房产出租行为。2016 年，县级行政事业单位上缴经营性收入 4330.1 万元，资产处置及有偿使用收入 4229.66 万元，其中出租收入 2012.11 万元。2016 年，完成全县 253 家行政事业单位国有资产清查工作。

【优化资产布局】 嘉善县国有资产投资有限公司下属全资或控股子公司11家，其中集团型企业4家，参股企业5家。公司资产总额215.98亿元，比上年增长1.71%；负债总额107.5亿元，比上年减少1.55%。所有者权益总额108.49亿元，比上年增长5.17%。2016年，继续盘活公司现有存量资产，提高资产流动性；探索新型融资工具和融资方式，优化债务结构，加强国有企业债务管理，做好县级国有企业融资担保统计和审批工作。（许震飞）

招投标交易管理

【概况】 2016年，嘉善县公共资源交易平台组织实施交易492场次，完成各类交易项目2033个，参与竞标单位（供应商）4270人次，交易总额142.80亿元，全年增收（节支）32.38亿元。工程建设类交易235场次，成交项目244个，成交总额61.27亿元，节资率8.26%。其中，公开招标项目209个，成交额23.04亿元，节资率12.59%；邀请招标项目（私产项目）35个，成交额38.23亿元，节资率5.44%。国有土地使用权交易39场次，成交地块107幅，其中经营性用地41幅，土地交易额68.47亿元，比起始价增值26.36万元，增幅62.60%；工业用地66幅。交易额6.31亿元。两类用地交易总额74.78亿元，比起始价增值26.36亿元，增幅54.43%。政府采购187场次，成交项目1650个，交易额1.69亿元，节支率21.19%。其中公开招标项目105个，成交额1.27亿元，节支率27.84%；定点协议采购等其他采购方式成交项目1545个，成交额0.62亿元，节支率3.13%。其他公共资源交易10场次，成交项目10个，交易额1375.91万元，节支率29.00%。要素资源交易20场次，成交项目22个，成交总额4.93亿元。其中用能权指标交易12场次，成交项目12个，成交额97.94万元；土地节余指标交易8场次，成交项目10个，交易额4.92亿元。2016年，全县9个镇（街道）招标采购平台完成各类交易项目1018个，交易总额4.79亿元，实现增收（节支）9000万元。其中，小型建设工程项目成交619个，成交额4.64亿元，节资率15.74%；政府采购项目场内成交381个，交易额1323.92万元，节支率18.53%；产权交易成交项目18个，交易额224.45万元，比评估价增收35.82万元，增幅18.99%。

【公共资源交易中心建设】 8月30日，嘉善县公共资源交易中心增挂"嘉兴市公共资源交易中心嘉善分中心"牌子，成为市公共资源交易中心的分支机构。交易平台全年提供交易492场次，为4270人次投标人（供应商、竞买人）提供交易服务，收退保证金8800余笔，涉及金额253亿元。为411个项目进行评标设置，为707个项目进行专家抽取，实现服务工作零差错、零投诉。"嘉善县公共资源交易网"及时公开平台交易活动信息和交易结果，全年发布各类交易主体的相关信息4035条。

【交易监管】 把好招标方式选择、招标文件备案审查关，对所有进场交易项目实行全程场内监管。全年为投标人提供报名审查服务2573人次，受理各类交易招标文件（招标公告）备案752份，备案纠错或提出修改建议2561条，开评标现场监督411场次，现场纠错并提出意见建议738条，出具监督报告420份。全年，召开部门联席会议3次，出台会议纪要1个，出台相关方案3个。加大招投标违法违规行为查处力度，全年查处涉及3家投标单位的疑似串标案件1件，受理各类招投标信访、投诉、案件、质疑16起，其中工程建设项目7起、政府采购质疑9起。

【扩大评标专家库】 2016年，全县建设工程项目评标专家抽取全部启用省综合评标专家库。公开征聘嘉善县建设工程项目评标专家充实评标专家库，155人报名，83人进入县评标专家库。全县各专业专家累计236人。全年，732个小型工程项目由镇（街道）、部门小型平台工作人员通过远程专家系统抽取专家评委。

【网络化管理】 4月20日，"嘉善县公共资源交易网"升级改版正式上线运行。年内，有342家单位在县公共资源交易综合业务系统完成注册，其中施工单位247家、设计单位32家、监理单位13家、招标代理机构3家。进入县公共资源交易中心实施交易的工程建设项目244个，其中通过业务系统操作的项目206个，占比84.4%。全年有212个工程建设项目和152个政府采购项目继续运用电子评标系统进行评标。全年为707个项目抽取专家2500余人次，并对工程建设项目所涉740人次评标专家进行评标情况考核。

【信用评价】 2016年，采用建设单位和检查考核相结合的评价方式，对58个政府投资项目进行标后信用评价。11月，考评组在建设单位评价的基础上，对抽查到的4个水利项目、2个交通项目和1个绿化项目进行考评，在“嘉善县公共资源交易网”上公示评价结果，并应用于2017年度县政府投资工程建设项目招投标交易中。

【招标代理机构管理】 加强对招标代理机构和招标代理专职人员动态管理，对招标代理机构的代理合同、代理项目、组成人员、代理业务进行监督，规范招标代理行为。全年，对13家在善招标代理机构的进场交易行为进行考核，6家招标代理机构被扣分，考核结果在网上公示。

【应急工程发包招标办法出台】 出台《嘉善县城乡环境整治及应急工程项目应急发包、招标办法》，规定工程建安投资500万元以下项目采用工程总造价优惠率方式招标。工程建安投资500万元以上（含）、3000万元以下项目，允许招标人除采用工程量清单方式招标外，还可以根据招标项目情况采用工程总造价优惠率方式确定中标施工单位。

【小型工程定点采购】 完成2016年度嘉善县行政事业单位小型工程定点采购项目公开招标工作。9家单位递交小型装饰装修工程标段投标文件，10家单位递交小型市政工程标段投标文件，8家单位递交小型园林绿化工程标段投标文件。每个标段各推荐6家单位入围。县公共资源交易中心与中元建设集团股份有限公司等12家施工企业签订《嘉善县2016年度行政事业单位小型工程定点采购项目政府采购协议》。

【土地竞价创新高】 9月18日，2001-29-2号地块经过16家房企47次竞买报价，最终由杭州新城创盛房地产开发公司以17710元/平方米（1180.7万元/亩）的土地单价竞得，折算楼面地价8050元/平方米，溢价率285%。该地块位于罗星街道世纪大道北、车站南路西，出让面积59583.8平方米。

【规范镇（街道）平台招标行为】 2016年，小型工程建设项目招标文件继续实行由招标人、招采办、镇（街道）行业主管部门联合会签制度，把好审核关。全年责令5家存在乱收费行为的招标代理机构退还多收的报名费、招标文件成本费等。对随意编制招标文件的2个招标文件项目，责令招标人重新招标。对镇（街道）150多名平台相关人员进行业务培训。制定出台《嘉善县镇（街道）2016年招标采购工作考核办法》，对镇（街道）平台招标采购工作进行全面考核。 （任 佶）

国有城镇企业管理

【概况】 2016年，嘉善县国有城镇企业管理办公室有在职人员23人，其中，行政编制11人，事业编制6人，在职党员19人。办公室内设综合管理科、组织人事科、财务管理科、企业管理科、离退休人员管理科。加强资产管理，抓好安全生产，各项工作重点突出，措施到位，推进有力，成效显著。

【资产管理】 按照公开拍租（卖）方式做好存量资产管理处置和盘活工作，完成原嘉善四中和魏塘街道卖鱼桥以西沿河地块政府征迁前的登记准备工作、嘉善三方玻璃钢厂破产清算工作、枫南乡均安街原县食品公司枫南站3间店面的3年拍租工作；做好对闲置在干窑镇、陶庄镇、大云镇、县开发区（惠民街道）等地的政府资产收储工作；做好公款竞争性存放工作，首期1000万元存款以公开竞投方式存入银行。

【安全生产】 调整安全生产领导小组和安全系统管理网络，与8家企业签订安全生产目标责任书。制定《全年安全生产工作要点》和《安全生产目标管理责任制考核办法》，制定印发《国企办“安全生产月”活动方案》，开展安全生产万里行活动。抓好重要时段特别是G20杭州峰会和世界互联网大会期间安全生产巡查工作，安排60余人次对所属企业进行安全检查，全年全系统无重大伤亡事故发生，达成与县政府签订的《安全生产责任书》各项指标。

【信访维稳】 按照“三到位一处理”的工作要求，做好来信来访接待，全年接待来访人员260余人次，办理上级转发信访案件7起。做好矛盾纠纷排查化解、重点人员稳控监管等工作，妥善处理历史遗留问题，成功解决浙江中成热电有限公司、浙江嘉善黄酒股份有限公司职工一次性补缴医疗保险费等问题，涉及职工360人，经费82万余元。

【离退休工作】 做好离退休干部管理服务工作，坚持每月1次的老干部学习制度，组织老干部参加纪念建党95周年系列活动、县委读书会，开展适合老年人的各项文体活动等。利用节假日走访慰问老干部。

【服务中心】 派遣专人到魏塘街道智果村、南北暑村蹲点服务，参与推进"美丽村居""城乡环境整治百日攻坚行动"和低端产业腾退整治等中心工作。组织机关干部党员100余人次，分批赴结对村开展农村环境整治系列活动。选调1名领导干部参与县重大工业投资项目推进工作，抽调1名中层干部参加全县"两学一做"学习教育督导工作和县党代会换届工作。

【"两学一做"】 以"两学一做"学习教育活动为抓手，加强干部队伍建设，成立"两学一做"学习教育协调小组，制定"两学一做"学习教育方案。全年组织专题党课辅导17次、专题讨论3次，观看警示教育片315人次。（左曙洲）

物价管理

【概况】 2016年，嘉善县推进重点领域价格改革，加强价格调控监管，完善价格形成机制，为县域科学发展示范点建设提供动力和保障。加强价格宣传教育，在国际消费者权益保护日等重点节点开展价格法律法规和政策宣传，现场受理价格咨询和投诉。

【价格调控预警】 加强日常价格信息的采集和上报工作，严格遵守采报价时间，认真选择采价点，全面及时采集、整理、上报各类监测品种价格信息。撰写价格形势分析，为政府实施宏观调控提供依据。

【价格调整】 3月1日起，嘉善县实施居民生活用天然气阶梯价格制度。第一档年用气量300立方米（含）以下部分，3.10元/立方米；第二档年用气量301～480立方米（含）的部分，3.72元/立方米；第三档年用气量480立方米以上的部分，4.65元/立方米。4月20日起，嘉善县非居民用天然气销售价格，降低调整为3.37元/立方米，所有煤改气用户天然气价格每立方米不超过2.79元。7月1日起，对绩效评价为A类和D类的企业实行差别化水价和电价政策。288家A类企业享受自来水价格下降0.1元/立方米的政策，72家D类企业实行自来水价格加价0.4元/立方米、污水处理费加价0.3元/吨、电价加价0.1元/千瓦时的差别化政策。同日起，对在供水区域内实行"一户一表"的、户籍人口为5人及以上的城乡居民家庭，每户每年增加150立方米的阶梯水量基数（或选择执行居民非"一户一表"抄表到户水价）。

【收费管理】 重新核定嘉善县殡仪馆告别厅、守灵厅收费标准，收费项目涉及惠民殡葬相关减免项目的相应免除。2016年秋季开学，嘉善县新居民子女学校学费标准为小学生1000元/人·学期，初中生1200元/人·学期，并可在20%的幅度内上下浮动，自主确定具体收费标准。核定县第一人民医院停车收费标准。根据《关于制定和调整污水处理收费标准等有关问题的通知》规定，年底前，调整县城、重点建制镇生活污水处理费，每吨不低于0.85元。

【价格检查】 全年查处案件2件，经济制裁2.92万元，其中罚款0.5万元、退款2.42万元。受理咨询57件、职业电商举报25件，行政复议2件。开展元旦、春节、五一、端午节市场巡查，维护市场价格秩序。配合县综合行政执法局、县市场监督局和西塘旅管委对西塘景区经营情况开展联合整治，规范经营秩序和市场价格行为。联合县人社局、县市场监督局，开展医保定点医疗收费检查，查处医疗收费案件1件。开展涉农涉企收费重点检查，取消、停征、减免行政事业性收费，对小微企业执行收费减免政策。对非居民天然气价格下调和煤改气用户优惠气价执行情况进行检查，政策执行基本到位。

【价格监督管理】 做好涉案涉税财物价格认证工作，客观公正提供价格认证结果，全年价格认证案件275件。推进价格认证工作专业化、规范化建设，提高价格认证工作质量和水平。召开全县农村价格监督会议，制定2016年农村价格监督工作要点。发挥农村价格监督站作用，做好商品明码标价、非居民用天然气价格调整和实行居民阶梯气价政策等宣传工作，协调处理农村价格投诉举报案件，化解农村价格矛盾。在全县各行政村和社区，重新制作、更新价格和收费公示牌。加强价格队伍能力建设，参与省局、市局组织的各项业务培训和收费单位事中事后监管培训。联合县电商协会对县协会成员宣讲电商价格政策，以提高协会成员政策水平。

（袁纯燕）

统　　计

【概述】 2016年，嘉善县围绕嘉善县域科学发展示范点建设，加快统计改革，巩固统计基层基础，提高统计数据质量，优化统计服务，推进法治统计，确保全年统计工作顺利开展。

【建立县域科学统计机制】 研究、落实《关于创新统计工作，推进县域统计科学发展示范点建设的意见》，创新统计工作，探索建立县域科学统计机制。制定实施方案。重点工作统筹安排，具体工作明确分工；建立重点项目推进机制，并建立项目推进表，对项目进度实时监测；服务示范点建设，做好与县推进办的对接工作，为示范点建设提供统计工作支持，协助开展示范点建设满意度调查。

【推进分片责任指导机制】 深入推进分片责任指导制度，常态化辅导基层统计工作，对责任片区内遇到的统计问题实行一条龙服务。县统计局各业务科室由分片组长带队，下镇（街道）、村（社区），指导统计基础工作建设和基层统计服务水平提升，保证普查和专项调查顺利开展。

【统计工作站建设】 深化西塘、罗星两个统计工作站建设。健全工作职责与工作要求，建立岗位责任制，完善工作制度，规范统计工作站运行。探索在重点行业建立统计工作站，加强对行业统计数据的监测分析。拓展统计工作站统计功能，为特色行业或特色园区内的企业提供统计保姆式服务，帮助企业排忧解难。

【打造优质服务产品】 通过创新统计服务产品，加强统计分析深度等方法，提高统计服务产品质量。加大统计分析解读能力。年内，完成分析报告18篇、统计专报6篇、快报信息35篇、工作动态492篇，其中被国家统计局录用1篇、省统计局录用66篇、市统计局录用112篇，被省两办录用2篇、市两办录用2篇、县两办录用32篇。提升预警监测效果。通过启动监测预警报告程序、提升统计服务时效性、建立数据波动预警机制等方面全面了解数据质量。优化统计服务产品。2016年，对年度统计公报、“十二五”资料本、《嘉善经济动态》等资料进行优化，同时完善统计新闻发布会平台，及时更新统计网站信息。

【建立重点企业联系制度】 全年建立重点规上企业联系制度，将68家规上调查单位列入重点联系企业名单，覆盖工业、批零住餐、房地产及其他服务业等。组织相关专业人员分组进行实地走访，摸清企业基本情况，了解企业生产经营现状。针对联系中发现的问题，对涉及的企业进行全面培训，在与企业沟通中解决问题。加强部门联动，联合县服务业发展局，开展对企业经营情况监测预判和分析，召开业务交流座谈会，不定期进行回访，以确保调查数据真实可信。

【自身建设】 完善学习交流、帮扶促进、交叉检查、谈心谈话、考核使用等6项机制，开展以提升统计中心主任履职能力和专业人员业务能力为主的统计服务“双提升”行动。以“千人培训”计划为重点，全面统筹布局统计教育培训，增强统计中心主任的履职能力，培育一批优秀的基层统计“领头雁”。

【星级统计中心建设】 规范星级统计中心的检查验收过程，进一步明确检查内容、检查流程、评分标准等，确保评价结果公平、合理。对星级统计中心进行差异化管理，完善星级统计中心评价工作，探索适应新形势的统计工作方法，提高统计服务水平。

【“一套表”改革】 以深化“一套表”改革为重点，开展“企业一套表”改革。加强对企业统计工作的管理，重点管理上报不及时的单位，对各级统计员进行责任落实。加强基层实地检查指导，及时了解企业在改革工作中所遇到的困难，通过辅导，及时解决统计人员面临的问题，做好总结、反馈工作，使新的直报系统更加科学合理，提高报表上报时效性，保证“企业一套表”改革顺利实施。

【名录库建设】 县统计局数管中心负总责，各镇（街道）统计人员参与，做好统计基本单位名录库的维护工作。组织县、镇、村三级名录工作人员开展单位核查工作和入库、变更、注销等维护工作。做好2016年调查单位月度审核确认工作，对2016年一套表调查单位提供的月度申报资料加以严格审查，做好审批范围调整。

【规范部门统计】 通过建立统计联席会议制度、规范部门统计上报要求、加强地方调查项目审批等，全面规范部门统计工作。统计联席会议制度涉及30个部门，2016年上半年，县统计局先后多次牵头召开不同规模的联席会议，统筹部门统计任务。同时，规范部门统计工作，明确工作职责，把好主要领导审核关，确保上报统计数据口径一致。

【统计工作法治化】 全年举办统计执法人员岗位技能培训班2期，通过培训提升执法人员法律素养，规范执法程序，保证行政行为合理合法。开展统计执法稽查和核查工作，制定年度统计法制工作要点和统计稽查计划，确立一套用语规范、格式统一的执法文书。全力推进统计法定权益义务告知，与60多家新增调查单位签订统计法定义务权益告知书，明确被调查单位在统计法律范围内所享有的权益及必须履行的义务，明确上报内容和上报方式。

（江　曦）

审　计

【概况】 2016年，嘉善县审计局完成审计和审计调查项目29个，出具审计报告5篇、决定书1份、移送处理书3份。查处管理不规范金额75746万元，核减工程款862.5万元，督促收缴税金837.89万元，边审边改涉及问题金额600余万元，上缴财政36.1万元。提出并被采纳审计建议50条，被录用审计信息35篇次，其中省厅8篇次、县两办8篇次，县以上主要领导批示6次。《政府投资项目变更管理的调查与思考》入选2016年省厅“三创三评”活动优秀调查报告。县审计局连续第二年被评为县委、县政府落实党风廉政建设责任制优秀单位。

【财政预算执行审计】 通过全部政府性资金审计平台和AO现场实施系统，发现3家公司未及时缴纳土地增值税453.16万元，8个部门当年未执行19个项目2018.60万元的预算安排，163家预算单位中有25家单位年均用款计划执行率低于70%，部门结余结转资金2072.72万元未清理等问题。通过对县民政局和县交通局等部门决算草案的审计，厘清部门决算编制，查实并通报相关问题。在财政预算执行审计基础上，综合其他项目审计结果，向县人大常委会作审计工作报告，提出“制定资金管理办法，提高资金使用绩效，确保资金高效、透明运行”的建议。先后出台《嘉善县县级财政专户资金竞争性存放管理暂行办法》《嘉善县县级行政事业单位公款竞争性存放管理暂行办法》和《嘉善县县级国有企业公款竞争性存放管理暂行办法》等制度，规范公款存放管理。

【政府投资项目审计】 全年完成政府投资审计项目6项，涉及投资2.37亿元。通过审计，核减工程款862.50万元，发现各类管理问题32个，提出审计建议20条，上缴财政36.10万元。在一些政府投资建设的具体项目的审计中，对发现的问题，及时通报相关单位并督促及时整改；对建设单位管理费超标，多列少列投资等问题，给予核减工程款处理。

【民生项目专项审计】 强化重点领域和关键环节审计力度。上半年，县审计局组织对平湖市保障性安居工程建设情况进行审计，发现保障分配、房源管理、虚假招标、串标围标等方面问题。审计报告出台后，引起平湖市领导重视，平湖市市长、副市长分别批示，并对相关责任人和单位进行处理。平湖市为此出台《平湖市住房保障联合审核机制》。在对嘉善县镇（街道）成校运营情况调查审计中，发现成校未独立建制、管理体制不顺等诸多问题，并撰写审计专报，引起县领导重视，并作专项批示。对审计中查实的违法、违规问题，将线索移送至县纪委，县检察院以涉嫌贪污罪立案。在学前教育专项审计调查中，发现幼儿园基础建设投入缓慢、教育资源分布不均、班额超标、活动场地不足、补助资金管理不规范等问题，并列数据，提出整改意见。在“三改一拆”政策落实专项审计调查项目中，对9个镇（街道）养殖场（户）拆补信息进行数据比对分析、延伸调查部分拆改现场，查实7个镇（街道）通过重复申报、多报面积、改变类型申报等方式，向县财政多领拆迁补助资金224.89万元的事实。组织实施“五水共治”“浙商回归”“促进对外贸易稳定增长政策措施落实情况”等专项审计调查，推动各项政策措施落实到位。在医疗废弃物处置管理专项审计调查中，发现主管部门对医疗废物管理上存在诸多问题，引起相关主管部门重视。

【领导经济责任审计】 2016年完成领导经济责任审计项目6项，查出管理不规范金额1303万元。通过审计发现补贴、奖励支付方式不规范、国资监管不全面、现金管理不规范等15个问题，提出13条审计建议。开展公务支出公款消费专项审计，“三公经费”和会议培训费决算支出与上年同期相比下降49%，其中“三公经费”下降39.33%，会议培训费下降66.43%。

【异地审计联合调查】 在市局统一安排下，组织精干审计业务人员赴平湖，对实施保障性安居工程建设情况进行审计；到南湖区，负责南湖区法院院长经济责任审计工作；抽调4名审计骨干参加省审计厅统一部署的浙商回归调查审计。成立后勤保障组，做好派驻嘉善县审计组的服务保障工作和协调联络工作。7月，与县纪委人员组成联合调查组，对干窑镇城乡环境整治项目进行专项调查。完成调查报告1份，发现8个问题，提出7点建设性意见。配合县农经局、县民政局、县财政局等开展2016年农村基层作风巡查工作；配合县纪委、县财政局开展行政事业单位公款竞争性存放检查。

【审计整改回头看】 2016年，对照审计查处问题整改率、审计移送事项成案率、审计成果运用转化率等3项标准，开展审计整改回头看活动。涉及被审计单位18个，审计项目26个，审计提出问题286个，整改到位222个，部分整改37个，整改率90.59%。其中2014年度财政预算执行和其他财政收支审计报告中指出的9大类35个具体问题，整改到位25个、部分整改8个，整改率94.29%。2名乡镇成校工作人员因涉嫌贪污被县检察院立案调查；移送县财政地税局征缴入库税费等111.39万元；责令收回多付工程款上缴财政金额80.11万元；根据其他审计意见要求整改，及时征缴和入库土地增值税、用地指标有偿调剂费，合计21073.75万元。根据审计意见建议，推动政府和部门制定完善制度23项，其中县级层面7项，被审计单位16项。

【审计队伍建设】 以制度规范保障内部管理。修订行政、人事、党务、廉政等内部管理制度，落实考核机制。按照岗位目标责任考核办法，引入以实绩论奖惩的竞争机制。抓思想作风建设，确保廉洁从审。制定《审计组廉政责任规定实施办法》，实行审计纪律公示制和回访制，明确和落实党风廉政建设党组主体责任和监督责任。局长与分管领导、科室负责人签订《党风廉政建设责任书》。建立审计干部廉政档案和党风廉政建设痕迹化管理。创新人才培养，加强队伍建设。开设“审计讲坛”，提升综合素质；组织技能培训，提升审计水平。鼓励干部职工开展学历教育、职称考试。年内，选送1名审计人员参加审计署的企业审计知识技能提高班，参与审计署上海特派办对宝钢集团领导的经济责任审计，2人通过审计师考试。（王仕超）

政治建设

中共嘉善县委

综　　述

2016年，嘉善县牢牢把握"高质量、均衡性"要求，深入贯彻落实省市重大战略部署，围绕全面建设县域科学发展示范点总目标，以"两学一做"学习教育为强大动力，一手抓环境整治，一手抓经济发展，奋勇拼搏，合力攻坚，全县经济、政治、文化、社会、生态文明和党的建设取得新业绩。

示范点建设纵深推进。顺利完成由中国行政体制改革研究会牵头的示范点建设第一阶段第三方评估，习近平总书记等中央领导先后在国家第三方评估报告上作出批示肯定，并对下一步工作提出明确要求；中办、国办、新华社联合调研组到嘉善调研总结，形成《浙江嘉善着力做好"三篇文章"推动县域发展实现新跨越》总结报告，在中办第33期《工作情况交流》上刊发。认真贯彻落实习近平总书记重要批示精神，及时谋划确定示范点建设第二阶段思路，编制完成《浙江嘉善县域科学发展示范点发展改革方案》，确定"四区一园"的核心任务。省政府批复的《县域科学发展综合配套改革总体方案》阶段性目标任务顺利完成，通过省第三方评估，县域经济体制综合改革深入推进，并在全省县域经济体制综合改革现场会上介绍推进经验，养老服务业综合改革、大众创业促进机制改革、县城基础设施投融资体制机制、综合行政执法改革等重点改革项目纵深推进。

经济质量稳步提升。产业结构持续优化，实施有效投入"三年行动计划"，实现规上工业产值1090亿元，实施"机器换人"等技改项目302个，新增小升规企业80家，先进装备制造、电子信息、品牌木业家具、高档纺织服饰、节能环保五大产业投资、产值占比分别为72.2%、76.1%，上市企业储备库增加到136家，新增"新三板"挂牌企业4家；成功列入"第二批国家全域旅游示范区"创建名单，西塘古镇通过AAAAA级景区验收，云澜湾景区获批国家AAAA景区，出台房地产限购政策；实施耕地有偿保护，建立农业产业准入负面清单，成为国家农产品质量安全县。开放合作成效显著，成功引进富准精密模具等3个世界500强项目和天洋梦东方、爱德曼氢能源等超50亿元项目，连续15年列浙江省利用外资"一强县"；嘉兴综合保税区B区升格为国家级综合保税区，浙江中荷（嘉善）产业合作园正式开园；与上海金山区共建沪浙毗邻地区一体化发展示范区，与上海第一医院实现医保卡异地刷卡结算，开通两条通沪公交线路，交通卡与上海实现互通。创新能力不断提高，归谷嘉善科技产业园成为全国首个县级欧美同学会·中国留学人员联谊会留学报国基地，建立全省首个欧美同学会海归创业学院，新增国家高新技术企业16家、省级企业研究院2家，新增"国千""省千""国万"专家3名，获批省"浙江制造"品牌认证试点县。

城乡融合不断深化。积极创建全国文明城市，"美丽嘉善"建设加速推进，以PPP模式开发的产城融合项目高铁新城进展良好，嘉善规划展示馆开馆迎客，上海人才创业园引进太库等项目91个，完成兴贤路地块等棚户区地块征收工作；姚庄镇、西塘镇省市小城市建设均连续3年考核优秀，西塘镇、天凝镇分别被列入省市小城市试点，巧克力甜蜜小镇获省考核优秀和“示范小镇”称号；大力开展“公铁”沿线农房立面改造、绿化补植，完成沪昆高速大云出口等提升改造；获评全国农村集体“三资”管理示范县，洪溪村等4个村入选省“美丽乡村”特色精品村。城乡环境整治重拳出击，组织开展城乡环境整治百日攻坚战、排名战，强势推进“三改一拆”“五水共治”“五气共治”，全面完成干窑集镇及新泾港综合整治，基本完成平黎公路嘉善段沿线环境整治，实现全县废品收购点“清零”目标，全年交接断面水质考核保持优秀，出现全市首个河道Ⅱ类水断面。城乡基础设施不断完善，深化投融资体制改革，谋划56个PPP项目，持续开展城区交通拥堵治理，体育路下穿沪昆铁路改扩建工程建成通车，“水乡明珠”环岛完成改造，公共自行车二期投入运行，丁诸线航道整治、杭州湾跨海大桥北接线二期等工程推进顺利，启动建设兴善公路（魏塘—干窑段）、丁凝公路等项目，基本完成西部水务提标改造工程，新建污水管网35千米，生态能源发电项目建成使用。

民计民生持续改善。社会保障持续加强，全力推进省级养老服务业综合改革试点，出台长期护理保险制度，实现居家养老照料中心社会化运营、流动服务车全覆盖，县社会福利中心项目推进顺利；实施支出型贫困家庭基本生活救助，加快推进残疾人全面小康进程，建立困难残疾人生活补助和重度残疾人护理补贴制度。社会事业全面推进，通过国家公共文化服务体系示范区验收，吴镇书画院投入使用，图书馆、博物馆新馆完成主体建设，成功承办亚洲赛艇锦标赛等3项高规格赛事；新建、改扩建义务教育段学校3所，启动建设幼儿园7所，启用浙师大附属嘉善实验学校、吴镇教育集团硕士小学一期，实验小学南校区基本建成；县中医院搬迁改造、县一院二期、县三院二期等工程推进顺利，开通全国首家县级健康热线“12320”，实现医疗就诊卡一卡通。老干部、人民武装、双拥、计生、科协、工青妇、关心下一代、残疾人、档案、史志、民族宗教等工作取得新进展。社会保持和谐稳定，实现省平安县创建“十一连冠”，圆满完成G20杭州峰会、世界互联网大会（乌镇峰会）等安保任务，全面推行新居民IC卡居住证，整合设立“12345”政务咨询投诉举报平台，安全生产专业化、信息化、社会化深入建设，深化食品安全基层责任网络建设，四大领域责任保险实现全覆盖。

党的建设全面加强。“两学一做”学习教育深入开展，深入学习中共十八届六中全会精神和习近平总书记系列重要讲话精神，县委书记为基层党组织书记上专题党课，组织2400多名农村党员到县委党校进行集中培训，举办“纪念建党95周年”系列活动，深入实施党员教育“十百千万”工程，开展“示范点建设当先锋”“创建美丽家园”先锋行动等主题活动。干部队伍建设持续加强，充分发挥党委（党组）领导把关作用，树立实干实绩、注重基层的用人导向，健全科学有效的选人用人机制，深入推进“三考一定”“双考双评双亮”、反向提名等工作，出台为官不为问责办法和党员干部改革创新容错免责办法，组织县级机关部门干部参与“五水共治”“三改一拆”、小城镇环境综合整治等中心工作。基层基础不断夯实，启动实施“整乡推进、整县提升”基层党建三年行动计划，完成县镇两级换届工作，落实“四方红色联盟”基层党建共建项目1200多个，连续7年被评为“全市统筹城乡基层党建工作先进单位”，作为唯一县级单位在全省农村基层党建工作会议上作典型发言，《党建要报》专题刊发嘉善县《创新“互联网＋”方式，提升农村基层党建水平》工作经验。党风廉政建设扎实有力，坚决执行中央“八项规定”等有关规定，严格落实党风廉政建设“两个责任”，用好监督执纪“四种形态”，全面推行履职痕迹化，建立健全换届风气巡回督查、外部监督等制度，确保换届纪律要求落到实处，及时整改省委巡视组反馈问题，实现派驻监督全覆盖。

重要会议

【全县三级干部大会暨示范点建设第二阶段动员大会】 2月16日召开。县委书记许晴作题为《立足新起点，再鼓新干劲，创造新业绩，为全面建成县域科学发展示范点献智献力》的重要讲话，县委副书记、代县长祁海龙作总结讲话。会议认真贯彻落实中央和省市有关会议精神，总结回顾示范点建设第一阶段工作，全面部署示范点建设第二阶段工作，动员全县上下立足新起点、再鼓新干劲、创造新业绩，为全面建成县域科学发展示范点献智献力。

【县委党的群团工作会议】 4月5日召开。县委书记许晴作重要讲话。会议深入贯彻落实中央、省委、市委党的群团工作会议精神，总结工作、交流经验、部署任务，动员全县上下努力开创党的群团工作新局面。

【县委十三届十一次全体（扩大）会议暨政府十五届十次全体（扩大）会议】 8月16日召开。县委书记许晴作题为《全面发扬示范点精神，全力以赴建设美好幸福新家园》的重要讲话，县委副书记、县长祁海龙作总结讲话。会议贯彻落实省市“两美”建设战略任务，全面总结城乡环境整治百日攻坚行动取得的成绩，表彰先进，部署下一阶段环境整治任务，动员全县上下发扬示范点精神，转变思想观念、加强科学管理，以更大的决心、更高的效率、更实的举措改善城乡环境面貌，全力以赴建设美好幸福新家园。

【县委读书会】 12月14日，召开县委读书会。县委书记许晴作重要讲话。会议深入学习贯彻中共十八届六中全会精神，紧紧围绕县委、县政府中心工作和“十三五”发展规划，分析当前形势和机遇，梳理工作思路，明确发展目标，动员全县上下进一步统一思想，振奋精神，抢抓机遇，确保2017年开好新局，为全面建成县域科学发展示范点奠定扎实基础。

【中国共产党嘉善县第十四次代表大会】 12月26—30日召开，全县各条战线的代表及部分老干部、民主党派和无党派人士、列席人员等450多人参加。会议审议通过县委书记许晴代表中共嘉善县第十三届委员会所作的《践行新理念，开创新境界，为全面建成县域科学发展示范点而努力奋斗》的工作报告和县委常委、县纪委书记许红莲代表中共嘉善县十三届纪律检查委员会所作的《坚持从严治党，忠诚履行职责，为全面建成县域科学发展示范点提供坚强政治保证》的工作报告，选举产生中共嘉善县第十四届委员会和中共嘉善县第十四届纪律检查委员会。12月29日，召开县委十四届一次全体会议，选举产生中共嘉善县第十四届委员会常委、副书记和书记，审议通过县纪委全委会选举结果。

【县委常委会】 2016年，第十三届县委常委召开常委会议24次。研究县域科学发展示范点建设、环境治理、党风廉政建设以及重大人事问题等，传达学习贯彻上级有关精神13次，审议相关政策意见、工作方案等23个。

重要决策与活动

【开展“补齐短板勇作示范”行动】 1月15日，县委办、县府办下发《关于开展查找“短板”、补齐“短板”工作的通知》，对查找“短板”工作作出部署。8月16日，县委十三届十一次全体（扩大）会议通过《关于补齐短板勇作示范的行动计划》，明确提出补齐城乡环境、低收入群体增收致富、改革落地等制约发展最关键、百姓需求最迫切、“十三五”时期亟待突破的短板。

【“平安护航峰会大会战”】 4月7日，召开全县政法工作会议暨G20杭州峰会安保维稳工作动员会议。5月3日，召开“平安护航峰会大会战”工作部署会。3月1日起，开展“护航峰会，查隐患、防风险、抓整改”专项行动。12月8日，市委、市政府在乌镇召开全市保障服务重大国际峰会总结大会，全县13个先进集体、96名先进个人获得表彰。

【编制《浙江嘉善县域科学发展示范点发展改革方案》】 为贯彻落实习近平总书记等中央领导对嘉善县域科学发展示范点建设的重要批示精神，5月，启动《浙江嘉善县域科学发展示范点发展改革方案》（简称《方案》）编制工作。6月30日，经市委、市政府同意报送省委、省政府。9月13日，《方案》经省政府第七十三次常务会议审议通过。9月23日，《方案》经省委全面深化改革领导小组第十二次会议审议通过。10月8日，《方案》由省政府报送国家发改委。2017年2月9日，《方案》经国务院审定，由国家发改委印发实施。

【开展“两学一做”学习教育活动】 5月3日，召开全县“两学一做”专题党课暨学习教育部署会，县委书记许晴作重要讲话。6月20日、9月7日、11月17日分别召开县处级党员领导干部“两学一做”学习教育专题讨论会。

【开展嘉善县域科学发展综合配套改革第三方评估】 5月31日至6月3日，省委改革办委托省发展改革研究所对嘉善县域科学发展综合配套改革进行第三方评估。《评估报告》于11月28日经省委全面深化改革领导小组第十三次会议审议通过。

【开展城乡环境综合整治】 见“全县城乡环境整治‘百日攻坚行动’”专记。

【举办纪念建党95周年系列活动】 6月16日，县委办下发《关于举办纪念建党95周年系列活动的通知》，动员全县上下弘扬“红船精神”，推进“两学一做”学习教育，开展美丽村庄(社区)建设集中攻坚、专题党课基层行、万名党员写感言、爱心一日捐等活动。

【开展县、镇(街道)换届工作】 见“县镇人民代表换届选举”专记。

【开展县委巡察工作】 11月8日，县委办印发《关于开展县委巡察工作的实施意见》。11月17日，成立县委巡察工作领导小组，设立办公室，组建县委巡察组。11月21日，召开县委巡察工作部署会，通报近年来县委巡察工作情况，部署巡察整改“十查十看”专项行动。

【学习十八届六中全会精神】 11月17日，县委办下发《关于开展党的十八届六中全会精神宣讲活动的通知》。12月7日，举办省委宣讲团党的十八届六中全会精神报告会，邀请省委宣讲团成员、省委组织部副部长邹晓东作中共十八届六中全会精神专题辅导报告。

【实施第三轮“强村计划”】 12月30日，县委、县政府下发《关于实施第三轮“强村计划”全面提升村级集体经济发展品质的工作意见》，要求通过3年努力，到2018年底实现经济薄弱村得到全面转化，村级集体经济普遍增长，村级集体品质得到全面提升等目标。

办公室工作

【概况】 2016年，县委办公室主动适应新形势、新常态，紧紧围绕县委中心工作，充分发挥办公室“参谋、协调、督查、服务”等职能，较好地完成各项任务。

【秘书信息工作】 严格按照制度规范办文流程，完成县各类大型会议的会务工作，做好中央、省、市到县视察以及兄弟县市到县考察的接待工作，处理并协调好面上的有关工作。全年，善委发文26号，善委办发文97号，善委干发文82号，善委办传发文221号，发常委会议纪要21期、书记专题会议纪要12期、县委办通报13期、中心组学习通报9期。立足服务上级、服务本级、服务基层的宗旨，突出本级信息和上报信息两条主线，通过《嘉善信息》《嘉善每日微报》《值班信息快报》等刊物刊发各类信息322期，全年上报各类信息1051条，被上级录用261条，其中1条被中央办公厅录用、2条获得中央领导批示，县域科学发展示范点建设、党建带群建工作、城乡环境整治等工作在省级推广。

【综合调研工作】 围绕“县域科学发展示范点”建设和“十三五”发展，研究确定14个县级领导重点调研课题，参与调研起草一号课题《县域治理现代化的嘉善探索》报告。深入调查研究，策划并参与县委赴杭州市余杭区，绍兴市诸暨市、上虞市、新昌县，金华市东阳市、浦江县等地学习考察。完成县委全委会、县委读书会、三干会、“两学一做”学习教育等重大会议、活动材料的起草工作，调研科起草的《破立结合探索县域经济转型升级新路径》《全面发扬示范点精神 力争上游建设新家园》等文章分别刊登于《人民日报》和《浙江日报》，调研科课题组完成的《补齐省际毗邻地区联动发展短板的补齐策略》课题报告被列为2016年嘉兴改革发展重点课题。全年撰写汇报材料、大会报告、会议讲话等各类材料200多篇，把关条线各类材料100多篇，编辑《嘉善通讯》6期。

【督考法治工作】 开展新一轮县领导下基层集中办公活动，全年累计跟踪督办基层反映问题55个。积极配合省、市委督查组到嘉善开展“三改一拆”“五水共治”专项督查，县督考办针对督查组反馈的问题进行跟踪交办，确保整改到位。围绕城乡环境百日攻坚行动，组建县委专项督查组，建立正风肃纪三级督查(察)和考核奖惩效能问责机制。开展“城乡环境整治排名战”活动，通过督查与考核相结合，全面持续营造环境整治的良好工作氛围。严格落实党内法规制度，开展法治创建，严格执行党内规范性文件报备制度，全年向市委报备文件29件，开展法治嘉善建设专项考核，开展市级法治镇(街道)创建活动，做好市级法治县(市、区)创建申报工作。

【机要保密工作】 加强新形势下机要保密工作,做好密码通信服务保障工作,完成密码通信基础设施综合改造项目工程,顺利保障党委、政府视频会议61次。在全县开展保密“两识教育”,积极开展全县保密自查自评工作,通过座谈和现场检查的方法,对全县38家单位进行保密检查,提升全县保密工作水平。

(吴天一)

纪律检查

【概况】 2016年,嘉善纪检监察机关坚持全面从严治党,落实把纪律和规矩挺在前的要求,聚焦主责主业,强化执纪问责,严纠“四风”,严惩腐败,推动落实“两个责任”,持续深化“三转”,党风政风明显改善。一年来党政纪立案77件,函询、诫勉谈话17人,党纪轻处分和组织处理41人,党纪重处分和重大职务调整44人,29人被司法机关追究刑事责任。

【保障换届风清气正】 围绕县镇(街道)换届工作,严明“九严禁”纪律要求,开展监督检查,建立联合快速核查机制,切实保障换届风清气正。严把干部选拔任用党风廉政意见回复关,2016年,县纪委对90名拟提任和转任重要岗位干部进行廉政把关,对785名市县两级“两代表一委员”人选进行资格联审。

【勤廉约谈抓早抓小】 制定出台勤廉约谈制度,明确对象范围,区别不同情形实施提醒谈话和诫勉谈话,切实加强对领导干部的教育和监督;通过领导干部腐败案件查处、党风廉政建设责任制考核排名、党风廉政建设巡察,县纪委向县委书记、分管县领导对发现在主体责任落实、相关制度执行等方面存在苗头性、倾向性问题进行书面抄告;深化履行主体责任“一年三汇报”工作,9个镇(街道)、48个部门党委(党组)负责人均向县纪委当面报告履行“第一责任人”职责和廉洁自律情况,并接受县纪委委员评议。

【强化监管严肃问责】 强化动态监管,建立勤廉约谈和廉情抄告制度,对主体责任落实、相关制度执行方面存在的苗头性、倾向性问题进行约谈提醒和书面抄告。严肃问责追究,以问责倒逼责任落实,2016年,对29个典型问题进行通报,对1名履行主体责任不力的领导干部予以纪律处分,对3家单位实行党风廉政建设责任制考核“一票否优”。

【持续深化抓作风建设】 以“作风建设永远在路上”为总要求,坚持高标准落实中央八项规定精神,紧盯重要时间节点和隐形“四风”问题,常态化开展正风肃纪,持续释放越往后执纪越严的强烈信号。2016年,全县开展正风肃纪检查1324次,发现各类问题88个,下发告知书63份,通报曝光16期。

【纪检监察信访工作】 规范办信流程,扎实做好检举控告受理工作,发挥好案源线索主渠道作用。精心做好信访举报信息反映工作,为领导决策服务。全年本委共受理群众来信来访233件,办结率达98.3%。对6名科级干部进行信访监督。坚持领导包案制度以化解信访积案。全面开展信访问题大排查,确保稳定,做好G20、互联网峰会期间的维稳工作。对换届期间的信访举报,坚持快办快结,确保换届工作顺利进行。

【强化纪律审查安全工作】 建立安全清单,认真落实上级纪律审查安全要求,及时开展自查。对审查过程中的谈话、陪护、监控、监督管理等“关键环节”,明确责任、建立清单。印制安全手册,对执纪审查安全纪律监督内容进行规范,分解成制度落实、安全办案、文明办案3大类18项具体内容,包括办案场所安全、应急照明设施、常用药物配备等,便于案管人员对“表”检查,进行全方位的监督管理。系统梳理纪律审查安全问题,编制安全手册,定期进行检查,确保纪律审查“零事故”。

【关注执纪审查工作质量】 加强问题线索集中管理,完善评估机制,分类规范处置,确保“零积压”。注重纪法衔接,对移送检察机关前未作出纪律处分、被判刑党员未受到党纪处分的案件进行排查清理。加强执纪审理工作,严格定性量纪,严把案件质量关,对2013年至2015年党政纪处分决定执行情况开展专项检查,涉及175人,发现问题13个,全部整改到位。

【开展形式多样的纪律教育】 强化以案说纪,编印廉政教育手册

《警戒线》，制作警示片《根基》，召开了全县领导干部警示教育大会。充分运用“互联网+”，策划城乡环境整治工程项目建设、私人借贷、吃请聚会、失职渎职和换届纪律等20多个教育专题，扩大教育警示范围。开展因时制宜、因人而异的针对性教育，促使纪律提醒教育入脑入心。

【做深家风家训建设】 把党员干部家风家训建设作为涵养社会风气的有效抓手，深度挖掘嘉善县历史名人袁了凡、陈龙正等优秀家风家规，从历史传统中汲取精神养料。在领导干部中开展“立家训、定家规、促党风”活动，设计三大项工作载体，以活动带动领导干部重视家风建设。传播本土好家风素材，开展“我们的好家风”分享会，并延伸推广至村社区的农家小院，推广40多场“庭院话家风”活动，在邻里乡亲中传播廉洁好家风理念，带动社风民风向上向善。

【发挥派驻机构作用】 开展查找履职短板活动，查找出业务能力不足、监督手段不精、监督制度不全等7类61个“履职短板”，形成短板清单。在此基础上，在“县纪委、驻在部门、派驻机构”等3个层面，建立分片联系、履职报告(备)、工作通报等36项履职配套机制；在县纪委层面，纪委常委对各派驻机构负责人进行约谈，对派驻机构履职，特别是对领导班子和“四重一大”事项监督情况进行了解，督促其更好履职。在派驻机构层面，建立“廉政约谈”台账制，每季度将约谈人员情况、约谈数量和约谈结果报县纪委，全年，对50人开展提醒谈话，对6人进行诫勉谈话；各派驻机构根据监督单位的不同特点，确定县级部门党风廉政建设58个年度重点检查项目。2016年，全县各派驻机构累计开展专项检查207次，发现问题286个，处置问题线索14条，给予纪律处分8人。

【自身建设】 扎实开展“两学一做”学习教育，在全系统开展查找履责“短板”专项行动。推进县镇(街道)纪委换届工作，严格选任条件，拓宽选人视野，加大交流力度，选优配强纪委领导班子。加大纪检监察干部教育培训力度。建立“清风学堂”品牌，以专题培训、挂职锻炼、实践锤炼等形式，组织360余人次参加各类业务培训。组织收看《永远在路上》《打铁还需自身硬》等专题片，增强做好党风廉政建设和反腐败工作的责任感、使命感。坚持信任不能代替监督，强化内部监管，建立健全纪检监察工作督查机制，严格执行纪检监察干部纪律要求及问责办法，严明审查、办信、保密等纪律，做到从严监督、从严管理，严防“灯下黑”。 (钟维佳)

组　　织

【概况】 2016年，全县组织工作围绕县委中心工作，认真落实各级组织工作会议精神，紧扣全面从严治党要求，扎实开展“两学一做”学习教育，聚焦聚力干部工作、基层党建工作、人才工作“三大主业”，努力开创组织工作新局面，为全面建成县域科学发展示范点提供坚强组织保障。

【领导班子和领导干部经常性考察分析研判工作】 5月中旬到6月，完成59个县级机关部门、9个镇(街道)领导班子和领导干部全覆盖考察。开展领导干部“反向提名”工作，分别对112名正职和435名副职领导干部开展反向提名推荐。完成镇(街道)条线通报工作，涉及31个县级部门34项条线工作。开展科级领导干部个人任职意愿申报工作，及时了解领导干部思想动态。综合组织考察、反向提名、条线通报、个人意愿等情况，掌握领导班子运行情况、整体结构以及班子成员思想动态、进退流转等，为换届人事方案的出台提供参考。

【完成镇(街道)党委换届工作】 指导各镇(街道)开好党代会。落实“三类人员”进乡镇领导班子要求，9名镇(街道)事业编制人员、1名“大学生村官”、1名优秀村党组织书记新进入乡镇领导班子。改进镇(街道)党委委员候选人介绍方式，采取“双承诺三公示四走进”方式，通过组织镇(街道)党委委员候选人签订《严守换届纪律承诺书》《先锋承诺书》，公示镇(街道)党委委员候选人预备人选基本情况、党委委员候选人工作实绩、党委委员候选人基本情况，组织党委委员候选人走进农村、走进社区、走进企业、走进农户，增进党代表对候选人情况的了解。

【年轻干部培养】 制定加强年轻干部、女干部、党外干部培养选拔工作意见，实施优秀年轻干部“青鹰展翼”三年行动计划，开展“85后”优秀年轻干部推荐工作，举办专题培训班，掌握一批优秀后备人才，着力推动形成好干部梯队。出台县级机关部门干部到镇（街道）挂职担任党委副书记管理办法，全年派遣82名新录用公务员到基层一线实践锻炼工作。

【干部培训和锻炼】 深入实施选派干部到沪挂职锻炼“五个一批”计划，从县级机关部门和平台中选派8名优秀干部到杨浦区区级部门和乡镇挂职锻炼，选派1名干部到上海申迪公司（上海迪士尼乐园）挂职；选派12名优秀年轻干部驻点上海开展“双招双引”工作；选派9名镇（街道）干部到上海重点产业转移镇驻点招商；选派干部赴国家部委、省级机关部门挂职，欧美同学会2人，省发改委、省国土厅、省卫计委3人。做好新一轮选派干部援疆、赴宁夏挂职工作。同时，突出服务全县中心工作，抽调360多名县级机关部门干部参与“五水共治”、“三改一拆”、城乡环境整治、重点工作督查等工作。

【常态化推进干部能下工作】 在坚持“预警调整”“双考双评双亮”“三考一定”“反向提名”等制度的基础上，针对个别干部出现“为官不为”倾向，出台党员干部为官不为问责办法，明确担当精神缺乏、能力不足等8种为官不为“负面清单”及问责认定程序，进一步健全干部能下制度体系。2016年，全县调整不适宜担任现职领导干部9人，其中降免职4人。

【党员干部改革创新容错免责制度】 出台党员干部改革创新容错免责办法，明确容错免责6个条件及认定程序，对符合容错免责条件，经确定予以免责的，可在目标责任制考核、干部考察考核等4个方面予以免责。

【严把代表委员入口关】 坚持党对代表委员的资格把关，严格实行代表委员资格联审制度，从源头上把好代表委员入口关。划出不能推荐为代表委员的负面情形，组织20个职能部门对代表委员拟任人选进行资格审核，并实行具体审核人员、部门分管领导、部门主要领导三级签字制度，对审核结果负责。组建考察组，切实做好代表委员拟任人选考察工作，重点了解拟任人选的政治素质、廉洁自律、遵纪守法等方面的表现，并落实考察材料相关责任人签字制度。

【严肃换届风气】 制定《关于加强换届风气监督确保换届风清气正的实施意见》，落实“四必看”“四必谈”“四必训”要求，全县开展专题学习教育95次2834人次，观看警示教育片91场4250人次，举办各类培训95批2834人次。全面实行换届纪律承诺制度，各单位党委（党组），所有科级领导干部，纪检、组织人事干部，换届（届末）考察组成员100%作出纪律承诺。出台《换届风气监督“四类对象”负面清单通知》，区分领导干部，“两代表一委员”，候选人、拟提拔（转任重要岗位）对象，换届工作人员等四类重点人员，分类制定执行换届工作纪律42条负面清单。强化纪律提醒，举办“换届清风”农民画展，向“两代表一委员”发放以“一函一卡一册”为主要内容的严肃换届纪律资料包，即《致党代表（人大代表、政协委员）的函》、“九严禁”提醒卡和漫画册。设立57个干部工作观察点，选聘52名干部监督员，把换届纪律落实情况作为监督重点，从外部监督换届风气。建立巡回督查制度，组建4个巡回督查组，对面上换届风气情况进行巡回督查。

【高端人才引育】 全年，新引育国家“千人计划”专家4人，省“千人计划”专家2人，国家“万人计划”专家2人。全县累计引育国家“千人计划”专家36人、省“千人计划”专家22人。新增“创新嘉兴·精英引领计划”领军人才项目11个，新增院士工作站1家。

【全球创新创业大赛】 2016年，嘉善县首次举办“梦想中国·智汇嘉善”全球创新创业大赛。大赛由嘉善县人民政府、欧美同学会海归创业学院、北京市海外高层次人才协会联合主办，欧美同学会（中国留学人员联谊会）全程指导，历时3个多月，吸引来自美国、加拿大等14个国家和地区的155个团队或个人报名参加。

【人才平台建设】 获批建立浙江省首个欧美同学会（中国留学人员联谊会）海归创业学院并承办嘉兴市创业转型CEO培训班。成立由徐冠华院士亲自题名的嘉兴遥感与全球变化研究中心。5月，浙大创新研究院嘉善产学研合作中心于正式挂牌运营。成立高铁新城上海人才创业园和提供一站式服务的嘉善县人才创业服务中心。

【双招双引】 选派年轻干部赴上海开展驻点“双招双引”工作，成功引进由海归博士领衔的科比特、格科微、爱德曼氢能源等行业龙头企业，其中1人获评嘉兴市十大科技创新人才。3个领军人才项目分别在全国创新创业大赛中获奖。

【人才队伍建设】 推进新型工业化能力建设“长风”计划。5人入选嘉兴市首批杰出人才名单。推进高技能人才培养，全年完成高技能人才培养3623人。嘉善县被农业部列为新型职业农民培育试点县。在大云缪家村培训基地开展全国农村实用人才带头人培训8期，参与培训学员731人。承办由民政部举办的全国企业社会工作专题研修班，县社会组织培育发展中心被命名为省级首批社会工作专业人才实训基地。

【人才产业基金】 6月，成立全国首个留学报国产业基金，计划募集10亿元人民币，首期2亿元，重点对落户浙江“千人计划”嘉善产业园的人才项目进行跟投。

【最优县域人才生态建设】 成立“红船服务”嘉善联盟和嘉善县领军人才俱乐部，每季度举办全县“领军人才聚智大讲堂”，便于部门宣讲政策，加强领军人才之间相互交流学习。组织全县第八批有突出贡献和优秀专业人才开展“双岗服务”活动。首次开通嘉善至上海的人才通勤班车。开展第一、第二批考核合格领军人才现房奖励活动，首次向孔兵、邹军、楚建军等3名“创新嘉兴·精英引领计划”的创业类领军人才奖励住房。

【承办嘉兴市在线服务企业暨网络党建推进会】 1月14日，嘉兴市在线服务企业暨网络党建推进会在嘉善县召开。市委常委、组织部部长连小敏就全市在线服务企业和网络党建工作作重要讲话。市委组织部和嘉善、桐乡等地分别就“红船党建云平台”“企情在线”“民情在线”等工作作系统演示和经验交流，总结、推广通过网络党建开展在线服务企业、服务群众的好经验好做法。

【承办嘉兴市基层党建重点任务推进会】 9月28日，嘉兴市基层党建重点任务推进会在嘉善县召开。市委组织部、市委两新工委领导，各县（市、区）委组织部，市委直属机关工委、市委教工委等市级相关部门党（工）委参加会议，并实地考察魏塘街道三里桥村、罗星街道南门社区的基层党建工作。

【选举产生市县镇三级党代表】 在县镇乡党代会中，严格把关选举程序、选举办法等，会同18个县级部门对党代表候选人预备人选进行任职资格联审，经民主推荐、考察公示、资格联审、确定预备人选、正式选举等程序，选出镇（街道）党代表733人、出席嘉善县第十四次党代会党代表350人、出席嘉兴市第八次党代会党代表43人。

【举办农村党员“两学一做”学习教育示范班】 3—6月，分期举办农村党员“两学一做”学习教育示范班，创新现场教学、重温入党誓词、手抄党章、听专题党课等多种形式，提升学习培训实效。整个示范班为期3个月，分18期，27个村2400多名农村党员到县委党校接受集中培训。

【推进“7＋2”基层党建重点任务】 落实中央和省市要求，抓好党员组织关系集中排查、党代会代表和党员违纪违法未给予相应处理情况排查清理、基层党组织按期换届检查、党费收缴工作专项检查、非公有制企业和社会组织“两个覆盖”、抓党建促脱贫攻坚、抓严抓实领导机关党员干部学习教育和两新组织双覆盖百日攻坚、解决部分党员干部违建违排等突出问题“7＋2”基层党建重点任务，指导10个未按期换届党组织完成换届选举，对排查出的20名失联党员作出处置，存在违建违排问题的287名农村党员全部完成整改，对存在违法违纪的13名党代表、8名人大代表、2名政协委员和130名普通党员作出处置。

【党员教育“十百千万”工程】 确定11个党员教育基地，汇集100多部党课视频，建立1000多名党课教员队伍，开展万名党员写感言活动。利用网站、微信等平台，组织手抄党章“晒”、支部全家福、“空中党校”学习、知识竞答等活动，开展“先锋言行微展示”，选树先进集体20个、优秀党员30人。举办“纪念建党95周年”系列活动，开展“党群联动、义工同行”、微视频大赛等8项主题活动。开展坚定信仰信念、严守纪律规矩、勇于担当作为等专题讨论。

【“示范点建设当先锋”行动】 在机关单位、农村（社区）等5个领域，分别开展“担当有为当先锋”“扮美家园当先锋”“爱岗敬业当先锋”“高效服务当先锋”“立德树人当先锋”等5项活动。实施“创建美丽家园”先锋行动，开展美丽村居建设7项活动。推行党员“三包五岗”制度，7203名农村党员认岗定责。全面推行党员楼道长制度，设立3781名党员楼道长，收集办理民情民事3500多件。深化党员志愿服务项目领办制度，实施项目41个。

【制定基层党建三年行动计划】 制定“66186”指标体系，“一村一策”制定基层党建村（社区）补短清单、联村干部责任清单、“四方红色联盟”帮扶清单、返乡领导干部助推清单等“四张清单”。组织镇（街道）、县级机关部门（单位）党（工）委书记领办基层党建攻坚项目21个，落实“四方红色联盟”基层党建共建项目1200多个，滚动整转6个软弱落后党组织，完善提升农村党员先锋站602个。深化“五议两公开”制度，建立村级重大事项流程化管理制度。

【“两比一争”三年行动计划】 实施嘉善县机关国有企事业单位“比担当比服务，争做五型标尖”三年行动计划，制定机关国有企事业单位基层党组织“两比一争”党建工作基本指标，明确规范基层党组织和“五型标尖”基层党组织2种建设类型，力争3年建成至少50个“五型标尖”基层党组织。

【“三强争先、百企争星”三年行动】 制定“三强六好”评创指标，扎实推进两新组织“双覆盖”工作，建立社会组织综合党委，新建嘉兴富通集团有限公司党委等两新组织党组织26个。建立特色小镇、工业园区综合党组织，完善组织建设、企情服务、人才培养、阵地共享“四位一体”推进机制，深入推进嘉善归谷智造小镇、巧克力甜蜜小镇、互联网通信小镇等园区党建工作。组织县委两新工委委员单位领办重点项目16个，深化青春班组领办助企转型攻坚项目工作，组织46个青春班组领办项目47个。

【“先锋善行”党员志愿服务】 深化基层服务型党组织建设，积极打造“善行先锋”党员志愿服务品牌。2016年，结合“两学一做”学习教育、城乡环境百日攻坚、“五水共治”等中心工作，全县开展各类党员志愿服务活动563场次，累计服务群众2.2万多人次。年底表彰优秀志愿团队12个、优秀志愿服务领办项目15个。深化机关党员干部“两地报到、双岗服务”工作，5500多名在职党员到居住地、成长地报到，认领服务岗位12000多个。

【第三轮“强村计划”】 制定《关于实施第三轮“强村计划”全面提升村级集体经济发展品质的工作意见》，力争到2018年村年经常性收入全部达到80万元以上。结合村级低散弱企业腾退整治，大力推进退散进集，统筹推进“两创中心”抱团项目建设，抓好大云镇22村、罗星街道33村抱团项目推进。实施“先锋农电商”工程，成立县电商服务联盟，探索建立“党建+产业链+农电商”工作模式。

【基层党员干部培养】 选拔优秀村党组织书记、“大学生村官”进入镇（街道）领导班子。出台村党组织书记积分管理实施办法。开展村班子回访考察、村干部“三项承诺”回头看等村级组织换届准备工作。实施村级后备干部“青蓝工程”，常态化公开招考村级后备干部，深化“3+1”导师帮带制度。选派新一批驻村“第一书记”，出台专项管理办法，建立领办承诺、疑难会商等工作机制。举办基层党组织书记培训班，承办全国农村实用人才带头人和“大学生村官”示范培训班。开展“千名代表进先锋站”活动，开展任职培训、调研视察、走访接待等活动100多场次。

【“互联网+党建”模式】 完善“民情在线系统”APP等移动互联网平台，全年办理民生事项2.6万件。完善“企情在线系统”走访服务、事项办理、督查评议、定期通报、专题分析等运行管理机制，办理涉企事项1973件。完善“红色e家园”微信平台建设，开展在线式“三会一课”，红船旁的“空中党校”栏目学习签到率周周全市第一。建立“民生E站”微信群，组织三小组长担任网格“红管家”，完善网格民情民事即时办理机制。中央党建工作领导小组秘书组《党建要报》第29期专题刊发嘉善县“创新‘互联网+’方式，提升农村基层党建水平”工作经验。 （徐华建）

宣　传

【概况】 2016年，嘉善县宣传思想战线深入贯彻中共十八大和十八届三中、四中、五中、六中全会和习近平总书记系列重要讲话精神，积极应对经济社会发展新形势，准确把握宣传思想工作新要求，有力担当文化繁荣发展新使命，为推进县域科学发展示范点建设提供思想保证、精神动力、舆论支持和文化条件。年内，嘉善县社科联被推荐为全国大中城市先进社科组织；县委书记许晴作为全国唯一县级党委负责人参加中宣部“治国理政论坛——坚持协调发展”理论研讨会并作交流发言，《人民日报》（理论版）刊登其署名文章《探索县域经济转型升级新路》；打造“善文化”升级版的经验做法受到省委宣传部常务副部长胡坚批示肯定。

【理论学习】 健全干部学习教育体系，强化县委理论学习中心组示范引领作用。制订县委中心组学习计划，全年县委中心组外请专家学者授课，开展经济、意识形态、党章党规党纪、创新思维和创意文化、“两学一做”等专题理论学习会10次；以本地干部讲学为主要形式，举办“嘉善论坛”2期和“善政学堂”21期。县委召开全县领导干部大会，学习传达党的十八届六中全会精神。编辑调研文集《学习与思考（2016）》。深化青年干部讲座中心学习，举办纪念抗日战争胜利70周年专题辅导报告会。

【理论普及】 加强“形势政策宣讲团”“百姓课堂宣讲团”“文化礼堂·百姓讲师团”三大县级宣讲团队建设，面向基层公布宣讲菜单，探索建立讲师智库系统和预约宣讲平台。以省市“十三五、话担当”微型党课大赛为契机，做好基层宣讲员选拔、培育和推荐工作，1名宣讲员参加全省基层宣讲工作交流会、1名宣讲员被列入市级微党课优秀选手名单。举办嘉善县第二届“文化礼堂·百姓讲师赛”，甄选优秀百姓讲师15人。组织开展十八大以来党中央治国理政新理念新思想新战略重大主题宣讲活动，全年组织开展专题宣讲685场次，受众10.8万人次。组建县委宣讲团，在省委党校组织开展学习宣传贯彻中共十八届六中全会精神理论骨干培训班。开展第二批县级社科普及示范基地创建工作，县历史文化档案陈列馆等8家单位列入第二批示范基地名单；市级社科普及基地古镇西塘被评为第六批省级社科普及基地。做大做强人文社科讲堂品牌“柳洲大讲堂”，全年举办专题讲座23场。发挥“嘉善县社科联”微信公众号作用，共享优秀社科文章、及时推送社科信息。

【社科理论研究】 社科理论研究成果丰硕，在全省社科工作会议上作经验交流发言。争取省级规划课题对县级重大课题研究的政策扶持，做好之江青年“浙江改革发展”专项研究课题组、省委党校县域经济调研组等有关专家的对接，借智借力推进县改革发展重大课题研究和成果转化。“嘉善接轨上海体制改革和大众创业促进机制改革试点”“嘉善县城基础设施投融资改革”“嘉善综合行政执法改革研究”等课题列入之江青年“浙江改革发展”专项研究课题；“‘四个全面’战略布局下，县域‘善治’嘉善实践”被列入省级改革发展专项课题，省级规划课题“善治：中国县域治理现代化嘉善样本”结题。推进县社科规划课题的申报立项和评奖工作，分类设置18个应用对策类课题及嘉善地方历史文化类课题和自选类课题，做好省市级社科规划课题推荐申报工作。2016年全县县级规划课题72项，入围市规划55项、结题率96%，居全市首位；入围省级规划课题1项、省社科联研究课题1项。开展纪念建党95周年理论研讨征文活动，评选出优秀文章18篇，精选部分文章在《嘉兴日报·嘉善版》集中刊发。

【主流舆论氛围营造】 突出做好城乡环境整治百日攻坚重大主题报道，以动态展示、记者蹲点、新闻特写、典型引导、舆论监督、社论评论等形式高频度推出。制作城乡环境整治工作画册，全面展示全县城乡环境整治进展、成效以及嘉善干部“精气神”，得到省委书记夏宝龙充分肯定，印发全省各县（市、区）学习。在嘉兴电视台连续推出9篇系列报道《干窑38度》，引起高度关注和强烈反响。做好“十二五”和示范点建设第一阶段建设总结、改革满意度测评，做亮“十三五”主题宣传，做足经济宣传，做强“两学一做”。统筹安排年度新闻宣传工作，下发月度提示和《2016年度经济建设宣传报道要点》《城乡环境整治百日攻坚宣传工作方案》《关于做好“美丽嘉善”建设宣传工作的通知》等，确保县委县政府中心工作天天见版面、周周有头条。推出年度对话系列访谈，邀请镇（街道）“一把手”走进演播室，全媒

1月5—18日，举办年度对话系列在线访谈活动。（县广电台 提供）

体集中展示“十二五”期间各镇（街道）经济社会发展成就以及2016年工作谋划情况。出台《嘉善县新闻单位主办网络媒体导向管理及考核奖励办法（试行）》，确保网络媒体与传统媒体一个标准、一条底线。

【热点问题引导】 建立例行新闻发布制度，网络全程直播嘉善县“十三五”规划纲要、县城区义务教育段学区划分政策解读等新闻发布会十余场。召开全县新闻记者和网民代表座谈会，邀请县领导介绍2016年全县经济社会发展工作重点，解答记者和网民共同关心的问题。抢占舆论引导制高点，“IN嘉善”手机客户端全新上线，实现传统媒体与新媒体同频共振。改进《新闻聚焦》栏目，做好建设性舆论监督，推出《一年前曝光的违建至今未拆》《公共绿地中的私家菜地》等报道，集中曝光河道污染、违章搭建、环境脏乱差等一批热点问题。做好整改反馈，将其纳入政府目标责任制考核，推动曝光问题得到有效解决。全年刊发《新闻聚焦》50余期，编辑《新闻聚焦》专报27期，县主要领导批示9期。

【对外宣传】 推动中央和省市主要媒体到嘉善采访报道，宣传嘉善经济社会发展各方面取得的成就。《人民日报》、新华社、《光明日报》、中央人民广播电台等媒体记者组成中央媒体“浙江特色小镇”采访团到嘉善县聚焦特色小镇建设；中央电视台《记住乡愁》栏目摄制组到嘉善开展以“枕河而居 至善为乐”为主题的摄制工作。县委书记许晴应邀走进嘉广集团演播室，接受市级新闻媒体“贯彻五中全会精神·开好‘十三五’新局”集中采访。2016年，被中央电视台录用7条，其中《新闻联播》3条；中央电台用稿62条；《人民日报》刊发4篇；《浙江日报》刊发50篇，其中头版6篇；浙江卫视用稿70条；《浙江之声》用稿253条；《嘉兴日报》头版刊发49篇，其中头条13篇。

【互联网宣传管理】 全力构建“1+2+3+N”信息发布平台，嘉善发布微信公众号关注人数8万余人，总阅读量132万次，单条最高阅读量3万余次，获“嘉兴市网上文化家园”称号。打造以“嘉善发布”“@嘉善微博”为龙头的覆盖全县50余家单位的微博微信矩阵，推出两微季度排名榜单。在全县重点网站论坛开展网络空间“清朗”专项行动，与“浙江在线”等开展舆情合作项目，重点关注涉善网络舆情30余起，编发

2月18日，中央媒体“浙江特色小镇”采访团到嘉善。（盛思佳 摄）

《一周舆情摘报》11期、舆情抄告单10期。针对"小新说事曝光嘉善县一男子挂盐水死亡""嘉善大地污水处理工程有限公司姚庄污水处理厂相关指数超标问题"等社会关注的敏感热点舆情,第一时间做好上报、研判和处理,疏导公众情绪,回应社会关注,删除有害信息70余条。与省网信办配合,关闭1家个人非法网站,有效挤压负面信息的传播空间。发挥千名网评员队伍力量,团结活跃在本地网站论坛和微博客的网络"意见领袖",引导他们在网上舆论热点中理性、建设性发言,发挥在重大舆论中的引导作用,全年完成省市网评引导工作任务80余次。开展两微管理员培训班,邀请省市新媒体专家进行授课辅导,提高网信队伍整体实力。

【"善文化"品牌建设】 深化"善文化"基础理论研究,与省伦理学会合著的30万字《论善》书籍由红旗出版社出版。组织承办"传承中华优秀传统文化 培育和践行社会主义核心价值观"暨了凡善学思想研讨会。通过课题规划立项倾向性扶持方式,引导各界社科力量开展"善文化"课题研究。影印出版由袁了凡主笔编撰的明万历《嘉善县志》,编写出版"嘉善善学思想丛书(一)"的《了凡及其善学思想二十六讲》,汇编《袁了凡年谱》等袁氏系列家训,出版《嘉善史志》了凡善学思想特刊。组织开展全国第五届"善文化微散文"大赛,收到作品1万余篇,扩大"善文化"在全国影响力。组织县级新闻单位办好"点赞嘉善人",大力选树、宣传、推介身边好人,全年刊发"点赞嘉善人"135篇(条)。举办2016年感动嘉善——十大善人善事暨第六届道德模范评选表彰活动,组织开展道德模范故事会、基层宣讲活动,挖掘20个道德模范故事,开展宣讲活动30多场。制度化推动道德模范走访慰问工作,走访慰问道德模范40人次。做好各级好人推选工作,全年向省市推选各类好人17例,其中1例入选"中国好人"、6例入选"浙江好人"、7例入选"嘉兴好人",举办浙江好人榜发布会暨嘉善县"美丽学校"建设启动仪式。继续开展"万张红榜送好人"活动,在全县初步形成尊崇、礼遇、关爱"好人"的社会氛围。利用文化礼堂、文化庭院等阵地,通过墙景画、书法展、故事赛、大家说等形式开展好家风好家训展示传承活动。巩固善文化主题城市文化公园建设成果,建设嘉善志愿服务总站,开展志愿服务6100多次。

9月29日,举办2016感动嘉善——十大善人善事暨嘉善县第六届道德模范颁奖典礼。 (胡凌翔 摄)

【全国县级文明城市创建】 制定下发《全国文明城市创建工作职责分解》和《全国文明城市创建动态管理措施(负面清单)》,召开创建全国县级文明城市推进会,分解落实相关职能部门材料审核、实地考察等各项工作职责。通过县领导现场办公、重点部门月度汇报会、引入第三方测评等形式,推进整改提升方案确定、重点难点问题解决等各项工作。强化资金保障,由县财政落实资金2460万元用于2016年25个创建全国县级文明城市建设项目及各镇(街道)创建工作。完善长效综合管理机制,强化工作督查,每周开展一轮工作督查、召开一次工作会议、下发一批督查通报单,全年开展督查100多次,发现问题680个,完成整改500个。同时,根据全县城乡环境整治百日攻坚行动的要求,与县督考办摸排问题1125个,完成整改962个。强化宣传报道,在县级报纸、电视、网站、微信公众号等平台全年报道相关信息350余条。

【文化设施建设】 推进县、镇(街道)、村(社区)、农户庭院四级公共文化设施网络建设,县图书馆新馆、博物馆新馆建设有序推进,吴镇书画院正式启用,指导大云镇创建省级文化强镇。深化农村文化礼堂建设,全年新建12家,累计建成59家,覆盖率50%,完成省级文化礼堂建设先进县复评。推进"五站式"农户文化庭院建设,全县累计建成文化庭院132家。建设南门社区文化家园和2家企业文化礼堂,提升公共文化设施能级。推进免费WiFi、智能影院进文化礼堂,推行"大菜单式配送",出台"一表三清单",制定《"七个一批"送文化进礼堂活动成员单位服务项目安排表》,编制《嘉善县农村文化礼堂新常态活动指导目录》。全县农村文化礼堂全年开展乡村民俗、礼堂风采、文化活动等各类活动1158场次,近10万人次参与。推广文化礼堂理事会负责制,建立"宣传文化员、善义工服务员、专家指导员、政策宣讲员、文艺辅导员"五员队伍。

【公共文化产品供给】 组织开展第九届嘉善县"红杜鹃奖"评选表彰活动和2015年度群众文艺成果奖评选活动。开展以"深入生活、扎根人民"为主题的"学、采、送、种"系列活动和纪念建党95周年系列文化活动。举办2016"美丽嘉善·我的家"春节文艺晚会、2016嘉善县舞龙展演、纪念建党95周年全县书法大赛作品展、浙江省民间故事会演讲比赛、"新中国跟踪摄影第一人"徐永辉摄影作品展等活动和第三届"善文化"微电影大赛。全县全年累计送戏下乡471场次、送电影下乡1524场、送讲座83场次、送展览106场次、文化走亲22场,县镇村三级开展文体活动1232项。加强文艺作品创作,举办越剧古装戏《绿袍情》专家研讨会、禾塘散文集《从黄金时代走来》创作座谈会和苏浙沪"农民画"交流创作活动,开设"嘉善发布"《柳洲》网络专栏,展示嘉善文艺成果。

【文化产业】 2015年全县文化产业增加值26.2亿元,占GDP比重6.2%,全市第一,占比提升0.7个点,提升幅度全市第一。浙江西塘旅游文化发展有限公司入选浙江省成长型企业名单,浙江省新闻出版广电局批复在嘉善设立省级"善文化"微电影基地。开展嘉善县文化产业发展调研,组织参加第十一届中国义乌文化产品交易博览会和嘉兴文创精品展,考察学习绍兴金德隆文化创意园建设模式。加强与上海文创组织和企业的对接,建立上海市文化创意产业资源联盟嘉善产业基地,签订嘉善县文化产业协会与上海市文创资源联盟合作协议,组织赴上海文化创意产业资源联盟、赛伯乐集团商务考察,举办上海文化产业招商活动。举办嘉善县文化产业发展专题研讨班,组织开展文化产业协会沙龙活动,提升协会凝聚力。

【意识形态领域管理】 县委制定出台《落实党委(党组)意识形态工作责任制的实施方案》,并将意识形态工作纳入对镇(街道)、部门目标责任制考核内容,统一部署,集中检查考核。建立差异化方式考核体系,对县级部门党委(党组)的考核设置意识形态工作的共性指标、个性指标、一票否决指标;对镇(街道)党委考核具化到宣传思想文化工作先进镇(街道)的考核体系中,保证意识形态工作责任制落到实处。8—10月,由县纪委牵头,会同县委宣传部、县委组织部组成联合巡查组,对县环保局、县科技局、县教育局、县水利局等单位开展巡查。11月底,县委宣传部对全县各基层党委(党组)开展全面考核评估。 (丁 莹)

统一战线

【综述】 2016年,县委统战部(县民宗局)紧紧围绕助推县域科学发展示范点建设和县"十三五"规划各项工作部署,集智聚力,开拓创新,全县统一战线工作有新进展。年内,县委统战部获2016年度嘉善县域科学发展示范点建设及综合配套改革优秀部门二等奖、落实党风廉政建设责任制优秀单位。

【加强理想信念教育】 成立以县主要领导为组长的县统一战线工作领导小组,统筹安排全县统一战线工作。通过多种形式,组织全县统一战线成员深入学习贯彻中央和省委、市委统战工作会议及全国、全省宗教工作会议精神,学习贯彻十八届六中全会精神;在省社会主义学院举办全县非公有制经济代表人士专题班;充分发挥县社会主义学校作用,先后组织开展11个班次的培训班,进一步推动党外人士学习和践行社会主义核心价值观。

【招商引资】 成立县委统战部招商专项组,加强对上联系争取,做好对接洽谈，与省委统战部经济处、上海浙江商会、嘉兴市侨联等沟通联系，就项目投资合作、交通开发、深入接轨等方面进行会商与对接。

【助推高层次产业发展】 借力省统一战线资源，推动县政府与浙江中医药大学签订战略合作协议，开展多层次合作。由民革省委会引进的北京大学创新研究院嘉善产学研合作中心揭牌，并与9个项目进行签约。积极衔接省级资源，助推歌斐颂巧克力特色小镇与浙江大学旅游学院、浙江大学城市学院商学院签订战略合作协议。助推上海师范大学与嘉善县政府合作办学，共同打造上海师范大学附属嘉善实验学校。

6月，省委常委、省委统战部部长王永康到嘉善考察中国归谷嘉善科技园。 （徐文婷 摄）

【助推医卫学科发展】 强化医卫平台作用，农工党省委会牵线省肿瘤医院持续三年助推与县第一人民医院共建的协作医院，提升县一院肿瘤中心学科建设水平。民进省委会进一步发挥县二院医卫专家工作站优势，助推糖尿病学科建设。

【持续跟踪推进重点项目】 深化沟通联络对接，持续关注富通集团全产业链项目进展，推进一里谷科技有限公司农业科技项目，携手开展海峡两岸交流。

【巩固多党合作】 做好民主党派等换届工作。指导全县5个民主党派顺利完成换届；协调做好县工商联（总商会）的换届工作；做好县无党派人士联谊会的更名及换届工作；做好县政协人事换届和党外代表人士的政治安排。推进协商民主制度化规范化建设。组织各民主党派、无党派人士联谊会负责人参与《政府工作报告》意见征求会、县“两会”有关人事安排民主协商会、县委常委会民主生活会征求意见会等。引导支持党外人士建言献策。指导各民主党派、无党派人士联谊会成立专题调研小组参与“五水共治”监督，连续3年与相应职能部门开展议政协商，向县委、县政府提出助推“五水共治”长效机制等意见建议。加强组织队伍建设。会同县委组织部加大选拔培养力度，进一步提高比例、优化结构，推动党外领导干部选配工作。指导嘉善民革、民盟、农工党党员之家阵地建设。扎实开展服务社会。打造同心品牌，进一步拓宽服务领域，指导各党派和社区开展“三下乡”为民服务、推动农业服务基地建设、奶粉爱心捐赠、社区志愿服务等活动。

【深化平安创建】 成立县民宗领域峰会维稳安保工作领导小组，全力护航G20杭州峰会和世界互联网大会（乌镇峰会）。抓好龙庄讲寺升座法会庆典等重大节点民宗领域安全工作。抓创建工作，着力规范和提升宗教场所管理水平。至12月，全县27处宗教活动场所有24处被评为市平安宗教活动场所，达标率88.9%。开展文明敬香、创建生态寺院活动，全县3处寺院申报创建市级生态示范场所。创新开展民间信仰示范场所建设，西塘护国随粮王庙、干窑龙庄讲寺民间信仰活动点作为全省民间信仰工作会议的现场参观点，得到省市领导和各市县民宗局长的肯定。稳步推进民间信仰活动场所登记编号管理工作，33处民间信仰活动场所纳入登记编号管理。年内，全县宗教界用于慈善类支出100多万元。大力推进民族工作网格化建设工作。全县9个镇（街道）151个社区（村）民族工作网格全覆盖。

【推动经济统战】 深入开展以守法诚信、坚定信心为重点的理想信念教育实践活动。推动非公经济健康发展和非公经济人士健康成长“两个健康”。积极推动非公有制经济党组织建设。推进新生代企业家培养引领工作。协助县出台《关于进一步加强我县新生代企业家培养引领工作的通知》，牵头各职能部门制订引领工作计划。领办县两新工委党建工作重点项目——实施新生代企业家培养引领工程。做好非公经济人士综合评价工作。对拟作政治安排的各批次150名非公有制经济人士进行综合评价，对61名拟任县工商联常委以上人员进行考察，保证人选质量。

【港澳和海外统战】 加强与海外乡亲、港澳同胞的联络联谊，组织赴香港开展联谊工作2次，牵线开展经济、文化等交流活动，加强与香港嘉善同乡会的沟通交流。做好港澳同胞和留学人员的联络和回乡接待工作，积极开展走访联谊活动。

【自身建设】 以省委、市委关于贯彻落实中央和省委统一战线系列重大决策部署专项督查的迎检工作为契机，对照各项督查内容进行任务分解，逐条查摆问题，及时补齐工作中的短板。认真落实党风廉政建设主体责任，推进党风廉政建设痕迹化管理，深化党员干部廉政教育，完善岗位廉政风险防控机制，建立健全各项内部管理机制，为加快作风转变、强化“防腐”意识树立“高压线”。推进“两学一做”学习教育，切实发挥党员先锋模范作用。 （徐文婷）

老干部工作

【概况】 2016年，嘉善县委老干部局始终坚持“让县委放心、让老干部满意”的工作目标，充分发挥老干部活动中心和老年大学两个阵地作用，认真开展十八届五中、六中全会和“两学一做”学习教育活动，积极引导老干部为党和人民的事业增添正能量，助推“县域科学发展示范点”建设，推进老干部工作转型发展，取得较好的成效。被县委授予“县级先进基层党组织”称号。至年底，全县有离休干部96人，享受县(处)级待遇52人，其中享受科(局)级待遇44人，赴外地安置11人，省市属单位及各地到嘉善安置代管2人。

【新春团拜会】 1月13日，召开嘉善县老干部迎春团拜会与迎春茶话会。县四套班子领导许晴、祁海龙、郑明、何全根、朱学军、吴建平等出席会议，县委书记许晴代表县委、县人大、县政府、县政协向与会的老干部和工作在老干部工作岗位上的同志表示感谢，并向老干部们通报2015年全县经济社会发展基本情况及2016年工作重点。全县离休干部、在副科级以上领导岗位上退休的干部和部分曾经担任过科(局)级领导的退休干部参加。

【领导征求老干部意见】 12月16日，嘉善县委组织召开座谈会，征求老领导、老干部对嘉善县第十四次党代会报告(征求意见稿)的意见建议。县委书记许晴主持座谈会。县领导徐鸣阳、陈天荣、朱学军、沈伟强等参加会议。全县实职县处级离退休干部代表20余人参加座谈。

【纪念建党95周年活动】 6月22日，举办纪念建党95周年暨“两学一做”知识竞赛，进一步促使广大离退休干部切实增强党性意识，加深对党的理想信念的认识和理解，并深入推进“两学一做”学习教育。6月24日，举办由嘉善县委老干部局主办、嘉善县吴镇纪念馆承办的“嘉善老年书画研究会作品展”。6月29日下午，县委老干部局举行纪念建党95周年暨红军长征胜利80周年文艺会演。

【参观调研】 开展“走基层、看变化、促发展”主题实践活动。4月14日，嘉善县委老干部局组织70多位离休干部到姚庄镇河滨绿道和体育馆进行参观考察；9月26日，组织全县实职县处级离退休干部调研视察魏塘街道三里桥村和干窑镇新泾港村“美丽河道”建设；10月12日，组织40多位离休干部到魏塘街道三里桥村参观。

【文体活动】 将老干部运动会和艺术节进行改革创新，将集中性大型活动分散到12个月，保证天天有活动、月月有比赛。上半年，举办老干部系列作品系列展，采用每月一展的方式循环展出集邮、书画、摄影和征文等四大类老干部优秀的艺术作品。重阳节前夕，举办第十三届老干部游园会。

【改革老年大学办学体制】 为破解嘉善县老年教育发展瓶颈，积极做好县委县政府决策参谋，提出城区将逐步形成县(老干部)老年大学学员以老干部为主，嘉善电大学院老年大学和县民政局老年广播电视大学学员以社会老人为主的老年教育格局，嘉善县委办、县政府办出台《关于进一步推进嘉善县老年教育工作的实施意见》，切实解决老年大学"一座难求"的突出问题。

【老干部读书会】 11月10—12日，县委举办全县老干部读书会。县委书记许晴出席读书会并作首场专题报告，县委常委、组织部长朱学军主持读书会。全县离休干部（包括军队干休所、代管和到嘉善安置的离休干部）、在副科级以上领导岗位上退休的干部、部分曾担任过科局级领导的退休干部近400人参加。许晴通报全县经济社会发展情况，并向与会老干部介绍县域科学发展示范点建设情况以及全县环境整治所取得的显著成效。读书会邀请县委党校副书记高福弟作《认真学习和领会党的十八届六中全会精神》的专题辅导，并安排由上海交通大学医学院教授作的健康保健专题讲座和分组学习讨论、参观考察等内容。

【离退休干部党支部书记培训班】 11月17—18日，举办嘉善县离退休干部党支部书记培训班。县委组织部副部长、老干部局局长陆木兴主持开班仪式，县委组织部副部长、县委两新工委书记黄斌作培训动员讲话，并赴省老干部局和杭州市拱墅区进行现场教学。 （杨玉红）

县直机关党建

【概况】 2016年，县直机关党工委围绕机关党建"服务中心、建设队伍"两大任务，不断加强县直机关党的建设，较好地完成各项任务，为县域科学发展示范点建设做出积极贡献。全年发展新党员36人、预备党员转正26人、转接党员组织关系307人。至年底，县直机关下辖党委6个、党总支12个、直属支部32个，党员2235人，下属基层工会45个、团支部9个、妇女组织39个、民兵分队1个。

2016年，县直机关党工委被市委市政府评为嘉兴市保障服务重大国际峰会先进集体，被县委县政府评为部门工作目标责任制考核争先进位奖和全国县级文明城市创建、美丽嘉善建设工作先进集体。县直机关11个基层党组织和32名共产党员被县委评为先进基层党组织和优秀共产党员，23个基层党组织被县委组织部命名为五星级基层党组织。

【服务科学发展先锋行动】 会同县纪委、县委组织部、县委宣传部、县文明办，牵头在全县机关开展以争创"创业先锋、创新先锋、共建先锋、文明先锋"为主要内容的服务科学发展先锋行动，40个"十佳"先锋单位和40名"十佳"先锋个人得到表彰。"服务科学发展先锋行动"被评为2016年度全市机关党建"十佳创新成果奖"。

【基层组织建设】 制定《2016年度县直机关党建工作目标管理考评细则》，明确机关党建7个方面26项具体工作，与50个基层党组织书记签订《机关党建目标责任书》。建立机关党建网站、e廉空间微信公众号，成立机关党建信息员队伍，全年编发各类信息（图片）400余条（幅）。连续5年开展机关党建服务品牌创建活动，整理编印《嘉善县机关服务品牌成果展示》，县科协的"科普大地、智慧大众"品牌被嘉兴市直机关工委命名为"嘉兴市第四批机关服务品牌"。全市机关服务品牌创建学习交流会在嘉善县召开。

【党员教育管理】 开展"两学一做"学习教育，成立由100名支部书记组成的县直机关党课教员宣讲团，邀请上海市委党校有关专家为县直机关党务干部进行专题辅导，抽调3名工委领导参加面上督导工作，指导督促县直机关基层党组织抓好"两学一做"学习教育。举办党支部书记、支部委员、入党积极分子培训班，150名党务干部、130名入党积极分子参加培训。结合清明节、"3·5"学雷锋等活动，开展经常性的思想教育，先后组织210名党员干部祭扫烈士陵园、60名党员干部开展"3·5"学雷锋活动、25名机关民兵参加民兵整组点验。召开县直机关党员代表会议，选举产生89名代表出席县第十四次党代会。认真做好县直机关党费收缴规范工作，补缴党费94.61万元。

【纪念建党95周年】 制定下发《关于在县直机关开展纪念建党95周年"五个一"系列活动的通知》，先后开展县直机关部门"一把手"谈机关党建、"传承国粹、文明修身"书法培训、"知党爱党、敬业争先"主题演讲比赛、关心关爱走访慰问等活动。全年，走访慰问困难党员、老党员、党务干部代表59人。

【助推中心工作】 在城乡环境整治百日攻坚行动中，突出"外树形象、内强管理"要求，牵头88个机关事业单位和9个镇（街道）开展美丽机关建设，协调解决问题208个。在服务保障G20杭州峰会、世界互联网大会（乌镇峰会）中，组织1200余人次机关党员干部参加嘉善高铁南站安检、包干路段巡防、社区环境整治、平安网格大巡查等活动。在推动全国文明城市创建中，印发5000份《文明行为规范倡议书》，组织500名党员干部开展文明出行劝导、上街服务活动，组织84名党员干部义务献血13920毫升，组织在职党员2200人次参加义务劳动。在县级机关部门工作目标责任制考核中，牵头抓好县级机关部门完成年度任务考核工作。

【四方红色联盟】 会同县委组织部、县委两新工委，牵头组织88个县级机关部门、118个村、34个城市社区、124家企业，开展"四方红色联盟"结对共建活动。围绕合力助推中心工作、合力整推基层党建、合力办好民生实事等，全县确定共建项目573个，开展共建活动1000余次，结对困难家庭1036户，办理民生实事266件，投入共建经费178.5万元。

【机关文化活动】 开展机关文体活动，先后举办"五一"体育健身和篮球、羽毛球、乒乓球等比赛，全年累计组织参加文体活动9次664人次。（胡伟刚）

党校教育

【概况】 2016年，县委党校以学习贯彻中共十八大、十八届三中、四中、五中、六中全会精神为主线，紧扣县域科学发展示范点建设，围绕县委县府中心工作，以提高教学质量和党员干部队伍素质能力、打造县域有影响的研究团队、服务全国干部教育发展为工作出发点，有力推动教学科研等各项工作。县委党校获评县目标责任考核表扬单位；获县域科学发展示范点建设优秀部门三等奖；获2016年度浙江省党校系统先进集体、嘉兴市党校系统教学工作一等奖、科研工作一等奖、信息工作一等奖。

【贯彻落实上级党校工作会议精神】 深入学习全国、全省、全市三级党校工作会议精神，围绕全县中心，谋划确定年度工作任务。1月8日，学习全国党校工作会议精神；7月8日，学习全省党校工作会议上省委书记夏宝龙的讲话、《中共浙江省委关于加强和改进新形势下党校工作的实施意见》和省委常委、组织部长廖国勋的总结讲话等内容。

【"两学一做"学习教育】 组织集体学习教育活动，开展包括党章专题辅导、学习领会全省党校工作会议精神、观看《镜鉴》纪录片、通读《准则》和《条例》等"两学一做"学习教育相关内容的活动16次。组织开展专题讨论，全年开展以"坚定信仰信念，保持党员本色""严守纪律规矩，弘扬清风正气""密切联系群众，勇于担当作为"为主题的专题讨论3次。组织参加党员集体活动，组织全体教职工参加嘉兴市党校系统"党校姓党·向党看齐"主题诗歌朗诵会并获二等奖。做好学习教育专刊的编辑工作，全年编辑"两学一做"学习教育专刊14期28000份，免费向全县1792个党支部发放。在《嘉兴日报·嘉善版》和党校大厅流动展板上发表和展示"两学一做"相关内容，在主体班中增加"两学一做"相关课程内容，并在农村党员中深入开展"两学一做"学习教育。

【助推示范点建设】 配合做好县域科学发展研究院的工作，协助整理嘉善县域科学发展经验材料，协助研究院开展课题调研和下派人员挂职工作，推进课题的

4月17日，举办公共管理硕士教学实践基地签约仪式。（周 俊 摄）

结题和研究成果的出版。做好“长风计划”培训工作，全年完成培训10期，培训710人次，其中总裁班6期，培训73人。努力向外争取资源。4月27日，联合浙江省委党校，成立公共管理硕士（MPA）教学实践基地暨浙江嘉善县域治理与科学发展教学实践基地。积极参与中心工作，参加环境整治百日攻坚活动等县委县政府中心工作。

【干部教育】 以理论教育与党性教育为重点办好主体班，全年举办主体班次23期，2223人参加。除传统的讲授式外，采用专题辅导、现场教学、学员讨论、异地教学、研讨式和案例式教学，发挥学员主动性，提升教学实效性。开展大规模农村普通党员党性教育，对全县9个街道26个村（包括农村社区）的党员进行“学党章党规、学系列讲话、做合格党员”为主题的分期培训，培训2428人次，培训方式包括课堂讲授、重温入党誓词、现场教学、手抄党章。开展好理论宣讲。成立由常务副校长带头的嘉善党校“两学一做”讲师团，开列包括学习党章党规党纪、学习习近平总书记系列重要讲话精神、十八届六中全会精神解读等在内的35个课程菜单，充分发挥党校教师自身优势，深入基层一线宣讲党课，开展宣讲活动205场次，受众19200余人次。

【科研资政】 全年15项课题获省委党校第18批规划课题，课题立项数据蝉联全省县级党校第一；获省社院委托课题1项、环太湖发展研究中心课题1项、市党校系统课题2项、市社科联2016年度研究课题立项15项。结项方面，完成省党校课题13项、省社会科学界联合会2015年度研究课题结项1个、环太湖发展研究中心结项2个、市党校系统规划课题结题7项，其中2个课题获优秀奖。全省县级党校系统智库建设研讨会有3篇文章入选，全省党校系统理论研讨会1篇论文入选，环太湖年会2篇论文入选，嘉兴市改革专项课题2篇入选。获奖方面，获县社科联建党95周年征文活动一等奖1篇、二等奖1篇、三等奖1篇、优秀奖1篇；获县社科联优秀调研成果二等奖1篇、三等奖1篇、入围奖1篇。在《南湖论坛》上发表6篇，在《嘉兴日报·嘉善版》上发表12篇，在《当代经济》等国家、省市级刊物发表文章6篇。编发《县情调研成果参阅》3期并全获批示。与河北省正定县委党校、河南兰考县委党校共同开展第三届“县域治理与发展”理论研讨会，深化习近平县域治理思想研究。

【对外培训】 开发以“县域科学发展的典范、江南水乡文明的代表、东部创业创新的高地、中国红船精神的源头”为体系的4大领域、24个板块、40个精品课程。同时，建设相关的80个现场教学点。2016年，嘉善县委党校接待全国21个省市的培训班78期，其中浙江省委党校7期、中国浦东干部学院5期、浙江大学12期、嘉兴市委党校25期，全年培训接待4125人次。

【函授教育】 全年毕业学生178人；招录学生165人；在校学生374人；组织考试28场次；组织学生答辩4人次，其中2人参加嘉兴学院学位申请、2人网络教育抽答辩。函授站积极推进与企业的合作，年内，开发亚欧光电、卡固公司等合作对象。

【信息化建设】 突出抓好对接省委党校、市委党校行政管理服务平台的建设工作，实现全省党校系统的数字资源共享，优化办公环境，提高办公效率。配合嘉兴市委党校做好浙江嘉善县域科学发展示范点建设特色专题资源库的工作，提供嘉善县域科学发展示范点建设的相关材料，包括论文、发展历程、创新做法、政策文件、统计数据、媒体聚焦、研究与借鉴等。至年底，累计上报资料1000余篇，视频20G，照片1000多张，图书73本。

【自身建设】 打造“四个全员”品牌，在全员科研方面，每个理论教师与党校其他教职工、校外相关人员组成课题组开展研究，组成19个课题团队。在全员宣讲方面，全体理论教师通过百姓课堂、红色宣讲团等平台进行点对点宣讲。在全员联挂方面，每位教师联挂两个现场教学点，确定教学点专门联系人，保持动态联系，不断完善现场教学点基地简介、讲解词、教学方案等相关内容。在全员蹲点方面，督促理论教师根据申报课题到基层、部门开展调研。 （沈　洁）

党史编研

【概况】 2016年，嘉善县党史工作深入学习贯彻习近平总书记关于党的历史和党史工作地位作用的重要论述，始终坚持“一突出”

“两跟进”，坚持“党史姓党”的正确方向，把握资政育人的根本任务，全面推进党史编研和宣教工作。全年编辑出版党史著作4部。

【改革开放新时期党史专题征编】 按照“一次规划、明确任务、分步推进”要求，加强编写工作业务指导，收到专题121篇。分别于6月、12月出版《春回大地——嘉善县改革开放新时期党史专题集》（二）（三），收录1978年中共十一届三中全会召开至2012年中共十八大召开期间，嘉善县委、县政府对嘉善经济社会发展问题研究的部分课题，包括嘉善县乡镇人民代表大会制度、基层党组织、群团组织的恢复，旅游、广播电视、现代服务业的发展，行政区划调整、基层民主建设等65个专题，约82万字。

【出版“中共嘉善县委重要文献”系列丛书】 5月，出版《中共嘉善县委重要文献（1978—2014）选编（第二辑）——科学发展·富民强县》（上下册），全书76万字，收录1978年至2014年间，中共嘉善县委及其常委会推动全县农业、工业、第三产业等科学发展所作出的重要决定、决议和决策及领导讲话等107件。9月，出版《中共嘉善县委重要文献（1978～2014）选编（第三辑）——改革开放·拓展新途》（上下册），全书87万字，收录1978年至2014年间，中共嘉善县委及其常委会在恢复发展农村经济、鼓励推进企业发展、大力招商引资、深化改革、推进开放协作等方面所出台的重要文件、县委主要负责人的重要讲话、全县性的重大决策、全局性的重要文件等157件。

【党史宣教】 3—6月，与县委宣传部等联合开展纪念建党95周年“党在我心中”主题征文活动，收到征文109篇，选出一等奖4篇、二等奖6篇、三等奖11篇、优秀奖34篇。7月1日起，在县委组织部主办的“嘉善先锋”微信公众号上推出“知党史”专栏，介绍嘉善县地方党史人物和党史事件，全年推送26期。加强革命遗址保护，办好各镇基层文化礼堂、抗战纪念主题公园、历史陈列室建设，参与“卯儿大讲堂”宣讲活动，赴联挂村（社区）开展党史宣讲和咨询活动。选定资政课题，进行研究撰写，形成《修身以俟 改过谦德——论〈了凡四训〉对提升党员素质的启示》《嘉善县民营经济的崛起与快速发展》等课题报告。

【制定《中国共产党嘉善历史》第三卷编纂方案】 按照省委党史研究室对编写党史三卷的一般要求，制定嘉善党史三卷编纂方案，着手编写纲目。纲目设计充分参考改革开放新时期以来嘉善历次党代会报告、县委文件、老干部口述史料以及《嘉善县志》（1995年版）、《嘉善县志（1989—2008）》和嘉善党史大事记等文献资料。

（叶　奕）

综　　述

2016 年，嘉善县人民代表大会常务委员会坚持以邓小平理论、“三个代表”重要思想和科学发展观为指导，全面贯彻落实中共十八大和十八届三中、四中、五中、六中全会精神，继续围绕建设“县域科学发展示范点”这一总目标，紧扣事关全县经济社会发展和深化改革的重大问题，推进城乡统筹发展，致力民生改善，维护社会稳定，认真履职，注重实效，充分发挥代表作用，着力加强自身建设。至 2016 年 12 月 31 日，县十五届人大常委会实有组成人员 25 人，人民代表大会实有代表小组 10 个、代表 211 人。

重要会议

【县十五届人大五次会议】 3 月 3—5 日召开，应到代表 211 人，实到代表 207 人。会议听取和审议县人大常委会主任郑明作的人大常委会工作报告、嘉善县人民政府代理县长祁海龙作的政府工作报告、人民法院院长傅杨杰作的县人民法院工作报告、县人民检察院检察长钟益民作的县人民检察院工作报告，通过各项决议，审查和批准《嘉善县 2015 年国民经济和社会发展计划执行情况报告与 2016 年国民经济和社会发展计划》和《嘉善县 2015 年财政预算执行情况报告和 2016 年财政预算》。大会依法选举祁海龙为县人民政府县长、殳世平为县人大常委会副主任；李勇、杨岳全、周宏、鲍引观为县十五届人大常委会委员。会议期间，代表们提出议案、建议、批评和意见 139 件，其中代表 10 人以上联名提出的议案 14 件，均转为重要建议办理。

【县十五届人大常委会会议】 全年，县人大常委会举行 11 次全体会议，听取“一府两院”专项工作报告和计划预算报告 13 项，依法作出决议决定 19 项，依法任免国家机关工作人员 71 人次，审查备案政府规范性文件 27 件，受理司法机关报备的特定案件 32 件。1 月 29 日，县十五届人大常委会召开第三十五次会议，听取和初审嘉善县政府《关于 2015 年国民经济和社会发展计划执行情况和 2016 年国民经济和社会发展计划（草案）的报告》《关于 2015 年财政预算执行情况和 2016 年财政预算（草案）的报告》《关于“十三五”规划纲要（草案）的说明》。听取《关于县十五届人大五次会议筹备工作情况的报告》。表决通过县十五届人大代表资格审查委员会关于补选县十五届人大代表的资格审查报告、县十五届人大五次会议列席人员名单，决定郑明为县十五届人大五次会议人大常委会工作报告的报告人，表决通过县十五届人大常委会 2016 年工作要点，表决通过有关人事任免事项，补选张锦卫为嘉兴市第七届人大代表。2 月 5 日，县十五届人大常委会召开第三十六次会议，听取和审议《嘉善县人民代表大会常务委员会关于召开嘉善县第十五届人民代表大会第五次会议的决定（草案）》的议案并表决通过相关决定。2 月 29 日，县十五届人大常委会召开第三十七次会议，听取常务副县长何全根受代县长祁海龙委托提请的有关人事任免，听取并审议县十五届人大代表资格审查委员会关于补选县十五届人大代表的资格审查报告。表决通过郁伟华任县政府副县长的决定，通过代表资格审查委员会关于补选嘉善县第十五届人民代表大会代表的资格审查报告。在常委会上首次举行宪法宣誓仪式。3 月 22 日，县十五届人大常委会召开第三十八次会议，听取和审议县政府《关于学前教育工作情况的报告》《关于 2015 年度街道办事处财政预算执行情况和 2016 年财政预算草案的报告》，以及县人大常委会《关于制订授予“嘉善县荣誉市民”称号的办法的说明》。表决通过关于魏塘、罗星、开发区（惠民）等 3 个街道办事处 2015 年度预算执行情况和 2016 年度预算编制情况以及关于制订授予“嘉善县荣誉市民”称号的办法，投票决定接受殳世平辞去县人民政府副县长职务的请求。5 月 27 日，县十五届人大常委会召开第三十九次会议，听取和审议县政府《关于城乡生活垃圾收集处理一体化实施情况的报告》，投票表决通过常务副县长何全根受县长祁海龙委托提请的人事任免议案，决定任命谢光辉为县人民政府副县长；表决通过县人大常委会主任会议提请的关于调整代表资格委员会组成人员的决定。7 月 27 日，县十五届人大常委会召开第四十次会议，听取和审议县政府关于大气污染防治法律法规执行情况和“五水共治”工作情况的报告、2016 年上半年国民经济和社会发展计划执行情况的报告、2015 年财政决算 2016 年上半年财政预算执行情况的报告、2015 年财政收支审计情况的报告，表决通过有关决议和人事任免事项。9 月 21 日，县十五届人大常委会召开第四十一次会议，听取并审议县政府关于“六五”法制宣传教育规划实施情况与“七五”法治宣传教育工作规划的报告、县政府关于十五届人大五次会议代表建议办理工作情况的报告。会议通过专题询问会形式，对 5 年来县人大代表持续关注的热点问题开展当面询问。会议表决通过有关决议决定和人事任免事项。11 月 23 日，县十五届人大常委会召开第四十二次会议，表决通过常务副县长何全根受县长祁海龙委托提请的人事任职议案，决定任命徐鸣阳为嘉善县人民政府副县长。会议接受祁海龙同志辞去嘉善县人民政府县长职务的请求，并决定徐鸣阳同志为嘉善县人民政府代理县长。11 月 29 日，县十五届人大常委会召开第四十三次会议，听取常务副县长何全根受徐鸣阳代理县长委托提请的有关人事任免的议案，县检察院检察长钟益民提请的有关人事任免的议案，听取县人大常委会副主任邹霞芳提请的关于调整县人大常委会工作机构设置和有关人事任免的议案，听取县政府关于科技创新平台建设发展情况的报告、关于 2016 年度政府投资项目计划调整情况的报告、关于 2016 年财政预算调整情况的报告。表决通过有关人事任免事项及有关决定。12 月 16 日，县十五届人大常委会召开第四十四次会议。听取县政府常务副县长何全根受徐鸣阳代理县长委托提请的有关人事任免，会议决定任命徐明良为副县长；同意接受曹国良、施晓松辞去职务的请求；决定任命朱忠民为县发改局局长、蒋晓平为县交通运输局局长。会议接受郑明提出的辞去嘉善县选举委员会主任职务的请求和殳世平、杨岳全提出的辞去嘉善县选举委员会副主任职务的请求，接受陈贤明等 22 人辞去镇选举委员会、县人武部选举委员会和县选举委员会街道工作处职务的请求。12 月 30 日，县十五届人大常委会召开第四十五次会议。会议听取县政府副县长郁伟华受徐鸣阳代理县长委托提请的有关人事任免议案，县检察院副检察长陈德明受检察长钟益民委托提请的有关人事任职议案。表决通过有关决定任免事项和殳世平所作的县第十六届人民代表大会代表资格审查报告。

【县十五届人大常委会主任会议】全年举行常委会主任会议 16 次，研究处理日常重要工作，听取和讨论“一府两院”有关工作汇报。4 月 27 日，县十五届人大常委会召开第六十四次主任会议听取和讨论县物流业发展情况的报告。5 月 25 日，县十五届人大常委会召开第六十五次主任会议听取和讨论县政府关于 2015 年度城乡规划实施情况的报告和城乡生活垃圾收集处理一体化调研情况的报告。6 月 21 日，县十五届人大常委会第六十六次主任会议听取和讨论县法院关于贯彻实施《行政诉讼法》工作情况的报告。7 月 21 日，县人大常委会召开第六十七次主任会议听取和讨论关于嘉善县 2015 年财政收支审计情况的报告。8 月 15 日，县十五届人大常委会召开第六十八次主任会议听取和讨论县政府关于城乡环境整治及应急工程项目库、城市建设项目库的编制情况的报告。8月25日，县十五届人大常委会召开第六十九次主任会议听取和讨论县政府关于全县计生工作实施情况的报告。9月13日，县十五届人大常委会召开第七十次主任会议听取和讨论《关于“六五”法治宣传教育规划实施情况的调研报告》。10月27日，县十五届人大常委会召开第七十一次主任会议听取和讨论县检察院关于贯彻实施修改后《刑事诉讼法》工作情况的汇报及《关于县检察院贯彻实施修改后〈刑事诉讼法〉工作情况的调研报告》。

【常委会组织辅导报告会】 全年，常委会举行专题学法辅导报告会3次。4月22日，举办《中华人民共和国大气污染防治法》辅导报告会。6月17日，举办《浙江省审计条例》辅导报告会。8月22日，举办《中华人民共和国地方各级人民代表大会和地方各级人民政府组织法》《中华人民共和国全国人民代表大会和地方各级人民代表大会选举法》辅导报告会。

监督工作

【视察活动】 全年，县常委会开展集体视察4次。4月19日，县人大常委会视察危化品生产经营企业安全生产工作情况。6月29日，县人大常委会视察乡村旅游发展情况。10月25日，县人大常委会视察“美丽嘉善”建设情况。11月8日，县人大常委会视察县十五届政府实事工程进展情况。

【审议半年度政府工作】 8月16—22日，县人大组织全体县人大代表分代表小组审议《上半年政府工作报告》。8月30日，召开意见反馈会，面对面向政府集中反馈审议意见。会上，9个镇（街道）的10个代表小组围绕政府工作报告，结合县域科学发展示范点建设总目标，向政府提出意见和建议75条。内容涉及产业结构调整、资源要素优化配置、低小散企业腾退、城乡污水处理、社会管理完善以及城乡环境整治长效管理和城乡居民就业增收等方面。县政府提出逐条分解落实人大意见建议并做好反馈意见办理工作。

【专项监督】 4—7月，嘉善县采取上下联动的方式，开展大气污染防治执法检查和“五水共治”专项监督工作。重点检查2015年以来嘉善县贯彻实施大气污染防治法律法规的基本情况、存在问题和意见建议。通过执法检查和专项监督，增强全社会对大气污染防治和“五水共治”重要性的认识，督促政府及有关部门依法行政、严格执法，推进嘉善县大气污染防治实施细则（2014—2017）和“五水共治”三年行动计划（2014—2016）的全面落实。

代表工作

【省代表联组活动】 5月31日，省人大代表嘉善、平湖小组开展联组活动，对嘉善大云“甜蜜小镇”建设情况进行调研。代表们实地视察云澜湾温泉项目、歌斐颂巧克力小镇、碧云花园的建设和运营情况，听取大云镇关于“甜蜜小镇”建设情况的汇报。代表们在实地踏看和听取汇报的基础上，提出要特色化牵引、市场化引导、多元化发展，注入“互联网＋”概念，在做“特”、做“强”、做“靓”、做“精”等方面再下功夫，不断提升“甜蜜小镇”的“幸福”浓度。

【县、镇两级人大代表换届选举】 制定出台关于做好县镇两级人大代表换届选举工作的意见，做好宣传发动、选区划分、选民登记、提名协商代表候选人、组织参加投票等各项工作，及时掌握换届选举中出现的新问题，注重对全县面上工作的指导、协调，确保换届选举工作依法有序进行。2016年，全县登记选民344232人，参加投票332867人，12月23日通过投票，直接足额选举产生嘉善县第十六届人民代表大会代表211人，镇人大代表411人，其中非中共党员、一线工人农民、专业技术人员的比例均比上届有明显提高，代表结构进一步优化。

代表议案建议

【县十五届人大五次会议代表议案、建议、批评和意见情况】 县十五届人大五次会议期间，大会收到代表10人以上联名提出的议案14件。大会议案审查委员会经过认真审查后，将14件代表议案转为重要代表建议、批评和意见办理。同时，会议还收到代表个人或联名提出的建议、批评和意见125件。内容主要涉及城乡统筹、五水共治、医疗卫生、环境整治、民生保障等方面。

【议案建议交办】 县人大常委会对139件议案建议进行梳理、分类、编号、登记，确定承办单位。4月6日，县人大、县政府、县政协联合召开县十五届人大五次会议代表建议和政协十三届五次会议委员提案交办会，将议案建议交办到县政府及有关组织和单位，提出办理要求。其中，代表议案建议涉及办理部门、单位35个，由政府及其职能部门主办的135件，占97.1%；由县委党群系统及其他单位主办的4件。139件代表建议在规定时间内全部办结，按时办结率为100%。2016年，县人大常委会对县十五届人大期间的代表建议开展回头看，对5年内代表持续关注的热点问题开展专题询问，推动问题的有效解决。（贾碧莲）

嘉善县人民政府

综　　述

2016年，嘉善县坚持以示范点建设为总目标，按照“奋战‘十三五’、奋力开新局”的要求，大力开展环境攻坚年、转型提升年、改革深化年“三个年”活动，始终坚持创新、协调、绿色、开放、共享五大发展理念，坚持一手抓经济发展、一手抓环境整治，团结带领全县人民扎实推进经济、政治、文化、社会、生态文明建设，实现“十三五”的良好开局。年内，全县实现地区生产总值457亿元，可比增长8.3%，增速列全市第一。完成财政总收入73.17亿元，增长9.2%，其中地方财政收入41.8亿元，增长17.28%，增速列全市第一。固定资产投资336.5亿元，增长14.2%，其中工业生产性投资172.7亿元，增长14.2%。合同利用外资7.1亿美元，实际利用外资5.1亿美元；实际利用县外内资85.3亿元。外贸进出口总额232.7亿元，增长9%，其中出口180.1亿元，增长8.8%。全社会消费品零售总额184.5亿元，增长10.8%。城乡居民人均可支配收入50021元、29514元，分别增长7.4%、8.5%。新编制的《浙江嘉善县域科学发展示范点发展改革方案》经国务院审定，并由国家发改委批复实施。

抓转型升级，经济发展提质增效。全年实现农业总产值48.82亿元，新增农业投资4.49亿元，新增粮食生产功能区1580公顷(2.37万亩)。嘉善先后获第一批国家农产品质量安全县、省级农产品质量安全放心示范县等称号。开展农村承包土地的经营权抵押贷款国家级试点改革，下发《嘉善县农村承包土地的经营权抵押贷款试点方案》，全县累计发放贷款2.85亿元。进一步落实全县工业经济稳增长促发展政策措施，全县规模以上工业企业实现产值1090.54亿元，增长7.5%，增速列全市第一。印发《嘉善县2016年精准服务企业专项行动实施方案》，强化支持企业发展联动服务中心服务功能。优化工业企业绩效评价办法，企业综合绩效提高明显。全县规上受评价企业655家，亩均税收14.15万元，增长26.3%；规下受评价企业2346家，亩均税收4.48万元，增长26.9%。制定出台《嘉善县加快推进智能制造发展三年行动计划》，推动现代装备制造业跨越式发展。获评2015年度浙江省工业投资和“机器换人”技术改造考核评价结果一等奖。制定出台《嘉善县2016年度“美丽园区”建设暨园区平台提能级专项行动实施方案》，推进园区平台转型升级。被列入国家全域旅游示范区创建名单，西塘古镇通过国家AAAAA级景区验收；引进总投资52亿元的梦幻嘉善项目。云澜湾温泉景区通过国家AAAA级景区评定。巧克力甜蜜小镇获得省级“示范小镇”称号。归谷智造小镇列入省第二批特色小镇培育名单。新增市级特色小镇创建对象3个。全县接待海内外游客1338.58万人次，旅游总收入150.33亿元，分别增长12.01%和21.89%。高新技术产业投资、规上工业高新技术产业增加值分别增长86%、13%。新增国家高新技术企业16家、省级企业研究院2家。获批“浙江制造”品牌认证试点县。成功引育国家“千人计划”专家4名、省“千人计划”专家2名，新引育国家“万人计划”专家2名。新增创新嘉兴·精英引领计划领军人才项目 11 个。欧美同学会·中国留学人员联谊会“海归创业学院”嘉善学院正式获批。

抓生态治理，城乡环境面貌一新。全力创建全国文明城市，持续推进美丽县城、美丽通道、美丽城镇和美丽乡村“四美”建设，获评生态市建设工作优秀县。出台《嘉善县 2016 年度“五水共治”工作实施方案》，实施“河长”大巡河、“清三河”常态化督查等制度，开展城乡污水治理工程、工业企业全入网全达标工程、农村生活污水治理工程、农业面源污染治理工程、防洪排涝工程、供水节水保障工程“六大”治水工程，实现“五水”综合治理。整治河道 92.4 千米，完成清淤 262.4 万立方米，创建成为省级“清三河”达标县。连续 3 年交接断面水质考核优秀。深入开展城乡环境整治百日攻坚行动，全员发动、合力攻坚农村水环境、房前屋后及周边环境、农村垃圾、码头堆场、道路及沿线、生猪清零、老集镇、农业生产等 8 个方面整治工作。其间，整治彩钢棚 464.8 万平方米、码头堆场 289 家。完成干窑集镇、新泾港，平黎公路、兴善公路、白水塘路沿线，及高铁南站周边环境整治；取缔废品收购点 606 个。城镇低效用地再开发 108.73 公顷(1631 亩)。生态能源发电项目建成使用，生活垃圾无害化处理率 100%。以“整治工业废气、严禁秸秆焚烧、治理汽车尾气、防治城市扬尘和治理油烟废气”为工作重点，全力推进全县“五气共治”工作。开展高污染燃料锅(窑)炉“零点一号行动”，拆除锅炉 677 台。淘汰黄标车 348 辆。

抓对外合作，开放活力深度激发。与上海市金山区签约共建沪浙毗邻地区一体化发展示范区，共同推进产业发展、社会治理、生态保护、交通网络、旅游开发等 5 个一体化发展。嘉善经济技术开发区至上海松江地铁南站通勤车开通。深化自贸区制度对接，在嘉兴综合保税区 B 区复制 5 项通关便利化自贸区改革新政。交通卡实现沪善互通，与上海第一人民医院签订医保服务协议，本地医保卡在上海市第一人民医院实现实时刷卡结算。成功引入上海师范大学附属嘉善实验学校。与浙江中医药大学达成长期战略合作。加强蹲点招商、以商引商、中介招商，新引进格科微电子、科比特无人机等一批高精尖项目，新批工业投资亿元以上项目 43 个。实施有效投入三年行动计划，富通光通信等项目进展顺利，铠嘉电脑一期等项目建成投产。开展“浙商之春”走访慰问活动，深化与上海浙江商会合作。“浙商回归”省外到位资金 60 亿元。嘉善经济技术开发区中荷产业合作园开园，喜力啤酒一期建成投产。浙江姚庄经济开发区获评“长三角最强中国制造产业区”称号，新引进精密机械等产业项目 11 个。归谷科技园新引进卫星遥感等项目 38 个。启动罗星、大云等一批“两创”中心建设。出台村级工业园区腾退整治工作方案，全面启动村级工业园区整治。

抓统筹兼顾，城乡融合步伐加快。积极推进实施 54 个治堵项目和 18 项治堵措施。完成体育路下穿沪昆铁路改扩建、体育路拓宽、“水乡明珠”环岛改造等工程。加强停(行)车秩序管理，高铁广场西侧停车场、中央花园沿街广场停车收费工作开始运行。城市路面违章停车静态抓拍系统二期项目建成启用。湾北二期、丁香线航道整治等工程进展顺利。加快推进城区平黎公路、嘉善大道、白水塘路等 5 个绿化改造提升工程。完成西部水务提标改造工程，新建污水管网 35 千米。推进城乡生活垃圾处理一体化进程，以生态能源发电项目为依托，逐步实现生活垃圾焚烧处理。同时，对部分县内简易填埋场进行生态修复，改善环境。积极推进总投资 1300 万元的 15 号分类式垃圾中转站综合体建设。高铁新城上海人才创业园开园，签约大库等项目 81 个。成立不动产登记中心，启动土地、房屋权属等不动产统一登记。姚庄镇在全省小城市培育试点考核中列第四名，西塘镇获联嘉兴市小城市培育试点考核第一名，姚庄镇、西塘镇分获嘉兴市“十强”新市镇冠、亚军。西塘镇、天凝镇分别入选省、市小城市培育试点。启动小城镇环境综合整治。姚庄镇入选全省首批美丽乡村示范乡镇。洪溪村等 4 个村入选省“美丽乡村”特色精品村。建成美丽村居、美丽庭院等 16273 户，完成农房集聚改造 197[illegible]户。嘉善县统筹城乡发展水平列全省第十位。第二轮强村计划基本收官，全县村均经常性收入从 29 万元提高到 168 万元，百万元稳定收入以上村 65 个，占 55%；收入 30 万元以下村全部转化。

抓民生保障，社会事业长足发展。全县各级财政用于民生支出 37.2[illegible] 亿元，增长 9.36%，民生支出占财政支出的 78.43%。职工基本养老、基本医疗、工伤、生育、失业保险“五大保险”净增

50094人。实施支出型贫困家庭基本生活救助。建立困难残疾人生活补助和重度残疾人护理补贴制度。全力推进省级养老服务业综合改革试点，出台长期护理保险制度，首次对全县老年人全面实施政策性意外伤害保险。被确定为全国社会工作(企业社会工作)专项服务示范地区。新增公租房租赁补贴保障家庭200户。启用浙师大附校、吴镇教育集团硕士小学，完成无证托幼机构整治。县文化惠民项目——吴镇书画院落成启用。县重点民生项目——嘉善上海松浦大桥应急备用水源工程项目正式启动。开通全国首家县级健康热线“12320”，开发网站、微信、手机客服端等多个平台，可为公众提供公共卫生、健康科普、便捷就医、信息查询、投诉举报等综合服务。姚庄卫生院入选全国首批“群众满意的乡镇卫生院”。举办“慈善孝贤”暨了凡善学思想研讨会。通过国家公共文化服务体系示范区验收。整治、取缔无证网吧122个。整合设立“12345”政务咨询投诉举报平台。大力推进安全生产专业化、信息化、社会化建设，安全生产形势总体稳定。深化食品安全基层责任网络建设，四大领域责任保险实现全覆盖。圆满完成G20杭州峰会和世界互联网大会(乌镇峰会)两项重大安保任务，实现平安县创建“十一连冠”。

(费亚建)

重要会议

【十五届县政府第九次全体(扩大)会议】 3月16日召开，县长祁海龙讲话。

【十五届县政府第十次全体(扩大)会议】 8月16日召开，县长祁海龙主持。

【十五届县政府第三十七次常务会议】 1月13日召开，研究审议《关于创建海峡两岸(嘉善)青年创业创新实验区的实施意见》《2016年政府投资项目年度计划建议》《嘉善县关于深化教育改革促进民办教育健康发展的实施意见》《嘉善县国有土地上房屋征收与补偿办法》《嘉善县国有土地上房屋征收与补偿和奖励补助暂行办法》《2016年度嘉善县国有土地上被征收房屋相关补偿标准》《嘉善县国有土地上房屋征收范围内“三类”房屋的调查认定和处理办法》《关于加强烟花爆竹燃放安全管理的通告》等议题。县府办、县发改局、县经信局、县财政局、县国土局、县环保局、县监察局、县法制办、县台办、县商务局、县科技局、县教育局、县住建局、县人力社保局、县编委办、县公安局等单位列席。

【十五届县政府第三十八次常务会议】 2月23日召开，研究审议《嘉善县国民经济和社会发展第十三个五年规划纲要(草案)》《关于推动企业股改和在多层次资本市场上发展的实施办法》《2016年度政府十大民生实事》等议题，学习《中华人民共和国大气污染防治法》。县府办、县发改局、县经信局、县财政局、县国土局、县环保局、县监察局、县法制办、县金融办等单位列席。

【十五届县政府第三十九次常务会议】 4月1日召开，研究审议《关于大众湖滨花园人才公寓变更土地出让条件的方案》《嘉善县人民政府部门职责管理办法》《嘉善县城区排水(雨水)防涝综合规划》《关于嘉善县2016年度部分政府投资项目调整情况的汇报》《嘉善县见义勇为人员奖励和保障办法》《关于永信精密钢管增资项目情况的汇报》《关于高铁新城服务业项目增加产业发展服务费结算项目的汇报》《“嘉善县荣誉市民”评审实施细则》《2016年安全生产重点工作》等议题，学习《“三改一拆”相关法律法规》。县府办、县发改局、县经信局、县财政局、县国土局、县环保局、县监察局、县法制办、县人力社保局、县编委办、县住建局、县水利局、县城投集团、县公安局、县民政局、长三角嘉善科技商务服务区管委会、县安监局等单位列席。

【十五届县政府第四十次常务会议】 6月2日召开，研究审议《关于加快供给侧结构性改革促进工业经济转型发展的实施意见》《关于降低实体经济企业成本优化发展环境的若干意见》《关于进一步加快创业创新中心建设促进经济转型升级的实施意见》《嘉善县支出型贫困家庭基本生活救助办法(试行)》《关于全面建立困难残疾人生活补助和重度残疾人护理补贴制度的实施意见》《关于部分政府投资项目调整情况的汇报》等议题。县府办、县法制办、县发改局、县经信局、县教育局、县监察局、县民政局、县财政局、县人力社保局、县国土局、县环保局、县住建局、县农经局、县商务局、县审批服务中心、县残联、长三角嘉善科技商务服务区管委会、嘉兴综合保税区B区管委会等单位列席。

【十五届县政府第四十一次常务会议】 7月1日召开，研究审议《嘉善县深化养老服务业综合改革实施方案》《关于公布卖鱼桥—西城半岛桥改造地块（西门一期）房屋征收范围的公告》《嘉善县耕地保护补偿办法（试行）》《2015年度耕地有偿保护以奖代补资金发放方案》《关于积极引导农村土地承包经营权流转促进农业适度规模经营的意见》《关于部分政府投资项目调整情况的汇报》等议题，学习《嘉兴市秸秆露天禁烧和综合利用条例》。县府办、县法制办、县发改局、县经信局、县监察局、县民政局、县财政局、县人力社保局、县国土局、县环保局、县住建局、县农经局、县水利局、县编委办、县城投集团、县商投集团等单位列席。

【十五届县政府第四十二次常务会议】 9月6日召开，研究审议《嘉善县人民政府关于进一步促进企业兼并重组的实施意见》《嘉善县扶持电子商务发展的若干意见》《关于进一步促进分布式光伏发电持续发展的实施意见》《嘉善县公务用车制度改革实施方案》《关于新增天然气“煤改气”项目的情况汇报》《嘉善县太浦河长白荡饮用水水源保护区污染防治管理办法》《关于在全县公民中开展法治宣传教育的第七个五年计划（2016—2020年）》《嘉善县退役士兵安置实施办法》《关于加快发展众创空间推进科技企业孵化器建设的若干意见》《关于辞退工作人员的报告》《关于实行“嘉善县水环境综合整治政府投资项目”情况的汇报》等议题，学习《中华人民共和国反恐怖主义法》。县府办、县法制办、县发改局、县经信局、县监察局、县财政局、县国土局、县环保局、国网嘉善县供电公司、县交通局、县水利局、县农经局、县司法局、县教育局、县新居民事务局、县民政局、县科技局、县人力社保局、县审批服务中心、县市场监管局、县公安局、县水务集团等单位列席。

【十五届县政府第四十三次常务会议】 10月24日召开，研究审议《嘉善县“十三五”服务业发展规划》《嘉善县“十三五”制造业发展规划》《关于2016年度政府投资项目计划执行情况和调整建议的汇报》《永久基本农田核减分配方案》《嘉善县职工基本医疗保险办法》《关于建立长期护理保险制度的意见（试行）》《嘉善县2017年度城乡居民基本医疗保险筹资与补偿管理实施细则》《关于增加被征地农民基本生活保障养老金的方案》《关于嘉善政府与省农行合作设立“县域科学发展示范点建设”基础设施投资基金的汇报》《嘉善县人民政府关于加快推进残疾人全面小康进程的实施办法》《嘉善县城镇危险住宅房屋治理改造实施细则》等议题。县府办、县发改局（服务业发展局）、县经信局、县财政局、县国土局、县环保局、县监察局、县法制办、县民政局、县科技局、县交通局、县卫计局、县旅游局、县商务局、县金融办、县人力社保局、县残联、县住建局等单位列席。

【县长办公会议】 1月8日召开，研究审议《嘉善县小额贷款保证保险工作实施方案（试行）》《关于建立社区微型消防站、村志愿消防队的实施方案》《关于西塘镇项目贷款融资事项的汇报》《关于开展深化工业用地市场化配置改革试点实施方案》《关于嘉善县旅游业用地保障的有关意见》《嘉善县城镇污水排入排水管网许可管理实施细则》《嘉善县环境保护综合督查反馈问题整改方案》《嘉善县饮用水应急备用水源工程调整方案》《嘉善县普惠性民办幼儿园认定和管理办法（试行）》《嘉善县扶持普惠性民办幼儿园发展奖补资金管理暂行办法》等议题。2月4日召开，研究审议《第九届嘉善县县长质量奖获奖单位名单》。3月8日召开，研究审议《嘉善县人民大道与嘉善大道交叉口改造方案》《2015年度十佳“机器换人”示范企业奖励方案》《关于大云镇农发行融资项目有关情况的报告》《关于支持地方股份银行参与存款竞争性存放的方案》等议题。4月24日召开，研究审议《关于调整兴贤路（矿灯厂）地块安置房事宜汇报》《关于公布原嘉善四中学周边地块房屋征收范围的公告》《嘉善县2016年度城区交通拥堵治理工作方案》《嘉善县2016年度行业整治调结构专项行动实施方案》《嘉善县跨镇（街道）行政区域河流交接断面水质保护管理考核办法（试行）》《嘉善县村（社区）重要河道断面水质考核办法（试行）》《进一步鼓励公众参与“五水共治”有奖举报奖励办法（试行）》《嘉善县四（三）轮电动车整治工作方案》《嘉善县2016年度规划编制年度计划》《关于进一步规范规划编制经费管理的通知》《关于2015年度高铁新城建设投资结算情况的汇报》等议题。5月14日召开，研究审议《嘉善县城乡环境整治应急工程项目应急发包、招标方案》《嘉善县彩钢棚集中整治方案》《嘉善县城乡餐厨废弃物应急处理方案》《平黎公路嘉善段改(扩)建工程方案》《关于调整农村生活污水分散式处理设施县级补助标准的汇报》等议题。6月22日召开，研究审议《嘉善县高污染燃料小锅炉淘汰验收补助办法》《关于公交运营财政补助的实施方案(试行)》《嘉善县经济适用住房上市交易管理办法》《嘉善县农村生活污水治理设施运行维护管理实施办法(试行)》《嘉善县城乡环境整治及应急工程项目库》《城市建设项目库》《关于"两创中心"EPC招标方式的情况汇报》《2015年度产业发展服务费结算资料审核情况》《无形资产产业发展服务费结算办法》《嘉善县创业导师管理暂行办法》《关于政府投资项目营改增税收调整情况的汇报》等议题。8月3日召开，研究审议《关于参与原循环经济城地块资产依法处置竞拍的汇报》《关于中节能(嘉善)节能环保科技产业园项目情况的汇报》《关于推进中荷(嘉善)产业合作园建设的实施意见》《嘉善县集中供热暨热电联产规划(2016—2025年)》《关于进一步深化工业企业"零土地"技改项目审批方式改革的若干意见》《嘉善县工业企业"零土地"技改项目事中事后监管服务实施办法》《嘉善县城市市政基础设施配套费征收管理补充办法》《关于调整工业投资项目准入评价程序的报告》《关于2016年度土地利用计划新增建设用地指标安排(预安排)的通知》《关于要求公开转让嘉善县水利建设工程有限公司国有股权的情况汇报》《关于嘉善县水利局要求公开转让嘉善县水利建设工程有限公司国有股权情况的有关汇报》《关于部分政府投资项目调整情况的汇报》等议题。8月15日召开，研究审议《关于嘉善县通用航空机场建设情况的汇报》。9月19日召开，研究审议《关于进一步加强安全生产专业化、社会化、信息化工作的若干意见》《嘉善县2016年度社会保险基金保值增值运作方案》《农宅公寓式安置房(博文府邸)价格结算情况汇报》《关于部分政府投资项目调整情况的汇报》《项目融资方案汇报》《关于限期淘汰高污染燃料锅(窑)炉的通告》《关于"嘉善县荣誉市民"人选情况的汇报》等议题。10月11日召开，研究审议《关于实验三小新建项目工程变更的情况汇报》《嘉善县城市节约用水奖励办法》《西塘古镇申遗相关情况汇报》等议题。10月14日召开，研究审议《关于国有土地上房屋征收强制执行相关事项的汇报》《关于嘉善县新科技产业园项目(暂名)相关事宜的汇报》等议题。11月2日召开，研究审议《嘉善县创建浙江省森林城市实施方案》《嘉善县小城镇环境综合整治三年行动方案(2016—2018年)》《嘉善县原四中及周边地块国有土地上房屋征收补偿方案》《关于落实保障性安居工程审计整改意见的汇报》《关于罗星街道社会养老服务中心PPP实施方案基本情况的汇报》等议题。12月8日召开，研究审议《关于调整县政府领导班子成员工作分工的方案》《西塘镇美丽乡村项目政府购买服务模式实施方案》等议题。12月16日召开，研究审议《关于嘉善新科技产业园基础设施建设有关事项的汇报》《关于申请参照公安交警部门提高特岗津贴标准的汇报》《关于野师庵浜实施城中村改造相关事宜的汇报》《关于房地产市场相关情况的汇报》《嘉善县人民政府关于进一步推进户籍制度改革的实施意见》《嘉善县姚庄镇小城市培育试点三年(2017—2019年)行动计划》《关于加快推进姚庄小城市第三轮培育试点工作的若干政策意见》《关于推进责任医生签约服务工作的实施意见(试行)》《嘉善县城乡居民生活污水处理费调整的实施意见》《2016年度规划编制计划调整情况汇报》《关于太浦河取水二期工程堤防绿化工程变更的审核意见》《项目融资方案汇报》等议题。

(张冬强　陈晓昱)

"善政学堂"

【概况】　"善政学堂"于2015年10月创办，是中共嘉善县委、嘉善县人民政府各部门及各镇(街道)学理论、学知识、学方法的重点平台，通过点题授课、双周夜学等举措，有效地把各级各部门的思想认识统一到县委、县政府的决策部署上来，有力推动各项工作的开展。至2016年年底，累计举办27期，参加学习人数超5000人次。

【点题授课】　围绕改革创新、转型升级、生态环境等领域以及当前经济发展中的新热点、新理论、新问题，在广泛征求部门意见的基础上确定年度课程安排，先后安排多层次资本市场、PPP 模式、城乡环境整治、服务业发展等系列专题进行专题授课和交流。

【双周夜学】 原则每两周举办一期“善政学堂”，以政府部门（单位）主要负责人主讲、外请专家授课、学员论坛等形式相结合，重点解读新政策、分析新形势，从不同视角进行趋势把握和探讨，找准本地本单位相关工作问题，研究提出破题思路，引领广大干部解放思想、统一认识。

【积分管理】 制定出台“善政学堂”管理办法，把“善政学堂”升格为一项学习制度，县委、县政府主要领导，县委常委，县政府班子成员带头学习，对各部门主要负责人、各镇镇长、街道办事处主任、县政府办公室全体机关干部实行积分管理，积分情况定期通报。同时，邀请县委各部门主要负责人、部分企业家参加学习。

（沈　超）

办公室工作

【概况】 2016 年，嘉善县人民政府办公室坚持以县域科学发展示范点建设为总目标，围绕全县重点工作部署，突出调研参谋、协调服务、督查落实等主要职能，尽心履职、勇担使命，切实助推政府各项工作任务圆满完成。

【办文办会】 履行好办文办会主责，严把发文质量关，不断提高办会效率。累计印发各类正式文件 747 件，组织会议超过 450 次，其中承办县长办公会议 16 次、政府常务会议 9 次，累计参会 1300 多人次；举办“善政学堂”22 期，累计参会 3890 人次。拟定《嘉善县人民政府办公室关于进一步规范公文流转处理程序的规定（试行）》，积极优化来文流转流程，加快文件处理速度。累计收文、流转、处置各级来文 8046 件，协调处置外地到嘉善的党政考察函 110 多件。

【督查协调】 突出 4 个督查重点。围绕领导批示开展督查，督查县长批示件 197 件；围绕政府工作报告落实进行督查，要求第一责任单位每 3 个月上报办理进度，并抓实人大代表、政协委员对政府工作报告等意见、建议办理答复的督办交办工作；围绕县委、县政府重点工作开展督查，排定 11 项重点工作，要求各主办单位限期落实并上报办理情况；围绕领导关注、市民关注的民生项目进行督查，深入分析问题、剖析原因，并提出相应对策。继续做好《督查通报》《督查专报》的编辑工作，发布 12 期，确保督查实效。

【议案提案办理】 做好人大代表、政协委员的意见建议和提案梳理分解、交办、协调、督办、回头看等工作。督促政府系统完成 135 件人大建议、165 件政协提案办理工作，完成十五届政府的人大建议、政协提案办理“回头看”工作，被评为县级人大议案建议办理优秀承办单位、政协提案办理优秀承办单位。

【政务信息服务】 编发《嘉善每日微报》等刊物 300 多期，更新门户网站动态信息 1417 条，处理紧急信息 200 多条。收到政府信息依申请公开 28 件，全部按时答复。全年更新网站政府公开信息 33808 条，其中县政府（县政府办公室）主动发布各类政府公开信息 5313 条，发布规范性文件 25 件。牵头做好政务服务网平台建设，扩大服务信息上网量。累计全县上线政务服务平台的权力事项 4593 项，行政许可事项 274 项，受理许可申请 12894 件，办结 12659 件。累计公开审批办件结果 49400 多件。同时，着力提升网上便民服务功能。上传便民服务信息 1238 条，网上受理答复咨询投诉 350 多件，配合省市开展统一公共支付平台应用试点，在全市率先实现交通违章罚款在线支付和清算。

【法治政府建设】 强化行政执法的日常监督，组织开展行政执法证换证综合法律知识考试。派员列席部门召开的行政处罚案审会、价格听证会等，提出列席意见 20 余条。开展行政执法案件评查，2 件案件被评选为市级优秀执法案卷。研究出台《嘉善县行政规范性文件合法性审查工作指引》和《嘉善县行政机关合同合法性审查工作指引》，规范法制审查工作。全年对县镇出台的 53 件规范性文件进行合法性审查。依法受理行政复议申请 52 件，撤回终止 13 件，作出复议决定 45 件（其中 5 件依法合并为 1 件）。首次推行特邀行政执法监督员制度，强化对行政机关及其执法人员执法活动的公众监督。“县域善治”改革 28 个方面任务取得初步成效，获第四届“中国法治政府奖”终评提名奖第一名。

【应急管理】 重点对全县各单位2016年应急预案编制、演练、修订情况进行检查,督促各单位开展应急物资储备等情况自查。根据统计梳理,2016年各级部门单位编制预案23件,修订预案21件,组织应急演练和宣传活动88次,开展应急资源调查24次,开展风险隐患排查79次。完善督查机制,联合应急联动指挥中心每月对联动单位进行督查和联动情况统计通报,对于存在的问题及时向有关单位反馈。联合县平安办等部门抽检部分单位反恐设备配置、人员配备、工作机制落实等情况,开展模拟突发事件应急处置能力检查1次。 (费亚建)

法治工作

【概况】 2016年,嘉善县政府法治工作围绕县委县政府工作大局,着力深化"县域善治"改革,加快政府职能转变,强化法治监督,优化法治服务,取得显著成效。"县域善治"改革获第四届"中国法治政府奖"提名奖;县法制办被确定为全省行政规范性文件管理示范点。

【"县域善治"体系建设】 牢牢把握政府能做、县级能改的总原则,积极推进"县域善治"改革,着力破解"政府之手"自身错装任性及其经济治理功能越位脱节、社会治理功能疏离失灵的问题。县"县域善治"改革被法制网等新闻媒体进行深度报道,并获得第四届"中国法治政府奖"提名奖的第一名。

【综合行政执法改革】 优化调整综合行政执法的职权事项,推进综合行政执法的配套工程建设,全面推进建设统一政务咨询投诉举报平台和行政执法协调指挥机制为主要内容的"一主两配"改革举措,在全省率先建立行政执法统筹协调指挥平台,将涉及24个部门的27条非应急类政务咨询投诉举报热线的受理功能整合到"12345"县长热线。

【推行特邀行政执法监督员制度】 选聘8名热心支持行政执法监督工作社会人士为县政府特邀行政执法监督员,参与行政执法的专项监督、专题调研,监督行政机关及其执法人员的执法活动。

【推进依法决策】 研究制定《嘉善县行政规范性文件合法性审查工作指引》和《嘉善县行政机关合同合法性审查工作指引》,规范法制审查工作。2016年,对县政府及县政府办公室出台的47件规范性文件进行合法性审查,出具审查意见书47份,提出审查意见62条,对各镇(街道)及部门出台的9件规范性文件进行备案审查,提出审查意见10条。积极参与研究姚庄医院PPP项目、高铁新城项目、姚庄垃圾焚烧项目等一批全县的重大投资项目,提出法制意见,预防和避免项目推进过程中存在的法律风险。

【服务中心工作】 梳理强制拆违的相关程序和文书格式,指导面上工作。聚焦美丽嘉善建设、城乡环境百日攻坚行动等中心工作,提出通过落实动物检疫监督责任推动生猪养殖减量、养殖大户许可证的去合法化途径、规范小型工程招投标等建设性的法制意见。派员蹲点姚庄镇、西塘镇等镇村一线,对集中攻坚强拆违章猪舍、西塘古镇旅游景区环境整治等工作进行全过程跟踪,保障中心工作顺利推进。

【化解社会矛盾】 对于申请反映事项涉及或符合提起行政复议条件的案件,积极引导进入行政复议程序。全年收到行政复议申请67件,依法受理52件。作出复议决定60件,其中维持33件,驳回4件,撤销5件,责令履行职责2件,撤回终止12件。全面审查证据事实,强化听证审理,实地调查,推进复议案结事了。重视行政应诉工作,落实应诉责任主体,认真研究应诉策略方案,严格行政机关负责人出庭制度,督促履行法院生效判决,切实维护司法权威。

【法律学习宣传】 落实政府常务会议学法制度,把新修订的及执行中存在问题较多的法律法规列为学法重点,县政府常务会议全面学习《中华人民共和国大气污染防治法》《中华人民共和国反恐怖主义法》以及有关"三改一拆"法律法规等内容。邀请中国政法大学法治政府研究院院长王敬波教授、《法制日报》浙江记者站站长陈东升等知名学者专家为执法一线的领导和执法人员作依法行政专题讲座。 (蒋安平)

外事侨务

【概况】 2016年,嘉善县外事侨务工作围绕县委、县政府中心工作,加大资源整合,增强统筹谋划，提升服务能力，努力在服务国家总体外交、服务地方经济社会发展、服务侨胞凝聚侨心上积极作为，开创外事侨务工作新局面。

【重要外事侨务活动】 5月19日，浙江中荷（嘉善）产业合作园正式开园。荷兰驻沪总领事艾晓安、省商务厅副厅长马洪涛、嘉兴市副市长盛全生等先后致辞。5月19日，嘉善召开中国嘉善县·荷兰坎贝拉市合作交流会，县委副书记、县长祁海龙参加。6月17日，法国格勒诺布尔阿古思学校、巴黎杜百利学校服装工程和织物设计专业师生组成的交流团一行到嘉善县惠通村刺绣社参观传统刺绣技艺。7月1日，由国家商务部主办、中华女子学院承办的援外培训项目——2016年发展中国家女官员参与社会管理能力建设研修班在嘉善县开展现场教学，来自巴勒斯坦、斐济、加纳等23个发展中国家的58位女官员实地考察魏塘街道魏中村妇女之家、碧云花园和云澜湾温泉国际，深入了解嘉善县社会发展状况和妇女工作开展情况。8月19日，澳大利亚国家证券交易所驻中国联络处、澳大利亚国家金融投资集团上市辅导中心在嘉善县揭牌成立，归谷园区管委会负责人与澳大利亚国家证券交易所董事局主席签署合作备忘录。10月27—30日，澳大利亚曼吉马普郡郡长迪坎普一行访问嘉善。迪坎普郡长与嘉善县县长祁海龙签订结为姐妹城市的协议。10月28日，嘉善县举行2016年嘉善国际投资贸易洽谈会。会上，葛明华、徐雄、项颉、高美荣、姚沁、李继春、杨明陆、徐普南等8人被授予“嘉善县荣誉市民”称号。中荷（嘉善）产业合作园、嘉兴综保区B区、巧克力甜蜜小镇、归谷智造小镇等4个国际园区和特色平台进行展示和推介。会上签约28个项目，总投资280亿元，主要涉及精密机械、新能源、新材料、软件和信息技术和节能环保领域，涵盖产业合作、平台合作、创新合作等多个内容。同日，举办以“展故乡新貌·凝英才合力”为主题的海外英才故乡行活动。来自美国、加拿大、英国、荷兰、日本等国家的15位嘉善籍海外英才参加2016嘉善国际投资贸易洽谈会，随后，海外英才走进中国归谷嘉善科技园进行实地考察。活动期间，举行嘉善县海外英才恳谈会，县领导曹国良、朱学军参加。12月1日，比利时西弗兰德省省长卡尔·德卡卢维一行在省外侨办副主任顾建新的陪同下，到嘉善参加浙江财纳福诺木业有限公司举行的二期项目奠基仪式。比利时驻沪总领事兰波，省政府副秘书长刘援利、市政府副秘书长章澜、嘉善县代县长徐鸣阳等参加。12月7日，荷兰驻沪总领事艾晓安一行到嘉善县进行考察，专题了解浙江中荷（嘉善）产业合作园建设情况。县领导许晴、陆春浩陪同。12月8日上午，印度驻上海总领事馆总领事古光明一行访问嘉善，实地考察浙江爱迪曼环保科技股份有限公司，并与嘉善企业家进行座谈，县领导陆春浩参加。

【主要出访】 4月19—26日，县委副书记、县长祁海龙带队赴荷兰、德国进行产业园招商。代表团在荷兰鹿特丹举办浙江中荷（嘉善）产业合作园推介会，与坎贝拉市签署合作备忘录，推动两地贸易与投资、人文科技等方面的交流与合作；拜访鲁道夫沙尔平咨询顾问公司、德国大陆集团汉诺威总部，参加汉诺威工业博览会，举办环保装备产业专场招商会。10月2—9日，县委书记许晴带队走访丹麦、立陶宛开展经贸洽谈。代表团先后拜访北欧风情有限公司、丹麦浙江商会、丹麦丹中友好协会、赫辛格市政府、格烈布斯库市政府、哥本哈根投资促进局等；访问立陶宛亚历山大斯图津大学、考纳斯自由经济区、欧洲AS[illegible]飞行培训学校等，深化与考纳斯市的友好交流。

【主要到访】 2月2日，德国驻沪领事馆副总领事白约恩、各州驻沪办事处商业机构代表，到嘉善进行投资环境考察。4月18日，美国著名心理学家菲利普·津巴多到西塘古镇体验西塘文化。5月11日，世界卫生组织(WHO)来华考察团及WHO驻华代表等14名专家在中国疾控中心免疫规划中心苏琪茹博士及省市卫生计生委、疾控中心相关人员陪同下，到嘉善县考察脊灰疫苗免疫策略转换工作。5月23日，瑞士驻上海总领事馆总领事霍力午一行访问嘉善，参观斯麦乐巧克力小镇。9月21日，韩国江陵市副市长金喆来一行访问嘉善，考察古镇西塘。（高　蕾）

行政监察

【概况】 2016年，嘉善县行政监察工作重点围绕城乡环境整治百日攻坚、“三大共治”、示范点建设重点任务推进、G20杭州峰会等中心工作开展监督检查，做好纪检监察体制改革相关工作。

【推进纪检监察体制改革】 全面启动监察体制改革试点工作，及时成立试点工作小组，坚决贯彻上级部署，摸清底数、拟订方案，认真做好县监察委员会组建、人员转隶等各项准备工作。

【开展专项工作检查】 围绕差旅费支出、公款存放、防止利益冲突等问题，开展重点项目专项检查，对全县218家行政事业单位2014年4月以来发生的所有差旅费报销凭证逐笔检查，涉及资金2866.59万元。

【中心工作督查】 围绕护航G20杭州峰会、“城乡环境综合整治百日攻坚行动”等中心工作，加大对县委县政府重要决策任务执行过程中“不作为、慢作为”查处力度，出台《城乡环境整治百日攻坚行动作风效能执行力问责追究办法》和《城乡环境整治应急工程项目建设“十个严禁”纪律要求》，健全责任机制，明确问责措施。加大对“不作为、慢作为”问题的查处，对4名执行不力的党员干部进行问责。

【全面立体铺开巡察工作】 扎实推进党风巡察工作，对县水利局、县环保局、县教育局、县科技局等4家单位开展联合巡察，发现问题54个，提出意见建议24条。拓展巡察成果运用，协助县委开展巡察整改“十查十看”专项行动，督促各单位开展自查，梳理汇总问题139个，提出整改措施138条，建立健全廉政风险防控机制22项。深入开展农村基层作风巡查，严肃整治侵害群众利益的不正之风和腐败问题。2016年，对全县56个村开展巡查，发现问题251个，查处农村党员干部违纪案件6起。落实上级部署，调整巡察工作体制，建立县委巡察工作领导小组，设立县巡察办，梳理完善相关工作规程，为开展新一轮巡察工作奠定基础。

（钟维佳）

体制改革

【概述】 2016年是嘉善县域科学发展综合配套改革三年行动计划收官之年，围绕三年计划目标，嘉善县在前两年改革推进基础上，着力抓好各项改革任务落实，强化对重点改革项目的顶层推动，力求形成具有嘉善特色的综合改革和专项改革品牌，从体制机制上保障和推进县域科学发展示范点建设。

【综合配套改革】 全年安排实施14个改革项目，重点推进养老服务业综合改革、大众创业促进机制改革、县城基础设施投融资体制机制、综合行政执法改革等4个项目，全力打造单项改革品牌。到2016年底，嘉善综合配套改革按计划圆满收官。2016年5月，由省委改革办委派的第三方评估机构对嘉善县域科学发展综合配套改革进行评估，《评估报告》于11月28日经省委深改组13次会议审议通过，对嘉善改革予以高度肯定，认为：“顺利完成《总体方案》确定的各项任务，涌现出一批可复制推广的成功经验，呈现出上下同欲、合力攻坚的浓厚氛围，有力保障了县域科学发展示范点建设的顺利推进。”

【经济体制综合改革】 根据《关于全面开展县域经济体制综合改革的指导意见》(浙政发〔2015〕31号)文件精神，2016年1月，县政府出台《嘉善县关于深入开展县域经济体制综合改革的实施方案》，全面实施经济体制综合改革。6月下旬至7月，顺利通过省审计厅对嘉善县域经济体制综合改革专项审计工作。

【小城市培育试点】 姚庄镇在2015年度全省小城市培育试点考核中列第4名，等级为优秀。全面完成第二轮省级小城市培育试点三年行动计划，编制完成第三轮小城市培育试点三年行动计划；西塘镇连续3年获全市小城市培育试点考核第一名，2016年被列入省级小城市培育试点，编制完成2017—2019年培育试点三年行动计划。天凝镇成功列入新一轮市级小城市培育试点镇名单，编制完成2016—2018年培育试点三年行动计划。2015年“十强”新市镇中，姚庄镇、西塘镇分列冠、亚军。

【特色小镇培育】 1月，归谷智造小镇被列入省特色小镇培育名单；3月，归谷智造小镇、互联网通信小镇、汾湖水上运动小镇被确定为市级特色小镇创建对象。巧克力甜蜜小镇在省特色小镇2015年度考核中获考核优秀和“示范小镇”称号。成立嘉善巧克力甜蜜小镇工作推进组，定期召开推进工作会议。制订巧克力甜蜜小镇、归谷智造小镇、互联网通信小镇、汾湖水上运动小镇2016年创建工作要点和专项考核办法。

【公务用车改革】 根据中央、省车改工作部署，制定出台《嘉善县公务用车制度改革实施方案》及嘉善县公务交通费管理办法、嘉善县公务用车集中使用管理办法等一系列配套政策。9月，先后对机关、参公事业单位涉改车辆和非参公事业单位涉改车辆进行封车。改革后，116辆公车集中到平台统一管理，其中79辆从其他单位移交到县机管局平台。

【政策性农业保险推行】 召开政策性农业保险2016年度预算工作协调会，完成2015年度政策性农业保险全年参保情况核查和财政补贴结算工作。调查全县种植业、养殖业情况，确定2016年全县政策性农业保险基数，完成2016年度政策性农业保险的预算工作。研究制订政策性农业保险2016年度水稻统保方案，出台《关于做好2016年度政策性农业保险工作的通知》，部署开展2016年度政策性保险险种参保工作，并根据省农险办文件精神对全县政策性农业部分品种的费率、保额、财政补贴和保险责任作调整。（秦垚歆）

机构编制

【概况】 2016年，嘉善县机构编制工作围绕县委、县政府中心，扭住职责体系、组织体系和运行机制建设3个关键，着力推进行政体制改革创新，更加科学有效地管好用好机构编制资源，推进县域社会治理体系和治理能力现代化建设，为“县域科学发展示范点”建设提供体制机制保障。年内，县编制办被评为全省编办系统先进集体、县2016年度县域科学发展示范点建设及综合配套改革优秀部门一等奖以及落实党风廉政建设责任制优秀单位。

【强化机构编制管理】 严格按照规定权限和程序设置机构，规范设置县委县政府督查（考评）、流动人口服务管理和驻上海办事（联络）等工作机构。印发《嘉善县机构编制实名制管理联席会议制度》，完善机构编制实名制系统管理，做好实名制数据库信息动态更新工作。规范机关事业单位用编审核流程，坚持用编事项由办公例会集体研究审议。严格机关事业单位编外用工、股级职数管理，落实部门申报、会商决定程序。严格机构编制监督检查，出台《2016年县机构编制工作综合考评办法》，将机构编制工作纳入镇（街道）、部门年度目标责任制考核。

【规范事业单位管理】 规范事业单位登记设立工作，完成全县160家事业单位新版法人证书换发工作。开展机关群团“统一社会信用代码”赋码工作。做好中文域名的常态化管理工作。做好事业单位网站开办资格复核和加挂网站标识工作。推进事业单位法人治理结构试点工作，支持县社会公益类事业单位发展的用编需求。

【完善权力责任清单】 完成各部门的权力事项与省级基本目录库的比对工作，确保县级部门的各项权力与省级基本目录库完全一致。将重点工作目标列入部门责任清单，进一步厘清部门职责分工，明确各部门之间的职责关系，建立协调配合机制。修订完善事中事后监管制度，规范部门自由裁量权。编制基本生活、发展、环境、安全服务四大类公共服务清单列入部门责任清单“公共服务事项”板块。编制全县9个镇（街道）和6个功能区权力、责任清单。梳理确定法定权力事项127项、公共服务事项94项，县级部门权力下放事项3项；主要职责124项、具体工作事项472项、相关职责边界3项、履职案例8个、事中事后监管制度78项、基本公共服务事项186项、其他公共服务事项69项。于3月底前在浙江政务服务网上向全社会公布。建立健全部门权力清单、责任清单动态调整机制，印发《嘉善县人民政府部门职责管理办法》。督促做好政府职能转变、部门机构调整以及法律、法规、规章修订涉及的行政权力事项、部门职责变动等情况常态化的动态调整。推进政府职能向社会组织转移工作，印发《关于推进政府职能向社会组织转移的工作意见》，编制嘉善县政府职能向社会组织转移具体事项目录（第一批），向社会公布。贯彻落实“双随机”抽查监管制度，督促指导各部门（单位）制定建立“一单两库一细则”，年底前实施随机抽查事项达到本部门监管执法事项的70%、其他行政执法事项的50%。

【推进乡镇“四个平台”建设】 抓好省两办《关于加强乡镇（街道）四个平台建设，完善基层治理体系的指导意见》落实，根据县《关于打造“四个平台”推进基层治理体系建设的实施意见》的文件精神，完善镇（街道）行政管理体制机制，打造综治工作、综合执法、市场监管、便民服务等4个平台，推进平台统筹管理、政务闭环管理、网格综合管理、执法协调指挥、属地考评管理等机制建立。指导示范镇西塘、姚庄两镇出台平台运行工作机制、全科网格管理、驻镇站所考评等办法。

【深化综合行政执法“一主两配”改革】 在试点工作经验以及2015年全省现场推进会的基础上，优化调整纳入综合行政执法的职权事项，拟定《嘉善县深化综合行政执法工作方案》，上报嘉兴市政府并请转报省人民政府。印发《2016年全县深化综合行政执法改革重点任务分工方案》，提出深化综合行政执法等6个方面28项的重点工作任务，牵头做好各项工作任务的分解推进落实工作，确保全县综合执法改革工作继续走在全省前列，并实现全省“三个率先”。率先整合政务咨询举报投诉热线，6月16日起将24个县级部门27条非应急类政务咨询投诉举报热线的受理功能整合进“12345”县长热线，由县政务咨询投诉举报电话受理中心统一受理。8月21日起，“12345”政务服务热线和县长信箱正式切转至省统一政务咨询投诉举报平台进行流转和办理，实现“信、访、网、电”系统操作一体化。在全省统一政务咨询投诉举报平台整合建设工作电视电话会议上作经验介绍。率先构建县、镇二级行政执法统筹协调指挥平台。出台关于进一步加强行政执法统筹协调指挥工作的意见，成立县行政执法工作领导小组，下设县行政执法指挥协调中心，镇（街道）设分中心，加强县镇二级行政执法统筹协调指挥能力。各镇（街道）全面建立综合行政执法“一机构（镇、街道综合行政执法中队）一平台（镇、街道综合行政执法中心）一张网（综合行政执法工作网）”。率先建立“三位一体”平台管理模式。设立县信访联合接待中心、县政务投诉举报电话受理中心和县行政执法指挥协调中心，并实行“三中心”整合运行模式。“三中心”作为县委、县政府的专业工作平台，县信访局承担综合管理职能，3个中心分别承担相应工作职责。中央信访工作联合督察组在嘉善调研时给予肯定，《浙江日报》等媒体对此进行报道。将综合执法工作纳入镇（街道）、部门年度目标责任制考核，印发《2016年度嘉善县综合行政执法改革考核实施办法》。综合执法改革课题入选2016年“嘉兴改革发展”专项研究立项课题。 （陈　旭）

档　　案

【概况】 2016年，嘉善县档案工作围绕中心，服务民生，牢牢扣住“五档共建”，全力抓基层基础、抓法治规范、抓深化服务、抓安全保障、抓队伍建设，各方面工作取得新发展。全县被列入合格证监管的单位有78家，专职档案管理员65人，大专以上文化程度59人，兼职档案人员127人，室藏档案总数1087881卷、1129484件。至年底，县档案馆有馆藏全宗205个，16.4万余卷、27万余件，底图7729张，照片档案1.7万余张，图书资料约1.7万册，寄存档案11.4万余卷。2016年，接待查档群众5019人次，调阅档案6509卷次、1593件次，出具证明10728份，复印18193页，涉及157个馆藏全宗。其中，党群24个、政府部门69个、乡镇（街道）25个、基层31个、民国4个、人物4个。受理民生档案“就近申请 远程出证”工作1301例，出具证明777份。

【档案服务中心工作】 依托档案史料资源，利用场馆优势，举办主题鲜明、内容丰富的展览。3月，与县委宣传部一起举办“嘉善记忆”摄影展，通过湮没的古迹、街道旧貌、魏塘市河的记忆、县城的变迁等7个主题60多幅照片展示嘉善的历史变迁。6月，与县委宣传部联合举办“新中国跟踪摄影第一人徐永辉作品展”，以纪念建党95周年，累计参观2000多人次。12月，配合县委宣传部开展传承中华优秀传统文化培育和践行社会主义核心价值观“慈善孝贤”暨了凡善学思想研讨会。做好“三改一拆”“五水共治”等中心工作档案，“村社股改档案”“农村土地承包确权登记档案”等涉民档案的管理指导。

【出台档案事业发展“十三五”规划】 年初，成立嘉善县档案事业发展“十三五”规划编制工作领导小组，明确责任科室，制定编制工作计划。经过调查研究、起草初审、征求意见和反复修改论证，于12月13日正式通过专家评审，并于12月30日由县发改局和县档案局联合发文。《嘉善县档案事业发展“十三五”规划》被列入《嘉善县

"十三五"规划编制体系目录》。

【档案文化建设】 加强地方历史文化研究,挖掘红旗塘故事,撰写《红旗塘纪》专栏文章5篇。编印《嘉善记忆》2期。协助做好农村文化礼堂建设的史料整理挖掘工作,开展档案文化示范基地创建工作。至年底,全县乡村记忆示范基地13个,企业记忆示范点3个。加强档案宣传工作,主动与县政府微信平台"嘉善发布"联系,发布档案信息。举办"6·9国际档案日"系列活动,组织"新中国跟踪摄影第一人徐永辉作品展"、"嘉善记忆"摄影图片流动展、档案法制宣传进社区、"历史上的东门大街"研究沙龙、中小学生走进档案馆等活动。探索档案研究与高校合作,与杭州师范大学人文学院签订学研合作协议书,县档案馆成为"杭州师范大学公共史学实践基地"。

【档案资源收集】 贯彻执行国家档案局8号令、9号令,不断加强档案依法收集和接收,制定"十三五"期间全县档案接收计划,启动"十三五"期间第一批年满10年进馆档案的接收,完成接收档案18卷、12168件。接收调整机构档案130卷、4449件,县民政局2015年度的婚姻档案4507件、出生医学证明35485件。继续加强对外合作和民间参与,有计划开展新闻照片、老照片征集工作,征集到民间地方档案138件、名人档案33件。

【档案馆基础业务】 做好库房八防及温湿度的日常管理。完成2015年度局(馆)档案统计年报、利用档案统计及分析、库房温湿度分析等工作,做好档案日常保管基础工作。"徐永辉同志摄影照片档案保护开发"等7个项目上报"十三五"国家重点档案保护与开发项目储备。开展2016全省国家重点档案信息普查工作,对民国所有案卷进行统计。

【基层档案指导】 继续抓好国家8号令、10号令的贯彻实施,抓好《文件材料归档范围和保管期限表》的修订完善工作,完成审核单位34家。主动与企业接洽,上门对恒兴电力公司、浙江嘉日氟塑料公司(东方塑料厂)等企业进行系统的指导。做好政府投资项目的档案专项验收工作,完成嘉善县天凝中学迁建项目等18个政府投资项目的档案验收。参加西塘公墓扩建项目综合验收协调会、嘉善华瑞赛晶电气设备科技有限公司高压直流输电用阳极饱和电抗器及其柔性输电装置产业化项目竣工验收会。对浙江众成包装材料股份有限公司的中央投资项目进行审核验收。完成对22家机关单位的年检工作。完成省级目标管理认定2家,市级目标管理认定1家

【法治档案建设】 以档案行政执法检查为抓手,推进依法治档工作。配合市档案局完成对魏塘街道、姚庄镇的专项执法检查。10月,联合县法制办对全县9个镇(街道)及县国土局、县民政局等6个重要涉民部门开展档案执法检查。重新完善优化《嘉善县档案局责任清单》,将单位年度重点工作目标列入责任清单,修订完善事中事后监管制度。

【档案安全体系建设】 贯彻落实《关于加强档案信息系统安全保密工作的通知》,做好新增室藏文书档案数字化加工及登记备份工作。对重要涉民部门电子业务系统(数据)及2016年县级以上重点建设项目进行登记备份。开展嘉善档案一体化综合管理系统及电子数据应急恢复演练。继续做好综合档案馆重要档案异地备份工作和备份基地建设管理工作。以县旅游局为试点开展在线办公平台的电子档案移交与接收工作。

【档案信息化建设】 全面开展馆藏档案数字化转换工作,全年累计完成馆藏6[illegible]多万件、500万页;验收通过400万页,并完成数据的校对和验收。完成数据保全软件的招投标工作。做好馆藏档案软件的调研、招投标工作,完成档案网站、手机网站及微信公众平台建设,并做好迎接G20杭州峰会、世界互联网大会(乌镇峰会)网站安全防护工作。全年,新申报创建省级示范数字档案室3家、规范化数字档案室1家。档案室传统载体档案数字化进程进一步推进。

【队伍建设】 认真推进"两学一做"教育活动,全年组织党课5次、专题讨论4次、民主生活会2次。开展党风廉政建设痕迹化管理,坚持齐抓共管,建立健全人人参与党风廉政建设的工作运行机制。通过多种形式的业务培训,提高档案干部队伍的综合素质。至年底,取得档案中级职称人数占全局工作人员的80%。5人被列为浙江省首批115档案人才优秀中青年档案业务骨干。2人分别获得"十二五"期间省、市档案系统先进工作者称号。(卓颖颖)

地方志编研

【概况】 2016年，嘉善县地方志工作学习贯彻习近平总书记在哲学社会科学工作座谈会上重要讲话精神，坚持“一业为主，多业并举”工作要求，依法修志编鉴，全力打造精品志书，抓好年鉴编纂出版、镇志部门志指导、古籍整理点校、地方史料研究和了凡善学思想研究等工作，编辑出版地方志著作7部。

【嘉善年鉴出版】 编辑出版《嘉善年鉴（2016）》。该书设8个类目、45个篇目、284个分目，收录特载和嘉善县“五水共治”纪实、推进“三改一拆”工作、开展“以创建三复评”工作、2015美丽嘉善建设工作总结等4个专记，全书105万字，由方志出版社出版。

【现场采录嘉善方言】 6月3—7日，县史志办组织专家到魏塘镇、干窑镇、西塘镇、陶庄镇、姚庄镇、天凝镇等11个传统老镇，对60岁左右，世居当地、没有长期在外经历，识字或有小学文化程度以上的当地发音人进行现场采录嘉善方言。对各原始资料进行整理、分析、研究、比较，坚持“记录语言事实为主”，准确记载嘉善方言现状、特点，揭示其发展演变脉络、趋势，使《嘉善方言志》真实反映嘉善地方语言特色，推进嘉善方言传承。

【地方文史资料整理】 3月，启动《人民日报话嘉善》编研工作，通过《人民日报》数据库资料，搜集《人民日报》1949年至2015年宣传报道嘉善的文章354篇，约20万字，编研工作获县长祁海龙批示肯定。12月，《人民日报话嘉善》内部出版。3月，《嘉善历史人物集》由中国文史出版社出版发行。该书由县史志办组织编审、韩金梅编撰，主要收录民国之前，历代史书、志书、词典等典籍中有记载的嘉善知名人士近1300人。

【古籍整理】 整理影印出版3部旧志。5月，影印出版清雍正《续修嘉善县志》，全志列12卷、10志、6图，分55目。10月，影印出版明万历《嘉善县志》，全志列12卷、9志、8图及25分区图，分52目。11月，影印出版明正德《嘉善县志》。12月，清光绪《嘉善县志》点校本由中华书局公开出版，分上下册，计200万字。

6月，组织专家到地方采录嘉善方言。（沈路婧 摄）

【镇志、部门专业志编纂】 做好指导服务，走访县国企办、县供销社、西塘镇、陶庄镇、天凝镇、县卫计局等修志单位，提出加快修志进度的措施和计划。加强初稿审改、评审稿评审，组织开展《嘉善县二轻工业志》《丁栅镇志》《洪溪镇志》《西塘镇志》《陶庄镇志》《嘉善县广播电视志》《嘉善县供销合作社志》等7部志书专家评审。出版《魏塘镇志》《大云镇志》《嘉善县土地志》《嘉善县建设志》等4部志书。至年底，全县28部镇志、专业（部门）志，出版13部，完成志稿评审继续修改、可进入出版程序9部。

【了凡善学思想研究】 围绕打造了凡这一嘉善的“金名片”，发挥优势，推进了凡善学思想研究。编纂出版《了凡及其善学思想二十六讲》，首次收录《袁了凡年谱》《嘉善袁氏诗词选》和《嘉善袁氏家训》。出刊《嘉善史志》第3期特刊《嘉言善政·了凡善学思想学术特刊》，刊出袁了凡思想研究论文20多篇、20万字。加大对了凡善学思想的宣传力度，联合县委宣传部、县文联开展纪念袁了凡逝世410周年征文活动；9月，推出“了凡善学”微信公众号，每周定期推送两期。加强与各地了凡善学思想交流，参加苏州市

12 月 15 日，组织承办"传承中华优秀传统文化 培育和践行社会主义核心价值观"暨了凡善学思想研讨会。 （周志军 摄）

吴江区、天津宝坻区举办的论坛活动，接待来自北京、天津、上海和苏州等地的部分袁了凡文化研究学者以及袁黄后裔。12 月 15 日，会同县委宣传部举办"慈善孝贤"暨"了凡善学思想"研讨会，复旦大学哲学学院教授吴震，北京市社会科学院国学研究中心主任、北京大学中国传统艺术文化研究所国学研究室主任刘伟见，故宫博物院故宫研究所所长章宏伟，苏州大学社会学院院长、教授王卫平等专家应邀参加。12 月 15 日《嘉兴日报·嘉善版》刊登"慈善孝贤"暨了凡善学思想研讨会专刊。 （叶 奕）

台湾事务

【概况】 2016 年，嘉善县台办认真贯彻中央对台工作会议精神及省、市工作部署，围绕中心，服务发展，深入推进台资企业转型升级，巩固拓展对台经贸合作，不断深化善台交流交往，着力提升对台工作水平。

【助推智能转型】 深入台企开展调研，研究分析台资企业特点和转型升级需求，分行业排出目标企业和重点项目。对木业家具、五金机械、装备制造及电子信息等行业，分行业开展企业对标、辅导工作，组织考察学习行业内标杆示范企业的转型做法和经验，进一步增强台企智能转型、创新发展的意识。强化项目化推进，重点抓好"三个一批"项目实施，推进台资企业智能制造、产品智能化、管理信息化提升。2016 年，50 个台资企业增资技改项目完成投入 23 亿元。机械装备企业引领作用突出，本田汽配、智泓科技完成智能化车间建设，和新精冲、旭阳精机等一批企业实施"机器换人"自动化设备和生产线改造。年内，全县 97 家规模以上台资企业实现主营业务收入 2[illegible]0 亿元，同比增长 11.8%以上。

【对台经贸交流】 加强对台经贸合作，着力招引优质台资，着力提升经贸合作平台建设。深化与台中工业区等的产业对接合作，协助姚庄经济开发区多次赴台开展招商活动，组织县经济技术开发区、县科创中心赴台开展招商推介，对接台北青创基地、新竹科学园等优质台企项目。开展县领导领衔参与招商工作，台办招商组坚持每周赴上海、江苏等地开展招商，协助县开发区赴厦门举办招商推介活动。充分利用台协台商的引资渠道，通过"走出去、请进来"相结合的方式，加强与在沪等地的台企台商互动交流，吸引一批优质台商投资企业项目。全年接洽有投资意向的台资企业项目信息 20 多个，引进台资项目 4 个、洽谈项目 2 个；助推大云镇与台湾美声有机农业合作生态农业项目。年内，全县新批台商投资企业 12 家，台企增资项目 29 个，合同利用台资 4.18 亿美元，实际利用台资 3.02 亿美元。

【两岸青年交流】 加强青年交流合作，着力推进两岸青年创业创新试验区建设。建立工作推进机制，落实工作任务，积极向上申报争取。研究制定支持台湾青年来善创新创业的政策措施，推动嘉善青年台商筹备创业创新投资基金。与台北青创基地、新竹硅谷创业协会等开展交流合作，吸引以真空科技为重点的台湾半导体研发设计企业到嘉善创业发展，签约引进的台湾青年创业创新企业与团队 5 个。组织举办 2016

10 月 25 日，举办“浙江 · 台湾合作周”海峡两岸（嘉善）青年创业创新论坛。（县台办 提供）

“浙江 · 台湾合作周”海峡两岸（嘉善）青年创业创新论坛，邀请200 多位台湾青年创客、科技企业、投资机构及青年台商汇聚嘉善，共同探讨两岸青年创业创新合作，搭建两岸产业、人才与资本高效交流对接的平台。

【服务台企台商】 依托台商沙龙平台，联合县住建局、县人社局、县国税局等部门，为台企开展城乡环境建设、劳动关系、营改增等法律政策宣讲。邀请专业服务机构举办转型升级专题讲座，进一步增强台商台青创业创新、转型发展的意识和思路。完善企业智能制造转型专项辅导方案，与台湾生产力中心合作，启动开展以工业 4.0 智能制造为主要内容的诊断、辅导和改善工作，帮助企业加快提升智能制造水平。建立健全分片区联系台企制度，坚持每月重点走访与每季全面走访服务机制，加强走访服务台企台商频次，及时掌握台企经营动态，实行项目跟踪服务。通过疑难问题领导会商，协调解决丽正电子土地重置登记等问题。解决台企在人力、货车营运证、建设等方面问题和困难。启动涉台民商事协调机制，妥善解决友信机械、台升实业等企业经济、劳资方面纠纷案件。全年协调解决国台办、省台办的涉台信访 2 件，台企生产经营中反映的问题和诉求 90 多个。

【推动台企上市】 引导和推动成长型优质台资企业进入资本市场，开展拟上市台企调查摸底、政策宣传，建立上市企业后备资源信息库。邀请有关券商、中介机构开展辅导，为台企上市开展专业辅导等前期准备工作。对拟上市台企实行跟踪服务推进，关注群展机械、承田汽配的上市进展，推动嘉丰机电、永航汽配等其他 6 家意向企业的加快启动。

【对台宣传交流】 拓宽善台两地多领域交流合作，组织赴台经贸交流等 8 批 41 人次、企业商务赴台 39 批 63 人次。加强青年交流，组织青年台商、“台二代”座谈会，举办海峡两岸青年创业创新联谊活动，开展两岸青少年中秋联谊活动和“宝岛在我心中”主题电脑动漫绘画比赛，促进两岸青少年的

3 月 28 日，中国国民党中常委许淑华到嘉善考察交流。（县台办 提供）

交流融合。深化基层交流，重点接待中国国民党中常委许淑华等人士到嘉善参访，接待南投县鹿谷农会等4个基层交流团到嘉善交流考察。组织罗星街道邻里节团组赴台湾南投水里乡、鹿谷乡等开展邻里回访活动。开展文化交流，重点接待“创新浙江、孵化未来”两岸媒体联合采访团等到嘉善参观。邀请台湾折纸艺术家许玉芬女士到嘉善开展交流，组织台湾高清摄影协会到嘉善采风，对嘉善古窑京砖烧制传统工艺专题拍摄影集，增进中华文化认同。与县政协合作对台统战工作进行专题调研，形成《台湾地区县市级同乡会面临生存危机，建议“内延外拓”巩固传统统战阵地》的调研报告，引起全国政协的重视。组织开展“百名台商献爱心送温暖”“爱心午餐”助学子等活动，动员台商为“五水共治”“美丽嘉善”献力，累计收到捐款80余万元。举办插花、油画培训班、青年台商羽毛球赛等活动，丰富台商台胞业余生活。

【服务中心工作】 围绕“美丽嘉善”“五水共治”“三改一拆”等重点工作，定期到联挂镇村推动生猪清零工作，巡查河道保洁情况。积极参与城乡环境整治百日攻坚行动，配合县开发区开展平黎公路沿线环境治理，牵头做好台升、日东等企业的厂区环境改善，积极推动台升、财纳福诺淘汰低效能燃木材锅炉。党员干部参加“党群联动、集中攻坚”助推城乡环境综合整治工作行动，配合魏塘街道玉兰社区，积极参加G20杭州峰会、世界互联网大会(乌镇峰会)期间巡防工作，确保活动期间的维稳安保。 (于 瑾)

行政审批服务

【概况】 2016年，嘉善县行政审批服务中心(以下简称中心)以经济转型升级为主线，全力深化行政审批制度改革，进一步提升行政审批服务品质。全年，受理行政审批事项57995件，办结行政审批事项56595件，平均办结时间3.4个工作日，提速81.72%，办结服务事项29734件。

【企业投资项目“零土地”技术改造审批改革】 贯彻落实《嘉善县工业企业“零土地”技术改造项目审批方式改革实施办法》，配合职能部门推进零土地技术改造，改革以“清单管理、并联办理、承诺验收、一窗受理、全程代办”为目标，简化审批手续，提高审批效率。得到省政府的肯定和推广，并于10月21日在嘉善召开推进改革现场会。全年，完成符合“零土地”技术改造审批改革事项目228个。

【嘉善县不动产登记中心入驻】 6月12日，根据《关于整合不动产登记职责有关事项的通知》《关于县不动产登记中心主要职责内设机构和人员编制等事项的批复》，嘉善县不动产登记中心在县行政审批服务中心成立并正式挂牌。引进不动产登记、房产交易抵押等新职能，实现“房产证明+房屋交易、抵押+不动产登记”一条龙登记服务，为群众办理提供便捷的服务。至年底，受理发放不动产权证书23816本、不动产登记证明28097份，发证5万本(张)以上，日平均发证(证明)376.18本(张)。

【工业项目联办联验机制】 全年召开工业项目联审会议33次，联审项目314个，总投资215.49亿元，注册资本61.39亿元，盘活存量土地42.228公顷(633.42亩)，厂房20.7万平方米，新增用

7月13日，县建设项目竣工联合验收办公室组织县发改(服务业发展)、县经信、县住建、县国土、县环保、县消防、县气象、县安监等部门，上门对开发区的铠嘉电脑配件有限公司一期工程项目进行预验收。 (县审批服务中心 提供)

地205.4公顷(3081亩),协调解决容积率、建筑密度等各类问题72个。对7家违规建设项目企业进行确权工作,出具《工业企业违规建设项目审查意见》5份,对企业进行竣工达产验收7家,开展联合竣工预验收1家。

【“红色代办”服务品牌】 全年为县及以上重大工业项目、“两创中心”项目、零土地技术改造项目及全县工业项目百日攻坚项目实施全程代办服务、疑难会商92个项目,涉及总投资53.3亿元;为上海人才创业园、归谷、科创等平台和个人办理工商注册登记、股权变更等111个,涉及总投资4亿多元。《法制日报》《中国经济时报》《浙江日报》等媒体报道“红色代办”工作情况28次,县委领导批示肯定2次。

【推进政务服务网建设】 根据省、市政府的统一部署安排,完成乡镇、村社区服务站点建设,将梳理确定的乡镇法定权力事项127项、公共服务事项94项、县级部门权力下放事项3项完成上网公布;6月1日,完成投资项目在线审批监管平台与权力运行系统对接工作,嘉善县在线审批监管平台正式运行项目赋码工作。全年完成赋码项目118个。

【建立“淘中介”服务平台】 创新“互联网＋中介服务”,引入“淘宝”理念,配合建立“淘中介”网络服务平台,将涉及行政审批的中介服务机构在网上公开,为建设业主提供信息化、便捷化、透明化服务。嘉善“淘中介”服务平台于6月试运行,完成注册的中介机构总数120余家,每个中介服务事项有3家及以上中介服务公司。 (任 佶)

政协嘉善县委员会

综　　述

2016年，政协嘉善县第十三届委员会由22个界别的215名委员组成，政协常务委员会实有组成人员33人。政协委员外还有政协特邀委员68人。

政协嘉善县十三届委员会下设工作机构有政协办公室、5个专门委员会和9个镇（街道）政协委员联络室。5个专门委员会分别为提案委员会、文教卫体与文史委员会、经济科技委员会、社会法制与港澳台侨联谊委员会和委员工作委员会；9个镇（街道）政协委员联络室分别为魏塘街道、罗星街道、开发区（惠民街道）、大云镇、姚庄镇、干窑镇、西塘镇、天凝镇、陶庄镇政协委员联络室。

重要会议

【全体会议】　3月1—5日，召开中国人民政治协商会议嘉善县第十三届委员会第五次会议。会议审议并通过政协嘉善县第十三届委员会主席冯伟所作的常务委员会工作报告，听取丁金华副主席代表常务委员会所作的关于十三届四次会议以来提案工作情况的报告。选举张丰为县政协十三届委员会常务委员，会议表彰2015年度先进组、室，优秀政协委员、特邀委员，优秀提案，政协提案先进承办单位，重视政协民主监督工作先进单位，先进民主监督组和优秀民主监督员。会议期间，委员们列席嘉善县第十五届人民代表大会第五次会议，对县人大、县政府、县法院、县检察院等各项工作报告进行协商讨论。精选大会发言材料29篇，12名政协委员作专题发言，县委、县政府领导对大会发言作高度评价。全会期间，收到以提案形式的意见建议184件，经审查立案173件，含23篇大会发言转为提案。全会闭幕后，经梳理汇总意见建议有7个方面32条，及时向县委、县政府及有关部门反映，许多建议已被采纳或转化为政府工作内容。

【常委会议】　全年召开县政协常委会议4次，就全力推进"全县环境整治'百日攻坚战'"、进一步加强"五水共治"长效机制建设等议题开展集中协商。2月2日，召开县政协十三届委员会第二十二次常委会议，协商审议县政协常委会工作报告及提案工作情况报告。3月17日，召开县政协十三届委员会第二十三次常委会议，审议通过县政协2016年重点工作安排及各专委会、活动组、联络室2016年工作计划。5月11日，召开县政协十三届委员会第二十四次常委会议，传达贯彻夏宝龙书记讲话精神及县委常委会会议精神，并结合县政协实际，号召政协组织和政协委员发挥优势，全力推进"全县环境整治'百日攻坚战'"。9月19日，召开县政协十三届常委会第二十五次常委会议，审议通过有关人事任免，任命陈峰为县政协社会法制与港澳台侨联谊委员会副主任、邵丽萍为县政协办公室副主任、李浩为县政协办公室副主任，免去吴建平的县政协副主席职务、邬雅燕的县政协办公室副主任职务，免去李云丰的县政协罗星街道政协委员联络室主任职务、钱文龙的县政协惠民街道政协委员联络室副主任职务、怀红霞的县政协西塘镇政协委员联络室副主任职务、陆振评的县政协姚庄镇政协委员联络室副主任职务、丁建荣的县政协陶庄镇政协委员联络室副主任职务、蒋爱珍的县政协大云镇政协委员联络室副主任职务。12月8日，召开县政协十三届委员会第二十六次常委会暨“五水共治”长效机制建设委员议政会，县领导徐鸣阳、冯伟、徐明良、王秋儿、阎靖华参加会议。县府办主任俞鸿刚就2016年度政协提案办理情况作通报，县各民主党派及党外知识分子联谊会围绕“五水共治”长效机制建设，领衔一个重点课题、针对一个职能部门，以城乡生活污水治理、工业污水入网、畜牧业整治、河道长效保洁等方面，开展议政协商，提出建议。县委副书记、代县长徐鸣阳对议政会议的方式和成效给予充分肯定。

【主席会议】 全年召开主席会议11次，分别围绕经济发展、工业危废品处置、楼宇经济发展、东门历史文化街区保护开发、卫生计生工作等主题协商议政。1月18日，召开县政协十三届委员会第四十五次主席会议，协商县政协协商议题，听取县发改局《关于嘉善县2015年国民经济和社会发展计划执行情况、2016年国民经济和社会发展计划草案的报告》情况通报。2月17日，召开县政协十三届委员会第四十六次主席会议，审议县政协常委会工作报告和提案工作情况报告。3月16日，召开县政协十三届委员会第四十七次主席会议，审议2016年县政协重点工作安排、各委组室2016年工作计划。4月28日，召开县政协十三届委员会第四十八次主席会议，审议确定2016年重点提案、重要提案，通过2016年度政协活动组、镇（街道）政协委员联络室工作考核评分标准。8月5日，召开县政协十三届委员会第四十九次主席会议，副县长施晓松列席。会议协商审议“推进工业危废品处置设施建设”，建议政府要高度重视，加快规划编制；摸清家底，严格危废管理；科学预测，注重源头控制；严格监管，杜绝二次污染；政策引领，处置危废全覆盖。8月11日，召开县政协十三届委员会第五十次主席会议，副县长郁伟华列席。会议协商审议“东门历史文化街区的保护与开发”，建议要科学合理地界定保护范围，尽快做好建筑物文化历史价值的甄别，进一步挖掘东门大街历史文化内涵，强化政府主导、社会力量参与。8月23日，召开县政协十三届委员会第五十一次主席会议暨2016年第五期“政协讲堂”，听取县卫计局局长陈强关于全县卫生计生工作情况的介绍。10月

8月5日，县政协召开十三届第49次主席会议。 （县政协 提供）

7月14日，县政协举行2016年度第四期“政协讲堂”。（县政协 提供）

13 日，召开县政协十三届委员会第五十二次主席会议暨 2016 年第七期"政协讲堂"，听取县商务局局长沈雪林关于全县商务工作情况的介绍。10 月 24 日，召开县政协十三届委员会第五十三次主席会议，县领导施晓松列席会议。专题协商审议"加快发展楼宇经济"，建议从加强领导、找准定位、培育特色、优化环境、加强合作、完善政策等方面进一步加快楼宇经济发展，并审议进一步加强"五水共治"长效机制建设议政会方案。11 月 18 日，召开县政协十三届委员会第五十四次主席会议暨政协 2016 年第八期"政协讲堂"，听取县新居民事务局局长夏盛关于全县新居民工作情况的介绍。12 月 7 日，召开县政协十三届委员会第五十五次主席会议，协商审议 2016 年度县政协先进活动组、先进政协委员联络室建议名单；2016 年度优秀政协委员、特邀委员建议名单；县政协十三届五次会议优秀提案推荐名单；县政协十三届五次会议提案承办先进单位推荐名单；2016 年度先进民主监督组推荐名单；重视政协民主监督工作先进单位和优秀民主监督员推荐名单。

政协活动

【团结联谊】 通过举办座谈会、个别走访、来访接待等活动，密切与港澳台同胞和海外侨胞以及社会各界人士的联系。邀请群众代表、外来建设者、台商和知名人士等列席政协全体会议或参加座谈讨论，汇聚各阶层力量共同致力于嘉善经济社会建设。3 月，县政协主席会议成员集中走访政协委员，了解情况，听取建议。

【形势任务报告会】 8 月 29 日，县政协召开全县中心工作推进情况通报会暨县政协常委会读书会。会议由县政协主席冯伟主持，县政协全体委员、特邀委员，在嘉善的省、市政协委员，县各民主党派、县工商联、县无党派人士联谊会主要负责人，县各民主党派支部（委组）主任（组长）、县无党派人士联谊会各分会会长、县工商联（总商会）副主席（副会长）和秘书长，县佛教协会副会长和秘书长，县侨联副主席和秘书长、县留联会会长、县台联副会长和秘书长，县委统战部机关（县民宗局）和县政协机关全体干部、各镇（街道）政协委员联络室负责人参加会议。县委书记许晴应邀在会上作关于嘉善县经济社会发展情况和全县中心工作开展情况的报告。

【茶话会】 9 月 18 日，县政协与县委统战部联合举办社会各界人士中秋茶话会，县领导许晴、祁春龙、郑明、冯伟、滕根林、何全根、武曜云、阎靖华等参加茶话会。茶话会上，县委书记许晴代表县四套班子向与会人员致以节日的问候和良好的祝愿，向关心支持全县经济社会发展的广大政协委员、各民主党派、工商联、无党派人士、各人民团体和社会各界人士表示诚挚的问候和深深的谢意。许晴回顾 2016 年嘉善县在经济工作、城乡统筹、社会民生、深化改革等方面的建设情况，并介绍了今后一个阶段的工作思路计划。12 月 30 日下午，县政协、县委统战部举办各界人士新年茶话会，县领导许晴、徐鸣阳、郑明、冯伟、陈天荣等与全县社会各界人士代表欢聚一堂，喜迎新年到来，共话嘉善发展。会上，县委书记许晴代表县委、县政府向出席茶会的社会各界人士以及所有关心、支持嘉善县发展的朋友们致以新年的问候和美好的祝愿。许晴书记通报 2016 年全县经济社会发展情况，对各界人士围绕中心、服务大局、积极献言献策、主动参政议政，为全县经济持续跨越发展和社会持续和谐稳定所做出的贡献表示感谢。

【专项集中民主监督】 3 月 20—22 日，常委会成立 9 个民主监督组，由主席、副主席带领，赴 6 个镇、3 个街道，开展督查工作，参加活动的省、市、县政协委员 122 人次。围绕"一消除、两提升、三覆盖"的实施情况，走村镇、入企业、看河道以及"两路两侧""四边三化"，以视察现场、抽查暗访、座谈协商、走访群众、查阅台账等方式开展民主监督活动。检查河道 21 条、村（社区）20 个、企业 11 家、污水处理厂 3 家、生活污水处理点 10 个，梳理上报发现的问题 29 个，提出监督建议 24 条，被党政部门采纳的有 18 条。3 月 22 日，嘉兴市政协副主席王淳带督察组到姚庄镇督察。6 月 1—7 日，县政协再次组织 9 个民主监督组，由主席会议成员带队，分赴 9 个镇（街道）的 9 个村，进行"解剖麻雀"式的集中蹲点监督检查，参加政协委员 63 人，查看河道 36 条约 [illegible] 千米、企业 5 家、污水处理设施 12 处、违章猪舍及拆除点 15 处，走访农户 40 多户，向县政府及镇（街道）反映问题 45 个，

8 月 10 日，县政协主席冯伟督查重点领域的安全生产工作。

（县政协 提供）

提出意见 40 余条。同时，县政协梳理出涉及“五水共治”的 36 件委员提案，多次组织“三方”办理协商会，加大督办力度，促进涉水提案的办理落实。专项集体民主监督有效地推动县镇（街道）村“五水共治”工作，促进党政领导领衔治水、排污管控监督、协同环境保洁、责任到人考核、全民参与治水等长效机制的建立和完善。

【加强思想政治建设】 县政协坚持把加强思想政治建设摆在各项工作的首位，组织开展主题鲜明、内容丰富、形式多样的学习培训和主题教育活动。按照县委部署要求，扎实开展“两学一做”学习教育，以专题学习会、专题讨论会、党组中心组学习、常委会读书会、政协讲堂等形式，组织学习十八届六中全会精神，学习习近平总书记系列重要讲话、党章党纪党规和政协工作理论政策及重要文件精神；组织赴沙家浜等革命根据地学习，参观南湖革命纪念馆，开展党性体验活动，使“学”与“做”内化于心、外化于行，增强政协履职能力和素养。举办政协讲堂 8 期，邀请县文明办、县教育局、县环保局、县住建局、县卫计局、县安监局、县商务局、县新居局等部门领导介绍文明城市创建、“十三五”规划编制、生态环境建设及其他社会事业等工作情况；组织会前学法活动，学习《中华人民共和国大气污染防治法》《浙江省非法建筑处置规定》等法规。深入开展党风廉政建设，落实党风廉政建设“两个责任”，紧筑换届之年风清气正的篱笆，落实好各项纪律、禁令、规定。开展换届纪律教育，落实中央、省市各级对换届工作的纪律规定，组织观看《镜鉴》、辽宁贿选案等警示教育片，协同县委统战部，安排好政协委员人事等工作，确保换届风清气正。加强政协工作制度化、规范化、程序化建设，研究制定《中共嘉善县政协党组工作规则》等制度，弥补政协工作中的制度缺位。

【领导视察调研接待】 9 月 13 日，由全国政协常委、全国政协港澳台侨委员会副主任杨衍银，全国政协常委孟晓驷，全国政协社会和法制委员会副主任甄砚，全国妇联原副主席、书记处书记洪天慧带队到嘉善考察调研城乡社区服务的现状及政策需求。省政协副秘书长顾福利，市政协副主席马邦伟等领导陪同，县委书记许晴，县政协主席、党组书记冯伟，县妇联、县民政局等机关负责人随行参加调研。甄砚一行实地考察魏塘街道魏中村社区妇女之家、阳光妈妈志愿活动阵地、嘉善县老年公寓等特色亮点工程，对县城乡社区服务、居家养老服务、社会养老服务体系建设等工作进行调研，对嘉善县社区养老工作和家庭服务业发展促进妇女创业就业中发挥的作用给予高度评价。9 月 14 日上午，由省政协副主席蔡秀军带队的视察组到嘉善县视察调研特色小镇建设情况，市政协副主席王淳、县政协主席冯伟等陪同视察。在巧克力甜蜜小镇，蔡秀军一行详细了解县特色小镇建设情况。蔡秀军表示，在特色小镇建设中，嘉善县通过抓基础、抓机制、抓项目、抓氛围，小镇建设极具特色，希望在下一步推进高质量的特色小镇建设中，要正确处理好政府引导和市场运作的关系，完成指标和做强产业的关系，引进项目和集聚智力的关系，融入发展和完善功能的关系，确保特色小镇建设取得更大成效。10 月 11 日上午，第十一届全国政协副主席厉无畏一行到嘉善调研，实地考察大云镇云澜湾项目。嘉兴市政协副主席李水根，县政协主席冯伟等陪同考察。在汇报交流会上，县发改局、大云镇及云澜湾相关负责人就全县大健康产业相关政策和导向情况进行详细介绍。在听取情况汇报后，厉无畏对嘉善县旅游业的发展给予充分肯定，对云澜湾打造温泉健康产业园的规划和努力表示赞赏。11 月 4 日，省政协副主席王建满一行到嘉善调研“五水共治”民主监督工作。县领导许晴、冯伟、何全根等陪同调研。王建满一行先后到干窑镇新泾港、西塘镇富通集团等地，实地了解嘉善县水环境治理等相关工作。在听取县“五水共治”情况及县政协工作汇报后，王建满对嘉善县“五水共治”工作以及政协委员在“五水共治”中发挥的积极作用给予充分肯定，并希望嘉善政协要继续强化对劣五类水的跟踪监督力度，加大对小集镇环境整治的视察监督力度和对农村生活污水处理设施运行管理的对口监督力度，有力、有序、有效助“五水共治”民主监督工作。

【参政议政】 注重加强与各民主党派、工商联、党外知识分子联谊会和人民团体的合作共事，及时通报有关情况，联合开展调研视察。邀请民主党派和党外知识分子联谊会等参加政协组织的视察调研、会议座谈、提案督办等活动，努力为他们在政协中发挥作用创造良好条件，支持他们就全县经济社会发展中的重大问题提出建议。鼓励党派团体利用人民政协这一多党合作平台积极参政议政，及时向各民主党派、工商联、党外知识分子联谊会和人民团体通报有关情况。优先安排民主党派成员在政协全体会议、常委会议和专题议政会上发表意见。2016 年，各民主党派、工商联、党外知识分子联谊会在大会发言 7 篇，提交提案 35 件，其中 5 件提案被列为重点提案，3 件提案被列为重要提案，6 件提案被评为 2016 年度优秀提案。经常邀请民主党派和无党派人士联谊会等参加视察调研、会议座谈、提案督办等活动，重点选派有民主党派身份的政协委员担任民主监督员。支持各民主党派、工商联、无党派人士联谊会和人民团体积极参政议政、服务社会，协同开展下基层、入农村、进社区等活动，支持他们就全县经济社会发展重大问题提出建议。

委组工作

【选派民主监督员】 注重民主监督协商方式的探索创新。2012 年起，以向部门、单位派驻民主监督组的形式，加强各领域的民主监督协商工作，提出监督协商建议。政协每年安排 80 名委员，分成 10 个民主监督小组派驻到 10 个单位和部门，通过专题调研、明察暗访、现场走访等方法开展监督活动。连续 4 年派驻 40 个部门(单位)，参与监督的政协委员 320 多人次，向被派驻部门发出《民主监督建议书》40 份。2016 年，县政协组织民主监督员对前 2012—2015 年选派的 40 个部门进行回访，通过组织视察、听取汇报、现场走访等方式，对《民主监督建议书》的落实情况进行“回头看”，对当初整改方案、整改措施进行再评议，督促部门再落实。12 月 15 日，召开县十三届政协民主监督工作总结会议，县政协主席马伟作重要讲话，对十三届政协的民主监督工作就完善监督形式、改进活动方式、突出监督重点、完善监督机制、加强部门联合等方面作回顾总结。

【对口协商活动】 10 个活动组以委员约谈会等形式广泛开展对口协商活动，就“加快小锅炉淘汰整治”“促进民办教育发展”“加快农村电商产业发展”“加快大众创业机制改革”“推进‘县、镇、村三级卫生一体化’”等课题，通过视察、调研、座谈等形式，积极建言献策，有关意见建议在相关决策和工作中得到采纳和吸收。4 月 22 日，召开县政协农业组委员约谈会，约谈如何加快农村电商产业发展。5 月 24 日，召开县政协三驰组委员约谈会，约谈如何加快大众创业机制改革。8 月 19 日，召开县政协城建组委员约谈会，约谈加快小锅炉淘汰整治。8 月 30 日，召开县政协教育组委员约谈会，约谈促进民办教育发展。9 月 27 日，召开县政协医卫组委员约谈会，约谈“县、镇、村三级卫生一体化”。11 月 9 日，召开县政协文史组委员约谈会，约谈以纪念《西塘宣言》十周年为契机在新农村建设推进过程中注重“古村落”保护。

【文史资料与书画联谊】 加强书画联谊，弘扬传统文化。开展文史资料的征编，并开设“我与人民政协”专栏，刊登政协委员开展履职事迹以及他们和人民政协的情谊。编辑出版《嘉善文史》季刊 4 期。积极开展与周边兄弟县市区的书画联展交流，与长兴县、淳安县政协开展笔会交流活动。为迎接G20杭州峰会的召开，在淳安、嘉善两地政协举行“丹青G20”嘉善·淳安书画摄影联展，8月19日在嘉善开展，8月25日在淳安开展。展出作品120幅，两地各60幅。同时开展采风和笔会交流。9月14日，在嘉兴市图书馆举办“抒翰墨情，写景东方”蒋彬宽、周照顺、顾鉴潮三人作品联展，展出作品90件，蒋彬宽个展，展出作品50件，扩大嘉善政协书画会员作品在嘉兴市的影响力。

提案和社情民意

【十三届五次会议提案及办理】县政协十三届五次会议收到以提案形式提出的意见、建议184件。经审查，立案173件，立案率94.02%。其中，委员联名提案51件。上述提案交由49个承办单位办理，已全部办理并答复。提案所提问题已经解决或基本解决50件，占提案办理总数的28.9%；正在解决或正列入计划准备解决118件，占提案办理总数的68.2%；因受条件限制或其他原因有待以后研究解决的5件，占提案办理总数的2.9%。委员对提案办理情况全部作评价反馈，均表示满意。积极推进广泛多层的提案办理协商，继续深化县领导领办重点提案工作，县委、县政府领导领办重点提案13件，由县政协各位副主席分别牵头督办。县政协针对委员提案办结率不高、部门重答复轻落实等问题，对十三届一次会议至四次会议的774件提案办理工作进行“回头看”，以自查、抽查等方式加强跟踪监督，重点理出办理提案数量较多的11个部门、涉及40件提案，采取现场走访视察、查阅办理台账、召开委员座谈会、多方听取办理意见等方式进行重点督办，推动提案的再办理和再落实。

【社情民意】 2016年，收到社情民意206条，向中央、省、市政协报送社情民意信息48篇，被省市录用27篇。其中，3篇社情民意信息被省政协录用并转报全国政协，关于“将支出型贫困家庭纳入低保”的民意信息被全国政协综合采用。向县委、县政府报送《社情民意信息》18期、44篇，得到县委、县政府主要领导批示的有11期、26篇。县政协委员反映的许多群众广泛关注、社会反映强烈的问题，引起县委、县政府的高度重视，召开落实协调会，专题研究并解决许多问题，较好地发挥政协社情民意信息“直通车”的作用。 （许燕南）

中国国民党革命委员会

【概况】 2016年，民革嘉善县支部围绕县委县政府中心工作，认真履职，积极建言，提升思想组织建设、服务大局、参政议政以及社会服务能力，充分发挥参政党的作用。年内，在嘉兴民革学习实践活动应知应会知识竞赛、全市纪念孙中山先生诞辰150周年知识竞赛中，支部均获一等奖。1名党员获县第八批优秀专业人才，集体提案《关于工业转型升级背景下的科技创新研究的建议》获县政协2015年度优秀提案，1名党员获年度优秀政协委员，1名党员获2011—2015年嘉兴市法治宣传教育先进个人称号。

【自身建设】 采取集中学习、座谈讨论、专题研讨等多种形式，深刻领会中共十八大及历次全会文件精神和总书记书记系列重要讲话精神。4月和9月，2名党员分别参加2016年春季、秋季民革浙江省基层骨干培训班。8月、12月，分别组织党员听取县主要领导作的全县经济形势报告。11月，组织参加全县统一战线十八届六中全会精神学习会。全年组织党员参加各类培训十余次。在'嘉善县法律援助中心民革工作站'和"同心社会服务实践基地"的基础上，建设示范性民革党员之家。组织赴民革湖州市委会考察学习民革党员之家建设。8月，支部建成全市首家民革党员之家。

【助推示范点】 牢牢把握省统一战线助推示范点建设有利契机，主动对接上级资源，大力助推经济创新发展。找准自身定位，充分发挥界别优势，积极协调沟通。2月，"北京大学创新研究院嘉善产学研合作中心"正式入驻嘉善信息科技城。5月，该中心举行揭牌仪式，民革省委会副主委干时华参加，嘉兴科迈医药科技有限公司、嘉兴鼎诺生物科技有限公司、嘉兴复创医学技术有限公司等6个项目签约。9月，民革中央委员会社会服务部部长边旭光带领民革中央经贸考察团，到嘉善县考察投资环境。

【参政议政】 积极参加民主协商。参加县委县政府围绕国民经济和社会发展中的重大问题所举行的通报会、报告会、座谈会等联系协商会，以及党代会报告征求意见会、三政协人事安排的通报和协商活动。参加县政协相关人事安排协商会。4月，参加县委书记全县服务业重大项目专题调研。在县"两会"上，支部《抓好工业发展，解决主导产业定位》提案列人大会口头发言，并获得时任县委常委、副县长曹国良批示肯定。集体提案《关于加快我县中小学户外综合实践基地建设的建议》被列为重要提案。同时，提交《关于加强民营企业文化建设的建议》《逐步完善个人信息，进一步推进智慧城市建设》等个人提案。在嘉兴市七届五次人大会议上，党员提交《关于在全市教育系统实施教育人才工程的建议》。围绕"五水共治"中水源地保护这一社会关注的重点难点问题展开调研，形成调研报告。12月，在"五水共治"长效机制建设政协委员议政会上，支部就水源地保护和水质监测问题向县环保局议政，并提出继续加大宣传力度、完善管理机构职能、继续深入推进多方协作等建议，获得领导的肯定。认真参与民主监督。3 名党员分别担任县新居民事务局、县交投集团和县教育局民主监督员以及县人民检察院民刑联络员。全年,支部提交社情民意十余条,内容涉及志愿者服务、消费者权益保护法适用范围等。

【社会服务】 支部鼓励、引导和支持广大党员立足本职,开展各种岗位立功活动。先后携手嘉兴市新居局、罗星街道晋阳社区、魏塘街道魏中村,开展以"博爱·牵手"为主题的爱心奶粉捐赠活动。发挥自身法律职业优势,开展法律宣传和公益服务。5 月,在全县"校园人民调解骨干业务培训班"上,作题为《我国的侵权责任的法律制度》讲座。8 月,为新优加教育开展"维权与普法"的公益讲座。12 月,通过音频视频的形式为县看守所全体在押人员进行法制宣传教育。通过微信群发起向遂昌发生山体滑坡灾害的灾区捐款活动,结对助学 1 名贫困学生等。

【第二次党员大会】 8 月 2 日,民革嘉善县支部第二次党员大会召开。嘉兴市政协副主席、民革市委会主委李水根,县政协主席冯伟,县委副书记、政法委书记滕根林等出席会议。会议听取审议民革嘉善县支部第一届委员会工作报告,选举产生新一届领导班子,董铭勤当选为新一任主委,陈靖为副主委。 (赵凤娟)

中国民主同盟

【概况】 2016 年,民盟嘉善县基层委员会深入学习中共十八届三中、四中、五中全会精神和习近平总书记系列重要讲话精神,围绕县委县政府中心工作,充分履职,发挥优势,参政议政,服务示范点建设。至 12 月,民盟嘉善县基层委员会下设 2 个总支,8 个支部,122 名盟员。盟员中具有高级职称 60 人、中级职称 51 人;来自教育界 48 人、经济界 21 人、卫生界 24 人、科技界 15 人、其他界别 14 人。在职盟员 72 人,退休盟员 50 人。盟员中副县级干部 2 人、正科级干部 1 人、副科级干部 9 人,担任市人大代表 2 人、县人大代表 2 人(其中县人大常委 1 人),省政协委员 1 人,市政协常委 1 人,县政协委员 17 人(其中县政协常委 2 人)、特邀县政协委员 2 名;另有县级副校长 1 人,部门中层干部 9 人;担任县级机关监督员 9 人。全年发展盟员 3 名。8 月 5 日,民盟嘉善县基层委员会召开第三次全体盟员大会,选举产生民盟嘉善县基层委员会第三届委员会委员和领导班子。10 月,26 名盟员代表参加民盟嘉兴市委员会第九次代表大会。全年,编印《嘉善盟讯》4 期,向盟员赠阅《中央盟讯》《浙江民盟》《嘉兴盟讯》《嘉善盟讯》1500 余份。全年撰写调研报告 9 篇。

【加强自身建设】 深入学习中共十八届三中、四中、五中全会精神和习近平总书记系列重要讲话精神,组织参加嘉善县委统战部组织的学习会,听取嘉善县"十三五"规划纲要以及县域科学发展示范点第二阶段建设重点工作的解读。8 月,开设"嘉善盟讯"微信公众号。利用《嘉善盟讯》、盟市委网站等载体,增强学习实践活动的针对性、实效性。11 月 5 日,民盟嘉善县基层委员会召开专题学习会,组织班子成员学习中共十八届六中全会公报。11 月,组织听取县委统战部关于十八届六中全会的基本情况、加强和规范党内政治生活、加强党内监督的专题辅导报告。11 月,举办全县骨干盟员培训班,邀请民盟嘉兴市委副主委杨立公作反映

8 月 5 日,举行中国民主同盟嘉善县基层委员会第三次全体盟员大会。 (县统战部 提供)

社情民意信息培训。全年召开主委会议、支部主任以上会议10次。

【参政议政】 在省政协十一届四次会议上，提交《关于在中小学生中开展防性侵犯教育的建议》的提案，得到省政协教育组10位委员的附议，并被选登在嘉兴政协提案摘报上。盟员委员在参加省政协会议期间接受中华新闻网记者关于"关注弱势群体教育问题"的采访，在嘉兴市政协会议期间接受嘉兴电视台关于"中小学生防性侵犯教育"的采访。在县人大十五届五次会议期间，提交"关于切实加强我县城乡污水收集一体化工作"的建议。参与分组审议"突出人才战略、推进创新驱动"的发言，受到县委、县政府主要领导的肯定。在嘉兴市人大七届七次会议期间，盟员代表向大会提交"关于找准补齐农业短板、加快嘉兴农业现代化发展步伐"的建议。同时建议市人大常委会领导每年安排时间参加联络站接待选民活动。在嘉善县政协十三届五次会议期间，向大会递交提案16件，其中集体提案10件、个人提案6件。盟员委员在政协献计献策大会作题为《嘉善生态循环农业发展的建议》的大会发言。民盟集体提案《关于深化"五水共治"工作，推进"两美"嘉善建设的建议》被评为县政协十三届四次会议优秀提案，1位盟员被评为2015年度县优秀政协委员。集体提案《关于大力推广政府和社会资本合作模式(PPP)的建议》，受到县委、县政府的重视，由县长领办。7月，民盟领衔调研"市委书记与政协委员面对面"协商会议课题，"工业项目行政审批应从项目工艺技术流程审核改起"的交流课题在10月的市委书记面对面交流会上得到市委书记的肯定。

【参与民主监督】 全年有9位盟员受聘县政协派驻部门民主监督员，盟员委员参加县政协组织的会议、活动、工作交流，到对口联系部门专题督查等活动。

【服务中心】 2月，在省、市、县三级盟组织共同推动下，嘉善县人民政府与浙江中医药大学签订战略合作协议。民盟省委会副主委、浙江省中医药大学校长方剑乔，嘉兴、嘉善方领导柴永强、祁海龙等参加签约仪式。11月，由民盟上海市委副主委、华东师范大学校长陈群和民盟浙江省委主委、省科技厅副厅长成岳冲带领的沪、浙两地民盟联合考察团到嘉善考察，就民盟上海市委助推嘉善县域科学发展示范点建设第二阶段的项目进行考察对接。11月，民盟浙江省委主委成岳冲到嘉善调研考察，提出"嘉善要在科技创新接轨上海上走在全省前列"的要求。12月，嘉善民盟主委和县科技局有关领导一起，赴民盟省委与有关盟员专家进行专题研讨。参与"五水共治"。通过调研走访，认为渔民养老安置和安居工程较周边县市有所滞后，从而制约全县"五水共治"工作开展和水生态的保护，提出《加快渔民上岸、推进水体生态治理》的意见建议，并参加县政协"五水共治"长效机制建设议政会。

【社会服务】 嘉善民盟创办的嘉善教育服务中心，全年培训初高中学生、企业中层干部1150人次。利用盟内名师资源，借助新优加教育平台，开展"我为人人，人人为我"服务社会公益讲座，受众600多人次。11月，盟员李志华在嘉善高级中学首次举办公益性"名师讲堂"，作"深度剖析浙江高考中的系列问题"的专题讲座。11月，民盟嘉善县基层委员会组

11月3—4日，民盟上海市委到嘉善进行考察对接，助推嘉善县域科学发展示范点建设。（县统战部 提供）

织盟内医疗卫生界、农业界盟员和县农经局联合，赴姚庄镇横港村开展送医、送药、送农技服务的“三下乡”活动，100多位村民前来咨询农技知识和向医生专家问诊。

【党盟联谊】 5月，民盟农经支部与县农经局机关支部赴西塘开展党盟联谊活动，参观张正根雕馆和嘉园生态农场。9月，民盟高级中学支部召开以“庆祝第32个教师节暨‘落实求效强担当、聚精会神抓质量’”为主题的教师节座谈会。民盟主委、嘉善高级中学校长、校党委书记出席会议。9月，嘉善民盟主委赴县第二高级中学调研，第二高级中学校长、民盟二高支部主任等参加座谈会，双方就下一步对接民盟省委会，深化教育助推示范点建设项目进行探讨。12月，民盟嘉善县基层委员会与县教育局召开联席会议，双方着重就2017年开展教育合作事宜进行协商。

【交流活动】 充分运用民盟中央艺术研究院西塘分院和嘉善盟员之家的阵地和平台资源，开展盟务工作交流。3月，民盟河北省委会驻会副主委鲁平一行到张正根雕新馆的嘉善“盟员之家”，参观并座谈了解“盟员之家”及民盟中央艺术研究院西塘分院的建设和运行情况。4月，民盟上海市委各区县骨干盟员，到嘉善调研“五水共治”工作。双方就开展水源保护省际协作，共享合作建设备用水源等内容进行交流。民盟浙江工业大学委员会考察组到张正根雕新馆的“盟员之家”，双方在交流中就下一步加深合作达成初步意向。4月，民盟浙江省委员会参政议政指导委员会委员、浙江省社会科学院区域经济研究所研究员闻海燕等到嘉善调研巧克力特色小镇建设和“三生”整合发展问题。5月，嘉善民盟支部主任以上盟员赴靖江、江阴、昆山、慈溪等地学习考察，结合“薪火相传、继承传统”的主题，就参政议政、课题调研等方面开展交流。5月，民盟嘉善县基层委员会组织骨干盟员与联席会议盟组织进行盟务工作交流、学习活动。8月，民盟绍兴市中专支部到嘉善考察民盟参政议政工作。9月，嘉善民盟新班子成员，赴民盟上海市委会，协商对接下一阶段两地民盟助推嘉善县域科学发展示范点建设相关事宜。11月，民盟苏州市委会驻会副主委毛昌宁一行，到嘉善调研“特色小镇”建设。（顾立维）

中国民主建国会

【概况】 2016年民建嘉善县基层委员会深入学习贯彻中共十八大及历次全会精神，持续开展坚持和发展中国特色社会主义学习实践活动，全面履行政治协商、民主监督和参政议政职能，各项工作取得新成绩。至年底，民建嘉善县基层委员会下辖5个支部、7个专门委员会，有会员57人，全年新发展会员4人。会员中担任嘉兴市人大代表1人、县人大代表2人，嘉兴市政协委员4人、县政协委员12人。

【助推示范点建设】 6月17日，民建省委会专职副主委郭吉丰一行到嘉善走访调研，到县科创中心座谈了解“中以高科技（嘉善）创新中心”进展情况，对4个项目即将落户中心所取得的成绩表示肯定，并对今后中心的发展提出指导意见和建议。11月17日，全国人大常委会委员、财政经济委员会副主任委员、民建中央副主席辜胜阻到嘉善调研城乡一体化工作，实地调研走访姚庄镇及有关农户、大云镇云澜湾温泉小镇和巧克力特色小镇，县委副书记滕根林等县领导陪同调研。

【提升履职水平】 参加县委、县政府召开的民主协商会、意见征求会等会议十余次，就县委“十三五”规划、政府工作报告、第十四次党代会工作报告、党外代表人士队伍建设、政协人事安排等方面提出意见建议。在2016年度县政协“两会”上，提交提案16件，其中集体提案4件，涉及农村电子商务建设、制造业强县建设、环境保护等方面。委员许高伟代表民建嘉善县基层委员会作的《关于建设制造业强县的建议》的大会发言，被列为县政协重点提案，被评为县十三届政协优秀提案，得到县委常委、副县长曹国良批示。嘉兴市政协委员何慧琴、朱建强会员，分别向市政协提交《关于加快发展乡村旅游，着力提高我市新农村建设水平的建议》和《关于创新我市“医养结合”养老服务模式的建议》提案。会员朱建强、吴平被评为县十三届政协优秀委员。5名会员担任县政协民主监督员，其中薛锦川会员被评为2016年度优秀民主监督员。

【组织建设】 8月3日，召开民建嘉善县基层委员会第一届第二次会员大会，主委何慧琴作《凝心聚力、奋发有为，努力开创民建事业发展新局面》的工作报告。会议选举产生民建嘉善县第二届基层委员会，何慧琴当选为新一届基层委主委。基层委员会设主任委员1名，副主任委员2名，委员4名。基层委下属支部从3个调整为5个，分别为综合一支部、综合二支部、经济一支部、经济二支部和西塘支部，并同步选举产生各支部班子成员。积极配合做好市委会换届工作，会员代表参加民建嘉兴市第十次代表大会，何慧琴当选为民建嘉兴市第十届委员会委员。

【学习教育】　组织学习中共十八大及历次全会精神、习近平总书记系列重要讲话，通过座谈会、报告会等多种形式传达会议精神，组织会员学习相关文件。创立"建华讲坛"学习平台。12月9日，邀请民建省委会专职副主委郭吉丰开讲第一课，围绕"参政议政及企业家核心竞争力"议题作讲解。组织调研委员会、企业家联谊会和社会服务委员会会员企业赴杭州山南基金小镇学习考察，听取园区管委会领导和浙江隆德资产管理有限公司关于园区建设发展和有关投融资工作的情况介绍，助推企业融资上市做大做强。组织开展金融讲座活动，加深会员对经济金融形势变化趋势的理解和把握。　（严嘉灵）

中国民主促进会

【概况】　2016年，民进嘉善县委深入贯彻落实中央、省、市民进会议精神，围绕全县经济社会发展大局和中共嘉善县委、县政府的决策部署，不断加强自身建设，切实履行参政为民职能，较好地完成年初所确定的各项任务。至年底，民进嘉善县委会有会员110人，全年新发展会员5人。其中，担任市人大代表2人、县人大代表2人，市政协委员2人、县政协委员15人。文化支部获民进全省参政议政工作先进集体称号。

【自身建设】　6月底，县委会下属8个支部完成支部换届，对支部结构进行调整，原西塘一干窑联合支部更名为综合二支部，原综合支部更名为综合一支部。8月4日，召开中国民主促进会嘉善县委员会第八次全体会员，选举产生民进嘉善县第八届委员会，主委、副主委职数从3名增加到4名，县委委员职数从原来的9名增加到11名，其中6名为新进班子的县委委员，3名为"80后"县委委员。班子成员平均年龄由55.4岁降到42.4岁。编印画册《"同心同行·共创辉煌"(2011—2016)》。开展坚持和发展中国特色社会主义学习实践活动，通过县委会集中学习、支部学习、会员自学等多种形式学习习近平总书记系列重要讲话精神、中共十八届六中全会精神及中国共产党多党合作理论。8月，举办第四届暑期读书会，邀请县委宣传部副部长、县文明办主任戴雨频授课，围绕为何建设美丽嘉善和如何建设美丽嘉善两块内容对全体民进会员作具体讲解。

【参政议政】　多次参加中共嘉善县委、县政府召开的民主协商会、意见征求会等，对县委"十三五"规划意见、政府工作报告、第十四次党代会工作报告、党外代表人士队伍建设等提出意见建议。副主委庞正明受邀参加十五届县政府第三十二次常务会议，参与《2016年政府投资项目年度计划建议》《嘉善县国有土地上房屋征收与补偿办法》等议题的讨论。在2016年"两会"上，县委会向大会提交提案31件，其中集体提案10件，主要涉及行业协会发展、规范房地产广告管理、美丽嘉善建设等方面。庞正明代表县委会作《加快大众创业万众创新支撑平台建设的建议》的大会发言。《加快大众创业万众创新支撑平台建设的建议》《关于建设美丽西塘、打响国际品牌的建议》2篇提案被评为优秀提案，其中大会发言的提案获中共嘉善县委书记许晴的亲笔批示。撰写社情民意10篇，被县政协《社情民意》录用4篇。唐国强撰写的《建议旧城改造征迁区域要保护重要历史建筑（遗迹）》和张萍撰写的《关于延长K213路公交车营运时间的建议》获中共嘉善县委书记许晴亲笔批示。沈卫东撰写的《保护省级文物卧龙寺的建议》获县长祁海龙亲笔批示。万治明等5名会员担任县政协民主监督员。

【助推示范点建设】　3月，民进浙江省委会专职副主委兼秘书长刘毅带领民进会内专家到嘉善为县旅游产业发展及特色小镇建设把脉，指出要从供给侧改革的思维来规划旅游，要精准定位客户群，分析典型客户群的需求，针对市场需求开发精细化、定制化的旅游服务产品，从而实现嘉善旅游产业又好又快发展。5月，民进省委会专职副主委刘毅到嘉善调研省委会在善文化、医卫帮扶项目，明确下阶段帮扶工作要更充分调动会内代表性专家、杰出人士的资源，提供更好的服务。在医卫帮扶上将重点对妇产科以及乳腺外科加强业务指导。9月，民进浙江省委会社会服务处处长韩依群带领上海旅游方面专家到嘉善调研特色小镇建设和旅游产业发展。

【社会服务】 发挥会内人才优势，积极开展各类社会服务活动。在罗星街道和合社区社会服务基地开展迎新春送春联活动，举办暑期非遗剪纸培训班，开展“相约金秋·情系美丽乡村”走进农村文化礼堂戏曲巡演活动等，开展“庆国庆”医护专家义诊服务活动。到罗星街道玉兰社区居家养老服务中心社会服务基地，作“脊柱保健养生”讲座。教育界会员走进学校开展教育帮扶活动，走进干窑月半湾居家养老服务中心，教唱老人田歌。 （严嘉灵）

中国农工民主党

【概况】 2016年，农工党嘉善县基层委员会深入学习中共十八届三中、四中、五中、六中全会精神和习近平总书记一系列重要讲话精神，积极开展坚持和发展中国特色社会主义学习实践活动，进一步巩固多党合作的共同政治思想基础。优化班子结构，围绕嘉善经济社会发展大局建议献策，开拓进取，积极有为，助推县域科学发展示范点建设。至年底，有党员70人，全年发展新党员3人。1党员获得全县“十佳律师”称号。集体提案《关于做好我县分级诊疗工作的建议》、个人提案《关于切实重视我县农业可持续发展的建议》获县政协2015年度优秀提案，1名党员获年度优秀政协委员，1名党员被评为市级优秀党员，1名县级优秀党员。1名党员当选为县工商联副主席。春节、重阳节期间，组织上门走访看望老党员。

【领导调研】 12月，农工党中央副主席兼秘书长曲凤宏一行到嘉善，走访农工党省委会助推嘉善县科学发展示范点建设的浙江一里谷农业科技有限公司和富通集团（嘉善）通信技术有限公司光通信智能制造研发中心，并对嘉善农工工作表示赞赏。5月，省政协副主席、农工党省委会主委姚克，副主委方丽槐、郑勇军、田野等到嘉善调研。

【助推示范点建设】 借力农工党省组织资源优势，积极做好医卫项目对接协调工作，推动已建医卫平台建设。继续深入推进省肿瘤医院续签深度合作协议，助推县第一人民医院肿瘤中心学科建设水平。12月，县第一人民医院和省肿瘤医院举行协作续约签字仪式，确定下一个3年的深度合作计划，并开展义诊服务。开展农业项目助推工作。3月、5月，农工党省委会社会服务部部长蒋玉龙、浙江大学统战部部长赵文波分别带领浙江大学教授到一里谷公司调研，就园区布局规划、农业科技公司软实力构建、发展前景等问题，为企业支招建言。积极推动招商引资。参与做好富通集团产业转型升级示范工业园在善项目，促进项目落实实施。农工党省委会领导一行到富通集团嘉善“工业4.0”光通信全产业链项目考察，参加嘉兴富通集团有限公司党委成立大会暨嘉兴富通集团有限公司揭牌仪式。服务企业融入嘉善，全面参与嘉善县域科学发展示范点建设。

【参政议政】 参加县委、县政府召开的协商通报会、民主生活会、征求意见座谈会等，分别就县委常委民主生活会、政府工作报告、环境综合整治等提出意见建议。参加县政协相关人事安排协商会。在县“两会”上，向大会提交提案14件，其中集体提案3件。在献计献策大会上，作《完善乡镇卫生院医疗体制，助推分级诊疗工作》的大会发言，并被评为重点提案，获得嘉善县委书记许晴批示肯定。党员提交的个人提案《关于进一步加快我县小锅炉淘汰整治的建议》被评为重要提案。1名党员在嘉兴市七届人大七次会议上提出的《关于加快农业领域机器换人的建议》被评为优秀建议。助力“五水共治”工作。成立调研小组，针对嘉善县在“五水共治”长效机制建设方面存在的问题深入调研。12月，参与县政协召开“五水共治”长效机制建设政协委员议政会，并就“城市生活污水治理”议题作问政发言，提出对新建的住宅项目规划做好雨污分流，严禁洗涤用水进入雨水管道等，向县委、县政府及相关职能部门提出意见建议。加强对口联系工作。做好与对口联系部门县卫计局、县环保局联系，将工作列入双方年度工作要点，落实日常联系制度。多次开展联合调研、“三下乡”服务等活动，发挥民主监督作用，1名党员选派挂职为镇卫生院副院长。

【社会服务】　推进同心社会服务实践基地建设。坚持每月派2名具有中高级职称的农工党医卫专家坐诊，为群众提供优质医疗服务。继续做好“冬病夏治”特色服务，组织开展一年一度的冬病夏治中药贴敷工作，分医疗小分队，利用双休日，分别下乡开展工作。农工党市、县两级组织联合在姚庄镇桃源新邨开展“三下乡”为民服务活动。继续尽党派力量支持老年大学、抗癌俱乐部工作，提供师资帮助。2名党员参与卫生院支医活动，2名党员参与中医院老中医专家门诊。加强农工医疗诊所的管理，增强为社区服务的能力。

【自身建设】　深入开展学习实践活动。先后组织担任政协委员的会员积极参加县政协委员履职培训。8月、12月，分别组织党员听取县主要领导作的全县经济形势报告。11月，组织6名党员参加市委会新党员培训班。11月，组织领导班子和骨干成员参加全县学习贯彻中共十八届六中全会精神学习会，进一步强化核心意识，切实增进政治共识。

【基层委员会第一次党员大会】　8月4日，农工党嘉善县组织召开全体党员大会，农工党省委会专职副主委兼秘书长田野，嘉兴市人大常委会副主任、农工党市委会主委金成胜和县领导冯伟、朱学军、郁伟华、阎靖华等参加会议。会议听取并审议工作报告，选举产生新一届领导班子，总支升格为基层委员会，班子成员从7名增加到9名，选举王金龙为主委，周富根、钱小刚为副主委。

（赵凤娟）

工商业联合会

【概况】　2016年，嘉善县工商业联合会（以下简称县工商联）围绕中共十八届六中全会精神和习近平总书记系列重要讲话精神，以创建“五好”县级工商联为抓手，全力推动工商联事业和“两个健康”科学发展，助推“县域科学发展示范点”建设。至年底，县工商联有会员企业1656家，下属镇（街道）商会9个、行业商（协）会14个、异地商会3个。

【理想信念教育】　开展“守法诚信、坚定信心”理想信念教育系列活动。组织非公经济人士到阿里巴巴、杭州梦想小镇和归谷园区、城市规划馆学习考察。安排30多名非公经济人士到浙江省社会主义学院培训，邀请省工商联领导和法律专家授课。组织20多名新生代企业家到延安参加国家工信部举办的“长风”计划高级培训班。

【服务中心工作】　积极参与全县“百日环境综合整治”行动，向全县非公企业发出“同创优质环境，共建美丽家园”的倡议，引导会员企业带头治理环境卫生，发挥示范引领作用。联合县经信局、县总工会开展“美丽工厂”创建活动，评选出“美丽工厂”示范企业34家。开展G20杭州峰会期间的“护航峰会，查隐患、防风险、抓整改”活动，出动党员干部60多人次。落实世界互联网大会期间的安保举措，出动党员干部30多人次。

【会员代表大会】　11月29日，召开县工商联（总商会）第九次会员代表大会，市县有关领导出席，各民主党派和无党派人士、人民团体、职能部门330多人参加。会议选举产生新一届执委会125人，常委会62人，副会长19人，副主席20人，主席（会长）1人，莫国平当选为第九届县工商联主席、总商会会长。会议审议通过上一届工商联的工作报告，并对下一个5年提出新规划。

【助推行业转型升级】　牵头轴承行业转型升级，组织企业家到慈溪等地考察，与沈阳机床等对接，引导县相关企业加快技术改造和“机器换人”。帮助干窑轴承协会注册集体商标并签署使用协议、制定专门行业标准。

【强化法律服务】　开展“护航善商·法律服务在行动”活动。分别与县检察院、县公安局出台《关于加强检察机关与工商业联合会配合协作的工作机制》《关于在服务保障非公有制经济健康发展中加强协作配合的通知》，初步形成预警通报、专案修复、重点联络、宣传教育等为一体的综合服务体系。在罗星街道商会、福建商会试点法制副会长制度，让基层商会成为中小企业法律服务的重要阵地。

【助推股改上市】　推动企业股改上市，开展专项课题调研，提交

《关于加快推进嘉善县民营企业上市的思考》的政协提案，指导基层商（协）会举办上市辅导讲座、对接券商等活动。

【深化新生代企业家培养】 根据由县工商联起草的《关于进一步加强我县新生代企业家培养引领工作的通知》文件，建立11个职能部门共同参与的联席机制，召开新生代企业家与县政府领导的座谈会，组织23名新生代企业家赴延安参加国家工信部的“长风”计划高级培训班，推荐3名新生代企业家到县国税局等3个部门挂职锻炼，举办“继往开来、基业长青”新老企业家拓展活动等。

【加强基层商（协）会建设】 以新出台的《嘉善县基层商会2016年工作考评办法》为考核标准，促进基层商（协）会规范化建设。指导9个商（协）召开会员大会并完成换届选举工作。指导县混凝土与水泥制品商会与会员企业签订进沪质量公约，举办产品质量培训班，每月在本区域行业中开展质量抽检，严把质量关。帮助纽扣行业的500多家企业签署《嘉善县纽扣行业环保自律公约》，解决园区废水废料的集中处理问题。

【参政议政】 工商联界别的21名政协委员在县政协十三届五次会议提交提案20件。县领导高度重视工商联界别的提案，专程进行调研和答复，听取关于促进民营企业上市的意见建议。开展“创二代”培育机制和“零审批”制度的专项课题调研。（周　翟）

无党派人士联谊会（党外知识分子联谊会）

【概况】 2016年，联谊会团结全体会员，围绕县委县政府的中心工作，积极履行各项职能，为助推县“十三五”规划实施和县域科学发展示范点建设做出积极贡献。12月，嘉善县无党派人士联谊会更名为嘉善县党外知识分子联谊会，并召开第一次会员大会。至年底，有会员89人。1名会员获嘉善县第三届十佳“善美女性·最美女教师”称号，2名会员获2015年度县政协优秀委员称号，2名会员获优秀民主监督员称号，集体提案《关于建立污水治理长效机制的建议》获优秀提案。会员作品入展“第四届省统战系统廉政文化宣传教育书画作品展”，并获优秀作品奖。

【自身建设】 组织学习贯彻中共十八大和十八届三中、四中、五中、六中全会精神，始终坚持中国共产党的领导，继承和发扬无党派人士老一辈的优良传统，夯实共同思想政治基础。4月，组织部分会员观看浙江省重点创作项目、省第十批文化精品扶持工程、大型浙商创业史诗剧——《凤凰》。5月，组织全体会员听取省检察院副巡视员、新闻发言人、省网络舆情网络专家组成员岳耀勇的网络舆情专题报告。8月、12月，组织会员听取县主要领导作的全县经济形势报告。9月，教育组会员一行赴桐乡市高级中学学习考察。11月，参加全县学习贯彻中共十八届六中全会精神学习会。

【建言献策】 参与县“十三五”规划、县委常委会民主生活会、《政府工作报告》意见征求会、县“两会”有关人事安排民主协商会、县政协相关人事安排协商会、“五水共治”重点项目督查现场会等，提出大力推进西塘为中心的周边乡镇旅游资源开发力度、加快服务业发展等意见建议，发挥无党派代表人士的作用。积极引导广大会员，服务党委和政府的中心工作，特别是全面围绕“十三五”规划既定目标，形成会员调研机制、民情收集机制、建言献策机制，提高协商民主质量。在县“两会”上，提交《关于产业平台和产业发展的建议》《完善财税政策，助推产业升级》《“二孩”政策全面放开对区域教育资源的潜在影响和应对建议》《增强农民的科学素质，提升农产品的质量安全》等33件提案，其中集体提案5件，《推进“五民工程”建成更高水平小康》、委员领衔《关于在斑马线上推行“车让人”的建议》等2件提案列为年度重要提案。

【助推中心工作】 5月，浙江大学统战部部长赵文波带领浙江大学知联会一行到嘉善县考察调研，副县长陆军，县政协副主席、县委统战部部长阎靖华等陪同。先后实地考察大云巧克力甜蜜小镇建设和浙江一里谷农业科技有限公司合作项目。双方表示要进一步发挥浙江大学党外知识分子的优势资源，切合嘉善的实际需求，牵线搭桥，精准助推嘉善县域科学发展示范点建设。

【五水共治】 开展“五水共治长效机制”议政活动。连续3年就县农村生活污水问题与相应职能部门开展议政协商。成立调研小组，深入开展调研。11 月，参与县政协召开“五水共治”长效机制建设政协委员议政会，对农村生活污水建设提升、收集处理工艺提升、长效运行维护监管体系建立的建议，向县委、县政府提出治理农村污水的长效机制建设。

【社会服务】　开展“同心·实践基地”活动，继续服务好碧云花园的樱桃园区培育发展、杜鹃花特色品牌推广、生态水质治理等工作。继续开展“同心·回报社会”系列活动，浙江大隆合金钢有限公司等多个会员企业在县慈善基金建立冠名基金。发动会员开展爱心捐款活动、组织各委组各分会开展扶贫结对帮困等活动，为群众办好事，打造“同心”品牌。

【分会工作】　加强分会建设，三分挖掘和发挥分会优势，调动积极性，指导分会围绕党委政府中心工作，履行好职能。魏塘分会引进总投资 1000 万元。继续助推以“优美庭院”为载体的美丽嘉善建设，打造美丽庭院样板。2 月，组织全体女会员、分会秘书长走进美丽乡村——西塘镇荷池村，考察优美庭院之家。开发区（惠民街道）大云分会向结对的大学生、小学生开展助学、慰问活动等。

【第一次会员大会】　12 月 22 日，嘉善县无党派人士联谊会正式更名为嘉善县知识分子联谊会，并召开第一次会员大会。县领导冯[illegible]、匡新宇、邹霞芳、谢光辉、闻春华等参加大会。会议选举产生第一届理事会理事，滕少波当选为第一届理事会会长，赵勇任常务副会长，沈宏伟、黄蓁、缪昂、许昱、丁建军任副会长。

（赵凤娟）

总　工　会

【概况】　2016 年，嘉善县各级工会组织紧紧围绕全县环境攻坚年、转型提升年、改革深化年“三个年”活动，深入推进工会工作“五大行动”（凝心聚力、建功立业、权益保障、关爱帮扶、自主创新），扎实开展“两学一做”专题教育，各项工作都呈现良好发展态势。

【召开十四届四次全委（扩大）会议】　4 月 1 日下午，县总工会召开十四届四次全委（扩大）会议，县总工会十四届委员、经审委员，各镇、开发区（街道）、产业（系统）工会、国有投资集团公司工会主席、经审会主任以及部分直属基层工会主席参加。县委组织部部务会议成员、干部科科长吴烨，县纪委派驻第三纪检组副组长陆叶华出席会议。会议增补郑建忠为县总工会第十四届委员会委员、常委、副主席，高敏丽为县总工会第十四届委员会委员。

【领导调研】　11 月 10 日，省总工会副主席董建伟到嘉善调研指导县基层工会工作，实地走访县城乡环境综合整治重点项目新泾港，浙江省首批省级特色小镇“嘉善巧克力甜蜜小镇”，浙江省重大产业项目、浙江省重大服务业项目云澜湾温泉小镇，以及浙江双飞无油轴承股份有限公司。11 月 17—18 日，浙江省总工会法工部调研员朱列萍到嘉善调研企业劳动关系现状，分别在姚庄镇总工会和开发区（惠民）街道总工会围绕“当前企业劳动关系现状”主题召开座谈会。

【“美丽工厂”建设】　研究出台《关于嘉善县美丽工厂建设活动的实施方案》和《关于推进美丽工厂建设的实施意见》，750 家企业参与，450 家企业基本达到美丽工厂建设标准，34 家单位被命名全县首批“美丽工厂示范企业”。

【生猪养殖转产转型“四助”行动】组织开展生猪养殖转产转型“四助”（即助业、助困、助学、助医）专项行动，下拨补助资金 66 万元（按市、县两级总工会 1∶2 配套，市总下拨 22 万元，县总下拨 44 万元），帮扶转产转业困难农民工家庭 269 户。

【职工技能素质提升】　举办“第八届职工技能运动会”，开展车

举办第八届职工技能运动会。　（县总工会　提供）

工、数控车工、砌筑工、医务人员等4项县级一类比赛和叉车司机、电焊工、水质检验工等29项镇（街道）、系统级二类比赛项目，480多家企事业单位的3000多名职工参加。16名职工获得技术操作能手称号，1799名职工取得或晋升技术等级，58名职工被选拔参加市级比赛（有5人获前三名并取得技师资格证书，37人取得高级工证书）。

【建功立业活动】 会同县发改局举办“2016年度县重大项目建设立功竞赛”，22个工程项目参赛，其中云澜湾温泉国际项目被确立为2016年度嘉兴市重大项目建设立功竞赛示范项目。嘉善银展交通建设投资有限公司和嘉善伟明环保能源有限公司工程项目部被评选为嘉兴市重大项目建设立功竞赛先进集体；嘉善银展交通建设投资有限公司职工和嘉善县环境卫生管理处职工被评为市级立功竞赛先进个人。宣传、推广先进职工操作法，国网浙江嘉善县供电公司的“陆翔10、20千伏架空线与电缆线连接操作法”、嘉兴市善通运输集团有限责任公司的“王爱荣安全节油操作法”获嘉兴市总工会命名表彰。

【职工创业创新平台建设】 继续推进“高技能人才创新工作室”和“劳模创新工作室”创建。2月29日，召开全县劳模创新工作室创建现场推进会，进一步明确县“劳模创新工作室”建设的扩面目标和“八有”规范化建设标准。在“五一”表彰大会上，授牌首批县级“劳模创新工作室”8家。全年，全县高技能人才创新工作室和劳模创新工作室开展技术创新、技术攻关项目82个，创造经济效益17107万元，获发明专利67项。

【弘扬劳模精神、工匠精神】 大力弘扬劳模精神、工匠精神，努力在全县职工中营造学当先进的浓厚氛围。全年推荐评选全国“工人先锋号”1个、全国优秀工会工作者1人、省“五一劳动奖章”1人、市“工人发明家”1人、县“工人先锋号”14家、“最美嘉善人——杰出职工”10人、县“职业技能带头人”10人。组织开展“学习劳模先进、争当劳模先进”等活动；以全国劳动模范王志康为原型创作排演朗诵情景剧《金色的田野》，并在全县巡演。

【工资集体协商】 年内，全县累计签订集体合同（含工资专项协议）1303份，覆盖企业3110家，职工21万人，相关数据及时录入省总数据库。进一步巩固礼庙村、长秀村、南北署村区域性行业性工资集体协商规范化建设成果，并在天凝镇杨庙雪菜加工行业开展行业工资集体协商。3月11日，在天凝镇光明村召开杨庙雪菜加工行业职工代表大会，12家雪菜深加工企业负责人和职工代表参加会议，会上签订雪菜加工行业职工工资（工价）协议，覆盖该镇12家雪菜深加工企业，400多名职工。

【严防企业欠薪专项行动】 制定下发《防范整治欠薪，促进劳动关系和谐稳定专项行动方案》，组织各基层工会对各类加工制造、建筑施工、餐饮商贸等领域易发生欠薪隐患的劳动密集型企业进行排查，全年排查重点企业200多家。发挥各级工会“维权员”作用，累计参与调处欠薪案件75起、工伤事故87起、安全生产事故9起，为职工提供法律援助14起。继续深入开展“双爱”评创和劳动关系和谐企业创建，浙江龙森木业有限公司等20家企业获“2015年度嘉善县开展‘双爱’活

2月29日，举办嘉善县劳模创新工作室建设现场推进会。

（县总工会 提供）

动示范企业”称号，5家企业被推荐为市第五批和谐劳动关系先进企业。

【参与企业安全管理】 全县6个镇3个街道（开发区）全部建立劳动保护监督检查委员会，劳动保护分级管理制度建制企业2010家。开展“安康杯”竞赛、安全生产合理化建议征集等活动，全年征集合理化建议2000余条，被企业采纳518条。浙江双飞无油轴承股份有限公司职工提出的《提高卷圆机电器装置的安全性》、富鼎电子科技（嘉善）有限公司职工提出的《开发隐患管理系统》分别获嘉兴市职工安全生产合理化建议二等奖、三等奖。县总工会报送的《道尔顿：企业安全文化有妙招》一文，获全省“企业安全文化”征文二等奖。

【职工医疗互助保障】 根据省总工会《关于推进我省职工医疗互助保障工作的指导意见》精神，制定出台“互助保障金缴费补助”政策（即自2016年起，凡参加在职职工医疗互助保障活动的职工每人50元的缴费标准不变，但其中10元由县级工会经费给予补助）。4月27日，召开全县在职职工住院医疗互助保障工作推进会。至2016年年底，全县参保职工4.4万人，875人次领到互助保障金127.14万元。

【职工帮扶】 以职工需求为导向，提供项目化、精准化服务。春节、元旦两节“送温暖”活动惠及困难职工221户，发放慰问款物26万元；“工会就业创业援助月”活动为5000余名职工提供就业、创业服务；“夏送清凉”活动慰问企业120家、职工1.4万人，发放慰问款物68万元，并与县广电局联办“夏日送关爱”节目，持续3周跟踪报道产业工人代表在高温下的工作生活状况；“爱心透析”专项救助活动为9户困难职工家庭发放专项救助款4.5万元；“金秋助学”活动为45户困难职工家庭发放助学款8.05万元；创业小额贷款项目帮助16名创业人员申请到贴息贷款；“美丽嘉善·情定大云”为45对新居民新人举办集体婚礼；做好劳模专项服务，并组织全县124名劳模参加健康体检。

【企业职工文化建设】 加强工会文化阵地建设，新建县级“职工书屋”14家（累计配送图书2000多册）；建成嘉善县首个古文化藏馆，宣传嘉善本地先民遗存，并开展合作交流。开展工会特色品牌文化活动，举办“劳动最美丽”职工文艺巡演和“劳动者之歌”庆“五一”职工文艺会演等送演出进企业10场次；开展全县性职工书画大赛、歌手大赛、演讲比赛等各类文娱赛事10多项。加强职工文艺人才的培养，主动做好企业文化建设辅导、指导工作，协助企业开展好各类文娱活动，扩大职工受惠面。

【工会服务网络建设】 健全完善以“网站、微信、微博”为主体的网络服务平台和以县、镇（街道）、村（社区）、企业职工“四级”服务中心（站、点）为主体的实体服务平台。加强基层职工服务类组织建设，新建“妈咪暖心小屋”3家，推荐嘉兴市首批职工疗休养基地4个。

【基层组织建设】 制定下发《嘉善县总工会关于加强园区（楼宇、市场）工会联合会建设的实施意见》，并试点建立嘉善归谷智造小镇工会联合会。开展全县“两新”组织工会组建专项活动，全年新建基层工会32家，新增工会会员3500人。举办2016年度全县基层工会干部培训班、全县工会财务人员培训班等各类工会干部（工会工作者）培训活动5期，着力提升工会干部（工会工作者）职

10月，成立嘉善归谷智造小镇工会联合会。 （县总工会 提供）

业能力和素质。探索推进职业化社会化工会工作者队伍建设，在姚庄镇总工会试点实施“编外副主席双向聘用”制度。

【基层工会规范化建设】 在全县基层工会中广泛开展合格职工之家建设和模范职工之家争创活动，评选、表彰全国“模范职工之家”1家、省级“模范职工之家”1家、县级“模范职工之家”29家、县级“合格职工之家”54家。对基层工会建家活动给予37.1万元的经费支持。

【机关自身建设】 开展“两学一做”专题教育，推进县总机关党风廉政建设。通过各级各类传媒大力宣传工人阶级和嘉善工会，全年全国、省、市各类报纸、杂志录用报道118篇。工会经费收、管、用工作规范有序，经费收入持续稳定增长，工会资产持续保值增值，综合实力不断增强；财务管理和资产管理水平进一步提高，经审工作不断加强。 （殷　泉）

共产主义青年团

【概况】 2016年，嘉善团县委紧紧围绕服务中心和服务青年两条主线，坚持立足党政所需、共青团所能、青少年所盼，团的各项工作取得显著成效。年内，嘉善团县委被授予嘉兴市团建工作先进县、嘉兴市重大国际峰会保障服务工作先进集体、嘉兴市共青团工作创新奖、县级部门工作目标责任制考核考评争先进位奖、法治建设考核良好部门、全国县级文明城市创建、“美丽嘉善”建设工作先进集体二等奖等称号，“爱在善医”志愿服务项目获2016年第三届全国志愿服务项目大赛银奖。《关于促进嘉善县青年电子商务创业的建议》提案被列为县重点提案，被评为县政协优秀提案。全年累计发布信息8000条，网上发起活动29次，“青春嘉善”微信公众号坚持每天发布原创信息，近6万人关注。2016年，嘉善青年工作信息被省级以上媒体网站录用161篇，形成基层调研文章34篇。

【青年建功活动】 建设美丽村居。年内，9个镇（街道）团委组织千名青年走访群众万余户。浙广集团、中国美院青年社会践行团分别到天凝镇、大云镇开展“服务特色小镇、服务美丽乡村”主题调研活动。建立百余名“城乡环境整治青年工作群”，“青春嘉善”微信公众号推送50余条嘉善青年参与城乡环境整治信息。围绕生猪退养、乱搭建乱堆放清理、水面净化等重点，组织265名团代表、500余名啄木鸟志愿者参与“流动红袖章在飘扬”“环境啄木鸟在巡查”“团代表·青力量”等活动226次，发放海报、倡议书2000多份，发现问题126个。联合各中小学校开展“晒晒我的美丽新家园”活动，组织4万余名学生及家长参与，得到县委主要领导批示肯定。建立青苗帮帮团，为在环境整治中发现的101名困难家庭子女提供分类帮扶。5—7月，每周末组织“城乡环境整治志愿服务青春行”活动，参与人数2000多人，服务群众近万人。举办“美丽嘉善·你我共建”百团添万绿植树骑行、“随手拍”曝光行动，建立“嘉善共青林”“美丽嘉善”监督反馈机制，推广《嘉善青年文明行为公约》，建设美丽嘉善。

【投身社会治理】 双峰会期间，组织志愿者开展重要站点、边界卡点、公交线路三大安全保障行动。全面推进“志愿汇”，累计注册志愿者11.5万人，参与率70%以上，人均年服务25小时以上，为全县志愿者购买2万元意外保险。“青春嘉善”微信公众号推送社会治理原创微信23次，举办“平安志愿者”口号线上互动征集活动，总计送达20多万人次。组织全县各镇（街道）、系统团组织志愿者参与平安大巡防，开展治安巡逻、隐患排查、矛盾化解、邻里守望、法制宣传等工作，发放各类倡议书3000多份。围绕文明城市创建，450多名志愿者参与礼让斑马线、纠正交通不文明行为等近[illegible]000小时。围绕网络文明，组建260人的网宣员队伍，实时监测网络舆论，拓展青少年参与社会治理的领域。

【青年创业服务】 承办市青年创业大赛，网罗81个项目参赛，8个项目落户嘉善，网络投票吸引10万人关注。举办嘉善·杨浦创业创新高峰论坛、市高校大学生嘉善行暨青年创业创新论坛、留法学友嘉善行、“美丽新起点”青年农电商培训、“2016走进互联网—微创客”助力学生创业、青年电商创业分享汇等活动，组建嘉善在线教创业“讲师团”“教练团”，为全县创业青年提供交流平台和学习机会。促成县人社局和中国（上海）创业者公共实训基地管理服务中心实现战略合作，罗星街道团委促成马家桥村农电商综合服务平台与光彪学院结对共建。姚庄镇团委与上海吕巷镇团委实现结对共建，陶庄镇团委联合江苏省汾湖高新区、上海市金泽镇团委共同运行江浙沪环汾湖青年联谊会。9个镇(街道)团委实施“青春创客合伙人”计划，与学校大队部、嘉兴学院二级学院形成三方共促农村创业创新态势，开展结对共建活动68场，帮助创业青年解决困难132个。姚庄镇团委与县农经局团委成立全县首个青年农创团，线上拓宽销售，线下把控质量。深化团省委“百园千点”青年众创空间创建活动，上海人才创业园被命名为省青年创业园区，罗星街道马家桥村农电商综合服务平台、歌斐颂巧克力小镇和姚庄镇社会组织创益园等10家单位被命名为省青年互联网创业示范点。助力“创客邦”嘉善基地建设，百汇创谷被评为省青年互联网创业示范点、市众创空间、市首批青创空间等。

【关注青少年成长】 抓住青少年入党入团入队等节点，开展“中国梦”、社会主义核心价值观学习等主题团日队日活动177次，参与青少年3万多人次。开展“带着国旗去旅行”线上活动，收到照片3000余张，2万余人关注。举办“传承优良家风·争做美德少年”主题活动，评选美德好少年100名，6名少先队员被评为市级美德少年。招募红领巾小记者60个，组织小记者跑两会等活动17次，拍摄“飞扬的红领巾”微电影。

【服务青年】 打造青春微公益爱心服务集群，西塘镇、开发区(街道)、供销社团委率先推出青春微公益站(店)、爱心格子铺等项目，开展“学雷锋·公益乐跑”、爱心拍卖、农民画网上义卖等活动，累计筹集万余元。在网站、微信、微博等平台发布就业、交友、青春倡议等信息656条，组成青年之声讲师团等线下服务联盟，实行青年之声线上值班制度，收集青年心声1023例。实施“青，帮你找工作”项目，举办各类岗位技能比武、招聘会等60场次，发布就业信息1343条，受益青年2300多人次。首次组织“家燕归巢”大学生返乡活动，为300名返乡学生提供创业体验、技能养成、公益实践、才艺展示等实践平台。举办共青团大脚掌走基层活动，建立“走基层连百团”工作机制，全县专职团干部直接联系服务青少年1500余人，走访群众8129人次，解决实际问题513个。

志愿公益乐跑活动　　(团县委　提供)

【自身建设】 建成县级青少年综合服务中心，姚庄镇青少年综合服务站被认定为首批省级示范性青少年综合服务平台，天凝镇、魏塘街道青少年综合服务站被认定为首批市级示范性青少年综合服务平台，全年新建非公企业、两新组织团组织20家。联动开展党团活动26次。实施市级重点项目3个，履行“全团带队”职能，加强对少先队的指导带领，召开县少工委七届四次全委会，举办第八届少先队鼓号队比赛。加强县志愿者协会建设，形成“绿丝带”“周六公益集市”“西塘景区志愿服务中心”等品牌项目32个，“爱在善医”与科创中心团支部联合打造“爱在善医”志愿人才服务健康驿站。县青少年宫全年开设培训班次559个、8670人次，被评为省县级优秀少年宫。抓好队伍建设。制定《2016年嘉善团工作县级重点项目菜单》，举办“善青学堂”、团干部培训班、首届团工作项目设计大赛、精品团课评比展示、“团聚青春　活力基层”主题团日等活动34次。　(吴　洁)

社会科学界联合会

【概况】 2016年，嘉善县社会科学界联合会积极推进县社科规划课题的申报立项和评奖工作，并做好省市级社科规划课题推荐申报工作。县社科联获全国社科组织先进单位。

【课题研究和成果评选】 推进县社科规划课题的申报立项和评奖工作，分类设置18个应用对策类课题以及嘉善地方历史文化类课题和自选类课题，做好省市级社科规划课题推荐申报工作。全县县级规划课题入围72项，其中入围市规划55项、结题率96%，获市社科联重点课题一等奖1项、三等奖2项，市级社科优秀成果三等奖1项；入围省级规划课题1项、省社科联研究课题1项。《嘉善接轨上海体制改革和大众创业促进机制改革试点》《嘉善县城基础设施投融资改革》《嘉善综合行政执法改革研究》等课题列入之江青年"浙江改革发展"专项研究课题。"'四个全面'战略布局下，县域'善治'嘉善实践"被列入省级改革发展专项课题，完成初稿。省级规划课题"善治：中国县域治理现代化嘉善样本"进入发表结题阶段。

【社科宣传普及】 开展第二批县级社科普及示范基地创建，县历史文化档案馆等8家单位列为第二批示范基地；市级社科普及基地古镇西塘被评为第六批省级社科普及基地。开展社科普及月活动，其间推送微信60多条，发布校园专栏120多篇，举办展览23次，展板展示45次，现场咨询活动32次；全县59个农村文化礼堂依托"百姓课堂""柳洲大讲堂"等载体，邀请"十八届六中全会精神宣讲团""善文化·百姓讲师团"等宣讲团的讲师以及优秀社科专家到基层和社区开展家庭教育、环保知识、家风家训等专题讲座56场；各级科普基地依托自身资源优势，开展宣传活动105次，受众1.2万余人，制作发放宣传资料1.8万余份，通过电视报纸广播等媒体报道80余次。

【组织和人才队伍建设】 加强社团交流和联系，经常性开展走访、慰问、学术交流、课题研讨等活动。指导社团有序、规范地开展工作，引导其有效发挥组织作用。制定下发《2016年嘉善县社科联工作要点》，组织各有关学会（协会、研究会）负责人以及基层社科骨干召开"推动嘉善社科发展"研讨会。抓好社科骨干业务专题培训，将社科骨干培训列入县委党校主体班培训计划，举办全县社科骨干培训班。加强社科普及阵地和载体建设。依托自身资源优势，开展各类特色性社科普及活动，积极创建和办好各类社科学术刊物。 （陆斌超）

妇女联合会

【概况】 2016年，嘉善县妇女工作以中共十八大和十八届四中、五中、六中全会精神为指导，以贯彻落实中央、省委、市委、县委党的群团工作会议精神为主线，围绕县委、县政府工作中心，团结带领全县广大妇女投身县域科学发展示范点建设，为"十三五"发展良好开局贡献力量。年内，县妇联先后获全国农村优秀学习型组织、全国实施妇女儿童发展纲要先进集体、县（市、区）妇女儿童发展"十二五"规划终期监测评估报告省级二等奖等荣誉。

【引领女性创富建功】 适应经济发展新常态，努力做好巾帼创业服务工作，为创业妇女搭建平台、扶助资金、提高技能。命名首批巾帼创客空间5家，常态化开展创客空间、专家讲座、经验分享等活动。与农商银行合作，向千名创业妇女发放"巾帼创业创新卡"，最高授信30万元，发放小额贷款1200万元，其中贴息贷款221万元。坚持实施女性创业小额贷款贴息政策，扩大贴息的覆盖面和额度，向52名创业女性发放贴息资金21.9万元。开展技能技术培训，举办第三届女大学生SYB创业培训班，41名在校和毕业女大学生参加，并开展创业导师结对活动。举办2016年园艺大专班，40名农村种植女能手参加。

【服务中心工作】 成立县、镇、村三级"老大娘子军"巾帼志愿者队伍，定期在居住地或工作地附近河道进行巡河监督。开展巾帼志愿服务行动、巾帼环境整治行动、巾帼宣传劝导等系列行动，广泛宣传"五水共治"知识，增强城乡妇女治水、护水、节水意识。推广酵素应用技术，全年举办10期酵素制作培训班，推进源头截污减排。9月25日，举办"美丽酵主"巾帼护河行动——酵素换绿植活动，200多名市民参与，征集酵素350千克。牵头开展"美丽庭院"建设，制定出台《关于嘉善县"美丽庭院"创建工作的实施方案》，开展多种比赛和活动，营造美丽庭院创建氛围。开展"美丽嘉善我的家"徒步行活动，举办6场次，2000余名群众报名参加。指

县妇联组织开展嘉善县"美丽酵主"巾帼护河行动。（县妇联 提供）

导重点村进行美丽庭院规划设计、营造特色，建成一批优美庭院精品村、精品示范组、精品示范户。至年底，成功创建市级"美丽庭院"示范村 9 个，评选出县级美丽庭院建设标杆村 4 个、争先进位村 10 个。

【关爱特殊群体】 抓住重点节庆日，开展慰问贫困母亲、基层妇女干部、少年儿童等关心关爱活动。"三八"妇女节期间，举办"爱分享"女企业家爱心义卖活动，募集善款用于慰问贫困母亲。在母亲节，举办"牵手同行"主题活动，组织巾帼志愿者、社工与 50 名单亲困难母亲结对。"六一"节，走访慰问 22 所幼儿园、小学。继续开展两癌免费筛查工作，全年完成 1.7 万名妇女检查工作。开展困难家庭爱心助学结对活动，联系爱心企业为 8 名学生提供 2.5 万元助学金。

【维护妇女合法权益】 开展"三八"维权周活动，举办维权简报评比、维权案例征集、维权上街宣传、法制故事宣讲、文艺下乡等活动。发挥县、镇（街道）两级婚调委的作用，推动婚姻家庭矛盾纠纷调解工作，县镇（街道）两级妇联全年接待来信来访来电 101 件，调处率 98%。举办"反对家庭暴力・建设平安嘉善"大型广场宣传咨询服务活动。11 月 14 日下午，县妇联召开政策规范性别平等咨询评估机制 2016 年度联席会议。县政策法规性别平等咨询评估工作联席会议成员和专家组成员参加，对《嘉善县"十三五"妇女儿童发展规划》等开展咨询评估。关注农村土地承包经营权确权登记颁证工作，依法落实农村妇女的土地承包权益。支持致缘社工服务社实施婚姻家庭调适社工项目，开展婚姻家庭法规咨询、家庭矛盾调解、情感心理问题疏导等服务。

【优化妇女发展环境】 3 月 8 日下午，举行嘉善县庆祝"三八"国际劳动妇女节 106 周年暨"善美"系列颁奖典礼，全县各行各业的 700 多名妇女代表参加。11 月 11 日，县妇女儿童工作委员会召开县妇儿工委全体成员（扩大）会议。会议总结通报县"十二五"期间妇女儿童发展规划的实施情况，并就"十三五"妇女儿童发展规划的相关目标数据、措施和实事工程内容进行意见交流。至年底，全县完成"十二五"妇女儿童发展规划 169 个指标的监测评估，其中定量指标达标率 93.82%、定性指标达标率 98.75%，推动惠及妇女儿童的 9 个实事项目顺利完成，形成妇女儿童发展"十二五"规划两个终期监测评估报告，并获省二等奖。编制完成妇女儿童发展"十三五"规划，确定惠及妇女儿童的 14 件实事项目。

【特色家庭创建】 引导广大妇女家庭积极参与到善美家庭、百户文明家庭、平安家庭、藏书型家庭、绿色家庭等特色家庭创建活动中。加强文明家庭的动态管理，确保文明家庭的社会影响力和公信度。开展以"弘扬善文化 传承好家风"为主题的好家风好家训征集活动，征集到家风家训 1873 条，评选出 100 条优秀家风家训进行表彰奖励。开展家风家训作品创作，举办"我们的好家训"全民书法大赛，收到参赛书法作品近 300 幅，评选出 120 幅作品参展。举办"我们的好家风"分享会，开设家庭助廉课堂，营造风清气正的社会氛围。深化全国家庭教育试点工作，完善与推广好习惯家长学校、十五分钟微课堂、阳光家园等家庭教育指导服务品牌，对 15 家县级示范企业家长学校、优秀企业家长学校授牌表彰。

发挥县家庭教育指导中心作用，全年举办各级“教子有方”大讲堂230期。优化家庭教育指导服务供给方式，探索政府购买服务方式，向嘉善向日葵悦读社工服务中心购买“亲子阅读”家教服务100场次。县致缘社工服务社每月2次定期开展家庭教育服务，提高单亲等特殊家庭的家庭教育水平。开辟网络家庭教育平台，组建“妈妈成长训练营”家长微课堂。

【强化自身建设】 落实全国妇联《关于加强服务型基层妇联组织建设的意见》精神，做精、做活、做优基层“妇女之家”。启动“妇女之家”示范项目建设，选择5家示范“妇女之家”、10个“妇女之家”建设精品项目培育对象，评选示范“妇女之家”及妇女之家精品项目。7月1日，2016年发展中国家女官员参与社会管理能力建设研修班在嘉善县开展现场教学，巴勒斯坦、斐济、加纳等23个发展中国家的58位女官员实地考察魏塘街道魏中村妇女之家、女大学生创业实践基地碧云花园和市女企业协会副会长企业云澜湾温泉国际，了解全县社会发展状况和妇女工作开展情况。

7月1日，2016年发展中国家女官员参与社会管理能力建设研修班在嘉善开展现场教学，来自23个发展中国家的58位女官员考察妇女工作。 （县妇联 提供）

【岗位建功活动】 在全县巾帼文明岗中开展“三评一复查”工作，评选十佳巾帼建功先进集体、十佳巾帼建功标兵、特色“巾帼文明岗”和优秀“巾帼文明岗”网页，全年有3家单位争创全国级巾帼文明岗、5家创市级岗、17家创县级岗，组织开展巾帼文明岗岗长培训班，组织学员到宁波市江北区实地参观学习，拓宽创建特色岗位的思路。

【强化基层组织】 转变妇联工作作风，开展“一下移两下沉”专项工作，实行工作重心下移、工作力量下沉、服务资源下沉，排摸出17个妇女工作相对较薄弱的村，分别与省市妇联领导、县妇联机关干部、镇（街道）妇联主席结对，通过指导督导推动基层组织神经末梢运转。3月17—18日，省妇联副主席方颖、儿童工作部副处调张彦伟、儿童工作部主任科员金蕾一行到嘉善开展“一下移、二下沉”妇女工作调研活动，市妇联主席陆云、副主席屈雯和县妇联主席吴素春陪同。全年，省市县镇四级妇联开展送服务活动11次，送服务项目3个，17个结对村全部走遍，直接服务妇女68人。 （孙 美）

科学技术协会

【概况】 2016年，嘉善县科学技术协会（简称县科协）围绕中心，发挥职能优势，以创建浙江省科普示范县为抓手，强化服务，实施创新驱动助力工程，抓好各项工作的落实。县科协党建文化展示被县直机关党工委列为县级机关党建示范点，机关支部被县委评为先进基层党组织。申报的“科普天地 智惠大众”党建服务品牌代表嘉善县参评并入选嘉兴市机关服务品牌。在县级科协工作目标责任制考核中被嘉兴市科协评为优秀单位。至年底，县科协所属学会26个、企业科协5个，单位会员676个、个人会员2593人。全县有国家级科普示范社区2个、国家级农村科普示范基地和全国科普教育基地1个，省级科普示范镇（街道）9个、示范村8个、示范社区5个、科技示范户48户，市级科普示范镇（街道）9个、科普示范村42个、示范社区21个、科技示范户76户。

【浙江省科普示范县创建】 6月21日，向省科协申报创建浙江省科普示范县。成立由县委副书记滕根林担任组长的创建领导小组，县科协履行创建领导小组办公室职责，制定《嘉善县创建2016—2020年度浙江省科普示范县工作方案》上报两办印发至各镇（街道）、县级各部门，明确创建目标、主要任务、保障措施、工作思路和安排，对《浙江省科普示范县（市、区）测评指标》进行责任细化，编制《嘉善县创建2016—2020年度浙江省科普示范县主要工作任务分解表》，将基本指标和特色指标按照镇（街道）和县级部门工作性质进行责任分解。至年底，基本完成各项创建任务。

【院士智力集聚工程】 坚持以产业发展和科技创新需求为导向，把建设院士专家工作站作为服务经济转型升级促进科技创新的主抓手。2016年，先后引荐复旦大学陈芬儿、东华大学周勤之等6名两院院士，分别和诚达药业、富信成机械、亿米光电、嘉熙光电、梦天木门、一里谷等企业开展科技项目对接活动。其中，东华大学院士周勤之和富信成机械有限公司达成技术合作协议，成功创建全县第六家院士专家工作站。同时，加强对已建院士专家工作站的联系和服务，指导浦江缆索工作站争创省级院士专家工作站，引导各工作站申报国家级、省级科技重大项目和重点实验室，发挥院士专家工作站引领科技创新的示范作用。

【加强科技项目对接】 邀请中国工程院侯立安、高从堦、陈剑平等以及浙江大学、北京师范大学、北京市水文地质工程地质大队的专家教授到嘉善开展高层对接，为县经济社会发展出谋划策。依托嘉兴·长三角“海智”基地，主动联系海外科技人才资源。为浙江爱迪曼环保科技有限公司和德国专家牵线搭桥，开展“污水磷提取技术”项目合作洽谈。组织县内部分企业参加嘉兴市2016“星耀南湖”精英峰会暨2016中俄工程技术论坛和市科协举办的国内、国外专场人才交流对接会，为企业解决人才、技术需求提供服务。

【实施创新驱动助力工程】 聚焦“五水共治”工作重点，发挥科协联系广泛的组织优势。经县科协牵线搭桥，9月7日北京市科协下属的生态修复学会与嘉善县政府签订合作共建协议。该学会是国内首家专业聚焦生态修复理论与实践发展的民间团体，通过“政会协作”形式，组织专家实地开展调查研究，为嘉善生态环境治理提供决策咨询，帮助提炼“五水共治”工作经验。利用专业学会的理论和技术优势，在嘉善重点打造一批在全国可示范的“美丽河道”。

【落实全民科学素质行动计划纲要】 科学编制《嘉善县〈全民科学素质行动计划纲要〉实施方案（2016—2020年）》，制定出台《2016年嘉善县实施〈全民科学素质行动计划纲要〉工作要点》。突出领导干部和公务员、青少年、农民、城镇劳动者“四大重点人群”，做好科普“五进”（进机关、进文化礼堂、进社区、进学校、进企业），以广场咨询、科普报告、图板展示、医疗义诊、青少年科技竞赛、技术培训方式等，广泛开展科普宣传活动。组织百人科普讲师团开展“菜单式”点题宣讲80多场，惠及群众3000多人。

【打造科普品牌】 精选科普宣传项目。围绕“创新引领·共享发展”主题，全面开展科普周、科普日宣传活动108项，参与群众3.5万余人次；歌斐颂巧克力小

9月7日，北京生态修复学会与嘉善县政府签署共建合作协议，助力“五水共治”。
（县科协 提供）

镇科普日活动被纳入全省现场直播连线；引进中国流动科技馆，高端先进的科技项目吸引 9000 多名中小学生参观体验；邀请 4 位中科院老科学家到嘉善中小学课堂开展科普巡回报告，2000 多名在校师生参加。微信平台科普知识竞赛、科普电影巡映等活动深受城乡居民欢迎。优化合作交流方式。依托和上海市、江苏省地域相邻人文相近的区位优势，主动接轨上海融入长三角，定期和上海闵行、江苏太仓开展沪苏浙城际科普交流活动，拓展科普资源共建共享，成功引进中福会“少儿科普微童话大赛”。延伸科普宣传触角。2016 年继续开展“科普月月行”，组织科普志愿者下乡进村入企业 12 次，聚焦五水共治、公众健康、食品安全等热点问题，直接惠及群众 7000 多人。

【创新科普载体】 歌斐颂巧克力小镇、碧云花园、云澜湾温泉国际被列入省、市科普旅游项目。先后承办“对话中外青年、共享创新创业”、“外国大学生看浙江”、长三角科技期刊发展论坛等省、市重点科普活动 16 项，吸引中外创业青年、科技专家和青少年 1000 多人参与活动。借力“互联网+”启动科普 e 站建设，2016 年安装完成 56 台。

【实施基层科普行动计划】 罗星街道玉兰社区成功创建国家级科普示范社区，成为全县第三家享有“国字号”的基层科普示范单位。西塘镇成功创建浙江省科普示范镇，实现镇（街道）省级科普示范创建达标全覆盖。魏塘街道嘉辰社区、罗星街道晋阳社区被评为省级科普示范社区。惠民街道金嘉社区等 5 个社区被评为市级科普示范社区。表彰命名朱奇新等 111 户县级农村科技示范户。依托农函大培训平台，累计培训学员 8117 人次，选送 7 名种养大户赴省农函大进修培训。扶持一批市、县级农村科普示范基地和科普惠农服务站，进一步提升基地辐射示范效应，服务农业增效、农民增收。

【开展社会化服务】 支持所属学会拓宽服务领域，承担更多的社会化服务职能，承接政府职能转移 14 项。县汽车技术协会主动承接全县汽车驾驶员理论培训，全年组织机动车驾驶员理论培训 9650 人、驾驶员模拟驾驶培训 11350 人；县教育学会承接全县学校教育公众满意度调查，以“第三方”评价的身份对全县 56 所学校（幼儿园）开展学校教育公众满意度调查工作，问卷调查 6271 人，处理近万个数据。

【建言献策】 深化学会“练内功、提能力、助力创新驱动”主题活动，实施学会活动项目化管理扶持办法，支持所属学会开展调查研究主动建言献策。2016 年县科协组织科技人员开展重点课题研究 83 项，形成意见建议供县领导和有关部门参考。上报县委县政府调研报告和经验类信息 35 篇，其中 10 篇报告和信息得到相关县领导的批示和肯定。

（高金星）

文学艺术界联合会

【概述】 2016 年，嘉善县文学艺术界联合会（以下简称县文联）坚持以习近平在文艺座谈会上重要讲话精神和中共中央《关于繁荣发展社会主义文艺的意见》为指导，积极投身主题文艺创作，主动开展重大文艺活动，为全县科学发展和“十三五”建设开局提供文化支撑和文化保障。年内，研究制定《嘉善县文艺精品工程（2016—2020）行动要点》，在“嘉善发布”开设《柳洲》专栏，介绍当下县内活跃的文艺工作者，累计编发 2[illegible] 期。

【浙江省民间故事会】 2016 浙江省民间故事会由浙江省文联、杭州市文联和嘉善县政府联合主办，浙江省民协、《山海经》杂志社、杭州市民协和嘉善县文联共同承办，是浙江省首届。活动收到全省 11 个地、市 383 件故事征文。嘉善作者俞冰《请您帮个忙》获金奖，郑少鉴《我还得从头学起》获银奖，王丽君、钟爱文《孩子该怎么》获铜奖，张萍《不能报销的发票》、徐柯《打了水漂的五万》和梅李燕、钟爱文、苏丽君《“的哥”外卖》获优秀奖。故事会的故事演讲环节有 11 个地、市的 34 名选手参加决赛。嘉善选手王子皓、徐宇航分获幼儿组、少儿组金奖，沈一青获成人组银奖、王斌获铜奖。

【文化赛事】 8—11 月，举办第六届顾锡东越剧艺术长三角越剧票友大赛。苏浙沪等地 1000 多名票友参与。经过初赛、复赛和分地区决赛，11 月在西塘进行总决赛，42 名选手参加。县文联承办嘉兴赛区选拔赛，嘉善选手史丽红参加总决赛获十大名票提名奖。举办中国摄影报“走进”影友联谊会暨“情动西塘古镇”摄影大赛，吸引全国多省地市的250多名摄影家摄影爱好者，300多件作品参赛，薛春梅、赵淙鸣获一等奖。

【采风创作】 中秋前夕，举办“诗话云澜湾”系列活动。组织邀请10多名全国有影响的诗人，采风创作近20首诗歌，并举行“那云·那月·那朵莲”诗与歌晚会。配合“美丽嘉善”建设，先后走进罗星街道、大云镇、陶庄镇、干窑镇、姚庄镇等，组织开展“美丽嘉善·城乡行”“新农村·新风貌·新故事”主题采风创作笔会，发现和创作诗歌、散文、小品、故事、戏剧等50多件。

【文化交流】 以“农民画”为载体，先后组织举办现代“农民画”创作研讨和交流笔会。在姚庄镇举办现代“农民画”创作研讨活动，邀请苏浙沪毗邻地区10个现代民间绘画之乡的领导、画家参加。与会人员共同座谈探讨现代“农民画”创作的发展方向、扶持目标，并现场开展创作技艺切磋。举办现代“农民画”创作交流笔会活动，邀请金山农民画、舟山渔民画与姚庄农民画同台展示。12月，借吴镇书画院落成开院，举办“元季四家”故里国画邀请展活动。该活动自2010年起，先后由常熟、平阳、余杭、富阳、锡山主办作品展览、创作笔会。

【文艺家驻地社区服务制度】 在罗星街道尝试开展以驻地文艺家社区服务的活动，所属各文艺家协会牵头，根据居住或工作所在区域的社区，由协会和会员与社区的文艺团队结对，让广大文艺家走进基层、走进社区，以艺术特长为社区群众文艺繁荣发展发挥作用。书法、美术、摄影、音乐、戏曲和作家及民间文艺家协会近百名艺术家，和街道的各个社区建立结对关系。

【文艺家协会(学会)】 所属10个文艺协会(学会)新吸收会员8人，推荐市级会员17人，新增省级会员2人、国家级会员2人；现有会员627人，其中国家级会员17人、省级会员63人、市级会员152人。全年，51件文艺作品获省级以上奖项，其中18件作品在全国性的赛事中获奖。在各级各类报纸、杂志发表，或在各类展览入展、入选的文艺作品近200件。

(钟晓生)

归侨侨眷联合会

【概况】 2016年，嘉善县侨联围绕中心，发挥优势，坚持求真务实的工作作风，凝聚侨心，发挥侨力，不断推动侨联事业科学发展。

【联络联谊】 对全县的侨情资源进行梳理，建立侨务工作QQ群与“嘉善侨之家”微信群。走访部分侨联委员、侨商会员企业，开展“侨商服务月”活动，发放调查问卷，宣传侨务侨法政策。加强与海外华侨的联系，接待回乡探亲的王勇江、朱昕泰特、张丹等。与兄弟侨联加强联系，接待丽水市侨联和温州瑞安侨联到嘉善调研工作。

【关爱侨眷】 春节、中秋节、重阳节前，上门慰问全县2名归侨、15名侨眷、3家侨商企业。做好侨眷信访，与陶庄镇一起做好拆违工作中侨眷的思想工作。推荐上报原嘉善县侨联主席李兴华为侨联工作20年以上工作者。看望受伤住院侨眷，并帮助协调解决交通纠纷。开学前期，帮助部分归侨子女办理入学入园手续。

【举办海外英才故乡行活动】 10月28日，举办以“展故乡新貌·凝英才合力”为主题的海外英才故乡行活动。来自美国、加拿大、英国、荷兰、日本等国家的15位嘉善籍海外英才参加。海外英才走进中国归谷嘉善科技园实地考察。活动期间，举行嘉善县海外英才恳谈会，县领导曹国良、朱学军参加。

【留联会活动】 县留联会组织部分留学生在假期参加应急救护知识与实践培训班，组织留学人员家属开展迎春联谊活动。每周三开展“潮爸潮妈”英语培训班，分设初级班、中级班和高级班，100多名家长参加；每月开展烘焙、插花等主题活动，让留学人员及家属扩大交流、增进了解。

【侨务宣传】 与县报社合作，在《嘉兴日报·嘉善版》推出《嘉善人在海外》专栏，介绍嘉善人在海外学习、工作、生活的情况，第一季推出20期、讲述20位海外嘉善人的故事。

(高　蕾)

台胞台属联谊会

【概况】 2016年，嘉善县台胞台属联谊会(以下简称台联会)深入贯彻党的对台工作方针政策，团结广大台胞台属，在推动全县经济发展、维护台胞台属合法权益、积极参政议政等方面创新工作方法，改进工作作风，圆满完成年度任务。

【加强学习联谊】 全年召开台联会理事会议 4 次，学习中共十八届六中全会、习近平总书记等重要讲话精神，及时传达中央、省、市对台方针政策。积极参加市、县举办的各类形势报告会、读书会等，提高台联会干部的自身素质。组织台联会理事参观县域科学发展主题馆等党员教育基地，延伸开展“两学一做”教育实践活动。组织参观嘉兴瀚腾物联网科技有限公司等科技型台企，深入开展走访调研活动。组织台胞台属参加嘉兴市“海峡两岸裹粽友谊赛”，获团体一等奖。接待台州玉环、平湖台联会。

【完善工作机制】 完善县台联会理事联系基层工作制度和县台联会干部联系重点台属制度。加强台联会干部与台胞台属的经常性联系和沟通，及时掌握基层情况。在中秋节和春节等传统节假日期间，开展上门走访和慰问活动，走访和慰问台胞台属 30 多户。了解台胞台属与台湾亲戚的联系交往情况的同时，宣传台海形势、中央对台方针政策，发挥台胞台属在促进两岸关系和平发展中的重要作用。

【服务台胞台属】 县台联会充分发挥服务协调职能，对台胞台属反映的问题和困难，能解决的力求做到即时解决。针对需要多部门协调处理的复杂问题，积极协调各部门服务台企机制，联合相关部门协调解难。协调处理台属唐玉梅寻找台湾亲人、台属朱花子女就学等问题 10 多件。

【参政议政】 结合自身特长，把握当前形势任务，积极参政议政。做好市县政协委员的提名推荐，配合统战部及各镇、街道进行提名人选的考察工作。把好个人申请关、单位推荐关、政治考察关、社会影响关，确保新一届政协委员提名人选的政治素质和参政议政能力符合要求。做好提案工作，县政协十三届第五次全会期间，撰写 4 件联合或个人提案，得到领导和有关部门的肯定。撰写大会发言，按照县政协五次全会大会发言的要求，成立调研小组，围绕美丽嘉善建设，撰写完成《关于健全完善美丽城市建设长效管理机制的思考和建议》的调研报告，并在大会上发言。深入调研，多次召开会议讨论提案，撰写《关于助推 PPP 模式更好发展的思考和建议》的调研报告。

（于　瑾）

青年联合会

【概况】 2016 年，嘉善县青年联合会围绕服务党政大局、服务社会发展、服务青年需求，组织开展教育实践，优化青年成长环境，各项工作取得良好成效。

【教育引导青年】 培育爱国情怀，围绕中共十八届五中、六中全会精神和习近平总书记系列重要讲话精神在青年中开展宣讲等活动 60 余次，组织青年党团员开展“两学一做”学习教育活动，有针对性地开展观看红色电影、倾听革命历史等活动 62 次。弘扬践行善文化，开展学习模范、文明出行、敬老爱幼等善文化宣讲等道德实践活动 52 次，推广《嘉善青年文明行为公约》，推进机关、村、社区德育实践基地建设。利用网络，依托在网站、微信、微博等平台组织开展就业、交友、发出青春倡议等活动 656 条，利用各时间节点开展“我与青春的奋斗故事”、青春·爱自拍、网上祭英烈、带着国旗去旅行、“穿梭千年，寻找最美中国风”等网上青年活动，吸引 3000 多名网络青年广泛参与。

【优化成长环境】 利用青联组织的社会资源，实施“青，帮你找工作”项目，举办青年招聘会、岗位竞赛 50 场，受益青年 2400 多人次。支持青年科技创新团队开展技术攻关活动，深化青春班组创建，吸收企业团干部、一线团员职工、生产经营骨干、技术创新能手等优秀青年，组建青春班组，实施青春班组领办攻坚项目。结合“百元一点”创建抓好青年创业平台，其中上海人才创业园被命名为浙江青年创业园区，汇思网络科技有限公司等 10 家单位被命名为浙江青年互联网创业示范点。联合青联委员企业百汇集团建成百汇创谷，被评为浙江青年互联网创业示范点、市众创空间、市首批青创空间。承办市青年创业大赛，8 个项目落户嘉善，举办嘉善·杨浦创业创新高峰论坛等 25 场次，覆盖青年 2700 余人次。推进“一核多点”青少年综合服务平台建设，建成县级青少年综合

承办嘉兴市创业大赛，吸引 8 个项目入驻嘉善。　（团县委　提供）

服务中心，基层姚庄镇青少年综合服务站被认定为首批省级示范性青少年综合服务平台，天凝镇、魏塘街道青少年综合服务站被认定为首批市级示范性青少年综合服务平台。建立青春热线工作室，深化“12355”平台建设与面对面活动，组织红领巾记者“跑两会”，建立青年之声网上接待日、讲师团、线下服务联盟等，累计收集基层青年心声 1023 例。

【服务科学发展】 助力环境攻坚年，组织各界青年深入基层，围绕生猪退养、乱搭建乱堆放清理、水面净化等重点，广泛参与“流动红袖章在飘扬”“环境啄木鸟在巡查”“团代表・青力量”“城乡环境整治志愿服务青春行”“百团添万绿植树骑行”等城乡环境整治活动，为美丽嘉善建设出实招、促实效。助力“社会公益”，聚焦助老、助幼、助残、助困等领域，各界青年累计帮助老弱病残困人群 1406 人次，结对新居民子女千余名。推出青春微公益站（店）、爱心格子铺等青年公益项目，组织青联委员开展“学雷锋・公益乐跑”、爱心拍卖、农民画网上义卖等活动，累计筹集万余元。助力社会治理，引导青联委员、广大青年积极参与重要站点、边界卡点、公交线路三大安全保障行动，3568 名青年志愿者在高铁南站、出城卡点、公交车上、县城道路开展保障安全、文明引导、治安巡逻、隐患排查等志愿服务近 3.5 万小时，不断拓展广大青年参与社会治理的领域。

【加强自身建设】 完善青联组织制度，通过完善主席会议、常委会议、界别活动等制度，开展定期交流。各界别组结合自身特点开展走访考察、座谈联谊等活动，充分发挥委员的主体作用。加强跨区域青联组织交流，开展嘉善青年精英家乡行、献计献策等活动 7 次，联合市青联、“沪嘉青年联谊会”等组织青联委员参与歌斐颂巧克力文化节等活动 3 次，与各界青联组织联络整合资源，推进嘉善本地经济社会事业发展。

（吴　洁）

综　　述

2016 年，嘉善县人武部坚持以强军目标为统揽，以做好军事斗争准备为牵引，积极谋发展、奋发求作为，国防动员和后备力量建设水平有新的发展和进步。突出抓好学习实践活动，不断强化党管武装工作的使命感、责任感。在理论学习中增强党管武装的责任意识，在落实"大国防"教育中强化全民国防意识，在工作实践中提高党管武装职能意识，坚持把党管武装工作纳入党委议事日程，把国防教育纳入全民教育计划统一安排，把专武干部和民兵干部的选拔、培养和考核纳入组织人事部门统一管理，把民兵"参建参治"纳入地方经济建设规划统一协调，把完成武装工作纳入年度目标责任考核。突出抓好军民融合，不断推进国防后备力量建设深入发展。严格落实党管武装工作制度，用制度落实保证武装工作落实；认真规范国防动员工作机制，加强国防动员工作经常性的沟通协调；集中精力抓好征兵工作落实，圆满完成上级赋予的征兵任务。突出抓好基本队伍建设，不断提升组织指挥和快速动员能力。积极抓好县人武部自身建设，认真开展"两学一做"学习教育活动，努力为干部职工办实事做好事，加强对干部职工队伍的教育管理和培训，不断强化干部职工队伍的思想作风和业务工作水平；抓好专武干部队伍建设，按照"四个在一起"的要求，坚持多法并举、多管齐下，强化对专武干部培养锻炼，提高能力素质；抓好基干民兵队伍建设，优化民兵分队，进一步健全完善民兵队伍组织结构，严格按照"七率"要求进行整组点验，民兵分队应急处突能力不断提高。突出解决重难点问题，不断推进党管武装工作稳步发展。着力加强后备力量建设，结合精准抓建基层，扎实推进基层规范化建设；着力加强民兵应急分队建设，更新完善应急连装备物资器材，打造嘉善县应急队伍的"拳头"力量，积极做好 G20 杭州峰会和世界互联网大会（乌镇峰会）安保工作；着力

2 月 24 日，县人武部组织干部职工队列训练。　　（丛冬健　摄）

为军人军属排忧解难，把做好转业干部的安置工作作为一项政治任务来抓，努力做好随军家属就业安置工作，开展“慰问军属大走访”活动，营造拥军氛围，增强军人军属的荣誉指数。（吴　和）

国防教育

【概况】 2016年，嘉善县全民国防教育工作，以中共十八大和十八届五中、六中全会精神和习主席系列重要讲话精神为指导，以嘉兴市《2016年国防教育工作要点》为依据，结合形势任务需要和工作实际，积极改进创新国防教育内容、手法手段和体制机制，圆满完成年度各项工作，在嘉兴市国防教育委员会组织的年度综合考评中取得总评第二名。

【国防教育机构完善】 3月，结合县工作实际，在调整完善县国防教育委员会成员单位的基础上，成立镇（街道）国防教育领导小组和办公室，将镇（街道）宣传、文教卫、民政等相关负责人纳入其中，初步形成以县国教办为纽带，横向到边、纵向到底的国防教育工作机构。

【“嘉善国防”网站开通】 嘉善县国教办积极探索“互联网＋”国防教育方法路子，巩固和扩大国防教育阵地。5月，联合县人武部，建立集国防教育、国防动员、后备力量建设、兵役工作、双拥共建等为一体的综合性国防网站和微信公众号，搭建全民参与、上下互动的国防教育平台。网站创造性地设有嘉善特色的“基层风采”“国防论坛”和“咨询反馈”版块。

【领导干部“军事日”活动】 6月29日，县国教委组织县四套班子领导、县国防动员委员会和国防教育委员会全体成员、县级机关有关部门主要领导、各镇和开发区（街道）党委书记参加“军事日”活动。年内，组织县住建局（人防办）、县发改局、县委党校、县邮政局等4家单位领导开展“军事日”活动。全年组织领导干部“军事日”活动5次，参加人数244人。

【国防论文大赛】 7月，县国教办依托各镇（街道）国防教育领导小组组织第一届“嘉善国防杯”国防论文大赛，收到论文65篇，评选出优秀文章10篇，并对3个先进单位和10名先进个人给予通报，其中4篇优秀作品在《嘉兴日报·嘉善版》上刊出。

【国防知识进校园】 9月，县国教办联合县教育局在全县中小学校内开展“国防知识进校园”活动，活动主要围绕“四个一”活动展开（即组织一次国旗下讲话、召开一次国防主题班会、观摩一次“军人荣誉墙”、举办一次国防知识宣讲），受教育学生4210人。落实学生军事训练，全年有8所学校组织学生军事训练活动，参加学生3078人。

【“国防教育日”活动】 9月，围绕纪念长征胜利80周年，开展以“传承红色基因，共建巩固国防”为主题的第十六个“全民国防教育日”暨第五个全省“国防教育宣传周”活动。各镇（街道）结合征兵工作实际，在党委班子、广大应征青年、军人军属和人民群众中开展国防教育，进一步弘扬社会正能量，营造关心支持国防和军队现代化建设的浓厚社会氛围，不断增强广大干部群众的国防观念。

【国防主题宣讲】 坚持把国防教育与培育社会主义核心价值观教育相结合，开展国防主题宣讲活动。在原有“百名国防教育义务宣讲员”和“百名兼职政治教员”基础上，分县、镇、村三级建立100余人的国防知识宣讲员队伍，并参照《全民国防教育大纲》，优化细化宣讲内容和任务。全年组织国防主题宣讲54场次，受教育8086人次。

【“军人荣誉墙”建设】 在全县中小学、各镇（街道）机关和村（社区）开展建设“军人荣誉墙”，使广大民众和青少年学生直观地看到身边的典型人物。至年底，全县40所符合建设条件的中小学，建成率100%；镇（街道）达标78%；村（社区）达标67%。

兵役工作

【概况】 嘉善县在2016年夏秋季征兵工作中，严把兵役登记、宣传发动、体格检查、政治考核、集体定兵、新兵输送、新兵回访等环节，如期完成新兵征集任务，各类指标达到上级规定要求。

【征兵宣传】 利用广播、电视、报刊、微信、网站等平台，建立“五位一体”征兵宣传体系，在训练基地设立8块征兵宣传牌、灯箱，组织征兵宣传展，大力营造报国有道、从军有为、军属有光的良好舆论环境。发放征兵宣传手册5000

余份。县电视台安排时间播放征兵宣传短片，以滚动广告条形式播放征兵宣传标语。县新闻网开设征兵工作专栏。各镇(街道)以悬挂横幅、出专栏等形式，营造征兵工作氛围。

民兵　预备役

【民兵军事训练】 2016年，嘉善县人武部严格民兵军事训练大纲，抓民兵实战化基础训练，提升民兵部队遂行多样化军事任务和应对多种安全威胁的能力，较好地完成年度民兵军事训练任务。5月，挑选5名民兵骨干参加省军区组织的工兵、应急维稳等两个专业的跨区联训。6月，选派5名冲锋舟操舟机手参加嘉兴军分区在桐乡组织的操舟机手骨干培训。

4月1日，县人武部组织基干民兵分队射击训练。　　（丛冬健　摄）

【民兵组织整顿】 4月，县人武部组织全体基干民兵分队拉动点验，到点率97.9%，点到率100%，并按照要求组织“三个现地”训练。4月29日下午，嘉兴军分区参谋长卞云坚带检查组到嘉善进行民兵整组拉动点验检查，县应急连、心理战分队、通信抢修分队、铁路护路分队等5支分队接受点验。

【专武干部训练】 根据年度军事工作安排和省军区统一部署要求，嘉善县人武部着眼国防和后备力量建设需要，坚持把专武干部与现役干部捆在一起抓、合在一起训，认真组织专武干部“训练月”活动，切实提高基层专武干部的组织指挥能力。4月11—13日，选派5名专武干部参加嘉兴军分区在平湖市民兵训练基地组织的集训考核，整体成绩合格，总评第四名。

【民兵连长大比武】 6月，选派20名民兵连长参加嘉兴军分区组织第二届“百名优秀红船民兵连长”大比武活动。在手榴弹投准、手榴弹投远、300米武装组合、3000米跑、军事3项对抗、非整百米精度射击6个比武项目中，取得4个单项第一，6人次被评为比武优胜个人。年末，14名民兵连长被嘉兴军分区表彰为“优秀红船民兵连长”。

【防汛抗洪备勤演练】 结合形势任务特点，修订完善应急作战、动员支前、重要目标防卫、抢险救灾等方案计划，并适时组织对接演练。7月8—11日，为抗击1号台风“尼伯特”，县应急连125人在县民兵训练基地集结待命，各镇(街道)应急独立排做好随时救援准备。其间，县人武部组织防汛抗洪全过程演练，邀请县气象局和县水利领导进行专题授课辅导。

【G20杭州峰会安保】 采取加强值班备勤、做好自身安全防范、提高任务分队遂行任务能力等方法措施，做好G20杭州峰会的安全保卫工作。5月26日，全体干部职工参加省军区“百日奋战护航G20峰会”誓师动员大会。7月14日晚，参加嘉善县“护航G20”誓师动员大会。峰会期间，县民兵应急连和各镇(街道)应急独立排分散备勤，随时做好应急处突准备。　　（丛冬健）

武装警察部队

【概况】 2016年，中国人民武装警察部队嘉善县中队按纲建队，坚持“全程创安、全员争先、全面过硬”的目标，保持中队团结协作、真打实干、敢打硬仗、和谐稳定。对存在问题和群众的意见建议，制定整改措施，边查边整，边整边改。全年内，中队官兵在各项评比和竞赛中先后获得“中国武警十大忠诚卫士”提名奖、武警总队优秀党务工作者、支队政工“四会”评比团体第一名等荣誉；由于

G20杭州峰会安保表现突出，中队4位官兵被记三等功1次、嘉奖3次，1名副班长被评为执勤标兵；在第二届互联网大会期间，中队的安保工作受到各级领导的一致好评。

【支部建设】 支部班子坚定政治立场，认真学习习近平主席系列重要讲话精神、《军队基层建设工作手册》等，抓好末端落实，提升建队质量。开展风气教育整顿活动，重点发挥两大群众组织推荐作用，在推荐入党、立功受奖、学习培训等方面做到领导、战士满意，官兵服气。

【思想工作】 采取"1＋3＋1"模式开展主题教育，理论听得懂，小课贴得紧。通过演讲比赛、观看纪录片等形式，对教育内容进行消化吸收；在"两学一做"学习教育活动中，开展"手抄党章100天等活动，强化党员意识；党小组开展微党课和承诺践诺活动，提高党员形象；开展月课教育和"五个三"活动，鼓励战士讲真话、说真理，密切战友关系；注重做好战士思想工作，具体到一人一事。2016年，支队解难帮困小组和驻地慈善机构为6名特困官兵争取特困补助；中队还组织多种文化娱乐活动，缓解和释放官兵的心理压力。

【战备训练】 2016年，全体官兵高标准完成中心工作。新兵岗前培训，岗位练兵，全员一次性通过考核；每月1周专勤专训，提高官兵情况处置能力；在LBD显示屏上随时曝光违规情况，提高执勤形象。在训练中，重点抓干部骨干训练、抓执行任务能力、抓尖子训练水平。2016年第二季度，连续派员参加总队、支队魔鬼周训练，1人被总队评为优秀学员，1人获"勇士勋章"。开展"执勤安全教育整顿""隐患排查治理"等活动，8月，与县公安局、县看守所等单位协调，制定警地联动方案，组织全县力量开展犯罪嫌疑人脱逃"三圈"演练，成效明显。

【规范管理】 围绕安全工作等8个方面做好安全防范工作。标语上墙、常识入心，严格依据安全工作规范手册指导开展工作。高标准完成营房安防设施建设；以内务建设为突破口，在"四个什么"上下功夫，提高工作标准和精细化管理质量；加强在外人员管理：离队有要求，在家有联系，归队有汇报，提升部队安全系数。

【后勤保障】 坚持以人为本，以保中心、保生活为重点，提升保障效益。立足自身条件培养后勤人员，2016年，完成炊事员和早点师的培训工作；结合武器弹药管理专项整顿和财务大清查活动，对军械员和司务长进行业务培训；坚持支部议财理财，树立勤俭持家意识，整治奢侈浪费现象；发挥武警委员会监督作用，落实实物验收、伙食账目公开等制度；发挥经济民主组作用，征询伙食意见、科学安排食谱、满足官兵需求；适度开展部队农副业生产，邀请地方百姓传授农副业生产技术和经验。 （县武警中队）

人民防空

【概况】 2016年，县人民防空工作编制完成嘉善县人民防空建设发展"十三五"规划，组织开展嘉善"银盾—16"人民防空检验性演习，参加嘉兴市人防办组织的民防指挥车拉练。信息化指挥通信平台管理不断完善，组织"5·12""9·18"等2次人民防空警报例行试鸣，鸣响率100%。抓好县人防指挥所与各镇（街道）民防应急指挥平台的互联互训，落实省、市、县、镇（街道）通联任务，完成移动指挥车升级改造，完成2个重要经济目标单位内装备设立器材库。

【人防工程建设】 启动《嘉善县城市新区南区（高铁新城）人民防空控制性详细规划》的编制，制定出台《嘉善县人民防空工程平时维护管理办法》。全年受理人防工程易地建设审批及备案150项，新立项人防工程审批11个，审批面积同比增加110.39%，竣工人防工程11个，竣工面积同比增加262.40%。城区中央公园地下空间自建人防工程完成监理、施工招标。

【民防宣传教育】 国家防空防灾宣传教育技能训练（嘉善）基地项目设计方案获省、市人防办批准，完成施工招标。加强学校民防教育目标管理，完成《2016年度嘉善县人防（民防）教育考核办法》修订，规范全县学校人防（民防）教育考核工作。与专业民防学院开展合作交流，5月9日，湖州民防学院民防教育实验学校在丁栅中心学校正式挂牌成立。开展民防教研活动，组织开展嘉善县小学民防教育优质课评比、初中学生民防技能比赛、幼儿园民防游戏活动视频征集评选等活动。做好人防（民防）宣教进高校工作，与上海杉达学院基础部联合举办“校园安全”讲座，组织反恐及防突发事件应急疏散演习。3月1日“国际民防日”，开展以“普及防空防灾知识，提高自救互救能力”为主题的现场宣教活动。5月12日全国“防灾减灾日”，开展防灾减灾主题日宣传活动。同时，联合县妇联开展以“传递正确生命观、共筑民防护航梦”为主题的“人防知识进万家”知识竞赛活动，全县200余户家庭参加比赛。联合县妇联共同举办全县家庭民防宣传漫画征集评选活动，收到作品250多幅，评出获奖作品35幅。县人防网站全年上传信息报道210多篇，被国家、省、市级人防（民防）刊物、网站录用90余篇。

【基层人防（民防）建设】 不断推进基层人防规范化建设，在9个镇（街道）全部通过市级人防规范化建设验收的基础上，2016年完成[illegible]社区、江南社区、新联社区的人防规范化建设，全县市级人防规范化示范镇3个、人防规范化社区17个。积极推进民防宣教示范企业的创建工作，制定出台《关于开展嘉善县民防宣传教育示范企业创建活动的实施意见》，组织召开全县民防宣教示范企业创建工作现场推进会，全县各镇（街道）推荐30多家企业申报创建示范企业。　（张　华）

8月10日，省委书记夏宝龙到嘉善县考察指导养老服务业综合改革试点工作。

5月10日，省副省长熊建平率调研组，到嘉善县考察指导养老服务综合改革试点工作。

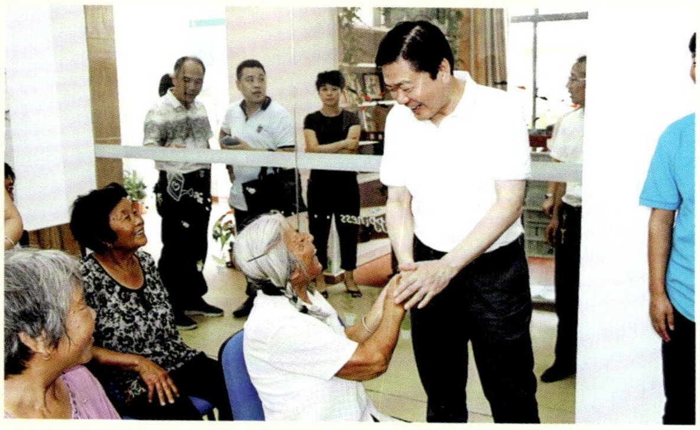

8月2日，浙江省民政厅厅长尚清一行到嘉善县调研指导民政工作。

2月26日，浙江省养老服务业综合改革试点工作经验交流会在嘉善县召开。

回眸2016，嘉善民政事业不断改革创新。

不断完善民生帮扶政策，加大低保扩面力度，低保人数占户籍人口比例1.01%，全年发放各类民政帮扶资金6203万元，惠及群众3.83万人次。

全面推进养老服务业综合改革，确定为省委书记夏宝龙联系的重点突破改革项目，承办全省养老服务业综合改革现场会，《嘉善县深化养老服务业综合改革实施方案》获省委、省政府批复，全省首创长期护理保险制度。

创新基层社会治理，出台《加强城乡社区协商的实施意见》，完善“三社联动”制度体系，成立社会组织综合党委，强化社会工作服务品牌建设，承办全国企业社会工作专题研修班，嘉善县被评为全国企业社会工作服务专项示范地区。

12月5日，全国企业社会工作专题研修班在嘉善县举办。

8月10日，省委书记夏宝龙到魏塘金家堰考察指导。

6月17日，市委副书记孙贤龙到一里谷调研。

县委书记许晴到智果村调研集聚小区拆违工作。2016年，街道全面完成聚小区拆违工作。

10月11日，参加全县村级低端产业腾退整治工作推进会的人员参观魏塘南北暑村拆违现场。

整治一新的金家堰区块

8月，整治后的城东社区嘉善塘区块。

美丽乡村——三里桥村

嘉兴市“优美庭院”示范村——智果村

10月11日，对南北暑村的嘉善胶合板厂等5家企业进行集中拆除。2016年，魏塘街道累计腾退低散弱企业196家，腾出土地面积732亩。

6月24日，2016中国·魏塘投资说明会暨项目签约仪式在上海举行，签约项目6个，总投资21亿。

8月17日，魏塘街道“文化四季”活动之“魏塘好童声”决赛在魏塘街道文化中心举行。

10月29日，嘉善县工业项目集中开竣工活动暨浙江沧田智能信息科技有限公司开工奠基仪式在魏塘街道世界浙商工业园举行。该次集中开竣工活动项目12个，其中开工项目6个、竣工项目6个。

10月24日，中共罗星街道第二次代表大会召开。

欧美同学会海归创业学院嘉善学院揭牌仪式暨嘉兴市创业转型CEO培训班开学典礼在归谷园区举行。

罗星街道位于嘉善县城南部，是嘉善新城区和县政府所在地，境内有沪杭高速公路、沪杭高速铁路等交通枢纽，区位优势明显。区域面积39.5平方公里，辖10个村（包括6个农村社区）、8个城市社区，户籍人口4.94万人，新居民3.8万人。2016年，罗星街道获全国社区教育示范街道、市级文明街道、市级平安街道、嘉兴市工业强镇（街道）建设进步奖等荣誉，在全县率先实现农居点违建清零，成功创建为市级“无违建”街道。

全县镇（街道）目标责任制考核中获一等奖。嘉善归谷智造小镇被列入浙江省“特色小镇”培育名单，白马龙港综合整治项目被评为2016年浙江省河道生态建设示范工程。

两创中心

美丽乡村黄家浜

嘉华幼儿园

归谷智造小镇被列入浙江省“特色小镇”培育名单。

文化庭院建设实现全覆盖

2016“梦想中国·智汇嘉善”全球创新创业大赛

罗星街道文体中心启用

“智慧归谷·美丽园区” 徒步行活动

南门社区文化家园

“五大攻坚行动”成效显著

2016年，开发区（惠民街道）召开第二次党代会，完成新一届党委班子换届。坚持以五大发展理念为引领，以加快建设“一流国开”和“幸福惠民”为目标，以“奋力开新局、献礼五周年”为主题，扎实推进“西区转型”“东区开发”和“城乡环境综合整治”等3个“三年行动计划”，加快开发区创新驱动、转型提升，全力攻坚补齐生态治理短板，深入开展“两学一做”学习教育活动，全区（街道）干部、员工、群众在新常态下，展现新风貌，担当新使命，开创新业绩，在经济社会建设各领域中取得新的进步、新的成绩。

12月29日，省人大常委会副主任王辉忠到嘉善经济技术开发区考察调研。

7月26日，全市“推进重点工作、推动争先晋位”活动走进嘉善经济技术开发区。嘉兴市主要领导率领各县（市、区）党政“一把手”、市级有关部门主要负责人等，实地查看铠嘉电脑项目进展情况。

12月7日，荷兰驻上海总领事艾晓安女士一行赴嘉善经济技术开发区进行考察，专题了解浙江中荷（嘉善）产业合作园建设情况。

4月28日，开发区（惠民街道）第六届企业文化艺术节开幕式暨“税法在心中”文艺汇演在爱仕达电器股份有限公司举行。

11月10日，县开发区举行重点项目集中签约和开竣工仪式。

2月29日，开发区（惠民街道）召开“奋力开新局·献礼五周年”主题实践活动动员会。

10月19日，中共嘉善经济技术开发区（惠民街道）第二次代表大会召开。

5月5日，开发区（惠民街道）专题部署打响“补齐生态治理短板”百日攻坚战。

10月21日，全省推进工业企业“零土地”技术改造项目审批方式改革现场会，走进索菲亚家居（浙江）有限公司、嘉兴和新精冲科技有限公司。

9月25日，惠民街道“两新”工程公寓房安置抽签选房大会在惠民小学举行，枫南村121户符合条件的家庭参加。

10月26日，嘉善县召开嘉善经济技术开发区“创新驱动转型提升”工作大会。

5月19日，浙江中荷(嘉善)产业合作园正式开园。

5月19日，喜力酿酒（浙江）有限公司开业庆典。

5月27日，北京大学创新研究院嘉善产学研合作中心举行揭牌仪式。

省委书记夏宝龙到西塘镇保利安平和熹会老年公寓进行实地考察。

10月25~26日，中共西塘镇第十三次代表大会召开。

【基本情况】西塘镇位于嘉善县北部，区域面积82.92平方公里，户籍人口5.74万人，外来人口3.5万人，辖18个行政村、4个社区。被评为全国重点镇、国家AAAAA级旅游景区、首批省级中心镇、省级旅游经济强镇、省级小城市培育试点镇等。

【发展指标高速增长】2016年，全镇实现地区生产总值54.4亿元，增长8.8%。财政总收入5.5亿元，其中地方财政收入2.8亿元。规上工业产值93.6亿元，增长23.9%。旅游票房收入1.58亿元，增长7.3%。成功引进世界500强项目4个，超千万元服务业项目26个。利用外资成绩斐然，完成合同利用外资2.04亿美元，增长38.2%，实际利用外资1.59亿美元，增长21.7%，均创历史新高。实际利用县外内资18.9亿元，增长118.5%。“浙商回归”到位资金12.23亿元，增长71.8%。有效投入成效明显，完成固定资产投资44.7亿元，增长18.5%。富通项目推进顺利，富通住电光导项目开工建设。富士康3.1万平方米厂房交付使用，华东区首家对外高科技3C体验店——富连网3C体验店对外营业。恒天一期、康辉（康华）二期完成供地，安平二期、西塘度假村完成主体建设。

【现代农业健康发展】荻沼等4个部级粮食高产核心示范方和华联等5个万亩“新增千亿斤粮食”项目建设推进顺利。晚稻百亩示范方、攻关示范田亩产分别达到848公斤和898公斤，连续6年均列全县前列。

【现代工业加速发展】嘉兴综合保税区B区通过国家验收，正式封关运作。总投资9240万元的保税仓库一期建成并交付使用，二期项目启动建设，中粮集团惠鸿供应链公司成功落户。与上海自贸区沟通对接，成功复制并运行自贸区海关通关便利化创新监管制度2项，累计7项，服务功能辐射全县近百家外贸企业。

【现代服务业繁荣发展】省级现代服务业集聚示范区成功获批，国家AAAAA级旅游景区创建通过暗访验收。每年流动人口超800万人次，引进总投资超千万元项目32个，新增服务业企业508家。开展古镇景区整治提升攻坚行动，整改各类隐患问题上万条。实施景区网格化管理服务外包。

【平台建设不断提升】嘉兴出口加

西塘景区一角

西塘景区一角

红菱村河道

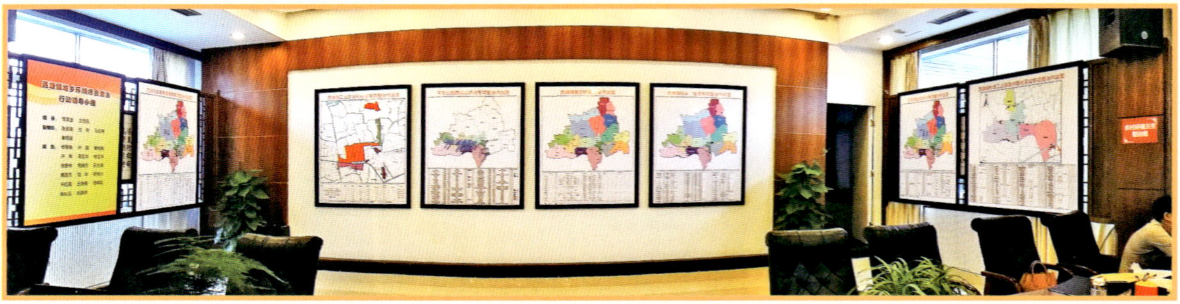

西塘镇城乡环境综合整治作战室

环境整治

工区B区正式升格为国家级综合保税区，是全省第一个海关特殊监管区成功转型范例。完成工业园区基础设施建设，被列为首批市级特色小镇（互联网通信小镇）。国家服装辅料产品监督检验中心通过国家质监总局验收，先后设立全国纽扣标准化技术委员会和国家服装辅料产品质量监督检验中心两个“国字号”机构。

【**小城市培育步伐加快**】顺利完成市级小城市第一轮培育，连续3年列市考第一，成功列入第三批省级小城市培育试点。城市北外环线全面贯通，完成总投资2000万元的西丁公路（纽扣园区—开源大道）改扩建和总投资3100万元的南苑路立面改造，启动总投资4500万元的祥符路、宏福路立面改造。估算3亿元的城市文化中心项目进入方案设计阶段。

【**城市管理日益完善**】探索实施政府购买服务模式，南苑路等集镇道路实行卫生保洁服务外包。创新实行病媒生物防制模式，生活垃圾无害化处理率100%。综合行政执法“一机构一平台一张网”管理模式在全省推广。

【**美丽乡村建设有效提升**】稳妥有序推进农房集聚改造，规划形成“5+14+16+3”的城乡新社区总体格局，出台制定各类建房类型安置方式、安置面积、政策补偿、资金保障等内容。启动鸦鹊国际创客村建设和6个重点自然村风貌改造。强化土地保障，完成农村土地综合整治689亩，土地开发769亩。完成农村公路品质提升16.9公里，大中修15.1公里，农危桥改造10座。

【**优化公共服务促民享**】在民生保障方面，全年实现城镇失业人员再就业460人，完成农村劳动力转移就业1180人。养老保险、城乡居民合作医疗保险参保率分别98.3%和99.86%。新增五大类社会保险5028人次，累计84201人次。大舜幼儿园完成改扩建，西塘幼儿园迁建项目启动建设。医疗卫生服务工作实现全覆盖。

【**生态治理得到新提升**】开展以“废品收购点取缔、农村环境卫生整治”等18项整治为内容的城乡环境综合整治，城乡面貌发生翻天覆地变化，得到省委书记夏宝龙充分肯定。围绕改善大舜周边环境，实施《嘉善县纽扣行业环保自律公约》，依法处置违规处理树脂废料企业3家。在景区综合整治方面，高标准开展以消防安全、建筑安全、民宿安全、旅游秩序规范、AAAAA景区创建为主要内容的“3+1+1”景区整治提升攻坚行动，累计拆除违章建筑74处；整治侵占公共通道（消防取水口）3条；行政处罚黄牛、野导15人；刑事拘留聚众斗殴人员9人；查扣违法“三小车”31辆，景区客栈民居实名登记系统实现全覆盖。

【**推进基层治理促民安**】扎实推进“平安西塘”建设，连续10年被评为市级平安镇。成功化解县领导包案信访积案4件，圆满完成G20、乌镇峰会等重要时间节点安保任务，全镇重点信访稳控人员无一例失联失控，信访工作连续5年列全县前列。深入推动社会治安“五张网”建设，推进“智安”小区、村居治安巡逻队、新一轮视频监控系统、摄录一体机等重点项目建设，全力打造社会治安防控体系升级版。

嘉兴综合保税区B区

西塘古镇景区

鸦鹊村

西塘老年公寓

10月18日，中共姚庄镇第十四次代表大会召开。

小城市建设接受上级考核

2016中国·姚庄黄桃节国际经贸洽谈会

“G20”治安大巡防

姚庄镇位于浙江省嘉善县东北部，东与上海市青浦、金山区相连，西北面与江苏省吴江市隔河相望，被称为浙江省接轨上海“桥头堡”。姚庄镇区域总面积74.48平方公里，辖18个村4个社区，户籍人口39898人，新居民31545人（含不满16周岁儿童4350人），耕地面积4127.89公顷（6.19万亩）。2016年，全镇实现地区生产总值64.42亿元，可比增长8.3%；实现工农业总产值超300亿元，其中规上工业产值突破233亿元，同比增长10.9%；财政一般预算收入6.02亿元，同比增长4.56%，其中地方公共财政预算收入2.92亿元，同比增

全国女排冠军联赛

红旗塘整治初见成效

纪念建党95周年系列活动

浙沪农民画交流活动

桃源书场

长20.67%；全社会固定资产投入54.6亿元，同比增长10%，其中工业生产性投入37.3亿元，同比增长10.7%；合同利用外资8185玩美元，实际利用外资9140万美元，同比增长69%；县外内资实际到位数20.82亿元；农村居民人均可支配收入同比增长10.2%。

姚庄经济开发区一角

美丽乡村洪字圩

美丽乡村

美丽河道

河道疏浚

徒步行开幕式

陶庄镇第六届了凡善文化节开幕式暨第三届“十大好人善举”颁奖典礼

善文化微散文进企业

"七一"党员大会

善文化投资环境说明会

企业集中开竣工仪式

骑行活动

汾南村永禁牌

了凡·善文化陈列室

党员志愿者参与环境整治工作

全民读书节

举办2016年第17届亚洲赛艇锦标赛

整治后的干洪公路

新泾港微田园建设

新泾港农业科技孵化中心

整治后的新泾港

“美丽干窑 百日蜕变”摄影大赛作品《清粼粼的水蓝莹莹的天》之二。

“美丽干窑 百日蜕变”摄影大赛作品《清粼粼的水蓝莹莹的天》之三。

“美丽干窑 百日蜕变”摄影大赛作品《清粼粼的水蓝莹莹的天》之四。

“美丽干窑 百日蜕变”摄影大赛作品《清粼粼的水蓝莹莹的天》之一。

“美丽干窑 百日蜕变”摄影大赛作品《清粼粼的水蓝莹莹的天》之五。

“美丽干窑 百日蜕变”摄影大赛作品《清粼粼的水蓝莹莹的天》之六。

新泾港农居新貌

整治后的新泾港西南角

整治后的新泾港西段

整治后的新泾港北段

干窑新貌

2月17日，市委书记鲁俊在县委书记许晴等陪同下到天凝镇调研“美丽镇村”建设工作。

天凝镇位于浙江省嘉善县西北部，2009年7月，由原天凝、洪溪、杨庙三镇合并成为新的天凝镇。全镇区域面积75.6平方公里，下辖22个行政村、3个城镇社区，总人口5.73万人。2010年被列入浙江省第二批省级中心镇，2016年被列入第二轮（2016–2018年）市级小城市培育试点镇。是全国群众体育先进单位、全国环境优美乡镇、中国雪菜之乡、中国静电植绒名镇、全国社区教育示范街镇、全国农村优秀学习型乡镇、省体育之乡、省东海文化明珠乡镇、省卫生镇、省绿色城镇、省群众体育先进集体、省教育强镇、省生态镇、省级体育强镇、省就业先进工作单位等。“重大村务公决”“文化活动创造文明幸福生活”入选“中国全面小康十大民生决策”。

5月14日，天凝镇举行“美丽嘉善我的家”系列活动——“美丽天凝 美好生活”新农村摄影大赛暨“辣妈宝贝”电子商务微商城平台上线仪式。

2016年浙江嘉善“洪峰杯”第八届中国小康村篮球赛总决赛在天凝镇篮球馆开赛。

8月22日，总投资1亿美元的万林新材料（浙江）有限公司开工奠基。

天凝镇启动美丽庭院星级评比。

12月，天凝镇获中国静电植绒名镇称号。

8月，天凝镇获全国农村优秀学习型乡镇（街道）称号。

嘉善杨庙雪菜获第十四届农交会金奖

辣妈宝贝获“美丽浙江 幸福乡村”2016浙江省“文化礼堂”乡村排舞大赛（中年组）金奖、2016全国村晚最美村花奖。

歌斐颂巧克力小镇

大云镇区域面积28.7平方公里，总人口3.5万人，下辖6个行政村、1个社区，位于嘉善县南端，地处江、浙、沪两省一市交界处，是一个“宜业、宜游、宜居”的江南水乡精致小镇。2016年，全镇实现公共财政预算总收入2.92亿元，同比增长6.09%，其中地方公共财政预算收入1.35亿元，同比增长6.62%；完成全社会固定资产投资24.59亿元，同比增长31.26%，其中完成三产投资19.85亿元，同比增长45.68%。大云镇的基本情况可以概括为3个特点：

1. **宜业之地**。区位优势明显，沪杭高速出口、嘉善高铁南站都在大云境内，是浙江省接轨上海第一镇。产业基础完善，科技创新产业园和中德生态产业园已落户精密机械、装备制造、电子信息类等企业300多家，其中规上企业58家，国家高新技术企业10家，德国及欧美独资、合资企业10多家。

2. **宜游之地**。拥有12.79平方公里的省级旅游度假区和3.87平方公里的全省首批特色小镇嘉善巧克力甜蜜小

大云温泉生态休闲度假区

碧云花海农场——大风车

云澜湾两朵莲花主体建筑

农村新社区一角

古桥——丰钱桥

缪家村

镇。“温泉、巧克力、水乡、田园”四大特色凸显。区内有原生态充满自然野趣的水乡风光、丰富的鲜切花资源、市民喜爱的生态休闲农庄；有以温泉为核心，联动健康养生、餐饮住宿、商务会议、休闲婚庆于一体的旅游综合体；有集巧克力生产、研发、展示、体验和休闲度假于一体的巧克力乐园。

3. **宜居之地**。生态环境优美，市政配套齐全，已建成一批高档小区，医疗、教育等生活设施一应俱全。全镇三分之一的面积已纳入新城规划，是嘉善新城的主要发展区。

大云镇先后获全国文明镇、国家生态镇、国家园林城镇、中国鲜切花之乡和省级文明镇、卫生镇、教育强镇、体育强镇、旅游强镇、森林城镇等称号。

十里水乡——蓉溪拱绿

碧云花园

大云中德生态工业园

大云交通图

大云镇区图

大云寺苑

拳王农庄

云澜湾

平安志愿者夜巡

寄递业实名制现场会

杭州增援民警执勤

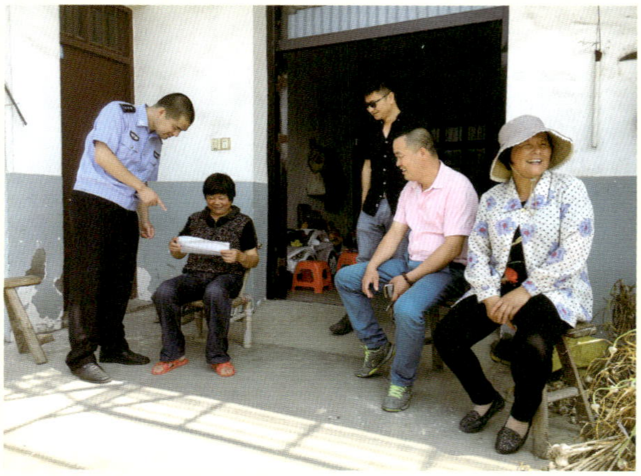

宣传“三改一拆”

集中统一行动

“G20”卡点

查酒驾

查处黑网吧

消防检查

西塘民宿整治

“G20”卡点检查

11月3日，全国政协常委、民盟上海市委副主委、华东师范大学校长陈群教授，民盟浙江省委主委、省科技厅副厅长成岳冲教授等沪浙民盟领导和专家教授，到嘉善高级中学调研。

3月9日，省教育厅副厅长朱鑫杰到嘉善信息技术工程学校开展调研。

3月1日，国家级评估组专家王满传一行到大云中心学校考察。

11月24日，嘉善县第四届“课博会”小学语文专场。

9月9日，嘉善县召开庆祝全国第32个教师节表彰大会暨优秀教师事迹报告会。

3月6日，举行上海师范大学附属嘉善实验学校签约仪式。

5月9日，举行嘉善县校园反邪教宣传月启动仪式。

3月15日，浙江好人榜发布会暨嘉善县“美丽学校”建设启动仪式在嘉善高级中学举行。

3月31日，浙江师范大学附属嘉善实验学校举行签约揭牌仪式。

6月3日，嘉善中专在全国技能大赛上获一金四银的好成绩。

12月4日，中国教育学会教育行政专业委员会第七届学术年会在嘉善县召开。

11月5~6日，嘉善县举行第三十六届中小学生“三好杯”田径运动会。

11月26日，嘉善高级中学90周年校庆活动。

9月29日，召开《嘉善县森林城市建设总体规划》专家评审会。

平黎公路（城区段）绿化改造提升

缪洪公路绿化改造提升

嘉善大道（白水塘–宏业路）绿化

6月15日，举行统一着装仪式。

6月5日晚，“六·五”世界环境日宣传活动在大润发广场举行，市民在宣传背景板上签名。

11月12日，县环保局举行“不忘初心 奋勇前行”建局20周年生态环保文艺晚会。

2016年，县环保局努力提高监测服务水平，图为监测员在高空作业。

嘉善县博物馆（嘉善县文物保护所）与嘉善县吴镇纪念馆合署办公，馆址位于魏塘街道花园路178号。2016年1月，嘉善县文化惠民项目（图书馆、博物馆）开工建设，项目总投资约4亿元，东至嘉善大道，西至县档案局大楼，南抵阳光大道，北至湘家堰，总用地面积约2.25万平方米，总建筑面积约4.8万平方米，其中博物馆4层，建筑面积1.2万平方米。2016年12月，吴镇书画院落成开放，建筑面积约5400平方米，地点位于吴镇纪念馆北侧，与吴镇纪念馆南北贯通，院内有综合展厅、专题展室、多功能厅、创作室、培训室等功能用房，设施完善。

5月19日，浙江省文物局组织专家考察嘉善县拟推荐的第七批省文保单位——天凝古桥群。

6月5日，嘉善县博物馆邀请专家举办文化遗产日免费鉴宝活动。

嘉善县博物馆、吴镇纪念馆举办新春“送展览、送祝福”活动。

嘉善县博物馆新馆陈列形式设计方案接受市、县专家第一次评审。

10月20日，嘉善县吴镇纪念馆举办“纪念孙中山先生诞生150周年嘉善县书画作品展”。

12月16日，嘉善县文化惠民项目——吴镇书画院落成开放。

文化建设

综　　述

2016年，嘉善县精神文明建设工作紧紧围绕贯彻落实中共十八大和十八届三中、四中、五中、六中全会精神，深入贯彻习近平总书记系列重要讲话精神，按照县文明委总体工作部署，以培育和践行社会主义核心价值观为根本，以创建全国县级文明城市为龙头，以培育"善文化"县域人文品牌为抓手，坚持贴近实际、贴近生活、贴近群众，围绕"迎接G20人人讲文明"等主题，开展各类群众性精神文明创建活动，着力提升公民思想道德素质和城乡社会文明程度，形成全民参与、齐抓共建的浓厚氛围。

思想道德建设

【概况】　以"善文化"为抓手，深入培育和践行社会主义核心价值观，推进市民素质提升工程，开展道德模范选树关爱活动，营造崇德向善的良好氛围。

【"善文化"品牌建设】　深化"善文化"基础理论研究。进一步完善"善源、善政、善育、善风、善行、善商、善居"等七大体系的理论，与浙江省伦理学会联合编著30万字的《论善》书籍并出版。举办"慈善孝贤"暨了凡善学思想研讨会，通过全国"慈善孝贤"区域文化和了凡善学思想的融合研究，推动运用优秀传统文化的思想资源阐释社会主义核心价值观，进一步提升"善文化"品牌在全国知名度。组织县级新闻单位办好《点赞嘉善人》《寻找身边的善人善事》等栏目，创新传播方式，大力选树、宣传、推介身边好人。全年刊发各类善人善事报道135余篇（条），推荐好人线索近8000条。开展"万张红榜送好人"活动，在全县形成尊崇、礼遇、关爱"好人"的良好社会氛围。开展道德模范故事会、基层宣讲活动80多场次，组织故事创编人员深入挖掘嘉善20位道德模范的故事，编印《善城大爱——嘉善县道德模范故事汇》。发挥县志愿服务总站等志愿服务平台的作用，常态化开展各类关爱弱势群体、整治城乡环境、维护社会秩序等志愿服务活动近万场次。全县注册志愿者人数11.4万余人，志愿者活跃度在全省各县（县级市）中排名第一，"爱在善医"获第三届中国青年志愿服务项目大赛银奖。

【提升市民文明素质】　制定出台《嘉善县市民文明素质提升三年行动计划（2016－2018）》，以"弘扬善文化 做文明有礼嘉善人"为主题，围绕"营善境、育善念、传善德、行善事、扬善风"等5个方面，开展各项主题系列活动。开展"迎接G20人人讲文明——做文明有礼浙江人"系列活动150多场次，通过举办文明礼仪展示、城乡环境集中攻坚、文明素质综合提升、文明交通综合整治等系列活动，进一步营造奉献友爱、文明礼让、和谐美好的社会氛围。以"读善书 善读书"为主题，组织开展全民读书月活动，6万余人次参与"道弘读书节"等15项主题活动，营造全民阅读的良好氛围。开展"学雷锋 讲文明 树新风"主题实践活动，启动城市啄木鸟、青春微公益等30个志愿服务项目。

【道德模范评选表彰】　开展感动嘉善十大善人善事暨第六届道德

模范评选表彰活动，评选出5名“善人”暨道德模范和5例善事。全年，向省市推荐各类好人17例，高小茂、高仁里夫妇入选“中国好人”，另有6例入选“浙江好人”、7例入选“嘉兴好人”。承办全省一季度“发现最美浙江人——浙江好人榜发布会”，展示一大批身边好人的感人事迹。常态化推动走访慰问道德模范工作，全年走访慰问道德模范40人次。

【“传统节日”主题活动】 继承弘扬中华优秀传统文化，在重大传统节日开展“我们的节日”主题活动。春节、元宵节期间在全县47家文化礼堂举办家门口的春晚，以“征百家家训、送万家福字”等为主题，开展各类帮扶慰问、文化惠民活动，惠及群众近6万人次；清明节，在烈士陵园、泗洲公园嘉善抗日阻击战纪念碑等爱国主义基地进行祭扫活动，组织青少年开展清明节书画笔会、网上祭英烈等活动，参与青少年1.2万余人次；在端午节开展“合家欢·渔家乐·端午情”“寻找乡愁中的记忆”等活动；在中秋节组织开展“邻里守望一家亲”、中秋经典诵读等活动；在重阳节组织开展“重阳敬老礼”“重阳茶话会”等各类活动。

【公益宣传】 制定下发《嘉善县2016—2017年度公益广告宣传方案》。围绕全国县级文明城市创建和美丽嘉善建设工作，在公共自行车宣传栏、大型广告牌、LED显示屏、公交车候车厅、阅报栏等平台进行广泛宣传。全年新增大型户外广告牌5块，墙景画近13千米、总面积2.8万多平方米，制作各类宣传彩页2.2万份，在县城区主要道路设置“美丽嘉善”和“迎接G20”主题迎风旗400对。全县所有公交车、出租车、教练车的车身醒目位置均张贴“文明礼让 从我做起”标识。

未成年人思想道德建设

【概况】 深入贯彻落实全省中小学德育工作会议精神，以“立德树人”为根本，大力开展文明校园创建活动，实施“春泥计划”，不断净化社会环境，教育、引导青少年行善向善、健康成长。年内，组织召开全县未成年人思想道德建设工作会议，部署2016年及下一阶段未成年人思想道德建设工作。同时，制定下发《2016年嘉善县未成年人思想道德建设工作要点及责任分解》，营造关心爱护未成年人的良好社会氛围。

【文明校园创建】 下发《关于深入开展文明校园创建活动的实施意见》，以县第二实验小学和高级中学为试点，以立德树人为根本，以学生为中心，加强师德建设，重点围绕学校领导班子建设、思想道德教育、活动阵地建设、教师队伍建设、校园文化建设、整洁优美环境等方面工作，在全县各中小学校开展文明校园系列创建。结合“美丽嘉善”建设，开展美丽学校创建，实施“美丽校园、美丽班级、美丽课堂、美丽教师、美丽学生”等5项工程建设，推动形成格调高雅、秩序良好、环境优美的文明校园。

【“中国梦”主题教育】 结合全国县级文明城市创建和“善文化”地域人文品牌建设，围绕立德树人根本任务，在全县未成年人中以“我的中国梦”为主题，突出爱国主义教育内容，开展学习争当美德少年、“童心向党”等教育实践活动，在校园营造崇善向善的浓厚氛围。开展“美德好少年”评选表彰活动，全县评选表彰100名美德好少年，其中6名被评为市级美德好少年。开展面向未成年人公益广告宣传活动，引导全社会关心爱护未成年人健康成长。

【春泥计划】 以春泥家园、乡村学校少年宫、文化礼堂、文化庭院、社会教育实践基地和爱国主义教育基地为依托，培育春泥文化员，开展寒暑假“春泥计划”活动，丰富青少年假期生活。启动以“迎接G20 携手共成长”为主题的2016年嘉善县青少年暑期社会实践活动，结合长征胜利80周年，开展“学长征精神、做红色传人”“扬家风、传家训、学乡贤”“小手牵大手添彩G20”“警务夏令营”等14项系列主题活动。寒暑假开展各类活动750场次，吸引未成年人近6万人次参与。《春泥文化员助力“春泥计划”》获全市未成年人思想道德建设工作创新案例一等奖，大云中心学校获市“童心向党”歌咏比赛二等奖。

群众性精神文明创建

【概况】 2016年，以惠民利民为根本，全面深化全国县级文明城市创建和美丽嘉善建设，广泛开展基层系列创建工作，丰富广大群众的精神文化生活。

【全国文明城市创建】 全年，县财政落实2460万元资金，用于创建全国县级文明城市的25个建设项目及各镇(街道)创建工作。先后印发"美丽通道""美丽城镇""美丽县城"等专项行动方案及建设项目库。制定下发《"美丽嘉善"建设长效综合管理"五个一"机制实施方案(试行)》。全年开展督查100多次，发现问题680个，完成整改500个。由县创建办、县督考办共同排摸农村环境问题1125个，完成整改962个。在县级报纸、电视、网站、微信公众号等平台报道相关信息350多条。通过县广电台《新闻聚焦》等栏目曝光与群众生活息息相关的热点、难点问题14个，全部得到妥善解决。下发文明城市创建工作职责分解和《全国文明城市创建动态管理措施(负面清单)》，对全县85个部门在文明创建中承担的实地考察和材料审核工作职责进行明确。召开创建全国县级文明城市推进会，分解材料审核、实地考察等各项工作职责。先后开展县领导现场办公8次，确保重点难点问题得到有效解决。每月召开创建工作汇报会，由重点部门领导汇报工作进展，提升部门工作积极性。探索引入文明城市创建第三方测评，全面检测在文明城市创建中存在的问题，明确整改提升方向，为做好全国文明城市年度测评和市对县文明指数测评打好基础。

【文明家庭评选】 推进文明家庭创建，利用文化礼堂、文化庭院等阵地，通过书法展、故事赛、大家说、墙景画等形式深入开展家风家训展示、传承活动150多场次。评选表彰10户县级"善美"文明家庭，谈早云家庭被评为全国"最美家庭"和第十届全国五好文明家庭。部署城市社区文明共建，引导社区及共建单位做好全国文明县级城市创建、社区志愿服务、社区文化家园建设等工作。开展"美丽嘉善·我的家"主题系列活动，通过志愿服务、文艺作品征集展示、"美丽乡村"徒步行等活动，激发城乡居民参与文明城市创建和美丽嘉善建设的热情。开展美丽机关、美丽校园、美丽庭院、美丽阳台、美丽商铺、美丽企业、美丽新居民等系列评创活动，以评促建，提升公众参与美丽嘉善建设的积极性，助推城乡环境整治。

【文明创建管理指导】 先后举办文明单位、村镇创建工作专题培训会、迎检部署会，引导各级文明单位，召开村镇参与文明城市创建和美丽嘉善建设。在全县各级文明单位中部署开展"做文明有礼浙江人"活动，通过开展文明倡议、宣传教育、志愿服务等"三个一"活动，充分发挥各级文明单位的引领示范作用，以良好的文明风尚迎接G20杭州峰会。对申报2015—2016年度市级文明单位、村镇的36家单位进行逐一实地走访和调研指导，梦天木门等12家单位、魏塘街道虹桥村等6个村通过最终考核验收。制定出台《2016年文明单位创建活动实施意见》，探索实施文明单位创建工作项目化认领，引导各级文明单位承担更多社会责任，在全国县级文明城市创建和美丽嘉善建设中发挥更大的作用。

(丁　莹)

关心下一代工作

【概况】 2016年，全县关心下一代工作坚持服务青少年，依靠各级关工委，发挥"五老"(老干部、老专家、老教师、老战士、老模范)优势，创新工作，县关工委被评为浙江省关心下一代工作先进集体。

【"三爱"主题教育】 开展纪念红军长征胜利80周年系列教育活动。深化"爱学习、爱劳动、爱祖国"主题教育，激发广大青少年爱党爱国热情，增强践行"三爱"的思想自觉和行动自觉，为实现中国梦而奋斗。组织报告团讲师进村镇、进社区、进学校，向青少年讲长征历史、讲长征精神，作以纪念红军长征胜利80周年主题报告20场次，受教育青少年3200人次。各学校都开展一系列红军长征胜利80周年纪念活动。

【创新育人平台】 开展以"迎接G20携手共成长"为主题的全县青少年暑期社会实践活动。创新育人平台，利用村(社区)文化礼堂、道德讲堂和文化庭院向广大青少年宣讲G20知识，组织"迎接G20共奏文明曲"志愿行动，开展礼让斑马线、文明过马路、排队守秩序、礼仪待宾客等志愿服务活动，传播健康文明生活方式。2016年全县暑期开展涉及教育类、文体类、公益类、征文等活动884次，参与活动17122人次，开展"五小"(小小宣传员、小小监督员、小小故事员、小小通信员、小小环保员)活动576次，参与活动9076人次。

【善文化教育】 县关工委报告团

编写“善文化”系列讲座等6个课题，均被嘉善信息技术工程学校设为选修班课程，并进校、进社区宣讲弘扬“善文化”。编印《嘉善英才》校本教材，激励青少年立志成才。开展全县第十一届中小学生“双十佳孝星”评选活动。

【办实事做好事】 各级关工委通过多途径争取资金，采取不同形式，做好帮困助学工作。2016年全县资助困难大、中、小学生311人，金额96.05万元。开展帮教关爱工作，落实“五老”与“特殊家庭”的青少年、“问题青少年”、“新(居民)二代青少年”结对，通过结对帮扶帮教服务，有不同程度好转。充实文化市场社会义务监督员队伍，25名“五老”网吧义务监督员对全县90家网吧开展监督活动400余次。办好每月《家园》专题和《未来苑》专栏，更新教育理念，提高家长家教水平。

【青少年普法教育】 开展第三届“关爱明天，普法先行”青少年普法教育活动，申报创建“全国青少年普法教育示范区”。召开嘉善县创建“全国青少年普法教育示范区”工作会议，调整各校法治副校长并开展专题培训。举办嘉善县第十届“法育未来”法律知识竞赛，全县48所学校8326名学生参与。

【阵地建设】 推进关心下一代组织阵地建设。县关工委在干窑镇召开“五老”工作室现场会，各镇(街道)调研规划，相继建立起“五老”工作室。召开全县民营企业关心下一代工作会议，推进企业关工委组织建设。撰写的《关于未成年人思想道德建设的调查与思考》，得到县委主要领导的批示肯定。 (唐小萍)

综　述

2016 年，嘉善县教育工作以办好人民满意教育为目标，围绕“精准发力补短板，克难担当加油干”工作主题，全面推进教育优质、均衡、特色发展。

实施教育办学体制改革。撤销里泽中学、里泽小学建制，成立嘉善县里泽中心学校。指导 8 所新居民学校成立 3 个教育集团。重组行知小学，利用原姚庄中学校舍创办全县第一所混合制民办学校。制定《嘉善县义务教育学校城乡教育共同体建设实施方案（试行）》，成立 11 个城乡教育共同体。先后与上海师范大学、浙江师范大学签订合作办学协议，成立上海师范大学附属嘉善实验学校和浙师大附属嘉善实验学校。引进杭州师范大学教育资源，成立杭师大附属小博士幼儿园嘉善实验幼儿园。3 所高校附属学校（幼儿园）引进，实现嘉善与高校合作办学零突破。

3 月 6 日，举行上海师范大学附属嘉善实验学校签约仪式。

（长三角嘉善科技商务服务区 提供）

各类教育协调发展。义务教育入学率、高中段升学率和省三级以上幼儿园儿童在园率达到省市级要求。全县持证三类残疾少儿入学率 100%。2016 年普通高校全县一本人数 358 人（其中理科 290 人、文科 68 人），上线率 16.93%，居全市第四位，高考万人比保持全市领先。全县高职类单招单考考生 297 人，仅 1 人未上线。深入开展金山、嘉善、吴江三地社区教育合作交流。10 月，三地合作联盟获评全省十大“终身学习品牌项目”。2016 年，嘉善获第六批“全国社区教育实验区”称号。

全面实施素质教育。2016 年，全县学生在学科竞赛、艺术素养、科技创新等方面获国家级奖项 471 人次，省市获奖 1269 人次。推进义务教育课程改革。建立教研员联系试点学校制度。继续开展普通高中精品校本选修课程评比，9 门课程被评为嘉兴市第六批精品校本选修课程。两所职业学校全面开展课程改革，开设选修课程 167 门，实施选择性课程改革，做到一生一课表，满足学生选择需求。实验小学获

2016年全国青少年校园足球特色学校称号，泗洲中学、范泾小学、大舜小学获2016年省青少年校园足球特色学校称号。

推进省教育基本现代化县创建。2016年，针对浙江省教育基本现代化县的指标要求，成立创建工作领导小组，召开创建教育基本现代化县动员会，制定工作目标和路线图。推动新建学校积极创建标准化建设，提高全县标准化学校的比率；强化对民办新居民子女学校和各个学前教育看护点的督导和监管，通过年度考核，强化民办新居民子女学校的内部管理等一系列措施，着力补齐短板，取得明显成效。

加强学校硬件设施建设。根据《嘉善县2016年度政府投资项目计划》，全年续建项目5项，总投资1.18亿元；新开工项目4项，总投资3300万元。实验小学南校区主体工程完成；浙师大附属嘉善实验学校完成一期工程；吴镇教育集团硕士小学完成一期工程。加快推进培智学校、浙师大附属嘉善实验学校二期工程及初中部建设项目、吴镇教育集团硕士小学二期工程的前期工作。

推进教育信息化建设。嘉善县“空中课堂”作为嘉兴市唯一以县域层面开展的教育信息化创新应用成果，入选嘉兴市教育信息化特色项目，被列入嘉兴市教育局对外宣传嘉兴市教育信息化成果名录。浙江省中小学校园影视资源征集活动，报送33条被录用9条；浙江省中小学校园微新闻和微电影大赛暨中小学校园电视台评选活动，嘉善3个作品获省三等奖。投入建设经费100多万元在浙师大附属嘉善实验学校、嘉善第二实验小学等开展建设两种不同的智慧校园模式，试点推进移动学习终端普及，实现校园无线宽带全覆盖。全年投入启动资金104万元规划建设31个创新实验室（学科专用教室）。

加强教师队伍建设。按照《嘉善县教育局机关中层干部选拔任用暂行办法》和《嘉善县学校领导干部管理办法（试行）》规定，制定出台新一轮校长竞聘上岗方案，规范有序做好校（园）长换届工作，250人任新一届局机关中层和学校领导岗位。深化教师流动改革试点。2016年，全县教师流动316人，其中校级领导81人，35名教师由县城学校流入农村学校。落实教师师德师风定期检查报告制度，形成中小学教师师德建设长效机制。教师家访率100%。制定《嘉善县校本培训质量管理办法》，成立校本培训质量监控办公室，开展中小学校本培训质量抽查工作。实行教师培训项目的“竞争性”承办制度，设置培训项目122个。2016年，在省优秀教育教学论文评比活动中，全县获奖122篇，再次获县域全省第一。

加强学校德育工作。制定德育工作年度考核评价体系并组织实施，整体推进学校德育工作。加强德育骨干教师和班主任队伍建设，培育和践行社会主义核心价值观。根据《美丽嘉善建设三年行动计划（2016—2018年）》的总体要求，成立美丽学校建设领导小组，制定出台《嘉善县全面加强中小学美丽学校建设的实施意见》，深化校园文化建设内涵，将“美丽校园”创建扩大到“五美并育”。全年评出县级“示范性美丽校园”7所、“美丽校园”20所，“美丽班级”200个，“美丽课堂”225节，“美丽教师”40人，“美丽学生”1000人。

重视学校平安工作。2016年，制定《G20峰会全县校园维稳安保工作方案》，确保峰会期间全县校园安全稳定。加强学校安保常规工作。全县中小学、幼儿园配备专职保安406名、“八件套”399套、重点位置安装高清视频4587个，“110”报警按钮、围墙电子围栏（红外报警）、校门口防撞装置覆盖率100%。依托省食品安全县创建，全县中小学、幼儿园在“五常”管理创建的基础上，进一步规范食品安全管理，通过开展“放心学校食堂”创建，提升学校食堂安全管理水平。“阳光厨房”、师生食品责任保险全覆盖。规范全县26辆学生专用接送车安全管理，保障学生上下学道路交通安全。全年校园安全零事故。

承办重大活动。3月，嘉善县域科学发展示范点建设国家级评估组专家一行在中国行政体制改革研究会秘书长、国家行政学院教授王满传带领下，到嘉善信息技术工程学校和大云中心学校检查指导教育科学发展示范点建设。11月2日，浙江省退教工作研讨会在嘉善西塘召开。浙江省教育厅原厅长、现浙江省教育厅关工委名誉主任邵宗杰等省市县相关领导及全省各市、县的代表142人参加会议。12月初，中国教育学会教育行政专业委员会第七届学术年会在嘉善县召开。年会主题是“县域城乡教育一体化的探索”。国家教育行政学院副院长李五一，教育部基础教育课程教材发展中心副主任张国华，嘉兴市教育局、嘉善县政府领导及全国基础教育领域专家学者，部分省市县教育局局长和中小学校长代表140多人参加。会后，参会人员观摩考察县内6所中小学校。

加强党风廉政建设。5月14日，嘉善县教育局在第二高级中学召开教育系统警示教育大会和党风廉政建设痕迹化管理部署会。县教育局全体干部，县研训中心全体教师，局属各学校、幼儿园中层及以上干部，成人学校校级领导700多人参加。

学前教育

【概况】 2016年，全县有幼儿园30所，在园幼儿12318人，其中嘉善籍6607人，占53.64%；非嘉善籍5711人，占46.36%。省三级以上幼儿园28所，入园幼儿人数11833人。全县适龄儿童在等级幼儿园入园率为96.06%，适龄儿童入学率99.65%，学前三年幼儿入园率100%。幼儿园教职工1211人，其中，专任教师746人，教师持证率98%，专任教师学历高标率94%。保育员279人，保育员持证率96.77%。

【学前教育三年行动计划】 3月，县人大召开常委会专题审议全县学前教育工作情况，4月，县政府专门召开嘉善县学前教育第二轮行动计划推进会，部署下一步工作措施。1月、6月，省、市督查组分别对全县学前教育第二轮三年行动计划实施情况开展专项督查，形成督查反馈意见。针对反馈意见，县教育局相继出台一系列文件、政策和措施。在推进公办幼儿园发展方面，除沿用《嘉善县住宅小区配套幼儿园建设管理办法》外，专门出台《嘉善县公办幼儿园财政补助资金管理暂行办法》，明确从人员经费、项目资金、奖励补助等3个方面对公办幼儿园加大县级财政资金补助力度。同时，县财政每年安排100万元资金专项用于公办幼儿园的奖励补助。在鼓励扶持民办幼儿园发展方面，出台《嘉善县促进民办教育健康发展的实施意见》《嘉善县普惠性民办幼儿园认定管理办法(试行)》和《嘉善县扶持普惠性民办幼儿园发展奖补资金管理暂行办法》等。全县及时调整完善包括幼儿园在内的《全县学校布局专项规划》。根据学前教育实际需求，进一步优化全县学前教育资源配置，把幼儿园园舍建设纳入县域城乡总体建设规划，坚持适度超前的原则，合理规划和扩大学前教育设施覆盖面，提出《嘉善县各镇(街道)2015—2017年幼儿园建设安排》，细化各镇(街道)2015—2017年分年度实施计划，确保幼儿园园舍建设任务最终落实。至年底，规划建设的16所幼儿园中，11所完工或正在施工。

【特色学校】 创新公立幼儿园管理模式，追求特色发展、创建县级特色学校。2016年，全县有省一级幼儿园4所(其中2016年新增1所)、省二级幼儿园9所、省三级幼儿园16所、未定级幼儿园2所。抓好公办园特色发展、民办园星级评估等工作。推行“学校发展性评价和美丽校园创建”等工作。全县有10所幼儿园创建成为县级特色学校、2所幼儿园创建为县级特色项目学校、3所幼儿园创建成为嘉善县美丽校园，公办幼儿园的特色发展和美丽校园创建工作在市内形成一定知名度。2016年，全县启动实施普惠性民办幼儿园申报、认定工作，10所幼儿园被认定为普惠性民办幼儿园。

【师资队伍建设】 加强幼儿教师力量配备，每年为学前教育提供不少于20个事业编制教师名额。同时，严把幼儿教师准入关，新聘幼儿教师必须持有相应的教师资格证书。全县幼儿园专任教师持证率及大专以上学历分别为98%和94%。加强民办幼儿教师能力建设。采取公办幼儿园支教、跟班、培训等形式，实现公办园与民办园捆绑式结对带教全覆盖，加快提升民办幼儿园教师专业能力素养。加强教师日常培训，将从事幼儿保教工作的各类人员统一纳入学前教育培训体系，切实落实幼教业务培训年度计划、学时管理制度；组织幼儿园园长参加各层次岗位培训，培养一批幼教名师和幼教骨干。2016年，幼儿园园长、专任教师、保健医生、保育员等人员培训率100%。提高非编教师待遇，将非编教师待遇提高至各等级幼儿园所要求的比例。

【无证幼儿园整治】 根据《嘉善县清理整顿无证托幼机构工作方案》《嘉善县学前儿童临时看护点建设管理若干意见》，落实“审定一批、整改一批、分流一批、关停一批”的工作要求，坚持依法规范、部门联动、疏堵结合、妥善分流的原则，完成34所无证托幼机构整治任务。

义务教育

【概况】 2016年，全县有义务教育学校42所(公办义务教育学校35所，民办初中1所，民办新居民子女学校6所)，其中初中10所、小学25所、九年一贯制学校7所。初中在校学生12594人，毕业生4045人，招生4475人。全县初中入学率100%，巩固率100%；小学在校学生32584人，毕业生5050人，招生5857人，小学入学率100%，巩固率100%。吴镇教育集团硕士小学和浙师大附属实验学校，于2016年暑假开始招生。做好初三外省籍学生资格的审核验收工作，录取符合在嘉善县高中段学习资格的外省籍学生313人。整合嘉善城乡教育资源，扩大优质资源共享，提高教育质量，促进义务教育均衡优质发展。9月30日，制定《嘉善县义务教育学校城乡教育共同体建设实施方案(试行)》，全县成立11个"城乡教育共同体"。

【德育教育】 加强学校德育工作，召开2016年度中小学德育工作会议和中小学德育工作现场交流会。加强德育骨干教师和班主任队伍建设，培育和践行社会主义核心价值观。开展纪念长征胜利80周年主题教育活动、"爱学习爱劳动爱祖国"三爱教育、第十届"法育未来"中学生知识竞赛等活动。开展"卓越杯"德育班会课课堂教学评比。组织参与第五届"善文化"微散文大赛，连续第二年获得大赛优秀组织奖；开展"美德好少年"选树学、第十一届双"十佳孝星"评选、"弘扬善文化，传承好家风"活动。举办嘉善县第三十二届"小杜鹃"文化艺术节，县第三十六届中小学"三好杯"田径运动会，开展校园体育三大联赛。组织开展"童绘蓝天"中小学生环保绘画比赛，落实"美丽中国"地图知识竞赛与少儿手绘地图大赛的参赛组织工作，开展"微心语"评选活动。

【减轻学生课业负担】 落实省教育厅、市教育局关于义务教育段违规补课的处理规定，对学校作息时间、节假日安排、课程设置、考试、作业量、教辅材料使用等提出基本要求，并严格执行。推动学校建立五项制度(教学活动安排公示制度、学生体质健康情况通报制度、课业负担征求意见制度、加重学生课业负担责任追究制度、家校联动制度)，保证中小学生每天有1小时体育锻炼。2016年，全县通过省义务教育学校"减负"专项督查。

【课改工作】 根据省教育厅课改要求，按照《嘉善县教育局关于深化义务教育课程改革的实施意见》，第一批进入课改的20所小学和初中进行课程改革方案顶层设计，尝试课程整合、校本课程开发与实施、评价等实践。其余的义务段学校全部成为县第二批深化义务教育课程改革试点学校，每所学校制定实施方案。至年底，全县义务段学校实施课程改革全覆盖。

【招生工作】 制定《2016年嘉善县义务教育阶段公办学校招生办法》《嘉善县义务教育阶段学生学籍管理办法(试行)》并组织实施。连续第九年实行民办初中招生通过"电脑派位"和自主招生相结合的方式。禁止民办初中学校在自主招生过程中采取考试的办法录取新生。召开民办新居民子女学校开学工作部署会，加强对新居民子女学校招生工作的指导和监督、新居民子女在嘉善公办学校的学籍管理工作。组织实施2016级新生初中学生综合素质评价工作，召开初中学校学生综合素质评价工作推进座谈会。

【特殊教育】 继续落实嘉善特殊教育三年行动计划。全县义务教育段持证适龄三类残少儿童入学率100%。完善"一人一案"制度，按照"一人一案"要求开展适龄持证残疾儿童少年入学情况专项检查迎检工作。依托《嘉善县特殊教育工作手册》，每学年全程记录学校里每名特教学生随班就读和送教上门工作情况，做到每位在籍持证残疾学生有1名兼职教师跟踪。做好随班就读和送教上门经费落实和保障工作。惠民小学建立特教资源教室。

【素质教育】 年内，实验小学获2016年全国青少年校园足球特色学校，泗洲中学、范泾小学、大舜小学获2016年省青少年校园足球特色学校称号。实验中学女子篮球队参加市篮球联赛获第一名，并代表市里参加省级联赛。嘉善四中在第三届青少年学生阳光体育运动会排球(中学组)比赛中获市第二名。嘉善县第二实验小学获市2016年第三届阳光运动会排球比赛男、女子组双冠军。嘉善县第二实验小学是全国校园足球特色学校，在“市校园足球联赛”中取得良好的业绩，实现班班都有足球队，人人都爱踢足球。杜鹃小学、范泾小学、下甸庙小学、西塘小学获浙江省健康促进学校（铜牌）。大云中心学校和丁栅中心学校获“浙江省红十字达标校”称号。

【浙师大附属嘉善实验学校建立】 3月，浙江师范大学和嘉善县人民政府签订合作共建“浙江师范大学附属嘉善实验学校”的协议，正式成立浙江师范大学附属嘉善实验学校。该校由嘉善县人民政府与浙江师范大学合作共建，是一所集小学、初中为一体的公办九年一贯制学校。9月，成立学校理事会和学校发展委员会。实行理事会领导下的校长负责制，学校发展委员会负责学校决策与实施，组建由专家与名教师组成的队伍，组织教师开展教育教学研究工作。学校于2016年暑期开始招生，其中一年级招生137人、七年级招生235人。

【吴镇教育集团硕士小学】 吴镇教育集团硕士小学成立于2015年8月，学校为吴镇教育集团下属公办学校，规模24个班，小学学制，于2016年暑期开始招生，招收一年级学生156人。

高中教育

【概况】 2016年，全县有省级重点高中3所，另有新世纪学校高中部，全县普通高中127个班级，在校生5619人，其中女学生2979人，住宿生3548人。毕业2098人，招生1959人。嘉善高级中学39个班级1661人，应届毕业生627人，招生578人；嘉善第二高级中学30个班级1424人，应届毕业生579人，招生490人；嘉善中学49个班级2183人，应届毕业生726人，招生759人；新世纪学校高中部9个班级351人，应届毕业生166人，招生132人。全县普通高中教职工588人，其中专任教师544人。具有研究生学历的专任教师42人，占7.72%；大学本科毕业501人，占92.1%；大专毕业1人，占0.18%。

【高中段招生】 2016年，全县录取普通高中1959人，初中毕业生升入高中段98.58%。高中招生继续采用省级特色示范高中提前定向招生、定向招生与初中毕业学业考试相结合的方式。实现省一级特色示范普通高中学校提前定向招生比例达到计划数50%的目标。年内，计划招收学生880人，其中480人分配到各初中学校，分配比54.5%。高中阶段招生秩序规范，无跨学区和跨县域违规招生行为；普通高中与中等职业学校招生比为1.15∶1。

【普通高校招生】 2016年，全县一本上线358人（理科290人，文科68人），上线率16.93%，列全市第四。总分700分以上5人，列全市第五。自主招生考试取得重大突破，在全国名校自主招生全省重点中学排名中，嘉善高级中学位列全省第27名，嘉善第二高级中学位列全省第61名。28人通过复旦大学等“985高校”笔试，比上年度增长86.7%，其中复旦大学6人、浙江大学14人、上海交通大学5人、中国科技大学3人。另有348人入围其他重点大学和浙江省名校“三位一体”招生考试，比上年度增长118%。特长生一批上线创历史新高，体育、艺术等特长生一批上线97人，比上年度增长73.2%。全县高职类单招单考考生297人，仅1人未上线。

【高中教育改革】 继续深化高中课程改革，4所普通高中学校继续推进特色课程建设，整合和共享当地选修课程资源。2016年继续开展普通高中精品校本选修课程评比，14门课程被评为县级精品选修课程；选送18门参加嘉兴市精品校本选修课程评比，9门被评为嘉兴市第六批精品校本选修课程；选送2门参加省第五批精品课程评比，嘉善中学张忻的“中国古代画与史”获省第五批精品选修课程。12月，开展普通高中知识拓展类精品课程评选活动，全县85位教师送交课程参加评选，56位教师获奖。

【高中生文化活动】 11—12月，举办嘉善县第三届高中生“思辨明理·能力提升”辩论赛。辩论赛由嘉善高级中学、第二高级中学、嘉善中学、新世纪学校、嘉善中专、信息技术工程学校等6支代表队参加，最后嘉善中学、嘉善高级中学、嘉善第二高级中学和嘉善新世纪学校分别获冠军、亚军和季军。11月22日，在嘉兴市第四届中学校园心理剧大赛上，嘉善中学心理剧《风的偷窃》作为嘉善县唯一代表队参赛，获嘉兴市一等奖。

【嘉善高级中学建校90周年纪念活动】 11月26日，嘉善高级中学举行建校90周年纪念活动。嘉兴市政协副主席李水根，嘉兴市委教育工委书记、市教育局局长周建新，清华长三角研究院副院长张海戈，嘉善县四套班子领导，嘉善县教育局领导，嘉善高级中学历任校长、历任教职工和部分家属代表、校友代表、家长代表等1000余人参加校纪念活动。

高等教育

【概况】 2016年，嘉善县高等教育单位有电大嘉善学院、高等教育自学考试、嘉善光彪学院等3家机构。2016年电大嘉善学院招收业余学历教育新生1249人，学院注重与部门、企业、中职学校和成人学校的合作，开放教育招生万人比10.03，全年毕业学生1447人，其中49人获学士学位。全县高等教育自学考试（学历考试）规模稳定。嘉善光彪学院在全国23个省、市、自治区招生3575人，其中本科3214人、专科361人，均高于当地省控分数线，生源质量稳步提升。

【电大嘉善学院】 2016年，电大嘉善学院高等教育稳步发展，办学规模持续高位，成人学历教育在校生3640人，其中开放教育本科273人；开放教育专科1415人（由成人学校承办的“一村一名大学生”专科679人）；远程教育在校人数1765人，其中浙大远程1021人、奥鹏教育744人；城市中专187人。学院注重与部门、企业、中职学校和成人学校合作，开放教育招生万人比10.03。2016年招收业余学历教育新生1249人，其中开放教育本科111人、专科465人（含“一村一名大学生”专科178人），浙大远程386人，奥鹏教育287人。全年毕业生1445人，其中开放教育本科176人、专科628人，城市中专139人（全日制109人，业余30人），远程教育毕业生502人（浙大294人，奥鹏208人），49人获学士学位。

【高等教育自学考试】 2016年全县高等教育自学考试（学历考试）规模稳定。全年接纳报名考生1640人次，报考2031课次，平均报考千分比2.15‰。全年2个项目的非学历考试报名总人次2411人次，其中全国英语等级考试报考914人次，全国剑桥少儿英语考试报考1497人次。学历、非学历自学考试报考规模居嘉兴市前列，均超全省平均水平。

（周　峰）

【嘉善光彪学院】 2016年，作为上海杉达学院基础部的嘉善校区占地27公顷（406亩），建筑面积13.8万平方米。9月，面向全国20多个省市招生3575人，其中本科3214人、专科361人，均高于当地省控分数线。在校生3800人，任课教师200人，其中外教11人。“旅游和酒店管理专业教学实训中心”（望月楼）正式投入使用，先后吸引教育部、嘉善县政府、上海交通大学、上海师范大学、四川标榜学院等26批客人参观学习，客房对住校教师开放。完成9号学生公寓的新建和学生宿舍的改建，保障2016年学校部分专业实行“2+2”功能调整后学生住宿的需求；完成教学楼南北通道的整修工程；完成食堂座位的增加、改造工作；完善校园绿化、亮化、美化工程。广泛开展国际交流，10月，学校与荷兰国际管家学院合作开设国内首家国际高级管家班开班。36名2014级学生参加，其中26人获国际通用荷兰国际管家学院毕业证书，考核第一名的学生获全额资助前往荷兰参加为期8周的培训。学校深化人才培养的创新举措被东方卫视、新闻综合频道、上海教育网、文汇教育、澎湃教育等媒体报道。教育学生尽快实现“两个转变”（尽快完成从高中生向大学生的转变，尽快适应从家庭到社会的转变），帮助适应大学生活。注重学生创新创业能力的培养，开展“杉达之秋”创新创业展示会，鼓励学生通过开展创业实践活动，更好地接触社会。学院搭建“三大平台”（计算机自主学习平台、英语自主学习平台、演讲平台），强化自主学习能力。4月，参加第八届上海市大学生计算机应用能力大赛，获2个三等奖。8月，参加中国大学生计算机设计大赛，获2个三等奖。2016年全国计算机考试中一级考合格率97%，在全上海市排名第一，全国二级考合格率在上海市名列前茅。通过英语自主学习平台，营造良好的学习氛围，激发学生自主学习的热情。在2016年全国大学英语竞赛中，37名大一学生与全国其他高校本科高年级学生同卷竞赛，其中2016级学生杨泓菲获C类“特等奖”，4人获B、C、D类“一等奖”，10人获二等奖，22人获三等奖。演讲平台激发大一新生对于自身“正能量”的挖掘，提高学生团队协作能力以及思辨能力。学院倡导“四个学会”（学会学习、学会做事、学会共处、学会发展），培养学生良好习惯。全年，500多名志愿者参与服务项目，累计服务旅客几十万人次。嘉善光彪学院大年初一参加上海科技馆、上海火车南站“暖冬行动”志愿服务的志愿者94人，其中19人获“优秀志愿者”称号。全年，与嘉善30多家企事业单位建立共建合作关系。3月，与县司法局合作开展大学生法制志愿者宣传教育；4月，与县建设银行开展“行风评议员”活动，160多名学生参与；8月，与县第一人民医院在文明共建的基础上签订医务室外包合同，打通师生就诊绿色通道；9月，探讨与嘉善中职合作办“中本贯通”的途径，为嘉善地方经济发展培养专业的高等职业技能人才。成立义务献血“活血库”，其中“点滴小爱，汇聚大爱——上海杉达学院基础部建立义务献血‘活血库’”项目获上海市教卫工作党委系统精神文明十佳好人好事提名奖。配合县体育局全国女排联赛嘉善赛区的组织工作，组建啦啦操表演队，参与全国女排联赛浙江农商银行女排主场比赛期间的啦啦队表演。G20杭州峰会期间，学院党员、团员、教职工志愿者自觉放弃暑假休息时间，开展安全排查、巡逻等活动，为峰会召开保驾护航。多名教师获上海市辅导员年度人物、上海市高校青年教师教学竞赛奖、“创青春”上海市大学生创业大赛指导奖、上海市大学生社会实践优秀指导教师等，2015级学生张雨薇获2016年“上海高校平安校园英才奖”。学院获浙江省“治安平安单位”称号。利用嘉兴南湖革命纪念馆、嘉善县党建展示厅、科学发展示范点展示厅等有利资源，创新党建工作机制。党建项目“民办高校党组织建设研究”获2016年度市教卫党委系统党建研究项目优胜奖；学院党总支继2006年后再次获“上海市教卫工作党委系统先进基层党组织”称号，和上海杉达学院一起获上海市五一劳动奖状，连续第7次被上海市人民政府命名为“上海市文明单位”。（彭前进）

职业教育

【概况】 2016年，出台《嘉善县关于加快发展职业教育的决定》，统筹发挥政府和市场作用，加快体制机制改革，深化产教融合、校企合作，创新人才培养模式，全面提升职业教育办学质量，初步构建起现代职业教育体系，提升职业教育服务经济社会能力。2016年，全县有中等职业学校2所，教学点1个，110个班级，在校学生3962人，毕业生1474人，招生1334人。其中，嘉善中专教学班52个，在校生1966人；嘉善信息技术工程学校教学班56个，在校生1909人；嘉兴城市中专嘉善教学点（嘉善电大）中职类教学毕业班2个，学生87人。全县职业学校开设加工制造类、信息技术类、财经商贸类等9个专业大类23个专业，应届毕业生就业率99.5%。全县1474名中等职业学校实习生全部投保学生实习责任险，投保率100%。全县高职类考生293人，上线率99.7%，其中98人考上本科，创历史新高。5人进入专业全省前10名，34人进入专业全省前100名。全县职业学校有教职工290人，其中专任教师277人（大学本科以上学历244人），占88.09%；专业课和实习指导教师142人，“双师型”教师127人，“双师型”教师占专业课和实习指导教师89.43%。2016年，嘉善入围第三批国家农村职业教育和成人教育示范县建设单位，成为浙江省入围四县（市、区）之一。

【课程改革】 探索建设“模块化课程”选择机制、“工学交替”教学机制和“做中学”的学习机制，积极探索课改，全面开展选择性课程改革。嘉善中专33个班级，1223名学生参加选择性课程，开设自由选修课40门、限定选修课28门。嘉善信息技术工程学校42个班级，1375名学生参与“四力融合”（终身发展学习力、终身发展做事力、终身发展生活力、终身发展生存力）选择性课程改革，开设自由选修课124门、限定选修课34门。全县职业学校加强与上海、杭州、宁波等地大专院校、中职学校联系合作，与24家校（院）开展五年一贯制等合作办学。

【校企合作育人】 完善校企合作育人机制。学校牵头组建职业教育集团2个，建立专业指导委员会。嘉善中专与校外100多家企业实现校企合作，其中92家企业与学校签订合作协议，嘉善中专学前教育专业与嘉善县实验幼儿园等6所城关幼儿园为中心、以各乡镇中心幼儿园为依托实施“园校一体化”建设，提升幼师专业毕业生质量。嘉善信息技术工程学校的主体专业之一汽修专业直接在“校中厂”路通汽修公司现场教学、开展实训，学生与企业技术人员一起实施校企合作育人机制。旅游专业开展工学交替和顶岗实习，2016年累计建立校外实训基地10个。分别与嘉善宾馆、罗星阁宾馆、梅园大酒店、云澜湾旅游服务有限公司等企业签订"四方协议"合作实施校企合作育人机制。

【职能大赛】 积极组织参加中职学生创新创业教育、师生技能大赛、文明风采大赛。省创新创业大赛获3块金牌1块银牌；省技能大赛获4块金牌、8块银牌、5块铜牌，全国技能大赛获1块金牌、6块银牌、2块铜牌；省文明风采大赛获1块金牌、4块银牌、2块铜牌，全国文明风采大赛获1块银牌、2块铜牌。举办嘉善第六届中职学校技能节，设基础项目、特色项目二大类48个小项，2903人参加。

【社会技能培训】 面向企业职工、退役士兵、新型农民、进城务工人员、被征地农民和家政等服务人员，开展每年单人30学时以上的职业技能培训和就业再就业培训，培训7889人。完善家政服务人才培训网络，确定嘉善县信息技术工程学校为家政服务人才培养培训学校。2016年培养（招生）家政服务学生77人，开展家政服务人才培训1756人，全年培训家政服务人才占本区域常住人口比重0.31%。

成人（社区）教育

【概况】 2016年，全县有镇（街道）成人文化技术学校8所，校覆盖率100%，全部为省标准化成人学校（简称成校）。社区教育实现乡镇成校全覆盖。2016年，镇（街道）成校在编专职教师22人，兼职教师183人，社区教育志愿者3200多人。全县成人学校和社区教育中心培训各类就业人口189861人次，占全县常住人口的33.19%。继续开展扫盲教育工作，脱盲981人，完成年度扫盲任务的122.63%。建立家政服务人才培训网络，全年开展家政服务人才培训1756人，占全县常住人口0.31%。推进老年教育，60岁以上接受老年教育人口33135人，占比33%。2016年，嘉善县被教育部评为全国第六批社区教育实验区。

【社区教育】 2016年，继续开展县社区教育示范镇（街道）、（村）评估，评出社区教育示范村10个。社区教育数字化平台建设稳步推进，"善学网"——社区教育在线学习平台建设全面开展，在线资源得到进一步充实；开展金山、嘉善、吴江三地教育合作交流，11月24日，在金山举行第六届三地合作论坛。初步形成社区教育品牌建设、特色项目建设，部分街镇形成"一社（村）一品"等教育品牌。努力挖掘社区教育培训项目，在"柳洲大讲堂""家长学校"等基础上，加强与社区教育各成员单位以及各社区、企业的合作，营造社区教育进社区、进企业的氛围。制定《嘉善县社区教育实验项目实施意见》《嘉善县社区教育特色课程建设实施意见》等制度，为开展社区教育实验项目与特色课程建设工作提供制度保障。

【老年教育】 根据中共嘉善县委办公室《关于进一步推进嘉善老年教育的实施意见》，全县大力推进老年教育，县社区学院开设拳操24式、佳木斯健身操、歌咏等3个老年开放大学班。各镇、（街道）社区教育中心拓展老年教育渠道、丰富老年教育内容。

【全民终身学习周】 2016年，嘉兴市全民终身学习周系列活动中，全县有6个项目获奖。"科学发展主题馆"获2016年嘉兴市十大"全民学习体验馆"；"浙江嘉善·上海金山·江苏吴江社区教育合作联盟"和"天凝镇村级社区农民种文化的实践与培育"获2016年嘉兴市十大"社区教育品牌项目"；嘉善无油轴承有限公司周引春获2016年嘉兴市十大"百姓学习之星"；"双飞家教社团"获2016年嘉兴市十大"乐学社团"。

教师队伍建设

【概况】 2016年，全县在职教职工3842人（其中公务员9人），离退休教职工1861人（其中离休8人）。2016年新招聘教师123人，其中提前录取优秀毕业生42人，招聘幼儿教师24人。全年办理退休教职工62人，外县调入教师9人，调出教师25人，辞职教师14人。选派教师赴新疆支教2人，赴西藏支教1人。全年受理教师资格认定报名150人，148人通过教师资格认定。398人申报各类教师职务，357人晋升或确定各类教师职务。鼓励教师在职学历进修，在职教师中118人取得硕士学位，小学专任教师学历合格率100%、初中

100%、普通高中99.8%，职业高中96.51%。

【干部队伍建设】 加大校长和机关干部培养力度。利用暑期，组织校级领导干部到浙江师范大学参加高端培训，建立健全校长上课、听课制度、工作例会制度和潜心研究教育教学制度，推动校长向专家型校长发展。完善后备干部培养机制，举办教育系统“中青班”、“80后”干部培训班，加大干部交流任职力度。完成县教育局机关中层和学校领导换届工作，竞聘上岗250人。

【师德师风建设】 落实教师师德师风定期检查报告制度，形成中小学教师师德建设长效机制。利用第32个教师节，对浙江省第二十四届“绿叶奖”、第二十六届“春蚕奖”、省中小学师德楷模、省农村教师突出贡献奖、市中小学师德楷模、第四批“嘉兴市中小学名校长”培养人选、第五批嘉兴市中小学名教师，嘉善县40位“最美教师”等获得者进行颁奖。

【名师培养】 实施“班长工程”和“强师工程”。5名校长被列为市名校长培养人选。全面深入推进名师工作室、名师评聘考核工作，评出省特级教师7人、市名师24人、市学科带头人46人、县名师67人、县学科带头人182人。组织“善教·卓越杯”和“善教·睿智杯”课堂教学评比活动。全县300多位学科名师、学科带头人、学科骨干教师参加县级评选，评选出一等奖140名、二等奖170名。年内，全县教师在课堂教学评比、教育科研、学科竞赛取得优异成绩。省级课堂教学获奖8人次。参加“2016年省优秀教育教学论文评比”活动，122篇论文获奖，保持全省县域第一。年度课题成果丰硕，获省基础教育成果二等奖1项，省教育科学研究优秀成果三等奖1项，省教学研究成果三等奖2项，省师干训课题成果二等奖1项，市人民政府职业教育成果二等奖3项，市基础教育成果一等奖1项、二等奖2项。

【课博会】 举办浙江省名师课堂研讨暨嘉善县第四届“课博会”，课博会围绕“智慧课堂演绎、核心素养解读”这一主题，分初中语文、初中英语、小学语文、小学英语等4个学科专场进行课堂教学展示活动，邀请省内外20位专家，推出24节展示课(其中嘉善县教师12节)，专家报告8场，全县850多名教师、市内外学校近500名教师交流学习。

【优课名师评选】 开展“一师一优课，一课一名师”活动，全县完成展示课1700多节，推选县优课400余节，其中一等奖40节、二等奖140节、三等奖100节。推荐县“优课”参加市“优课”评比，获得市优课35节、省优课30节，在全国“一师一优课”比赛中嘉善县有16位教师的微课被评为部级优质课，列全市前茅。

【“美丽课堂”评比】 组织开展中小学、幼儿园“美丽课堂”推荐评比活动，达到“轻负高质”，提高课堂教学效益，促进教育教学质量的提高。通过教师自荐、学校推荐、片级评比、县级考核，全县225名中小学、幼儿园教师课堂被评为“美丽课堂”。

【心理健康培训】 为提高教师应用心理健康知识管理学生的能力，适应教育事业发展的需要，2016年，开展6期近2200名教师心理健康C证培训工作，2155人通过C证考核。至年底，全县中小学教师拥有C证人数2922人，持证率占专任教师的77.02%。

【信息技术应用能力培训】 年内，组织全县高中语文、初中数学、中小学音体美等20个学科的2075名教师进行信息技术应用能力培训工作。组织10名教师参加省市中小学教师信息技术应用创新大赛，2人获省一等奖、4人获市一等奖，县教育局后勤服务中心获市级最佳组织奖。7个项目成为嘉兴市首批中小学智慧教育深度创新应用项目，并通过市级开题论证。

【领导调研】 2月17日，省教育厅副厅长丁天乐、教育厅人事处处长励如孟、省编办事业机构编制处调研员吴宇光一行，到嘉善专题调研指导教师人事制度综合改革工作。副县长高嵩、县教育局局长朱利军等参加座谈。朱利军就嘉善县教师人事制度综合改革推进情况进行汇报。调研组就改革中遇到的岗位、编制、职称评审等问题进行探讨并指导嘉善教师人事制度改革。

学校设施建设

【概况】 2016年，全县预算内教育经费10.33亿元，法定增长12.05%。争取上级财政资金，累计到位省级补助资金5613.3万元。完善公办学校经费保障机制，义务教育阶段生均公用经费小学提高到700元/人·年、初中提高到900元/人·年，继续实行公办学校住宿生和小班化生均公用经费补助政策（分别补助400元/人·年）。继续完善对高中段学校财政保障机制，累计对普通高中学校投入1.31亿元。安排1872万专项经费用于职业教育建设和发展。加大学校建设力度，全年实际完成投资约6797万元。基础教育技术装备资产累计1.91亿元，生均拥有教育技术资产3755.9元。全年净增教育技术装备资产658.3万元。教育装备总投入1558.8万元，基础教育生均教育技术装备资金307元。义务教育段学校教育计算机网千兆宽带学校接通率100%，校园网百兆通达所有教室和教师办公室的学校100%，教师网络学习空间开通率99.82%。全县小学生生均图书35.76册，初中学生生均图书57.1册。全县中小学拥有计算机12570台，中小学计算机生机比为4.04∶1，高于全省7.1∶1的平均比例。

【学校设施建设】 年内，完成省教育厅教室灯光改造工程规定的任务。改造5所学校，114个教室，1161套灯光。获省补实验室4个（其中高中1个、义务教育段3个），获省补资金30.1万元，获省厅2016年度3个学校288套移动学习终端。改善师生工作、学习环境，对学校交互式白板型教学多媒体系统进行升级改造，公开招标采购设备151套，总计219.71万元，比预算下浮17.02%，为财政节约资金45万元。更新师生计算机设备621台，投入经费184.36万元；更新、添置空调65台，投入经费20.79万元。

【学校校舍建设】 2016年，全县初中学校占地面积579179平方米，校舍建筑面积231818平方米；高中学校占地面积290791平方米，校舍建筑面积163287平方米；中等职业学校占地面积159462平方米，校舍建筑面积99540平方米；小学学校占地面积564719平方米，校舍建筑面积215836平方米；培智学校占地面积1287平方米，校舍建筑面积987平方米；幼儿园占地面积154872平方米，校舍建筑面积76654平方米。全县小学、初中和普通高中生均校舍建筑面积分别为6.6平方米、15.67平方米和24.18平方米。浙师大附校一期工程、硕士小学一期工程竣工于8月交付使用，实验小学南校区新建项目基本完成。干窑实验幼儿园完成新建并交付使用，大舜幼儿园、新世纪幼儿园、出彩幼儿园完成改扩建并交付使用，西塘中心幼儿园、大云中心幼儿园、嘉华幼儿园、大众湖滨幼儿园、同欣幼儿园、祥云幼儿园、里泽幼儿园（改扩建）等7所公民办幼儿园开工建设。

【教育装备投入】 探索推进智慧校园、创新实验室和开放式图书馆建设。投入建设经费100多万元在浙师大附属嘉善实验学校、嘉善第二实验小学等学校探索试点建设两种不同的智慧校园模式。在浙师大附属嘉善实验学校、嘉善实验中学、嘉善第二实验小学等3所学校推进移动学习终端普及。全年投入启动资金104万元规划建设31个创新实验室（学科专用教室），并通过县级考核验收后每个创新实验室奖励1万元，其中25个创新实验室（学科专用教室）通过市级验收。6所学校成为县级开放式图书馆，其中3所学校经过市级考核，数量和质量均列全市前茅。2016年省读书活动征文中，全县有22人获奖，获奖人数在嘉兴市并列前茅。选派24名教师参加嘉兴图书馆图书管理员业务培训，3人参加嘉兴市图书管理员演讲比赛，2人获一等奖。

【困难学生资助】 全年，资助家庭经济困难学生享受营养餐647人次，资助金35.59万元；发放普通高中国家助学金880人次，资助金88.4万元；减免学费、代收费22人次，金额3.59万元；资助学前教育贫困家庭子女1人次，资金0.25万元；发放中等职业学校国家助学金328人次，资金32.8万元；免除中等职业学校学生学费7984人次，资助金1277.44万元。（周　峰）

综　　述

2016年，嘉善文化体育工作坚持创新、协调、绿色、开放、共享五大发展理念，完善公共文化服务体系，进一步提升城乡一体公共文化服务水平，奋勇拼搏，合力攻坚，全县文体建设取得新业绩。

完善公共文化服务体系。下发《关于举办第九届全民读书月启动仪式的通知》《关于广泛开展道德模范"故事会"、基层宣讲等活动的通知》《关于开展嘉善县文化馆文艺演出下乡服务的通知》等文件，为群众文化活动正常、有序开展提供政策保障。运用各类媒体宣传创建工作。汇集近年来全县31个公共文化服务品牌项目，编印《嘉善县公共文化服务创新案例汇编》一册；开展72项示范区创建指标创建台账申报工作，主动对接嘉兴市创建国家公共文化服务体系示范区各项活动，整改公共文化"短板"，提升公共文化服务能力。3月，参与嘉兴市创建国家公共文化服务体系示范区通过验收。10月，通过省级体育强县复评考核验收。

推进公共文化阵地建设。县级公共文化基础设施得到进一步完善。文化惠民工程建设项目（图书馆新馆、博物馆新馆）开工并完成主体结顶工作；吴镇书画院建成投入使用。镇级公共文化设施得到提升，大云镇、罗星街道综合文化站在现有基础上完成新一轮提档升级并投入运营，村级文化阵地建设得到推进。全县村级公共文化阵地覆盖率100%，建成精品示范工程64个、文化礼堂59家、省级文化示范村10个；基本建成公共图书馆总分馆体系、文化馆总分馆体系、文化信息资源共享工程和新华书店农村小连锁。

推进文化体制改革。开展法人治理结构试点工作，年初召开县图书馆理事会筹备工作会议，确定第一届理事会，通过县图书馆理事会章程。同时，通过建立健全决策失误追究、年度工作报告、信息公开等机制，建立权责清晰、分类科学、监管有力的运行管理制度。

加强文化人才队伍建设。全县"组团式"镇（街道）层面文化下派员和村级专职宣传文化员实现全覆盖。其中村级（社区）宣传文化员125人，民间文体队伍626支、文体骨干12600人，在册县级文化志愿者6157人。注重提升"两员"素质，举办业务培训班，选送优秀业务干部文艺骨干参加上级举办的专业培训。依托县文联所属各协会和县文化馆师资，对基层文艺队伍、业余爱好者开展业务培训。

群众文化活动

【概况】 2016年，围绕国家级公共文化服务体系示范区创建要求，从制度建设、队伍培养、品牌打造、影响扩大等方面着手，以文化基地培育、文艺队伍建设、文艺精品创作和文化业务培训为抓手，举办全县宣传文化员素质提升工程短期培训，对培训成果进行检验和展示，举办各类文化活动，群众文化活动实现县镇村全覆盖，体现文化惠民服务宗旨。

【文化资源共享】 开展系列地方文化品牌活动。举办"嘉善春晚"、元宵舞龙展演和灯会、"十万

2016 周末大舞台戏曲专场。（县文化局 提供）

农民种文化”“文化四季”、道弘读书节等活动，全年举办“周末大舞台”25 场。广泛开展文化交流活动。协助接洽江苏省文化厅、上海奉贤区文化广播影视管理局、广东佛山市文化广电新闻出版局等多个县外单位领导、专家到嘉善进行文化调研、参观交流。从镇(街道)层面出发，举办西塘“非遗”文化走亲，姚庄镇水韵艺术团赴上海莲盛社区开展以“迎端午文化走亲”为主题的特别演出活动，上海颛桥镇到大云镇缪家村开展“文化走亲”等交流活动；陶庄镇举办“文化为民善美陶庄”民星大舞台启动仪式暨嘉善陶庄镇·海宁马桥街文化走亲；陶庄镇“非遗”项目宣卷队到江苏省同里镇参加江浙沪三地宣卷展演活动的文化走亲 20 场次。开展文化下乡活动。全年送戏下乡 471 场次、送书下乡 11366 册次、送讲座与展览下乡 189 场次，送电影下乡 1524 场次，涉及全县 118 个行政村，群众近48 万人次，全年送戏下乡演出 100 场次。

【文化精品创作】 围绕纪念建党 95 周年、“美丽嘉善”建设等主题，开展“党在我心中”主题征文活动、全县书法作品大展、“美丽嘉善·城乡行”主题采风创作笔会等一系列创作活动。强化对重要文艺创作扶持工作。组织举办由本土作者完成的本土题材剧目——越剧古装戏《绿袍情》剧本专家研讨活动和禾塘散文集《从黄金时代走来》创作研讨座谈会。重视文艺创作宣传与交流。在“嘉善发布”开设“柳洲”专栏，每周一期。组织苏浙沪毗邻地区 10 个现代民间绘画之乡，开展“农民画”交流笔会和创作研讨；参加无锡市锡山区召开的“云林风”元季四家故里艺术交流作品展览和创作笔会。

【协办省民间故事会】 2016 年，协办浙江省首届民间故事会，活动分故事征文、故事演讲两个阶段。征文活动收到全省 11 个地、市的 383 件故事作品，最后评出浙江民间文艺家协会映山红奖 1 件、故事创作金奖 3 件、银奖 5 件、铜奖 10 件、优秀奖 27 件。其中，嘉善作者俞冰《请您帮个忙》获金奖，郑少鉴《我还得从头学起》获银奖，苏丽君、钟爱文《孩子该姓谁》获铜奖等。故事演讲阶段有 34 名选手参加，嘉善选手王子皓、徐史航分获幼儿组、少儿组金奖，沈一青获成人组银奖，王斌获铜奖。

【打造名人文化品牌】 做好孙道临电影艺术馆宣传，向游客发放孙道临电影艺术馆宣传册、明信片等宣传资料。全年接待参观人员 192 批次 2556 人。成功举办 2016 中国·嘉善孙道临艺术节系列活动。举办嘉善县第三届“善文化”微电影大赛、启动拍摄《一代巨星——孙道临》纪录片、开展孙道临艺术公益培训等活动，弘扬“善文化”。

【演出展览活动】 2016 年，承办、协办大型演出活动国家级 1 次、省级 4 次、市级 3 次，市级走亲 4 次。协办大型演出 2016“西塘之夜”嘉善春节文艺晚会、2016 年元宵灯会暨舞龙展演、2016 浙江省首届民间故事比赛颁奖晚会、中宣部“不忘初心、继续前行”理论调研、全省“慈善孝贤”暨了凡善学思想研讨会、第三届善文化·微散文·微电影大赛颁奖典礼等高规格展览活动；承办浙江省第四届群星视觉艺术大展优秀摄影作品展、“海上风”2016 上海书画院年展作品展、浙江美术馆馆藏“邓小平——女儿心中的父亲”邓林摄影展、嘉兴市五馆联动

12月23日，举办2016善文化·微散文·微电影大赛颁奖典礼。

（徐雪娟 摄）

文化走亲嘉善站的演出活动、“中韩”少儿绘画国际交流20年特展活动。

【文化阵地建设】 至年底，全县累计文化阵地礼堂等设施59家，建成比例和建设特色，在全省范围内均处于领先地位。在做好“规定动作”同时，结合实际做出自身特色——文化庭院。从2015年开始，在干窑镇开展试点的基础上向全县范围推广，至年底，累计建成文化庭院100多家，使公共文化服务延伸到农村“最后一米”。

文化遗产

【概况】 2016年，完成全县范围内国有博物馆年检、民办博物馆年检和收藏协会年检。通过公开招标方式，完成省级文保单位西塘建筑群（8处）的测绘工作；全面完成省级文保单位魏塘叶宅、西塘建筑群“四有”建档工作；将原天凝镇县级文保单位圆通桥、洪溪石桥群（3座）推荐为第七批省级文物保护单位；完成政务地理资源采集网上申报工作，把县级以上48个文物保护单位进行采集建档；完成全国首次可移动文物普查和博物馆2936件文物的影像采集、信息采集、电子档案制作、数据上报审核工作。按照全国美术馆藏品普查工作要求，完成吴镇纪念馆藏品影像采集基础工作，并对全县特色小镇的不可移动文物进行统计。2016年底嘉善非遗中心并入县文化馆。

【文物维护】 年内，对惠民钱能训墓、陶庄冯家桥、西塘东岳庙、干窑戴家湾窑墩和天凝安澜桥进行维修。对西塘王宅、陶庄圆觉寺前殿、惠民袁黄墓等文保单位维护方案进行沟通对接，配合做好古镇西塘保护与管理，为申遗工作做准备。配合省、市、县文物监察大队对部分文保单位（点）进行安全检查。配合丽水市文物监察大队到嘉善对全国重点文物保护单位吴镇墓、省级文物保护单位西塘建筑群、窑墩以及部分县级文保单位、文保点进行安全检查。为护航G20杭州峰会，配合县文管办、县文物监察大队对部分文保单位、文保点进行检查。

【“文化遗产日”活动】 文化遗产日期间，县非遗中心举办系列活动，在天凝镇洪溪村文化礼堂开展“美丽天凝，美好生活”新农村摄影大赛。在大云镇缪家村文化礼堂开展优秀节目展演暨甜蜜小镇“美丽乡村 美丽非遗”进文化礼堂系列活动。在罗星街道和合社区文化礼堂举办“民防伴我圆梦想”全县香囊大赛颁奖典礼，收到香囊作品近60件。邀请省文物局文物鉴定审核中心专家周永良、王牧为市民免费鉴定藏品100余件。举办“让文化遗产活起来——‘十二五’期间嘉善县文物保护工程成果展”，制作宣传折页3000多份。制作“水乡记忆——嘉善县物质文化遗产古民居、古桥梁图片展”，清明节期间开展吴镇大师祭拜活动，举办纪念孙中山先生诞辰150周年嘉善县书画作品展。

【“非遗”传承】 开展非物质文化遗产名录、传承人申报工作。盘窑技艺与吴氏中医内科两个项目入选省非遗项目，以“把根留住”为主题，调研走访9个镇（街道），与非遗传承人、志愿者、宣传文化员、“老文化”“老党员”“老教师”等进行座谈，获得线索73条。至年底，全县有“非遗”名录172项，其中县级130项、市级33项、省级8项、国家级1项（嘉善田歌）。全县有“非遗”代表性传承人县级46人、市级31人、省级8人、国家级1人。

文化馆(站)

【概况】 2016年,县文化馆加强班子建设,主抓表演艺术、理论调研、视觉艺术、文化培训和日常馆务等工作。围绕国家级公共文化服务体系示范区创建,建立健全文化馆馆员日常工作规章制度、业务干部“六个一”和文化下派员“十项工作细则”考核制度,做到工作有章可循,奖惩分明。全年在各级文化活动及赛事中取得好成绩,获国家级奖项13项、省级奖项20项、市级奖项12项。其中,小戏《百合》在“中华颂”曲艺大展中获金奖;舞蹈《美丽姑娘》《春天的芭蕾》在全国“小荷风采”少儿舞蹈展演分别获一、二等奖;故事《善恶一念间》在2016年度“中国故事节”枫泾故事会征稿活动中获“第一批中国好故事”称号;嘉善田歌合唱团在全国第三届民歌合唱节获银奖。排舞《我们想跳舞》获浙江省第十届排舞大赛老年组金奖;小品《打了水漂的五万元》获浙江省民间故事会优秀奖;摄影作品《空巢》获浙江省摄影高端理论培训班学员优秀摄影作品评选三等奖等;全年开展老年人电脑培训2期,40人参加;少儿手工坊21场次,600人参加;举办大厅展览8次;“悦读汇”读书讲座8期;组织参与第三届全国“书香之家”推荐活动、“我的书屋,我的梦”少年儿童征文比赛、嘉兴市第九届“石榴奖”校园文化艺术节、百名“回乡教授”走近文化礼堂、1天阅读计划、未成年人读书月计划等活动。承办未成年人读书月暨道弘读书节启动仪式、“一路山花不负侬”2016年浙江首届民间故事会演讲比赛。

【嘉善博物馆】 2016年,陈列策划文本专家论证、修改、现有藏品梳理、文物征集、博物馆功能布局、博物馆智能化、数字化等前期准备工作。县博物馆新馆建设项目(含嘉善非遗馆、窑文化馆)顺利推进。数次召开县博物馆展列设计方案县、省级专家评审会,编制县博物馆新馆陈列展品征集、复制、仿制总目录以及经费预算等。从2014年5月开始新建的吴镇书画院于2016年12月举行落成仪式,省文化厅、省文物局、浙江美术馆、市文化广电新闻出版局有关领导,县委、县政府有关领导,县有关部门、各镇(街道)有关领导出席落成仪式。举办“浙江美术馆藏吴茀之中国画精品展”“‘元季四家’故里中国画邀请展”“上海书画院画师临摹吴镇书画作品展”等开院系列展览。年末,吴镇纪念馆选送的藏品参展浙江省美术馆举办的全省馆藏精品展。在5月18日国际博物馆日,特邀请上海市文联艺术品鉴定中心专家李云祥教授到嘉善进行“古玩鉴赏”讲座。中国文化遗产日期间,邀请浙江省文物局文物鉴定审核中心专家为广大市民开展免费鉴宝活动。

【嘉善文化馆】 2016年,县文化馆提出打造以“春之声、夏之舞、秋之韵、冬之彩”为主题的文化四季品牌项目。结合周末大舞台、送戏下乡、送展下乡等传统展演展览工作,尝试性地走出群众文化新路子。主办故事演讲比赛、嘉善好声音之最美组合大赛、嘉善县中小学生才艺大赛、嘉善县排舞优秀节目展演、嘉善(曲艺、小品)原创作品表演大赛、全县戏曲票友大赛、“五馆联动”文化走亲等活动。至12月,完成周末大舞台等各类演出23场,送戏下乡129场,送展下乡54次。按照文化馆总分馆体系建设要求,全年采取组团下派模式,以总馆为统领,各镇(街道)分馆为落脚点,开展文化下派工作。为基层提供指导、策划、协调、编创等服务。全年下基层辅导、培训、调研累计时间1744天,人均87.2天。完成嘉善社会发展史专题《群众文化事业的崛起与发展》;俞冰、洪徐超的论文《浅谈如何提高群文工作培训成效》获省第十八届公共文化论坛征文二等奖;洪徐超论文《浅谈群文微电影发展现状及思路》、俞冰《文化馆数字化服务平台的运行瓶颈与解决对策》在《嘉兴公共文化》第十三、十四期发表。2016年嘉善群文网访问量超40000人次,网上发表文章600多篇,文章点击量超35万人次,“嘉善文化馆”微信平台累计发送群文信息33条,形成与传统《嘉善文化》报刊、《柳洲》期刊互补的网络信息发布和展示平台。在全县中小学、镇(街道)文化中心、机关事业单位等层面建立以书法、舞蹈、故事、戏曲、手工等为主要项目文化培训基地33个,累计授课1788课时,受益2208人。邀请省内外专家开展新故事、排舞、书法、戏曲、歌唱教学、论文撰写等方面培训,开展各类专业培训255课时,受益521人。

【嘉善图书馆】 2月成立县图书馆理事会。提升老馆设施功能建设。在基本不闭馆情况下，陆续修整报告厅、停车场、装备监控设施和无线网络。并在大厅布置视觉艺术展厅，利用县内原有文化资源，举办各类展览；利用大厅视频系统开展善文化微电影获奖作品展播，为图书馆营造良好艺术气氛与阅读氛围。全年接待读者1893199人次；流通借阅958425册次；办理新证4657张，在全县开通一次性导入市民卡223412张。增设戏曲专架，每月通过电子屏和新书专架，发布新书通报。调整新书采购方式，实行读者点购、网上采购、现场采购图书相结合。2016年采购20批次，预购图书码洋2430474.30元，预购图书10012种，37483册；馆藏新增图书27330种，53929册；本馆配送图书13348册；为各镇（街道）分馆配送图书11366册；为浙师大嘉善附校自购图书加工编目7483册。落实"4·23"全民读书月活动，正式启用汽车流动图书馆。至年底，汽车流动图书馆出车640次，接待读者5533人次，新证办理818张，借还4719册。利用现代科技整合互联网平台，把图书馆数字资源挂到"12320"平台上。与县史志办等部门整理出古籍和民国印本300余册，征集地方文献474册。参与省图书馆牵头建立的浙江省公共图书馆地方文献联合征集网，定期呈送嘉善地方文献书籍，全年装订期刊4374册。

【孙道临电影艺术馆】 2016年，孙道临电影艺术馆展厅接待参观人员2556人次。7月2日，接待孙道临先生生前好友，美国韦伯州立大学亚洲和世界史教授格里格·刘易斯到孙道临电影艺术馆交流访问。格里格·刘易斯与嘉善文化部门领导共同探讨成立孙道临文化研究会相关事项。发挥爱国主义教育基地教育功能，电影艺术馆与青少年宫、影城邀请中小学生参观孙道临展厅，观看孙道临经典电影及微电影大赛获奖作品《正》等影片，750人参观。6—8月，开展孙道临艺术公益培训，培训200多人。组织由嘉兴电影家协会主办、孙道临电影艺术馆协办的"微电影创作与实践"系列讲座。10月11日，由孙道临电影艺术馆、县文化馆承办第三届"善文化"微电影大赛业余演员招募会。近100名微电影业余演员应征，约40名业余演员当场与拍摄团队签订合作意向书。2016年底，孙道临电影艺术馆并入嘉善文化馆。

【嘉善影剧院】 影剧院演出活动主要分经营类演出活动，公益类演出活动、下乡类演出活动、惠民低票价演出活动等4类。全年演出、租场、电影等活动570场。其中剧场演出100场，书场演出317场、学生专场65场、文化礼堂11场、电影47场，体育馆、其他、会议等13场。接待剧团45个，其中专业省级剧团12个、文化交流剧团5个，观众超3万人次。

【嘉善电影公司】 2016年，嘉善县电影发行放映公司经营总收入999.3万元，同比下降5.3%，其中营业收入830.4万元，利润7.1万元。嘉善县电影发行放映公司电影放映收入755.3万元。年内放映10636场次，观众232323人次，票房收入703万元。完成农村电影放映1500场次，观众42.8万人次。其中，室内固定点39个，放映234场次，占比15.6%。

文化市场管理

【概况】 2016年，全县文化市场管理着力开展"扫黄打非"等专项整治，开展网吧专项整治，加强广电市场管理，服务文化产业发展，全年文化市场总体平稳有序，无事故发生。

【专项整治】 开展"扫黄打非""清源""秋风""净网"等一系列专项行动。安排专人进行网络巡查，组织全面清查，强化出版物市场监管，加大对印刷经营单位检查力度，从源头把关，重点加强对印刷单位的监管，要求各印刷经营单位严格落实印刷承印五项制度，建立健全内部台账；对全县邮政报刊亭进行全面排查，重点加强火车站、高铁站、客运中心等处出版物销售门店排查。坚持开展整治网吧违规接纳未成年人专项行动。全年出动检查691人次，检查文化经营单位1189家次，检查网站90家次；收缴非法书报刊265本（册）、非法音像制品310张（盒）；取缔2处非法书报刊、音像摊点；受理举报49起，全部按规定办结；办理案件36件，处罚款11500元，移交公安追究刑事责任1件。

【网吧专项整治】 成立县无证网吧专项整治行动领导小组，启用"5+2"、白加黑工作模式，推进专项整治各项工作。全年组织联合执法60批次，出动检查1100人次，电信断网 80 家，扣押电脑主机 415 台、显示器 419 台、服务器 6 台、交换器 3 台。

【规范窗口行政审批】 全年办证窗口受理各类审批项目 376 件，其中新增 15 件、变更 17 件、年检 340 件、备案 4 件、承诺件 32 件、即办件 344 件，均在期限内办结。完善网上公开行政审批事项信息，做好省政务服务网、县投资审批平台网上公开工作；完善一次性告知制度，做好审批事项办事指南修订工作，取消相应广电、文物审批项目，修订后的行政许可项目 31 项，行政确认 7 项，其他审批权 36 项。2016 年，全县通过浙江省印刷管理信息平台，受理图书印刷委托书备案 146 件。

【广电市场管理】 在全面建成“嘉善应急广播网”基础上，做好农村应急广播体系后续管理工作。初步制定县、镇、村三级播出制度，加强应急广播日常维护，确保实时通响率 98% 以上；开辟应急广播新传播渠道。从技术保障、制度落实等方面着手，确保县广播电视在春节、“两会”及“五一”、“十一”期间特别是 G20 杭州峰会、世界互联网大会（乌镇峰会）重要保障时期的安全播出。全县没有发生安全播出事故。

【助推文化产业发展】 配合县文产办开展文化产业招商，提供优质服务。上半年，组织嘉善文化创意企业参展商参加第十一届中国（义乌）文化产品交易会，销售额 20 万元，成功洽谈商户 10 多家。嘉善西塘镇花制作服饰设计工作室获最佳展示奖。加大中国归谷文化创意产业园、西塘文化创意产业基地为重点的文化产业平台建设力度；加大各院线影城引进力度，促进嘉善电影市场发展，引进嘉博影城。年内，全县有各类文体经营场所 565 家，文体娱乐业营销额超 20 亿元；嘉善文化创意园入驻企业 13 家，累计培训 12630 人次，实现经营收入 5000 万元。

体　　育

【概况】 2016 年，体育工作围绕提高全民体育素质，倡导开展全民健身活动，组织开展体育赛事，加强体育场馆建设，注重加强体育人才队伍建设，推进体育事业发展。2016 年度全县青少年（儿童）新注册运动员 69 人，确认运动员 493 人，重新注册运动员 7 人。县内有体育彩票销售网点 62 个，销售金额 7380 万元。

【体育中心改造】 完成体育中心提升改造工程，完成体育中心绿化品质提升、游泳馆外墙维修、体艺馆周边道路改造、场馆亮化、场馆智能化系统改造等工程；做好体育场场地及周边草坪养护工作，对外围绿化和地砖进行一次全面维护及修复。

【体育场馆对外开放】 开展全民健身活动，免费开放体育场馆中心灯光球场、室内门球场、排舞广场等场所，全年接待健身锻炼人数约 20 万人次。国民体质监测中心全年免费为全县人民提供身体监测服务，指导市民进行科学健身，累计监测人数 1000 人。全县 32 所公办中小学校体育设施全部对外开放，开放率 100%。

【全民健身运动】 年内，承办县第三十六届“三好杯”田径运动会、特雷通企业职工运动会、县行政执法局趣味运动会、嘉善中学校运动会等活动。组织开展全县市民运动会足球、JBA、太极拳、乒乓球、羽毛球、健身排舞等活动。继续由各协会承办赛事；联合举办“美丽嘉善我的家”徒步行活动和职业人群“万步有约”活动。各镇（街道）、机关部门积极参与健步走活动。开展寻找最美健身步道活动，在全县各镇（街道）、村（社区）建设完善休闲生态健身步道；各协会组织开展门球、柔力球、太极拳、气排球、排舞、乒乓、羽毛、棋类等培训和赛事，将科学健身指导送到群众身边。举办全县第七届老年运动会。制定和下发新的《县级体育社团考评补助办法（试行）》，并对 15 家县级协会进行考评。

【体育赛事承办】 承办 2015—2016 中国女子排球联赛、2016 年全国桥牌锦标赛和中美男篮邀请赛、亚洲赛艇锦标赛、全国女排联赛、全国女排冠军赛等高规格、高水平赛事。9 月，承办 2016 年第 17 届亚洲赛艇锦标赛，来自亚洲 17 个国家和地区 22 支代表队（含残疾人代表队）参加 22 个项目的角逐。组队参加省第二届女子体育节乒乓球、裹粽子、气排球、围棋、健身排舞等 11 项比赛，其中裹粽子获得团体一等奖。组队参加年度省、市青少年部各项赛事，参赛人数 250 人，获得金牌 42 枚。组队参加嘉兴第四届市民运动会篮球、足球、乒乓、龙舟、

2016—2017 中国女子排球联赛。（县文化局 提供）

踏白船、气排球等比赛。姚庄镇渔民村渔民组成的踏白船代表队在400米直道竞速比赛获第一名，连续7年夺取该项赛事冠军。

【汾湖水上运动中心建设】 2016年，基地运动员组队参加比赛6次，其中在嘉兴市皮划赛艇比赛中，44名运动员获金牌42枚，获团体总分及金牌总数两项第一。在浙江省皮划赛艇及帆船帆板比赛中，28名运动员获3金3银4铜。年内，中心对运动员公寓、2幢别墅、行政办公楼、浴室、食堂等设施进行翻新，并实现网络全覆盖。在水上航道上，首次利用电子起航器及分段计时。

【嘉善少体校建设】 年内，先后组织教练员和学校体育老师参加省、市培训班培训。组队参加嘉兴市青少年锦标赛13个大项的比赛，330人参赛，获6项团体第一、1项团体第二和1项团体第三，获金牌52.5枚、银牌51枚、铜牌47枚。30多名运动员参加省青少年锦标赛，获金牌2.5枚、银牌5枚、铜牌6枚。女篮单独组队参加省青少年女篮锦标赛，获总成绩第五。全年分别向省、市体校输送2名和6名体育后备人才；校篮球队5位学生分别被金华浙师大附中、宁波四中和杭州临平职业高级中学录取；举重队1人被嘉善二高录取、1人被嘉善中学录取，7名学生分别被嘉善中专和信息技术学校录取。（曹 琦）

图书发行

【概况】 2016年，新华书店面对日趋激烈的市场竞争，不断增强市场经营意识，牢牢抓住教材、教辅销售这个龙头，维护好教材发行市场，赢得图书发行的主动权，完成“课前到书，人手一册”政治任务，保持教材教辅的稳定增长，全年完成销售收入6300万元，同比增长3%；实现利润485万元，同比增幅10%。公司在全省七类店业务竞赛活动中排名第二。

【业务营销系列活动】 阅读伴我成长读书活动销售以创新发展为突破口，组织教材营销人员到海盐新华书店交流学习，听取海盐新华书店的成功经验，操作上改变以往的模式，零亏损、销售效果显著增加、配书精确。销售同比上年册数增长34%，码洋增长43.7%。开展元宵节亲子做灯笼活动、“世界读书日”限时抢购活动、端午节手工香囊制作活动、暑期周五全场图书79折促销活动、科学讲座活动、剪纸活动、3D立体拼图活动、“小虎神探队”故事分享会等。2016年，与县图书馆合作的汽车流动图书馆项目，于3月底全部到位。

【重点图书征订】 党政读物党员读本《开卷有益/三读丛书》发行12396册。全年，发行《习近平总书记系列重要讲话(2016年版)》25908册、《全面小康热点面对面(理论热点面对面2016)》2620册、《十二届全国人大四次会议政府工作报告辅导读本》2620册、《中国共产党党员权利保障条例》26238册等。

【连锁农家书屋全覆盖】 年内，完成全县农村新华书店小连锁全覆盖，在全县建立起9家各镇村社区的新华书店连锁店，协助建立起118家“农家书屋”。

【自身建设】 加强党组织建设，增加支部副书记1名。建立党员干部学习QQ群，组织全体党员学习上级有关精神及要求，开展省集团《关于在省店集团党员中开展“学习党章党规、学系列讲话，做合格党员”》两学一做学习教育活动、G20杭州峰会期间组织党员干部安全巡逻等。各部门相应制定岗位目标责任制，并与收入分配挂钩。（费 磊）

综　述

2016年，嘉善新闻单位有嘉兴日报社嘉善分社、嘉善县广播电视台2家，新闻宣传从业人员120人，其中大专以上学历118人，副高职称3人，中级职称22人。全县有数字电视终端15万台，数字电视整体转化率100%。《嘉兴日报·嘉善版》日发行量1万份。

全年，嘉善新闻单位围绕县委、县政府的中心工作，多角度展示美丽嘉善，全力营造县域科学发展示范点建设的浓厚氛围。以城乡环境整治百日攻坚为重点，通过动态展示、记者蹲点、新闻特写、典型引导、舆论监督、社论评论等多种形式，高频度推出新闻报道。精心制作城乡环境整治工作画册，全面展示城乡环境整治进展、成效以及嘉善干部"精气神"，得到省委书记夏宝龙充分肯定，并印发全省各县（市、区）学习；以干窑镇新泾港整治百日攻坚为重点，在嘉兴电视台连续推出9篇系列报道《干窑38度》，引起高度关注和强烈反响；以回顾"十二五"期间嘉善取得的辉煌成就为重点，推出年度对话系列访谈，邀请镇（街道）一把手走进演播室，全媒体集中展示"十二五"期间各镇（街道）经济社会发展成就以及2017年工作谋划情况；以弘扬善文化为重点，继续办好"点赞嘉善人"专栏，结合十大善人善事候选事迹展播，最大限度提高先进典型的认可度和影响力。

创新建立例行新闻发布制度，出台《关于开展例行新闻发布工作的通知》，制定年度另行新闻发布计划。全年通过网络全程直播嘉善"十三五"规划纲要、县城区义务教育段学区划分政策解读等新闻发布会十余场。同时，召开全县新闻记者和网民代表座谈会，邀请县领导介绍2016年全县经济社会发展工作重点，详细解答记者和网民共同关心的问题。

扎实做好建设性舆论监督，着力加强和改进《新闻聚焦》栏目，推出《一年前曝光的违建至今未拆》《公共绿地中的私家菜地》等报道，集中曝光河道污染、生猪养殖污染、违章搭建、环境脏乱差等一批热点问题。同时，做好整改反馈，由县督考办将其纳入政府目标责任制考核，推动曝光问题得到有效解决。全年刊发新闻聚焦50余期，编辑新闻聚焦专报27期，县主要领导批示9期。

加强对外宣传工作。推动中央和省市主要媒体到嘉善采访报道，宣传嘉善经济社会发展各方面取得的成就。《人民日报》、新华社、《光明日报》、中央人民广播电台等媒体记者组成的中央媒体"浙江特色小镇"采访团到嘉善聚焦特色小镇建设；中央电视台《记住乡愁》栏目摄制组到嘉善开展以"枕河而居 至善为乐"为主题的摄制工作；中央电视台《农广天地》栏目摄制组到嘉善采访端午吃五黄习俗；清华大学新闻与传播学院暑期社会实践采访团先后走访姚庄镇、巧克力甜蜜小镇考察城镇化建设。县委书记许晴应邀走进嘉广集团演播室，接受市级新闻媒体"贯彻五中全会精神开好'十三五'新局"集中采访。2016年，嘉善的新闻报道被中央电视台录用7条，其中《新闻联播》1条；中央电台（包括中国之声和乡村之声）用稿62条；《人民日报》刊发4篇,《浙江日报》刊发50篇,其中头版6篇;浙江卫视用稿70条;浙江之声用稿258条;《嘉兴日报》头版刊发49篇,其中头条13篇。

（陆　烨　周晓丰）

报　　纸

【概况】　2016年,《嘉兴日报·嘉善版》出刊249期(电子版同步)、发行272万份。运用已有的"一报、一网、一端、两微"宣传平台,传播党的主张,反映人民心声,推进科学发展。利用阅报栏、公路广告牌、屋顶广告等载体,常年性进行公益性广告的发布,宣传社会主义核心价值观、文明城市创建等。全年在《人民日报》、新华网、人民网、《浙江日报》、浙江在线(浙江新闻)等省级以上媒体录用或转载新闻稿件、照片142篇(幅)。报社总人数48人,拥有各类专业技术职称人员35人,其中新闻专业技术职称26人(副高职称1人、中级职称7人、初级职称18人),年总收入975万元。年度新闻作品获嘉兴新闻奖三等奖3件;获浙江省县市区域报新闻奖一等奖1件、二等奖2件、三等奖9件。

【主题宣传报道】　围绕中心做好主题宣传报道,推出"奋战十三五　奋力开新局""合力奋战　实现'开门红'""木业行业转型升级系列报道"等栏目;推出一批转型升级、打造嘉善品牌、创业创新典型企业;选取县开发区、罗星归谷智造小镇、姚庄经济开发区等,报道各大平台建设情况和成果。围绕全县中心工作的"重头戏",相继设立"城乡环境治理百日攻坚""整治城乡环境　建设美好幸福新家园""建设'美丽嘉善'争创全国文明城市""美丽嘉善我的家"等栏目。配合中心工作,民生版推出《新闻聚焦》栏目,曝光"五水共治""三改一拆""五气共治"等县委、县政府中心工作中的热点难点,以及百姓反映强烈的民生问题,推动问题的解决。同时,与县治水办、县创建办等相关部门建立良好的合作关系,做好解决问题的后续报道,刊发稿件30篇,多篇报道获得县主要领导的批示和肯定。

【专题品牌栏目打造】　弘扬善文化,突出服务党的中心工作,与群众利益相关的主题打造品牌栏目。新闻评论栏目"柳洲时评",围绕中心工作和本地民生热点阐述新闻观点,结合各类中心工作的推进,及时配发20篇相关评论;"嘉言善议""就事说事"栏目围绕"美丽嘉善"建设、儿童少年教育、"共享·我们的获得感"中心工作和热点话题,刊登40个整版;新闻栏目"点赞嘉善人"注重典型人物的挖掘,全年刊发稿件110篇。"嘉善故事"副刊栏目,注重本土人文历史的挖掘和传承,年内继续推出人物系列,刊登《"南张北周"话梅安》《香湖畔的嘉善丁氏家族》等8个整版。刊出《石牌泾里话沧桑》《"永禁碑"背后的故事》《风物争如此地看——古镇陶庄历史小记》《西门旧事》《嘉善思贤书院》等有关乡土、古迹方面的故事。刊出历史发展变迁的故事《嘉善县城的肇建与变迁》,结合时间节点刊登重要历史事件的《从"集资医疗"到社会保障——嘉善县农村合作医疗发展的不朽历程》,解开历史谜团的《张国政说"嘉善县城是我团解放的"》等。《周末版》"人文"上也刊登人物篇《学者谭其骧籍贯小考》《二月江南春又雨　杏花零落有余情——忆柯大墉先生》《唱戏阿婆黄萍珍》等。关于旧时记忆的《我的乡村记忆》10篇连载及《航快船》《读书的老学堂》《麻雀》《三里桥边的"美丽乡村"》等。

【媒体融合创新】　在传统纸媒的基础上,加快推进新媒体发展速度。《嘉善手机报》全年编发595期,至年底移动订阅用户17万户。以新闻、服务资讯为主的"爱嘉善网"门户网站运行良好,"掌上嘉善"APP安装用户近1.2万,"嘉善资讯"微信和"嘉善报讯"微博关注数超过5万。《善商》杂志出刊4期(总20期),有效发行量1.2万份。利用新媒体平台,对热点、突发、重大等新闻进行报网互推,与"爱嘉善网"进行全方位报网互动,扩大宣传效果。

【队伍建设】　制定"两学一做"实施方案,全体党员撰写学习笔记和心得体会并开展学习讨论。从严执行中央八项规定精神,密切关注"四风"新动向新表现。对党员干部执行廉洁从政准则和上级纪委各项"禁令"进行"提醒"教育。落实主要领导上廉政党课等制度,严把入口关,对新进编、岗位变动的干部职工开展任前廉政谈话。制定完善《报社绩效考核管理办法》《报社财务审批制度》《报社职工疗休养制度》《报社假期管理制度》等一系列管理制度。重视发挥职工代表大会制度、群众团体和全体员工群策群力的作用,提高民主管理和科学决策能力。开展“三项学习教育”和“走转改”活动,切实抓好干部职工的政治和业务学习。建立健全人才队伍建设长效机制,全年分批送采编人员、新媒体人员和经营人员参与省开展的“传媒创新合作项目交流”“传统媒体转型操盘手”“互联网+旅游”等培训。完善月度考核和年度考核制度,健全“五好”(好新闻、好版面、好记者、好标题、好策划)评选制度。通过记者下派、岗位帮带、业务培训等措施,提升采编人员专业素养。有重点地对现有骨干和有发展潜力的员工,尤其是年轻骨干人才,加大培养力度,优化人才队伍结构,提高队伍综合素质。

(陆雪明)

广播电视

【概况】 2016年,嘉善县广播电视台(简称县广电台)围绕中心,发挥优势,创新方法,着力做好新闻宣传工作,取得新成效。获2016年度嘉兴市电视新闻协作先进集体二等奖、广播二等奖;2016年度全省广播电视新闻协作县级电视二等奖、广播二等奖;在2016年度全省对农节目服务工程考核中,广播对农栏目连续5年获优秀奖;另有12件作品获嘉兴市广播电视新闻、文艺、播音主持和广告作品奖;“嘉善新闻网”获浙江在线2015年创新支站奖、获首批“嘉兴市网上文化家园”项目称号。全年,被中央电台录用广播节目99条、中央电视台录用电视节目6条。9月13日,县广电台举行“与您同行”中秋联欢晚会,首次进行4G直播视频连线。

【媒体融合探索】 调整部分内设机构,将原新闻中心与新媒体信息中心合并,组建全新的全媒体新闻平台,实现大团队在一个平台上按不同渠道终端特点策划、采集、编辑、发布新闻,将传统媒体团队与新媒体团队、传统采编制播流程与新媒体采编制播流程、广播电视传统平台与新媒体发布平台合二为一。着力打造好九大新闻刊播平台,即《嘉善新闻》《民生十分》《嘉善闲话》《新闻聚焦》等4档电视新闻节目,嘉善新闻网、“嘉善发布”微信公众号、“嘉善微博”,以及嘉善新闻、“民生十分”微信公众号等5个新媒体平台。并致力于打造全新的APP手机客户端,进一步拓展新媒体宣传阵地。

【收视数据调查】 5月,嘉善广电台与尼尔森网联媒介数据服务有限公司合作引进的广播电视收视数据调查服务正式上线。收视数据调查服务主要通过抽样,采集本台各频道自办节目在本地数字电视收看系统中的收视率和收视份额数据,掌握各档栏目、各时段的收视情况变化,分析受众对不同节目的喜好程度、需求特点、趋势等,并以此为依据,科学指导节目编排、栏目调改。

【“in嘉善”运行】 9月27日,由县广电台创办的“in嘉善”移动客户端在县广电台建台28周年之际正式上线运行。“in嘉善”以“新闻+服务”的理念,打造成覆盖区域化、用户精准化、功能多样化、内容特色化的新型网络媒体平台,是一款集新闻资讯、民生互动、视频播放、生活服务等功能于一体的无线移动应用客户端。县委常委、宣传部长武曜云等参加启动仪式。

【《嘉善闲话》栏目改版】 5月,电视台善文化频道主打栏目《嘉善闲话》全新改版播出。启用记

9月27日,IN嘉善APP上线运行。 (县广电局 提供)

者型主持人同时担任栏目的责任编辑，以编播一体的模式，强化主持人节目的特色；按照“嘉善人近期关注什么就讲什么”拓展选题，从单一本台采制内容向本地媒体信息、甚至外地媒体相关信息延伸；每天设置重点话题，加大评论力度，通过“讲、说、聊、评、互动”方式，体现嘉善独特的方言魅力；新设“小王来了”“嘉善闲话讲讲看”两大子栏目，以记者小王为外景主持记者，走进大家身边，服务百姓，推广“嘉善话”，着力体现栏目的贴近性和服务性。改版还制作方言主题曲《讲嘉善闲话做嘉“善”人》。

【“嘉善发布”微信公众号上线周年座谈会】　10月27日，召开“嘉善发布”微信公众号上线一周年座谈会。“嘉善发布”是由县委、县政府授权，县人民政府新闻办实名认证，县广电台承办的微信公众号。至10月27日，累计收到各类咨询、建议、诉求等留言300多条，发布信息1500多条，关注数超8万，总阅读量300万次，单条最高阅读量达6万余次，被评为“嘉兴市网上精神家园”，多次进入浙江政务微信影响力榜单前10名。

【G20杭州峰会期间安保】　县广电台按照G20杭州峰会的安保要求，进一步提高人防技防标准，筑牢安全播出防线，确保G20杭州峰会期间安全播出。建立完善规章制度，制定《嘉善县广播电视台反恐怖袭击应急预案》，修订《嘉善广播电视安全播出应急预案》，细化操作流程。增强力量落实措施加强安保，采购防护器械。改造视频监控系统、建设高压电子围栏、建造遥控电动栏杆，为内部车辆配备蓝牙出入设备，提高物防和技防水平。加强重点区域安保工作，重点加强机房等区域的检查。开展夜间巡查，加强视频监控盲区安保，保证G20杭州峰会期间未发生一起安保事件。

【“我们这五年”系列报道】　12月中下旬，《嘉善新闻》《993新闻》推出“我们这五年”系列报道，以百姓的视角，通过记者探访的形式，全面解读五年内全县在经济、文化、生态、党建等方面所取得的新成就、新业绩。推出《工业经济产业结构更加优化》《企业创新能力不断增强》《接轨上海取得新成效》《招商引资和平台建设双推进》《城乡环境优化》《社会事业发展》《干部素质能力不断提高》等7篇系列报道。

【环境整治专题宣传】　成立蹲点报道组，采制大量鲜活生动的报道，助力全县环境整治。广播《993新闻》、电视《嘉善新闻》相继推出主题报道和专栏，嘉善新闻网、@嘉善微博、“嘉善新闻”微信公众号同步开设专栏，进行网络互动；电视栏目《民生十分》《嘉善闲话》《跑农村》，广播栏目《水乡田野》等对农节目采用“评论、专题、专栏”等形式积极互动。《嘉善新闻》每天推出两篇以上的报道，展示全县干部群众合力攻坚的精神风貌；《新闻聚焦》重点关注工作推进中的重点难点；多角度互动宣传报道，在全媒体新闻平台共采制编辑播发稿件450多篇。宣传报道紧扣百日各阶段的中心工作，记者“5＋2”“白＋黑”走村入户，及时报道工作进度。在干窑主战场，记者抓住新泾港片区整治重点，连续推出企业搬迁、农房改造、现代农业园区建设等重点报道；在攻坚冲刺阶段，推出“空中看整治”“美丽家园你我共建”两大专栏，利用无人机航拍的优势，全面展示嘉善环境整治成果。

【示范点建设专题宣传】　围绕科学发展示范点建设第二阶段行动计划各项目标任务，有序推出一系列电视新闻专栏，为县域科学发展示范点建设顺利推进营造良好的氛围。1—5月，先后推出《奋力开新局》《新起点 新干劲 新业绩》《美丽嘉善 我的家》等专栏，推出报道88篇；5—7月，推出《城乡环境整治百日攻坚行动》《坚守实业坚持创新》《美丽家园 你我共建》《半年度报表》等专栏，报道144篇；8—11月，推出《改革进行时》《经济建设百日攻坚》《争创全国文明城市》等专栏，报道109篇；12月，推出《我们这五年》专栏，重点报道县域科学发展示范点建设所取得的成效。全年推出有关县域科学发展示范点建设的宣传报道超过350篇。

【“慈善大使”“爱心团队”评选】　2016年，首届嘉善县“慈善大使”“爱心团队”评选揭晓，10位慈善大使和5个爱心团队获奖，其中，嘉善新闻网网络爱心志愿者团队获“爱心团队”称号。嘉善新闻网网络爱心志愿者团队建立于2001年，是以嘉善新闻网为平台的爱心公益团体，有网友400余名。每年平均开展各类公益活动30多次，受惠群众每年超千人。

【《爱在行动》入围感动嘉善十大“善事”】 9月29日，举行2016感动嘉善——十大善人善事暨第六届道德模范评选颁奖典礼。县广电台善文化频道《爱在行动》栏目“为爱行动”，获“善事”荣誉。《爱在行动》是嘉善电视台善文化频道的主打栏目，自2014年3月开办累计举行公益活动近百场，播出节目50多期，发出爱心公益金72000多元，60多户家庭和10多位困难人员通过节目得到帮助。

【禁毒宣传】 近年来，县广电台依托《嘉善新闻》《993新闻》《民生十分》《嘉善闲话》等几档在社会上具有广泛影响力的新闻栏目，点面结合，大力开展禁毒宣传，全年播出相关稿件30多篇。将广播电视公益宣传作为舆论宣传的重要部分，开展好禁毒公益宣传，2016年与县禁毒办联合推出《依法禁毒永远在路上》公益宣传片，在户外大屏播出。加大禁毒缉毒题材电视剧的引进和播出密度，累计播出200多集。年内，县广电台获全市禁毒工作先进集体荣誉称号。（朱慧婷）

嘉善新闻网

【概况】 2016年，嘉善新闻网积极投身媒体融合中，做好主题宣传，各项工作得到加快发展。

【主题宣传】 全年重点围绕经济建设、美丽嘉善、“百日攻坚”等中心工作开展宣传。嘉善新闻网开设网站专题和话题，动态报道天天有，系列报道不断。“嘉善发布”和“嘉善新闻”两个微信公众号每周确保各有3～5条相关报道，而且注意收集、挖掘各地上报的信息，开展生猪退养“转产36计”系列报道，配合“美丽嘉善”建设，在微信公众平台开展美丽庭院秀、阳台秀等评比展示活动。围绕阶段性重点工作做好宣传，如“一把手年度访谈”“两会”“防范寒潮”“文明出行”“经济建设”“战高温”“文明创建”“善文化善人善事”“善治会”等，充分发挥全媒体平台作用，与县电视台联合，增加电视、网络与受众的三方互动。

【弘扬网络正能量】 嘉善新闻网网络爱心志愿者团队开展春节慰问结对户，陪老人过年、送腊八粥，“六一”走进嘉善培智学校、走进结对困难学生家，端午送温情、中秋重阳慰问、爱心义卖、衣旧情深等近20项活动。特别策划“传递雷锋精神 点亮微心愿”志愿者走进干窑小学；“病魔无情 人有情”志愿者看望陶勇伟病重的妈妈，捐款20000多元；与嘉兴福利院联合举办每月1次的活动以及爱心志愿者义卖活动。

（沈健 章春）

社会建设

法　治

综　述

2016年，嘉善县政法综治部门紧扣服务保障中心工作实现省“平安县”创建“十二连冠”、“夺金鼎”主线，全员动手找短板、全力以赴补短板，狠抓维护社会稳定、平安嘉善建设、法治嘉善建设、基层基础建设、政法队伍建设，实现省“平安县”创建“十一连冠”目标，有效维护社会大局持续稳定，为全面建成县域科学发展示范点和更高水平小康社会提供坚强有力的社会保障。

重大国际峰会维稳安保工作交出满意答卷。全县政法综治部门以“平安护航峰会大会战”为牵引，坚持问题导向查补短板，深入排查和化解各类风险隐患，组织开展一系列高强度高频率的专项整治，牢牢守住峰会维稳安保工作底线和红线，保障G20杭州峰会和第三届世界互联网大会安全。全县公安机关发挥主力军作用，开展“春雷”“清雷”“净雷”系列行动，有章有法、有力有效地做好峰会服务保障工作，人民检察院强化法律监督，对重大敏感案件提前介入、引导取证，并结合查补短板工作，加强涉检司法问题情况掌握、排查和应对。人民法院正确把握敏感案件审执时机，强化信访案件预警和督导，终结涉诉信访案件5件。司法行政部门创新“1＋X”专群结合的峰会安保模式，做好两类特殊人员管控、矛盾纠纷排查化解、法治宣传护航等领域工作。县委政法委承担起峰会维稳安保工作的统筹协调职能，抓统筹部署，抓牵头协调，抓督导暗访，抓基层基础，确保维稳安保各项工作整体联动、步调一致、运行高效。县级综治委成员单位牢固树立“一盘棋”思想，积极支持参与“平安护航峰会大会战”，形成齐抓共管的工作格局。防范处理邪教系统开展专项排查5次，切实加强防控打击，成功破获邪教“法轮功”反宣案1起。

服务保障经济工作有新举措。公安机关发起并收网“重越机械”虚开增值税发票公安部集群战役，立案查处易乾宁嘉善分公司涉嫌非吸案件；打击非法传

8月20日，县委书记许晴带队参加第一次大清查大整治大巡防活动。
（县政法委　提供）

销、电信网络诈骗等涉众型经济犯罪，维护市场经济秩序和群众合法权益。主动融入大局，全力助推西塘景区综合整治，通过专案经营打掉一批黄牛票贩子和野导游，规范景区秩序。县检察院加大对涉企行政执法案件的法律监督，与县工商联建立配合协作工作机制，营造促进非公有制企业发展的良好司法环境。县法院妥善审理民间借贷、金融借款等案件，加强“僵尸企业”司法处置，有效促进经济转型升级。司法行政部门部署开展“护航善商·法律服务在行动”等专项行动，引导律师为全县有机更新工作提供法律咨询服务，涉及金额10亿元以上。县委政法委最大限度发挥整体作战优势，主动协调县综合行政执法局、县公安局（含巡特警大队）、县新居民事务局等12个单位组成200人左右的县级拆违执法应急队伍，协助魏塘街道完成金家堰公铁4371.63平方米违建整治等多起任务；处置华丽家具公司等十余起因欠薪引发的群体讨薪事件；化解陶庄经济循环城、天凝镇金水湾等2起省市挂牌督办的涉稳事件。信访战线切实做好信访积案化解稳控工作，全年化解积案31件，其中“骨头案”“钉子案”7件。合力落实“三到位一处理”要求，打击处理各类违法上访人员21人。

平安嘉善建设工作迈出新步伐。准确把握当前平安创建工作面临新形势，严格落实综治领导责任制，定期听取平安维稳工作汇报，层层签订平安、综治、信访和安全生产责任书，巩固一级抓一级、层层抓平安的工作格局。健全完善平安建设重点部门履责保证金制度，完善县对镇（街道）目标责任制综合考核中“平安嘉善”考核的制度设计，进一步推动基层平安建设责任的落实。做好“对下指导好”和“对上沟通好”两个环节，增强各职能部门的全局意识、责任意识和工作合力，完善责任倒查机制，对履责不力造成平安建设扣分的严厉问责。针对过往宣传针对性不强的问题，探索实施政府购买平安宣传“外包”服务新模式，依托“平安嘉善”公众微信号、“嘉善综治”微博公号、“平安嘉善网”等平台，把平安建设宣传到基层，提高平安创建的吸引力和渗透力。全年开展平安巡演200场次，5万余人次观看；公众微信号、微博公号总粉丝数近3000人，发布信息35篇。

基层社会治理根基得到有效夯实。创新立体化社会治安防控体系，开展治安重点地区挂牌整治和打黑除恶、缉枪治爆等专项斗争，推进“智安小区”和村居专职防控队建设，培育“平安志愿者”，开展国家安全人民防线工作，加强重点人群服务管理，全面推行六大重点行业和领域实名制，提高维护公共安全能力。全年刑事警情数同比下降6%，连续11年保持命案全破，群众安全感97.14%。积极探索“互联网＋社会治理”新模式，深入推进基层网格与省平安建设信息系统的“两网融合”，加大省平安建设信息系统、综治视联网、公共安全视频监控联网应用力度，健全完善网上网下联动工作体系，通过大力推广“平安浙江”APP，倒逼县镇两级社会治理综合指挥平台建设，提升政法综治工作信息化水平。2016年，全县“浙江省平安建设信息系统”平台事件处理模块新增信息2169条、办结2158件。“平安浙江”APP公众版开通数40175个，开通率5.46%。

执法司法能力水平实现新的提升。紧紧抓住改革契机，稳步推进司法体制人事改革，重点抓好司法人员分类管理、法官检察官员额制改革等工作，如期遴选出首批员额法官检察官48人。

4月13日，省综治办专职副主任谢小云到嘉善调研指导综治工作。

（县政法委 提供）

端正执法司法理念，规范执法司法各个环节，推动执法程序流程化、执法裁量标准化、执法行为规范化，严把执法办案“第一关口”，把执法司法机关进制度的笼子，从源头上预防随意执法、粗放执法等问题发生。有效加强执法司法监督。充分履行党委政法委执法监督职责，加大对执法环节、政法各单位的监督力度。组织政法机关抽取28件案件进行全县评查，通过评查，发现问题，纠正错误，弥补瑕疵，追究责任，促进政法机关和政法干警严格公正文明执法；组织政法部门开展民事裁判执行专项执法检查，通过检查发现普遍性、倾向性问题，及时建章立制、堵塞漏洞，努力做到检查一类、完善一类。充分依托“互联网+”，督促政法部门进一步落实和完善审务、检务、警务公开的各项措施，努力让司法权力在阳光下运行，以人民群众看得见的方式实现公平正义。

过硬队伍建设取得新的进展。围绕省委书记夏宝龙提出的“七个绝不允许”，聚焦“忠诚、担当、公正、荣誉、守纪”，深入开展“两学一做”学习教育，引导党员干部坚定信念，转变作风，创新实践，推进过硬队伍建设。县公安局、县检察院结合主题教育活动，引导干警从灵魂深处解决“总开关”问题，严守道德高线和纪律底线。县法院结合扎实开展“队伍建设年”活动，聚焦“七个绝不允许”，对照法院“五条纪律”的要求，有效提升司法作风。县司法局结合年初“补短板出亮点”专项行动，在全系统开展全面的查漏补缺和人员队伍素质提升行动，提升全局机关干部主人翁精神和责任担当意识。县委政法委组织开展“树标杆、作表率”主题大讨论活动，发动机关干部结合实际，找齐找准工作短板，主动加压、作出承诺，比学赶超、促进工作。建立健全学习培训体系，按照面向实战、讲究实用、注重实效的原则，有计划有步骤、分级分类开展执法司法培训，着力引导干警在安保、维稳等重大活动中锤炼实战技能，政法队伍整体形象和战斗力得到有效提升。强化人文关怀，以提升责任感、荣誉感、归属感为主旨，不断丰富政法干警的精神生活、着力激发干警活力，政法队伍整体形象和战斗力进一步提升。2016年，全县政法系统获得省级以上荣誉49个，其中集体12个、个人37个。注重法学会建设，在全市率先高标准建立县级法学会，招募并注册会员156人。（赵　吉）

公　安

【概况】 2016年，嘉善县公安局聚焦防控风险，深化改革创新，夯实基层基础，突出能力建设，破解难题、补齐短板，做好G20杭州峰会和第三届世界互联网大会（乌镇峰会）安保工作。年内，县公安局获评全市优秀公安局，连续10年在全县目标责任制综合考评中获得一等奖，寄递业实名制改革经验在全国、全省推广，打击电信网络诈骗工作获市委书记鲁俊批示。

【维护社会政治稳定】 落实各项安保措施，顺利完成各级“两会”、中共十八届六中全会等重要会议安保工作。贯彻执行《中华人民共和国反恐怖主义法》和党委政府“三张清单”，落实反恐主体责任和行业单位反恐标准，对1家重点单位、2家旅馆开出反恐罚单。高铁（火车）站、客运中心等反恐重点部位定点驻守警力，警犬巡逻常态化开展，进一步完善“护校安园”专项工作，91个人员密集场所防撞隔离设施安装工作落实到位。开展矛盾纠纷排查化解和不安定因素处置，上报不安定因素94起117条，处置华丽木业员工堵门等一批群体性苗头事件。加强信访专项督察，坚持把解决信访问题和依法打击相结合，刑事打击处理非访人员2人。加强警卫工作，完成党和国家领导人及外宾到嘉善县视察和过境警卫任务22批次，实现警卫工作“零差错”的目标任务。

【服务中心工作】 聚全警之力投身示范点建设、“美丽嘉善”创建、“五水共治”、“三改一拆”、生猪养殖转型、城乡环境整治百日攻坚等中心工作，完成大通村生猪养殖清零任务，配合全县性拆违保护性施工315次，出动警力3000余人次，保障拆违面积超过1万平方米，刑事和治安处罚阻碍中心工作推进人员8人、非法上访人员2人。主动参与小锅炉、小木业、320国道沿线区域以及水泥管桩车辆超载等整治工作，严查产能落后、污染严重的小作坊、小企业中滋生的食药环犯罪，全年破获食药环领域刑事案件38起，刑事处罚68人。全力助推西塘景区综合整治，通过专案经营打掉了一批黄牛票贩子和野导游，景区内外800余家民宿客栈全部实现旅客住宿实名登记。积极开展“黄标车”、流动人口出租房屋、无证网吧、成品油市场、违章码头、废品收购点等多项集中整治，解决一批社会管理难点问题。

【G20杭州峰会安保】 围绕G20杭州峰会安保总目标，落实各项工作措施，发挥“护城河”主力军作用。按照上级公安机关的警力调配部署，做好75名赴杭安保警力的抽调工作。8月5日，县公安局增援12名警力进驻申嘉湖高速公路姚庄检查站，承担G20杭州峰会申嘉湖姚庄高速检查站安检工作。8月18日，赴杭增援警队进驻杭州，参与杭州下城区治安防控。发动各方力量，强化网格排查、公交安保、校园安保、平安大巡防等工作。机关民警参与县主城区巡逻，在城区6个巡区叠加部署“2+4”特警重装和派出所轻装机动防控队(PTU)，与接处警车、摩巡等街面力量开展无缝叠加巡逻，全县接报刑事警情同比下降33.8%，交通事故、火灾事故均明显下降，实现“不出事、不惹事”目标。

【世界互联网大会(乌镇峰会)安保】 围绕第三届世界互联网大会(乌镇峰会)安保“八个绝不发生、三个确保”工作目标，全面落实决战阶段各项工作措施，严防涉恐涉稳(案)事件，强化重点要素管控和社会面治安防控，抽调警力进驻乌镇峰会第六防区和环乌北庄桥卡点，圆满完成乌镇峰会安保任务，被市委、市政府评为全市重大国际峰会保障服务工作先进集体。

【寄递行业实名制改革试点】 承接公安部寄递行业实名制改革试点项目，以“收寄验视、实名收寄和过机安检”3个100%为目标，创新全流程安全监管新模式，推动全县15家快递企业92个寄递点全部实现收寄信息实名实时上传和信息化管理，工作做法得到省、市领导充分肯定，分别在全省和全市推广。4月8日上午，全省召开推进寄递渠道实名登记和开包验视信息化工作视频会议。县委常委、县公安局局长曹雪龙在主会场参加会议并代表嘉善县公安局作《信息化应用，全流程监管，全力打造寄递行业安全监管新模式》的经验介绍。寄递业实名制工作获全省公安机关改革创新大赛三等奖和全市公安机关科技成果开发创新二等奖。

护航G20杭州峰会，进行卡点检查。 (县公安局 提供)

【打击刑事犯罪活动】 组织开展打击治理通讯网络新型违法犯罪、打击侵财型犯罪、清剿丑恶、秋冬百日侦防会战等行动，依托分合有度、专业集成的打击犯罪机制，打好整体仗、合成仗。年内，全县刑事立案5470起，侦破2370起，刑拘828人，取保候审和监视居住897人，提请逮捕735人，移送起诉1415人，网上追逃113人。现发5起命案均在24小时内破获，命案连续11年保持全破，“两抢”案件发案实现“零增长”，捣毁黑恶团伙25个，侵财案件打处数同比上升6.4%，电信网络新型违法犯罪打处数同比上升127.5%，侦破公安部督办的特大网络非法获取公民个人信息案、嘉兴首起非法收购运输出售野生动物案、嘉善首起利用微信群发红包开设赌场案等一批有影响力的案件。监视居住点建设、完善毒品堵源截流工作机制做法在全省现场会上作经验交流。治安大队被评为全国、全省扫黄打非先进集体。

【防控经济领域风险】 主动融入经济发展大局，常态化开展风险企业排查，清理、清退投资理财类公司60余家，确定重点风险公司4家，立案查处“易乾宁”“银城财富”2起非法吸收公众存款案件，涉案金额超1.7亿元，叫停“上恒资产”“金岩控股”等理财公司，有效控制新增投资理财类公司的风险。严打热点经济犯罪，发起并收网“重越机械”虚开增值税发票公安部集群战役，立案查处“营改增”涉税犯罪10起，破获假冒晋亿公司螺丝品牌案件。先后5次开展打击非法传销统一行动，捣毁窝点40余处，遣返人员360余人，摧毁以马某某等人组织、领导的“1040”特大传销组织。打击传销违法犯罪“猎首”和境外逃犯“猎狐”专项行动中实绩均名列全市第一。

【“互联网＋公安政务服务”模式】深化公安网上办事平台建设，推进服务窗口与网上服务平台深度融合、线上线下功能互补。开展全国公安出入境管理信息系统先行先试工作，简化出入境办证受理手续。户籍制度改革成效显著，身份证异地业务全面铺开。实施车驾管改革，实施网上约考服务，继续优化车管互联网业务办理工作。认真办理人大、政协提案、议案和意见建议，加强办理过程中的见面沟通，落实改进措施。

【公共安全监管】加强对大型活动的审批和监管，完成包括全国女排冠军赛在内的25场大型安保活动。加强重特大道路交通事故预防和火灾防控，有效杜绝重大道路交通和火灾事故的发生。创新网络社会管控，推进互联网监控中心建设，未发生重大舆情处置不力事件。加强重点行业规范管理，60余家宾馆（旅馆）、38家网吧因未按要求落实登记制度主动歇业整顿。开展缉枪治爆专项行动，破获涉枪案件5起，刑事打处犯罪嫌疑人5人，处置陶庄、天凝等地179枚废旧炮弹隐患事件，缉枪治爆工作被评为全市优胜单位。强化监管场所安全管理，提升突发事件应急处置能力和安全隐患发现能力。全年新收押犯罪嫌疑人、被告人、罪犯1161人，月均关押458人。

【智慧安防工程建设】推动对人事物等核心要素的智能动态管控，由县政府立项建设120个智安小区，至年底，建设完成90个。推进摄录一体机建设，由县镇二级进行财政补助，至年底，安装完成1万套。全县社会治安动态视频监控5350个，其中采用高清探头占全部点位的66.8%。以西塘景区为试点，推广应用人脸识别系统。新接入交警道路监控、公交车车载视频监控、车站室内监控3类社会公共视频资源2028路，视频监控服务侦查破案作用发挥率超过40%。

【社区警务信息化】制定《嘉善县公安局微信警务室建设规范》，在全县打造52个警务室（区），并以村（社区）为单位建设各居民群体微信群，全面推动社区警务工作向网上拓展并按实运作，形成“网上网下、群来群往、微来微去、圈里圈外”的警民联系新常态，涌现出“跑男”派出所、张汇微信警务室15分钟朋友圈寻人等典型事迹。微信警务室建设在市公安局综合考评工作中实现100%逐人备注。

【“110”接处警】顺利试点全省新版接处警指挥系统，建立全省首个“12345”政务服务热线警情分流对接机制，研究制定《嘉善县110与12345平台协作机制》《嘉善县开展110与12345平台并轨运行试点工作方案》，有效分流非警务警情。“PGIS＋视频封控追踪技战法在现发案件中的运用”在全省公安110接处警视频导处

2016年，全县建设完成智安小区90个。　　（县公安局 提供）

技战法评选活动中获三等奖。全年，受理报警230151起，同比下降7.7%，其中有效报警107774起，同比下降0.07%；刑事警情9557起，同比下降11%，其中侵财类刑事警情9341起，同比下降11.3%。指挥中心被省公安厅评为县级公安指挥中心工作实绩突出单位。

【街面动态巡控机制改革】 围绕“135快速反应圈”要求，推进情指融合、情勤对接的实战型指挥中心和综合指挥室建设，配强一线执勤力量和最小作战单元，城区6个巡区叠加部署“2+4”特警重装和派出所轻装PTU，在主城区和高铁新城对应规划建设8个街面联勤警务站，至年底，全县建成6个并相继投入运行，县城区重要节点均有联勤警务站驻守。加强社会治安巡防队建设，健全专、兼职和平安志愿者等三类巡防队伍，划拨专项经费“以奖代补”进行保障。

【执法规范化建设】 将执法作为公安工作的生命线，构建案、人、物“三位一体”执法管理机制，完成执法办案场所规范化精细化升级改造，案管中心竣工投入使用，成立案件受理室，实行窗口化办公。完成信访工作改革任务，将公安信访由原来的指挥中心（办公室）调整到法制大队统一管理，整合执法监督管理和信访监督管理。在魏塘所试点建成标准化特审室，以点带面推动全县派出所功能区案审室标准化改造。调整升级执法办案“又好又多又快”导向，推进“阳光执法”体系建设，办理公开处理案件72起。依法及时办理公民和单位提出的各类许可申请，准确率100%。连续16年获评全省执法质量优秀单位。

【公安队伍建设】 开展“两学一做”“无限忠诚·走在前列”等教育实践活动，开展纪律作风集中教育整改活动。推动党风廉政建设“两个责任”落实，运用好执纪监督“四种形态”，推动痕迹化管理。加强素质能力建设，组织“提升实战能力、服务峰会安保”全警集中轮训，在中层干部中开展“四熟知一熟练”专题培训测试，组织赴浙江警察学院集中轮训。落实全警“练精兵、强素质、提绩效”业务竞赛活动结果应用，实施末位跟训，先后确定跟训中层干部5人。强化职业保障，落实从优待警措施，建立火线入党、火线奖励、火线提拔等制度，基层一线奖励率90%以上。以县公安局“善警为民”官方微信为龙头，加强公安新媒体建设，《千余张快递单背后的爱民故事》在公安部和国家网信办联合举办的首届公安网络正能量精品征集评选活动中获评“十佳文学奖”。全年，立三等功以上集体6个，个人三等功以上28人，6个集体和93名个人获得嘉奖，239名协辅警获荣誉奖章和嘉奖，1人获嘉兴市第四届“我最喜爱的十大人民警察”荣誉称号。

推进街面动态巡控机制改革，在县城区重要节点建设街面联勤警务站。（县公安局 提供）

【破获一起非法收购、运输、出售野生动物案】 2月，县公安局根据线索在城区亭桥路、谈公路及嘉兴高铁南站抓获涉嫌非法收购、运输、出售野生动物的嫌疑人单某某、孙某某、李某某、王某某，并在李某某家内查获国家二级保护野生动物猕猴2只，破获该起全市首例非法收购、运输、出售野生动物案。

【侦破全县首例利用“微信红包”方式实施的赌博案件】 8月20日，根据线索在罗星街道龙鼎御园抓获涉嫌开设赌场嫌疑人许某、钱某某等人。经查，2016年8月初开始，许某伙同钱某某多次通过微信组织社会闲杂人员建立微信群，以“抢红包踩地雷”的方式进行赌博，并从中非法获利20000余元。

【破获一起非法获取公民信息案】 9月27日、28日，经前期侦查在嘉善、杭州下沙等地先后抓获葛某、董某、蔡某等11名涉嫌非法获取公民信息的犯罪嫌疑人。经查，上述犯罪嫌疑人涉嫌以组成家装联盟从嘉善各楼盘物业等地非法获取的方式获得嘉善地区各楼盘业主信息10万余条，并进行针对性电话营销，从中牟利。

【破获多起电信诈骗案】 12月6日，通过多警种合成作战，在上海市闵行区抓获储某、凡某等19名犯罪嫌疑人，捣毁1个以老年人为侵害对象，在全国范围内实施诈骗的电信诈骗团伙，涉案金额200余万元。12月23日，在广西壮族自治区宾阳县抓获通过盗取QQ实施诈骗的犯罪嫌疑人李某某（男，35岁，广西宾阳县），破获涉及浙江、湖北、安徽等地诈骗案件十余起，涉案金额10万余元。12月22日，在吉首市龙山县、赣州市赣县分别抓获涉嫌诈骗的犯罪嫌疑人戚某某、钟某某，破获通过谎称自己是“国晟投资”工作人员，能获取股票内幕消息实施通信（网络）诈骗案件30余起，涉案金额40余万元，案件涉及浙江、河北、山东、广东、福建等十余个省份。 （时　帆　毛佳伟）

消　防

【概况】 2016年，嘉善消防大队以服务嘉善县“十三五”规划“一城四地”发展定位为总体目标，以“夯基础保稳定，转作风强服务，重创新谋发展”为工作思路，以“干实事、重实效”为工作要求，紧盯G20杭州峰会、第三届世界互联网大会消防安保重点任务，接受连续作战的考验，实现火灾形势和部队管理的“双稳定”。

【消防安全】 全年普查保养消火栓1320个次，熟悉演练重点单位461家次，重新制作数字化预案80家，修订小区40个，行政村作战信息卡40个。接处警1120起，出动车辆1989辆次，出动警力9854人次，抢救被困人员312人，疏散人员211人，抢救直接财产价值972.4万元。

【队伍训练】 坚持从严治警、按纲建队，着力规范“四个秩序”，扎实开展条令条例学习月、部队管理教育整顿、队列会操等活动，坚持中队每月、大队每季度开展队伍形势分析，深化安全“五无”创建工作，强化安全责任目标管理，层层签订安全责任书，牢牢抓好“人、车、酒、赌”等重要环节。健全安全分析预测、风险评估等安全机制，结合每月18日的安全教育，认真学习“五条禁令”“三项纪律”“战时十项纪律”等管理规定，及时消除管理盲区和安全隐患，确保队伍安全稳定。

【微型消防站建设】 推进村、社区和重点单位微型消防站建设，将建设标准纳入2016年政府消防工作责任状内容，制定下发《嘉善县建设社区微型消防站、村自愿消防队工作实施方案》，争取614万元专项经费推进微型消防站建设。8月中旬，全县154个村（社区）微型消防站全部完成建设，有消控室的60家重点单位全部按规定建立微型消防站。

【安全执法检查】 重点对木业等重点行业及居民出租房、“三合一”“三不放心”场所等隐患风险点进行全方位排查整改。G20杭州峰会期间，检查单位8344家次，发现隐患5304处，整改隐患5278处，处罚单位109家，查封26家，责令“停产停业”16家，行政拘留13人，罚款99.4万元，辖区火灾起数同比下降40%。第三届世界互联网大会期间，排查单位3421家，发现隐患3066处，整改隐患2968处，责令“停产停业”7家，处罚22家，罚款9.7万元，拘留10人。

【社会消防宣传】 以“请进来”和“走出去”的方式，推进消防宣传“七进”工作，充分利用青少年活动中心、学校、社区、文化站、活动室和企业发展陈列馆等公众教育场所，不断拓展覆盖城乡的消防宣传教育基地，并结合大队宣传车每周2次出行活动，实现消防宣传工作常态化。同时，依附媒体及有利资源开展公益消防宣传，在各镇（街道）中心、文化广场、高速公路口、景区景点、沿街店面、银行网点、娱乐场所等显要位置设置大型灯箱广告和LED视频。先后与嘉善FM993广播、浙江法制在线等媒介开辟消防知识宣传新通道，确保消防宣传“无孔不入、不留死角”。全年，大队开设新闻媒体消防宣传专栏1个，设置消防视频公益广告19块，固定广告牌64块，消防车外出宣传58次，发放消防宣传资料

3 万余份，消防培训 725 家，建立消防教育馆（室）2 个。（廖时平）

检　察

【概况】 2016 年，县检察院受理各类提请批捕案件 532 件 742 人，批准逮捕 442 件 606 人。受理各类审查起诉案件 1029 件 1440 人，向法院提起公诉 970 件 1385 人；报送市人民检察院审查起诉 5 件 8 人。围绕平安建设目标要求，严厉打击严重危害人民生命财产安全、社会稳定的刑事犯罪，依法起诉“两抢一盗”犯罪案件 481 人，“黄、赌、毒”犯罪案件 287 人，危险驾驶犯罪案件 232 人，假冒伪劣和危害食品安全犯罪案件 23 人、破坏环境类犯罪案件 10 人。落实宽严相济刑事司法政策，依法不批准逮捕 93 件 143 人，不起诉 85 件 98 人，办理未成年人犯罪案件 44 件 50 人，对 44 起未成年犯罪案件实行犯罪记录封存。立案查办各类贪污贿赂案件 8 件 9 人，其中贪污案 1 件 2 人、贿赂案 6 件 6 人、挪用公款并受贿案 1 件 1 人；依法查办渎职侵权犯罪 4 件 5 人，其中滥用职权并受贿案 2 件 3 人、滥用职权并行贿案 2 件 2 人。深入推进职务犯罪同步预防、制度预防，组织开展预防宣讲 6 场，制作微课 1 堂，受理行贿档案查询申请 323 次。强化刑事诉讼监督，办理监督公安机关立案 21 件，撤案 1 件，办理提请批准延长羁押案件 2 件 13 人，追捕 2 人，追诉漏犯 18 人；办理刑事抗诉 2 件，按照刑事审判监督程序提请嘉兴市检察院抗诉 2 件。强化民事行政检察监督，受理案件线索 25 件，提请抗诉 1 件，向行政执法部门发出检察建议书 9 份，不支持监督 10 件。强化刑事执行监督，审查申报减刑 17 人，对 21 名犯罪嫌疑人开展捕后羁押必要性审查，建议变更强制措施并得到采纳；开展判处实刑罪犯未执行刑罚专项检察等活动，15 名罪犯被监督收监；办理监督财产刑执行案件 10 件 10 人。深入推进涉法涉诉信访工作，受理群众信访 268 件次，办理刑事申诉案件 3 件。深化检务公开，依托人民检察院案件信息公开网，公开案件程序性信息 1453 条、法律文书 851 份，发布重要案件信息 24 条。依法保障律师执业权利，全年接待律师 227 人次，安排辩护人阅卷 226 件次。姚庄检察室开展“一室一品”创建，办理公诉案件 23 件 37 人，主持促成刑事和解案件 3 件 3 人，不起诉 1 件 1 人，案后帮教 1 件 1 人；加强与浙沪毗邻地区基层检察室的工作协作，保障 G20 杭州峰会等重大活动维稳安保；组织开展“法律监督村村行”活动，服务换届选举基层社会治理法治化。

12 月，检察开放日“服务非公企业”走进嘉兴景焱智能装备技术有限公司。（县检察院 提供）

【“主题学习季”活动】 3 月起，组织开展“主题学习季”活动，确定“信仰与信念”“青春与梦想”“责任与担当”“恪守与奉献”等 4 个学习主题，开展荐书、好文赏析、“品读经典”读书心得交流、“品味书香·悦读人生”征文、专题研讨、演讲比赛等活动，年底通过编辑出刊《学习园地》展示活动成果。

【保障省级特色小镇建设】 制定出台《关于发挥检察职能，服务保障省级特色小镇的十项措施》，通过设立一个联络机构、实施“两项保障”、开展“三类服务”、举办四项活动以及开办五堂“微课”等 5 项特色工作，帮助和引导小镇在安全生产、游客接待、业务管理等重点环节提升防控风险的能力，为嘉善歌斐颂巧克力甜蜜小镇创新发展提供司法保障。

【促进非公有制经济健康发展】 联合县工商联，出台《关于加强检察机关与工商业联合会配合协作的工作机制》，通过建立涉案信息通报机制、开展助企预防修复、搭建法律服务监督平台、健全联席会议制度等多项措施，加大对涉企行政执法案件的法律监督，推动构建新型政商关系。

【基层扶贫资金专项预防】 姚庄检察室联合姚庄纪委、监察分局出台《关于对姚庄镇扶贫领域专项资金开展职务犯罪预防的实施方案》，将姚庄镇2013年以来扶贫资金的管理和使用情况纳入监督范围，对总投资1.2亿元的浙江省重大农业提升工程开展同步预防，推动中央和省市有关精准扶贫重大决策部署的落实。

【"一站式"询问未成年被害人】 为更好保护未成年人合法权益，避免对未成年被害人造成二次伤害，8月，建立完成首份未成年被害人信息档案，开启"一站式"询问未成年被害人办案新模式，由检察机关与侦查机关联合，在侦查、审查逮捕、审查起诉过程中，力求一次性完成未成年被害人的询问、检查等取证工作。

【《环保系统职务犯罪调查报告》】 11月10日，提交《环保系统职务犯罪调查报告》，结合近年来查处的环保系统职务犯罪情况，客观分析当前全县环保系统职务犯罪新特点，就案发原因和症结进行系统阐述，并从内部监督架构和外部干预两方面提出预防对策与建议。11月21日，该调查报告获县委许晴书记批示。

【法律援助工作站建立】 11月17日，挂牌设立法律援助工作站，联合县司法局出台《关于律师参与化解和代理涉法涉诉信访案件实施办法(试行)》，对符合规定的信访案件，商请司法局委派律师参与，为信访人提供法律咨询、法律宣传、案件代理等法律服务，同时对信访人开展释法析理、心理疏导等工作。

【干部队伍建设】 开展"两学一做"学习教育，深化"三严三实"专题教育成果，4名干警任县"两学一做"学习教育宣讲团成员。严格落实党风廉政建设责任制，层层签订《党风廉政建设承诺书》，下发《干警廉洁守纪负面清单》，实行检察干警廉洁守纪每月报告制度，签订《拒绝酒后驾车承诺书》。按照上级司法改革工作部署，稳步推进检察改革，19名检察官入选员额检察官，占全院编制数的26%。全年，组织检察人员参加各项培训356人次，38个集体和个人受到县级以上记功表彰，公开发表检察调研论文7篇，1名干警被评为嘉兴市重大国际峰会保障服务工作先进个人，1名干警制作的审查报告被评为"全省未检案件优秀审查报告"，1名干警参赛获评全市侦查监督"十佳检察官"。

【监督收监职务犯罪监外执行罪犯】 1月，在对职务犯罪、破坏金融管理秩序和金融诈骗犯罪、组织黑社会性质组织犯罪"三类罪犯"开展"减刑、假释和暂予监外执行"专项检察中，依法监督收监1名不符合保外就医条件的职务犯罪罪犯。

【调解市县两级涉法涉诉案件】 1月，对一起因国家政策导致原约定的体育彩票销售网点转让协议无法履行而引发的民事纠纷开展监督。经审查，该案一审判决确系存在错误，符合抗诉条件，但考虑到该案系一起市县两级涉法涉诉信访案件，且当事人双方存在亲属关系，为取得更好社会效果，承办人通过释法明理、耐心沟通，最终成功促成双方和解息诉。

【利用淘宝网非法买卖枪支案公诉】 3月，以涉嫌非法买卖枪支罪依法对被告人刘某提起公诉。经审查，2014年3月，被告人刘某以营利为目的，使用其岳父身份证注册名为"主宰气室1"的淘宝店铺。2015年8月、9月，被告人刘某通过该淘宝店铺先后两次向他人售出可以装配成一整支气枪的零部件。后经司法鉴定，售出零部件所组装成的2支气枪均可认定为枪支，具有杀伤力。

【首次召开附条件不起诉听审会】 4月，针对一起未成年人故意伤害案件，首次组织召开附条件不起诉不公开听审会。未成年犯罪嫌疑人李某及其法定代理人、辩护人、被害人、侦查机关代表及本案承办检察官到场参加，法院代表、人民监督员、人大代表、政协委员、人大法工委代表参加听审，院纪检组派员参加旁听。经评议，参会人员一致同意对犯罪嫌疑人李某作出附条件不起诉决定。

【重大电信诈骗案件公诉】 11月，以诈骗罪依法对王某等12人提起公诉。经审查，2014年8月，被告人王某等人成立昆山市无限购国际贸易有限公司。2015年10月起，被告人王某组织被告人马某等8人，以免费赠送高档手表为由，诱使被害人支付39元至99元不等的快递保价运费，实际仅向被害人发送价廉质次的手表。2016年3月起，被告人范某在上述公司租赁期间，组织被告人朱某等3人，以免费赠送索尼品牌相机为由，诱使被害人在收货时支付500元用于购买随相机寄送的同等面值话费充值卡，实际仅向被害人发送价廉质次的相机和无法正常充值的网络电话卡。

【征地养老金诈骗案公诉】 11月，以诈骗罪依法对涉嫌利用办理征地养老保险政策实施诈骗的被告人朱某提起公诉。经审查，2014年5月—2016年5月，被告人朱某因无力偿还个人债务，以谎称可以办理征地养老保险的方式骗取他人钱财，并通过向被害人银行卡每月转入相应金额，使被害人误认为已经成功办理征地养老保险，从而掩盖其实施诈骗的罪行。期间，被告人朱某以此方式共向20余人骗取钱财115万余元，所得赃款主要用于归还欠款。

【追诉漏犯】 11月，在办理被告人蒋某涉嫌拐卖儿童案时，发现被告人前男友姚某涉嫌参与拐卖儿童，并且从中获利，应当作为共犯依法追究其相应的刑事责任，决定对该嫌疑人姚某进行追诉。11月11日，经嘉善县人民法院判决，检察机关的追诉意见被采纳，被告人姚某因拐卖儿童罪被判处有期徒刑5年6个月，并处罚金人民币1万元。 （周倩芸）

审　判

【概况】 2016年，嘉善法院把握司法为民、公正司法工作主线，狠抓审判工作、司法改革、队伍建设，审判质效和司法公信力进一步提升。全年受理各类案件11068件，同比下降1.35%，办结9466件，同比下降3.55%，一线法官年人均结案201件，多项办案指标居全市前列。新收刑事案件987件，同比下降4.64%，审结951件，判处罪犯1314人，实行刑事案件远程视频宣判，对被告人羁押在看守所的刑事案件，远程视频宣判率超过95%。受理民商事案件6577件，同比上升2.40%，审结5551件，结案标的金额22.5亿元，调撤率71.55%，居全省第二。受理商品房预售合同纠纷案件478件，同比上升195.06%，审结419件。受理行政案件63件，审结51件，其中维持2件，撤销全部行政行为、确认行政行为违法或无效5件，判决履行法定职责2件，驳回原告诉讼请求或驳回起诉25件，原告主动撤诉8件，其他9件。受理执行案件3152件，同比下降6.16%，执结2639件，执结标的总金额4.04亿元。会同县国土局等部门建立涉土地使用权等资产协助执行工作机制，规范执行征询反馈流程，强化涉地违约责任追究，明确履约保证金处置方式，及时盘活土地使用权等资产。加大强制执行力度，运用网上“点对点”查控系统查询被执行人财产10416人次；通过公安机关查控被执行人232人，查获被执行人车辆线索54件；对245名拒不履行生效法律文书确定义务的被执行人采取司法拘留、罚款措施，对1名构成拒不执行判决裁定罪的被执行人判处刑罚。1月30日，“善铸天平”服务品牌参评嘉善县2015年度机关服务品牌评审会。

【法庭审判权运行机制改革试点】 1月7日，部分人民法庭审判权运行机制改革试点工作调研座谈会在嘉善法院召开。中级人民法院副院长顾进良主持，民一庭、办公室相关负责人，嘉善、南湖、平湖法院分管院领导及试点法庭西塘、凤桥、新埭法庭庭长参加。会议总结回顾前期人民法庭审判权运行机制改革推进情况。顾进良给予肯定并提出工作要求。

【首次用微信调解案件】 3月28日，因一方当事人还在1700公里外，嘉善法院民二庭法官闵芳呈通过微信调解一件买卖合同纠纷。原、被告和诉讼代理人均对微信调解效果表示满意。嘉善法院总结经验、升级设备、建章立制，积极利用手机微信进行案件调解。

【创新破产案件审理模式】 5月20日上午，嘉善三浦灵狐房产有限公司破产清算案第一次债权人会议召开。在该破产清算案件审理中，嘉善法院开创审理新模式，由执行局局长朱锡峰与民二庭副庭长闵芳呈、审判员陈旻共同组成合议庭，是首件由民二庭和执行局共同参与的破产案件。会上，破产管理人向法庭以及全部债权人报告管理人工作、公司财产状况，并高票通过该公司财产管理方案。

【省人大常委会调研】 5月20日，省人大常委会委员、内务司法委主任委员楼志浪带队到西塘法庭调研，视察审判办公大楼、立案接待大厅、审判法庭、调解室等基础设施建设情况，听取嘉善法院、西塘法庭近年来工作情况汇报。楼志浪肯定西塘法庭功能区域布局、审判办公环境、便民利民举措等。

【法制宣传活动】 6月17日，嘉善法院和县司法局联合制作的微电影《特殊的成人礼》开拍。这是嘉善法院拍摄的第二部法治微电影，片长20分钟，大部分角色由嘉善法院法官、法警出演。7月7日，为弘扬“地嘉人善、嘉言善行、善气迎人”传统美德，促进“善文化”与审判执行工作融合，嘉善法院制作《地嘉人善，弘法尚德》宣传折页并向当事人发放，内容包括善文化简介、嘉善历史上的善人善事、劝善典故、劝善词以及不诚信诉讼带来的法律后果等，引导当事人善意诉讼、以和为贵。

【司法网拍外省看样】 7月25日，嘉善法院执行局干警到上海虹许路某小区，带领竞买人进行司法网拍前实地看样，接待45名竞买人，看样现场对有意竞买人就网拍报名、保证金缴纳、成交后的手续办理等相关咨询给予详细解答，向到场人员发放司法网络拍卖宣传手册。

10月25日，9名干警被9所学校聘为法制副校长。　（潘子菁　摄）

【法制副校长培训】 10月25日，嘉善县举行法制副校长培训工作会议。经政法部门与嘉善各学校推荐，嘉善法院9名法律业务强、富有青少年教育管理经验，热心青少年法制教育工作的干警，被9所学校聘为法制副校长。

【姚庄法庭迁址】 11月3日，嘉善法院姚庄法庭新办公楼投入使用。中级人民法院副院长顾进良，县委副书记、政法委书记滕根林，县法院院长傅杨杰参加揭牌仪式。新法庭占地面积3694.3平方米，建筑面积1890平方米，设有审判法庭3个、调解室2个、立案室1个、当事人接待室1个以及办公室、会议室、律师阅卷室等办公及审判辅助用房。2013年7月至2016年9月，姚庄法庭

11月3日，姚庄法庭迁入新办公大楼。　（潘子菁　摄）

累计受理各类案件1672件，审结1521件，结案标的金额3.47亿元，案件调撤率79.1%。

【母亲卖女案审理】 3月28日，嘉善法院对一起拐卖儿童案件进行不公开开庭审理，被告人蒋某被判处有期徒刑5年，并处罚金1万元。2009年，蒋某和男友相恋并同居。2011年7月，蒋某未婚怀孕，2012年5月，经好友联系，蒋某在河南新乡产下女儿后，以1万元的价格(包含回嘉善车费3000元)把初生女儿卖给一对夫妻。2012年8月，蒋某再度怀孕，2013年6月，蒋某预产期将至，为解决无力抚养困境，和男友商议将第二个孩子卖掉。临盆之际，蒋某到山东新沂产下一女，以2万元的价格把女儿卖给一对夫妻。根据最高院出台《关于依法惩治拐卖妇女儿童犯罪的意见》第16条规定“以非法获利为目的，出卖亲生子女的，应当以拐卖妇女、儿童罪论处。”嘉善法院遂以拐卖儿童罪依法将蒋某判刑。

【环保作业有误审理】 2015年元旦，务工人员张某骑摩托车在县魏塘街道环北路施家路红绿灯路口处摔倒，当日嘉善地区气温达零下，凌晨4点多，洒水车清洁路面，导致嘉善城区多条道路结冰，影响交通。事发后，张某即至医院进行门诊治疗，诊断为左膝关节后交叉韧带颈骨平台附着处撕脱性骨折、左侧肌骨髁骨挫伤、左膝关节积液等损伤。治疗终结后，张某诉至嘉善法院要求环卫部门承担其所有费用赔偿。法院审理认为，根据侵权责任法第89条规定“在公共道路上倾倒、遗撒妨碍通行的物品造成他人损害的，有关单位或者个人应当承担侵权责任。”本案中，环卫部门应当知道事发当日环境寒冷，洒水可能会导致路面结冰，仍安排环卫工人在街道洒水，导致路面结冰，与张某驾车不慎滑倒存在一定因果关系，对张某受伤应承担相应民事责任，对张某就此提出的诉请予以支持。但张某驾驶摩托车行驶，在地面湿滑存在结冰情况下处置不力，在事故中未尽到谨慎驾驶义务。2016年7月8日，嘉善法院综合案情，酌定由环卫部门向张某承担50%民事赔偿责任，张某自行承担50%责任，一审判令环卫部门赔偿张某各项损失1.6万余元。(潘子菁)

司法行政

【概况】 2016年，嘉善县司法行政工作紧紧围绕县委县政府工作大局，以“两学一做”专题教育为抓手，认真履职，锐意创新，护航G20杭州峰会和第三届世界互联网大会(乌镇峰会)，参与建设“平安嘉善”“法治嘉善”“美丽嘉善”。2016年，嘉善县司法局被省委、省政府授予2011—2015年全省法治宣传教育先进集体，获嘉兴市保障服务重大国际峰会先进集体、全市综治工作先进集体、全县信访工作先进集体和法治建设考核优胜单位等荣誉称号，在市局目标责任制考核中继续获评优胜单位。县法律援助中心被评为2014—2015年度全国“青少年维权岗”；县医调会被评为2014—2015年嘉兴市人民调解先进集体；921社区矫正帮教模式被推荐申报省厅创新奖；基层司法行政规范化建设得到市局认可，在嘉善召开现场会做经验介绍；推荐多位律师当选市、县人大代表和县政协委员，积极参政议政。多个科室、司法所、专业调委会及个人受到市、县表彰；70余篇案例、经验等材料被省市刊物录用。

【法律服务】 围绕中心，发挥优势，开展司法行政服务“五水共治”“三改一拆”“五气共治”、农村集体经济发展等专项行动，制作城乡环境整治法治宣传教育挂图2000份，发放到各村(社区)，开展专项法治讲座20余场次，开展村(社区)法律顾问体检，发现法律风险23项，出具法律风险提示函30余份。在全市率先开展规范村级集体经济合同专项行动，审核村级经济合同446份，发现需纠偏经济合同256份(其中在法律顾问协助下重新签订规范合同238份)，纠正无效合同32份，租金过低合同11份，追缴拖欠租金187.3万元。出台并贯彻落实《嘉善县司法局服务经济转型发展实施意见》。会同县工商联出台《关于开展“护航善商·法律服务在行动”专项活动的通知》，通过发挥善商法律专家团“把脉”作用，引导律师担任镇(街道)商会、行业商(协)会、异地商会法制副会长，促进企业自主创新提供优质高效便捷的法律服务和保障。组织2家律师事务所5名律师组队，为全县有机更新工作提供法律咨询服务，涉及被征收房屋面积15万余平方米，被征收户1300余户，企业近20家，涉及金额10亿元以上。公检法司四部门联合出台《关于律师参与化解和代理涉法涉诉信访案件的指导意见》，县司法局与县检察院联合出台《关于律师参与化解和代理涉法涉诉信访案件实施办法（试行）》和《关于在人民检察院设立法律援助工作站的通知》等文件。参与部门涉法政策出台前的风险评估，信访积案化解中的第三方介入，发挥律师参与涉法涉诉信访案件处置中的作用。法律服务市场健康发展，全年全县律师担任顾问单位230家，代理民事案件1200件，同比增长30.29%，经济案件1014件，同比增长9.39%，刑事辩护297件，业务收入2184.4万元，同比增长16.7%；基层法律服务所担任顾问单位55家，代理案件334件，业务收入265.8万元，同比增长21.54%；县公证处累计办证5076件，同比增长30.66%，其中办理国内经济案件2509件，国内民事案件1487件，涉外港澳台案件1080件，业务收费共计492万元，同比增长40.57%。

【公共法律服务体系建设】　全面建设完成覆盖城乡的基本公共法律服务县镇村三级实体平台以及“12348”法律服务热线、嘉善县公共法律服务网和嘉善普法微信公众号等3个虚拟服务平台。县级司法行政法律服务中心被评为省首批三星级规范化司法行政法律服务中心，新司法行政法律服务中心完成主体建设，融社区矫正工作中心、社会矛盾调解中心、法治宣传教育中心、公共法律服务中心为一体，担负起提供一站式、一体化公共法律服务职能。连续多年实现县、镇（街道）、村（社区）法律顾问聘请率100%，政府部门法律顾问聘请率90%以上，全年政府法律顾问代理行政案件51件。

【法律援助】　规范开展法律援助案件审查受理工作，实行全员法律咨询接待工作责任制。全年共受理法律援助案件271件，其中民事案件83件、刑事案件186件、行政案件2件；受援人数929人，实际挽回经济损失1076.4万元，其中群体性追索劳动报酬纠纷案23件、677人，涉及标的752万余元。解答法律咨询2246批次，较上年同期上升48.54%，其中接待来访咨询1444批次、解答来电咨询802件次。落实案件办结发放补贴制度，做好日常听庭，回访工作，全年法律援助案件回访群众满意度100%。招募46名法律援助案件志愿承办者，落实援助律师公益值班咨询制度。拍摄法律援助电视专题片，扩大法律援助的社会认可度和知晓面。

【峰会安保】　2016年，形成以司法行政机关为主，司法所、调解组织、讲师团、社工组织、村（居）工作站、志愿者等社会力量参与为辅的“1＋X”专群结合的峰会安保模式，专项安保方案得到省司法厅副厅长金登尚肯定。两大峰会期间，遵照护航安保方案，做好两类特殊人员管控、矛盾纠纷排查化解、法治宣传护航、法律服务跟进和网络安全保卫等领域工作，由主要领导带队、全员参与开展分组督查。其间，对排查出的10名重点人员落实“定人包案”，24小时掌握其行踪，对社区服刑人员警告36人次，提请治安处罚2人次，提请收监1人次，开展信息化核查30285人次，其中电话抽查10205人次，走访人员超过1万人次；开展专项矛盾纠纷排查化解行动80余场次，期间妥善处置重大矛盾纠纷10件；提供法律服务（包括提供法律咨询、法治宣传、法律援助）763人次，开展专题讲座17场；开展专项法治宣传30余场次，发放宣传资料1万余份。

【司法所规范化建设】　在省星级规范化司法所全覆盖基础上，做好场所拓展、装备充实、人员配备、环境优化和工作规范，先后对大云、陶庄、罗星、西塘、惠民等司法所开展场所改造，按“六室一库”（即所长室、社区物业宣告室、集中教育室、调解室、接待室、谈心谈话室、档案库）完善功能设置，总投入超过20万元。陶庄、大云2个司法所申报三星升四星，魏塘、姚庄等5个司法所通过省厅复评验收。制定《司法所制度汇编》，统一全县司法所工作制度，贯彻省市关于规范司法所台账具体要求，做好基层台账分类管理工作，编印《所务会议记录本》《公共法律服务登记本》等5个条线15类工作记录本，分发到司法所和村（社区）。

【人民调解】　发挥人民调解定纷止争作用，全年各人民调解组织共调处矛盾纠纷4996件，调处成功4973件，调处成功率99.54%，涉及标的6448.99万元，履行率100%，其中县交调会工作日日均调解量12件，医调会通过专业调解专家会商方式确保成立以来6年多无医闹记录。全县4名人民调解员和2个人民调解组织被嘉兴市人民政府授予2014—2015年度全市人民调解先进个人和先进集体称号。

【社区矫正】 提升社区矫正监管教育水平，推广“司法E通”，弥补“八小时外”监管漏洞，探索增加电子腕带监管模式。推行社区矫正网上执法，县司法局监管大队、各司法所全部配备执法记录仪，实时规范执法工作流程，将考核奖惩、请假外出、监管等级调整等执法审批事项全部实行网上审核审批，全年办理警告审批60人次，外出请假审批109人次，管理等级调整83人次。创新教育载体，通过汇编以往受处罚案例，在社区服刑人员中开展集中警示教育。启用网上教育平台，开展网络专题教育活动。开展个别谈心谈话教育和心理疏导工作。全年开展各类教育3542人次。建立“921”帮教工作创新模式(县政法委、县法院、县人社局等9个部门共同参与社区矫正帮教工作，由2名帮教干部结对帮扶1名社区服刑人员)，首批结对50余名社区服刑人员。推进村(居)社区矫正工作站建设，全县累计建有基层工作站109个，通过加强培训、明确职责、统一标识、规范日常记录，发挥一线帮教作用。引入社区矫正政府购买社会服务工作模式，涉及社区服刑人员208人，占全县社区服刑人员的60%以上。建立10万元“两类特殊人群”专项资金，做好“三无”人员帮扶工作。

【法治宣传】 启动“七五”法治宣传教育工作，在总结“六五”法治宣传教育工作的基础上编制“七五”法治宣传教育规划，召开部署会议。县人大十五届常委会第四十一次会议专门听取“六五”法治宣传教育规划实施情况和“七五”法治宣传教育规划编制情况报告，并作出审议意见和决定。县十五届政府第四十二次常务会议专题讨论“七五”法治宣传教育规划送审稿，将原来全县实有人口每年人均法治宣传教育经费1元标准提升到2元，继续将法治宣传教育工作列入县委、县政府对各镇(街道)的目标责任制考核。落实“谁执法谁普法”等工作责任制，制订重点部门(单位)责任清单、重点项目清单和任务清单等3张清单，明确13家重点责任部门(单位)工作要求、11个法治文化建设项目和17项具体工作任务。开展重点人群重要时段学法普法活动。落实县级大会会前领导干部学法和年度领导干部述法制度，组织开展领导干部、公务员法律知识考试以及领导干部任前专项法律知识考试。出台《嘉善县第三届“关爱明天、普法先行——青少年普法活动实施方案”》《嘉善县创建“全国青少年普法教育示范区”活动实施方案》，全面调整充实法治副校长队伍，并开展专题培训。县司法局会同县工商联连续3年以形式多样的法律知识培训和讲座开展法律入企活动。在新居民中，以“德治、法治、自治”为核心，健全家庭、学校、企业、社区和职能部门“五位一体”的工作模式，推行分层宣教。全年开展面向新居民的各类法治宣传活动320余场次。围绕主要节点和重要时段开展“12·4”国家宪法日、妇女权益保护、消费者权益保护、“119”宣传、“110”宣传和环境保护、社会稳定等专题法治宣传活动120余场次。推进法治文化建设，做好每周一期的《嘉善老娘舅》电视调解节目以案释法工作，累计播出155期。在《嘉兴日报·嘉善版》开辟《司法行政》专版，设立“老娘舅”“律师以案释法”“新法速递”“法治漫谈”等栏目进行法律知识宣传。

6月16日，浙江省人大内司委司法监督处副处长鲍锦卫一行到嘉善县惠通村调研“七五”普法决议。 (县司法局 提供)

在嘉善广播电台FM993新开设法治情景剧展播。“嘉善普法”微信公众号于4月开通运行，通过设立多个互动性强、普法用法相结合的栏目，开展十佳律师评选、普法金点子投票、嘉善普法图标和吉祥物征集等大型活动。加强实体法治文化阵地建设，拓展县级法治文化公园的功能，在5个镇（街道）建立有地域特色的法治文化广场或公园，在村（社区）开展法治文化建设试点工作，在大云镇洋桥村投资16万余元建设完成法治文化公园。以创推建，做好省、市民主法治村（社区）和市级诚信守法企业创建工作，全年新申报省级民主法治村（社区）3家、市级7家、市级诚信守法企业3家。

【队伍建设】　开展“两学一做”专题教育，落实“两学一做”活动要求，由“一把手”、支部书记、外请专家开设3堂专题党课。开展形式丰富的学习实践活动，组织全体党员抄党章，读党章，观看专题片，进行先锋指数测评，开展警示教育，撰写各类观后感。做好党风廉政建设，结合全局工作会议、司法所工作例会、机关中层干部例会等，分阶段不间断强化党风廉政建设部署和落实。对照岗位廉政风险防范重点，落实5项防控措施。结合“补短板出亮点”专项行动，开展全面的查漏补缺和人员队伍素质提升行动。开展执法比武、岗位练兵和业务培训，提升干部职工工作能力和业务水平。开展中层干部公开竞聘、一般干部双向选择工作，严格依照组织人事部门人员选拔聘任工作流程要求，15个中层岗位全部推出公开竞聘，期间提拔中层正职5人、中层副职6人。

（沈　静）

城乡建设管理

综　　述

2016年，嘉善县城乡规划、建设、管理围绕“全面推进县域科学发展示范点建设”“美丽嘉善暨‘四美’建设”目标任务开展，取得长足进步。年底，建成区面积扩大到38.8平方千米。

推进规划编制。完成县域总规划大纲初稿和10个规划研究项目，启动区块和老工业区城市设计。实施建设工程规划验线和阳光规划公示制度，优化控规调整程序，规范规划“一书三证”审批，年内召开3次城规委和11次规评委会议，对15个议题和34个设计方案进行审议和评审，批准控规调整论证报告36件，完成城乡规划各类公示256起。村庄规划编制在全市率先实现全覆盖，完成63个村庄规划集中评审和农房通用图集设计，以12个村庄为案例开展村庄设计、农房设计大学生创意竞赛。完成嘉善县基础测绘“十三五”规划编制和上报、中心城区和各镇2014年、2015年“一区两率”普查、“五水共治”等7个专题数据意见征求。

完善城市功能。加快城镇道路建设、路面改造，人均城市道路面积增加到26.50平方米。高铁新城完成11个建设项目，旧城改造完成两个地块征收前的前期准备。“三改一拆”违章建筑拆除量全市排名第一。新建供水管网17.5千米、改造供水管网55.10千米，新增自来水“一户一表”用户2286户。实施54个治堵项目和18项治堵措施，缓解交通拥堵。强化燃气行业监管，全年安全无事故。新增园林绿地面积111公顷，城区绿化覆盖率38.04%，绿地率33.38%，人均公园绿地面积15.91平方米。投资150.4万元添置亮化工程设施，30家单位纳入“一把闸刀”终端项目管理。县生态能源发电项目主体建成并投入运行，全年焚烧处理生活垃圾约17.28万吨，城乡生活垃圾无害化处理率100%，新增保洁车辆20辆，机械化清扫覆盖率提升至90%左右。

完善民生保障。渔民上岸安居工程完成344户签约，其中326户安置，对全县102户困难群众危旧房改造进行救助。完善房屋征收机构和政策体系，出台国有土地上房屋征收与补偿办法及相关补偿标准、“三类”房屋调查认定和处理等具体配套政策，成立国有土地上房屋征收范围内建筑物认定工作组，设立变更房屋征收服务中心，举办专题培训班。做好保障性安居工作，年内建成公共租赁住房330套、经济适用住房510套，新增公共租赁住房租赁补贴200户，完成第一期12户家庭公共租赁住房实物配租，开展公共租赁住房货币补贴保障工作，82户家庭申请租赁补贴，编制完成城镇住房保障“十三五”规划。提高住房公积金覆盖率与受益面，继续做好开放式老旧住宅小区物业管理扩面，永安里等5个老旧住宅小区实施准物业管理。

（屠政秋　顾　玫）

城乡规划

【概况】　按照“先规划后建设，无设计不动工”要求，县域总体规划修编完成“修编请示”和“征求相关部门意见和建议”，小城镇环境综合整治规划完成编制、送审待批，城市设计实现旧城改造、城中村改造等重点区域全覆盖，加强规划“一书三证”审批工作。

【城乡规划编制】 推进县域总规修编，1月完成嘉善县域总体规划（2006—2020）实施评估报告和嘉善县域总体规划（2006—2020）强制性内容修改论证报告，经县域总规划实施评估专家论证会原则通过；4月完成县域总体规划修编请示，由嘉兴市政府转报省政府；9月完成总体规划大纲思路，征求相关部门意见和建议。根据《浙江省小城镇环境综合整治行动实施方案》要求，11月召开规划编制工作动员会，12月底完成嘉善县小城镇环境综合整治规划送审稿。编制控制性详细规划，完成《嘉善县归谷一期控规修编》，中心城区控规总编制面积110平方千米，实现建设用地范围内控规全覆盖。专项规划有序进行，编制《嘉善县海绵城市专项规划》《中心城区地下管线综合规划》《嘉善县充电桩专项规划》等。城市设计逐步推广，开展老火车站地块、兴贤路区块和魏塘320老工业园区设计工作，设计面积约200公顷，基本实现旧城改造、城中村改造等重点区域城市设计全覆盖。（魏　涛）

【规划“一书三证”审批】 全年核发《建设项目选址意见书》110份，规划用地面积369万平方米；核发《建设用地规划许可证》207份，规划用地面积556万平方米；核发《建设工程规划许可证》246份，规划建设面积656万平方米；核发《乡村规划许可证》5份，规划建设面积1.34万平方米。配合国土部门做好国有土地使用权出让前规划条件出具工作，向县国土局提供143宗地块的红线、规划条件，用地面积442万平方米。加强建设工程规划验线，对116个项目444幢建筑实施规划验线；依法查处各类违法建设行为30起，面积5.75万平方米；核发规划核实确认书165份，其中地面建筑面积317万平方米，地下空间面积39.2万平方米。（俞丽娜）

城市建设

【概况】 2016年嘉善城市建设继续坚持正确处理外延和内涵关系原则，既开拓新区，形成城市规模，又改造旧城，完善城市功能。高铁新城建设加快，完成11个建设项目，在建19个项目。兴贤路（矿灯厂）征收地块进入扫尾阶段，原四中及周边地块房屋征收工作完成入户调查、摸底登记。“三改一拆”超额完成上级下达的任务，名列全市前茅。

【高铁新城建设】 全年建设项目48个（包括续建项目14个），34个新项目中，基础设施项目15个、公建项目4个、产业项目6个、住宅项目9个。至年底，嘉善大道二期、宏业路二期、纬三路、城市科技馆、产业园一期、颐和家园、嘉善大道管线、环湖路、14＃污水泵站、白水塘河改造11个项目完工；滨水公园、嘉善幸福水街、内环水系、运动场地、纬二路一期、经十路、纬三路二期、纬一路一期、垃圾转运站、环西南路、孔雀城1～9期等19个项目在建；孙家港河道改造项目、体育南路、子胥南路、上海师范大学附属实验学校、幼儿园、邻里中心、纬二路二期、纬二路管线迁改、产业园四期、五期（影视基地）、产业园三期（配套）、二期（创意设计）、孔雀城十期、十一期等13个项目完成内部立项未开工；产业园六期、七期（智能制造）、中心河河道改造、亲子乐园、纬四路5个项目处于合作商谈判阶段。全年完成投资31.9亿元，累计完成投资50.4亿元。（梅　俊）

【旧城改造】 4月6日，嘉善县人民政府公布实施《嘉善县国有土地上房屋征收与补偿办法》《嘉善县国有土地上房屋征收与补偿和奖励补助暂行办法》《2016年度嘉善县国有土地上被征收房屋相关补偿标准》《嘉善县国有土地上房屋征收范围内“三类”房屋的调查认定和处理办法》。兴贤路（矿灯厂）征收地块进入扫尾阶段，召开4次专题工作例会，向中级人民法院提交强制腾退案件4件，法院准予强制2件，向地方法院起诉1件。完成签约2户3套，腾退2户3套。至年底，该地块累计完成签约685户，完成签约率97.71%，腾空683户，腾空率97.43%，拆除600余户旧房。启动原四中及周边地块房屋征收工作，4月18日—6月15日开展入户调查、登记摸底工作，登记房产信息住户居民598户，收到同意房屋征收《意愿征询表》596张，同意改建户数占总户数99.17%，经广泛和多轮意见征求，对《原四中及周边地块房屋征收补偿方案》进行修改完善后，提请县政府常务会议审议。启动卖鱼桥至西城半岛桥地块的征收工作，8月24日—11月30日进行入户调查、摸底登记，登记被征收户 207 户，其中同意改建 198 户、不同意改建 4 户，同意改建人数占总人数 95.65%，达到《嘉善县国有土地上房屋征收与补偿办法》“百分之九十以上被征收人同意改建的，方可进行旧城改建”的规定。 （马斯基）

【“三改一拆”】 全县 9 个“三改一拆”责任主体形成协同作战合力，全年“三改一拆”完工面积 599.70 平方米，完成市下达目标任务的 399.80%，完成率全市第三，完成量全市第三；拆除各类违法建筑 248.25 万平方米，完成市下达目标任务的 275.831%，完成量全市第一，完成率全市第二。 （唐丽春）

村镇建设

【概况】 年内，全县 93 个村完成村庄规划部门评审，其中 2 个村被列入省级村庄规划和村庄设计试点村，8 所高校以嘉善县 12 个村庄为对象开展村庄设计、农房设计创意大赛。加快美丽宜居示范村建设，5 个村通过省级美丽宜居示范村领导小组考查。重视农宅建设，印刷 1000 份嘉善县农村建房通用图集免费供建房农户选用，举办培训班对 202 名村镇建筑工匠进行培训，改造 102 户困难群众危旧房。

【村庄规划】 在 2015 年专家预审基础上，3 月开始对未完成村庄规划部门评审的 63 个村组织开展村庄规划集中评审。至年底，93 个需编规划村庄全部完成部门评审。姚庄镇展幸村、大云镇缪家村被列入省级村庄规划和村庄设计试点村。

【“乡村规划与创意设计”大赛】 3 月，由嘉善县与浙江工业大学联合承办的第二届高校大学生“乡村规划与创意设计”大赛启动。大赛邀请浙江大学、浙江工业大学、宁波大学等 8 所高校的 13 支学生团队参赛，以嘉善县 12 个村庄为设计对象开展村庄设计、农房设计创意竞赛。9 月底，同济大学、东南大学、省规划设计研究院等部门的 7 位规划设计专家组成评审组对作品进行评选，浙江工业大学（规划团队）设计作品“斯水今流，窑火相承”、浙江理工大学设计作品“大往乡村”斩获大赛一等奖，浙江工业大学（建筑团队）设计作品“田水荡月影，湖舟渔火明”获最佳创意奖。

【省级美丽宜居示范村建设】 年初，大云镇大云村、西塘镇翠南村、天凝镇洪南村、三店村、东方红村等 5 个村完成美丽宜居示范村各项建设任务，通过省级美丽宜居示范村领导小组考查。列入 2014 年试点的姚庄镇北鹤村于 2016 年年底完成美丽宜居示范村各项建设任务，接受省级考查。

【农房通用图集发放】 6 月，嘉善县农村建房通用图集印刷完成，发放到各镇（街道）、村免费供建房农户选用。农村建房通用图集分单体、联排两种形式，大、中、小 3 种户型，29 套设计方案，印刷 1000 册。各方案中建筑占地面积、建筑面积、建筑檐高等各项指标均按照《嘉善县农民建房管理办法（试行）》规定。

【村镇建筑工匠培训】 4 月，全县各镇（街道）开展村镇建筑工匠培训报名工作，7 月，举办新一届村镇建筑工匠培训班，202 人获得嘉善县村镇建筑工匠培训合格证书。

【困难群众危旧房救助】 全年完成 102 户困难群众危旧房改造救助任务，救助改造面积 7284 平方米，下拨救助金额 957190 元。其中列入省农村危房改造救助的 41 户，救助改造面积 2770 平方米。 （沈建华）

市政公用事业

【概况】 继续做好“增量提质”工作。环卫设施有较大提升，保洁增加机械化作业量和一线清扫工福利。“五水共治”取得阶段性成果。市政设施养护重点做好道路修补、雨水井清淤及井盖更换、桥梁除锈刷漆及水泥板断裂加固及更换。城区景观亮化有 30 家单位纳入“一把闸刀”终端项目管理。完成体育路隧道改造工程等治堵项目建设，采取部分路段停车收费等治堵措施。数字化城市管理监督指挥中心通过系统平台受理各类案件超 12 万件。燃气行业监管抓检查整改、培训合格后发上岗证，采取瓶装燃气实名制销售、粘贴钢瓶电子标签、发放《燃气安全使用手册》等措施，全年安全无重大事故。

【生态能源发电项目】 1 月 1 日，县生态能源发电项目启用，生活垃圾日处理能力 600 吨，结束靠外运焚烧或填埋处理生活垃圾的历史。

【首座分类式垃圾中转站】 12月，城区15号分类式垃圾中转站综合体项目开工建设。位于新城区白水塘东路延伸段东侧、站前路南侧，用地面积约5200平方米，预算投资1300万元，计划2017年完成建设投入使用。

【老旧公厕改造】 城区5座老旧公厕更新改造，分别是客运中心公厕、火车站公厕、中山东路公厕、中山西路公厕、城市心境公厕，总投资约200万元。

【人工保洁与机械化作业捆绑】 10月1日起，开启新一轮城市清扫保洁市场化运作，首次将道路人工保洁与机械化作业捆绑，将道路机扫、吸尘、洒水、彩砖冲洗、桶换桶作业5方面机械化作业内容纳入道路保洁市场化作业范围，改变原先人工作业和机械化作业两条线局面，提高保洁作业效率，减轻人工劳动强度。

【环卫工人免费早餐】 1月1日起，免费为全县600余名一线清扫保洁工人提供爱心早餐，全年发放21万份。 （郁　赟）

【"五水共治"】 出台《2016年度嘉善县住建系统"五水共治"工作实施方案》《污水排入排水管网许可细则》《农村生活污水治理设施运行维护管理实施办法》《农村生活污水治理设施运行维护管理工作考核办法》。完成城区生活污水纳管改造一期70个点，新建污水管网35千米。完成西部水务提标改造，对青龙桥港—砖桥港、杨湾桥港河道巡查24次，发放排水许可证68张。批准实施《嘉善县城区排水（雨水）防涝综合规划》，完成新建雨水管网10千米、提标改造管网10千米、城市雨水管道清疏240千米。完成新建供水管网17.5千米、改造供水管网55.10千米。开展"全国城市节水宣传周"系列宣传活动，完成首批108家非居民用水户2016年下半年度用水计划核定（初定）及启动超计划用水水费征收工作，建成嘉善县节约用水办公室信息平台并开通运行，完成2286户自来水用户"一户一表"改造、水平衡测试企业（单位）10家，创建省级节水型小区并获得称号1家。

【市政设施养护】 完成城西大道、站前路、晋阳路等道路沥青整铺21779平方米，沥青路面零星修补2638平方米，人行道改造11350平方米，混凝土路面维修1500平方米，零星修补彩砖3065平方米、花岗岩2545平方米，更换及整体维修雨水井盖235套，清淤雨水井3604个、雨水篦子7208个，桥梁除锈、刷漆2525.5平方米，修复伸缩缝型钢34.5米、人行道破损面砖119.16平方米，桥梁面砖更换改造305.5平方米，桥梁人行道水泥板断裂加固及更换88平方米、增设护岸护栏202米、栏杆更换及加固改造70米、伸缩缝及沥青灌缝2579.5米，增设桥名牌42块，更换嘉善大桥、凤鸣桥、凤翔桥等支座1022块。

【城区景观亮化建设】 完成吴镇书画院、世博名邸、嘉湖阳光裙楼亮化工程，景辰大厦、万联城、置地广场、商会大厦实现亮灯。对嘉善农商银行、东方大厦、恒利广场等19家单位的亮化用电实行补贴，补贴金额29万余元。温州大厦、县体育馆、县气象局等30家单位亮化设施纳入"一把闸刀"终端项目管理，移交接管世博名邸、嘉湖阳光花园、塞纳蓝湾、泗州公园等6家亮化工程。全年亮化设施维修投资150.4万元。

【治理交通拥堵】 全年实施54个治堵项目和18项治堵措施，完成体育路隧道改造工程、嘉善大道连接线建设、亭桥路综合整治"示范街"项目、大润发超市和实验二小区域拥堵整治项目、体育路铁路隧道以及体育路（中山路—320国道）拓宽改造工程等。实施高铁广场西侧停车场、中央花园沿街广场停车收费管理，完成城市路面违章停车静态抓拍系统二期项目。开展"记者观察——不文明交通行为""文明出行在嘉善""小学生眼中的出行文明"等活动，组织观看《省"文明出行"巡回宣传月活动走进嘉善》宣传片。

【数字化城市建设】 全年数字化城市管理监督指挥中心通过系统平台受理各类正常案件12502件，其中事件11176件，部件1326件。事件中街面秩序类5669件（主要以机动车乱停放为主）、市容环境类4171件、宣传广告类651件、施工管理类168件、突发事件类204件（主要是路面塌陷）、扩充类313件。部件中市政公用设施类779件、道路交通设施类195件、市容环境类19件、园林绿化类330件、房屋建筑类3件。

【燃气行业监管】 完成《嘉善县燃气专项规划修编》报批。与8家企业签订燃气行业安全生产目标管理责任书，按2016年度安全生产工作计划，采用定期常规检查与不定期专项检查、各部门联合检查与专家小组检查相结合的检查方式，对全县瓶装燃气3家储配站和15家供应站实名制管控工作开展专项督查902次，下发整改通知单26张，处罚违规经营储配站、供应站各3家和跨区域经营2家，拆除和停业整顿3家。举办瓶装燃气信息化管控平台建设、瓶装燃气管理平台操作等培训10次，累计培训500人次。完成115名送气工上岗证年审，新发放见习上岗证72张，粘贴钢瓶电子标签12.71万条，实名登记用户10.7万户。对老旧小区、道路、公建、商业燃气用户及各场站开展日常检查，发放通知单153张，现场监护537次。通过电视台、海报、嘉善发布等媒体宣传瓶装燃气实名制销售的通告，张贴海报60份、发放《燃气安全使用手册》1000册，节假日期间向全县3万余居民燃气用户发送“安全温馨提示短信”4次。

（朱建平）

城乡交通

【概况】 2016年，嘉善县优化调整公交线路10条；临时调整公交线路4条；开行公交线路2条；临时开行公交线路4条；恢复线路走向公交线路11条；暂停营运公交线路1条；撤销公交线路5条；新增公交车辆16辆。新开通西塘至乌镇直达班线和高铁站至西塘古镇旅游直达专线。实施政府投资项目26个，至年底，完成投资3.5亿元。

【天然气公交客车采购投运】 2016年，善通公司采购LNG天然气车辆26辆，其中LNG天然气公交车16辆，517.8万元；LNG天然气客车10辆，289万元。

【新能源公交采购投运】 全年采购新能源公交车24辆，其中气电混合动力16辆、800万元，纯电动车8辆、716万元。

【公共自行车】 根据《嘉善县中心城区公共自行车交通系统布局规划》，经县政府批准，按规划要求实施公共自行车项目（二期）布设。公共自行车项目（二期）新增36个服务网点，至年底，全部投入运行。年内，对一期的8个服务网点进行扩容改善。组织开展“每周三办卡进社区活动”，147人次参加，办理公共自行车租车专用卡93张。2016年，新增锁止器1090个，公共自行车增加800辆，办卡2092张，总租车586447次，车客运周转量313.52万人千米。至年底，全县有公共自行车租赁网点86个、车辆2300辆。

【平黎公路东接线工程一期】 总投资7850万元，全长约1.47千米。路幅宽度24米，路线与相关道路平面交叉4处，设大桥1座，238.86米；中桥1座，33.74米；涵洞7道。按二级公路标准设计（兼顾城市道路功能），设计行车速度60千米/小时。项目于2013年6月17日完成招标工作，8月1日开工。2016年12月建设完工。

【洪溪大桥改建工程】 总投资4350万元，全长740米，跨红旗塘三级航道，桥长537米。建设内容包括主桥及东侧辅道。至年底，累计完成投资3950万元，占总投资的91%。

【白水塘长生桥改造工程】 白水塘长生桥桥梁部分改造工程总投

工作人员在维修公共自行车。 （县交投集团 提供）

资2450万元，项目主要建设桥梁并配套相关设施。桥梁长321.04米，宽8米。至12月底，项目基本完工。长生桥道路接坡改造工程总投资1877万元，项目主要建设道路接坡，全长285.5米，其中南侧接坡90米，北侧接坡长195.5米，路幅宽度11米，项目用地0.46公顷(6.85亩)。至年底，项目基本完工。

【丁凝公路改建拓宽工程】 总投资16.5亿元，项目起于嘉善县姚庄镇与上海市莲盛镇交界处，与上海市蒸俞公路相接，经姚庄镇、西塘镇、陶庄镇、天凝镇，终点位于嘉善县天凝镇与南湖区油车港镇交界处。采用一级公路标准设计，设计速度为80千米/小时，路基宽度26米，路线全长30.9千米，共设大桥14座，共4642.66米；中小桥29座，1207.16米；涵洞34道。2016年完成施工第四合同段招标工作，实际完成投资3099万元。

【兴善公路工程】 总投资2.9亿元，项目起点位于嘉善县魏塘街道320国道和兴善公路(城西大道)交叉口处，跨过三店塘、凤桐港与干洪公路相交，路线全长5.25千米，用地宽27米。按二级公路标准设计，设大桥2座，827.20米；中桥4座，219.36米；小桥1座，34.84米。2016年完成施工、监理招标，实际完成投资4000万元。

【平黎公路嘉善段改(扩)建工程】 项目总投资27.46亿元，一期投资17.8亿元，起点位于嘉善与平湖交界处丁家浜桥，终点与西塘镇嘉兴出口加工区B区南北向主干道复兴大道平交，路线全长23.9千米。2016年完成主线工程可行性研究报告评审并通过，完成地质灾害危险性评估、水土保持方案评估评审、环境影响评估评审、航道通航安全影响评估、建设选址批复，社会稳定风险性评估工作，完成子项目平黎公路嘉善段改(扩)建工程(晋阳东路至环北路地面道路)初步设计报批工作。

平黎公路金家堰公铁立交桥下绿化。 (县交投集团 提供)

【平黎公路绿化提升工程】 项目总投资5800万元，主要对平黎公路平湖交界—西塘复兴大道两侧绿化带进行适当补绿提升，对沿线节点景观设计。其中，丁家浜桥绿化节点作为平湖市与嘉善县交界，打造嘉善“积善桥”微缩版，突出“善”文化。

【平黎公路金家堰公铁立交桥下绿化工程】 项目总投资380万元，对公铁立交桥下两侧及中间约4万平方米面积进行绿化提升，8月5日完工。

【兴善公路绿化提升工程】 项目总投资3800万元，绿化长度约5千米，对通道两侧15米(局部30米)绿化进行填土造型提升，重要节点进行景观小品设计改造，9月完工。

【平黎公路翔胜加油加气站】 项目由嘉善县中国石化经营有限公司承建，总投资1000万元(不包括加气部分)，主要建设站房及罩棚并配套相关设施，总建筑面积774.83平方米，30立方米埋地汽油罐2台、30立方米埋地柴油罐2台，电脑加油机4台8枪。至年底，土建工程竣工。

【站前路加气站】 项目由县城乡天然气公司投资建设，通过租赁方式由嘉善县石化经营有限公司经营。1月签约，8月完成与县城乡天然气公司站前路加气站的交接，9月28日对外营业。

【人民大道停车场临时设施项目】 项目总投资540万元，总建筑面积124.84平方米，机动车停车位92个。至年底，主体项目完工。

(戴程莉)

【出租车行业管理】 2016年，全县有巡游出租车公司7家，出租车240辆，从业司机680人。12月，《嘉兴市网络预约出租汽车经营服务管理暂行办法实施细则（试行）》发布，正式受理网约车从业资格证及网约车道路运输证相关工作。依据《浙江省道路运输条例》发布《关于实行嘉善县汽车租赁经营备案制度的通知》，对汽车租赁企业和车辆实施备案管理。根据《浙江省财政厅关于下达2016年农村客运出租车等行业成品油价格补助资金的通知》要求，发放2015年嘉善县出租汽车燃油补贴资金375.67万元，单车补贴金额1.57万元。 （李和进）

6月7日，举办"爱心送考"公益活动。 （县交投集团 提供）

2016年嘉善县城乡公交班车表

表26

序号	线　路	起　　点	迄　　点	总班次	车辆数	备　　注
1	K101	铁南路	铁南路	65	7	城市
2	K102	人民医院	木雕城	107	11	城市
3	K103	姚庄	人民医院	48	4	城市
4	K105	城西归谷园	春晓苑（县运管所）	79	10	城市
5	K109	火车站	火车站	19	2	城市
6	K205	城西归谷园	惠民文化广场	74	9	城市
7	K701	火车站	火车站	98	8	城市
8	K702	高铁南站	高铁南站	69	7	城市
9	K703	春晓苑（县运管所）	春晓苑（县运管所）	84	6	城市
10	K705	环北西路停车场	环北西路停车场	74	6	城市
11	K222	高铁南站	西塘景区	52	4	城市
12	K228	火车站	枫南	48	4	城市
13	K203	火车站	火车站	18	2	二级
14	K206	火车站	费家浜	16	1	二级
15	K208	火车站	姚浜	34	2	二级
16	K209	火车站	里巷港	18	1	二级
17	K210	火车站	洪溪	90	9	二级
18	K211	火车站	大云	96	8	二级
19	K212	客运中心	大通	94	8	二级
20	K213	客运中心、姚庄	丁栅	112	20	二级
21	K215	客运中心、西塘	丁栅	118	17	二级

续表 26

序号	线　路	起　　点	迄　　点	总班次	车辆数	备　　注
22	K216	客运中心	汾湖	132	20	二级
23	K217	客运中心	洪溪	50	5	二级
24	K218	客运中心	天凝	112	14	二级
25	K219	客运中心	杨庙	67	7	二级
26	K221	火车站	范泾	41	3	二级
27	K223	庄港	湾里、西招圩、秀北	16	1	二级
28	K226	木雕城	木雕城	16	2	二级
29	K301	西徐浜	展丰村	58	4	三级
30	K302	西浒	大金	16	1	三级
31	K303	大云	大云	26	2	三级
32	k305	西塘镇中心小学	百果岛	16	1	三级
33	k306	龙口	洪溪汽车站	40	4	三级
34	k307	丁栅汽车站	俞汇	14	1	三级
35	k308	洪溪	洪溪	25	2	三级
36	K309	姚庄	北鹤村	34	2	三级
37	K310	湖滨村	水闸桥	24	1	三级
38	K312	范泾	范泾	13	1	三级
39	K313	前村江南	西塘汽车站	20	1	三级
40	K315	四吕村	钱家甸	14	1	三级
41	K316	天凝小学	洪溪大桥南	36	4	三级
42	K317	西塘	高家浜、大舜	12	1	三级
43	K318	钟埭	潮泥滩	19	1	三级
44	K319	姚庄汽车站	银水庙	14	1	三级
45	K320	卫红村	肖家圩	16	1	三级
46	K321	西塘汽车站	嘉善收费站	22	2	三级
47	K322	杨庙社区	杨庙社区	36	4	三级
48	K323	雨落	西塘汽车站	20	1	三级
49	K327	丁栅汽车站	姚庄汽车站	49	5	三级
50	K531	中寒圩	城桥	2	1	三级
51	K533	火车站	枫南	3	1	三级
52	K534	湖滨村	圆觉寺	2	1	三级
53	K535	邗上	西塘汽车站	2	1	三级
54	K536	北胜	西浒村	2	1	三级
55	大润发			78	4	
	机动				35	
	停驶				24	
					307	

2016年嘉善县客运班车表

表27

序号	起讫地及站名	序号	起讫地及站名
1	嘉善(嘉善客运中心)—上海(上海汽车南站)	14	嘉善(嘉善客运中心)—长兴(长兴汽车总站)
2	嘉善(嘉善客运中心)—上海(上海汽车总站)	15	嘉善(嘉善客运中心)—湖州(湖州浙北客运中心)
3	嘉善(嘉善客运中心)—常州(常州汽车站)	16	嘉善(嘉善客运中心)—宁波(宁波汽车南站)
4	嘉善(嘉善客运中心)—枫泾(枫泾汽车站)	17	嘉善(嘉善客运中心)—慈溪(慈溪客运站)
5	嘉善(嘉善客运中心)—江阴(张家港汽车站)	18	西塘[嘉善北站(西塘)]—绍兴(绍兴客运中心)
6	嘉善(嘉善客运中心)—南京(南京汽车东站)	19	嘉善—海宁
7	嘉善(嘉善客运中心)—苏州(苏州汽车南站)	20	嘉善—桐乡
8	嘉善(嘉善客运中心)—无锡(无锡汽车西站)	21	西塘—乌镇
9	西塘[嘉善北站(西塘)]—吴江(吴江汽车站)	22	嘉善—嘉兴(北站)
10	嘉善(嘉善客运中心)—盐城(盐城汽车站)	23	嘉善—嘉兴(嘉兴汽车客运中心)
11	嘉善—昆山	24	天凝—嘉兴(北站)
12	西塘[嘉善北站(西塘)]—杭州(杭州客运中心站)	25	西塘—嘉兴(北站)
13	嘉善(嘉善客运中心)—杭州(杭州客运中心站)	26	嘉善—平湖

城乡供水

【概况】 2016年,嘉善县围绕省委书记夏宝龙"狠下一条心,再拼五年,将'五水共治'进行到底"的指示精神和"高质量、均衡性"查补短板的标准要求,深化新时期治水新思路,以民生水务、重点工程建设为抓手,明确目标,在促进全县经济社会发展、服务保障民生中承担重要责任。全年安全供水7263万立方米、售水5689万立方米,同比分别增长10.5%和5.1%,管网漏损率控制在12%以内。3镇3街道区域全年收集处理污水2676万吨,同比增长9.8%。全年实施政府投资续建项目8个,新建项目4个,前期项目6个,采购项目1个,计划投资15401万元,实际完成投资16415万元,占原投资计划的117%,其中供水项目完成10251万元,污水项目完成6164万元。全年实施200万元以下小型工程59个,完成投资3019万元。

【太浦河取水二期工程建设】 完成主体工程,敷设输水管道17.7千米,占工程量的89.8%;完成水利部分工程量的85%;完成合建闸部分工程量的42%,全年完成投资9189万元,累计完成投资11589万元。

【魏塘水厂至白水塘安全供水管线工程建设】 敷设供水管道4千

太浦河取水二期工程　　(县水务集团　提供)

魏塘水厂四期工程　　（县水务集团 提供）

米，全年完成投资796万元，累计完成投资1296万元。

【嘉善上海淞浦大桥应急备用水源工程建设】 加快推进水务接轨上海工作，探索建立沪善两地水源地保护联动机制，嘉善上海淞浦大桥应急备用水源工程更名为嘉善县城乡供水一体化应急管线工程，完成可行性研究报告审批和初步设计编制，计划新建DN1800原水管道2.4千米和21万吨/日提升泵站1座，总投资3000万元。

【水源地管理】 水源地水质检测实行常规项目每日检测，46项指标每月检测、109项指标每年检测2次。太浦河取水口上游5千米水质监测站每4小时对太浦河水质进行监测。委托移动公司开通城乡天眼和一级保护区短信提醒业务。为加强对太浦河长白荡饮用水水源保护区工作的领导与协调，9月成立县级层面的水源保护区管理委员会。

【服务质量提升】 践行“上善若水，情融于水”的企业精神和“服务尽心、岗位尽责、微笑尽情、满意尽美”的服务理念，从畅通“金师傅”热线等细节入手，提升“情系善水”服务品牌的社会知晓度和美誉度。全年累计办理县长热线353个，同比增长73.1%；受理金师傅热线6631个，同比增长178.5%；参与应急联动216次，同比增长96.46%。

【差别化水价】 根据《嘉善县工业企业绩效综合评价办法（试行）》要求，对连续两年综合评价结果为C类的企业执行差别化水价，全年增收水费约42万元。自2016年7月起对评价为A类的企业实行自来水费优惠0.1元/立方米的政策，全年减免水费约37万元。

【抗击超强寒潮】 年初超强寒潮期间，累计受理求助电话2万余起，先后出动抢修人员2000余人次，修复更换冻损水表2万余只，阀门3500余只，实施小口径管道抢修1600余次，发送温馨提示短信24万余条，全力将极端天气带来的影响和损失降至最低。

【城乡环境整治】 全年累计配合各镇（街道）改造老旧供水管网55千米，改造“一户一表”2687户，铺设污水管道36.2千米，全面完成考核指标。配合干窑镇实施新泾港整治，对干窑镇域范围内31千米二级污水管道进行全面清淤；配合干窑镇三仙路、罗星街道善西大道等改造项目铺设供水管道11.6千米。

【城乡污水收集处理一体化】 2016年实施城乡污水收集处理一体化管网工程、喜力啤酒厂至姚庄污水处理厂污水管道工程等重点项目。全年累计新建或改建一、二级污水管道35千米，建设污水泵站17座。

【节能减排】 完成县政府下达的节能减排任务。全年污水南排量日均5.62万吨，同比增长9.8%，运行负荷率82.6%，创历史新高；姚庄污水厂日均处理量1.3万吨，运行负荷率65%；姚庄污水厂化学需氧量（COD）去除量1958吨，氨氮去除量132吨。签约新增污水量1200吨/日，累计签约污水量12.28万吨/日。

【嘉善大成环保污水厂扩容工程】 完成可行性研究报告审批和初步设计编制，计划增加污水处理能力3.5万吨/日，铺设污水管道11千米，总投资2.5亿元。

【收购嘉善大成环保有限公司】 3月1日，水务集团下属大地污水公司与嘉善大成环保有限公司签署股权转让协议，是全县国有企业首次收购民营污水企业。

（王永刚）

城市管理与监督

【概况】 2016年，嘉善县围绕综合行政执法改革和环境质量攻坚两大主题，以建设综合行政执法改革“嘉善样本”为目标，坚持依法行政、高效履职、亲民服务三大重点，通过实施法制规范提质行动、综合执法拓面行动、顶层设计完善行动、“两违”管控提力行动、环境质量提升行动、品牌服务塑造行动、队伍建设提神行动、基础保障强化行动等八大专项行动，助推县委县政府中心工作。先后获全省法治宣传教育先进集体、全市综合行政执法工作先进单位等荣誉。省委党校教研部副主任高抗、市委副秘书长卜凡伟等先后莅临检查指导工作。

【综合行政执法改革】 加强执法协作，联合县水利局、县农经局、县旅游局、县市场监管局、县消防大队等部门先后开展渔船安全生产专项检查、游泳场所行政检查、景区内明码标价集中整治、无证幼托机构整治、城镇燃气专项检查、物价执法检查、成品油市场突出问题专项整治等专项检查（整治）157次。创新“季度项目推进＋专项执法行动＋交叉执法”执法形式，全年4个季度对16项内容进行项目推进，在为期半年的安全生产交叉执法中，出具行政检查记录59份，立案查处15起。提升执法效率，全年办结一般程序案件954件，简易程序案件1747件，其中新职能案件350件，比上年同期上升34％。

【依法行政】 强化制度规范的指导作用，制定落实《嘉善县综合行政执法局行政处罚案件执行工作规定》《规范行政处罚决定书指导意见》《关于进一步规范办案期限的意见》等；严格评审制度，实行“一案三评”“双卡监督”，规范弃留罚没物品管理，召开两次案审会，对7个重大案件进行集体讨论，规范综合行政执法工作；强化培训提高履职能力，邀请县法院、县检察院、县安监局、县旅游局、市局法制处、青浦城管执法局等相关专家开展“法制大讲堂”培训6次，开展季度执法业务考试4次、“法制沙龙”6期、“岗位技能比武”活动3场等。组织30余名队员参加住建部、省水利厅、市渔业局等条线部门组织的业务培训3次。新录用的24名执法人员通过综合法律测试，全部取得浙江省综合行政执法证；拓展法制宣传形式，开展“世界水日”“五气共治”“安全生产日”等广场法律宣传6次。

4月12日，嘉善县综合行政执法局魏塘中队开展价格检查。

（张佳贤 摄）

【市容管理】 制定和完善《嘉善县城区户外广告专项规划》《晋阳路、谈公路沿街商铺门头提升改造规划》等规划。对示范路段谈公路、晋阳路共计8.5千米925家商铺的店招设施进行提升改造，对140个夜市和早点摊的雨篷进行改造。联合相关部门组建集中攻坚小组，开展为期100天的建筑垃圾处置集中整治行动；对车站路农贸市场门前、罗星章典史桥西侧弄堂等露天马路市场和商城水果批发市场、解放东路二手货市场等专业市场及周边进行集中整治和管理，出动执法人员977人次，发放通知书137份，教育处罚215起。对主次干道、重点区域、群众反映强烈的露天烧烤进行全方位规范清理，出动1750余人次，向未按要求整改的烧烤店发放责令限期整改通知书20余份；常态化抓好校园周边环境整治，在中、高考时段开展校园周边巡查和定点管理；完成亭桥路综合交通整治等专案，设置城区人行道隔离装置。施划县中心城区收费泊位165个，累计停放车辆41万车次。加入交通联合执法大队14人，严厉打击“三小车”、黑车等非法营运行为。

【服务群众】 规范自产自销点管理，发放自产自销证529张，服务农户增收。先后与西项村、车站村等(村)社区以及浙江嘉日氟塑料有限公司等结成“四方红色”联盟，引入共建清单，项目化推进工作；狠抓“一员四岗”，落实民生服务，组织“迎接G20，人人讲文明——做文明有礼执法人”活动，G20杭州峰会期间组织队员参与西塘景区安保、担任公交车安全员、高铁南站平安志愿服务等活动，2名中层干部获嘉兴市保障重大国际峰会先进个人称号；开展“星期六义务劳动”“我耀我善”“情暖夕阳”等系列活动，组织爱老、助老行动7次，受益老人100余人，征集并兑现贫困学生微心愿56个。

【“两违”管控】 完善违法建设“打防控”工作机制，推进“无违建”县创建。狠抓“两违”整治，全年发现、查处、配合处置违法建设784起，拆除违法建筑面积102万余平方米，组织拆违、保护性施工等重大行动115次，53人在参与中心工作时受到人身伤害。

【服务中心工作】 抽调55人脱产驻点干窑镇，参与城乡环境专项整治。联挂生猪养猪重点村魏塘街道梁桥村，完成4家规模养殖大户生猪清零工作。助推“魏中村”等“城中村”和城郊接合部的市容环境整治；开展主要道路、主要航道及两侧环境整治，重点对320国道和红旗塘沿线等主要路段沿线河道商场、商城、商店进行综合整治，共开展各类整治行动478次，出动14200余人次，整治废品收购点、小烟囱等203处；严格落实“河长制”，完成对西塘镇三里塘至坟头港河道和梅家浜、岳家圩两条示范河道的54次督查。

7月18日，嘉善县综合行政执法局惠民中队队员为环卫工人送上冰镇绿豆汤和防暑用品。 (张黎瑶 摄)

【队伍建设】 定期召开支部组织生活会，开展批评与自我批评。召开4次季度思想政治工作例会，分析队伍现状，提出解决方法。开展“坚定信仰信念，保持党员本色”等3个专题的学习讨论。组织“两学一做”专题测试4次。组织6批次党员分别参观嘉善县域科学发展主题馆、倪天增故居、吴镇纪念馆、洪溪村高浜党员先锋站、姚庄村盛阿贵农运星火陈列室等党员教育基地。组织观看《永远在路上》《郑义门》等专题视频46次；做好干部人事档案材料补充认定归档工作，加强对优秀队员的组织考察和中层推优力度，公开选拔8名中层干部；制定落实《嘉善县综合行政执法局协管员管理办法(试行)》，对协管员的机构设置、工作职能、招录、日常管理、合同的签订和解除、福利待遇等进一步明确和规范。对2016年度新录用的40名协管员开展军事素质训练和相关业务培训。

【廉政建设】 制订局党委和领导班子成员“五份履职手册”，落实三书两报告，形成党风廉政建设主体责任痕迹化管理。定期检查，确保履职到位。全年检查3次，查找出履职情况记录不及时、不全面等问题5个，落实整改。创新廉政教育形式，开展以举行一次廉政考试、开展一轮谈心式纪律教育、上一堂廉政党课等“十个一”为内容的党风廉政宣教月活动。建设廉政长廊，举办廉政漫画和摄影征集评选活动，挑选8幅廉政漫画作品和25幅廉政摄影作品在廉政宣传走廊上展示。以至少“每周一查”的频率开展检查，完成“两违”“回头看”专项行动、一般程序行政处罚案件自由裁量权适用情况、三公经费等3项重点工作和重要时间节点的专项监督检查工作。邀请17名社会督察员参与监督，全年开展监督检查71次，发现和整改问题41处，下发通报9期。关心群众诉求，畅通信访渠道，2016年接到各类投诉、举报、咨询8953件，办结率100%。（陈　成）

交通管理

【概况】 2016年，嘉善县道路交通安全管理工作围绕服务“县域科学发展示范点建设”工作大局，以“治危保平安、治堵保畅通”为主线，以“控大防小”为核心，以打赢G20杭州峰会和世界互联网大会(乌镇峰会)两大交通安保工作为总目标，突出抓好“治危、治堵、治气”和“四项建设”等重点工作，有效保障全县道路交通安全、有序、畅通。全年发生上报道路交通事故136起，死亡32人、受伤139人，损失116517元，四项指数同比分别下降0.7%、持平、下降6.7%、上升15.3%。

【道路交通综合治理机制】 紧扣“平安建设”主题，结合嘉善县实际情况，以全力冲刺省平安县创建“十二连冠，夺金鼎”为目标，将道路交通事故防控体系建设、道路安全隐患排查治理作为全县安全生产重点，建立健全联动协作、综合治理、源头管控等长效机制。按照县政府转发县道交委《关于建立道路安全隐患排查治理长效机制的工作意见》等文件，明确年度工作重点和部门职责，确保各项措施落实到位。

【四(三)轮电动车整治工作】 4月14日，提请县政府召开县长办公会议，审议通过《嘉善县四(三)轮电动车整治工作方案》，在全县范围内部署开展四(三)轮电动车整治工作。5月，由辖区秩序中队采取联合走访、路面盘查、上门核查等方式，发送告知书，对车主身份、住址、厂址、品牌、厂商等详细信息进行逐一登记造册，排摸登记四轮电动车90辆、三轮电动车204辆。6月起，对违规上道路行驶的四(三)轮电动车实施处罚，警告23人、处罚23人。

【道路隐患排查整治】 结合省交管局《全省道路交通安全隐患排查治理专项行动工作方案》精神和公路交通安全防护工程工作要求，会同县安监局、县公路段督促相关部门对未整改完毕的隐患按照既定整改方案抓好整改落实。加强对大中型桥梁、隧道、急弯、临水、施工路段及安全设施不全等危险路段的常态化排查工作，确保隐患及时发现、及时整改。按时完成市级挂牌的县级道路交通事故多发点段(320国道K94+500M－K85)隐患治理。全年，排查安全隐患579处，完成整改465处，发整改通知函24份。

【城市交通秩序集中治理】 按照《“迎峰会讲文明·做文明有礼嘉兴人”行动方案》，巩固、深化城市治堵工作成效，开展城市交通秩序集中整治行动，采取早晚高峰定点护学、夜间流动巡违等措施，加大路段巡逻和路口管理力度，严查严处行人、非机动车闯红灯，行人过马路不走斑马线、车辆违法停车等违法行为，逐步实现全时段、全覆盖管控，提升行人、车辆守法率，改善城市道路交通秩序。全年，查处闯红灯23523起，违法停车64720起，非机动车违法载人2254起，非机动车在机动车道内行驶12256起。

【黄标车淘汰治理工作】 牵头制定全县黄标车淘汰方案，发挥领导小组办公室作用，密切县环保、交通部门协作联动，完善信息互通共享、联合执法、定时督查考评、每周进度通报、“一车一档”、“一车一策”等制度。立足公安交警职能，及时改造升级限行区域卡口监控数据采集系统，将黄标车、达到强制报废标准车辆数据导入黑名单系统。5月中旬，会同县环保局、县交通局组织骨干力量建立路面联合执法分队，每天安排6名执法力量开展黄标车违法整治周行动。全年，淘汰黄标车347辆，提前完成省定(327辆)淘汰任务。

【交通科技建设应用】 深入实施“科技强警”战略，投资370万元，实施9处路口电子警察、2个红绿灯升级改造、县城区红绿灯优化提升协调项目和机房扩容等建设，完成城区道路违停抓拍系统，推进交通管理方式由“人海战”向“传统＋科技”转变，打造“智慧交管”警务模式。

【交通事故快速处理机制】 完善"属地处警、疑难会商"事故处理机制，提升全员接处警专业化、规范化、信息化水平。全年，受理交通事故警情38417起，同比上升16.4%。发挥县交调委交通事故纠纷调解龙头主导作用，推进交通事故人民调解制度，加强与县司法局、县法院及基层调解组织的沟通协作，联调联动，优化交通事故接处警、调查处理、损害赔偿调解"一条龙"处理模式，提高交通事故处理水平和群众满意度。

【车驾管理改革】 以车管所等级评定为契机，推进便民惠民服务举措改革，在继续优化车管所大厅互联网业务办理窗口基础上，全部实现互联网自主约考，全面实现科目一、科目二、科目三、驾驶证申领流程网上约考服务。投入专项经费，对科目一考场硬件、软件进行改造，扩大考场容量，提升车驾管理业务规范、高效、便民综合实力。全年办理机动车注册登记汽车9281辆、摩托车696辆，办理机动车异地检验8951车辆，受理预约科目一考试24877人次，制发驾驶证20169本，全部网上预约科目一14544人次、科目二25069人次、科目三22788人次。

【春运道路交通安全管理】 2月13日—3月3日，精心组织、科学布警，细化各项管理措施，加大路面管控力度，确保春运道路交通安全、畅通。其间，出动警力7810人次，出动警车2250辆次，检查客运车辆1659辆，危化品运输车辆305辆，查处各类交通违法行为23716起，其中超速1073起、酒后驾驶21起、无证驾驶12起，违法停车1475起，应急疏导、分流车辆5000余辆次。全县发生上报道路交通事故5起，死亡0人、受伤8人，经济损失5200元，与上年同期相比分别上升25%、持平、上升60%、下降34.6%。

【交通安全宣传教育】 以"迎峰会，讲文明——做文明有礼嘉兴人"活动为载体，深化"五进"交通安全宣传活动，分5期开展"文明出行在嘉善"直播连播节目，扩大各类主题宣传活动社会影响力。强化农村老年人、新居民交通事故重点群体，采取送法上门、送法下乡，开展面对面的宣传教育。充分发挥农民信箱、村镇广播、集中案例警示等作用，提升群众安全意识。全年，在各类媒体上共刊播交通安全信息284条，"两微"发布信息788条，发送手机提示短信31万余条，文明劝导1.58万人次，发放各类宣传资料1.6余万份，公众微信关注人数突破1.1万人；累计教育新驾驶员1.75万人、教育满分驾驶员6204人、审验教育4818人。

（张云霞　毛佳伟）

卫生与计生

综　　述

2016年，嘉善县有各类医疗卫生机构167家，其中医疗机构159家、公共卫生机构5家[疾病预防控制中心、卫生监督所、妇幼保健计划生育服务中心、肿瘤防治所、急救中心(站)]、其他卫生事业单位机构3家(卫生财务核算分中心、卫校、中药加工场)。医疗机构中有县级医院4家、镇(街道)卫生院(社区卫生服务中心)9家、社区卫生服务站101家、民营医院6家(东方医院、枫南骨伤医院、嘉辰外科医院、五洲中西医结合医院、嘉辰医院、安平护理院)、其他医疗机构39家(包括门诊部、诊所、医务室)。全县医疗机构总人数3220人，其中卫生技术人员2745人[执业(助理)医师1000人、注册护士1016人、药师(士)204人、技师(士)132人、其他卫技人员393人]。全县有病床2093张，平均每千人拥有医生2.58人、护士2.62人、病床5.40张。

至年底，卫生计生系统在编职工1885人(卫生院552人)，其中卫技人员1755人(卫生院537人)。卫技人员中，研究生54人、本科生1185人、大专生378人、中专生98人、高中及以下40人。有正高职称44人、副高职称179人、中级职称578人、助级职称553人、员级363人、无职称38人。全系统离退休人员879人(其中离休12人)。

2016年，县公立医疗机构门急诊为370.11万人次，比上年减少0.65%；完成住院床日51.76万个，比上年增长18.36%。实现业务收入9.37亿元，比上年增长8.83%，其中县级医院7.95亿元，比上年增长11.66%；公立医疗机构净资产8.63亿元，比上年上升84.80%。

深化改革发展，扎实推进医疗卫生体制改革。探索建立基层首诊、双向转诊和分级诊疗就医制度，出台《嘉善县县镇村卫生一体化综合管理实施意见》。加强“智慧医疗”建设，全面实现县域公立医疗机构就诊卡一卡通，加强临床检验、影像、心电等区域会

7月25日，嘉善县开通全国首家县级12320健康热线。10月19日，县长祁海龙调研嘉善12320工作。　（冯群青　摄）

诊中心管理系统的应用。推进县“120”院前急救系统、银医通自助服务系统、远程视频会诊系统等项目。开通全国首家县级“12320”健康热线综合服务系统,在全国“12320”卫生热线工作会议上作经验介绍。嘉善“12320”健康热线“互联网平台”(APP)上线。

强化基础保障,基建项目顺利推进。完成姚庄医院新建、大云卫生院改造工程建设,惠民卫生院主体工程结顶。县一院、县三院二期工程如期开工,启动干窑卫生院新建工程,县中医院搬迁改造工程接近尾声。社会办医取得实效,引进优质医疗项目,优化合作办医机制,探索PPP(公私合营)模式引入社会资本,推动姚庄医院引进优质医疗资源。继续深化与上海、杭州对口支援合作,全面提升县级医院诊疗水平。“县级公共卫生重点实验室”“疾控科学发展示范基地”“公共健康协同创新中心”和“浙江大学公共卫生学院博士生社会实践基地”等项目稳步推进。聘用51名高校应届医学类毕业生,公开招聘39名卫技人员,公开招生(招聘)15名临床医学专业定向培养农村社区医生(本科层次)。开展各类医师规范化培训,加强重点学科建设和科研立项。恢复嘉善县卫生进修学校功能,组织开展护理学本科、护理专科招生培养工作。

提升服务质量,加强抗菌药物临床应用分级管理。6月1日起,嘉善县第一人民医院全面停止门诊静脉输注抗菌药物。继续开展改善医疗服务三年行动计划,提高医疗服务水平。结合G20杭州峰会、世界互联网大会(乌镇峰会)等安保要求,对各医疗单位安全工作反复开展检查,加强矛盾排查和调解工作。加强无偿献血工作,继续做好志愿者队伍建设,配合市血站做好街头采血工作,无偿献血占临床用血比例100%。开展基层卫生工作,制定出台《嘉善县推进责任医生签约服务工作的实施意见(试行)》。加强疾病防控工作,全年无甲类传染病报告、无突发公共卫生事件报告。开展县级慢性病综合防控示范镇(街道)和健康示范村(社区)创建工作。加强卫生监督工作,加大对公共场所、生活饮用水、医疗卫生等监督检查力度,开展医疗废弃物管理专项检查、校园卫生安全健康行动等,严厉打击非法行医违法行为。加强妇幼保健计划生育工作,落实妇幼公共卫生服务项目和计划生育技术服务工作。加强肿瘤防治工作,继续开展大肠癌早诊早治项目工作。加强爱国卫生工作,巩固各类创建成果,开展控烟和健康教育工作。加强精神病防治工作,加强重性精神病人管理,减少患者肇事肇祸案(事)件发生。加强计生服务工作,全县计划生育工作继续保持健康、平稳的发展态势,各项指标均达到目标管理责任书规定的要求。

强党建树新风,强化党性教育。开展“两学一做”学习教育活动和学习贯彻《条例》《准则》工作,发挥党委理论学习中心组和“善政学堂”示范带动作用,落实党委意识形态工作。严格执行领导干部个人重大事项报告等制度,组织开展“二级巡察”工作和“十查十看”专项行动,开展廉情约谈提醒。组织开展新任局管干部集体廉政谈话和任职演讲。严格党员发展程序,强化党员日常管理。制定党风廉政建设“两个责任”四本履职手册。领导班子成员严格落实“一岗双责”,严格履行“第一责任人”职责。围绕全国文明城市创建工作,以“善文化”为核心,开展市级文明单位、美丽机关创建工作,成功创建为市级文明单位。开展“善医先锋”“爱在善医2.0版”等党员志愿服务项目,“爱在善医”项目先后获得全省、全国志愿服务项目大赛银奖。

(冯群青)

医　　院

【概况】 至年底,全县有公立医院4家,总核定床位1200张。嘉善县第一人民医院为三级乙等综合医院,核定床位600张;嘉善县第二人民医院为二级乙等综合医院,核定床位200张;嘉善县中医医院为二级甲等中医综合医院,核定床位250张;嘉善县第三人民医院为二级甲等精神病专科医院,核定床位150张。民营医院6家,其中综合医院2家、专科医院3家、护理院1家,总核定床位438张,均未等级评审。嘉善东方医院按照二级综合医院建设,核定床位130张;嘉善枫南骨伤医院,核定床位40张;嘉善嘉辰外科医院,核定床位58张;嘉善五洲中西医结合医院,核定床位50张;嘉善安平护理院,核定床位50张;嘉善嘉辰医院,按照二级综合性医院建设,核定床位110张。

【医院基本建设】 12月26日,县一院二期工程奠基开工建设,计划建设工期 3 年，总建筑面积 21487.04 平方米（含地下 3604 平方米），设计地上 10 层、地下 1 层及连廊（与一期病房楼和后勤楼连通），设计床位数 400 张。三期建设工程列入 2015 年度政府投资项目前期计划，建筑面积 30000 平方米，项目总投资 15000 万元，用地面积 1.78 公顷（26.64 亩）。县二院异地建设项目，占地面积 4 公顷（60 亩），总建筑面积 45800 平方米，项目估算投资 27000 万元。中医院搬迁改造工程进入最后施工阶段；县康慈医院二期工程 11 月开工建设。

【医院业务建设】 推进“双下沉、两提升”工程，提升县级医院技术和管理水平。县第一人民医院肿瘤外科与上海中山医院普外科，泌尿外科与上海仁济医院泌尿外科开展医疗合作；依托省民进医卫专家在县第二人民医院建立的工作站，省邵逸夫医院继续对县第二人民医院提供技术支持，2016 年与上海新华医院心内科开展技术合作；县中医院疼痛科与上海龙华集团下属医院疼痛科开展合作；县第三人民医院与上海精神卫生中心继续协助医院建设，派遣专家支援县第三人民医院；省肿瘤医院与县第一人民医院继续推进合作医院建设，12 月，省肿瘤医院与县第一人民医院续签协作，每周安排 6 个学科专家，在县第一人民医院开展技术支持，建立嘉兴市第一个省级名医工作站——葛明华教授工作站。省立同德医院结对帮扶县第三人民医院，推进“浙江省精神卫生中心嘉善县分中心”建设；嘉兴市级医院与各县级医院开展多形式的结对帮扶工作。县急救站（急救指挥中心）设立于县公共卫生中心，下设县第一人民医院、县第二人民医院、县中医院、嘉善东方医院等 4 家院前急救网络医院，2016 年，完成“120”急救车移动医疗系统建设。加强指挥调度、绩效考核信息化管理，完善接线员考核制度、院前急救网络医院考核制度、院前急救人员操作规范等内部管理机制。

【人才教育培养】 开展省、市级医学继续教育工作。2016 年，全县成功申办省级继续教育 4 期，市级继续教育 12 期，培训人员 1700 余人。对全县在岗医生进行过敏性休克处置原则（理论考试）及呼吸道梗阻时环甲膜穿刺术（实践技能操作）培训与考核，全县 1047 名在岗医生全部进行培训考核，合格 1045 人。推选优秀青年医生到省内外三甲医院进修培训，选送进修人员 40 人，短期培训 80 余人次。

【主要成果】 2016 年，在省、市级科研项目中立项 10 项；在嘉兴市 2016 年度科学技术奖中，取得 3 个奖项，其中嘉善第一人民医院曾振华“经皮穿刺双极靶点双频治疗腰椎间盘突出症的临床研究”获 2016 年度嘉兴市科学技术奖二等奖。通过上海、杭州等医院帮扶、合作，全县医务人员接受先进诊疗技术和前沿医学知识再教育渠道进一步拓宽，医疗技术人员整体素质、县级医院整体诊疗能力提升。县级医院能较好开展内镜下胃肠道肿块切除、腹腔镜下肾肿块切除、胸腔镜肺癌切除术、颈淋巴清扫术、腔镜结肠癌根治术、甲状腺经皮穿刺活检等多项高难度新诊疗技术，县区域内职工医保和合作医疗住院比例明显增加。 （周高明）

社区医疗与卫生院

【概况】 2016 年，全县有街道社区卫生服务中心 3 家，镇卫生院 6 家，社区卫生服务站 101 家。甲等卫生院 3 家，分别为陶庄镇卫生院、姚庄镇卫生院、天凝镇卫生院。在岗人员 845 人，其中社区卫生服务中心 257 人、镇卫生院 588 人。

【卫生院基本建设】 惠民卫生院主体工程结顶，大云卫生院改造工程于 11 月竣工并投入使用；姚庄医院主体工程完工，进行项目验收；干窑卫生院异地新建工程进入工程招标。继续推进县镇医疗合作，从管理、技术、人才等多方面结对合作，县第一人民医院和魏塘街道社区卫生服务中心、姚庄镇卫生院、干窑镇卫生院结对合作；县第二人民医院和陶庄镇卫生院、西塘镇卫生院结对合作；县中医医院和罗星街道社区卫生服务中心、惠民街道社区卫生服务中心、大云镇卫生院、天凝镇卫生院一体化结对合作。根据省市统一部署，从 1 月 1 日起，需要转诊的疾病暂时减少为高血压和糖尿病，进一步完善分级诊疗工作。2016 年，完成区域医学影像系统、心电会诊系统信息化建设，逐步实现县域内相关临床诊断资源共享。完成区域消毒供应中心建设前期调研工作，起草实施方案。

【人才培养】 推进中医适宜技术培训活动，通过集中培训、分批培训、手把手培训等多种形式推进中医适宜技术，开展中医适宜技术培训班9期，培训500余人次，全县基层医疗机构中医非药物治疗5.7万余人次。 （周高明）

地方病防治

【概况】 2016年，嘉善县坚持"预防为主、防治结合"的工作方针，完善"政府主导、部门协作、社会参与"工作机制，倡导依法防治、科学防治、创新防治，顺利通过消除疟疾考核评估和消除碘缺乏病考核评估，巩固地方病防治成果。

【血吸虫病防治】 2016年春、秋两季，全县投入2759工，查螺117个村、1764条块、1257550平方米。在惠民街道枫南村查到1个螺点，有螺面积约2000平方米，对捕获的1400只钉螺全部进行解剖，无阳性钉螺。对惠民街道枫南村螺点开展灭螺及巩固性灭螺工作，投工204工，灭螺及巩固性灭螺24600平方米，使用灭螺药物氯硝柳胺400千克。开展病情监测，门诊监测疑似血吸虫病病人501人，血清学阳性5人；输入传染源监测1349人，血清学阳性1人；对惠民街道枫南村300人进行血吸虫病监测，未发现血清学阳性。对嘉善县和平湖市血吸虫病血清学阳性者及新申请晚血内科救助人员开展大便孵化工作，检测50人份，未查到血吸虫虫卵和毛蚴。开展晚期血吸虫病人内科治疗救助项目工作，全年新申请晚期血吸虫病人6人、死亡12人，在册管理晚期血吸虫病人104人。组织在册晚期血吸虫病人进行健康体检，体检95人。加强血防联防，12月22—23日，组织召开第三十八次沪、苏、浙八县（市、区）血（寄）防联防业务交流会。

3月3日，嘉善县维持血吸虫病消除状态工作代表浙江省接受国家复核。 （冯群青 摄）

【疟疾防治】 开展对疟疾、疑似疟疾、不明原因发热病人血检疟原虫门诊监测，全年监测888人，未发现疟疾病人。在"全国疟疾日"前后开展宣传活动，举办疟疾防治技术培训班，开展疟疾防治督导。做好消除疟疾工作，通过市级消除疟疾路径分析和验证工作。

【丝虫病防治】 2016年初，尚存慢丝病人225人。全年新增1人、死亡20人，各镇（街道）血防专管员和内科医生对辖区内213名慢丝病人进行随访，另有6人常住外地，2人失访。

【碘缺乏病防治】 开展碘缺乏病病情监测工作，对车站路小学、泗州小学、惠民中心小学、干窑中心小学、西塘中心小学等5所小学2～4年级（8～10岁）学生进行甲状腺肿大检查、尿碘、盐碘检查。检查学生208人，未发现甲状腺肿大学生；学生尿碘中位数115.8微克/升，盐碘中位数23.5毫克/千克。在魏塘街道、罗星街道、惠民街道、干窑镇、西塘镇对103名孕妇进行尿碘、盐碘监测，尿碘中位数102.8微克/升，盐碘中位数23.4毫克/千克，并进行健康教育知识问卷调查。与嘉善县妇计中心合作，收集新生儿甲低筛查TSH结果、甲低筛查复检的新生儿甲功和抗体检测结果、新生儿出生时身高和体重4789人。每月1次对盐业加工厂全定量监测，合格率100%。

【布鲁氏菌病防治】 加强对重点人群监测，对44家牛羊养殖户的100名从业人员开展布鲁氏菌病监测，未发现虎红平板凝集试验为阳性。加强对畜禽养殖从业人员和医务人员相关知识培训，针对性开展健康教育工作。

（李　晨）

肿瘤防治和精神疾病防治

【概况】 2016年，嘉善县肿瘤防治所编内卫技人员8人，编外人员6人，重点开展全县恶性肿瘤发病和死亡及全死因监测、恶性肿瘤随访管理、大肠癌早诊早治筛查工作。3月28日，嘉善县康慈医院更名为嘉善县第三人民医院。医院在岗职工110人，其中在编职工52人。全年，全县登记在册确诊严重精神障碍患者2095人，严重精神障碍患者管理率54.1%（按户籍人口），其中住院171人、社区随访管理1924人。规范管理的严重精神障碍患者1371人，规范管理率65.4%。2016年，县第三人民医院被命名为“2015—2016年度嘉兴市文明单位”，第三次获嘉善县“善心单位”称号，精神科被授予“浙江省巾帼文明岗”称号，“绿丝带”健康讲师团被授予嘉善县第三届十佳“善美团队”称号。

【肿瘤监测】 2016年，全县新发恶性肿瘤1926例，粗发病率495.94/10万，其中男性新发肿瘤991例（518.34/10万）、女性935例（474.22/10万），男女性别比1.06∶1。发病前十位依次为肺癌、结直肠癌、甲状腺癌、乳腺癌、肝癌、胃癌、脑肿瘤、胰腺癌、前列腺癌、食管癌。甲状腺癌、前列腺癌、宫颈癌发病率上升明显，甲状腺癌成为女性第一位恶性肿瘤。全县肿瘤死亡891例，死亡率229.43/10万，其中男性肿瘤死亡580例（303.36/10万）、女性311例（157.73/10万），男女性别比1.86∶1；死亡前十位依次为肺癌、肝癌、结直肠癌、胃癌、胰腺癌、食管癌、白血病、脑肿瘤、乳腺癌、膀胱癌。恶性肿瘤死亡发病比0.46∶1。

【死因监测】 2016年，全县居民死亡2950人，死亡率759.61/10万，死因前十位依次为恶性肿瘤、呼吸系统疾病、脑血管病、心脏病、损伤与中毒、糖尿病、精神障碍疾病、消化系统疾病、神经系统疾病、泌尿系统疾病。其中男性死亡1591人，死亡率832.16/10万，男性死因排名前三位与男女合计死因排位相同，依次为恶性肿瘤、呼吸系统疾病、脑血管病；女性死亡1359人，死亡率689.26/10万，死因排名前三位也与男女合计死因排位相同，依次为恶性肿瘤、呼吸系统疾病、脑血管病。

【人均期望寿命】 2016年，嘉善县居民0岁组人均期望寿命82.59岁，其中男性80.38岁、女性84.85岁，比2015年略有上升。

【大肠癌早诊早治项目】 至8月23日，为期9年的嘉善县第一轮大肠癌早诊早治筛查全部完成。8月15日启动第二轮大肠癌早诊早治筛查。2016年，完成电子肠镜检查5393人，检出各种大肠疾病1732例，检出率32.12%，其中检出大肠癌39例（早期癌22例）、各类大肠息肉1668例（腺瘤1386例、非腺瘤性息肉282例），对大肠癌、大部分息肉病例及时治疗。

（李其龙）

【重性精神疾病管理】 根据省市精防办严重精神障碍患者管理治疗项目实施要求，实现全县在册管理精神障碍患者诊断复核评估。落实两月1次严重精神障碍患者管理治疗项目工作督导制度，落实每季1次全县二级精防医生例会制度。完善全县在册管理精神障碍患者计算机信息化管理和规范化随访，实现与国家卫计委严重精神障碍患者信息化管理系统对接交换。做好G20杭州峰会、世界互联网大会（乌镇峰会）安保工作和全县肇事、肇祸精神病人管理工作，全县年内无肇事肇祸事件发生。对在随访管理中发现的危险性行为评估三级以上（含三级）、严重药物副反应及急性肇事肇祸行为的患者落实应急处置，全年实现应急处置38例。落实贫困精神残疾人服用基本抗精神病药物费用全额保障工作，落实在册管理的严重精神障碍患者社区管理医疗补助，由县综治办牵头，县公安局、县民政局、县残联、县财政局、县卫生计生局等参与，启动“以奖代补”政策工作，落实“以奖代补”监护责任实施意见并制定实施办法，全年累计申报人数532人。

【精神卫生知识教育】 加强对参与项目的社区干部、民警、社区责任医生和病人家属等相关人员培训。先后邀请上海精神卫生中心、省卫计委疾控处、省立同德医院等多位专家就精神障碍防治项目相关专题培训4期。向社会大众有效开展精神卫生知识健康宣传教育，以“精神卫生日”“世界睡眠日”等卫生日为主题，开展宣传、义诊、咨询活动16场，发放宣传资料2000余份，与县电视台合作录制健康教育宣传节目4期。结合精神卫生法，普及精神防治知识，开展“走进社区”大型授课活动17场。

【精神残疾鉴定】 全年开展4次精神残疾鉴定工作，接待279人次，办理263人次，符合条件办理精神残疾证人员212人次、智力残疾证人员51人次。（董　琼）

妇幼保健

【概况】 2016年，全县户籍活产3081人，孕产妇死亡率0/10万，围产儿死亡率3.24‰，新生儿死亡率1.30‰，婴儿死亡率1.95‰，5岁以下儿童死亡率3.25‰。孕产妇系统管理率95.29%，建册率100%，住院分娩率100%，新法接生100%。7岁以下儿童保健管理率99.29%，3岁以下儿童系统管理率98.34%。省外新居民活产2642人，孕产妇建册率138.00%（建册3646），保健管理率114.57%，0～6岁新居民儿童保健管理率95.00%。

【妇幼重大公共卫生服务项目】 继续实施农村孕产妇住院分娩补助项目，2015年10月—2016年9月，累计补助448人22.40万元。增补叶酸预防神经管缺陷项目，新增服用1999人，叶酸服用率100%，依从率96.50%，知晓率99.20%。农村妇女“两癌”检查项目，完成国家任务宫颈癌检查2054例、乳腺癌检查400例、省任务宫颈癌检查1800例、省任务乳腺癌检查1443人，癌前病变11例，乳腺癌2例，早诊率84.62%。县宫颈癌检查36500人、乳腺癌检查39601人，癌前病变33例，宫颈癌、乳腺癌11例，早诊率75.00%。预防艾滋病、梅毒和乙肝母婴传播项目，婚检、孕产妇HIV抗体检测19162人次，检测率99.92%，艾滋病病毒抗体阳性1人。初次产前保健中检出梅毒感染孕妇46人，乙肝表面抗原阳性孕妇255人。住院分娩梅毒感染产妇26人，乙肝表面抗原阳性产妇186人。开展艾滋病、梅毒和乙肝免费筛查，全年筛查8004人，补助费用22.41万元。

【免费婚前医学检查】 全年为6432人提供免费婚前医学检查，检查率99.14%，检出疾病514人，患病率7.99%。对影响婚育疾病的12人提出医学指导意见，占婚前医学检查人数的0.19%。

【三项筛查】 新生儿听力筛查4757人，筛查率99.77%，听力障碍率7.97‰。新生儿疾病筛查4753人，筛查率99.69%，确诊先天性甲状腺功能减退症2人、苯丙酮尿症0人、葡萄糖-6-磷酸脱氢酶（G6PD）缺乏症9人。4月底开始29项遗传代谢病筛查，增加新生儿疾病筛查病种。嘉善户籍产妇产前筛查2927人，筛查率96.16%，产前诊断人数1450人，产前诊断确诊异常4人。继续实施新生儿疾病筛查免费项目，免费新生儿四病筛查2661人、听力筛查2661人。

【母婴保健专项技术服务】 对获得母婴保健技术服务执业许可证的单位进行检查。进行母婴保健技术服务人员考核合格证书、母婴保健专项技术服务执业许可证发证、换证工作。进行产科质量检查，剖宫率36.03%，本地孕妇剖宫产率43.86%。按要求免费签发4948本出生医学证明，发证率103.97%，当年出生当年发证率96.03%，废证率0.21%。加强对爱婴医院的督促和管理，全县6个月内婴儿母乳喂养率93.57%，纯母乳喂养率62.80%。为新居民孕产妇建立围产保健册4978份，早孕建册率为40.90%。

【计划生育技术服务】 进行计划生育技术服务质控检查，全年各项节育手术14609例（不包括中期引产142例），并发症发生率11.6367/万。

【妇女健康促进工程】 全县妇女常见病筛查79846人，筛查率59.93%，其中免费检查64426人，患病率41.16%。（唐永勤）

疾病预防与控制

【概况】 2016年，嘉善县疾病预防控制中心以“疾控科学发展示范基地”“县级公共卫生重点实验室”“慢性病综合防控示范镇”建设等重点工作为载体，着力提高突发公共卫生事件应急能力、慢性病综合防治能力及实验室检验检测能力建设。疾病预防控制中心现有在编卫技人员34人，设办公室（城乡办、质管办）、传防科（应急办）、艾结科、健教科、地病科（卫生监测科）、慢病科、检验科。中心实验室有仪器设备218

件，1300 万元，仪器设备 A 类配置率 97%、B 类配置率 94%；A 类检验项目 112 项，开展率 95%，B 类检验项目 51 项，开展率 84%。与上海市疾控中心签署"县级疾病预防控制中心能力提升示范合作项目"协议。课题"致泻大肠埃希氏菌毒力基因多重荧光 PCR 检测方法研究"被省疾控中心立项为省重点实验室开放课题；县级科研项目立项 8 项。发表论文 8 篇，合作发表 SCI 论文 2 篇。举办国家级继续教育培训班 3 期。全年，报告法定传染病 15 种 4564 例，报告发病率 775.20/10 万，报告死亡 3 例；甲乙类传染病报告 9 种 1219 例，报告发病率 207.05/10 万，丙类传染病报告 6 种 3345 例，报告发病率 568.15/10 万。

【肠道传染病防控】 开展肠道门诊、外环境、食品与从业人员霍乱监测。全年检测各类样品 14777 份，其中从业人员健康体检大便 11056 份、肠道门诊大便 3460 份、外环境水源 216 份、各类水产品食品 31 份、公共厕所大便和苍蝇 14 份，未检出霍乱弧菌。全年报告手足口病 2662 例，占丙类传染病的 79.58%，报告发病率 452.14/10 万。报告 3 例重症病例，无死亡病例报告。

【蚊媒传染病防控】 4—10 月，全县各镇（街道）每月开展登革热蚊媒监测，县疾控中心开展疫情风险评估和监测质量督导，纳入年终考核。4—10 月，全县成蚊平均密度 10.57 只/人·小时（最高 7 月，23.25 只/人·小时；最低 4 月，0 只/人·小时）；平均布雷图指数 26（最高 6 月，84.5；最低 4 月，2）。

【人感染 H7N9 禽流感防控】 县疾控中心在禽类养殖场、家庭养殖和农贸市场等场所开展 H7N9 禽流感病毒外环境监测采样，外环境标本 97 份，职业暴露人群样品 15 份，检测发现有 5 份外环境样品为 H7N9 核酸检测阳性。指导阳性农贸市场规范消毒，配合相关部门做好阳性市场重启评估，开展全县疫情风险评估。

【免疫规划】 2016 年，全县 11 家预防接种门诊累计接种 11 种免疫规划第一类疫苗 137625 剂次。县疾控中心指导各接种门诊按照"知情、自愿、自费"规范开展第二类疫苗接种，全县累计接种 13 种二类疫苗 44971 剂次（狂犬病疫苗除外）。完成免疫规划实践教学基地教学实践，通过实践考核上岗 19 人。完成脊灰疫苗免疫策略转换，及时回收销毁 t—opv疫苗。升级全县疫苗用冷链监测报警系统，实现全县疫苗储运冷链设备具备全天候监测和报警功能。开展春秋季麻疹疫苗集中式查漏补种，补种麻疹成分疫苗 885 剂次，完成初三学生麻风疫苗加强免疫 3694 人、大一新生麻风疫苗接种 2010 人和医务人员麻风疫苗接种 36 人。报告麻疹风疹疑似病例 21 例，实验室确诊麻疹 8 例、风疹 1 例，排除 12 例。通过国家 AEFI 监测系统报告 AEFI 病例 120 例，其中一般反应 83 例、异常反应 34 例、偶合症 3 例。

【结核病防治工作】 全年转诊可疑结核病人 1044 人，转诊到位 918 人；网络直报 1081 人，重卡 36 人，到位 995 人。登记活动性肺结核病人 229 例，较上年同期上升 0.88%，新涂阳病人 78 例，较上年同期上升 2.63%，外省户籍病人 124 人，占总病人数 54.39%。项目满 1 年初治涂阳病人治愈率 85.53%（65/76），复

5 月 11 日，嘉善县脊灰疫苗免疫策略转换工作代表国家接受世界卫生组织（WHO）专家考察。 （县卫生计生局 提供）

治治愈率50.00%(7/14),总治愈率80.00%(72/90)。全县累计登记MOR-TB可疑者99例,培养99例。发现新的耐药病人4人。全面推行DOTS,治疗覆盖率100%,满疗程系统管理率100%(227/227),新涂阳治愈率85.52%(65/76)。落实免费政策及政府补助,联合县红十字会开展关爱活动。免费检查初诊病人870例,减免检查费用36852元。新增抗结核散药免费政策,减免散药药品费用17822元。对全县结核病病案系统登记的辖区内户籍人口及流动人口涂阳肺结核病人发放补助43800元。创新性开展糖尿病病人结核病筛查工作,筛查8249人,发放自制宣传折页1万多份,发现并转诊疑似病例10例,确诊3例糖尿病合并结核病病例。

【艾滋病防控】 2016年,重点人群艾滋病抗体检测70962人次,较上年增长15.89%,发现阳性感染者30例。其中开展暗娼干预12580人次,检测1050人次,未发现阳性感染者;男男干预339人次,检测145人次,发现6例HIV阳性感染者;强化流动人口干预,覆盖流动人口103544人次,检测3088人次,未发现阳性感染者。管理病人107例,其中镇、街道管理81例。对105例病例进行规范抗病毒治疗,全年新增29例治疗病人。对HIV感染者配偶或性伴按要求定期进行HIV抗体检测,检测配偶21人,发现阳性感染者2例。10家艾滋病快速检测点检测HIV抗体8499人次,发现快速检测阳性2例,后确证为HIV感染者。开展12月1日“世界艾滋病日”系列宣传活动,嘉善电视台《健康执行》栏目制作“艾滋病专题”节目2期,报社登载艾滋病宣传文章1篇,通过中国移动发送“艾滋病宣传短信”4万条,在大润发广场和嘉善信息技术工程学校开展大型舞台演出宣传艾滋病知识等。完成梅毒、麻风病中期评估工作。开展嘉善县性病门诊规范化诊疗服务省级试点项目。

【食品风险监测】 全年采集食品风险监测样本800份,达到1.35件/千人口。食源性疾病监测报告病例549例,采集样本374份,检出食源性致病病原体91例。向县政府上报年度食品安全风险监测工作风险隐患提示。联合有关部门开展“全民营养周”系列活动及“学生营养日”宣传活动。在干窑镇开展营养干预试点工作。

【慢性病管理】 5月,启动嘉善县慢性病综合防控示范镇(街道)和健康示范村(社区)创建工作,全县9个镇(街道)和51个村(社区)提出创建申请。投入经费368.4万元,新建健康主题公园1个,大型户外广告牌10块,健康长廊31条,健康步道38条,健康自助检测点50个,健康教育视频播放设备38套,培训健康生活方式指导员965人。6月16日—9月23日,组织开展首届“万步有约”职业人群健走激励大奖赛(嘉善赛区),111人参加,万步率96.65%。2016年,全县新发糖尿病1492例,年发病率384.98/10万;新发脑卒中1750例,年发病率451.56/10万;新发冠心病急性事件182例,年发病率46.96/10万。对2002—2015年报告的糖尿病、冠心病急性事件、脑卒中、恶性肿瘤病人开展随访工作。组织开展一年两次的漏报调查。开展三年一次的居民漏报和成人行为危险因素监测。年末,全县在册高血压病人50416人,管理42962人,规范管理26326人,规范管理率61.28%;糖尿病病人在册14888人,管理

6月16日至9月23日,开展为期100天的首届“万步有约”职业人群健走激励大奖赛(嘉善赛区)工作。 (县卫生计生局 提供)

11003 人，规范管理 6767 人，规范管理率 61.50%。继续开展“重点慢性病防治首席医生制”，全年县级首席医生开展活动 108 次，首席医生出席 125 人次，服务群众 5363 人次。作为全省三个监测点之一，开展糖尿病患者动态监测和管理效果评估。对所有管理糖尿病患者免费提供一次空腹血糖、糖化血红蛋白、血脂检测，完成 7950 例患者的检测及并发症采集。（徐东升）

8 月 6 日，卫生监督员在天凝某企业监测点开展生活饮用水采样监测。（谢春苗 摄）

卫生监督

【概况】 2016 年，审批发放行政许可事项 1055 件，受理并调处群众来电来访等投诉举报 44 起。围绕 G20 杭州峰会、世界互联网大会（乌镇峰会）、全国文明城市创建等中心工作，加大医疗机构、公共场所和生活饮用水卫生监管力度，实施卫生监督检查 7500 余户次，监测各类样品 487 份。开展各类专题培训 13 期次，受训 483 人次。受理立案行政处罚案件 42 起（包括 3 起移送公安机关案件），结案 37 起，其中一般程序案件 36 起、简易案件 1 起，罚没金额总计 28.57 万元。涉及医疗卫生监管 30 起，处罚金额 19.50 万元；涉及公共场所卫生 7 起，处罚金额 6.43 万元。由县卫生监督所承办的 1 件公共场所行政许可案卷被评为嘉善县 2016 年度优秀行政执法案卷一等奖。

【生活饮用水监管】 开展集中式供水单位与二次供水单位专项监督检查与抽检，每季对集中式供水单位进行 1 次检查。全年抽检出厂水 4 份，均合格；管网水 38 份，1 份不合格；二次供水单位 10 份，均合格。新增罗星街道南门社区、西塘镇大舜社区为社区生活饮用水卫生检测示范项目点。每月检测 1 次，监测结果当场公示于社区公示栏。

【医疗机构监管】 开展母婴保健技术服务机构、疫苗接种管理、医疗机构院内感染、口腔诊疗机构、传染病防控等专项监督检查工作及监督抽检工作。对辖区内各类医疗机构检查实施全覆盖。

【打击非法行医】 全年查处非法行医窝点 92 个，在打击非法行医过程中，立案处罚 30 起，罚款金额 19.50 万元，没收违法所得 2.64 万元，收缴药品器械收缴药品器械 2190 千克，折合人民币约 12 万余元。

【职业健康检查】 开展职业健康检查服务专项治理行动，职业健康检查 20509 人（按危害因素种类统计），检出职业禁忌人员 247 人，发现疑似职业病人 21 人，确诊职业病病人 10 人。

【其他重点卫生监督】 继续推行公共场所卫生监督量化分级管理，开展住宿场所、美容美发场所、沐浴场所、集中式空调通风系统使用单位、商场、影剧院及音乐厅、体育场馆、候车室等公共场所重点监督检查工作、开展游泳场所夏季保健康专项行动，完成春节、国庆等假日期间公共场所卫生专项检查。开展消毒产品和餐饮具集中消毒监督检查和抽检。开展放射卫生监督检查工作。开展校园卫生安全健康行动，对全县 41 所中小学校教学环境进行监督监测，覆盖率 100%。做好病媒生物预防控制服务单位备案工作。（钟慧敏）

人口与计划生育

【概况】 2016 年，全县计划生育工作继续保持健康、平稳发展态势。出生上报 3511 人，其中一孩出生 2281 人，二孩出生 1211 人，多孩出生 19 人。计划外出生 25 人,计划生育率 99.29%,自然增长率 1.53‰,总和生育率 1.402。婚前医学检查率 99.14%,孕前优生检测率 89.68%,出生人口性别比 107.13,各项指标均达到目标管理责任书规定的要求。

【责任制落实】 坚持党政领导"一把手"亲自抓、负总责,做到责任到位、措施到位、投入到位。改革考核指标体系,以推动人口均衡发展为目标,将出生人口性别比治理纳入考核。县政府与 9 个镇(街道)、12 个相关部门,各镇(街道)分别与村(社区)、机关部门和企事业单位签订目标责任书。严格执行"一票否决"制度,全年审核拟推荐先进集体或个人 56 批次,涉及 510 个集体(单位),否决 1 个,先进个人(荣誉)涉及 2986 人,否决 2 人。

【法治计生建设】 强化依法行政,做好政策实施前后社会抚养费征收、再生育审批等相关制度衔接。全年发出告知书 9 份,作出社会抚养费征收决定书 7 份,申请法院强制执行 11 份,再生育审批 83 例。加强出生性别比治理,各镇(街道)开展"两非"排查 22 次,查处医疗机构非法引产手术案件 1 起,因非法进行计划生育手术罪被起诉 1 人。强化流动人口服务管理。

【计划生育家庭奖励扶助】 全面落实计划生育家庭奖励扶助政策,完善各项监督机制。全县奖扶对象 11193 人、特扶对象 848 人,奖、特扶两项合计所需扶助金额 1813 万元。为 16 户计生特殊家庭发放公益金 6.4 万余元,为 17 名后遗症病人提供免费治疗和公益金 9.1 万余元。为 597 户计生特殊家庭建立一户一档动态信息档案。完善县、街道(镇)、村(社区)三级联系人制度,通过走访、电话等多种方式及时掌握联系对象生活困难、思想动态和实际需求,帮助排忧解难。

【科学育儿指导】 夯实各镇(街道)"三优"指导中心作为家庭科学育儿指导服务主渠道的基础,准确把握主要环节,规范有效推进,"三优"指导中心建设实现全覆盖,其中省级示范点 3 家,大云镇按省级示范点标准建设中。镇、街道定期开展优生、优育、优教类培训活动和公益讲座,接受各类咨询服务 20865 人次,举办新婚、孕妇培训 3429 人次,0～3 岁婴幼儿抚养人培训 12300 人次,上门随访服务 3300 多人次,摄影大赛、亲子运动会等宣传活动参与 1188 人次。西塘镇、姚庄镇"三优"中心运作得到上级认可和推广,接待县外兄弟单位参观调研 8 批次 140 余人。

【队伍建设】 加强机构改革和生育政策调整下的计生队伍建设,配足配强镇(街道)、村(社区)计生工作人员,全县 9 个镇(街道)有计生办人员 49 人,其中公务员 11 人,确保计生办公务员不少于 1 人。各镇(街道)妇幼保健计划生育服务站有专人从事原计生技术服务,全县 154 个村(社区)配备村级计生服务员 268 人,并确保人员报酬落实。提高计生队伍职业化水平,组织参加省基层卫生计生干部素质提升培训班 2 期 50 人,市、县级业务类培训 6 期 230 人。 (孙 丽)

爱国卫生运动

【概况】 2016 年,嘉善县爱国卫生工作以卫生创建为龙头,开展环境治理、病媒生物防制、健康教育等工作,加强动态管理,保证创建质量。全年创建卫生单位 11 个(省级 1 个、市级 3 个、县级 7 个)、卫生村 6 个(省级 3 个、市级 3 个)、爱国卫生示范单位 4 个、示范食堂 3 个、无烟单位 10 个(市级 4 个、县级 6 个),罗星街道通过省级卫生街道复审。结合 G20 杭州峰会,开展主题为"灭蚊防病,健康你我"爱国卫生月活动,全县清除垃圾 6267.5 吨,清除乱张贴 21275 张,清除病媒生物滋生地 1362 处,治理脏乱面积 494382 平方米。

【病媒生物防制】 开展县城区公共环境病媒生物防制社会化服务。制定实施方案和监督考核标准,委托 PCO 公司在县城区内公共环境病媒生物消杀,在重点场所投放毒鼠屋 2000 只、诱蝇笼 2000 只,并进行管理。举办病媒生物防制培训班,56 人参加。开展镇级鼠类密度控制水平 C 级和蟑类密度控制水平 C 级达标考核工作,做好四害密度监测工作。

【改水改厕】 全面实现城乡供水一体化,自来水普及率及合格率均 100%,对乡村农户实施生活污水治理工程,提高无害化改厕质量和无害化处理率,农村卫生厕所普及率 99.60%。无害化卫生厕所普及率 97.63%。

【健康宣传教育】 继续推进健康促进学校创建工作,4 所学校通过健康促进铜奖学校考核,12 所学校申报创建健康促进学校(其中银奖 8 所、铜奖 4 所)。继续开展无烟单位创建工作,世界无烟日前夕对全县无烟单位进行暗访督查。开展“百场健康教育课进社区”活动、居民卫生防病知识调查、嘉善县居民健康素养监测工作,在高铁手册上进行疾控防病知识宣传。在嘉善电视台开设《健康知行》专栏,全年播放 26 期。5 月,“嘉善疾控”微信公众号上线,通过微信平台举办“预防接种知识有奖竞答”“世界糖尿病日有奖竞答”活动。继续做好健康教育资料制作与发放工作,印制各类折页、传单等 19 种 39.6 万份,印制各类宣传画 11 种 1.75 万份;分发《健康博览》等各类健康书刊杂志近 5000 本、健康画报近 20000 份、各类健康教育折页传单等 30 多万份。10 月 9 日,举办首届健康教育技能比武大赛,全县 13 支代表队 39 名选手参加。10 月 21 日,举办健康教育演讲比赛,联合县卫计局、罗星街道开展为期 2 个月的健康生活方式宣传活动,与电影公司协调,联合开展“送电影送健康下乡”活动,提升居民卫生健康意识。嘉善县疾控中心被中华预防医学会授予“国家科技支撑计划课题科普示范基地”。 (王　燕)

红十字会工作

【概况】 2016 年,县红十字会通过开展结对困难学生、慰问器官捐献者家属、“博爱助医”、“口福天使”等项目,累计支出款额 86.3 万元。开展宣传工作,及时报道红十字会工作动态,拓宽急救知识普及面。

【红十字会救助】 联系嘉兴星程电子有限公司,结对帮困嘉善高级中学贫困学生 1 人,向其捐款 5000 元;做好“红十字博爱送万家”活动,向 25 户贫困家庭送去慰问款物 25000 元;关爱器官捐献家属,向 2 名器官、眼组织捐献家属分别送去慰问金 10000 元。为 2014 年人体器官捐献者郑关菊的孩子争取助学金 2000 元。

【遗体器官(组织)捐献】 县红十字会志愿服务、造血干细胞捐献、义务献血和慈善捐赠工作被列入新居民积分制管理计分标准,分值40 分。全年新增遗体捐献志愿者 3 人,累计 28 人;新增器官捐献志愿者 7 人,累计 41 人;新增眼角膜捐献志愿者 9 人,累计 43 人;实现器官捐献 1 例,累计 5 人;实现眼角膜捐献 2 例,累计 8 人。爱心人士唐凯强捐献造血干细胞,为浙江省第 321 例、全国第 6141 例造血干细胞捐献者。

【应急救护培训】 县红十字会应急救护培训被列入工作目标责任制指标,全年开展普及型救护培训近 30 场,发证 1007 人,普及培训 11146 人;为县消防大队的 44 名消防官兵开展应急救护培训。联合嘉善县信息技术学校、西塘旅游公司,开展主题为“儿童学急救,急救为儿童”的“2016 世界急救日”宣传活动。

【“口福天使”“博爱助医”项目】 拓展“口福天使”项目,对全县 65 周岁以上贫困家庭老人安装全口义齿,一次性补助 1000 元,把“口福天使”项目向城关镇外拓展,新增陶庄卫生院、县第二人民医院等定点医院,年内对陶庄镇的 5 位老人进行补助,累计补助 20 多位老人。继续开展博爱助医项目,激励优秀医学类应届毕业生到嘉善医疗卫生单位工作,对来自县第一人民医院、县中医院等 3 家单位的 17 名毕业生下发资金 43.2 万元,对 2014 年考核合格的 16 名毕业生再次下发资金 37.4 万元。 (侯永英)

8 月 18 日,县卫生计生系统组织开展无偿献血活动,143 人成功献血 3.66 万毫升。 (冯群青　摄)

综　　述

2016年，嘉善县人力社保工作坚持以科学发展观为统领，牢牢把握“民生为本、人才优先”工作主线，主动适应经济新常态，以惠民生、保稳定、助和谐为目标，抓重点促发展，抓改革求突破，抓基础强服务。

强化政府促进就业责任，制定有利于促进就业的产业、贸易、财政、税收、金融等政策，健全促进就业综合政策体系。鼓励企业吸纳劳动者就业，全面落实补贴政策（岗位补贴、社会保险补贴、职业培训补贴等），发展家庭服务业。支持劳动者灵活就业和自主择业，完善促进就业创业的税费减免和小额贷款贴息等各项补贴政策，支持失业人员自谋职业和自主创业，把自主创业作为就业的重要增长点。坚持创业培训、政策扶持、创业服务三位一体，营造全民创业的浓厚氛围，发挥创业带动就业的倍增效应。

加强创业服务，健全创业服务组织体系，巩固省级创业型城市创建成果。依托公共就业服务机构和基层就业服务平台，完善创业指导服务组织，建立创业指导服务中心，在镇（街道）、经济开发区和各类创业园区（基地）建立创业指导服务工作室，在职业学校和大学生创业园建立大中专学生创业指导站，为创业者提供有针对性的创业服务。建立由企业家、创业成功人士、专家学者和政府工作人员组成的创业指导服务专家队伍，实行专兼职相结合，推动创业指导服务工作开展。整合创业服务资源，构建以中小企业为重点的创业服务超市，为创业企业提供综合性服务。

加大对创业者、新创办企业及其吸纳劳动者的公共就业服务，指导创业企业开展职工岗前培训和在职培训，建立与培训机构的“校企合作”机制，开展定向、订单培训，为创业企业培养合适人才。依托有资质的创业培训机构，针对创业者特点和创业不同阶段的需求，开展多种形式的创业培训。鼓励有创业要求和培训愿望、具备一定创业条件的城乡劳动者以及处于创业初期的创业者参加创业培训。

社会保障制度不断完善，省级“阳光医保”试点工作稳步推进，社会保障市民卡体系日益健全。社会保障面不断扩大，保障水平逐步提高。社会保障方式多样化、保障制度法制化、管理服务社会化的社会保障体系日趋完善，管理方式日趋科学化、规范化，基金监督管理机制日趋完善，社会保障基金运行总体安全完整。

加强人力资源市场监测。开展人力资源市场调查，定期做好职业供求状况分析，化解人力资源市场热点、难点问题，增强对市场的调节掌控能力。完善人力资源市场信息发布制度，及时发布职业供求、工资指导价位和职业培训等信息，为劳动者求职择业、用人单位招用人员以及培训机构开展培训提供服务。

推进阳光人事工程，打响“阳光考录”品牌，深化机关事业单位收入分配，完善机关事业单位工资制度，开展职务与职级并行工作，加快人事制度改革。

开展双爱活动，探索建立形成企业发展、个人进步、利益共享、劳动关系和谐、有利企业发展的“双爱”活动综合试验区。加强源头治理，坚持欠薪问题长效治理，保障劳动者劳有所得，服务全县经济健康发展，确保劳动关系和谐稳定。

就　业

【概况】 优化公共就业服务，推进公共就业服务制度化、专业化和标准化建设，深入实施就业优先战略，消除影响平等就业的制度障碍和就业歧视，加快形成创业新机制，完善劳动者终身职业培训体系和公共就业服务体系，实现充分、公平和高质量就业。

【完成就业目标】 2016年新增城镇就业岗位13586个，完成市目标任务的212.3%；通过各种途径帮助4031名城镇失业人员实现再就业，完成市目标任务的139.0%，其中帮助“4050”等就业困难人员实现再就业1576人，完成市目标任务的143.3%，安排高校毕业生参加见习131人，完成市目标任务的131.0%，扶持农村电商创业485人，完成市目标任务的161.7%，农村电商创业带动就业2938人，完成市目标任务的130.6%，城镇登记失业率2.9%。

【就业政策】 全年发放各类促进就业补贴2208.05万元，5家企业享受社保补贴，涉及19人、138人次，金额9.60万元；3个镇（街道）和1个单位城镇“零就业家庭”公益性岗位安置10人、150人次，社保补贴7.01万元、岗位补贴12.34万元；9个镇（街道）农村“低保家庭”公益性岗位安置143人、1224人次，金额134.77万元。残疾人专职委员享受社保补贴7人、84人次，金额9.94万元；村（社区）社保协理员社保补贴181人，金额130.42万元，岗位补贴668.83万元；“4050”灵活就业社保补贴6447人，金额1235.14万元。做好失土农民安置工作，安置4727人（再次选择184人），其中养老安置4452人、一次性货币安置275人。退保46人。

【失业保险】 2016年嘉善县失业保险扩面新增参保人员3785人，失业保险参保总人数127105人，完成全年指标的126.2%，收缴失业保险费7857.74万元，为2282名城镇失业人员发放失业保险金1421.29万元，为3154名农民合同制职工发放一次性生活补助1304.81万元。城镇失业职工失业保险金待遇支付标准为最低工资标准的75%，即1245元；农民工失业保险金待遇支付标准为城镇失业职工的40%，即498元。

【援企稳岗】 贯彻上级文件精神，从2016年5月1日至2018年12月31日，对全县失业保险费单位缴费实行临时性下调，费率由1.5%降为1%，职工个人仍按照缴费基数的0.5%缴纳失业保险费，职工失业后享受的失业保险待遇不受影响，为参保企业每月减负约274万元。县人社局和县财政局于2016年7月联合印发《关于做好2015年度失业保险支持企业稳定岗位工作的通知》，符合条件的相关企业可以申领稳定岗位补贴。经企业申请、镇（街道）初审、相关部门联审、人力社保局审定、公示等程序，分两个批次，向全县451家企业发放稳岗补贴1204.6万元。

【促进就业】 嘉善县人力资源市场全天候免费为全县所有企事业单位和劳动者开放，实行免费就业登记、免费职业指导、免费岗位

人才创业服务中心为企业家代办营业执照。　（县人社局 提供）

推荐等服务。嘉善人才人事网为各类用人单位和劳动者进行招聘登记和求职登记。全年推出各类就业岗位34975个，15509名城镇失业和农村（外来）劳动力实现就业再就业。加强对民办职介所监管，提升服务质量。

【公共就业服务平台】 2016年由县人力社保局、镇（街道）、民营人力资源公司举办县内招聘会46场次，进场招聘2346家单位，提供岗位34820个，进场求职30508次，初步达成意向16004人。由县人社局组织企业参加嘉兴市春季人才交流大会、浙江大学校园招聘会、安徽高校校园招聘会、成都高校校园招聘会、浙江省技能人才校企合作洽谈会、南京招聘会以及上海同济大学高层次人才招聘会等，参会企业116家，签订战略合作协议30份，引进各类专业人才424人。建立高校毕业生见习基地10家，由县人力社保局下发文件并授牌，落实经费保障。

【台港澳和境外人员就业管理服务】 台港澳人员、外国人就业管理服务权限自2016年1月起由市下放到县，全年办理外国人就业许可41人，就业证43人，延期139人，注销20人；办理台港澳人员就业证16人，延期14人，注销2人。

【人事档案管理】 遵循“集中统一，归口管理”原则，建立规范的档案管理制度。人才市场管理办公室为人事代理人员职称评定、工资调整、工龄计算、出国政审、预备党员转正及有关档案证明出具等提供服务；全年转入人事档案2551份，调出档案508份，办理退休手续5人，散材料归档23519份，至年底库存档案22659份。全年为人才流动转入转出办理各类服务手续1480次；通过商调引进人才51人，其中本科34人、专科及以下15人，开具工作介绍信4人；办理2016年高校毕业生就业协议书盖章857人，其中硕士学历7人、本科学历299人、专科学历551人；市场集体户迁入15人，迁出94人，至年底在户人数372人；办理用工备案企业79家，388人；办理专业技术职称初定申报128人，其中初级124人、中级4人。

2016年，嘉善携7家企业赴沈阳、大连等地跨省揽才。（县人社局 提供）

【国有企业招聘】 按照公开公平公正竞争择优原则，协助县交投集团公开招聘国企职工1人、县机关事务管理局招聘驾驶员24人、县粮食局招聘职工20人、县城投集团招聘职工15人、县同舟贷款担保公司招聘财务人员4人，做到规范操作、程序到位。

【大众创业促进机制改革】 《嘉善县大众创业促进机制改革方案》获省政府批复后，制定《关于成立嘉善县大众创业导师团的通知》《2016年度嘉善县大众创业促进机制改革工作计划》等文件。稳步推进各项改革。3月1日，召开嘉善县大众创业促进机制改革推进会，县委、县政府主要领导参加会议并讲话。6月28日，举办2016“梦想中国·智汇嘉善”全球创新创业大赛。组织开展“我的创业故事”征文、创业沙龙、创业故事分享、导师结对、众创政策宣传月、创业典型评选等系列活动。

社会保障

【概况】 以增强公平性、适应流动性、保证可持续性为重点，加大城乡统筹、制度统筹和资源统筹力度，扩大社会保障覆盖面，合理、稳步提高待遇，完善政策制度，加强基金监管，强化社保信息化建设。

【扩大社保覆盖面】 至年底，全县职工基本养老保险参保人数253579人，企业养老保险首次新增参保人数36974人，基本医疗保险净增参保人数15028人，工伤保险净增参保人数5396人，生育保险净增参保人数11101人，分别完成市目标任务的596.35%、500.93%、269.80%和555.05%。城乡居民养老参保人数72795人，合作医疗参保人数229595人。社会养老保险、医疗保险覆盖率分别99.89%和99.97%。推进全民参保基础数据库动态管理工作，做好社会保险缴费率调整和下浮工作。全县失业保险扩面新增参保人员3785人，失业保险参保总人数为127105人，完成全年指标的126.2%，收缴失业保险费7857.74万元，为2282名城镇失业人员发放失业保险金1421.29万元，为3154名农民合同制职工发放一次性生活补助1304.81万元。城镇失业职工失业保险金待遇支付标准为最低工资标准的75%，即1245元，农民工失业保险金待遇支付标准为城镇失业职工的40%，即498元，保障失业人员的基本生活。

【完善社保制度】 相继拟定出台《嘉善县职工基本医疗保险办法》《关于建立长期护理保险制度的意见（试行）》《嘉善县2017年度城乡居民基本医疗保险筹资与补偿管理实施细则》等文件，医保政策体系不断完善。自3月1日起，完善医保转外就医办法，将嘉兴市外的当地医保定点的所有医院均纳入嘉善县职工医保报销范围。加强医保定点医药机构管理，积极拟定定点医药机构协议管理办法。应对人口老龄化，解决长期失能人员护理难题，探索拟定和建立长期护理保险制度。在继续深化完善上海到嘉善人员医保报销代办服务机制的同时，加强与上海市第一人民医院的沟通对接，于年末完成医保跨省异地联网结算信息系统建设。优化完善医保健康体检信息系统，有序完成各镇（街道）参合人员健康体检管理工作。

【落实保险待遇】 全年领取各类社会保险退休待遇人员128929人，其中企业职工养老退休人员77158人、机关事业退休人员5286人、农村养老退休人员808人、土征退休人员581人、城乡居保退休人员45096人。完成71名企业军转干部生活补贴的调整及补发。完成企业退休增资发放72706人，月人均增资151.4元，增资后企业养老月人均待遇2174.6元。完成机关事业退休预增资3140人，每人预发190元/月。全年职工基本医疗保险就诊人次1585038人次，基金总支出36174.69万元（其中手工结报19571人次，基金支付5803.84万元）。全年合作医疗总就诊人次2597578人次，基金总支出26667.77万元（其中手工结报13700人，基金支出9227.39万元）。全年办理工伤保险待遇审核结算4034人次，生育保险待遇审核结算5662人次。

【机关事业养老保险】 按照上级文件精神，结合实际，及时建立工作小组、明确工作职责、制定实施方案，召开全县机关事业单位改革部署和政策培训会议，12月起，启动机关事业单位养老保险改革经办试点工作。

【社保市民卡】 加强与嘉兴市民卡中心、金融、交通等相关部门的沟通对接，做好市民卡信息平台搭建、医保参保人员基础数据采集整理和校验勘误。全年发放社保市民卡238062张。社会市民卡公共服务内涵不断拓展，职工

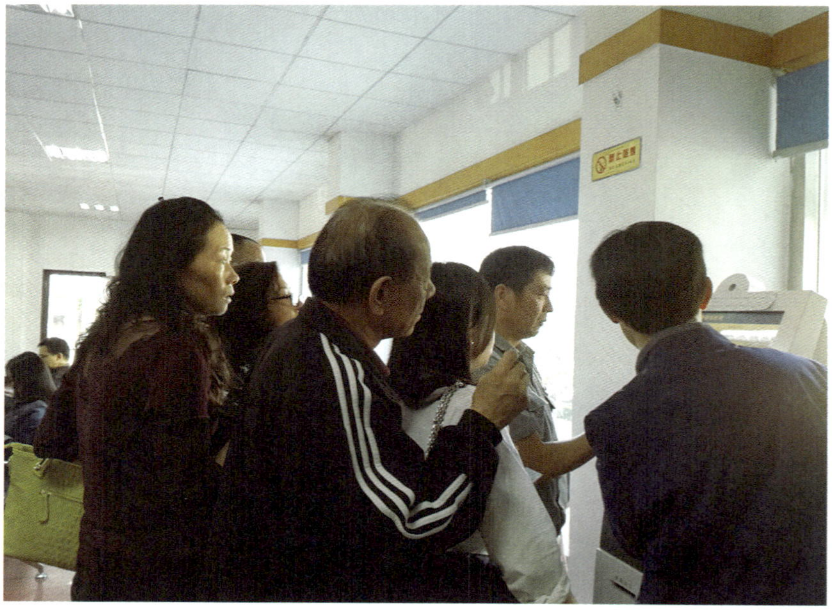

市民在社保自助查询打印机前查询参保信息。 （县人社局 提供）

医保实现省、市异地联网结算，图书借阅实现全市域通借通还，交通领域实现公交刷卡乘车，与上海公共交通实现互联互通，本地合作医疗居民市异地联网结算完成测试运行。

【强化基金监管体系】 开展退休待遇领取人员生存调查工作，完成异地网上认证对象数据上传952人，为982人寄发养老金资格认证通知，协助认证798名。联合商业保险公司参与外伤人员调查核实，构建多部门、多层次的立体监管网络。全年职工医疗保险受理调查意外伤害102件，查出问题拒付27件，涉及金额38.4万元；合作医疗保险受理调查意外伤害2413件，查出问题拒付107件，涉及发票金额150.6万元。完善阳光医保智能审核系统，实施医保监管平台建设，实现对医疗服务行为事前提醒、事后审核的全方位监管。

【完善社保经办服务体系】 推进参保登记、医保报销、生育保险待遇申领等社保经办业务向镇（街道）村（社区）延伸，拓展完善社保网上申报服务内容，实现参保单位社会保险网上申报服务全覆盖。推出大厅导询服务，开发建设社保自助服务终端，在县社保服务大厅、各镇（街道）便民服务中心分别放置社保自助查询打印机。

【合作医疗】 2016年，嘉善县城乡居民合作医疗应参保人数228524人，实际参保人数227606人，参保率99.60%。年度筹资标准为人均筹资1100元。城乡居民健康体检工作采用新模式，通过体检管理信息化系统，实现“机器换人”。支付方式改革纳入新指标，根据门诊总额预付方案，结合历年情况及周边区情，完善和提高慢性病就诊人次、提高均费并突出甲等卫生院等优势，达到控费、发展两不误的既定目标。调整分级诊疗制度，调整《嘉善县分级诊疗工作实施方案（试行）》中涉及的双向转诊与医保支付制度规定。结合实际，调整时间为2016年1月1日起（指出院日期），出院日期在2016年1月1日前的仍按原先政策执行。因单纯性高血压、糖尿病为主要疾病就诊的患者（并发症除外），到县外就诊仍需至县级医院开具转诊证明，未经转诊的，其发生的符合规定的医疗费用，先由个人自负30%后，再按规定结报。其他患者暂时取消办理转诊手续。合作医疗参保者在县域内定点医疗机构间转诊的连续住院（一般指24小时内），不同医疗机构间起付线可累计计算。但转县域外医疗机构就诊的，起付线不予累计计算。

人才人事

【概况】 围绕创建“人才生态最优县”目标，推进“人才强县”建设，强化高层次人才引育。发挥领军人才引领作用，实施“精英引领计划”。平稳实施专技人才管理，加强专业技术人才队伍建设。强化阳光人事工程，规范事业单位招聘，加强公务员队伍建设。创新“大学生村官”考录，完善事业单位岗位设置。加强对军转干部的服务，做好工资福利管理工作。

【高层次人才开发】 完成博士后科研工作站意向企业摸底工作，调查摸底重点企业和产业项目，经筛选有引智工作联系服务重点企业3家。继续开展清华大学博士生到嘉善社会实践活动工作，征集社会实践活动项目44个，上传34个。13名博士生选择参加嘉善县11家企业提供的社会实践项目，完成科研项目10项，解决技术困难17项，预计创造经济

开展清华大学博士生到嘉善社会实践活动。（县人社局 提供）

效益210万元。开展2016年度省“钱江人才计划”C、D类项目择优资助，省“百村引智示范项目”计划，省级引进国外智力项目，留学人员科技活动项目择优资助等申报工作。

【精英引领计划】 与归谷园区合作举办2016“梦想中国·智汇嘉善”全球创新创业大赛。全年组织参加高层次人才交流对接活动超10场次。分3个批次与10个领军人才项目签约、现场考查，向其中9个项目拨付首笔创业扶持资金1015万。完成12个已资助创业项目的年度考核，其中合格5个、不合格7个。新申报第七批“创新嘉兴·精英计划”意向落户嘉善的领军人才及项目53个，创历史新高，最终入围综合答辩人才及项目20个，其中创业人才及项目18个、创新人才2名；公示入围领军人才及项目8个，其中创业人才及项目7个(已注册6个)、创新人才1名。

【专技人才管理】 开展嘉兴市首批杰出人才申报推荐工作，推荐19人、入选5人。开展嘉兴市“十大科技创新人才”评选工作推荐工作，推荐3人，入选1人。完成省有突出贡献中青年专家选拔推荐工作，上报1人。完成对14名嘉兴市第六批新世纪专业技术带头人及后备人才的考核评估工作。公布各类专业技术资格初级385人、中级321人、高级150人(其中正高22人)。布置2016年度二级建造师、社会工作者、药学等32类职称考试报名。发放各类资格证书961本。召开2016年度建筑行业不具备规定学历中级送审评委会，134人参加评审，送审134人。召开建筑工程专业技术人员职务评委会，18人参加评审，送审18人。召开农业林业初级评委会，4人参加评审，送审4人。送审高级会计师2015年度和2016年度各1人。送审2015年度高级工艺美术师1人。送审工程系列高级33人、中级21人、初级8人。

【高层次人才补贴】 申报高层次人才补贴172人，其中事业85人、企业87人，发放补贴资金171.1万元。

【高技能人才培养】 全年举办培训班201期，开展各类技能培训10350人次。新增高技能人才3623人，完成市目标任务的151%；创业培训950人，完成市目标任务的173%；鉴定发证数7607人，完成市目标任务的101%，完成市下达203家企业自主评价任务。

【公务员队伍建设】 2016年录用公务员(参公)108人。其中，2016年度公开招考计划88人，录用报到87人(另1名考生因怀孕体检未完成暂缓录用)；省政法干警培养体制改革试点班毕业班学员录用公务员(人民警察)9人；浙江警察学院毕业应届毕业生录用公务员(人民警察)10人；铁道警察学院应届毕业生录用公务员(人民警察)1人；浙江工商大学人民武装学院专职人民武装干部学员毕业录用公务员1人。完善公务员管理信息库数据，维护完善97个政府机关(参公)单位2273公务员(参公)人员的个人信息。完成2015年度新录用公务员基层一线实践锻炼考核，安排99人到25个一线基层单位实践锻炼。对2015年县级政府机关及参公单位新录用的78名公务员，进行试用期满的考核、任职定级和登记。

【事业单位管理】 2016年，63家事业单位计划招聘工作人员90人，经资格初审并缴费确认，1235人报考，因报名人数不足核减招考计划11人，实际招聘79人。

【事业单位岗位设置管理】 开展事业单位岗位聘用，全年完成各类职称聘任438人，其中专技岗位高级78人、中级160人、初级171人、管理岗位10级晋升9级28人、工勤岗位晋升1人。建立全县事业单位人员基本信息库，全年核查、维护事业单位人员信息7204条。

【深化收入分配】 出台机关事业单位在职人员实施年资津贴政策，进一步规范机关事业单位在职人员年度考核奖发放办法，其他事业单位绩效工资总量调控办法等一系列政策，进一步理顺收入分配关系，提高机关事业单位工作人员待遇。

【完善工资制度】 开展机关事业单位调整基本工资标准工作，涉及机关事业单位在职人员9803人，其中机关2769人、事业7034人；月人均增加475元，其中机关472元、事业477元。做好人民警察调整警衔津贴标准，环境监测人员调整环境监测津贴标准，畜牧兽医人员调整畜牧兽医医疗卫生津贴标准，农业事业单位中专职从事和直接接触有毒有害物质人员调整农业有毒有害保健津贴标准等工作。

【职务与职级并行工作】 开展机关公务员职务与职级并行工作，全年完成127人职级晋升审批工作，其中晋升正处职级15人、副处职级36人、正科职级24人、副科职级52人。

职业技能培训

【概况】 加强职业技能培训，促进高质量就业。加大失业人员、农村劳动力转移就业技能培训力度，组织实施"金蓝领"人才计划，重点加强对紧缺急需技能人才的引进和培养工作，提高职业技能培训的针对性、有效性和精准度。

【企业自主评价体系】 推行企业自主评价工作，认真学习省、市有关文件资料，研究其他地方先进做法，选择企业管理理念先进且有愿望开展自主评价的企业，按工业规上企业数多少，给镇（街道）下达指标，并列入对镇（街道）考核。开展企业培训师师资培训，与高技能人才评价和直接认定工作相结合。经常下企业进行现场指导，召开交流会，促进企业与企业的交流和探讨。完成市下达203家企业自主评价任务。

【"金蓝领"工程】 落实《嘉善县实施技能型人才"金蓝领"计划工作方案》。做好县级技能大师工作室和首席技师评选管理工作，出台高技能人才补贴政策，开展"首席技师""技能大师工作室""职业技能带头人"等评选活动，评选出"首席技师"5人、"技能大师工作室"5家、"职业技能带头人"32人。全年县财政给予补贴"首席技师""技能大师工作室"经费15.50万元。在户籍迁入积分政策中，将技能人才持有的国家职业资格等级证书作为加分依据；将人力资源中介机构引进技能人才作为奖励制度。对"新丝路"培训学校通过行政许可。推进技能人才引进联络站建设，帮助企业与国内重点技工院校（职业学校）建立校企合作关系，规划在外地建立"技能人才引进联络站"32家。全年，培训各类技能人才10350人次，主要包括新增高技能人才3623人，完成任务数的151%；创业培训950人，完成任务数的173%。新技师250人，鉴定发证数7607人，完成任务数的101%。

【创业培训】 根据《嘉兴市创业培训工作管理办法（试行）》（讨论稿），确定多个定点机构，根据学员实际情况制定创业计划，开展创业培训。和国泰安（嘉善）职业培训学校共同组织举办大学生暑期返乡创业培训。优资培训学校联合县妇联，魏塘成校等各个培训学校联合镇妇联举办创业培训。

【公共实训基地】 2016年，完成嘉善县公共实训中心基建工程，推动技工学校建设，开展建设技工学校前期筹备工作。提升实训基地水平，健全职业中专和信息技术学校公共实训基地功能，完善企业和学校联动合作机制。

【技能比武】 2016年，在镇（街道）及企业开展技能竞赛52场次，参加市组织技能竞赛16场次。参与职工数近千人次，参与企业突破100家。与县住建局合作开展砌筑工技能比武，与总工会合作开展车工、数控车工技能比武，与县卫生局合作开展医护人员技能比武等。组织和承办全市职业技能大比武——车工的比赛，取得全市第一。参加全市开

举办嘉善县2016年女大学生SYB创业培训班。（县人社局 提供）

展的18场技能大比武，取得1个一等奖、2个二等奖、2个三等奖。推选技能人才参加市级以上组织的技能竞赛，对获奖者给予相应同等奖励。

劳动监察

【概况】 围绕“维护劳动者合法权益、构建和谐劳动关系”主题，以劳资纠纷预防预警工作为重点，压紧压实基层属地主体责任，加强源头治理，加大劳动保障监察工作力度，履行监察维权职能，发挥服务和维权两大职能，坚持欠薪问题长效治理，保障劳动者劳有所得，服务全县经济健康发展，确保劳动关系和谐稳定。

【加大执法力度】 会同县住建局、县交通局等部门联合执法，开展农民工工资支付专项行动，排查用人单位1576家，涉及职工5.58万人，其中农民工5.32万人，农民工签订合同4.99万人。联合县公安局、县市场监督管理局等部门，开展清理整顿人力资源市场专项行动，检查职业中介机构20户、用人单位82家，参加行动人员238人次。联合县住建局、县综合行政执法局开展建筑工地大检查，对全县3街道6乡镇164个在建工地的质量、安全、民工工资、市场行为等进行拉网式排查。

【劳动关系矛盾源头治理】 对劳动关系新趋势进行深入调研，加强木业、纺织和水泥制品等传统行业劳动关系动态监测和发展趋势分析。开展劳动保障书面审查及信用等级评价工作，至年底，完成书面审查6258家，目标完成率104.3%，信用等级评价1280家，目标完成率106.7%。强化健全工资支付保障长效机制，建立健全欠薪事件应急处置机制，完善劳动保障监察“网格化”监管体系，至年底，6417家用人单位被列入网格化管理范围，涉及从业人员183760人，社会保险参保率63.25%。

【“双爱”活动】 发挥调控劳动关系主导作用，及时总结经验，完善工作机制，提高“双爱”活动知晓率和参与率。2016年，通过评选表彰“双爱活动”示范企业20家。

【信访维稳】 全年接待登记处理各类信访91件，其中来访66件、来信25件，涉及291人次；办理来信来访复查2件；处理县长电话302件；处理浙江省政府统一信息网平台各类咨询投诉16件、浙江省平安建设信息系统平台（两网融合）上网案件2件、领导信箱2件、网上信访预处理4件。无赴京去省到市集体上访事件。充分发挥12333电话咨询服务作用，电话来电15894个。

【普法宣传】 向全县所有台资企业讲授“企业生产结构调整过程中如何规范用工”的课程；向司法矫正人员专题宣传辅导就业创业知识；送法进嘉善县君泰保安服务有限公司，向60多名新上岗保安员宣传相关法律法规知识，解读《保安服务管理条例》。开展企情结对活动，宣传劳动法律法规，有效解决企业在劳动用工中遇到的困难和问题，全年发放宣传资料20000余册。

【劳动人事调解仲裁】 大量简易劳动争议案件下放到基层调解，发挥基层调解组织优势作用。全年立案受理297件，另有上期末未结案件15件，当期审结296件，结案率94.9%，其中调解和撤诉结案247件，调结率83.45%。

【工伤认定和劳动能力鉴定】 2016年，受理工伤认定申请3243件，作出工伤认定决定3178件（其中上下班途中的交伤案件309件），作出不予受理10件，作出不予认定10件，自行撤回12件，结案率99.0%。各镇（街道）作出简易工伤认定779件。劳动能力鉴定1967人次，其中因工劳动能力鉴定1818人次（包含复查鉴定1人次）、病退（因病或非因工）鉴定149人次。（梁　铮）

综　述

2016 年，嘉善县民政工作围绕省市民政工作目标任务和县域科学发展示范点建设要求，坚持抓重点、攻难点、补短板、重创新，推动城乡民政事业一体发展，实现民政工作的整体提升。

年内，嘉善县先后被评为全国社会工作服务专项示范地区、2015 年度全省民政工作先进县、全省水库移民工作目标考核优秀县、“十二五”时期全省老年电大办学先进单位、全市 2015 年度民政（社会）工作目标责任制考核优秀单位，养老服务业综合改革被确定为省委书记夏宝龙联系的重点突破项目，被确定为国家级养老服务标准化建设试点地区、全省医养结合试点地区、全省社区居家养老服务机构综合保险试点单位；县民政局被市委、市政府评为保障服务重大国际峰会先进集体；县社会组织培育发展中心被确定为全省首批社会工作专业人才实训基地，县慈善总会获第二届嘉兴市“敬老文明号”称号，县老年公寓获评“全省首批四星级养老机构”称号，魏塘街道魏中村被命名为全国社会工作服务示范社区，罗星街道玉兰社区居家养老照料中心获评全省五星级照料中心。承办全国企业社会工作专题研修班和全省养老服务业综合改革经验交流会。制定《嘉善县深化养老服务业综合改革实施方案》，明确创新医养结合、“互联网＋养老服务”、原居安养和家院融合等四大养老服务模式，实施推进智慧养老平台、医养护一体化机制、养老评估体系等九大改革任务；9 月获省委、省政府办公厅批复；3 月 10 日，省委书记夏宝龙到嘉善调研养老工作。助推美丽嘉善建设，制定《实施方案》，组织 50 多个社会组织和 2 万多人次志愿者、慈善义工参与环境整治 300 余场次，出台《嘉善县支出型贫困家庭基本生活救助办法》，给予 56 户生猪养殖退养困难家庭生活救助 11.2 万元。出台《嘉善县支出型

2 月 26 日，全省养老服务业综合改革试点工作经验交流会在嘉善县召开。　（县民政局　提供）

贫困家庭基本生活救助办法》《退役士兵安置实施办法》《加强城乡社区协商实施意见》等10项政策，争取到省、市民政部门各类民政专项补助资金2720.92万元，全县年度民政事业费支出12266万元。（周　竑）

社会救助

【概况】 2016年，嘉善县社会救助工作贯彻国务院《社会救助暂行办法》和《浙江省社会救助条例》，坚持以“托底线、救急难、可持续”为原则，规范程序，阳光操作，强化监管，不断健全适度普惠的新型社会救助体系。

【加大低保扩覆力度】 贯彻省、市民政部门关于低保扩覆工作有关要求，开展全面排摸，推进残疾人单独施保工作，对依靠家庭供养的290多名成年重度残疾人和成年三、四级精神、智力残疾人，按单人户纳入低保范围。制定《嘉善县支出型贫困家庭基本生活救助办法》。至年底，全县低保人数增加到4017人，其中新增低保720户959人、注销163户224人、新增支出型贫困家庭202户543人，累计救助2.85万户3.66万人次，发放救助金1676.18万元，低保占比从年初的0.71%提高到1.036%。

【社会救助大平台】 平台纵向覆盖县、镇（街道）、村（社区）三级，横向覆盖民政、教育、人社、住建、工会、残联、慈善、红会等8个部门，把分散在各级、各类社会救助部门的城乡低保、城乡医疗救助、教育救助、住房救助、就业援助等10多类救助信息互联共享，加强审核力度，形成“阳光公正、科学高效”的救助机制。对社会救助申请做到逢申请必核对，全年新申请救助3802户7022人，578户1343人审核未通过，不通过率15.20%；发放医疗救助资金554.12万元，涉及3120人；发放临时救助金353.35万元，涉及6649人次；发放农村危旧房改造救助金95.72万元，涉及102户。

【拓宽慈善事业筹资渠道】 出台《嘉善县慈善总会个人公募实施细则》，运用“互联网＋慈善”方式，开通慈善网站、微信公众号等平台。全年募集善款1024.8万元，新增冠名企业14家，新增冠名总额455万元。以“助学、助困、助医、助老、助孤、助残”六大工程为重点，开展慈善救助工作，发放救助金890.96万元，惠及困难群众2.23万人次。开展首届嘉善县“慈善大使”和“慈善爱心团队”评选活动。开展慈善义工活动，慈善义工注册人数1976人，开展“党群联动、义工同行”美丽村庄（社区）建设集中攻坚活动等100多场义工活动，参与义工600多人次，服务群众1500多人次。（沈迎春）

社会福利

【概况】 2016年，全县社会福利工作重点围绕提升社会养老服务水平和保障孤儿等困境儿童基本生活，推进老年人福利、儿童福利、残疾人福利、福利彩票公益金等工作，构建新型社会福利体系。

【提高五保供养水平】 全县9家公办养老机构，集中供养“三无、五保”老人330人，集中供养率100%，人均年供养标准12240元，全年发放集中供养资金407.6万元。

【困境儿童保障】 再次提高孤儿生活费标准，社会散居孤儿每人每月868元、集中供养孤儿每人每月1446元。至年底，全县有孤儿13人，其中散居8人、机构5人，发放生活费十余万元。出台《关于加快推进适度普惠型儿童福利体系建设的实施意见》和具体发放办法，全县202名困境儿童享受政策，发放生活费40万元。开展留守儿童排查，排查出不满16周岁的农村籍未成年人27041人，符合农村留守儿童条件70人，与教育部门统一学校结对帮扶人，开展关爱留守儿童活动。

【福利企业发展】 全县有福利企业47家，职工总数2811人，其中福利员工952人，占总职工人数的33.87%；福利员工月平均工资2492元，参保额月平均缴735元。元旦、春节期间，慰问困难残疾职工、困难党员206人，发放慰问金10.3万元。举办2016年度残疾人就业专场招聘会，组织15家福利企业参与招聘，企业覆盖6个镇（街道），推出操作工、仓管、门卫、食堂等岗位30多个，达成就业意向35人次。

【福利彩票发行】 至年底，全县有嘉善厅、西塘厅等2家中福在线销售厅，分别拥有25台机和10台机，全年销售收入5386万元。

（薛一纯）

民政事务

【概况】　2016年，全县社会事务工作坚持以群众需求为导向，提升社会管理和公共服务水平，提高人民群众满意度。

【防灾减灾】　推进避灾安置点规范化建设，新增村（社区）避灾安置点42家，累计建设县级避灾安置中心1家、镇级避灾安置中心9家、村级避灾安置点149家。开展综合减灾示范区创建工作和防灾减灾应急演练工作，指导西塘镇红菱村创建为全国综合减灾示范社区、天凝镇马塔塘村和惠民街道阳光社区创建为浙江省综合减灾示范社区。指导罗星街道民政办、姚庄镇民政办和13个村（社区）完善应急预案，开展防灾减灾应急演练15场。加强避灾场所检查力度，完善避灾安置场所配套设施，统一避灾安置场所名称和标识，规范避灾安置场所工作流程，健全避灾安置场所各项管理制度。发挥社会组织参与防灾减灾工作，尖峰救援中心、蓝天救援中心和嘉安救援中心水上应急救援队全员进入防灾救援备勤状态。台风期间，全县164个避灾安置场所共转移安置受灾人员3000多人次，实现灾害期间人员零伤亡，发挥应急避灾安置效应。

【惠民利民殡葬】　贯彻落实惠民殡葬政策，惠及全县殡葬服务对象2905人，其中困难群众及重点优抚对象97人，减免全县殡葬服务对象殡葬费用237.1万元，发放海葬补助6万元。

【区划地名管理】　启动新版《嘉善县地名志》编撰工作，完善数字化地名信息管理系统。全年完成道路、桥梁、住宅小区命名更名37件，民政窗口办理门牌核准业务3932件，备案新建住宅小区、建筑物20处，门牌16588户室，编制门牌15700条。在县城区魏塘街道次干道设置路名牌46块，实现县城区道路路名牌全覆盖工作目标。推进各镇（街道）路名牌设置工作，新设路名牌57块、投入16万元。

【移民帮扶机制】　全年发放大中型水库移民后期扶持直补资金34.86万元，发放春节困难移民慰问金1.38万元，发放移民大学生就学补助款6000元。至年底，全县有三峡移民506人，处于劳动就业年龄段427人，其中从事经商65人、企业打工204人、种养殖大户5人、劳动力输出47人、以农业生产为主106人。

【婚姻收养登记】　2016年，全县办理结婚登记2823对、离婚登记971对，办理收养登记14件，婚姻和收养登记合格率100%。

【殡葬服务设施建设】　年内，县殡仪馆扩建工程项目相继完成办公家具采购、告别厅与灵堂氛围布置及收费项目调整工作，对年久失修存在重大安全隐患的2台火化炉进行大修。扩建项目完成环保、规划、质量、消防、档案等五大专项验收。新老馆区连接部分及老馆区外立面施工于10月启动。嘉善陵园殡仪服务综合楼改扩建项目完成内部装修，于8月投入使用。推进乡镇公益性骨灰寄存堂提升改造。市、县两级安排福彩公益金130万元，完成姚庄公墓等6所公益性骨灰寄存堂提升改造项目补助。　（沈迎春）

养老服务

【概况】　2016年，全县围绕《嘉善县深化养老服务业综合改革实施方案》，落实改革任务。创新医养结合、“互联网+养老服务”、原居安养和家院融合等四大养老服务模式，实施推进智慧养老平台、医养护一体化机制、养老评估体系等九大改革任务。全县建有养老机构11家，其中民办机构2家，拥有床位4350张，每百名老年人拥有养老床位4张。

【养老工程建设】　社会福利中心工程采用公建民营模式，总投资约2.3亿元，累计完成投资1亿元，8月底主体工程结顶。社会化养老服务指导中心（婚姻登记所）工程总投资779万元，11月中旬开工建设。完成6家镇（街道）养老机构消防改造，投入改造资金1200万元。

【居家养老服务】　全县建成城乡社区居家养老服务照料中心154家，其中农村104家、城市50家，实现城乡全覆盖。完善流动服务机制，配备流动服务车10辆，覆盖各镇（街道），出台《嘉善县居家养老流动服务车考评办法》，明确管理制度和考评标准，最高每年给予5万元运营补助。建设特色化居家照料中心，打造综合服务型、原居安养型、护理康复型、嵌入照护型等四大特色照料中心，培育形成第一批示范点15家。

8月2日，省民政厅厅长尚清率工作组到嘉善县调研指导民政工作。（县民政局 提供）

启动建设智慧养老综合服务平台，投入778万元，建设嘉善县社会化养老服务指导中心，同步构建智慧养老综合服务平台，下设健康流动服务指导中心、老年家政服务指导中心、老年人就餐配送指导中心和老年人紧急援助中心，形成“一网九圈百站”智慧养老服务新模式。

【养老服务市场】 印发《嘉善县城乡社区居家养老服务照料中心社会化运营实施办法》，新培育养老社会组织14家，其中承接照料中心运营10家，参与上门服务4家，照料中心社会化运营率100%，各镇（街道）对照料中心社会化运营经费实行1∶1配套保障。启动保利安平和熹会二期建设，新增2000张床位，罗星街道护理型机构扩建项目与社会资本洽谈PPP（公私合营）合作。

【医养护一体化】 全县养老机构通过驻点服务、毗邻联合等方法与医疗机构开展医养护合作，形成“10分钟医疗服务圈”。探索建立长期护理保险机制，覆盖县行政区域内职工基本医疗保险和城乡居民基本医疗保险参保人员。筹集标准按上年度城镇居民人均可支配收入的3‰左右确定，缴费总人数43万人，筹资总金额5160万元，筹集标准暂定为每人每年120元。城乡最低生活保障家庭、特困职工家庭、完全或大部分丧失劳动能力的重残人员（1～2级）由政府全额补助。鼓励保险行业开发商业性长期护理保险作为社会性长期护理保险补充。

【敬老爱老】 县四套班子领导分组走访慰问20位百岁老人；县慈善总会、老龄工作委员会联合推出“关爱高龄老人”活动，为90周岁以上高龄长寿老人发放长寿保健补助，惠及老人1835人，发放补助金110.1万元。各级各部门组织慰问活动180多场次，重点走访慰问贫困、高龄、百岁老人1.8万余人，发放慰问金、慰问品250余万元。召开2016年“敬老月”活动表彰大会，开展孝亲敬老家庭建设活动，评选“嘉善县敬老模范单位”和“嘉善县敬老好儿媳”。举办老年人排舞展示活动，500多名老年运动员参加活动。组织各类老年文化体育活动140多次，4.5万余名老年人参与。组织开展嘉善县第二届“敬老文明号”创建活动，嘉善县慈善总会等34家单位命名为“嘉善县敬老文明号”。全县有老年电大教学点163个，老年电视大学入学老年人17095人，占老年人总数16.45%，比上年同期增加近500多人。 （薛一纯）

优抚安置

【概况】 2016年，全县双拥优抚安置工作坚持“军民深度融合发展”方针，巩固省级双拥模范县创建成果，完善机制，加强保障，营造氛围，较好实现军地相互促进、协调发展。县民政局被评为嘉兴市保障重大国际峰会先进集体。

【双拥系列活动】 组织开展春节和“八一”节双拥慰问活动，召开全县党政军双拥座谈会，走访慰问嘉兴军分区、驻嘉善部队、烈军属、优抚对象、重点优抚对象遗孀等954人，送去慰问金和慰问品71万元。继续做好“关爱功臣·永葆光荣”系列活动，走访慰问结对重点优抚对象112人，发放慰问金和慰问品7.8万余元。落实各项优抚政策，全年发放重点优抚对象优抚金1878人次、342.37万元，“两参”人员生活补助1287

人次、87.66万元，60周岁以上农村籍退役士兵老年生活补助11393人次、136.1万元；发放在职残疾军人抚恤金47人、93.27万元；医疗补助418人次、41.97万元；临时救助53人次、3.13万元。发放2015年度义务兵家属优待金339人、761.28万元，应征入伍大学生一次性奖励费70人、105万元，应征入伍新疆兵一次性生活补助29人、58万元。安排2批次80名老兵参加省荣军医院疗休养，为500余名现役义务兵父母开展免费体检活动。

【社会化优抚工作】 制定《关于开展社会力量参与优抚服务工作的实施意见》，通过"推进购买社会力量服务优抚工作，拥军协会组织服务优抚工作，鼓励社团组织参与优抚服务工作，鼓励志愿服务优抚对象，着力加强基础优抚服务工作"五大途径，引导20多家社团和200多名志愿者参与优抚服务工作，开展活动160多次，惠及优抚对象3000人次。为高龄、困难等五类优抚对象提供流动服务车上门医疗服务，服务优抚对象136人、500多人次。

【退役士兵安置改革】 修订《嘉善县退役士兵安置实施办法》，对自主就业的退役士兵发放一次性经济补助，义务兵补助标准按上一年度城镇居民人均可支配收入100%计算，实现城乡一体化。接收2016年秋季退役义务兵115人，冬季初级退役士官25人，做到退役士兵政策知晓率100%，学历教育培训报名率80%，举办退役士兵招聘会10场，为100多名退役士兵找到合适岗位。

（沈静文）

社会组织建设

【概况】 全县社会组织工作坚持以县社会组织培育发展中心为核心，扩大和提升"善人家"公益街品牌影响力，拓展社区服务项目和功能，发挥镇（街道）级社会组织培育发展中心功能作用。

11月1日，国家民政部社会组织管理局副局长安宁率调研组到嘉善县调研指导社会组织建设工作。（县民政局 提供）

【社会组织培育网络】 2016年，全县新增社会组织49家，其中社会团体13家、民办非企业单位36家；有社会组织370家，其中社会团体178家、民办非企业单位192家。推进社会组织服务平台建设，健全县级社会组织培育发展中心运行管理机制，13家社会组织进驻培育孵化，服务领域包括居家养老、新居民服务、社区矫正、应急救援等各个方面，成功出壳5家社会组织，新进驻孵化社会组织4家。推进'善人家"公益街建设，发挥"善银行""善工场""善立方"等特色公益平台作用，以政府购买服务方式委托专业社会组织为社区提供志愿服务。拓展功能区块，实施"96345"社区服务中心大楼改扩建工程，整合"96345"社区服务中心和党员志愿服务总站等资源。开展义诊、理发、缝补衣裤、维修小家电等公益服务50余场，带动20多个社会组织、500余名志愿者、义工参与公益活动，服务社区居民8000余人次。推进镇级社会组织培育服务中心建设，在全省率先出台加强镇（街道）社会组织服务中心建设指导意见，明确服务中心功能定位、建设要求和保障措施，开展运行情况等级评估。

【政府购买服务机制】 编制出台年度政府职能转移、政府购买社会组织服务和具备承接政府购买服务资质条件社会组织等3个目录。公布第二批95家社会组织承接政府转移职能和购买服务推荐性目录。加快政府职能转移，加大政府购买社会服务力度，2016年政府安排购买社会组织服务项目经费1000余万元，主要涉及养老服务、文化体育、社区矫正、技能培训等领域。加大社会组织扶持力度，落实《社会组织扶持激励办法》，组织举办第三届公益创投大赛，投入30万资助12个项目。

【社工队伍壮大】 2016年，报名参加全国社工考试600人，新增160人，全县持证专业社会工作者589人，其中国家级社会工作师和助理社会工作师234人。加强城乡社区专业社工服务机构建设和社工岗位设置，探索建立社区社会工作职业优先准入制度，实现“一社区一社工”工作目标。开展社区“综合岗”和“全科社工”改革试点工作。嘉善县被民政部确定为第二批全国社会工作（企业社会工作）专项服务示范地区，魏塘街道魏中村被评为全国社会工作服务示范社区，承办由民政部举办的全国企业社会工作专题研修班，嘉善县在会上作工作经验交流。（徐　邱）

城乡社区建设

【概况】 2016年，围绕“县域科学发展示范点”建设，发挥“三社”建设在社会治理体系中多元主体作用，推进“三社联动”，提升“三社”建设科学化水平，夯实社会和谐基础。

【基层民主自治】 加强城乡社区协商工作，在推行村务协商议事会制度基础上，规范协商议事规则和制度流程，在全省率先出台《关于加强城乡社区协商的实施意见》，逐步向城市社区推广运用，创新打造“百姓议事坊”等社区民主协商品牌。85%的村成立协商议事会，开展相关议题协商800多个，每个镇（街道）建成2个示范点。有效巩固城乡社区去行政化治理成果，严格执行《涉村（社区）事务长效管理实施办法》，推动村（社区）依法履行职责事项、协助政府工作事项、盖章证明事项清单和创建评比项目等四张清单落实。村（社区）依法履行事项33项，协助党委政府事项35项，社区考评创建项目只保留8项，村保留11项，村（社区）盖章证明事项44项。

12月5日，全国企业社会工作专题研修班在嘉善县召开，嘉善县被评为全国企业社会工作服务专项示范地区。（县民政局　提供）

【城乡社区建设】 深化省级“三社联动”示范观察点建设，全县建成20个村（社区）为“三社联动”实施示范点，围绕社区服务平台建设、社区社会组织和社工人才队伍建设、“三社联动”运行机制建设等打造嘉善特色样本。所有村（社区）全部悬挂“中国社区”标识。推进美丽村（居）建设，充分发挥村（社区）党组织核心作用，不断整合社区、行政村、机关单位、企业“四方红色联盟”资源，广泛开展“党群联动·义工同行”志愿服务活动，组织发动社会组织、志愿者、义工、村（居）等社会力量参与村（社区）环境卫生整治活动。加大村规民约社区公约宣传和落实，提高村（居）民遵守两约自觉性和主动性。实施“96345”社会公共服务中心改扩建项目，完成搬迁工程，加强平台规范化建设，服务网络实现镇（街道）、村（社区）全覆盖。全年受理群众求助6万余件，群众满意率99.99%。

【基层资金扶持】 完善社区建设支持机制，发挥政府部门和企业社会力量优势，促使扶持政策、资金等资源要素向社区基层一线倾斜。加强村（社区）“三社联动”实践示范点建设扶持奖励，对全县20个村（社区）示范点每个补助2

万元，对获得市级五星级和谐示范社区每个奖励1万元。对镇(街道)社会组织培育中心给予运行经费补助，通过考核每个奖励1万～2万元。全年扶持补助村(社区)经费120余万元。

(徐　邛)

慈善事业

【概况】 2016年全县慈善工作坚持"扶贫济困"宗旨，广泛募集资金，加大救助力度，发挥慈善在社会保障体系的重要补充作用。全年募集慈善资金1024.8万元，发放救助款890.96万元，惠及困难群众2.23万人次。

【资金募集】 开展"慈善一日捐"活动，全县192家企事业单位近万人参与捐款，募集善款315.15万元。开展慈善冠名基金筹资活动，全县冠名基金75家，新增14家，全年收到58家冠名企业的捐款287.16万元。开展村级慈善帮扶基金募捐活动，全年募集慈善资金60.65万元。

【慈善救助】 坚持公正、公平、公开原则，开展助医、助学、助残、助困等救助项目，增强救助实效。开展元旦、春节送温暖慈善大救助活动，发放慰问金133万元，惠及389户困难家庭。开展"圆我大学梦"助学活动，救助困难学生311人次，发放助学款96.05万元，其中新结对困难学生126名、发放助学款30.57万元，结对期内历年困难学生185名、发放助学款65.3万元。开展重点优抚对象遗孀及驻善部队官兵家属"爱心帮扶"活动，救助86人次、17.75万元。开展慈善助老项目救助，发放高龄老人长寿保健补助110.16万元，惠及老人1836人。开展困难群众救急难试点工作，发放救助款62.74万元，惠及155人。开展"关爱尿毒症患者"等重大疾病慈善项目救助，其中救助尿毒症血透患者232人，发放救助金118.8万元；救助尿毒症腹透患者15人，发放救助金9.57万元。救助白血病患者27人，发放救助金额37.81万元；救助精神病患者585人，发放救助金5.89万元。开展村级慈善项目救助，全年发放救助金38.64万元，惠及困难群众650人次。开展"了凡·善基金"资助活动，对"2016感动嘉善——十大善人善事"获奖者和提名者进行物质奖励，发放资金8万元。

【义工队伍】 开展专场招募等壮大慈善义工队伍，至年底，全县拥有义工服务队20支，招募义工1970多人，"96345义工队"等开展义工服务100余场、服务群众1500多人次。在公益一条街，设立由"善银行""善立方""善工厂"组成的善人家园。全市首创的"善银行"业务，创新探索慈善义工服务政策保障和工作机制，统筹整合各类社会救助资源，推进义工服务供需对接平台建设，发放各类义工服务信息600多条，1000多名义工成为"善银行"储户，其中600名储户存入了第一笔"爱心币"，累计1.2万余个。

【慈善文化】 将西塘古镇打造成"善文化"微电影拍摄基地，与省民政厅合作拍摄的微电影《恋恋西塘》获第三届亚洲微电影艺术节二等奖。依托媒体营造慈善氛围，加大户外、楼宇慈善广告宣传，每周在《嘉兴日报·嘉善版》"慈善之窗"专栏刊登信息，宣传慈善先进单位和典型事迹。全力打造阳光慈善，在嘉善民政网开辟"慈善之窗"专栏，及时向社会公布每月资金使用、财务管理以及救助项目落实情况等。开展"善的种子、爱的阳光——企业在行动"慈善专题公益宣传活动，开通嘉善慈善总会微信公众号，每周一次推送不同类型慈善资讯。

【慈善监管】 修订出台嘉善县慈善总会《资金管理办法》《冠名基金管理办法》《慈善分会工作规程》等制度，规范慈善组织工作职责和资金使用。完善审核机制，对申请救助的家庭进行家庭经济状况核对，委托第三方社会组织——幸福365社工组织抽查部分慈善救助对象，开展实地走访，确保慈善救助公平公正。强化内部管理，严格遵守财务制度，管理和使用好善款，自觉接受社会各界和新闻媒体监督。加强队伍思想作风建设，组织开展各类学习和培训，提高慈善队伍专业化水平和业务素养。

(沈迎春)

新居民事务

【概况】 2016年，嘉善县新居民服务管理办公室按照“控总量、优结构、提素质”的要求，以服务县域科学发展示范点建设为抓手，贯彻《居住证暂行条例》和《浙江省流动人口居住登记条例》，深化新居民人口结构优化工作，推进居住出租房屋安全综合整治及规范管理，加强新居民综合管理服务，各项工作取得积极成效。年内，获全市新居民管理服务工作一等奖等荣誉。至12月底，全县新居民登记在册人数375925人（其中未满16周岁儿童50132人），来自31个省份46个少数民族，集中流出地为安徽、四川、河南、云南等省份，少数民族排前5位分别是苗族、土家族、彝族、侗族、壮族。新居民人口中初中学历224536人，占总数68.92%；小学及以下占15.41%；高中及以上占15.67%。新居民一、二、三产就业比1∶70∶29。

【流动人口控量提质】 围绕“省级流动人口结构优化工作示范县”要求，深化新常态下控量提质工作，制定出台《2016年全县新居民管理服务工作要点》，明确落实“以产引人、以策调人、以治疏人、以育优人”工作举措。年初，先后召开全县新居民管理服务工作领导小组会议和“九大专项行动”牵头单位联络员会议，推进新居民人口结构优化“九大专项行动”，推动各成员单位协同推进人口控量提质。

【贯彻实施两个条例】 年初上报“两个条例”实施决策建议。3月28日，召开《居住证暂行条例》执行情况评估工作部署会议，完成《新居民享受基本公共服务和便利有关情况评估报告》。4月15日，国家发改委国土开发与地区经济研究所就“农民工群体差别化落户政策与实施方案研究”课题，听取关于“农民工市民化”的初步研究情况汇报。6月下旬，制定下发《关于做好〈浙江省流动

年初，召开人口结构优化九大专项行动牵头联络员会议。

（县新居民服务管理办公室 提供）

人口居住登记条例〉贯彻实施有关工作的通知》,7月1日起新条例正式实施。

【IC卡式居住证】 出台《关于IC卡式居住证管理服务工作的实施意见》,明确IC卡式居住证申领条件、办理流程、受理窗口、加载功能等内容。6月20日,开展IC卡式居住证试受理工作,7月1日起全面推行IC卡式居住证,取代原有纸质证件(有效期内纸质居住证继续有效)。至12月底,受理新居民办理IC卡式居住证申请19290件,完成制卡并发放17373张。

【积分制管理】 4月18日,启动第三轮新居民子女积分入学申请工作,至6月底结束。期间受理积分申请2889人次,其中新居民子女积分入读公办幼儿园申请384人次,入读公办小学申请1854人次、入读公办初中申请857人次。11月,根据《嘉善县公共租赁房屋住房管理实施意见(试行)》要求,开展2016年度第二轮积分申请公共租赁住房补贴工作。至12月底,有36名符合条件的新居民申请并享受公共租赁住房租赁补贴。西塘镇推出积分享受游古镇项目,全年申请西塘古镇景区免费门票118人次。

【强化精准管理】 深化新居民基础信息精准化管理,全面规范使用新居民信息移动终端,做到"底数清、情况明、信息实、可掌控"。年初,制定下发《全县新居民基础信息百日排查活动实施方案》,强化"人来登记、人走注销"工作。6月下旬,启动《出租房屋与流动人口综合整治行动方案》,联合县公安局开展流动人口登记管控专项整治行动,组织全体民警、保安队员、新居民协管员等开展集中排查。7—10月,按照"全覆盖、无死角"和"街不漏巷、巷不漏房、房不漏户、户不漏人"要求,组织新居民协管员不间断、地毯式、高频率反复"上房入企"进行排查,护航G20杭州峰会和世界互联网大会(乌镇峰会)。至12月底,全县新居民居住登记率93.87%、注销率93.61%、登记信息准确率90.50%、居住出租房屋登记率100%、治安责任书签订率100%。

【出租房安全整治】 2月23日,召开全县居住出租房屋安全管理工作领导小组办公室会议,明确阶段整治转入到为期两年的以消防安全为重点的综合整治。各镇(街道)在制订方案、动员部署、组织培训基础上,开展"逐栋、逐层、逐套、逐户、逐人、逐项"排查,按照存在安全隐患严重程度,逐一进行整改。7月,根据县委、县政府统一安排部署,安排县新居民事务局局长到开发区(惠民街道)蹲点。县、街道两级成立出租房屋规范管理工作领导小组,设置作战室,县公安局、县消防大队、县住建局、县市场监管局、县安监局、县综合行政执法局等6个部门抽调骨干人员入驻工作组。7月28日,召开全县出租房屋规范管理试点工作会议,10月底前横泾社区、优家村、惠通村3个试点村(社区)基本完成试点工作。至12月底,排查居住出租房屋49124户,存在安全隐患28603户,占总数58.23%,整治18649户,整治完成率65.20%。

【推进基本公共服务】 推进公共服务均等化,配合计生部门开展新居民计划生育服务管理工作。联合县卫计局到各镇(街道)开展2016年嘉善县新居民儿童免疫规划管理工作检查,协助做好新居民育龄妇女免费健康检查等工作。至12月底,协助发放新居民0～7岁儿童预防接种通知单21303份,协助发放新居民孕产妇检查通知单1839份,协助管理高危孕妇数331人,指导新居民孕产妇入院分娩707人;协助发放新居民育龄妇女三查通知单34569份,传递计生信息1730条,协助处理新居民计划外生育61人。

【法制宣传教育】 制定《2016年嘉善县新居民法制宣传教育工作要点》,指导各镇(街道)和有关成员单位年度法制宣传教育工作。组织开展"百场法治宣传进新居民"活动,组织新居民乡音讲师团、法制宣传志愿者深入新居民群体,通过法律宣讲、公益广告、以案说法、情景剧等方式普及法律法规,提高新居民法治观念和法制意识。实施以新居民家庭、妇女为对象,通过微信、手机短信、发送宣传资料等方式重点宣传《中华人民共和国婚姻法》《中华人民共和国妇女权益保障法》《中华人民共和国反家庭暴力法》等,帮助新居民妇女增强自我保护意识,维护自身权益。开展平安建设宣传活动,引导新居民参与平安大巡防、化解矛盾纠纷、邻里平安守望,防范电信诈骗等活动,维护社会和谐稳定。2016年9月,被嘉兴市政府评为"六五"普法工作先进集体。

【引导新居民就业】 加强部门联动，探索建立新居民教育培训常态化体系，鼓励和引导新居民就业。3月5日，联合团县委、嘉善百汇人力资源服务中心，举办“2016年嘉善县‘春风行动’人才交流大会”。在嘉善电视台图文频道开辟企业用工信息板块，扩宽企业招工信息发布渠道。利用各用工单位上岗、安全生产培训以及各村、社区道德讲堂、文化礼堂等培训契机，穿插开展法制、安全、卫生、计生、劳动等方面教育培训。全年新居民参加各类教育培训414期、23387人次；宣传版面展览46场、20611人次；发放各类宣传资料22.25万份。

【主题文化活动】 以节假日为契机，组织开展“新居民迎春联欢会”“‘美丽中国·我的家’新居民手机随拍摄影大赛”“庆七一党在我心中”“和谐中秋·一封家书”中秋赏月晚宴等系列文化艺术活动62场次，参与新居民14331人。配合市县有关部门开展好家风好家训征集活动、第三届十佳“善美女性”“善美团队”和“善美家庭”评选活动、“我的创业故事”征文活动等。举办“美丽嘉善情定大云”新居民职工集体婚礼，为45对新居民举办集体婚礼。开展“携手共成长·和谐幸福家”关爱新居民子女公益项目，帮助新居民青少年、儿童健康成长，养成良好的生活和行为习惯。

【“再组织化”建设】 加强“党建带妇建团建”工作，发挥新居民党、团、妇组织先锋模范作用，组织开展各类主题活动，挖掘推选优秀新居民代表参加各类评选，苏红雷、王曙光两人获嘉善县第九届“十大杰出青年”称号。深化“窗口入工会”工作机制，引导新居民个体工商户等加入新居民联合工会，维护新居民合法权益。至12月底，全县累计建成新居民党员之家9个、地缘性党支部18个，登记在册新居民党员1246人；新居民青年之家9个，登记在册新居民团员2719人；新居民妇女之家90个；新居民工会窗口34个，发展新居民工会会员14.32万人。完善新居民参政议事制度，注重新居民代表人士的发掘和培养，聘任26名新居民为县级议事委员。

【服务品牌建设】 深化“同一片蓝天、同一个家园”党建工作品牌建设，完善各项服务制度建设，“同一片蓝天、同一个家园”列入全县机关党建服务品牌成果展示。党员志愿服务领办项目——新居民青少年“阳光童年”志愿服务项目得到市委组织部好评，并获市委组织部经费补助。围绕“五水共治”、“三改一拆”、环境整治、文明劝导、普法宣传等重点，以“清洁家园、美化环境”为主题，发动县、镇两级新居民党团员志愿服务队伍组织开展各类志愿服务活动。全年共开展各类志愿服务244次，参与志愿者近3000人次。

【调整管理体制】 按照省、市编办有关新居民服务管理机构建设指导意见，9月，县编委发文《关于调整完善嘉善县新居民事务局管理体制的通知》，调整机构归口管理，县新居民事务局更名为县新居民服务管理办公室，并成立县新居民服务管理办公室党组，归口县公安局管理，机构性质、规格、领导职数及人员编制暂维持不变。 （顾晓薇）

信　访

【概况】 2016年，县信访局围绕社会和谐稳定，发挥职能作用。受理信、访、网、电21283件，同比

2月4日，嘉善县行政执法指挥协调中心、嘉善县政务投诉举报电话受理中心和嘉善县信访联合接待中心“三中心”授牌成立。

（县信访局 提供）

上升 34.6%。其中来信 217 件，同比上升 5.9%；来访 1152 批 2714 人次，同比批次上升 9.9%、人次下降 8.2%；网上信访 354 件，同比上升 67.8%；来电 19560 件（含市长电话交办件 763 件，县委书记、县长信箱 435 件，县委书记、县长短信 536 件，协助县委宣传部受理民生频道投诉 103 件），同比上升 36.3%。

【信访制度建设】 完善目标管理制度。1 月 5 日，专题召开全县信访工作会议，县委书记、县长与镇（街道）党政一把手“双签”目标管理责任书，开展重点单位党政“一把手”专项述职，健全完善“书记抓、抓书记”信访工作格局。制定《2016 年度嘉善县信访工作目标管理考核评分办法》，细化落实目标管理任务。完善激励奖惩制度。将信访工作在全县目标责任制考核中的分值由 4 分提高至 7 分，其中 3 分用于信访积案治理专项考核。继续实施信访工作责任金制度，9 个镇（街道）及 26 个县级部门（单位）纳入范畴，依据考核结果奖优罚劣。把积案化解、规范化办理等单项工作纳入全员维稳责任制双月考核。完善领导干部定期接待群众制度。制定全县领导干部大接访活动实施方案，坚持每月 15 日“五访联动”工作机制，推进县领导到联系镇（街道）巡回接访、县级机关部门“一把手”“民生面对面”接访走访以及国土农业、城建环保、民生社保、综合四类部门联合接访。1—12 月，县四套班子领导下访接待群众 466 批 908 人次，县环保局、县住建局等 9 个县级部门“一把手”接待群众 87 批 255 人次，部门联合接待群众 793 批 1471 人次，镇村干部、网格长（员）上门走访 12876 户。

【服务中心工作】 G20 杭州峰会和世界互联网大会（乌镇峰会）期间，县委书记与 9 个镇（街道）、19 个重点部门“一把手”签订责任书，成立由局长任总指挥的信访工作指挥部，负责全盘统筹协调；针对重点人员、重点群体，实行“红橙黄”三色预警，开展化解稳控工作；组建由县信访局、县委政法委、县公安局、县综合行政执法局等部门 23 人组成的县级应急处置工作组和 19 支镇街、部门应急小分队，出动应急力量 50 余人次；强化卡点查控工作，全县 8 个卡点投入信访力量 60 余人次，确保防线安全。关注“三改一拆”、“五水共治”、四（三）轮电动车整治等中心工作推进中引发的矛盾纠纷，强化源头排查，主动协调化解。发挥职能作用，做好劳资纠纷、征地拆迁等传统民生类信访群体以及互联网金融诈骗、商贸综合体等新兴领域信访群体稳定工作。完成全县重大活动期间信访安保任务 20 余次，开展各级党代会代表候选人以及县人大代表候选人联审 1500 余人次，保障重点工作有序推进。

【破解信访难题】 规范信访基础业务，出台《关于践行“两学一做”健全完善信访工作制度的通知》，建立健全信访事项办理“一把手”审签责任等十项制度。全年受理初次信访事项 760 件，10 日内办结的 327 件，占 43%，30 日内办结的 654 件，占 86.1%，群众对责任单位满意率 98.4%。严格规范复查程序，推动事项依法终结，收到复查申请 11 件，其中作出复查意见 8 件、不予受理 3 件。推动积案清仓见底。以“信访积案攻坚化解治理年”为载体，年初排摸确定信访积案 62 件，划分为化解类 28 件、稳控类 34 件（包括依法处置类 4 件），分别落实县、镇街（部门）领导领衔包案。9 月 15 日，召开信访工作务虚会，各镇（街道）党委书记交流经验做法，研究部署积案化解工作。全年化解信访积案 31 件（其中“骨头案”“钉子案”7 件），总化解及有效稳控率 85.5%。加大违法行为处置力度，打击处理各类违法上访人员 21 人，其中逮捕 1 人、行政拘留 13 人、罚款 1 人、教育训诫 6 人。加强信访督查督办。开展“补短板、化积案、创标杆”信访督查专项行动，对循环经济城、金水湾房产开发项目、西藏退伍兵群体等 5 个重要领域、重点项目和重点群体开展专项督查。成立督查工作专班组，由正科级信访督查专员带队，蹲点指导处置疑难信访案件 2 起。加强老干部信访巡回督查和日常信访业务督查，通报信访事项办理情况 4 次，核查整改群众评价不满意件 38 件。

【推行信访改革】 依托浙江省统一政务咨询投诉举报平台，率先在全省县一级实现“信、访、网、电”一体化、全过程、常态性的“阳光信访”，设立由县信访局统一管理的县信访联合接待中心、县统一政务咨询投诉举报电话受理中心和县行政执法指挥协调中心“三位一体”的县域信访工作新模式，完成全省信访改革试点任务。在完成搬迁改造办公场所、升级

6月16日，24个部门的27条非应急类咨询投诉举报热线整合进12345县长电话。（县信访局 提供）

扩容系统平台等工作基础上，将涉及消费投诉、经济违法举报、行政效能投诉等24个部门的27条非紧急类政务服务热线统一整合至“12345”，并于6月16日正式运行，形成“一个号码对外、一个部门接收、一条龙监管”政务热线服务模式。在实现县级领导信箱、网上信访全接入基础上，11月底前，县民政局、县住建局、县卫计局等12个部门门户网站开设的网络渠道全部接入统一政务咨询投诉举报平台。作为全省唯一县级试点，试点经验得到上级信访部门肯定，在全省统一政务咨询投诉举报平台整合建设工作会议上作交流发言。先后接待中央信访联合督查组、省编委办、省信访局等领导以及省内兄弟县（市、区）考察调研21批次。整合办信、接访两个科室职能，实行集中办公，建立AB岗工作制度，统一做好群众来信来访工作。开展信访维稳形势每周会商，报送季度信访形势分析和重要信访信息专报12期，协调处理华都酒店式公寓、嘉汇城市广场等疑难复杂信访问题20件。维护县行政中心信访秩序，全年劝导、接待来访群众68批698人次。针对群众反映的行政执法领域突出问题，开展执法协调和联合执法工作，处置西塘景区文保范围内的违法建设等事项4件、开展景文百货北侧酒吧噪音扰民等问题联合执法3次，化解一批职能不清或职能交叉的疑难复杂问题。制定《2016年度嘉善县综合行政执法改革考核实施办法》，落实综合行政执法改革重点任务7项，推进镇（街道）综合行政执法中心建设，完善与县国土局、县环保局等14个部门的综合行政执法协作配合机制，推动从源头上划清部门职责边界。

【机构队伍建设】 在全市“提素质、强服务、建功十三五”信访知识（技能）竞赛中获第一名和优秀组织奖，县信访局获市保障服务重大国际峰会先进集体，9人次获市级以上个人荣誉。实行“1+3+8”机构设置模式，“1”指县信访局、“3”指“三中心”、“8”指设置8个科室，即县信访局设置综合科、复查复核科和督查督办科，联合接待中心设置办信科和接访科，电话受理中心设置来电受理科和网上信访受理科，指挥协调中心设置执法协调科。专设正副科级信访督查专员各1人，增设副局长1人，增配1名副局长挂职参与信访工作。调整中层干部10人，实有信访干部由原来的11人增至21人。建立县信访局领导班子践行“两学一做”“平安护航G20”联挂包干制度。举行全县基层综治司法信访干部培训班、全县信访工作心理学辅导等教育培训。先后安排陶庄镇、干窑镇、天凝镇、大云镇优秀年轻干部4人驻京挂职参与信访工作，组织参与城乡环境整治百日攻坚行动、中层干部联企服务活动等。

（汤美萍）

【县长电话受理】 全年，县长电话受理群众来电来信19560起。其中，受理县长电话17723件，承办市长电话763起、县委书记县长短信1337条、县委书记县长信箱396起，协助县委宣传部受理民生频道投诉（求助）103起，同比上升36.31%。（费亚建）

消费者权益保护

【概况】 2016年，嘉善县市场监管局、嘉善县消保委更新维权理念、创新维权方式、完善维权机制，做好消费维权宣传，治理消费市场，提升消费维权科学化水平，努力营造安全放心的消费环境，各项工作有序推进。

【消费维权宣传】 3月，围绕旅游消费、食品安全消费、金融消费等热点，开展以“新消费 我做主”为主题的“消费维权服务月”活动。3月11日上午，县市场监管局领导参加“局长在线”直播活动，通过电波向消费者介绍2016年“消费维权服务月”期间全县开展的各项活动，分析2015年消费投诉热点重点，并解答听众关于食品、网购、预付卡等消费方面的咨询，宣传普及消费维权知识。3月11日上午，联合罗星街道举办食品安全“三大一严”专项行动暨3·15消费维权广场宣传活动；3月14日，联合县旅游局、县质监局、县消保委、西塘镇党委政府、西塘镇旅管委等20多个部门，在西塘古镇景区开展“新消费我做主 放心消费在西塘”大型宣传活动；3月14—15日，各所（分局）联合相关部门在各地开展集中宣传咨询服务活动，举行集中宣传活动10次，设置消费维权、商标宣传等展板68块，宣传横幅28条，现场解答消费者咨询572人次，发放宣传资料5080份。开展古镇旅游消费问卷调查，邀请100名消费者、行风监督员和维权义工代表参与西塘古镇景区消费体验，体验者以普通游客身份进入景区，对景区内部各处景点设施设备、公共设施设备位置、景点导游和工作人员服务态度、消费维权服务站投诉举报流程等内容进行深入体验、直观感受，并将体验感受以调查问卷形式进行书面反馈。利用《嘉兴日报》《嘉兴广电报》等媒体，发表各类消费维权案例，上报各类消费案例26篇，报刊录用51篇次。县市场监管局与嘉善电视台协作制作播出“315维权行动”专题节目10期，通过案例向消费者传递相关消费维权知识，并曝光一些欠缺诚信的商家。

3·15维权宣传　　（县质监局 提供）

【治理消费市场】 梳理分析消费投诉热点，吸取国内外热点消费纠纷事件教训，整治旅游消费市场、房地产消费市场和食品消费市场。发起“放心消费在西塘”旅游市场治理倡议，县市场监管局会同西塘镇旅管委，联合西塘镇旅游业协会举办“消费无忧”创建活动，对开展“消费无忧”创建单位进行培训指导，引导商户在AAAAA景区创建中，做诚信经营的表率。开展“杜绝天价、放心消费，诚信经营”承诺活动，首批19家酒吧、餐饮和客栈商户代表景区1500余家经营户签订诚信经营承诺书。对全县房地产广告展开“靶向式”专项检查，查获房地产广告违法案件19起。加大对房地产合同监管力度，严格规范房屋买卖行为，查处合同欺诈行为，减少和防止商品房买卖争议及纠纷。召开房地产广告通报会，通报2015年嘉善县房地产广告违法情况，对《中华人民共和国广告法》《房地产广告发布规定》进行法律培训与解读。出台2016年食品安全监管工作要点，明确2016年餐饮服务监管工作思路和重点。以“三大一严”行动、餐桌安全治理、农村食品安全治理等为重点，开展食品安全整治活动，着力解决群众反映强烈、风险隐患突出的食品安全问题。以推进“阳光厨房”、智慧监管、示范创建、社会共治等为重点，推进食品监管。对全县流通领域的商品进行抽检，抽检55批次。对销售不合格商品的经营者依法进行处罚。

【建立维权机制】 建立赔偿先付机制。在西塘景区试行旅游业消费环节赔偿先付机制，首期19家商户缴纳赔偿先付保证金3.8万元。建立消费约谈机制。3月9日，约谈食品、通讯器材和网络运营、房产、居民服务（如美容美发健身洗染）等投诉量较多或者增幅较大行业的经营户代表26人，要求企业重视消费维权工作，健全并落实各项管理制度，保证商品和服务的质量。建立消费比较试验机制。县消保委制定比较试验制度，确定每年1月开展商品比较试验活动，着重选择妇女、儿童用品，并在3月公布比较试验结果。通过对同类商品或服务的分析对比，向消费者提供消费信息，为消费者选择价廉、物美、安全的商品提供有效的参考信息。1月底，开展面膜比较试验，将主城区3家商场购买的12款面膜送到上海某检测单位后进行专业检测，经测定，12组面膜样品全部合格，总体质量情况良好。比较试验报告在《嘉兴日报·嘉善版》《嘉兴广电报》及县市场监督管理外网进行公布。建立"以专对专"投诉处置新模式。从4月1日起，采用专门制度、专门队伍、专门流程处置疑难复杂投诉，制定"专业应对"工作制度，下发文件，明确投诉处置工作小组工作职责和范围。成立投诉处置专项工作领导小组，抽调专门执法人员组成投诉处置专项工作小组，统一做好投诉处置工作。工作小组成立至年底，处置职业投诉举报案件100余件，均依法进行办理，无行政违法案件发生。

【日常受理】 完善"12315"受理和处理工作程序，畅通受理消费者诉求渠道，加强受理投诉、和解机制建设等方面功能。全年受理电话1752件，其中咨询1077件、举报273件、投诉402件。做好诉转案工作，把投诉作为发现并查处违法行为的有效途径，全年通过投诉转办案件28件，罚没款2918.52万元。 （沈剑虹）

民族 宗教

【概况】 2016年，嘉善县贯彻落实中央民族工作会议、全省宗教工作会议有关精神，加强民族宗教事务管理，引导宗教与社会主义社会相适应，发挥民族宗教工作在平安嘉善建设中独特作用。至年底，全县有依法批准开放的宗教活动场所27处（佛教寺院13处、基督教堂13处、天主教堂1处），穆斯林临时礼拜点1处，纳入登记编号管理民间信仰点63处。全县有少数民族41个30729人，其中嘉善户籍少数民族1480人。人数在千人以上的有苗族、土家族、彝族、侗族、壮族。嘉善县民宗局被嘉兴市民宗局作为全省民间信仰工作会议中表现突出的单位进行表彰，评为2016年度信息工作先进单位。

【宗教事务管理】 推进宗教场所、宗教活动、教职人员依法管理。对宗教场所举办的宗教活动进行审批，全年依法许可12次非通常性宗教活动。联合有关部门和街道依法取缔非法宗教活动点2处。会同县公安局、魏塘街道对原穆斯林礼拜点进行规范整治。组织开展基督教私设聚会点专项检查，强化对聚会点监管工作。完成全县宗教场所公共安全视频建设联网应用工作。做好各宗教场所（民间信仰点）在重大节日和重大活动期间安全稳定工作，全面落实消防安全管理责任。针对G20杭州峰会和世界互联网大会（乌镇峰会），成立由县民宗局、宗教团体、各镇（街道）统战委员、少数民族联络员代表等组成的县民宗领域峰会维稳安保工作领导小组。按照"属地管理"和"谁主管、谁负责"原则，明确各单位职责分工，推进工作落实。制定下发《关于做好当前及圣诞春节期间宗教场所消防安全工作的通知》，与各宗教场所签订安全稳定责任书，确保场所不出事，人员不惹事。举办全县宗教场所、纳入登记编号管理的民间信仰场所负责人安全工作和反恐知识培训班，组织开展应急消防灭火和安

12月3日，龙庄讲寺举行本义大和尚升座法会庆典。（干窑镇 提供）

全逃生演练；联合县公安局、县消防大队、县安监局和各镇（街道）对全县所有宗教场所开展消防安全大检查，发现隐患问题16处，及时指出并指导整改。联合县公安局开展反恐怖“清源”专项行动（治理思想源头、信息源头、活动源头、聚居源头）和“三非”（非法活动点、非法教职人员、非法出版物）整治。联合网信办开展宗教场所网络、微信平台检查，做好宣传网络和信息安全引导工作。协调处理涉及民宗领域的矛盾纠纷，继续开展“三改一拆”涉及宗教领域违法建筑处置工作，协助天凝镇妥善处置解决教堂宗教标志物移位等问题。协调有关部门做好安保维稳工作，确保龙庄讲寺本义大和尚升座庆典法会安全举行；做好天主教佘山朝圣活动安全工作，确保朝圣活动有序、稳定和安全。

【和谐寺观教堂创建】 年初，下发《2016年度和谐寺观教堂创建工作实施意见》，召开宗教场所负责人创建工作培训会，提升规范化管理水平，做到政治安全、场所安全、活动安全、人员安全。至年底，全县累计24处场所被评为市平安宗教活动场所，达标率88.9%。19处活动场所达到市三星级平安宗教场所，1处被评为浙江省五星级宗教活动场所。4处宗教场所申报通过市三星级场所考核。开展全县“文明敬香、创建生态寺院”活动，制作文明敬香告示牌57块、消防安全宣传牌27块和消防知识宣传手册1000多份，下发到全县各宗教活动场所（民间信仰场所）。3处寺院申报创建市级文明敬香生态寺院。开展民间信仰文明示范场所创建活动，西塘护国随粮王庙、干窑龙庄讲寺民信仰活动点作为全省民间信仰工作会议现场参观点，得到省、市领导肯定，受到嘉兴市民宗局通报表彰。

【善文化活动】 围绕向善、慈善、弘善主题，组织开展“善文化”系列活动，打响宗教界文化特色品牌。7月21日，五星级宗教场所——龙庄讲寺在浙江美术馆举办“还至本处——佛教书画印展”；组织开展沪浙艺术家笔绘活动，举办“方寸皆菩提”佛印篆刻作品安吉吴昌硕纪念馆巡展，弘扬佛教善文化；大云禅寺举办2016大云禅寺了凡文化节，开展了凡文化学术研讨交流、禅意茶道（香道）表演、佛教素食文化展示、祈福法会等；西塘礼妙禅寺结合西塘旅游举办首届端午文化节活动，展示民俗文化。组织全县宗教界参与扶贫、济困、助学和各类社会公益慈善活动。各宗教场所在中秋（重阳节）、春节期间走访慰问敬老院、困难信众和社会弱势群体，深化宗教慈善超市。年内，全县宗教界用于慈善类支出150多万元。龙庄讲寺和大云禅寺被评为嘉善县2016年度“慈善爱心奖”先进单位。

【民间信仰活动场所登记编号管理】 2月25日，召开民间信仰场所安全工作现场会，明确要求各镇（街道）加大民间信仰场所整治力度，加快登记编号管理工作，推进场所规范化管理水平。组织各镇、开发区（街道）统战委员和首批纳入编号管理的民间信仰场所负责人到西塘七老爷庙和干窑龙庄讲寺民间信仰点参观考察，开展财务等规范管理和消防安全知识培训。对全县民间信仰场所进行调查摸底，至年底，全县有民间信仰场所165处。经市民宗局审核确定全县33处新纳入第二批登记编号管理，将场所数据信息等统一录入全省网上宗教信息管理系统。对已纳入登记编号管理的63处民间信仰场所中开展文明创建活动，健全民主管理、财务管理、消防安全等8项管理制度，对尚未纳入登记编号管理的场所，按照“因地制宜、疏堵结合、分类指导、规范管理”要求，落实属地管理职责，通过对场所进行纳入管理、拆除、改用、合并等方式，组织开展民间信仰活动场所综合治理工作，推进合理布局，制止乱建滥建行为。

【宗教场所环境整治】 根据城乡环境整治百日攻坚战要求，召开全县宗教场所负责人会议，部署宗教场所环境整治工作。对全县27个宗教活动场所进行走访调查，对涉及主要道路沿线的蓝色工棚、蓝色屋顶、乱搭建、乱堆放、乱涂写等现象限期整改。投入资金50余万元指导地藏禅院，对寺院门前河道进行清理疏浚、对周边环境进行综合整治，加装不锈钢护栏，投放鱼苗，改善河道生态环境。协调处理龙庄讲寺因门前道路拓宽而涉及的寺院停车场退让重修问题。

【少数民族工作】 贯彻落实嘉兴市城市少数民族服务与管理推进会精神，做好新形势下城市民族工作，维护少数民族合法权益。落实少数民族考生优惠政策，做好在善少数民族学生民族成分审核工作，办理出具高考民族成分证明14份。下发《关于做好少数民族工作的通知》，开展少数民族情况调查摸底，推进嵌入式社会网格管理。至年底，全县9个镇、街道建立管理网格244个。组织少数民族联络员进行反恐知识培训，参观百日环境综合整治示范点干窑新泾港；召开少数民族新春座谈会，加强联谊联系，增进民族友谊。深化柳洲学校民族团结进步创建示范点培育工作，指导学校开展民族书画和民族体育竞赛活动，协助学校制作有关民族知识和民族政策及社会主义核心价值观的宣传长廊。开展下基层走亲连心活动，关心少数民族工作和生活，走访慰问3名患病生活困难的少数民族同胞；推荐2名优秀少数民族公民担任新一届人大代表和政协委员。做好少数民族维权工作，帮助协调解决外来少数民族子女就学问题等。

（李　鸣）

残疾人事业

【概况】 2016年，全县残疾人工作贯彻上级政府关于加快推进残疾人全面小康进程的要求，紧紧围绕“四个全面”战略部署和“五大”发展理念，不断完善残疾人社会保障政策，健全残疾人基本公共服务体系，激发残疾人及残疾人组织活力，促进残疾人全面融入社会，努力推动残疾人事业与嘉善县经济社会协调发展。

【承办全省志愿助残服务现场交流会】 9月13—14日，浙江省志愿助残服务和社会化助残服务现场交流会在嘉善县召开。会议播放《嘉善县志愿助残和社会化助残工作专题片》，县残联和大云镇残联分别介绍社会化助残工作经验和需求导向式社会助残创新项目案例。全年，全县提供各类上门服务1300多次，覆盖全县10%的残疾人。省残联副理事长吴一农参加会议。

【政策支持】 6月16日，嘉善县人民政府印发《关于全面建立困难残疾人生活补贴和重度残疾人护理补贴制度的实施意见》；8月12日，在大云镇举行“两项补贴”首发仪式；8月底，在全市率先完成“两项补贴”发放工作。10月25日，经县政府第43次常务会会议讨论通过，率先在全市出台《嘉善县人民政府关于加快推进残疾人全面小康进程的实施办法》。

【白内障患者(零自费)手术】 6月，与嘉善东方医院协作开展白内障复明免费手术。凡嘉善县户籍并已参加当年度嘉善县城乡居民合作医疗保险或城镇职工基本医疗保险的白内障患者，手术费用除医保报销及残联系统现有政策规定补助外，其余费用全部由嘉善东方医院承担，实现白内障患者手术费用“零自负”。全县有7686名白内障患者参加筛查，符合手术条件的3297人，到12月底已实施复明手术933人。

【康复服务】 3月，制定下发《嘉善县康复工程“三年行动计划”实施办法》。突出提标扩面，力争3年内对有需求的残疾人，基本实现免费验配助听器、免费装配下肢假肢、免费验配助视器和白内障复明手术等。按照《浙江省残疾儿童基本康复服务与补贴制度实施办法》，加强0～6周岁残疾儿童抢救性康复项目的实施，对28名儿童实施康复训练，补助经费48万元。实施嘉善县康复工程“三年行动计划”，为有需求并符合条件的76名残疾人实现助听助视助行等项目。做好残疾人康复示范站管理工作，对8家残疾人康复示范站实施提升工程，对全县31家已实施提升工程的康复示范站运行管理情况进行检查指导。协助做好重性精神病人筛选、登记、复核等工作，检出各类重性精神病人2084人，其中住院163人、社区管理1921人。落实《嘉善县特困精神病患者住院费用分级负担实施意见》和《嘉善县贫困精神病患者门诊费用补助实施办法》，补助经费56万元。做好贫困持证重度精神残疾人服用基本抗精神病药物费用全额免费工作，为265人发放贫困精神病人服用基本药物全额保障门诊卡。

【社会救助】 2016年，为2392名符合条件的困难残疾人发放生活补贴565.79万元，为3162名符合条件的残疾人发放护理补贴915.33万元。落实精准扶贫措施，全面消除8700元以下残疾人低收入户。为全县817名困难残疾群众实施城乡居民社会养老保险补助29.90万元；为327名自谋职业残疾人实施职工基本养老保险补助46.93万元；为5938名参加“城乡居民合作医疗保险”的残疾人补助103.92万元；为全县持证残疾人投保人身意外伤害保险、大病医疗保险 63.8 万元；为全县 8312 名残疾人办理公交“爱心卡”，补助刷卡金额 87.30 万元；为 25 户残疾人进行危房改造。全县建成残疾人扶贫基地 12 个，其中省级 1 个、市级 4 个、县级 7 个，直接安置残疾人 80 人，辐射带动残疾人家庭 347 户。

【辅助性创业就业】 推进残疾人辅助性就业和电子商务就业，全县残疾人辅助性就业（庇护性服务）201 人，巩固 9 家残疾人庇护中心。完成残疾人职业技能培训 316 人、电商创业就业培训 103 人。全年举办残疾人就业招聘推荐会 3 场，参会企业 33 家、岗位 108 个，97 名残疾人参加招聘会，通过双向选择，其中 59 名与招聘企业达成用工意向。县政府残工委成员单位带头安置残疾人工作列入 2016 年全县机关、事业单位招考计划，县民政局单招单考残疾人 1 人。全县 4183 名有劳动能力和简单劳动能力的残疾人实现就业，就业率 91%。2016 年征收残疾人就业保障金 2249 万元。

【教育培训】 2016 年，全县 6～15 周岁各类残疾儿童少年 101 人，其中随班就读 21 人、送教上门 28 人、县外特教学校就读 8 人、县培智学校 44 人，残疾儿童少年入学率 100%。开展残疾人电子商务、计算机、网店设计和制作、中西式面点师、手语、网络远程教育等培训 35 期，为残疾人职业技能竞赛培养后备选手。组队参加嘉兴市第四届残疾人技能大赛，嘉善选手获 1 个一等奖、3 个二等奖、3 个三等奖。

【组织建设】 开展残疾人组织规范化建设，配齐配强残疾人工作者队伍。通过举办基层残疾人工作者业务培训班、工作座谈会等形式，加强对残疾人工作者的培训管理，提高基层残疾人工作者综合素质。加强对残疾人专职委员工作的管理，通过查看工作记录、个别约谈和汇报交流等痕迹化管理，对残疾人专职委员工作进行有效督查。为提高专门协会工作常态化，进一步健全协会制度，制定工作规程，使协会切实履行代表、服务、维权职责。残疾人工作列入镇（街道）目标责任制考核内容。贯彻落实省政府办公厅《关于加强康复托养服务体系建设的意见》精神，加强残疾人康复、托养服务设施建设，落实康复、托养机构建设扶持措施，加大残疾人工作经费投入，合理安排推进残疾人全面小康进程经费。根据上级权力公开有关文件精神，结合当前残疾人保障政策的新变化，县残联制定并下发《为残服务项目工作流程表》，梳理具体服务内容 35 项，规定各项服务的受理办法和办理时限，并明确县、镇（街道）残联相关工作。

【信息化建设】 完成残疾人基本服务状况和需求信息数据动态更新调查工作。调查全县持证残疾人 9494 人，其中入户调查 9355 人、电话调查 139 人，入户率 98.54%。信息化建设不断推进，落实专人管理残联网站和微信公众号推送，丰富信息内容，加强社会宣传，促进政务公开。网站刊出信息 447 篇，市残联录用 170 篇，省残联录用 37 篇。自 5 月 10 日开通微信公众号以来，累计推送各类信息 42 篇。县、镇、村三级全部普及残疾人爱心平台系统，完善综合业务数据和信息管理系统，覆盖各级残联组织，实现县、镇（街道）、村信息资源共享，确保残疾人基础数据完整。

【维护残疾人权益】 将“残疾人权益维护”“精神残疾人保障”问题列入嘉善县平安建设考核体系。全县未发生因保障服务不到位或侵权行为造成严重后果或不良影响事件。加强残疾人法律救助机构建设，成立残疾人法律救助协调领导小组、残疾人法律救助站。完成县政府、残联门户网站无障碍建设。全年接待来访 10 件、来信 2 件，转办单 9 件，办结率为 100%。

【残疾人证评审发放】 继续加强残疾人证评审发放管理，严格残疾人证核发，细化执行标准，强化医生责任。在审核程序上，聘请专业人员对申领对象进行复核把关，定期召开由县卫计局、县残联等部门组成的县残疾人证核发工作领导小组会议，集体讨论解决工作中出现的问题，对申请对象发证进行集体决策。建立责任倒查机制，从制度上规避“人情证”“关系证”“照顾证”的产生。全年发放残疾人证 903 张。

【文体活动】 组织残疾人摄影爱好者赴大云镇云澜湾摄影采风；举办全县残疾人诗歌朗诵、象棋、飞镖比赛；进行全县残疾人文化艺术作品巡回展，将书法、绘画、篆刻、摄影、剪纸、手工编织品、刺绣 雕塑等 100 多件作品在各镇

（街道）巡回展示；举办全县残疾人剪纸、农民画培训提高班；组织开展智障残疾人特奥融合；“缘来你在这里”交友联谊会等活动。组织参加全市首届残疾人健身操比赛获二等奖。西塘镇残疾人体育基地创建为省级残疾人文化示范基地，干窑镇残疾人体育基地被命名为第二批市级残疾人体育示范基地。

【助残服务】 5月3日，出台《嘉善县残疾人生猪退养转产转业扶持办法》，对残疾人及残疾人家庭生猪养殖“退养转产”予以扶持，全年补助174人，落实补助金9.58万元。规范助残志愿者招募、培训、注册、管理和考核，新招募助残志愿者90人，累计实名登记640多人。继续开展“心手相牵·共享阳光”助残志愿服务。在“全国助残日”期间，举办嘉善县第二十六次全国助残日暨第七届残疾人文化艺术周活动，表彰嘉善县2015年度“善心家庭”“善心单位”“善心个人”和“最美残疾人”获得者。开通嘉善县残联微信公众号，举行嘉善县残疾人文艺会演等活动。活动期间，县四副班子领导走访慰问部分残疾人家庭，送上慰问品和慰问金；组织专门协会慰问部分贫困聋人家庭、上街入户免费推拿、书画联谊等一系列活动。开展关爱残障儿童、“我是你的腿”帮助重度残疾人外出等志愿者“善心助残”系列活动。选送优秀作品参加省、市残疾人事业好新闻评选活动。加强残疾人事业宣传报道工作，县电视台开播手语新闻栏目，广播电台开播残疾人专题节目。

举办“我是你的腿”助残活动。（县残联 提供）

【服务中心工作】 参与县委县政府“五水共治”“三改一拆”等中心工作。根据安排与罗星街道马家桥村结对，抽调3名机关干部组成工作组参加“城乡环境整治百日攻坚战”、残疾人扶贫帮困、每月下村大接访等工作，认真开展“四方红色联盟”结对共建工作。积极参加G20杭州峰会安保巡查工作、社区共建、“美丽嘉善”建设、水环境督查、全国文明城市创建和平安嘉善建设等活动。

（曹志芳）

生态文明建设

地理环境

【地理位置】 嘉善县地处太湖流域杭嘉湖平原，位于浙江省东北部、江浙沪两省一市交会处，北纬30°45′36″～31°1′12″，东经120°44′22″～121°1′45″。境域轮廓呈田字形，东邻上海市青浦、金山两区，南连平湖市、嘉兴市南湖区，西接嘉兴市秀洲区，北靠江苏省吴江市和上海市青浦区。全县总面积506.6平方千米，其中陆地占85.71%，水域占14.29%。地势南高北低，平均高程3.67米（吴淞标高）。县城东距上海市90千米，西至杭州市110千米，南濒嘉兴港35千米，北接苏州市91千米，处于长江三角洲的中心地带。（王　蔚）

防震减灾

【概况】 2016年，嘉善县加强灾害预防、监测预报、应急救援三大工作体系建设，加强防震减灾科普知识宣传教育，做好地震监测设施的观察维护。

【防震减灾科普知识宣传】 “5·12”防灾减灾日宣传周期间，在《嘉兴日报·嘉善版》刊出防震减灾知识宣传专版，在嘉善新闻网上开展地震科普专题宣传活动。5月12日，举办“嘉善县‘5·12’防灾减灾日”主题宣传活动，向市民发放防震减灾宣传手册、折页，观摩意外伤害心肺复苏急救技能和消防灭火操作演示，并在魏塘、罗星街道相关社区举办应急疏散演练。县气象局举办防灾减灾知识专题讲座。嘉善消防大队通过公众微信平台、官方微博、短信等形式，宣传防灾减灾知识。县教育局组织各中小学、幼儿园学习《浙江省防震减灾条例》，通过网络视频等形式开展防震减灾宣传教育活动，开展学生应急疏散、搜救、伤员救治、应急指挥、信息传递等预案演练活动。

【地震台维护】 加强嘉善罗星地震台的运行维护，做好监测设施的保护等日常工作，保障台站设备安全，确保设备和线路正常。开展地震台环境保护公告以及保护标志的设置工作。（周家旺）

园林绿化

【概况】 2016年，嘉善县以“美丽嘉善”建设为抓手，优化人居环境、提升生活品质，扎实开展城区绿化提升活动，完善行业绿化机制，提高城市绿化建管水平。至年底，城区绿化覆盖率38.04%，绿地率33.38%，人均公园绿地面积15.91平方米。

【绿化项目建设】 按照城乡绿化造林计划，城区年内完成晋阳西路路侧绿化A段、嘉善大道提升工程段、嘉善至嘉兴第三通道一期段、世纪大道（平黎公路—城西大道）路侧绿化段等绿化工程项目，新增绿地145.86万平方米。

【城市绿道建设】 城市生态绿道建设坚持“融合、民享、生态、低碳”原则，逐步推进。至年底，新增颐和家园等城市生态绿道8.12千米。同时，围绕“路通、景美、设施全、标志清、管护好”总体要求，提升绿道2.2千米。

【城区绿化养护】 完成柳洲公

园、中山路荷花池绿化改造面积约400平方米、局部色块改造面积约3900平方米。完成子胥苑、蓝天家园、中央花园西侧沿河等处的基础设施更新以及地被、色块、草坪等改造，面积约9000平方米。全年，县园管处新接管绿化面积7万余平方米、行道树932株、沿路沿河代征绿地2万余平方米。至年底，县园管处养护管理辖面积140余万平方米、行道树12600余株，节日摆放景观草花75万盆。

【绿化行业管理】 编制完成《嘉善县中心城区绿线图则》并通过专家评审。完成嘉善县银鹛园林工程有限公司等3家公司资质延续及浙江尚博建设有限公司的信息变更。至年底，全县有园林绿化企业17家，其中园林绿化三级企业16家、二级企业1家。完成绿化审批事项146项，其中临时占用城市绿地核准12项，砍伐城市树木审批10项，迁移古树名木1项，工程改变绿化规划、绿化用地使用性质审批20项，各类绿地方案审批(查)34项，建设工程竣工规划核实69项。孙家桥港生态林工程获2016年嘉兴市“南湖杯”园林绿化养护优质工程奖。举办“美丽嘉善·我的家——2016嘉善县市民美丽阳台大赛”；开展柳洲公园悬挂二维码树牌活动；组织园林企业参加嘉兴市“大地杯”花卉工技能比武，获团体三等奖、个人三等奖及个人最佳创意奖。 （宗尚华）

水文

【概况】 嘉善县地处北亚热带南缘的东亚季风区，四季分明，雨量充沛，多年平均雨量1158.6毫米(1956—2016年)，70%的年份降水量超过1000毫米，降水年内、年际变化较大。全县降水量季节分配不均匀，呈“双峰型”特点，一年中有2个雨季和2个相对干旱期。嘉善县位于杭嘉湖平原，属长江水系太湖流域，因京杭运河贯穿杭嘉湖东部平原全境，而其他骨干河道与之相关成系，所以也称“运河水系”。全县有河道2240条(包括河浜1214个)，总长1829.5千米，河道分布密度为每平方千米3.61千米。根据《嘉兴市河道管理办法》规定，涉及嘉善县的市级河道有6条，分别为太浦河、红旗塘、茜泾塘、三店塘、塘港(含俞汇塘、南塘港)、大坝水路，总长度50.29千米。全县10千米以上长度的河道有4条，最长的红旗塘有20.53千米；100米以上宽度的河道有3条，最宽的太浦河175米。全县拥有湖泊55个，分布在320国道以北各镇，其中水域面积大于等于1平方千米的湖泊6个。全县水域面积73.71平方千米，水面率14.5%，其中，河道水域面积53.92平方千米、湖泊水域面积19.79平方千米。2016年，嘉善设潮水位站9个，其中国家基本站3个；水文站5个，其中国家基本站1个，地下水监测点5个，雨量站1个，另有水文巡测断面12个、水质监测断面20个。

【降雨和潮水位】 2016年，嘉善县受超强厄尔尼诺影响，全县气象形势复杂，降雨总量多，降雨过程较为频繁，嘉善站全年降水量1594.3毫米，比常年平均降水量偏多38%，降水日数138天。4—10月总降水量1341.8毫米，比常年均值偏多59%；梅汛期(6月11日—7月5日)，总降水量320.5毫米，比常年均值偏多53%，月最大降水量是6月的308毫米。其中，短历时最大降水量出现在8月21日，10分钟最大降水量25.5毫米，30分钟最大降水量72.0毫米，60分钟最大降水量72.0毫米；同时出现日最大降水量114.5毫米。2016年嘉善站平均水位1.27米，较多年平均水位偏高0.40米左右，4—11月平均水位都在1.20米以上。嘉善站最低水位0.65米，出现在3月4日。受梅雨和太湖高水位影响，6月下旬至7月上旬出现长时间高水位，6月21日出现年内第一个水位高点1.97米。6月超警戒水位(1.46米)，6—7月超过警戒水位56天，超保证水位(1.76米)22天。9月16日受双台风“莫兰蒂”和“马勒卡”共同影响，又值中秋天文大潮，出现年内第二高点2.01米，10月22日受台风“海马”减弱后低压东移和冷空气的共同影响，降下暴雨，同时，出现年最高水位2.02米。全年超警戒水位天数147天，超保证水位天数34天。两者均为1956年嘉善县有完整水位记录以来的最大值。另太湖高水位通过太浦河—汾湖一线传导南压，使县境北部陶庄站水位在6月、7月明显高于嘉善站水位，特别是陶庄枢纽关闸运行期间，两地最大水位差在0.3米以上(正常情况下两地水位差值在0.05米左右)，7月6日陶庄站最高水位2.19米，北部乡镇防汛压力巨大。太湖输入性高水位是嘉善县近年来出现的防汛新情况。

【水文巡测断面】 嘉善县设水文巡测断面12个，其中东排线7

个、北排线5个，巡测基点站5个。各巡测段每年测量计算涨落潮流量各15次，然后根据各基点站的相应流量确定流量关系线，推导出整条巡测线的水量。2016年东排线进水量12.84亿立方米、出水量43.24亿立方米，北排线进水量13.86亿立方米、出水量11.74亿立方米。

【水质监测断面】 2016年，嘉善县设20个水质监测断面、23个水功能区，根据《地表水环境质量标准GB3838—2002》要求，设监测项目22项，对集中式生活饮用水源地增加5项指标，评价方法采用单项水质参数评价法。县水文站负责外业的采样和同步测流，12小时内将水样送浙江省水资源监测中心嘉兴分中心检测化验。对一般监测断面每2个月监测1次，逢单月监测；集中式饮用水源地监测断面每月监测1次。全年完成《地表水资源质量通报》6期、《嘉善县地表水资源质量及水功能区评价报告》1份。在11月的水功能区水质监测中，全县23个水功能区中20个达标，达标率87.0%，为全市第一。

【工程建设管理】 2016年，西塘站和横港站标准化管理创建工作达标。完成嘉善县水文信息管理系统建设，在原有9个水位站点基础上，加密水雨情监测点，在全县90片圩区中新增设90个水位自动监测点和9个雨量观测站，提高水情、雨情监测精准度，项目总投资200万元。

【信息化提升】 对嘉善水文信息网站界面进行优化，使水位、雨量、流量、地下水以及视频监控，在同一平台上实现监测、管理，同时将各测站的水雨情信息，接入嘉善防汛防旱微信公众号，优化水雨情信息显示，实现快捷查询，方便防汛防台的信息发布。

【区域合作】 5月17日，金山、嘉善、平湖三地水文联席会议在嘉善县水利局召开。会议旨在通过“信息互通，资源共享”实现流域水文互动，保障区域防汛防台安全，同时，以水文为切入点，进一步研究加强三地水利建设合作机制。三地水文在信息互通和合作的同时，结合三地防汛防洪预案编制，区域联防机制，使省际交界防汛工作效率大为提高，水雨情灾害的监测预警能力、防御能力及技术保障能力均获得提升。 （吴骏彦）

气候与气象

【概况】 嘉善位于北亚热带南缘的东亚季风区，四季分明、温和湿润、光照充足、雨量充沛、无霜期长，宜于作物生长。但地处沿海中纬度地带，气候变化明显，具有春湿、夏热、秋燥、冬冷的特点，主要灾害性天气有暴雨、连阴雨、干旱、寒潮、大雪、大雾、高温和台风。常年平均降雨量1188.0毫米，最多年份雨量1690.8毫米，出现在2016年。最少年份雨量695.1毫米，出现在1978年。年平均雨日136天，一日最大降水量167.6毫米，出现在1977年8月22日。全年有2个相对雨季和干季，4—7月是第1个雨季，其中，4—5月为春雨，6—7月为梅雨，7月中旬—8月中旬处于副热带高压控制下，高温少雨，8月下旬—9月是第2个雨季，受台风和冷空气影响，雨量明显增多，10月起降水减少，成为第2个少雨时段。常年平均降雪日数7.4天，1月最多，3.1天。最大积雪深度22厘米，出现在2008年2月1日。常年平均气温16.3℃，1月最冷，月平均气温4.0℃，极端最低气温−10.8℃，出现在1977年1月31日。7月最热，月平均气温28.3℃，极端最高气温40.7℃，出现在2013年8月7日。春季，日平均气温稳定通过10℃的平均初日3月27日。夏季，日平均气温稳定通过22℃的平均初日6月4日。秋季，日平均气温低于22℃的平均初日9月30日；冬季，日平均气温低于10℃的平均初日12月2日。平均每年日最高气温≥35℃天数有12.2天，最多为2013年，45天。常年平均初霜日11月18日，终霜日3月23日，平均无霜期240天。平均初结冰日12月2日，年平均结冰天数38天。常年平均日照时数1953.6小时，其中1—2月最少，平均在125小时以下；7—8月最多，平均在220小时以上。常年平均风速2.8米/秒，瞬间风速≥17米/秒的大风平均每年5天。历年出现的最大风速35.5米/秒(12级)，出现在1987年3月6日。

【气候特征】 2016年气温较常年偏高，雨量、雨日异常偏多，日照时数异常偏少。其中，1月下旬出现的极寒天气、春末夏初以及初秋的连阴雨、夏季强天气和高温等对本县交通运输人民生活和农业生产都造成较大的影响。全年平均气温17.5℃，较2015年16.9℃偏高0.6℃，较常年16.3℃偏高1.2℃。日最高气温大于等于

35℃的高温日数有20天，主要集中在7月。日最低气温小于等于0℃的低温日数28天。年极端最高气温39.8℃(7月27日)，年极端最低气温－6.9℃(1月24日和25日)。终霜日出现在3月25日，初霜日出现在11月28日，无霜期247天，较常年(237.1天)偏多。全年降水量1690.8毫米，较上年1509.2毫米偏多181.6毫米，较常年1188毫米偏多502.8毫米，为历年降水之最。全年雨日157天，较常年136天偏多21天，排名历史第三。全年日照时数1562.1小时，较上年1572.2小时偏少10.1小时，较常年1953.6小时偏少391.5小时，属异常偏少年份。

【主要气候事件】 9月14—16日，受台风“莫兰蒂”外围环流云系影响，出现连续3日暴雨过程，过程面雨量133.6毫米，累计雨量最大陶庄镇165.0毫米，嘉善国家气象站137.6毫米，15—16日伴有6～7级大风天气。10月22日，嘉善县受台风“海马”残留云系影响，出现暴雨和大风天气，全县面雨量58.4毫米，最大嘉善国家气象站78.5毫米。全县普遍出现6级大风。8月21日受对流云团影响，县中部出现短时强降水并伴有强雷电和大风。其中，有两个站达到暴雨，分别为杨庙87.2毫米（小时雨量达到73.2毫米），嘉善国家气象站50.3毫米，部分自动站出现7级阵风。1月下旬和2月上旬分别出现低温、积雪、冰冻天气。1月21—24日累计雨雪量20.2毫米，24日日平均气温仅－5.4℃，为嘉善县有气象资料记录以来，仅次于1977年1月31日的－5.6℃。24日、25日早晨最低气温－6.9℃，2月1—8日最低气温均在零度以下。2月13日起受强冷空气影响，气温大幅下降，13—15日，日平均气温降温幅度9℃，并伴有8级西北大风，最大西塘区域自动站19.2米/秒(8级)。11月23—24日，受强冷空气影响，全县出现降温、降水和大风过程，日平均气温降温幅度12.5℃，为2016年降温幅度最大的一次寒潮过程。全年，高温天数有20天，主要出现在7—8月，其中，7月20—29日连续出现10天大于35℃的高温天气，且有6天最高气温高于38℃。8月出现35℃以上高温5天，38℃以上1天。全年，4月、5月、6月和10月多连阴雨天气。雨日分别15、19、21和16天，其中5月为1981年以来之最，6月则是历史次大值，10月的雨日历史排名并列第一。雨量分别为230.9毫米、195.2毫米、412.2毫米和172.9毫米，为历史最大、次大、第二和第三高值。持续的阴雨寡照对农业生产非常不利。2016年，嘉善县于6月11日入梅，7月5日出梅，入梅时间接近常年(6月12日)，出梅时间较常年(7月8日)略偏早。梅汛期雨量343.8毫米，比常年(248.6毫米)显著偏多。 （宋　亚　蒋文轩）

2016年嘉善县气象资料表

表28

月份		1月	2月	3月	4月	5月	6月	7月	8月	9月	10月	11月	12月	全年
气温（摄氏度）	2016年	4.3	7.0	11.2	16.4	20.5	24.3	29.8	29.5	24.5	20.6	13.2	8.9	17.5
	常年	4.0	5.8	9.4	15.0	20.4	24.1	28.3	27.9	23.8	18.4	12.5	6.4	16.3
雨量（毫米）	2016年	91	28	46.8	230.9	195.2	412.2	96.8	68	231.7	172.9	69	48.3	1690.8
	常年	65.6	67.6	113.1	97.6	103.6	185.1	149.1	146.9	105.1	56.4	55.9	42	1188.0
雨日（天）	2016年	17	6	10	15	19	21	15	5	13	16	11	9	157
	常年	10.8	11.3	14.0	13.1	12.0	14.2	12.1	12.8	10.4	8.6	8.9	7.8	136.0
日照（小时）	2016年	89.1	148.8	128	117.1	126.6	88.3	206.4	285.9	128	37.6	80.8	125.5	1562.1
	常年	123.0	120.0	136.2	158.9	182.2	157.4	224.2	224.9	174.6	168.1	142.2	142.0	1953.7

说明：按中国气象局规定，以上常年平均值为近30年(1981—2010年)平均值

综　　述

2016年，国土资源管理工作围绕县域科学发展示范点第二阶段建设目标任务要求，贯彻落实"五大"发展理念，推进供给侧结构性改革，以"两学一做"学习教育和"两年活动"("工作推进年"和"能力建设年")为载体，明确国土资源工作新定位，推进嘉善县国土资源各项重点工作落实。全年上报农用地转用及征收(用)批次26个，项目231个，面积398.61公顷(5979.15亩)；供应土地310宗，面积817.37公顷(12260.6亩)；完成农村土地整治复垦85.65公顷(1284.75亩)，完成土地开发44.3公顷(664.5亩)；2016年，争取到省市新增建设用地计划指标254.39公顷(3815.9亩)；完成城镇低效用地再开发108.73公顷(1631亩)，全年消化批而未供土地面积392.64公顷(5889.6亩)；成立县不动产登记中心，正式实施不动产统一登记，累计受理各类不动产业务55449件，其中权籍调查7522件，各类登记业务47927件；县行政审批中心国土窗口受理各类办件3682件，办结3682件，办结率100%；2016年度土地卫片违法用地耕占初始比0.37%；抓好农民建房管理，解决农民建房刚需户1956户；全年支付四项补偿费用6.0147亿元，安置农业人口1277人，支付安置补助费1.11亿元。

土地规划

【概况】 2016年，嘉善县作为省国土、省住建两厅合作的村土地利用规划编制全省两个试点之一，缪家村土地利用规划成果经县人民政府批准。同时落实规划局部调整工作。统筹安排新增建设用地指标，全力保障经济社会发展急需用地。

【村级规划编制试点】 确定大云镇缪家村为全省村土地利用规划编制工作试点单位，《嘉善县大云镇缪家村土地利用规划(村庄规划)(2015—2030年)》于2016年

9月27日，省国土厅厅长陈铁雄参观嘉善高铁新城规划馆。

(县国土局　提供)

12月30日获县人民政府批准。该规划成果与大云镇总体规划、温泉度假区总体规划、特色小镇规划、大云镇镇村布局规划、嘉善县中心城区土地利用总体规划进行衔接，统筹生态保护、农业生产、二三产业发展和居民生活用地关系，是土地利用规划在村庄层面的试点探索。

【规划局部调整】 全年，获批各类规划局部调整方案27个，涉及项目584个，项目总面积1461.28公顷(21919.15亩)，其中修改(落实)总面积748.94公顷(11234.1亩)；落实方案7个，涉及项目230个，项目总面积449.14公顷(6737.13亩)，落实面积234.82公顷(3522.32亩)；基本农田200.58公顷(3008.66亩)；规划实施方案10个，涉及项目160个，项目总面积649.57公顷(9743.55亩)，实施面积229.93公顷(3448.95亩)；修改方案10个，涉及项目194个，项目总面积362.57公顷(5438.55亩)，修改面积284.19公顷(4262.85亩)。

【新增建设用地指标】 2016年，全县争取到省市新增建设用地计划指标254.39公顷(3815.9亩)。包括省重大产业项目新增建设用地81.93公顷(1229亩)；省级示范特色小镇项目新增建设用地6.67公顷(100亩)；省重大基础设施项目新增建设用地86.73公顷(1300.8亩)；存量盘活挂钩新增建设用地26.53公顷(398亩)；浙商奖励及工业投资新增建设用地10公顷(150亩)；支持民生等新增建设用地30公顷(450亩)；农民建房专项新增建设用地9.87公顷(148亩)；市级耕保考核奖励新增建设用地2.67公顷(40亩)。

土地开发利用

【概况】 2016年，嘉善县继续以土地要素保障创新行动为主要手段，结合中心工作，把城镇低效用地再开发、批而未供土地消化利用、供而未用土地消化利用、盘活存量建设用地以及闲置土地处置等5项重要土地利用工作，列入全县土地要素保障创新行动，扎实推进土地开发利用。

【城镇低效用地再开发】 2016年城镇低效用地再开发市下达嘉善县目标考核任务51.33公顷(770亩)，全县完成108.73公顷(1631亩)，完成率211.8%。

【批而未供土地消化利用】 全年，全县批而未供土地消化利用任务333.33公顷(5000亩)，完成消化面积392.64公顷(5889.6亩)，完成117.79%。2011—2015年批准农用地转用总面积905.97公顷(13589.55亩)，供地面积769.64公顷(11544.45亩)，平均供地率84.95%。

【供而未用土地消化利用】 市考标准嘉善县2016年底，开工率90%，竣工率70%。至年底，全县应开工项目174个，面积314.17公顷(4712.5亩)，已开工项目146个，面积286.09公顷(4291.35亩)，开工率91%；应竣工项目134个，面积432.23公顷(6483.5亩)，竣工项目94个，面积242.55公顷(3638.27亩)，竣工率70.15%。

【盘活(供应)存量建设用地】 2016年，全县盘活(供应)存量用地任务79.33公顷(1190亩)，完成盘活(供应)存量建设用地187.76公顷(2816.38亩)，其中收回收购77.26公顷(1158.86亩)，批而未供盘活土地17.74公顷(266.0325亩)，综合整治82.75公顷(1241.18亩)，其他存量10.02公顷(150.3亩)，完成236.7%。

【闲置土地清理处置】 2006—2016年，嘉善县闲置土地处置率100%。2015年，国家土地督查上海局节约集约专项督查的14宗闲置土地(面积19.45公顷)，到2016年底，均按要求处置到位。2016年全县进入闲置土地处置程序的项目6个，面积11.54公顷(173.06亩)，均已处置，闲置土地处置率100%。

【建设用地批后监管】 全年，发送各类提醒、履约通知书54份，收取各类违约金515.91万元。注重工业项目质量把控和建设进度，全面建立工业项目准入评估和竣工验收制度。受理审核土地竣工验收项目98宗，面积235.86公顷(3537.9亩)。在建项目全部实现挂牌施工。加大出让金收缴力度，全县合同出让金75.21亿元，到期应付金额43.38亿元，其中按期已收缴43.38亿元。土地出让金收缴率100%。全县2013—2015年新供应建设项目381宗，面积710.05公顷(10650.8亩)，其中合同约定开工数341宗，面积594.07公顷(8911.12亩)；已开工项目319宗，面积537.48公顷

(8062.24 亩),其中正常开工 313 宗,面积 531.09 公顷(7966.35 亩),用地按期开工率 91.79%。

【农用地转用报批】 全年,上报农用地转用及征收(用)批次 26 个,项目 231 个,总面积 398.61 公顷(5979.21 亩),其中农用地 247.49 公顷(3712.42 亩),耕地 186.89 公顷(2803.32 亩)。其中计划批次 20 个,面积 227.96 公顷(3419.41 亩);批准低效利用再开发批次 3 个,面积 5.58 公顷(83.66 亩);上报盘活批次 1 个,面积 20.42 公顷(306.28 亩);上报 2 个单独选址项目丁诸航道和平黎公路改扩建工程,其中平黎公路面积 111.80 公顷(1676.93 亩),丁诸航道面积 32.86 公顷(492.92 亩)。上报调整(撤销)建设用地批文盘活批而未供土地转用指标批次 16 个,盘活地块 47 个,总面积 61.27 公顷(919.10 亩),其中盘活指标 49.48 公顷(742.15 亩),返还集体土地所有权 55.91 公顷(838.68 亩)。

【建设用地供应】 科学编制《2016 年土地供应计划》,嘉善县 2016 年度国有建设用地供应总量控制在 412.44 公顷左右,其中新增建设用地控制在 101.59 公顷(1523.85 亩)以内,占 14.49%;消化"批而未供"和盘活存量土地 310.86 公顷(4662.9 亩),占 75.37%。新增储备土地 47.80 公顷(717 亩)。至年底,全县供应土地 310 宗,面积 817.37 公顷(12260.6 亩),比上年同比增加 229.7%。其中,划拨用地 79 宗,面积 289.22 公顷(4338.3 亩),比上年同比增加 340.4%;集体使用土地 111 宗,面积 174.27 公顷(2614.1 亩),比上年同比增加 238.2%;协议出让土地 12 宗,面积 6.88 公顷(103.2 亩),比上年同比增加 100.9%,出让价款 0.41 亿元,比上年同比增加 124.6%;招拍挂出让土地 108 宗,面积 346.99 公顷(5204.9 亩),比上年同比增加 172.6%,出让价款 74.80 亿元,比上年同比增加 717%。出让土地中工业用地 67 宗,面积 188.05 公顷(2820.8 亩),比上年同比增加 92.6%,出让价款 6.33 亿元,比上年同比增加 96.5%;商服用地 19 宗,面积 57.85 公顷(867.6 亩),比上年同比增加 810.8%,出让价款 7.73 亿元,比上年同比增加 896.3%;住宅用地 21 宗,面积 100.9 公顷(1513.5 亩),比上年同比增加 378.6%,出让价款 60.54 亿元,比上年同比增加 1104.8%。

【工业用地市场化配置改革】 2016 年差别化供地方式中已实施租赁 12 宗,面积 4.51 公顷(67.5 亩);分阶段管理出让项目 68 宗,面积 175.43 公顷(2631.45 亩)。弹性出让 1 宗,面积 0.56 公顷(8.4 亩)。差别化地价出让项目 52 宗,面积 139.39 公顷(2090.7 亩),修正金额 874.04 万元。出让合同多方履约监管 68 宗,面积 175.43 公顷(2631.46 亩)。加层改造等"零土地"技改项目 7 个,增加建筑面积 20847.08 平方米(31.27 亩)。供应纯地下空间开发项目 1 宗,土地面积 1.12 公顷(16.86 亩)。

【增减挂钩节余指标交易】 2016 年收储城乡用地增减挂钩节余指标 69.49 公顷(1042.3 亩),收储资金 5.21 亿元;完成跨镇城乡用地增减挂钩节余指标交易 50.41 公顷(756.22 亩),交易金额 4.92 亿元;完成跨县城乡用地增减挂钩节余指标交易 32.87 公顷(493 亩),交易金额 3.644 亿元;完成两个项目 14.27 公顷(214 亩)节余指标的质押确认。

土地资源保护

【概况】 2016 年,嘉善县严守耕地红线,全面落实耕地保护共同责任机制,扎实推进"611"耕地保护工程,基本完成永久基本农田(示范区)划定等试点工作,完善耕地有偿保护机制,积极落实耕地占补平衡新要求,耕地保护水平得到提升。

【耕地保护共同责任落实】 继续深化党委政府主导、多部门齐抓共管、全社会广泛参与的"三位一体"耕地保护共同责任机制,将耕地保护由"部门责任"上升为"政府责任"。县与各镇(街道)签订嘉善县 2016 年度耕地保护目标责任书,继续将责任落实到属地主体。

【"611"耕地保护工程】 2016 年全县农村土地整治立项任务 86.67 公顷(1300 亩),完成立项面积 88.02 公顷(1320.3 亩),占全年立项任务的比例 101.56%。全县农村土地整治复垦任务 86.33 公顷(1295 亩),其中有 19.13 公顷(287 亩)经批准延期 1 年,故 2016 年度任务调整到 67.2 公顷(1008 亩)。至年底,通过县级验收面积 85.65 公顷(1284.78 亩),完成 127.46%。

全县土地开发任务66.67公顷(1000亩),县镇两级共同分析摸排,挖掘剩余资源,完成立项面积52.66公顷(789.88亩),占全年任务78.99%,通过县级验收面积44.3公顷(664.56亩),完成66.46%。上级下达高标准农田建设面积1840公顷(2.76万亩),通过粮食功能区认定,建成高标准农田2886.67公顷(4.33万亩)。

【耕地保护激励机制】 完善《嘉善县耕地保护补偿办法(试行)》,提高补偿标准,细化补偿内容。2016年,通过以奖代补形式,下发2015年度基本农田保护补偿专项资金3414.56万元,涵盖农村集体经济组织111个,涉及基本农田保护面积2.52万公顷(37.87万亩)。

【永久基本农田(示范区)划定】 年内基本完成永久基本农田(示范区)划定等试点工作。在2015年划定方案基础上,2016年核减2533.33公顷(3.8万亩)永久基本农田,全县划定永久基本农田1.14万公顷(34.21万亩)和永久基本农田示范区2.28万公顷(17.1万亩),完成永久基本农田划定数据库的编制建库工作,上报汇交成果通过省国土厅质量审查。

【占补平衡新机制】 开展旱地改水田耕地质量提升示范项目建设。西塘和惠民两个项目15.02公顷(225.32亩)完成省市级验收和报备入库,魏塘街道网埭港等村“旱改水”项目21.79公顷(326.87亩)完成县级验收。耕地质量等级提升启动西塘和陶庄6个村,拟立项400公顷(6000亩)。耕地质量等级年度更新和监测项目按要求开展实施。全面推进建设占用耕地表土剥离工作。天凝和姚庄灾毁项目面积225公顷(3375亩)通过市级验收,下拨资金317.03万元。

土地管理

【概况】 2016年,嘉善县土地管理强化基础保障,不动产统一登记正式实施,农房集聚稳妥推进,地矿转型升级不断完善,信息化建设水平不断提高,信访维稳妥善处理,行政审批提速增效明显,固本强基水平得到提升。

【不动产统一登记】 6月6日起,全县各类土地、房屋权属登记业务集中到县行政审批服务中心国土窗口办理,房产交易备案业务到县行政审批服务中心房产交易窗口办理。6月12日,全县不动产登记中心正式揭牌,颁发第一批不动产权证书。至12月底,全县累计受理各类不动产业务55449件,其中权籍调查7522件、各类登记业务47927件,颁发各类权证、证明50081份。

【农民建房管理】 2016年,全县刚需户安置数量1903户,全年解决安置集聚1975户,其中刚需户1956户。全县各集聚点建设中,中心点启动征地10个点,启动征地31.33公顷(470亩),完成公寓房建设36幢702套;一般点启动征地34个点,启动征地90.4公顷(1356亩),完成联排房基础设施234户,完成公寓房建设24幢280套;拓展点启动征地9个点,征地面积3.66公顷(54.9亩)。

【地矿管理转型升级】 根据地质灾害危险性分区评估成果,做好地质灾害“承诺制”管理。并在国土网站阳光矿政专栏公示《嘉善县地质灾害危险性分区评估成果应用实施办法》,对所有符合分区评估成果应用的建设项目,除重要工程(特殊项目)外的其他建设项目,由建设(用地)单位到县国土资源局网站下载并阅知建设项

6月12日,嘉善县不动产登记中心揭牌成立。 (县国土局 提供)

目所在地区的地质灾害危险性分区评估结果，自觉落实地质灾害防治措施，填写《建设项目地质灾害防治承诺书》。完成《魏塘罗星地区地热资源勘查项目》实施方案省厅评审工作和“善热3号井”(温泉屋顶农业项目)概念性方案论证和设计编制工作。启动耕地质量调查建档工程。根据省厅关于印发《关于农业地质调查工作更好地服务土地管理的意见》的实施办法，嘉善县于2016年3月委托省地调院开展基本农田土地质量调查土壤取样，年内已全部完成调查取样工作，正在实施建档。

【信息化建设】 完成不动产系统，不动产数据建库、整理、关联等数据整合项目招标工作，建立不动产登记信息管理基础平台，实现不动产登记审批、交易和登记信息在有关部门间依法依规互通共享，消除“信息孤岛”，基本做到登记机构、登记簿册、登记依据和信息平台“四统一”；完成不动产窗口排队叫号系统、监控设备、网络部署和其他电子设备安装及调试，推动不动产登记信息化。继续充实“数据中心”本地数据库内容，完成不动产和一张图系统等级保护测评。

【土地行政审批】 全年，受理各类办件3682件，其中行政许可97件、其他行政权力3585件。其中，划拨补办出让1079宗，面积31032平方米，收取出让金3686.29万元，执收各项规费19.22亿元；建设用地项目预审97宗，面积359.3公顷；为县以上重点项目和外资企业出具用地审查意见12宗；为加快用地单位开工建设速度，在办理土地证前，提前办理用地规划许可证及工程规划许可证，先行为用地单位出具用地证明16宗；完善政务服务网行政审批网服务事项，受理浙江省政府统一互动平台咨询和投诉事项，答复在线咨询9件。

【信访维稳】 完善信访接待制度。县国土资源局从2016年起试行信访接待日领导接访制度每月5日、25日两天确定为局本级信访接待日，确定1名领导在信访室专门接待来访群众。每月15日为县领导接访日，派出3名局领导分别到县信访局和乡镇进行接访。建立信访周报制度。由信访室将每周信访接待的数量、涉访内容、涉及乡镇等信息分类整理，编辑成周报，以供参阅。全年受理群众信访件260件(其中部级10件、省级34件、市级15件、县级148件、局级受理53件)，比上年同期下降1.52%。办结256件，办结率98.46%。部、省、市领导批示重要信访件2件，按时办结2件，办结率100%；部、省、市交办信访件59件，办结59件，办结率100%。

【征地补偿发放】 严格执行“告知、确认、听证”和“两公告一登记”制度的程序，规范征地程序，提高征地透明度，保障被征地农民知情权、参与权和监督权。认真研究行政复议相关法律，改革完善征地告知条款和公示程序，并发文予以改进确认。全年，完成四项征地补偿结算项目139个，结算征地面积151.79公顷(2276.81亩)，支付四项补偿费用6.02亿元，其中房屋拆迁53858.17平方米，支付拆迁费7861.17万元，安置农业人口1277人，支付安置补助费1.11亿元。

土地执法

【概况】 2016年，土地执法监察工作以“亮剑行动”为凭借，借助双月攻坚，强化依法管理，严格落实违法用地预警、约谈、问责机制和动态巡查责任追究相关制度，抓实土地执法巡查工作，抓严土地违法案件查处工作，抓好土地卫片执法检查整改工作，抓牢“三改一拆”、“五水共治”、生猪养殖转型升级等专项整治工作。

【违法用地整治】 对全县违法用地未处置情况进行全面排查清理，发现违法用地949宗。按照“一案一策一表”要求，倒排时间表、落实责任人，消除履职风险和安全隐患。全年，完成拆除地块150宗，面积47.42万平方米，移交乡镇案件646件，面积185.39万平方米，申请法院立案案件48宗，面积12.53万平方米，规范完善7件，面积2.74万平方米；临时用地整治总数98宗，完善手续12宗，拆除复垦84宗，改批设施农用地1宗，查处1宗。

【土地矿产卫片执法检查】 在2016年度土地卫片执法检查中，全县新增建设用地面积241.07公顷(3616亩)，耕地214.33公顷(3215亩)，其中违法用地0.88公顷(13.2亩)，耕地0.79公顷(11.8亩)，违法占用耕地比0.37%，为历年来最低。同时，开展2016年度违法用地调查摸底工作，对各镇(街道)2015年10月以来新增违法用地情况进行排摸，以便做到早发现、早处置。

【土地巡查及案件查处】 2016年，开展巡查1050余次，发现违法行为15起，涉及土地面积0.59公顷（8.85亩），依法整改4宗，涉及土地面积0.08公顷（1.27亩）。同时加大土地违法案件查处力度。全年，立案查处土地违法案件8件，涉及土地面积1.55公顷（23.18亩），其中耕地面积0.45公顷（6.68亩）；退还土地1.55公顷（23.18亩）、拆除建筑物（构筑物）9905平方米、没收建筑物（构筑物）2635平方米和罚没款26.43万元的处罚决定。

【专项整治行动】 县国土资源局配合县拆违办、县“三改一拆”办开展系列清理行动及专项整治行动。主要包括城乡环境百日攻坚行动、生猪养殖清零行动、两路两侧四边三化行动、彩钢棚清理整治行动、码头堆场专项整治行动、三改一拆“无违建”创建等工作。2016年，助航城乡环境综合整治，尤其是村级工业园区腾退整治工作，围绕违法占用集体土地行为进行细致摸排的基础上，找准问题，联合相关部门妥善解决。

【例行督察整改】 5月16日，嘉善县国土资源局专项工作领导小组成立，并配合国家土地督察上海局督察组开展例行督察工作。借助双月攻坚行动力量，下乡进企入村，摸清问题图斑或项目具体情况，包括具体位置、实地面积、地块所有权人、实际使用人、实际用途等，对要求拆除的，收集拆前、拆中、拆后3组照片，并在卫片上地块的图斑位置以图片格式标记保存；对要求查处、补办、变更、规划局调等的，配合做好相关材料的收集。根据督察问题清单，全县涉及耕地保护、土地供应和利用、土地执法、土地登记和抵押融资、土地利用总体规划编制实施及其他有关方面等5大类601个问题，全年，完成县内601个问题的整改。

【普法宣传工作】 以“3·22”世界水日和水周、“4·22”世界地球日、“6·25”全国土地日为契机，全方位、多形式开展宣传，并在《嘉兴日报·嘉善版》专版上报道《县国土资源局情系热土谱新篇》；拍摄国土宣传片1部，土地日期间在电视上连续两周日播5次；走进干窑镇范东村开展“节约集约用地，切实保护耕地”土地日主题宣传，给村90余名党员宣讲依法用地、农村土地整治等政策法规，播放宣传片，发放土地宣传折页100余份。“12·4”国家宪法日开展国土法制工作宣传。

（严津津）

综　述

嘉善县地处太湖流域杭嘉湖平原，位于浙江省东北部、江浙沪两省一市交会处。县域面积506平方千米，其中水域面积占14.5%，境内河道水系发达，有大小河道2240条，总计长度1829.5千米，是典型的江南河网水乡。

2016年，嘉善县水利建设加快推进。全年水利投资2.96亿元，同比增长43%，超额完成省级下达的水利建设投资任务。特别是通过实施“千人万项”蹲点指导服务活动，落实全县水利系统18名领导干部和专家，深入推进中小河流重点县等4项重点水利工程，带动95项水利项目的工程建设。

防灾减灾成效显著。成功应对太湖超标准洪水和防御第1号“尼伯特”、第14号“莫兰蒂”等台风，实现全年安全度汛。水生态环境持续改善。通过实施沿线河道突击整治工程、开展河湖清淤工作、县城区河面绿化工程、河道保洁工作、水资源保护工作等，极大改善全县主要沿路沿线河道的水环境质量，并打造出一批示范性河道。管理日臻完善。编制完成《关于明确嘉善县河道管理及保护范围的规定》《河道蓝线规划》，为规范全县河道（包括湖泊）的整治、利用、保护及其相关的管理活动，提供依据。

2016年，嘉善县被省水利厅确定为水利工程标准化管理示范县，坚持“全面规划、系统创建、示范引领、先易后难”的原则，全面落实水利工程标准化管理措施，保质保量按时完成水利工程标准化管理的各项工作。水利形象得到提升。贯彻落实党风廉政责任制，狠抓思想建设、作风建设和组织建设，队伍的精神面貌明显改变。完成中层竞聘，实行干部轮岗制、全员培训制、县镇互挂制等形式，采取“走出去、请进来、沉下去”的培训方式，水利干部的政治理论素质、业务能力和工作水平提高，打造一支“狮子型”水利队伍。　（冯　宇）

农田水利

【概况】 2016年，嘉善县围绕农田水利标准化建设，全面提高全县农田水利灌溉能力，整合各类田内工程，推广高效节水技术和水利信息化技术，实施中央财政小型农田水利重点县项目和现代农业设施建设，完成一批灌区改造，建成一批农业水利设施，全面提高农田水利基本建设水平。

【农田水利标准化建设】 2016年，全县农田水利标准化建设在2011—2015年的年度考核中，连续5年被评为全省考核优秀县，并获“十二五”期间农田水利标准化建设工作先进县称号。“十二五”期间，全县农田水利标准化建设各项任务指标均超额完成省市下达的目标任务，其中计划新增旱涝保收面积1.08万公顷（16.27万亩），实际完成1.39万公顷（20.83万亩），为计划任务的128%；计划扩大灌溉面积0.02万公顷（0.29万亩），实际完成0.03万公顷（0.40万亩），为计划任务的136.9%；计划新增固定式喷微灌面积0.03公顷（0.38万亩），实际完成0.04万公顷（0.63万亩），为计划任务的165.8%；计划整治圩区面积2.40万公顷（35.99万亩），实际完成2.94万公顷（44.14万亩），为计划任务的122.6%；计划改造农田渠道长度410千米，实际完成665.5千米，为计划任务的162.3%；计划改造灌区干支渠沟长度48千米，实际完成66.6千米，为计划任务的138.7%。（李　炳）

【中央财政小型农田水利重点县项目】　第一、第四批中央财政小型农田水利重点项目覆盖天凝、西塘、魏塘、陶庄、姚庄、大云、惠民、干窑等8个镇(街道)，完成灌区改造19处、高效节水灌溉22处，新(改)建灌溉泵站345座，埋设地下输水管道355.59千米，衬砌渠道351.14千米、水闸49座、排涝站51座，排涝沟道工程43.5千米；改善灌溉面积1.1万公顷(16.5万亩)，其中发展管道灌溉面积0.41万公顷(6.1万亩)、喷灌53.33公顷(800亩)、微灌110.67公顷(1660亩)。（王　峰）

水利工程

【概况】　2016年，嘉善县积极推进水利工程建设，加快二轮圩区整治，启动中心河整治工程，逐步形成以“中格局为主、大中小格局相结合、大小圩区嵌套、分级设防”为标准的防洪排涝体系，提升全县防洪减灾功能。

【圩区整治工程】　圩区整治工程作为水利安全项目列入县十五届政府实事工程之一，至年底，全县25片圩区均启动建设，城西、虹桥、丁西、茜墩、南早、大舜、西浒、明星、长春、西北等10片圩区保护面积0.92万公顷(13.79万亩)全面完成；西塘、俞汇、姚北、姚庄、五一、范泾、干窑、虹桥二期、朝南等9片圩区保护面积1.17万公顷(17.55万亩)基本完成；王凝、联三、窑浜斗、丁东、信联、三联等6片圩区保护面积1.19万公顷(17.78万亩)顺利推进。

【节水技术改造和示范工程】　依托2016年度中央补助高效节水灌溉项目，开展高效节水改造建设。该项目涉及魏塘、姚庄、陶庄等3个镇(街道)，计划总投资1800万元，其中中央资金720万元，改造灌区面积600公顷(9000亩)。至年底，完成改造灌区面积400公顷(6000亩)。

【水利科技项目】　2016年度完成水利科技推广项目——轻便智能型大排量防洪抢险泵，作为嘉善县网埭港村灌区改造工程临时灌溉使用。同时，魏塘街道、陶庄镇申报ZQ(HQ)型潜水轴(混)流泵——嘉善县2016年度中央补助高效节水灌溉项目灌溉用泵；高强度塑钢组合板桩及生态护岸——嘉善县2016年沿路沿线突击整治工程(干窑镇古溇浜)；嘉善县——便携式防汛抢险打桩机等4个水利科技项目。

（李　炳）

防汛抗台

【概况】　2016年，嘉善县立足防大汛、抗大旱、抢大险、救大灾，重视群防群控，科学防控和依法防控，进一步巩固基层防汛防台体系规范化建设成果，高标准抓好防汛防台抗旱各项准备工作，成功应对太湖超标准洪水和防御第1号“尼伯特”、第14号“莫兰蒂”等台风，实现安全度汛。

【防汛防台体系建设】　2016年，基层防汛防台体系规范化建设和长效管理工作顺利通过省级验收。全县9个镇(街道)、154个行政村(社区)，均纳入基层防汛防台体系规范化建设的范畴，划分各类责任区网格836个，落实网格责任人员845人。9月21日，经考核组对县本级和2个镇、4个村的随机抽查，全县基层防汛防台体系规范化建设工作顺利通过省级复验。

【防汛责任制】　2016年，嘉善县及时调整充实县防指领导及成员，进一步明确县领导和县防指34个成员单位的防汛责任，完善各项防汛责任制。同时，召开全县防汛工作会议，县政府与各镇(街道)签订年度防汛责任书。在水利网上公布2016年度基层防汛防台体系网格责任区重要堤防巡查、管理责任人，重要水闸、排涝站管理责任人名单，接受社会监督。

【落实防洪防汛措施】　2016年初，嘉善县对辖区内的各类防洪排涝工程以及机电、通信、道路等设施进行拉网式自查，并对各镇(街道)辖区内备汛工作进行重点抽查。全年，嘉善县组织修订《嘉善县防汛防台抗旱应急预案》，汛前县防指办重点指导各镇(街道)、县防指主要成员单位及时做好各类预案的修订和编制工作。全县编制和修订县、镇防汛防台抗旱总体预案、抗旱专项预案、村级和相关企业防汛防台预案、自然灾害救助预案、气象灾害应急预案和县防指成员单位(部门)预案等多个类别的应急预案186个，形成比较科学、完整，具有可操作性的县域防汛防台预案体系框架。全县建立县、镇两级防汛防台抢险队伍170支，落实抢险人员3000余人，村、社区和有关单位按实际需要组建相应的应急抢险分队。水利部门成立30余人组成的水利抢险队伍，为水利工程抢险提供技术指导和服务。县防汛物资储备中心库直接储备各种袋类2万余条、各类水泵电机124台套、汽(柴)油发电机组8套、桩木20立方米等价值约112万元的防汛物资；各镇(街道)、村(社区)按照《嘉善县镇(街道)、村(社区)防汛物资储备标准》，采取实物和协议储备相结合的办法，落实桩材1026立方米、各种袋类73万余条、各类水泵614台套等物资储备，确保安全度汛。　（杨国华）

水环境治理

【概况】　2016年，全县加大水环境治理力度，中小河流治理重点县综合整治成效明显，罗星街道的白马龙港河道整治工程，被浙江省水利厅评为浙江省生态示范河道。

【中小河流治理重点县项目】　2016年中小河流治理重点县项目工程列入省对县“五水共治”的考核内容，至年底，9个项目区基本完成工程建设任务，整个项目41个标段，完工验收23标段。重点县项目治理效果显著，利用绩效考核奖励资金1450万元，实施嘉善县中小河流重点县项目提升工程暨2016年度百河靓村工程，打造提升29条精品河道。

【中小河流治理】　年内，完成嘉善塘魏塘、罗星段治理所有工程，单位工程验收完毕。嘉善县白水塘惠民段治理工程在绩效考核中发现较大问题，主要是建设内容调整较大，对后期竣工验收有较大影响。积极与省、市相关科室对接，做好项目重大变更工作。至年底，该项目进展顺利，预计2017年初完工。

【嘉善塘水系综合整治工程】　该项目拆分成城区片和路北片两个部分，分别被列入水利部中小流域、水系连通两个项目中，计划投资4.04亿元，尚处于初步设计招标阶段。嘉善塘水系综合治理城区片河道整治一期工程列入城乡环境整治应急项目库中，2016年提前实施，计划投资2200万元。在子胥苑、锦和苑小区沿岸绿道退让问题中，首次采用公告书的方式征求居民意见，得到小区居民谅解与支持。一期工程前期工作于11月下旬全部完成，并移交投资公司实施。

【县城区河面绿化工程】　该工程被列入2016年嘉善县政府投资项目，采取设计、施工、维护总承包，投资174万元，主要通过生态浮岛措施对嘉善塘、伍子塘、油车港、日晖桥港等河道进行河面绿化。2016年完成建设。

【河道清淤整治】　2016年的河湖清淤列入省对县“五水共治”考核内容，计划完成清淤155万立方米。河湖清淤工作结合重点县工程、白水塘惠民段治理工程、沿线沿路河道突击整治工程、六百亩荡、北夏墓荡、白鱼荡疏浚工程开展，疏浚262.4万立方米，清淤完成率169%。并在任家浜整体打造过程中，把淤泥作为绿化带、公园的回填土。

【河道长效保洁专项行动】　全年，打捞河道内侵占性水生植物及垃圾25.6万吨，出动船只9.8万次，17.5万人次，投入2350万元。紧扣G20杭州峰会、世界互联网大会(乌镇峰会)等重大活动，制定《护航峰会申嘉湖、沪杭高速公路嘉善县境内沿线主要河段保洁专项整治行动实施方案》《护航峰会重点河道保洁专项行动方案》。联合县治水办开展督察，对发现的问题以照片形式予以记录，并及时通知有关镇(街道)及有关部门进行整改工作，制定嘉善县四至六级航道保洁市场化运作方案，并通过招标落实保洁主体，以定期巡查和不定期抽查来监督、考核保洁主体，确保峰会期间水环境良好。

【水泥船整治工作】　全年拆解水泥船10436条，完成率96.7%，其中，拆解沉船1760条、拆解浮船8676条，达到存量缩减80%的要求。　（魏　军）

【红旗塘专项整治】　9月7日，县委书记、红旗塘“河长”许晴在全县红旗塘专项整治工作推进会上要求，以“红旗塘精神”整治红旗塘，打造嘉善样板河道。将红旗塘沿线蓝色彩钢棚整治、周边环境整治、绿化层次提升、房屋立面改造、低小散企业整治、河道治理等作为红旗塘专项整治工作重点。县水利局为红旗塘整治牵头部门，并联系牵头协调天凝段，具体负责推进沿线水工建筑物改造，加快推进土坝坡面改造，破损护岸及防洪墙修复、老旧闸站立面改造；加快完善植绿补绿，实施红旗塘防洪墙至护岸之间4米地带的绿化提升工程，形成连续绿色长廊，同时对沿线河口交叉等节点进行重点打造；加快沿河慢行道建设，对沿线人口较为密集区段，结合镇域整体规划，实施沿线慢行道建设；规范企业用水，对河道内取水设施统一进行排查，企业未经审批的私自取水行为坚决进行查处。对于准予取水的行为，统一设立取水口标志，规范管理等4项工作。投入水利建设资金2500万元，提升红旗塘沿线形象面貌。针对红旗塘天凝镇段绿化形象较差，结合天凝段小城镇建设需要，统筹规划，开展红旗塘绿化提升整治应急工程建设，将应急项目投资1640万元集中投入天凝段红旗塘整治。（彭小安）

水利管理

【概况】 2016年，嘉善县深化水利改革，加大水利宣传，加强水利监管，积极推进水利现代化建设，水利管理水平得到有效提升。

【水资源管理】 2016年，嘉善县全面启动节水型社会的创建工作，8月，成立嘉善县节水型社会建设工作领导小组。11月，《嘉善县节水型社会建设工作方案》通过专家组的审查并报县政府常委会讨论通过。在2016年的“世界水日”“中国水周”活动中，联合县住建局等7个单位进行以“落实五大发展理念，推进最严格水资源管理”为主题的宣传活动，同时在县电视台播放“节水就是减排、节水就是造福人类”的宣传短片。全年，征收水资源费2379万元，自备水取水终端在线监控79处，取水单位116家，监控率60%。全年，受理审批取水许可48件，其中新办36件、延续9件、变更3件。（姚文婷）

【水利工程标准化管理】 坚持“全面规划、系统创建、示范引领、先易后难”的原则，全面落实水利工程标准化管理措施，明确全县实施水利工程标准化管理工作省级名录，6类30个工程，其中堤防8段、水闸1座、泵站8座、水文测站4个、农村供水工程1个、圩区8片。按照“一、二、三、四、五”（一年打造示范，两年完成任务，三年整体推进，四年全面覆盖，五年强化提升）的总体目标，全面提升嘉善县水利工程标准化管理水平。年内，以圩区工程标准化管理为突破口，根据自身特点自定标准开展圩区工程标准化管理工作，编制完成《嘉善县圩区运行管理规程》并顺利助推圩区工程纳入全省水利工程标准化管理名录，《嘉善县姚庄圩区标准化管理手册》作为范本在全省范围推广。年内，计划创标完成的12项水利工程的创标全部通过验收，姚庄圩区、西塘圩区提前完成创标并通过市级验收。全县14项工程通过验收，其中市级验收工程11项、县级验收工程3项，完成率117%。探索水利工程维修养护物业化管理工作，推行水利工程“管养分离”模式。编制完成《嘉善县圩区工程维修养护手册（试行）》《嘉善县灌区工程维修养护手册（试行）》，依托2016年度农田水利设施维修管护中央补助资金项目实现水利工程维修养护物业化管理各镇（街道）全覆盖。

【圩区管理协会建设】 推进圩区管理协会和村级水利会创建工作，至年底，完成组建城西、大舜、虹桥、五一、姚庄镇等圩区管理协会以及鑫锋、长丰等一批村级水利会；实现农村水利工程民主决策、民主理财、民主管理和民主监督。出台政策，强化工程长效管理。以“产权到位、权责明确、保障经费、管用得当、持续发展”为总目标，实现县域内小型水利工程建设高效、产权明晰、责任明确、投入保障、管护规范。（李　炳）

【水政执法】 开展水政综合执法工作，全年，县综合执法局立案查处水事违法案件15个，罚款金额8.39万元。拆除涉河违法建筑305处228340平方米。办理水保方案审批26件，其中报告书14件、报告表3件，完成水保方案登记备案9件，按规定依法征收水土保持补偿费40.50万元。办理涉河涉堤建设项目行政许可59件，其中永久占用37件，征收占用水域补偿费1598.43万元；完成占补平衡7件，平衡水域面积74830.6平方米。（魏　军　杜弼婧）

【质量监督】 抓好工程全过程监管。累计监督项目26个，项目总投资约为11.1亿元。开展专项质监活动34次，下发质监纪要34份，督促相关参建单位在工程建设中严格履行职责。加大“飞检”力度及范围，对在建项目的工程实体进行103组次及工程原材料36批次的抽检工作，每月开展1次全县范围内的工程原材料专项抽查行动。做好在建水利工程施工安全监管工作。开展质监巡查，对施工现场用电、材料驳运、安全防护及临时用房等安全隐患点进行重点检查，累计进行117次的施工现场巡查抽查工作，制发16份检查意见，督促进行整改落实。积极使用移动监督APP开展监督检查工作，推动监督方式转变，提高监督工作效率。

（刘申宇）

【太浦河(浙江段)工程】 2016年度太浦河（浙江段）工程整体运行良好，按照上级指令开展工程运行，为防洪抗台、饮用水安全提供切实保障。开展工程管理体制改革，全面停止船闸收费，太浦河（浙江段）工程及其配套工程全部实行物业化管理，提高水利工程管理水平。投入资金对沿线枢纽、闸站外立面、绿化进行改造，提升工程面貌和工程效益。2016年度，管理单位全面贯彻落实《全面推进水利工程标准化管理实施方案（2016—2020年）》精神，完成陶庄枢纽、太浦河（浙江段）堤防工程标准化管理创建，并通过市级验收。9月26日，成立嘉善县太浦河长白荡饮用水水源保护区管理委员会，下设办公室，日常工作事务由嘉善县太浦河管理所承担，承担水源地保护区日常巡查，协调有关镇人民政府及部门（单位）做好饮用水水源保护工作，确保嘉善县饮用水源安全。

（周林恺）

环境保护

综　　述

2016年，嘉善县深入实践“绿水青山就是金山银山”重要思想，以环境问题为导向和切入点，统筹打好“城乡环境综合整治”、“五水共治”（治污水、防洪水、排涝水、保供水、抓节水）、“五气共治”（工业废气、机动车尾气、建筑扬尘、秸秆焚烧烟气、餐饮油烟）、“五废共治”（生活垃圾、建筑垃圾、工业固废、农业废弃物和医疗废物）、土壤污染防治、“退散进集”等组合拳，加快推进生态文明建设，交出一张满意的“生态报表”。2016年，嘉善县在生态市建设考核中获优秀，排名全市第一，并作为嘉兴市唯一县（市、区）入选全省“两美浙江特色体验地”，入选案例也为全省各县（市、区）最多。

年内，根据监测数据显示，11个市控以上断面全部为Ⅲ、Ⅳ类水，其中Ⅲ类水占比63.6%，实现“以Ⅲ类水为主体”，满足功能类别要求的断面比例由上年同期的45.45%上升到81.82%，Ⅲ类水断面个数、占比、满足功能类别断面个数和占比都是全市第一；交接断面水质考核连续3年保持优秀；太浦河取水口（城市集中式饮用水源地）水质达标率100%。

全年，嘉善城区空气质量指数（AQI）级别达到一级的88天（优），达到二级的195天（良），重度污染天数2天，较上年减少3天，空气优良率77.5%，较上年上升2.2个百分点。空气污染物二氧化硫、二氧化氮两项指标均符合《环境空气质量标准（GB3095—2012）》年均值的一级标准，可吸入颗粒物（PM10）符合年均值的二级标准，且3项指标较2015年同期均有所改善。细颗粒物（PM2.5）2016年年均值为41微克/立方米，较上年下降12.8%，较2014年下降18.0%，顺利完成较2014年下降15%的年度任务。

年内，嘉善县区域环境噪声监测点有101个，平均等效声级51.8dB(A)，城市区域环境噪声总体水平等级为二级，评价为较好。2016年全县交通噪声等效声级69.2dB(A)，道路交通噪声强度为二级，评价为较好。

生态保护

【概况】　制定嘉善县2016年生态文明建设考核办法和评分标准，全面落实2016年生态建设工作目标任务；加快《嘉善县创建国家生态文明建设示范县三年行动方案》实施；进一步推进农村生态建设工作；积极开展“两美浙江特色体验地”申报评选；打造平原地区生态文明建设县域样板的经验做法作为县域科学发展示范点建设十大经验之一在全市进行推广。2016年，嘉善县在生态市建设考核中获优秀并排名全市第一。

【生态示范县创建】　加快《嘉善县创建国家生态文明建设示范县三年行动方案》实施，对2015年重点工程完成情况进行评估分析。开展环保部新出台的国家生态文明建设示范县指标情况自评。指导西塘镇大舜村、魏塘街道南北暑村、天凝镇欣杨村和翁村村等4个村开展市级生态村创建，累计创建市级生态村4个，市级生态村创建率100%，率先在嘉兴市实现市级生态村全覆盖。开展2016年度生态示范创建复查工作，对2013年以前命名的生态镇、村进行复查，完成县、市两级复查工作。

【农村生态建设】 完成畜禽养殖污染防治规划编制工作。加快中央农村环境综合整治项目建设，完成对干窑镇范泾村中央农村环境综合整治项目的县级验收。推进大云镇等3个行政村的中央农村环境综合整治项目并完工。根据县委县政府工作部署，会同县法制办和县农经局，就县全域内生猪禁养工作进行分析研究，提出工作方案。加强环保执法，全力推进生猪养殖"退差清零"。

【入选"两美浙江特色体验地"】 嘉善县成功入选2016年度全省"两美浙江特色体验地"，成为全省14个县(市、区)之一，也是嘉兴市唯一一个入选的县(市、区)。同时，包括嘉善县本级在内，有4个单位(案例)成功入选，为全省各县(市、区)中最多。其中嘉善县入选"两美浙江特色体验地"县市区级名单，姚庄镇入选"两美浙江特色体验地"镇乡级名单，中国归谷嘉善科技园入选"两美浙江绿色发展示范单位"，"歌斐颂巧克力小镇建设案例"入选"两美浙江经典案例"。

【环境污染第三方治理】 2016年，在广泛调研、认真听取企业和第三方治理业务单位意见的基础上，制定出台嘉善县《关于推行环境污染第三方治理的实施方案》，将第三方治理工作纳入县对各镇(街道)年度生态文明建设目标责任制考核，通过加强考核，引导各镇(街道)重视第三方治理工作。全县有电镀、印染、光伏、纽扣、喷水织机等行业的12家企业污染治理设施，7个行政村的农村生活污水设施运维和1家医院开展环境污染第三方治理。

环境监察与监测

【概况】 全年，全县累计出动执法人员15013人次，检查企业4901厂次，对各类环境违法行为立案285起，下发处罚决定书193起，处罚金额1232.79万元；移送公安机关13起。完成建设项目"三同时"竣工验收105个，完成应急预案备案21起，受理并调处各类环境信访1824件，排污费全年累计到账2787.51万元。县环境监测站做好对县域内大气、地表水、噪声等环境要素监测分析，做好水、气自动站运行维护，对污染源单位进行监督监测，对环境污染事故和污染纠纷进行仲裁监测，提供准确可靠的监测数据和监测报告。至年底，具备7大类149个项目的监测能力。全年分析样品7620个，获各类监测数据44265个，出具监测报告874份、验收报告56份，监测收费270.43万元。同比2015年监测数据量增加12.6%，为环境监管提供技术支撑。

【保障"两大峰会"环境质量】 G20杭州峰会和第三届世界互联网大会(乌镇峰会)期间，全县以烟尘管控、环境安全和信访维稳等3个方面为主攻方向，成立巡查组，对主要道路、公铁沿线展开"黑烟囱"、秸秆禁烧联合巡查；开展集中会商，落实各部门监管责任和各镇、开发区(街道)属地责任；增加太浦河饮用水源地水质采样监测频次，确保水源安全；开展危废、辐射等高风险项目安全检查，有效消除环境安全隐患；落实峰会各项维稳保障措施，强化网络舆情监控，全力为峰会保驾护航，圆满完成"两大峰会"期间环境质量保障工作。

【百日环境执法专项行动】 年内，根据省市专题部署和落实治理的实际，县环保局制定、出台专项工作方案，开展百日环境执法专项行动。其间出动检查人员4250余人次，检查企业1412厂次，立案查处企业128家，对其中涉及环境违法犯罪的4起案件依法移送公安机关追究责任。

【巩固"清三河"成果】 开展"清三河"防反弹行动，对已完成治理的390条"三河"进行全面"回头看"，排查出"清三河"反弹隐患问题河道191条、问题清单214个，全部整治到位。开展断面水质提升整治行动，加大全县14个县控以上断面所在河道沿线200米区域范围内环境污染整治力度，开展工业污水直排整治"回头看"，完成工业污水治理623家。推广"嘉善掌上河长"手机APP和嘉善"五水共治"微信公众号，采用有奖举报方式鼓励群众参与"五水共治"。

【城乡污水治理】 全年，新建污水管网35千米、泵站15座，完成县城区70个生活污水排污点纳管改造。洪溪污水处理厂扩容提标改造和西部水务提标改造工程建成并投入运行。全年新增完成农村生活污水治理农户8920户，全县累计受益农户71544户，农户受益率82.86%。

【保障饮水供水】 完成水源保护

区规划修编，启动保护区整治工作，加强太浦河航运管理和区域联动执法。与江苏吴江区、上海青浦区开展水源地保护联合监测执法监管和备用水源合作建设，有效保障全县水源地安全。

【锅炉整治淘汰】 重新划定高污染燃料禁燃区范围，制定禁用高污染燃料规定，加快推进3家热电企业集中供热管网基础设施建设和高温高压技改扩容，开展10吨/小时以上(含)锅炉达标排放治理工作。全年，完成10吨/小时以下高污染燃料锅炉淘汰整治677台，超额完成588台的年度目标任务，完成率115.1%，其中通过“零点一号行动”完成413台。

8月4日，县环保局工作人员进行采样工作。

(县环保局 提供)

【黄标车整治淘汰】 加大黄标车违禁查处力度，全年查处违禁车辆67辆。9月起，县中心城区对中型以上货车、专项作业车、危险品运输车、低速载货汽车、三轮汽车、拖拉机采取禁行措施。2016年，全县累计淘汰黄标车347辆，完成省定任务。

【工业废气污染治理】 见“五气共治”分目。

【加快“三同时”验收】 2016年下半年，嘉善县逐步放开“第三方监测”，尝试在全县范围内实施“建设项目环境保护设施竣工验收监测(调查)社会化服务”改革。至12月底，嘉善县通过“三同时”验收的项目105件，比上年同期增加22.1%。

【加强环境信访】 深化环境信访预防机制，开展矛盾纠纷排查工作，加强对各类苗头信访信息的收集，密切与各镇(街道)、职能部门的联系，加强网络舆情的关注，详细排摸信访苗头。依照“一周一排查，一月一分析”的原则，做好动态分析。深化环境信访稳控接待机制，实施24小时信访答复制。提高环境信访预警的判断能力，及时发现苗头性问题。深化环境信访处置机制，严格按照一般信访分类调处，重点信访对话沟通及领导包案的原则进行规范调处，真正化解各类信访矛盾。严格环境信访督查考核机制。从信访回访、督查、考核入手，避免因信访处置不到位而引发的重复访。持续强化环保110全员值班与在局住夜值班制度，加强值班人员的培训，规范值班信访登记制度，强化值班人员调处能力建设。2016年，县环保局受理各类群众投诉1824件。环境信访系统(专线)受理1374件，局夜间及节假日直接受理“12369”环保热线值班信访450件。

【加强污染源常规监测】 继续加强重点污染源监督监测、污水处理厂、涉重企业和危废企业的监督监测工作，全年，完成省控以上废水污染源监督监测56厂次，省

12月30日，县环保局举行12369指挥中心(生态环保大数据应用中心)启用仪式。

(县环保局 提供)

控以上废气污染源监督监测 24 厂次,污水处理厂监督监测 16 厂次,废水在线监控系统比对监测 84 厂次,废气在线监控系统比对 9 厂次。涉重金属重点防控企业监测 4 厂次。每月查看省控以上企业自行监测情况,并将网上检查结果及时反馈。

【加强验收监测】 全年完成 56 家企业的三同时验收监测工作,不断提高服务质量和水平,在客户领取报告时主动征询客户要求,填写《客户反馈意见表》,每月对客户反馈意见表进行统计梳理,全年,客户满意率保持 100%。

环境管理

【概况】 2016 年,县环保局强化环境管理,严把建设项目审批关,加大突发环境事件应急管理,发挥自动监管作用,切实保障环境安全。全年,污染源自动监控系统发送报警信息 3235 条,并向上级部门上报在线运行情况联系单,对发现问题及时提出整改意见和上报情况,上报反馈联系单 341 份。联网率 98.7%,运行率 99.7%。短信报警 3235 条,异动报警 367 条。

【项目审批服务】 将环评审批提速提效作为环保服务发展的重要手段,依法依规把好项目准入关,加大服务力度,助力优质项目早落地、早投产。2016 年,完成项目环评审批 372 件,同比上升 7.83%。同时,制定项目清单,对清单以外的工业企业“零土地”技改项目环评审批制度实施改革,全面实施环评承诺登记备案制度,符合条件的企业仅需出具“零土地”技术改造项目备案通知书、备案申请书、备案承诺书等,县环保局当日即可予以备案,有效地激发市场主体的活力。全年,县环保局办理“零土地”技改项目登记备案 47 个,备案量在全市名列前茅。

【智慧环保建设】 年内,以嘉善县“12369”环境监测监控应急指挥中心(生态环保大数据应用中心)投入使用为契机,实现指挥中心、办公电脑、移动终端“三屏合一”,全面提升嘉善县环境信息化的应用能力,构建一流的、具有示范意义的“智慧环保”样本。

【辐射环境安全监管】 召开全县辐射环境监管工作会议,全面部署G20 杭州峰会辐射安全和 2016 年辐射监管工作。2 次开展部门联合专项检查,全面核查放射源使用情况及安全隐患,与 7 家放射性同位素单位签署《放射性同位素安全管理承诺书》,G20 峰会期间严格落实日查日报周检查制度。完成放射源监控系统技术改造工作,完成 40%的电离辐射项目及废旧金属熔炼单位年度监督性检查及监测工作任务。完成全部 59 家核技术利用单位和废旧金属熔炼企业监督检查及监测工作,从监督监测结果看未发现辐射水平异常的情况。严格做好废旧放射源安全处置工作,及时对 1 家单位 6 枚废旧放射源进行安全收储,全县废旧、闲置放射源安全处置率 100%。配合上级部门完成嘉善县太浦河饮用水源区放射性评估报告,完成县第一人民医院辐射项目验收。

(程超瑜)

五气共治

【概况】 2016 年,嘉善县围绕“五气共治”年度目标任务,加强组织领导,强化统筹协调,县“治气办”牵头布置、督查协调,各专项整治工作部门各司其职,全县大气污染防治工作成效明显。大气环境质量继续保持稳中趋好的态势,监测数据显示,1—12 月,城区空气质量优良天数 283 天,优良率 77.5%,PM2.5 浓度呈逐月下降趋势,较上年同期下降 12.8%,较前年同期下降 18.0%,主要空气污染物二氧化硫、二氧化氮两项指标均符合环境空气质量一级标准,较 2015 年同期均有改善。

【宣传教育】 遵循“绿水青山就是金山银山”工作理念,县“治气办”在嘉善县“两会”上向全体人大代表、政协委员发起投身“五气共治”的倡议,创建嘉善县“五气共治”工作网站,利用县电视台、嘉善报社等新闻媒体广泛开展宣传。组织开展“五气共治”主题口号征集活动,编印“五气共治”宣传手册,联合县环保局等部门在“6·5”世界环境日开展“五气共治”大型广场宣传活动。

【源头治气】 年初,县治气办联系对接各专项整治工作部门,针对重点工作开展调研和数据排摸,对全县燃煤锅炉、黄标车、餐饮行业、干洗行业、煤炭行业、供热管网覆盖范围、天然气管网建设等情况进行重点摸排,研究制定《嘉善县 2016 年度“五气共治”工作实施计划》,分别制定锅炉整治、黄标车淘汰、工业废气治理等专项整治工作实施方案,研究制定《嘉善县重点区域大气污染日常巡查管控工作方案》。建立考核机制,将全县年度工作目标任务层层分解落实到各有关部门和镇(街道),把"五气共治"工作列入县委、县政府对镇(街道)和部门年度工作目标责任制考核重要内容,制定下发《2016 年度嘉善县"五气共治"工作目标考核办法》。制定 2016 年度嘉善县"五气共治"工作督查方案,对督查中发现的问题,及时下达督查通知单、下发督查通报。

【锅炉整治】 2016 年,嘉善县工业燃煤锅炉整治任务总数 588 台,1—12 月,全县累计完成锅炉整治 677 台,完成率 115.1%。上半年,对 9 个镇(街道)进行逐一走访,对辖区内重点区域和全部工业锅炉情况进行再梳理,并确定全县三大整治区块和 13 个重点整治区域。对全县锅炉列出明细清单资料,各镇街道制定出"一炉一策"整治方案。实施挂图作战,制作嘉善县工业自备锅炉专项整治作战图和 9 个镇(街道)作战图,配套绘制全县天然气管网、供热规划建设图。补齐基础设施短板,协调、督促全县 3 家热电企业和 3 家天然气公司加快推进供热、供气"两网"基础设施建设,重点抓好热电企业集中供热管网基础设施建设和高温高压技改扩容。全年,县 3 家热电厂新建热网管网 21 千米,3 家天然气公司新建管网 26.9 千米。出台《关于限期淘汰整治高污染燃料锅(窑)炉的通告》,组织开展全县高污染燃料锅(窑)炉淘汰整治"零点一号行动",出动检查人员 400 余次,联合检查企业 300 余家,完成锅炉整治淘汰拆除 400 余台。

【黄标车淘汰】 2016 年,全县淘汰黄标车目标任务 365 辆。4 月,县治气办制定通报制度,从每半月对各镇(街道)黄标车淘汰任务完成情况进行通报,改为每周 3 次进行通报。同时,组织开展专项督查,县政府分管领导和县治气办、县公安局等部门领导到黄标车淘汰难度大、任务重的镇(街道)进行专项督查,建立行政约谈机制。至年底,全县淘汰黄标车 348 辆,累计淘汰率 95.34%。

【工业废气治理】 全面部署工业废气治理任务,制定工业废气污染专项治理年度工作方案。启动省家具喷涂 VOCs(挥发性有机物)重点整治示范区创建,完成 76 家企业 VOCs 调查及审核任务,完成家具(喷涂)、化工、管桩、纺织印染等行业 400 家企业大气污染工业源调查任务,并实施对 28 家企业开展 VOCs 整治,年内全部完成整治任务,3 年累计完成 60 多家,涉及 10 个行业。组织化工行业重点治理企业,赴港区参观 LDAR(VOCs 泄漏检测与修复)治理技术,明确 LDAR 整治工作任务和建设标准,深化 VOCs 治理,年内 5 家化工企业完成建档及监测工作。推进万吨耗煤企业整治,实现特别限值排放。确定永泉织染等 4 家万吨耗煤企业 12 台工业锅炉,要求主要污染物达到《锅炉大气污染物排放标准》(GB13271－2014)特别排放限值要求,确定万泰特钢、海通钢业的 6 台煤气发生炉实施达标整治,执行《轧钢工业大气污染物排放标准》(GB28665－2012)新建企业污染物排放限值。要求对列入整治不实施清洁能源替代的锅炉,必须配备脱硫脱硝除尘等设施,建立健全企业环保设施管理制度,逐步推进第三方治理,确保环保设施投运率 100%。实施清洁排放改造,持续气污染减排。在水泥行业企业,推行污染减排信息管理系统建设,全面实施年度污染物排放信息公开,县内 4 家水泥行业全部完成清洁排放改造。实施气减排项目 4 个,热电企业脱硫脱硝建设基本完成,超低排放改造全部启动。至年底,全县万吨煤耗 6 家企业 16 台锅炉全部完成治理,4 家水泥行业全部完成清洁排放改造,热电企业脱硫脱硝建设基本完成,超低排放改造全部启动。实施 VOCs 治理,遏制工业重污染源。强化督查,由县治气办牵头,会同县环保局等部门组织开展工业废气治理专项督查,对全县万吨耗煤企业燃煤锅炉(窑)整治企业、工业企业挥发性有机物治理企业、水泥行业清洁排放治理企业治理状况进行全面督查。

【油烟废气治理及秸秆禁烧管理】 完成全县油烟废气治理前期数据摸排工作,制定下发《嘉善县 2016 年餐饮油烟废气治理专项执法行动方案》,并逐步建立由县环保局、县综合行政执法局、县市场监管局等多部门联合治理餐饮油烟废气工作机制。开展专项执法检查,县综合行政执法局在全县范围内开展露天烧烤专项整治及夜间集中整治行动,取缔群众反映强烈的露天烧烤集中点，规范门店烧烤油烟排放，年内，开展夜间集中整治15次，劝说教育59起，发放责令限期改正通知书16份，立案查处违法行为18件，取缔违法设置的流动烧烤摊点38处。加强餐饮油烟执法力度，调处各类餐饮油烟投诉举报案件，至年底，接受并处理投诉184件。抓好秸秆禁烧治理工作，制定并下发《嘉善县农作物秸秆禁烧和综合利用工作考核办法》，8月，惠民建农、西塘银海和干窑通宝等3个收贮中心全部通过验收，带动农作物秸秆的综合利用水平和利用量。持续开展“两路两侧”黑烟囱、露天焚烧垃圾、秸秆禁烧等督查巡查工作。全年，对全县9个镇（街道）开展春秋季秸秆禁烧和综合利用专项执法检查，开展焚烧垃圾、秸秆执法检查1000余次，发现问题并整改192起，立案查处1起焚烧秸秆案件。

【综合治理】 加强统筹协调，对城市扬尘、烟尘、煤堆场、渣土运输、干洗行业等治理工作强化督促检查，不定期向全县在建工程施工、监理单位安全生产负责人、项目负责人群发告知短信，落实相关安全措施。开展“开工条件审查”制度，严格施工许可证制度。成立4个建筑施工领域专项治理小组，对7个工地现场100%进行全面检查，累计出动检查667人次，发现隐患并整改812条。开展扬尘治理验收评比，评出不合格的工地与建筑企业，与诚信考核挂钩。建立投诉举报电话、短信、嘉善县建筑质安联络QQ等平台，开展群众监督，对查实的投诉举报及时进行通报，并上报市建委记入诚信考核不良行为档案，对扬尘治理不力单位和项目在全县范围内进行通报。在煤堆场治理方面，出台《嘉善县煤堆场整治方案》，涉及堆场整治13家，年内全部完成。干洗行业废气治理方面，完成前期数据摸排工作，全县有开启式干洗机71台。渣土运输方面，对6家建筑垃圾密闭运输准入单位严监管、严考核。 （徐向军）

街道、镇

魏塘街道

【概况】　2016年，魏塘街道区域面积57平方千米，耕地面积2305.5公顷(3.46万亩)。常住人口181281人，其中户籍人口85387人、新居民95894人(半年以上)，辖9个社区、16个村，924个居民小组、328个村民小组。年内，街道实现生产总值107.17亿元，同比增长7%以上，连续第二年超过百亿；实现规上工业产值147.56亿元，同比增长5.2%；完成合同利用外资4890万美元，实际利用外资1850万美元；完成实到县外内资11亿元，浙商回归到位资金超6亿元；完成固定资产投资30.46亿元，同比增长7.72%，其中农业投入完成7145万元，同比增幅878.77%，工业投入完成12亿元，同比增长9.36%，服务业投入17.72亿元，同比增长2.98%；财政总收入6.48亿元，同比下降8.65%，其中一般公共预算收入3.29亿元(新口径)，同比增长4.91%；农民人均纯收入33636元，同比增长10.8%。2016年，魏塘街道成功创建全国社区教育示范街道，获全省纪检监察系统先进集体、嘉兴市平安街道、嘉兴市创建法治镇(街道)工作先进单位、嘉兴市消防工作先进集体、嘉兴市美丽乡村建设先进镇(街道)等13项市级以上先进。

【农业经济】　2016年，农作物复种面积0.57万公顷(8.6万亩)，其中粮食复种面积0.29公顷(4.4万亩)。农业现代化程度进一步提高，善绿汇、尚品源、九熊黄桃等一批农产品自主品牌发展势头迅猛，并逐渐形成“一里谷”智慧农业园区、联合农业科技有限公司等一批“领雁型”精品农业企业。农产品质量安全追溯体系建设的工作经验在全省得到推广，成功打造尚品一里谷创意农业园、联合农业科技杜鹃花基地、智果村、三里桥村优美庭院等一批示范点展示点。

【工业经济】　2016年，全街道90家规上企业累计完成工业产值147.56亿元，同比增长5.2%，形成高端木制品、精密机械、健康产品、现代运输设备、电子信息、新材料包装等“4+2”工业产业集群，六大产业产值占街道总产值的87.5%。大企业培育成效显著，街道亿元以上工业企业33家，其中10亿元以上4家。“个转企、小升规、规改股、股上市”推进有序，全年新进15个优质成长型企业。街道在全省小微企业培育监测工作考核中被评为优秀基层单位。推进落地项目建设进度，实行全过程跟踪服务，全年累计实施千万元以上工业项目38个，其中新建项目33个，完成投资6.51亿元；竣工项目33个，其中当年度新建项目竣工30个。列入全县年度重点工业项目10个，其中5个续建项目进展顺利，完成投资4.68亿元；5个新建项目顺利开工，完成投资2亿元；列入县重点服务业项目9个，完成投资6.77亿元。

【招商引资】　积极开展融入上海、浙商回归两大专项行动，抽调9名专职招商干部，驻点招商、“二次招商”和外出招商。累计外出拜访各类企业133家，获得有效项目信息38个。2016年，新批项目49个，总投资超27亿元，注册资本4亿元，其中亿元以上项目6个，总投资超19亿元；在批项目9个，总投资7.37亿元。成功引进总投资超10亿元的沧田智能信息项目及睿索电子、嘉亨包装等一批高科技企业。

【服务业】 以重点项目为依托，按照总体规划，加快推进320国道商贸物流带建设，发挥服务业发展的规模化效应。加快推进两大商贸市场建设进度，兴业木制品市场一期项目完成建设并开始营业，出租率100%，项目二期开工建设；华东建材市场高档家居装潢交易中心项目完成竣工验收。翡翠公馆、水韵金城大酒店等项目推进顺利。

【科技创新】 全年，新批技改项目实施32个，完成投资9.23亿元；实施“机器换人”项目21个，完成投入5.03亿元，减少用工812人，减能耗8690吨，全员劳动生产率提高8%以上。全年新产品产值76.73亿元，新产品产值率52%。年内，申报国家级高新技术企业2家，复审国家级高新技术企业1家，申报省级新产品48项，申报专利727项，其中发明专利110项。裕华木业被评为省级高新技术企业研发中心。成功申报国家“千人计划”人才1人。积极创建浙江省商标品牌示范街道，全年新增注册商标160个。

【平台建设】 借助浙商回归引进项目承接和落地主要平台，围绕“美丽园区”建设要求，街道投入2800余万元对世界浙商产业园进行环境改造，进一步提升园区形象、增强承载能力。“二路一桥”工作进展顺利，完成中泽联网道路工程，中寨智果联网工程加快推进。园区种绿、补绿工程累计完成2.2万平方米绿化建设。征迁扫尾，涉及里姚公路、世界浙商园、智果村的5户农户顺利签约并完成拆除。

【要素盘活】 切实做好土地整治开发、退低进高、退二进三和盘活存量厂房工作。累计完成农村土地整治复垦实施面积3.33公顷(50.01亩)，实施比例170.45%。完成项目立项11.33公顷(170亩)，完成土地开发1.47公顷(22亩)。盘活存量厂房9.55万平方米。成功盘活得满制衣1.58万平方米存量厂房，通过招商引资引入上海高清摄像头项目，产出可超5亿元，税收超1500万元。完成批而未供土地消化利用23.61公顷(354.15亩)，完成全年目标任务的114.25%；完成城镇低效用地再开发16.73公顷(251亩)，完成全年任务。

【环境整治】 开展环境整治，在全县城乡环境整治排名中，位列年终第一。开展城乡环境“百日攻坚”行动，率先建立“作战室”，实行挂图作战、销号作战，并提前12天全面完成县城乡环境综合整治百日攻坚任务。其间，完成全街道8个村184户养殖户、13870头生猪退养工作，累计拆除违章猪舍近4.85万平方米；272个废品收购点全部清理完毕；29家砂石码头全部拆除；平黎公路魏塘段沿线63个问题全部完成整治。城桥社区金家堰公铁桥区域环境综合整治、“美丽乡村”建设等两项工作在全市得到推广。

【“三改一拆”】 全年完成“三改”40.9万平方米，完成目标任务的240%；拆除违章建筑45.28万平方米，完成目标任务的328%；整治蓝色彩钢棚130.2万平方米(其中拆除21.8万平方米)，整治总量全县第一；全面完成10个村15个集聚小区拆违攻坚，累计拆除2764户18万平方米违章建筑。

【“五气共治”】 加强秸秆综合利用，全面推进秸秆禁烧工作；加快推进锅炉淘汰和黄标车整治，在全县率先开展锅炉整治“零点一号”行动，拆除锅炉116台，累计拆除锅炉200台，超额完成全年任务；完成黄标车淘汰154辆，完成率93.3%。

【“五水共治”】 河道长效保洁机制进一步完善，落实河长制实现全覆盖。农村生活污水治理完成814户，完成年度目标任务的102.8%；工业污水入网治理完成130家，完成年度目标任务的105.7%；清理各类船只741艘；建设完成梅家浜、小腰子港、任家浜等3条优美河道；疏浚河道14条13.9千米，疏浚土方22万立方米，完成年度目标任务的186.4%。

【“退散进集”】 年内，魏塘街道全部完成评估并基本完成签约低小散企业410家，完成腾退196家，腾出土地面积48.86公顷(732.93亩)。南北暑村、三里桥村、长秀村等3个重点村256家企业中，腾退企业132家，腾出土地面积41.12公顷(616.74亩)；智果村、中寨圩村、虹桥村等3个清零村25家企业签约23家，拆除腾退22家，腾出土地面积1.92公顷(28.81亩)。同时，占地5.13公顷(77亩)的“两创中心”项目启动前期规划设计。

【“美丽通道”】 对平黎公路、320国道、善西公路、疏港公路、里姚公路等5条主要道路沿线环境采取项目化管理、逐条整治，累计整改完毕107个问题，其中省督办的7个问题全部完成，腾退企业81家，腾出土地10公顷（150亩）；炮台口立面改造基本完成，主要通道沿线外墙立面完成改造12.14万平方米；平黎公路沿线全面完成整治，金家堰区域环境问题得到治理，省委书记夏宝龙实地检查整治成果并给予肯定，被确定为嘉兴市小城镇环境综合整治、美丽乡村建设和“三改一拆”工作现场推进会的实地观摩点。

【文明创建】 开展全国文明城市第二轮创建活动，争创浙江省文明街道，庄港、小东门社区成功创建市级文明社区，虹桥村成功创建市级文明村。全面加大整治力度。累计出动人员2050人次，完成环境督查组下发督查单问题整改291件，完成率94.8%，一批群众反映强烈的环境问题得到解决。开展背街小巷、老旧小区道路、立面、水管等维修整治工作，小区环境得到进一步改善。

【城乡建设】 城乡统筹发展全面加快，完成“1＋9X＋45Y＋1Z”56个新农村集聚点规划布点调整，启动1个中心点、8个新农村集聚点，全年完成集聚农户250户，完成年度目标任务。开展美丽乡村建设，三里桥村被评为2016年度省级美丽乡村示范村；深入创建“优美庭院”，智果村成功创建市级“优美庭院”示范村，全年建设优美庭院2300户。加快推进危房解危工作，全年累计拆除农民危房90户。加快实施强村计划。全街道16个村2016年可支配收入7339万元，同比增长15.3%。5项重点工程进展顺利，其中丁诸航道（魏塘段）工程完成23户农户征迁；跨海大桥北接线（魏塘段）工程完成21户征迁任务；兴善公路北沿段（魏塘至干窑）建设工程完成复评；喜力啤酒污水总管网2.7千米全部完成；地面水厂原水管网二期建设工程5.5千米管道基本施工完毕。二轮圩区朝南圩区完成，三联圩区、信联圩区全面推进，网埭港灌区改造工程全面完成。

【社会保障】 城乡居民社会养老保险和基本医疗保险实现全覆盖。城乡居民基本养老保险续缴1667人，续缴率99%；职工养老保险扩面净增1700人，完成任务的101%；城乡居民基本医疗保险参保34044人，参合率99.54%，总筹资金额3745万元，其中，政府财政补助资金2554万元。全年医疗报销38.1万人次，金额3517万元。积极推进大众创业促进机制，累计新增就业岗位2500个，领取失业金签到4915人次，全街道失业率在3%以下。实施“金蓝领人才计划”，完成高技能人才培养516人，完成目标任务的112%。构建和谐劳动关系，开展农民工工资支付检查专项行动，处置欠薪案件78起，涉及人数388人，涉及金额258万元。开展走访慰问活动，按时足额发放优抚金、优待金、安置补助金等278.3万元。为80名现役军人发放优待金176.9万元；全面完成征兵工作任务。落实完善计划生育关怀行动。完善社会养老体系，引进社会机构开展社会化养老服务，25个村（社区）实现城乡社区居家养老服务照料中心社会化运作全覆盖。

【公共服务】 加大教育投入，扶持学前教育，启动里泽幼儿园、北大金城幼儿园、城东幼儿园、翡翠公馆幼儿园等4所幼儿园新建工程；加强对无证幼托机构的整治规范工作，完成辖区内52家无证托幼机构整治。依托社区教育中心推进职业教育、成人教育和社区教育，成功创建全国社区教育示范街道。加大环卫基础设施投入力度，启动4个垃圾中转站和4个村垃圾分类处理减量工作。健全公共卫生保障机制，全面开展慢性病防治，落实分级诊疗制度。

【文化建设】 文化阵地建设不断完善。虹桥、智果等4个文化礼堂通过验收，累计建成文化礼堂10家；9个城市社区“一社一品”特色文化更加丰富，街道文化中心采用政府购买服务的运营机制在全省文化创新工作现场会上交流发言。充分宣传报道一批典型人物，高小茂夫妇的典型事迹被中央文明办评为2016年度“中国好人”等等。

【社会治安管理】 加强社会治安防控体系建设。完成23个“智安小区”建设和1600户摄录一体机的安装工作；推进社会治安巡防队伍建设，组建5支专职村居治安巡防队，招募3100名平安志愿者队伍，开展重要峰会期间的志愿者大巡防活动；开展信访积案攻坚化解治理年活动，成功化解信访积案8件；全面完成全年重大活动期间的维稳安保任务。强化安全生产工作，对300余家企业进行安全生产隐患排查工作，同时启用嘉兴市安全生产隐患排查系统，累计101家企业完成注册，在全县率先全面建立村（社区）微型消防站和志愿者消防队。切实保障食品药品安全，率先实现省级放心市场创建和农贸市场食品安全快速检测室全覆盖，食品安全科普教育工作经验在全县推广，并成功举办全省农产品质量安全追溯暨智慧监管APP工作现场会。依法开展社区禁毒、社区矫正工作，全年未发生社区戒毒（康复）人员及矫正人员重新犯罪案件。

【干部队伍建设】 深化服务型政府建设，开展机关干部联村、联企业、联项目行动，切实增强干部联系群众、服务群众能力。确定全年18项重点工作，实行"项目化"管理推进机制，明确项目团队和项目责任人。推进"企情在线"工作，为企业发展出谋划策。完善各村目标责任制考核，采用条线考核和中心工作考核相结合，各村实际重点做好3～4件事情，确保各项工作高效推进。落实党风廉政建设主体责任和监督责任，履行"一岗双责"制度，建立落实"两个责任"的十大工作机制。组织开展村级财务审计二级巡察。年内，查处各类违纪案件10起。针对公款购物送礼、食堂公务接待、工作纪律等内容进行明察暗访，组织开展正风肃纪检查30余次，严防"四风"问题反弹。推进村务监督工作。深化"法治、德治、自治"三治建设，稳步推进基层依法治理工作。继续以政府购买服务的方式，聘请11名律师和法律工作者为街道及所辖的25个村（社区）的法律顾问。加强村规民约、社区公约的宣传教育，全面提高群众的法治意识。（张启超）

罗星街道

【概况】 2016年，罗星街道区域面积39.50平方千米，在册总户数18685户，户籍人口52660人。全年实现地区生产总值54.78亿元，按可比价格计算，比上年增长11%。按户籍人口计算，人均生产总值104026元，比上年增长6.9%，其中第一产业增加值1.41亿元，增长－16.7%；第二产业增加值15.67亿元，增长8.8%；第三产业增加值37.7亿元，增长13.2%。三次产业结构调整为2.6∶28.6∶68.8。财政总收入51562万元，增长8.5%；一般公共预算收入26526万元，同比增长6.0%。2016年度财政支出8256万元，比上年下降17.3%。其中，农业支出876万元，同比增长116.3%；科技支出172万元，与上年持平；教育支出2560万元，同比增长27.6%；出口退税12424万元，同比增长4.6%。2016年，街道先后获全国社区教育示范街道、市级无违建街道、市级文明街道、市级平安街道等称号和嘉兴市工业强镇（街道）建设进步奖，嘉善归谷智造小镇被列入浙江省"特色小镇"培育名单。县对镇（街道）目标责任制考核获一等奖。

【农业经济】 2016年，农林牧渔业总产值26080万元，比2015年下降12.6%。其中，农业产值24237万元，下降13.1%（其中粮食作物2693万元，下降4.5%；油料作物64万元，增长20.3%；蔬菜作物14828万元，增长2.7%；花卉园艺550万元，下降52.1%；茶、桑、果6002万元，下降36.4%）；牧业产值806万元，下降15%；渔业产值739万元，增长8.5%；农林牧渔服务业产值285万元，增长3.6%。全年，粮食作物面积13422公顷（201330亩）；经济作物播种面积1374.87公顷（20623亩），经济作物中果用瓜346.6公顷（5199亩）、蔬菜面积941.93公顷（14129亩）、油菜30.07公顷（451亩）。全年，粮食作物总产量8978吨，其中谷物8270吨、豆类523吨、薯类185吨。经济作物总产量51522吨，其中蔬菜38401吨、果用瓜13055吨、其他经济作物66吨。农作物播种面积2717.07公顷（40756亩），粮经比例49∶51。家禽年内出栏9663只；羊年内出栏406只；兔年内出栏113只。全年，农业机械总动力3229台，功率14876千瓦，其中耕作机械总动力584台，功率5707千瓦；收获后处理机械总动力1409台，2473千瓦；排灌机械517台，2422千瓦；运输机械总动力72台，1538千瓦。

【工业经济】 全年实现工业增加值10.97亿元，同比增长18.5%；完成工业总产值702756万元，同比增长10.8%。规模以上工业企业（年主营业务2000万元及以上企业）33个，工业产值497190万元，同比增长13.5%，实现销售收入441727万元，同比增长16.3%；实现利税46244万元，同比增长28.1%。全年街道实现外贸进出口总额136560万元，比上年下降9.8%。合同利用外资1454.67万美元，实际利用外资总额384.51万美元,分别下降82.7%、72.7%。归谷科技园区累计入驻企业191家,实现产值87798.54万元,利税8682.19万元,分别增长36.74%、50.07%。2016年,园区新入驻项目53个,新开工项目6个,新竣工项目5个。全年引进国家“千人计划”专家3人,申报国家“千人计划”4人,申报浙江省“千人计划”12人,其中直接认定浙江省“千人计划”1人,申报“创新嘉兴·精英引领计划”项目9个,8个项目入围答辩。

【现代服务业】 全年,街道实现三产服务业增加值37.7亿元,同比增长13.2%,服务业增加值占GDP的比重68.8%,比上年提高1.6个百分点。年内,拜访、接待客商200余批次,新增成熟项目信息60多个,签约项目47个,其中行业龙头企业香港天一国际集团有限公司项目成功签约,实现街道在大项目招商引资上的新突破。成功举办2016“梦想中国·智汇嘉善”全球创新创业大赛、欧美同学会首届高研班论坛、硅谷人才嘉善行、卫星遥感大数据高端论坛等大型招商活动。2016年,街道被列入县重点楼宇8栋,总商务面积284301平方米,完成招商200173.5平方米,入驻企业532家。全年税收千万以上楼宇为归谷创业中心、财富广场、时代广场、开元广场。实现服务业地税收入5883.2万元,同比下降36.0%,占财政总收入的比重11.4%,比2015年下降7.9个百分点。全年,成功引进5000万元以上服务业项目8个、1000万元以上项目40个,分别比上年增长14.3%和60.0%。

【社会事业建设】 2016年,街道辖区各类学校(含幼儿园、成校)12所,比上年增加1所。在校学生7933人,同比增长6.0%,教职工620人,其中专任教师536人。中学1所,在校学生1356人;小学3所,在校学生3595人;学前儿童入学率100%。全年街道实际参保21914人,参保率99.73%。合作医疗补偿247341人次,补偿总额2433.73万元。年内,街道有居家养老服务照料中心15个,其中AAAAA级一个,全部委托社会组织运营。全年新增低保59户69人,退出低保12户20人,现有低保141户131人。至年底,街道出生人口544人,同比增长44.7%。出生婴儿性别比(女=100)113.33人,同比下降4.0%。开展各类文化活动253次,其中文化演出170场、各类展览41次、参加县文化比赛活动42次。嘉善电视台新闻报道194次,《嘉兴日报·嘉善版》用稿210篇,《嘉兴日报》8篇。街道所辖企业未发生人员死亡事故。全年,开展安全生产专项大检查20次,日常巡查40多次,出动人员260多人次,下发现场执法文书82份,查处安全隐患495处,完成整改492处。街道与18个村社、12个部门、2个市场、200多家单位签订安全消防工作责任书,组织参加安全生产培训125人次。

【五大攻坚行动】 2016年,城乡环境整治暨违法用地违章建筑“全域清零”五大攻坚行动取得显著成效,城乡环境面貌明显改善。在全县率先实现农居点违建清零,实现生猪养殖、河道船只“清零”,做到3个“全部”(即12家违章码头全部整改,65个废品收购点全部取缔,16台工业锅炉全部清零)。白马龙港综合整治项目被评为2016年浙江省河道生态建设示范工程。在全县率先实现农居点违建清零,成功创建为市级“无违建”街道。

【文体中心启用】 12月30日,正式启用新改建的罗星街道文体

12月23日,罗星街道文体中心正式启用。　　(罗星街道　提供)

中心。文体中心位于亭桥路中心城区，使用面积 3000 平方米，广场面积 7500 平方米。一楼为乒乓室、健身室；二楼设有图书分馆和亲子活动中心；三楼设有培训中心；四楼为报告厅（文化礼堂、影剧院）、舞蹈房等场所。广场分设文化长廊、健身步道、篮球场、休闲公园等功能区。

【低小散企业整治】 2016 年，街道对辖区内 145 家低小散工业企业完成整治签约，成功腾退 85 家，腾退面积 18.36 公顷（275.37 亩），亭桥、马家桥、城西等 3 个村实现低小散工业清零，街道两创中心开工建设。

【徒步行活动】 4 月 24 日，“美丽嘉善我的家 文明创建我参与”暨 2016 罗星街道“智慧归谷·美丽园区”徒步行活动在中国归谷嘉善科技园举行。徒步行全程 5 公里，800 余人参加活动，网易对该活动进行现场图文直播，1.9 万人收看或转发。

10 月 24—25 日，召开中国共产党罗星街道第二次代表大会。

（罗星街道 提供）

【召开党代会】 10 月 24—25 日，中国共产党罗星街道第二次代表大会顺利召开，全街道 78 名正式代表、53 名列席代表出席。大会选举产生中共罗星街道第二届委员会委员、中共罗星街道第二届纪律委员会委员和参加县十四次党代会代表。会议通过《中国共产党罗星街道第一届委员会工作报告》《中国共产党罗星街道第一届纪律检查委员会工作报告》和《关于深入推进全面从严治党的建议》等 3 个决议，收到代表向大会提交的正式提案 10 件。

“智慧归谷·美丽园区”徒步行活动。 （罗星街道 提供）

【公共文化服务体系】 2016 年，罗星街道各村（社区）建立 10 个文化庭院示范点，打造库浜村俞云夫和李家社区严爱英等两个精品文化庭院示范点。投资 40 万元，建成第二家文化家园，建筑面积 800 平方米，新增摄影器材、谱写社区之歌，布置社区文化礼堂背景、文化长廊等，实现农村地区文化庭院的全覆盖。

【嘉华春晓幼儿园开工建设】 5 月，罗星街道嘉华春晓幼儿园开工建设。幼儿园位于农商路东侧，嘉华春晓小区南侧，以省一级幼儿园标准建造，拟建规模 12 班，总用地面积 5600 平方米，项目总投资 1000 万元（不包括装修），预计 2017 年完成主体建设，项目整体完工后可以接纳400多名幼儿入园。

【美丽乡村黄家浜】 6月，库浜村重点对黄家浜自然村进行美丽乡村建设，计划总投资256万元。在黄家浜村口，建造1座黄家亭和1处停车场，并进行生态模块改造，对村内道路进行硬化改造，铺设休闲小道，农民房进行外墙粉刷，河道两岸垒砌石驳岸，加装护栏，道路沿线加装路灯，进行亮化改造。添置器材，建设健身广场，通过房屋改造、河道疏浚、村庄绿化、环境整治等。（包佳文）

开发区（惠民街道）

【概况】 嘉善经济技术开发区（惠民街道）区域面积65.5平方千米，下辖7个行政村、3个农村社区、4个城市社区，常住人口29961人。2016年，完成地区生产总值75.31亿元，同比增长8.3%；实现财政总收入19.45亿元，同比增长9%，其中地方财政收入9.87亿元，同比增长30.4%；农民人均纯收入31506元，同比增长8.5%。

【农业经济】 2016年，街道实现农业总产值4.3亿元，农作物复种面积5166.07公顷（77491亩），粮食总产量23160吨。总投资1860万元，用于惠通、张汇、曙光、枫南等4个村（社区）的惠民高标准农田项目建设。建成全县唯一省级旱粮基地，县旱粮生产现场会在开发区（惠民街道）召开。建成万亩粮食功能区2个、精品农业示范点6个，建成省级现代农业综合园区。粮食农业社会化服务中心初具规模并正常运转，大泖烘干育秧中心投入使用。申报农业建设项目7个，完成蔬菜育苗中心建设。全年新增农业设施面积53.2公顷（798亩），引导农民转产增收。重点抓好蔬菜、旱粮、蜜梨等标准化生产技术的培训与推广。继续加大对农业龙头企业、家庭农场规模种植大户、科技示范户的扶持，抓好农业转型升级示范引导，引进各类农业新品种（系），普及推广测土配方、定量施肥、水旱轮作等农业新技术，全面推动“农业丰收计划”的实施。狠抓农产品质量安全，全年抽检840批次，未发现不合格农产品，与10个村（社区）和24家农业生产主体统一签订农产品质量安全承诺书。完成农村土地综合整治10.83公顷（162.5亩），新立项7.47公顷（112亩），土地开发新立项1.9公顷（28.5亩）。

【工业经济】 见“经济园区”篇目中“嘉善经济技术开发区”分目。

【现代服务业】 2016年，完成服务业投资20.99亿元，同比增长11.6%。新增注册1000万元以上服务业企业16家，其中5000万元以上4家，3000万元以上3家；新增服务业法人单位118家，同比增长32%；新增重点行业企业16家，同比增长60%。通过定点招商、驻地招商、家门口招商、家里招商、平台招商等方式，举办服务外包上海推介会，引进三产项目，跟踪对接如海尔集团、赛伯乐、斯凯奇、碧桂园等一批重大项目，推动宝湾物流、博洋物流、扬联物流以及信息科技城等现代物流业项目和区中园建设，商会大厦完成主体建设。

【城乡建设】 调整完善新润、大泖、横泾桥、大通、惠通、张汇等6个村（社区）村庄规划，全面完成平黎公路东连接线征迁，推进丁渚航道征迁，实施横泾桥片区城镇有机更新，完成渔民安置点公寓房建设设计招标及规划选址，枫南公寓房A区竣工验收并完

9月25日，惠民街道“两新”工程公寓房安置抽签选房。（江震中　摄）

成抽签，开展第二轮“农房集聚”工作，完成毛家至枫南公路、新光至西横泾路面大中修工程，富民桥、建设桥改造工程，并实施王潮线（善新公路至潮泥滩段）提升工程。完成东海路路面、大通新一街、通兴路人行道的改造工程。完成对金城花苑、银城苑、金嘉大道、柳溪路雨污管道混接、串接等隐患改造，安全落实对59千米通村道路和66座桥梁日常维修、养护工作。完成危房改建11户，实行农房修缮备案制度。

【环境整治】 全面开展生猪养殖业转型发展“清零”、平黎公路沿线环境治理、行业整治及村级工业园整治、“五水共治”、“五气共治”、集镇综合整治、农村环境治理以及“乱设摊、乱堆放、乱涂写、乱张贴、乱停车”等乱象整治攻坚工作。街道273条河道全部落实“三级”河长制，实施河道整治19条，枫泾塘国控监测断面考核保持优秀，完成农村生活污水治理708户。投入291.16万元探索北片道路服务外包，提高保洁水平；投资200.48万元采购10台套设备，规范管理，提升垃圾转运能力，落实农村环境长效保洁。完成黄标车淘汰任务，淘汰整治工业自备锅炉77台，腾退低小散企业71家；全区（街道）秸秆综合利用率97.18%以上，基本做到零焚烧。强势推进“四边三化”“两路两侧”“三改一拆”等专项整治工作，完成“三改”面积80万平方米，完成惠通、张汇、曙光、枫南等村（社区）459户18.06万平方米的立面改造，完成违章建筑拆除17万平方米，13处违法码头全部拆除并整治到位。

【美丽乡村建设】 围绕“人文、乡愁、党建、景观”为主题，重点打造惠通村乡愁文化园和枫南村以虹桥港为中心的景观绿化、健身步道、亲水平台等基础建设。推进“一廊两片四形五区”建设，统筹城乡、互动融合，将“优美庭院”和“微田园”建设、“环境优美村”创建作为美丽乡村建设的基础，打造“一村一品、一村一景、一村一业、一村一韵”，打造天蓝、地绿、水清、人和的“美丽惠民”，2016年，街道获“嘉兴市美丽乡村创建先进镇（街道）”称号。实施强村计划，涉及10个村（社区）的10个强村项目进展顺利，村集体经济可支配收入3002.29万元，同比增长8.1%。

【社会保障】 全面完成县下达的企业职工养老、医疗、工伤、生育、失业保险扩面任务，农村社会养老保险参保率95%以上，城乡居民合作医疗参保率99.79%。核准205户338人享受低保补助。推进充分就业，完成高技能人才培训及考证580人，举办“春暖花开”等人力资源招聘会。对生猪退养特殊困难家庭进行补助。慈善助学17人，发放助学金58000元。提升残疾人康复服务，并实行创业扶持，新增办证残疾人42人，走访慰问残疾人家庭151户。开展新办租赁企业欠薪保证金收缴工作，累计调处各类劳资纠纷109起，涉及金额682.6万元；调处工伤纠纷115起，涉及人员118人，金额807万元。

【社会事业】 加大教育投入力度，完善教育基础设施建设，取缔无证幼托机构13所。第三人民医院成功创建市卫生单位，惠民小学、毛家社区顺利通过省级卫生单位复评。建成全县规模最大的街道社会组织培育中心，培育惠民特色的草根社会组织9个，其中2个组织在全县第三届公益创投中成功入围。增强社会化养老服务能力，“健康流动服务车”有效投入运行，总投资150万元的全县农村首家“微型养老院”顺利完工，推进嘉善县社会福利中心暨惠民街道社区卫生服务中心建设。深入实施单独、两孩政策，推进人口与计划生育工作，普及优生优育知识，国家免费婚前医学检查率93.9%，探索计生特殊家庭帮扶工作。民兵整组、征兵、双拥共建等工作加强，输送新兵16人，获市级先进。

【文化事业】 完成区（街道）文体中心规划编制，建成启用区（街道）文化分中心，累计建成村（社区）文化礼堂4家，新建文化庭院10家、企业文化礼堂1家，推动企业文化“5C”标准化建设，承办全县戏剧票友大赛总决赛，编纂出版《惠民镇志》。品牌活动亮点纷呈，“五季文化大比拼”、沪善跨区域文化一体化合作、第六届“企业文化节”等品牌活动赋予基层文化新内涵，“十万农民种文化”原创精品节目展演、首届国开“新歌声”等受群众好评。全年，举办群众职工文化活动186场次。受益群众5万人次，文化走亲30余次，积极培育具有惠民特色的刺绣队伍，参加浙江省第五届故事会获得银奖，原创节目《生命之歌》在县双拥晚会上获第一，并获嘉兴市乡村文化艺术周精品文艺节目展演银奖。全年，举办文化骨干培训15场次，累计获县级以上奖项17个。

【平安建设】 圆满完成G20杭州峰会和世界互联网大会(乌镇峰会)维稳护航工作，获市级先进集体。完善基层社会管理综合信息数据，加强信息联动，切实提升社会管理服务水平。开展平安创建活动。完成枫南、毛家等2家家宴中心建设，完成"规范化食安办"创建任务。开展企业、商贸、学校、食品、道路等各领域安全大排查、大整治。创新新居民服务管理，抓好横泾桥、优家、惠通等3个主试点村(社区)978户出租房屋规范整治。全年，受理群众来信来访108件，排查化解矛盾纠纷250起，全县基层社会治理创新现场会在街道召开。2016年，连续11年成功创建平安街道，社会治安综合治理获县先进集体，人民调解获市级先进。

【党的建设】 推进"整乡推进、整县提升"三年行动计划，各级党组织梳理出"短板"问题385条、完成整改350条，各村(社区)完成党建先锋廊建设，建成党员先锋站27个，开展各类组织活动52次，新建枫南村党建主题公园。采用"飞地抱团"模式，助推村级集体经济发展。发挥党员先锋引领作用，开展各类党员志愿服务活动135次，参与党员人数1000余人次，服务群众3000多人次。开展四方红色联盟和两地报到双岗服务，拓展深化两新组织党建工作。全面落实党风廉政建设主体责任和"一岗双责"痕迹化管理，建立健全责任分解、责任落实、述责述廉等工作机制。加强作风效能建设。

【基层依法治理】 加强法治政府建设，提高依法行政能力，始终把实行科学民主决策、坚持依法行政、推进政务公开、健全监督制度、加强廉政建设作为政府工作的基本准则。进一步完善法治、德治、自治"三治一体"的社会治理模式，着力提升依法治理、以德治理、自我治理的能力和水平，稳步推进基层依法治理工作。健全政府重大事项科学决策机制，建立和执行区(街道)主任办公会议制度。严格规范政府招投标采购交易工作。自觉接受社会各界监督，主动加强与商会和人民团体的联系，高质量办结区(街道)人大代表建议和意见14条。严格落实中央"八项规定"和省市县委有关规定。

【党代会召开】 10月19—20日，召开中国共产党嘉善经济技术开发区(惠民街道)第二次代表大会。全区(街道)83名正式代表、117名列席代表出席会议。大会听取党委、纪委工作报告，选举产生中共嘉善经济技术开发区(惠民街道)第二届委员会委员、中共嘉善经济技术开发区(惠民街道)第二届纪律委员会委员和出席县第十四次党代会代表，选举产生新一任党委书记、副书记及纪委书记。 (张树佳)

10月19日，中国共产党嘉善经济技术开发区(惠民街道)第二次代表大会开幕。 (江震中 摄)

西　塘　镇

【概况】 西塘镇位于嘉善县北部，区域面积82.92平方千米，2016年户籍人口5.74万人，外来人口3.5万人，每年流动人口超800万人次，辖18个行政村、4个社区。先后被评为全国重点镇、国家AAAAA级旅游景区、首批省级中心镇、省级旅游经济强镇、省级小城市培育试点镇。

【发展指标高速增长】 全年实现地区生产总值54.4亿元，增长8.8%。财政总收入5.5亿元，其中地方财政收入2.8亿元。规上工业产值93.6亿元，增长23.9%。旅游票房收入1.58亿元，增长7.3%。成功引进世界500强项目4个，超千万元服务业项目26个。全年完成合同利用外资2.04亿美元，增长38.2%，实际利用外资1.59亿美元，增长21.7%，均创历史新高。实际利用县外内资18.9亿元，增长118.5%。"浙商回归"到位资金12.23亿元，增长71.8%。有效投入成效明显，完成固定资产投资44.7亿元，增长18.5%。富通项目推进顺利，富通住电光导项目开工建设。富士康3.1万平方米厂房交付使用，华东区首家对外高科技3C体验店—富连网3C体验店对外营业。恒天一期、康辉(康华)二期完成供地，安平二期、西塘度假村完成主体建设。

【现代农业】 完成粮食复种面积5866.67公顷(8.8万亩)，产量3.7万吨。获沼等4个部级粮食高产核心示范方和华联等5个万亩"新增千亿斤粮食"项目建设推进顺利，省级超级稻绿色高产示范方现场会在西塘召开。晚稻百亩示范方、攻关示范田亩产分别为848千克和898千克，连续6年均列全县前列。玫瑰生态观光园开工建设，悦华红桃和鸦鹊柑橘被列入省级无公害基地。全年新增绿化面积32.2公顷(483亩)，荷池村被评为省级森林村庄。

【现代工业】 嘉善县电子信息产业园作为全县三大工业经济主平台，大力发展电子信息、光通信、保税物流产业。2016年，园区实现规模以上工业产值67.11亿元，完成工业生产性投资24.8亿元，完成合同利用外资2.02亿美元，实际利用外资1.59亿美元，实际利用县外内资1.5亿元。嘉兴综合保税区B区通过国家验收，正式封关运作。总投资9240万元的保税仓库一期建成并交付使用，二期项目启动建设，中粮集团惠鸿供应链公司成功落户。强化与上海自贸区沟通对接，成功复制并运行自贸区海关通关便利化创新监管制度2项，累计7项，服务功能辐射全县近百家外贸企业。开放合作成效明显。富士康10万平方米标准厂房建成并交付使用。富通项目主体厂房、物流中心、110千伏变电站等工程建设顺利推进，富通光通信全产业链研发中心建成投产。

【现代服务业】 省级现代服务业集聚示范区成功获批，国家AAAAA级旅游景区创建通过暗访验收。全年接待游客778.6万人次，增长2.6%。引进总投资超千万元项目32个，新增服务业企业508家。高标准开展以消防安全、建筑安全、民宿安全、旅游秩序规范、AAAAA创建为主要内容的“3＋1＋1”景区整治提升攻坚行动，整改各类隐患问题上万条。全面推行网格化管理服务外包，景区秩序明显改善。成功举办第四届汉服文化周活动，被评为2016年度最受微博海外用户关注景区。

【平台建设】 嘉兴出口加工区B区正式升格为国家级综合保税区，是全省第一个海关特殊监管区成功转型范例。完成工业园区基础设施建设，被列为首批市级特色小镇（互联网通信小镇）。国家服装辅料产品监督检验中心通过国家质监总局验收，先后设立全国纽扣标准化技术委员会和国家服装辅料产品质量监督检验中心两个“国字号”机构。

【小城市培育】 顺利完成市级小城市第一轮培育，连续3年列市考第一，成功列入第三批省级小城市培育试点。城市北外环线全面贯通，完成总投资2000万元的西丁公路（纽扣园区—开源大道）改扩建和总投资3100万元的南苑路立面改造，启动总投资4500万元的祥符路、宏福路立面改造。

【城市管理】 探索实施政府购买服务模式，南苑路等集镇道路实行卫生保洁服务外包。创新实行病媒生物防制模式，生活垃圾无害化处理率100％。综合行政执法“一机构一平台一张网”管理模式在全省推广。美丽乡村建设有效提升。稳妥有序推进农房集聚改造，规划形成城乡新社区总体格局，出台制定各类建房类型安置方式、安置面积、政策补偿、资金保障等内容。启动鸦鹊国际创客村建设和6个重点自然村风貌改造。强化土地保障，完成农村土地综合整治45.93公顷（689亩），土地开发51.27公顷（769亩）。完成农村公路品质提升16.9千米，大中修15.1千米，完危桥改造10座。

【美丽乡村建设】 环境整治动真格。全镇合力补齐“城乡生态环境”第一短板，完成全镇域生猪清零扫尾工作；在全县范围内率先完成58个废品收购点取缔，并率先开展废品回收网络建设工作完成新城南区23处违章彩钢棚整治，改善城乡面貌，得到省委书记夏宝龙的充分肯定。推进“三改一拆”工作。拆除各类违法建筑124.8万平方米，其中拆除违章猪（禽）舍52.3万平方米。完成旧厂区、旧住宅区和城中村改造183.9万平方米。彩钢棚整治、违章码头堆场拆除、村级低端产业腾退和下甸庙片废旧钢铁市场整治推进顺利。治水治气出成效。全面完成23条黑河、臭河、垃圾河治理和纽扣、喷水织机等行业整治，建设生态护岸35千米，完成西部水务提标改造工程和红旗塘沿线环境综合整治。深入推进农村生活污水有效化处理，新增受益农户12233户，收益率87.9％。全面推行黄标车淘汰及区域限行，淘汰黄标车570辆。东都节能生物质集中供热项目正式投产，覆盖全镇21家企业，淘汰燃煤锅炉144台。

【优化公共服务】 全年实现城镇失业人员再就业460人，完成农村劳动力转移就业1180人。养老保险、城乡居民合作医疗保险参保率分别为98.3％和99.86％。新增五大类社会保险5028人次，累计84201人次。大舜幼儿园完成改扩建，西塘幼儿园迁建项目启动建设。医疗卫生服务工作实现全覆盖。

【生态治理】 在大舜纽扣树脂花专项整治方面，围绕改善大舜周边环境，全面发起《嘉善县纽扣行业环保自律公约》，依法处置违规处理树脂废料企业3家。在景区综合整治方面，高标准开展以消防安全、建筑安全、民宿安全、旅游秩序规范、AAAAA创建为主要内容的“3＋1＋1”景区整治提升攻坚行动，累计拆除违章建筑74处；整治侵占公共通道（消防取水口）3条；行政处罚黄牛、野导15人；刑事拘留聚众斗殴人员9人；查扣违法“三小车”31辆，景区客栈民居实名登记系统实现全覆盖。

【基层治理】 扎实推进“平安西塘”建设，连续10年被评为市级平安镇。成功化解县领导包案信访积案4件，圆满完成两大峰会等重要时间节点安保任务，全镇重点信访稳控人员无一例失联失控，信访工作连续5年列全县前列。在景区配置21名专职网格员。深入推动社会治安“五张网”建设，推进“智安”小区、村居治安巡逻队、新一轮视频监控系统、摄录一体机等重点项目建设，全力打造社会治安防控体系升级版。

（钟水梅）

姚庄镇

【概况】 姚庄镇区域面积74.48平方千米，辖18个行政村和4个社区，户籍人口3.99万人，新居民2.9万余人。2016年，全年实现地区生产总值64.42亿元，可比增长8.3%；实现工农业总产值超300亿元，其中规上工业产值突破233亿元，同比增长10.9%；财政一般预算收入6.02亿元，同比增长4.56%，其中地方公共财政预算收入2.92亿元，同比增长20.67%；全社会固定资产投入54.6亿元，同比增长10%，其中工业生产性投入37.3亿元，同比增长10.7%；合同利用外资8185万美元，实际利用外资9140万美元，同比增长69%；县外内资实际到位数20.82亿元；农村居民人均可支配收入37933元，同比增长10.2%。2016年，被重新确认为国家卫生镇，获省小城市培育试点优秀单位、省五水共治先进单位、省美丽乡村示范镇和市"三改一拆"、"无违建"创建工作先进单位、市"公铁"沿线环境整治工作先进、市工业强镇（街道）建设进步奖首次进档升级的镇（街道）、2011—2015年全市法治宣传教育先进集体、市级平安镇（街道）、创建法治镇（街道）工作先进单位、无违建创建先进镇（街道）、市级小城市培育试点考核和新市镇发展实绩评价先进——"十强"新市镇、市政务信息工作先进等荣誉。

【农业经济】 全年粮食播种面积2447.67公顷（36715亩），其中水稻1476.33公顷（22145亩）、大小麦570.93公顷（8564亩）、旱粮400.4公顷（6006亩），新增经济林18.8公顷（282亩），新增盆栽花卉面积33.33公顷（500亩）。稳定黄桃为主的水果产业面积666.67公顷（10000亩），食用菌栽培面积约1000万平方尺减少30%，新增以大棚设施栽培面积16公顷（240亩），全镇大棚设施栽培面积866.67公顷（13000亩），渔业养殖面积1200公顷（18000亩）。启动第三次农业普查工作，省农业重大项目全面开工，姚庄蘑菇作为特供农产品登上G20杭州峰会餐桌。开展"智慧水利"试点，建成姚庄镇防汛工程运行控制中心，姚庄圩区标准化管理经验在全省推广。

【工业经济】 围绕全年引资目标任务，抓好项目对接和跟踪落实，密集开展外出招商活动，年内，举办两次经贸洽谈会和3次集中签约活动，捷英特、弥富科技、日茸科技等一批优质项目签约落地。加速项目推进，卡曼地板、汉特新材料等10个项目集中开工，总投资6亿元的50兆瓦渔光互补项目并网发电。加快科技创新和人才引育，启晟碳材料获评国家高新技术企业，欧仁新材料杨晓明博士被认定为省"千人计划"人才，捷音特与南京大学声学研究所签订协议成立南京大学—捷音特声学研究分室，富信成机械创建为全县第6家院士工作站，格蕾特电器在"新三板"挂牌上市，姚庄经济开发区在省级经济开发区综合考评中列全省32名，被评为长三角最强中国制造产业集聚区荣誉奖，2015年度工业强镇综合评价全省43名、工业强区（开发区）综合评价全省36名。

【服务业】 全年完成服务业投资16.5亿元，其中生产性服务业投资6.2亿元，占比37.6%。年内，新增服务业法人单位111家，完成"下转上"企业3家，规上和限上（规模以上工业企业及限额以上服务业企业）服务业企业年度销售额平均增速20.42%，企业的年度盈利比62.5%。举办2016姚庄桃花节、黄桃节系列活动，引进总投资2.5亿元童话森林探险乐园项目。

【城乡建设】 抓好第二轮省级小城市培育试点工作，加快在建项目建设进度，编制完成《嘉善县姚庄镇小城市培育试点三年（2017—2019）行动计划》，考核列全省43个试点单位第四名，连续3年获嘉兴市"十强新市镇"考核第一名。持续推进姚庄医院土建工程施工，建成姚庄法庭，新建纬六路，修缮提升宝群路、南展路、任天北路、铭善路。改造姚庄集镇区块污水、丁栅集镇市政道路排水管网，完成农危桥改造9座。全面建成西区防护林，开展城市核心区及主要路口节点绿化提升，改造提升市场街沿街建筑立面。推进农房改造集聚二期收尾，制定并出台农民建房管理办法，推进渔民安置，完成8个批次502户农户的抽签选房。推动"三权三抵押"农村产权制度改革，启动农村土地承包经营权确权工作。

【环境整治】 统筹打好"五水共治""三改一拆"等城乡环境综合整治组合拳，完成违章猪禽舍全面拆除，开展传统蘑菇棚清理整顿、彩钢棚整治、码头堆场整治、低小散企业腾退等专项行动，拆除违建（含猪禽舍）31.5万平方米，“三改”完工58.7万平方米，腾退企业46家，整治码头堆场24个。开展主要道路沿线整治，在全县率先启动废品回收点规范运营工作。开展工业自备锅炉专项整治，建成并启用姚庄片蒸汽管网，开工建设丁栅片天然气管网，完成淘汰整治锅炉85台。深化环境卫生长效保洁工作市场化运作，建立农村生活污水处理设施管养机制，持续推进银水庙村、北鹤村农村生活垃圾分类，拓展桃源新邨社区垃圾分类收集试点。开展河道综合整治，严格落实河长制，推进红旗塘专项整治，积极打造“美丽航道”，获省“五水共治”先进集体称号。深入开展“美丽姚庄”行动，加快“美丽乡村”建设，开展“美丽庭院”创建，全镇入选第一批浙江省美丽乡村示范乡镇，北鹤村、展幸村入选2016年度浙江省美丽乡村特色精品村。

【社会事业】 发展社会公共事业，姚庄镇中心幼儿园成功创建省一级幼儿园，俞汇幼儿园顺利通过省二级幼儿园复评，姚庄镇卫生院入选全国首批“群众满意的乡镇卫生院”，城乡居保和合作医疗参保率分别98.7%和99.86%。建成姚庄镇电商创业中心，成立全县首家镇级电子商务协会。引入社会资本参与公共服务，市场化保洁成效明显，姚庄医院PPP项目（政府和社会资本合作模式）进展顺利。开展县级慢性病综合防控示范镇和健康示范村创建，试点推动姚庄农村食品安全金融征信体系建设，成立全县首家农家乐协会。落实养老服务综合改革试点要求，启用“姚庄号”居家养老流动服务车，对养老中心进行消防改造，创新实现居家养老照料中心社会化运作全覆盖。

【文化建设】 扩大田歌、农民画等非物质文化传承与交流，搭建丁栅戏曲大家唱舞台、俞汇小剧场、姚庄锦绣大舞台、桃源书场等文化品牌阵地，全年，镇村举办742场次文化活动，连续7年获嘉兴端午文化节踏白船比赛冠军，成功举办中美篮球邀请赛、全国女排联赛冠军赛，承接山东卫视《梦工厂》节目录制等。

【平安建设】 加强社会综合治理，推进平安综治、食品安全、环保、安全生产等网格化监管，签下全市工贸企业安全生产责任保险第一单。开展社会治安大清查、大整治专项行动，推动浙沪“两镇一区”平安志愿活动，丁栅警务室获评2015年度“全市机关十佳社区警务室”，完成G20杭州峰会和世界互联网大会乌镇峰会各项保障任务。

【基层党建】 开展基层党建先锋镇、先锋村创建，全面配齐村级组织的党徽、国旗、党建标识，在村里建成先锋站90个，其中示范型18个。在横港村试点，将党建工作与推动美丽乡村工作相结合，探索出“党群联动、户比互评”机制，充分发挥党建工作的统领作用，推动“美丽乡村”建设。7月7日，省委副书记、代省长车俊考察武殿浜先锋站，给予充分肯定。总结推广“抱团包事”精准服务等6个村的党建工作模式和经验，组织开展“庆七一”千名党员升国旗唱国歌和做“四讲四有”合格党员宣誓活动，全镇1605户共产党员户统一亮明“共产党员户”标识，南鹿村的手抄党章活动照片被《人民日报》刊登报道，党建微电影《一声妈妈》获市级最佳创意奖，并被“浙江党建”微信公众号推送。在落实党员党组织关系集中排查等“7+2”重点任务过程中，处置失联党员1人，补缴党费8万余元，完成39个到届党组织的换届工作。

【桃花节】 3月26日，举办2016中国·姚庄桃花节开幕式暨“建临沪宜居小城 做文明有礼市民”系列活动启动仪式。桃花节期间，组织经贸洽谈会、项目推进“集中开竣工”典礼、江浙沪农民画乡现场绘画邀请赛及画乡交流活动、生态绿道健身走活动、桃花岛职工垂钓、“万人赏桃花”长三角游客农家乐桃乡游等系列活动。8月13日，举办“浙沪联动 桃源寻画”——2016姚庄黄桃文化节开幕式。黄桃节期间，组织浙沪农渔画联展、浙沪精品黄桃展示评比、项目推进“集中开工日”活动、国际经贸洽谈会、姚庄黄桃销售配送活动暨“小黄桃、大文化”沪浙一体推介会、“品尝甜蜜幸福”黄桃美食课堂等系列活动。

【主题活动】 4月1日，召开全镇“拼在当下、干在实处、走在前列”主题活动动员大会，凝心聚力，破解全镇经济社会发展中的难题。年内，开展“五看三找”大讨论、“网格夜访”大走访、“三会争先”大比武、组团服务重心下沉、集中攻坚聚焦难点、找准节奏压实责任、抓创先争优“四季攻坚”、抓创新创造“品牌经验”、抓考核考评“深化完善”等9大活动，自查“短板”，梳理问题“清单”，掌握经济、社会发展主动权。

（汪建明）

陶　庄　镇

【概况】　陶庄镇位于嘉善县西北部，全镇总面积46平方千米。2016年，下辖9个行政村、2个社区居民委员会、1个水产养殖场，户籍人口3万，外来人口约1万。全年实现国内生产总值19.5亿元，可比增长6%；规上工业产值45.5亿元，同比增长8.3%；固定资产投资10.7亿元，同比增长15.8%(其中工业性投资7.2亿元，同比增长13%；服务业投资3.5亿元，同比增长22%)；引进县外内资3.5亿元，同比增长16.7%；外贸进出口总额3.6亿元，同比增长2.2%；预计完成财政总收入1.1亿元，同比增长9.3%；地方财政收入5367万元，按原口径同比增长10.7%；农民人均纯收入30848元，同比增长10.9%。2016年，获市级“美丽乡村”建设先进镇称号，取得嘉兴市平安镇“十一连冠”。第17届亚洲赛艇锦标赛在汾湖水上运动中心举办。

【农业经济】　2016年，全镇贯彻落实粮食功能区建设494.67公顷(7420亩)，推广标准农田质量提升工程543.93公顷(8159亩)，依托国家水稻研究所、嘉兴农科院实施水稻良种繁育技术攻关，积极推广晚稻统防统治453.33公顷(6800亩)。落实强农惠农政策，建立健全农产品安全监管和检测体系。聚丰粮食专业合作社作为2016年省级现代农业科技示范基地，承担省级晚稻高产攻关任务。全面实施王凝圩区整治工程(嘉善片)陶庄段建设，汾湖、湖滨两个主力泵站正式投入使用，并首次实现合围运行，完成老集镇防洪除涝改造提升工程，全镇防洪抗涝能力显著增强。

【工业转型升级】　全年，镇主要领导带队“一线招商”，落实蹲点招商专干4人，开展各类招商推介活动近20次，成功举办第六届了凡善文化节·陶庄投资环境说明会，与上海市闵北工业园区、上海大观园经济城建立招商引资战略合作关系，成功签约落户天书密封件、舒能新能源等9个内资项目，总投资9.1亿元。签约2个外资项目，总投资1500万美元。顾翔制冷设备、金亿精密铸件、松维电力设备等3个项目竣工验收并投入生产。置彩润滑油、天书密封件、舒能新能源等3个新建项目陆续开工。其中，舒能新能源新建70兆瓦“渔光互补”光伏电站项目建成全市最大“渔光互补”水上光伏发电站，实现并网发电。成功举办项目集中开竣工日活动。鼓励企业加大技改投入，通过建立“机器换人”重点项目库，实行动态管理，邀请专家组进行现场指导，引导企业转型发展，帮助企业做精、做大、做强。全年嘉善春杰机械制造公司年产80万件泵体配件项目、嘉善通泰智能化设备公司年产1万套汽车零部件项目等16个技改项目，总投资4.4亿元，减少用工621人，劳动生产率平均提高28%。支持龙头企业股改上市，培育小升规企业4家，重新复评认定国家高新技术企业1家，通过省科技型中小企业4家，市级专利示范企业1家，县级专利示范企业2家，县级创新型企业1家，建成县级研发中心2家，获评

第六届了凡善文化节·陶庄投资环境说明会。　（陶庄镇　提供）

市级名牌产品1家。全年申报专利400余件，其中发明专利100件。新申报立项省级新产品14项，申报市长质量奖、县长质量奖各1家。

【环境整治】 加快畜禽养殖转产转业，全镇范围内46户生猪养殖户全部退养清零，削减存栏生猪3272头，拆除违章猪禽羊舍3.3万平方米，彻底告别生猪养殖带来的污染问题。大力开展道路沿线环境综合整治，整改平黎公路沿线环境问题44处，拆除蓝色彩钢棚2.8万平方米，清理堆场1.1万平方米，喷涂整改面积24万平方米，并实施“粉墙黛瓦”农房立面粉刷工程。拆除南北公路、陶芦公路、西汾公路等主要道路沿线违章搭建彩钢棚5880平方米，全年累计完成“三改一拆”面积40.3万平方米。严格落实“河长”责任制、巡查制，完善辖区内162个“河长”公示牌，建立每月15日镇村干部河道保洁日机制、河道巡查挂牌销号整改机制，强化水环境综合治理责任落实。打造汾南村钱冯港、姚淩、夏河浜等3条示范河道，汾玉村北许港、金湖村屠家浜等4条重点河道整治取得显著成效。结合中小河流治理工程，对42条近24千米河道实施清淤疏浚、生态护岸建设，清理拆除船只1846条。投入73.8万元对全镇20.8千米外港河道、360公顷(5400亩)外港湖荡统一实行市场化保洁。

【生态建设】 全面整治沿河违章养殖、污水直排等问题，组织全镇农户开展房前屋后环境卫生大整治，清理生活垃圾4990吨，改造村级垃圾中转站4座，垃圾桶8665只更换到户，在汾湖村等4个村(社区)试行“四位一体”市场化保洁机制。完成2014、2015年度农村生活污水治理项目验收，投资4900万元，实施2016年农村生活污水治理集中式及纳管处理工程40个，受益农户3200户。投资1250万元，实施汾南村“美丽乡村”整村创建、金湖村东漾浜精品点提升等工程，完成到组道路、立面改造、公园绿化等12个项目建设。广泛开展“优美庭院”创建，打造利生村、汾南村“优美庭院”1293户。完成废品收购点整治7个，完成黄标车淘汰任务12辆，实施企业天然气延伸管网建设1.7千米，完成12台燃煤工业自备锅炉整治任务，开展废旧金属市场综合整治，启动新市场(“两创中心”)建设。腾退低小散行业企业30家，拆除提升码头堆场11处。

整治后的河道　　　　　　　　　　　　　　　　(陶庄镇 提供)

【城乡建设】 编制循环经济产业园控制性详细规划，完成新市场(“两创中心”)建筑设计，完成园区内凯旋路(翔胜新社区至李家港新社区联网公路)、申玉路(汾玉村至养殖场联网道路)立项及设计，完成园区水域占补平衡设计方案。完成循环经济产业园外环线水稳浇筑工程，回填土6.67公顷(100亩)，开展新市场(“两创中心”)地质勘探工作。修复亘金机械工业园区内道路208米。集中攻坚杭州湾跨海大桥北接线(二期)工程征迁工作，取得显著成效，完成农户拆迁108户，征地43.8公顷(657亩)，安置养老人员566人。在沿线各主体中率先全面完成拆迁、征地任务，确保湾北二期工程6标段施工全线贯通。总投资479万元，有序推进金湖至贺汇、西浒至大全等农村公路建设。总投资254万元，加快推进湖滨新社区、贺汇新社区、陶庄新社区等3个安置小区道路基础设施建设。完成镇区控制性详细规划和“2+3+17+3”村庄规划评审工作，启动中心集聚点建设项目征迁，安置上岸渔民78户，农民建房108户。编制汾湖水上运动特色小镇产业规划，启动特色小镇开发前期工作。开展汾湖环境综合整治，拆除沿汾湖穿堤两侧13处违章搭建、违法养殖和生活船只，整治提升汾湖穿堤南侧观景台及绿道3千米。结合北部湖荡综合整治，启动环内汾湖生态休闲绿道建设前期工作。成功举办环汾湖健步走、自行车慢骑等群众性文体活动。

【社会事业】 建成汾湖便民服务点，基本完成陶庄集镇停车场项目建设，启动镇中心幼儿园征地工作。对镇养老中心整体消防设施进行改造提升，并启动三期扩建工程立项、审批等前期工作。在全县率先实现村级居家养老服务照料中心、流动服务车、就餐送餐服务和社会化托管运行等4个全覆盖。圆满完成低保扩幅、危房改造任务，全面落实残疾人“两项补贴”政策和“小康工程”。不断扩大社保覆盖面，全年城乡居保续保率93.6%，城乡居民基本医疗参保率99.5%，成功创建嘉善县慢性病综合防控示范镇。发放“40、50人员”社保补贴350人。加强“两创”指导，培训企业高技能人才156人，实现农村劳动力转移就业67人。完成汾南村文化礼堂及10个文化庭院建设，修缮圆觉寺、冯家桥等文物保护点，成功举办第七届全民读书节、第六届了凡善文化节、第三届“十大好人善举”评选等活动。

【平安建设】 深入推进“网格化管理、组团式服务”和平安建设信息系统“两网融合”，打造“智安集镇”。建立警司联调制度，成功创建省四星级规范化司法所。有效化解信访积案和不稳定因素，成功化解历史遗留信访积案4件，6名信访人息访。积极开展大清查、大整治集中统一行动，安全生产、食品药品安全、环境监管等工作基础不断巩固。圆满完成G20杭州峰会和世界互联网大会乌镇峰会服务保障任务。

【协办第17届亚洲赛艇锦标赛】 9月6—14日，2016年第17届亚洲赛艇锦标赛在陶庄镇汾湖水上运动中心举办，是迄今为止汾湖水上运动中心承办的规格最高、规模最大、影响最广的重大国际体育赛事，来自亚洲17个国家的400多名运动员及相关人员参加。

9月6日，2016年第17届亚洲赛艇锦标赛开幕。 （陶庄镇 提供）

【领导调研】 8月，水利部副部长周学文一行到陶庄镇调研太湖流域治理工作。前往太浦河陶庄枢纽、南尤家港，详细了解嘉善县在2016年太湖高水位东排泄洪过程中的调度运行情况，充分肯定嘉善县顾全大局为太浦河加大下泄流量创造有利条件，严格落实太湖流域超标准洪水调度措施，为防御太湖流域超标准洪水做出贡献。12月，浙江省政协副主席孙文友一行到陶庄开展调研活动，调研组一行人实地考察陶庄镇圆觉寺和云台寺。

【渔光互补项目落户陶庄】 嘉兴最大规模的渔光互补发电项目在嘉善县陶庄镇落户，占地116.67公顷(1750亩)，12月实现并网发电。并网后，该项目年发电量为7700万千瓦时，按照每户家庭年用电2000千瓦时计算，可以满足约3.8万户家庭年用电需求。至年底，嘉兴市累计投建4个渔光互补项目，装机容量为110兆瓦，在建项目5个，装机容量为170兆瓦。

【“永禁碑”采访】 4月，《中国纪检监察报》记者到陶庄镇汾南村县级文保点——夏河大浜“永禁碑”进行采风。实地参观永禁碑，对周边村民进行采访，就永禁碑的背景、精神传承情况等方面作

永禁碑　　　　（陶庄镇 提供）

详细了解，并将“永禁碑”轶事在《中国纪检监察报》刊登。

【了凡善文化节】 10月，举办以“弘扬民间文艺新风采 建设善美文明新陶庄”为主题的2016中国·陶庄第六届了凡善文化节。开幕式上，举行陶庄镇第三届“十大好人善举”颁奖典礼，表彰助人为乐楷模、见义勇为表率、孝老爱亲榜样、敬业奉献模范等10人（事）。文化节期间，举办陶庄投资环境说明会、道德模范巡讲、“我眼中的最美陶庄”摄影大赛、陶庄镇民间文艺展演等系列活动。　（毛丽娟）

干　窑　镇

【概况】 干窑镇位于嘉善县中部，距县城4.5千米，全镇区域面积37.08平方千米。2016年下辖9个行政村、1个社区。总人口45760人，其中新居民20877人。年内，全镇实现规上工业产值50亿元；公共财政预算收入2.94亿元，同比增长23.25%；其中一般公共预算收入1.66亿元，同比增长49.54%。固定资产投资20.29亿元，同比增长37.52%，其中工业性投入7.75亿元，同比增长6.29%；合同利用外资1152万美元，实到外资1004万美元，同比增长130.6%；实到县外内资4.47亿元，同比增长27.4%；农民人均纯收入31208元，同比增长10.72%。

【农业经济】 2016年，全镇完成7个村涉及1016.67公顷（15250亩）粮食生产功能区建设，其中长丰、范东建成两个省级粮食生产功能区，总投资1250万元，受益面积566.67公顷（8500亩），为全国新增千亿斤粮食产能规划田间工程项目。干窑镇农业公共服务中心已完成征地、工程证办理、招投标等工作。全年，完成新建南宙烘干育秧中心项目，新建育秧用房、机库及仓库用房720平方米、连栋育秧温室1800平方米、机耕路600米、进排沟渠600米，新增播种流水线、插秧机等设备4台套。完成长丰、范东烘干育秧中心智能化改造。建立三亩示范方5个，培训技术人员500人次。发放惠农政策明白单3000余份，商品有机肥700吨、水稻专用配方肥25吨。完成农村土地整治复垦7.33公顷（110亩），土地综合整治立项23.13公顷（346.95亩），土地开发立项5.96公顷（89.4亩），批而未供土地消化利用10.90公顷（163.48亩），低效用地再开发12.00公顷（180亩）。规划建设中的新泾港现代农业孵化园初具规模，建成占地1872平方米的农业科技孵化中心和占地6240平方米的两个玻璃温室。启动建设总面积9360平方米的3个玻璃温室（单栋3120平方米），计划总投资1000多万元。启动12公顷（180亩）的露地蔬菜种植。全年，检查农资经营网点8个、农产品种植专业合作社以及果蔬基地20家，农药残留抽检720个批次，配合完成省、市、县抽检65个批次，均未发现不合格农产品。完成范泾、干窑、五一等3片二轮圩区整治任务。完成长生村座机浜、长丰村上南浜、新星村宋家浜等3条示范性河道的综合治理。全面完成中小河流治理重点县综合治理及水系连通试点项目干窑项目区三标工程，涉及河道65条，新建护岸2.3千米，河道疏浚50千米。

【工业经济】 2016年，全镇工业经济有突破，创业创新有实招。先后聘请经济顾问团，选派机关干部驻点招商。年内，在北京、厦门等地举办小型经济洽谈会5次，外出招商活动91批次，组织客商到干窑镇考察105批次。浙江双飞无油轴承有限公司引进美国华裔博士后1人，浙江三赢医疗有限公司引进化学专业硕士2人。东菱技术有限公司与沈阳新松机器人集团共建联合实验室，打造伺服器生产基地。完成县重点工业项目投资2.33亿元，其中，新建项目11个、开工10个、竣工7个，开、竣工率分别90.9%和50%。实施“机器换人”项目15个，完成技改投入3.76亿元。引进投资主体为国家高新技术企业2家（浙江华显光电科技有限公司、浙江华显新材料科技有限公司），新增国家高新技术企业1家（浙江野牛工具有限公司)，新增省级科技型企业6家(浙江鼎帮家具股份有限公司、浙江福华展示道具有限公司、嘉兴绿能塑胶制品有限公司、嘉善五洲无油轴承有限公司、嘉善杰盛无油轴承有限公司、嘉善星窑新型建材有限公司)，东菱技术有限公司为省级专利型示范企业，浙江展群精密紧固件股份有限公司为市级研发中心企业和市级专利示范企业，专利申请数552项，新增省级新产品27项、发明授权21项，国内国际注册商标108件。嘉善县长生米业有限公司获市级著名商标企业称号，浙江万正电子科技有限公司获嘉兴市名牌企业称号。启动创业创新园区一期项目建设，占地面积2.47公顷(37亩)，建筑面积37000平方米，项目总投资7400万元，盘活存量厂房36848平方米。开展工业企业污水全入网工作，完成106家企业截污纳管，其中污水纳管企业30家、拆除企业62家、简易生态模块改造企业14家。县重点减排项目——浙江中成热电有限公司1#35吨锅炉循环流化床改造及烟气脱硫、脱硝、除尘和DCS系统建设完成并投入使用。完成长丰村废钢铁市场整治和土地复垦。腾退拆除新泾港两侧14家低端、分散、小型企业，完成工业园区至干窑大道热网管道建设，沿线企业全部纳管通气。

【环境整治】 干窑镇173条河道全面实行河长制，实现保洁、监督、考核全覆盖。全年日巡查4900余次，周通报45次，月互评11次，发巡查整改单15份。实施新泾港水质提升工程，通过种植沉水植物、暴氧、微生物调控等措施，水质常年保持三类水标准。实现生猪签约、退养100%。累计完成旧住宅、旧厂区改造32.7万平方米，拆除违法建筑34.4万平方米。农村道路检查，发现和整改问题100余处。依托谷歌地球软件及GPS卫星定位系统等高科技手段，多次对申嘉湖高速及善江公路沿线进行排摸，发现问题进行经纬度标注，并制作9张卫星定位作战图下发各村，同时，对公路沿线的20条河道进行标注，全部美化并设置生态浮岛。整治申嘉湖高速公路、善江公路沿线环境，整治破旧农房立面1544处、粉刷农房立面493150平方米；整治乱堆放11处；整治破旧种养殖棚舍20处14441.8平方米；其中平黎公路沿线(干窑段)，拆除违章建筑56户34155.4平方米，喷涂企业16家46173平方米。完成撤除农房墙体广告5个、清理破损广告、小广告18处、拆除彩钢棚23处11745平方米、废品收购点清理6个1970平方米、清理垃圾堆点和堆场5个1004平方米、拆除沿线简易厕所114处285平方米。完成沿路绿化，涉及82户农户2240米。

党员干部在环境整治一线。 (干窑镇 提供)

【村镇建设】 委托上海同济城市规划设计研究院完成《嘉善县干窑镇转型与发展概念规划及城市设计》。全套规划图确定现代化、田园式风情小镇的定位和“一镇三区”的发展方向及“综合整治开道、转型升级并进、长效管理跟进”三大重点任务。至年底，完成总投资2.8亿元的7大类50个项目。实施镇区道路环网工程，完成三仙路入城口绿化工程，绿化种植面积10万平方米。完成三仙路、镇西南路拓宽工程、干洪公路(长生塘)路面提升工程，镇北路西段600米主路面拓宽工程及其配套设施等标准化建设。完成镇区强弱电“上改下”工程4.3公里及文卫路2幢雨污分流工作。完成由浙江东紫房地产开发有限公司投资的东鼎名人府邸一期商住用房建设并投入销售，二期建设全面铺开进入主体结构施

干窑新貌　（干窑镇 提供）

工阶段，三仙路南侧商住地块完成招标、拍卖、挂牌程序。完成长生小区一期、施家浜小区基础设施建设。长丰、长生、黎明、新星、范东和胡家埭等6个村的村庄规划通过县级审评，黎明村鹿形浜美丽乡村规划完成初稿设计。按照“粉墙黛瓦、青砖木门”风格，新泾港区域沿河37幢农房实施立面改造、廊棚建设、庭院绿化及园路铺装，谋划发展民宿旅游，打造具有江南水乡风格的自然村落。新泾港区域整治得到省委书记夏宝龙的高度肯定。加快推进沈家窑、潘家浜等片区整治。

【社会保障】　年内，全镇推出公益性岗位4个，年补助金额6万余元。发放补贴资金84.39万元，办理灵活就业社会保险补贴申领362人，补贴金额68.02万元，发放失业金32.62万元。举办镇春季人才交流会，推出岗位700多个。城乡居民养老保险参保新增37人，职工养老保险累计参保8431人，合作医疗参保15145人，参保率99.84%。培育基层民间社会组织，完成117个基层民间组织备案工作。干窑社区、南宙村、浙江双飞无油轴承股份有限公司合作成立社会工作室，聘用社会工作人员20人。在月半湾新社区设立社会民间组织培育中心，组织参加全国社会工作师考试，5人获社工证书。加强新居民子女入学积分制的审核，做好市民卡信息勘误工作，实施劳动监察网格化管理，预防和化解各类劳动矛盾。居家养老服务进一步完善，投资60万元对月半湾居家养老服务照料中心进行改造提升，实现村（社区）居家养老服务照料中心建设全覆盖。发展慈善事业，完成浙江双飞无油轴承有限公司、浙江弘安索具有限公司、嘉善县龙庄讲寺等3家单位冠名基金的募捐，举办“慈善一日捐”活动，募捐善款33.13万元。

【公共事业】　2016年，干窑实验幼儿园顺利通过省二级评定，年内，干窑中学学生被省重点中学录取的人数列全县乡镇中学前茅，干窑小学成功创建省级绿色学校。成人（社区）教育运作顺畅，累计开展各类培训13期，参加816人，发证504张。优生优育优教指导中心通过省级验收。开展嘉善县慢性病综合防控示范镇创建工作，新建健康主题公园1个、健康步道2处、10米健康教育宣传栏5个、居民健康自测点3个，投入30余万元。强化工程建设领域的管理，规范招投标和农村产权交易行为，58个小型工程项目进场交易，中标价6705.34万元。镇关工委首创一批基层“五老”工作室（老干部、老战士、老专家、老教师和老劳模）得到市、县相关领导肯定，并在全县推广。结合美丽庭院创建工作，镇妇联组织巾帼志愿者上门为13户困难家庭进行庭院整理美化，并举办干窑镇“美丽行动”家庭文化节。4月，干窑社区符森家庭获2015年度浙江“最美家庭”称号。落实党管武装工作制度，圆满完成征兵任务，发挥民兵预备役在抢险救灾中的突击队作用。工会、团委、科协、老龄、档案、史志、民间宗教等工作取得新进展。年内，对全镇3个垃圾堆场进行集中整治，筹建11个村级垃圾中转站，至年底，开工建设7个，其中新星村新建压缩式垃圾中转站1个。全年，镇文化中心开展大型文艺演出、比赛5次，送戏下乡20场次，各村（社区）文化礼堂、文化庭院开展活动200余次，受益群众3万余人次。创作编排的《廊桥灯影》《神龙窑》等节目参加嘉善县春节联欢晚会和嘉善县元宵舞龙展演。

【社会综合治理】 启动社会治理综合指挥平台建设。全年采集各类信息6371条，平安通录入6014条，录入率94.4%，平安浙江APP下载完成2533个，完成率106%。开展风险评估项目6个，建立800多人的平安志愿者巡防队伍，组建4支村专职巡防队。落实民情民意收集办理，受理县交办的初信初访32件，开展领导干部大接访12次，机关干部下村接访513人次，接待群众1052人次。受理上级交办信访件91件，县长电话259件，成功化解4件信访积案。圆满完成G20杭州峰会和第三届世界互联网大会（乌镇峰会）各项维稳安保任务。新星村党总支书记单国强获服务保障G20杭州峰会先进个人。12月，单国强代表嘉善县在嘉兴市保障服务重大国际峰会总结会上发言。12月3日，嘉善县龙庄讲寺举办本义法师升座法会。强化安全监管，全年，实现各类事故数、死亡人数、直接经济损失三项指标"零增长"。开展食品安全大抽检、大排查、大整治、严打击专项行动，保障人民群众的食品安全。安全生产方面，累计检查各类生产经营单位1308家（次），排查各类安全隐患1822条，整改完成1618条，整改完成率达88.8%。立案查处违法案件6起，罚没金额3万元，取缔不符合条件的烟花爆竹经营户4家。

【干部队伍建设】 2016年，镇党委落实党风廉政建设主体责任，实施廉情约谈提醒制度，开展谈心谈话196人次。坚持聚焦"四风"问题，常态落实"八项规定"精神。全年开展正风肃纪各类行动56次，出动检查人员155人次，累计检查单位127家，发现问题18个，均整改到位，5名机关干部受到诫勉谈话。联合相关部门集中开展村（社区）干部2015年报酬发放情况、村级洋包和经济合同督查，查阅经济合同270余份，清理村级呆账42.33万元，同比下降42.7%。结合"两学一做"学习教育活动，组织学习贯彻新修订的《中国共产党廉洁自律准则》《中国共产党纪律处分条例》。保持治腐高压态势，加大执纪监督力度。全年，受理信访件12件，均办结，立案2件，开除党籍2人。开展处分决定执行情况检查，切实维护纪律的严肃性。全年，下发"党员小书包"1450只，开设"党员网校""两学一做"在路上知识竞答，组织千名党员写感言，其中360余篇报送至县委组织部，进行"专题党课基层行"38次、电教片展播180余场，促进党员抓好自学。

【上市挂牌】 2月，浙江鼎帮家具股份有限公司成功登陆全国中小企业股份转让系统（俗称"新三板"），是干窑镇第一家在"新三板"挂牌交易的企业。鼎帮家具通过"机器换人"，加快技术改造，提高技术含量，坚持走个性化订制和智能化家具的道路，2016年，通过租赁扩展厂房24000平方米，新上智能化家具、床垫项目，总投资1200万元，销售额12832.6万元。

【领导考察调研】 1月21日，省委宣传部常务副部长胡坚一行走访干窑镇范东村王家浜的"文化庭院"，调研干窑镇"文化庭院"创建工作。3月14日，省委王辉忠副书记一行到干窑调研，走访干窑亭子桥港、干窑范东村王家浜，实地调研农村生活污水处理工作。3月23日，省文化厅副厅长柳河、公共文化处处长任群、副处长仲建忠一行，到干窑镇调研基层文化建设工作。8月2日，省民政厅厅长尚清带队到干窑镇视察养老工作，在月半湾居家养老中心检查软硬件设施，对该项工作表示充分肯定。8月10日，省委书记、省人大常委会主任夏宝龙第5次到干窑镇考察调研，对干窑镇3

8月10日，省委书记、省人大常委会主任夏宝龙视察环境改善后的新泾港水域。
（干窑镇 提供）

个月内环境整治取得的成效表示肯定。11月4日,省政协副主席王建满一行到干窑镇考察城乡环境综合整治和“五水共治”工作。10月13日,中国浦东干部学院“中西部地区中青年干部培训班(第三期)”调研组一行到干窑镇,就“低端、分散、小型的企业集聚工业园区”(退散进集)的情况进行调研。调研组由中国浦东干部学院老师带队,成员包括来自西藏、内蒙古、河南、重庆等省、市、自治区的相关部门负责人。调研组听取干窑镇“退散进集”及新泾港现代农业孵化园发展情况的介绍,并实地进行考察。

【压缩式垃圾中转站投入使用】 1月,干窑镇首座压缩式垃圾中转站正式投入使用,一天可无害化处理垃圾25吨。压缩式垃圾中转站的使用,改变以往垃圾直接焚烧填埋的处理方式,减少垃圾清运次数,避免了垃圾在处理过程中的二次污染问题。

【实验幼儿园开园】 9月1日,干窑镇实验幼儿园开园。该园由镇政府投资的公办幼儿园,占地面积0.73公顷(10.95亩),建筑面积5817平方米,硬件设施齐全。设15个班级(包括3个早教班),有27名教师,可容纳500名幼儿入学。 (薛 岚)

天　凝　镇

【概况】 天凝镇位于嘉善县西部,与嘉兴市秀洲区油车港镇、王江泾镇相毗邻,区域面积75.43平方千米。2016年,下辖22个村、3个社区,总人口5.73万人。全年完成地区生产总值38.33亿元,同比增长9.05%;规上工业产值72.13亿元,同比增长12.75%;财政总收入2.99亿元,同比增长6.35%,其中地方财政收入1.45亿元,同比增长27.28%;固定资产投资19.88亿元,同比增长19.54%,其中工业生产性投资14.48亿元,同比增长16.4%;合同利用外资3760万美元,实际利用外资976.67万美元,实到县外内资10.84亿元;浙商回归到位资金5.86亿元;农村居民人均可支配收入27849元,同比增长11%。获全国农村优秀“学习型乡镇”“中国静电植绒名镇”“嘉兴市保障服务重大国际峰会先进集体”、市级“平安镇”等称号,被列入嘉兴市第二轮(2016—2018年)市级小城市培育试点镇。洪溪村获“中国最美村镇人文奖”“全国乡风文明示范村”“全国农村优秀学习型村居(社区)”等称号。

【农业经济】 全镇完成粮食生产功能区建设1046.67公顷(1.57万亩),完成镇东村育秧烘干中心建设和凝北村水稻产业提升田间工程建设,提升粮食社会化服务能力。雪菜、葡萄两大特色农业发展态势良好。杨庙雪菜连续五届获“中国国际农产品交易会金奖”,走出国门,远赴韩国、马来西亚参展。稳步推进水利工程建设,全年水利工程完成投资4300万元。全县率先完成210个入河排放口标识全覆盖。扎实有效开展各项防汛防台工作。

【工业经济】 加快重大项目推进力度,2016年天凝镇列入县重点项目10个,其中嘉善大王椰整体橱柜有限公司二期项目、万林新材料(浙江)有限公司等9个项目开工,完成工业投入8.23亿元,盛威安防装备有限公司部分投产,部分准备竣工验收。企业升级培育跨上新台阶,新增产值超亿元企业1家,完成新进规企业4家、小升规企业11家。加大传统行业整治力度,通过技术改造、机器换人、关停倒逼等形式引导企业转型升级,全年,技改项目34个,投资13.76亿元,其中“机器换人”项目40个,淘汰落后设备314台,减员1990人。完成锅炉改造129台。

【服务业经济】 2016年完成服务业投资5.08亿元,同比增长25.35%,服务业投资占全社会固定资产投资25.5%。新增服务业企业51家、个体工商户589家,新增注册资本4.11亿元,完成服务业个转企19家。

【城乡建设】 有序推进天凝镇控规编制工作,完成3个区块的编制。19个村庄规划完成会审。全面推进“1—18+23”的新农村集聚点建设,推进农房集聚,全年审批农民建房164户。启动农村危旧房改造,开展全镇农村危旧房摸底排查工作。美丽城镇建设初见端倪,完成3个老集镇社区部分道路改造、洪溪和杨庙农贸市场改造提升工程、天凝大道大中修主体工程等,完成天凝集镇社会停车场、天凝集镇兴贤路管线上改下工程、文化体育广场改造、凝溪河滨河绿化等一批项目的设计。加快推进美丽乡村建设,洪溪村高浜等美丽乡村精品点初具形象，蒋村村成功创建为市级“优美庭院”示范村，马塔塘村成功创建为嘉善县“美丽庭院”争先进位村。

【环境整治】 超额完成“三改一拆”任务。彩钢棚整治累计53.89万平方米。申嘉湖高速（天凝段）、洪三线等主要道路沿线完成整治。全面完成三发村、南星村废钢铁市场整治。完成腾退低小散企业153家。完成拆除违章码头堆场81处，保留提升码头堆场1处。启动市河保洁市场化运作，南雪塘、北蒋浜、东圣浜等3条县综合整治示范河道创建全面完成。开展污水综合治理行动，完成工业污水治理31家、农村生活污水治理1896户、城镇污水管网建设2.37千米。全面完成生猪退养。推行卫生保洁市场化运作，3个集镇、镇工业区和麟溪村等6个村落实城乡环境卫生“四位一体”（集镇、道路、河道、村庄）长效保洁机制。洪溪农贸市场成功创建省级放心农贸市场。

【社会事业】 承办嘉兴金融市民卡首发仪式。认真做好困难群众的帮扶救助工作，全年发放各类救助金100余万元。社会福利养老服务中心二期土建工程完工，居家养老流动服务车正式启用，天凝社会组织培育中心大楼基本完工。教育事业健康发展，天凝中学中考录取数位列全县乡镇第一。天凝镇中心幼儿园迁建工程完成桩基建设。全面实施两孩政策，整合卫计资源合力打造特殊家庭“一户一档”“N合1”服务模式。完成嘉善县慢性非传染性疾病综合防控示范镇和洪溪村等8个健康示范村创建。成功举办“美丽天凝·美好生活”新农村摄影大赛、中国小康村篮球赛等文体活动。辣妈宝贝获“全国村晚最美村花奖”“全国村晚最美社舞奖”称号。

【平安建设】 圆满完成G20杭州峰会和第三届世界互联网大会（乌镇峰会）维稳护航工作，获“嘉兴市保障服务重大国际峰会先进集体”“嘉兴市平安镇”称号。完成洪港岸小区、水乡景苑、天欣花苑等3个智安小区建设，安装应用摄录一体机1200台。政企购买和协会自治等安全生产社会化服务深入推进，累计服务企业976家，创新利用联合执法和社会化服务，力推村级低小散企业整治成效显著，安全生产责任险、智慧式安全用电系统推广工作居全县前列。

【承办中国小康村篮球赛】 11月23日，在天凝镇篮球馆，浙江嘉善“洪峰杯”第八届中国小康村篮球赛开幕。农业部农村经济研究中心原党组书记、中国合作经济学会副会长兼秘书长陈建华，中国合作经济学会农村社区小康建设专业委员会副主任、乡风文明网总编罗雨，县领导吴书雷、高嵩、阎靖华和县级相关部门领导参加开幕式。天凝镇被中国小康合作经济学会农村社区小康建设专业委员会授予“中国小康村篮球赛发祥地”称号，从2016年起，天凝镇成为中国小康村篮球赛永久承办地。

【红旗塘沿线专项整治】 红旗塘总长20.5千米，在天凝镇境内的河道长度为8.6千米，占40%以上，存在问题占全县红旗塘沿线问题的50%以上，主要表现为违章乱搭乱建乱种、违建码头堆场、非法捕捞、非法取水、工程受损等情况。至年底，整治问题137处，完成岸线清理14.5千米；拆除违章建筑720平方米、违章构建物23处；拆除彩钢棚19173平方米；完成8千米沿线绿化；沿线农房立面改造314户、12.9万平方米；渔具整治工作全面完成；全面开展非法取水整治工作，26家企业和经营户完成取水审批；评估沿线低小散企业20家。

【农村土地综合整治】 农村土地整治复垦完成22.13公顷（332亩），农村土地整治立项完成26.13公顷（392亩）。31.53公顷（473亩）城乡建设用地增减挂钩节余指标在市县两级交易平台成功交易。（邱丽娟）

大云镇

【概况】 大云镇位于嘉善县南端，镇域面积28.7平方千米，下辖缪家、大云、江家、东云、曹家、洋桥等6个村、1个居民委员会，总人口3.5万人。2016年，全年实现生产总值（GDP）17.39亿元，同比增长8.7%；财政总收入2.92亿元，同比增长6.09%，其中一般公共预算收入1.35亿元，同比增长6.62%；完成全社会固定资产投资24.58亿元，同比增长31.26%；农民人均可支配收入37872元，同比增长10.72%。获浙江省示范特色小镇、省级无邪教镇、武装部基层基础建设省级标兵单位、市级“三改一拆”先进单位、市级“无违建”创建先进单位、市级平安镇等称号。

【旅游开发】 围绕“小镇投入年”活动，以嘉善巧克力甜蜜小镇创建为契机，举全镇之力强势推进大云温泉旅游度假区大开发、大建设。甜蜜产业加快集聚，“梦幻嘉善”、德国啤酒庄园等特色旅游产业签约落户，云澜湾温泉成功创建为国家AAAA级景区，歌斐颂巧克力景区通过AAAA创建资源评估，“旅游+”产业发展后劲进一步夯实。项目建设全面铺开，小镇迎客厅、游客服务中心、殷家桥码头、北区停车场、南区公交场站、道路绿化提升等12个项目全面启动，小镇迎客厅、花海大道改造提升工程全面完成，城市客厅项目完成土地出让，全年完成投资10.61亿元，完成年度目标任务的106%。与上海景域集团开展全方位合作，完成度假区品牌营销全案和旅游总体策划，全年接待游客175万人次，同比增长45%。巧克力甜蜜小镇获省级示范特色小镇和2015年度考核优秀小镇。

【工业增量提质】 围绕“转型提升年”活动，打好工业经济转型升级组合拳，努力把二产做成“特而强”“小而美”的样板。一手抓存量提升，全年实施机器换人项目19个，投入3亿元。完成技改项目30个，投入3.91亿元，占工业投资的88.2%，为历年最高。新增“新三板”上市企业1家，完成股改2家。新增国家高新技术企业2家，累计10家，占规上企业17.54%。“省千人计划”申报实现“零”的突破。列入省科技型中小企业5家，列入各级创新型企业2家，列入各级研发中心5家，申请专利944项，申请发明专利77项，均完成或超额完成全年目标。抓增量优化，强化招商引资，突出德国元素和“旅游+”发展方向，重视以商引商、二次招商和专题招商，全年合同利用外资3086万美元，同比增长53.8%，完成目标任务的154.3%；实际利用外资1646万美元，同比增长24.3%，完成目标任务的117.5%。注重特色平台打造，全面启动中德生态产业园一期全县跨区域多村联建强村“两创”中心项目建设，被认定为全县首家“两创”中心项目，并与多家德资企业达成落户意向。

歌斐颂巧克力景区　（大云镇　提供）

【现代农业】 投入1300多万元完成高一、罗云（大云片）533.33公顷（8000亩）高标准农田建设。充分发挥嘉善县丰乐农技服务专业合作社的示范基地引领作用，推进粮食生产全程机械化标准化生产，重点推广超级水稻甬优等高产杂交稻66.67公顷（1000亩），落实机插秧面积300公顷（4500亩），统防统治346.67公顷（5200亩），建成133.33公顷（2000亩）绿色防控示范区1个。实现种养殖大户质量安全承诺书全覆盖，检测农产品782种，合格率100%，在全省农产品质量安全智慧监管现场会作交流。深化“农业+旅游”发展模式，完成度假区景观农业方案编制，加快种养结构调整，积极引导景观农业及名特经济作物种植，年内，建立千亩花卉种植基地、百亩花海基地、草莓采摘基地、百亩油菜花观赏基地以及百亩水产养殖基地。同时，承担全县农村土地承包经营权确权试点工作。缪家村作为全省土地“多规合一”试点，完成全县首个村土地利用规划成果编制。

【环境整治】 围绕“环境攻坚年”活动，推进城乡环境综合整治，完成蓝色彩钢棚整治312732平方米，腾退村级低小散企业42家，完成工业企业自备锅炉整治15台，取缔垃圾收购点31个，整治黄标车19辆，打捞沉船浮船266条，完成新农村小区蓝色彩钢棚整治，实现新农村小区“六大全域清零”目标（新农村小区、村级低小散企业、工业锅炉、垃圾收购点、黄标车、沉船浮船、蓝色彩钢棚）。持续巩固无违建镇、村创建成果，全年拆除违章建筑138469平方米，完成率432%；完成“三改”任务452354平方米，完成率452%，“三改一拆”完成率均列全县第一。“五水共治”持续发力，在全县率先创建河长微信群，强化巡河督查，加大保洁投入，全年打造完成1条县级“美丽河道”、3条县级示范河道、6条镇级示范河道。大云村西罗秋浜成为全县第一条“美丽河道”。

【城乡统筹】 2016年，新增改造农房集聚250户，累计完成改造集聚农户3429户，集聚率71.7%，其中洋桥村集聚农户572户，集聚率91%。美丽乡村建设扎实推进，东云村拖鞋浜累计投入500万元，完成公共设施建设及环境综合整治、绿化改造提升工程；缪家新社区投入450万元，新建停车场、休闲公园，完成绿化亮化提升及公寓房立面改造工程，全力打造美丽宜居新社区。大云村投入650万元，重点实施大云新社区、吕公桥新社区的沿河游步道绿化亮化和文化广场工程，以及刘家浜保留自然村落的绿化提升工程。曹家村上下浜完成河道疏浚、护岸建设和环境综合整治等前期工作，并编制建设规划方案，重点打造乡村旅游民宿。结合当前“多规合一”和县域总体规划修编工作开展，强化规划，突出城镇核心区、主要出入口等重要节点设计，提升城镇形象。加快小城镇基础设施建设，投入300万元完成青云北路商业街改造工程，投入100万元完成康兴东路和云寺东路主入口节点改造工程，投入100万元完成云都北路、云寺西路、康兴东路、康兴西路、双云路等路段雨污水管网改造工程，投入50万元完成蓉溪公园、大运府邸三期广场绿化改造提升工程，同时总投资10亿元占地7公顷（105亩）的康兴路南侧中都华庭城镇改造区启动建设，大云派出所综合服务用房和大云幼儿园迁建项目完成主体工程，城镇功能逐步完善，形象明显提升。

【社会保障】 推进养老保障相关政策实施，统筹职工基本养老保险、城乡居民社会养老保险和被征地农民参加基本生活保障，全年完成土征养老项目41个，安置人员302人次，办理土地征用转职工养老保险61人。全年办理失业和适龄被征地人员就业失业证84人，发放失业保险21.29万元171人次。全年合作医疗总补偿114059人次，补偿2208万元。突出基本民生保障、强化社会救助托底功能，有效发挥临时救助和“救急难”政策优势，全年救助困难家庭78户，发放救助金额5.63万元。全面实现各村（社区）居家养老服务照料中心社会化运营，提升“大云号”居家养老流动服务车服务内涵，为全镇70名低保、失能、失智、高龄、独居、失独等特殊困难老年人提供上门医疗服务。切实增强慈善工作实效，全年募集慈善款45.82万元，发放慈善救助金7.9万元，冠名基金救助22人，发放慈善救助金8.5万元，金秋助学资助27名学生，发放慈善救助金10.3万元。助残创新做法在全省志愿助残服务和社会化助残服务现场交流会上作交流。

【社会维稳】 做好G20杭州峰会、世界互联网大会（乌镇峰会）期间的信访稳定工作。开展“领导干部大接访”活动，全面实行信访疑难案件领导包案制，成功化解信访积案3件。受理县长电话173件，办结率、反馈率均为100%。全年，没有发生因决策项目不妥而引发的群体性事件、越级上访或赴省、赴京访，没有发生因群体性事件处置不当而引发的围堵政府、堵塞道路现象。全面加强安全生产责任体系建设，安全生产形势总体平稳。综治工作获嘉兴市社会治安综合治理先进集体称号。

【党建保障】 “双整”工作扎实推进，全县率先实行基层党组织“6S”红色标配工程，建成先锋长廊6个，党员先锋站18个。打造“党建＋旅游”“党建＋生态”等2条示范群。开展重温入党誓词、写感言、讲党课等活动，以“党员固定活动日”“党费固定交纳日”和“双日”活动，强化党员党性意识。推进“1＋X”组团帮扶，27个党组织、208名党员与134户困难户结成帮扶对子。开展“四方红色联盟”结对共建活动24场次，走访群众300余户，为民办实事21件。党风廉政建设“一岗双责”痕迹化管理、“一三三”督查机制助推中心工作全县交流，“河长制”督查机制、抓早抓小“十必谈、十必责”制度得到县纪委批示。

8月18日，梦东方·梦幻嘉善项目签约。（大云镇 提供）

【梦幻嘉善项目落户大云】 8月18日，总投资52亿元的"梦东方·梦幻嘉善"项目成功落户嘉善巧克力甜蜜小镇，是嘉善县引进的投资规模最大的三产服务业项目。该项目集文化、科技、娱乐、休闲、旅游为一体，是一个投资规模大、项目业态新、产业带动强的文化旅游项目。许晴、祁海龙、郑明、冯伟等县领导参加项目签约仪式。

【云澜湾建设】 12月，云澜湾温泉景区被正式授予国家AAAA级旅游景区称号。云澜湾温泉景区位于嘉善县大云镇，是杭嘉湖平原最大的温泉旅游度假项目，项目总投资20亿元，拥有26000年沉积的氯化物——重碳酸钠复合型医疗温泉，其中偏硅酸和碘两项指标含量，远超国家医疗矿水浓度标准。云澜湾温泉景区是浙江省重大产业项目、浙江省重大服务业项目，融温泉养生、休闲度假、购物娱乐、商务会议、餐饮住宿为一体的综合性旅游景区。

云澜湾温泉景区（大云镇 提供）

【特色小镇文化建设】 12月5日，大云镇文化建设工作在省级特色小镇文化建设现场会上作经验交流。全年，大云镇完成镇文化中心改建项目，并推动村级文化阵地标准化、精品化、均等化。文体活动品牌全面打响，先后举办杜鹃花展"市级杜鹃非遗项目基地和县级微电影基地"授牌、《中国好声音》大云镇海选、央视心连心艺术团走进大云、中宣部"不忘初心 继续前进"理论与实践研讨会走进大云、了凡善学研讨会走进大云、端午"六个一"民俗活动等具有影响力的活动。文艺精品项目不断涌现，歌伴舞《叫醒雪山的卓玛》获全国少儿声乐比赛金奖，歌词《甜蜜小镇》参加全省歌词创作大赛，丁海龙获首届嘉兴市工艺美术大师称号，其作品《童趣》获第六届中国(浙江)工艺美术精品博览会铜奖。非遗保护全面规范，承办全县文化遗产日活动，开展非遗节目、非遗展示、非遗传承、经典祖训、民间传说、传统礼仪进文化礼堂活动。

【土地"多规合一"全省试点】 年内，缪家村被列为全省土地"多规合一"工作试点，完成全县首个村土地利用规划成果编制。规划成果与大云镇总体规划、温泉度假区总体规划、特色小镇规划、大云镇镇村布局规划、嘉善县中心城区土地利用总体规划进行充分衔接，主要内容包括生态用地规划、农用地保护与利用规划、村庄建设规划、产业用地规划、土地整治规划、景观风貌规划与村庄设计指引、规划实施保障措施、土地利用规划村规民约。

【农村土地确权全县试点】 2016年，大云镇被确定为农村土地确权工作全县试点。7月16日，在全县农村土地承包经营权确权登记颁证试点工作动员会上作经验交流；11月21日，承办全县农村土地承包经营权确权登记颁证工作推进现场会，并作经验交流，确权工作有序推进。

【“两创”中心落户大云】 2016年，大云镇在中德生态产业园实施全县跨区域多村联建强村“两创”中心项目。该项目由嘉善县22个村共同出资成立，总投资约8000万元，用地面积3.33公顷（50亩），新建高标准“两创”车间6幢，总建筑面积30590平方米，建成后由大云镇负责招商和出租厂房，引进以德国为主的欧美精密机械、装备制造业租赁生产企业。在收益分配上采取保底分红方式，每年按投资额的10%保底分配给22个村。该项目被认定为全县首个“两创”中心项目。

【开通“河长微信群”】 在全县率先开通“河长微信群”，全镇98名镇村级河长均加入微信工作群，镇级河长确保每周不少于1次河道巡查、村级河长确保每周不少于2次河道巡查，并将巡查河道实况照片上传至微信群中。镇纪委每周一对上一周落实“河长制”情况进行通报，实现对镇域范围内“河长制”工作的实时督查，确保“有图有真相”，实行动态管理。

（王　炜）

附录

2016年嘉善县国民经济和社会发展统计公报

2016年，是中国全面建成小康社会决胜阶段的开局之年，也是推进结构性改革的攻坚之年。面对经济发展新常态，全县人民在嘉善县委、县政府的坚强领导下，以经济建设和环境整治为重点，全县经济、文化、社会和生态文明建设扎实推进。

一、综合

初步核算，2016年全县生产总值456.95亿元，扣除价格因素，比上年增长8.3%。其中第一产业增加值24.05亿元，比上年下降0.9%；第二产业增加值246.22亿元，比上年增长8.7%；第三产业增加值186.68亿元，比上年增长9.0%。三次产业结构由上年的5.5∶54.8∶39.7调整为5.2∶53.9∶40.9。按户籍人口计算，人均生产总值117675元(按年平均汇率折算为17716美元)，比上年增长8.1%。

全县地区生产总值及增速

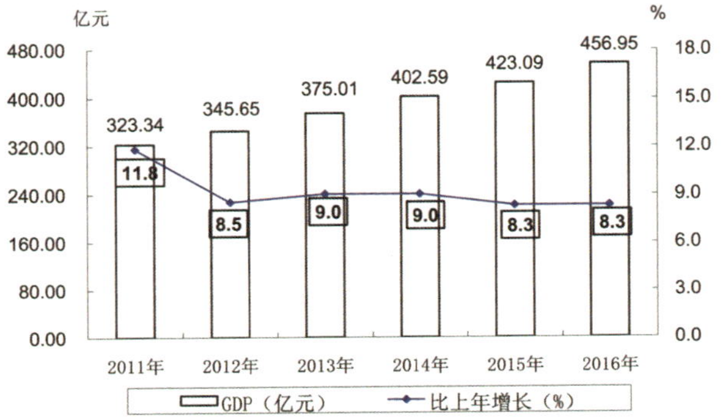

2016年财政总收入73.17亿元，比上年增长9.2%，其中一般公共预算收入41.80亿元，比上年增长17.3%。一般公共预算支出47.51亿元，比上年增长8.2%。

全县一般公共预算收入与支出

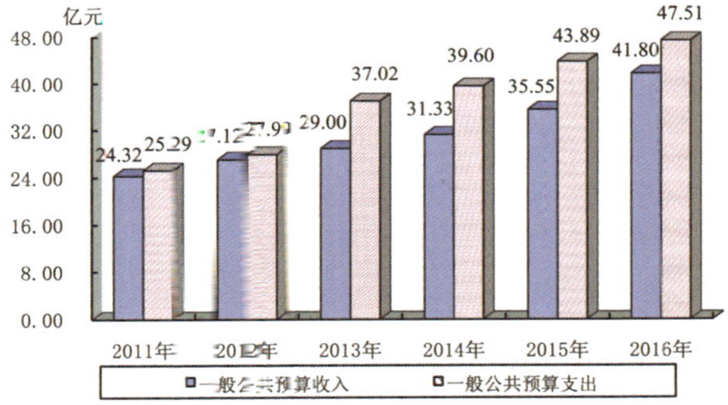

全年提供就业岗位3.48万个，年末城镇登记失业率为2.9%，与上年持平，城镇失业保险覆盖率99.7%。年末全县共有职业介绍机构25家，全年举办各类劳动力招聘活动46次，举办各类职业技能培训201期，培训结业人数7607人。

二、农业

主要农产品产量

表29

产　　品	单　位	2016年	±%
粮食	吨	144854	-5.7
油菜籽	吨	1264	-22.4
蔬菜	吨	608921	4.7
食用菌	吨	18075	-27.1

续表 29

产　　品	单　位	2016 年	±%
果用瓜	吨	69651	9.2
禽蛋	吨	6473	－32.0

2016 年，全县预计农林牧渔业总产值 48.82 亿元，按可比价格计算，比上年下降 1.3%。全年粮食播种面积 21052 公顷，比上年下降 6.5%（注：粮食生产统计监测调查数据）；油菜籽播种面积 570 公顷，比上年下降 18.7%；蔬菜播种面积 15533 公顷，比上年下降 0.2%；果用瓜播种面积 2309 公顷，比上年增长 6.1%；花卉苗木播种面积 1180 公顷，比上年下降 4.5%。全年粮食总产量 14.49 万吨，比上年下降 5.7%（注：粮食生产统计监测调查数据）；蔬菜总产量 60.89 万吨，比上年增长 4.7%。

2016 年，活家禽年末存栏 63.44 万只，比上年下降 16.8%，年内出栏 120.71 万只，比去年下降 41.5%；水产品产量 2.64 万吨，比上年增长 1.0%。

截至 2016 年年底，全县累计流转土地面积 16.72 万亩，农村承包土地流转率 49.24%。有县级以上农业龙头企业 39 家（其中省级 4 家、市级 22 家），家庭农场 258 家（其中省级示范性 6 家、市级示范性 5 家），注册资金 1.6228 亿元，各类农民合作社 201 家（其中省级示范性合作社 14 家、9 家进入国家级示范性合作社目录），累计验收通过现代农业综合区 2 个，主导产业示范区 6 个，特色农业精品园 4 个。全县现有农业地方标准 17 项，有三品总数 114 个，总面积 24.94 万亩，其中无公害农产品 99 个，面积 22.99 万亩，绿色食品 14 个，面积 1.94 万亩，有机农产品 1 个，面积 102 亩。

三、工业和建筑业

主要工业产品产量

表 30

产　　品	单　位	2016 年	±%
饲料	吨	291696	3.1
布	万米	5599	20.2
服装	万件	1834	－17.6
人造板	立方米	917134	－14.4
复合木地板	平方米	17663369	25.8
家具	平方米	6862895	－2.2
纸制品	平方米	79489	3.0
化学试剂	件	240676	－10.5
塑料制品	吨	70319	6.6
水泥	吨	3590441	42.4
散装水泥	吨	2926247	30.5
商品混凝土	吨	1719469	20.7
预应力混凝土桩	吨	20686594	－4.7
钢材	立方米	1678206	17.8
铁合金	米	128978	2.9
泵	吨	365834	－31.9
注压元件	吨	383243	3.5
滚动轴承	台	2250	3.1
金属紧固件	万套	221095	－21.1
半导体分立器件	吨	69987	13.0
电子元件	万只	34350	－30.3

2016 年，全县工业增加值 225.75 亿元，可比增长 9.2%，占全县生产总值的比重为 49.4%。规模以上（年主营业务收入 2000 万元及以上）工业企业 712 家，工业总值 1090.54 亿元，比上年增长 7.5%，其中重工业总值 729.27 亿元，比上年增长 10.3%；轻工业总值 361.26 亿元，比上年增长 2.3%。全县规模以上工业战略性新兴产业、高新技术产业和装备制造业增加值分别增长 6.7%、13.0%和 15.4%，占规模以上工业增加值比重分别为 37.34%、41.14%和 46.65%。

规模以上工业企业主营业务收入 974.38 亿元，比上年增长 8.6%；利税总额 65.86 亿元，比上年增长 6.8%，其中利润总额 40.09 亿元，比上年增长 0.9%。经济效益指标中，产品销售率 94.98%，总资产贡献率 8.67%，资本保值增值率 107.15%，成本费用利润率 4.29%，资产负债率 50.05%，亏损率 9.77%。

2016 年，全县建筑业增加值 20.68 亿元，可比增长 4.0%。具有建筑业资质的独立核算企业完成建筑业总产值 34.89 亿元，比上年增长 24.0%。完成房屋建筑施工面积 296.86 万平方米，比上年增长 11.5%，其中新开工面积 109.27 万平方米，比上年下降 6.6%。

四、固定资产投资

2016 年，全县固定资产投资 336.52 亿元，比上年增长 14.2%，其中投资项目投资 258.43 亿元，比上年增长 11.1%；房地产开发投资 78.09 亿元，比上年增长 25.6%。在固定资产投资中，第二产业投资 172.67 亿元，比上年增长 14.2%；第三产业投资 159.37 亿元，比上年增长 11.5%。基础设施投资 45.21 亿元，比上年增长 50.6%。

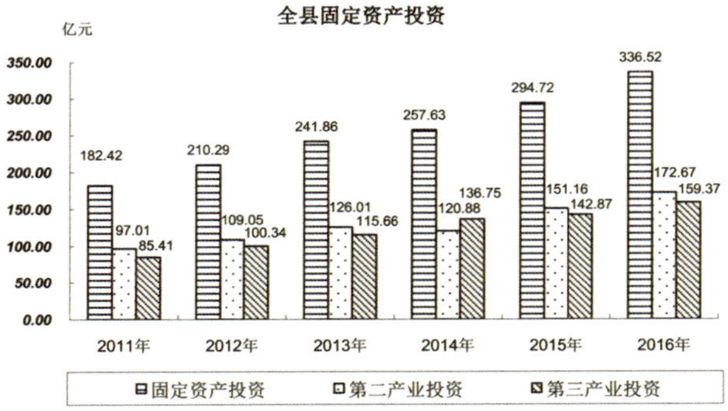

全县非国有控股固定资产投资 284.61 亿元，比上年增长 10.6%，占全部固定资产投资比重为 84.6%。

全县固定资产投资当年施工项目 681 个，比上年减少 0.1%；当年新开工项目 536 个，比上年减少 5.0%；建成投产项目 570 个，比上年增长 6.9%；新增固定资产 267.44 亿元，比上年增长 12.4%。

全县房地产开发企业完成房屋施工面积 586.39 万平方米，比上年增长 4.0%；房屋竣工面积 95.04 万平方米，比上年增长 21.3%；商品房销售面积 183.71 万平方米，比上年增长 68.0%。

2016 年县重点建设项目共 100 个，年度计划投资 100 亿元，本年完成投资 122.23 亿元，完成年度投资计划的 122.2%。其中，基础设施强化工程总投资 67.63 亿元，2016 年计划投资 6.22 亿元，本年完成投资 4.45 亿元，完成年度投资计划的 71.6%；先进制造业提升工程总投资 250.55 亿元，2016 年计划投资 51.74 亿元，本年完成投资 50.77 亿元，完成年度投资计划的 98.1%；现代服务业培育工程总投资 52.39 亿元，2016 年计划投资 10 亿元，本年完成投资 6.44 亿元，完成年度投资计划的 64.4%；生态环保优化工程总投资 39.9 亿元，2016 年计划投资 9.14 亿元，本年完成投资 10.14 亿元，完成年度投资计划的 111%；新型城镇化推进工程总投资 127.1 亿元，2016 年计划投资 15.77 亿元，本年完成投资 40.49 亿元，完成年度投资计划的 256.7%；民生福祉保障工程总投资 34.3 亿元，2016 年计划投资 7.13 亿元，本年完成投资 9.95 亿元，完成年度投资计划的 139.6%。

五、国内贸易和旅游

2016 年，全县全社会消费品零售总额 184.54 亿元，比上年增长 10.8%。城镇市场零售额 139.95 亿元，比上年增长 10.9%；农村市场零售额 44.59 亿元，比上年增长 10.5%。批发零售贸易业零售额 160.04 亿元，比上年增长 11.3%；住宿餐饮业零售额 14.53 亿元，比上年增长 10.5%。在限额以上批发零售贸易业零售额中，粮油食品饮料烟酒类比上年下降 12.6%，中西药品类比上年增长 10.6%，汽车类零售额比上年增长 5.8%，服装、鞋帽、针纺织品类比上年下降 5.3%，日用品类比上年增长 0.6%，家用电器和音像器材类比上年下降 3.1%，石油及制品类比上年增长 24.1%，通讯器材类比上年下降 19.4%，书报杂志类比上年增长 3.3%。年末全县拥有成交额超亿元市场 8 个，其中超 10 亿元市场 1 个。

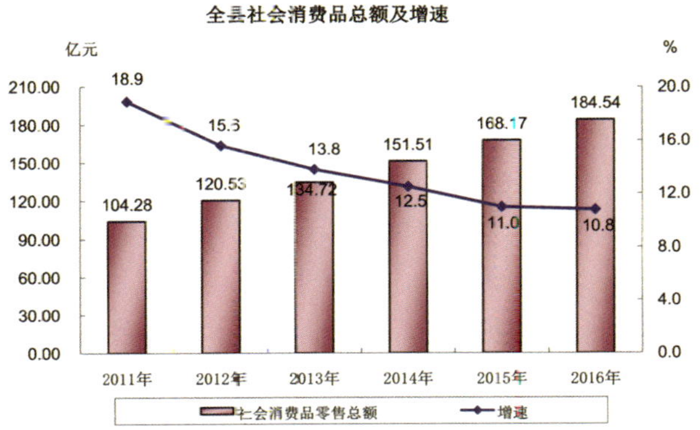

全县接待海内外游客 1338.58 万人次，旅游总收入 150.33 亿元，分别比上年增长 12.0% 和 21.9%。其中接待外国、港澳台游客 18.66 万人次，比上年降低 14.5%，旅游外汇收入 0.31 亿美元，比上年降低 37.7%；接待国内游客 1319.92 万

人次，比上年增长12.5%，国内旅游收入148.29亿元，比上年增长23.3%。其中西塘景点接待国内游客760.95万人次，比上年增长3.1%；接待海外游客17.66万人次，比上年降低16.5%。

六、对外经济

2016年，全县进出口总值232.73亿元，比上年增长9.0%，其中出口总值180.11亿元，比上年增长8.8%，进口总值52.61亿元，比上年增长9.6%。经济外向度保持较高水平，进出口总额占全县生产总值的比例50.9%，其中出口额占比为39.4%。

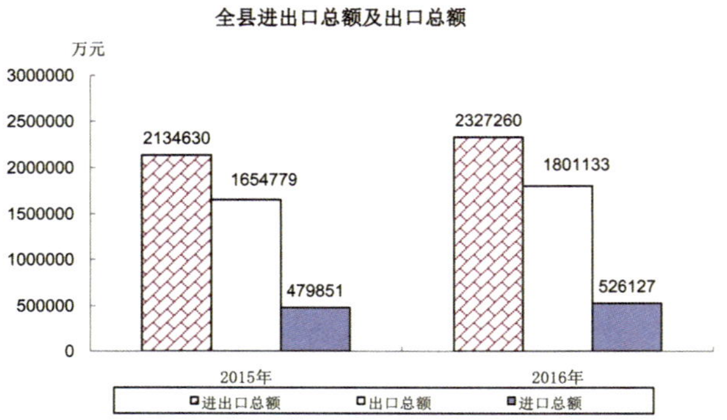

全县新批外资项目109个，其中新设项目40个。合同利用外资7.17亿美元，比上年下降6.1%；实际利用外资5.09亿美元，比上年增长14.0%。全县新引进县外内资项目196个，全年实际到位县外内资85.30亿元，比上年增长6.4%。

七、交通和邮电

2016年，全县各种运输方式（不包括铁路，下同）货物运输量3560万吨，比上年增长6.3%。全年公路客运量238.62万人，比上年下降20.8%。年末境内等级公路里程804公里，其中高速公路里程37.29公里。2016年，一般国道机动车当量交通量为29716pcu/日，同比增长18.64%；汽车当量交通量为26519pcu/日，同比增长15.3%；自然交通量为22412辆/日，同比增长36.76%。

年末实有出租汽车240辆，公交线路57条，全年公共汽车客运总量1632.47万人次；公共自行车服务网点86个，投用公共自行车2300辆。

全年邮电业务收入7.0亿元，比上年增长7.5%。其中邮政业务收入0.76亿元，比上年增长12.9%；电信业务收入6.24亿元，比上年增长6.8%。年末固定电话用户9.68万户，比上年末下降12.2%；移动电话用户66.74万户，比上年末增长2.6%，其中4G手机用户37.69万户，比上年末增长27.1%；互联网用户20.07万户，比上年末增长12.2%。

八、金融、证券和保险

全县共有金融机构20家，年末金融机构本外币存贷款余额分别为747.70亿元和549.58亿元，比上年末增长24.4%和24.9%。其中人民币存贷款余额分别为709.24亿元和537.29亿元，比上年末增长25.7%和28.3%。境内住户存款余额379.00亿元，比上年末增长14.9%。

2016年末全县上市公司5家；共募集资金77.45亿元，共中首发上市融资33.54亿元，上市后融资43.91亿元。年末全县拥有资金账户70416户，比上年增长11129户。全年证券交易额1142.18亿元，比上年减少3.3%。

全县保险业保费收入11.80亿元，比上年增长20.6%。其中财产险保费收入4.61亿元，比上年下降6.3%；人寿险保费收入7.2亿元，比上年增长32.0%。全年赔款支出3.71亿元，比上年减少1.5%。其中财产险赔款支出2.26亿元，比上年增长4.1%；人寿险赔款支出1.45亿元，比上年下降9.0%。全年退保金额1.04亿元，比上年下降9.0%。

九、教育和科学技术

2016年，全县拥有各类学校（含幼儿园）80所，在校学生66950人，教职工数5140人，其中专任教师4464人。普通高中4所，在校学生5619人；初级中学17所，在校学生12594人；职业中学3所，在校学生3875人；小学25所，在校学生32584人。学龄儿童入学率达到100%，初中毕业生升学率达到98.58%，高考报名2120人，高校录取率达到93.34%。

2016年，全县专利申请量和专利授权量分别为5596件和4681件，其中发明专利授权181件。全年通过鉴定或验收的科技成果（新产品）343个，其中国家级1个，省级342个；获县级以上政府奖的科研成果7项，其中省级1项，市级6项。全年开展科普活动108项，举办科技培训班221期，参培9029人。全县年末国家高新企业65家，省科技型中小企业320家。全县规模以上工业新产品产值475.43亿元，比上年增长14.6%。全县研究与试验发展经费支出占全县生产总值的比笪为

2.82%，比上年增长0.11个百分点。财政科技投入2.31亿元，比上年增长11.8%，占财政支出的比重为4.9%。

全县研究与试验发展经费支出

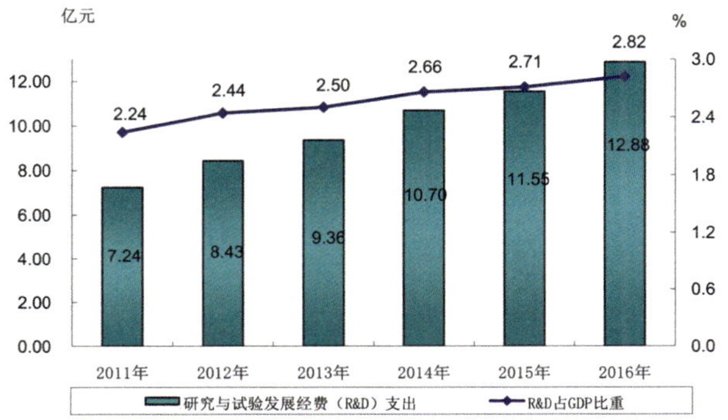

十、文化、体育和卫生

2016年末，全县拥有文化馆1个，文化站9个，博物馆1个，公共图书馆1个，图书馆面积8532平方米，图书总藏量91.48万册。全县共有剧场、影剧院3个，电影放映单位14个，全年放映电影39333场，观众117.31万人次。广播电视台1个，每周自办文字节目60.5小时，乡镇广播电视站9个，县乡广播电视干线3040千米。接装数字电视终端23万只；播出数字电视164套。

2016年末，全县拥有体育场馆5个，乖及裁判574人。全年组织35场体育竞赛，参加人数约9524人次。嘉善代表团参加市级以上各类体育比赛共获得102枚金牌、67枚银牌、58枚铜牌。

年末，全县共有医疗卫生机构165个，其中社区卫生服务站101个。各类卫生工作人员3217人，其中医生992人，注册护士1018人，医疗床位2093张。平均每千人拥有医生2.55人，每千人拥有医疗床位5.38张。

全县卫生技术人员与床位数

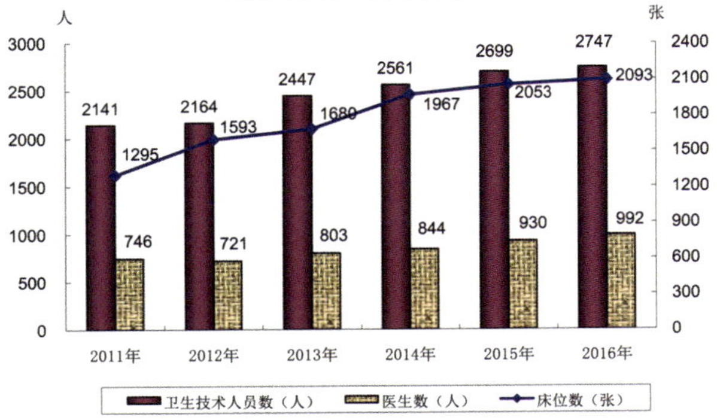

十一、人口、就业、社会保障与人民生活

截至2016年11月底，全县户籍人口389121人，比上年末增加1615人，其中城镇人口167791人。全县户籍人口出生率7.98‰，死亡率7.03‰，自然增长率1.09‰。全年迁入人口2345人，迁出人口1155人，人口机械增长率3.06‰。据1%人口抽样调查结果推算，年末全县常住人口为57.25万人，比上年增加0.19万人。

2016年，全县城镇居民人均可支配收入50021元，比上年增长7.4%；农村居民人均可支配收入29514元，比上年增长8.5%。城乡居民人均消费支出为27959元和16562元，分别比上年增长12.8%和3.6%。城乡居民家庭恩格尔系数（即居民家庭食品消费支出占家庭消费总支出的比重）分别为28.6%和31.9%。年末城镇居民家庭人均住房建筑面积42.39平方米；农村居民人均生活用房建筑面积65.20平方米。

全县城乡居民收入

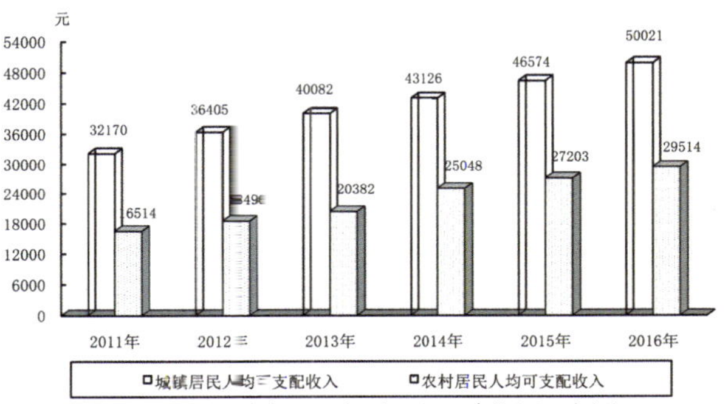

注：2010-2013年为城镇居民人均可支配收入和农村居民人均纯收入。

全县参加城镇基本养老保险25.38万人，比上年增长8.0%；参加新型农村社会养老保险7.28万人，比上年增长6.2%。全年共发放养老金21.93亿元，比上年增长17.4%。参加失业保险12.71万人，比上年增长3.1%；领取失业保险金1.38万人次，比上年减少9.8%。参加城镇基本医疗保险20.56万人，比上年增长7.9%，其中离退休人员3.50万人，在职职工17.06万人。

2016年全县城乡敬老（福利）院11个，年末床位4350张，比上年末增加190张，年末在院2871人。年末社区服务设施1458个，比上年末增加192个。城乡居民获最低生活保障人数分别为626人和3391人，分别比上年增加248人和1030人。县镇两级共发放低保金1676.18万元，比上年增长24.9%。提供城乡各种社会救济3.81万人次，比上年增长79.6%。

年末共发行各类福利彩票1.38亿元，比上年增长 0.03 亿元。

十二、资源和环境

实施“五水共治”，加快污水处理设施建设，2016 年共完成工业污水治理 623 有，其中入网 91 家；新建污水管网 35 公里，累计完成 209 公里。2016 年城市污水处理率 92%，比上年提高 2 个百分点；城市生活垃圾无害化处理率为 100%；城市用水普及率为 100%；公园绿地面积 264 公顷，比上年增长 16.8%。

截至 12 月底，纳入 2016 年自备锅炉重点整治区域的自备锅炉中，已完成整治 677 台，完成率为 115%，其中：集中供热淘汰 90 台，拆除淘汰 424 台；天然气替代 108 台，其他清洁能源替代 55 台。

2016 年，空气质量全年优良（AQI<100）天数为 283 天，优良率 77.%%，比上年同期上升 2.9 个百分点；PM2.5 平均浓度下降 12.8%。年末有规范化饮用水源保护区 1 个，烟尘控制区 3 个（25.22 平方公里），噪声达标区 2 个（21.91 平方公里）。截止 2016 年末，累计创建国家级生态镇 9 个，创建率 100%；创建市级生态村 104 个，创建率 100%。

2016 年，全县规模以上工业企业综合能源消费（等价值）128.50 万吨标准煤，比上年增长 4.3%；万元工业增加值能耗下降 5.5%。初步测算，单位生产总值综合能耗上升 2.7%。

据调查，全年全县交通事故 136 起，死亡人数 32 人，交通事故损失额 11.65 万元，火灾事故损失额 1324.68 万元。

注：

1. 本公报所列各项数据为年度初步统计数据。

2. 全县地区生产总值和各产业增加值总量按现价计划，增长速度按不变价计算。

3. 全县人均地区生产总值按年平均户籍人口计算，美元按年平均汇率计算。

4. 粮食播种面积和粮食产量为粮食生产统计监测调查数据。

5. 进出口数据取自嘉兴市海关口径。

6. 专利申请量、专利授权量以及其中发明专利授权量均为科技局初步数据。

7. AQI：即空气质量指数（Air Quality Index），是定量描述空气质量状况的无量纲指数。针对单项污染物的还规定了空气质量分指数。参与空气质量评价的主要污染物为细颗粒物、可吸入颗粒物、二氧化硫、二氧化氮、臭氧、一氧化碳等六项。

（嘉善县统计局提供）

2016 年嘉善县国民经济和社会发展主要经济指标

表 31

指　　标	单　位	实　绩	增幅(%)
生产总值	亿元	456.95	8.3
一产增加值	亿元	24.05	－0.9
二产增加值	亿元	246.22	8.7
其中:工业	亿元	225.75	9.2
三产增加值	亿元	186.68	9.0
人均 GDP	元	117675	8.1
三次产业比	5.2∶53.9∶40.9		
农林牧渔业总产值(现价)	亿元	48.82	－1.3
主要农产品产量:粮食	万吨	14.49	－5.7
蔬菜	万吨	60.89	4.7
果用瓜	万吨	6.97	9.2
水产品	万吨	2.64	1.0
社会消费品零售总额	万元	1845398	10.8
固定资产投资	万元	3365224	14.2
财政总收入	万元	731655	9.2
一般公共预算收入	万元	418002	17.3
金融机构年末存款余额(人民币)	万元	7092429	25.7
城乡居民储蓄余额	万元	379.00	14.9
农村居民人均可支配收入	元	29514	8.5
城镇居民人均可支配收入	元	50021	7.4
全社会用电量	亿千瓦时	53.34	13.2

（嘉善县统计局提供）

2016年全省及长三角城市主要经济指标

表32

地　区	地　区生产总值		公共财政预算收入		固定资产投　资		全社会消费品零售总额		实际利用外资（亿美元）		城镇居民人均可支配收入	
	绝对值	±%	绝对值	±%	绝对值	±%	绝对值	±%	绝对值	±%	绝对值	±%
浙江省	46484.98	7.5	5301.81	9.8	29571.00	10.9	21970.79	11.0	175.77	3.6	47237	8.1
杭　州	11050.49	9.5	1402.38	13.2	5842.42	5.1	5176.20	10.5	72.09	1.4	52185	8.0
宁　波	8541.11	7.1	1114.50	10.5	4961.39	10.1	3667.63	10.3	45.13	6.6	51560	7.7
温　州	5045.40	8.4	439.87	8.5	3905.74	13.0	3006.90	12.3	1.88	−37.5	47785	8.5
嘉　兴	3760.12	7.0	387.93	10.4	2790.16	11.0	1638.49	10.8	26.92	0.3	48926	7.5
湖　州	2243.06	7.5	211.18	9.9	1592.18	13.5	1068.86	11.8	10.01	6.3	45794	8.4
绍　兴	4710.19	5.5	390.30	7.3	2882.48	11.6	1783.34	11.3	8.00	−15.0	50305	7.6
金　华	3635.01	7.5	338.14	9.0	2084.01	13.5	1977.87	11.2	3.43	25.1	46554	7.8
衢　州	1245.49	7.1	102.56	8.3	981.74	11.3	609.31	11.7	0.61	1.7	36188	9.0
舟　山	1228.51	11.3	120.32	6.4	1311.14	15.5	457.40	11.2	2.10	169.7	48423	8.0
台　州	3842.81	7.7	343.28	15.0	2272.63	13.9	2013.14	11.4	3.37	189.5	47162	9.0
丽　水	1200.22	7.1	103.57	8.9	841.65	12.0	571.64	11.0	2.21	2.3	35968	9.4
南　京	10503.02	8.0	1142.60	12.0	5533.56	2.0	5088.20	10.9	34.79	4.3	49997	8.4
无　锡	9210.02	7.5	875.00	5.4	4795.25	2.0	3119.56	9.6	34.13	6.6	48628	7.8
常　州	5773.86	8.5	480.29	3.0	3605.08	6.5	2202.83	10.7	21.00	22.1	46058	7.8
苏　州	15475.09	7.5	1730.04	10.8	5648.49	−7.8	4936.79	10.7	60.03	−14.5	54341	7.8
南　通	6768.20	9.3	590.18	−5.7	4811.95	10.0	2632.87	10.7	23.87	3.1	39247	8.1
扬　州	4449.38	9.4	345.30	2.5	3288.68	15.3	1358.80	9.9	12.04	41.9	35659	8.2
镇　江	3833.84	9.3	293.01	−3.2	2873.43	15.1	1236.78	11.1	13.51	3.5	41794	8.1
泰　州	4101.78	9.5	321.18	1.5	3164.12	17.4	1118.34	11.7	13.44	26.2	36828	8.0
上　海	27466.15	6.8	6406.13	16.1	6755.88	6.3	10946.57	8.0	185.14	0.3	57692	8.9
省内位次	6	10	5	4	5	9	7	9	3	9	4	7
长三角位次	14	14	10	7	13	8	11	8	7	13	7	16

统 计 示 意 图

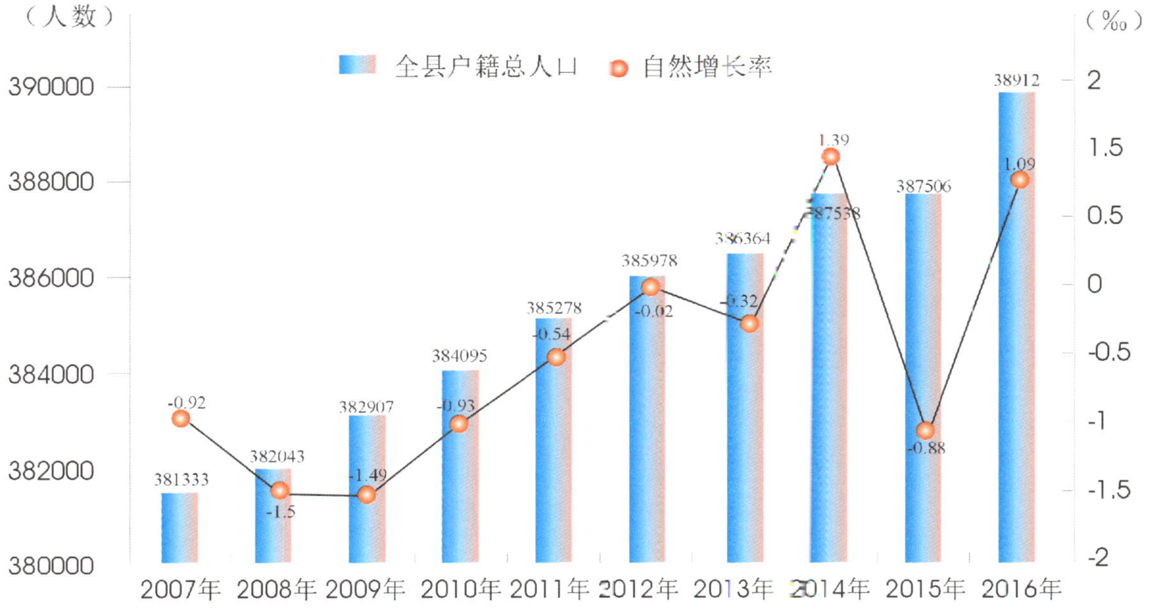

全县户籍总人口数与自然增长率

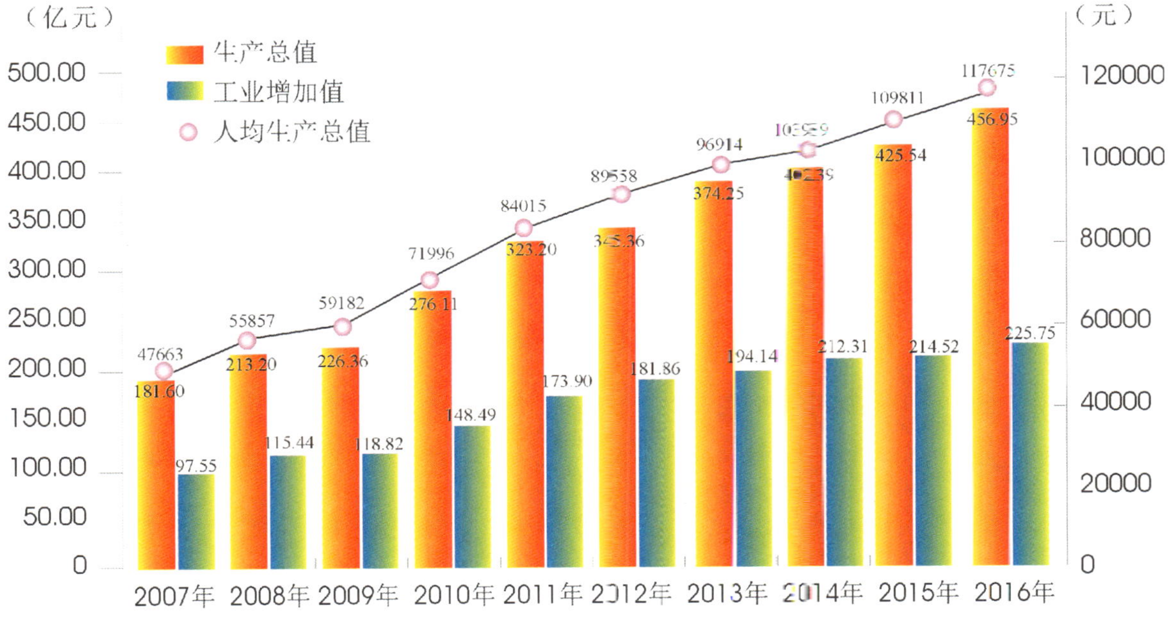

全县生产总值、工业增加值与人均生产总值

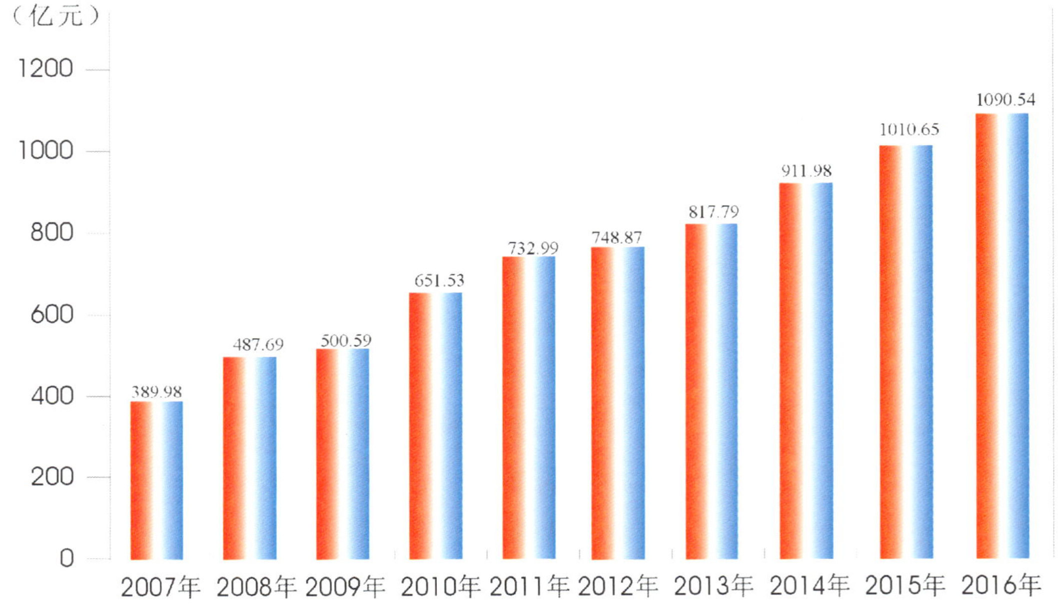

全县规模以上工业总值

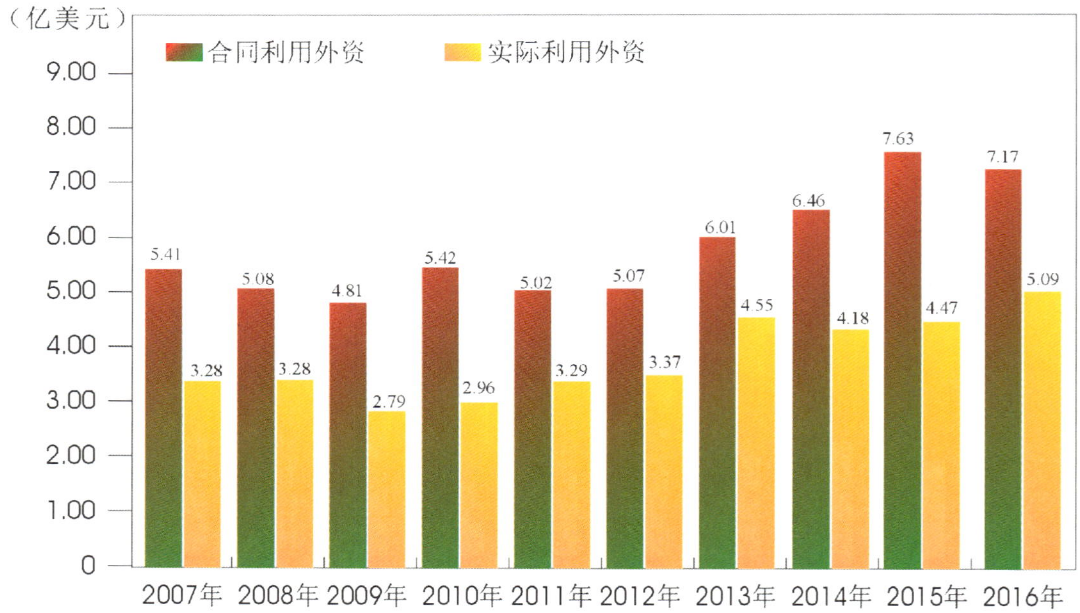

全县利用外资总额

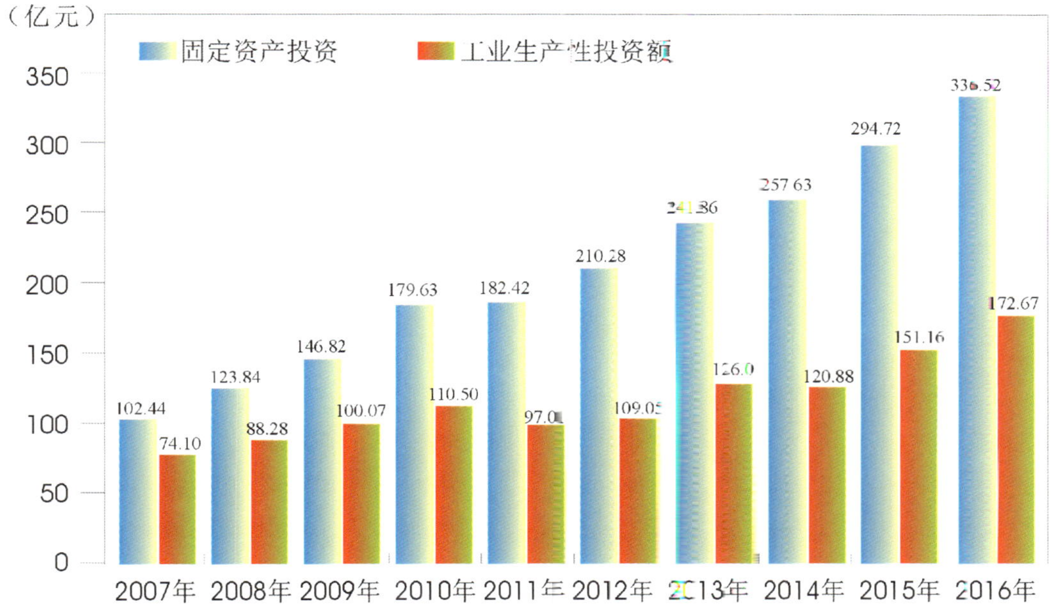

全县固定资产投资与工业生产性投资额

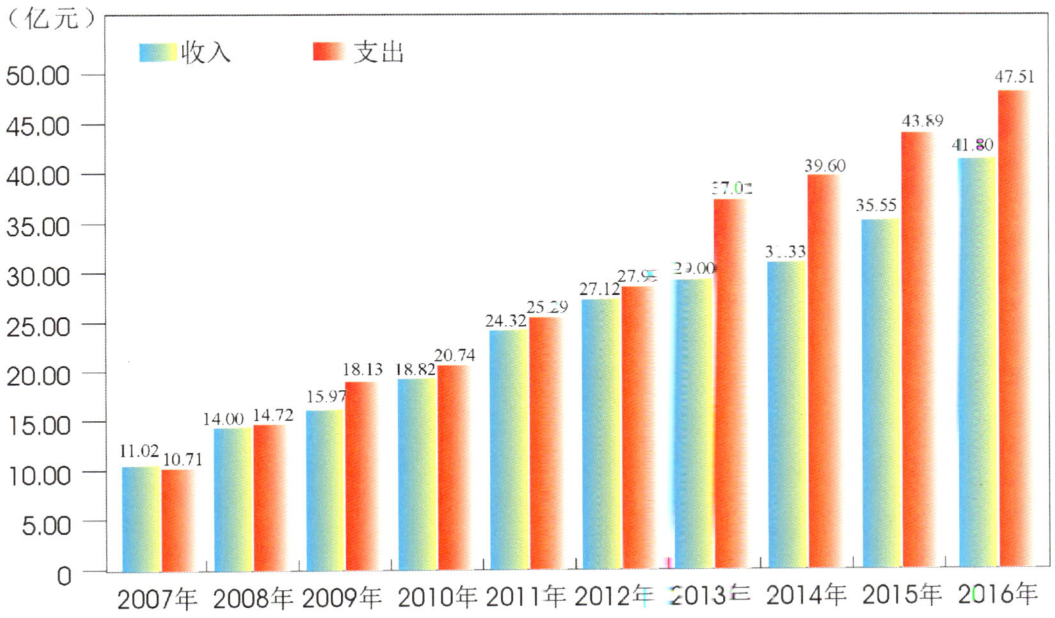

全县财政一般预算收入与支出

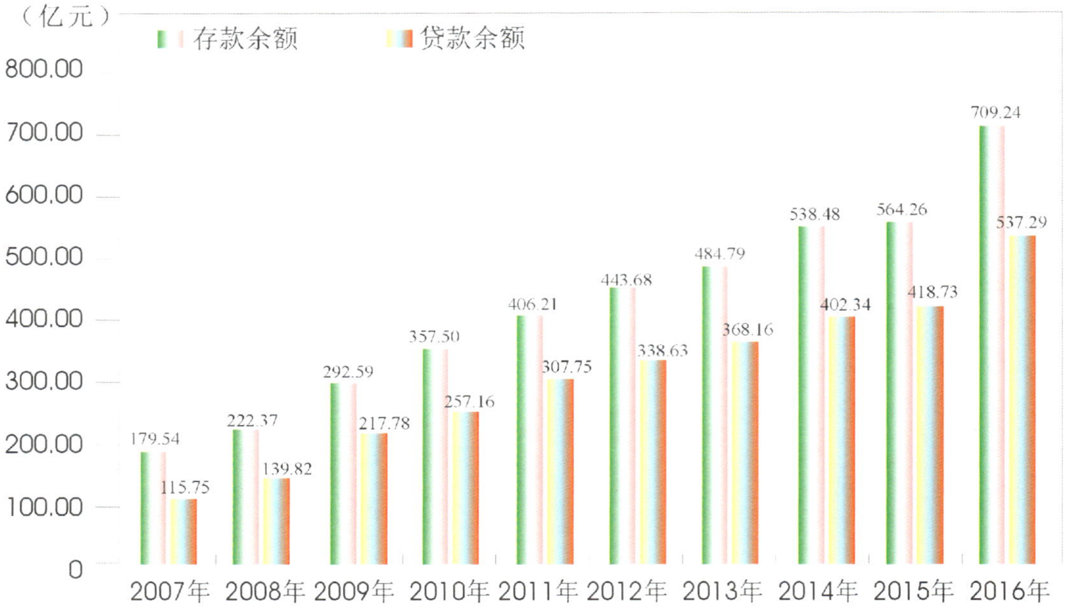

全县金融机构人民币存贷款余额

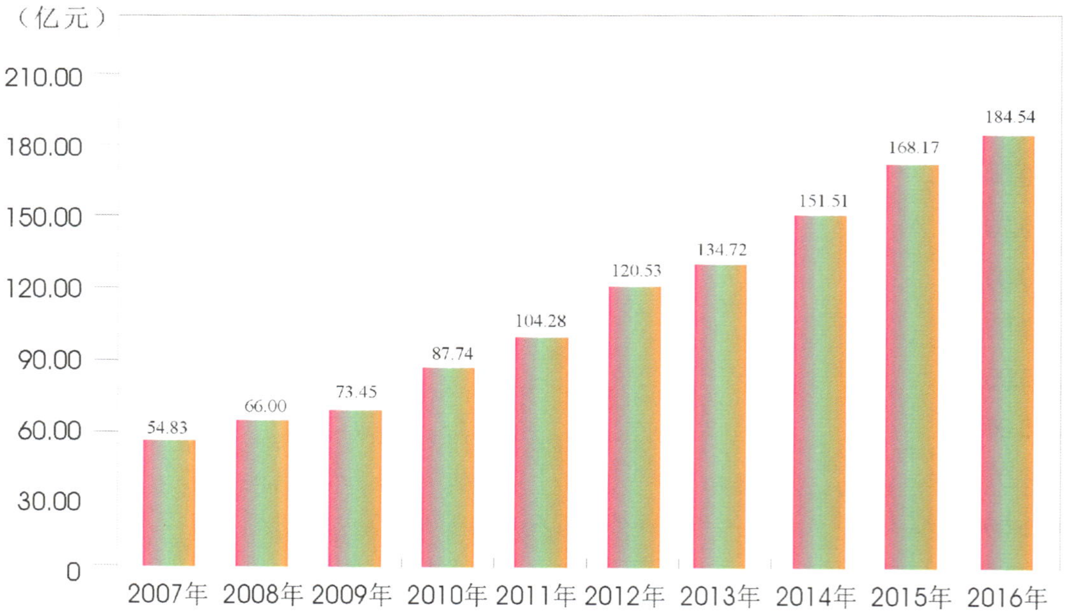

全县社会消费品零售总额

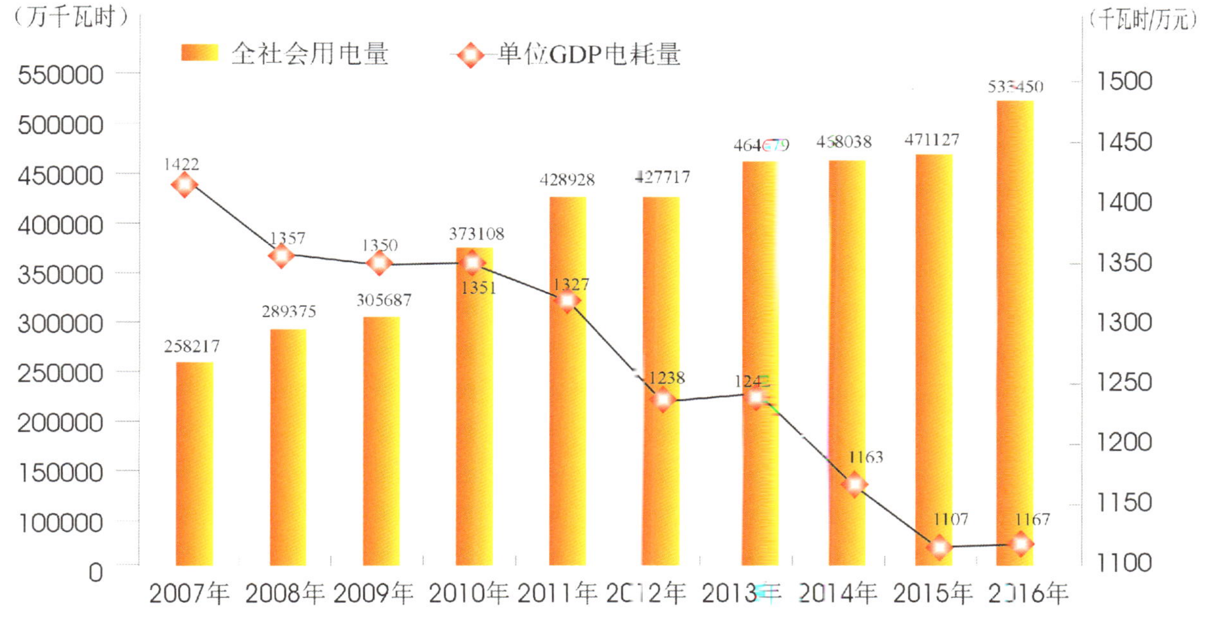

全县全社会用电量和单位 GDP 电耗量

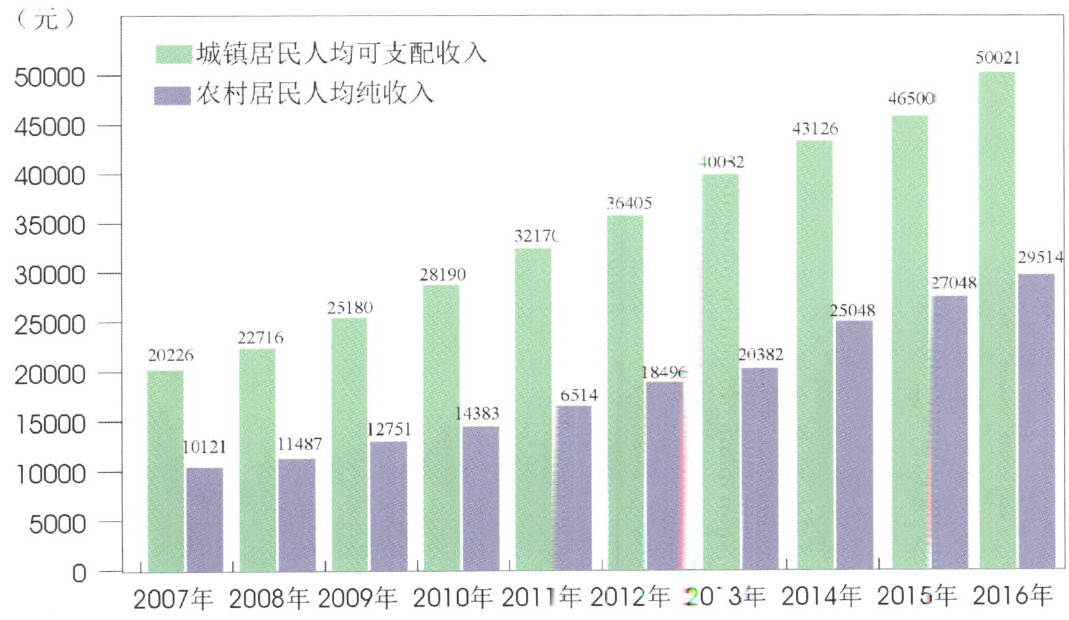

全县城乡居民收入

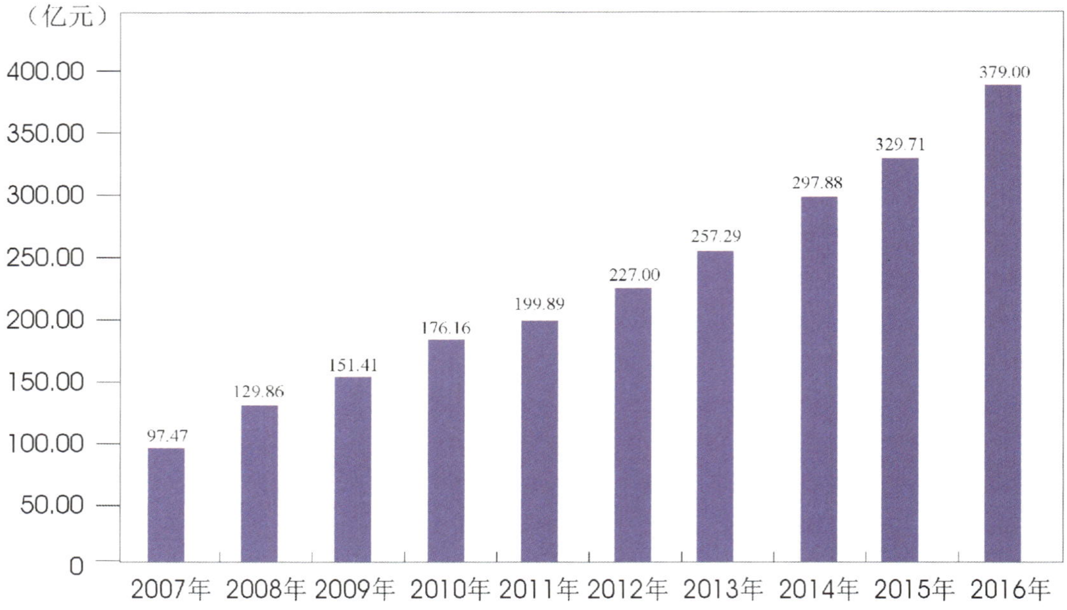

全县城乡居民储蓄余额

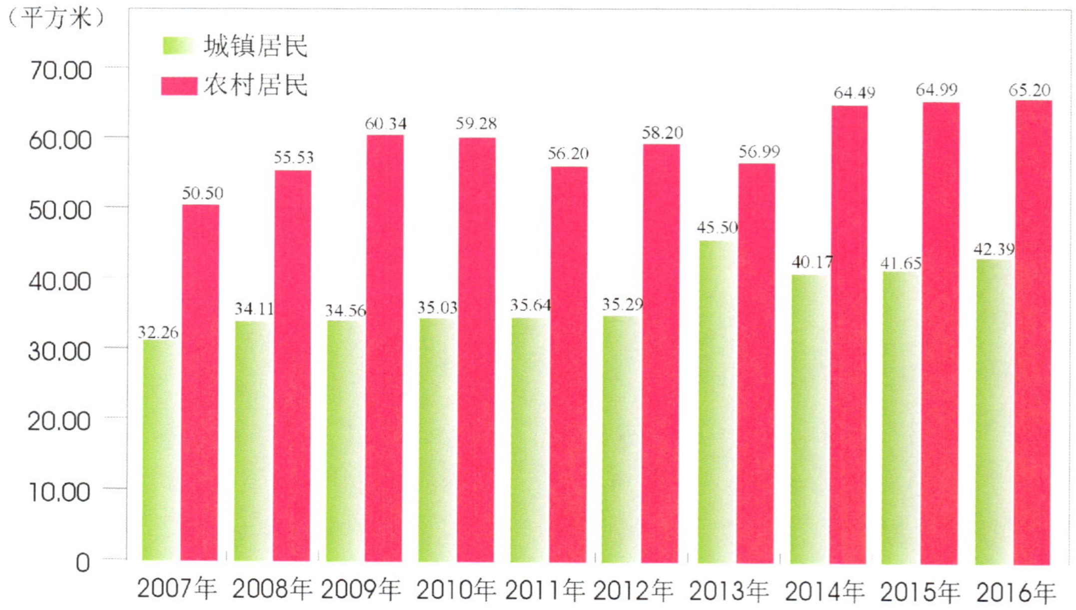

全县居民人均住房面积

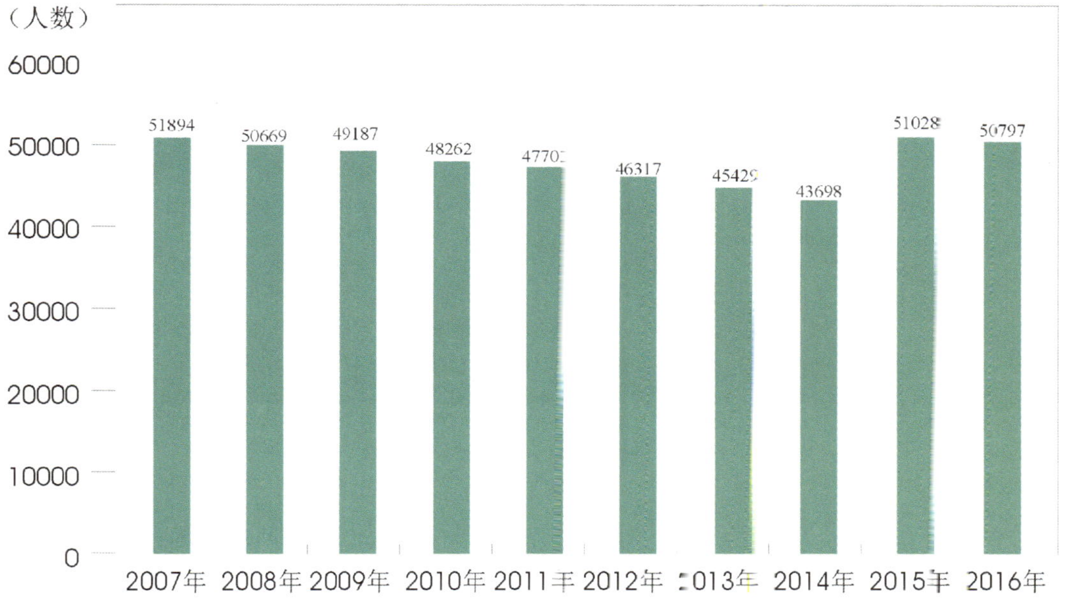

全县普通中小学在校学生人数

嘉善县人民政府令

第 40 号

《嘉善县国有土地上房屋征收与补偿办法》已经县十五届政府第三十七次常务会议审议通过，现予公布，自 2016 年 4 月 6 日起施行。

县长　祁海龙

二〇一六年四月六日

嘉善县国有土地上房屋征收与补偿办法

第一章　总　　则

第一条　为规范国有土地上房屋征收与补偿活动，维护公共利益，保障被征收房屋所有权人（以下简称被征收人）的合法权益，根据国务院《国有土地上房屋征收与补偿条例》、《浙江省国有土地上房屋征收与补偿条例》、《国有土地上房屋征收评估办法》等有关规定，制定本办法。

第二条　在本县行政区域内国有土地上，因公共利益需要实施房屋征收与补偿，适用本办法。

第三条　房屋征收与补偿应当遵循决策民主、程序正当、补偿公平、结果公开的原则。

第四条　县人民政府负责本县国有土地上房屋征收与补偿工作。

县房屋征收办公室（以下称房屋征收部门）组织实施本县行政区域内国有土地上房屋征收与补偿工作。

发展和改革、城乡规划、国土资源、公安、财政、综合执法、民政、市场监管、司法行政、税务、卫生、环保、文物保护、信访等行政主管部门以及被征收房屋所在地的镇人民政府、街道办事处按照各自职责配合做好国有土地上房屋征收与补偿的相关工作。

监察部门应当加强对参与房屋征收与补偿工作的有关部门或者单位及其工作人员的监察。审计机关应当对征收补偿费用管理和使用情况加强审计监督，并公布审计结果。

第五条　房屋征收部门可以委托房屋征收实施单位，承担房屋征收与补偿的具体工作。从事房屋征收补偿工作的人员，应当经过业务培训。

房屋征收实施单位不得以营利为目的，其实施房屋征收与补偿工作所需经费由财政予以保障。

第二章　征收决定

第六条　符合国务院《国有土地上房屋征收与补偿条例》第八条规定的公共利益情形，确需征收房屋的，建设活动组织实施单位应当向房屋征收部门提出房屋征收申请，并提交下列材料：

（一）拟房屋征收范围；

（二）征收补偿资金及产权调换房屋计划情况；

（三）符合公共利益具体情形的说明；

（四）法律、法规和规章规定需要提交的其他资料。

房屋征收部门收到申请后，

应当及时进行审查，并向行政主管相关部门提出书面意见。

第七条 发展和改革、城乡规划、国土资源行政主管部门应当根据房屋征收部门的书面意见，对建设活动是否符合国务院《国有土地上房屋征收与补偿条例》第九条规定的情况进行核实。

建设活动符合国民经济和社会发展规划、城乡规划和专项规划、土地利用总体规划的，发展和改革、城乡规划、国土资源行政主管部门应当按照职责分工，分别向房屋征收部门出具相关证明以及规划用地范围红线图，其中建设活动属于保障性安居工程建设、旧城区改建的，发展和改革行政主管部门还应当出具符合国民经济和社会发展年度计划的证明文件；不符合的，负责核实的行政主管部门应当书面说明理由。

第八条 房屋征收部门经审查认为房屋征收符合法律、法规规定的，应当根据规划用地范围红线图和房屋实际状况，拟定房屋征收范围报县人民政府。县人民政府认为符合公共利益、确需征收房屋的，应当确定房屋征收范围，并在房屋征收范围内予以公布。

第九条 房屋征收范围公布后，任何单位、个人不得在房屋征收范围内实施新建、扩建、改建房屋和改变房屋用途等不当增加补偿费用的行为；违反规定实施的，不予补偿。

房屋征收部门应当将前款所列事项书面通知有关部门暂停办理相关手续。暂停办理相关手续的书面通知应当载明暂停期限，暂停期限最长不得超过一年。

房屋征收范围公布后，被征收人进行房屋析产分割、工商登记、房屋装修等不当增加补偿费用的，不予补偿。

第十条 房屋征收部门应当对房屋征收范围内房屋的权属、区位、用途、建筑面积等情况组织调查登记，确定相关文书送达地址、被送达人及联系方式等，被征收人应当予以配合；对未经产权登记和所有权人不明确的房屋，应当提请人民政府组织有关部门依法进行调查、认定和处理，对认定为违法建筑的，不予补偿。

对征收范围内国家直管住宅公房管理部门和单位自管公房进行调查登记的，国家直管住宅公房管理部门和单位自管公房所有权人应当向房屋征收部门提供房屋使用面积、建筑面积以及住宅房屋承租人是否符合房改政策等有关情况。

对征收范围内被征收房屋的用途，按房屋所有权证记载的用途确定；房屋所有权证未记载用途或者经城乡规划主管部门依法批准改变用途，但未作房屋用途变更登记的，按城乡规划主管部门批准的用途认定。在《中华人民共和国城市规划法》1990年4月1日施行前已改变用途，并按改变后的用途延续使用的房屋，按改变后的用途确定。其中改变为商业用途的，应当取得合法有效的营业执照。在1990年4月1日以后，未经城乡规划、国土资源行政主管部门同意擅自改变房屋用途的，按原房屋用途确定。

调查、认定结果应当在房屋征收范围内公布。被征收人对调查结果有异议的，应当自调查结果公布之日起三日内向房屋征收部门提出书面意见。房屋征收部门应当自收到被征收人书面意见之日起十日内予以核实，并书面答复被征收人。

第十一条 因旧城区改建需要征收房屋的，房屋征收范围确定后，房屋征收部门应当组织征询被征收人的改建意愿；百分之九十以上被征收人同意改建的，方可进行旧城区改建。

第十二条 房屋征收部门应当自调查登记结束后三十个工作日内，拟定征收补偿方案，并报县人民政府。征收补偿方案应当包括下列内容：

（一）房屋征收事由和目的；

（二）房屋征收范围和被征收房屋情况；

（三）被征收房屋价值（含房屋装饰装修价值）补偿标准；

（四）用于产权调换房屋、周转用房的基本情况和交付时间；

（五）搬迁费和临时安置费标准；

（六）停产停业损失补偿标准；

（七）补助和奖励标准；

（八）签约期限；

（九）其他事项。

第十三条 县人民政府组织发展和改革、财政、国土资源、审计、规划建设、住房保障等有关部门对征收补偿方案进行论证并在征收范围内及县政府门户网站等媒体上公布，征求公众意见。征求意见期限不得少于三十日。

因旧城区改建需要征收房屋，半数以上被征收人提出征收补偿方案不符合《国有土地上房屋征收与补偿条例》、《浙江省国有土地上房屋征收与补偿条例》规定的，县人民政府组织由被征收人代表和公众代表参加的听证会。听证工作由县人民政府确定的部门或者机构具体负责。

报名参加听证会的被征收人为十人以上的，被征收人代表由报名参加听证会的被征收人通过推举或者抽签等方式确定，确定的被征收人代表不少于十人；报名参加听证会的被征收人不足十人的，均作为被征收人代表。公众代表由人大代表、政协委员、专家以及其他公民担任。

负责听证的部门或机构应当提前七日将听证会的时间、地点通知被征收人代表和公众代表，必要时予以公告。听证会应当公开举行。

县人民政府将征求意见情况、听证情况和根据公众、被征收人意见修改的情况及时公布。

第十四条　县人民政府作出房屋征收决定前，应当按照重大决策社会稳定风险评估的有关规定，就房屋征收的合法性、合理性、可行性以及可能出现的风险进行社会稳定风险评估，并根据评估结论制订相应的风险化解措施和应急处置预案。

社会稳定风险评估结论应当作为是否作出房屋征收决定的重要依据。

第十五条　房屋征收涉及一百个以上被征收人的，房屋征收决定应当经县人民政府常务会议讨论决定。

作出房屋征收决定前，征收补偿费用应当足额到位、专户存储、专款专用。

第十六条　人民政府作出房屋征收决定后，应当在七日内予以公告。公告载明房屋征收范围、征收补偿方案、行政复议和行政诉讼权利等事项。

第三章　补　　偿

第十七条　对被征收人给予的补偿包括：

（一）被征收房屋价值的补偿；

（二）因征收房屋造成的搬迁、临时安置的补偿；

（三）因征收房屋造成的停产停业损失的补偿。

本条第一款第（一）项规定的被征收房屋价值的补偿包括被征收房屋、附属物及其占用范围内的土地使用权的补偿、房屋室内装饰装修价值的补偿；第（三）项规定的停产停业损失的补偿是指对征收经营性非住宅造成停产停业的直接损失补偿。

第十八条　对被征收房屋价值的补偿，不得低于房屋征收决定公告之日被征收房屋类似房地产的市场价格。被征收房屋的价值，由房地产价格评估机构评估确定。

被征收房屋的类似房地产，是指与被征收房屋的区位、用途、权利性质、品质、新旧程度、规模、建筑结构等相同或者相似的房地产。

在1990年4月1日《中华人民共和国城市规划法》施行前已改变用途，并按改变后的用途延续使用的房屋，按改变后用途确定，对被征收人给予的补偿中应当扣除被征收人依法应当补交的土地收益金。

公房承租人符合房改政策的，承租人按照房改政策购房后，征收部门应当对其按照被征收人予以补偿。

第十九条　被征收人可以选择货币补偿，也可以选择房屋产权调换。

被征收人选择房屋产权调换的，由人民政府提供符合建筑工程质量安全标准的房屋，并与被征收人计算、结清被征收房屋价值与用于产权调换房屋价值的差价。

被征收房屋价值和用于产权调换房屋的价值，由同一家房地产价格评估机构以房屋征收决定公告之日为评估时点，采用相同的方法、标准评估确定。

因旧城区改建征收个人住宅，被征收人选择在改建地段进行房屋产权调换的，由县人民政府提供改建地段或者就近地段的房屋。

第二十条　房地产价格评估机构由被征收人协商选定；房屋征收决定公告后十日内仍不能协商选定的，由房屋征收部门组织被征收人按照少数服从多数的原则投票确定，或者采取摇号、抽签等方式随机确定。

投票确定房地产价格评估机构的，应当有过半数的被征收人参加，投票确定的房地产价格评估机构应当获得参加投票的被征收人的过半数选票；公开抽签的，房屋征收部门应当于公开抽签三日前在征收范围内公告抽签的时间和地点。

参加投票确定或者随机确定的候选房地产价格评估机构不得少于三家，投票确定或者随机确定房地产价格评估机构应当由公证机构现场公证。可以邀请被征收人代表和被征收房屋所在地基层组织代表等参与监督。

参与房屋征收评估的房地产估价机构应具有相应资质。

第二十一条　房屋征收部门

在收到房地产评估机构提供的分户初步评估结果后七个工作日内，在征收范围内公示，公示期为七天。

公示期间，房地产评估机构应安排注册房地产估价师对分户的初步评估结果进行现场说明解释。存在错误的，房地产价格评估机构应当修正。

公示期满后，房地产评估机构应向房屋征收部门提供被征收房屋的整体评估报告和分户评估报告。房屋征收部门应在收到分户评估报告之日起十日内向被征收人转交评估报告。

第二十二条 被征收人或者房屋征收部门对估价结果有异议的，应当自收到评估报告之日起十日内，向出具评估报告的房地产价格评估机构书面申请复核评估。被征收人或者房屋征收部门对房地产价格评估机构的复核结果有异议的，应当自收到复核结果之日起十日内，向房地产价格评估专家委员会申请鉴定。

复核评估不收取费用。房屋征收鉴定费用由申请人承担；鉴定撤销原估价结果的，鉴定费用由原房地产价格评估机构承担。

第二十三条 征收个人住宅，被征收人选择房屋产权调换的，用于产权调换房屋的建筑面积应当不小于被征收房屋的建筑面积，但被征收人要求小于被征收房屋建筑面积的除外。

用于产权调换房屋的建筑面积，不考虑被征收房屋的共有人数量、登记户口等因素。

第二十四条 征收个人住宅，被征收房屋建筑面积不足四十五平方米，且符合住房保障条件的，经住房保障部门核准，对被征收人依照下列规定优先予以住房保障：

（一）被征收人选择货币补偿的，被征收房屋建筑面积不足四十五平方米的，可按四十五平方米予以补偿，补偿面积计入被征收人再次申请住房保障时家庭住房建筑面积的核定范围。

（二）被征收人选择房屋产权调换的，用于产权调换房屋的建筑面积不小于四十五平方米；被征收人对四十五平方米以内或者被征收房屋价值以内部分不支付房款，对超过四十五平方米且超过被征收房屋价值的部分按市场评估价支付差价。用于产权调换房屋的建筑面积计入被征收人再次申请住房保障时家庭住房建筑面积的核定范围。

第二十五条 被征收人选择房屋产权调换的，过渡期限为自被征收人搬迁之月起二十四个月；用于产权调换房屋为房屋征收范围内新建高层建筑的，过渡期限为自被征收人搬迁之月起三十六个月。过渡期限届满前，房屋征收部门应当交付用于产权调换房屋。过渡期限内的周转用房，被征收人可以选择自行解决，也可以选择由房屋征收部门提供。

前款规定的高层建筑，是指总层数十层以上的住宅建筑或者建筑高度超过二十四米的非住宅建筑。

第二十六条 征收住宅，被征收人自行解决周转用房的，房屋征收部门应当支付其自搬迁之月起至用于产权调换房屋交付后六个月的临时安置费。

临时安置费按照租赁与被征收房屋面积、地段相当的住宅所需费用的平均价格确定，且不低于保障被征收人基本居住条件所需费用。具体标准由县人民政府根据有关规定另行制订，每两年公布一次。

房屋征收部门超过过渡期限未交付用于产权调换房屋的，应当自逾期之月起按照县人民政府公布的最新标准的二倍支付临时安置费。

第二十七条 房屋征收部门提供周转用房的，不支付临时安置费；但是，超过过渡期限未交付用于产权调换房屋的，除继续提供周转用房外，还应当自逾期之月起按照县人民政府公布的最新标准支付临时安置费。

房屋征收部门交付用于产权调换房屋的，被征收人应当自交付后六个月内腾退周转用房。

第二十八条 房屋征收部门超过过渡期限未交付用于产权调换房屋的，被征收人有权另行选择货币补偿方式。过渡期限届满后超过二十四个月仍未交付用于产权调换房屋的，被征收人有权要求提供其他用于产权调换房屋。

被征收人要求提供其他用于产权调换房屋的，房屋征收部门应当在六个月内交付与原用于产权调换房屋面积、地段相当的现房，并依照本办法规定计算、结清差价。

第二十九条 征收住宅的，房屋征收部门应当支付搬迁费，用于补偿被征收人因搬家和固定电话、网线、有线电视、空调、管道煤气等迁移造成的损失。被征收人选择房屋产权调换的，从周转用房迁往用于产权调换房屋时，房屋征收部门应当另行支付搬迁费。

搬迁费的具体标准由县人民政府根据有关规定另行制订，每两年公布一次。

第三十条　征收非住宅房屋的，房屋征收部门应当一次性支付搬迁费、临时安置费。其中，搬迁费包括机器设备的拆卸费、搬运费、安装费、调试费和搬迁后无法恢复使用的生产设备重置费等费用。

搬迁费、临时安置费的具体标准由县人民政府根据有关规定另行制订。

第三十一条　征收非住宅房屋造成停产停业损失的，应当根据房屋被征收前的效益、停产停业期限等因素给予补偿。补偿的标准不低于被征收房屋价值的百分之五，具体标准由县人民政府根据有关规定另行制订。

生产经营者认为其停产停业损失超过依照前款规定计算的补偿费的，应当向房屋征收部门提供房屋被征收前三年的效益、纳税凭证、停产停业期限等相关证明材料。房屋征收部门应当与生产经营者共同委托依法设立的评估机构对停产停业损失进行评估，并按照评估结果支付补偿费。

生产经营者或者房屋征收部门对评估结果有异议的，应当自收到评估结果之日起十日内，向房地产价格评估专家委员会申请鉴定。鉴定费用由申请人承担；鉴定撤销原评估结果的，鉴定费用由原评估机构承担。

第三十二条　房屋征收部门与被征收人依照本办法和相关规定，就补偿方式、补偿金额和支付期限、用于产权调换房屋的地点和面积、搬迁费、临时安置费或者周转用房、过渡期限、停产停业损失、搬迁期限等事项，签订补偿协议。补偿协议签订后一方当事人不履行补偿协议约定的义务的，另一方当事人可以依法提起诉讼。

因旧城区改建需要征收房屋的，房屋征收部门应当与被征收人签订附生效条件的补偿协议。在征收补偿方案确定的签约期限内达到规定签约比例的，补偿协议生效；未达到规定签约比例的，补偿协议不生效，房屋征收决定效力终止。房屋征收决定效力终止的，县人民政府应当予以公告，并书面告知被征收人。

前款规定的签约比例应达到本项目被征收人总户数的百分之九十（含）以上，被征收人总户数为一百户（含）以上的项目，具体签约比例由县人民政府确定，但不得低于百分之九十。

第三十三条　除依照本办法第三十二条规定房屋征收决定效力终止以外，房屋征收部门与被征收人在征收补偿方案确定的签约期限内达不成补偿协议，或者被征收房屋所有权人不明确的，由房屋征收部门向县人民政府提出补偿决定方案。补偿决定方案应当包括货币补偿和房屋产权调换两种补偿方式及相应的补偿标准。

县人民政府对补偿决定方案进行审查，将补偿决定方案送达被征收人，并书面告知被征收人应当在补偿决定方案送达之日起十五日内，提出意见并选择补偿方式，逾期不选择的，补偿方式由补偿决定确定。

第三十四条　县人民政府依照本办法的规定，按照征收补偿方案作出补偿决定，并在房屋征收范围内予以公告。补偿决定包括本办法第三十二条规定的补偿协议的内容。

被征收人在本办法第三十三条第二款规定的期限内未选择补偿方式的，补偿决定应当确定补偿方式。

因被征收人原因无法调查、评估被征收房屋装饰装修价值的，补偿决定不包括对被征收房屋装饰装修价值的补偿。依法实施强制执行时，房屋征收部门应当对被征收房屋装饰装修情况作出勘察记录，并向公证机构办理证据保全，由房地产价格评估机构另行评估确定被征收房屋的装饰装修价值。县人民政府按照评估确定的装饰装修价值另行给予补偿。

第三十五条　实施房屋征收应当先补偿、后搬迁。

县人民政府对被征收人给予补偿后，被征收人应当在补偿协议约定或者补偿决定确定的搬迁期限内完成搬迁。任何单位和个人不得采取暴力、威胁或者违反规定中断供水、供气、供电和道路通行等非法方式迫使被征收人搬迁。禁止建设单位参与搬迁活动。

被征收人搬迁后，房屋征收部门应当将房屋征收决定、补偿协议或者补偿决定以及被征收房屋清单提供给不动产登记机构，并告知被征收人申请被征收房屋所有权、土地使用权注销登记。被征收人未申请注销登记的，不动产登记机构应当依据房屋征收决定、补偿协议或者补偿决定办理房屋所有权、土地使用权注销登记，原权属证书收回或者公告作废。

第三十六条 单位自管住宅公房的承租人未按房改政策购房，也未与被征收人达成解除租赁关系协议的，县人民政府对被征收人实行房屋产权调换的补偿方式，用于产权调换房屋由原房屋承租人承租。

国家直管住宅公房的承租人未按房改政策购房，也未与公房管理部门达成解除租赁关系协议的，县人民政府向原房屋承租人另行提供承租房屋。

县人民政府依照前两款规定对承租人提供承租房屋的，承租人应当腾退原承租房屋；拒不腾退的，县人民政府可以作出腾退决定，责令承租人限期腾退。

第三十七条 被征收人、公房承租人在法定期限内不申请行政复议或者不提起行政诉讼，在补偿决定、腾退决定规定的期限内又不搬迁、腾退的，由县人民政府依法申请人民法院强制执行。

强制执行申请书应当附具补偿金额和专户存储账号、产权调换房屋和周转用房的地点和面积等材料。

第三十八条 房屋征收部门应当依法建立房屋征收补偿档案，并将分户补偿情况在房屋征收范围内向被征收人公布。房屋征收部门应当建立完善内部审计制度。

第三十九条 本办法规定的被征收人数量和签约比例按户计算（房屋所有权人不明确的除外）。被征收人以合法有效的房屋产权证或者经调查、认定出具的产权认定书计户。

本办法第十六条、第三十二条和第三十四条规定的公告应当在房屋征收范围内的住宅小区主要出入口、公告栏等醒目位置张贴，通过政府门户网站、报纸等媒体发布。

第四章 附 则

第四十条 违反本办法规定的行为，法律、法规、规章已有规定的，从其规定。

第四十一条 国家、省对国有土地上的房屋征收与补偿另有规定的从其规定。

第四十二条 本办法自2016年4月6日起施行。原印发的《嘉善县国有土地上房屋征收与补偿暂行办法》（嘉善县人民政府令第36号）同时废止。本办法施行前已经依法进入征收程序的项目，继续沿用原有的规定办理。

嘉善县人民政府令

第 41 号

《嘉善县职工基本医疗保险办法》已经十五届县政府第 43 次常务会议审议通过，现予公布，自 2017 年 1 月 1 日起施行。

县长　祁海龙

二〇一六年十一月二日

嘉善县职工基本医疗保险办法

第一章　总　　则

第一条　为健全和完善职工基本医疗保险制度，维护参保职工合法权益，促进社会和谐发展，根据《中华人民共和国社会保险法》和国家、省、市医疗保障体系建设的有关规定，结合我县实际，制定本办法。

第二条　本办法适用于嘉善县行政区域内各类企业、机关、事业单位、社会团体和民办非企业单位(以下统称用人单位)及其职工。

本办法所称的职工，包括在职职工、退休(含退职)人员和自谋职业参保人员、失业人员(领取失业保险金期间)等其他参保人员。

自谋职业参保人员在参加职工基本养老保险的前提下，可参加职工基本医疗保险。

第三条　建立职工基本医疗保险制度的原则是：

(一)法定原则。所有用人单位及其职工应当依法参加职工基本医疗保险，并实行属地管理；

(二)保基本原则。职工基本医疗保险的筹资和保障水平应当与当地经济和社会发展水平相适应，满足参保职工基本医疗需求；

(三)权利义务对等原则。职工基本医疗保险费由用人单位和职工个人共同负担，待遇水平和缴费相对应；

(四)公平性原则。逐步归并职工基本医疗保险类型，推进职工基本医疗保险待遇的统一；

(五)可持续原则。职工基本医疗保险基金以收定支、收支平衡、略有结余。

第四条　建立健全包括大病医疗保险在内的补充医疗保险制度，鼓励发展与基本医疗保险相衔接的商业健康保险，满足参保人员多层次的医疗保障需求。

第五条　县人力社保部门主管全县职工基本医疗保险工作；财政、地税、发改(物价)、卫生计生、市场监管、民政、审计、人民银行等有关部门按照各自职责，共同做好本办法的实施工作。

第六条　县地方税务部门负责职工基本医疗保险费的征收工作。

第七条　县社会保障管理中心负责职工基本医疗保险的参保登记、权益记录、待遇支付、审核稽核、咨询等日常服务和对定点医疗机构、定点零售药店(简称定点医药机构，下同)的协议管理及业务指导等经办工作。

第二章　职工基本医疗保险的征缴和管理

第八条　用人单位应当自用工之日起 30 日内，为其职工申请和办理职工基本医疗保险参保登记并申报缴纳职工基本医疗保险费。新设立的用人单位、基本医疗保险登记事项发生变更或依法终止的用人单位，应当在设立之日或有关情形发生之日起 30 日内办理职工基本医疗保险登记、变更或注销登记手续。

第九条　职工基本医疗保险费由用人单位和职工个人按规定比例按月共同缴纳，分别纳入职工基本医疗保险统筹基金和个人账户。

(一)用人单位按照单位上月职工人数、实际发生的工资总额和规定的征缴比例计算缴纳职工基本医疗保险费。职工个人以上年度本人月平均工资为缴费基数，按规定的比例计算缴纳。

自谋职业者缴费基数按我县企业职工社会保险最低缴费基数确定。

机关事业单位缴费基数由县人力社保部门会同财政部门另行发文确定。

(二)职工基本医疗保险分为“职工基本医疗保险一”和“职工

基本医疗保险二”两种类型。

职工基本医疗保险一的缴费比例为6%，单位按缴费基数的4.5%，职工个人按缴费基数的1.5%缴纳。

职工基本医疗保险二的缴费比例为9%，单位按缴费基数的7%，职工个人按缴费基数的2%缴纳。

（三）取消原按缴费基数的5.5%缴纳统筹基金的医疗保险缴费。单位或自谋职业者可在2016年12月25日前选择参加“职工基本医疗保险一”或“职工基本医疗保险二”，不作选择的自动并入职工基本医疗保险一。

第十条 用人单位缴纳的医疗保险费按照财政、税务部门规定的渠道列支。职工个人缴纳的医疗保险费由用人单位代扣代缴。

按规定参加本统筹地职工基本养老保险的自谋职业人员，按本办法第九条规定参加职工基本医疗保险的，以用人单位和职工个人缴费比例之和缴纳职工基本医疗保险费。

第十一条 领取失业保险金期间的失业人员按规定参加职工基本医疗保险二，其应缴纳的医疗保险费由失业基金支出。

第十二条 职工基本医疗保险实行当月缴费，次月享受。用人单位及其职工按照规定缴纳医疗保险费的，自缴费的次月起享受职工基本医疗保险待遇；中断缴费的，自中断次月起，停止享受职工基本医疗保险待遇。

职工基本医疗保险连续缴费中断后3个月内参保的，自缴费次月起，享受职工基本医疗保险待遇；连续中断达3个月及以上的，视为中断参保，在接续参保后须连续缴费满3个月（以下简称等待期）后，方可享受职工基本医疗保险待遇。

退休人员应自发放职工基本养老保险待遇后2个月内办理职工基本医疗保险衔接手续，并按规定享受职工基本医疗保险待遇；超过2个月的，自缴费次月起享受相关待遇。

第十三条 用人单位及其职工欠缴职工基本医疗保险费的，自欠缴次月起暂停相应参保人员的职工基本医疗保险待遇；暂停期间参保人员所发生的医疗费用职工基本医疗保险基金不予支付。

用人单位及其职工在足额补足欠缴的职工基本医疗保险费后，可补记医保缴费年限，并继续享受职工基本医疗保险待遇，暂停期间发生的医疗费用，职工基本医疗保险基金按规定支付。

第十四条 用人单位及其职工参保缴纳职工基本医疗保险费后按规定建立职工基本医疗保险缴费年限（简称医保缴费年限，下同）。在我县职工基本医疗保险政策实施前（2002年10月前）的职工基本养老保险缴费（含视作缴费）年限视同医保缴费年限；2002年10月起，医保缴费年限按实际缴费年限累计计算。医保缴费年限按月累计。

第十五条 职工到达法定退休年龄并办理退休手续时，须同时符合下列条件方可参加职工基本医疗保险，不再缴纳医疗保险费（简称退休免缴人员，下同）：

1.到达领取职工基本养老金时医保缴费年限男职工须满25周年、女职工须满20周年；

2.从我县职工基本医疗保险政策实施后（2002年10月）参加职工基本医疗保险至退休期间，须连续参保并缴费（含原大病医疗保险和“低小保”医疗保险）。

医保缴费年限不足的，应按办理时我县企业职工社会保险最低缴费基数的6%一次性补缴，记入医保缴费年限，不享受补缴期间职工基本医疗保险待遇，不补记个人账户。

第十六条 原在单位参加职工基本医疗保险二的企业职工，退休后在满足本办法第十五条规定的医保缴费年限后，可继续在原单位按职工基本医疗保险二参保缴费并享受相应待遇，个人不缴纳医疗保险费。

第十七条 达到法定退休年龄后职工基本养老保险延缴的人员，在延缴期间可按月缴纳职工基本医疗保险费，按规定享受相应的在职职工基本医疗保险待遇。

第十八条 服刑和服刑期满人员的职工基本医疗保险按以下规定执行：

1.在职职工被判刑的：

（1）被判刑羁押期间，均按中断缴费处理，不享受职工基本医疗保险待遇。

（2）刑满释放或假释的可重新缴费，按中断缴费人员有关规定处理。

（3）刑满释放或假释已达到或超过法定退休年龄，其职工基本医疗保险缴费符合规定的，可按退休人员享受职工基本医疗保险待遇；职工基本医疗保险缴费不符合规定的，按规定补缴职工基本医疗保险费后可按退休人员享受职工基本医疗保险待遇。

(4)被判有期徒刑宣告缓刑的，在缓刑执行期间可继续缴纳职工基本医疗保险费，享受职工基本医疗保险待遇。

2.职工退休后被判刑的：

(1)被判刑羁押期间，不得享受职工基本医疗保险待遇。

(2)刑满释放或假释后，可继续享受职工基本医疗保险待遇。

(3)被判有期徒刑宣告缓刑的，在缓刑执行期间可继续享受职工基本医疗保险待遇。

第三章　职工基本医疗保险个人账户及管理

第十九条　参加职工基本医疗保险一的职工(含退休免缴人员)按缴费基数的2%建立个人账户，按月划入。退休免缴人员按企业职工社会保险最低缴费基数按比例划入。

参加职工基本医疗保险二(含医疗趸缴人员，下同)的，按以下标准建立个人账户，按月划入：

(1)在职职工：40周岁以下按缴费基数的3%划入；40—50周岁(不含)按缴费基数的4%划入；50周岁及以上按缴费基数的4.5%划入；

(2)退休人员：75周岁以下按企业职工社会保险最低缴费基数的4.5%划入；75周岁及以上按企业职工社会保险最低缴费基数的5%划入。

第二十条　个人账户分当年个人账户和历年个人账户，转入个人账户资金未区分当年资金和历年资金的，全部划入当年资金。当年个人账户主要用于支付符合职工基本医疗保险规定的门(急)诊及购药费用、住院、规定病种门诊医疗费用中规定由个人负担的部分和其他规定应由个人账户支出的费用；历年个人账户资金可用于支付以下费用：

(一)基本医疗保险按规定由个人承担的自费、自负医疗费用；

(二)使用除国家扩大免疫规划以外的预防性免疫疫苗费用；

(三)职工基本医疗保险参保人员配偶、子女、父母的医疗保障费用；

(四)为参保人员本人、近亲属购买指定的个人账户商业健康保险。

第二十一条　个人账户由县医保经办机构统一管理，按银行活期存款利率每结算年度计息一次，产生的利息划入其个人账户的历年资金。个人账户的本金和利息归个人所有，可转移接续和依法继承。退休后不再参加职工基本医疗保险的人员，经本人申请后可办理个人账户结余资金一次性领取手续。

第四章　职工基本医疗保险待遇

第二十二条　参加职工基本医疗保险一的，在一个结算年度内发生的普通门(急)诊和住院医疗费用，按以下规定支付。

(一)参保人员在定点医药机构发生的符合职工基本医疗保险规定支付范围的普通门(急)诊可报医疗费用，在门诊起付标准以上至门诊最高支付限额以下部分由统筹基金按40%的比例支付。

门诊起付标准在职职工为800元、退休人员为500元；门诊最高支付限额为4000元(含)，超过最高支付限额以上部分由个人承担。

(二)参保人员在定点医药机构发生的符合职工基本医疗保险规定支付范围的住院可报医疗费用，在起付标准以上至最高支付限额20万元以下部分，由统筹基金按以下比例支付：一级及以下医疗机构为90%；二级医疗机构为85%；三级医疗机构为80%。

参保人员在定点医药机构发生的符合职工基本医疗保险规定支付范围的住院可报医疗费用，按照不同医疗机构级别设置统筹基金住院起付标准：一级及以下医疗机构500元，二级医疗机构800元，三级医疗机构1000元。

第二十三条　参加职工基本医疗保险二的，在一个结算年度内发生的普通门(急)诊和住院医疗费用，按以下规定支付。

(一)参保人员在定点医药机构发生的符合职工基本医疗保险规定支付范围的普通门(急)诊可报医疗费用，在门诊起付标准以上至门诊最高支付限额以下部分由统筹基金按50%的比例支付。

门诊起付标准在职职工为1200元、退休人员为1000元；门诊最高支付限额为5000元(含)，最高支付限额以上部分由个人承担。

(二)参保人员在定点医药机构发生的符合职工基本医疗保险规定支付范围的住院可报医疗费用，在起付标准以上至最高支付限额20万元以下部分，统筹基金按以下比例支付：一级及以下医疗机构为90%；二级医疗机构为85%；三级医疗机构为80%。退休人员在上述支付比例的基础上增加5个百分点。

参保人员在定点医药机构发生的符合职工基本医疗保险规定支付范围的住院可报医疗费用，

按照不同医疗机构级别设置统筹基金住院起付标准：一级及以下医疗机构 300 元，二级医疗机构 500 元，三级医疗机构 800 元。

第二十四条 参保人员在县域内实施国家基本药物制度的社区卫生服务中心（站）发生的门（急）诊可报医疗费用，在门诊起付标准以上至门诊最高支付限额以下部分由统筹基金按 70% 的比例支付。

第二十五条 住院起付标准按次计收。在一个结算年度内，住院起付标准最多按两次计收，累计计算；住院期间发生转院，7 天内再次入院的，起付标准按高级别医院标准计算。急诊留院观察后由该院直接收治住院的，该留观费用经收治医院核定符合规定的可并入住院医疗费用，起付标准按一次计算。急诊留观后未住院的，不作住院计算。

住院期间转换职工基本医疗保险类型的，不重复设置起付线。至结算年度末，连续住院满 6 个月的，必须结清该年度医疗费用。住院不满 6 个月的跨年度医疗费用，按出院之日确定结算年度。

第二十六条 退休免缴人员门诊享受职工基本医疗保险一待遇、住院享受职工基本医疗保险二待遇。

第二十七条 参保人员在定点医疗机构同时享受职工基本医疗保险住院和长期护理保险待遇的，其符合规定的医疗费用纳入住院费用总量管理，实行按床日付费方式限额结算，结算费用限额为 150 元/床日。低于等于限额标准的按实结算；高于标准的按限额标准结算，不符合收治标准及超限额标准以上的费用不予支付。

第二十八条 参保病人在住院期间受定点医疗机构药品 设备配备等影响，需到其他定点医院进行与本次住院疾病有关的检查、治疗的，经收治医院核定符合规定的可并入住院医疗费用，起付标准按一次计算。所发生的费用出院后凭收治医院证明、出院小结复印件、社会保障·市民卡（或医保 IC 卡）、身份证和本次诊治的门诊发票原件等到县医保经办机构按就诊医院住院待遇标准报销。

第二十九条 参保人员不得同时享受本县职工基本医疗保险待遇和城乡居民基本医疗保险待遇，也不得同时享受本统筹地区和其他统筹地区的社会医疗保险（包括职工基本医疗保险、城乡居民基本医疗保险）待遇。

参保人员在参加城乡居民基本医疗保险后，又参加并缴纳职工基本医疗保险的，待遇享受以职工基本医疗保险待遇为准。在职工基本医疗保险待遇等待期内，待遇享受以城乡居民基本医疗保险为准。

参保人员在职工基本医疗保险中断（终止）后又参加城乡居民基本医疗保险的，住院时按月结转医疗待遇，不重复设置起付线。

第三十条 职工基本医疗保险规定病种，包括恶性肿瘤放（化）疗、尿毒症透析、器官移植后抗排异治疗、再生障碍性贫血、系统性红斑狼疮、血友病、重度精神病、肺结核病辅助治疗（国家免费抗结核病药物治疗除外）、艾滋病机会性感染（国家规定的免费抗病毒治疗除外）等 9 种病种，其在门诊发生的符合职工基本医疗保险规定病种支付范围的针对性治疗费用（包括中草药治疗），可视作住院医疗费用（不计起付标准），由统筹基金按三级医疗机构支付比例支付。

恶性肿瘤患者因身体等原因不宜接受放（化）疗的，其在门诊发生的符合职工基本医疗保险规定病种支付范围的针对性治疗费用（包括中草药治疗）可按规定病种待遇享受，但最长不超过 5 年。5 年后因疾病复发或转移需继续治疗的应重新办理备案手续。

重度精神病是指：需长期依赖药物治疗的脑器质性精神病（含老年性痴呆、血管性痴呆等）、精神分裂症、偏执性精神障碍、分裂情感性精神病、情感性精神障碍（抑郁发作或躁狂发作或混合发作）、难治性强迫症等 6 种病症。

第三十一条 参保人员有下列情况之一的，可申请建立家庭病床：

（一）因疾病引起瘫痪或丧失生活自理能力患者；

（二）恶性肿瘤晚期，行为困难需要支持治疗和减轻痛苦患者；

（三）临终关怀病人。

家庭病床起付标准为每月 80 元；最高支付限额为每月 2000 元（建床时段内可统筹使用）；对符合职工基本医疗保险规定支付范围的医疗费用，在起付标准以上至最高支付限额以下部分，由统筹基金支付 70%。

第三十二条 完善职工大病保险制度。参加职工基本医疗保险的同时必须参加职工大病保险，职工大病保险可由医保经办机构委托商业保险机构承办。

（一）职工大病保险费按每人（含退休）每月 6 元的标准筹集，其中财政资助 2 元，单位和个人各缴纳 2 元，与职工基本医疗保险费同时缴纳，自谋职业人员的单位缴纳部分由个人承担，退休免缴人员单位缴纳部分由统筹基金按月划转。个人缴纳部分由社保中心从当月划入参保人员个人账户资金中代扣代缴。

（二）在一个医保结算年度内，参保人员在定点医疗机构发生的符合职工基本医疗保险规定支付范围的可报住院（含规定病种门诊）医疗费用，超过住院最高支付限额以上部分，由职工大病保险补助 85%，上不封顶。

（三）在一个医保结算年度内，参保人员在定点医疗机构发生的符合职工基本医疗保险规定支付范围的可报住院（含规定病种门诊）医疗费用，按职工基本医疗保险报销（含各类补助）后，个人自负部分累计超过 1.5 万元以上部分，按上不封顶的累进比例进行补助。具体补助办法为：1.5 万元以上至 5 万元部分按 55% 比例补助，5 万元以上部分按 70% 比例补助。

第五章　职工基本医疗保险服务管理

第三十三条　职工基本医疗保险实行定点医药机构协议管理制度。具体管理办法另行制定。

第三十四条　参保人员可按规定在本县范围内的定点医药机构刷卡就医、购药。参保人员凭本人社会保障·市民卡（或医保 IC 卡）就诊，其发生的应当由参保人员个人负担（包括自费、自负）的医疗费用，由参保人员直接向定点医药机构支付；应当由基金支付的，由定点医药机构按照协议与医保经办机构按月结算。

因转院、信息系统故障等原因而未能刷卡结算的（定点零售药店除外），参保人员应在现金垫付相应医疗费用后，于次年 3 月 31 日前，凭社会保障·市民卡（或医保 IC 卡）、病历卡原件及复印件、出院小结原件及复印件、医疗费原始发票、费用汇总清单、身份证原件、双向转诊单、就诊医疗机构职工医保定点及等级证明等相关材料到医保经办机构办理医疗费用结算。逾期未办理的，职工基本医疗保险基金不予支付。

第三十五条　参保人员因病情需要转外就医，应按分级诊疗的有关规定到县级医院办理转诊备案手续。转往嘉善县外嘉兴市内的医保定点医药机构的，享受本县就医报销待遇；转往嘉兴市外的我县职工基本医疗保险定点医疗机构的，其符合我县职工基本医疗保险规定支付范围的医疗费用，先由个人自费 5% 后，再按有关规定结报；转往浙江省、上海市的非我县职工基本医疗保险定点医疗机构的，应为当地职工基本医疗保险定点的三级乙等及以上级别的医疗机构，先由个人自费 10% 后，再按有关规定结报；转往浙江省、上海市以外的非我县职工基本医疗保险定点医疗机构的，应为当地职工基本医疗保险定点的三级甲等医疗机构，先由个人自费 20% 后，再按有关规定结报。

参保人员未按规定办理转诊备案手续或在嘉兴市外其他职工基本医疗保险定点医疗机构诊治的，其发生的符合职工基本医疗保险规定支付范围的医疗费用，先由个人自费 30% 后，再按职工基本医疗保险规定的三级医疗机构报销规定结算。

第三十六条　嘉兴市外转院定点医疗机构

浙江省人民医院、浙江省肿瘤医院、浙江省中医院、浙江大学医学院附属第一医院、浙江大学医学院附属第二医院、浙江大学医学院附属邵逸夫医院、浙江医院、浙江省立同德医院、杭州市第六人民医院、杭州市第七人民医院、杭州市武警医院、杭州艾克中医肿瘤门诊部、杭州爱德医院、浙江中医药大学附属第三医院、第二军医大学附属第一医院、上海交通大学附属第六医院、上海交通大学医学院附属新华医院、上海远大心胸医院。

第三十七条　退休后户口已迁至外地的参保人员，可向县医保经办机构申请办理异地安置手续，在户籍所在地职工医保定点医疗机构中选择三家作为就医医院，享受本县就医报销待遇。已办理异地安置备案手续的，十二个月后方可变更。

第三十八条　退休后随直系亲属长期居住外地（户口未迁至外地）的参保人员，可向县医保经办机构申请办理长期居住外地手续，在居住地医保定点医疗机构中选择三家作为就医医院，发生的医疗费用按第三十五条第一款有关规定报销。已办理长期居住备案手续的，十二个月后方可变更。

第三十九条　职工基本医疗保险医疗服务项目和用药范围按《浙江省基本医疗保险医疗服务项目目录》、《浙江省基本医疗保险、工伤保险和生育保险药品目录》、《浙江省医疗服务价格手册》以及国家、省、市有关规定执行。参保人员在统筹地区以外的医疗机构就医的，药品使用范围以《浙江省基本医疗保险、工伤保险和生育保险药品目录》为准；在上海市的医疗机构就医的，若确属上海职工基本医疗保险用药范围，并由参保人员提供治疗地医疗保险经办机构有效证明的，可列入职工基本医疗保险支付范围，按乙类药品处理；诊疗项目、服务设施及标准按我县规定执行。

第四十条 职工基本医疗保险参保人员同时购买商业保险及本办法第二十九条规定以外的其他医疗保险的，原则上先到我县职工基本医疗保险结报。若确已由商业保险公司或其他统筹地区医疗保险赔付的，则医保支付与已补偿金额之和不得超过医疗费用总额（不包括伙食费、陪客费、空调费、护工费等非医疗费用）。结报时，须提供第三十四条规定的相关资料及其他保险的赔付凭证。

第四十一条 参保人员患规定病种需门诊针对性治疗的，可按规定向县医保经办机构申请，经审核同意后，纳入规定病种结算范围。

重度精神病的确定，应由我县职工医保定点的精神疾病专科医院组织相关专家提出诊断结论（县外精神疾病专科医院提出的诊断结论需经复核），由县医保经办机构审核。

第四十二条 参保人员符合办理家庭病床条件的，经本人申请，收治医疗机构初审，报县医保经办机构审核备案后，纳入家庭病床结算范围，逢医保结算年度，应结算一次。家庭病床建床时间最长不超过一年。

第四十三条 定点医药机构应严格执行《浙江省医疗服务价格手册》、《浙江省基本医疗保险、工伤保险和生育保险药品目录》、《浙江省基本医疗保险医疗服务项目目录》的有关规定，对参保人员就医用药选择安全有效、价格合理的药品和医疗服务项目；确需提供职工基本医疗保险规定支付范围以外的服务，应事先征得参保人员或其直系亲属同意。

定点医药机构应按国家、省有关处方管理规定掌握门诊处方量，门诊（购药）处方量：急性疾病 3 天，一般疾病 7 天，慢性疾病不超过 15 天（高血压、糖尿病、精神病、恶性肿瘤针对性治疗药品可放宽至 30 天）；出院带药（口服药）最长不超过 15 天；中草药 7 帖，规定病种门诊针对性中草药治疗不超过 14 帖。参保人员因特殊原因需转县外治疗的，可放宽至 30 天量。

第四十四条 下列医疗费用不纳入职工基本医疗保险基金支付范围：

（一）应当从工伤保险基金中支付的；

（二）应当由第三人负担的；

（三）应当由公共卫生负担的；

（四）在境外就医的；

（五）因故意犯罪造成自身伤害发生的；

（六）美容、整形等非基本医疗需要发生的；

（七）非职工基本医疗保险定点医药机构发生的；

（八）其他法律、法规规定不予支付的。

第六章 职工基本医疗保险监督管理

第四十五条 职工基本医疗保险基金坚持收支平衡的原则，实行收支两条线管理，执行社会保险基金预决算制度和财务会计管理制度。任何部门、单位和个人均不得挤占、挪用基金，也不得用于平衡财政预算。

第四十六条 县人力社保行政部门应会同有关部门积极推进基本医疗保险结算制度改革，实施总额控制下的多种结算方式，有效控制医疗费用过快增长，减轻参保人员负担。

第四十七条 定点医药机构违反与县医保经办机构所签协议的，依照有关约定追究其违约责任。

第四十八条 县医保经办机构、定点医药机构和参保人员违反职工基本医疗保险规定并造成基金损失的，按《中华人民共和国社会保险法》等有关法律法规规定处理。

第四十九条 定点医疗机构应当加强内部管理，严格按照医疗卫生和职工基本医疗保险的规定为参保人员提供医疗服务，严格遵循出入院（转院）标准，按因病施治的原则，合理检查、合理治疗、合理用药，保证参保人员的基本医疗需求；定点零售药店应当按照药品监督和职工基本医疗保险有关规定为参保人员提供药品销售服务。

第五十条 社会保障·市民卡（或医保 IC 卡）不得冒用、出借和伪造。参保人员凭社会保障·市民卡（或医保 IC 卡）就医、购药时，定点医药机构应当予以核验。

第五十一条　县医保经办机构应当对参保人员发生的医疗费用进行实时监控。对参保人员有异常就诊或购药的，在调查处理期间，县医保经办机构可以改变其结算方式。

第五十二条　用人单位、定点医疗机构、定点零售药店和医保经办机构要积极协助政府行政部门做好职工基本医疗保险工作，对成绩显著的定点医药机构，由县人力社保部门会同财政、发改（物价）、卫计、市场管理等部门按年度进行奖励，其费用由县财政解决。

第七章　附　　则

第五十三条　本规定所称自费费用是指不列入职工基本医疗保险规定支付范围、需由参保人员个人承担的医疗费用及其他费用。

自负费用是指列入职工基本医疗保险规定支付范围，按规定应由参保人员自己负担的起付标准、门诊最高支付限额以上部分、按比例报销后个人负担部分和乙类药品个人负担部分。

可报费用是指除自费、乙类药品个人负担部分、转县外先行自费以外的医疗费用（含起付线）。

最高支付限额是指列入职工基本医疗保险统筹基金支付范围的可报医疗费用最高额度。

职工医保结算年度为自然年度。

第五十四条　县人力社保部门、财政部门应根据国家、省、市有关规定制定和完善职工基本医疗保险政策体系，对筹资标准和待遇水平适时提出调整方案，报本级政府批准后执行。

第五十五条　机关、事业单位及社会团体按照职工基本医疗保险二参保。企业及自谋职业者可按本办法第九条规定，选择一种类型参保。用人单位及自谋职业者需转换参保类型的，须在每年12月1日至25日向社保经办机构提出申请，次年1月1日起享受相应待遇。

第五十六条　享受公务员医疗补助人员在定点医药机构发生符合职工基本医疗保险规定支付范围的普通门（急）诊医疗费用，由公务员医疗补助基金按规定比例支付；规定病种门诊费用按普通门（急）诊费用报销比例由公务员医疗补助基金支付。

第五十七条　本办法相应的配套办法，由县人力社保部门会同相关部门另行制定。

第五十八条　本办法自2017年1月1日起施行。原《嘉善县城镇职工基本医疗保险暂行办法》（嘉善县人民政府第8号令〔2002年〕）、《嘉善县人民政府办公室关于完善职工基本医疗保险转院就医管理办法的通知》（善政办发〔2012〕181号）同时废止。我县原有关职工医保政策与本办法不一致的，以本办法为准。

嘉善县人民政府令

第 42 号

《嘉善县太浦河长白荡饮用水水源保护区污染防治管理办法》已经县十五届政府第四十二次常务会议审议通过，现予公布，自 2017 年 1 月 1 日起施行。

县长　祁海龙

二〇一六年十一月十七日

嘉善县太浦河长白荡饮用水水源保护区污染防治管理办法

第一章　总　　则

第一条　为保护嘉善县饮用水水源，保障人民群众身体健康，促进经济和社会的可持续发展，根据《中华人民共和国水法》、《中华人民共和国水污染防治法》、《浙江省饮用水源保护条例》和《饮用水水源保护区污染防治管理规定》等法律、法规及规章，结合本县实际，特制定本办法。

第二条　本办法适用于嘉善境内太浦河、长白荡饮用水水源保护区（以下简称保护区）范围的保护及相关的管理工作。

第三条　太浦河、长白荡饮用水水源保护和污染防治纳入国民经济和社会发展规划，饮用水水源保护区的设定及污染防治规划，应与调整产业结构布局、控制保护区人口规模、村镇建设规划、土地利用总体规划和水资源综合规划相衔接，使县经济建设、村镇建设与饮用水源保护协调发展。

第四条　县人民政府及保护区范围涉及的镇人民政府对本辖区内的饮用水源水质负责，必须采取切实有效的措施保护和改善水源环境，做好水源保护区的保护工作。村(居)民委员会应当依法做好本区域内的饮用水水源保护工作。

第五条　加强饮用水水源保护区生态建设，建立健全饮用水水源生态保护补偿机制和饮用水水源保护举报奖励制度，逐步加大对饮用水水源地的经济补偿力度，保护举报人的合法权益。

第六条　加强备用饮用水水源地建设，保证应急饮用水。同时根据区域发展规划，将水质良好、水量稳定的重要河道、湖泊作为预留饮用水水源地。

第七条　县环境保护主管部门负责本行政区域内饮用水水源保护区的划定及相关环境管理工作，对饮用水水源污染防治实施统一监督管理，履行以下职责：

（一）贯彻国家有关饮用水源保护和污染防治方针政策，组织实施有关环境保护法律、法规和规章；

（二）协调各级政府、街道办事处、有关部门（单位）做好饮用水水源保护工作；

（三）负责与协调饮用水源保护监督、监测、预警和管理，并做好相关信息的通报；

（四）查处饮用水水源保护区污染事故和环境违法行为；

（五）履行环境保护法律、法规规定的其他职责。

第八条　县相关管理部门应按照各自的职责做好饮用水水源保护相关工作，主要履行以下职责：

（一）饮用水水源保护区管委会及办公室负责饮用水源保护方案的制定，监督相关主体组织实施；协调有关镇人民政府及部门（单位）做好饮用水水源保护工作；对饮用水源保护实施统一监督管理，做好相关信息的通报；组织开展对饮用水源保护区及相关设施的巡查，及时向有关部门提供违反饮用水源保护和污染防治的线索并监督整改；组织开展饮用水水源监测，发现异常情况的，应当及时向本级人民政府报告，并采取有效措施防止污染饮用水水源；履行突发饮用水源污染事故应急处置相关职责工作。

（二）县规划建设部门负责对饮用水水源保护区内开发建设的规划和管理，指导饮用水源地所在区域的生活污水集中收集处置工作，指导水厂采用先进处理技术应对水质异常情况，指导实施建筑施工污水、生活垃圾的收集处置。

（三）县国土资源部门负责制定饮用水水源保护区范围内用地利用规划控制，并负责组织实施。

（四）县水利行政主管部门负责水源地水资源统一监督管理，合理调度水资源，指导、监督做好水土保持和水体保洁、水体流量的维护工作，防止生态环境破坏和水土流失。负责对饮用水源地、备用水源地或预留饮用水水源地确定进行科学论证，提出意见。加强太浦河大堤安全管理，未经允许，禁止太浦河大堤货物车辆通行，并设置必要的路障、禁行标识。履行突发饮用水源污染事故应急处置相关职责工作。

（五）供水单位参与保护区的生态环境保护与污染防治工作，加强饮用水水源的水质监测，定期向环保部门通报饮用水水源保护区水质状况和动态监管情况，提出污染控制及保护饮用水水源的意见和建议，发现异常情况的，应及时采取有效措施、并按规定向环境保护主管部门报告；开展保护区日常巡查工作；协助有关部门开展对保护区内的生态环境破坏、污染事故和违法案件的调查工作；编制本单位饮用水水源污染事故的应急方案，报所在地供水主管部门备案，并做好应急准备和演练工作，确保供水安全。负责相关水源工程建设的具体工作。负责对饮用水水源一级保护区外围设置隔离防护措施，实行封闭式管理。履行突发饮用水源污染事故应急处置相关职责工作。

（六）县农经（渔业）部门应按照职责加强农业面源污染防治、推广测土配方施肥和农药高效低毒技术；落实畜禽养殖禁养区制度，牵头做好农村生活污水治理工作，制定并严格控制实施保护区及其周边水体的水产养殖计划，推广健康、清洁的水产养殖，防治水体富营养化，加强水源保护区内渔船管理，保护和改善水生态环境。负责水源保护区相关绿化工作。负责饮用水源地农村生活垃圾分类收集处理工作，实现生活垃圾的减量化、资源化。

（七）县卫生行政主管部门负责饮用水源卫生质量的监督管理，制定保护区内的卫生防疫工作方案并组织实施。按照《生活饮用水卫生标准》（GB 5749—2006）中规定的相关卫生指标进行定期监督、监测工作。履行突发饮用水源污染事故应急处置相关职责工作。

（八）县公安部门负责维护饮用水水源保护区的公共安全，对破坏保护区内设施的案件进行查处；划定剧毒、危险品化学品运输车辆通行区域应当避开饮用水水源保护区。对饮用水水源保护区等敏感区域要设置交通运输工具禁行标志。履行突发饮用水源污染事故应急处置相关职责工作。

（九）县安监部门负责剧毒、危险品使用的安全监督管理。对水源保护区内生产、使用剧毒、危险品的单位进行隐患排查和整改。履行突发饮用水源污染事故应急处置相关职责工作。

（十）县交通管理部门负责船舶污染防治，对太浦河通航船舶实施严格监督管理。负责对穿越饮用水水源保护区的道路建设应急设施。按照职责建立健全巡查制度，组织对饮用水水源保护区及相关设施进行巡查。针对太浦河来往船只的运输货物进行详细梳理，与相关部门（单位）共同开展每年至少一次的联合检查，规范水源地道路与航道运输行为。积极预防和有效应对处置危险化学品运输船舶爆炸、泄漏事故，确保用于危险化学品运输作业的内河码头、泊位与饮用水源取水口保持规定的距离。切实做好饮用水源一级保护区范围内禁止泊船工作以及突发饮用水源污染事故应急处置相关职责工作。

（十一）县市场监督管理局负责按本管理办法对水源保护区的工商户核发工商执照，对保护区内无执照工商户负责取缔。

（十二）县综合行政执法局协同辖区镇政府建立完善日常巡查制度，负责对饮用水源保护区内违反城乡规划管理、土地和矿产资源管理、水行政管理、渔政管理等规定的违法行为实施行政处罚。

（十三）县发改、经信、旅游、财政等管理部门应按照饮用水水源保护要求，做好产业结构调整和建设项目布局，严格控制水源保护区内新建工业项目的审批；引导保护区内工业企业的关停和搬迁，落实饮用水源保护资金及各项水源保护投入机制、生态补偿机制等。

第九条　饮用水水源保护区所在地的镇人民政府和村民委员会，承担各自辖区内饮用水源保护的主体责任。负责种植业、畜禽养殖业、水产养殖业、餐饮业等可能影响饮用水源地的污染整治的组织实施工作，全面落实饮用水源、备用水源保护区沿线畜禽“禁养”、限期治理和关停搬迁工作；把好项目引进关，加大工业企业关停搬迁，调整产业结构，从源头上控制污染；教育和督促本辖区居（村）民遵守水源保护各项规定，做好区域内生活污水和垃圾集中清运处置工作，对有影响水源水质的各类活动及时劝导和制止，支持配合环保及有关部门查处污染和破坏饮用水源保护区的违法行为；加强饮用水源保护的宣传，并将违法行为及时移送有关职能部门进行查处；负责突发饮用水源污染事故应急处置相关职责工作；对饮用水源保护区和准保护区内不能确定责任人的污染源，由所在镇人民政府组织有关单位予以清理。

第十条 任何单位和个人都有义务保护饮用水源保护区不受污染，有权对饮用水源保护区的污染行为进行监督、检举和控告。

第二章 保护区划分和防护

第十一条 为提高饮用水源水质，保障生活饮用水清洁、卫生、安全，县人民政府依法对太浦河、长白荡相应的水域和陆域划定一级保护区、二级保护区，并在该两处保护区外划定一定范围的准保护区，并实施分级保护管理和污染防治措施。

第十二条 太浦河、长白荡饮用水源保护区具体划分以下保护区范围：

（一）太浦河一级保护区：

水域范围：太浦河取水口上游上溯1.1公里至浙江上海交界，下游下溯1公里；

陆域范围：

南岸长约2.1公里、北岸长约0.75公里；太浦河取水口一级水域保护区岸线向南北各延伸60米范围；太浦河堤防南侧约500亩鱼塘（仅浙江省境内范围，共0.37km²）；

（二）太浦河二级保护区水域范围：

取水口上游西塘镇境内1.3公里河道；一级保护区下界下延至浙江省与上海交界处；

陆域范围：

南岸长约1.77公里、北岸长约0.65公里；保护区水域沿线两岸向南北各延伸1000米（仅考虑浙江省境内，含一级保护区，共3.07km²）；

（三）长白荡一级保护区：

水域范围：长白荡浙江省范围全部（约1500亩）；

陆域范围：长白荡岸线向四周扩展60米（0.2[illegible]km²）；

（四）长白荡二级保护区：

水域范围：无

陆域范围：长白荡（浙江省部分）四周扩展200米范围内除一级保护区以外区域（不含一级保护区面积，0.9km²）；

（五）准保护区：

水域范围：除长白荡外，包括汾湖、马斜湖、广荡、白鱼荡等。

陆域范围 共26平方公里（含湖荡），分为二个部分，即东区与西区。

东区范围为：

东界：姚庄镇金星村与上海市交界处；

西界：西塘镇钟葫村西界；

南界：东起夏家甸村港，碎石村道入金星村耒庄公路，接丁莲公路—西丁公路（不包括丁栅集镇规划功能区），从杨家娄向北入西塘钟葫村道至钟葫村与上海交界处；

北界：太浦河北岸的嘉善县地域。

准水源保护区东区面积（包括一级、二级保护区）约为14.5平方公里。

西区范围为：

东界：陶庄镇湖滨村门前港与江苏省交界处向南延伸至陶庄镇陶丁公路与跨海大桥北岸连接线；

西界：陶庄镇西浒村西界与江苏省交界处；

南界：东起跨海大桥北岸连接线，向南入陶丁公路，经贺汇村、金库村西、汾湖村、西浒村至与江苏交界处；

北界：陶庄镇汾湖北界。

准水源保护区西区面积约为11.5平方公里（西区不设一级、二级保护区）。

第十三条 饮用水一级保护区、二级保护区内水质，按照国家《GB3838－2002地表水环境质量标准》Ⅲ类水标准执行；准水源保护区水质，应保证一、二级保护区的水质能满足规定的标准。

第十四条 在饮用水水源一级保护区内，除饮用水水源二级保护区内禁止的行为外，还禁止下列行为：

（一）新建、改建、扩建与供水设施和保护水源无关的建设项目；

（二）投饵式养殖、旅游、游泳、垂钓；

（三）使用化肥和高毒、高残留农药；

（四）停泊与保护水源无关的船舶；

（五）其他可能污染水源的活动。

在饮用水水源一级保护区内，已经建成的与供水设施和保护水源无关的建设项目，由县级以上人民政府依法责令限期拆除或者关闭。

第十五条 在饮用水水源二级保护区内，除饮用水水源准保护区内禁止的行为外，还禁止下列行为：

（一）设置排污口；

（二）新建、改建、扩建排放污染物的建设项目；

（三）贮存、堆放可能造成水体污染的固体废弃物和其他污染物；

（四）危险货物水上过驳作业；

（五）冲洗船舶甲板，向水体排放船舶洗舱水、压载水等船舶污染物。

在饮用水水源二级保护区内

从事网箱养殖、旅游和使用化肥、农药等活动的，应当按照规定采取措施，防止污染饮用水水体。

在饮用水水源二级保护区内，已建成的排放污染物的建设项目，由县级以上人民政府依法责令限期拆除或者关闭。

第十六条　在饮用水水源准保护区内，禁止下列行为：

（一）新建、扩建水上加油站、油库、规模化畜禽养殖场等严重污染水体的建设项目，或者改建增加排污量的建设项目；

（二）设置装卸垃圾、粪便、油类和有毒物品的码头；

（三）运输剧毒物品、危险废物以及国家规定禁止通过内河运输的其他危险化学品；

（四）其他法律、法规禁止污染水体的行为。

饮用水水源准保护区内应当逐步减少污染物的排放量，保证保护区内水质符合规定的标准。

第三章　污染防治和监督管理

第十七条　饮用水源一级保护区和二级保护区污染防治由县环境保护主管部门负责统一监督管理，其中一级保护区生活饮用水取水口由县卫生行政主管部门负责监督管理。准保护区污染防治由县环境保护主管部门负责日常现场管理。

第十八条　环境保护主管部门应在一级保护区、二级保护区和准保护区设置界碑，明确各级保护区地理界线。供水单位应在一级保护区内取水口设置明显的范围标志和禁止事项告示牌。

第十九条　在饮用水源保护区内建设项目应严格执行建设项目环境保护审批制度，办理环境影响评价审批手续。未经环境保护主管部门审批核准的建设项目，发改、经信、住建、国土资源等部门不得予以批准建设，市场监管部门不得核发工商执照。

第二十条　凡运输剧毒物品、有毒有害物质或油类、粪便的船舶和车辆必须进入保护区的，必须设置有效防渗防漏防扩散设施，并应事先报经公安、交通（海事）部门批准同意。

第二十一条　县发改、经信、住建、国土、农经、市场监管、卫生、水利等部门应鼓励和支持饮用水二级保护区内当地单位和居民向异地迁移发展，引导准保护区内单位和居民发展无污染生产经营项目，落实清洁生产和水资源生态保护措施。

第二十二条　饮用水源保护区所在地各镇政府、村委会应当按饮用水源保护要求，积极筹措资金，组织建设生活污水、垃圾集中处理设施，大力发展污水集中处理工程沿线纳污管网建设，加快污水进网集中处理。镇（街道）应当组织和指导村（社区）开展饮用水水源保护巡查，发现问题时，应当及时采取措施并向有关主管部门报告。

第二十三条　渔政管理部门应明确一级保护区内禁止渔业捕捞活动，确需捕捞的必须凭核发的许可证捕捞，严格控制保护区内由渔业捕捞带来的污染。

第二十四条　为改善水质或水上景观进行保护区内种植或养殖的，必须经环境保护主管部门审核同意后报农业经济、旅游部门批准实施，禁止擅自建设。

第二十五条　任何单位和个人不得将饮用水源保护区内的土地、建筑物出租给他人从事本办法禁止的生产经营及其他活动。

第二十六条　因污染事故或其他原因造成或可能造成饮用水源保护区污染的，有关责任单位或个人应当立即启动应急预案，采取应急措施，消除或减轻污染危害，同时立即通知供水单位，通报可能受到污染危害的单位和居民，并在2小时内报告环保、卫生、住建等有关部门，接受调查处理。环境保护主管部门接到报告后，应立即向县政府和上一级环境保护主管部门报告，并立即组织有关单位调查处理。

第二十七条　在造成严重污染并危及供水安全的紧急情况下，县政府应当及时向居民公告，并立即采取应急措施，责令有关责任单位停止排放污染物，消除现场污染危害。

第二十八条　环境保护主管部门和有关执法监督管理部门有权对本辖区饮用水源保护区现场进行检查。被检查的单位和个人应主动配合，如实反映情况，提供必要的资料，不得拒绝或阻挠。

第四章　处　　罚

第二十九条　对违反饮用水源保护区污染防治管理办法规定的单位或个人，由环境保护主管部门或各有关部门按照相关法律法规予以处罚。

第五章　附　　则

第三十条　本办法自2017年1月1日起施行。2007年8月16日嘉善县十三届政府第四十四次常务会议审议通过的《嘉善县太浦河饮用地表水水源保护区污染防治管理办法》同时废止。

文　件　目　录

2016年嘉善县人民政府规范性文件目录

表33

序号	文　　件　　名	文　　号
1	关于印发嘉善县人民政府办公室(法制办公室、外事侨务办公室)主要职责内设机构和人员编制规定的通知	善政办发〔2016〕32号
2	关于印发嘉善县加强生活无着流浪乞讨人员救助管理工作实施方案的通知	善政办发〔2016〕41号
3	关于印发2016年度嘉善县国有土地上被征收房屋相关补偿标准的通知	善政办发〔2016〕45号
4	关于印发嘉善县国有土地上房屋征收范围内"三类"房屋的调查认定和处理办法的通知	善政办发〔2016〕46号
5	关于印发嘉善县国有土地上房屋征收补偿和奖励补助暂行办法的通知	善政办发〔2016〕47号
6	关于印发开展深化工业用地市场化配置改革试点实施方案的通知	善政办发〔2016〕49号
7	关于印发嘉善县支出型贫困家庭基本生活救助办法的通知	善政办发〔2016〕82号
8	关于印发嘉善县见义勇为人员奖励和保障办法的通知	善政办发〔2016〕100号
9	关于印发嘉善县农村生活污水治理设施运行维护管理实施办法(试行)的通知	善政办发〔2016〕106号
10	关于印发嘉善县新型职业农民培育认定及管理办法(试行)的通知	善政办发〔2016〕121号
11	关于印发嘉善县经济适用住房上市交易管理办法的通知	善政办发〔2016〕134号
12	关于加快发展众创空间推进科技企业孵化器建设的若干意见	善政办发〔2016〕141号
13	关于印发西塘中国历史文化名镇建筑保护与整修监督管理办法的通知	善政办发〔2016〕158号
14	关于印发嘉善县城镇危险住宅房屋治理改造实施细则的通知	善政办发〔2016〕159号
15	关于印发推进责任医生签约服务工作的实施意见(试行)的通知	善政办发〔2016〕172号
16	关于转发嘉善县住宅小区配套幼儿园建设管理办法的通知	善政办发〔2016〕174号
17	关于印发嘉善县城乡居民生活污水处理费调整实施意见的通知	善政办发〔2016〕187号
18	印发关于建立长期护理保险制度意见(试行)的通知	善政办发〔2016〕188号
19	关于印发嘉善县人民政府部门职责管理办法的通知	善政发〔2016〕27号
20	关于印发《"嘉善县荣誉市民"评审实施细则》的通知	善政发〔2016〕39号
21	关于全面建立困难残疾人生活补贴和重度残疾人护理补贴制度的实施意见	善政发〔2016〕58号
22	关于进一步深化工业企业"零土地"技改项目审批方式改革的若干意见	善政发〔2016〕90号
23	关于印发退役士兵安置实施办法的通知	善政发〔2016〕129号
24	关于限期淘汰整治高污染燃料锅(窑)炉的通告	善政发〔2016〕131号
25	关于加快推进残疾人全面小康进程的实施办法	善政发〔2016〕152号
26	关于加强烟花爆竹燃放安全管理的通告	善政发〔2016〕173号
27	关于进一步规范工程建设项目招投标管理工作的通知	善政发〔2016〕183号
28	关于明确嘉善县河道管理及保护范围的规定	善政发〔2016〕186号

续表 33

序号	文　　件　　名	文　　号
29	关于进一步推进户籍制度改革的实施意见	善政发〔2016〕205 号
30	嘉善县国有土地上房屋征收与补偿办法	政府令 40 号
31	嘉善县职工基本医疗保险办法	政府令 41 号
32	嘉善县太浦河长白荡饮用水水源保护区污染防治管理办法	政府令 42 号

2016 年中共嘉善县委发文目录

表 34

序号	标　　　　题
1	关于印发《浙江嘉善县域科学发展示范点建设第二阶段五年行动计划(2016—2020)》的通知
2	关于 2015 年度先进集体和先进个人的通报
3	关于 2015 年度嘉善县先进基层党组织和优秀共产党员的通报
4	关于公布共青团嘉善县第二十一届委员会组成人员的通知
5	关于公布 2015 年度全县基层党委(党组)理论学习中心组先进单位的通知
6	关于 2016 年度全县干部理论学习的实施意见
7	关于公布嘉善县科学技术协会第九届委员会组成人员的通知
8	关于公布嘉善县台胞台属联谊会第六届理事会组成人员的通知
9	关于建立县十五届五次人代会、十三届政协五次会议临时党委和人代会代表团、政协委员组临时党支部及组成人员的通知
10	关于贯彻省委加强和改进党的群团工作的实施意见的通知
11	关于印发《嘉善县城乡环境整治百日攻坚行动实施方案》的通知
12	关于 2015 年度人民武装工作先进单位和先进个人的通报
13	关于同意推荐全国纪检监察系统先进集体和先进工作者候选对象的通知
14	印发《关于补齐短板勇作示范的行动计划》的通知
15	关于嘉善县第九届文学艺术“红杜鹃奖”评选结果的通报
16	批转《少先队嘉善县工作委员会、嘉善县教育局、共青团嘉善县委员会关于召开中国少年先锋队嘉善县第八次代表大会的报告》的通知
17	批转《中共嘉善县工商业联合会党组关于召开嘉善县工商业联合会第九次会员代表大会的报告》的通知
18	转发《嘉善县法治宣传教育领导小组关于在全县公民中开展法治宣传教育的第七个五年规划(2016—2020 年)》的通知
19	关于中国共产党嘉善县第十四次代表大会代表选举工作的通知
20	关于给予张赟等同志记个人三等功的决定
21	关于实施第三轮“强村计划”全面提升村级集体经济发展品质的工作意见
22	关于公布嘉善县工商业联合会第九届执行委员会组成人员的通知

2016年嘉善县人大常委会发文目录

表35

序号	标　　　　题
1	嘉善县人大常委会2016年工作要点
2	关于补选张锦卫同志为嘉兴市第七届人民代表大会代表的报告
3	关于张金明等同志免职的通知
4	关于表彰嘉善县2015年度人大代表工作各项先进的通知
5	关于郁伟华同志任职的通知
6	嘉善县人大常委会关于批准嘉善县2016年街道办事处财政预算的决定
7	嘉善县人民代表大会常务委员会授予"嘉善县荣誉市民"称号的办法
8	关于接受殳世平辞去嘉善县人民政府副县长职务请求的决定
9	关于我县学前教育工作情况的审议意见
10	关于认真办理县十五届人大五次会议代表建议的通知
11	关于调整代表资格审查委员会组成人员的决定
12	关于谢光辉同志任职的通知
13	关于全县城乡生活垃圾收集处理一体化情况的审议意见
14	关于《嘉善县2015年度城乡规划实施情况报告》的审议意见
15	关于要求确定嘉善县第十六届人民代表大会常务委员会组成人员名额的请示
16	嘉善县人大常委会关于批准嘉善县2015年财政决算的决议
17	关于陈江伟等同志职务任免的通知
18	关于吴文兵同志免职的通知
19	关于汤美萍等同志免职的通知
20	关于全县大气污染防治法律法规执行情况和"五水共治"工作情况的审议意见
21	关于嘉善县2016年上半年国民经济和社会发展计划执行情况报告的审议意见
22	关于嘉善县2016年上半年财政预算执行情况报告的审议意见
23	关于2015年度嘉善县财政预算执行和其他财政收支审计工作报告的审议意见
24	关于开展第七个五年法治宣传教育的决议
25	关于县、镇两级人民代表大会换届选举有关事项的决定
26	关于设立嘉善县选举委员会的决定
27	关于设立各镇选举委员会、县人武部选举委员会和县选举委员会街道工作处的决定
28	关于授予葛明华等8位人士"嘉善县荣誉市民"称号的决定
29	关于邹铭等同志职务任免的通知
30	关于法制宣传教育第六个五年规划实施与第七个五年规划编制情况报告的审议意见
31	关于表彰嘉善县2016年度县人大代表优秀议案建议和承办代表建议先进单位的通知
32	关于表彰嘉善县十五届人大先进代表小组和代表履职先进个人的通知

续表 35

序号	标　　　　题
33	关于徐鸣阳同志任职的通知
34	嘉善县人民代表大会常务委员会关于接受祁海龙辞去嘉善县人民政府县长职务请求的决定
35	嘉善县人民代表大会常务委员会关于徐鸣阳副县长为嘉善县人民政府代理县长的决定
36	嘉善县人民代表大会常务委员会关于调整县人大常委会工作机构设置的决定
37	嘉善县人民代表大会常务委员会关于同意嘉善县 2016 年政府投资项目计划调整的决定
38	嘉善县人民代表大会常务委员会关于同意嘉善县 2016 年财政预算调整的决定
39	关于周宏等同志职务任免的通知
40	关于俞泓刚等同志职务任免的通知
41	关于倪建伟同志免职的通知
42	关于我县科技创新平台建设发展情况的审议意见
43	嘉善县人民代表大会常务委员会关于接受曹国良辞去嘉善县人民政府副县长职务请求的决定
44	嘉善县人民代表大会常务委员会关于接受施晓松辞去嘉善县人民政府副县长职务请求的决定
45	嘉善县人民代表大会常务委员会关于接受郑明等辞去嘉善县选举委员会职务请求的决定
46	嘉善县人民代表大会常务委员会关于接受陈贤明等辞去镇选举委员会、县人武部选举委员会和县选举委员会街道工作处职务请求的决定
47	关于徐明良同志任职的通知
48	关于朱忠民等同志职务任免的通知
49	关于朱军等同志职务任免的通知
50	关于赵志刚同志任职的通知

2016 年嘉善县人民政府发文目录

表 36

序号	标　　　　题
1	关于同意 2016 年度土地储备计划的批复
2	关于收回富鼎电子部分地块国有建设用地使用权的批复
3	关于印发深化教育改革促进民办教育健康发展实施意见的通知
4	关于同意征收 2016G－1 号等三个地块并招标拍卖挂牌出让国有土地使用权的批复
5	关于开展第三次农业普查的通知
6	关于收回国厦建设地块国有建设用地使用权的批复
7	关于同意征收储备 2015－28 号等三地块并招标拍卖挂牌出让国有土地使用权的批复
8	关于表彰第九届嘉善县县长质量奖获奖单位的通知
9	关于成立嘉善县大众创业导师团的通知

续表 36

序号	标　　题
10	关于对东方润园小区 10—3 号房屋东侧无证建设的楼梯设施不实施拆除的决定
11	关于对东方润园小区 10—2 号房屋西侧无证建设的楼梯设施不实施拆除的决定
12	关于对东方润园小区 32—5 号房屋西侧无证建设的楼梯设施不实施拆除的决定
13	关于同意招标拍卖挂牌出让 2016G—4 号等两个地块国有土地使用权的批复
14	关于同意征收储备 2016—1 号地块并招标拍卖挂牌出让国有土地使用权的批复
15	关于同意征收 2016G—6 号地块并招标拍卖挂牌出让国有土地使用权的批复
16	关于调整县长、副县长分工的通知
17	关于公布嘉善县 2016 年度审计项目计划的通知
18	关于收回县政府、县卫生局、县老干部局、吴镇纪念馆相关地块国有建设用地使用权的批复
19	关于嘉善巧克力甜蜜小镇建设项目建设资金有关问题的通知
20	关于嘉善县西塘城镇化提升显目建设资金
21	关于同意建立 2014 年度财政专项扶持资金的批复
22	关于同意成立浙江师范大学附属嘉善实验学校的批复
23	关于同意嘉善县康慈医院更名的批复
24	关于同意嘉善丁诸航道整治项目安置用地规划预留指标核拨方案的批复
25	关于印发 2016 年度民办预备役整组工作的通知(密级文件电子版没有,纸质存档)
26	关于收回资产经营公司地块国有建设用地使用权的批复
27	关于印发嘉善县人民政府部门职责管理办法的通知
28	关于收回百诺装饰材料地块国有建设用地使用权的批复
29	关于同意征收 2016G—11 号地块并招标、拍卖挂牌出让国有土地使用权的批复
30	关于同意招标、拍卖、挂牌出让 2016G—12 号地块国有土地使用权的批复
31	关于同意招标、拍卖、挂牌出让 2016G—7 号等四个国有土地使用权的批复
32	关于同意征收、储备 2015—32 号等七个地块并招标、拍卖挂牌出让国有土地使用权的批复
33	关于同意嘉善县燃气专项规划修编的批复
34	关于确定原四中地块征收范围的批复
35	关于同意嘉善县姚庄镇南鹿等六村土地综合整治项目调整部分拆旧地块的批复
36	关于同意成立嘉善县里泽中心学校的批复
37	关于同意开展嘉善经济技术开发区(西区)控制性详细规划中 C1—16、C1—17、C1—23、C1—24 单元控规调整的批复
38	关于同意在 5 月 12 日“防灾减灾日”试鸣防空和防灾警报的批复
39	关于印发《“嘉善县荣誉市民”评审实施细则》的通知
40	关于同意设立嘉善中荷产业园投资发展有限公司的批复

续表 36

序号	标　　题
41	关于同意征收 2016G－13 号地块并招标、拍卖挂牌出让国有土地使用权的批复
42	关于同意征收、储备 2016－2 号等两地块并招标、拍卖挂牌出让国有土地使用权的批复
43	关于同意嘉善县城区排水(雨水)防涝综合规划的批复
44	关于同意设置云澜湾社区居委会的批复
45	关于印发嘉善县国民经济和社会发展第十三个五年规划纲要的通知
46	关于同意推行建设项目环境保护设施竣工验收监测(调查)社会化服务改革工作的批复
47	关于落实嘉善县太浦河取水二期工程申请中国农发重点建设基金有关事项的通知
48	关于同意征收 2016G－14 号等两个地块并招标、拍卖挂牌出让国有土地使用权的批复
49	关于同意征收 2016G－16 号等两个地块并招标、拍卖挂牌出让国有土地使用权的批复
50	关于嘉善万联置业有限公司 2011－31－5 号地块闲置土地处置方案的批复
51	关于同意嘉善县魏塘新市镇投资建设有限公司变更国有资产出资人的批复
52	关于同意嘉善县桑苗良种繁育场 2016 年土地开发项目立项的批复
53	关于同意给予马陈良行政开除处分的批复
54	关于表彰 2015 年度“无违建村(社区)”和“无违建村(社区)”创建工作先进集体的通报
55	关于印发嘉善县加快供给侧结构性改革促进工业经济转型发展实施意见的通知
56	关于同意轮换县级储备粮晚粳谷的批复
57	关于同意嘉善县水利工程标准化管理实施方案的批复
58	关于全面建立困难残疾人生活补贴和重度残疾人护理补贴制度的实施意见
59	关于印发嘉善县创建浙江省食品安全县工作方案的通知
60	关于同意启用嘉善县气象灾害预警中心和突发公共事件预警信息发布平台的批复
61	关于同意嘉善县干窑城镇投资开发有限公司股权变更的批复
62	关于同意征收、储备 2016－8、2016－9 号地块并招标、拍卖、挂牌出让国有土地使用权的批复
63	关于嘉善县万联置业有限公司 2001－31－2 号地块闲置土地处置方案的批复
64	关于嘉兴市善通运输(集团)有限责任公司闲置土地处置方案的批复
65	关于 2015 年度国防动员工作和后备力量建设先进单位和先进个人的通报
66	关于嘉善县丁栅至天凝改建拓宽工程项目有关事宜的通知
67	关于同意征收、储备 2016－4 号地块并招标、拍卖、挂牌出让国有土地使用权的批复
68	关于收回干窑三力荣耀轴承国有建设用地使用权的批复
69	关于收回经开资产经营地块部分国有建设用地使用权的批复
70	关于无偿收回嘉善县城市基础设施投资有限公司 2005－59 号地块的批复
71	关于同意征收、储备 2016－5、2016－6、2016－7 号地块并招标、拍卖、挂牌出让国有土地使用权的批复
72	关于同意撤销嘉善县平川中学的批复

续表 36

序号	标　　　　题
73	关于嘉善高铁新城新型城镇化 PPP 项目实施方案的批复
74	关于同意给予张小峰行政开除处分的批复
75	关于同意给予金玲莉行政开除处分的批复
76	关于同意给予陈福权开除公职处分的批复
77	关于同意给予沈志强行政开除处分的批复
78	关于同意给予徐奕行政开除处分的批复
79	关于同意给予江晓行政开除处分的批复
80	关于同意给予钟敩行政开除处分的批复
81	关于同意给予钱海燕开除公职处分的批复
82	关于 2015 年度征兵工作先进单位和先进个人的通报
83	关于规范告知行政复议申请权的通知
84	关于同意征收 2016G－19 号等三个地块并招标、拍卖、挂牌出让国有土地使用权的批复
85	关于同意招标、拍卖、挂牌出让 2016G－26 号等两个地块国有土地使用权的批复
86	关于同意征收 2016G－22 号等四个地块并招标、拍卖、挂牌出让国有土地使用权的批复
87	关于嘉善盛尚投资开发有限公司闲置土地处置方案的批复
88	关于同意征收 2016G－24 号等七个地块并招标、拍卖挂牌出让国有土地使用权的批复
89	关于 2016 年度嘉善县中心城区规划预留指标核拨方案的批复
90	关于进一步深化工业企业"零土地"技改项目审批方式改革的若干意见
91	关于对非法占用土地上没收建筑物及构筑物予以处置的批复
92	关于收回泗洲中学地块两宗国有建设用地使用权的批复
93	关于收回西塘腾成化工国有建设用地使用权的批复
94	关于收回西塘 B 区海关围网地块国有建设用地使用权的批复
95	关于收回西塘 B 区(一期)道路地块国有建设用地使用权的批复
96	关于同意征收 2016－20 号等四个地块并招标、拍卖挂牌出让国有土地使用权的批复
97	关于同意征收 2016－14 号等三个地块并招标、拍卖挂牌出让国有土地使用权的批复
98	关于印发嘉善县农村承包土地的经营权抵押贷款试点方案的通知
99	关于同意嘉善陶庄再生资源有限公司股权变更的批复
100	关于同意嘉善县城镇危险住宅房屋治理改造专项规划(2015—2017)的批复
101	关于嘉善县中心城区综合交通发展规划部分内容调整的批复
102	关于同意丁诸航道县城建成区农村房屋征收方案的批复
103	关于同意丁诸航道姚庄段征迁补偿方案的批复

续表 36

序号	标　　　　题
104	关于将嘉善县中心城区“棚户区”改造——西门地块一期、原四中及周边地块项目列入政府购买服务等事宜的批复
105	关于同意 2016G－29 号等两个地块招标、拍卖、挂牌出让国有土地使用权的批复
106	关于同意征收 2016G－28 号地块并招标、拍卖挂牌出让国有土地使用权的批复
107	关于收回西塘粮食收储公司部分国有建设用地使用权的批复
108	关于进一步做好消防安全工作的通告
109	关于同意县交投集团对县银展交通建设投资有限公司增资的批复
110	关于同意太浦河(浙江段)等 3 条河道确权划界方案的批复
111	关于收回开发区凌龙纺织三地块国有建设用地使用权的批复
112	关于同意县经济技术开发区设立“嘉善通用航空机场建设有限公司”的批复
113	关于干窑镇长丰村工业园区整治项目(二期)节余指标县级收购储备的批复
114	关于确定西门地块一期城市有机更新项目征收范围的批复
115	关于同意嘉善县凝溪城镇有机更新有限公司股权变更的批复
116	关于推进浙江中荷(嘉善)产业合作园建设的实施意见
117	关于西塘镇西北区块控制性详细规划的批复
118	关于同意设立水文监测环境保护区的批复
119	关于同意嘉善县湿地保护规划(2014－2020)的批复
120	关于同意征收、储备 2016－31 号地块并招标、拍卖、挂牌出让国有土地使用权的批复
121	关于同意征收、储备 2016－34 号地块并招标、拍卖、挂牌出让国有土地使用权的批复
122	关于同意在 9 月 18 日试鸣防空警报的批复
123	关于同意征收、储备 2016G－31 号等两个地块并招标、拍卖、挂牌出让国有土地使用权的批复
124	关于同意平黎公路嘉善段改(扩)建工程项目政府购买服务模式实施方案的批复
125	关于责成有关部门拆除无法确定建设单位或者个人的违法建设项目的批复
126	关于进一步促进企业兼并重组的实施意见
127	关于辞退陆陈意的决定
128	关于同意征收、储备 2016－32 号地块并招标、拍卖、挂牌出让国有土地使用权的批复
129	关于印发退役士兵安置实施办法的通知
130	关于成立嘉善县太浦河长白荡饮用水水源保护区管理委员会的通知
131	关于限期淘汰整治高污染燃料锅(窑)炉的通告
132	关于进一步促进分布式光伏发电持续发展的实施意见
133	关于加快电子商务发展的若干意见
134	关于收回善通运输公司商住地块国有建设用地使用权的批复

续表 36

序号	标　　题
135	关于同意征收、储备 2016－35 号地块并招标、拍卖、挂牌出让国有土地使用权的批复
136	关于嘉善大云巧克力甜蜜小镇控制性详细规划的批复
137	关于同意征收 2016G－33 号地块并招标、拍卖、挂牌出让国有土地使用权的批复
138	关于同意给予陶聿行政开除处分的批复
139	关于对非法占用土地上没收建筑物予以处置的批复
140	关于同意浙江西塘实业有限公司股权变更的批复
141	关于同意征收 2016G－34 号等七个地块并招标、拍卖、挂牌出让国有土地使用权的批复
142	关于天凝镇凝南等二村土地整治项目节余指标交易的批复
143	关于天凝镇联谊村农村土地整治项目节余指标交易的批复
144	关于同意嘉善县棚户区改造项目政府购买服务模式实施方案的批复
145	关于西塘镇礼庙村农村土地综合整治项目节余指标县级收购储备的批复
146	关于西塘镇荻沼等两村农村土地综合整治项目节余指标县级收购储备的批复
147	关于西塘镇翠南等两村农村土地综合整治项目节余指标县级收购储备的批复
148	关于西塘镇地甸等三村农村土地综合整治项目节余指标县级收购储备的批复
149	关于 2016 年度嘉善县城区现存农房危房解危工作计划的批复
150	关于同意征收 2016G－41 号等五个地块并招标、拍卖、挂牌出让国有土地使用权的批复
151	关于同意嘉善陶庄循环经济产业园控制性详细规划修编的批复
152	关于加快推进残疾人全面小康进程的实施办法
153	关于同意魏塘低端产业整治项目政府购买服务模式实施方案的批复
154	关于同意陶庄废旧金属市场环境综合整治项目政府购买服务模式实施方案的批复
155	关于同意征收 2016G－59 号等三个地块并招标、拍卖、挂牌出让国有土地使用权的批复
156	关于同意征收 2016－37 号地块并招标、拍卖、挂牌出让国有土地使用权的批复
157	关于同意陶庄镇原汾玉镇政府等 77 个地块再开发改造方案的批复
158	关于同意征收 2016G－46 号等九地块并招标、拍卖、挂牌出让国有土地使用权的批复
159	关于同意征收 2016－36 号地块并招标、拍卖、挂牌出让国有土地使用权的批复
160	关于同意征收 2016－11 号地块并招标、拍卖、挂牌出让国有土地使用权的批复
161	关于同意下达 2016 年度县级储备粮轮换补库收购计划的批复
162	关于同意征收 2016G－54 号等四个地块并招标、拍卖、挂牌出让国有土地使用权的批复
163	关于魏塘街道长秀、梁桥两村农村土地综合整治项目节余指标县级收购储备的批复
164	关于同意动用预备费的批复
165	关于明确西北圩区等 4 片圩区工程管理和保护范围的批复
166	关于同意征收、储备 2015－8 号地块并招标、拍卖、挂牌出让国有土地使用权的批复

续表 36

序号	标　　题
167	关于收回罗星街道库浜移动基站地块国有建设用地使用权的批复
168	关于同意征收 2016G－62 号等两个地块并招标、拍卖、挂牌出让国有土地使用权的批复
169	关于同意征收、储备 2016－39、40 号地块并招标、拍卖、挂牌出让国有土地使用权的批复
170	关于收回罗星联民针织服装厂地块国有建设用地使用权的批复
171	关于加快发展现代职业教育的实施意见
172	关于发布实施《嘉善县"十三五"制造业发展规划》的通知
173	关于加强烟花爆竹燃放安全管理的通告
174	关于嘉善县生态环境保护"十三五"规划的批复
175	关于同意征收 2016G－71 号等两个地块并招标、拍卖、挂牌出让国有土地使用权的批复
176	关于同意成立嘉善(干窑)智能制造装备产业园的通知
177	关于西塘镇工业功能区(刊上及下甸庙片)控制性详细规划的批复
178	关于编制 2017 年度国有建设用地供应计划的通知
179	关于同意征收 2016G－64 号等四个地块并招标、拍卖、挂牌出让国有土地使用权的批复
180	关于同意嘉善县"十三五"服务业发展规划的批复
181	关于同意嘉善罗星村级工业园区"三旧改造"项目政府购买服务模式实施方案的批复
182	关于同意嘉善县罗星街道鑫锋村 2016 年土地开发项目等三个项目立项的批复
183	关于进一步规范工程建设项目招投标管理工作的通知
184	关于同意嘉善县陶庄枢纽水闸放水预警方案的批复
185	关于同意 2015 年度基本农田保护补偿专项资金发放的批复
186	关于明确嘉善县河道管理及保护范围的规定
187	关于收回三星木业地块国有建设用地使用权的批复
188	关于收回晨浓木业地块国有建设用地使用权的批复
189	关于收回嘉胜木业地块国有建设用地使用权的批复
190	关于印发嘉善县节水型社会建设工作方案的通知
191	关于嘉善县治理城市交通拥堵"十三五"规划的批复
192	关于同意嘉善县西塘镇美丽乡村项目政府购买服务模式实施方案的批复
193	关于嘉善干窑工业城控制性详细规划的批复
194	关于同意嘉善县惠民街道张汇社区 2016 年土地开发等六个项目立项的批复
195	关于调整县政府领导班子成员工作分工的通知
196	关于嘉善县通信基站布点规划(2015－2020)的批复
197	关于同意购买补充耕地指标的批复
198	关于同意嘉善县水利发展"十三五"规划的批复

续表 36

序号	标　　　　题
199	关于同意征收 2016—44、45、46 号地块并招标、拍卖、挂牌出让国有土地使用权的批复
200	关于同意征收 2016G—68 号等三地块并招标、拍卖、挂牌出让国有土地使用权的批复
201	关于同意征收 2016G—73 号地块并招标、拍卖、挂牌出让国有土地使用权的批复
202	关于同意征收 2016—38 号地块并招标、拍卖、挂牌出让国有土地使用权的批复
203	关于同意嘉善县高污染燃料生活锅炉补助标准的批复
204	关于同意发放 2016 年度耕地地力保护补贴资金的批复
205	关于进一步推进户籍制度改革的实施意见
206	关于同意嘉善县大云镇缪家村土地利用规划(村庄规划)(2015—2030 年)的批复
207	关于同意嘉善县土地整治规划(2015—2020 年)及姚庄镇等 9 镇(街道)土地整治规划(2015—2020 年)的批复
208	关于同意陆健同志辞去公职的批复
209	关于嘉善县姚庄镇银水庙村等十五个标准农田建设项目立项的批复
210	关于同意嘉善县西塘镇钟葫等村耕地质量提升项目立项批复
211	关于嘉善县干窑镇长生村、新星村、黎明村标准农田建设项目立项的批复

2016 年政协嘉善县委员会发文目录

表 37

序号	标　　　　题
1	关于表彰政协十三届四次会议以来优秀提案的决定
2	关于表彰 2015 年度提案承办先进单位的决定
3	关于表彰会 2015 年度先进民主监督组和优秀民主监督员的决定
4	关于表彰会 2015 年度先进活动组、政协委员联络室和优秀政协委员、特邀委员的决定
5	关于表彰重视政协民主监督工作先进单位的决定
6	嘉善县政协助推“五水共治”长效机制建设专项集体民主监督报告
7	关于印发《2016 年县政协工作要点》的通知
8	政协嘉善县委员会关于持续深化开展“‘五水共治’长效机制”专项集体民主监督的实施方案
9	关于印发中国人民政治协商会议第十三届嘉善县委员会第五次会议选举常务委员的通知
10	关于免去俞鹤祥等同志职务的决定
11	关于吴建平同志免职的决定
12	关于陈峰等同志职务任免的决定
13	关于表彰嘉善县 2016 年度政协工作各类先进集体、先进个人的决定

2016年嘉善县领导人简介

中共嘉善县第十四届委员会领导人

许　晴　县委书记。女，1971年9月出生，籍贯浙江海盐，1995年1月入党，1989年11月参加工作，在职大学学历，公共管理硕士学位。主要简历：海盐县棉纺织厂工会工作；海盐县总工会工作；海盐县烟草专卖局工作；海盐县妇联副主席；海盐团县委副书记、书记；海盐县秦山镇党委副书记，党委副书记、镇长；海盐县委常委、宣传部部长；嘉兴市委宣传部副部长、市文明办（创建办）主任；嘉兴市委宣传部常务副部长（正县处长级）、市文明办（创建办）主任；嘉兴市委宣传部常务副部长（正县处长级）；嘉善县委副书记、县政府副县长、代县长、党组书记；县委副书记、县政府县长、党组书记；县委书记。

徐鸣阳　县委副书记。男，1970年10月出生，籍贯浙江德清，2000年8月入党，1992年8月参加工作，大学学历。主要简历：华东地质学院测量系工程测量专业学习；桐乡市（县）土管局土地勘测队科员、地籍科副科长、局长助理；桐乡市国土资源局副局长、党组成员（党委委员）兼开发区分局局长；桐乡市石门镇党委副书记、镇长；桐乡市石门镇党委书记、石门湾现代农业示范区党工委书记、管委会主任、副县级干部；桐乡市委常委、崇福镇党委书记、崇福经济区管委会主任、崇福皮毛市场管委会主任；嘉兴市国土资源局局长、党委书记；嘉善县委副书记、副县长、代县长、县政府党组书记；县委副书记、县长、县政府党组书记。

陈天荣　县委副书记。男，1964年1月出生，籍贯河南新县，1988年6月入党，1992年12月参加工作，中央党校大学学历。主要简历：嘉兴市郊区蚂桥乡乡长助理，党委委员、副乡长；嘉兴市郊区王店镇党委委员、副镇长；郊区（秀洲区）王店镇副镇长；秀洲区农经局副局长、党委委员；秀洲区洪合镇党委副书记、镇长，洪合羊毛衫市场（嘉兴毛衫城）管委会副主任；秀洲区王江泾镇党委副书记、镇长，党委书记、镇长、嘉兴·中国纺织城管委会副主任；秀州区王江泾镇党委书记、嘉兴·中国纺织城管委会主任，党委书记、人大主席，秀洲区副县级干部；秀洲区委常委、王江泾镇党委书记、嘉兴·中国纺织城管委会主任；秀洲区委常委、常务副区长；嘉善县委副书记、政法委书记、党校校长。

朱学军　县委常委。男，1969年2月出生，籍贯浙江嵊州，1991年4月入党，1991年9月参加工作，省委党校研究生学历，公共管理硕士学位。主要简历：浙江大学地球科学系地质专业学习；嘉兴市郊区人事局干部；嘉兴市郊区（秀洲区）统计局副局长、党组成员；秀洲区外经委副主任、党组成员；秀洲区政府办公室副主任、党组成员；秀洲区新塍镇党委副书记，党委副书记、镇长，正科长级干部；秀洲新区、秀洲工业园区党工委副书记、管委会副主任（正科长级）；秀洲区委办公室主任；

秀洲新区、秀洲工业园区党工委副书记、管委会主任、浙江科技孵化城(嘉兴)管委会副主任、常务副主任、副县级干部、秀洲新区综治委副主任;嘉善县委常委、组织部部长;县委常委、常务副县长、县政府党组副书记。

曹雪龙　县委常委。男,1964年7月出生,籍贯浙江海宁,1998年3月入党,1987年8月参加工作,省委党校研究生学历。主要简历:浙江大学化工系化工机械与设备制造专业学习;嘉兴制药厂干部;嘉兴市公安局办公室工作,调研科科长、副主任;嘉兴市公安局经济开发区分局政委;嘉兴市公安局办公室主任、党委委员;嘉善县委常委、县公安局局长、党委书记、督察长、县委政法委副书记。

武曜云　县委常委。女,1969年8月出生,籍贯浙江嘉兴,1995年12月入党,1989年8月参加工作,在职大学学历。主要简历:湖州师范专科学校英语系英语专业学习;嘉兴市第三中学教师、班主任、校团委书记、教育局团委副书记;嘉兴市秀州中学副校长;嘉兴市教育局办公室副主任;嘉兴市教育局办公室主任;嘉兴市教育局副局长、市委教工委委员;嘉善县委常委、宣传部部长。

曹惠明　县委常委。男,1971年6月出生,籍贯浙江嘉善,1996年7月入党,1995年8月参加工作,中央党校大学学历。主要简历:浙江林业学校林业专业学习;嘉善县俞汇乡政府工作,党委秘书;县委组织部工作,干部科副科长、参照办主任;县委办公室副主任;县委办公室副主任、县委政研室主任(正科级);县委办公室主任、县委政研室主任;干窑镇党委书记;县委常委、姚庄镇党委书记、姚庄经济开发区党工委书记、管委会主任。

许红莲　县委常委。女,1975年12月出生,籍贯浙江平湖,1997年5月入党,1998年8月参加工作,大学学历,公共管理硕士。主要简历:浙江林学院林学系森林保护专业学习;平湖市黄姑镇人大干事、团委书记、组织干事;共青团平湖市委副书记、党组成员,书记、党组书记;平湖市长埭镇党委副书记、镇长;嘉兴市妇联副主席、党组成员、市委两新工委委员(兼);嘉兴港区管委会副主任、党工委委员;嘉兴港区(嘉兴综合保税区)管委会副主任、党工委委员;嘉善县委常委、县纪委书记、县监察委员会主任。

顾新宇　县委常委。男,1969年11月出生,籍贯浙江嘉善,1998年6月入党,1992年8月参加工作,大学学历。主要简历:杭州大学中文系汉语言文学专业学习;嘉善县委办公室工作,综合科副科长、主任助理;县委办公室副主任、常务副主任、县委政研室主任;县委办公室主任、县委政研室主任;县发展和改革局局长、党组书记、县服务业发展局局长;嘉兴市第八批对口支援阿克苏地区沙雅县指挥部副指挥长、党委委员(副县处长级);嘉善县委常委、统战部部长。

沈伟强　县委常委。男,1970年2月出生,籍贯浙江平湖,1991年7月入党,1989年8月参加工作,中央党校大学学历。主要简历:平湖市(县)徐埭镇政府工作,农业助理、土管办主任、团委书记、纪委委员;平湖市委组织部工作,干部教育审查科副科长、干部科副科长、科长、部务会议成员;平湖市委组织部副部长、市直机关党工委委员、正科级市委组织员;平湖市委组织部常务副部长、市编委办主任;平湖市委办公室主任、市直机关党工委委员;嘉善县委常委、组织部部长。

祁海龙　县委副书记。男,1965年3月出生,籍贯浙江绍兴,1986年7月入党,1984年8月参加工作,省委党校研究生学历。主要简历:嘉兴师范专科学校数学专业学习;嘉兴市郊区凤桥中学教师,兼任校团委书记;嘉兴市郊区团委副书记、党组成员;郊区团委书记、党组书记;郊区大桥乡党委书记、人大主席;郊区政府党组成员,区政府办公室主任;郊区(秀洲区)政府党组成员,区政府办公室主任、党组书记;秀洲区副区长;秀洲区委常委、副区长;秀洲区委常委、副区长(常务);嘉兴市政府副秘书长,市对口支援阿克苏地区沙雅县指挥部指挥长、党委书记(正县处长级),沙雅县委副书记;嘉兴市委教工委书记、同济大学浙江学院党委书记(兼),市政府副秘书长,市对口支援阿克苏地区沙雅县指挥部指挥长;嘉兴市教育局局长、市委教工委书记,同济大学浙江学院党委书记(兼);嘉善县委副书记、县政府副县长、代县长、县政府党组书记;县委副书记、县长、县政府党组书记。

副书记任职期限到2016年10月31日止。(根据中共嘉兴市委嘉委干〔2016〕44号文件免去其中共嘉善县委副书记、常委、委员职务。)县长任职期限到2016年11月23日止。(2016年

11月23日，县第十五届人大常委会第四十二次会议，接受祁海龙辞去嘉善县人民政府县长职务。）

滕根林　县委副书记。男，1963年1月出生，籍贯浙江台州，1985年1月入党，1992年12月参加工作，中央党校大学学历。主要简历：嘉兴市郊区凤桥镇党委委员、镇长助理、副镇长；郊区（秀洲区）凤桥镇党委副书记、镇长；秀洲区南汇镇党委书记；秀洲区政府办公室主任、党组书记、区政府党组成员；秀洲区委办公室主任；秀洲区政府副区长、党组成员；海盐县委常委、组织部部长；嘉善县委常委、组织部部长；县委副书记、组织部部长；县委副书记、政法委书记、党校校长。

副书记任职期限到2016年11月27日止。（根据中共嘉兴市委嘉委干〔2016〕47号文件免去其中共嘉善县委副书记、常委、委员职务。）

曹国良　县委常委。男，1967年10月出生，籍贯浙江嘉善，1993年12月入党，1989年8月参加工作，大学学历。主要简历：浙江农业大学农学系农学专业学习；嘉善县农林局农工商服务部工作；天凝镇余号村挂职锻炼；团县委常委；县委组织部工作，办公室副主任、主任，组织科科长、部务会议成员；县委办公室副主任；县委办公室副主任、西塘镇党委副书记；县委办公室副主任、西塘镇党委副书记、西塘古镇保护与旅游开发管委会办公室主任（正科级）；杨庙镇党委书记、人大主席；县发展和改革局局长、党组书记；平湖市委常委、组织部部长；嘉善县委常委、县政府副县长、党组成员。

常委任职期限到2016年11月27日止。（根据中共嘉兴市委嘉委干〔2016〕47号文件免去其中共嘉善县委常委、委员职务。）副县长任职期限到2016年12月16日止。（2016年12月16日，县第十五届人大常委会第44次会议，接受曹国良辞去嘉善县人民政府副县长职务。）

毛永忠　县委常委。男，1973年10月出生，籍贯江西上饶，1995年6月入党，1995年7月参加工作，在职大学学历，公共管理硕士学位。主要简历：江西上饶师院政法系学习；浙江省嘉兴市中天经贸公司职员；嘉兴市公安局工作，办公室副主任；嘉兴市委政法委办公室主任；嘉兴市政协办公室副主任；嘉善县政府副县长、党组成员；县委常委、县纪委书记、县政府副县长、党组成员；县委常委、县纪委书记。

常委任职期限到2016年11月27日止。（根据中共嘉兴市委嘉委干〔2016〕54号文件免去其中共嘉善县委常委、委员职务。）

宁卫东　县委常委。男，1969年5月出生，籍贯河南洛阳，1993年3月入党，1987年11月参加工作，大学学历。主要简历：嘉兴市秀城区人武部军事科参谋；嘉兴军分区司令部军务动员科参谋；嘉兴军分区教导队队长；嘉兴市南湖区人武部副部长兼军事科长；嘉兴军分区司令部副团职参谋；嘉兴市国防动员委员会综合办公室专职副主任；嘉善县人武部部长；县委常委、人武部部长。

常委任职期限到2016年10月10日止。（根据中共嘉兴市委嘉委干〔2016〕40号文件免去其中共嘉善县委常委、委员职务。）

沈康明　县委常委。男，1971年5月出生，籍贯浙江安吉，1991年10月入党，1993年8月参加工作，在职研究生学历，工商管理硕士学位。主要简历：浙江工学院工业管理工程系工业管理工程专业学习；省建筑工程集团总公司办公室秘书、工会副主任、团委书记；省建工集团有限责任公司政治部副主任、团委书记、人力资源部副经理；省建工集团有限责任公司发展研究部经理、团委书记；省建设投资集团有限公司投资发展部经理、团委书记、产业发展部经理；省建设机械集团有限公司董事长、党委书记；省长城建设集团股份有限公司董事长、党委书记；省长城建设集团有限公司董事长、党委书记；省长城建设集团有限公司董事长、党委书记，嘉善县委常委、县政府副县长、党组成员（挂职）。

常委任职期限到2016年6月17日止。（根据中共嘉兴市委嘉委干〔2016〕26号文件免去其中共嘉善县委常委、委员职务。）副县长任职期限到2016年7月27日止。（因挂职期满结束，2016年7月27日，县第十五届人大常委会第四十次会议，接受沈康明辞去嘉善县人民政府副县长职务。）

吴书雷　县委常委。男，1971年6月出生，籍贯江苏东海，1993年11月入党，1989年9月参加工作，大学学历。主要简历：南京炮兵学院炮兵指挥专业学习；第十二集团军炮兵旅130加农炮一营营部排长；政治部宣传科副连职干事、正连职干事、副营职干事；130加农炮一营代理政治教导员；130 加农炮二营政治教导员；政治部宣传科科长、政治部副主任；政治部宣传处副团职干事、宣传处副处长；步兵第三十四旅政治部主任；装甲第二旅副政治委员；嘉善县人武部政委；嘉善县委常委、县人武部政委。

（任县委常委时间：2016 年 10 月—2016 年 12 月，2016 年 10 月 10 日，根据嘉委干〔2016〕40 号文件，吴书雷任中共嘉善县委委员、常委。根据省组精神，进常委的人武部主要领导不参加党代会的选举，所以吴书雷的任县委常委任职时间到 2016 年 12 月 30 日。）

嘉　善　县
第十六届人民代表大会
常务委员会领导人

郑　明　人大常委会主任。男，1962 年 12 月出生，籍贯浙江平湖，1982 年 8 月参加工作，中共党员，中央党校大学学历。主要简历：嘉兴地区农业学校畜牧兽医专业学习；平湖团县委工作，县级机关团委书记，平湖团县委副书记，团市（县）委书记；平湖市前进乡党委书记；平湖市委组织部副部长（正科级）；平湖市国土局局长、党组副书记；嘉善县委常委、组织部部长；县委副书记、党校校长；正县处长级领导干部、县人大常委会党组副书记；县人大常委会主任、党组书记。

安世平　人大常委会副主任。男，1962 年 12 月出生，籍贯浙江嘉善，1984 年 8 月参加工作，中共党员，大学学历。主要简历：浙江农业大学农业经济系经济管理专业学习；嘉善县委农工部工作；丁栅乡副乡长；县农经委办公室副主任、主任；县水机局副局长、党组成员；汾玉乡党委副书记、乡长；汾湖镇（汾玉乡）党委书记、人大主席；下甸庙镇党委书记、人大主席；洪溪镇党委书记；县农经局局长、党委书记、县委农办主任、县园艺所所长；县农经局局长、党委书记、县园艺所所长；魏塘镇党委书记、副县级干部；副县级干部、魏塘街道党委书记；副县级干部、县政府党组成员；县政府副县长、党组成员、县委政法委副书记；县人大常委会副主任、党组成员；县人大常委会副主任、党组副书记。

何慧琴　人大常委会副主任。女，1964 年 2 月出生，籍贯浙江诸暨，1984 年 8 月参加工作，民建会员，大学学历。主要简历：浙江水产学院淡水渔业专业学习；嘉善县水产局工作；县渔业局（渔管委）水产技术推广站副站长、站长、副局长、民建县支部主委；县政府副县长、民建县总支（支部）主委；县人大常委会副主任、民建县总支主委；县人大常委会副主任、民建县基层委员会主委。

高　嵩　人大常委会副主任。男，1961 年 6 月出生，籍贯浙江绍兴，1979 年 12 月参加工作，中共党员，中央党校大专学历。主要简历：嘉善砖瓦厂工作，人事保卫科干事、科长、党支部书记、党总支办公室主任；县总工会工作，常委、办公室主任；桐乡县芝村乡乡长助理（挂职锻炼）；嘉善县俞汇乡乡长助理，副乡长、党委委员、党委副书记，党委书记；县工业局局长、党委副书记、书记；县质监局局长、党委副书记、书记，局长、党委副书记；县统计局局长、党组书记；县经贸局党组副书记、局长、县废金委主任；县政府党组成员；县政府副县长、党组成员；县人大常委会副主任、党组成员。

丁炳龙　人大常委会副主任。男，1961 年 10 月出生，籍贯浙江嘉善，1982 年 8 月参加工作，中共党员，在职大专学历。主要简历：上海机器制造学校精密机械专业学习；嘉善县复合轴承厂工作，技术员、科长、厂长助理、副厂长、厂长、党支部书记；县外经委副主任、党组成员；干窑镇镇长助理、副镇长；县工业局副局长，党委委员、党委副书记；县工业局局长、党委副书记、书记；县外经贸局局长、党组书记、县招商局局长；西塘镇党委书记、西塘古镇保护与旅游开发管委会主任、县电子信息产业园管委会主任、嘉兴出口加工区 B 区管委会主任、党工委副书记、副县级干部；县人大常委会副主任、党组成员。

邹霞芳　人大常委会副主任。女，1966 年 4 月出生，籍贯浙江嘉善，1988 年 8 月参加工作，中共党员，在职大学学历。主要简历：浙江农技师专动物饲养系畜禽及经济动物饲养专业学习；嘉善县农经委工作；姚庄乡乡长助理、副乡长；里泽乡党委委员、副乡长；县城建局环保办工作；县环境保护局办公室主任；县纪委常委、信访室主任、监察局副局长，县纪委副书记、监察局局长；县环境保护局局长、党组书记；县人大常委会副主任、党组成员。

沈宏伟　人大常委会副主任。男，1964 年 12 月出生，籍贯浙江嘉善，1985年8月参加工作，中共党员，中央党校大学学历。主要简历：浙江水产学院养殖系淡水渔业专业学习；嘉善县水产养殖场工作，县水产局水产技术推广站副站长、局团总支书记、养鳗场场长；县渔政委副主任、党组成员；陶庄镇党委副书记、纪委书记，党委副书记、镇长；县委宣传部副部长；县总工会主席、党组书记；大云镇党委书记、人大主席、副县级干部；副县级干部、魏塘街道党委书记；副县级干部、县委办公室副主任；县人大常委会副主任、党组成员。

张炳祥　人大常委会副主任。男，1957年5月出生，籍贯浙江嘉善，1980年8月参加工作，中共党员，在职大学学历。主要简历：海宁师范学校数学专业学习；嘉善县杨庙中学教师、副教导主任；杭州大学教育系教育管理专业学习；嘉善县善西中学校长；借县委组织部工作；县级机关党委委员；惠民镇（乡）党委副书记、纪委书记，党委副书记、乡长，党委书记；县政府办公室主任、党组书记、县政府党组成员；县政府县长助理、县农办主任；县人大常委会副主任、党组成员、县农办主任；县人大常委会副主任、党组成员；县人大常委会副主任、党组副书记。

（任职期限到2017年2月18日，因换届需要，市委不再提名其担任嘉善县人大常委会副主任职务。）

顾林法　人大常委会副主任。男，1959年1月出生，籍贯浙江嘉善，1982年4月参加工作，中共党员，省委党校大专学历。主要简历：嘉善县惠民乡窑厂工作，厂长；惠民乡工业公司工作，经理；惠民乡党委委员，副乡长、党委委员，副乡长；姚庄镇副镇长，党委副书记、副镇长（主持政府工作），党委副书记、镇长，党委书记；副县级干部、姚庄镇党委书记、县临沪新区管委会主任、县人大常委会党组成员；县人大常委会副主任、党组成员。

（任职期限到2017年2月18日，因换届需要，市委不再提名其担任嘉善县人大常委会副主任职务。）

嘉善县第十六届人民政府领导人

徐鸣阳　县长。（见上）

朱学军　副县长。（见上）

许春红　副县长。女，1971年1月出生，籍贯浙江嘉善，1994年8月参加工作，民进会员，大学学历，教育硕士。主要简历：浙江师范大学历史专业学习；浙江广播电视大学嘉善学院教师、教务处副主任、主任、副院长，院长、民进县委会副主委、主委、县政协常委；民进县委会主委、县政府办公室副主任、县政协常委；县政府副县长、民进县委会主委。

陆　军　副县长。男，1974年5月出生，籍贯浙江上虞，1996年8月参加工作，民进会员，在职研究生，法学硕士。主要简历：华东政法学院法律系法学专业学习；浙江省外经贸厅外资管理处干部；省外经贸厅外资管理处科员；省外经贸厅进出口管理处科员；省外经贸厅对外贸易发展处科员；省外经贸厅对外贸易发展处副主任科员；省外经贸厅对外贸易发展处主任科员；省外经贸厅政策法规处主任科员；省商务厅政策法规处（反垄断局）主任科员；省商务厅外商投资处副处长；省商务厅外资促进处副处长；省商务厅外资促进处副处长、嘉善县副县长（挂职）。

［因换届工作需要，挂职副县长不在县人代会上选举，陆军的副县长任职期限到2017年2月17日。根据嘉委干通〔2017〕19号，提名陆军为嘉善县副县长人选（挂职）。2017年3月31日，县十六届人大常委会第二次会议增补陆军为嘉善县政府副县长。］

徐明良　副县长。男，1975年8月出生，籍贯浙江海盐，1997年8月参加工作，中共党员，中央党校大学学历。主要简历：嘉兴高等专科学校涉外经济系涉外秘书专业学习；海盐县乡镇企业局工作；嘉兴市杭嘉湖南排工程南台头闸管理所档案管理员，长山闸管理所副股长，总指挥部（管理局）办公室副主任；嘉兴市水利局（南排局）计划财务处处长、办公室主任；市水利局（南排局）副局长、党委委员；嘉善县政府副县长、党组成员。

郁伟华　副县长。男，1970年10月出生，籍贯浙江嘉善，1989年8月参加工作，中共党员，中央党校大学学历。主要简历：平湖师范学校普师专业学习；嘉善县实验小学教师；县经济开发区管委会党委秘书、办公室副主任、办公室主任、管委会主任助理；县经济开发区管委会副主任、党委委员、党委副书记、管委会副主任（正科级）；干窑镇党委副书记、镇长；西塘镇党委副书记、镇长、党委书记、县电子信息产业园管委会主任、嘉兴出口加工区B

区管委会主任、党工委副书记、书记、嘉兴综合保税区B区党工委书记、西塘古镇保护与旅游开发党工委书记；县政府副县长、党组成员、长三角嘉善科技商务服务区管委会主任；县政府副县长、党组成员。

陆春浩　副县长。男，1972年4月出生，籍贯浙江嘉善，1991年8月参加工作，中共党员，中央党校大学学历。主要简历：平湖师范学校普师专业学习；嘉善县魏塘三小大队辅导员；魏塘镇团委副书记、团县委常委、镇团委书记；县政府办公室秘书、综合调研科副科长、经济发展科科长、综合调研科科长、主任助理；县委办公室主任助理、副主任；干窑镇党委副书记、镇长、党委书记；开发区（惠民街道）党委书记、县开发区管委会主任、惠民街道办事处主任；嘉善经济技术开发区（惠民街道）党委书记、嘉善经济技术开发区管委会主任、副县处长级干部；副县处长级干部、县政府党组成员；县政府副县长、党组成员。

范国良　副县长。男，1979年1月出生，籍贯浙江嘉善，1997年12月参加工作，中共党员，省委党校大学学历。主要简历：山东建材学院文秘专业学习；嘉善县枫南乡政府人大秘书；魏塘镇党委办干事、宣传干事；县委办公室秘书、综合科副科长、调研科副科长、科长、综合科科长；大云镇党委副书记、纪委书记、政协委员联络室副主任；县委办公室副主任；县委宣传部常务副部长兼县文联副主席；大云镇党委书记；县政府党组成员、正科级领导干部；县政府副县长、党组成员。

殳世平　副县长。男，1962年12月出生，籍贯浙江嘉善，1984年8月参加工作，中共党员，大学学历。主要简历：浙江农业大学农业经济系经济管理专业学习；嘉善县委农工部工作；丁栅乡副乡长；县农经委办公室副主任、主任；县水机局副局长、党组成员；汾玉乡党委副书记、乡长；汾湖镇（汾玉乡）党委书记、人大主席；下甸庙镇党委书记、人大主席；洪溪镇党委书记；县农经局局长、党委书记、县委农办主任、县园艺所所长；县农经局局长、党委书记、县园艺所所长；魏塘镇党委书记、副县级干部；副县级干部、魏塘街道党委书记；副县级干部、县政府党组成员；县政府副县长、党组成员、县委政法委副书记。

（副县长任职期限至2016年3月，根据嘉委干通〔2016〕7号文件通知，提名殳世平为嘉善县人大常委会副主任候选人，提议不再担任嘉善县副县长职务。2016年3月5日，县第十五届人大常委会选举殳世平为嘉善县人大常委会副主任。）

高　嵩　副县长。男，1961年6月出生，籍贯浙江绍兴，1979年12月参加工作，中共党员，中央党校大专学历。主要简历：嘉善砖瓦厂工作，人事保卫科干事、科长、党支部书记、党总支办公室主任；县总工会工作，常委、办公室主任；桐乡县芝村乡乡长助理（挂职锻炼）；嘉善县俞汇乡乡长助理，副乡长、党委委员、党委副书记，党委书记；县工业局局长、党委副书记、书记；县质监局局长、党委副书记、书记，局长、党委副书记；县统计局局长、党组书记；县经贸局党组副书记、局长、县废金委主任；县政府党组成员；县政府副县长、党组成员。

（因换届工作，高嵩副县长任职期限到2017年2月，2017年2月17日县第十六届人代会第一次会议选举高嵩为县十六届人大常委会副主任。）

施晓松　副县长。男，1977年4月出生，籍贯浙江嘉善，1997年9月参加工作，中共党员，省委党校研究生学历。主要简历：浙江林业学校林业专业学习；嘉善县农林局工作，木检站副站长、林业技术员；天凝镇党委委员、党委秘书；团县委党组成员、副书记；县政府办公室副主任、党组成员；罗星街道党委副书记、县归谷园区管委会常务副主任（正科级）、县政府办公室副主任、党组成员、县政府党组成员；县政府党组成员、县归谷园区管委会常务副主任（正科级）、县政府办公室副主任、党组成员；县政府党组成员、县政府办公室副主任、党组成员；县政府副县长、党组成员、长三角嘉善科技商务服务区管委会主任；县政府副县长、党组成员、县委政法委副书记。

副县长任职期限到2016年12月16日止。（2016年12月16日，县第十五届人大常委会第四十四次会议，接受施晓松辞去嘉善县人民政府副县长职务。）

梁吉鸿　副县长。男，1977年5月出生，籍贯宁夏吴忠，1998年7月参加工作，中共党员，在职大学学历。主要简历：重庆民政学校财务会计专业学习；吴忠市利通区民政局干部；吴忠市民政局干部；吴忠市救助管理站副站长、站长；吴忠市审计局副局长、党组成员；吴忠市审计局副局长、党组成员、嘉善县政府副县长、党组成员（挂职）。

副县长任职期限到2016年7月27日止。（因挂职期满结束，2016年7月27日，县第十五届人大常委会第四十次会议，接受梁吉鸿辞去嘉善县人民政府副县长职务。）

谢光辉　副县长。男，1975年12月出生，籍贯河南舞阳，1998年7月参加工作，无党派，大学学历。主要简历：甘肃工业大学机电系机械制造工艺及设备专业学习；青海省管理局科员；青海省知识产权局副主任科员、办公室副主任（副科级）、办公室副主任（正科级）；青海省知识产权局规划发展部副部长（正科级）、部长；国家知识产权局专利局西宁专利代办处主任（副处级）；青海省海西州天峻县人民政府副县长；青海省海西州天峻县人民政府副县长、嘉善县政府副县长（挂职）。

副县长任职期限2016年5月至2017年2月，根据嘉委干通〔2016〕37号文件，提名谢光辉为嘉善县副县长人选（挂职），2016年5月27日，县十五届人大常委会第三十九次会议选举谢光辉为嘉善县政府副县长，2017年2月因挂职期满，换届后不再继续提名。

陈江伟　副县长。男，1971年1月出生，籍贯江苏溧阳，1993年8月参加工作，中共党员，省委党校研究生学历。主要简历：南京农业大学自然资源与环境科学系应用微生物专业学习；扬州制药厂团委副书记、车间副主任；扬州市委工交政治处工作，宣教处副主任科员；扬州市经贸委办公室副主任、环境和资源综合利用处副处长、处长；扬州市经济和信息化委员会节能和综合利用处处长；扬州市经济和信息化委员会副主任、党组成员；扬州市经济和信息化委员会副主任、党组成员、嘉善县政府副县长、党组成员（挂职）。

副县长任职期限2016年7月至2017年2月，根据嘉委干通〔2016〕57号文件，提名陈江伟为嘉善县副县长人选（挂职），2016年7月27日，县十五届人大常委会第四十次会议选举陈江伟为嘉善县政府副县长，2017年2月因换届，不再继续提名。

政协嘉善县第十四届委员会领导人

何全根　政协主席。男，1963年8月出生，籍贯浙江嘉善，1982年8月参加工作，中共党员，中央党校大学学历。主要简历：嘉兴农业学校蚕桑专业学习；嘉善县大通乡政府工作，蚕桑技术员、多种经营服务公司经理、团委副书记、书记、党委秘书、党委委员；团县委常委、副书记、党组成员；俞汇乡党委副书记、纪委书记兼乡人大副主席；魏塘镇党委副书记、纪委书记，党委副书记、镇长；县木业城筹备组副组长；县政府办公室副主任、党组成员；惠民镇党委书记；县发展和计划局（统计局）局长、党组书记；县发展和改革局局长、党组书记；县政府副县长、党组成员；县委常委、政法委书记、县政府副县长、党组成员；县委常委、政法委书记；县委常委、县政府党组副书记；县委常委、县政府常务副县长、党组副书记；县政府常务副县长、党组副书记、县政协党组副书记；县政协主席、党组书记。

王秋儿　政协副主席。男，1961年9月出生，籍贯浙江嘉善，1987年6月参加工作，中共党员，高中（大专专业证书）学历。主要简历：嘉善县洪溪水泥厂工作；洪溪镇工业公司副经理；嘉善县洪溪水泥厂副厂长、厂长、党支部书记；洪溪镇党委委员、副镇长、洪峰集团公司总经理、党总支书记；洪溪镇党委副书记、镇长；天凝镇党委书记；嘉善经济开发区管委会主任、党委书记、嘉善木业城管委会主任、县长助理、副县级干部；副县级干部、县长助理、嘉善经济开发区管委会主任、党委副书记、党委书记；副县级干部、嘉善经济开发区（惠民街道）党委书记、开发区管委会主任、惠民街道办事处主任、县政协党组成员；县政协副主席、党组成员、嘉善经济开发区（惠民街道）党委书记、开发区管委会主任、惠民街道办事处主任；县政协副主席、党组成员；县政协副主席、党组副书记。

陆才华　政协副主席。男，1962年9月出生，籍贯浙江嘉善，1983年8月参加工作，中共党员，省委党校研究生学历。主要简历：浙江水产学院渔机系渔机专业学习；嘉善团县委工作，副书记兼魏塘镇团委书记；丁栅乡党委副书记；姚庄乡党委副书记；县纪委常委；县农林局党委副书记；县水产局副局长、党组副书记，局长、党组书记；县级机关党委书记；县司法局局长、党组书记；县劳动和社会保障局局长、党组副书记、书记、县政协党组成员；县政协副主席、党组成员、县劳动和社会保障局局长、党组书记；县政协副主席、党组成员、县人力资源和社会保障局局长、党组书记；县政协副主席、党组成员。

阎靖华　政协副主席。女，1960年11月出生，籍贯浙江宁波，1977年7月参加工作，中共党员，中央党校大学学历。主要简历：嘉善县干窑公社黎明大队插队知青；县城建局房管处、人秘股工作；嘉兴市委党校党政专业学习；嘉善县城建局人秘股工作；县城建局党委委员、党委副书记、纪委书记；县委组织部副部长；县教育局党委副书记，局长、党委书记；县政协经科委主任、常委；县政协党组成员、常委、县委统战部部长；县政协副主席、党组成员、县委统战部部长；县政协副主席、党组成员。

杭新江　政协副主席。男，1965年11月出生，籍贯浙江嘉善，1987年8月参加工作，民盟盟员，大学学历。主要简历：浙江工业大学机械系机械制造工艺及设备专业学习；嘉善县技工学校教师；县劳动保障（劳动）局劳动保护安全监察科副科长、劳动管理职业培训科和工资科副科长、县政协常委；县司法局副局长、县政协常委；县经贸局副局长、县政协常委、民盟县基层委员会副主委；县发改局副局长、县政协常委、民盟县基层委员会副主委；县统计局局长、县政协常委、民盟县基层委员会副主委、主委；县政协副主席、民盟县基层委员会主委。

冯　伟　政协主席。男，1958年7月出生，籍贯浙江海宁，1976年7月参加工作，中共党员，在职大学学历。主要简历：嘉善县凤桐公社三里大队插队知青；部队服役；嘉善县财税局魏塘财税所专管员、城郊财税所城西组组长；县财税局农财股副股长；县财税局魏塘财税所所长、党支部书记；县财税局副局长、党组成员；县财税局局长、党组副书记、书记；县政府副县长、县财税局局长、党组书记；县政府副县长、党组成员；县委常委、县政府常务副县长、党组副书记；正县处长级领导干部、县政府常务副县长、党组副书记、县政协党组副书记；县政协主席、党组书记。

（政协主席任职期限到2017年2月17日止，因换届，市委不再继续提名其担任嘉善县政协主席。）

吴建平　政协副主席。男，1956年7月出生，籍贯浙江嘉善，1975年2月参加工作，中共党员，在职大学学历。主要简历：嘉善县丁栅公社插队知青；海宁师范学校学习；嘉善团县委工作；嘉善县律师事务所律师、主任；县法院副院长、党组成员；陶庄镇党委书记、人大主席，党委书记；魏塘镇党委书记；县政府副县长、党组成员；县委常委、政法委书记；副县级干部、县政协党组成员；县政协副主席、党组成员；县政协副主席、党组副书记。

（2016年8月18日根据嘉委干〔2016〕66号文件，提议吴建平不再担任嘉善县政协副主席职务，2016年9月办理退休手续）

俞鹤祥　政协副主席。男，1956年2月出生，籍贯浙江嘉善，1976年12月参加工作，民盟盟员，在职大学学历。主要简历：嘉善县大通供销社工作；湖州师范专科学校化学系学习；嘉善三中、四中教师；县教育局教研室化学教研员、副局长；县政府副县长、民盟县总支主委；副县级干部、民盟嘉善县总支主委；县人大常委会副主任、民盟县基层委员会主委；县政协副主席、民盟县基层委员会主委。

（2016年2月5日根据嘉委干〔2016〕5号文件，提议俞鹤祥不再担任嘉善县政协副主席职务，2016年3月办理退休手续。）

丁金华　政协副主席。男，1956年5月出生，籍贯浙江绍兴，1981年2月参加工作，中共党员，在职大学学历。主要简历：嘉善县干窑镇大同学校代课教师；嘉兴地区农业学校农学专业学习，实验室实验辅导员；嘉善县农林局财务辅导股工作；浙江农业大学农干校干部专修科学习；嘉善县农林局经管站工作；县农经委工作，政策调研科科长、党组成员，副主任、党组成员；县委办公室副主任、主任、县委政研室主任，县委办公室主任；县政协副主席、党组成员。

（2016年2月5日根据嘉委干〔2016〕5号文件，提议丁金华不再担任嘉善县政协副主席职务，2016年6月办理退休手续。）

文 化 遗 产

嘉善县非物质文化遗产名录汇总表

国家级

表 38

序号	项　目　名　称	项目类别	所属镇	批　次	公布日期
1	嘉善田歌	传统音乐	姚庄镇	第二批	2008.6.7

省级

表 39

序号	项　目　名　称	项目类别	所属镇	批　次	公布日期
1	嘉善田歌	传统音乐	姚庄镇	第一批	2005 年
2	西塘古民居建筑艺术	传统技艺	西塘镇	第二批	2007 年
3	传统纽扣制作技艺	传统技艺	西塘镇	第三批	2009.5.18
4	西塘八珍糕制作技艺	传统技艺	西塘镇	第三批	2009.5.18
5	京砖烧制技艺	传统技艺	干窑镇 天凝镇	第三批	2009.5.18
6	嘉善宣卷	曲艺	陶庄镇 西塘镇	第四批	2012.6.25
7	护国随粮王信俗会	民俗	西塘镇	第四批	2012.6.25
8	嘉善淡水捕捞渔俗	民俗	姚庄镇	第四批	2012.6.25
9	盘窑技艺	传统技艺	西塘镇 天凝镇	第五批	2016.12.30
10	吴氏中医内科	传统医药	魏塘街道	第五批	2016.12.30

市级

表 40

序号	项　目　名　称	项目类别	所属镇	批　次	公布日期
1	嘉善田歌	传统音乐	姚庄镇	第一批	2006.12.4
2	魏塘打连发	传统舞蹈	魏塘街道	第一批	2006.12.4
3	嘉善宣卷	曲艺	陶庄镇	第一批	2006.12.4
4	嘉兴灶画	传统美术	天凝镇	第一批	2006.12.4
5	嘉善京砖烧制技艺	传统技艺	干窑镇 天凝镇	第一批	2006.12.4
6	五姑娘	民间文学	天凝镇	第二批	2008.6.4

续表 40

序号	项　目　名　称	项目类别	所属镇	批　次	公布日期
7	蚕花马灯舞	传统舞蹈	魏塘街道 姚庄镇 干窑镇	第二批	2008.6.4
8	嘉兴剪纸	传统美术	姚庄镇	第二批	2008.6.4
9	西塘古民居建筑技艺	传统技艺	西塘镇	第二批	2008.6.4
10	西塘八珍糕制作工艺	传统技艺	西塘镇	第二批	2008.6.4
11	杜布织造技艺	传统技艺	天凝镇	第二批	2008.6.4
12	传统纽扣制作技艺	传统技艺	西塘镇	第二批增补	2009.2.17
13	嘉善农民书	曲艺	惠民街道	第三批	2009.6.12
14	砖雕	传统技艺	西塘镇	第三批	2009.6.12
15	风筝制作技艺	传统技艺	陶庄镇	第三批	2009.6.12
16	瘌头传统诊疗法	传统医药	天凝镇	第三批	2009.6.12
17	嘉善淡水捕捞渔俗	民俗	姚庄镇	第三批	2009.6.12
18	护国随粮王信俗	民俗	西塘镇	第三批	2009.6.12
19	莲湘舞	传统舞蹈	陶主镇等	第四批	2010.10.20
20	魏塘小热昏	曲艺	魏塘街道	第四批	2010.10.20
21	瓦当制作技艺	传统技艺	干窑镇等	第四批	2010.10.20
22	蠡壳窗制作技艺	传统技艺	天凝镇	第四批	2010.10.20
23	蒋氏祖传伤科诊疗	传统医药	天凝镇	第四批	2010.10.20
24	嘉善奏	曲艺	嘉善县	第五批	2015.9.28
25	姚庄农民画	传统美术	姚庄镇	第五批	2015.9.28
26	杜鹃花造型技艺	传统技艺	嘉兴碧云花园有限公司	第五批	2015.9.28
27	明清家具修复技艺	传统技艺	西塘镇	第五批	2015.9.28
28	杨庙雪菜腌制技艺	传统技艺	天凝镇	第五批	2015.9.28
29	盘窑技艺	传统技艺	嘉善县	第五批	2015.9.28
30	姚庄传统木船维修技艺	传统技艺	姚庄镇	第五批	2015.9.28
31	义和升云片糕制作技艺	传统技艺	干窑镇	第五批	2015.9.28
32	吴氏中医内科	传统医药	嘉善县	第五批	2015.9.28
33	唐氏中医妇科	传统医药	罗星街道	第五批	2015.9.28

县级

表 41

序号	项　目　名　称	项目类别	所属镇	批　次	公布日期
1	嘉善田歌	民间文学	姚庄镇	第一批	2007.1.31
2	魏塘打连发	传统舞蹈	魏塘街道	第一批	2007.1.31

续表 41

序号	项　目　名　称	项目类别	所属镇	批　次	公布日期
3	嘉善宣卷	曲艺	陶庄镇	第一批	2007.1.31
4	惠民农民书	曲艺	惠民街道	第一批	2007.1.31
5	天凝讲故事	曲艺	天凝镇	第一批	2007.1.31
6	嘉善灶画	传统美术	天凝镇	第一批	2007.1.31
7	嘉善京砖烧制技艺	传统技艺	天凝镇 干窑镇	第一批	2007.1.31
8	干窑瓦当	传统技艺	干窑镇	第一批	2007.1.31
9	陶庄蜈蚣鹞	传统技艺	陶庄镇	第一批	2007.1.31
10	西塘木雕	传统技艺	西塘镇	第一批	2007.1.31
11	姚庄剪纸	传统技艺	姚庄镇	第一批	2007.1.31
12	杨庙土织布	传统技艺	天凝镇	第一批	2007.1.31
13	五姑娘	民间文学	天凝镇	第二批	2008.6.12
14	马灯舞	传统舞蹈	干窑镇 姚庄镇 天凝镇 魏塘街道	第二批	2008.6.12
15	莲湘舞	传统舞蹈	陶庄镇	第二批	2008.6.12
16	挑花篮	传统舞蹈	天凝镇	第二批	2008.6.12
17	民间祭祀仪式音乐	传统音乐	西塘镇	第二批	2008.6.12
18	小热昏	曲艺	魏塘街道	第二批	2008.6.12
19	说因果	曲艺	魏塘街道	第二批	2008.6.12
20	砖雕	传统美术	西塘镇	第二批	2008.6.12
21	木刻版画	传统美术	西塘镇	第二批	2008.6.12
22	剪纸	传统美术	西塘镇 魏塘街道	第二批	2008.6.12
23	竹雕	传统美术	西塘镇	第二批	2008.6.12
24	农民画	传统美术	姚庄镇	第二批	2008.6.12
25	西塘古民居建筑艺术	传统技艺	西塘镇	第二批	2008.6.12
26	盘香纽扣	传统技艺	大云镇	第二批	2008.6.12
27	花篮灶	传统技艺	姚庄镇 惠民街道 魏塘街道	第二批	2008.6.12
28	蔬菜腌制工艺	传统技艺	天凝镇	第二批	2008.6.12
29	粉糕制作工艺	传统技艺	陶庄镇	第二批	2008.6.12
30	微型瓦雕	传统技艺	干窑镇	第二批	2008.6.12

续表 41

序号	项　目　名　称	项目类别	所属镇	批　次	公布日期
31	八珍糕制作工艺	传统技艺	西塘镇	第二批	2008.6.12
32	八一鞋制作工艺	传统技艺	天凝镇	第二批	2008.6.12
33	蚕桑生产习俗	民俗	惠民街道	第二批	2008.6.12
34	渔业生产习俗	民俗	姚庄镇	第二批	2008.6.12
35	鸬鹚捕鱼	民俗	魏塘街道	第二批	2008.6.12
36	圆觉寺庙会	民俗	陶庄镇	第二批	2008.6.12
37	七老爷庙会	民俗	西塘镇	第二批	2008.6.12
38	孙氏家谱修订	其他	魏塘街道	第二批	2008.6.12
39	唢呐吹奏	传统音乐	姚庄镇	第三批	2009.6.12
40	司鼓	传统音乐	惠民街道	第三批	2009.6.12
41	荡湖船	传统舞蹈	陶庄镇	第三批	2009.6.12
42	顶长凳	传统体育 游艺与杂技	大云镇	第三批	2009.6.12
43	木雕拓画	传统美术	西塘镇	第三批	2009.6.12
44	年画	传统美术	魏塘街道	第三批	2009.6.12
45	烙画	传统美术	魏塘街道	第三批	2009.6.12
46	黑陶制作技艺	传统技艺	天凝镇	第三批	2009.6.12
47	柳溪酱蹄制作技艺	传统技艺	陶庄镇	第三批	2009.6.12
48	糖豆烧制技艺	传统技艺	姚庄镇	第三批	2009.6.12
49	竹器编织技艺	传统技艺	惠民街道	第三批	2009.6.12
50	四落戗屋建造技艺	传统技艺	惠民街道	第三批	2009.6.12
51	小瓦制作技艺	传统技艺	干窑镇	第三批	2009.6.12
52	钉秤技艺	传统技艺	西塘镇	第三批	2009.6.12
53	玫瑰米醋制作技艺	传统技艺	魏塘街道	第三批	2009.6.12
54	蛎壳窗制作技艺	传统技艺	天凝镇	第三批	2009.6.12
55	管老太臭豆腐制作技艺	传统技艺	西塘镇	第三批	2009.6.12
56	砂锅馄饨鸭烹饪技艺	传统技艺	天凝镇	第三批	2009.6.12
57	梨膏糖制作技艺	传统技艺	魏塘街道	第三批	2009.6.12
58	嘉善淡水捕捞渔俗	民俗	姚庄镇	第三批	2009.6.12
59	踏白船	传统体育 游艺与杂技	天凝镇	第三批	2009.6.12
60	传统医治蛇咬方法	传统医药	魏塘街道 姚庄镇	第三批	2009.6.12
61	王家祖传疮疡外治方法	传统医药	魏塘街道	第三批	2009.6.12

续表 41

序号	项　目　名　称	项目类别	所属镇	批　次	公布日期
62	张景星祖传治疗疮疖方法	传统医药	天凝镇	第三批	2009.6.12
63	蒋氏祖传伤科诊治方法	传统医药	天凝镇	第三批	2009.6.12
64	汾湖彩龙	传统舞蹈	陶庄镇	第四批	2011.6.30
65	昆曲·奏	曲艺	西塘镇 姚庄镇 惠民街道 魏塘街道	第四批	2011.6.30
66	长凳十八记	传统体育 游艺与杂技	天凝镇	第四批	2011.6.30
67	泥塑	传统美术	大云镇	第四批	2011.6.30
68	西塘粉蒸肉	传统技艺	西塘镇	第四批	2011.6.30
69	柳编技艺	传统技艺	姚庄镇	第四批	2011.6.30
70	麻饼制作技艺	传统技艺	姚庄镇	第四批	2011.6.30
71	山风轩油余	传统技艺	罗星街道	第四批	2011.6.30
72	箍桶	传统技艺	大云镇	第四批	2011.6.30
73	棕编技艺	传统技艺	陶庄镇	第四批	2011.6.30
74	贝雕	传统技艺	罗星街道	第四批	2011.6.30
75	刘氏中医伤科	传统医药	西塘镇	第四批	2011.6.30
76	唐氏中医妇科	传统医药	罗星街道	第四批	2011.6.30
77	吴氏中医内科	传统医药	魏塘街道	第四批	2011.6.30
78	东岳庙会	民俗	天凝镇	第四批	2011.6.30
79	丁栅水会	民俗	姚庄镇	第四批	2011.6.30
80	农耕生产习俗	民俗	姚庄镇	第四批	2011.6.30
81	罗星台传说	民间文学	罗星街道	第五批	2013.9.9
82	姚庄镇气象谚语	民间文学	姚庄镇	第五批	2013.9.9
83	“捅烟囱”的来历	民间文学	天凝镇	第五批	2013.9.9
84	洪家滩的来历	民间文学	天凝镇	第五批	2013.9.9
85	金姑娘	民间文学	天凝镇	第五批	2013.9.9
86	串树灯	传统舞蹈	魏塘街道	第五批	2013.9.9
87	大头娃娃	传统舞蹈	陶庄镇	第五批	2013.9.9
88	反左书法	传统美术	惠民街道	第五批	2013.9.9
89	仕女图	传统美术	惠民街道	第五批	2013.9.9
90	水乡民间游戏	传统体育 游艺及杂技	姚庄镇	第五批	2013.9.9

续表 41

序号	项 目 名 称	项目类别	所属镇	批 次	公布日期
91	赛龙舟	传统体育游艺及杂技	陶庄镇	第五批	2013.9.9
92	鞭技	传统体育游艺及杂技	魏塘街道	第五批	2013.9.9
93	明清家具修复及制作	传统技艺	西塘镇	第五批	2013.9.9
94	绳结技艺	传统技艺	干窑镇	第五批	2013.9.9
95	古农具微模制作	传统技艺	魏塘街道	第五批	2013.9.9
96	杜鹃花造型技艺	传统技艺	大云镇	第五批	2013.9.9
97	脱胎大漆技艺	传统技艺	大云镇	第五批	2013.9.9
98	十字绣手工技艺	传统技艺	大云镇	第五批	2013.9.9
99	盘窑技艺	传统技艺	罗星街道	第五批	2013.9.9
100	造船技艺	传统技艺	罗星街道	第五批	2013.9.9
101	虎头鞋制作技艺	传统技艺	罗星街道	第五批	2013.9.9
102	修船技艺	传统技艺	姚庄镇	第五批	2013.9.9
103	渔具竹编技艺	传统技艺	姚庄镇	第五批	2013.9.9
104	扎扫帚技艺	传统技艺	姚庄镇	第五批	2013.9.9
105	白铁皮制作工艺	传统技艺	惠民街道	第五批	2013.9.9
106	打铁工艺	传统技艺	惠民街道	第五批	2013.9.9
107	香囊制作工艺	传统技艺	惠民街道 干窑镇	第五批	2013.9.9
108	豆腐产品加工技艺	传统技艺	惠民街道	第五批	2013.9.9
109	制香技艺	传统技艺	天凝镇	第五批	2013.9.9
110	面塑技艺	传统技艺	干窑镇	第五批	2013.9.9
111	米酒制作技艺	传统技艺	姚庄镇	第五批	2013.9.9
112	张家秘制蜂蜜酱鸭	传统技艺	魏塘街道 罗星街道	第五批	2013.9.9
113	梅花糕制作技艺	传统技艺	魏塘街道	第五批	2013.9.9
114	凉来西传统点心制作技艺	传统技艺	魏塘街道	第五批	2013.9.9
115	烧焖鸡制作技艺	传统技艺	西塘镇	第五批	2013.9.9
116	塌饼制作技艺	传统技艺	陶庄镇 西塘镇	第五批	2013.9.9
117	一口粽制作技艺	传统技艺	西塘镇	第五批	2013.9.9
118	青鱼干制作技艺	传统技艺	陶庄镇	第五批	2013.9.9
119	粽子制作技艺	传统技艺	大云镇 魏塘街道 西塘镇	第五批	2013.9.9

续表 41

序号	项　目　名　称	项目类别	所属镇	批　次	公布日期
120	糖氽蛋	传统技艺	天凝镇	第五批	2013.9.9
121	嘉善义和升南北货制作技艺	传统技艺	干窑镇	第五批 2013.9.9	
122	钟介福药店双补药配制技艺	传统医药	西塘镇	第五批	2013.9.9
123	钟介福药店手工丸药制作技艺	传统医药	西塘镇	第五批	2013.9.9
124	婚礼习俗	民俗	天凝镇	第五批	2013.9.9
125	丧葬习俗	民俗	天凝镇	第五批	2013.9.9
126	地藏禅院香会	民俗	罗星街道	第五批	2013.9.9
127	稻作文化民间习俗	民俗	罗星街道	第五批	2013.9.9
128	春台戏习俗	民俗	姚庄镇	第五批	2013.9.9
129	渔民神灵信仰习俗	民俗	姚庄镇	第五批	2013.9.9
130	姨婆船	民俗	陶庄镇	第五批	2013.9.9

县级扩展

表 42

序号	项　目　名　称	项目类别	所属镇	批　次	公布日期
1	马灯舞	传统舞蹈	陶庄镇	第五批	2013.9.9
2	泥塑	传统技艺	天凝镇 干窑镇	第五批	2013.9.9
3	箍桶	传统技艺	天凝镇	第五批	2013.9.9
4	花篮灶	传统技艺	姚庄镇 西塘镇	第五批	2013.9.9
5	传统棉纺织技艺	传统技艺	姚庄镇	第五批	2013.9.9
6	竹器编织技艺	传统技艺	西塘镇 姚庄镇 干窑镇	第五批	2013.9.9
7	剪纸	传统美术	罗星街道	第五批	2013.9.9
8	踏白船	传统体育 游艺与杂技	姚庄镇 陶庄镇	第五批	2013.9.9

全国重点文保单位名录

表 43

序号	名　　称	时　代	类　　别	位置或地址	公布日期
1	吴镇墓	元	古墓葬	魏塘街道中山社区花园路178号	2013 年

浙江省文物保护单位名录

表 44

序号	名 称	时 代	类 别	位置或地址	公布日期
1	大往遗址	新石器时代	古遗址	姚庄镇展幸村大往圩	1989 年 12 月 12 日
2	窑墩	清	近现代重要史迹及代表性建筑	干窑镇干窑村乌桥头 132、133 号	2005 年 3 月 16 日
3	钱氏船坞	清	古建筑	干窑镇长生村让巷 12 号南	2011 年 1 月 7 日
4	魏塘叶宅	清	古建筑	魏塘街道日晖社区中山东路 482 号	2011 年 1 月 7 日
5	西塘建筑群(王宅、卧龙桥、五福桥、圣堂、护国随粮王庙、钟介福药店、倪宅、袁宅)	清、民国	古建筑	西塘镇塘东街、朝南埭、西街社区	2011 年 1 月 7 日

嘉善县文物保护单位名录

表 45

序号	名 称	时 代	类 别	位置或地址	公布日期
1	独圩遗址	新石器时代	古遗址	罗星街道库浜村独圩自然村东南	1982 年 9 月 17 日
2	小横港遗址	新石器时代	古遗址	罗星街道鑫锋村晒浜自然村	1982 年 9 月 17 日
3	张安村遗址	新石器时代	古遗址	姚庄镇界泾港村张安村自然村	1982 年 9 月 17 日
4	净土桥凉亭	清嘉庆，2007 年 4 月移建	古建筑	姚庄镇姚庄村前浜南侧茜泾塘北岸	1982 年 9 月 17 日
5	流庆桥	宋、清	古建筑	陶庄镇陶庄社区北新街	1982 年 9 月 17 日
6	嘉善烈士陵园	1954 年	近现代重要史迹及代表性建筑	魏塘街道中山社区陵园路 16 号	1982 年 9 月 17 日
7	圆觉寺前殿	清乾隆	古建筑	陶庄镇陶庄社区圆觉路	1986 年 12 月 15 日
8	莲花庵大殿	清嘉庆三年(1798)	古建筑	姚庄镇展幸村莲花泾	1986 年 12 月 15 日
9	慈山	清乾隆	古建筑	魏塘街道中山社区亭桥南路 150 号	1986 年 12 月 15 日
10	圆通桥	明万历十八年(1590)	古建筑	天凝镇天凝社区古镇路 54 号	1986 年 12 月 15 日
11	三官塘桥	清同治七年(1868)	古建筑	罗星街道南门社区瓶山街南侧九鼎小区内	1986 年 12 月 15 日
12	丰钱桥	清光绪七年(1881)	古建筑	大云镇缪家村钱家浜东	1986 年 12 月 15 日
13	东岳庙	民国十三年(1924)	近现代重要史迹及代表性建筑	西塘镇华联村东岳庙自然村	1986 年 12 月 15 日
14	钱能训墓	民国十三年(1924)	近现代重要史迹及代表性建筑	惠民街道惠通村丁家浜自然村南侧	1986 年 12 月 15 日

续表 45

序号	名　称	时　代	类　别	位置或地址	公布日期
15	袁黄墓	明	古墓葬	惠民街道新润村独社浜 24 号东	2004 年 1 月 7 日
16	嘉善城址	明	古建筑	罗星街道子胥社区西城半岛小区内	2004 年 1 月 7 日
17	金氏后厅	明	古建筑	罗星街道子胥社区盐典埭 50 号	2004 年 1 月 7 日
18	陆家厅	明	古建筑	西塘镇塘东街社区烧香港南 36 号	2004 年 1 月 7 日
19	尊闻堂	清	古建筑	西塘镇西街社区下西街石皮弄 3 号	2004 年 1 月 7 日
20	县丞署	清同治八年(1869)	古建筑	西塘镇塘东街社区南塘东街 6 号(四方汇)	2004 年 1 月 7 日
21	永寿禅院	清	古建筑	西塘镇金明村渡船桥 20 号	2004 年 1 月 7 日
22	幽澜泉	唐	古建筑	魏塘街道小东门社区小寺弄 24 号	2004 年 1 月 7 日
23	西园	民国	近现代重要史迹及代表性建筑	西塘镇西街社区下西街	2004 年 1 月 7 日
24	薛宅	民国	近现代重要史迹及代表性建筑	西塘镇西街社区上西街 84—92 号	2004 年 1 月 7 日
25	孙家宅	民国	近现代重要史迹及代表性建筑	罗星街道南门社区南庵弄 16 号	2004 年 1 月 7 日
26	董家浜遗址	西周	古遗址	姚庄镇北港村董家浜自然村东部	2010 年 6 月 7 日
27	慎德堂	清	古建筑	西塘镇西街社区下西街 79 弄 6 号	2010 年 6 月 7 日
28	河西街沈家宅	清	古建筑	干窑镇河西社区河西街 2 弄 5 号	2010 年 6 月 7 日
29	杨家宅	清中期	古建筑	西塘镇塘东街社区塘东街 79 号内	2010 年 6 月 7 日
30	晋贤桥	清乾隆三十年(1765)	古建筑	干窑镇干窑村朱家村自然村	2010 年 6 月 7 日
31	福源桥	清同治十年(1871)	古建筑	姚庄镇南鹿村荡上与东徐浜交界处	2010 年 6 月 7 日
32	澜翠桥	清光绪二年(1876)	古建筑	干窑镇黎明村新桥头自然村北	2010 年 6 月 7 日
33	大通桥	清光绪七年(1881)	古建筑	天凝镇镇东村林家埭	2010 年 6 月 7 日
34	福星桥	清光绪十二年(1886)	古建筑	魏塘街道西门社区中山西路 1166 号东面	2010 年 6 月 7 日

续表 45

序号	名　　称	时　代	类　　别	位置或地址	公布日期
35	余庆堂	民国	近现代重要史迹及代表性建筑	西塘镇塘东街社区烧香港北街 56 号	2010 年 6 月 7 日
36	水阳楼	民国	近现代重要史迹及代表性建筑	西塘镇塘东街社区烧香港北街 [illegible]4 号	2010 年 6 月 7 日
37	戴家楼	民国	近现代重要史迹及代表性建筑	天凝镇天凝村漤西 90 号	2010 年 6 月 7 日
38	炮楼	民国二十六年(1937)	近现代重要史迹及代表性建筑	魏塘街道小东门社区车站北路老火车站	2010 年 6 月 7 日
39	三里塘桥	民国八年(1919)	近现代重要史迹及代表性建筑	天凝镇共福村五眼桥 18 号南	2010 年 6 月 7 日
40	港漤里桥	1966 年	近现代重要史迹及代表性建筑	西塘镇星建村港漤里 57 号南	2010 年 6 月 7 日
41	仁天浜桥	1966～1969	近现代重要史迹及代表性建筑	姚庄镇姚庄村仁天浜 31 号西	2010 年 6 月 7 日
42	花园路小洋楼	民国	近现代重要史迹及代表性建筑	魏塘街道中山社区花园路 75 号	2010 年 6 月 7 日

嘉善县文物保护点名录

表 46

序号	名　　称	时　代	类　　别	位置或地址	公布日期
1	广安桥	明成化十年(1474)	古建筑	天凝镇汶杨村池口 36 号南	2004 年 1 月 7 日
2	积善桥	清乾隆六十年(1795)	古建筑	陶庄镇陶庄社区朝北滩路	2004 年 1 月 7 日
3	瑞林桥	清	古建筑	天凝镇天凝社区古镇路 100 号西南	2004 年 1 月 7 日
4	宝善桥	清	古建筑	天凝镇共福村福善泾 88 号西南角	2004 年 1 月 7 日
5	祥符荡石坝	清光绪二十二年(1896)	古建筑	西塘镇东汇村储家汇西——金明村吴家栅南	2004 年 1 月 7 日
6	马逢乐就义处	民国二十八年(1939)	近现代重要史迹及代表性建筑	天凝镇戴西港村戴西港社区卫生服务站东侧	2004 年 1 月 7 日
7	余十眉故居	民国	近现代重要史迹及代表性建筑	西塘镇西街社区南栅街 55 弄 6 号	2004 年 1 月 7 日
8	赵宪初故居	民国	近现代重要史迹及代表性建筑	西塘镇朝南埭社区北栅街 65 号	2004 年 1 月 7 日
9	项定荣旧居	民国	近现代重要史迹及代表性建筑	魏塘街道西门社区上官塘 [illegible]、3 号	2004 年 1 月 7 日

续表 46

序号	名　称	时　代	类　别	位置或地址	公布日期
10	费家大宅	民国	近现代重要史迹及代表性建筑	罗星街道南门社区瓶山街北侧(龙鼎御园内)	2004 年 1 月 7 日
11	硕士街小洋楼	民国	近现代重要史迹及代表性建筑	魏塘街道中山社区硕士街 2 号	2004 年 1 月 7 日
12	支大伦墓	明	古墓葬	惠民街道惠通村章家浜 1 号南	2010 年 5 月 28 日
13	李家砖雕门楼	清	古建筑	姚庄镇金星村大东王港北 171 号	2010 年 5 月 28 日
14	顾家厅及河埠	清	古建筑	天凝镇洪溪村高浜 96 号	2010 年 5 月 28 日
15	胡家宅	清	古建筑	西塘镇朝南埭社区北栅街 107 弄	2010 年 5 月 28 日
16	江家宅	清	古建筑	西塘镇朝南埭社区塔湾街 41 号	2010 年 5 月 28 日
17	沈家厅	清	古建筑	西塘镇朝南埭社区北栅街 35 号	2010 年 5 月 28 日
18	让巷钱家宅	清	古建筑	干窑镇长生村让巷 18 号	2010 年 5 月 28 日
19	北弄街 97 号民居	清	古建筑	干窑镇北弄社区北弄街 97 号宅	2010 年 5 月 28 日
20	朱家宅	清	古建筑	天凝镇洪溪社区北大街 12 号	2010 年 5 月 28 日
21	施王庙	清	古建筑	姚庄镇俞汇村盛家湾 57 号南	2010 年 5 月 28 日
22	薛家店铺	清	古建筑	干窑镇北弄社区河东街一弄 2 号、3 号	2010 年 5 月 28 日
23	干窑廊棚	清	古建筑	干窑镇北弄社区河东街 16—20 号	2010 年 5 月 28 日
24	魏塘石牌坊	明	古建筑	魏塘街道浒弄社区体育路寺弄桥西	2010 年 5 月 28 日
25	耳顺桥	清道光二年(1822)	古建筑	姚庄镇北港村北港北 10 号北面	2010 年 5 月 28 日
26	全嘉桥	清道光十年(1831)	古建筑	罗星街道钱桥村门埭小圩柳州公园内	2010 年 5 月 28 日
27	广福桥	清	古建筑	魏塘街道长秀村三泾港 53 号北	2010 年 5 月 28 日
28	青龙桥	清	古建筑	大云镇大云社区西庄街 3 号东	2010 年 5 月 28 日
29	步云桥	清	古建筑	罗星街道鑫锋村俞家浜自然村东	2010 年 5 月 28 日
30	福履桥	清末	古建筑	罗星街道钱桥村登寿公所	2010 年 5 月 28 日

续表46

序号	名　称	时　代	类　别	位置或地址	公布日期
31	姚宅	民国	近现代重要史迹及代表性建筑	西塘镇朝南埭社区小桐弄48号2室	2010年5月28日
32	黄家庙黄家宅	民国	近现代重要史迹及代表性建筑	天凝镇马塔塘村黄家庙56号、57号	2010年5月28日
33	薛家宅	民国	近现代重要史迹及代表性建筑	姚庄镇清凉村窑浜斗158号	2010年5月28日
34	张家宅	民国二十七年(1938)	近现代重要史迹及代表性建筑	姚庄镇清凉村窑浜斗160、161号	2010年5月28日
35	洪溪黄家宅	民国后期	近现代重要史迹及代表性建筑	天凝镇洪溪社区北新街13号	2010年5月28日
36	陆家宅	1949年	近现代重要史迹及代表性建筑	干窑镇范东村朱孔浜12号西	2010年5月28日
37	戴家湾窑墩	清末民初	近现代重要史迹及代表性建筑	干窑镇黎明村戴家湾	2010年5月28日
38	陶新机制瓦厂遗址	民国	近现代重要史迹及代表性建筑	干窑镇干窑村观音荡桥西侧	2010年5月28日
39	宝大碾米厂砻糠仓库	二十世纪六十年代	近现代重要史迹及代表性建筑	干窑镇干窑村乌桥头东南	2010年5月28日
40	圆筒粮仓	1979年	近现代重要史迹及代表性建筑	姚庄镇姚庄社区河东街1号(姚庄幼儿园北)	2010年5月28日
41	西塘种福堂	民国	近现代重要史迹及代表性建筑	西塘镇塘东街社区塘东街72号	2010年5月28日
42	西塘抗战掩体	民国二十六年(1937)	近现代重要史迹及代表性建筑	西塘镇茜墩村茜墩自然村	2010年5月28日
43	墙门碉堡	民国二十六年(1937)	近现代重要史迹及代表性建筑	惠民街道新润村墙门自然村东南	2010年5月28日
44	渔渡浜碉堡	民国二十六年(1937)	近现代重要史迹及代表性建筑	干窑镇范泾村渔渡浜自然村北	2010年5月28日
45	西塘入镇口	民国	近现代重要史迹及代表性建筑	西塘镇塘东街社区朝东埭8—17号	2010年5月28日
46	安福桥	民国二年(1913)	近现代重要史迹及代表性建筑	天凝镇洪福村俞家木桥自然村	2010年5月28日
47	安澜桥	民国五年(1916)	近现代重要史迹及代表性建筑	天凝镇洪溪社区中新街32号南	2010年5月28日
48	安坝桥	民国乙丑年(1926)	近现代重要史迹及代表性建筑	天凝镇天凝村溇西自然村	2010年5月28日
49	安东桥	民国	近现代重要史迹及代表性建筑	天凝镇天凝村安东桥自然村顺六港北水闸	2010年5月28日

续表 46

序号	名　称	时　代	类　别	位置或地址	公布日期
50	南乌桥	二十世纪六十年代	近现代重要史迹及代表性建筑	魏塘街道梁桥村乌桥浜自然村南	2010 年 5 月 28 日
51	永禁碑	民国六年(1917)	石窟寺及石刻	陶庄镇汾南村夏河自然村	2010 年 5 月 28 日
52	永禁渔捕碑	民国十五年(1926)	石窟寺及石刻	姚庄镇武长村长浜机埠南(41 号东北角)	2010 年 5 月 28 日
53	“文革”标语墙	文革时期	近现代重要史迹及代表性建筑	魏塘街道庄港村豆腐浜 53 号西	2010 年 5 月 28 日

嘉善县各级非遗代表性传承人

表 47

序号	传承人姓名	所在镇	出生日期	名录名称	称号	批次	命名单位	命名日期
1	顾友珍	姚庄镇	1937.1	嘉善田歌	国家级非遗代表性传承人	第三批	文化部	2009 年 6 月 12 日
					省级非遗代表性传承人	第二批	省人民政府	2008 年 1 月 22 日
					市级非遗代表性传承人	第一批	市文化局	2009 年 5 月 15 日
					县级非遗代表性传承人	第一批	县文化局	2009 年 6 月 8 日
2	顾秀珍	姚庄镇	1939.10	嘉善田歌	省级非遗代表性传承人	第二批	省人民政府	2008 年 1 月 22 日
					市级非遗代表性传承人	第一批	市文化局	2009 年 5 月 15 日
					县级非遗代表性传承人	第一批	县文化局	2009 年 6 月 8 日
3	沈王荣	陶庄镇	1946.4	嘉善宣卷	省级非遗代表性传承人	第四批	浙江省文化厅	2013 年 11 月 4 日
					市级非遗代表性传承人	第一批	市文化局	2009 年 5 月 15 日
					县级非遗代表性传承人	第一批	县文化局	2009 年 6 月 8 日
4	杨玲珍	西塘镇	1947.10	嘉善田歌	市级非遗代表性传承人	第二批	市文化局	2012 年 9 月 19 日
					县级非遗代表性传承人	第一批	县文化局	2009 年 6 月 8 日
5	吴菊生	陶庄镇	1931.10	嘉善田歌	市级非遗代表性传承人	第一批	市文化局	2009 年 5 月 15 日
					县级非遗代表性传承人	第一批	县文化局	2009 年 6 月 8 日
6	袁云甫	西塘镇	1941.1	嘉善宣卷	省级非遗代表性传承人	第四批	浙江省文化厅	2013 年 11 月 4 日
					市级非遗代表性传承人	第一批	市文化局	2009 年 5 月 15 日
					县级非遗代表性传承人	第一批	县文化局	2009 年 6 月 8 日
7	陆金山	魏塘街道	1931.10	打连法	市级非遗代表性传承人	第一批	市文化局	2009 年 5 月 15 日
					县级非遗代表性传承人	第一批	县文化局	2009 年 6 月 8 日
8	庄志法	姚庄镇	1937.2	马灯舞	市级非遗代表性传承人	第一批	市文化局	2009 年 5 月 15 日
					县级非遗代表性传承人	第一批	县文化局	2009 年 6 月 8 日
9	钱锦铭	西塘镇	1953.6	剪纸技艺	市级非遗代表性传承人	第一批	市文化局	2009 年 5 月 15 日
					县级非遗代表性传承人	第一批	县文化局	2009 年 6 月 8 日

续表 47

序号	传承人姓名	所在镇	出生日期	名录名称	称号	批次	命名单位	命名日期
10	许金海	天凝镇	1938.8	京砖烧制技艺	省级非遗代表性传承人	第三批	省人民政府	2009 年 9 月 23 日
					市级非遗代表性传承人	第一批	市文化局	2009 年 5 月 15 日
					县级非遗代表性传承人	第一批	县文化局	2009 年 6 月 8 日
11	沈步云	干窑镇	1947.9	京砖烧制技艺	省级非遗代表性传承人	第三批	省人民政府	2009 年 9 月 23 日
					市级非遗代表性传承人	第一批	市文化局	2009 年 5 月 15 日
					县级非遗代表性传承人	第一批	县文化局	2009 年 6 月 8 日
12	周小妹	天凝镇	1947.9	传统棉纺织技艺	市级非遗代表性传承人	第一批	市文化局	2009 年 5 月 15 日
					县级非遗代表性传承人	第一批	县文化局	2009 年 6 月 8 日
13	季秀凤	大云镇	1965.4	盘香纽扣制作技艺	市级非遗代表性传承人	第一批	市文化局	2009 年 5 月 15 日
					县级非遗代表性传承人	第一批	县文化局	2009 年 6 月 8 日
14	高建中	姚庄镇	1964.1	嘉善田歌	省级非遗代表性传承人	第四批	浙江省文化厅	2013 年 11 月 4 日
					市级非遗代表性传承人	第二批	市文化局	2012 年 9 月 19 日
					县级非遗代表性传承人	第一批	县文化局	2009 年 6 月 8 日
15	史金龙	天凝镇	1920.11	嘉善田歌	县级非遗代表性传承人	第一批	县文化局	2009 年 6 月 8 日
16	潘海明	西塘镇	1929.6	民间祭祀仪式音乐	县级非遗代表性传承人	第一批	县文化局	2009 年 6 月 8 日
17	潘培江	干窑镇	1945.10	马灯舞	市级非遗代表性传承人	第二批	市文化局	2012 年 9 月 19 日
					县级非遗代表性传承人	第一批	县文化局	2009 年 6 月 8 日
18	史余法	惠民街道	1933	农民书	县级非遗代表性传承人	第一批	县文化局	2009 年 6 月 8 日
19	徐永明	西塘镇	1955	竹雕	县级非遗代表性传承人	第一批	县文化局	2009 年 6 月 8 日
20	居剑月	西塘镇	1964.10	砖雕	市级非遗代表性传承人	第二批	市文化局	2012 年 9 月 19 日
					县级非遗代表性传承人	第一批	县文化局	2009 年 6 月 8 日
21	王　亨	西塘镇	1936.8	木刻版画	县级非遗代表性传承人	第一批	县文化局	2009 年 6 月 8 日
22	沈兴元	姚庄镇	1966	花篮灶	县级非遗代表性传承人	第一批	县文化局	2009 年 6 月 8 日
23	李金宝	姚庄镇	1926.5	传统棉纺织技艺	县级非遗代表性传承人	第一批	县文化局	2009 年 6 月 8 日
24	陈明观	陶庄镇	1930.8	风筝制作技艺	市级非遗代表性传承人	第二批	市文化局	2012 年 9 月 19 日
					县级非遗代表性传承人	第一批	县文化局	2009 年 6 月 8 日
25	陈阿三	姚庄镇	1934.8	嘉善淡水捕捞渔俗	市级非遗代表性传承人	第二批	市文化局	2012 年 9 月 19 日
					县级非遗代表性传承人	第一批	县文化局	2009 年 6 月 8 日
26	沈雨林	姚庄镇	1932.7	嘉善淡水捕捞渔俗	市级非遗代表性传承人	第二批	市文化局	2012 年 9 月 19 日
					县级非遗代表性传承人	第一批	县文化局	2009 年 6 月 8 日
27	陶云林	西塘镇	1956.1	传统纽扣制作技艺	省级非遗代表性传承人	第三批	省人民政府	2009 年 9 月 23 日
28	蒋似松	天凝镇	1964.11	蒋氏祖传伤科诊疗	市级非遗代表性传承人	第二批	市文化局	2012 年 9 月 19 日
					县级非遗代表性传承人	第二批	县文化局	2014 年 12 月 24 日

续表 47

序号	传承人姓　名	所在镇	出生日期	名录名称	称号	批次	命名单位	命名日期
29	顾志芳	姚庄镇	1962	嘉善田歌	县级非遗代表性传承人	第二批	县文化局	2014 年 12 月 24 日
30	陶进云	惠民街道	1942	昆曲·奏	县级非遗代表性传承人	第二批	县文化局	2014 年 12 月 24 日
31	钟杏珠	魏塘街道	1940	剪纸技艺	县级非遗代表性传承人	第二批	县文化局	2014 年 12 月 24 日
32	庄菊华	姚庄镇	1964	农民画	县级非遗代表性传承人	第二批	县文化局	2014 年 12 月 24 日
33	管富金	西塘镇	1951	管老太臭豆腐制作技艺	县级非遗代表性传承人	第二批	县文化局	2014 年 12 月 24 日
34	吴连荣	陶庄镇	1949	竹编技艺	县级非遗代表性传承人	第二批	县文化局	2014 年 12 月 24 日
35	张玉华	罗星街道	1943.9	传统纽扣制作技艺	县级非遗代表性传承人	第二批	县文化局	2014 年 12 月 24 日
36	潘菊明	大云镇	1961	杜鹃造型技艺	县级非遗代表性传承人	第二批	县文化局	2014 年 12 月 24 日
37	沈君慧	干窑镇	1940	小瓦制作技艺	县级非遗代表性传承人	第二批	县文化局	2014 年 12 月 24 日
38	许金海	天凝镇	1938.8	蠡壳窗制作技艺	县级非遗代表性传承人	第二批	县文化局	2014 年 12 月 24 日
39	戴森龙	姚庄镇	1954	麻饼制作技艺	县级非遗代表性传承人	第二批	县文化局	2014 年 12 月 24 日
40	张建飞	姚庄镇	1948	糖豆制作技艺	县级非遗代表性传承人	第二批	县文化局	2014 年 12 月 24 日
41	张景星	天凝镇	1920	癞头传统症疗法	县级非遗代表性传承人	第二批	县文化局	2014 年 12 月 24 日
42	唐以华	罗星街道	1948.2	唐氏妇科中医	县级非遗代表性传承人	第二批	县文化局	2014 年 12 月 24 日

2016年度新评定的文明单位名单

市级文明街道

嘉善县罗星街道

市级文明社区

嘉善县罗星街道柳洲社区

嘉善县罗星街道魏南社区

嘉善县罗星街道和合社区

嘉善县魏塘街道小东门社区

嘉善县魏塘街道庄港社区

2016年嘉善县地名命名更名

表48

申　请　单　位	申　请　事　项	项　目　名　称	所　在　地
嘉善善建旧城改造有限公司	地名要素变更(小区扩大)	梧桐庭院	魏塘街道
嘉兴京御房地产开发有限公司	地名命名	孔雀城·澜院	罗星街道
		孔雀城·珑院	
		孔雀城·朔院	
		孔雀城·麓院	
		孔雀城·四季澜湾	
		孔雀城·学府澜湾	
		孔雀城·盛景澜湾	
大云镇民政办	地名命名	云都南路	大云镇
		钱江路	
		云江路	
魏塘街道民政办	地名要素变更(道路延伸)	平安东路	魏塘街道
		诸和路	
惠民街道民政办	地名命名	枫叶南路	惠民街道
		枫林南路	
		新桥路	
嘉善众祥房产开发有限公司	地名命名	大众·湖滨花园北区	惠民街道
嘉善中都房地产有限公司	地名命名	中都华庭小区	大云镇
亭桥村	地名命名	亭子桥新区	罗星街道
干窑镇民政办	地名命名	三仙东路	干窑镇
魏塘街道民政办	地名命名	瑞香路	魏塘街道
嘉善县新城开发投资有限公司	地名命名	新城大厦	罗星街道
嘉兴孔雀城房地产开发有限公司	地名命名	孔雀城·半岛跃府	罗星街道
嘉兴新城创盛房地产开发有限公司	地名命名	海上风华苑	罗星街道

先进名单

先进单位

【教育部表彰】
第六批全国社区教育实验区
嘉善县
【民政部表彰】
第二批全国社会工作服务专项示范地区
嘉善县
【教育部办公厅表彰】
第三批国家级农村职业教育和成人教育示范县创建入围名单
嘉善县
【中国共产主义青年团中央委员会、司法部表彰】
2014—2015 全国"青少年维权岗"
浙江省嘉善县法律援助中心
【共青团中央、中央文明办、民政部等单位表彰】
第三届中国青年志愿服务项目大赛银奖
嘉善县第一人民医院(爱在善医 365 志愿服务)
【国家工商总局表彰】
商事制度改革中成绩突出的企业登记窗口
嘉善县市场监督管理局行政许可科
【民盟中央表彰】
民盟社会服务工作先进集体
民盟嘉善县基层委员会
【中国科协、财政部表彰】
国家级科普示范社区
罗星街道玉兰社区
【中华全国供销合作总社表彰】
全国基层社标杆社
嘉善县魏塘供销社
【中国成人教育协会社区教育专业委员会表彰】
全国社区教育示范街道(乡镇)
罗星街道
【中国开发区协会表彰】
第十九届中国国际投资贸易洽谈会中国开发区代表团优秀组织奖
嘉善经济技术开发区
【全国打黄打非工作小组表彰】
全国打黄打非先进集体
嘉善县治安管理大队
【浙江老年电视大学表彰】
"十二五"时期办学先进单位
嘉善县民政局
【全国大中城市社科联工作会议主席团表彰】
全国社科组织先进单位
嘉善县社科联
【中国成人教育协会——农村成人教育专业委员会表彰】
全国农村优秀学习型组织"学习型乡镇"
天凝镇
【中国纺织工业联合会中国家用纺织行业协会表彰】
中国静电植绒名镇
天凝镇
【第十四届中国国际农产品交易会组委会表彰】
中国国际农产品交易会参展农产品金奖
天凝镇
【中国成人教育协会、农村成人教育专业委员会表彰】
全国农村优秀学习型组织学习型村居(社区)
洪溪村
【中国合作经济学会农村社区小康建设专业委员会、全国乡村春晚组委会表彰】
全国村晚最美村花奖
洪溪村
【中国合作经济学会农村社区小康建设专业委员会、全国乡风文明网表彰】
全国乡风文明奖
洪溪村

【上海第一财经传媒有限公司、中国最美村镇评选活动组委会表彰】

中国最美村镇人文奖

洪溪村

【中共浙江省委、浙江省人民政府表彰】

浙江省交通运输系统最美示范窗口

嘉善县交通工程质量安全监督站

平安县

嘉善县

服务保障 G20 杭州峰会工作先进集体

中共嘉善县委政法委

【中共浙江省委办公厅、浙江省人民政府办公厅表彰】

2011—2015 年全省法治宣传教育先进单位

嘉善县司法局

全省"百日维稳攻坚大会战"先进集体

中共嘉善县委政法委

全省社会治安综合治理先进集体

中共嘉善县委政法委

【浙江省人力资源和社会保障厅、浙江省机构编制委员会办公室表彰】

浙江省编办系统先进集体

嘉善县机构编制委员会办公室

【浙江省委党校表彰】

2016 年度浙江省党校系统先进集体

中共嘉善县委党校

【浙江省爱卫办表彰】

浙江省卫生村

干窑镇南宙村

【浙江省公安厅表彰】

集体二等功

嘉善县拘留所

嘉善县公安局驻"乌镇峰会"第六防区社会面防控组

嘉善县公安局 G20 杭州峰会安保里泽检查站

全省公安机关执法质量优秀单位

嘉善县公安局

全省优秀公安基层单位

巡特警大队

全省命案侦破工作工作突出集体

嘉善县公安局

全省公安信访考核县级优秀单位

嘉善县公安局

浙江省公安青年文明号

罗星派出所

通令嘉奖

嘉善县公安局

【浙江省人民检察院表彰】

全省检察机关平安护航 G20 峰会先进集体

嘉善人民检察院

【浙江省财政厅表彰】

规范化建设先进财政所

罗星街道财政所

【浙江省民政厅表彰】

县(市、区)民政工作考核先进单位

嘉善县

【浙江省住房和城乡建设厅表彰】

浙江省节水型居民小区

罗星街道江南社区

【浙江省交通运输厅表彰】

G20 杭州峰会交通运输服务保障工作先进集体

嘉善县公路运输管理所

【浙江省道路运输管理局表彰】

G20 杭州峰会道路运输服务保障工作先进集体

嘉善县公路运输管理所

【浙江省档案局表彰】

示范数字档案室和规范化数字档案室

嘉善县公路管理段

【共青团浙江省委表彰】

浙江青年创业园区

上海人才创业园

浙江青年互联网创业示范点

汇思网络科技(浙江)有限公司

嘉兴歌斐颂巧克力小镇

嘉善县美华水产养殖场

嘉善伊洋电子商务有限公司

嘉善在线信息科技有限公司

嘉兴行游天下旅行社有限公司
嘉善县罗星街道马家桥电子商务综合平台
嘉善县西塘镇谢大妈粽子青年互联网创业示范点
嘉善县姚庄镇社会组织创意园
浙江拳王宠物食品有限公司等 10 家单位

全省首批省级示范性青少年综合服务平台
姚庄镇青少年综合服务站

【浙江省教育厅办公室、浙江省财政厅办公室表彰】

浙江省县级社区教育示校
嘉善社区学院

【浙江省人民政府征兵办公室表彰】

基层征兵工作先进单位
魏塘街道办事处

【浙江省省教育厅新闻办、浙江省教育报刊总社表彰】

浙江省教育宣传工作先进集体
嘉善县教育局

【浙江省民政厅、浙江省社会福利协会表彰】

浙江省五星级社区居家养老服务照料中心
罗星街道玉兰社区

【浙江省科学技术协会表彰】

浙江省科普示范社区
罗星街道晋阳社区

【民进浙江省委会表彰】

民进全省参政议政工作先进集体
民进嘉善县委会文化支部

【浙江省军区表彰】

基层建设标兵单位
嘉善县大云镇武装部

【浙江省志愿者协会表彰】

浙江省优秀志愿服务集体
嘉善县志愿者协会

【浙江省青少年工作领导小组办公室表彰】

浙江省县(市、区)级优秀(二级)青少年宫
嘉善县青少年宫

【浙江新农村建设带头人“金牛奖”组委会表彰】

2016 年度浙江新农村建设带头人评选优秀组织奖——金牛奖
嘉善县广播电视台

【浙江广播电视集团表彰】

2016 年度全省广播电视新闻协作县级电视二等奖
嘉善县广播电视台

2016 年度全省广播电视新闻协作县级广播二等奖
嘉善县广播电视台

【浙江省新闻出版广电局表彰】

2016 年度全省新闻出版广播影视信息工作先进单位
嘉善县广播电视台

【浙江省财政厅表彰】

财政支农工作绩效考核合格单位
嘉善县财政局

【浙江省财政学会表彰】

全省财政课题成果评选三等奖
嘉善县地税局课题组

【浙江省普法教育领导小组表彰】

2011—2015 年全省法治宣传教育先进集体
嘉善县综合行政执法局

【浙江省法学会表彰】

全省法学会系统先进集体
中共嘉善县委政法委

【民盟浙江省委会表彰】

民盟浙江省委会 2015—2016 年度先进盟组织
民盟嘉善县基层委员会

【浙江省高级人民法院政治处表彰】

全省法院调研工作先进集体
嘉善县人民法院

【浙江省水库移民安置办公室表彰】

水库移民工作考核优秀县(市区)
嘉善县

【浙江日报报业集团表彰】

浙江日报先进报道组
嘉善县委报道组

【浙江省巾帼建功和双学双比活动协调小组办公室表彰】

浙江省巾帼文明岗
嘉善县第三人民医院精神科

【浙江省爱卫会表彰】

浙江省卫生先进单位
西塘镇卫生院

【浙江省工商局表彰】

全省基层市场监管(工商)部门创先争优先进单位(推进工商登记制度改革)

嘉善县市场监督管理局

【浙江省人力社保厅、浙江省工商局、浙江省公务员局表彰】

集体三等功

嘉善县市场监督管理局(县工商局)

【浙江省商品交易市场及农贸市场提升发展工作领导小组表彰】

浙江省放心农贸市场示范单位

魏塘农贸市场

【浙江农业博览会组委会表彰】

省农博会金奖

天凝镇

【中共嘉兴市委、嘉兴市人民政府表彰】

市级平安街道

罗星街道

嘉善经济技术开发区(惠民街道)

市级平安镇

天凝镇

嘉兴市保障服务重大国际峰会先进集体

嘉善经济技术开发区(惠民街道)

天凝镇

中共嘉善县委维稳办

嘉善县司法局

嘉善县监察大队

嘉善县信访局

嘉善县市场监督管理局

嘉善县民政局

【中共嘉兴市委表彰】

嘉兴市保障服务重大国际峰会先进集体

嘉善县公安局

中国共产主义青年团嘉善县委员会

嘉兴市先进基层党组织

罗星街道晋阳社区

嘉兴市级文明单位

嘉善县卫生和计划生育局

【嘉兴市人民政府表彰】

耕地保护目标责任制考核优胜单位

嘉善县人民政府

农村土地整治先进单位

嘉善县人民政府

“十二五”期间统筹补充耕地和耕地占补平衡贡献单位

嘉善县人民政府

嘉兴市工业强镇(街道)建设进步奖

罗星街道

嘉兴市无违建街道

罗星街道

嘉善经济技术开发区(惠民街道)

嘉兴市级文明单位

嘉善县卫生和计划生育局

嘉善县第三人民医院

人口和计划生育目标管理责任制考核优秀

嘉善县人民政府

全市生猪养殖业转型发展先进基层集体

嘉善县综合行政执法局

全市综合行政执法工作先进单位

嘉善县综合行政执法局

全市人民调解工作先进集体

嘉善县医疗纠纷人民调解委员会

嘉善经济技术开发区(惠民街道)

全市“三改一拆”、“无违建”创建工作先进单位

嘉善经济技术开发区(惠民街道)

市“公铁”沿线环境整治工作先进基层单位

嘉善经济技术开发区(惠民街道)

嘉兴市工业强镇(街道)建设进步奖

嘉善经济技术开发区(惠民街道)

【中共嘉兴市委、嘉兴市人民政府信访工作领导小组表彰】

全市信访工作目标管理考核优秀

嘉善县

【嘉兴市人民政府、嘉兴军分区表彰】

征兵工作先进镇(街道)

嘉善经济技术开发区(惠民街道)

先进个人

【最高人民法院表彰】

人民法院荣誉天平奖章

李晓虹　赵再平　王一川　周　焰

【财政部表彰】

全国财政信息工作先进个人

程高华

【希望杯全国数学邀请赛组织委员会表彰】

数学竞赛优秀辅导员

李志华

【中国数字艺术馆表彰】

中国艺术金马奖

戴宝华

中国艺术博士奖

戴宝华

【中共浙江省委、浙江省人民政府表彰】

服务保障G20杭州峰会工作中做出突出贡献的个人

邱卫国　戈建萍　朱锡锋

【中共浙江省委办公厅、浙江省人民政府办公厅表彰】

2011—2015年全省法治宣传教育模范个人

孙彩雯

【浙江省公安厅表彰】

个人二等功

冯金林　蒋炯炯　陈林荣　沈　冬　肖　荣　王　春

全省优秀人民警察

聂光兵　宋柳丰

G20杭州峰会安保工作先进个人

蒋旻雁　唐国涛　沈龙平　叶　平　方炉生　邹文斌　沈家伟　阮建松　郭宇涛

G20杭州峰会安保积极分子

谢　晶　王川发　张明明　朱明明　金　剑　张　秦　顾晨亮　朱舒绘　蔡文斌

G20峰会安保工作成绩突出个人

俞　涛　唐晔君　邱卫国　沈　冬　张克荣　张　范　吴文军　唐国涛　顾洪明

浙江省G20杭州峰会工作先进个人

罗星街道安监站　陶建峰

干窑镇　单国强

第三届世界互联网大会安保工作成绩突出个人

王　瓞　马占国　汪　晓　贺剑荣　杨根林

全省公安"138工程"建设成绩突出个人

聂旭文

全省公安机关电话"黑卡"治理专项行动成绩突出个人

廖宇霏　张　佳

【浙江省人民政府、浙江省军区表彰】

征兵工作先进个人

顾忠强(惠民街道武装部部长)

【浙江省委党校表彰】

2016年度浙江省党校系统先进个人

刘　群

【浙江省交通运输厅表彰】

G20杭州峰会交通运输服务保障工作先进个人

徐卫庆　周　勇

省交通运输系统年度最美人物

金海源

【浙江省高级人民法院政治处表彰】

全省法院人民法庭工作先进个人

江万景

【浙江省人民政府征兵办公室表彰】

基层征兵先进工作者

顾忠强(惠民街道武装部部长)

【浙江省新闻出版广电局表彰】

2016年度全省新闻出版广播影视信息工作先进个人

朱慧婷

浙江省新闻出版广播G20杭州峰会安保工作先进个人

柴育峰

【浙江省教育厅、浙江省人社局、浙江省财政厅表彰】

省级优秀教师暨省高校优秀教师、省农村教师突出贡献奖

张爱根　顾风鸣

省级优秀教师暨省高校优秀辅导员、省中小学师德楷模

张宇星

【浙江省人民教育基金会表彰】

省第二十六届“春蚕奖”称号

刘朝阳　袁小红

【浙江省信访工作领导小组、中共浙江省委组织部表彰】

全省信访督查“百千万”专项行动先进个人

郭宇涛

【浙江省信访工作联席会议办公室表彰】

G20 杭州峰会信访工作先进个人

宋汉杰　蒋林江

【中共浙江省委政法委、浙江省人力社保厅表彰】

全省政法系统先进个人

吴为民

首届全省政法系统“最美政法人”

吴为民

【浙江省地方税务局表彰】

纳税服务窗口工作成绩突出个人

王振宇

【浙江省巾帼建功和双学双比活动协调小组办公室表彰】

浙江省“巾帼建功”标兵

孙晓斐

【浙江省工业经济联合会、浙江省企业联合会、浙江省企业家协会组织举行的“2016 浙江省企业领袖峰会”表彰】

“第十五届浙江省优秀企业家”

金月华

【民盟浙江省委表彰】

民盟浙江省委 2015—2016 年度先进盟员

包叶红

【浙江省数学会表彰】

优秀教练员

李志华

【中共嘉兴市委表彰】

市级优秀党务工作者

文稼穗

嘉兴市优秀党员

姚灿莲

【中共嘉兴市委、嘉兴市人民政府表彰】

嘉兴市保障重大国际峰会先进个人

丁惠法　王　迪　姚春波　夏拥军　钱明良
廖宇雷　程细金　贺清泉　王志斌　王海峰
周　俊　郦宝财　殷国英　鲁明强　陶如龙
宋汉杰　陈明伟　顾竹青　屠军峰　陆灿明
赵　吉　许　强　蒋振明　斯其连　冯群青
周毓耿

【嘉兴市人民政府表彰】

2014—2015 年度全市人民调解工作先进个人

陆访泉　于云金　余佩鸿

全市“三改一拆”、“无违建”创建工作先进个人

王　懂

全市优秀综合行政执法队员

何剑源　陈钟辉　秦　月

全市消防工作先进个人

章力耘

2016年度嘉善县先进集体和先进个人名单

一、工作目标责任制考核考评优胜单位

(一)镇(街道)工作目标责任制考核考评优胜单位

一等奖:姚庄镇、罗星街道

二等奖:西塘镇、魏塘街道、干窑镇

三等奖:开发区(惠民街道)、大云镇、天凝镇、陶庄镇

(二)部门工作目标责任制考核考评优胜单位

1. 县级部门

优秀:县财政地税国资局、县发改局(服务业发展局)、县农经局(农办)、县公安局、县经信局

良好:县综合行政执法局、县交通局、县水利局、县住建局(人防办)、县市场监管局、县教育局、县商务局、县委统战部(民宗局)、县审批服务中心(公管办)、县法院

2. 垂直部门

优秀:县国土局、县国税局

良好:县消防大队、国网嘉善县供电公司

3. 金融部门

优秀:嘉善农商银行、工行嘉善支行

良好:农行嘉善县支行、建行嘉善支行

(三)部门工作目标责任制考核考评表扬单位

1. 县级部门

县人力社保局、县卫生计生局、县民政局、县交投集团、县委党校、县统计局、县新居民服务管理办、县检察院

2. 垂直部门

人行嘉善县支行(国家外汇管理局嘉善县支局)、移动嘉善分公司

3. 金融部门

上海农商行嘉善支行、绍兴银行嘉善支行

(四)县级部门工作目标责任制考核考评争先进位奖

县机关党工委、团县委、县文化局(体育局)

二、县域科学发展示范点建设及综合配套改革先进集体、个人

(一)县域科学发展示范点建设及综合配套改革先进集体

一等奖:姚庄镇

二等奖:西塘镇、罗星街道

三等奖:开发区(惠民街道)、大云镇

(二)县域科学发展示范点建设及综合配套改革优秀部门

一等奖:县发改局(服务业发展局)、县农经局(农办)、县国土局、县经信局、县财政地税国资局、县民政局、县编委办、县人力社保局

二等奖:县交通局、县水利局、县住建局(人防办)、县委组织部、县委宣传部、县委统战部、县纪委(监察局)、县法制办

三等奖:县卫生计生局、县教育局、县委政法委、县商务局、县环保局、县文化局(体育局)、县公安局、县委党校、县统计局、县审批服务中心(公管办)

(三)县域科学发展示范点建设及综合配套改革"十大标兵"

东建平　县委办副主任、县委政研室主任

徐智华　县民政局局长

邵小华　县环保局局长

王永栋　西塘镇党委书记

陆剑峰　干窑镇党委书记

李志杰　天凝镇党委书记

钱维新　县府办副主任

倪　妮　县发改局副局长、县改革办副主任

薛晓亮　县经信局副局长

张润纯　县推进办副主任

三、三比一争工作先进集体、个人

(一)十佳服务部门

县发改局(服务业发展局)、县财政地税国资局、县经信局、县国土局、县统计局、县住建局(人防

办)、县国税局、县商务局、县审批服务中心(公管办)、县环保局

(二)十佳服务之星

郑利平　县国土局局长

王　洁　县发改局副局长、推进办主任

苏　元　县经信局副局长

沈志治　县商务局副局长

关　俐　县统计局副局长

盛　庚　县地税局副局长

浦东明　县住建局副局长

施正明　县审批服务中心副主任

张　赟　县委、县政府正科级督查专员、县委政研室副主任

黄　斌　县委组织部副部长、两新工委书记

(三)服务表扬部门

县市场监管局、县审计局、人行嘉善县支行、县科技局、县委组织部、县纪委(监察局)、县委宣传部、县委政法委、县总工会、县交投集团、县水利局、县编委办

四、开放型经济工作先进集体、个人

(一)利用外资综合先进奖

一等奖:开发区(惠民街道)

二等奖:西塘镇、姚庄镇

三等奖:魏塘街道、大云镇

(二)招商引资突出贡献人员

王建沂　富通集团董事局主席

陆加杰　人民日报社人民网强国论坛主编

王育青　嘉善经济技术开发区管委会副主任

王　荣　嘉兴综保区B区管委会主任、西塘镇副镇长

王培根　姚庄镇人大副主席

金敏耿　魏塘街道党委书记

孙利荣　大云镇副镇长

陆剑峰　干窑镇党委书记

杭新江　县统计局局长

单　政　县金融办主任、县府办副主任

沈雪林　县商务局局长、招商局局长

徐玲娟　县委组织部常务副部长

杨丽萍　县归谷园区管委会常务副主任

陶益民　天凝镇招商服务中心主任

袁志勇　县公安局巡特警大队副大队长、县驻点上海招商三组组长

马　军　嘉善经济技术开发区管委会招商局局长

(三)开放型经济特别奖

人行嘉善县支行(国家外汇管理局嘉善县支局)

海关嘉善办事处

国检嘉善办事处

海关嘉兴综保区B区办事处

五、工业系统先进集体

(一)工业强镇(街道)考核优胜单位

一等奖:开发区(惠民街道)

二等奖:姚庄镇、罗星街道

三等奖:魏塘街道、西塘镇

(二)工业投入工作考核优胜单位

一等奖:开发区(惠民街道)

二等奖:姚庄镇、西塘镇

三等奖:天凝镇、罗星街道

(三)利用县外内资考核优胜单位

一等奖:姚庄镇

二等奖:罗星街道、开发区(惠民街道)

三等奖:干窑镇、魏塘街道

(四)工业经济发展贡献奖

索菲亚家居(浙江)有限公司

阿克苏诺贝尔涂料(嘉兴)有限公司

富鼎电子科技(嘉善)有限公司

浙江昱辉阳光能源有限公司

晋亿实业股份有限公司

浙江众成包装材料股份有限公司

浙江长盛滑动轴承股份有限公司

梦天木门集团有限公司

嘉善华瑞赛晶电气设备科技有限公司

浙江豪声电子科技股份有限公司

嘉善吉成铸造有限公司

嘉兴永信精密钢管有限公司

浙江智泓科技有限公司

浙江海通钢业有限公司
浙江格蕾特电器股份有限公司
浙江建研科之杰新材料有限公司
浙江双飞无油轴承股份有限公司
浙江大隆合金钢有限公司
浙江晋椿五金配件有限公司
浙江亿力清洁设备有限公司

（五）工业经济发展杰出贡献奖

索菲亚家居（浙江）有限公司
阿克苏诺贝尔涂料（嘉兴）有限公司
富鼎电子科技（嘉善）有限公司
浙江昱辉阳光能源有限公司
晋亿实业股份有限公司
浙江众成包装材料股份有限公司

（六）十佳工业亩均产出示范企业

浙江格蕾特电器股份有限公司
浙江建研科之杰新材料有限公司
阿克苏诺贝尔涂料（嘉兴）有限公司
嘉善吉成铸造有限公司
台牙牙板模具（嘉兴）有限公司
新思考电机有限公司
浙江豪声电子科技股份有限公司
索菲亚家居（浙江）有限公司
汤普勒化工染料（嘉兴）有限公司
承田汽车配件工业（浙江）有限公司

（七）十佳“互联网＋智能制造”（机器换人）示范企业

索菲亚家居（浙江）有限公司
富鼎电子科技（嘉善）有限公司
浙江智泓科技有限公司
浙江豪声电子科技股份有限公司
浙江田中精机股份有限公司
承田汽车配件工业（浙江）有限公司
浙江双飞无油轴承股份有限公司
巴士在线股份有限公司
浙江长盛滑动轴承股份有限公司
浙江嘉丰机电有限公司

（八）十佳优秀成长型企业

浙江闼闼门业科技有限公司
嘉兴亚欧光电科技有限公司
嘉兴迈特尔宝欣机械工业有限公司
东菱技术有限公司
浙江宇钻精密元件有限公司
浙江丰贸轩家具有限公司
浙江金乙昌科技股份有限公司
嘉善永鑫紧固件有限公司
嘉善北方机械制造有限公司
浙江万正电子科技有限公司

六、接轨上海工作先进集体

（一）先进镇（街道）

一等奖：姚庄镇
二等奖：罗星街道、开发区（惠民街道）
三等奖：大云镇、西塘镇

（二）先进部门

一等奖：县商务局
二等奖：县委组织部、县经信局、县旅游局
三等奖：县财政地税国资局、县交通局、电信嘉善分公司

七、扩大有效投资和重大项目推进先进集体

（一）扩大有效投资先进集体

一等奖：姚庄镇
二等奖：罗星街道、开发区（惠民街道）
三等奖：干窑镇、天凝镇

（二）工程建设先进项目

上海人才创业园
万林新材料浙江有限公司汽车用高强度合金管件、中空稳定器杆项目
姚庄镇白淮荡50MW渔光互补光伏发电项目
富通住电光导科技（嘉兴）有限公司光纤预制棒智能制造项目
嘉善县社会福利中心
图书馆、博物馆项目
丁诸线航道整治工程
晋阳西路小区
太浦河取水二期工程
平黎公路绿化提升工程

（三）项目前期工作先进单位

县水利局、县卫生计生局、县教育局、县水务集团、县商投集团、开发区（惠民街道）、罗星街道、干窑镇、陶庄镇、大云镇

（四）扩大有效投资优秀服务部门

县财政地税国资局、县审批服务中心（公管办）、县统计局、县国土局、县交通局、县住建局（人防办）、县经信局、县审计局、县环保局、县治水办

八、服务业发展工作先进集体

（一）服务业发展先进镇（街道）

一等奖：罗星街道

二等奖：魏塘街道、大云镇

三等奖：开发区（惠民街道）、干窑镇

（二）服务业发展先进部门

县财政地税国资局、县住建局（人防办）、县旅游局、县交通局、县市场监管局、县国土局、县统计局

（三）服务业发展杰出贡献奖

浙江嘉善农村商业银行股份有限公司

（四）服务业发展贡献奖

中信证券（浙江）有限责任公司嘉善晋阳西路证券营业部

特易购乐购（中国）投资有限公司嘉善分公司

浙江嘉善联合村镇银行股份有限公司

（五）重点服务业企业综合考核优胜单位

一等奖：浙江爱婴室物流有限公司

二等奖：嘉善大润发商业有限公司、嘉善百汇人力资源有限公司、浙江云澜湾温泉文化有限公司

三等奖：申万宏源证券有限公司嘉善体育南路证券营业部、浙江凯鸿物流有限公司、嘉善德纳国际影城有限公司、嘉兴恒利商业管理有限公司、嘉善县商业开发投资集团有限公司、嘉兴市证大物业管理有限责任公司

九、支持浙商创业创新促进嘉善发展工作先进镇（街道）

一等奖：开发区（惠民街道）

二等奖：姚庄镇、西塘镇

三等奖：干窑镇、魏塘街道

十、企业股改上市（挂牌）工作考核先进集体

（一）先进镇（街道）

一等奖：罗星街道

二等奖：姚庄镇、干窑镇

三等奖：开发区（惠民街道）、大云镇

（二）先进部门

县财政地税国资局、县环保局、县综合行政执法局、县安监局、县法制办

十一、盘活存量建设用地（节约集约用地）目标责任制考核先进集体

（一）先进镇（街道）

一等奖：干窑镇

二等奖：罗星街道、大云镇

三等奖：魏塘街道、西塘镇

（二）先进部门

一等奖：县审批服务中心（公管办）

二等奖：县经信局、县发改局（服务业发展局）

三等奖：县财政地税国资局、县住建局（人防办）

十二、农房改造集聚工作目标责任制考核先进集体

（一）先进镇（街道）

一等奖：姚庄镇

二等奖：罗星街道、天凝镇

三等奖：大云镇、开发区（惠民街道）

（二）先进部门

一等奖：县农经局（农办）

二等奖：县财政地税国资局、县发改局（服务业发展局）

三等奖：县住建局（人防办）、县综合行政执法局

十三、耕地保护责任目标考核优胜单位

陶庄镇、开发区（惠民街道）、魏塘街道

十四、土地开发整治工作考核先进集体

一等奖：干窑镇

二等奖：罗星街道、姚庄镇

三等奖：陶庄镇、魏塘街道、开发区（惠民街道）

十五、深化城乡统筹加快新农村建设工作先进单位

（一）先进镇（街道）

一等奖：姚庄镇

二等奖：陶庄镇、开发区（惠民街道）

三等奖：魏塘街道、大云镇、西塘镇

（二）先进部门

县发改局（服务业发展局）、县财政地税国资局、县人力社保局、县住建局（人防办）、县民政局、县统计局

十六、"强村计划"全面提升村级集体经济发展品质工作考核先进单位

（一）先进镇（街道）

一等奖：罗星街道

二等奖：大云镇、魏塘街道

三等奖：干窑镇、天凝镇

（二）先进部门

县发改局（服务业发展局）、县财政地税国资局、县国土局、县审批服务中心（公管办）、县经信局、县水利局

十七、畜禽养殖业转型发展工作先进集体

（一）先进镇（街道）

魏塘街道、罗星街道、开发区（惠民街道）、西塘镇、姚庄镇、陶庄镇、干窑镇、天凝镇、大云镇

（二）先进部门

县农经局（农办）、县综合行政执法局、县新居民服务管理办、县公安局、县住建局（人防办）、县水利局、县国土局、县教育局、县环保局、县商务局、县水务集团

十八、现代农业发展先进镇（街道）

一等奖：魏塘街道

二等奖：大云镇、西塘镇

三等奖：开发区（惠民街道）、姚庄镇

十九、"五水共治"工作先进集体

（一）先进镇（街道）

一等奖：西塘镇、大云镇

二等奖：干窑镇、姚庄镇、天凝镇

三等奖：罗星街道、魏塘街道、陶庄镇、开发区（惠民街道）

（二）先进部门

县水利局、县环保局、县水务集团、县住建局（人防办）、县农经局（农办）、县纪委（监察局）、县经信局、县交通局、县妇联

二十、"五气共治"工作先进集体

（一）先进镇（街道）

一等奖：姚庄镇

二等奖：西塘镇、魏塘街道

三等奖：罗星街道、大云镇

（二）先进部门

县环保局、县住建局（人防办）、县经信局、县发改局（服务业发展局）、县质监局、县委政法委、县公安局

二十一、"三改一拆"和"无违建"创建工作先进集体

（一）先进镇（街道）

一等奖：干窑镇

二等奖：大云镇、魏塘街道

三等奖：开发区（惠民街道）、天凝镇

鼓励奖：罗星街道、姚庄镇、西塘镇、陶庄镇

（二）先进部门

县委组织部、县纪委（监察局）、县委宣传部、县委政法委、县住建局（人防办）、县综合行政执法局、县农经局（农办）、县信访局

二十二、"公铁"沿线环境整治工作先进镇（街道）

大云镇、干窑镇、天凝镇、开发区（惠民街道）、魏塘街道

二十三、平安建设、社会治安综合治理先进集体

（一）平安建设先进镇（街道）

一等奖：大云镇

二等奖：陶庄镇

三等奖：姚庄镇

（二）社会治安综合治理先进镇（街道）

开发区（惠民街道）、西塘镇、罗星街道

（三）平安建设先进部门

县公安局、县信访局、县安监局、县住建局（人防办）、县财政地税国资局、县委维稳办、县妇联、县交投集团

（四）社会治安综合治理先进部门

县文化局（体育局）、县教育局、县民政局、县商投集团、县综治办（县社会治理网格信息中心）、县市场监管局

二十四、信访工作先进集体

陶庄镇、西塘镇、大云镇、县公安局、县住建局（人防办）、县人力社保局、县委政法委、县纪委（监察局）、县司法局

二十五、落实党风廉政建设责任制优秀单位

姚庄镇、魏塘街道、大云镇、县法院、县检察院、县综合行政执法局、县审计局、县经信局、县市场监管局、县发改局（服务业发展局）、县委统战部、县编委办、县水利局、县国税局、县气象局

二十六、宣传思想文化工作先进镇（街道）

一等奖：姚庄镇

二等奖：罗星街道、开发区（惠民街道）

三等奖：魏塘街道、西塘镇、干窑镇

二十七、党政领导科技进步与人才工作目标责任制考核先进集体

（一）科技工作先进镇（街道）

开发区（惠民街道）、西塘镇、姚庄镇、魏塘街道

（二）人才工作先进镇（街道）

罗星街道、姚庄镇、魏塘街道、开发区（惠民街道）

（三）人才工作先进部门

县财政地税国资局、县经信局、县人力社保局、县商务局

二十八、水利工作目标责任制考核先进镇（街道）

一等奖：西塘镇

二等奖：姚庄镇、魏塘街道

三等奖：开发区（惠民街道）、天凝镇

二十九、安全生产工作先进集体

姚庄镇、罗星街道、天凝镇、魏塘街道、陶庄镇、西塘镇、县安监局、县交通局、县质监局、县交警大队、县综合行政执法局、县消防大队、县教育局、县市场监管局、县水利局、县农经局（农办）、县旅游局、县综治办、县文化局（体育局）、县供销社、国网嘉善县供电公司、县水务集团

三十、县级部门审批服务绩效考核先进单位

一等奖：县发改局（服务业发展局）、县经信局

二等奖：县市场监管局、县国土局、县环保局

三等奖：县综合行政执法局、县住建局（人防办）、县商务局、县财政地税国资局、县农经局（农办）

三十一、人口计生工作目标管理责任制考核先进集体

（一）先进镇（街道）

一等奖：姚庄镇、开发区（惠民街道）、罗星街道、魏塘街道

二等奖：西塘镇、天凝镇、陶庄镇、大云镇、干窑镇

（二）先进部门

县法院、县新居民服务管理办、县人力社保局、县民政局

三十二、新居民管理服务工作先进集体

一等奖：姚庄镇

二等奖：干窑镇、西塘镇

三等奖：天凝镇、开发区（惠民街道）

三十三、法治建设考核优胜单位

（一）先进镇（街道）

西塘镇、大云镇、姚庄镇

（二）优秀部门

县委政法委、县委宣传部、县综合行政执法局、县住建局（人防办）、县市场监管局、县质监局、县卫生计生局、县财政地税国资局

（三）良好部门

县妇联、团县委、县公安局、县交通局、县烟草局、县国土局、县司法局、县国税局

三十四、食品药品安全工作目标责任制考核先进集体

（一）先进镇（街道）

一等奖：姚庄镇

二等奖：魏塘街道、开发区（惠民街道）

三等奖：干窑镇、西塘镇

（二）先进部门

县市场监管局、县农经局（农办）、县卫生计生局、县综合行政执法局、县教育局、县财政地税国资局、县公安局

三十五、生态文明建设工作先进集体

（一）先进镇（街道）

一等奖：西塘镇

二等奖：姚庄镇、干窑镇

三等奖：大云镇、罗星街道

（二）先进部门

县发改局（服务业发展局）、县经信局、县公安局、县财政地税国资局、县环保局、县住建局（人防办）、县农经局（农办）、县水利局、县治水办、县治气办

三十六、公共卫生工作目标责任制考核先进集体

一等奖：姚庄镇、大云镇

二等奖：干窑镇、陶庄镇、西塘镇

三等奖：罗星街道、天凝镇、开发区（惠民街道）、魏塘街道

三十七、全国县级文明城市创建、“美丽嘉善”建设工作先进集体

一等奖：魏塘街道、罗星街道、开发区（惠民街道）、姚庄镇、干窑镇、县委办、县府办、县委宣传部（文明办）、县机关党工委、县市场监管局、县财政地税国资局、县住建局（人防办）、县综合行政执法局、县教育局、县交投集团、县交警大队

二等奖：西塘镇、陶庄镇、天凝镇、大云镇、县人大办、县政协办、县纪委（监察局）、县委组织部、团县委、县妇联、县广电台、嘉善报社、县委政法委、县公安局、县发改局（服务业发展局）、县商务局、人行嘉善县支行、县交通局、县环保局、县农经局（农办）、县水利局、县国土局、县文化局（体育局）、县旅游局、县卫生计生局、县水务集团、县城投集团、县商投集团

新闻报道选录

千年西塘新气象　听得时光枕水眠
农网开启西塘古镇“互联网＋”新路径

张敏、倪杨艳

位于浙江省嘉善县的西塘古镇，古朴而淡雅，宁静而温婉，朦胧而闲适，犹如一幅淡淡的水墨画，不经意间，便让你心醉不已。

在西塘，有着这样的说法：西塘白天没有夜景美，夜景没有雨景灵，雨景没有雪景赞。在没有这些“天时”配合的情况下，是什么留住了游客的脚步？酒吧街、美食？或许不少人更青睐于当地具有西塘独特韵味的客栈——古朴的院落却又处处透着一股现代气息，这也是如此吸引游客的一个原因吧。

临近春节，游客如织，他们都想在古色古香的西塘庆祝新春佳节的到来，并为远方的家人带去与众不同的礼物。

积淀历史迈向繁华

西塘是一座已有千年历史文化的古镇，获得过无数荣誉：世界文化遗产的预备清单、首批中国十大历史文化名镇、世界遗产保护杰出成就奖、国家5A级旅游景区、中国十佳古镇、被网友评选为心目中浙江景区门票性价比最高的景区。

2014年，这座千年古镇以高分通过了国家5A级旅游区资源景观质量评审；入选百度沸点2014搜索风云榜“十大移动热搜景点”；获得“2014最佳古镇旅游度假目的地”等荣誉。

在西塘古镇旅游开发之初，保护与开发的核心就定为“生活”，在十几年的一次次保护与开发的碰撞中，已经形成了以原生态、人与自然诗意和谐保护为主的西塘模式。眼下，西塘古镇景区正在打造智慧旅游模式，预计今年2月停车场智能化系统、景区智能化主线全部布好。在今年6月份之前西塘将全面实现智能化覆盖，为游客提供更加人性化的服务。

“智能化的系统将大大提升游客在食、住、行、游、购、娱等旅游活动中的自主性、互动性，为游客带来超出预期的旅游体验和无处不在的贴心服务。”西塘旅游文化发展有限公司负责人介绍说，智能化、人性化就体现在“以人为本”，如景区全面WiFi覆盖，网络买票不再需要到窗口换票，只需扫二维码即可进入景区等。

穿越千年的客栈风

嘉善位于江浙沪二省一市交界处，这里离上海、苏州、杭州都在100公里以内，交通方便，高速公路、320国道、沪杭铁路穿境而过，乘坐汽车、火车均能到达。早在春秋战国时期就是吴、越两国的相交之地，故有“吴根越角”和“越角人家”之称。

西塘云来集游多多客栈便是其中独具风情的客栈之一，一堵围墙隔开了外界的喧嚣，爱好书法的游客还可以在老板的书画室内一展才艺，房间的温馨布置也着实令人神往。

作为一家加盟的民宿连锁客栈，西塘云来集游多多客栈有着现代的元素也保持了西塘特有的韵味，据负责人罗丽萍介绍，客栈50%至80%之间的客源来自携程、去哪儿、艺龙、淘宝、美团等网上营销模式。“我们现在客房有19间，每天都要在互联网上接待来自五湖四海的游客的咨询。”罗丽萍说，每天一大半的时间耗在网上，依赖的就是供电的可靠性保障。“前不久元旦客满，家里的电表突然跳闸，还好及时与西塘供电所工作人员联系，及时帮我们处理了故障；此外，工作人员还特别为我们的客栈量身定制了用电方案，调整为三相电表。”

此外，西塘古镇景区房屋以木结构的明清建筑为主，路窄弄深。每年旅游旺季时，旅馆、客栈人满为患，极易引发火灾。为了防止古镇景区火灾事件的发生，2014年西塘旅游公司决定投巨资在景区内建设智能火灾预警系统，把“火”遏制在萌芽状态。

嘉善县供电公司西塘供电所接到景区管委会关于安装智能火灾预警系统的相关要求后，安排专人负责落实此项工作，迅速查勘，确定方案。工作人员克服时间紧、安装任务重等困难，仅用5天时间就完成了古镇景区内133个弄堂智能火灾预警系统供电工作，为智能火灾预警系统运行提供了可靠的供电保障。

如今，古镇核心区有700多家民宿客栈，并且成立了客栈协会，对景区内的客栈与民宿进行统一、规范的管理，全部实现网络预订。

“互联网+春节年货”应有尽有

西塘古镇是江南六大古镇之一，古镇中临河的街道都有廊棚，总长近千米。西塘古镇核心保护区1.01平方公里内有25万平方米的明清古建筑群，是目前保存最完整、保存面积最大的古镇，其中3个社区在古镇核心区内，分别为朝南埭社区、塘东街社区、西街社区，镇上7000多名原住民依然延续着“日出而作，日落而息”的传统生活方式。

为了让古镇的天空更清澈，消除古镇天空的“蜘蛛网”，嘉善县供电公司配合古镇完成“三线三管”地埋工程，完成了西街、里仁街、塔湾街等14条街道约2000米的立面改造工程，架空导线全部转为地下电缆敷设。

“西塘的农网改造加上配合政府的改造工程，供电在整个西塘2015年度总计投入3000多万元，调换了高低压电缆约50千米。”该公司发展建设部工作人员张卫康介绍说，每年的农网改造资金都会向古镇倾斜，也是为了能更好地保存好这一古迹。

经济发展，电力先行。有了坚实的电力能源保障，古镇的原住民也将西塘传统的小吃一一制作出来，让游客一饱口福。管老太臭豆腐、熏蛤蟆、状元糕、云片糕、芡实糕、粉蒸肉……不仅让前来西塘的游客过了嘴瘾，他们还通过网络，让更多人了解了西塘。

过年年货可是必不可少的，来西塘走一圈，传统糕点，风味美食，古镇艺术品都能找得到，如今各家店铺都开通了淘宝店，无论你想买吃的，买穿的，买艺术品，点击网络都能买齐了。

（《人民日报》2016年1月27日第13版）

用“特色”积聚发展要素

——浙江特色小镇建设巡礼之一

本报记者　王慧敏、方敏

“特色小镇”，去年以来国内媒体的热词。从近一年实践看，浙江的效果初步显现：截至目前，首批37个省级特色小镇2015年新开工建设项目431个，完成固定资产投资额480亿元，新入驻企业3300家，引进1.3万多人才，并带来含金量较高的新增投资、新建项目和新增税收。

转型升级，特色小镇成为抓手

“说起诸暨市大唐镇，知者甚少。但就是这样一个小镇，年产袜子占到世界七成，被称为'国际袜都'。"浙江和茂盛袜业有限公司董事长陈仁勇是织袜大军中的一员。

曾经，这些具有本地特色的"块状经济"，是推动浙江发展的不二功臣。然而，经济步入新常态，这些产业也遭遇了新难题。假冒袜子满天飞，5元钱买一公斤……产能过剩、低端袜子太多。虽是如此，起初靠"薄利多销"，企业还能勉强支撑。然而，进入经济增速放缓的新常态以来，整个"国际袜都"也遭遇瓶颈。处于经济"微笑曲线"底端，陈仁勇的生意便越来越难做。

大唐袜业的窘境，是浙江许多地区近年来"块状经济"的一个缩影。因为缺乏核心技术和响亮品牌，产业转型升级滞后于市场升级和消费升级，导致有效供给不足和消费需求外溢。不少企业举步维艰……

如何走出困境、保持浙江经济持续稳定发展？"建设特色小镇，是经济新常态下加快区域创新发展的战略选择，也是推进供给侧结构性改革和新型城市化的有效路径。"浙江省委、省政府做出了战略抉择。"这将有利于加快高端要素集聚、产业转型升级和历史文化传承，推动经济平稳健康发展和城乡统筹发展。"浙江发改委副主任翁建荣这样诠释。

发展理念，融合产业旅游文化社区功能

走进嘉善县甜蜜小镇的巧克力工厂，仿佛走进游乐园：工厂窗明几净，一群小朋友在参观生产流程。工厂旁的房间内，有小朋友在亲手制作蛋糕，奶油、可可粉涂得满手满脸。

巧克力市政厅独具欧洲风情，几对恋人正拍摄婚纱照……"这就是坐落在嘉善县大云镇的甜蜜小镇。"大云镇镇长陆芸边走边介绍。听她这么一说，大家有点疑惑：为何镇里又包含着一个镇？

陆芸解释道：特色小镇不是行政区划单元上的"镇"，而是相对独立于市区，有明确产业定位、文化内涵、旅游特色和一定社区功能的发展空间平台。

徜徉小镇，记者发现，小镇的发展理念与产业园区、风景区的"区"也有不同：以往，工厂仅是生产的地方，而甜蜜小镇整合了"巧克力、温泉、水乡、花海、农庄、婚庆"等元素。以旅游集聚产业，以产业支撑旅游，嘉善甜蜜小镇作为有明确产业定位、文化内涵、旅游特色和一定社区功能的发展空间平台，打破了原有单一的产业发展思路，赢得更多游客的青睐，获得成倍收益。

产业定位，一镇一业力求专而强

走进位处吴越、南宋文化汇聚之地的杭州玉皇山南基金小镇，北枕玉皇山、南抵钱塘江，基金小镇的风景之秀丽让人艳羡。一座国内一流的私募基金特色小镇正在崛起。

目前，玉皇山南基金小镇已集聚各类基金机构104家，包括敦和资产、赛伯乐投资、清科集团、联创投资等国内知名投资机构，总管理资产规模超过500亿元。

小镇负责人介绍道：小镇面积不大，产业定位"精且强"，主攻最有基础、最有优势的基金产业。去年一年，园区企业实现营业收入超过50亿元，税收近3亿元。"在美国，有个格林尼治小镇，掌管着超过1500亿美元的资本。我们希望通过5年努力，打造出中国版的'格林尼治小镇'。"对于未来发展，小镇负责人信心满满。

位于嘉兴市秀洲区的光伏小镇，虽与基金小镇发展定位不一样，但同样呈现生机勃勃的发展态势：正围绕着"光伏概念"，以光伏发电和光伏制造为轴心，发展光伏服务和光伏旅游。而在湖州的美妆小镇，正围绕化妆品生产与研发建设全产业链……

建设特色小镇，浙江的总体定位是依托最有基础、最有特色、最具潜力的主导产业，聚焦支撑长远发展的信息经济、环保、健康、旅游、时尚、金融、高端装备等七大产业以及茶叶、丝绸、黄酒、中药、木雕、根雕、石刻、文房、青瓷、宝剑等历史经典产业，力图通过产业结构的高端化推动浙江制造供给能力的提升，通过发展载体的升级推动历史经典产业焕发青春再创优势。

"特色小镇力求'一镇一业'，每个小镇只主攻最有基础、最有优势的特色产业，不求'大而全'，只求'精且强'，着力培育具有行业竞争力的'单打冠军'。"翁建荣表示：错位发展的定位，让每个小镇都特色鲜明。

建设风格，突出精致展现小而美

古樟、码头、老街、画室……行走在古堰画乡小镇，宛若在淡雅的山水画中游走一般。这里没有高楼大厦，建设中的小镇保持着原有建筑风格。最有意蕴的还是"画乡"一条街"江滨古街"，临水而建的街道一直保持着明清的建筑风格。在突出"精致"的理念指导下，古堰画乡在瓯江边焕然新生。

走进平湖九龙山航空运动小镇，青山环抱、绿水环绕，登上山顶向东望去，广阔大海尽收眼底。走进航空运动小镇，道路大多较为曲折，车辆慢速行驶有漂移之感。

“直路虽好，但难免挖山、开洞，会破坏环境。”平湖市副市长蔡国平说：航空运动小镇，不开山、不拦水，依山势而建，与自然融为一体，有清晰的界定规划范围和建设用地范围。小镇规划面积3.45平方公里，骨架小，但“颜值”很高。小镇建设会根据地形地貌做好整体规划和形象设计，保护好自然生态环境。山路蜿蜒，其实也是小镇的一个风格，有其独特味道。

“特色小镇的建设形态很重要。尤其是现代社会，美好的事物、美丽的环境都能转化为很强的生产力。我们力求精致展现‘小而美’。”蔡国平说：“小镇的建设风格突出‘一镇一风格’。所有特色小镇要建成3A级景区，旅游产业特色小镇需达到5A级景区标准。原则上特色小镇不新建高楼大厦。”

运营机制，企业主体市场运作政府引导

翻开第一批特色小镇创建名录，舟山市暂时无缘首批名单，省会杭州则以9个名额居首。建设特色小镇，浙江并没有搞地域平均，而是成熟一个公布一个。翁建荣表示：特色小镇选择的标准，主要看特色小镇是否成熟，是否符合省里指导意见的要求。

除了准入机制严格，在建设方面，浙江按照“企业主体、市场运作、政府引导”方式，充分发挥市场决定性作用。政府则有着很清晰的权利边界：当好“店小二”，做好“基础设施配套、资源要素保障”等服务。

2016年初，安吉天使小镇成功入围第二批省级特色小镇创建名单。眼下，IMAX“华夏瑰宝”、滨水度假区等项目的启动工作已摆上安吉“案头”，旅游集散中心建设和招商等工作相继展开。

“从2015年至2017年这3年里，天使小镇计划累计完成59亿元投资。”安吉县县长沈铭权介绍说。

“天使小镇资金投入如此巨大，建设资金从哪里来呢？”记者问道。“天使小镇中的天使乐园休闲度假综合园区，主要由浙江银润休闲旅游开发有限公司和安吉县城市建设投资集团有限公司负责投资。”沈铭权表示，小镇建设，企业和当地居民是开发建设的主体。

为去除“争个帽子睡大觉”风气，浙江将“实绩”作为唯一考核标准。对如期完成年度规划目标任务的特色小镇，省里按实际使用建设用地指标的50%给予配套奖励，对3年未达到规划目标任务的，加倍倒扣奖励指标。安吉县发改委主任赵怀君坦言：“这对我们而言压力很大，埋头苦干已成一致状态。”

2016年1月29日，浙江省级特色小镇第二批创建名单正式出炉，42个小镇入围第二批名单。根据规划，未来3年浙江将重点培育100个特色小镇。如今，形态上“小而美”、功能上“有机合”、产业上“专而强”、机制上“新而活”的特色小镇，正逐步成为浙江稳增长、调结构、强创新的重要载体。

（《人民日报》2016年3月1日第5版）

电线那头的故事

——韩明华四十年线路情怀、四十载创新实践

王新影、俞涛

“一条电线连接到千万家，把‘电’安全送达凝聚着电力人共同的责任和使命！”这句话始终牢牢扎根在线路工老韩心中。

“电”给予我们五彩缤纷的智能享受，现如今无论生活还是工作，“电”与我们形影不离。或许我们想不到，电源线的另一端有成千上万个像老韩一样的一线工人在为我们点亮，是他们的守护让我们的世界更明亮、更精彩。线路悠长、倾情一生，让我们透过老韩的经历去了解线路工背后的故事。

从小学徒到省级劳模

老韩大名韩明华，是国网浙江嘉善县供电公司基层岗位的一名电力工人。1975年，刚满20

岁的韩明华被分配到嘉兴西塘供电所担任电力线路工。身高1.83米，皮肤黝黑的他被笑称是“爬电杆”的料。电力线路工是个极其辛苦的职业，打绳结、登杆训练、安装横担、导线固定、紧线等等，他都一丝不苟地跟着师傅动手学习。凭着对线路工作的热情，老韩在短短几年时间内从一名普通的学徒工成长为电力系统最高级别的技工。1982年，老韩开始担任魏塘供电所副所长，带领着工人们风雨无阻地奋战在一线。

老韩的爱岗敬业在公司有目共睹。上世纪90年代初，魏塘到天凝、天凝到陶庄一线的35千伏线路更换横担。老韩带上徒弟卞金川和赵建荣，带领上4个小工，收拾了简单的铺盖和锅盆，租了一条农船出发了。嘉善当时没有公路，水路交通速度慢、耗时长，老韩便和同伴们在船上安营扎寨，一路走一路施工操作。当时正值寒冬季节，登上电杆，冷得刺骨。但他们坚持早开工、晚收工。施工到哪儿，就跟当地的农民买点蔬菜，跟过往的渔船买些小鱼。船上一只自制的铁皮炉子，在寒风中点了又熄，熄了再点。到了晚上，几个人就睡在船里。就是在这样艰苦的条件下，老韩和他的队友们坚持了一个多月，圆满完成了全线横担更换任务。正是因为这样的努力和坚持，1999年老韩荣获浙江省劳动模范称号。

从“智多星”到“发明达人”

虽然文化程度不高，但老韩自小爱好无线电技术，长期在一线的他善于思考、勤于观察，逐渐在工作中萌生出发明新式电力工具的想法。

经常带队干活时，老韩发现但凡出现线路故障检修，就必须拉闸断电，耽误了其他电力客户正常用电。老韩想，能不能不停电就把线路检修好呢？1996年，老韩大胆提出了“10千伏带电作业间接法”作业方案。为了稳妥起见，他每天下班后做相关试验，经过反复实践，在2000年9月，“10千伏带电作业间接法”终于成功完成操作，改变了以前依赖停电才能检修的作业方式，当时这在浙江省也属于首例。这一工艺创新被迅速推广到全省。

“以前的劳模可以苦干，现在的劳模更要动脑子。”这是老韩常挂在嘴边的话。

尝到了技术改革的甜头之后，老韩一跃成为技术“创新达人”。工作中碰到的小难题仿佛成了他调节枯燥生活的兴奋剂，他总不放过任何机会搞创新。老韩直言自己一直都在工作中为解决问题而进行创造创新，“当时我从日本的跨海架线得到启发，想出了利用滑轮悬空放线的办法，成功解决了大棚上方架线问题。”随后，该项技术被不断改良，跨河架线不禁航，跨铁路、国道架线不封路成为现实。2011年，在天凝东顺大桥河道西侧的红旗塘水域，老韩利用滑轮组合放线技术，首次成功实现了在运行的水域航道上凌空放线，取得了社会和经济效益的双赢。

在创新的路上，老韩不断制造“惊喜”。截至目前，他和他的工作室团队已经取得了国家专利45项，QC成果更是多次获得全国、省部级奖项。

从电苑“老黄牛”到“老教授”

40年的电力工作生涯，是老韩一点一滴、一步一个脚印积累出来的。如今，几乎每天，在实地训练基地上，远远就能望见学员们全副武装地在10米电杆上进行杆上技能操作。2009年，以韩明华名字命名的劳模工作室成立；2010年5月，在国网浙江省电力公司嘉兴供电公司的部署下，以韩明华命名的“配电线路技能培训工作室”成立，老韩从技术工人转变为一名“老教授”。

对于老韩来说，工作室已经成为自己第二个家。工作室的培训内容主要为理论学习、实地培训和实际工作三部分。老韩担任工作室主讲讲师。老韩说，电力线路工作讲究的是安全、质量、效率。“一个成功的线路工不亚于一个工程师。”2013年，“韩明华工作室”被国网公司命名为“劳模创新工作室示范点”，是浙江省电力公司获此殊荣的唯一一家县级供电企业。

现在，老韩的授课地点已不止限于工作室内，他带着自己的专业知识和劳模精神走出嘉善、嘉兴，越走越远。丽水、杭州、绍兴、南通，各地的电力培训课堂上，都闪现着他的身影。越来越多的年轻人从老韩这里学习技能、学习精神，并建立起胜似师徒的情感纽带。

（《人民日报》2016年5月12日第13版）

嘉兴有个“巧克力小镇”

张敏、张轶顺、徐柳薇

欧式风格的厂房、点缀着鲜花的石柱和窗沿、路边徐徐转动的风车，还有空气中弥漫着的香甜巧克力味……位于浙江省嘉兴市嘉善县大云镇的巧克力甜蜜小镇迎来了一年中最热闹的时节。无论是组团前来游玩的孩子，还是拍摄婚纱照的新人，脸上都洋溢着甜蜜的笑容。

首创巧克力工业旅游

人还没有靠近，味觉就已被空气中浓郁的香甜吸引，循着气味望去，“歌斐颂巧克力小镇”几个字跳入眼帘。歌斐颂位于嘉善县“巧克力甜蜜小镇”的核心位置，总投入9亿元，是国内首个巧克力工业旅游项目。

“要让顾客感受到我们的巧克力不是从冰冷的工厂出来的，而是从一个温暖的小镇诞生的。”歌斐颂的“85后”当家人莫雪峰说，让每一个来到小镇的人带着这样的感觉离开，他就离理想更近了一步。

为了生产高品质的巧克力，莫雪峰从瑞士引进了国际一流的生产设备，建成了世界先进的巧克力生产线。这条全自动生产线上只有几位员工，混合、研磨、精炼、浇注成型、内包装全部采用数控技术，年产纯可可脂巧克力2万吨。莫雪峰带着团队从各地引进最好的原材料，在实验室探索出适合中国人口味的巧克力配方。

歌斐颂建有一条153米长的全透明观光通道，游客可观看巧克力生产制作过程，了解巧克力历史以及种植采摘等知识。2014年10月，巧克力小镇开张，吸引了周边消费者。在旅游高峰期，这里一天的接待量将近2万人次。

带动婚庆和文化创意产业

作为浙江省37个首批创建省级特色小镇之一，巧克力小镇围绕甜蜜和浪漫两大主题，坚守生态底色、旅游主线，促进生产、生态、生活“三美融合”，实现产业、文化、旅游融合发展，一个集工业旅游、文化创意、浪漫风情为一体的体验式小镇已经初现雏形。

从小镇驱车10分钟，游客还可游览休闲农庄、碧云农场、千亩鲜切花示范基地，这些都在小镇规划区内。大云镇党委书记范国良说，小镇围绕产业培育和旅游度假两大功能，力争通过3年建设，以斯麦乐巧克力工厂和歌斐颂巧克力乐园为核心，以本地自然乡村田园风光为背景，保留原始水系和原始风貌，通过挖掘巧克力文化内涵，把巧克力小镇建设成为国内著名的巧克力风情体验基地、婚庆蜜月度假基地和文化创意产业基地。

多策并举打造“甜蜜经济”

打造特色小镇，大云镇有良好的基础。一方面有特色产业，歌斐颂巧克力工厂已经投产，部分配套设施已经建好；另一方面有特色环境，大云旅游度假区已经是省级旅游开发区。

为了突出巧克力小镇的定位和特色，目前，大云镇正在按照5A级旅游景区标准编制特色小镇3平方公里控制性建设规划、核心区1平方公里的城市设计方案及小镇产业发展规划。同时，全镇将全力提升小镇基础设施配套，包括入口形象、道路建设、旅游交通、停车服务、旅游标识、环境整治、管线配套、征迁保障等方面的内容。巧克力小镇占地面积28.6公顷，计划年接待游客100万人次。

嘉善县供电公司与县政府、县园林部门通力协作，对大云镇的树线隐患进行“整形手术”，集中解决“小城镇环境整治、路中杆、私搭乱接”等问题。通过电杆迁移、改造接户线等多种措施，改善大云镇容镇貌。

“小镇已着手规划园区第二期的筹建，预计将发展酒店、婚庆等项目。”莫雪峰介绍，园区目前正筹建嘉善首个热带植被区——可可森林，由于森林中的植物都从南美洲的厄瓜多尔、委内瑞拉等地引进，对温度条件要求很高。为此，嘉善供电部门负责人多次走访小镇，根据实际用电情况，帮助制定合理的用电方案，保障热带植物存活、生长。

（《人民日报》2016年11月24日第16版）

嘉善联手欧美同学会举办全球创新创业大赛

本报记者　罗旭

本报北京 3 月 30 日电　2016“梦想中国·智汇嘉善”全球创新创业大赛日前在北京欧美同学会总部拉开帷幕。本次大赛由浙江省嘉善县人民政府、欧美同学会海归创业学院、北京市海外高层次人才协会共同主办，欧美同学会全程参与指导。

大赛将重点关注电子信息和健康医疗领域的项目、产品或服务，旨在为全球创客搭建产业化发展平台。参赛企业或团队需在网上进行报名，报名截止时间为 5 月 31 日。初赛将于 6 月上旬进行，决赛将于 6 月下旬举办。据了解，在嘉善落地转化的获奖项目将享受当地人才扶持政策，获得最高 500 万人民币的项目资助资金和不超过 300 平方米、免租金三年的办公场所，并优先获得信贷支持。

嘉善县是经国务院同意、国家发改委正式批复的全国唯一的“县域科学发展示范点”，也是全国唯一的县级欧美同学会留学报国基地。截至目前，嘉善共引育国家“千人计划”人才 32 名、浙江省“千人计划”人才 20 名。

（《光明日报》2016 年 3 月 31 日第 8 版）

全程享受贴身代办服务

嘉善：500 强项目快马加鞭

县委报道组　刘文书、杨丽英　记者　陈培华

本报嘉兴 2 月 15 日电　这两天，气温骤降，但嘉善经济开发区的铠甲电脑项目建设却热火朝天。

工地上钢管脚手架林立，50 多名工人正穿梭其中，将一根根脚手架拆卸下来。

“世界 500 强企业铠甲电脑项目一次次刷新建设纪录。”嘉善县经济开发区有关负责人贾玉飞说，项目从签约到开建，历时一个多月；从去年 9 月 23 日开工，到年底所有厂房完成主体结构封顶，刷新了嘉善工业项目建设速度。

讲速度，更求质量。铠甲电脑项目生产电脑芯片等高精度产品，对生产环境要求十分苛刻。项目负责人宋元胜说，项目地基无论在深度、数量、长度上都比一般的工地建设要求更严格，仅打地基就用了一个多月。

“速度背后，离不开嘉善县的支持。”宋元胜说，为确保项目进度，县里为铠甲电脑项目专门成立了领导推进办公室，提供全程精细化、无偿代办服务。宋元胜扳着手指算道：实际建设时间只有 3 个月，平均 10 天左右便完成一层楼建设，硬是赶在春节前将 6 幢厂房和一幢办公楼封顶。

宋元胜说，开发区有关工作人员春节前就来到项目工地，帮助倒排时间，重新规划建设进度。为了保证项目如期投产，企业提前 10 天复工，成为春节过后嘉善第一家在建项目复工的企业。

工地上，工人们有的在装运货物，有的在清理道路，有的则在拆卸脚手架……“确保企业 4 月设备进场调试，7 月试生产。”贾玉飞说，上班第一天，开发区就派人上门了解企业复工情况，帮助解决相关问题，确保这个大项目顺利投产。

（人民网 2016 年 2 月 16 日）

嘉善 6 小时签下外商高精尖项目

县委报道组　刘文书　记者　陈培华

本报讯　“我要给嘉善效率点个赞!”日前,领到工商营业执照后,来自美国的精准医疗专家团队向嘉善归谷园区的有关人士竖起大拇指。他们这个项目从见面洽谈到签约,再到审批办理,最后领到工商营业执照,总共仅花了 6 个小时。

2 月 18 日,中午 11 时 30 分,嘉善归谷园区迎来了一批特殊客人,他们是由美国精准医疗领域专家组成的考察组,来这里为一个生物精准医疗项目找“婆家”。

走进归谷,考察组被“低碳、高智、江南”为特色的科技园所吸引。简单寒暄后,双方随即进入正题。考察团抛出了包括产业定位、公共服务平台、人才引进政策、融资、土地等一系列问题,嘉善的工作人员耐心解答,一一释疑。

“这个项目高尖端,将引领新产业的发展,也符合嘉善招才引智的要求。”嘉善归谷园区常务副主任李增水说,海外高层次人才是嘉善创新驱动和转型发展的特需资源,这样的人才项目就是嘉善招商引智力的重点。

“可能是太投入,大家都忘了吃饭时间。”商谈过程一直持续到下午 1 时多:业务上的问题,立即召集有关部门解答;资金上的问题,立即召集银行磋商;外经方面的问题,立即召集了商务局商讨……两个多小时里,嘉善县委组织部门、县委人才办以及县商务局、县卫生局、罗星街道、归谷园区等相关部门全员出动,为客商解疑答惑,其中不少人在外出差,也被紧急召回“应考”。

效率与诚意打动客商。嘉善的投资环境和办事效率让考察组十分满意,考察组立刻通过越洋电话与美国公司进行了视频沟通,确定在嘉善投资意向。

当天下午 2 时 30 分,考察组来到嘉善县行政审批中心准备办理相关审批手续,在县委人才办和该中心的协调下,立刻开启了项目审批“绿色通道”。嘉善县、镇两级的红色代办员早已准备材料,商务局和市场监管局窗口工作人员也提前介入,指导、审核同步推进。

“所有的材料都需要现场提供、现场办理、现场审批。”红色代办员宋剑波说,因为涉及到多个部门审批和材料的准备,能用上的工作人员,都用上了。

“一边办审批,一边已经在开始跑银行设立外币账号,一边寻找合适的土地。”李增水说,三批人同时进行,确保这个项目能立即落地。

下午 4 时 50 分,注册资本 2000 万元的环球医典(嘉兴)生物科技有限公司成功注册。据了解,公司设立后通过在归谷设立北美博士后工作站、国际标准化生物医疗研究中心、国际精准诊疗中心等,打造国内第一个集研究、生产、诊疗于一体的生物医药项目。

“当天洽谈,当天签约,是高效服务走出的第一步。”李增水说,该项目已经倒排了时间表,先期的工作人员也即将进驻,他们还将继续为项目提供高效服务。

(《浙江日报》2016 年 2 月 22 日 C9 版)

嘉善打造工业经济升级版

刘文书、张文燕

走进浙江华悦木业有限公司新建成的 4 号车间,工人将木料投放入自动化流水线后,开料、贴压、封边等工序全部由机器完成;车间内的喷漆环节也实现全部封闭、自动运行,工人隔着玻璃房将成型木门放入输送带,机器就根据电脑指令自动喷漆……从传统的劳动密集型木业加工到如今大规模“机器换人”,浙江华悦木业有限公司的蜕变,正是嘉善“互联网＋智能制造”战略下企业转型升级的缩影。

坚持创新驱动、智能转型、强化基础、绿色发展，嘉善县在嘉兴全市率先提出“互联网＋智能制造”战略，打造嘉善工业经济升级版。

华悦木业是嘉善一家传统木业企业，近两年，公司先后投资1亿元，建成6条生产自动化工艺流水线。“机器换人”不仅解决了人工问题，更提升了品牌品质。“‘机器换人’让公司生产效率大大提速，2015年公司实现产值10亿元，比2014年增加1倍。”公司负责人介绍。

初步尝到甜头后，华悦木业酝酿着更大的变革。接下来，公司将投入2亿元，改造3号车间和6号车间，按“工业4.0”思维建立独特的信息系统，实行软件开发和“机器换人”同步规划，打造“智慧工厂”。项目实施后，预计公司年产值将达到20亿元，减少用工1500人。

“长期以来，嘉善工业企业总体规模较小、竞争力较弱，自主发展能力不强，产业集群化水平较低。”嘉善县经信局相关负责人表示。随着物联网等信息技术和数控技术等制造技术的兴起，工业发展更加注重从“制造”转向“智造”，强调信息化和工业化“两化”融合，以“互联网＋智能制造”实现企业的转型升级。

实施“互联网＋智能制造”战略以来，一季度，嘉善县以“机器换人”为主的智能化改造项目已实施76个，完成投资22.78亿元，计划减少用工近4000人。

（《浙江日报》2016年5月24日21版）

干出一片新天地

——嘉善整治城乡环境建设美丽家园纪事

本报记者　陈培华　见习记者　王晓婕　县委报道组　刘文书

今年以来，嘉善县坚持以环境综合整治为突破口，拉高标杆，自我加压，全面打响城乡环境整治攻坚战，全力补齐生态环境这一短板，努力干出嘉善城乡环境新面貌，干出嘉善干部队伍新形象。

上下同欲，埋头苦干

去嘉善干窑镇采访，见到镇村干部，记者的第一印象是：黑，真黑。

“脸黑虽然难看了一点，但在老百姓心中的形象却变美了。”干窑镇党委书记陆剑锋脸色黝黑，皮鞋上沾满泥土。

“5＋2、白＋黑、晴＋雨”已成为工作常态。“每天最早晚上10时30分离开办公室，最晚一次凌晨4时30分回家。”陆剑锋说，两个月来，干窑镇的镇村干部平均每人加班300多个小时，苦干实干，干出了党委政府的威信。

采访干窑村党总支书记宋大夫时，他刚回家取下手表准备洗脸，结果整个手臂只有戴表处没被晒黑，“新泾港两岸农居进行外立面改造，每一幢房子都要制订方案。”宋大夫与施工设计单位一起跑前跑后，满心期待着用粉墙黛瓦给新泾港带来一阵江南风。

党员带头干，城乡环境整治成为嘉善“两学一做”学习教育的大考场。魏塘街道全三里桥村老党员沈福根正在联系买家，处理自家五金冲件厂的设备、原料。就在前几日，沈福根带头承诺拆除家中的五金冲件厂。200余名党员志愿者组成攻坚队伍，周末帮助重点村进行环境整治。

直面问题，拼命实干

一瓶水，一本笔记本，一部手机。

6月16日，惠民街道副主任唐颖杰率队，花了整整一天时间，用脚步丈量辖区内的惠民大道。“沿路走一圈，发现了许多问题。”唐颖杰说，环境整治首先得把准脉。

违法搭建、广告牌不规范、绿化带中乱堆放、道路破损……每发现一处问题，唐颖杰就用手机拍下，并记录在案，与有关部门人员一起商讨对策。一天下来，本子上密密麻麻记下了六七十个问题。

嘉善县委书记许晴说，为全力补齐生态环境短板，今年以来，全县上下迅速行动，不留死角、不留盲区，全方位查找问题、解决问题。

党员干部行动起来，走遍全县118个行政村、2241条河道，排摸出农村环境问题1115个；彻底摸清了全县541个废品收购点、406个违法码头堆场、319万平方米违建彩钢棚，以及62个低小散村级工业园等环境顽疾。

企业征迁作战图、镇西路沿

线综合整治作战图……走进干窑镇政府的会议室，7张作战图格外醒目。每张图上不仅有卫星测绘图，项目预算、负责人、进度等都一一标明。其中项目进展时间精确到周，每周进度标注清楚。

一张作战图，犹如一支号角。干窑镇党委委员陈红强主要负责全镇拆迁工作，他自己绘制的作战图上，三仙路、镇西路、干窑路和镇北路四条道路围绕镇区形成环线。“先从镇区环线入手，沿路沿线进行环境整治。”陈红强说。今年以来，镇区环线拆违10.5万平方米。

克难攻坚，科学巧干

漂亮的玻璃房内，不仅能采摘各种草莓，还能体验草莓加工工艺。

不久以后，游客就能在干窑镇干窑村体验现代农业之旅。这两天，1800多平方米的玻璃房展厅正在建设，月底将完工。此外，两个总计3000多平方米的玻璃温室也在紧锣密鼓建设中，这里将引进全球各地的草莓品种。

这个现代化农业园就在干窑镇新泾港的西侧。此前，这里是低小散企业集聚区，有环境污染隐患。“坚决拔钉，引导企业关停或搬迁至工业园区。”宋大夫说，为了还村民一河清水，为了村里的生态环境，他和镇干部日夜上门工作，最迟一天商谈至凌晨4时。

就是凭着这股干劲，干窑村仅用5天时间，就完成了新泾港西侧5家企业的拆迁，15天完成了区域整体规划设计，力争50天让草莓休闲园初具雏形。

据了解，嘉善在县级层面成立作战指挥部和10个专项工作组，各乡镇和重点村都设立作战室，并围绕问题清单、项目清单，制定作战图、下达任务书、签订军令状，以零容忍态度挂图作战、拔钉销号。

“陈主任，华盛玻钢材料厂旁边的彩钢棚开拆了，你要过来看一下吗？”“好的，马上就来。”

“陈主任，我把围墙降到只剩下二三十厘米了，就这样行吗？”“老沈，不行的，一定要拆完。村规民约说得很清楚，不得建围墙。”

“陈主任，枫南村废品收购点整治通知已发下去，明天周末了，我们还要去吗？”“去啊，开始整治前天天去，最好碰到住户，当面通知。”

惠民街道“三改一拆、两违整治、征地拆迁”专项办公室常务副主任陈煦春说，作为党员，就应该以身作则，带头在前，在整治环境时，就要敢于碰硬。

哪块“骨头”硬，就从哪块啃起。在城中村拆违中，魏塘街道城桥社区金家堰区块仅用1天时间拆除了违建的3家企业、50间店面、2幢出租房、2幢农民房。

“既要敢碰硬，也要动感情。”城桥社区党总支书记下向东说，一家小涂料厂迟迟不肯搬迁，他详细了解情况后，帮企业在县经济技术开发区联系标准厂房，并请专家提出转产方案。细致的服务打动人心，最终企业负责人在搬迁协议上签了字。

值得一提的是，嘉善县南北大动脉平黎公路整治中，仅用一个月时间整改问题203个，仅用4天时间完成了10公里沿线绿化补植工作。

（《浙江日报》2016年6月19日01版）

领导视察报道选录

夏宝龙在嘉善调研时强调

深入推进嘉善县域科学发展示范点建设，全面建成小康社会标杆县

记者　应建勇

本报嘉善 4 月 28 日电　28 日上午，省委书记、省人大常委会主任夏宝龙赴嘉善调研，强调嘉善要深入总结嘉善县域科学发展示范点建设经验，加快谋划新一轮发展改革方案，推动嘉善成为全面建成小康社会标杆县。

夏宝龙一行考察了干窑镇新泾港河水环境综合治理情况，这是夏宝龙第四次赴新泾港河考察，他对这条昔日黑臭河治理后取得的巨大变化给予充分肯定，鼓励嘉善县再接再厉，推动"五水共治"取得更大成效。在喜力酿酒（浙江）有限公司和巧克力甜蜜小镇，夏宝龙仔细了解重大项目推进、企业转型升级、特色小镇建设等情况，强调要坚定不移打好转型升级系列组合拳，加快推进产业转型升级、城乡统筹发展。

调研期间，夏宝龙主持召开嘉善县域科学发展示范点建设情况汇报会，听取省委政研室、省发改委、嘉兴市、嘉善县负责人有关情况汇报。他指出，嘉善是 2008 年全党深入开展学习实践科学发展观活动时习近平同志的联系点。要以"四个全面"战略思想和五大发展理念为引领，翻篇归零，乘势而上，苦干实干，以最大的决心、最高的标准、最实的举措推进县域科学发展示范点建设，把县域科学发展示范点建成县域协调推进"四个全面"战略布局的示范点，为我国县域发展创造经验、提供示范。

夏宝龙强调，当前，我们既要深入总结嘉善经验，又要认真谋划新的发展改革方案，站位要高、视野要宽、点位要准，成绩要总结足、问题要找准确、标准要搞扎实、措施要更有力、实效要更凸显。要把嘉善放到全国县域发展大局进行考量，跳出嘉善看嘉善，紧紧围绕贯彻落实五大发展理念，突出发展改革这条主线，理清相应的政策举措和实际效果，为全国县域发展提供可借鉴、可复制的经验。要拉高标杆、抓实项目、补齐短板，按照全面建成小康社会标杆县的要求，自我加压，勇于担当，突出"高质量、均衡性"，在"十三五"规划基础上制定新的发展改革目标，争当全国县域发展改革的排头兵。省市县三级要加强与中央和国家有关部门的对接，共同把嘉善经验总结好，把嘉善新的发展改革方案制订好。省级有关部门要全力支持示范点建设，第一时间帮助解决问题，进一步增强推进示范点建设的工作合力。

袁家军、陈金彪等陪同调研。

夏宝龙在嘉善调研时强调

再接再厉加快县域科学发展示范点建设

他还赴乌镇检查了互联网大会场馆建设情况

记者　应建勇

本报嘉兴 8 月 10 日电　省委书记、省人大常委会主任夏宝龙 10 日上午赴嘉善调研。他强调，嘉善要在前一阶段工作取得明显成效的基础上，再接再厉，乘势而上，深入推进县域科学发展示范点建设，加快全面建成小康社会标杆县。

5 月份以来，嘉善开展城乡

环境综合整治百日攻坚行动，强势推进“三改一拆”“五水共治”等环境整治工作，打好转型升级系列组合拳，城乡面貌改善取得明显效果。夏宝龙一行来到铁路嘉善南站站前广场、新老县城、平黎公路、干窑镇月半湾社区等地，了解交通设施改造、市容市貌整治、平原绿化提升、违章建筑拆除、低小散企业腾退等情况，赴西塘镇政府看望了乡镇干部。夏宝龙对嘉善县三个月来环境整治取得的成效表示肯定。他说，三个月来，嘉善在推进环境整治提升中坚持依法办事、科学办事，既回应了群众期待、增强了群众获得感，又整治出了发展的空间，努力构筑转型升级的高地，构筑法律的高地、文明道德的高地和人民美好生活的高地。希望嘉善全县上下翻篇归零再出发，苦干实干拼命干，按照全面建成小康社会标杆县的要求，自我加压，勇于担当，突出“高质量、均衡性”，在“十三五”规划基础上制定新的发展改革目标，努力把嘉善县域科学发展示范点建成全面创新引领区、均衡发展示范区、生态文明先行区、开放合作先导区、美好生活新家园，争当全国县域发展改革的排头兵。干窑镇新泾港河经过整治，面貌焕然一新，夏宝龙第五次来到现场考察，充分肯定综合整治成效，要求继续努力，推动治水拆违取得更大成效。

夏宝龙十分关心养老服务事业发展，他来到干窑镇月半湾社区居家养老服务照料中心和保利安平和熹会老年公寓，考察居家养老和社会化养老服务工作。他说，做好养老服务工作，是“十三五”我省高水平全面建成小康社会的题中应有之义。我们要脚踏实地研究解决养老服务业发展中面临的各种问题，全力做好养老服务工作。要以改革的思路，用改革的办法，充分发挥市场机制作用，积极探索“市场化＋”的路子，尤其要做好“市场化”与保险的结合，真正发挥市场在养老服务供给中的重要作用。各级党委、政府要切实加强对养老服务业的政策扶持，强化家庭为基础、政府兜底保障、社会力量协同功能，深化政保合作，不断增强老年人的获得感，使我省成为全国养老服务业发展的标杆省份。

当天下午，夏宝龙来到桐乡乌镇，检查世界互联网大会场馆及配套设施建设情况。他强调，G20杭州峰会结束后，第三届世界互联网大会紧接着就要召开，嘉兴特别是桐乡全市上下要以时不我待的紧迫感，以一届更比一届精彩的更高标准，抓紧做好互联网大会各项筹备工作，确保大会主场馆等各项硬件设施如期建成，确保迎宾接待等各项软服务有新的提升，确保第三届世界互联网大会圆满举行。

葛慧君、陈金彪、熊建平分别参加或全程陪同调研。

新闻报道目录

2016 年嘉善电视台被中央电视台录用播出稿件

表 49

被录用媒体	被录用栏目	被录用时间	主　要　内　容
CCTV 新闻	新闻直播间	1 月 27 日	嘉善:七旬聋哑老人掉河　市民积极营救
CCTV1	全国新闻联播	2 月 9 日	【你我中国梦　全面建小康】万象更新好日子　欣喜过年奔前程　播出西塘水乡婚礼(高清 航拍)
CCTV 新闻	朝闻天下	2 月 10 日	【新春到　过大年】欢乐过春节　俏皮猴成主角　播出嘉善西塘老艺人剪纸送祝福
CCTV 三农	聚焦三农	9 月 12 日	嘉善:农户种出超级大黄桃
CCTV 新闻	朝闻天下	10 月 28 日	嘉善:九十四岁寿星收到特别生日礼物

2016 年嘉善电台被中央电台录用播出稿件

表 50

录用媒体	被录用栏目	被录用时间	主　要　内　容
中央台	乡土乡情	1 月 28 日	嘉善:依托西塘古镇　发展乡村旅游——荷池村
中央台	乡土乡情	1 月 28 日	嘉善:传统年味——方糕　甜甜蜜蜜高高兴兴
中央台	乡土乡情	1 月 28 日	嘉善:新年愿望——美丽乡村　美好生活
中央台	乡土乡情	1 月 29 日	嘉善:美丽新社区——姚庄桃源新邨
中央台	乡土乡情	1 月 29 日	嘉善:传统米酒飘香,醉美新年
中央台	乡土乡情	1 月 29 日	嘉善:新年愿望——小城市建设造福一方百姓
中央台	乡土乡情	1 月 30 日	嘉善:庄稼地里的供给侧改革
中央台	爱在乡村	2 月 18 日	嘉善:彭巧玲:捐献眼角膜　大爱存人间
中央台	爱在乡村	2 月 23 日	嘉善:心系妇女姐妹妇联干部——陈王陆
中央台	爱在乡村	2 月 23 日	嘉善:16 年如一日,心系老人的沈照琴
中央台	看市场	2 月 25 日	嘉善:春来大地,绿满人间
中央台	爱在乡村	2 月 25 日	嘉善:累并且快乐的最美村干部——陈俐勤
中央台	爱在乡村	2 月 26 日	嘉善:专治农村疑难杂症的村干部——宋大夫
中央台	爱在乡村	2 月 26 日	嘉善:阳光妈妈志愿者团队服务群众零距离
中央台	两会专题	2 月 26 日	嘉善:全国人大代表许忠民关注鲜活农产品销售
中央台	致富青年帮	3 月 5 日	嘉善:农村残疾青年电商走上致富路
中央台	致富青年帮	3 月 15 日	嘉善:方腾和他嫁接来的绿色致富经
中央台	致富青年帮	4 月 3 日	嘉善:勇于创新的青年吴志刚

续表 50

录用媒体	被录用栏目	被录用时间	主　要　内　容
中央台	致富青年帮	4 月 6 日	嘉善:60 后农民的创新梦
中央台	爱在乡村	4 月 17 日	浙江省第四家农资 1 号电商农资平台在嘉善启用
中央台	致富青年帮	4 月 22 日	嘉善:一条 3 万元，养鱼发烧友的致富路
中央台	爱在乡村	4 月 25 日	嘉善:江姐暖心屋　村民的舒心驿站
中央台	致富青年帮	5 月 12 日	嘉善:江西 90 后小伙嘉善种多肉
中央台	致富青年帮	5 月 13 日	嘉善:李萍的植药基地
中央台	爱在乡村	5 月 17 日	嘉善:《千余张快递单背后的爱民故事》获评全国网络正能量"十佳文学奖"
中央台	爱在乡村	6 月 1 日	嘉善:阳光妈妈刘应英，爱系新居民子女
中央台	爱在乡村	6 月 10 日	嘉善版的马向阳下乡记
中央台	乡村少年	6 月 11 日	嘉善举办第六届中等职业学校技能节
中央台	致富青年帮	7 月 10 日	嘉善:从养猪到养菌，他实现了年销售 30 万元
中央台	致富青年帮	7 月 10 日	嘉善:化工小哥的致富梦
中央台	致富青年帮	7 月 16 日	嘉善:尝试浅水种菱的蒋建明
中央台	爱在乡村	7 月 24 日	嘉善:张丽萍——不离不弃　十多年如一日照顾患病丈夫
中央台	爱在乡村	7 月 28 日	嘉善:坚守基层农技工作——徐锡虎
中央台	爱在乡村	10 月 5 日	嘉善:好儿媳何星芝
中央台	爱在乡村	10 月 5 日	嘉善:用心关爱老人，提供优质服务的胡萍
中央台	强基固本看基层	11 月 27 日	浙江嘉善翠南基层党建再添活力
中央台	乡土乡情	12 月 15 日	嘉善:传统书场守望人

2016 年中央级媒体报道嘉善文章目录

表 51

时　间	媒体名称	题　　目
3 月 31 日	《光明日报》第 8 版	嘉善联手欧美同学会举办全球创新创业大赛
9 月 5 日	《光明日报》第 15 版	用爱托起明天的希望——中国关工委关心农村青少年成长工作纪实
12 月 18 日	《光明日报》第 3 版	学习不留死角　落实知行合一——部分地区落实六中全会精神综述
3 月 1 日	《经济日报》第 1 版	特色立镇动能足——记浙江创建特色小镇的探索实践(下)
5 月 6 日	《经济日报》第 3 版	浙江将信访压力化解在源头
6 月 16 日	《经济日报》第 1 版	嘉兴:红船领航涌新潮
8 月 23 日	《经济日报》第 8 版	黄桃为媒　区域联动——沪浙毗邻地区共推"五个一体化"

续表 51

时　间	媒体名称	题　目
1 月 27 日	《人民日报》第 13 版	千年西塘新气象　听得时光枕水眠　农网开启西塘古镇“互联网＋”新路径
3 月 1 日	《人民日报》第 6 版	用“特色”积聚发展要素——浙江特色小镇建设巡礼之一
4 月 19 日	《人民日报》第 3 版	推动中立友好合作迈上新台阶(大使随笔)
5 月 12 日	《人民日报》第 13 版	电线那头的故事——韩明华四十年线路情怀、四十载创新实践
9 月 27 日	《人民日报》第 20 版	探索县域经济转型升级新路(治国理政论坛)
11 月 24 日	《人民日报》第 16 版	嘉兴有个“巧克力小镇”
2 月 24 日	新华网	嘉善巧克力甜蜜小镇
5 月 6 日	新华网	2016 年全国桥牌锦标赛嘉善开赛
3 月 29 日	新华网	首届“梦想中国·智汇嘉善”全球创新创业大赛在京启动
9 月 6 日	China Daily	Chocolate factory offers visitors a truly sweet experience

文论选录

全面发扬示范点精神　力争上游建设新家园

嘉善县委书记　许　晴

今年以来，嘉善始终牢记习近平总书记的嘱托，在示范点建设进入第二阶段的关键时刻，坚持以环境综合整治为突破口，立即行动，拉高标杆，自我加压，立志干出嘉善城乡环境新面貌，干出嘉善干部队伍新形象。

一、直面问题，以最大的决心苦干实干

我们按照“高质量、均衡性”要求，全面打响城乡环境整治百日攻坚战，全力补齐生态环境这一短板，力争7月底前全县环境实现经得起检验的明显改善。围绕这一目标，我们统一意志、迅速行动，不留死角、不留盲区，全方位查找问题，仅用3天时间走遍全县118个行政村、2241条河道，排摸出农村环境问题1115个；仅用10天时间彻底摸清了全县541个废品收购点、406个违法码头堆场、319万平方米违建蓝色彩钢棚以及62个低小散村级工业园或企业相对集中的区块等环境顽疾。在摸清底数的基础上，我们痛下决心、任务到人，不惜打破坛坛罐罐，坚决不把脏乱差、污泥浊水、违章建筑带入全面小康。

二、争分夺秒，以最强的声势苦干实干

坚持统分结合、科学安排，县级层面成立作战指挥部和10个专项工作组，各乡镇和重点村都设立作战室，并围绕问题清单、项目清单，制定作战图、下达任务书、签订军令状，以零容忍态度挂图作战、拔钉销号。坚持集中人力、全线压上，主体单位和联挂单位联动作战，组建拆违执法攻坚应急队伍，按照“哪条法规硬就用哪条法规套、哪个部门处理快就叫哪个部门来”原则，打出了气势，更打出了成效。尤其是我们全力攻坚一些硬仗，比如城中村拆违中，在金家堰区块上仅用1天时间拆除了违建的3家企业、52间店面、2幢出租房、2幢农民房；新泾港治理中，仅用5天时间完成河道西侧5家企业的拆迁，15天完成了区域整体规划设计，力争50天建成草莓休闲园；再如南北大动脉平黎公路整治中，仅用一个月时间整改问题203个，仅用4天时间完成了10公里沿线绿化交地工作；生猪养殖转型中，仅用一个月时间对久攻不下的15家生猪养殖大户，实现清退全签约。坚持严格督查、严肃追责，由县纪委、县委组织部、县督考办组成县委专项督查组，对整治不力的，启动问责程序，目前已约谈2人，问责4人。坚持创新思路、科学管理，在道路绿化建设上采用EPC模式，在农村环境上制定最严村规民约，在城市综合管理上出台“一把扫帚扫到底”等“五个一”工作机制，以长效机制实现城乡环境长效保洁。

三、上下同欲，以最优的作风苦干实干

百日攻坚以来，全县干部忘我干，主动放弃“五一”、端午和周末休假，真正“像一个战士一样去战斗”，“5+2、白+黑、晴+雨”已经成为工作常态，白天下村走访农户企业，晚上挑灯夜战研究方案，很多干部一个多月来没有在家吃过一顿饭。全县党员带头干，把城乡环境整治作为“两学一做”学习教育的最大考场，作为“整乡推进、整县提升”工作的最大检验，以环境整治的实际成效赢得群众的口碑。比如，200余名党员志愿者组成攻坚队伍，在周末帮助重点村进行环境整治，用实实在在的行动带动群众、影响群众。全县群众参与干，以主人翁的姿态全面响应号召，积极投身到美丽村居、美丽庭院、美丽机关、美丽工厂、美丽市场、美丽商铺建设中去，“为美化家园而战、为嘉善未来而战”成为了全县的共同呼声。

我们将全面贯彻落实本次会议精神，以更大的决心、更高的标准、更实的举措打赢城乡环境整治百日攻坚战，谱写美丽嘉善新篇章，夺取示范点第二阶段建设新成绩。

（《浙江日报》2016年6月18日04版）

探索县域经济转型升级新路

中共浙江省嘉善县委书记　许　晴

县域经济是国民经济的重要基础，在经济发展新常态下探索县域经济转型升级和科学发展之路意义重大。浙江省嘉善县作为县域科学发展示范点，在产业升级、综合整治、改革创新等方面进行了积极探索。

以产业升级强化转型态势，探索县域经济特色发展之路。县域经济转型升级，应坚持壮大主导产业与培育新兴业态并重，搭建好发展平台，促进产业集聚。一是选好主导产业。主导产业是县域经济的支柱和产业转型的关键。嘉善县依托毗邻上海的区位优势，引进大项目和大企业，形成以电子信息、先进装备制造为主的产业体系。二是培育新兴业态。这需要打破单一产业发展思路，推动一二三产业融合发展。为此，嘉善县着力培育特色旅游小镇，整合周边温泉、水乡、农庄等资源，打造新的经济增长点。三是搭建发展平台。积极构建由国家级经济技术开发区、国家级综合保税区牵头的工业平台体系，有效促进了产业集聚和国际产业合作。

以综合整治破解转型瓶颈，探索县域经济节约集约发展之路。县域经济转型升级，需要最大限度盘活存量资源，开拓发展新空间。一是抓企业整治。嘉善县围绕淘汰落后产能、提高生产效率和质量，实施企业技术改造项目，对企业实施分类动态管理，实行差别化政策支持，倒逼企业提高劳动生产率。二是抓行业整治。县域经济普遍存在行业层次低、规模小、布局分散的情况，资源节约集约利用程度不高。嘉善县大力整治村级低端工业园，以腾退用地指标作价入股方式集中新建特色产业园，推动特色经济与集体经济共同发展。三是抓环境整治。以污水治理为突破口建设美丽嘉善，实现河道长效保洁全天候、工业污水纳管全覆盖、污水处理设施全联网。

以改革创新增强转型动能，探索县域经济创新发展之路。县域经济转型升级，关键在于新旧动能能否顺畅接续转换。为此，必须坚持创新发展理念，深化综合配套改革，营造有利于创新的良好环境。一是发展科技添活力。推动经济转型升级，关键靠科技。应加大科技创新投入，深化产学研合作，形成孵化—转化—产业化完整链条。二是引育人才强保障。人才是第一资源。应大力实施人才强县战略，为人才创业提供全方位高质量的服务。三是深化改革增动力。通过深化投融资体制改革、引导社会资本积极参与等，解决资金不足问题；通过推进行政审批制度改革、大幅缩减部门权力事项等，解决政府治理效率不高问题。通过深化改革，破除经济转型升级中的羁绊，持续增强转型动力。

（《人民日报》2016年9月27日第20版）

促进小微企业提档升级、提质增效

中共嘉善县委书记　许　晴

近年来，嘉善县紧紧围绕“工业强县”目标，积极培育创业创新主体，壮大产业发展源头，以提升小微企业发展质量和效益为立足点，通过工作聚焦、政策聚焦、资源聚焦、服务聚焦等举措，突出重点，分类指导，加大政策扶持和指导服务力度，积极培育发展一批、改造提升一批、依法规范一批、回归还原一批的“四个一批”，促进小微企业转型升级为规模以上企业（以下简称“小升规”）。自2013年嘉善县列入全省首批小微企业上规升级专项行动工作重点县以来，三年累计实现“小升规”企业236家。同时，350家企业纳入全省小微企业培育与监测平台，企业入库数和上报数均居全省前列。

工作聚焦,形成抓落实的责任机制

一是加强组织领导。成立由分管副县长任组长,县经信局、县财政局(地税局)、县统计局、县国税局、县人力社保局、人行嘉善县支行等6个部门为成员单位的小微企业上规升级工作领导小组,全面统筹协调全县“小升规”工作。各镇(街道)由主要领导亲自抓,分管领导具体抓,按照职责分工,集中精力、集中时间克难攻坚,确保目标任务的完成,形成一级抓一级、层层抓落实的责任机制。

二是建立工作机制。对我县“小升规”目标任务、培育企业运行监测工作进行分解落实,建立县、镇(街道)工作联动制度。建立入库培育企业运行监测情况通报制度,切实做好“小升规”入库培育对象企业的数据报送、运行监测和情况分析。县经信、统计、国税、财政等部门加强协调联动,指导“小升规”培育对象企业了解和掌握上规条件和操作流程,对符合上规条件的企业,依法列入规模以上企业统计。

三是强化宣传引导。县级新闻媒体和县17871(一起帮企业)平台密切配合,开展积极、有效的宣传,以落实“小升规”政策为重点,深入宣传和解释国家、省、市扶持小微企业发展的政策措施。同时筛选评价一批科技含量高、创新性强、成长性好的“创业之星”,撰写典型案例,对“小升规”开展情况、创新措施以及取得的经验成效,通过新闻媒体进行专题报道,积极营造“小升规”工作的良好氛围。

政策聚焦,构建抓转型的培育体系

面对经济下行压力,及时制定《关于推进当前工业经济稳增长促发展的若干意见》,出台一系列含金量高、操作性强的扶持政策。

一是加大财政资金支持力度。对当年度由小微企业升级为年度主营业务收入超2000万元及以上的规模企业,一次性给予每家企业补助5万元。对列入年度实施“互联网+智能制造”战略的“机器换人”重点项目设备投资奖励标准提高到9%,单个项目最高补助至300万元;其中对列入省级“机器换人”试点行业的示范项目,奖励标准提高到10%;对采购先进进口设备、国内首台套设备及采购本地设备的机器换人项目和基于“工业4.0”的生产制造自动化、智能化和工业物联网等建设项目,按项目设备投资额(含设备采购费、设计咨询费、软件费)的10%予以补助,单个项目最高补助至400万元。

二是加大金融系统支持小微企业发展力度。全面落实支持小微企业发展的各项金融政策,提高小微企业不良贷款容忍度,全年小微企业贷款增速不低于当年各项贷款平均增速,贷款增量不低于上年同期水平。以“服务企业、突出重点、规范运作、严控风险”为原则,设立嘉善县中小企业转贷基金,由县财政安排2000万元资金,帮助小微企业还贷和续贷期间出现的短期资金周转困难,截至目前,共办理转贷基金贷款1151笔、转贷金额38.88亿元,惠及小微企业230家。

三是拓宽小微企业融资渠道。推动符合条件的小微企业到沪深交易所上市和到“新三板”、区域股权交易市场挂牌及融资。鼓励融资性担保机构主动提供融资担保服务,融资性担保机构为“小升规”及培育对象企业提供融资担保的。组建注册资金5000万元的国有担保公司嘉善县同舟贷款担保有限公司,为29家小微企业担保6000万元的资金。

资源聚焦,致力抓问题的有效破解

针对小微企业发展面临的重点难点问题和要素制约,多管齐下,千方百计引导小微企业提素质,为小微企业定向定点解决难题。

一是着力提升中小微企业整体素质。与国家工信部人才交流中心联合实施新型工业化能力建设“长风”计划,印发《嘉善县新型工业化能力建设三年行动计划》。开展政策解读、专家论证、企业交流和素质提升四项工作,举办各类活动,提升我县小微企业经营管理人员综合素质和企业经营管理水平,增强企业自主创新能力和核心竞争力,已举办小微企业上规升级培育与运行监测平台系统培训会、创新驱动企业总裁研修班等十大系列活动,培训活动20场次,培训人数3500余人次。

二是着力缓解企业用工难题。积极开展多种形式、多种类型的人力资源招聘活动,除了举办招聘会为企业招揽人才之外,还开通人力资源服务网络平台、短信平台、微信平台,多渠道发布企业招聘信息确保小微企业有工可用。进一步完善人才库,结合求职者信息,实时做好人才库的登记与管理,当企业有用工需求时,可通过人才库寻找匹配人才,为企业和求职者牵线搭桥，做到快捷服务。推进学生实习基地建设、订单式培养（培训）职工等校企合作，帮助企业解决用工困难。

三是加强小微企业信用评级。以小微企业信用评级为抓手，加强政银企合作，为小微企业提供融资服务。每年专题召开信用评级工作会议，选择符合我县产业发展导向、科技含量高、有融资需求和评级要求的小微企业进行信用评级，提升融资能力。评级费用统一由省财政专项列支，不收取企业任何费用，减轻小微企业评级负担。

服务聚焦，营造抓发展的良好环境

一是进一步健全企业服务长效机制。为中小微企业特别是“小升规”及培育对象企业送政策、送信息、送服务、送温暖，开通嘉善县企情在线系统，通过干部进企、现场交办、限时解决等方式，帮助企业解决发展中遇到的困难和问题，推动稳增长、调结构、促发展。运行以来，全县各单位共走访企业1468家，走访干部6551人次，共收集问题1279个，已经解决问题1253个，正在待办的问题26个，问题解决率达到98%。开展机关中层干部联企服务活动，214名联企干部积极当好“店小二”，帮助企业解决生产经营中遇到的突出困难和问题，鼓励小微企业转型发展、创新发展。

二是做好小微企业培育和监测服务。依托全省小微企业培育和监测平台，建立全县“小升规”培育对象企业信息库，并针对监测平台系统操作、数据报送中遇到的问题，通过以会代训形式，分别怼全县乡镇工业经济管理干部和负责培育监测人员进行培训，建立乡镇（街道）联络员QQ交流群，在线交流、沟通有关政策和运行监测工作。为提高培育企业入库和数据报送质量，做好“小升规”基础性工作，县经信局深入有关乡镇（街道），组织9场小微企业培育和上规升级培训活动，为350家培育企业的操作人员进行业务培训，提高我县入库培育企业运行数据网上填报的准确性和有效性。

三是开展小微企业管理提升辅导行动。印发《嘉善县2016年精准服务企业管理诊断实施方案》，选择40家小微企业，通过专家顾问深入企业现场的方式，从企业可持续发展的角度，系统、全面的分析企业在发展规划、技术创新、营销管理、人力资源建设、生产管理、设备管理、信息化建设等方面存在的问题症结，听过专家“一对一”调研诊断服务，帮助小微企业查找发展瓶颈，找出关键短板，精准施策，形成个性化诊断报告，助推小微企业上规升级。

（《政策瞭望》2016.07）

第一次收礼

梁　铮　郑少鉴

汪莉莉一大早起来，对着镜子又是画眉又是描眼，涂脂抹粉配口红，忙忙碌碌手不停，嘴巴一直像只敲开木鱼——笑得合不拢嘴。有喜事？当然。她那个当了十几年办事员的老公张灵基今天要升科长了，你说她能不开心吗？这年头，上班是空的，梦想是软的，钞票才是实实在在的，那权力更是硬绑绑的。她想我汪莉莉活了四十几，还从未尝过当官太太是个啥滋味。昨天老公阿灵对她说，他这个办事员今天要当科长了，汪莉莉也总算可以一尝当“官太太”的瘾了，你说开心不开心？

在汪莉莉看来，她们家的阿灵早就应该是科长了。当今社会是天上无云难下雨，地上无人事难成，你不跑不送，当然是原地不动。现在好了，阿灵这个榆木疙瘩脑袋经不住老婆成天介的唠叨也总算开窍了，他说他已经使出了绝招，甩出了重磅炸弹，这科长是铁板上钉钉——定死了。

汪莉莉心里盘算着，好不容易当上官太太，我们也要珍惜不是。所以一大早就对着镜子好好地打扮一番；然后是试了上装试裙子，试了套衫试围巾，还要注意颜色上的搭配，冷暖色调的协调，总之翻箱倒柜地瞎折腾了好大一会儿，才勉强弄出个子丑寅卯来。这不，汪莉莉正在自得其乐的时候，老公张灵基揉眼伸腰地从卧室里出来了。莉莉连忙为即将当官的老公张罗起早点，又是倒上牛奶，又是递上蛋糕。张灵基疑惑地瞪着眼，呆呆地看着这个和往常完全不一样了的婆娘……

"还发什么呆啊！快快吃了好去上班，都要当科长的人了，还天天迟到那可是不行的哦。"

"瞎闹什么呀，正式文件都还没下来呢，别科长、科长的挂在嘴边……"

"嗨——，不是你昨天亲口对我说那科长可是钉死了的"非你莫属"嘛，你？"

"科长是定了，肯定稳笃笃的，哪，我们不也要学会低调不是！"

"对对对，到底是要当官的人了，说出话来就是不一样、有水平。低调，对，低——调。"（嘘）

第一次当官太太，汪莉莉心里总有点儿激动。所以当她目送老公去上班后，心里还惦记着以后当官太太怎么个当法？还真是，现在啥样的培训班没有？就是没有"官太太培训班"。看来也只能自己赶鸭子上架，边当边学，自学成才了。

正当汪莉莉沉浸在如何当好官太太，并犯愁的时候，一个意料外的实践机会来了。

"咚咚——"，有人敲门。

"啥人啊？"

"汪姐，是我。"

汪莉莉开门一看，一个小姑娘拎着几个大礼盒站在门口。她还没弄明白是怎么回事，那小姑娘已经把这些大大小小礼盒塞到她手里了，嘴上还说："汪姐，我爸爸出差啦，要我把这些礼品送到张哥家。"

汪莉莉一时还转不过弯来，这些礼品！？心想：不会吧？我们家阿灵当科长的消息——传得有那么快？难道大家都知道啦？这么快就有人送礼来了？汪莉莉一时呆了，人还云里雾里的，只听得小姑娘说："汪姐再见。"一转身就要跑了。

"哎，别跑呀，进来坐坐、玩会吧，你叫什么名字呀？"

"我叫吕小玉，不坐啦，姐，再见。"

汪莉莉想，现在送礼的人也都学乖了，丢下礼品就走，显得自己大度。你收了我的礼，不怕你不帮我办事。我汪莉莉可是个中间人，总得问问清楚吧。看这姑娘好像是什么包工头的女儿，就连忙问："那你爸是干什么的呀？是搞基建的吧？"

"对，是的。"吕小玉边跑边回答着。

"基建"？汪莉莉想，果然不出我所料，搞基建的，那一定是哪个工地的老板。嗨，这年头搞"基建"的确实也不容易，材料涨价、人工涨价，竞争对手又那么多，不送礼，不走走门路，通通关系，那是肯定不行的。看得出，这个吕小玉的爸爸一定也是个精明的主。莉莉随手关上门，将接过的礼盒翻了翻，发现礼盒里有一个红包，拿出来掂量掂量，感觉有点份量，估计至少也得有个万把块钱吧。哼，这种送上门的礼还不收，那才是真正的"猪头三，二百五"呢。当官为啥？如今当官就要思想再解放，脑子再活络，胆子再跟上，提前奔小康。一句话，该出手时就出手，抓住机会来致富。今天还只是开个小头，以后的日子多着呢。嗨！当官就是好，当官太太的滋味更是没得比，忒好了，真是过瘾！

莉莉随即打电话，及时把这个喜讯告诉了老公："阿灵啊，报告你一个好消息，刚刚有人给咱们家送礼来了……说是个包工头的女儿……我怎么就不会知道她爸是个包工头呢，我问她，你爸是搞基建吧？她回答说：是，对的。搞基建肯定是个包工头啦。……噢，她说，姓吕……什么？你们科没有姓吕的呀，不对，肯定是姓吕，嗨，你还是回来一趟吧……嗯，好嘞。啵——"

张灵基急忙慌慌张张地赶回家，一冲进门就问："吕？吕？你问清楚了没有，她爸叫什么？"

"她爸叫什么倒没问，不过她爸肯定姓吕。"

"你这个呆婆，她爸不姓吕，女儿能姓吕吗？她叫什么名字？"

"吕小玉。"

"啊，完——了。"张灵基一听到吕小玉这三个字，整个身体就像井字架抽掉了镙丝钉——散了，身体慢慢地、慢慢地瘫软在沙发上。汪莉莉见状也慌了神，扶着他肩膀说："阿灵，阿灵，怎么啦？你不要吓我哟！"

"完了完了，那是开发区纪委书记的女儿，名叫吕小玉。"

"她说她爸爸是搞"基建"的呀。"

"什么"基建"，那是"纪检"，她爸爸是搞"纪检"的，那是简称，正式叫纪律检查，懂吗？"

"哎哟喔，我的娘娘嗳，这可不得了哎。你先看看是啥礼品吧？"汪莉莉慌忙进屋把礼盒拿出来递给老公看，张灵基一看礼盒，立马脸色刹白，手抖抖地拿出礼盒里的全部东西，说："这些可都是我昨天送给王区长的啊，今天竟原封不动地全给退回来了呀，还多了一张纸条啊。"

"那，那，纸条上都写了些什么呀"

"恕你初犯，原物奉还"！

（"中国故事节"枫泾故事会征稿获"第二批中国好故事"）

飞来飞去的手机

顾　涯

居委会王阿姨，人称“巧舌王”，最拿手的本领是能凭着她那得天独厚的巧舌，把闹得要离婚的二口子，说得从此以后过上和和美美的幸福生活。这也是她的爱好，只要听说哪里有夫妻吵架，王阿姨就会不请自到，吵得越凶她就越来劲，这几乎成了她的职业。

一个星期天的午后，小区里太平无事，闲不住的王阿姨就开着电瓶车，去超市买菜，女儿这几天出差，今天回来，烧几个好菜迎接一下。在路过花园路拐角处时，一辆红色小车擦肩而过，忽然车内飞出一样东西，在王阿姨的眼前飘过，差点让王阿姨人仰车翻，定睛一看，原来是一只苹果6S。王阿姨不假思索地想到，肯定是一对小夫妻在吵架，看到了手机里有不该看到的东西，一怒之下，扔出车窗。

王阿姨捡起手机，职业病就犯上了，想着今天又可以发挥自己的特长，把这对闹矛盾的小夫妻劝和了。王阿姨拿着手机站在路旁，寻思着再怎么样，也不会跟手机过不去，毕竟也是上千元的东西，肯定会马上返回过来。可是王阿姨看着小车一路向前，根本没有掉头的意思。王阿姨想今天是什么好日子，撞到了视钱物为粪土的土豪了，一只几千元的“苹果”就这样扔了。此时这只被抛弃的手机响了，王阿姨马上手指一划，通了，原想好好数落几句，再慢慢开导，可还没来得及开口，就被对方一阵机关枪似的话语镇住了。

“你到哪里了，怎么还不来，我都等你半小时了，再不来，我走了，看我回来怎么收拾你。”说话的是女声，声音有点大，说完就急急地挂了。

王阿姨手握人家的手机，一时呆若木鸡，有点丈二和尚摸不着头脑，听这声音有点耳熟，还来不及细想，手机又响了。

“喂，你好，是不是你拾到了我的手机，能不能还给我，你要什么酬谢可以商量啊。”这次是男声，语调与刚才的女声迥然不同，慢调斯理，非常动听。王阿姨想今天真是碰上鬼了，一会儿女声，一会又变男声。但王阿姨已经肯定这是一对正在斗气的小夫妻。算你们福气，撞到我的枪口下，一定让你们偃鼓息旗，重归于好。

可当王阿姨听到“酬谢”二字，就气不打一处来，接过话题反驳。

“手机是在我这里，但不是什么都可以用钱买到的，我不要什么酬谢，我虽然不叫雷锋，但手机还是可以还给你，可有个条件，必须你们两个人一起来取。”

“什么两个人啊？我一个人在开车，要去车站接人，想打电话联系一下，找不到手机了，也不知什么时候掉的，现在停在马路旁，借了个手机才打过来的。”

“小伙子，你的手机不是掉的。”

“那怎么会在阿姨你这里？”

“是从车窗里飞出来的，夫妻间闹点矛盾，说开了就好了，也不能随便把手机扔出窗外，万一砸伤了行人，那可不是一件小事了。钱再多也不能这样糟蹋，可不能做害人害己的事。”

“阿姨你说什么呀，我听不懂，你在哪里，我一会过来再跟你解释，先谢谢你啊！”

“我在花园路与解放路交叉口的一辆红色电瓶车旁等你们，很好认的，你们一定要两个人一起来！”

王阿姨一再强调要扔手机的两个人一起过来，主要目的就是要调和这对她想象中正在吵架的小夫妻。依王阿姨的性格，她绝不肯放过这样一次发挥她才能的机会。

再说掉了手机的年轻人，俗名小胖，一副心宽体胖的模样。今天去车站接新交的女朋友，因单位有事要处理，走得匆忙，心情也有些激动，把手机给弄掉了，还好现在有了着落，但不知为什么那位好心的阿姨一定要两个人去取，那么就快去接上女朋友吧。

因为找手机，小胖耽搁了时间，接上女朋友难免被奚落一顿。小胖一面开车一面解说。

“我的手机在上车时还在，后来不知怎么掉出去了，幸好有位好心的阿姨捡到了，可她有个莫名的条件，一定要我们两个人一起去取，硬说是我们吵架把手机扔出车窗的。因为找手机所以接你迟到了，对不起啊。”

“原来是这样，那我们快去找那位阿姨吧。”

一路上他们又分析了手机是如何从车窗里飞出去的，毛主席都说过：扫帚不到，灰尘自然不会自己跑掉的。分析结果一致认为小胖因为心急身体发热，打开了车窗，把手伸出车窗吹凉，一心想着快去接女朋友，就把手里拿着的手机当作废纸扔了。小胖女朋友说，她有位同事，一次去超市购物，曾把手里拿着的一张一百元人民币当作废纸随手扔进了垃圾桶里。当时车速较快，掉下去的手机就会像飞出去一样。不管怎样手机还是找回来了，这是不幸中之万幸，这世上还是好心人多。

一会儿，车到花园路与解放路交叉口，小胖与女朋友一起下车，一眼就看到一棵香樟树下有一辆红色电瓶车，旁边站着一位中年妇女。

小胖指着那妇女对女朋友说，“一定是这位阿姨捡到了我的手机，我们快过去吧。”

这时女朋友却停止不前了，小胖拉了拉她的手说，“怎么了？”

女朋友轻声说道：“那是我妈呀。”

小胖惊呆了，不知如何是好，第一次见未来的丈母娘，竟是这样的场面。

此时王阿姨也看见了女儿：“小丫头，你回来了，怎么不回家，到这里来了。”

“妈，你是不是捡到一只手机，那是我男朋友的。”

在一旁的小胖很尴尬说了句：“阿姨，麻烦您了。”

“什么，你男朋友的手机？你们吵架了？你也不能把手机扔出来啊！这样多危险啊……”

小胖女朋友马上打断妈的话，知道她劝架的职业病又要来了。

“什么跟什么啊，没有的事，是小胖不小心掉出来的。”

王阿姨现在心里有点明白了，第一次接到的电话原来是女儿打的，难怪有点耳熟。捡到的手机竟是未来女婿的，忍不住笑着对憨厚的小胖说：“这是你送给我的见面礼啊。”接着也下意识地随手把手机扔了过去。

眼明手快的小胖马上跳起来接过空中飞下来的手机。

三个人看着这只飞来飞去的手机，都会心地大笑起来。

（“中国故事节”枫泾故事会征稿获“第四批中国好故事”）

百合花开香万里

——浅谈小戏《百合》创作的过程和体会

徐建康　贝丽华

早在一九四二年五月，毛泽东同志在《延安文艺座谈会上的讲话》中特别强调：“一切种类的文学艺术的源泉……都是一定的社会生活在人类头脑中的反映的产物……它们是一切文学艺术的取之不尽、用之不竭的唯一的源泉。这是唯一的源泉……”

2014 年 11 月，在浙江省慈溪举行的《浙江省新农村题材小戏比赛》中，由嘉善检察院徐建康和嘉善文化馆贝丽华老师共同创作并由贝丽华导演的越剧小戏《百合》喜获编剧金奖（并获得参加全国群星奖比赛入场券）、优秀导演奖等 5 项大奖。回忆这个小戏创作的过程，我们颇有感慨和收获。其中最大的体会是真正理解了“文学艺术的源泉是生活”这个朴素但深刻的道理。

1. 生活中的素材是创作的动机来源

2012 年左右的某个冬季，我有幸作为嘉兴市的道德模范代表，去湖州市德清县交流，期间参观了德清的一位道德模范所创办的民营养老院。在参观的过程中，我们都为这位居院老人都喊他“儿子”的道德模范的敬老爱老的行为感动，同时，也为听到的一些后辈不善待住院老人的事情而难过！走出院门，我的脑海里始终留存着一双双孤独、祈盼、失望或者是漠然的老人眼睛！

某天，我又听到一条新闻：到 2014 年我国 60 岁以上的老年人，达到 2 亿人口，占总人口的 14.9%！明显高于联合国 10% 的传统老龄社会标准。并从 2014 年开始，我国老年人口将以每年 800 万的速度增加，到本世纪中叶，将达到 4 亿人口！中国将成为老龄社会！

中国南朝时的刘勰在其文学理论《文心雕龙》中表述：诗言志，歌咏言……是以“在心为志，发言为诗”。我深感赞同，是这个新闻给了我极大的震撼，同时也激发起让我要为老人写个小戏的创作念头。

2. 生活中的人物是小戏创作的模本

清代，出自我们浙江金华的戏剧大师李渔，谈戏剧创作，有许多精辟的理论，其中在“选剧第一”中提出：要“别古今，剂冷热”，即“创新意、反映时代”。如今，写老人的作品繁多，如何让题材创新，是个关键。

我有了创作的念头，也略懂创作要有新意，且符合时代的脉搏。但是落实到具体创作来说，心中仍然无数。也是个偶然的机会，我们嘉兴市的道德模范在某年春节后的第一个工作日，受到嘉兴市的主要领导接见。我重逢了来自我的家乡海宁市丁桥镇的一位道德模范农村妇女章彩宝：一个七十左右的老人，幼时父母双亡，讨饭过日子，用她自己的话说：吃过百家饭，穿了千家衣！是无数的乡亲救助了她，所以，在八十年代改革开放初期，她凭借自己在小镇摆地摊而逐渐积累的资金，自费办起了敬老院，收留孤寡老人，作为回报。看到她，我眼前一亮：对，写一个敬老院的创办人如何救助老人的故事！

3. 小戏人物、剧情的设置

有了原型章彩宝，要考虑故事与情节。我的本意是赞颂主人公如何帮助老人的美好情怀，决定第一号人物为女性，先取名为“荠菜花”（剧本也名《荠菜花》），简称“菜花”——一种在我们江南地区普通又平常的野菜的花，长在田头地脚，生命力极强，寓意主人公穷苦出身，经历风雨！且年纪定在60—70岁左右，因为这个人物必须经历六十年代初期的三年困难时期、那个饿死人的年代，才符合其当年讨饭、好心人帮助她，使得她后来产生要报恩的想法和行为。同时，我又想到严顺开老师在某年春节晚会上的小品：为了要让子女来探望他而不惜在腿伤治愈之后，仍坐在轮椅上装病，让人忍俊不止，但是又会让人回味出一丝酸楚——老人怕孤独！对，反映老人的孤独——这才是我想表达的目的。

为突出养老院中老人孤独寂寞，我开始了有意识的社会调查，得到的信息基本都是子女虐待老人的居多，无有创作的新意。某次，我突然听到有位退休男老师，用日记记录自己思念儿女的事情，有别其他。于是，我萌生了要写一位有知识的老人如何看待子女的赡养。戏剧大师李渔还提出戏剧创作要“脱窠臼”，即“人惟求旧，物惟求新，新也者，天下事物之美称也”。这不正是符合李渔的所谓“脱窠臼”即创新吗？

鉴于一般的戏剧中女性人物的唱腔和说辞比较男主人公抒情、委婉，又鉴于戏剧女性人物的表演一般强于男性，更可激起人们的情感，我设计了温文尔雅的退休女教师“沈老师”；为与该人物相冲突，我又设计了一位说话尖刻，但是风趣、善良的“刀子嘴、豆腐心”的农村老太“祥婶婶”。

一般的小戏有了三四个人物足够了，但是现在初步设计的三个人物都是女的。一个小戏，缺少男性，无论从唱腔设计、还是表演，会缺少色彩，缺少感染力。为此，我又设计一位青年男性“杨柳”，作为沈教师的儿子的身份出现。

有了人物，开始设计故事。最终，我一下子想到了前面所听到的老人自己写日记排解思念子女的事情，还想到了社会调查中某敬老院中那两个老头为了争夺老年“女朋友”而引发的伤害案件，加上平时看到、听到的农村民间妇女，特别是老年妇女善于攀比、互相嫉妒、互相挖苦而引发的一些争端，初步设计出：

在重阳佳节来临之际，面对养老院中有的老人有子孙看望，退休女教师“沈老师”为了解决自己的儿子远在外地无法前来探亲，而不想让其他老人觉得自己没人探望很没面子，自己给自己写信、送花祝贺自己生日的故事。

4. 情节的选取与割舍

故事想好了，剧本唱词也写好了：重阳佳节，敬老院里，人来人往，喜气冲冲。但院里的沈老师却一人躲在房内写信，寄托自己思念儿子的心绪，信纸一张又一张，还是不满意，都扔在角落里。被扫地的“菜花”捡到了，才知道了沈老师的真正心结。于是，菜花面对沈老师，以沈老师救助其成长的大恩，劝慰沈。最后矛盾解决，一派其乐融融。

初稿完成，自己觉得满意，特别是小戏开场的合唱，觉得不错：

“荠菜花啊荠菜花，田头地窝是我家，不知爹也没有娘，风吹雨打自长大。”

但是，本子放段时间，再回头看，发现许多问题和不足。首先是主要人物“菜花”的名字，觉得太直白，太凄苦。某日，我经过一家鲜花店，被店里飘出的一种花香所启发——百合花！它鲜艳却不妩媚，香气清淡却悠长，特别是它的名字“百合”，更加符合我们民族那种团结、吉祥的含义，所以，历来作为民间一种既普通又大方，且喜气盈盈的花而受人喜爱，于是，我将主人公定名为“百合”。于是，开场合唱也做了修改，将基调定在赞扬“百合”的基础上了：

“百合花啊百合花，千家万户喜欢它，百日春风吹，百朝雨露撒，香飘千里进百家。”

同时，故事的情节也做了修改：重阳佳节，敬老院里，人来人往，喜气冲冲。沈老师在同院老人祥婶婶面前，特别是在院主人“百合”面前，展示所谓儿子（其实是其自己）写给她的祝贺信和送的百合花，以“反驳”祥婶婶以拿出自己儿孙送来的礼物显耀的“挑战”，这时候，忽然，信中说没法赶来祝贺的儿子手捧百合花也赶来了。面对此时的尴尬，面对儿子提出从没有写过信的疑问，沈老师最终说出了自己思念儿子，因考虑儿子不能前来，怕人笑话，没有办法在人前硬撑面子而自己给自己写信的事实，声泪齐下。百合也道出了是其让沈老师儿子回来的秘密——是沈老师在当年救助了自己，所以自己也要报恩，暗中以电话要沈老师儿子回来尽一份孝心。最后，儿子的悔恨，迟到的问候，在大家浓浓叙情中，让我们懂得知识老人一颗也需要温暖的心。

5. 人物和故事的再度创作与修改和提高

当初《荠菜花》初稿剧本写完后，我找到我县文化馆的戏剧干部贝丽华老师，让其再帮助斧正。鉴于贝老师是戏剧专业出身，有良好的戏剧舞台功底，同时，更关为在2010年，我首次大胆创作的小戏《拆墙记》经过贝老师的指点，后我们共同再努力修改，特别是，贝老师将我的小戏中间的一个原本是通过他人的唱腔和说白来展现的情节，一下子让演员直接表演，并且放在开场——引发一个巨大的矛盾冲突。此小戏剧本竟喜获当年浙江省新农村小戏剧本的金奖，这是我首次创作小戏剧！所以，这次的剧本初稿一出来，我马上寻找贝老师。贝老师看后，认真思考了几天，然后我们又一起共同在最初《荠菜花》进行后来十多次的修改。

首先，贝老师认为这个小戏的骨子很好，如今写老人的戏很多。但敬老院的创办人“百合”的年纪也太大，戏中沈老师自己写笔记抱怨子女、自己诉苦不积极情愫太多。但是我们最终找到一个戏剧契合点：自己给自己写信！自己给自己送花！这个点子有创意是个亮点；其次，是选择送百合花选得好，很有诗意，也很喜庆；还有剧中人物的名字取得也很好，养老院的创办人取名“百合”，形象生动，香气盈人；男青年（沈老师儿子）取名“杨柳”，刚强之中不失柔韧，很有书卷气，也符合母亲沈老师是教师的身份。但是，贝老师又认为，但是，一台戏里，除了“儿子”年轻，三个老太太多，显得太沉了点，这是一个较大的毛病。所以才有了后来的百合换成一个年轻姑娘，她的身份也换成青年志愿者，沈老师也从一个自怨自叹的老妇变身积极阳光的知性女教师。这样，整个小戏有了姑娘的加入和沈老师的转形，整个小戏充满朝气和活力。虽然戏的宗旨从原先的要赞颂养老院的创办人改成了赞颂志愿者，但是，对于赞颂、提倡对社会贡献自己的一份大爱的主题仍不变。

我欣然接受了贝老师的观点，我们一起再度创作。后参赛的小戏，内容除了改变了原来小戏中主人公百合的身份，同时将百合为何要做志愿者，为何与沈老师的感情特别深，修改写为因百合幼年父母遭遇车祸双双离世，是沈老师与乡亲抚养长大的情节。再将这个情节通过百合出场后自己唱，改成为沈老师与祥婶婶先上场，由她们的对唱与念白进行交代、铺垫。后还增添了百合出场手捧百合花要送沈老师、增加了百合因担心沈老师节日孤单，而匿名写信给沈老师的儿子，让其千里之外赶在重阳佳节为沈老师祝寿等的情节，显得自然、妥帖。

当然，由于小戏受到时间（18分钟）的限制，贝老师又将我原本认为很精彩的六段唱腔，大幅度削减。特别是将小戏开头的唱词，移接到结尾，除了节省时间，更起到再次点题，画龙点睛。（结尾合唱）：

“百合花啊百合花，花开百家传佳话，春风吹，雨露洒，芬芳美丽满天涯。”

如今，这个小戏再度修改，在准备参加全国《戏剧群星奖》的比赛。在此过程中，得到我们省群艺馆专家、老师的多次实质性的指导和建议，特别是包朝赞老师的点评，我们学到了更加多的创作知识，再次特别感谢。

（浙江省群文戏剧创作论坛兰花银奖）

免费广告

梅春燕　钟爱文　苏丽君

徐功勋，农大毕业，回乡办了个“生态休闲园”，这生态园集农耕文化、农业观赏、农俗体验于一体，还设有休闲度假村，吃、住、玩一条龙服务。

徐功勋这人，实干肯吃苦，经过几年努力，休闲园初具规模。不过，他这人也有点固执，从来不相信广告，觉得自己园里东西好，用不着花这点钱。很长一段时间里，光顾休闲园的人一直不多。许多人都劝他做个像样点的广告，说不定生意就好起来哩。可是他就是不愿意。

那天，办公室里的阿松说他有个同学，在一家报社当记者，来电话说要来我们生态园，愿意免费为我们做广告。徐总经理不大相信这种天上掉馅饼的好事，也没太在意。

第二天阿松果真带来一位年轻人，并介绍说，这就是他的同学，叫许雅图。徐总一直认为“来者都是客”，所以，对许记者也是热情接待。一阵寒暄过后，徐总就直接了当地提出来，说：“许记者，我喜欢直来直去的，听阿松讲，你要为我做广告，有啥要求你提出来，我们商量商量？”

小许记者提出要先到园内实地看看再讲，徐总想，这也是合情合理的。于是他们三人一起在园区里，边走边看。徐总向小许介绍了园区特色，阿松也不断介绍产品特点。徐总还不时地带小许走进一个个大棚，体验场馆，边看边介绍。他指了指旁边的一个琉璃房说：“这是我们和日本早稻田大学合作的纳米膜生产基地，现在种植的是番茄。”又介绍了洋参基地。小许每到一个棚，一个馆，看见喜欢的产品就拿。走的地方越多，拿的东西也就越来越多，当他们走进那个铁皮石斛种植场之后，小许被眼前的景象迷住了。石斛好东西，连忙说：“来，来，给我拿几盆。”阿松哪敢怠慢呀，连忙帮他一盆一盆地拿，一下子拿了十几盆。

这一路上，许记者的相机“卡嚓，卡嚓”照个不停，徐总和阿松也一路介绍个不停。

就在大家都忙个不停的时候，对面一个小女孩，哭喊着跑了过来。

原来这小女孩是在农俗体验馆喂养家禽时，被一只大白鹅喙了一下。现在都只有一个小孩子呀，家长当然要大吵大闹了。徐总叫阿松马上去处理。本想继续陪许记者参观，哪知许记者转身就把相机对准了小女孩，一路跟拍。徐总看呆了，这个许记者是哪路神仙啊？他对这一位小姑娘为什么这么有兴趣啊？突然脑子里一激灵，啊呀，不好，现在的相机都有拍录像功能的呀，他的微电影一旦播放，这不成了反面教材了吗？完了，这下完了。

徐总呆呆地站在那里，不知怎么办了，一会儿，阿松气喘吁吁地跑来说，许记者走了。

徐总简直不敢相信这真的，走了？拿了我那么多东西走了。这骗子，肯定是骗子！

就在徐总气得双脚乱蹬的时候，电话铃声响了。阿松一听，是小许打来的。说是刚才因为领导紧急召回，有重要任务，时间来不及，所以不辞而别，请徐总谅解。还说刚才拿的产品一共是23件，这帐先记上。徐总想，23件产品毛估估价值三千八百多元，记上，记在谁的头啊？

另外还建议说，这休闲园地域开阔，棚与棚，馆与馆之间的距离太长，有些地方要添置一些坐椅石凳什么的，最好还要有茶水供应。徐总听糊涂了，这是什么跟什么呀，他瞎操什么心呀？

阿松啊阿松，你害死我了！说什么免费广告，把这姓许的请进来，白拿我那么多东西倒没什么，不给我做广告也没什么，问题是现在小女孩被大白鹅喙了一下让他拍去了，把柄在人家手里啊。他是空手套白狼的。如果说套不住狼，就会比狼还狠。不信你看好了。

果然，一个星期之后，许雅图打电话说，他们传媒集团的志愿者要带一批老年人来生态休闲园休闲。徐总一听，说：“不行，一个也不行。”

徐总这回是铁了心了。我辛辛苦苦撑起的这份家当，不能让你许雅图任意任意宰割的。那小女孩被大白鹅喙痛一事，大不了是安全问题，该赔就赔，我认了。他还要带人来，不行。

阿松还告诉徐总：小许说了，上次的帐这一回来付清。小许还说，老人们都说我们的产品好，争着吵着要来。他们都组织好了。三天之后就来。

徐总说，这都是骗人的鬼话，上次的帐我也不要了。白吃白拿当然争着吵着要来。三天之后不要来，今后也不要来。

时隔三天，徐总刚上班，阿松冲进来，说：“许记者带的一帮人来了，开了两辆大巴车马上到了。”

两辆大巴车？要多少人啊？徐总当机立断，命令全园职工停下手头一切工作，到门口集中，就是筑成人墙也要把他们挡在门外。如果发生冲突，也只能靠警察了，他当即打了110。

五分钟过后，功勋生态园员工齐聚在大门口。三辆警车红灯闪闪。顷刻之间，弥漫起一股异常紧张的“硝烟”……

不一会儿两辆大巴到了，许记者先下了车随后从下来几个年轻人，他们身上还都背着摄像机、挂着照相机。再接下来是许雅图点名：姚家婶妈、七叔、李婶、刘良、张三娘……点到名的一个一个被搀扶着下车，排成一排。

徐总站在老远的地方看着许雅图，怎么也看不明白这小二今天唱的哪一出。只见许雅图双手一拱说：“徐总，对不起，给你们添麻烦了。”接下来他就解释了来龙去脉。

上次拿了那么多东西不辞而别真的是有紧急任务。这些大叔大妈就是分享了上次那23件产品的人。今天先结清23件产品的款。

还介绍说，他们是传媒集团的志愿者，今天带来的是一群特殊群体。这些老人原来也都是乡下人，由于儿女进城不放心爹妈留在乡下，硬要他们住到自己身边。结果这些老人不习惯城市生活，长期在高楼大厦里，想晒太阳，只有一个小小的窗口；想吹风，全靠电扇空调，都快闷出病来了。有人叫他们是“一群被锁在高楼里的夕阳”。我们志愿团队经过排摸调查，又和他们的子女沟通后，就带领他们来你们生态休闲园来放松放松。你放心，他们不是贫穷的孤寡老人，他们有的是钱，到这里一切费用都会全额支付。我们只是想让他们玩得开心，买得称心，吃得放心。

徐总你欢迎不欢迎？

徐总听完之后，长长地吁了一口气，说：“欢迎，欢迎。你为什么不早说呢？”

这时小许又对徐总说，你们要是欢迎，下次还有好多小朋友要来你那体验馆喂大白鹅呢！上次那个被鹅啄的小姑娘太漂亮了，就是哭也是漂亮的。我给她拍一组艺术照片，特别是拍的一张挂着眼泪的笑脸。后面还跟着一只大白鹅，真是美极了！城里的小孩子从来没见过这么漂亮的大白鹅，都吵着要来看呢！所以我们准备组织一批小记者带着他们的父母，来这里体验、参观！搞一次亲子活动。

啊？你给那个小姑娘拍的是艺术照？

徐总理终于明白了，是自己误会许记者了。于是马上吩咐员工把老人们扶下车，一对一地陪伴他们游玩。而且再三关照，一定要让他们玩得开心，玩得高兴。

小许悄悄地对徐总说：“徐总，我想你的广告就不必做了，那是要化大价钱的。我们是传媒集团的，你看没看见那些长枪短炮？我们会全程录像，到时滚动播放，各大报刊连续刊登……”

徐总真诚地握着小许的手说：“好，好。谢谢，谢谢。你这免费广告做的好！”

（浙江省第五届故事会征文优秀奖）

请您帮个忙

俞　冰

刘伟和妻子袁莉忙于工作，女儿娟娟一直由外婆照看。最近，住在乡下的袁莉爸车祸受伤，袁莉妈只好赶回去照料老伴。这下刘伟夫妇犯了愁，娟娟才两岁，还不到上幼儿园的年龄，把她交给谁照看好呢？

瞌睡碰到枕头，也是赶巧了，这当儿，刘伟妈因单位效益不好提前退休了。袁莉喜出望外，决定把女儿交给婆婆带，不料就在这节骨眼上，刘伟妈突然大病一场，身体很虚弱，无力照看孙女。

无奈之下，袁莉打算雇个保姆照看娟娟。但刘伟不同意，说如今保姆良莠不齐，把孩子交给保姆不放心。随后，刘伟提出了自己的方案——暂时把娟娟交给邻居张奶奶照看。这张奶奶住在刘伟家楼下，她的老伴前些年去世了，老太太一人独居很空闲。

如果刘伟半年前提出这建议，袁莉肯定赞成，但现在她的脑袋却摇得像拨浪鼓。原来，半年前，张奶奶儿子一家三口在一场车祸中意外身亡，张奶奶从此像变了个人，她不再与任何人交往，成天窝在家里，性格也越来越古怪。袁莉觉得现在的张奶奶不适合带孩子，所以反对丈夫的提议。

刘伟认为，张奶奶情绪低落是暂时的，不碍事。请她照看娟娟有两个好处：一是老邻居知根知底，二是接送孩子非常方便。在刘伟的反复劝说下，袁莉终于同意请张奶奶照看女儿。

第二天中午，刘伟和袁莉拎着许多礼品，敲开了张奶奶家的门。

外面阳光灿烂，可张奶奶家却黑黢黢的，因为客厅和卧室的窗帘都被拉得严严实实，屋里有一种诡异的阴冷。再看张奶奶那张脸，白得没一丝血色。袁莉不由打了个哆嗦，身上起了一层鸡皮疙瘩。刘伟没觉得有啥异样，一进门就满脸堆笑地向张奶奶道明了来意。

张奶奶听后双眉紧锁，摇摇头说："小刘啊，我最近身体也不好，看孩子这活儿干不了。"

袁莉暗自窃喜，心想：嘿，不肯最好，我真不愿让女儿呆在这里。

刘伟却露出一副可怜相，恳求道："奶奶，眼下我们实在找不到合适的人，您就帮帮忙吧。等我妈身体稍好些，我就把娟娟送过去。"

张奶奶仍皱着眉，显出一副为难样。刘伟见状，又陪着笑说了一箩筐好话。张奶奶推辞不过，终于勉强答应了。袁莉实在想不明白，丈夫为啥低三下四，非要张奶奶照看女儿不可。难道多花点钱，还愁找不到好保姆?!

因为心里窝火，一回到家，袁莉就跟刘伟吵了起来。刘伟竭力劝解，费了半天口舌才把妻子说服。

但袁莉心中仍忐忑不安，打这天起，她开始密切关注张奶奶的一举一动。

幸好，张奶奶很有责任心，把娟娟照管得非常妥贴。娟娟活泼可爱，跟她在一起，张奶奶的情绪渐渐好了起来。更可喜的是，娟娟跟张奶奶特别亲，每次袁莉去接她回家，小家伙总是搂着张奶奶不肯撒手。袁莉看在眼里乐在心头。

张奶奶退休前是个医生，很重视孩子的健康，有一回跟娟娟做拼图游戏，她发现小娟娟视线有点歪斜。进一步观察后，张奶奶怀疑娟娟眼底有问题，她把这情况告诉了袁莉，建议带娟娟到大医院作眼底检查。袁莉给女儿测了视力，结果一切正常，就没把张奶奶的话放心上。

一晃过了三个多月。这天，袁莉提前下班，路过中山公园时意外发现了正在跳广场舞的婆婆。只见刘伟妈手舞足蹈，正扭得不亦乐乎。再往老太太脸上瞅，嘿，那张胖脸红光满面，气色好得很。

袁莉疑窦顿起，心想：咦，不是说身体虚弱吗？可瞧这架势，一点都不像呀！难道是婆婆为图自己快活，故意装病不肯带孙女?！……袁莉越琢磨越觉得可疑，便走上前冲刘伟妈问道："妈，您身体虚弱，跳广场舞吃得消么?"

刘伟妈吃了一惊，她没想到会在这儿撞见媳妇，吭哧半晌答不上话来。

这当儿，刘伟妈旁边的一个老太太插嘴道："小袁啊，甭担心，你婆婆天天跳广场舞，身子骨比壮小伙还硬朗哩!"

"是吗?"袁莉盯住婆婆，故作惊讶地张大了嘴，"妈，可您这几个月来老说身体不好，究竟咋回事啊?!"

刘伟妈尴尬至极，脸上一阵红一阵白。她晓得，今天若不把话挑明，跟媳妇的梁子就算结下了。于是，刘伟妈叹了口气，对袁莉说："我身子确实很好，哎，都是刘伟这臭小子，故意让我在你跟前装病。"

"故意在我跟前装病？这是为啥?!"袁莉吃惊地瞪圆了眼睛。

刘伟妈说："刘伟不让我讲，你要知道答案，还是自己去问他吧。"

袁莉又气又急，扭头就往家赶。

路过张奶奶家门口，袁莉上去敲了敲门，打算先把女儿接回来。可是，敲了好一会儿，里面没有动静。就在这时，身后响起了刘伟的声音："小莉，今天你下班这么早啊。"

袁莉扭过头，气哼哼逼视着丈夫，一字一顿地问："刘伟，你老实告诉我，为啥让你妈装病?"

刘伟怔住了，期期艾艾地反问："你，你是咋知道的?"

袁莉把刚才在公园遇见婆婆的事和盘托出。

刘伟听后，挠挠头皮说："老婆大人，这件事嘛，过两天我就打算告诉你呢。”

袁莉咬着牙问：“刘伟，你是不是心疼你妈，不想累着她？”

刘伟赶紧摇头。

袁莉又激愤地说：“自打娟娟生下来后，一直是我妈在照看，亲娘是人，丈母娘也是人，你可不要厚此薄彼啊！”

刘伟一听话头不对，知道再不解释就要爆发世界大战，便老实交待道：“我这么做，是为了救张奶奶……”

接着，刘伟道出了内中的隐情：自从儿子一家死于车祸后，张奶奶万念俱灰，一直想用自杀来了断穿心般的痛苦。一个偶然的机会，刘伟了解到了上述情况，他决定帮助张奶奶，让老人尽快走出绝望，重振生活的信心。刘伟知道张奶奶敏感内向，而且有些固执，正面劝说不会奏效，必须另想办法。就在这当儿，丈母娘回了老家，刘伟便决定托张奶奶照看女儿。这么一来，张奶奶有事可做就不会孤单寂寞，跟活泼可爱的孩子在一起，又能帮助老人远离悲痛。因为担心袁莉不配合自己，刘伟就让老妈装病，造成不得不请张奶奶照看娟娟的局面……

听完这番讲述，袁莉恍然大悟，她非但没有责怪刘伟，还对丈夫的善举大加赞赏。

半个月后的一天，刘伟正在单位上班，突然接到了张奶奶打来的电话。

张奶奶气喘吁吁地说：“阿伟，娟娟生命垂危，你赶紧到第一人民医院来！”

刘伟以为女儿出了意外，慌忙和袁莉一起赶往医院。可跑到医院，却发现娟娟好端端的，啥事没有。

刘伟和袁莉一头雾水，冲张奶奶不解地问：“您说娟娟生命垂危，可她现在活蹦乱跳，这是咋回事啊？！”

张奶奶取出一叠厚厚的检查报告，神色凝重地说：“医生刚刚确诊，娟娟患有视网膜母细胞瘤，要立刻手术，否则会有生命危险！”

见刘伟和袁莉目瞪口呆，张奶奶讲了事情的来龙去脉：袁莉迟迟不带女儿去医院作眼底检查，张奶奶着了急。今天上午，她抱着娟娟来到第一人民医院作了眼底造影，发现娟娟患有视网膜母细胞瘤。于是，张奶奶立刻打电话通知刘伟……

由于母细胞瘤已朝恶性方向发展，医院当即为娟娟做了肿瘤摘除手术。

手术很成功，主刀医生告诉刘伟和袁莉：幸亏发现及时，娟娟不仅保住了性命，而且不会留下任何后遗症。

听完医生的话，袁莉激动不已，她“扑通”一声跪倒在张奶奶面前，流着泪说：“奶奶，谢谢您救了娟娟！”

张奶奶一把扶起袁莉，说：“别客气，邻里之间应该守望相助。论起来，头一个该说谢谢的是我！”

袁莉和刘伟愣住了，不知张奶奶何出此言。

只听张奶奶解释道：“那天你和阿伟的对话，我全听到了……”原来，那天下午张奶奶抱着娟娟从外面回来，快要走到家门口时，无意中听见了刘伟夫妇的那番对话。张奶奶这才明白，刘伟之所以请自己照看娟娟，是为了救她……

讲到此，张奶奶望着双眼蒙着纱布的娟娟，由衷地感慨道：“助人者自助，善有善报啊！”

（2016浙江省民间故事会征文金奖）

送水工惹事

郑少鉴

宋乐乐肩膀上扛一桶水，急匆匆地奔向电梯门口，打开门进去按上电钮，门就关上了。电梯起步不久，不知道是什么原因停住不动了。他把所有的电钮按了个遍，就是不动，没办法只好一个人闷在电梯里。

宋乐乐是个送水工。这个人一天到晚乐呵呵，冷不丁地还会冒出几句让你捧腹大笑的经典语言。他还有一个优点，就是换完水，拿起空瓶要走的时候，总忘不了问一句：“你们家还有什么垃圾要我带出去的吗？”住高楼的人家都看好他这一招。所以人人见了都喜欢，大家都称他为“送乐乐”。但是也有不如人意的地方，太爱恶作剧，让人哭笑不得，难以承受。

今天出工稍微晚了点，勉强送掉两家。第三家是李婶家，她住得最高，是顶层。李婶家乐乐已经送过好几次水了，比较熟悉。这个李婶原先住在农村，儿子进城后，硬要让她住到自己身边来的。李婶说，住在城里就像是坐闷罐车，高高的不接地气，只想回乡下去。据说她儿子还个正处级干部，最近被抽调去了什么巡视组，更是忙得不着家。不用说，李婶现在一个人孤零零地被闷在那个"闷罐车"里。而自己也孤零零地被闷在电梯里。他想，李婶这时在干什么呢？在洗衣服？还是在煮饭？还是在看电视？嗨，别想了，她呀反正就这么几种工作。乐乐就这么南不挨边，北不着际地七想八想，电梯动了，到了顶层，他迫不及待地冲出电梯。

乐乐到了李婶家门口，心一下子就揪紧了。为啥？隔着门就听得李婶在里面号啕大哭，出事了。他放下水桶，又按门铃又敲门，还大声喊话："李婶，李婶，你怎么回事呀？快开门。"屋内哭声嘎然停止，边擦眼泪边开门的李婶，怏怏地说："是乐乐啊。"乐乐连鞋套都要忘了换，直冲厨房，一看，还好，刀具剪子都在原位。再是电线、开关、插座都看了个遍，乐乐是怕李婶一时想不开，一切都正常也就放心了。乐乐忙问李婶，这到底是怎么回事？李婶摇摇头说没事。乐乐再三追问，才知道她一个人在家真的太闷了，唯一能帮她消磨时间就是电视机。刚才的电视节目里，也是一个独居老太，从乡下搬来不久，不适应城里的高楼生活，在凉衣服时，不小心把一件衬衫给凉飞了。那个老人伤心地哭了起来。李婶深有同感，也跟着哭了起来，既然哭上了，还不如痛痛快快地大哭一场，散散心中的闷气。

乐乐想这些老人家也真可怜。看看时间，被电梯闷掉了二个半小时。也好，已经到了中午时间，帮她换了水就带着老人下楼出去逛街。在路边店里上要了两碗面条，吃得老人家又说又笑开心得不得了，像个老小人。面店老板来了，说："你们母子俩幸福的样子，我也受感染了，来，拿着，以后凭卡吃面打八折。"说完，二张精致的卡片递了过来。李婶说了声谢谢，乐乐看了看卡片对老板说："你这卡片做得很像银行卡么。"老板笑了笑说，多多关照，多多关照。吃完面要把老人家送回家，李婶哭丧着脸很不情愿地又要回到了那个闷罐车里去。临分别时，李婶像小孩子一样地问："乐乐，你什么时候再来呀？"乐乐说，以后我天天来。李婶用一双期盼眼睛送走了乐乐。

乐乐没食言，从那以后，真的天天来李婶家，还天天给她送来一大包东西。李婶看到乐乐送来的东西，就像见到了宝贝，开心得一天到晚忙忙碌碌，乐乐呵呵。

可惜了，好景不长。二个多月之后，李婶的儿子阿康拎着大包小包垂头丧气地回来了。一进门就直冲厨房，开冰箱、开碗柜。李婶说："康儿，你还没吃啊？妈给你做碗面条。"阿康说不用，又从厨房走到客厅，沙发下，壁橱上，所有的橱窗全部打开。然后把妈的房间，自己的房间，女儿的房间全都打开，床底下，搁楼上，都看了个遍。李婶看傻了，问："康儿在找什么呀？""没什么。"李婶摸出一张卡片，在手中扬了扬，说："要不我们下去吃面条吧，老板说了母子吃面都打八折。"阿康看到了卡片，就像饿虎扑食扑了过来，嘴里还不停地说，就是它，就是它。从妈妈手中的卡片一把夺了过去。

阿康夺过卡片一看，面店优惠卡，很是失望。就问："他就给一张？"

"不，二张。"

"那还有一张呢？"

"在乐乐那儿。"

"什么，你还有同伙？"

"什么同伙不同伙，不就搭伴吃个面吃么，说得那么难听做什么？"

阿康想：那个同伙拿走的肯定是银行卡，就说："不，妈，这个事情的性质已经相当严重了。你先来看看这些照片。"

李婶被弄得丈二和尚摸不着头脑，怨屈地说："我，我干什么啦？"

儿子从包里抓出一大把照片往她面前一丢，说："你自己看！"李婶拿过照片一张一张地翻，这都是些什么呀，有西装革履的，有穿运动服的，也有穿茄克衫的，每一个人都提着重重的包，可照片上一张完整脸也没有，全是背影。她把照片又反丢了回去，说："这都是什么跟什么呀？我看不懂。"

儿子又抓过照片也一张一张地翻给他妈看，边翻边说："你看看，你看看，这是我们家门口吧？"

李婶点了点头。

"这是我们家门口吧？"

李婶点了点头。

"这一张张的照片都是在我们家门口拍的，这说明，这些人拎的、提的都是往我们家送东西的。这些背影难道你一个也没记得？就算这些提大包的你不记得，这一张……"儿子又从中抽出一张，递到妈眼前，说："这一张拎个精美小礼盒的背影，你总会记得吧？"

李婶接过照片，眯上眼睛，看了

好一会，大腿一拍："噢——，记起来了，记起来了。这不是乐乐吗。"

"又乐乐，他是做什么的？"

"乐乐，就是宋乐乐呀。"

"什么送乐乐，我看纯净是送祸祸。"

"不是的，乐乐真是给我送乐乐来的，不信你跟我来。"李婶领着儿子上了阳台，儿子一看，呆了。原来堆得杂七杂八、又脏又乱的顶层阳台，现在归整得有条不紊，还硬生生地堆砌出一块菜地来。菜地上黄瓜已经攀藤开花，西红柿、茄子枝繁叶茂，边上的小菜苗嫩绿滴翠。

原来这些都是乐乐的主意。他知道李婶是个闲不住的勤劳人，突然让她住进"闷罐车"终日没事干，会闷出毛病来的。他曾经看过她家的顶层阳台，就天天给她送泥土，帮她打造一个空中菜园。乐乐这个人还想头怪离别出心裁，他认为用蛇皮袋装泥送过去，会给大干部家丢脸的，所以都是用木盒、纸箱装泥，再用"有面子"的旅行袋、旅行包包裹着送进来。这些旅行包、旅行袋也都是人家当垃圾托他带出来扔了的，他这也是废品再利用。用精美礼盒送的那一次是送黄瓜苗。为了更风光，还不断更换报纸。

有些好心群众以为大干部家突然有人大量送礼，那是顶风作案，于是用手机拍下来在网上疯传。在巡视组工作的人，打铁需要自身硬，必须是一尘不染的精英。阿康认得这是自己家的门，真怕妈妈在家收受了什么，事情就大了。于是把照片复印下来，请了个假回家证实一下。弄明白了，原来是送水工宋乐乐惹的事，心里也坦然了。

李婶可来气了，现在的小年轻是怎么回事呀？随随便便拍人家的照放到网络上传，这不是损毁人家名誉吗？万一传到纪检委那里，调查研究就要大半年。谁拍的，我找他去。

阿康拉着妈妈的手说："妈，你就别忙于了，这是好事。一，说明大家对腐败是深恶痛绝。二，说明现在群众觉悟很高。这是对干部最大的爱护呀。"

（第四届中国〔浙江〕廉政故事大奖赛优秀奖）

心灵鸡汤(嘉善宣卷)

徐建康　贝丽华

念：人生七十古来稀，如今只能算是小弟弟，八十九十也不稀奇！

你就算活到一百岁一(唱)轮勿到捺老寿星里数第一！

(旁唱 1)数第一！数第一！轮勿到老寿星里数第一！

表：老人长寿是好事，可要是生了重病，也是"久病床前无孝子"啊。今朝，我要讲的这位老阿婆，生了绝症，本来也在等死，想勿到伊竟一点一点好起来了。

合表：哦？那哈会好起来了？

表：格位阿婆伊姓赵，儿子名叫赵阿小，母子相依感情好。可是上春头查出得了癌症，杭州上海去过大医院木牢牢，医生统统回头是一句话一

合表：捺介话？

表：一年或许还拖得过，两年肯定活不到！还是趁早回家去，伊想吃啥就吃啥。赵阿婆是晴天霹雳当头敲，心灰意冷躺在床上等辫子翘！嗳，想不到几个月后，赵阿婆竟精神起爽，步态轻盈，那里看得出像个癌症病人？

旁甲表：快点讲啊，赵阿婆的病那哈会得好起来的？

表：伊勿用仙丹和灵药，喏，只是每天喝一贴一心灵鸡汤！

旁乙表：啊？心灵鸡汤？

(旁合)勿曾听说过

表：心灵鸡汤是网络新名字，是关爱心灵的意思，不过，赵阿婆的心灵鸡汤，就是有人给她唱唱戏文，陪她聊聊天。

旁丙表：啊？听听戏聊聊天能治好毛病？说来听听

表：喏。(念)村上来了位大学生，名字叫做凌志强，科学种植带头人，致富主意木佬佬(唱)：

当了业余文化员，

村里老人常记心。

文化礼堂办得火，

闲散时间把戏文唱。

旁甲表：啊？他唱些啥戏文，能够把赵阿婆的毛病唱好？

表：他呀，唱的都是经典的老戏文(唱)"天上掉下个林妹妹"这小青年啊，还会针对每个老人的不同情况，陪他们聊聊天，讲讲笑话

(唱)解开那，老人家心里的疙疙瘩！

(旁唱 2)解疙瘩，解疙瘩，解

开老人心里的疙疙瘩！

旁乙表：赵阿小看到母亲的毛病一天天好起来了，肯定是要去感谢这位唱戏的小青年了吧？

表：恰恰相反！

旁表：啊？

表：其实啊，阿小还是蛮孝顺的，今朝一早起来，就为老娘褒好鸡汤，可是赵阿婆就是不领情！（念）“不吃！我不用你鸡汤来调养，你只要让我文化礼堂去听戏，我心情舒畅—

（唱）：胜过你，这精心熬制的鲜鸡汤！”

（旁唱3）鸡鲜汤，鲜鸡汤，精心熬制鲜鸡汤。

表：娘儿两个，就为了去不去听戏文，又吵起来了！啪，一勿小心，鸡汤被打翻在地。赵阿婆急忙弯腰去收拾，想勿到揣在口袋里的一个手绢包掉了出来，阿小眼尖，悄悄拾起打开一看，啊！竟是一张存折！再一看，死得快！里面整整有九万元！“嘿嘿，今朝幸亏拨我看见，要不然，钞票真要被这个小白脸骗走了”

旁丙表：原来阿小勿肯拨老娘出来听戏，是怕钞票被骗走！

表：赵阿婆收拾好破碗，心里十分难过：“鸡汤泼光了，听戏的劲头也唔没了。”阿小一听开心啊：“姆妈，捺不去了？好！那就回屋去休息”。赵阿婆回到里屋，不一会又大叫着出来：“阿小啊，不好哉！存折不见了，寻来寻去寻不着哉！”阿小明明将存折藏了起来，却装模作样“姆妈，存折不见了？你会不会送给村里那个唱戏的小白脸啊！”阿婆一惊，“你！勿可瞎讲！勿可瞎讲！”“姆妈，捺每天去听伊唱戏—

（唱）其实啊，魂灵已被他勾出窍！”

（旁唱4）勾出窍，勾出窍，魂灵已被他勾出窍！”

表：赵阿婆被儿子的话气得哭了起来，格辰光突然从外面进来一个小年青，啥人？凌志强。只见他：黑黝黝的皮肤板色头，牛仔西裤短出袖，眉清目秀精神抖擞，上前一把扶牢赵阿婆：“阿婆！勿要哭，有啥难事我们一起帮你来解决”

表：赵阿婆一把拉牢志强“志强啊！我的存折不见了！钞票没有了！”阿小接过话头“是啊，要九万元哪！”赵阿婆又是一惊，九万元！这个数字只有我知道，小畜生怎么会晓得？对！存折一定是被他藏起来了！斜眼一看，阿小一副得意洋洋的腔调，这下赵阿婆心里有底了：好！我今朝就来讲点拨侬这只小畜生听听，让你老老实实交出存折来。

表：志强啊！

（念）当初我，得了绝症生无望，好比霜打的落苏（茄子）瘪塌塌。老姐妹带我到文化礼堂去听你唱戏（唱）“为你打开一扇窗，（白）咦—我心里的窗户好像真的被打开了！后来觉得自己身体一天比一天好了。听说你们在组织宜居、宜业、宜游美丽乡村建设，还缺少资金，我决定先给你们垫一点钱，表表我的心意。可是……”志强赶紧上前“阿婆，你的救命钱，我们是坚决不收的！”

表：“你这就见外了，我其实是有私心的！我儿子人老实本分，不怕吃苦，就是缺少文化和机会。你能不能带上他一起奔小康？一起建设美丽乡村？我的钱，就算是给他的投资？哎，可如今……哎，钞票勿见了……哎……”阿小听到这里，啥都明白了，扑通一声跪倒在地：“姆妈，我错怪你了！志强，存折就在我手里！我一直以为：

（唱）姆妈由我来照应，

吃饱穿暖心意称。

（念）若是还有这鸡汤喝啊—

（唱）赛过那，南极仙翁老寿星！”

（旁表唱5）：老寿星，老寿星，赛过南极老寿星！

表：志强上前扶起阿小“阿小啊，我们对待老人，吃饱穿暖是基本，心灵关爱最要紧！现在好了，存折找到了，阿小也认错了！阿婆，走！我带你听戏去！”这次阿婆却勿肯走了“志强啊，除非你答应我存折收下！阿小收下！”“阿婆，捺放心，我会尽力帮他的。但你的血汗钱，我们是不能收的。”“不，你一定要收下。”俩家头推来推去，煞是亲热动人。阿小在一边是越听越惭愧，只见伊上前硬把存折塞到志强的手心里：志强啊—

（唱）原谅我的臭脾气，

好心当作驴肝肺！

（念）从此我要向你学习，

（唱）做一个，敬老、勤奋的带头人！

（旁唱6）：带头人，带头人，做一个敬老、勤奋带头人！

表：“姆妈，走！今朝我陪你听戏去！”赵阿婆开心啊，凌志强更是高兴：阿婆，今天是从古到今天上人间，（旁唱）是第一件称心如意的事啊—

哈哈哈，这真是—

（合唱7）：敬老、勤奋多回家，

陪伴老人说说话。

家有长辈儿孙福，

“心灵鸡汤”快送上！

（浙江省第八届曲艺新作大赛创作、表演兰花铜奖）

《留守老人》

沈海铭

“七彩长虹”全省摄影大赛优秀奖

剪纸连环画《蒲公英的故事》

钱锦铭

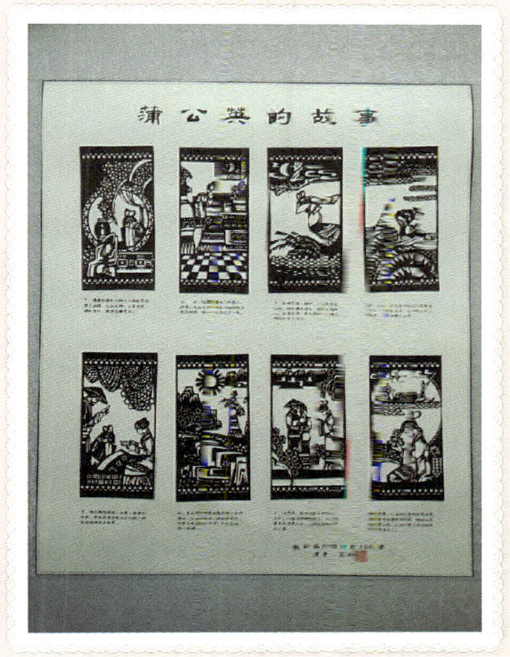

文化部非遗司、上海文广影视局举办的中国传统手工艺（剪纸）比赛中获“中国剪纸达人奖”。

初恋的地方

赵淙鸣

中国摄影报"走进西塘古镇"影友联谊会擂台赛一等奖

《烟雨西塘》

薛春梅

中国摄影报"走进西塘古镇"影友联谊会擂台赛一等奖

浙江"嘉善诗群"诗选辑

张敏华的诗

左撇子

他是个左撇子，
左手吃饭，写字，抽烟，打球。

左转，向左转，再左转，
像旋转的陀螺，被鞭子抽打，
空空的衣袖，晕眩出
人生苦难的供词——

三岁时，他在一场车祸中
失去了右手。

归隐之地

春寒料峭的三月，乍暖还寒的十
　二日，
我和寒山湖前世有约——

没有谁能够打碎寒山湖这面镜子，
落日让四周的青山俯下身。

不惑之年的我，仍然不明白
为何寒山湖能孕育这么多的星
　辰？

仿佛早就来过，抑或不曾离开，
寒山湖，我的归隐之地。

起子的诗

急诊内科

医生把压舌棒
压在一位老太太的舌头上
说，"啊——"

老太太长大着嘴
一脸茫然
她的儿子俯下身
对她说，"啊——"

后面排队的病人
都探出头来看着她
医生又说，"啊——"
她的儿子也又说，"啊——"

终于
几秒钟后
她也跟着发出轻轻的一声
"啊——"

所有人
都差点欢呼了起来

苏建平的诗

这个时候

这个时候嘴唇凑向嘴唇。
比如，访问花朵的昆虫
因吸吮而死去。
但你要保持矜持。

把嘴唇凑向嘴唇，
从落叶中长出树叶，
从风中刮来风。
但你要保持矜持。

白天在日落中得到总结，
旋又变成再生。
先知说：死后是爱，但爱
又先于死。但你要保持矜持。

陆勤方的诗

吴镇墓

把墓碑书写成塔，一尊古墓
一幢清清冷冷的庵宅
几支梅，一口井
青砖黛瓦里的宁静
霜风雨雪
几百年印制成一张名片——
梅花道人的诗字画
说不清的身世，家庭

关于渔父和小毛驴
关于松石和八竹碑
关于草书心经和嘉禾八景
竹庄的繁华
春波门的寥落
梅花和尚，一个元代大画家
真实和虚幻的吴镇
死后竟做起了和尚

西去的列车

喘着很深沉的气息
你遗弃了疲惫
西向是你的信念

那高亢的山歌
那无垠绿茵的思索
久已淡忘
干渴的山谷

冥想你不肯窒息的故事
象溪，很陡很细很咆哮很弯曲

你相信很贫瘠的背梁上还能站立
很干涸的乳房里也会酿造
你的沉重的追求
这，便是昏迷以后再觉醒的黄土地之神

很久远了的千百年古老的挤压
你的喘息更沉更深
西去的
是西去的列车呵

麦须的诗

歌谣之田螺姑娘

打这以后看着你衣食无忧
我回我的田螺壳

打这以后看着你日出日落
我回我的田螺壳

打这以后看着你娶妻生子
我回我的田螺壳

打这以后看着你生老病死
我回我的田螺壳

梁铮的诗

浮上季节的背脊

冬天
南方照旧会有汽笛声传来
还有隆隆的马达声
在湖心不远处
飘浮、摇滚

大雪在长江边止步
它从来不喜欢南方
不曾在这儿停留过夜
我凝视天花板
那里有树影掠过
正勾肩搭背
而那只墙角的旧水桶
依旧那么粗壮腰身

乔克是高大上的象征
小镇的马路从来没有这么宽敞过
她笔直地扑向你怀
尤如恋人的香唇
叫人无法阻挡

我日日居住在她的掌心
每天安然休憩
鱼贯而行
对面 KTV 的飚歌
整夜燃烧着城市的荷尔蒙
向我魅惑

呵，我要暂且松开一下敲键的手
去追逐季节的脚步
在这江南之肺的窗台
学会呼吸自如
又或者像条小鱼
浮上季节的背脊
偶尔偷瞄下
这俗世的光影、雨丝……

叶心的诗

万物法则

如今，我不会虚构
见过真实的死亡和出生
这一切自然得出奇
老树树皮裂开
蚂蚁爬出轨迹
被风吹落的叶子又长了出来
人群在下面路过

而万物来来往往
以平等的名义
各行其道
在涨潮时拥挤不堪
拉拉扯扯，等待神的预示
而我们的耐心却长不过一条沙滩

行走，是一种修行(散文诗)

许小婷

行走，让我找寻那个更好的自己。

——题记

一颗心，一双脚，一只背包，行走，就这样简单。

人间四月天，昨夜的一场雨使得深山的绿道变得泥泞、坎坷，让人若有所悟。十几米外的景致变得模糊，空气却格外地滋润，泛着泥香。

乳白色的雾气似薄纱，衬托着起起伏伏的山峦，映衬着或含苞或盛开的樱花、海棠，将大自然浓缩成一幅曼妙的油画。

山岚，云雾，秀竹……四月在拔节，时光在拨动季节的琴弦。

奔涌的溪水急切地赶路，带着欢愉，带着韵律，大地欢歌的声音在耳边萦绕。

中午时分，阳光慢慢探出，云雾渐渐散开，樱花烂漫的美景便呈现于眼前，一朵花在万花丛中盛开，需要经历多少阳光与雨露？几株红枫展现在眼前，双眼触摸的红，透过叶片的脉络融进春天。

很多时候，人们找不到自己，有时盲目自信，有时首鼠寸光，但是，如果经历过那种艰难的行走，一条路、一个目的地，凭着自己的坚持，人生就没有那么多的绝望。或许在路上的那个时候，你才能遇到更真的自己。

喜欢行走，行走的过程是一种修行，是在恢复人本真的面目，是在生命的旅程中寻找一种智慧。很多时候，人们忘却自己，自我膨胀。行走，能让麻木的心灵生动起来，让蒙尘的心灵纯净起来。

行走，用双脚丈量着山川河流，远望一座座走不到头的高山，近观脚下绵延的小路，或者在那些无法直立行走的丛林攀援，或者在山巅眺望辽阔无比的绿色世界与蓝色天空，那种天人合一、物我两忘的心境，除了敬畏还有什么呢？

行走的途中，有时迤逦曲折，有时平坦如砥，有时凄风苦雨，有时晴空万里，正如人生的道路，没有一帆风顺。行走的路上有欢笑，有困苦，有绝望，也有希望。行走中，内心会变得更强大，灵魂会更贴近本真。

行走中，不断感受着山川、河流、草木、鸟兽的生命力，更加认清自我的渺小与不足，世界因行走而精彩，生命因行走而厚重。在生命存在的时空中，完成或短暂或漫长或欢乐或痛苦的行走。

行走，花与草相印，山和水相伴；行走，人生一种自我完善的修行。

读“嘉善诗群”诗选辑有感

伊　甸

怎样的诗才算好诗？这真是一个众说纷纭的话题。现代诗歌似乎没有一个评判的标准，同一首诗，有些人说它是杰作，另一些人说它是垃圾。但一首现代诗必须具备的某些基本素质，我们还是不能否认的，比如一首诗必须有它独特的东西。它或者是作者对万物奥秘的独具慧眼的发现，或者是这首诗出乎读者意料的天马行空般的想象力，或者是一种鲜明的个性和语言方式的独特呈现。如果一首诗没有独特的东西，换句话说，一首诗没有任何作者的创造性的成分在内，那么这首诗就没有写出来的必要。

这是浙江北部与上海接壤的一个县——嘉善县八位诗人的诗歌选辑，这八位诗人的诗，表现风格迥异，各具特色，这些诗作呈现出来的某种鲜明的精神和语言个性，足以让我们对一个小小县区的创造性和想象力刮目相看。顺便说一下：这个小县是全国百强县之一。

张敏华是在全国有知名度的实力诗人。三十多年的写作生涯中，他不骄不躁，不急不慢，安静、沉稳地写着他的安静、沉稳的诗。他在对世事的冷静的观察中挖掘着人性和命运的秘密，并且在字里行间不经意地流露出他内心深处特有的柔情和悲悯。比如他的新作《左撇子》：“他是个左撇子，/左手吃饭，写字，抽烟，打球。//左转，向左转，再左转，像旋转的陀螺，被鞭子抽打，/空空的衣袖，晕眩出/人生苦难的台词——//三岁时，他在一场车祸中/失去了右手。”一首仅六十多个字的短诗，把一个我们常常见到但又常常被我们忽略的一个左撇子的悲剧命运呈现在我们眼前——这个左撇子不是一般的左撇子，他三岁时就在一场车祸中失去了右手。因此他的一生“像旋转的陀螺，被鞭子抽打”。六十多个字，却浓缩了这个人物的一生，其中所蕴涵的悲悯意味在读者心头久久萦绕。

张敏华的作品中，常有一些擦亮读者眼睛的诗句突然跃出，让我们的心为之一颤，比如“爱着，像雪一样惊心”，比如“搬出一架梯子，曾经的爱往上攀，/曾经的恨，往下挪”……对一首短诗来说，这种电光石火般的灵思能在很大程度上让这首诗插上翅翼在读者的精神天空飞翔。

在浙江诗坛，起子是一个另类，起子的诗属于口语诗的范畴。我曾经对口语诗情有独钟。王小龙的《出租车总在绝望时开来》，韩东的《有关大雁塔》，伊沙的《车过黄河》，都是在表面的简单、随意、谐谑背后隐藏着耐人寻味的东西，这东西有时甚至有振聋发聩的效力，让我们对某种让我们麻木的习惯性思维启动警惕和怀疑。比起这几首诗，起子的诗把他的意图藏得更深，更不易被读者察觉。这样的诗，表面看来语言一无玄奥之处，作者也不想布置一些意象来玩象征和隐喻，似乎读者很容易进入——但实际上，就像一个武林高手在对手面前布置了一般人看不见的屏障，很难让人跃过。这样的诗，就更需要静下心来细读，并且慢慢地体悟。比如他的《远山》："黄昏/向西方望去/在一片住宅后面/看到青灰色的远山/落日在山上/透出一点点光亮……"下面却出乎意料地峰回路转："我"突然想到这是在平原，从来就没有什么山……于是，我们好像悟到了什么，但我们究竟悟到的是什么呢？且慢，让我们继续细细体会和领悟……一首诗就在读者的疑惑和探究中，渐渐地呈现它的幽微和美妙。

苏建平是一位有近三十年诗龄的成熟诗人了，他在八十年代的诗作就显示出一种特有的才气，可惜的是，也许工作太忙，他的写作时断时续。发在这里的几首诗，我最喜欢的是《大意如此》，写得从容，成熟，语言给人一种训练有素的感觉："一个人远去，是声音的消失/自从他来过，我们的白昼/变得忙乱，夜晚也有些长/月亮的变化不易察觉/当我们转过身，会遇见过去的自己/嵌在人影中，像一枚钉子……""我们不能认识真相：它太过刺眼/它会否定云，否定森林和哀伤/否定我今晚吃下的猪腰子……"人生的历练，命运的考验，让作者具备了一种特有的洞察力和悟性，这种洞察力和悟性又通过精确的意象和个性化的语言表达出来，克制而又坚实，读来感觉真是不错。相比之下，写阿赫玛托娃和苏格拉底的两首诗在表达上显得性急了一些。

陆勤方的诗写得实在、朴素，像《无题》这样的诗，有一些水墨画的写意风格。作者喜欢元代大画家吴镇（嘉善人），诗和画在艺术上有相通之处，如果把诗写得像画一样形象鲜明，色彩缤纷，这样的诗就会给人一种美的感觉。

麦须诗歌有一个鲜明的特点，那就是他的诗中有一种十分饱满、丰盈的情感，那种爱、思念和忧伤几乎要像洪水一样冲破笔画的限制决堤而出。《但请原谅》这首诗，诗意像江河的波涛前浪紧赶着后浪，一浪一浪层层推进，那种情感的力量大有把读者裹挟而去的气势。

梁铮的诗贴近自己的生活体验，有些诗句有灵动之处，比如《像鱼一样呼吸思春》的开头："我的天空/蓝色而寂静/它停在风中/用鱼的方式与我对话……"

80后诗人叶心的诗歌语言呈现出年轻人的朝气和新奇，但对人生和世界的观察、思考，却有一种超越年龄的睿智和深沉，如《万物法则》中："……而万物来来往往/以平等的名义/各行其道/在涨潮时拥挤不堪/拉拉扯扯，等待神的预示/而我们的耐心却长不过一条沙滩"；如在《大地上的事物，排着队离开》这首诗中："马路有规则起伏，像极了/预设的人生/白马野草在理想上疯长/尘埃们，飘落得隐忍久远……"想象不受拘束，意象跳跃而富含象征意味，现代诗的特征比较明显。三十岁，正是修炼诗艺的最好时光，若作者能在一定程度上抵御浮华世俗的诱惑，沉潜于现代诗的阅读、思考和写作，"为了抵达永恒/大地上的事物/排着队离开"，那么我们完全有理由相信奇迹的出现。

许小婷的散文诗融人生哲理和诗情画意于一体，相信这样的散文诗会吸引很多年轻的读者。散文诗，我以为核心在一个"诗"字，散文诗是用散文的形式排列的诗，对散文诗的要求就是对诗的要求，因而，对事物秘密的独特发现，个性化的情感和语言方式，自由不羁的想象力，也是散文诗必须具备的素质。在许小婷的散文诗中我发现了这些可贵的素质。

祝福我认识和不认识的嘉善诗人！诗歌写作之路漫长、曲折、坎坷，让我们坚持，让我们挺住，让我们谦卑而勤勉，让我们互相搀扶，互相为对方喊"加油"，让我们努力写出更好的诗！诗歌如此美好，值得我们热爱一生。

（2016 年 4 月 15 日）

（以上作品原载《大河》诗歌 2016 冬卷，主编高旭旺，河南文艺出版社 2016 年 10 月第 1 版）

索引

年度对话
嘉善电视台
嘉善人民广播电台
嘉善新闻网
WWW.JSXWW.CN
嘉善发布微信公众号
嘉善新闻微信公众号

说　明

1. 本索引包括汉语拼音索引、汉字笔画索引两种。
2. 汉语拼音索引按拼音字母顺序和音序排列。汉字笔画索引按首字笔画排列。
3. 本索引采用主题分析方法，标引词后数字表示内容所在页码。
4. 阿拉伯数字、标点符号、外文字母开头的词，以词中第一个中文字开始排序。

汉语拼音索引

E

F

G

Z

汉字笔画索引

四　画

五　画

六　画

七　画

八　画

九 画

十 画

十一画

十二画

十三画

十四画

十五画及以上

5月20日，省委统战部部长、省民宗委主任冯志礼（时任省民宗委主任）到嘉善考察民宗工作。

市民宗局领导到嘉善检查民族团结进步示范点创建工作。

“送法进宗教活动场所”活动

教职人员消防培训

12月3日，龙庄讲寺举行本义法师晋院升座（方丈）庆典活动。

7月21日，龙庄讲寺在省美术馆举办“还至本处”佛教书画印展。

国家环保部环评司处长王辉明调研嘉善县生活垃圾焚烧发电项目。

6月15日，省建设厅党组书记、厅长钱建民到嘉善调研城镇污水处理、农村污水运行及城镇环境整治工作。

2月15日，省小城镇环境综合整治领导小组办公室主任、省建设厅厅长项永丹到嘉善调研干窑镇环境综合整治。

7月13日，市建委主任李国明到嘉善县调研镇村环境整治提升工作。

7月30日上午，副县长郁伟华慰问建筑工人。

9月29日，浙江省第二届高校大学生“乡村规划与创意设计”大赛落幕。

姚庄污水处理厂

亭桥南路高压走廊二标

1月1日，环卫工人免费早餐开始发放。

9月22日，举办“城市无车日”活动。

嘉善县第二艘全自动水葫芦打捞船完成吊装下水。

西塘污水处理厂

建设中的云湖公园

9月27日，省国土厅厅长陈铁雄参观嘉善高铁新城规划展示馆。

县国土局局长郑利平蹲点干窑镇，助推城乡环境百日攻坚行动。

4月22日，世界地球日，嘉善一中学生参观嘉善国土资源宣传教育基地。

6月25日，“土地日”送法进村活动。

县国土局局长郑利平在善政学堂，作《转型升级以地先行》讲座。

6月12日，嘉善县不动产登记中心揭牌。

县国土局局长郑利平获省“最美国土资源人”称号。

县长质量奖评审

3·15检查

电梯安全检查

密封件专项整治

全国滑动轴承标准化技术委员会自润滑轴承分技术委员会换届大会

党员志愿服务活动

烟花爆竹执法行动——执法现场

3·15宣传

歌斐颂巧克力小镇会议现场

管桩整治

9月18日，省委宣传部副部长唐中祥调研魏中村文化礼堂建设工作。

嘉善县（汾湖）国家级水上运动中心

了凡善文化节开幕式

嘉善县群星艺术团成立十周年表演艺术精品节目展演。

“美丽嘉善·我的家”春节文艺晚会

新疆沙雅县文工团在嘉善文化走亲演出

县第七届JBA篮球俱乐部联赛

2016–2017中国女子排球联赛

2016年县杨式传统八式循环太极拳比赛

2016周末大舞台戏曲专场演出

浙江省委书记、省人大常委会主任夏宝龙视察干窑镇新泾港水环境治理工作。

魏塘街道三里桥柱头港

西塘镇红菱村网埭港

干窑镇新泾港

嘉善塘

王凝圩区汾湖泵站

3月3日，嘉善县维持血吸虫病消除状态工作代表浙江省接受国家复核，中国疾控中心寄生虫病预防控制所所长周晓农参观县档案馆血防展厅。

5月11日，嘉善县脊灰疫苗免疫策略转换工作代表国家接受世界卫生组织（WHO）专家考察。

嘉善县疾病预防控制中心成立于2002年4月，是全县公共卫生服务和疾病预防控制的业务技术指导机构。承担着突发公共卫生事件应急处置、急慢性传染病管理、儿童免疫规划管理、慢性非传染性疾病管理、卫生监测、检验检测、健康教育等工作任务。

12月，嘉善县疾控中心被中华预防医学会授予“国家科技支撑计划课题科普示范基地”称号。

6月16日，上海市疾控中心和嘉善县疾控中心共同签署关于合作开展县级疾病预防控制中心能力提升示范项目合作框架协议书。

6月16日至9月23日，举办首届“万步有约”职业人群健走激励大奖赛（嘉善赛区）。

嘉兴市新居民服务局领导到嘉善调研新居民登记管理工作。

嘉善县召开人口结构优化九大专项行动牵头联络员会议。

学习会

嘉善县新居民和谐促进会召开第二届常务理事会第一次会议。

举办《准则》和《条例》学习知识竞赛。

全县出租房屋规范管理试点工作动员会。

8月10日，嘉兴市安监局局长徐建役、副局长钱叶秋到嘉善调研村级工业园为重点的中小微企业安全生产专项整治开展情况。

8月4日，县委书记许晴带队到魏塘街道开展夏季企业安全生产大检查，县安监局、县公安局等有关部门主要领导陪同检查。

8月29日，县长祁海龙在县安监局、县消防大队等部门负责人陪同下，检查开发区(惠民街道)的安全生产工作。

8月29日，县委常委、副县长曹国良带领县安监局、消防大队等部门人员，到嘉善火车站、嘉善吉盛海绵厂和干窑镇长生村督查安全生产工作。

2月5日，县长祁海龙带队到西塘开展春节期间安全生产督查工作。

6月16日，2016年嘉善县“安全生产月”宣传咨询日活动在恒利广场举行，县人大和县政协领导参加活动。

安全生产工作先进集体

嘉兴市重大国际峰会保障服务工作先进集体。

嘉善县新馆北侧沿河透视图

嘉善县图书馆是一所公益性的县级公共图书馆。馆址谈公北路57号，建成于1996年，馆舍面积3700平方米。设有图书外借部、报刊阅览部、信息技术部、采编部、电子阅览室、少儿图书室、古籍（地方文献）阅览室和活动（辅导）部等业务部门。有藏书86.6万册，其中古籍2.1万余册。在2004年全国第三次公共图书馆评估中被评定为国家一级图书馆。

2016年，面积18000平米的图书馆新馆建设全面启动，至2016年底，嘉善县图书馆新馆结顶，进入内部装修及设备安装阶段，预计将于2018年底开放。

嘉善县图书馆新馆鸟瞰图

嘉善县新馆沿阳光大道透视图

嘉善中心广场夜景透视图

嘉善中心广场夜景鸟瞰图

县委书记许晴调研水务工作。

集团董事长盛金珠督查太浦河取水二期工程。

优质服务获用户点赞。

军民一家亲——水务集团到县武警中队开展慰问活动。

水务集团召开2016年度总结表彰大会。

超强寒潮致使居民家中水管爆裂。

全力抢修超强寒潮冻损的供水设施。

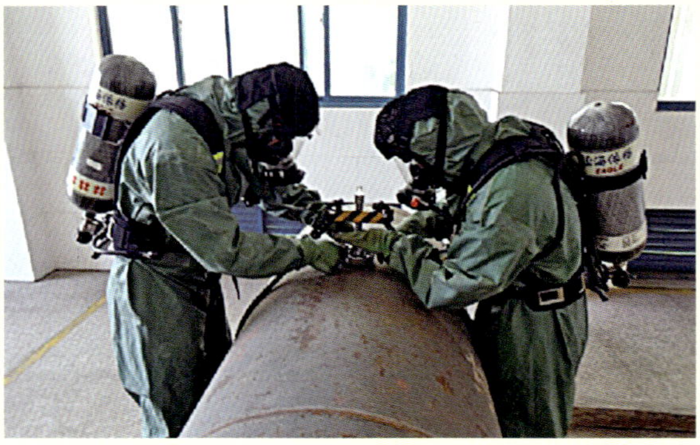

加强应急演练，保障供水安全。

科学检测水质

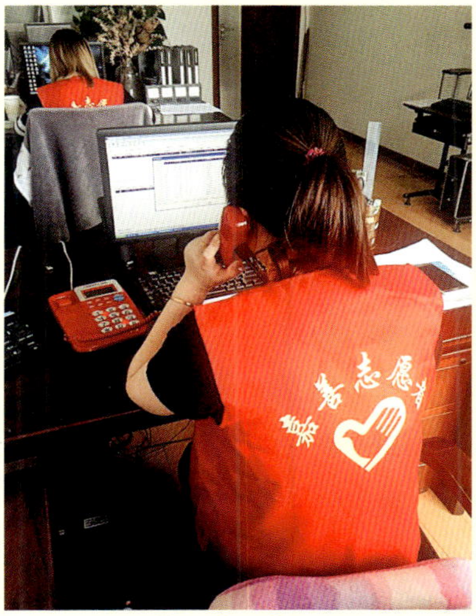

金师傅热线

百日攻坚——城乡环境整治

太浦河取水二期工程——原水管道施工

智慧水务——魏塘水厂大屏幕监控厂区

长白荡水源地

魏塘水厂四期工程

平黎公路改造提升

平黎公路路侧绿化

根据《嘉善县2016年政府投资项目计划》，2016年，县城投集团共承建政府投资项目46项，其中续建18项、新建28项，项目总投资38.54亿元，2016年度计划投资9.3672亿元，其中房建项目15项，市政、广场项目16项，绿化、亮化项目9项，天然气项目5项，有机更新项目1项。另有前期项目21项，项目估算总投资16.6655亿元。至年底，完成投资9.8772亿，完成发改计划105.44%。

市政基础设施建设：2016年承担政府投资项目16项，其中续建3项、新建13项。2016年计划投资1.6975亿元，至年底完成投资1.6975亿元，完成率100%。

城市绿化建设：2016年承担政府投资项目9项，其中续建4项、新建5项。2016年计划投资1.21亿元，至年底完成投资1.21亿元，完成率100%。

房建项目建设：2016年承担政府投资项目15项，其中续建8项、新建7项。2016年计划投资3.8587亿元。至年底完成投资4.3687亿元，完成率113.22%。

天然气项目建设：2016年承担政府投资项目5项，其中续建2项、新建3项。2016年计划投资6510万元，至年底完成投资6510万元，完成率100%。

有机更新项目：2016年承担政府投资项目1项，至年底累计完成投资额1.95亿元，完成投资100%。

燃气市场拓展：2016年天然气居民用户36837户，其中当年新增居民用户5514户，公建用户197户。2016年累计销售天然气3102.6万立方米，同比增长6.6%。

荣誉情况：2016年，县城投集团获全国县级文明城市创建、“美丽嘉善”建设工作先进集体二等奖、嘉善县双拥工作先进集体，晋阳西路小区、平黎公路绿化提升工程、图书馆博物馆工程等被评为荣誉工程建设先进项目。

嘉善至嘉兴第三通道

和风家园

高铁南站

广通桥

城投集团大楼

改造后的环岛

县交投集团董事长陈善雨检查善通春运工作。

县交投集团总经理曹国忠带队开展G20峰会安全生产检查。

5月26日，开展“两学一做”部署动员。

6月4日，开展庆端午活动。

8月16日，客运中心嘉善站开展“爱心送清凉”活动，免费为旅客送上一杯冰镇桂花绿豆汤。

7月14日，县交投集团党、团员在陶庄镇翔胜村河泥甸港村，参加环境整治活动。

嘉善县白水塘长生桥（桥梁部分）改造工程

洪溪大桥改建工程

3月18日，平黎公路绿化整治。

嘉善商投大楼

嘉善双孢菇走上电商平台。

在梅谷商场举办智慧市场启动仪式。

职工医院地块改造成开放式公园。

储备地块绿化建设。

2月29日，召开嘉善县劳模创新工作室建设现场推进会。

7月26日，嘉兴供电公司总经理韩志军在大舜变电所调研工作。

3月16日，英大传媒投资集团领导调研桃园新邨光伏。

12月16日，杭州湾跨海大桥北接线电力线路改造迁移工程杨庙变电所出线迁移。

10月27日，嘉善县健康南路电动汽车快速充电桩电动车充电测试。

8月2日，嘉善县公安局向国网嘉善县供电公司赠送“一诺重千斤，务实显担当”锦旗。

7月8日，“建设美丽乡村”干窑镇百日攻坚配电网改造。

2月， 国网嘉善县供电公司领导到罗星街道调研嘉善县乡镇用电需求。

6月，国网嘉善县供电公司获省公司互联网+供电服务青年创新创意大赛金奖。

5月26日，国网嘉善县供电公司女职工在杭州参加“美丽女性·舞动浙电”排舞大赛。

7月25日，嘉善县开通全国首家县级12320健康热线，并在全国12320卫生热线工作会议上作经验介绍。10月19日，县长祁海龙调研嘉善12320工作。

9月3日，副县长高嵩督查医院安保工作。

7月8日，县卫计局领导陈强、张晔参加"局长在线"直播节目。

8月18日，县卫生计生系统组织开展无偿献血活动，143人成功献血。

11月9~11日，浙江省卫生计生信访干部培训班在嘉善县举行。

5月19日，县卫生计生系统召开"两学一做"学习教育动员会暨党委理论学习中心组（扩大）学习会。

5月19日，荷兰驻沪总领事Anneke Adema（艾晓安）到县卫计局考察工作。

5月25日，嘉善县举办纪念中计协成立36周年暨西塘镇推进优生优育优教工作文艺演出。

图书馆前的理念石

运动会入场式红旗方阵

10月10日，中荷合作国际管家课程在望月楼开班，《文汇报》、上海教育新闻网等予以报道。

嘉善光彪学院是由上海杉达学院和嘉善县人民政府合作创办，2002年11月经上海市教育委员会和浙江省教育厅批准建立的二级学院，也是独立校区，实行上海杉达学院和嘉善光彪学院董事会双重领导。学院坐落在嘉善县人民大道505号，占地27.08公顷（406亩），校舍建筑面积13.8万平方米，师生员工4000余名。

学院围绕立德树人总目标，引导学生实现两个转变（高中生向大学生转变、家庭人向社会人转变），打造三个自主学习平台（外语、计算机、演讲），做好四育人（教书育人、管理育人、服务育人、环境育人）工作，以五个抓手（培养学生骨干队伍、发挥学生素质教育中心内五大板块作用、开设第二课堂、校内社团活动、校外志愿者服务）等为切入点，引导学生提高综合素质。

学院先后获“上海市优秀基层党组织”、浙江省综合治安优秀单位等称号。多次获上海市教卫工作党委系统“精神文明十佳好人好事”等奖项。《嘉兴日报》、《文汇报》、浙江教育电视台及香港《大公报》等多家媒体对学院的办学成果予以报道。

“奔跑吧青春”颁奖现场

演讲平台展示表彰

爱在善医大学生志愿者服务活动

荷兰国际管家学院高级培训师戈登·曼罗向学生传授餐桌服务及餐桌礼仪。

5月18日，学院举办第六届运动会。

5月21日，省政协副主席、农工民主党浙江省委会主委姚克，浙江省肿瘤医院副院长葛明华一行到县第一人民医院调研考察科学发展示范工作。

10月26日，县第一人民医院综合病区特需病房正式对外开放，该病区主要为产后母婴，外科小手术患者提供独立、安心的住院环境。

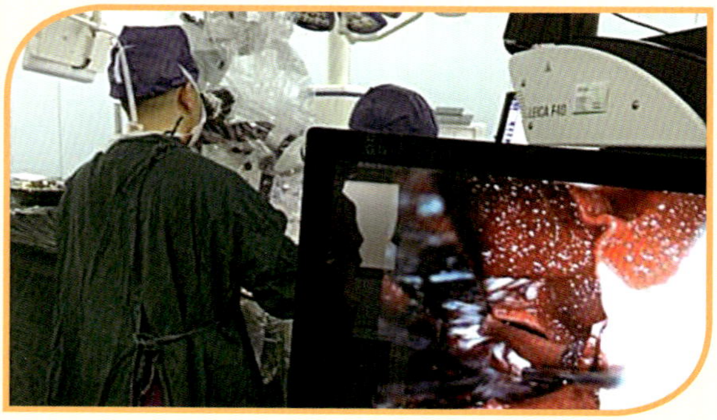

神经外科项目《经鼻垂体瘤切除术》

6月23日，县第一人民医院举办“十佳服务员工”事迹报告会暨道德讲堂。

12月10日，省肿瘤医院葛明华教授名医工作站在县第一人民医院揭牌，嘉善县副县长高嵩、县卫计局局长陈强、县第一人民医院院长王金龙和葛明华一起为名医工作站揭牌。

12月24日，举行县第一人民医院二期项目开工仪式，副县长高嵩、县卫计局局长陈强、县第一人民医院班子成员等参加开工仪式。

12月1日，第三届中国青年志愿服务项目大赛暨志愿服务交流会在宁波召开，县第一人民医院作为单位志愿者之一参加。

示范区

嘉善大道

嘉善城市规划展示馆

新西塘水街

上海人才创业园内景

嘉善县人才创业服务中心

浙江众成包装材料股份有限公司

浙江众成包装材料股份有限公司坐落于全国首个国家级县域科学发展示范点——浙江嘉善。公司成立于2001年，是一家集科研、设计、生产、销售及售后服务于一体的全过程制造企业，是全球知名的高品质POF热收缩膜制造商和国内优秀的POF热收缩膜整体包装解决方案提供商。目前，公司年产能规模达4.2万吨，在职员工480余人。

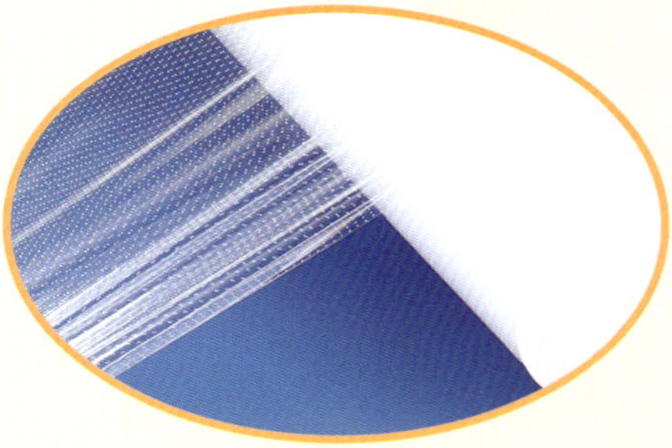

公司自成立以来，始终坚持“赢在领先”的企业精神、“诚信拥抱客户，真情温暖员工”的经营理念和“差异化、个性化”市场战略，着力打造集约高效现代企业，致力于行业高精尖设备、先进生产工艺以及高端、高附加值产品的自主研发，核心设备自制。公司先后承担“国家火炬计划项目”5项，累计获得国家专利近40项，先后获得“浙江省著名商标”“浙江名牌产品”“浙江省知名商号”“浙江出口名牌”“浙江省转型升级引领示范企业”“浙江省绿色企业”“浙江省‘三名’培育试点企业”“中国轻工业塑料行业（塑料薄膜及包装）十强企业”“国家高新技术企业”“国家火炬计划重点高新技术企业”等荣誉。

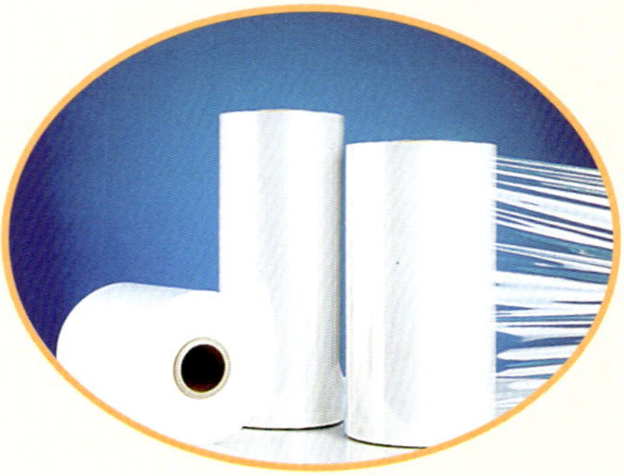

经过多年扎实经营，公司自主研发制造的装备处于行业领先水平，生产的产品与国际同步，且大部分为国内首创，积累超过1500家的优质客户，产品远销全球60多个国家和地区，成为国内市场占有率排名第一、全球市场占有率排名第二的POF热收缩膜行业领军企业。当前，公司各项事业蒸蒸日上，发展势头强劲，朝着实现“铸就民族品牌、建设百年众成”的“众成梦”不断迈进。